SV

Dietmar Dath
Barbara Kirchner

DER IMPLEX

Sozialer Fortschritt: Geschichte und Idee

SUHRKAMP

Erste Auflage 2012

Druck: Pustet, Regensburg
Printed in Germany
ISBN 978-3-518-42264-9

1 2 3 4 5 6 – 17 16 15 14 13 12

DER IMPLEX

Für Kathrin Ristau

INHALT

»It only ends once. Anything that happens before that is just progress.«

Jacob

Vorab: Zu Aufbau, Methode, Sprache

Dieses Buch ist keine wissenschaftliche Monographie, kein Manifest, keine philosophische Abhandlung. Es geht uns allein darum, ein paar Aussichten und Ansichten zu bündeln, die man im achtzehnten und neunzehnten Jahrhundert häufiger zu sehen und zu hören bekam als heute, von denen wir aber meinen, daß man sie bald wieder brauchen wird.

Die Kernfrage lautet, ob so etwas wie sozialer Fortschritt gedacht und, wichtiger, gemacht werden kann. Man könnte sagen, daß das Buch eine Art Roman in Begriffen ist: Es begleitet die Schicksale von Versuchen, die Welt besser einzurichten, als die neuzeitlichen Menschen sie vorfanden, als sie anfingen, neuzeitliche Menschen zu sein.

Wir besuchen verschiedene abstrakte und konkrete Schauplätze solcher Versuche, von den Staaten, ihren Kriegen und ihrem Wirtschaften, über die Wissenschaften und Künste, bis zur Ethik und Erkenntnistheorie. Wie in jedem historischen Roman kommt auch hier die Liebe vor. Held des Buches ist aber ein Begriff, den wir bei Paul Valéry gefunden und dann für andere Zwecke als seine angereichert und verändert haben: der Implex. Was er bei uns bedeutet, wird nicht langwierig erklärt, sondern auf den genannten Schauplätzen gezeigt, in freier Wildbahn und in Aktion.

Viele Dinge, die auf diesem Weg zu sagen waren, sind politisch.

Da das Buch von zwei Köpfen stammt, konnte dabei nicht immer vollständige Einigkeit erzielt werden. Wo immer zwei oder drei Menschen im Namen irgendeiner politischen Sache beisammen sind, muß ja gestritten werden, sonst wäre die Sache eben nicht politisch. Einer der beiden Köpfe, die sich das Buch zusammen ausgedacht haben, wäre nicht beleidigt, wenn man ihn einen sozialdemokratischen Kopf nennen würde. Der andere bevorzugt jüngere und verrufenere Namen. Da diese beiden nun aber herausfinden durften, daß sie einander näher sind, als sie dachten, und sich beispielsweise herausstellte, daß das, was der sozialdemokratische der beiden Köpfe unter

Sozialdemokratie versteht, jedenfalls wenig mit dem zu tun hat, was die SPD tut und will, ist das Bündnis während der Arbeit nicht zerbrochen, sondern gefestigt worden.

Das Buch hat ein paar sprachliche Besonderheiten, die nicht allen, die es lesen, gefallen werden. Die meisten davon haben gute Gründe; was für welche das sind, mag ein Beispiel verdeutlichen: Soweit es um größere Menschengruppen oder beispielhafte Einzelnamen (»der Deutsche als solcher«) ging, haben wir uns weder für die überkommene Selbstverständlichkeit des männlichen Geschlechts (»die Hylozoisten sagen bekanntlich …«) noch für dessen pauschale Ersetzung durchs weibliche (»die Hylozoistinnen …«) noch für das große Binnen-I (»HylozoistInnen …«) entschieden, sondern mal für dies, mal für das, mal für jenes, je nach Kontext, je nach Griffigkeit – wir halten das sprachliche Problem nicht für abschließend gelöst und glauben, daß das daran liegt, daß darunter ein praktisches Problem lebt, das jedenfalls auch nicht abschließend gelöst ist (ein paar Hinweise, wo die Lösung zu finden sein könnte, versuchen wir trotzdem zu geben). Solche Offenheit an Stellen, die man offen halten muß, weil sie in Arbeit sind, war uns ebenso wichtig wie umgekehrt die größtmögliche Klarheit an anderen: Wenn wir zum Beispiel Worte wie »Fortschritt« benutzen, für deren Gebrauch man sich heute vielerorts gewunden zu entschuldigen genötigt wird, dann sehen wir von dieser Entschuldigung ab und sagen lieber deutlich, wie wir den heiklen Gegenstand definieren.

Am meisten werden dem Buch zweifellos diejenigen entnehmen können, die unsere Zielsetzungen bereits teilen und sich bloß von den Wegen dahin anregen lassen, die wir vorschlagen – sei es, weil man sie übernehmen kann, sei es, weil man bei ihrer Zurückweisung gezwungen ist, eigene Ideen zu entwickeln, zu überprüfen, zu schärfen. Daß Leute, die das Ziel ablehnen, das hier verfolgt wird, weniger zu gewinnen haben, ist ein bißchen ungerecht, aber nicht zu ändern: Kompromisse am falschen Ort hätten das Buch nur länger gemacht.

Es ist so lang, wie wir verantworten können; nichts, das uns wesentlich war, fehlt.

BK/DD

EINS
DIE WAHRHEIT DER FREIHEIT

I.
Globale Gefängnisgebete

Sind vor der Unvernunft des Gegebenen alle Gebete gleich?

Es könnte den Menschen weniger elend gehen. Wenn sie an eine innerweltliche oder jenseitige Instanz glauben, die dafür sorgen könnte, bitten sie darum.

Wenn nicht, leiden sie stumm.

Die Hartnäckigkeit der Vorstellung von einer anderen Welt, in der alles besser wäre, geträumt von Sklaven auf antiken Großbaustellen wie von Erwerbslosen im Internetcafé, ist das dem Leben der Leute Allgemeine, sofern sie überhaupt sprechen, denken, sich etwas vorstellen können. Die Not, die sie jeweils leiden, ist ihr mäßig Besonderes. Zwischen diesen beiden spielen sich die traurigen Geschichten ab, von denen der Sozialrealismus seit Zola erzählt: kurzes Leben, vergeudete Kraft, Herzen im Streit mit sich selbst, unleserliche Liebe, am Schluß das flache Grab auf dem erdballgroßen »Friedhof gescheiterter Pläne, erlittener Wirklichkeit und gestutzter Flügel«, von dem Cesare Pavese schrieb.

Ist das Besondere vermeidbar; und könnte sich, wenn man es denn änderte, das ersehnte Allgemeine, die Gerechtigkeit fürs gesellschaftlich realisierte Gattungswesen, erfüllen? Ein Tagtraum ohne Folgen, denn was dem entgegensteht, ist der Lauf der Dinge selbst, sagt der gut abgehangene Opportunismus des Alltagsverstandes: Nicht alle Menschen essen und trinken eben ausreichend, geschweige gut; sehr wenige werden medizinisch so versorgt, wie das heilkundliche Wissen der jeweiligen Epoche, in der sie leben, zuließe; ein sehr kleiner Teil der Weltbevölkerung wohnt in hellen Räumen mit nützlichen, gar nicht zu reden von schönen Möbeln; nicht überall können

Personen, wenn sie sich verlieben, miteinander anfangen, wozu sie Lust haben, solange daraus niemand ein Schaden entsteht; nur wenige kleiden sich zweckmäßig, geschweige nach einem eigenen Geschmack; kaum jemand kann sich überhaupt aussuchen, wann andere auf ihre oder seine Bedürfnisse, Wünsche oder Ansichten achten.

Selbst im von materiellen Interessen scheinbar sauber zu sondernden Ideellen sieht es trübe aus: Schon der Zugang zu den Gegenständen der Neugier, vom Klatsch übers wissenschaftlich Erhärtete bis zur hinreißenden Spekulation und endlich der genußfähigen Betrachtung naturgegebener oder menschengemachter Schönheit ist begrenzt durch Bestimmungen, über die niemals von denen abgestimmt wurde, die ihnen unterworfen sind.

Es hat historische Abschnitte gegeben, in denen diese Bestimmungen sich für die Einzelnen schon veränderten, wenn man Gebietsgrenzen zwischen Herrscherdomänen überschritt, nicht erst solche zwischen Herrschaftsweisen. Seitdem ist die gedachte »ganze Welt«, von deren Grenzenlosigkeit Erlösungsreligionen, größenwahnsinnige Machthaber und schließlich die neuzeitlichen Wissenschaften stets ausgegangen sind, immerhin zur wirklichen ganzen Welt geworden – ein Vorgang, den man »Globalisierung« genannt hat, weil es auf Schönheit der Ausdrücke nicht ankommt, wo aus einer Tautologie (die Welt ist die Welt) plötzlich ein Prozeß wird. »Globalisierung« bedeutet einfach, daß selbst die Reichsten und Mächtigsten plötzlich in der Falle sitzen, die, nach einem Wort von Hermann Peter Piwitt, jetzt mit ihrem Geld zwar überall hinkommen, aber nicht mehr raus.

Was sich Menschen unter Fortschritt vorstellen, hat im Vollzug jener Weltwerdung ihrer Welt eine Wandlung erfahren, die in Gegenrichtung zur Vereinheitlichung der Bestimmungen, unter denen die Teilhabe am Reichtum steht, überall in Myriaden Kämpfe und Choreographien auf unübersehbar zahlreichen Schauplätzen zersplittert ist. Wer heute ein halbes Jahrhundert alt ist, hat die letzte Etappe dieses Prozesses, in der die polyfokalen sozialen Kämpfe der weltwerdenden Welt anfingen, sich selbst zu verzehren, erlebt: Als in den reichen Ländern in den siebziger Jahren des vergangenen Jahrhunderts nicht nur unter dem Eindruck einer Energie-, das heißt: Ölkrise, die keine technischen, etwa förderungsleistungsabhängigen, sondern politische, im engsten Sinn bereits geostrategische Ursachen hatte, die ersten sozialen Bewegungen auftraten, die den Zweifel an der Übersetzbarkeit wissenschaftlicher und technischer Zugewinne in soziale in die Parlamente und die Massenmedien trugen, dauerte es noch Monate, bis Rohstoffpreissteigerungen auf dem Energieträgermarkt ihre Folgen von Industrie zu Industrie weitergegeben hatten – die damals vielberufene »Lohn-Preis-Spirale« drehte sich in beiden Richtungen mit geologischer Langsamkeit. Heute aber, am Ende der Etappe, schlägt eine Irritation dieser Art in Millisekunden durch: Computermodelle des Gesamtproduktionsprozesses und Marktgeschehens steuern Käufe und Verkäufe mit Elektronengeschwindigkeit.

Je größer unter diesen Bedingungen die Reichweite derjenigen Wirtschaftsweise wird, die als alternativlos gilt, weil sie das Gros der warenförmigen Reichtümer hervorbringt, von denen tatsächlich alle leben, je mehr also die Welt der kapitalistischen Produktion und Distribution territorial, strukturell, dynamisch und historisch zusammenfällt mit der ersten wirklichen Weltgesellschaft, desto mehr Leute werden von diesem ebenso übermächtigen wie äußerst störanfälligen Umschlag ungeheurer Quantitäten zu neuen Gesellschaftsqualia in eine große Vergleichsmaschine gesaugt, die alle Unterschiede macht, von denen noch irgendwer weiß, und keinen mehr, den irgendwer begreift. Je größer der Abstand zwischen der mutagenen und proteischen Gewalt transnationaler Produktionsumstellungen, Verteilungsregularien, Verkehrswegverkürzungen einerseits und der Enge und Alternativlosigkeit des Entscheidungsspektrums für abgehängte Menschenmillionen andererseits, desto unplausibler wird für jeden Versuch politischer Kritik am unvernünftig Gegebenen jeder Versuch, die Armut ohne den Reichtum oder den Reichtum ohne die Armut zu untersuchen. Lokal handeln, global denken: Die schöne Parole zerbricht in der Praxis schon am naiven Bürgerinitiativenfuror etwa einer norddeutschen Arbeitsgruppe gegen die Gefahren der Gentechnik in der Landwirtschaft, bei der vor lauter Sorgen um Natur und Mensch niemand etwas weiß von Sachverhalten wie dem, daß zwischen 1970 und 2001 die Produktivität des durchschnittlichen Beschäftigten in der afrikanischen Agrarwirtschaft um zwanzig Prozent gesunken ist, aus keineswegs naturgegebenen Gründen. Die reichen Protestbastler und Bedenkenträgerinnen können sich ihr »globales Denken« am Buffet der guten Zwecke zusammenstellen, ohne mit ihren Besorgnissen jemals auch nur ein Promille der Reichweite der Kausalketten abzudecken, in denen die Anliegen festhängen.

Instrumentelles und operatives Wissen, Technik, sozial organisierter Naturzugriff: Wie immer man den Komplex nennen will, man hat ihn in den reichen Gegenden innerhalb einer Menschengeneration rasanter erweitert als in jedem voraufgegangenen Geschichtsabschnitt – und ahnt dort gerade unter denen, die den Folgen dieser Erweiterung skeptisch gegenüberstehen, zugleich nichts davon, wie dieser Umstand mit der Paradoxie vermittelt ist, daß in armen Gegenden umgekehrt, siehe oben, etwa der Pro-Kopf-Ertrag der Landbebauung schwindet statt sich mehrt und noch ganz andere Werte, statt als Profit realisierbar zu sein, schlichtweg vernichtet werden.

Wie nennt man so einen Zusammenhang? Ist er mit Kategorien wie »Ausbeutung« oder dem komplementären »Entkopplung« zu fassen? Herrscht Unterdrückung, oder quält Anomie? Sind die Tatbestände, die diese Kategorien meinen, eventuell enger verschränkt, als sowohl die Brot-für-die-Welt-Barmherzigkeit einiger weniger Restchristen unter den Wohlstandsbürgern wie der klassische Antiimperialismus der Linken bislang verstehen können? Was hat sich geändert, seit die Schläger der East India Company den Webern von Bengalen die Hände zerbrachen und deren Webstühle zerstörten, um die indische Baumwolle vom Rohstoff einer Regionalwirtschaft in ein Tauschgut für äußerst einseitige Weltmarkttransaktionen zu verwandeln? Ist die Veränderung, die das Werden der Weltgesellschaft gebracht hat, nur eine des Umfangs der Raubzüge und der zunehmenden Brutalität der sie absichernden Maßnahmen oder eine der grundsätzlichen Beschaffenheit der Verwertung des Werts? Braucht man eine neue Theorie, um das, was sich an diesen Zuständen mit politischen Mitteln ändern ließe, vom historisch Invarianten zu sondern, oder liegen bereits Theorien herum, die man nur anders lesen lernen müßte, damit die herrschenden Zustände ihnen die verwundbaren Seiten offenbaren? Braucht man überhaupt irgendwelche Theorien, um das, was ist, an seiner Vergänglichkeit zu fassen zu kriegen, oder kann man, was nottut, an den Tatsachen selbst ablesen?

»Globalisierung«, was immer das Wort sonst bedeuten mag, heißt jedenfalls nicht: Vereinheitlichung der Ansichten der Menschen über die gerechten und ungerechten Zusammenhänge, in denen sie stehen. Die Teepflückerin im Punjab, der Fahrradkurier in Kalifornien und die Soziologieprofessorin in Tschechien nehmen an dem, was ihnen das Leben verdirbt, auf sehr unterschiedliche Weise Anstoß. Sie halten ganz verschiedene Aspekte ihres jeweiligen Unglücks für entweder überflüssig oder unvermeidlich. Man kann das Kulturdifferenz nennen; dann denkt man der logischen Form nach so, wie Ronald Reagan dachte, als er auf den Hinweis, eine große Anzahl seiner Landsleute gehe abends hungrig zu Bett, die Erwiderung wußte, freilich, die machten eben eine Diät. Die Kultur der Todkranken, würde so ein Radikalkulturalist sagen, ist das Sterben.

Die Teepflückerin hat aber nicht deshalb keinen Internetzugang, weil Hindus so etwas nicht wollen, sondern weil sie, anders als ihr Cousin in Mumbai, auf der Plantage statt im Callcenter arbeitet.

II.
Naturrecht: Freiheit von Natur

Je nach Bildung, Neigung und Talent zu ausgefuchsten Folgerungen werden Teepflückerin, Fahrradkurier und Universitätsprofessorin, wenn sie darüber reden, daß es den Menschen besser gehen könnte, einen Unterschied machen zwischen der Ungleichheit und dem Unrecht: Daß auch beim besten Willen, unterm besten König, der warmherzigsten Stammesmutter oder in der entwickeltsten Demokratie nicht alle alles haben können, sehen selbst die wildesten Gracchen ein. Aber die verschiedenen Ungleichheiten, die man beobachten kann, sind selbst wieder untereinander durchaus ungleichartig. Daß die Güter und Möglichkeiten des Lebensgenusses, wenn schon nicht gleichmäßig, so doch wenigstens jemals nach einem Schlüssel verteilt worden wären, der die gesellschaftlichen Ressourcen (Wohnungsnot gibt es nur, wo nicht gebaut wird) ebenso erschöpfend nutzt wie die natürlichen, und damit das Gerechtigkeitsempfinden zufriedenstellt, hat man noch nirgends gehört.

Es waren niemals die Klügsten, die auf das meiste Lernmaterial Zugriff hatten; nie die Tüchtigsten, die sich an den besten Mahlzeiten freuen durften; nie die Schönsten, deren Liebe die wenigsten Verbote ertragen mußte; nie die Edelsten, denen man die wenigsten Steine in den Weg legte. Das ist eine Evidenzwahrheit, deren Augenschein desto deutlicher wird, je tiefer man mit analytischem Werkzeug in die Geschichte eindringt. Ihr Fluch hat bewirkt und sorgt weiter dafür, daß zu allen Zeiten nicht nur die Zurückgesetzten, Übervorteilten und Benachteiligten, sondern auch einige gar nicht so übel versorgte Leute mit Muße zum Nachdenken und Geschick beim Kritisieren auf die vorherrschenden Vorstellungen betreffend das rechte Maß der Belohnung für Klugheit, Tüchtigkeit, Schönheit und Adel schlecht zu sprechen waren und sind.

Zum Glück für alle, die ihren Mitmenschen Gutes wollen, ist die Idee von der Eigengesetzlichkeit der Naturvorgänge erst sehr spät in die Köpfe gelangt; sonst hätte man wahrscheinlich früh von Kanzeln und anderen Lehrstühlen herab gelehrt, daß Leiden, Unglück und Unbehagen unhintergehbare biologische Notwendigkeiten seien, die den Organismus in auf tieferliegende Zufälle irreduzibler Weise dazu anhalten sollten, sich um sein Auskommen gefälligst selbst zu kümmern. Der positivistisch lackierte Raubtiernihilismus postaufgeklärter Bioliberaler, die das Marktgeschehen um Angebot und Nachfrage mit dem evolutionären Selektionsdruck unter Pflanzen und Tieren verwechseln, ist die bösartigste Variante der Prädestinationslehre, die je erfunden wurde.

Menschen früherer Zeitalter dachten nicht, daß die Natur keinen Sinn habe und daß man dem, was keinen Sinn hat, nur gehorchen könne, weil das, was sich nicht befragen läßt, auch keinen Widerspruch erlaubt. Den allerersten Leuten, die über dergleichen nachgrübelten, war die Natur vielmehr beseelt, der Unterschied zwischen ihrem Gemütshaushalt und dem von ihnen bewohnten Biotop noch ungeläufig. Aus dem, was ihnen diese ungenaue Betrachtungsweise als Inventar der Welt entdeckte, folgerten sie, daß ihr ständiges Mangelempfinden nur von der tatsächlichen Möglichkeit eines besseren Lebens rühren konnte: Wäre alles richtig so, wie es ist, würde es mir dabei ja nicht schlecht gehen; es muß also eine Instanz geben, die mich, indem sie mich leiden macht, auf etwas hinweisen will und bei der ich, wenn ich mich gelehrig, anstellig, demütig zeige, um eine Verbesserung meiner Lage einkommen kann – daher Gott, Göttin, Götter, Gebete.

Daher auch – als abstraktes Prinzip, in dem das Göttliche als die erste Adresse für Beschwerden wider das Zivilisationsganze gedacht werden kann – der Universalismus, selbst der rationalistische.

Vom Plantagensklaven, der seinen Klagegesang anstimmt, über den protestantischen Geistlichen, der nachts nicht schlafen kann, weil der Plantagensklave leidet, bis zum Jakobiner, der durch Errichtung eines Vernunftstaats die Verkehrsformen abschaffen will, unter denen der Plantagensklave überhaupt einer ist, eint die Unzufriedenen aller Epochen vor der Erfindung des Sozialdarwinismus die Überzeugung, daß es im Menschenwesen etwas geben muß, das von Ungleichheit, Unfreiheit und Unrecht beleidigt, vergewaltigt, geschändet wird. Es könnte, sagt diese Denktradition, den Getretenen, Ausgebeuteten, Beraubten, Ausgeschlossenen nicht nur besser gehen, es müßte überhaupt und insgesamt alles anders sein; Leiden ist Indikator eines verrutschten, verkehrten, vom Richtigen abgekommenen Zustands; wir sind gleichsam runde Klötze, die irgendwer in eckige Öffnungen gehauen hat oder umgekehrt. Wären die Klötze in der richtigen, ihnen gemäßen Öffnung, könnten alle aufatmen. Ob dieser Argumentationsgang im einzelnen theologisch, anthropologisch oder soziologisch entfaltet wird, immer ist der Grund dafür, daß etwas geändert (nämlich: wiederhergestellt) werden soll, einfach der, daß »der Mensch ein Mensch ist« (Brecht), nämlich je nachdem Gottesgeschöpf, denkender Primat oder *zoon politikon*, aber eben nicht Sklave, Hure, Werkstück oder zur Vernichtung – wenn schon sonst zu nichts – bestimmter Untermensch: kein Ding also.

In seltenen Augenblicken des Geschichtsverlaufs, dann nämlich, wenn Machtgeschichte und Vernunftgeschichte einander plötzlich auf Augenhöhe begegnen, wird immer wieder versucht, diese Art Begründung des Rechts auf Lebenssicherheit und Lebensglück mit Gesetzeskraft zu segnen: 1215 muß König John in der Magna Carta seine nichtadeligen Engländer dem allzu freien Zugriff der von

Geblüt herrschenden Klasse entziehen, 1542 läßt sich ein spanischer Monarch von einem Mönch aus verwickelten Gründen dazu bewegen, dem Indioquälen in der Neuen Welt Grenzen zu setzen, 1679 wird, wieder in England, mit dem *Habeas Corpus*-Gesetz jeder, der – »weil der Mensch ein Mensch ist« – auch einen Menschenkörper hat, vor Polizeiwillkür mit strengen Ausführungsbestimmungen geschützt, das achtzehnte Jahrhundert schließlich setzt von Amerika über Frankreich bis Preußen Menschenrechtserklärungen auf, die über ihr spätes Pastiche, das staatsrechtsordnende Dokument der Generalversammlung der Vereinten Nationen vom 10. Dezember 1948, bis zu der Zeit, in der wir dieses Buch schreiben, die Grundlage neonaturrechtlicher Politik in der einzelstaatlichen Binnengesetzgebung wie bei der zwischenstaatlichen Kriegsführung der nach dem Zweiten Weltkrieg geborenen, nach dem Zusammenbruch der sozialistischen Staatenwelt zur »Neuen Weltordnung« transformierten Verhältnisse bildet.

Im achtzehnten Jahrhundert, in Frankreich und Amerika nämlich, wurde die Naturrechtslehre, geboren in der Scholastik, geadelt von der apollinischen Eleganz des Thomismus, kühn angeeignet vom Bürgertum in der Aufklärung, von einer hübschen Idee, die bislang nur okkasionell zum Herrscherwillen paßte, zur politischen Gewalt, zum Grundriß einer neuen Sorte Subjektivität, Legitimität und »Gouvernementalität« (Foucault).

Die Bürger konnten sich das leisten.

Reichtum schafft immer Spielraum für Schönheit, Größe und Güte. Wenn die glücklichere Menschenart, die dabei zu sich selbst kommt, ihren Blick jedoch zurücklenkt auf die Bedingungen, unter denen jener Reichtum entstanden ist, erschrickt sie. Schon die athenische Demokratie, die ionische Naturphilosophie, die Kunst der antiken Klassik, also seltene Schönheit, Größe und Güte, verdanken sich der Sklavenhalterei. An Schönheit, Größe und Güte dieses Griechentums sind Maßstäbe gewonnen worden, die den besonderen Weg, auf dem sie damals errungen wurden, fragwürdig machen und dazu nötigen, die Reichtumsquellen, denen sie entsprangen, zu verurteilen – dazu nötigen, aber eben auch: dazu ausrüsten. Das europäische Bürgertum des sechzehnten, siebzehnten, achtzehnten Jahrhunderts christlicher Zeitrechnung schärfte den eigenen Blick, um die Legitimität des Feindes ins Visier zu nehmen. Auf die geschichtlichen und soziologischen Voraussetzungen des Bürgertums selbst zurückzublicken, gehörte nicht ins Programm – die Naturrechtslehre ermächtigte zum Blick in die hypothetische Vorgeschichte aller Gesellschaften, nicht in die Geschichte derjenigen Gesellschaft, die gerade wurde. Was man in der gedachten Vorgeschichte fand, taufte man »Naturzustand«. Aus seiner Betrachtung und unter Verarbeitung deontisch-normativer Programmparameter der bürgerlichen Standesemanzipation wurde die Legierung zweier Hauptzüge des damals jüngstvergangenen Abschnitts der Vernunftgeschichte geschmiedet; eine Verbindung, die jahrhundertelang halten sollte und erst im zwanzigsten Jahrhundert brüchig wurde: einerseits der Vorstellung vom richtigen Leben als dem authentischen, menschennaturgemäßen (wir wollen sie, ihrem berühmtesten Explikator zu Ehren, den »rousseaueanischen Zug« nennen) und andererseits der Idee vom Glück als dem konstruktiven, schöpferischen, produktiven Dasein (die wir analog den »spinozistischen Zug« taufen). Richtiges Leben ist selbsterarbeitetes Glück ist Naturrecht: Die Formel schließt die bürgerliche Legitimität *in toto* auf.

III.
Naturbestimmung: Gibt es Nichtgemachtes?

Naturrecht: Das Wort scheint auf den ersten Blick ganz unsinnig.

Recht wird gemacht, Natur aber, wenn das Wort überhaupt etwas bedeuten soll, ist etwas, das Leute nicht machen können, sondern vorfinden müssen. Es umfaßt Quasare, Leuchtkäfer, ionische Flüssigkeiten, Berge, Krankheiten, Edelgas, aber keine Gedichte, Eisenbahnschienen, Bratenrezepte – oder Rechte. Die Menge der Naturerscheinungen, will man sie von derjenigen des Menschenmöglichen trennen, wird dabei allerdings – man ist versucht zu sagen: natürlich – das, was die neuere Mengenlehre *fuzzy set* nennt. Konstruktivismusorientierte historische Wissenschaftssoziologien, wie sie Thomas S. Kuhn oder Paul Forman vorgeschlagen, skizziert und in Teilen auch ausgearbeitet haben, belehren die Menschheit darüber, daß Galilei sich nicht nur im Weltall, sondern auch in der italienischen

Gesellschaft seiner Zeit orientieren mußte, um die Bewegungsgesetze der von ihm studierten Körper zu erkennen, und darüber, daß die Kausalitätsskepsis der Erfinder der Quantenmechanik viel mit der geistesgeschichtlichen Lage der Weimarer Republik zu tun hatte, die wiederum auf soziale und politische Realien der Zeit zurückzuverfolgen nicht schwerfällt. Was bei Alfred Sohn-Rethel, wo dieser etwa die logische Geographie der neuzeitlichen Exaktheitsauffassung in Kunst und Wissenschaft aus den besonderen Kompetenzanforderungen der Renaissancestadtstaaten an ihre Schöpfer herleitet, noch eine große Wahrheit war, weil der gelernte Dialektiker Sohn-Rethel nicht nur weiß, welchen Anteil das Soziale an der Erkenntnis hat, sondern dabei auch im Blick behält, was die Erkenntnis mit dem Sozialen anstellt, wird bei den platten Wissenssoziologen, die Marx vergessen wollen und Hegel nie zur Kenntnis genommen haben, zur schieren Entlarvungsautomatik: Was ihr da rausgefunden habt, Weißkittel, das hat euch doch nur eure Zeit eingeflüstert, euer Wahrheitsanspruch ist Selbsttäuschung. Die so auftrumpfen, machen viel Aufhebens von einem Umstand, den man seit Giambattista Vico mit dem Merkwort *verum et factum convertuntur* kennzeichnet – das Wahre ist, *for all intents and purposes*, das Gemachte.

Je später der Zeitpunkt, an dem sie mit ihrer Metabetrachtung der wissenschaftlichen Objektivierungsarbeit ansetzen, desto eher finden sie Schaustücke, die in den Beweisordner passen. Die Sonolumineszenz zum Beispiel, die Umwandlung von Schall in Licht, ist zwar ein Naturvorgang, wurde aber im Labor erschaffen, bevor man sie je irgendwo in freier Wildbahn beobachtet hatte. Der Physiker Felipe Gaitan fand an der Universität von Mississippi in den achtziger Jahren des letzten Jahrhunderts das Phänomen der Anregung einzelner Luftblasen in einem wassergefüllten Gefäß durch ein stehendes Ultraschallfeld: Die Blasen fingen an zu leuchten, und Gaitan riet richtig, daß hier ein bislang in der Literatur nicht behandelter Effekt thermischer Strahlung vorlag. Der Argumentationsgang führte zur Theorie der Volumenemitterstrahlung, die erfolgreich vormals weit auseinanderliegendes Gedankengut aus der Hydrodynamik, Akustik, Chemie und der Physik ionisierter Gase erklärend zusammenführte. Der springende Punkt an dem Vorgang ist aber nicht die

Kippfigurdialektik zwischen Entdecken und Erschaffen, aus der die Konstruktivisten ihren Nektar saugen, sondern die statistisch-thermodynamische Datenverteilung erstens in der Gesamtmenge der Naturtatsachen und zweitens in von dieser nur durch teilmengenbezogene operative Schließung auf dem Weg geregelter Kommunikation gesonderten sozialen Einrichtungen wie der Naturwissenschaft: Die Gelegenheiten, Sonolumineszenz *in natura* zu erleben, sind zwar derart rar, daß sie ohne Gaitans Versuchsanordnungen vielleicht noch jahrhundertelang, *untouched by human hands,* verborgen geblieben wäre; die schulmäßige Sozioepistemologie aber muß unterschlagen, daß Menschengeschaffenes als zufälliges Naturprodukt keineswegs unmöglich, sondern nur sehr unwahrscheinlich ist. Selbst das bei Kreationisten beliebte Beispiel der Taschenuhr wird ohne menschliches Zutun keineswegs »niemals« zustande kommen, sondern nur sehr, sehr lange nicht (spätestens die siliziumlebendigen Xümuerls auf dem Planeten Gikhna im Hysenstirz-System, Naturkinder so gut wie wir, hätten sich der Sache angenommen, wenn unsere eigenen Uhrmacher ausgeblieben wären), denn eine Wahrscheinlichkeit von null für irgendeine in beliebiger Zeit anzutreffende Kombination tatsächlich vorhandener Dinge läßt sich überhaupt nicht denken.

Daß freilich fürs menschenlose Entstehen mancher Welttatsachen, die wir inzwischen hergestellt, zusammengebracht, zusammengedacht haben, die bisherige (und vielleicht sogar die vermutbare zukünftige) Lebensdauer des Universums nicht hinreicht, steht auf einem anderen Blatt – demjenigen nämlich, auf dem notiert ist, daß Wahrscheinlichkeit in diesem konstruktiven Zusammenhang nicht viel mehr besagt, als daß komplexere Sachen eben seltener auftreten als weniger komplexe, der Erbgang kulturell und zivilisatorisch vermittelter Welttatsachen aber notwendig die einfachen als tote Erkenntnisarbeit vorangegangener Generationen sedimentiert und so zu einer nicht etwa mysteriös orthogenetischen, sondern einfach durch menschliche Erkenntnisarbeitsökonomie vorgegebenen allmählichen Komplexitätszunahme der von uns geschaffenen Welttatsachen führt – wenn das Rad schon erfunden ist, kommt die schwierigere Kutsche dran.

Solange also bei einer Herleitung von irgend etwas aus seinen nicht logischen, sondern wissenshistorischen Voraussetzungen die Bedingung gewahrt bleibt, daß die jeweils nächstniedrigere Voraussetzung beim Weg rückwärts durch die Kausalkette häufiger auftritt als die darauffolgende (einfache Dinge oder Einsichten werden mehrmals erfunden oder entdeckt, in verschiedenen Kulturkreisen, Zivilisationen, Staaten, Sprachgebieten, schwierigere dagegen seltener, ihr Transfer läuft nicht mehr diachron, sondern über Import und Export), geht alles mit rechten Dingen zu, und übernatürliche Eingriffe sind nicht erfordert. Die Naturgeschichte und die der menschlichen Überlieferungen bilden also ein Kontinuum miteinander, aber eines, in dem Sprünge vorkommen. Ein Kohlenstoffatom ist wahrscheinlicher als besagte Taschenuhr; es gibt mehr Sonnen ohne Planeten, die Leben erlauben, als solche mit; es gibt mehr Planeten, auf denen Leben möglich wäre, als solche, auf denen es tatsächlich existiert; es gibt mehr belebte Welten als mit denkenden Geschöpfen belebte; es gibt mehr denkende Geschöpfe als solche, die eine Taschenuhr bauen können.

Die beiden Mengen der natürlichen und der künstlichen, das heißt: menschlichen Sachverhalte sind somit in jedem denkmöglichen Fall einer Definition der Domänen gegeneinander nicht absolut steril rein voneinander zu scheiden; die entsprechenden Wahrscheinlichkeitsverteilungen bleiben abhängig von Zusammenhängen und Unterschieden, die man stets wieder je und je auf einer der beiden Seiten der Unterscheidung zuordnen muß.

Diese Unreinheiten rühren im Kern daher, daß der in allen Scheidungsversuchen eingenähte Dualismus als solcher verkehrt ist – man handelt sich, sobald man prinzipiell, das heißt ontisch, zwischen Natur und Menschenwelt unterscheiden will, sofort lauter in wachsende Abwegigkeit verstrickte Stütz-Dualismen ein, wie die Ideengeschichte zur Genüge belegt.

Ein rechtschaffener Aristoteliker etwa könnte sich auf den Unterschied zwischen Wesen und Erscheinung versteifen und sagen, daß zwar Gaitans Experiment menschengemacht sei, dies aber nur ein akzidentielles Faktum, nachrangig gegenüber den Essentialien, Entelechien, Immanenzen, die dafür sorgen, daß die beschallten Bläschen leuchten – sozusagen die »Wahrmacher« der Volumenemitterstrahlungstheorie, wie der stark aristotelisch geprägte tapfere Neo-Materialist David Armstrong sagen würde. Cartesianer, sollte es noch ein paar geben, würden es einmal mehr mit dem Unterschied zwischen *res cogitans* und *res extensa* versuchen (Gaitans Versuchsanordnung und Erkenntnisgewinn sind geistiger Art, der beobachtete Vorgang dagegen ist weltimmanent, nicht transzendierbar diesseitig), der sich zwar selbst wieder nicht restlos in die Mensch-Natur-Binarität schmiegt, aber gebraucht wird, um zu zeigen, was von beidem jeweils dem andern vorausgehen muß, um die qualitativen Unterschiede zwischen dem im Labor Geschaffenen und dem von der Natur Bereitgestellten ausmitteln zu können.

Heideggerianer würden die ganze Natur-Menschenwelt-Differenz für einen verzerrten Höhlenwandschatten der Nichtidentität von Sein und Seiendem halten; der Kritischen Theorie könnte man die Ansicht entnehmen, das Menschengemachte sei selbst nach (und wegen) der Aufklärung dem Verblendungszusammenhang, der Ideologie und der Instrumentalität verfallen, während die Natur das Andere dieses Verhängnisses darstelle, mit dem man sich allerdings nicht ohne Reflexion versöhnen könne; die Luhmannsche Theorie sozialer Systeme würde die Einheit der Differenz von Menschenwelt und Natur in die fraktal selbstähnliche unendliche Reproduktion von allerlei System-Umwelt-Unterscheidungen verfolgen, bis sie in semantischen Tautologien verschwindet; und die völlig Verbohrten der *lunatic fringe* im Betrieb der sich als kritisch mißverstehenden »Science Studies« der Gegenwart würden die für die meisten praktischen Zwecke historischer Wissenssoziologie als epistemische Erdung in der Forschungs- und Technikwirklichkeit völlig ausreichende These, das Menschengeschaffene sei einfach eine Untermenge des Naturwirklichen, kühn auf den Kopf stellen und die ganze Natur in Bausch und Bogen zur menschlichen Mache erklären.

Alle diese Spielarten der begrifflichen Dualwirtschaft sind erstens undialektisch (die wechselseitige Durchdringung naturhafter und gesellschaftlicher Bestimmungen wird zugunsten metaphysischer Vereindeutigung preisgegeben) und zweitens antimaterialistisch (man hantiert mit metastofflichen Zusatzannahmen, das heißt, man postuliert Entitäten – die aristotelische Essenz, die platonische Idee, die cartesische *res cogitans*, Heideggers Sein und so weiter – über das von Gaitan praktisch Erschlossene hinaus. Antimaterialistisch, das bedeutet: In allen diesen Modellen soll es mehr und andere Arten von Sachen geben als diejenigen, die man vom Baron d'Holbach bis zu Lenins Streit mit den Erfahrungsbezweiflern »Materie« genannt hat). Das wäre an sich noch kein Beinbruch – wir sind weit davon entfernt, aus irgendeiner unfruchtbaren Orthodoxie, wie sie die marxistische Literatur seit spätestens dem Tod von Friedrich Engels entstellt, nur das Dialektische und das Materialistische gelten lassen zu wollen; wenn alternative Ansätze der Welterschließung in irgendeinem Gegenstandsbereich triftiger wären, müßte man sich von Dialektik und Materialismus eben verabschieden oder sie entsprechend modifizieren.

Ohne vorwegzunehmen, ob wir das wollen und werden, möchten wir das Gestrüpp der Differenzen zwischen Natur und Kultur sowie der Folgeprobleme, die man sich einhandelt, wenn man diese Differenzen undialektisch und antimaterialistisch zu entfalten versucht, auf dem einfachsten Weg verlassen, nämlich indem wir festhalten, daß Unterscheidungen auch dann nützlich sein können, wenn sie bei höherer Problemauflösung zergehen oder sich im Gröberen nicht mehr durchhalten lassen. Die Ansicht, es könnte überhaupt Unterschiede geben, bei denen die Zurechenbarkeit beliebiger Daten auf einer der beiden Differenzseiten in alle Ewigkeit gewährleistet ist, gehört dem Platonismus und verwandtem Spuk an, wie jeder Abstecher in die Empirie unmittelbar einsichtig macht – der Unterschied zwischen wilden und domestizierten Tieren zum Beispiel: Ob ein Lebewesen zu einer der Mengen gehört, hängt vom Kulturstand der jeweiligen Menschenzivilisation ab, läßt sich aber trotzdem je und je herauskriegen und – zum Beispiel für die Verhaltensforschung – nutzbar machen.

Auf die Differenz zwischen Natur und Menschenwelt ganz zu verzichten, würde dem, was wir begrifflich hier vorhaben, rasch hinderlich; die oben berührten Varianten der näheren Bestimmung dieser Differenz aber taugen für unser Unternehmen aus den genannten Gründen ebenfalls wenig – wir helfen uns daher nominalistisch aus der Klemme, indem wir »Natur« nicht mehr als »das nicht von Menschen Gemachte«, sondern – vorläufig und offen für Revisionen im Gang der Argumentation – als »das der Veränderung durch Kommunikationsakte nicht Zugängliche« definieren.

Den Geltungsbereich dieser Bestimmung machen Beispiele deutlicher als Behelfserläuterungen: Das Scheidungsrecht, die Theateraufführungspraxis oder das Rezept für »Rote Linsen auf bengalische Art« können sich ändern, wenn die Menschen, die diese Welttatsachen handhaben, darüber anders miteinander reden, neue Verabredungen treffen, neue Befehle ausgeben und befolgen etc. – die Bläschen aber, die Gaitan gesehen hat, leuchten so oder so, gleichgültig, wie wir darüber reden. Ein Eingriff etwa ins Genom ist nach dieser Auffassung also einer in die Natur, auch wenn es sich ums Genom des Menschen handelt statt dasjenige der Maispflanze. Die Menschentatsachen aber werden bei uns, ganz wie im mechanischsten französischen Materialismus, wieder zur Teilmenge der Naturtatsachen, einfach, weil es sehr viel weniger Dinge gibt, die sich durch das Darüberreden ändern lassen, als solche, die das nicht kratzt: ein Häufigkeits-, in letzter Instanz also wieder ein statistisches, ein Wahrscheinlichkeitsargument.

IV.
Wie die Bürger ihre Welt schufen

Der moderne, heute gern auf Thomas Bayes zurückgeführte Wahrscheinlichkeitsbegriff, der uns in die Lage versetzt, solche Abwägungen zu vollziehen, war zur Zeit der Entstehung der bürgerlichen Varianten der Naturrechtslehre, die uns hier interessieren, freilich weder hinreichend entwickelt noch bei den *philosophes* auch nur im Ansatz verbreitet genug, die Grenzfluktuationen zwischen Natur und Menschengeschaffenem in ihrer unübersichtlichen Ausgefranstheit und dynamischen Abhängigkeit von der Entwicklung der Produktivkräfte zu beschreiben.

Unter »Naturgemäßheit« einer Sozialtheorie verstand man deshalb zwei Spielarten von Wahrheitsbedingungen, eine der Kohärenz und eine der Korrespondenz, die wiederum den beiden Grundzügen aufklärerischer Sozionormativität entsprechen, die wir oben den spinozistischen und den rousseauanischen Zug genannt haben.

Der spinozistische ist der rationalistische, der rousseauanische ist der empiristische. Der spinozistische stützt sich aufs Deduktive, der rousseauanische aufs Induktive. Der spinozistische hebt auf die innere Stimmigkeit der Konstruktion ab, der rousseauanische auf ihr Authentisches. »Richtig« ist im spinozistischen Modus der Aufklärung, was auf korrekte Weise, *more geometrico*, aus unanfechtbaren Axiomen herausdeduziert werden kann. »Richtig« ist im rousseauanischen Modus der Aufklärung, was der Menschennatur (die man nicht einmal »gut« nennen muß wie Rousseau, um in diesem Modus folgern und begründen zu können) paßgenau frommt, statt sie zu schänden.

Der spinozistische Gedanke ist, wie jeder aus der großen, würdigen und vielfach windigen Tradition des Rationalismus, eine verborgene Tautologie, deren Richtigkeitsverständnis leer bliebe ohne (latent immer mitgemeinte) normative Hintergedanken. »Gut und schlecht«, so mathematisch binarisiert Spinoza sie in der *Ethik* miteinander verrechnet, werden bei ihm doch immer an einer Größe gemessen, die er ohne weitere Begründung setzen muß, nämlich an ihrem Nutzen oder eben Nachteil für die Vermehrung des Tätigkeitsvermögens – das Produktive ist das Gute, was bei Spinoza bis in die Naturordnung selbst durchgreift: Lust ist nur gut, weil sie Kräfte weckt, Unlust schlecht, weil sie dieselben hemmt.

Der Rousseausche Gedanke wiederum ist, wie jeder aus der ernsten, betriebsamen und betrugsgefährdeten Tradition des abendländischen Empirismus, schuldig der von Hume aufgedeckten ernsten logischen Schwäche, daß man aus einem Sein nun mal kein Sollen ableiten darf, wenn man es nicht mit der Willkür halten will. Befunde sind nun mal kontingent, deontische Sätze aber bindend oder nichtig, es gibt dazwischen keine Brücke.

Die ideengeschichtliche Pointe der Juxtaposition dieser beiden Denkstränge im Werden und Wirken der Aufklärung ist indes die, daß erst aus ihrer Verbindung die Unwiderstehlichkeit der Gesamtdynamik »Aufklärung« hervorgeht: Was Spinoza sagt, kann gar nicht falsch sein, ist aber trivial ohne die Beimengung dessen, was Rousseau zu denken aufgibt, obwohl dies, da es einfach die Setzung vornimmt, um die sich die spinozistische Formel drückt, weder wahr noch falsch sein kann. Das rechnend Objektive, als das der Spinozismus dem Geflecht aus ontischen und deontischen Elementen der Sozialgeschichte zu Leibe rückt, und das authentisch Subjektive, das Rousseau in Stellung bringt, um die Unabhängigkeitserklärung der Unterdrückten von ihren Bedrückern mit einem Argument zu bewaffnen, durchdringen einander im Begründungsgeflecht des bürgerlichen *pursuit of happiness* unauflöslich, einzeln nicht zu fassen, gemeinsam nicht zu widerlegen. Die beiden Igel Rousseau und Spinoza lassen den Hasen Plato sich zu Tode hetzen.

Die Einführung dieses Begründungsgeflechts für die Setzungen der *droits de l'homme* inklusive der wirtschaftlichen (Besitz, Kauf, Verkauf) war der größte Neuerungsschub und Schock seit den Zerfallsbeben der Spätantike. Alles änderte sich – nicht etwa nur deshalb, weil, wie die Gelehrten bis auf den heutigen Tag unermüdlich aufzeigen, beweisen und herleiten, damit eine neue Sorte Subjektivität in die Welt kam samt einer neuen (man sagt meist: säkulare, innerweltliche, entzauberte) Kosmogonie und Kosmologie, sondern weil die Bürger dieses Begründungsgeflecht, statt es allein propagandistisch gegen Religion und Ständegesellschaft zu wenden, sich an ihm tatsächlich orientierten, als sie mit ökonomischen und politischen Waffen von größter Durchschlagskraft die Produktion, das Recht, den Staat umgestalteten und unter die Bestimmungen ihrer Klassenprogrammatik stellten.

Dies, nichts anderes, bedeutet unser bei Marx und Engels geborgter Ausdruck, jenes Geflecht sei in der bürgerlichen Aufstiegszeit »zur materiellen Gewalt geworden« – bei diesen beiden Autoren nämlich bezeichnet »Materialiät«, »das Materielle« und der in ihrer Nachfolge scheußlich zerredete (dialektische, historische etc.) »Materialismus« immer die Orientierung des Denkens an menschlicher Praxis und deren gesamter irdischer Domäne, also nicht einfach das Reich der Ursachen und Wirkungen aus Steinen, Holz, organischer Materie und so weiter, sondern das Reich begründeter und begründbarer Handlungen und alles, was darin vorkommt.

Im sechzehnten und siebzehnten europäischen Jahrhundert, unmittelbar bevor besagte materielle Gewalt entbunden wurde, hatte zunächst das holländische Bürgertum aus calvinistischen Warenproduzenten und Händlern dem spanischen Absolutismus und damit der zur Weltordnungsmacht aufgestiegenen Feudalität sowie ihrer ideologiepolitischen Hauptstütze, dem Katholizismus, raumpolitische Grenzen gesetzt. Während die alten Mächte noch ihre Mühe hatten, mit dieser Veränderung zurechtzukommen, begann bereits der Aufstieg Englands, dessen Bürgerklasse schließlich den beiden Hauptstützen der Niederlande, Handel und Kolonialismus, die neue Wertschöpfungstechnik verwissenschaftlichter kapitalistischer Produktionsoptimierung zugesellte und damit der kontinentalen Konkurrenz bald den Rang ablief.

Alles, was per Erzeugung im Lohnarbeitsverhältnis und Verkauf als Ware auf dem Weltmarkt umgesetzt werden konnte, nach neuen, wissenschaftlichen, also aus der Verbindung von Beobachtung, Hypothese und logischer Verknüpfung aller daraus zu folgernden Propositionen hervorgegangenen Prinzipien tatsächlich herzustellen und zu verkaufen, erwies sich als Schlüssel zum tatsächlich sowohl richtigen wie authentischen, nämlich geschichtswirksam selbstgemachten Leben für diejenigen, eben Bürger, die das Zeug (im physischen wie moralischen Sinn) dazu hatten, auf diese Weise zu wirtschaften.

Die Auffassung, das Menschenglück ganz allgemein werde auf diese Weise gemacht, verbreitete sich rasanter als jedes andere Eudaimoniekonzept in der Geschichte.

Prinzipiell alles Brauchbare und Schöne für prinzipiell alle herstellen, verkaufen, verschiffen zu können, unabhängig vom Wegerecht und anderen Ständeprivilegien: Das war die erste praktisch durchzusetzende Universalie der neuen Erzeugungsweise, und ihrer Universalität entsprach dann alles, was in deren Umkreis gedacht wurde – das Erkenntnisideal (zuerst von Bacon formuliert: Prinzipiell alles erforschen, alle Erkenntnis ordnen, mit derselben Methode prinzipiell allen Problemen zu Leibe rücken, die sich überhaupt formulieren lassen) so gut wie das soziale (prinzipiell alle Menschen sind gleich, zunächst noch vor Gott, dann vor dem diesen bald ablösenden »Richterstuhl der Vernunft«).

Die Bürger wirtschafteten anders (vor allem erfolgreicher, produktiver, spinozistisch gesehen also: richtiger) als die Feudalen; und ihre Denker dachten anders (wenn auch nicht unübersetzbar anders) als die Scholastiker (die Linksscholastik hatte da allerdings vieles vorbereitet, der Weg von Ockham zu Bacon ist nicht allzuweit). Das neue Denken war aber nicht einfach eine andere Sicht auf bekannte Dinge, sondern ein Explizitmachen ihrer Potentiale für das, was die Bürger wollten und bereits tatsächlich taten: Die Veränderung der Welt gemäß einem neuen Normensatz. Zu viele Ideengeschichtler des zwanzigsten und einundzwanzigsten Jahrhunderts neigen dazu, den entscheidenden nichtdiskursiven Unterschied zwischen der Ideenwelt der aufsteigenden Bürgerklasse und der Ideenwelt ihrer Gegner aus den Augen zu verlieren: Eine große Anzahl Welttatsachen verhielt sich, wie die Heliozentristen, Mechaniker, Maschinenbauer sagten, auch wenn sie's nicht sagten; allerlei ethnostrukturale Kruditäten, vorwissenschaftliche Konstrukte wie die Alchimie, die starren Ontologien des chinesischen Beamtenkosmos (der dann Klassifizierungen von in der Natur Vorfindlichem hervorbringt, wie sie sich Jorge Luis Borges für seine berühmte satirische Taxonomie, welche die Fauna nach »Tieren, die dem Kaiser gehören, einbalsamierten, gezähmten, Sirenen, Fabeltieren, herrenlosen Hunden« ordnet, zum Vorbild genommen hat) sollen einander nach dem Willen von Figuren wie Paul Feyerabend, radikalen Lesarten der Ideen von Kuhn oder Lakatos und Foucaultianischer Wissensarchäologie einerseits inkommensurabel sein, andererseits aber eben deshalb irgendwie transzendental gleichwertig, da qua Unvergleichlichkeit der hierarchisierenden Bewertung entzogen. Tatsächlich liefern diese Weltmodelle einander ausschließende Maßstäbe für richtig und falsch, der Witz an der bürgerlichen Naturerschließung, deren von Bacon kodifizierter Methodenlehre und dem metanarrativen Rahmen der Aufklärung ist aber, daß diese drei einen Maßstab identifizieren, an den sich die Gegner im Umgang etwa mit den Gezeiten, der Navigation auf See oder der Landwirtschaft längst hielten – wo es dem Herzog und dem Domprobst was bringt, denkt er nicht anders als der französische Materialist, nur fürs Soziale hat er eine Sonntagslehre aus göttlicher Legitimität und fraglos zu akzeptierender Tradition ersonnen, die von der Aufklärung als überflüssig weggekürzt werden konnte. Das Denken der Bürger brachte behauptete Welttatsachen als überflüssige Zusatzannahmen zum Verschwinden; es war also nicht einfach eine neue Art, die vorhandenen Daten zu gruppieren, sondern ein Verfahren, die Menge der Kriterien zu reduzieren, an denen man die Daten maß. Weil uns das, da wir es samt den Erfolgen, die es ermöglichte, und den Reichtümern, die es schuf, geerbt haben, gleichsam sozialintuitiv einleuchtet, kommen uns umgekehrt die Debatten, die man führte, als es erst durchgesetzt werden mußte, heute weniger inkommensurabel als vielmehr wie Zeitverschwendung vor: Gegen Galileis Entdeckung der Jupitermonde wurde noch im frühen siebzehnten Jahrhundert vorgebracht, sie verstoße aufgrund ihrer Veränderung der Sonnenbegleiterindizes gegen die im Makro- (die damals bekannten Metallsorten, irgendwelche Tierordnungen etc.) wie Mikrokosmos (etwa beim Abzählen der Öffnungen im menschlichen Kopf) allein maßgebliche Siebenzahl. Ob etwas existierte und wie es funktionierte, darüber entschieden bei den zugelassenen Intellektuellen der Sklavenhalter- und Feudalepochen nicht Beobachtung, Aufstellen von Sätzen, Probe und Gegenprobe, sondern die Freiheitsgrade des vorausgesetzten Weltmodells. *Agencements* von Ideen wie die christliche Religion, der Hinduismus oder Konfuzianismus rechtfertigen existierende soziale Arrangements (wenn das auch, vulgären Ideologietheorien zum Trotz, längst nicht alles ist, was sie leisten), das bürgerliche Denken aber war geeignet, dabei zu helfen, ein solches Arrangement zu zerstören: Das ist, über die oben angeführte Ausnutzung des Widerspruchs zwischen Alltags- und Sonntagsweltsicht der Gegner hinaus, der zweite entscheidende Unterschied zwischen den Ressourcen und Leistungen der Aufklärung einerseits, der zweite wichtige Unterschied zwischen dieser und beliebigen weitverbreiteten Denksystemen andererseits.

Weil die europäischen Bürger eine Rede- und Schlußweise entwickelt hatten, die ihnen die Koordination ihrer Taten untereinander und den produktiven gesellschaftlichen Stoffwechsel mit der Natur massiv erleichterte, mußten schließlich sämtliche Gesellschafts- und damit auch symbolische Weltaneignungsordnungen, die der Expansion der Träger jener Ideenkomplexe im Weg standen, unter Anwendung ökonomischer, politischer, relativ selten auch: physischer Gewalt weichen. Jahrhunderte, bevor Marx verlangte, man solle die Welt nicht länger bloß verschieden interpretieren, sondern verändern, machte die Aufklärung mit der Überführung von Erklärungs- und Voraussagekraft weit ausgreifender Theorien über Natur und Gesellschaft in politische Gestaltung ernst.

V.
Kann die Aufklärung wahr sein?

Wie schon bei Schönheit, Größe und Güte der griechischen Antike machen die Maßstäbe, die man gewinnt, wenn man die bürgerlichen Stärken verallgemeinert, indem man von ihrer historischen Gewaltgrundlage (Stichwort »ursprüngliche Akkumulation«: Die Lohnarbeiter mußten erst gemacht werden, die Kleinbesitzer enteignet, dabei gingen die Bürger durchaus nicht immer zartfühlend vor) abstrahiert, den besonderen Weg, auf dem sie geschichtswirksam wurden, fragwürdig. Am gefährlichsten fürs Behagen und die Selbstgewißheit des bürgerlich-liberalen Bewußtseins ist dabei der Wahrheitsbegriff der Aufklärung (seine Baconschen, spinozistischen, Rousseauschen Aspekte haben wir kennengelernt, das Buch wird sie um weitere, präzisierende ergänzen): Während vor und jenseits der aufgeklärten Ideenwelt das Wahre Offenbarungs-, Reflexions- oder Traditionscharakter hat, sich also an keiner Praxis, keinem *procedere* von Probe und Gegenprobe bewähren muß, denkt die Aufklärung erstens empirisch-protopragmatistisch (wie später bei Dewey und Rorty ist wahr das, was funktioniert) und zweitens, in dialektischer Spannung hierzu, rationalistisch-probabilistisch (für die Aufklärung kann ein Gedanke durchaus erfolgreich sein, ohne wahr zu sein: Das Erbe des Aristotelismus, die Unterscheidung Wesen/Schein, hat man im Entstehungsprozeß der neuzeitlichen Weltsicht in ideologiekritischer Absicht gegen alle religiösen, philosophischen und sonstigen Ideenbauten gekehrt, die nicht nach Bacons Regeln errichtet waren). Nur weil die Aufklärung somit dialektisch denkt: »Was der Praxis hilft, mag dennoch falsch sein, was ihr aber schadet, kann niemals wahr sein«, besitzt der Bürger einen Begriff vom Fortschritt: Unsere heutige Praxis muß weiter optimiert werden, damit wir diejenigen verkehrten Ansichten loswerden, die wir noch nicht entlarven konnten, weil sie in den Grenzen dessen, was wir jetzt tun, richtig zu sein scheinen. Das Bessere ist der Feind des Guten, und das »Ding an sich«, dessen zutreffender Auffassung sich die Forschung *incrementally* und approximativ nähert, ist die notwendige Leerstelle der Verbesserbarkeit der Welterschließungstechniken, die wir besitzen; das Eschaton der Nichtoffenbarung.

Wer in diesem Wahrheitsbegriff erzogen wurde, kann dank seiner sogar erkennen, daß die zentralen Begründungszusammenhänge, die für das bürgerliche Zeitalter das Sein und das Sollen, Erkenntnis und Interesse zusammenbringen möchten, nach denselben Kriterien im Grunde fadenscheinig sind, die seine transzendentale Axiomatik ausmachen.

Die ersten Wahrheiten des neuen Systems der Wahrheitengewinnung sind gar keine, das mittels der Insistenz auf der Verbindung von Beobachtung und zwingenden Folgerungen eskamotierte Normative, das hinter Vernunftbestimmungen und Datenerhebung zum Verschwinden gebracht werden soll wie der Zauberer von Oz hinter seinem Wandschirm, liegt nach der Selbstaufklärung der Aufklärung, Unterwerfung des Gedachten unter die Kritik, so unbegründbar zutage, wie es immer war, vergleichbar dem kategorischen Imperativ, der sich aus nichts folgern läßt, ohne den Humeschen Einwand zu verletzen, und aus dem weder auf induktivem noch auf deduktivem Weg etwas folgt, was nicht einfach Dezision ist (ich will so handeln, daß die Maxime meines Willens jederzeit zur Grundlage einer allgemeinen Gesetzgebung gemacht werden kann, oder ich will dies nicht). Der von der Aufklärung erzeugte Schein, ihre Verknüpfungen ethischer Postulate mit wahren Aussagen seien ihrerseits wahre Aussagen, zerriß nicht, weil die christlich-feudale Wissenskultur samt ihren platonischen und neuplatonischen Beimengungen aus der Antike den öffentlichen Gedankenaustausch mehr als anderthalb Jahrtausende lang daran gewöhnt hatte, Ontisches, Deontisches und Logisches in systematischen Kategorienfehlertransaktionen ineinander kollabieren zu lassen – dergleichen Kategorienfehler sind das tägliche rhetorische Brot gerade anspruchsvoller Erlösungsreligionen, im Gegensatz etwa zu animistischen oder stärker am Ritual als am Dogma interessierten.

Die logischen und eristischen Sitten und Unsitten in den betreffenden, nach allen Richtungen und auf allen Ebenen streng regulierten, restringierten, polizierten Kleinstöffentlichkeiten wurden von der Aufklärung länger in Ruhe gelassen und freundlicher geschont als je irgendein konkreter Kanzelsatz. Die *lumières* konnten ihnen immer wieder erliegen, weil die Konkurrenz ihr das wegen eigener, weit gröberer Vergehen auf diesem Feld schwerlich zum Vorwurf machen konnte. Mehr noch: Sie hatten subjektiv wohl keine Wahl, sie mußten die schlechten Gewohnheiten der voraufgeklärten Philosophie mitschleppen, weil sie derselben Konkurrenz sonst zuviel wertvolles Terrain hätten überlassen müssen.

Der Kampfverlauf erzwang symptomatisch kompromiß- und importförmige Formen der Auseinandersetzung mit voraufgeklärten Denk- und Argumentationsmustern, die man in langer geistesgeschichtlicher Aufarbeitung für naturgegeben zu nehmen gelernt hat, die das aber keineswegs sind. Einige Beispiele:

1. Die Enzyklopädie, zur ersten neuzeitlichen literarischen Kunstform der Wahrheit veredelt von Bayle, Diderot, D'Alembert, ward gemodelt nach dem fatalen Vorbild eines Buchs der Bücher und sollte dieses ausstechen. Noch die besonnensten Texte der enzyklopädischen Gattung kranken an der Suggestion der Abschließbarkeit, die dem wissenschaftlichen Gestus der *open inquiry* nach Baconschem Rezept im Innersten widerstreben müßte.

2. Die »Gewißheit«, nach der Descartes strebte und die ihre Spuren bis zu Leuten wie David Hilbert und den Wiener Neopositivisten hinterließ, also Leuten, die jedem Obskurantismus und jeder Metaphysik denkbar fernstanden, ist ein reichlich unaufgeklärtes Forschungsziel und wird doch immer wieder für eine notwendige Bedingung jeglicher Exaktheit ausgegeben, mit der sie methodologisch in Wirklichkeit überhaupt nichts zwingend verbindet.

3. Das Kritikmodell der Entlarvung (auf Lehrer-Neudeutsch: »Hinterfragen«), das nicht die immanenten Widersprüche einer zu be-

greifenden Sache entfalten und damit diskutierbar machen will, sondern um jeden Preis hinter jeder wie auch immer gearteten Sache zwanghaft eine wesenhaft andere, wahre, von der phänomenalen nur verdeckte freilegen muß, ist ein fatales, nur äußerst oberflächlich säkularisiertes Erbstück aus den Archiven des Leib-Seele-Dualismus. Neben anderen Mißlichkeiten, die an ihm kleben, verführt es Köpfe, die unzureichend auf seine Schwächen reflektieren, immer wieder zum borniertesten Patzer zahlreicher vor allem im zwanzigsten Jahrhundert von kritischen Amokläufern praktizierter Spielarten der Ideologiekritik, wonach man bei Aussagen, die einem nicht schmekken, das Recht habe, zunächst einmal zu fragen, was diejenigen, die sie machen, von ihnen haben, und erst später, wenn überhaupt, ob sie eigentlich wahr sind. Wer sich Kritik nur als Entlarvung vorstellen kann, vergißt bald, daß Aussagen manchmal einfach das bedeuten, was sie sagen, und nicht immer etwas anderes, das man mithilfe der analytischen Vokabulare Marxens oder Freuds ans Tageslicht zerren muß.

4. Bacons »Wissen ist Macht« inspirierte ein fatales Bild, das von der Beherrschung der Natur. Es stammt aus dem feudalen Privilegiensystem: Der Leibeigene wird vom Herrn beherrscht, weil jenem der Boden gehört, er herrscht also über beide. Stimmt das? Natürlich nicht. Etwas, das keinen Willen hat, nichts plant und keine Ziele setzt, kann niemand beherrschen, denn Herrschaft bedeutet immer die tendenzielle Negation eines wirklichen oder potentiellen Willens durch einen anderen, in letzter Instanz die Möglichkeit der Brechung von Widerstand dagegen, daß ein willensfähiges Wesen unter die Bestimmungen eines Willens gesetzt wird, der nicht sein eigener ist. Was die wissenschaftlich möglich gemachte Technik, auf die es das falsche Bild von der Naturbeherrschung abgesehen hat, tatsächlich erlaubt, ist nicht die Herrschaft über die Natur, sondern den Verkehr mit ihr in Form von Arbeit statt bloß von Jagen und Sammeln.

5. Der Freiheitsbegriff der Aufklärung ist nicht so aufgeklärt, wie sie glauben macht. Freiheit, subjektiviert zur Willensfreiheit als anthropologischer Prämisse aller im aufgeklärten Denkrahmen möglichen ethischen Kalküle, ist ein der Freiheit zur Sünde, dem zunächst aus

dem Humanismus bezeugten, dann für den Protestantismus wesentlichen Begriff von den Optionen der einzelnen unsterblichen Seele nachgebildeter oberster politischer Welt, dessen opake Beschaffenheit das bürgerliche Selbst, in dem ein *secretum meum* (Petrarca) lebt, auf ein universales Gattungsniveau abstrahieren soll. An dieser Freiheit finden in den polemischen, im engsten Verständnis politischen Phasen der Aufklärungspublizistik sogar andere, scheinbar basale Naturrechtskategorien ihre Grenze – »Give me liberty or give me death« ist eine Kamikazelosung, die bis ins zwanzigste Jahrhundert (vor allem dessen zweite Hälfte, das *American Century)* politische Fakten setzen sollte und sich erst langsam (und unter Schmerzen sowie Rückfällen in verhängnisvoll Vorbürgerliches) wieder verliert. Noch der amerikanische Präsident Franklin D. Roosevelt versuchte in seiner berühmten, von Norman Rockwell mit einem ikonologisch zu uferloser Ausdeutung einladenden Bilderquartett illustrierten *State of the Union-Address* vor dem Kongreß am 6. Januar 1941 den durch allerlei kleine und große Betriebsunfälle der Geschichte lädierten und verzettelten Katalog der Menschenrechte nicht etwa auf vier Grundwahrheiten, vier Grundgesetze oder vier Grundforderungen, sondern vier Grundfreiheiten zu reduzieren: Freiheit der Rede, Freiheit des Glaubens, Freiheit von Not und Freiheit von Furcht. Eine solche Wesensbestimmung der politischen Grundrechte, die »Freiheit« zur anthropologischen Essenz erklären muß, halst sich einen seit spätestens der Französischen Revolution immer wieder erbittert ausgefochtenen, jahrhundertelangen Streit zwischen den beiden Normativpolen »Freiheit« und »Gleichheit« auf, der leicht zu vermeiden wäre, wenn man die dieser Binarität zugrundeliegende Opposition – hier Individuum, hier Kollektiv – als scheinhaft erkennen würde: Wo die Freiheit der Einzelnen durch den Gleichheitsnutzen bedroht erscheint, wird schlicht ausgeblendet, daß Freiheit selbst eine sozialrelationale, keine individualontische Kategorie ist: Robinson Crusoe ist, bis Freitag eintrifft, eben nicht frei, sondern bloß von anderen unbelästigt. Er hat mit der Naturnot zu kämpfen; Freiheit im neuzeitlichen, bürgerlichen Sinn jedoch setzt Muße voraus – schon die Luxusgüter »freie Rede« (eine Meinung artikulieren also, die man sich erst einmal gebildet haben muß), das Wählen und Sichwählenlassen, also die basalen liberaldemokratischen staatsbürgerlichen

Funktionsrechte, setzen eine hochgradig arbeitsteilige, der übelsten Naturnotwendigkeit durch kollektives, nicht mehr vom Ernteglück allein abhängiges Wirtschaften enthobene Vergesellschaftungsform voraus. Die Frage an Liberale, die dies nicht einsehen wollen, muß lauten: Wieviel von dem, womit du deine Freiheit und Individualität leben kannst, von der Kleidung und Nahrung über die Mittel deines Erwerbs bis zu den sublimsten Dispositiven kultureller Erfahrungen, hast du selbst hergestellt? Wie autonom ist deine Freiheit einerseits und wie weitreichend andererseits Resultat eines Menüs, das kollektive Produktion nicht nur von lebensgestalterischen Optionen voraussetzt?

Alle diese Irrtümer – der invertierte Bibelglaube der Enzyklopädisten, die Verdinglichung des Erkenntnisprozesses zum Automaten für die Herstellung von Gewißheiten, das Mißverständnis von Kritik als Überführung der einen Sorte Substanz in die andere, die falsche Bestimmung der Technik als Instrument der Naturbeherrschung, die Fehllektüre der Forderungskataloge des Naturrechts als Selbstverwirklichungsregister individueller Freiheitsoptionen – sind auf höherer Gesellschaftsstufe als derjenigen, in der die bürgerliche Emanzipation durchgesetzt werden mußte, erkennbar und korrigierbar, damals aber waren sie notwendig, weil nur sie, in der seinerzeit von erfindungsreichen Leuten zur intellektuellen Kriegsmaschine gegen die alte Ordnung montierten Konstellation, der denkerischen Unruhe, welche die schönste Tugend der Aufklärung ist, den nötigen Anfangszustand bereitstellen konnten, von dem sich abzustoßen die vieldiskutierte, oft beklagte und selten mit angemessener Dankbarkeit gewürdigte Entzauberung der Welt bedeutete.

VI.
Verum, Factum, Implex

Daß man, als die Neuzeit zu sich kam, glaubte, etwas freizulegen – eine menschliche Natur, eine *prima philosophia*, eine neue Sorte Gewißheit –, weil man nicht sehen durfte und wollte, daß man in Wahrheit etwas erschuf, gehört zu den Latenzen, die das Menschenhirn zu allen Zeiten davor beschützen, vor lauter Wahlmöglichkeiten an sich selbst als der Instanz irrezuwerden, die da wählt. Wie bei einer Psychotherapie die Blockaden, die Hindernisse auf dem Weg zur Erlangung und Entfaltung der Fähigkeit zu lieben, zu lernen und zu arbeiten beseitigt werden, indem mittels »praktisch-poietischer« (Cornelius Castoriadis) Tätigkeit ein »ich« über die Freilegung der stattgehabten Lerngeschichte des betreffenden Hirns mindestens so sehr konstruiert wie rekonstruiert wird, haben die Aufklärerinnen und Aufklärer den Menschen ermöglicht, den sie freilegen wollten. Daß man nie wird entscheiden können, ob die Kindheitstraumata und anderen Seelenmeilensteine, die in der Therapie ausgegraben werden, sich wirklich so zugetragen haben (selbst wenn äußere Dokumente die Befunde stützen, ist bis zur Entwicklung einer Sorte Hirnscanning, die solche Anamnesen dahingehend plausibilisiert, daß sich wirklich »ältere Schichten« von Denk- und Erfahrungsprozessen auffinden und datieren lassen, nicht zu gewährleisten, daß das Erinnerte wirklich so erlebt wurde), ist gar kein Beinbruch, der Vernunft ist es egal, ob sie wiedergefunden oder neu geprägt wird. Freuds Forderung »Wo Es war, soll Ich werden« ist nicht darauf angewiesen, daß das Ich irgendeinem rousseaunischen »erkorenen Butzemann« (Adorno) korrespondiert, ein neu synthetisiertes erfüllt denselben Zweck, dem Individuum die Chance zur Liebe, zum Lernen, zur Arbeit zu öffnen. Der ganze Vorgang »Aufklärung« ist zutiefst unnatürlich, weil schon Wahrheit, das also, worauf er abzielt, keine Eigenschaft von Sachverhalten, sondern von Sätzen, menschengemachten Propositionen ist.

Das Naturrecht, die Enzyklopädie, das *secretum meum* der Gewißheit über die Vorgänge im eigenen Hirn, die Kritik, die Naturbeherrschung: Linksscholastik, Renaissance, Humanismus, Reformation hatten Zutaten vorbereitet, die im Medium der bürgerlichen Emanzipation explizit machten, was ihnen allen gemeinsam war – eine neue Art Gesellschaft, ins Werk gesetzt von Leuten, die in ihr eine neue Art Menschen wurden. Das Naturrecht wurde wahrgemacht unter paradoxen Voraussetzungen: Man mußte glauben, es sei bereits etwas Gegebenes, um den Mut aufzubringen, es zu etwas Gegebenem zu machen. Die produktiven Potenzen dazu waren im Schoß der alten Gesellschaft gewachsen; die neue war ihnen implizit – sie war, wie wir das in diesem Buch nennen wollen, ihr Implex. Der Wortgebrauch trägt mehrere Bedeutungen: eine formallogische (Implex ist, was expliziert werden kann), eine genealogische (in der Ahnenforschung bezeichnet das Wort den Ahnenverlust, das heißt die Erscheinung, daß in der Ahnenliste einer Person bzw. eines Lebewesens Ahnen mehrfach auftauchen, so daß die Anzahl der tatsächlichen (verschiedenen) Ahnen niedriger ist als die bei den meisten Lebewesen theoretisch mögliche Anzahl der n-ten Potenz von 2 in der n. Generation) und eine poetisch-metaphorische (von Paul Valéry ausgestaltete: Implex ist der Anteil eines Musters, der weder von dem Wort »Form« noch von dem Wort »Inhalt« hinreichend erfaßt wird und der nicht-detektivischen, nicht-reduktionistischen, nicht-entlarvenden Hermeneutik bedarf, um zu erscheinen), alle meinen wir mit: Die formallogische spielt in unseren Versuch, »Fortschritt« ohne Orthogenese und Entelechie, also ohne die Garantie einer systemisch vorgegebenen Höherentwicklung irgendwelcher Gesellschaftsformen zu denken, also ein Geschichtsbild zu entwickeln, das von der Hegelschen ein paar Bewegungsgesetze erbt, aber nicht die Illusion der Gerichtetheit; die genealogische des Ahnenverlusts erinnert uns daran, daß Möglichkeiten real sind auch da, wo sie nicht realisiert werden, ja wo ein geschichtliches Startfenster geradezu verpaßt wird (daß der Sozialismus nicht in dem von Marx und Engels geahnten Zeit- und Ereignisrahmen aus dem Kapitalismus hervorging, heißt nicht, daß es nicht so hätte sein können – selbst Skeptiker werden zugeben müssen, daß es qualitative Unterschiede zwischen dem Nichteintreten jener Vorhersage und etwa dem Ausbleiben des von irgendwelchen Sektierern aufgrund von Engelsstimmenhalluzinationen erwarteten Weltendes für den 1. Januar 1999 gibt; diese Unterschiede, die uns aus bestimmten, im weiteren zu entwickelnden Gründen sehr interessieren, fassen wir dann kategorial mit der Feststellung, bestimmte nicht unwahrscheinliche Folgelagen seien ein Implex einer spezifischen Ausgangslage gewesen, andere nicht); die poetische wird uns beschäftigen, wo uns die Untersuchung der jüngeren Vernunftgeschichte, die wir uns vorgenommen haben, dazu nötigt, Fragen der Transparenz oder Intransparenz von Denk- und Sprachbildern überhaupt zu untersuchen.

VII.
Rückwärtsvorhersagen, theoretische und praktische Spekulation

Folgt man unserer Betrachtungsweise, so tun die Menschen des sechzehnten bis achtzehnten Jahrhunderts das Richtige mit falschen Begründungen, weil zunächst, da die Leute noch mitten im Falschen stecken, keine richtigen zu haben sind.

Diese Konstellation aber überlebt ihre Voraussetzungen: Noch ein so später (und in seinem Beharren auf *Enlightenment values* grundsympathischer) bürgerlicher Liberaler wie John Rawls kommt in seiner 1971 (also mitten im schönsten kulturrevolutionären Atmosphärendonner des 68er Rousseau-Revivals) nicht um den Rückgriff auf die Erkenntniskrücke einer »Urzustandshypothese« herum, dessen teleologische Zirkularität – der spekulative Urzustandserforscher findet dauernd Ostereier, die er selbst versteckt hat – ihm allerdings immerhin bewußt gewesen zu sein scheint.

Es ist fast so, als ob, solange kein höherer (nämlich zugleich produktiverer und freierer, wir bleiben auf Spinozas und Rousseaus gemeinsamem Boden) zivilisatorischer Zustand als der vom frühen Bürgertum erlebte sich eingestellt hat, immer wieder über den Geschichtsverlauf auf dieselbe Weise nachgedacht wird, wie es die Analyse der Individualneurose mit dessen Kindheit anstellt: Das Irrationale der frühen Konstellationen muß mit der Rationalität des erst noch zu verwirklichenden, des erstrebten Gesundheitszustandes rückwirkend vermittelt und dabei gleichsam gerechtfertigt werden – der marxistisch geschulten Leserin wird spätestens hier auffallen, daß das, was wir für die Aufklärung und ihre logisch und induktiv fragwürdigen intellektuellen Ursprünge sagen, nach Marx erst recht für die ökonomische Daseinsbedingung der Neuzeit, die Quelle allen bürgerlichen Reichtums, das Kapitalverhältnis, gilt: Es ist vernünftig nur im Hinblick auf seine historische Rolle, den allgemeinen Reichtum zu schaffen, der wiederum Voraussetzung für die Abschaffung der Klassengesellschaft insgesamt ist. Erst wenn tendenziell alles für tendenziell alle produziert werden kann (was vor dem Kapitalverhältnis und der entwickelten Warenwirtschaft kein Strukturmerkmal der menschlichen Gütererzeugung war), kann daran gedacht werden, die Unterschiede zwischen den Menschengruppen hinsichtlich ihrer rechtlichen, politischen, sozialen Stellung zu den Produktionsmitteln aufzuheben.

Analog dazu könnte ein bürgerlicher Liberaler also sagen: Wenn auf die Aufklärung, deren Begründungsgeflecht wie aufgezeigt ein seltsamer Wechselbalg aus Rationalismus und Empirismus ist, eine durchsetzbare Version des Naturrechts, eine Blaupause für den liberalen Rechtsstaat folgt, dann war sie selbst in ihrer eklektischen Unvernunft vernünftig.

Was für eine Sorte »Wahrmacher« (Armstrong) aber ist das, der die Aufklärung da sowohl ermöglicht und begleitet hat wie aus ihr hervorgegangen ist, und wie wird überhaupt ein falsches ontisches oder deontisches Verhältnis Wiege eines richtigen? Wir schlagen vor: Auf dieselbe Weise, wie normative Sätze »wahr werden«, mit denselben Mitteln, die sie »wahrmachen«: nicht als Glieder in einer inferentiellen Kette, sondern als Aussagen, die denen, die sie gebrauchen, die Mittel zur Aufhebung der historischen Voraussetzungen für die Formulierbarkeit solcher Sätze an die Hand geben und selbst wieder geschichtliche Spuren hinterlassen. Statt Begründungsketten, die sich an Kausalketten schmiegen wollen, haben wir es also mit Entwürfen, Blochschen »Utopien«, Marxschen »Programmen« zu tun, Software für die tätige Umgestaltung der sozialen Welt, eine Sorte Tatsache also, für welche die Bürger nach einem Bild aus der Astronomie, die sie ehrten, weil deren Fortschritt eng mit einem wichtigen Säkularisierungsschritt der Wissenshistorie verbunden war, das Wort »Revolution« gebrauchten.

Denken wir die Kernsätze der Aufklärung als normative, verschiebt sich die Perspektive weg von der Rekonstruktion und hin zum Nochnichtgedachten, Nochnichtgelebten – die *arché* verliert Wichtigkeit, die theoretische und praktische Spekulation übernimmt das Feld.

Man wird, wenn man die Geschichte der Vermehrung menschlicher Glücksmöglichkeiten, des Kampfes gegen vermeidbare Leiden verstehen und hin zur Freiheit, Gleichheit, zur Herstellung der solidarischen Menschheit und Beseitigung der diese verhindernden antagonistischen Widersprüche im Sozialen nicht nur die Klassiker der politischen Sozialgeschichtsschreibung und Gesellschaftstheorie befragen müssen – Hobbes, Locke, Marx, Weber. Ohne sie ist zwar bei dem Stoff, um den es geht, kein Durchkommen, ihre Ideen werden uns im folgenden ebenso wie die weniger bekannter, mit demselben Stoff auf ähnliche Weise befaßter Leute namens Barbauld, Paine oder Poulain de la Barre immer wieder begegnen. Genauso aufmerksam aber wird man sich, wenn man es mit der benannten Perspektivverschiebung ernst meint, bei denen unterrichten müssen, die inspirierte Fiktionen und irreduzible Taten beim Weltwerden der modernen Welt, beim Kampf um Emanzipation, beim Explizitmachen des Übersehenen oder von den jeweils zugelassenen Debatten Ausgeschlossenen riskiert haben.

Inspirierte Fiktionen: Die modernen Spielarten der kontrafaktischen Kunst, des phantastischen Erzählens, der narrativen Spekulation, aus denen wurde, was man heute als Science-Fiction oder Fantasy kennt, haben ihr Herkommen alle aus der Aufklärung, der Proto-Aufklärung (vulgo »Humanismus«) und der Selbstreflexion der Aufklärung, von der nicht nur dem Namen nach gattungsprägenden *Utopia* des Thomas Morus (1516) über Bacons *Neu-Atlantis* (1629), religiöse Historienphantastika über den Fortschritt zum Wahren wie Miltons *Paradise Lost* (1667) oder Paul Bunyans *Pilgrim's Progress* (1678), Johannes Keplers bereits deutlich säkulareres *Somnium* (1692), Cyrano de Bergeracs *Andere Welten* (1657-62), Swifts *Gullivers Reisen* (1726) und Voltaires *Micromégas* (1750) bis hin zu Mary Wollstonecraft Shelleys die aufgeklärtesten Zweifel an den Ergebnissen der Aufklärung artikulierende Erzählwerke *Frankenstein* (1818) und *The Last Man* (1826) – die Sphäre, in der diese Art Kunst das *novum* der Neuzeit anschaulich und erzählbar ist, werden wir auf der Suche nach dem, was sich an ihr vom Fortschritt explizit machen läßt, durchmessen.

Irreduzible Taten: praktische menschliche Emanzipation, Arbeiterbewegung, Erringung von Frauenrechten, Antikolonialismus, die Ereignisgeschichte der Bauernkriege, der Katharer, der Indigenen im Widerstand gegen die weißen Eroberer, der Levellers, Diggers, Ranters, Sansculotten, Communarden, Bolschewiki, spanischen Anarchisten, Zapatistas, Machno-Anhänger, Räterepublikaner, unzufriedenen Greisinnen, unklassifizierbaren Sozialexperimentatoren, renitenten sexuellen Minderheiten – wer, wenn nicht diejenigen, die sich Freiheit und Rechte erstreiten müssen, macht die Freiheitsgrade scheinbar gegen jede Weiterentwicklung oder gar Überwindung abgedichteter Zustände sichtbar? Wir werden versuchen, von diesen Menschen zu lernen, was die immer gewußt haben, und an allen Orten, an denen sie kämpfen, stets wissen: Nicht hinzunehmen ist der *status quo,* daß nicht alle Menschen ausreichend, geschweige gut essen und trinken, daß sehr wenige medizinisch so versorgt werden, wie das heilkundliche Wissen der jeweiligen Epoche, in der sie leben, zuließe, daß ein sehr kleiner Teil der Weltbevölkerung in hellen Räumen mit nützlichen, geschweige schönen Möbeln wohnt, daß Personen, wenn sie sich verlieben, nicht überall miteinander anfangen können, wozu sie Lust haben, solange daraus niemand ein Schaden entsteht, daß nur wenige sich zweckmäßig, geschweige nach einem eigenen Geschmack kleiden und sich kaum jemand aussuchen kann, wann andere auf ihre oder seine Bedürfnisse, Wünsche oder Ansichten achten.

Die einen Fortschritt freisetzende Binnendynamik zwischen dem spinozistischen und dem rousseauanischen Zug der Tiefenethik des *Enlightenment* wurde bald nach Erlangung der politischen Macht durch das Bürgertum durch dessen von da an merklich konservativer gestimmte Ideologen stillgestellt. Aus dem spinozistischen Element, der rationalistischen Seite der modernen Legitimität, leitete man fürs Erreichte einen Ewigkeitsanspruch ab (tragisch bei Hegel, lächerlich bei Fukuyama), aus dem rousseaunischen saugte man ein para-imperialistisches Menschenrechtspathos, das nicht nur als Rechtfertigungsmusik bei der Unterstützung oder Bekämpfung armer Separatisten in geostrategisch interessanten Weltregionen durch mächtige und reiche Staaten vielfach diskreditiert ist. Anders als Spinoza und Rousseau, denen man die Zähne gezogen und deren Lehren man für systemerhaltende und -stützende Zwecke umfunktionieren konnte, tut sich die dem Augenschein nach ausweglos totalisierte *one world,* die wir bewohnen, mit den inspirierten Fiktionen und den irreduzibel weltverändernden Taten schwerer, und wer gar den Traum vom anderen, richtigen Leben und die tätige Umwälzung des vorhandenen, falschen zusammendenken will, sieht sich dem Vorwurf ausgesetzt, die große bürgerliche Synthese aus Erkenntniszugewinn und Erzeugungsmanagement, den wissenschaftlichen Kapitalismus, durch etwas ersetzen zu wollen, das dann ja wohl nur »wissenschaftlicher Sozialismus« heißen könnte – ist das nicht versucht worden? War das keine Katastrophe? Hungertote, Gulag, Weltbürgerkrieg – sind wir nicht froh, daß wir das hinter uns haben?

Was die Besiegten wollten, lebt nach ihnen fort, in klügeren, aber auch in dümmeren, in erfreulicheren wie in häßlicheren Formen.

Die Hartnäckigkeit der Vorstellung von einer anderen Welt, in der alles besser wäre, geträumt von Sklaven auf antiken Großbaustellen wie von Erwerbslosen im Internetcafé, ist das der Gegenaufklärung und ihren Erben Widrigste. Dagegen, daß daraus noch einmal eine neue Zeit entspringen könnte, richtet sich schon die Polemik der Edmund Burke und Joseph de Maîstre wider die Französische Revolution, dagegen beschwört Donoso Cortes die autoritäre Führerdiktatur, dagegen loben Friedrich August von Hayek und Ludwig von Mises den naturwüchsigen, selbstregulierten, vor revolutionärer Destruktivität und planender Vergewaltigung zu schützenden Markt als Quell aller sozialen Legitimität, dagegen verwirft Carl Schmitt den Positivismus des universalistischen, schriftlich fixierten Rechts zugunsten des Gewaltprinzips eines keiner diesseitigen Kontrolle rechenschaftspflichtigen Souveräns. Was diese Autoren hassen, bekämpfen, beseitigt wissen wollen, soll unser Buch erläutern, loben und propagieren: die intellektuelle, politische und soziale Fortschreibung der Aufklärung über ihre diskreditierten, erodierten, historisch aufzuhebenden Voraussetzungen hinaus – den sozialen Fortschritt, nichts Bescheideneres.

ZWEI
FEINDSCHAFT BEI DER ARBEIT

I.
Arbeit schlägt Raub (Raub schlägt zurück)

Die Ungleichheit des Lebensgenusses bei verschiedenen Menschengruppen ist nicht unerklärlich. Eine ältere Theorie nennt zwei mögliche Ursachen dafür, einen unehrenhaften, den Raub, und einen ehrenhaften, die Arbeit (die Theorie kommt aus England, sie führt den zweiten Grund als *industry).* Liegt die Ungleichheit am Raub, dann nimmt sich jemand etwas, das anderen zusteht, liegt sie an der Arbeit, so beruht sie auf Verdienst oder Ungenügen.

Der erste Fall interessiert an und für sich zunächst nur die Kriminologie, der zweite die Gesellschaftslehre, sobald es eine gibt. Wenn sie nicht übertrieben naiv tut, erkennt sie allerdings schnell, daß die meisten tatsächlich im Geschichtsverlauf vorgekommenen Ausprägungen jener Ungleichheit aus schwer zu klassifizierenden Mischzuständen hervorgegangen sind, in denen beide Ungleichheitsursachen auf unterschiedlichen genealogisch erfaßbaren Ebenen ineinanderwirken.

Im gemeinsamen imaginären Ursprung aller Geschichten, die je darüber erzählt wurden und werden, nutzen Menschen üblicherweise zunächst gewisse Glücksgeschenke des Terrains, der individuellen Begabung, wirksamen Anstrengung und erworbenen Geschicklichkeit, um sich die Reichtümer der Natur anzueignen. Diese Gelegenheiten sind, weil die Genetik und die Erdoberfläche es am Start nicht mit allen gleich gut meinen können, selbst bereits ungleich verteilt, und so eignen sich einige wenige Leute im Ausbau von Anfangsvorteilen später nicht nur Naturreichtümer, sondern auch diejenigen Früchte der individuellen Begabung, wirksamen Anstrengung und erworbenen Geschicklichkeit ihrer Mitmenschen an, die diese nicht direkt zum Verzehr, das heißt zur Wiederherstellung ihrer Arbeitskraft benötigen. Das alles klingt für viele heute nach Marxismus, ist aber noch nichts dergleichen, sondern ganz gewöhnliche, aufgeklärte, schottisch-britische und französische Sozialtheorie, erfunden von unsentimentalen und von Gracchengelüsten freien *Citoyens, Citizens, Philosophes, Scientists.*

Auch der Gedanke, daß die Verfügung über das vom Gemeinwesen erwirtschaftete Mehrprodukt sich im sozialen Leben als Macht äußert, ist keine exklusive Doktrin des Sozialismus oder gar Anarchismus. Macht, sobald man ein geschöntes, nicht erst im Absolutismus aus durchsichtigen Gründen gemaltes Königsbild überwunden hat, dem nie irgendeine Wirklichkeit entsprach, kann man nicht alleine ausüben, kein einzelner Mensch vermag auch nur einen einzigen anderen ständig zu überwachen, alle müssen irgendwann schlafen, und niemandes Augen sind überall. Macht existiert deshalb nur in Gefolgschaftszusammenhängen, also abhängig von Eliten, deren Elemente sich, soweit das rekonstruiert werden kann, auf niedrigen Entwicklungsstufen aus dem familiären oder erweiterten Stammesbestand, auf höheren dann aus einem überall da, wo es genug zu verteilen gibt, schnell gebildeten Pool nicht blutsverwandter, aber koalitionswilliger Leute rekrutieren lassen. Spätestens jetzt verschmiert die Unterscheidung zwischen Vorteilen, die auf Arbeit, und solchen, die auf Raub beruhen: Mögen die Frauen und Männer, die zur Macht gelangt sind, sich das auch mit der Erzeugung von lebensnotwendigen und anderen Gütern erarbeitet haben, für die Machtausübung einer Elite bedarf es jedenfalls doch anderer als produktiver Talente – sie ist selbst ein Beruf, durchaus verschieden vom Jagen, Sammeln, Ackerbau, Viehzucht. Wie jede zweckgerichtete Tätigkeit weist sie zwar Züge des geregelten Energie- und Informationsaustauschs mit der Natur auf, der die produktive Arbeit ausmacht, wie abgeleitet und vermittelt auch immer, bleibt aber dabei stets Arbeit mit Menschen, wesenhaft unnatürlich (wir gebrauchen das Wort nicht abwertend; was wir tun, wenn wir dieses Buch schreiben, ist noch viel unnatürlicher als der ärgste Machtgebrauch, der immerhin an Bioaltertümer wie die perennierenden Dominanz- und Unterwerfungsmuster aus dem Hordenerbe anschließt).

Macht kann ich ausüben, indem ich meine Mitmenschen belüge; der Natur dagegen werde ich nicht mehr oder Besseres entlocken, wenn ich ihr Unsinn erzähle.

Macht geht aus dynamischer Ungleichheit hervor und strebt statische an, das werfen ihr, sobald die ältere, die aufgeklärte, noch nicht marxistisch-sozialistische Gesellschaftslehre einmal formuliert ist, die moralisch Gestimmten unter ihren Entwicklerinnen und Entwicklern bald vor,

> »for power embarks and confines the riches which otherwise would disperse and flow back in various channels to the community at large. Power enables the indolent and the useless not only to retain, but to add to their possessions, by taking from the industrious the natural reward of *their* labour, and applying it to their own use. It enables them to limit the profits and exact the services of the rest of the community, and to make such an unnatural separation between the enjoyment of a thing and the power of producing it, that where we see the one, we are habitually led to infer the privation of the other.«[1]

Die Theorie, auf die diese Sorte Polemik sich stützt, sagt nichts vom reinen Raub; sie behauptet nirgends, daß Macht allein in der gewaltsamen Unterwerfung anderer, dem Erpressen von Arbeit, dem Diebstahl von Arbeitsprodukten besteht, sie ist keine Theorie von Herrschaft als bewaffneter Unterdrückung, wie sie von Eugen Dühring formuliert und von Friedrich Engels schlagend kritisiert wurde.

Der bürgerliche Gedanke, auch da, wo er, mit Feueratem vom Furor Rousseaus, das Vorgefundene verurteilt, legt Wert darauf, daß noch die roheste Herrschaft ihren Bestand nicht allein aus der Ungleichmäßigkeit der Waffen, sondern im Arbeitsprozeß selbst hat, oder wie der Text sagt, aus dem wir zitieren: in der »prodigious accumulation« des »larger share«, den »dilligence, active exertion, and superior talent«[2] frühen Produzenten verschafft haben mag, des Zusammenspiels also von Reichtum und sozialem Einfluß über den Punkt hinaus, an dem Reichtum einfach irgendwo herumliegt oder sprudelt, als Quellwasser, Beeren oder dummes Tier ohne Freßfeind am neusten Lagerplatz der vagabundierenden Menschenhorde.

II.
Aufklärung übers Soziale: in Deutschland unbekannt

Der Unterschied zwischen Lehren, die sich von Marx und Engels haben beeindrucken lassen, und solchen, die das verschmähen, wird normalerweise da festgemacht, wo Soziologen Engels gegen Dühring noch folgen können: Marxismus in allen, auch strukturalistischen oder poststrukturalistischen Varianten, Paramarxismus, Neomarxismus, sollen dann Ansichten heißen, die darauf abheben, daß die soziale Ungleichheit überhaupt irgendeinem Arbeitsprozeß statt der Schlägerei oder dem Schlachtfeld entspringt. Wieder möchten wir dagegenhalten, daß schon in der Proto-Aufklärung, im Umfeld der allerersten bürgerlichen und pro-bürgerlichen Emanzipationsversuche, dergleichen zu finden war. Es ging sehr bald nicht um »Gewalt oder Arbeit«, sondern um deren Verhältnis zueinander: Wie wirken sie zusammen, wie schlagen sie ineinander um, wann, unter welchen Umständen, wer tut da wem was? So findet man die Theorie, wonach die »Heroen« der Vorzeit – ein Ausdruck, der hier nicht nur die Sorte Kriegshelden meint, die Goethe in seiner Trias von Raufebold, Habebald und Haltefest verewigt hat, sondern auch weitaus faustischere Gestalten wie die Errichter der ersten Dämme, Zureiter der Pferde, Urbarmacher landwirtschaftlicher Gegenden, Erdvermesser und Städtebauer – sich nicht nur aufgrund ihrer je und je physischen oder charakterlichen Kraft, sondern auch mithilfe ihrer Stellung im Produktionsprozeß zu Herrschern aufschwangen, deren Macht im Laufe der Zeit mit fortschreitender Arbeitsteilung und zunehmender Abstraktheit der Verrechnung des Reichtums vom »Volk« in Frage gestellt werden kann und muß, schon bei Giambattista Vico, dem ersten Versuch der Geistesgeschichte, einen Hegel hervorzubringen. Unter dem Einfluß cartesianischer und spinozistischer Philosophien in bürgerlichen Selbstbehauptungszentren wie den Niederlanden des siebzehnten Jahrhunderts wird dieser Ansatz in einer Form verfolgt, die man geradezu modern wird nennen müssen: bei Franciscus van den Enden zum Beispiel, dem Verfasser der Abhandlung *Vrye Politikje Stellingen* (»freie politische Einrichtungen«, 1665), liest man, ungerechte Elitenvorrechte speisten sich nicht aus dem Besitz der dicksten Kartoffeln oder Rinder, des schönsten Graslands und der schärfsten Waffen, sondern im exklusiven Zugang zu höheren Arbeitsprodukten wie der Medizin, Rechtsprechung, Wissenschaft, Philosophie und Politik: Der Mann war ein sehr früher linker Wissenssoziologe und konnte das sein, ohne von Marx ein Wort gelesen oder seinen Namen gehört zu haben. Die Verblüffung über solche Funde wird nicht allzugroß sein, wo man sich von den jüngeren Forschungen etwa Jonathan Israels darüber hat unterrichten lassen, wie radikal die Frühaufklärung gedacht hat; daß dieser Zug zum eben nicht nur epistemisch, kontemplativ und diskursiv, sondern auch sozial Grundsätzlichen in der Aufklärung tiefgreifend wirksam blieb bis in die heiße Phase ihrer politischen Blüte, die Zeit vom späten achtzehnten bis zum frühen neunzehnten Jahrhundert also, in der mehr Schritte auf dem Weg zur Aufhebung der Ungleichheit, die wir hier behandeln, unternommen wurden als je in einem Geschichtsabschnitt vorher, zeigen nicht zuletzt die englischen Worte, die wir oben zitiert haben, um das Gesellschaftsbild der Aufklärung auf der Höhe ihrer selbst zum Sprechen zu bringen – sie stammen von Anna Laetitia Barbauld, einer in jeder Hinsicht bemerkenswerten, im deutschsprachigen Raum sträflich unterbewerteten, ja nahezu unbekannten englischen Schriftstellerin, die von 1753 bis 1825 lebte und daher die heroische Etappe der Aufklärungsideen als deren entschiedene Parteigängerin mitgestalten konnte – »Voice of the Enlightenment« nennt William McCarthys verdienstvolle Biographie aus dem Jahr 2008 diese Frau, und von ernüchternden Überlegungen betreffend die Reichweite so einer Stimme in unserer Gegenwart einmal abgesehen, wird man dieser Charakterisierung zustimmen dürfen: Beeinflußt, aber anders als viele damals nicht bis zur affirmativ paraphrasierenden Schwärmerei hingerissen von Rousseaus Skizzen eines neuen, positiven, aber in seinen nativistischen Merkmalen auch von starker Überschätzung biologisch aufgefaßter Essentialien verzerrten Menschenbildes, machte sich Barbauld als Theoretikerin wie Verfasserin von Lyrik und anderer Belletristik öffentliche und im gebildeten England weite Verbreitung erreichende Gedanken über alles, was vom Naturrecht erfaßt, und manches, was davon nicht abgedeckt wird, über den Zusammenhang zwischen Gesellschaft und Geburt, Natürlichem und Konstruiertem, darüber, daß Menschenleben stärker als die sämtlicher anderer Tierarten von (bewußten und unwillkürlichen) Lernerfahrungen geprägt sind und daß gegen natürliches oder naturwüchsiges Unrecht nur dessen absichtliche, planvolle Brechung und Überwindung helfen. Ihre Schriften gegen die Sklaverei, gegen die instrumentelle Naturbeherrschung, gegen die Benachteiligung der Frauen und die erzieherisch gemeinte Abrichtung und Verblödung der Kinder hat man in jüngerer Zeit mit anachronistischen Adjektiven wie »ökofeministisch« und »wirtschaftsdemokratisch« zu beschreiben versucht; uns hat daran vor allem interessiert, daß Barbauld ein feines, nicht einmal bei der ihr in vielem geistig eng verwandten Mary Wollstonecraft so hochentwikkeltes Gespür für die in bestimmten Entwürfen der *conditio humana*, Gesellschaftsverträgen und anderen aufgeklärten Denkbildern impliziten Umbauprogramme besaß und großes Geschick dabei, sie explizit zu machen (wir werden davon im weiteren noch das eine oder andere erwähnen und zitieren). Daß die Aufklärung, *Enlightenment, les lumières* etwas mit egalitären Bestrebungen über den intellektuellen Bereich hinaus zu tun gehabt hat, darf man in einer Gegend, einem Sprachraum, die diese Umwälzung mit achtbaren, aber in dieser Hinsicht nicht nennenswert hervorgetretenen Gestalten wie Lessing und Kant verbindet, nicht ohne weiteres voraussetzen. In Frankreich und Amerika, wo bürgerliche Revolutionen der Sache einige bleibende institutionelle Denkmäler gesetzt haben, aber auch in den Niederlanden, Italien oder auf den großbritannischen Inseln, wo Atheisten, Spinozisten, Rationalisten, Empiristen die *mores* sowenig unangetastet lassen konnten wie die Götter, ist es ein Gemeinplatz. Dieser Unterschied betrifft (man darf sagen: naturgemäß) das beliebte Problem des Verhältnisses von Theorie und Praxis, von dem in Dialektik eher unbeschlagene wackere Marxisten gerne meinen, es sei selbst ein ausschließlich praktisches – daß darin auch ein theoretisches wohnt, lehrt schon ein Blick auf die schottische Aufklärung, die neben allerlei verzwickter Erkenntniskritik auch die Geburt der neuzeitlichen Wirtschaftswissenschaften zustande brachte, ohne die nicht nur *Das Kapital* kaum geschrieben worden wäre.

Deutschland dagegen ist, man kann es nicht oft genug wiederholen, ein Land, dessen Bourgeoisie seine politische Emanzipation verschlafen und verpatzt hat, und deshalb leidet schon die berühmteste von einem hiesigen Muttersprachler ersonnene Definition dessen, was Aufklärung überhaupt sei, an einem seltsam asozialen, ungeschichtlichen, platt moralisierenden Eigengeruch – »der Ausgang des Menschen aus seiner selbstverschuldeten Unmündigkeit«, das sagt nichts anderes, als daß auch die Geschichte der Dummheit, welche die Ungleichheit deckt, von den Leuten (und von denen auch noch im Singular) selbst gemacht wird, und unterschlägt mithin, daß sie das, wie Marx unterstrichen hat, »nicht aus freien Stücken« tun, sondern kooptiert, gebunden, geformt von Prozessen der gesellschaftlichen Produktion und Reproduktion ihres gesamten Lebens, deren Richtung vom Kräftemessen vorhandener Interessen und zuhandener Mittel zu deren Durchsetzung bestimmt wird. Weil die Bürger nicht wie anderswo mit gutem Beispiel vorangegangen sind, hängt sich deshalb in dieser Gegend das politisch-ökonomische Bewußtsein gesellschaftlicher Großgruppen selten an die eigenen Interessen, häufiger dagegen an die der Nächstbessergestellten, denen man sich auf diesem Weg (den die Psychoanalyse »Identifikation mit dem Aggressor« getauft hat) als zuverlässige Gefolgschaft empfehlen will.

Deutsche Großbürger imitieren, sobald es sie gibt, den übelsten Landadel, deutsche Proletarier legen sich eine Freizeitkultur zu, die sich am Dorfmetzger und anderen Kleinbürgern orientiert, die Angestellten wählen wie ihre Chefs – so viele Selbständige oder gar mittelständische Unternehmer, wie gebraucht würden, die je und je tatsächlich erzielten Wahlergebnisse der Liberalen zu erklären, hat es in diesem Land nie gegeben, schon gar nicht nach 1989, als die Annexion der zerbröselnden DDR den funktionalen und sonstigen Eliten des europäischen Nordwestens einen so gesegneten Appetit schenkte, daß sie sich neben der Entwertung volkseigenen, auf dem Weltmarkt nicht wertschöpfend konkurrenzfähigen Betriebseigentums gleich auch noch an die über allerlei staatliche Weichenstellung erfolgende Liquidation westlichen Kleineigentums machten. Was allein die Entwertung unproduktiv herumliegender Sparguthaben um fast die Hälfte durch den Euro und die Schrödersche sowie post-Schrödersche Sozialgesetzgebung auf dem Weg der Anrechnung noch mickrigsten Besitzes auf Zuwendungschancen etwa abgesunkener Exkleineigentümer (ein Friseur, der Pleite macht, muß achtgeben, daß er keine zu große Wohnung hat, etc.) an Unerpreßbarkeit beim traditionellen Wählerstamm der FDP vernichtet hat, hätte diese Partei eigentlich zwingen müssen, sich nach dem Vorbild des nordirischen Republikanismus einen bewaffneten Arm wachsen zu lassen; das geschah allerdings genausowenig wie Analoges in anderen Bezirken des siegreichen Modells Marktwirtschaft, obwohl nach dem Zusammenbruch der sozialistischen Staatenwelt und der Rücknahme der Oktoberrevolution das automatische Subjekt, dem Marx auf die Schliche gekommen war, in seinem wiedererwachten Bewegungshunger überall, wo es über loyale Regierungen verfügen konnte, von den USA über Großbritannien (*New Labour*) bis zum neuen Frontstaat für die Osterweiterung, der Berliner Republik, nicht nur die Lohnnebenkosten drückte und Alimentenblumenbeete der Sozialspielwiesen verbrannte, sondern auch sämtlichen verstreuten Kleckerbesitz zerschlug, als gelte es, die Bolschewiki und ihre Feldzüge gegen das Mittelbauerntum zu beerben.

Wie in der jungen Sowjetunion die Lenker der (möglichst mit sozialistischen Beschäftigungs- und Absicherungsansprüchen in Einklang zu haltenden, aber ihrem Wesen nach doch notwendig brutalen, weil existierende Produktionsmodi zerschlagenden) nachholenden ursprünglichen Akkumulation die Landwirtschaft, um sie zu industrialisieren, zunächst zentralisieren und sogar militarisieren mußten (übrigens einem frühen Plan ausgerechnet Trotzkis gemäß, der sich über Kommandowirtschaft wesentlich enthusiastischere Gedanken zu machen pflegte als Stalin, dem dann jedoch die Aufgabe zufiel, diesen Gedanken Taten folgen zu lassen), so sahen sich die Aufsichts- und sonstigen Räte der kreativen westlichen Wertschöpferei in den neunziger Jahren des zwanzigsten Jahrhunderts gezwungen, die zur Erhaltung der eigenen Wertschöpfungspotenzen nötige Konzentration von Reichtum nicht allein durch Fusionen, Übernahmen und Verwandtes, sondern auch durchs Einschmelzen unnütz und ungenutzt herumliegender Kleinschätze voranzutreiben, durch Volksaktientheater, Kommerzialisierung der Alterssicherung und so fort, um die Masse zu mehren, die für neue Markteroberungszüge oder das Befestigen krisenbedrohter Teile der Statik der eigenen Architektur erfordert war.

In Deutschland freilich, abermals anders als etwa da, wo man den *Economist* liest und das, was da steht, in die Publikumszeitungen weiterträgt, war davon aus den Breitenmedien nichts zu erfahren – der Familienschreinereibesitzer, dem die Bank plötzlich den Sarg vor die Tür stellte, war sowenig vor dem ökonomischen Unwetter gewarnt worden wie später der Bierwirt vor dem gesetzlichen des Rauchverbots.

Man ahnt hier wenig und glaubt immer, daß man seine Chancen durch Treten nach unten (falls es in dieser Richtung überhaupt wen gibt) sowie Nachahmung der Denk-, Sprech- und sonstigen Sitten der besser Weggekommenen verbessern kann. Intellektuell oder wenigstens beobachtend ist da nichts zu holen[3], atmosphärisch hat man es mit Primatenhaufen zu tun. Diese besondere (und besonders lächerliche) Form des verkehrten Klassenbewußtseins ist indes bloß das augenfälligste, grellste Korrelat einer in dieser Weltregion vorherrschenden Desorientiertheit in Fragen der Ordnung, Struktur und Funktionalität des Sozialen – es scheint, als sei man hier nie wirklich zu Ende zivilisiert worden, als wäre das Gemeinwesen, wo es darauf ankommt, gar keins.

Zwar hat man in der Bonner Bundesrepublik Gymnasiastinnen, Studenten und die Öffentlichkeit (von der Suchtproblem-Talkshow übers Podium am Rande der Friedensdemo bis zu den Leserbriefspalten der Zeitschrift *Psychologie heute*) in den späten Siebzigern und frühen bis mittleren Achtzigern des letzten Jahrhunderts mit einem von soziologischen, soziolytischen und soziosophischen Wortbrokken (häufig marxistischer, immer kritischer Provenienz) durchsetzten Problemsprech gepeinigt, das zu den toxischsten intellektuellen Verfalls- und Spaltprodukten der Studentenbewegung gehörte und manchmal unheimlichste Legierungen mit dem aus Freudianismus, Freudomarxismus und Selbsterfahrungsterror besagter Bewegung übriggebliebenen Psychodeutsch einging – »Gut, daß wir mal drüber geredet haben« –, bis der Unterschied zwischen Sektenmeeting und Wohngemeinschaftsabend mit unbewaffnetem Auge nicht mehr zu erkennen war. Aber obwohl infolge dieser unerfreulichen Erscheinungen eine Zeitlang kein Schüler Dialekt reden konnte, ohne sich sofort von sieben Erforscherinnen und Erforschern schichtenspezifischen Sprechens umzingelt zu sehen, obwohl selbst mitten im Zentrum der allgemeinen Aufmerksamkeitsökonomie, nämlich im Fernsehen, von »Randgruppen« und deren Nöten in einem Unfang die Rede war, daß man zeitweilig den Eindruck bekam, bereits in jener sozialarbeitergelenkten idealen Erziehungsdiktatur zu leben, die dann mit erreichter Regierungsfähigkeit der GRÜNEN in Kommunen, Ländern und Bund ihren Abglanz in der politischen Wirklichkeit von Mülltrennung, Dosenpfand und Minderheitenbeauftragten fand, hätte kaum jemand von denen, die das entsprechende Weltverbessererdeutsch im Munde führten, auch nur ihre oder seine materielle Position im Ineinanderverschlungensein von allerlei sozialen Mengen, Schichten (bei den Allervorwitzigsten manchmal gar tatsächlich »Klassen«), Privilegien, Benachteiligungen und so fort präzise bestimmen können. Auch und gerade bei Linken bekam man weitaus häufiger Naturkategorien zu hören wie »die Jugendlichen« oder »ich als Frau« als etwa »die Scheinselbständigen« oder »ich als lohnabhängige EMMA-Redakteurin« – Männer waren selbstredend nicht besser, die verstanden sich lieber als Hessen oder Weiberhelden denn als Taxifahrer oder Wohnungserben. Was nicht Natur war oder sonst ein Zufall, war Gesinnung: Oppositionell, irgendwie, waren sie jedenfalls alle.

Wo die Konfusion aus Gewordenem, Gewesenem, Gedachtem und Empfundenem derart die Köpfe beherrscht, nimmt nicht wunder, daß man die individuelle wirtschaftlich-soziale Existenzweise schließlich für eine Frage des Lebensstils hielt, für eine der abhängigen Variablen von dumpfdezisionistisch gespürter Individualität schlechthin – je schematischer und argumentärmer die braven Abkömmlinge klein- bis kleinstbürgerlicher Haushalte zehn bis fünf Jahre zuvor im SDS oder irgendeiner K-Gruppe die komplexesten Vorkommnisse des Gesellschaftslebens und Hoheitsakte des Staates zwischen Gastarbeiterwesen, Entwicklungshilfe, Theatersubvention, Konsumwerbung oder Lernmittelfreiheit unter Rückgriff auf allergröbste Basis-Überbau-Modelle »erklärt«, das heißt in Parolenraster einsortiert und abgeheftet hatten, desto unbekümmerter um Marktwirklichkeit, Selbstausbeutungsfallen und überhaupt jede Form ökonomischer Realität warfen sie sich in biologisch-dynamische Gemüseprojekte, genossenschaftliche Druckereien und Dritte-Welt-Läden, während bereits die nächste Generation, die sich zur Lösung der Frage der Ungleichheit des Lebensgenusses gleichfalls nicht auf Tucholskys Vorschlag einlassen mochte, es sollten eben alle reich heiraten, ihr Glück mit Solarien und Videotheken versuchte.

Die meisten dieser mehr oder weniger kooperativen, mehr oder weniger solidarischen Einzelnen und ihr Eigentum erlitten selbstredend Schiffbruch; denn die rührende Vorstellung, mein Dritte-Welt-Laden-Bewußtsein allein könne mich einem anderen sozioökonomischen Stratum zuordnen als demjenigen, dem ich kraft Herkunft, Ausbildung und Gezeiten der Akkumulation angehöre, konnte auch zu den euphorischsten Aufbruchszeiten der »neuen sozialen Bewegungen« sowenig Macht über die Lebensläufe entfalten wie derlei wahrnehmungsresistentes Denken je. Eine Komödie also, die sich aber mit fallweise durchaus tragischen Akzenten rund dreißig Jahre, ein Menschenalter später, nach exakt denselben öde idealistischen Vorgaben wiederholen sollte, diesmal in Berlin-Mitte statt irgendwo auf dem Land, aber im selben flachen Geist des Wahns, man könne unter privateigentümlichen Verhältnissen so einfach selbst bestimmen, ob man »Unternehmer« sei und was man dann unternehmen dürfe, diesmal nicht als »die Alternativen«, sondern als »digitale Boheme« – was dem älteren Bruder oder gar Vater der Kaffee aus Nicaragua, das waren dem Nachwuchs Laptop und Website.

Den »Netzwerk«-Begriff hatten sie sogar gemeinsam, bei den Älteren, denen Namen wie Rudolf Bahro und Baldur Springmann etwas bedeuteten, bezeichnete der etwas vage Anarchisch-Syndikalistisches, bei den anderen ein Gewurstel aus Facebook, Glasfaserkabel und Designstudienbekanntschaften. In Wirklichkeit ist man gerade in Deutschland, wo solche Moden mit der ganzen Wucht des Manifestschreibergestus vertreten werden, meist lebenslang da, wo man früh schon einsortiert wird, es sei denn, man tut etwas Politisches dagegen. Die Auseinandersetzung mit dieser trostlosen Wahrheit zu suchen, bedeutet allerdings, sich nicht nur am eigenen Schicksal abzuarbeiten, wie das die mit psychotherapeutischem Gewürz durchsetzte Parasoziologenrede der Selbsterfahrungsverblendeten erlaubt, erleichtert und fordert, sondern außersubjektive (das Wort »objektiv« gehört, seit die Selbsterfahrung und die Selbstverwirklichung Beichtstuhl und Bibelstudium ersetzten, zu den verbotensten) Gegebenheiten in den Blick zu fassen und auf den Begriff zu bringen.

Daß ich irgendwann irgendwo irgendwie Pech gehabt habe, kann nicht Gegenstand politischer Arbeit sein, wohl aber, daß es quer durch die sozialen Funktionssysteme hindurch entgegen der hartnäckig verfochtenen Behauptung von seinem Verschwinden etwas gibt, das man als Klassengegensatz erkennen könnte und das eine ganze Menge mit spezifischen Formen des Pechhabens zu tun hat.

Die seit spätestens zwei Generationen mit demselben unverwüstlichen Gestus schnittigster Aktualität auftretende Gewißheit, es gäbe so etwas eben nicht, läßt, wo sie sich erklärt, ganz gerne Zweifel darüber, ob sie eher bedeuten will, daß man die Leute überhaupt Klassen zuordnen könne, oder nur bestreiten soll, daß zwischen diesen Macht-, Ausbeutungs- und andere unfeine Beziehungen bestehen. Besitzlose sollen Ausnahmefälle sein, arme Obdachlose, deren Vorhandensein im Großstadtstraßenbild mit der exotischen volkswirtschaftlichen Kategorie »Schicksalsschlag« erklärt erscheint; Besitzende wiederum hält man zwar für Glückspilze, aber nicht für herrschende. Am liebsten unterschieben Gelehrte und Laien, die dieser Auffassung gehorchen, allen, die da widersprechen, Gelüste nach sogenannter »Umverteilung« und gehen davon aus, wer das Wort »Klasse« gebrauche, hinge einer reichlich unterkomplexen Idee davon an, daß, wie und weshalb der Reichtum der einen automatisch die Armut der anderen sei. Diesen spottmarxistischen Pappkameraden umzustürzen, ist nach dem Willen der Klassentheorieabschaffer lächerlich einfach. Der Beweisgang dazu stützt sich auf zwei Hauptargumente, die vom Gemeinschaftskundeunterricht bis zum Leitartikel den festen Kernbestand eines argumentativ seit der schottischen Aufklärung arg heruntergekommenen Liberalismus und seiner zahllosen Stiefkinder bilden: 1. Die Besitzlosen können doch gar keine Ausgebeuteten sein, denn wer nichts hat – und »besitzlos« bedeutet nun mal, bitte sehr, daß jemand nichts hat –, dem könne man auch nichts mehr wegnehmen. 2. Anders als der Feudalismus, das Clan- oder dynastische Sklavenhalterwesen bringt der Kapitalismus eben keine fest installierte Herrschergruppen mehr hervor, sonst stünden ja heute dieselben Namen – sagen wir: Morgan oder Carnegie – auf den Listen der Allerreichsten wie vor hundert Jahren.

Das zweite Argument ist das schwächere – es tritt auf wie ein Verteidiger der Regentschaft irgendeiner Königin, die von gleichheitstheoriebeschlagenen Antiroyalisten bedrängt wird, wenn der behauptete, die betreffende Staatsform sei doch gar nicht monarchistisch, schließlich habe man ja keinen König. Der Begriff der Monarchie aber soll ja gerade das leisten, Leute auf dem Thron unabhängig von Geschlecht oder auch Rasse und was einem sonst noch für Unterscheidungen einfallen mögen zu beschreiben, was es mit der Krone auf sich hat. Genauso ist der Klassenbegriff zu nichts anderem da als dazu, die Loslösung der sozialen Machtanalyse von der Fixierung auf irgendwelche guten, bösen oder indifferenten Machtträger zu ermöglichen: Daß die Verfügung über Land, Maschinen, Aktienkapital politische Macht bedeutet, ist das Entscheidende, nicht, in welchem Grad diese Macht dann auch noch erblich ist (sie ist es zwar verblüffend oft dann doch, eben weil auch der Besitz erblich ist, aber die Analyse selbst denkt nicht in Blutsbanden, sondern in Funktionen). Wer das ganz einfach selbstverständlich findet – wie sollte es denn anders sein, es war doch schon immer so –, beweist einfach einen Mangel an Vorstellungsvermögen (was, wenn es einmal nicht so wäre?), der, welchen Vorteil er auch für den individuellen Seelenfrieden mit sich bringen mag, jedenfalls nicht zu tiefen Einsichten übers Gesellschaftliche und seine Geschichte befähigt.

Das erste der beiden Klassenleugnungsargumente sieht auf den ersten Blick stärker aus: Wie können Besitzlose ausgebeutet sein, sie haben doch nichts? Es lebt aus zwei Quellen, erstens dem Augenschein, wonach tatsächlich die Allerelendesten sowohl in den allerreichsten Gesellschaften samt deren Rändern wie in den insgesamt ärmeren nicht einmal (mehr) ausgebeutet werden, zweitens einer fundamentalen Unklarheit darüber, was Leute, die von Klassen reden, eigentlich mit »Besitz« meinen.

Wer in dieser Unklarheit befangen ist, stellt sich die Besitzlosen etwa nach dem semantischen Bild jener »Enterbten« vor, die Robin Hood immer rächen wollte, oder als einen unspezifischen Pool höherer Töchter und Söhne, die irgendein Erbschleicher oder Winkeladvokat um Wohlleben, ja Auskommen gebracht hat. Mit »jemand hat nichts« aber meint die Klassentheorie: »Jemand wird gehindert, produktiven Besitz zu bilden, und kann nicht, was die können, die solchen Besitz haben: von fremder Arbeit leben.« Was man denen, die in dieser Theorie »Besitzlose« heißen, also weggenommen hat, ist nicht der PC, der Fernseher, Klamotten, Schmuck oder selbst Nahrungsmittel, sondern etwas, das Menschen kurioserweise selbst auf einer einsamen Insel haben, solange sie dort alleine sind oder es da zumindest keine Klassen gibt: das Vermögen, sich die Welt nach Maßgabe der eigenen Fertig- und Fähigkeiten einzurichten, abhängig allein von deren Grad und der Beschaffenheit der Naturressourcen, nicht aber vom Willen anderer Menschen. Der Obdachlose darf nicht lungern; im Urwald dürfte er's. Der Obdachlose hat auch keinen Gewerbeschein et cetera, das vergessen die Volkswirtschaftler und Kommunikationsprofessoren, wenn sie so tun, als wäre da, wo es Obdachlose gibt, nach wie vor jeder seines eigenen Glückes Schmied. Die Ich-AG-Lüge vom »Sichselbständigmachen« aber hält die Frage des Zusammenhangs zwischen Besitz und Macht so naiv wie nur der gütigste Umverteiler für eine des Zugangs zu Gütern und Dienstleistungen statt für eine der Kommandogewalt oder Unterworfenheit, Abhängigkeit oder Souveränität im Produktionsprozeß. Erklärt irgendein armer Schlucker mit Grafikdesign-Diplom sein bißchen Arbeitskraft und den Rechner einfach zu etwas, das der Schusterei oder Bäckerei aus dem schönen Zeitalter des Konkurrenzkapitalismus analog sei, so muß er dabei notwendig übersehen und verschweigen, daß seine Klitsche nur dann läuft, wenn die sogenannten Auftraggeber, seine Herren also, genügend Brosamen vom Tisch fallen lassen (der Webdesigner lebt nicht von Freundschaftsdiensten und Tauschgeschäften im Kreis anderer armer Schlucker, auch wenn die den Großteil seiner Arbeitszeit fressen, sondern von gelegentlichen Jobs wie dem schmucken Ausgestalten neuer Applikationen für die Site der HypoVereinsbank u. ä.). Selbst die radikalsten Schreier der digitalen Boheme, die sich im »Leben am Rand des Zumutbaren« und jämmerlichen Selbststilisierungen wie »Das ist nichts für jeden, die Freiheit lasse ich mir was kosten, die Festangestellten liegen nachts nicht wach aus Angst vor Krankheit, aber dafür kann ich mir meinen Tagesablauf auch autonom einteilen« gefallen oder doch wenigstens so tun, fingen allerdings spätestens im Krisenjahr 2009 damit an, öffentlich über Sozialkassenmodelle zur Absicherung ihrer weniger »prekären« als vielmehr haltlosen Existenz nachzudenken – die sollten allerdings, soviel Flexibilität und Dumpingmodernität muß sein, wie alles bei diesen Leuten entschieden billiger ausfallen als das, was im 19. und 20. Jahrhundert die in diesen Kreisen sehr unbeliebte Arbeiterbewegung erstritten hat (selbst Bakterien wissen mehr vom Solidarprinzip: Studien aus der ersten Dekade des 21. Jahrhunderts belegen, daß Antibiotika sich gegen Bakterienkulturen nicht durchsetzen, wenn diejenigen Bakterien, denen genetische Augenblicksvorteile die Chance verschaffen, das feindliche Agens schneller wieder herauszupumpen, als es sie umbringen kann, ihre Mitbakterien und so die ganze Population davor beschützen, über den biotischen Tisch gezogen zu werden – die Forschung hat das Phänomen mit den hübschen parapolitischen Namen »Bacterial Charity Work« und »Shared Resistance« belegt.[4] Den Vorwurf, wir bildeten hier die Sorgen und Illusionen von Leuten ab, deren Selbsteinschätzung als Pionierkräfte von etwas ganz Neuem die Trivialität der Lohndrückerei, Tagelöhnerei, des kommoden Elends nur tarnt und die so wichtig nun auch wieder nicht sind, lassen wir uns gefallen – und drehen ihn nur insofern gegen seine möglichen Urheberinnen und Urheber, als dann der Hinweis erlaubt sein muß: Natürlich sind sie nicht wichtig, aber die Medien, also Zeitungen, Zeitschriften, Radio, Fernsehen, Internet, nehmen sie wichtig, weil sie eben zunehmend von genau solchen Leuten bespielt werden, statt von einigermaßen realistischen Personen, deren Berufsschicksal ihnen diesen Realismus beigebracht hat. Die Lumpenliberalen scheinen, auch wenn es gar nicht so viele sind, längst überall zu sein. Muffig und reif für den Schutthaufen der Sozialgeschichte soll im wiederauferstandenen Deutschland nach dem Willen dieser fünften Kolonne der Freidemokraten unter den Anarchisten alles sein, was an jene Bewegung und ihre Errungenschaften erinnert, und obwohl es Tagelöhner, die sich für Selbständige halten, auch anderswo gibt, fällt doch auf, daß für Leute, die Englisch können, John Lennon vom *Working Class Hero* gesungen hat, während selbst ein so renitenter Kopf wie Rio Reiser auf dem Weg zum bescheidenen Erfolg im

Radio das *Arbeitereinheitsfrontlied* gegen die infantile Wunscherfüllungsphantasie eingetauscht hat, *König von Deutschland* werden zu wollen, um die Sorte Freiheit, die sich deutsche Revoluzzer oder Jugendbewegte allenfalls vorstellen können, standes- wie landesgemäß obrigkeitlich durchzusetzen.

Der scheinbare Gegensatz dieser notorisch (und, da sie immerhin nicht leben will wie vorgeschrieben, nicht rundweg unsympathisch) unzuverlässigen Wuselsphäre der *lifestyle politics* mal öko-libertärer, mal neu-sozial-alternativer, dann wieder pop-digitaler Farbe einerseits zum intellektuellen und medialen Wirkungskreis ernster Menschen mit abgeschlossenem Universitätsstudium, sozialwissenschaftlicher Bildung sowie Vorliebe für kritische oder analytische Denkmoden von der Frankfurter Schule bis zur *Actor Network Theory* andererseits ist eine rein gestische Äußerlichkeit: Wenn wir Feuilletonklienten unter uns sind, dürfen unsere Sätze zwar im Gegensatz zu denen der Freiheitsheldinnen und -helden des Populären manchmal die Erkenntnis streifen, daß es nicht alle gleich gut getroffen haben und die individuellen Schicksale Momente kollektiver Prozesse sind, die sich nach Klassenlagen aufschlüsseln lassen, aber verdorben hat sich's, wer die dabei empfohlenen Tischmanieren verletzt – das Vokabular bietet genügend Anästhetika Marke »Unterschicht«, »Besserverdiener« und nimmt den Umweg über Max Webers Typologien, die Bourdieusche Habituslehre und andere Schönheiten des akademischen Krautgärtleins, wenn sich die Sachverhalte gar nicht mehr ignorieren lassen. Der Spaß hört auf, wo solche sozioökonomischen Allotria ins Politische hinüberreichen, wo Carl Schmitt unsereins die Welt nach Freund und Feind zu unterteilen angewiesen hat. »Klassen« darf man äußerstenfalls für vorhanden halten, den »Klassenkampf« aber nimmermehr – er war ja auch in einem runden Halbjahrhundert deutscher Teilung mit bloßem Auge selten zu erkennen; die davon bestimmte, beklemmende und debattenerstickende Artigkeit aller zur einschlägigen Rede Zugelassenen entlang der geographischen Systemgrenze war übrigens keineswegs ein Exklusivmakel des kapitalistischen Westens: Schon Adorno berichtet von Begegnungen mit Intellektuellen des Ostens, die meinten, sie hätten in ihrer Gesellschaft eigentlich keine Soziologie, weil ihnen nicht klar war, daß der Marxismus durchaus nicht als Katalog frommer Appelle an brave Arbeiter der Faust und der Stirn, sondern als funktionale Erklärung der meisten Vorgänge angelegt gewesen war, und ein hochoffizielles Wörterbuch der Gesellschaftslehre in der DDR weiß zwar außer von »Klassen« viel von westlichen Importbegriffen wie »Management« und einiges über Parsons' Strukturalismus sowie älteren Positivismus, kennt aber das Stichwort »Revolution« nicht (das gehörte im ersten deutschen Arbeiter- und Bauernstaat in die Geschichtsbücher und handelte von etwas, das man, erleichtert, hinter sich zu haben meinte).

III.
Was ist Klassentheorie, wann und wo greift sie, was leistet sie?

Nicht in England, wo Marx und Engels das Wort hergeholt haben, nicht in Frankreich, wo das Verständnis von Lebensstil, dem es anhaftet, wenigstens eine Sorte Geschmack mitmeint, die nicht restlos in den tristen Affektationen aufstiegswilliger und abstiegsängstlicher Anziehpuppen gleichgültigen Geschlechts aufgeht, wohl aber in Deutschland gehört das Wort »Klasse« exklusiv den verbohrteren unter den verbliebenen Marxianerinnen und Marxianern.

Wir wollen, nachdem wir gezeigt haben, was die Aufklärung damit zu tun hat und warum die Deutschen es nicht mögen, das Wort den Hartnäckigen nicht vorschnell aus den Händen winden, sondern sie lieber noch einmal befragen, welche Bedeutung es in ihrem Begriffraster eigentlich trägt.

Ad fontes – Lenin definiert:

> »Als Klassen bezeichnet man große Menschengruppen, die sich voneinander unterscheiden nach ihrem Platz in einem geschichtlich bestimmten System der gesellschaftlichen Produktion, nach ihrem (größtenteils in Gesetzen fixierten und formulierten) Verhältnis zu den Produktionsmitteln, nach ihrer Rolle in der gesellschaftlichen Organisation der Arbeit und folglich nach der Art der Erlangung und der Größe des Anteils am gesellschaftlichen Reichtum, über den sie verfügen. Klassen sind Gruppen von Menschen, von denen die eine sich die Arbeit der anderen aneignen kann in-

folge der Verschiedenheit ihres Platzes in einem bestimmten System der gesellschaftlichen Wirtschaft.«[5]

Der »gesellschaftliche Reichtum« steht ein bißchen mißverständlich da, gemeint ist das Mehrprodukt (im Kapitalismus, nach Marxschem Wortgebrauch: der Mehrwert).

Daß ein Aufriß des Gesellschaftlichen, der es in Klassen teilt, die Verhältnisse antagonistisch denkt, agonal (die Klassiker der Richtung sagen vornehmer: dialektisch), also auch auf eine Weise politisch, die im Fernsehen bloß bei Parteienstreit und Staatsgeschäften Anwendung findet, fällt Leuten, denen so etwas Sorgen macht, schnell auf. Man kann in der vom Klassenbild nahegelegten besonderen Art, die Hinterlassenschaften von Hobbes und Machiavelli parasoziologische Früchte tragen zu lassen, Aufreizung wittern, mutwillig gesäte Zwietracht. Der australische Philosoph David Stove, kein alberner Mensch, geht so weit, in jeglichem Nachdenken über die Spannung zwischen idealem Egalitätsdenken und realistischer Klassenbetrachtung eine phantastische Überhöhung der Blutrünstigkeit Zukurzgekommener zu vermuten – Baboeuf, Marx, Bakunin, Lenin sind ihm böse Rumpelstilzchen, die ihre privaten Enttäuschungen am zivilen Leben der Mehrheit haben rächen wollen. Man kann sich der Wertung auch enthalten und etwa nüchtern vermerken, daß der Kampf im Namen einer Klasse ähnlich wie der für eine Religion, ein Königshaus, eine (per Beobachtung oder schlicht per Irrsinn von anderen unterschiedene) Rasse historisch zu den Gewaltgründen zählt, die Propagandisten beweglicher Haßheere in die Menge geworfen haben (dann landet man meistens bei einer Art Synthese aus Hannah Arendts Totalitarismusforschung und Dühringscher Gewalttheorie, wie sie beispielsweise der amerikanische Schriftsteller William T. Vollmann in seinem sozialkatastrophentheoretischen Hauptwerk *Rising Up and Rising Down* unternommen hat).

Das Problem an solchen ethisch wertenden (Stove) oder historisch wertneutralen (Vollmann) Einschätzungen der Implikationen des Klassenbegriffs ist, daß diejenigen, die sie entfalten, dabei in nahezu sämtlichen beobachtbaren Fällen wie unter einem Bann stehend mit mechanischer Zwangsläufigkeit dazu neigen, die spezifische Differenz des Feldzeichens »Klasse« gegenüber anderen antagonistischen oder sonstwie agonalen Trennschärfemaschinen bei der Untersuchung von Gemeinwesen und ihren Vergesellschaftungsweisen aus dem Blick zu verlieren.

Zweifellos intelligente Personen wie Schmitt, Stove oder Vollmann teilen diesen unterbestimmten Zugriff aufs Klassenkonzept peinlicherweise ausgerechnet mit dem sagenumwobenen »Linken Flügel« der NSDAP um die Brüder Strasser und den SA-Chef Röhm, die lange Zeit bemüht waren, den Einfluß der Rassenlehre Alfred Rosenbergs auf die braune Bewegung, so gut es ging, zurückzudrängen, weil ihrer Ansicht nach sowohl Rassen- wie Klassentheorien das völkische Bündnis von Mob und Elite gefährdeten, den Burgfrieden störten, der das ersehnte Reich nach innen charakterisieren sollte – »einseitig«, so erfährt man aus Otto Strassers Erinnerungen, sei Rosenbergs Rassenlehre gewesen, und man habe den Führer wiederholt davor gewarnt, nicht »alle Wandlungen im Kulturellen, Staatlichen und Wirtschaftlichen«, wie in Rosenbergs *Mythus des 20. Jahrhunderts* geschehen, auf Rassenkämpfe zurückzuführen, »wie es Marx mit seiner Klassenkampftheorie getan hat«.[6] Man muß, lehrt der Fall, gar kein liberaler oder libertärer Demokrat oder cäsaristischer Staatsharmonisierer wie Stove, Vollmann oder Schmitt sein, um Lehren nach dem einzigen Kriterium zusammenzugruppieren, in ihnen sei der Zwist Motor des sozialen Geschehens und seiner Veränderung – dumpf rebellische und gleichzeitig völkisch autoritäre Faschisten der Kampfzeit ziehen da dieselbe Schublade auf, und das durchaus konsequent: Allzu viele Unterscheidungen, sowohl falsifizierbare wie beliebig wahnhafte, dürfen im politischen Streit nicht Platz greifen, wenn man die Vorrechte des Führers, die unbedingte Souveränität (extremstes Merkmal ist der Leben-und-Tod-Dezisionismus: »Wer Jude ist, bestimmen wir«) nicht von vornherein durch unerwünschte Keime der Rechtssicherheit im Unrecht beschädigen will. Strasser hat gegen Begriffe wie Rasse und Klasse einfach einzuwenden, daß es überhaupt Begriffe sind; ob sie irgend etwas Wirkliches bezeichnen oder nicht, ist ihm nachrangig, er sieht nur, was damit gemacht wird, und trifft sich darin mit denen, die, an zwei ganz verschiedenen diskursiven Polen angesiedelt, solche Begriffe entweder von vornherein verurteilen oder aber sie untereinander nicht nach ihrer unterschiedlichen Weltadäquatheit und Zweckbestimmung wägen wollen.

Demgegenüber ist festzuhalten: Die Klasse als soziale Größe wird von Marx und Engels gerade nicht eingeführt, um auf ein legitimatorisches Substrat, eine ontische soziale Universalie und Essenz zu zeigen, die das weitere Vorgehen in Theorie und Praxis dann gleichsam transhistorisch rechtfertigt, wie das beim Rassismus oder beim Religionskrieg der Fall ist, sondern um eine vorhandene Praxis zu beschreiben, an die jede Veränderung anschließen muß, deren gedankliche Voraussetzungen nicht im reibungsfreien normativen Idealismus hängenbleiben wollen. Wer »Klasse« so sagt, wie Marx und Engels das taten, will die Klassen abschaffen, weil er sie als das Übel identifiziert, das die Verwirklichung der von vornherein die Theorie bedingenden und speisenden, nicht erst von außen an die Beschreibung der Lage heranzutragenden Bestimmungen Freiheit, Gleichheit, Menschheit behindert. Wer aber etwa »Rasse« sagt oder »Ungläubige«, will bestimmte für an sich selbst unveränderlich und anders als durch Ausrottung nicht für abschaffbar gehaltene Rassen und Gemeinden anderen unterwerfen, niemals aber das Rassensystem als solches in einem Akt immanenter Kritik sprengen, sondern beruft sich darauf geradezu als auf eine oberste Wesenheit, die dem Menschlichen innewohnen soll wie das Leben für die Hylozoik den Sachen – es ist ihr oder ihm *ens realissimum,* nicht vorgefundener, verwerflicher und daher zu überwindender Zustand am Ende eines verkehrten Geschichtsgangs.

Marx sagt: Das gibt es, weil wir nicht geplant haben; Freiheit bestünde darin, es zu beseitigen. Ein Rassist wie Gobineau oder Ford sagt: Das gibt es, ob wir planen oder nicht; unsere einzige Freiheit besteht darin, den ewigen Gesetzen, die durch Planung (z. B.: jüdische Machenschaften) vorübergehend außer Kraft gesetzt wurden, erneute Geltung zu verschaffen, denn tun wir das nicht, so machen sie sich eben auf unsere Kosten geltend, und wir gehen unter.

Wer diesen Unterschied kennt und ernst nimmt, muß allerdings die Klassentheorie deshalb noch nicht mögen, wenn auch vielleicht lieber als den Rassismus. Aber wer, könnten Bestürzte fragen, will sich wirklich entscheiden müssen zwischen Pest und Cholera, Aids und Krebs? Einige derer, die so fragen, arbeiten sich – in Krisenzeiten etwas kleinlauter, in Zeiten der Konjunktur, Prosperität oder gar Vollbeschäftigung entsprechend markanter – gern an der Relation zwischen Zweck und Mittel ab; sie sagen Dinge wie: Wir wollen gar nicht leugnen, daß es Klassen gibt, nämlich unterschiedlich begünstigte Menschengruppen (wobei gern offengelassen wird, wer da die Gunst vergibt, im Hintergrund spukt ein *deus sive natura*, der nicht weniger theologisch dadurch wird, daß man ihn seit der Studentenbewegung gern »die Gesellschaft« oder »das Soziale« nennt), wir teilen sogar das Ziel der Marxisten, diese Klassen, wenn denn irgend möglich, abzuschaffen, aber was uns wirklich stört, das ist das zusammengesetzte Hauptwort »Klassenkampf«. Das ist uns nämlich wahlweise zu kalt, zu darwinistisch-technokratisch (soll man etwa vom individuellen Leid absehen, das solche Kämpfe mit sich bringen? Ist das nicht instrumentelle Vernunft vom Gröbsten, und an der falschesten Stelle, im Menschlichen nämlich – sind euch die Menschen nur Werkzeug?) oder aber ganz im Gegenteil zu unwissenschaftlich-hitzköpfig, zu haßerfüllt, in beiden Fällen aber unbedingt zu totalisierend, eben in Strassers Sinn »einseitig« (müssen die Klassen immer und überall kämpfen? Ist es nicht vielmehr so, daß sie auch auf großen Gebieten des sozialen Lebens in sehr fruchtbarer, ohne die entsprechende Aufgabenteilung lange nicht so produktiver Weise kooperieren, ja daß das ganze Wirtschafts- und Gesellschaftsgefüge, sogar der beide verklammernde Staat auseinanderbrächen, wenn sie es nicht täten, weil es sie nicht gäbe? Wären nicht, statt des leidigen Kampfes, ebenjene Bereiche zu betonen, theoretisch größerzuloben und praktisch zu streicheln, bis die menschengemachte Welt schließlich im teleologischen Einklang mit sich selber summt?).

Was diese Sorte Fragestellung am Ende als Antwort aus dem alten Hut zieht, mit dem sie winkt, ist nicht die Abschaffung der Klassen durch Veränderung des gesamten Produktionsgeschehens, das ihnen ihre Plätze zuweist, sondern ihre Versöhnung, die dieses Geschehen auf magische Weise unberührt läßt und nur durch eine Reihe von Verträgen (die sozialpartnerschaftliche Variante) oder Dekreten (die dirigistisch-autoritäre) so weit humanisiert, daß sich die von Marx und Engels den Klassenunterschieden angelasteten Übel als unvorteilhafte Exzesse von »Machtmißbrauch«, »Gier« und anderen Einzeltäterentgleisungen entpuppen, die vom soliden Fundament beispielsweise der Marktwirtschaft ohne Schaden abgetragen werden können.

Die Politik, die solchen Vorgaben für gewöhnlich folgt, ist eng an nationalstaatliche Rahmen gebunden und tritt nach innen nivellierend (das Stichwort »Sozialpartner« fiel schon), nach außen mitunter aggressiv konkurrenzberauscht auf (die Standortlehre der Volkswirtschaftler von *New Labour* und ihrer Schröderschen Trittbrettfahrer verlangte von den Klassen, die sie nicht so nannte, eine schier maoistische Ultrasolidarität, man sei als armes Europa nämlich allseits raubtierumstellt, China, Japan, Rabatz im Innern war Landesverrat).

»Politik für alle Klassen«, auch wenn sie nicht so genannt wird, vertreten heute vornehmlich Menschen, die Keynes gelesen haben, Roosevelts »New Deal« bewundern oder in den siebziger Jahren gern in Schweden waren; die radikalste Spielart dieser Politik aber wurde im zwanzigsten Jahrhundert vom Faschismus mobilisiert – bei Hitler hieß das Kuriosum »Volksgemeinschaft«, bei Mussolini »democrazia totalitaria« (und wiederum Hitlers liebster Wirtschaftsweiser, Hjalmar Schacht, sprach aus analogen Erwägungen davon, der Nationalsozialismus sei »die wahre Demokratie«).

Der Historiker Götz Aly hat, um einige Folgerungen zu untermauern, die man nicht alle teilen muß, darauf hingewiesen, daß die »Mehrheitsfähigkeit« (Adorno spricht im »Jargon der Eigentlichkeit« angelegentlich bitter ironisch von »erklecklichen Majoritäten«) des Faschismus sich in sehr großem Umfang vom ideologisch ausgebauten Antiklassenkampfaffekt herschrieb.

»In der Tendenz brach der Begriff Rasse den Begriff Klasse«[7] – was wie eine begriffsrealistische Spielregeländerung formuliert ist, bedeutet konkret antijüdische Pogrome, Raub, systematischen Mord samt zahlreichen, etwa unter »Arisierung« verbuchten innenpolitischen Nachahmungen des ungleichen Tauschs, den die Imperialismustheorie kühl »koloniale Extraprofite« nennt; während Kleinbürgertum, Arbeiterschaft und andere nichtbesitzende Großgruppen eine »Epoche besonders schneller Veränderung, sozialer Umschichtung, breiter Aufwärtsmobilisierung, oft auch hoher individueller Verantwortung«[8] erlebten, einschließlich der Aussicht auf einen sozialen Kosmos, »in dem die Klassenposition zum Zeitpunkt der Geburt möglichst wenig den Lebensweg und die spätere gesellschaftliche Anerkennung eines Menschen festlegen sollte«[9] – ein Versprechen, zu dessen angemessener Würdigung es sich empfiehlt, im Gedächtnis zu bewahren, daß die marxistische Klassendefinition, die wir Lenin in ihrer verbindlichen Form haben geben lassen, die Klassen zunächst eben nicht als Blutszusammenhänge konzipiert, in dem das, was zum Zeitpunkt der Geburt das Entscheidende ist, weil ein Säugling sich noch keine soziale Rolle erarbeitet haben kann, auch späterhin entscheidend bleibt, sondern als Stellung in bestimmten, historisch genauer zu bestimmenden Produktionszusammenhängen.

Historisch zwar wurden und werden übers Erbrecht auch im Kapitalismus, der am wenigsten sippengefesselten Herrschaftsweise, die dem Marxismus zur Untersuchung vorlag, klassenbedingte Mobilitätseinschränkungen und andere Zwangsattribute von den Eltern auf die Kinder weitergegeben, weil eine prinzipiell denkbare Trennung von Eigentumsrecht und Erbrecht auch den Verfechtern der Losung »Freie Bahn den Tüchtigen« nicht zu unterschätzende logische und praktische Schwierigkeiten bereitet. Die Liberalen folgen, wenn sie das Erbrecht verteidigen, eher einer Not als einer Neigung, viele von ihnen sind aufrichtig meritokratisch eingestellt, aber die beiden einzigen Alternativen zum (in geschichtlich verbürgten Quellen über die allergrößte aufgezeichnete Zeit hin patriarchalisch geregelten) Weiterreichen von Eigentum sowohl in Gebrauchsgütern wie in Produktionsmitteln und Titeln auf beide sind für die Klassengesellschaft beinah tödlich: Wenn das, was der Vater besessen hat, nicht auf den Sohn übergeht, dann reißt diesen Besitz entweder 1.) der Stärkere *sensu* Eugen Dühring an sich, womit wir in jenen Krieg aller gegen alle zurückfielen, den nicht erst der Staat oder die Arbeitsteilung, sondern schon die früheste, nach Altersklassen und Geschlechtern geschiedene Proto-Klassengesellschaft überwunden hat – dann könnte man zwar, nach Faustrechtsentscheiden gestaffelt, weiterhin von Klassen sprechen (etwa von Gewichtsklassen, wie beim Boxen), aber wohl nicht mehr von Gesellschaft. Alternativ hierzu kann der

Besitz nur noch 2.) dem Gemeineigentum zufallen, und dann haben wir es zwar mit einer Gesellschaft zu tun, kaum mehr jedoch mit Klassen (das quasi-archäologische, nur wenige und schlecht gesicherte Tatsächlichkeiten abdeckende Wort »Urkommunismus« gehört hierher).

Daß das Erbrecht aufgerichtet und bis in den entfesseltsten Konkurrenzkapitalismus vom ideellen Gesamtkapitalisten »Staat« verteidigt wurde, um diese beiden Kippschicksale des Ganzen zu vermeiden, heißt aber nicht, daß beliebige Steigerungen sozialer Mobilität und Konnektivität, die das Erbrecht unterminieren, der Klassengesellschaft notwendig immer den Garaus machen – daß also etwa der Feudalismus mit massenhaften Nobilitierungen oder die Sklaverei über umfangreiche Freikäufe abzuschaffen gewesen wären – jedenfalls dann nicht, wenn man dem Klassenverständnis von Marx und Engels folgt, wie wir es oben von Lenin haben darlegen lassen. »Wir heiraten alle reich«, das kapitalismusimmanente Analogon der Massennobilitierung und des Freikaufs *en gros*, ist außer einem hübschen satirischen Einfall vor allem eine schöne Eselsbrücke für alle, die sich nicht merken können, was »Reformismus« bedeuten soll. Den zu verabscheuen sind alle, die von der Realität der Klassenkämpfe ausgehen, bekanntlich von der Geschichte (und ihrer brillanten Auslegerin Rosa Luxemburg) seit über hundert Jahren verpflichtet. Grund hierfür ist aber nicht, wie nun wieder der Verfassungsschutz zu glauben vereidigt ist, daß die Klassenkampfzuständigen ohne Explosionen nicht leben mögen, während die Gläubigen des Reformismus wahre Lämmer sind, sondern weil die Kernidee des Reformismus allen potentiellen Weltverbesserern *a priori* nahelegt, die Existenzbedingungen der Klassengesellschaften als solche zufrieden zu lassen und lieber nur ihre brenzligsten aversiven Folgen glattzubügeln.

In Wahrheit lag das, was die Faschisten (und selbst die kaiserlichen Japaner Mitte des letzten Jahrhunderts) in ihren jeweiligen Herrschaftsbereichen mit den Klassen anfingen, viel näher an etwas, das mit Recht »Umverteilung« (weniger vorhandener Güter als etwa Bildungsmöglichkeiten und anderer an die gesamtgesellschaftliche Produktivität gekoppelter Ressourcen) genannt werden dürfte als jeder andere Reformismus zwischen Bernstein und Keynes. Politisch hatte der Faschismus zur Klassengesellschaft, einer Sache, von welcher er nur den Begriff, nicht aber den von diesem bezeichneten Tatbestand loswerden wollte, ein wirres, eklektisches, opportunistisches Verhältnis – nur so ist es zu erklären, daß etwa zur Idee des Standes die allerunterschiedlichsten Vorstellungen in seinen ideologischen Qualmwolken herumdampften; daß man also beispielsweise bei Mussolini auf eine durchaus explizit ständische, ja irgendwo zwischen Adels-, nämlich Waffenträgerprivileg und rudimentärem Zunftwesen angesiedelte Neuordnung der Gesellschaft pochte, während ganz im Gegenteil dazu Hitler den Deutschen versprach, von Standesunterschieden solle fortan nicht mehr die Rede sein, weil das alles einer zukünftigen, eben in Züchtung begriffenen Herrenrasse unwürdiges altes Geraffel sei (Aly zitiert einen enthusiastischen Zeitzeugen des Sinnes, »daß die verhängnisvolle Zurücksetzung des Arbeiterstandes im Volksganzen beseitigt zu werden und einer Einheit aller Stände Platz zu machen schien«[10]). Altes Geraffel indes, blutig tugendtümliches Rittergehabe aus dem unbehauensten Mittelalter inbegriffen, paßte nun wieder Himmler und seiner SS hervorragend in den psychotischen Kram, so daß man Ordensburgen baute, aber zugleich noch archaischeres, aus wieder ganz anderen sozialhistorischen Strata aufgeklaubtes Zeug phantasierte und wahrzumachen suchte, von Runenzauber übers Stammeswesen bis hin zur Rede von der Scholle, als befände man sich geschichtlich nicht in der entwickelten Warenproduktion, die einen Großteil ihrer Produzenten und Konsumenten über die Lohnarbeit vergesellschaftet und bei Laune hält, sondern in irgendeinem Fantasy-Irrenhaus kurz vor Einführung der Leibeigenschaft.

Unter (je nachdem) Abschaffung oder Investitur von Ständen versteht der Nationalsozialismus oder der italienische *fascismo* weder Zerschlagung oder aber Wiederherstellung einer ständischen Welt im engeren Sinne – nämlich die Aufhebung oder Herbeiführung eines Zustands, in dem irgendwelche *Warlords*, die durch Geschlechtsadel von Geburt oder später, auf dem Weg zum Absolutismus, durch landesherrliche Verleihung zu Rechtstiteln wie Grundeigentum und

Besteuerungsprivilegien gelangt sind, ihr Recht, Konflikte mit Gewalt zu entscheiden, an einen König delegieren und im Ernstfall dessen Territorialstaat als Militärkaste verteidigen - noch irgendein spätantikes, mittelalterliches oder absolutistisches Steuerbrimborium, sondern einfach eine Art fortlaufender emphatischer Ästhetisierung als mehr oder weniger unmittelbar imaginierter (und handfest durchgesetzter) Herrschaftsverhältnisse, die das spezifisch Moderne am Kapitalismus, die *sit venia verbo* Diskursivität, mehr oder weniger explizite Vertragsförmigkeit seiner Machtausübungsmodi, wieder abstreifen, weil zwischen Besitzenden und Nichtbesitzenden keine Verträge mehr nötig sind, da sie sich schon zusammenraufen werden, wenn artfremde Blutsauger (der reiche Jude) und fremdrassige Aufwiegler (der bolschewistische Jude) erst einmal aus dem Volkskörper ausgeschieden sind.

Der ganze ekelhafte, schwärmerische und blutbesoffene Brei ist ein inszenatorisches Exsudat der »Politik für alle Klassen«, die sich ein allzugenaues Verständnis dessen, was Klassen überhaupt sind, eben nicht leisten kann, weil sonst wer merken müßte, daß sie der Versuch ist, die Frage der Zuteilung der Früchte des Reichtums von derjenigen seiner Hervorbringung taktisch zu trennen (und damit dann eben soviel Glück oder Pech hat, wie die Geschichte erlaubt: Ein angefangener oder ein gewonnener Krieg, in dessen Vor- und Umfeld begangene Räubereien großen Umfangs und die vorübergehende Freigiebigkeit einer herrschenden Klasse, die sich anderweitig fette Beute verspricht, helfen beim Klassenversöhnungstheater sehr; nachlassendes Schlachtenglück und Verteilungskämpfe bei schrumpfendem Beutevolumen dagegen sind dem Publikumserfolg hinderlich).

All ihren elephantiasischen Drohkulissen in bildender Kunst und Architektur zum Trotz konnten die Faschismen jedenfalls mit der ruhigen Aufgeklärtheit der imitierten griechischen und lateinischen Antike nirgends mithalten - die Propagandisten der Alten wußten und sagten noch, daß die Vorzüge des jeweiligen Vollbürgerrechts auch in den Glanzzeiten der athenischen Demokratie und der römischen Republik davon zehrten, daß bei aller teilweise durchaus breiten Streuung des Besitzes zumindest ein Klassenunterschied keineswegs eingeebnet wurde, der zwischen Sklaven und Freien nämlich. Daß man das auch bei Hitler wußte und in die Planung vor allem des Ostfeldzugs einarbeitete, steht auf einem anderen Blatt (und kann nachgelesen werden etwa bei Reinhard Opitz in dessen großer Monographie über *Europastrategien des deutschen Kapitals 1900-1945*).

IV.
Lohnarbeit: Hexis und Praxis

Die beiden Klassen, deren Beschaffenheit und Verhältnis Marxisten zu untersuchen pflegen, wenn sie den Kapitalismus kapieren wollen, sind erstens diejenige, die den Mehrwert erwirtschaftet, und zweitens diejenige, die ihn aneignet.

Fragen muß man, wo man nach der Tragfähigkeit der Marxschen Kategorien fragt, daher nicht so sehr danach, wonach diverse strukturalistische, poststrukturalistische, von irgendwelchen Kommunikations- und anderen Theorien beeindruckte Auffrischungsversuche gefragt haben, nämlich wie die einzelnen *termini technici* der von Marx und Engels hinterlassenen Analyse- und Kritikmaschinen miteinander diese Maschinen konstituieren und in Gang halten, ob sie mit entsprechenden Steckern neuerer Lehren über dies und das zu verbinden sind und wie genau, sondern eher, ob das, was derzeit von Nichtbesitzenden, soweit sie noch zur Produktionssphäre gehören, erwirtschaftet wird, überhaupt Mehrwert ist, inwieweit Arbeit heute noch das Adjektiv »produktiv« verdient, ob die beiden Klassen, zwischen denen sich das Drama abspielt, größer, kleiner oder anders zusammengesetzt sind als zu Zeiten der Begriffsschöpfer. Dabei wird man die alten Namen wiederfinden, die heute selbst denen, die Marx und Engels bewundern, vielfach zu peinlich sind, als daß sie noch ausgesprochen oder hingeschrieben würden – Engels in den *Grundsätzen des Kommunismus*:

> »Das Proletariat ist diejenige Klasse der Gesellschaft, welche ihren Lebensunterhalt einzig und allein aus dem Verkauf ihrer Arbeit und nicht aus dem Profit irgendeines Kapitals zieht; deren Wohl und Wehe, deren Leben und Tod, deren ganze Existenz von der Nachfrage nach Arbeit, also von dem Wechsel der guten und

schlechten Geschäftszeiten, von den Schwankungen einer zügellosen Konkurrenz abhängt.«[11]

Selbst die der alten Sache Treuesten werden einsehen, daß sich da einiges geändert hat. Gibt es noch Leute, die man Proletarier nennen darf, ohne sich lächerlich zu machen (vor der Wirklichkeit natürlich, die Fakultäten, Blätter und Sites sind nicht das Problem)? Die etymologisch-genealogische Geschichte von den Kinderreichen, die in der ursprünglichen Akkumulation gleichsam gezüchtet wurden, weil das Kapital Arbeitskräfte zwar nicht um jeden Preis (den galt es bald zu drücken), aber doch mit allen Mitteln an sich ziehen und binden mußte, ist bekannt genug. Menschenraub vom Land und vom Rand, Enteignung der Kleinproduzenten, Durchsetzung einer üblen Armengesetzgebung, die erfolgreich sicherstellte, daß es denen, die nicht arbeiten, nicht nur malerisch schlechter geht als den anderen, sondern sie geradezu kaum überleben konnten – das kann man, seit die Verwendung von Arbeitslosen-Populationen zu Regulationszwecken, d. h. zum Zweck des Abflensens und Ausbrennens von »Anspruchsdenken« bei den Beschäftigten erfunden wurde, nur nostalgisch sehen. Wer zieht den Unterhalt noch aus dem Verkauf der Arbeitskraft? Die Antwort hängt, eine erste Andeutung für Dinge, die wir erst später behandeln werden, davon ab, was man unter Arbeitskraft versteht. Gleichgeblieben ist aber, daß nicht eben die Mehrheit vom Profit eines Kapitalbesitzes, aus Grundrente, echten (statt spielgeldartig als Wechsel auf den Traum vom Mitmischendürfen ausgestellten) Aktien lebt – die vielen, die das niemals tun werden, nennen wir besitzlos, obwohl die meisten irgendwelche iPods, Bahncards und Haargels haben. Besitz im relevanten Sinn ist, was unabhängig macht. Die Schwelle dafür ist gestiegen: Wer früher hatte, was heute Abhängige haben, war längst nicht mehr abhängig (dahinter steckt ein Produktivitätszuwachs: Der Vorgang war der vom Kapital ermöglichten Verwissenschaftlichung der gesamten Gütererzeugung spätestens von der Manufaktur an unverlierbar *implizit)*. Das Proletariat kommt nicht mehr vor; die Proletarisierung aber, die anfing, als lebendige Arbeit in die Fabriken gesaugt wurde, verschuldete oder ganz ruinierte Handwerker sich in fremde Dienste stellten, Bauern Arbeiter wurden, die Proletarisierung als Vorgang, der Leute zu Objekten eines Produktions- und Verteilungsgeschehens macht, das ihnen eben noch zu versprechen schien, ihre Subjektivität ins Unendliche steigern zu können, die Proletarisierung als das ständige Absinken aus der Lebensplanung ins herumgeschmissene Leben bis zur Entsorgung durchs Begräbnisinstitut hält an, beschleunigt sich sogar; vor fünf Minuten selbständige, unerpreßbare Berufe wie der niedergelassene Arzt gehören auf einmal Banken, die, wenn ihre Luftgebäude einstürzen, die Halbgötter im weißen Kittel drunter begraben – die Zahl der Menschen, die nichts haben, was sie davor schützt, das Wirtschaften, das doch von Menschen betrieben wird, als eine Art Riesenwetter, Meerestoben, Sonnenwind zu erleiden statt zu gestalten, wächst und wächst, aber sie finden sich nicht mehr zu etwas zusammen, das genügend Stolz besitzt, einen Namen einzufordern, und sei's den immer schon trotzigen, den Marx und Engels ihr gaben.

Die Erschaffung der besonderen Sorte Nichtbesitzender, die den Kapitalismus da prägt, wo er ausgebadet wird, fand, wir haben schon daran erinnert, nicht am Reißbrett statt und war in keinem Wortsinn eine saubere Angelegenheit: Vertragsbetrug, direkte Gewaltausübung zur Erzwingung unfreier Arbeit (zum Beispiel fortbestehende Sklaverei auf den ansonsten nachfeudalen, durchaus kapitalistisch geführten Plantagen der Kolonien zwischen der Französischen Revolutionszeit bis hin zu den Baumwollfeldern des amerikanischen Südens vor dem Bürgerkrieg) und die mit eher sanftem Druck erreichte Integration der Familienarbeit von Leuten auf dem flachen Land in den kapitalistischen Produktionsprozeß gingen wild durcheinander, Hauptsache, den Besitzenden war die Möglichkeit (die Leibeigenenherren und Sklavenhalter beneiden mußten) garantiert, Arbeit je nach Bedarf mal anzueignen, mal wegzuschmeißen.

Die Mobilität und Flexibilität der lebendigen Arbeit wurde dadurch ungeheuer erhöht; eine erste Bedingung für den Weltmarkt (die zweite ist die Entwicklung von Transportmitteln und das Bahnen von Wegen, für beides wird genau jene lebendige Arbeit eingespannt). Naiv ist, wer diese Mobilität mit Freiheit gleichsetzt, nur weil die Menschen, in deren Körpern die Arbeit damals noch exklusiv zuhause ist, nicht mehr an irgendeine Scholle gebunden und denen rechtlich in allen außer den Besitzbelangen gleichgestellt sind, die ihre Arbeitskraft kaufen. Die formelle Freiheit der Wahl des Arbeitsverhältnisses, dergegenüber die Unfreiheit des einmal bestehenden Kontrakts nach liberaler Auffassung so wenig ins Gewicht fallen soll, ist scheinhaft insofern, als diejenigen, die über kein Privateigentum an irgendeinem profitablen Produktionsmittel verfügen, keinerlei Wahl haben, wenn es darum geht, ob sie ihre Arbeitskraft überhaupt verkaufen wollen – wenn sie können, müssen sie, und noch heute ist arbeitslos vor allem, wer nicht gebraucht wird (statt, wie die Hetze etwa der BILD-Zeitung suggeriert, wer nicht will und sich einen schönen Lenz macht. So schön ist der Lenz nicht, wenn die Gnadenerweise jederzeit entzogen werden können. Getröstet sehen die Betreffenden nicht aus; besoffen oft genug, und kein Existenzgeld wird sie erlösen, solange es als Abgezweigtes vom sonstigen, über Lohnarbeit organisierten Verdienst des Gemeinwesens bloß abgezweigt, also als verweigerbare Gunst hergeschenkt ist).

Die marxistische Tradition drückt dies in der Form aus, daß die Nichtbesitzenden dem Kapital gehören, lange bevor sie sich an Kapitalisten verkauft haben, und ihre ökonomischen Fesseln nur durch den periodisch aufzufrischenden Verkauf, die wechselnden Herren und die Schwankungen des Marktpreises ihrer Arbeitskraft verhüllt werden. Anspruchsvoll philosophisch ausgedrückt finden wir das bei Sartre, unter Verweis auf die aristotelischen Kategorien *Hexis* und *Praxis*, in der *Kritik der dialektischen Vernunft*, eine Vokabelentscheidung, mit der dann später Lebensstil- und Geschmacksanalytiker wie Bourdieu wieder ihre eigenen Späße trieben.

Die Tätigkeit des nüchtern resignierten Sichverkaufens und Sich-zur-Arbeit-Schleppens beschreibt der Philosoph als eine Art Gewohnheit (*Hexis,* ein Wort, das »Haltung« bedeutet, Sartre aber möchte idealistischen Fehldeutungen entgehen und nicht in der *black box* des Bewußtseins herumkramen, er sieht darin deshalb eine statistische Verhaltensdisposition; diese Lesart, der wir uns anschließen, ist sozusagen parabehavioristisch) und hebt sie damit ab von etwas, das ein freies Wesen, ermächtigt zur Entscheidung, tun würde *(Praxis)*; die Liberalen müßten dagegenhalten: Die Gewohnheit ist organisiert und steht in einem Mittel-Zweck-Verhältnis; der Streit, käme hier einer zustande, müßte dann davon handeln, ob die Besitzlosen Subjekte sind oder nicht – und liefe sofort Gefahr, weltfremder Begriffsbudenzauber zu werden, solange man ihn nicht in geschichtlicher Perspektive sieht. Ob eine Gruppe aus Subjekten besteht, erkennt man daran, was historisch aus ihr wird und wer das entscheidet.

Wenn das Proletariat, die Klasse an sich als Phänomen der kapitalistischen Arbeitsorganisation auf einem bestimmten Posten, nicht zur Klasse für sich wird, die diesen Posten verlassen und die Arbeitsorganisation ändern kann, wenn die Proletarisierung immer diffuser, immer weniger intern über gemeinsame solidarische politisch-soziale Praxis verbundener Gesellschaftsgruppen fortschreitet, ohne daß irgend jemand das so recht will, dann ergreift die Unfreiheit in der scheinhaften Freiheit noch die begriffliche Verfügung der Analyse über den Sachverhalt: Daß man das Proletariat öffentlich fast nicht mehr sieht außer als Gruselmonsterreservoir für Unterschichtenaufführungen, reflektiert seine Ohnmacht; daß es keins mehr zu geben scheint, zeigt, wie sehr der Marxismus recht hatte, in ihm Unterworfene zu sehen, Menschen, mit denen man, wenn man denn über profitbildenden Besitz verfügt, so gut wie alles machen kann, sogar, Abrakadabra, sie zum Verschwinden bringen.

Seit der marktförmigen Weltwerdung der Welt werden die letzten Schlupflöcher zugekleistert, wer nicht verkommen will, wird zumindest genauer beobachtet (Sozialbezüge, Almosen selbst in den reichsten Ländern abzugreifen, ist für Menschen, die ihre Ruhe vor dem Beschnüffeltwerden haben wollen, längst kein Spaß mehr), wenn nicht bereits einfach dahin kommandiert, wo noch Leute gebraucht werden, die Abnahme der Unerpreßbarkeit, das Erbleichen der freien Berufe reduziert flächendeckend überall die Vertragsförmigkeit der Beziehungen der Menschen und hat ernste Folgen für ihr Selbstbild, nicht nur für die Zahlungsmoral: Was sich da anschickt zu verschwinden, ist nichts Geringeres als die für die moderne Subjektivität einmal maßgebliche, diese überhaupt erst ermöglichende *Vertragsfähigkeit* der Individuen, ihre Verpflichtbarkeit auf den Grundsatz *»pacta sunt servanda«*, ihre Fähigkeit zu (man lache nicht) Tugend, Ehre, Freundschaft – na gut, es gibt ja immerhin Facebook.

Wer seinen Rechtsansprüchen keine Geltung, keinen Nachdruck verschaffen kann, mittels Zwangsinstrumenten, kann sie genausogut abschreiben – sichtbares Zeichen davon ist in unserem geschichtlichen Augenblick der Entwicklung der kapitalistischen Freiheiten die Zunahme der Zahl öffentlich sichtbarer privater Durchsetzungsinstrumente für Rechtsansprüche, etwa *Rent-A-Cops* in restbürgerlichen Geschäftsvierteln, weil die Polizei, die damit beschäftigt ist, kapitalistische Großbauten oder Atomtransporte zu schützen, nicht einmal die Einhaltung des Gesellschaftsvertrags und den Respekt vor der Eigentumsordnung garantieren kann; vom Strafvollzug bis zum Krieg (Söldnerfirmen wie *Blackwater* machten zuerst im *War on Terror* von sich reden, es gibt sie aber schon länger): Die Spirale hat sich ein weiteres Mal gedreht, die mit der gleichzeitigen Befreiung (Vertrag statt Zwang) und Knechtung (Zwang zum Vertrag) bei der Geburt des Kapitalismus in Gang kam.

An dieser Stelle wird die Erinnerung an den zentralen, schönsten, wertvollsten Irrtum der Aufklärung, dem wir unser erstes Kapitel gewidmet haben, allmählich schmerzlich: Menschen, dachte man, haben Rechte. Der weitere Geschichtsverlauf ab dem Augenblick, da dieser Irrtum in der Welt war, zeigt: Sie haben nur so viele, wie sie durchsetzen können.

Das Verhältnis von Freiheit zu Unfreiheit binär zu kodifizieren, ohne darauf zu achten, daß die eine der anderen implizit ist und je nach Stand der Dinge viele Abläufe denkbar sind, die sie ineinander umschlagen lassen, ist aber kein bloßer Denkfehler philosophischer Irrgänger, sondern selbst Bestandteil der modernen, der kapitalismuskonstituierenden Hexis. Auf deren beiden Seiten stehen zwei drehsymmetrische (statt etwa spiegelsymmetrische) ökonomistische historische Fiktionen, nämlich die vulgärliberale, wonach die Knechtschaft in der Produktionssphäre mit der Einführung der freien Lohnarbeit ganz allgemein ein Ende gefunden habe, und die vulgärmarxistische (und, wenn man einige Unklarheiten beim jungen Marx betrachtet, früh-Marxsche), wonach mit der Lohnarbeit die Arbeitsteilung endgültig ihren grundsätzlich sündigen, menschenfeindlichen Charakter offenbart hätte, als Instrument, das den Arbeiter zum Anhängsel nicht zuletzt des fixen Kapitals, der als Maschinerie und Fabrik vergegenständlichten toten Arbeit macht und ihn, den Zombie, in dem Totes Lebendes regiert, ärger knechtet als noch der stumpfste Frondienst. Diesen beiden Auffassungen gegenüber, die daran leiden, daß sie nicht dialektisch begreifen, was nun mal dialektisch verfaßt ist, möchten wir dem Hinweis von Jairus Banaji folgen, daß die Lohnarbeit nicht die ausschließliche Hexisstifterin des Kapitalismus ist, sondern die modellhafte, nicht das einzige Realverhältnis, aber dasjenige, durch dessen Verfassung bestimmt wird, welchen Tätigkeiten und Abläufen, Arbeitsteilungen, Arbeitsleistungen, Forschungen, Freizeitvorkommnissen überhaupt soziale Realität zukommt. Denkt man an das Durcheinander der Beschäftigungs-, Rekrutierungs- und Beschäftigungsdurchsetzungsformen, mit denen der Ärger angefangen hat, denkt man an die Unterschiede zwischen den zivilen Arbeitsverhältnissen in den reichen und die barbarischen in den armen Gegenden, und denkt man schließlich daran, wie unübersichtlich das Feld der Nichtfreien von der Bettlerin über den digitalen Bohemien bis zum Arzt in den vormaligen Zentren der bürgerlichen Emanzipation heute ist, so empfiehlt es sich, mit Banaji wahrzunehmen, daß in allen historischen Abschnitten Übersicht geschaffen wird, wenn man sich dazu erzieht,

> »to think of capitalism working through a *multiplicity* of forms of exploitation *based on* wage-labour. In other words, instead of seeing wage-labour as *one* form of exploitation among many, alongside sharecropping, labour tenancy, and various kinds of bonded labour, these specific individual forms of exploitation may just be ways in which paid labour is recruited, exploited, and controlled by employers. The argument is not that *all* sharecroppers, labour tenants, and bonded labourers are wage-workers, but that these forms may reflect the subsumption of labour into capital in ways where the ›sale‹ of labour-power for wages is mediated and possibly disguised in some complex arrangements.«[12]

V.
Hexis als friedliche Gewalt

Gewaltverhältnisse unter formell Freien: Dabei ist nicht in erster Linie an die inzwischen von als Psychodrama oder Management-

Schulungsmaterial flachgedachte Hegelsche Dialektik von Herr und Knecht gedacht als vielmehr abermals an den Unterschied und das Gemeinsame von Hexis und Praxis. Wie viele Ausnahmezustände brauchen Macht und Herrschaft, um zu funktionieren, wie gewohnheitsmäßig können sie werden?

Macht kann man, das wissen alle, auch ohne sichtbare Gewaltmittel, sogar ohne ausgesprochene Drohung damit ausüben (die sexuelle Hörigkeit ist bloß das grellste Beispiel hierfür, auch der vage, aber nicht nur für Machiavellisten unverzichtbare Begriff des Einflusses gehört hierher), Herrschaft dagegen (also das, was in Klassengesellschaften bestimmte Klassen bestimmten anderen Klassen antun) ist eine spezifische Form von Macht, in der Gewaltausübung und Androhung stratifikatorische Funktionen haben (zum Beispiel als gewaltsame Trennung von einigen oder allen Lebensgrundlagen, die der arbeitsverweigernde Sklave, der schollenflüchtige Leibeigene – oder der arbeitslose Lohnarbeiter in einem Land ohne Zugeständnisse an die Arbeiterbewegung – riskiert). Jan Philipp Reemtsma schlägt, einer Kritik an soziohistorischen Gewalttheorien folgend, die Hannah Arendt formuliert hat, vor, die Herrschaft als etwas anzusehen, das, weil es anders als die durchaus punktuell denkbare Macht »auf Dauer angelegt« ist, ein »System von Beziehungen« sein muß, »das Stabilität garantieren soll«.[13] Wir übernehmen diesen differenzierenden Begriffsgebrauch gern, möchten aber die (an eine venerable Aufklärungstradition angelehnte) am selben Ort ausgesprochene Reemtsmasche Prämisse, wonach Macht etwas Soziales sei, Freiheit aber etwas, das dem Individuum, etwa Defoes Robinson Crusoe, auch ganz alleine zukommen könnte, grundsätzlich in Zweifel ziehen, weil ein einsamer Inselbewohner zwar nicht unterdrückt ist, aber auch nicht frei, da Freiheit, ähnlich wie Macht und Herrschaft, ein soziales Verhältnis bezeichnet, nämlich einen Umgang von Menschen miteinander, der auf Gewaltmittel für die Erzwingung oder Verhinderung bestimmter Verhaltensoptionen verzichten muß.

»Der Mensch«, was immer das Naturrecht so zu denken vorgibt, ist eben mitnichten »an sich« frei – das ist er nur vom Standpunkt der liberalen Monade, die aber selber erst als Produkt einer historischen Entwicklung vorkommen (der einsamste Philosoph hat eine Mutter, und wenn die ihn verläßt, durch Tod oder Davonlaufen, hat sie ihn nicht nur befreit, sondern auch beraubt, nicht immer absichtlich). Selbst ein reines – in unseren Tagen und Gegenden immer häufiger beobachtbares – Gleichgültigkeitsverhältnis von Menschen gegeneinander ist ein soziales Verhältnis, ein fürchterliches eben. Menschen mögen alleine auf Inseln wohnen, aber, wie die Binse rauscht, niemand ist selbst eine Insel. Entfremdung, Einsamkeit: Das sind soziale Zustände, die eng mit Macht und Herrschaft verbunden sind, nämlich von dieser erzeugt und verhindert werden.

»Auf die Welt kommen« heißt, sich in Gemeinschaften begeben (versucht man, das Kind aus dem Hilflosigkeitsalter ins Selbstversorgeralter zu führen, ohne irgend etwas auf es einwirken zu lassen, was Gesellschaft gleichkommt, erzeugt man nichts als schwere Deprivationsschäden. Die ganze, endlose, ermüdende, an dieses Nexus angedockte Debatte *Nature versus Nurture*, angeborene versus sozial konstruierte Identität ist ein Scheingefecht von Menschen, die zu faul oder ängstlich sind, die Details der Sozialisation aus den Details des Sozialen herauszulesen: das »soziale Konstruieren« selbst ist Naturvorgabe beim Menschen, *hardwired*, und die Art, wie unsere Spezies ihr Genom verwirklicht, der menschliche Phänotyp, ist gesellschaftlich).

VI.
Klassenaufklärung: Vom Sinn der *combinations*

Eine der Gemeinschaften, in die eintritt, wer zur Welt kommt, ist zu allen bisher bekannten Zeiten die Klasse – aber das, nach einer berühmten, bei Kant geborgten Marxschen Volte, auf die wir oben bereits angespielt haben, zunächst nur an sich, nicht für sich. Was der sozialen Klasse zur geschichtsmächtigen Kraft fehlt, der sogenannte »subjektive Faktor«, das vielzerredete Klassenbewußtsein, entsteht in den Klassenkämpfen, und nur deshalb interessieren die Weltverbesserer sich für diese.

Hören wir dazu keine Marxisten, sondern abermals die Aufklärung –»the great inequality with which the advantages and enjoyments of life are dealt out to different classes of men«, sagt Anna Laetitia Barbauld, ist ein großes Unrecht, aber mit der unversieglichen Neugier des Vernunftmenschen fragt sie nicht wie einer jener Landpfarrer mit ihren philanthropischen »Liebessabbeleien«, gegen die Marx und Engels in ihrem wunderschönen *Zirkular gegen Kriege* rabiat vorgegangen sind, nach Herz und Schmerz, sondern stellt lieber die sehr viel spannendere Frage, was, wenn doch der Antagonismus so tief ins gesellschaftliche Leben eingegraben ist, diese eigentlich daran hindert, in den *bellum omnia contra omnes* zurückzufallen – wieso sind Klassen nicht nur für die *faultlines* im Sozialen zuständig, sondern in allen naturwüchsigen, irgendwie zustande gekommenen historischen Gesellschaften zugleich auch Garanten und Agentien der Vergesellschaftung? – »Since things are so, how is it, it may be asked, that they are not worse?«[14]

(Die alte Philosophenfrage, warum überhaupt etwas sei und nicht vielmehr nichts, hat an dieser Stelle ihren meistens mutwillig übersehenen, wortreich eskamotierten gesellschaftlichen Ursprung: Personen, die von Beruf denken dürfen, ahnen, daß ihre Muße auch in kulturhistorischen Aufschwungsperioden an einem Abgrund stets sehr naheliegender gesellschaftlicher Desintegration, um sich greifender Anomie, Zerreißen der Vergesellschaftungsmodi entlanggrübelt). Die Nüchternheit, mit der Barbauld diese Frage beantwortet, teilt sie mit Smith, Ricardo, der schottischen Aufklärung. Ihre Antwort lautet: Die Klassengesellschaft bleibt am Leben, weil sie nicht umhinkann, bei der Produktion von Laster und Unrecht immer auch Tugend und Recht herzustellen, die sie stabilisieren (und selbst da, wo sie sie beschädigen, auf höherer Stufe wieder hervorbringen, eine Entwicklung, deren Fluchtpunkt natürlich die Überlegung bildet, daß die höchste Stufe dieser Entwicklung der Klassengesellschaft selbst keine mehr sein wird). Die entfaltete Argumentation ist dreigliedrig:

Erstens: Die Klassenstruktur selbst, nämlich das in ihr angelegte Herrschendürfen, erzeugt (also nicht nur: befriedigt) gerade bei herrschenden Klassen Bedürfnisse, für deren Befriedigung sie sich zu Klassenkompromissen bereitfindet, die der sozialen Organisation dieser Bedürfnisse und ihrer Befriedigung inhärent sind. »If the rich had no fantastic wants, it is probable no more poor would be suffered to subsist in a country than would suffice to procure a plentiful subsistence for the owners of the soil; just as we maintain no more oxen than will serve for food, or horses than are wanted for the draft of the saddle.«[15] Der Gedanke nimmt in aller Unschuld Marx vorweg, nämlich dessen Kritik an Proudhon, derzufolge sich etwa nicht, wie jener meinte, die Produktivkräfte aufgrund der Bedürfnisse entwickelt haben, sondern umgekehrt die Bedürfnisse aufgrund der Entwicklung der Produktivkräfte, die in arbeitsteiligen Klassengesellschaften implizit steckt.

Der Luxus kommt nicht von einem irgendwie falsch verteilten Gesamtüberfluß, sondern von einem Produktionsprozeß, dessen ineinandergreifende Zahnräder der Reichtum weniger Leute (das kleine Zahnrad dreht sich schnell) und die zur Arbeit gezwungene Armut vieler sind (das große dreht sich langsam):

> »Heute behaupten, daß, weil alle Bedürfnisse aller Arbeiter befriedigt waren, sich die Menschen der Erzeugung von Produkten höherer Ordnung, komplizierterer Industrien haben widmen können, das hieße, von dem Klassengegensatz abstrahieren und die ganze historische Entwicklung auf den Kopf stellen. Das wäre dasselbe, als ob man sagen wollte, daß, weil man unter den römischen Kaisern Muränen in künstlichen Teichen ernährte, man die ganze römische Bevölkerung im Überfluß ernähren konnte; während gerade im Gegenteil das römische Volk des Nötigsten entbehrte, um Brot zu kaufen, die römischen Aristokraten hingegen nicht der Sklaven ermangelten, um sie den Muränen als Futter vorzuwerfen.«[16]

Das ethische Übel wird konstatiert, bei Marx aber sowenig bejammert wie bei Barbauld, beide konstatieren lieber: Die verfeinerten (für Puritaner: dekadenten) Bedürfnisse zwingen sie, ihr Regime zu entwickeln, ihre Herrschaftsweise und die Erzeugungsverhältnisse, die da beherrscht werden, und zieht man die Linie weiter, so mag einmal das allerdekadenteste Bedürfnis sich melden, eine Form von Freiheit zu erleben, welche die Freien über alle Heimeligkeit des Urkommunismus erhebt – »Mit dem Moment, wo die Zivilisation beginnt, beginnt die Produktion sich aufzubauen auf den Gegensatz der Berufe, der Stände, der Klassen, schließlich auf den Gegensatz zwischen angehäufter und unmittelbarer Arbeit. Ohne Gegensatz kein Fortschritt; das ist das Gesetz, dem die Zivilisation bis heute gefolgt ist«[17]– man kann die Gesellschaft, die man befehligt, nicht zur Befriedigung anspruchsvoller Bedürfnisse anhalten, ohne ihre Einrichtung selbst anspruchsvoller zu machen; die Klassengegensätze sind die heimliche Einfallspforte der Anspruchshebung des Gesellschaftsgesamten, Vorschein neuer Subjektivitätsoptionen, und üben Zwang aus auch gegen die herrschende Klasse, nicht völlig manierenlos, formlos zu existieren, mit den anderen Klassen in Verhandlungen zu treten (welche Kehrseite, Fortsetzung und Vorbereitung von Kämpfen im strengen Wortsinn sind), kurz, Verkehrsverhältnisse zu entwickeln – im Bild Barbaulds: »The wants of taste, and they alone, supply a gradation of ranks; for the man who is able to administer to the more refined pleasures of life, himself requires to be placed several rounds above the foot of the ladder.«[18] Der Feinschmecker bezahlt den Chefkoch, dessen Ausbildung aber macht ihn selbstbewußt. Die Fabriken haben die Arbeiter des 19. Jahrhunderts dazu gebracht, etwas auf sich zu halten, als auf diejenigen, die den Betrieb erlauben, und sie auf die Organisation, das Renitentwerden als Arbeiterbewegung, besser vorbereitet, als jedes schläfrig-halbfreie Landleben ohne Werkssirene und Aufseher das je hätte tun können. Auf was für Ideen könnte die computerisierte Fellachenwirtschaft ihre Callcenter-Sklaven bringen, denen man sagt, sie seien die Daten-Kärrner und gesichtslosen Techniki, ohne welche die Info-Ära nicht zu denken gehe?

Zweitens: Damit nicht genug, ist die Klassengesellschaft, weil sie Arbeitsteilung impliziert, Herstellerin nicht allein von Knechtsselbstbewußtsein, sondern sogar realinformationellen, datengeleitet implikatregulierenden Abhängigkeiten der Herrschenden von den Beherrschten, die der Hordenpatriarch umherschweifender Jäger- und Sammlerclans so nicht kennt –

> »of this no artificial state of society, no station of inferiority, not even a state of slavery itself, can entirely divest its possessor. Skill is power. The owner of a lare house and domain may call himself, if he pleases, the master of them, and in a certain sense he is so, for all his dependants are labouring for him; but he cannot deprive his steward, his butler, his gardener, his cook, even his dairy maid, of that importance which arises from their understanding what he does not understand.«[19]

Es gibt in der Klassengesellschaft, sagt Barbauld, ein Unterdrücktenwissen, das nicht erst in historischen Ausnahmezuständen geeignet ist, dem sagenumwobenen »Herrschaftswissen« die Kompaßnadel zum Drehwurm zu machen. Der Denkansatz hat im frühen einundzwanzigsten Jahrhundert, in dem die *dairy maid* womöglich eine Migrantin ist, die mehr Herrenworte kennt als der Herr solche in ihrer Sprache, manches für sich. Die operativen Schlüsse, die sich daraus ziehen ließen, müßten am letzten der Punkte ansetzen, die wir aus Barbaulds Überlegungen entnehmen, in denen sie die Frage untersucht, wieso die Klassengesellschaft der ihr von Marxinspirierten aller Preisstufen zwischen Rosa Luxemburg und Robert Kurz immer wieder unterstellten Tendenzdynamik »Das Schlechte kann nur immer schlechter werden, und die Zivilisation, die sich nicht verbessert, geht unter« so hartnäckig nicht gehorchen will, und weshalb die Widersprüche, die sie birgt, nicht nur ihren Sturz denkbar, sondern immer wieder auch ihr Fortdauern erst möglich machen.

Drittens: Klassen, auch die allerausgebeutetsten, unterdrücktesten, von den sozial erzeugten Reichtümern unerreichbar weit getrennten, sind in sich nichttrivial gesellschaftsartig: Wie die arbeitsteilige Gesellschaft die Möglichkeit der Klassenbildung impliziert (die aus ihr dennoch nicht zwingend, sondern eben nur im Fall, daß jemand dies explizit macht, hervorgehen), so impliziert die Klasse die Gesellschaftlichkeit des Menschenverhaltens. Von der erlebten und begriffenen Zugehörigkeit zu so einer Klasse geht daher die Sache überhaupt erst erträglich machende Versuchung aus, das eigene Glück an eine Verbesserung der Lage der Gesamtklasse zu binden, sich innerhalb derselben also miteinander zu verabreden, als lebte man bereits in einer geplanten, klassenlosen Gesellschaft – was die Herrschaft weder verhindern kann noch gerne sieht, daher »the secret combination of the poor against the rich«[20] – ein Ausdruck, der seinerzeit auf alle wohlhabenden und mächtigen Leserinnen und Leser beträchtliche Schockwirkung ausübte. Man suchte solche *combinations* allerwege zu unterbinden – »Laws are continually made against combinations, but the secret combination of the low against the high can never be prevented, because it is founded on the interest of the many, and the moral sense of all.«[21]

Das Sittlichkeitsempfinden, auf das sie am Ende abhebt, das heißt der Wunsch, es möge auf der Welt gerecht zugehen, ist freilich – eine Pointe, die man im Rückblick klarer sieht, als die Verfasserin je konnte – ein Luxusbedürfnis ihrer Klasse, mit Philanthropie nur unzulänglich zu befriedigen, erzeugt durch die industrielle Revolution, die gewonnenen Mußestunden, die Blüte der Bildung und Erziehung, die damit verbundenen neuen Lernangebote (etwa für Frauen wie Barbauld) und die politische Emanzipation der Bourgeoisie, deren Grundsätze Barbauld mit dem moralischen Sinn aller verwechselt. Es sind einfach die politischen Ideen der Aufklärung, die sie mit ihrem Argument für die Unvermeidlichkeit und den moralischen Wert der *combinations* unmittelbar der soeben entstehenden Arbeiterbewegung vermacht.

So also sieht der Archäopteryx aus, das *missing link* zwischen Bacon, Descartes, Spinoza, Voltaire, den französischen Materialisten einerseits und Marx, Engels, Luxemburg, Lenin andererseits – der Übergang vom aufgeklärten zum Klassenbewußtsein. Dies ist ein normatives Erbe, kein wissenschaftliches. Das Erbe der Aufklärung besteht, wir können das nicht oft genug wiederholen, nicht allein in Sachaussagen, ideologiekritischer Skepsis, Wissenschaftsaffinität. Die Sache hatte ein Programm, nicht bloß Meinungen und Ansichten.

Daß *combinations* außer nützlich auch moralisch geboten seien, war der dem 18. und noch dem frühen 19. europäischen Jahrhundert angemessene Ausdruck der Marxschen Aufforderung, die Geschichte als Geschichte von Klassenkämpfen zu lesen: Wir sollten das tun, wenn wir das können, diese Aussage ist eine andere als die, wir können es.

Man hat den berühmten Satz aus dem *Manifest der kommunistischen Partei*, alle Geschichte sei Geschichte von Klassenkämpfen, lange Zeit ausschließlich als Erklärung von etwas verstehen wollen, das man bereits kennt, aber nicht versteht, statt als Bestimmung von etwas, das man vorhat.

Man hat sich dabei verhalten, als ob ohnehin auf der Hand liege, was Geschichte sei: die Abfolge von Haupt- und Staatsaktionen eben, die man im Geschichtsunterricht lernen kann – Kriege, Krönungen,

Landnahmen, Völkerwanderungen. Der Klassenkampfbegriff wäre dann nach Ansicht von Marx und Engels der Schlüssel, mit dem man sich diese altvertrauten Phänomene begreiflich machen kann.

Versteht man den Satz aber statt dessen als Losung einer neuen Politik, die eine bestimmte strategische Verwendungsweise des Wortes »Geschichte« festzulegen, ergibt er einen anderen, praktischen Sinn: Laßt uns ab jetzt gar nicht erst von Geschichte sprechen, wo es nur um Religions- oder Gebietsstreitigkeiten geht.

Angenommen, der Satz wäre als Tatsachenfeststellung falsch.

Dann müßten, ihn zu falsifizieren, immerhin bedeutsame Dinge passiert sein, die zwar viele Menschen mit nachhaltigen Folgen bewegt haben, aber nicht auf den Klassenbegriff zu bringen sind. Dabei hätten Menschen dann ihr Handeln an etwas ausrichten müssen, das nicht künstlicher, produzierter, kurz: wirtschaftlicher Art war, sondern etwa biologischer, religiöser oder nationaler. Kämpfe, in denen die Leute als Christen oder Muslime, Angehörige dieses oder jenes Clans, Bewohner dieses oder jenes Erdteils teilnehmen, sind ungeschichtlich, sagen Marx und Engels, weil sich dabei die Menschen wie Tiere aufführen, die um Futterplätze wetteifern oder sich gegenseitig austilgen.

Erst wo Menschen mehr herstellen, als sie verzehren können, erst wo sie Reichtum bilden, erst wo sie sich die Natur per Arbeit aneignen und sich damit auch Mußezeit verschaffen, können sie Geschichte machen – nämlich ihre Verhältnisse untereinander dem Streit, der Abstimmung, der möglichen Einigung unterwerfen.

Marx und Engels schlagen, so gelesen, vor: Die politischen Parteien, zwischen denen Kämpfe stattfinden, die über den Verlauf von Geschichte entscheiden, messen wir an ihrem Verhältnis zur Herstellung und Nutzung von Muße und Überfluß, an ihrer Art, das Mehrprodukt zu erzeugen und zu verteilen.

Dieses Verhältnis war in keinem je erprobten System für alle gleich. Immer gab es große Gruppen, die sich danach unterschieden, wie sie zur Erzeugung und zur Verteilung des Mehrproduktes standen. Das waren und sind die Klassen. Wo ein Mensch sagt: »Weil ich bei der Bildung von mehr Reichtum, als meine Gesellschaft zur Selbsterhaltung braucht, diese oder jene Rolle spiele – als Sklavin,

Sklavenbesitzer, Lohnarbeiterin, Verwaltungsangestellter, Agrarministerin oder Physikerin – habe ich diese oder jene Forderung«, wird Wichtigeres und Intelligenteres gesagt, als jeder Satz sagen kann, der mit den Worten: »Ich als Mutter, als Rothaariger, als Normannin, als Hindu …« anfängt.

Wer Gerechtigkeit nicht als Deutscher oder als Linkshänderin fordert, sondern als Gattungswesen, das allseitigen Reichtum schaffen kann, aber aufgrund der Einrichtung der Gesellschaft davon ausgeschlossen ist, diese Fähigkeit im vollen Umfang zu verwirklichen und zu genießen, begibt sich in den Klassenkampf.

VII.
Einige Widerreden (und Antworten darauf)

Geschichte, fand Marx, müsse so lange als Geschichte der Klassenkämpfe angesehen werden, bis die dafür aus historischen (also nicht einfach logischen) Gründen geeignete Klasse sich die Aufgabe stellt und sie löst, einen Zustand herzustellen, der die Klassengesellschaft aufhebt. Die Denkbewegung ist eine des Forderns, aber keine voluntaristische, denn sie trägt induktiv gewonnene Lemmata in sich wie der Rosinenkuchen kleine getrocknete Trauben. Wer sich ihr verweigert, tut das entweder mit normativer (das Klassenkampfkonzept wird als Haßpredigt aufgefaßt, dem man den moralischen Boden im Namen von sozialpartnerschaftlichen, organischen, christlichen, völkischen etc. etc. Vorgaben zu entziehen trachtet) oder faktischer (»es gibt gar keine Klassen« oder »die Klassenunterscheidung trägt nicht weit genug, um solche weitreichenden geschichtsphilosophischen und politischen Inferenzen daran aufzuhängen, wie das der Marxismus getan hat«, »Klassen sind von anderen Ausgrenzungsdispositiven überlagert, die man dem Klassenkampfkonzept nicht subsumieren darf« etc. etc.) Widerrede.

Beiden kann man begegnen, wenn man die Vermittlung zwischen Sein und Sollen, die zwischen dem beschreibenden und dem normativen Teil dessen, was wir bei Barbauld und Marx als die Anwendung des Aufklärungsdenkens aufs Klassenproblem identifiziert haben, berücksichtigt. Weder Barbauld noch Marx verletzen Humes Gesetz, wonach es zwischen dem Sein und dem Sollen keine Kausalverbindung geben kann und deshalb das Sollen aus dem Sein nicht gefolgert werden dürfe. Sie folgern aus dem, was ist, nicht das, was sein soll, sondern das, was sein kann, und dieser Implex des Gegebenen wird dann als mehrdimensionale Möglichkeitsgeographie, als soziopolitischer Entscheidungsraum neu beschrieben, indem Optionen fürs Handeln aus den Bedürfnissen folgen, die Humes Gesetz, Schöpfung eines wahren Protopositivisten, aus der ganzen Beziehung zwischen Sein und Sollen eskamotiert wie nur der Wiener Kreis das Erkenntnisinteresse aus der Erkenntnis – die Denksünde des neueren Sozialkonstruktivismus und der sogenannten *science studies*, alle Inhalte und Gestalten der Erkenntnis *ausschließlich* aus diesem Erkenntnisinteresse selbst deduzieren zu wollen, weil sie in ihm und seinen sozialen Parametern vorentschieden sei, ist von diesem metaphysischen Erlaß Humes nur die quasikantianische Umkehrung, die wie so viele Umkehrungen metaphysischer Sätze die Metaphysik nicht hinter sich läßt, sondern gerade so metaphysisch bleibt wie das von ihr Verworfene. Barbauld und Marx sagen: Wer die Klassengesellschaften studiert, sieht in ihnen die Momente ihrer möglichen Beseitigung. Sie behaupten nicht, aus diesem Studium folge die Verpflichtung, sie zu beseitigen. Man kann auf einem Vexierbild Verschiedenes sehen, und was man sieht, hängt davon ab, wer man ist und was man sucht, da haben die Erfinderinnen und Erfinder des Sozialkonstruktivismus recht. Aber was nicht da ist, wird nicht gesehen werden. Was da ist: Das nennen wir oben Möglichkeitsgeographie, Entscheidungsraum, das nennt dieses Buch den Implex.

Hält man ihn in der Klassenfrage gegenwärtig, so wird man die beiden Anstöße der zwei oben angeführten Widerreden auf zwei verschiedenen Wegen auffangen: Dem normativen begegnet man dann, indem man nach dem Vorbild Barbaulds den Gegenstandsbereich der Lehre vom guten Leben als ohne Reue und Zweideutigkeiten selbst offen normativ orientierter Gesellschaftstheorie begrifflich für die Aufklärung und deren mögliche Verlängerungen zurückerobert – einen Gegenstandsbereich, den die in den etablierten Sozialwissenschaften systematisch betriebene Ausklammerung der Interessengegensätze bei Theorien, die von einer nichtantagonistischen

Zusammensetzung der vorhandenen Gesellschaft ausgehen, trokkenzulegen hoffte. Dem faktischen Einwand wiederum wird man, wenn man ihm nicht erliegen, ihn aber ernst nehmen möchte, am beweglichsten begegnen, indem man Jairus Banaji darin folgt, daß die verschiedenen Unrechts-, Ungleichheits- und sonstigen sozialen Leidensquellen der gegenwärtigen Gesellschaften um die zerfallenden Zentralmoleküle der Lohnarbeit gruppiert sind, nicht als deren skalierbare Überbauten, sondern als Komplemente, Derivate, komplementäre Existenzvoraussetzungen, früher oder später erfolglose Verneinungen und so fort, operativ wirksam gemacht in nicht länger nationalstaatlich verfaßter, sondern transnationaler Anordnung, entsprechend immerneuen wie immergleichen hegemonialen Integrations- wie Ausschließungsstrategien und Taktiken der gegebenen Akkumulationsregime, wie sie etwa Kees van der Pijl 1998 in *Transnational Classes and International Relations* beschrieben hat.

Über diese beiden klassisch antimarxistischen Widerreden hinaus hat sich in den zwei Jahrzehnten seit Zusammenbruch und Niederlage des von der Oktoberrevolution ermöglichten Sozialismusmodells ein weiterer, historisch (wenn schon nicht logisch) neuer bemerkbar gemacht, der weniger anti- als vielmehr enttäuscht postmarxistisch auftritt. Allerlei (ehemals?) marxistische Gelehrte und (vordem?) an der Arbeiterbewegung orientierte politische Praktikerinnen, Uniprofessoren, ehemalige Terroristinnen oder Insassen von K-Gruppen, geläuterte oder grimmig fortwesende staatsfeindliche Elemente aller Farben und Formen also, die weder die Existenz einer vom Besitz an den Produktionsmitteln ausgeschlossenen Klasse leugnen noch deren moralisch-ethische Berechtigung, die Klassengesellschaft abschaffen zu wollen, grundsätzlich in Abrede stellen, halten die »historische Mission« ebendieser Klasse (die sie nur dann noch Proletariat nennen, wenn sie damit eine ironische Markierung als Verweis auf die Überholtheit des Sprachgebrauchs setzen wollen) indes für erledigt. Ein Weltzustand, so sagen sie, sei eingetreten, in dem sich das Startfenster der Überwindung von Klassenantagonismen geschlossen hat, vielleicht für Jahrhunderte.

In merkwürdig undialektischer Umkehrung ihrer vormals liebsten Glaubenssätze, wonach sich die Arbeiterbewegung bei der Erledigung ihrer Erlösungsmission auf transhistorische Gesetzmäßigkeiten verlassen konnte, wird nun das Sterben der in jenem Glauben alles durchdringenden Hoffnung mit solchen Gesetzmäßigkeiten begründet (man folgert gleichsam aus dem Sein kein Sollen mehr, sondern ein Nichtwollen; Schopenhauers Wunschverneinungsbuddhismus läßt grüßen).

Zusammenbruch und Niederlage, das heißt die kontingenten, aber nun einmal tatsächlich eingetretenen Folgen strategischer Konjunktionen von innerer Schwäche und äußerer Übermacht, die ein neues System der Erzeugung und Verteilung zu Fall gebracht haben, dürfen nicht einfach Ergebnisse von Partien sein, die man verlieren kann; ein Weltgeist muß beide angeordnet haben, das Naturrecht verkehrt sich ins Unnatur-Unrecht, Marx heißt jetzt Spengler. Die ominöse unsichtbare Hand dieses Weltgeists, erfahren wir aus einschlägigen Schriften einer Schule, die »Wertkritik« heißt, habe sich bei der Vollstreckung des Unheils einer unbezwingbaren Binnenlogik des modernen warenproduzierenden Systems bedient, derzufolge alle staatsförmigen Versuche, den Sozialismus auf ökonomisch rückständigem Terrain in Gestalt eines Klassenbündnisses zwischen Proletariat und (landlosen) Bauern einzurichten, bloße nachholende Modernisierungen dirigistisch durchgeführter ursprünglicher Akkumulation hätten sein können. Daß die Leute, die diese Kritikspielart pflegen, den Abschied vom Proletariat, so abgeklärt er sich gibt, damit bezahlen, übers angeblich veraltete Klassendenken hinaus alle Menschen, von der Bankerin bis zum Obdachlosen, für gleichermaßen interessiert wie fähig zu halten, jenes moderne warenproduzierende System mittels nicht genauer spezifizierter Maßnahmen abzuschaffen, die jedenfalls außerdem auch noch dies für sich hätten, daß sie im Gegensatz zum Bolschewismus weitgehend frei von bürgerkriegsartigen Häßlichkeiten wären, ist fast traurig, aber jedenfalls lustig.

Das alte »historische Subjekt«, die Gruppe der besonderen Besitzlosen im Kapitalismus, sei, so lehrt eine andere Richtung dieser Enttäuschungsphilosophie, von der Macht des Geldes, die nach Marx bekanntlich alle Verkehrsverhältnisse zwischen Menschen verflüssige, so endgültig auseinandergejagt und aufgelöst worden wie die nationalstaatlichen Schranken zwischen den Binnenwirtschaftsräumen, weshalb man statt von Lohnabhängigen und ihren vom System ausgeschiedenen Schatten eher von staatenlosen, keine feste Rolle mehr im Produktionsprozeß ausfüllenden, immaterielle Arbeit verrichtenden, auf jeder Trennschärfe ledige Art dezentrierten Niemanden die Umwälzung aller bestehenden Verhältnisse erwarten sollte – diese Richtung erklärt der Menschheit Sachen wie das ortlose *Empire* und seinen nicht zu fassenden Feind, die *Multitude*.

Ein dritter Ansatz, weniger originell, aber dafür kantiger und renitenter im Gebaren, redet mit den Resten der Arbeiterbewegung direkt Klartext: Das verfluchte Proletariat sei dank mannigfaltiger Techniken des *social engineering*, vom kolonialen Extraprofit über den Keynesianismus bis zur massenmedial flächendeckenden Verblödung, einerseits bestochen und andererseits in die politische (wenn schon nicht ökonomische) Bedeutungslosigkeit getrickst worden und habe dabei – träge, genußsüchtig und überhaupt Teil des Problems, das es immer war – auch noch kräftig mitgeholfen. Das Attraktive an diesem Ansatz diverser Drittweltianer, *Triple-Oppression*-Forscherinnen und -forscher und der Redaktion des Münchner »Gegenstandpunkt« ist, daß seine Lagebeschreibung schlicht stimmt. Das Unattraktive daran ist, daß man von einem Phantasiemangel Kopfschmerzen bekommt, die eine Lage als etwas begreifen will, das selbstidentisch herumliegt und in seiner zutreffenden Beschreibung ohne Reste aufgeht.

Es ist wahr: Die Organisationen der Arbeiterbewegung haben aufgrund der Entwicklung der Produktivkräfte (das heißt infolge der Tatsache, daß es dem Kapital, dessen von seiner Ausgangslage erzeugtes Bedürfnis einfach »Akkumulation mit allen Mitteln« heißt, gelungen ist, diejenigen Implexmomente der kapitalistischen Produktionsweise operativ explizit zu machen, die fortlaufend gegebene Produktionsvorrichtungen in Profitrichtung über sich hinaustreiben) mindestens zwei lange Zeit ihre Kämpfe formende strategische und taktische Handlungsoptionen verloren – den Streik (durch Kapitalexport und Lohndrückertransfer mithilfe entsprechender materieller und immaterieller Verkehrswege) und die

Aussicht auf Machtübernahme (»Deregulierung«, das heißt Entpolitisierung des Wirtschaftsgeschehens, zerschlägt seit dem Ende des Ostsozialismus auf kaltem Weg mehr demokratische Rechte, als es die massivsten staatlichen Überwachungs- und Gängelungspraktiken könnten).

Nahe liegt also, zu vermuten, die Besitzlosen der Gegenwart seien in der Lage, anders als die Bürger vor der Französischen Revolution, ihre wirtschaftlichen Funktionen als politische Hebelpunkte zu nutzen und zunächst in soziale (»alle Räder stehen still«) und dann in politische Macht umzumünzen.

Alle diese Abschiednehmerinnen und Lebewohlsager, die von den Nichtbesitzenden, wie sie nun einmal sind, nichts mehr wissen wollen, haben dieselbe Schwäche: Sie erinnern an Leute, die, beeindruckt vom Glanz und den Freiheiten der italienischen Stadtstaaten der Renaissance, sich damals bereits den Sieg allseitig entfalteter Menschen (»Renaissancemenschen« eben) über den Feudalismus versprochen hätten, ohne zu ahnen, daß die Voraussetzungen für das, was sie da wollten, sich bis zur Französischen Revolution, den Napoleonischen Kriegen, der europäischen Industrialisierung und der revolutionären Dekolonisation der USA nicht einstellen würden. Eine aufsteigende Klasse kann sich mit ihrem Aufstieg nicht übers Maß kontingenter Erfolge und Niederlagen hinaus beeilen.

Wer aber, wenn nicht diejenigen, die an den Stellen des Produktionsprozesses wirken, wo die »unnatural separation between the enjoyment of a thing and the power of producing it«[22] entspringt, die Anna Laetitia Barbauld so schlecht gefiel, soll diese *separation* aufheben können? Und wieso, wenn es denn nur diese sind, die das können, soll man nicht auf sie setzen? Weil es schon Voluntarismus ist, etwas zu wollen?

Denkbar wäre doch auch, daß dafür eine breitere (nicht nur ökonomische, auch soziopolitische und informationelle) Basis erfordert ist, als ihn das geschlagene, halbfeudale, ausgeblutete und verwüstete Rußland nach dem Ersten und seine auch nicht eben vom Himmel gesegneten Bündnispartner im europäischen Osten und der Dritten Welt nach dem Zweiten Weltkrieg zu bieten hatten.

Der Kapitalismus ist erst in jüngster Zeit als Weltsystem verwirklicht – könnte es nicht sein, daß die weitestentwickelten Vorschläge, wie er abzuschaffen sei, ihn sich (samt seiner Abschaffbarkeit) in schöner prästabilierter Harmonie zwischen Sein und Sollen nie anders vorgestellt hat als eben so, wie er eben erst geworden ist?

DREI
FEMINIMA MORALIA

I.
Performative Neuroplastizität

Die Feministin Andrea Dworkin hat in ihrem an Polemiken, Zuspitzungen und Mißverständnissen reichen Leben nach männlicher Anhängerschaft nicht eben fleißig gesucht. Heterosexuelle Männer, die vielleicht noch bereit waren, ihre 1979 im Buch Pornography dargelegten Ansichten zur Pornographie zu schlucken – jene sei die Theorie zur Praxis der Vergewaltigung –, mußten sich schwertun mit der 1986 in der Abhandlung *Intercourse* vorgenommenen Radikalisierung und Ausweitung der Theorie auf den heterosexuellen Geschlechtsverkehr als solchen und die Festschreibung von dessen laut Dworkin irreduziblem Vergewaltigungsanteil. Nicht einmal allen heterosexuellen Frauen hat das besonders gut gefallen.

Zumindest einen beredten Explikator und Verteidiger aber fand Dworkin doch; den englischen Schriftsteller Michael Moorcock nämlich, der in ihren kontroversen Schriften dieselbe Haltung wiedererkannte, die ihn selbst dazu angeregt hatte, die wildbewegte Erzählung *The Alchemist's Question* »allen Frauen im Krieg« zu widmen.

Frauen im Krieg: Das boshafte Bild beweist ein waches Auge für das kleinste denkbare Molekül eines komplexen Materials, in der Biologisches und Gesellschaftliches einander nicht wechselseitig mit Welthaltigkeit anreichern, sondern beißen.

Vieles, was im siegreichen Westen seit der scheinbaren Durchsetzung seiner Lebensweise als alternativlos umstritten ist oder bestritten wird, arbeitet mit semantischen Kampfstoffen solcher Zusammensetzung.

Denn so materialistisch sich die Aufklärung stellen- und abschnittsweise von innen angefühlt haben mag, so idealistisch war sie als öffentliche Streitform: Es sollte nach dem Willen derer, die sie erfanden und sich ihr verschrieben, zuallererst auf die richtigen Ideen ankommen, auch bei der Bestimmung des richtigen Tuns, und was nicht begründet war, sollte auch nicht geschehen. Wenn also das Naturrecht eine solche Begründung fürs von Menschen aufzurichtende und einzuhaltende Recht darstellte und sich irgendwelche sozial vorfindlichen Differenzen als naturgegeben oder naturgemäß aufweisen ließen, dann waren diese Differenzen prinzipiell rechtens – und damit hatte man eine ganze Menge Hexis am Hals, die loszuwerden die Gesellschaft, die sich schon Jahrtausende damit abschleppte, noch einmal Jahrhunderte kosten würde.

Was die Geschlechterdifferenz als eine der hartnäckigsten dieser Gewohnheiten angeht, so half sich nicht erst Marguerite Buffet mit dem Einfall, es gebe ja außer Genitalien auch noch Seelen, und diese hätten nun mal kein Geschlecht – sie leitete das philosophisch her, die religiöse Bewegung der Quäker entdeckte und vertrat denselben Befund dann theologisch, aber darauf kommt es nicht an (man könnte daraus sogar einen praktisch-forensischen Turing-Test für Seelen im Buffetschen oder Quäkersinn entwickeln: Wenn an ihren Äußerungen kein Geschlecht erkennbar ist, sind sie echt). Reflexe der rhetorischen, wissenschaftlichen und ideellen Gewitterwolken, die sich bei den Auseinandersetzungen entladen, die in diesem Zusammenhang stattfanden und stattfinden, findet man bis heute, zwei bis drei Frauenbewegungen und unzählige theoretische Feminismen später. Man wird darüber streiten und rechten wollen, solange Geschlechterdifferenzen überhaupt benennbar sind (und sie über den Punkt hinaus einzuebnen, an dem sie es nicht mehr wären, halten auch Leute, denen Emanzipation in jedem Sinne am Herzen liegt, nicht nur aus abstrakten Diversitätsgründen nicht unbedingt für eine der Freiheit zuträgliche Idee).

So optimistisch wie gereizt haben wir im vorangegangenen Kapitel gesagt:

> »Die ganze endlose, ermüdende Debatte *Nature versus Nurture*, angeborene versus sozial konstruierte Identität ist ein Scheingefecht von Menschen, die zu faul oder ängstlich sind, die Details der

Sozialisation aus den Details des Sozialen herauszulesen: das ›soziale Konstruieren‹ selbst ist Naturvorgabe beim Menschen, hard-wired, und die Art, wie unsere Spezies ihr Genom verwirklicht, der menschliche Phänotyp, ist gesellschaftlich.«

Der Impetus, dem wir mit dieser Bemerkung gefolgt sind, ist derselbe, der den Anthropologen und biologischen Verhaltensforscher Melvin Konner dazu bestimmt hat, sein 2010 erschienenes *summum opus* über die Evolution der Kindheit[23] runde 900 Seiten lang der detaillierten Zurückweisung undialektischer Versuche, den Reichtum menschlicher Verhaltensoptionen in erzieherischer Absicht auf irgendwelche in ihn eingegangenen Möglichkeitsbedingungen zu reduzieren – der genetische Determinismus, faßt Konner seine Arbeit zusammen, sei als ernstzunehmende Erklärungsressource längst tot, der Umweltdeterminismus (der sich heute unter mißbräuchlicher Ontologisierung des Gedankens, beispielsweise Geschlechtsunterschiede seien wesentlich performativ angelegt, hinter allerlei Sprechakttheorien verschanzt und aus den brennenden, unter Achsbruch leidenden Resten der demolierten Sapir-Whorf-Hypothese Wagenburgen baut) sei im Zuge ernsthafter Entwicklungsstudien ebenfalls gestorben, und die einzige vernünftige Alternative sei ein komplexer, meßbarer und keineswegs indeterministischer Interaktionismus, den Konner nur deshalb nicht dialektisch nennt, weil das Wort nicht zum aktiven Sprachschatz der Neurowissenschaften gehört. Sein Name für die Wechselwirkung, die das alte Bild der auf dem wissenschaftlichen Feld um die Mustervorherrschaft ringenden Monokausalitätsmonster ersetzen soll, »Interaktionismus«, klingt uns zwar ein bißchen zu sehr nach Krabbelstube, Lernsoftware und Paartherapie, aber mit einem eher systemtheoretisch angelegten, am Strukturfunktionalismus *sensu* Parsons oder Luhmann orientierten Wort wie »Interpenetrationismus« käme man schon recht weit (und hätte über den Mehrfachsinn des Begriffs »Penetration« da, wo es nicht zuletzt um die Entstehung und den kindlichen und jugendlichen Erwerb von Geschlechterrollen geht, gleich einen Hinweis darauf untergebracht, daß man sich weder von den patrilineal weitergegebenen Heteronormativitäten, an denen sich die *queer theory* abarbeitet, noch von den durch diese im Abwehrkampf aufgestellten, mitunter beklagenswert sterilen Sexualdoxastika beeindrucken, einschüchtern, ablenken oder auf sie einschwören lassen will). Das Wort »Interpenetration« schlägt die Systemtheorie ja für Fälle vor, in denen Systeme anderen ihre eigene Komplexität zur Verfügung stellen, sich miteinander verschränken, um einander, so gekoppelt, bestimmte anders nicht zu erbringende Leistungen zu erbringen – man kann da an komplizierte Beispiele denken wie die Gesellschaft und die Psyche, wenn über Sprache die Komplexität ersterer der letzteren geöffnet wird und so ein Subjekt, ein mit Entscheidungsfreiheit, weil mit Petrarcaschem *secretum meum* ausgestattetes Wesen entsteht – Denken ohne Sprechen ist möglich, aber der Subjektivität nicht gerade zuträglich; Sprache erwirbt man sozial, sobald man sie hat, kann man Subjektivität ausbilden, einen *monologue intérieur* führen etc.: Das Kürzel für den ganzen Vorgang, das wir prägen möchten, heißt dann »Menschen sind aus anderen Menschen zusammengesetzt«. Unser im letzten Kapitel erarbeiteter Begriff von Freiheit, der darauf besteht, daß es sich dabei um eine soziale statt um eine epistemische Angelegenheit handelt, ist also einer, der den Interpenetrationismus zweier Systeme, des sozialen und des psychischen, gegenwärtig halten will. Wer das Beispiel zu *recherché* findet, mag statt dessen das psychische System vernachlässigen und an zwei gleichermaßen soziale Systeme denken: Das Bildungssystem und die Familie zum Beispiel; die Festlegung und der Spielraum innerhalb der Geschlechterrollen und der mit diesen wiederum interpenetrativ vermittelten Interpenetration (es gibt in einigermaßen entwickelten Gesellschaften auch schwule und lesbische Elternpaare und inzwischen sogar mit patriarchalisch geprägten Intuitionen noch schlechter vereinbare, polyfokale Familienarchitekturen) hat ja entscheidend damit zu tun, ob beispielsweise Universitäten vom Studentenwerk irgendeine Art von Kinderbetreuung anbieten oder nicht, ob die Kinder in diesen Einrichtungen, wenn sie denn bestehen, Schlafplätze und Küchen vorfinden, die besser oder schlechter sind als zuhause, ob und wie gut das Personal ausgebildet ist etc. Die Diskussion über *Nature versus Nurture* wird viel zu oft geführt, um solche Überlegungen nicht etwa analytisch zu unterfüttern, sondern sie sich zu ersparen, weil Diskutieren nun mal billiger ist (wenn auch nicht kostenlos, wie sowohl legitime als auch illegitime Autoritäten wissen, die sich selbst das Diskutieren ersparen und dafür dann allerdings gelegentlich mit erhöhtem Aufwand fürs *social engineering* bezahlen müssen).

Konner bestreitet als pflichtbewußter Induktivist die Realität des Genoms sowenig wie die der individuellen Lerngeschichte; wir wollen das im folgenden genausowenig tun, denn ein vom normativen Status getragenes Aufklärungsverständnis wie dasjenige, das wir fördern wollen, kann, wenn es sich unbedachterweise mit den Ergebnissen von Einzelwissenschaften anlegen sollte, dabei nur den Kürzeren ziehen.

Was man derzeit über die Neuroplastizität im Menschenhirn wissen kann, verträgt sich ganz gut damit, daß Verhalten gelernt und in performativen Rückkopplungsschlaufen stabilisiert werden kann; Judith Butler und die Hirnforschung müssen einander nicht die Ehre abschneiden, was nicht einmal ausschließt, daß alle beide Unsinn reden. Darauf kommt es uns nicht an, das sollen die Fachleute klären.

Was wir allerdings bestreiten, sind Propositionen wie die, daß ein Zustand, da von Naturdeterminanten herleitbar, auch hinzunehmen sei, in dem sich Menschen in Genitalien verlieben (statt in Personen), in dem Sexualrollen für abgeschaltete Gehirne denken, anstelle von über ihre Interessen aufgeklärten Individuen und Kollektiven lieber deren Hormone Politik machen, in dem Gebärfähigkeit ein Faktor bei der Zuteilung von Rechten ist – und anderen Horror, den zwar in den Kreisen, an die sich dieses Buch mangels anderer Kanäle fürs Öffentlichmachen entsprechender Gedanken wenden muß, kaum jemand offen vertritt, der aber, ließe sich falsches Sozialverhalten, falsche Politik, falsches Denken zu den betreffenden Fragen überhaupt je dazu herab, in Begründungsgefechte einzutreten, von denen, die das in unserem Sinne Falsche fördern und betreiben, mit einiger Überzeugung (wenn schon nicht Überzeugungskraft) behauptet werden müßte.

II.
Die Nichtöffentlichkeit ist eine Frau

Benachteiligte Menschenpopulationen erkennt man in der Neuzeit daran, daß Intellektuelle – Geistliche, Schreibende, Redende, Denkende – Gerechtigkeit für sie fordern. Je besser die Lage der jeweiligen Intellektuellensorte im Vergleich zu den jeweiligen Benachteiligten, desto weniger analytische Mühe geben sich die Intellektuellen, desto moralischer werden daher ihre Appelle, dem Mißstand abzuhelfen, desto vergröbernder auch geraten ihre Schilderungen des betreffenden Elends, desto weniger begriffliche Mühe also geben sie sich insgesamt. Die Sache ist zunächst Reflex, nicht irgendeiner Überlegung geschuldet. Intellektuelle erinnern die Gesellschaft daran, daß sie großzügig sein sollte, weil sie dumpf spüren (und selten, aller berufsmäßigen Gescheitheit unbenommen, bewußt bedenken), daß Großzügigkeit mit Reichtum zu tun hat und ohne diese beiden auch das Intellektuellendasein, ja die ganze Arbeitsteilung nach Kopf- und Handarbeit und die sich an dieser festsaugenden Hierarchien schnell erledigt wären.

Daß es überhaupt Weiße gegeben hat, die versucht haben, den Rassismus zu verstehen, und überhaupt Männer, die übers Geschlechterunglück, das daran haftende sexuelle, intellektuelle, juristische und politische Elend nicht nur einfühlsam gejammert, sondern auf seine Beschreibung und Vivisektion auch Hirnschmalz verwendet haben, ist vor diesem Hintergrund eher eine der seltenen positiven Nebenwirkungen der Binnenstruktur von Klassengesellschaften, die sich Intellektuelle leisten, als ein verläßlich auftretender, irgendwie berechenbarer Faktor des ideengeschichtlichen Strebens zum Höheren, von dem wiederum die Intellektuellen so gerne träumen.

Immerhin: Es gab und gibt sie.

Einer der Geschicktesten und Klügsten unter ihnen war der englisch-amerikanische Revolutionär Thomas Paine.

Zwar heißt das Buch, in dem er für die Gleichheit der Seelen vor Recht und Gesetz focht, *The rights of man*, weil Paine noch ohne Winke von Gleichstellungsbeauftragten arbeiten mußte; *in keeping with the spirit of the times* schlägt sich die Unsitte, die Frauen zu übersehen, in diesem Titel zweifellos traurig deutlich nieder – das ist umso bedauerlicher, als der Verfasser sonst ein journalistisch untadeliges Empfinden für Buchtitel besaß, an denen die Epoche ablesen konnte, was ihr die Stunde geschlagen hatte: *Common sense*, *The Age of Reason*, *The American Crisis*. Paine gehört in die Geschichtsbücher als das (heute nicht nur in der historischen Literatur viel zu wenig bekannte und gerühmte) Hirn der antikolonialen nordamerikanischen Revolution, mal geschätzt, mal beargwöhnt von Jefferson (dem Mund jener Revolution) bis Washington (ihrer Faust), seine Pamphlete wurden bei den Freiheitstruppen zur Stärkung ihrer Kampfentschlossenheit verteilt, seine Arbeiten spannen den Bogen zwischen der korrekten Benennung mannigfaltiger taktischer Erfordernisse der jeweiligen revolutionären Situation einerseits und grundsätzlichen Erwägungen über Vernunft, Freiheit, Gerechtigkeit und Naturrecht andererseits. Zu den ethischen und intellektuellen Vorzügen, auf die er stolz sein konnte, gehörte auch, daß er sich als einer der entschiedensten und scharfsinnigsten Feinde der vorherrschenden Geschlechterapartheid Gehör verschaffte, die damals überhaupt zu finden waren.

Das gelungenste Produkt dieser Haltung war sein 1775 veröffentlichter *Occasional Letter on the female Sex*. Der Text hätte, als Dokument wie als Kunststück der Rollenprosa, größere Bekanntheit verdient und wird auch von Leuten, die Paines Andenken hochhalten, kurioserweise mitunter geradezu versteckt – in der mit gehörigem Komplettistenanspruch edierten Ausgabe seiner *Collected Writings*, die 1955 in der verdienstvollen Reihe *Library of America* erschien, deren Bände vielfach die Standardressource akademischer Beschäftigung mit ihren Autorinnen und Autoren sind, findet man alle möglichen Epistel zu irgendwelchen Landreformstreitereien und Demokratieproblemen, der »gelegentliche Brief« aber fehlt. Die Argumente und Debattenformen mehrerer Jahrhunderte des Streits um die Frauenemanzipation werden darin vorweggenommen, und das auf literarisch gewandte Art: »Ich als Frau«, sagt Paine, bin in Beschwerdelaune und habe, im Zug einer immanenten Kritik, die noch nicht einmal die Geschlechterrollen an sich loswerden will, sondern bloß herauszuarbeiten wünscht, daß sie den Frauen Aufgaben zuweisen, die sie zugleich unmöglich machen, in aller Bescheidenheit folgende Fragen vorzutragen:

»How great is your injustice? If we have an equal right with you to virtue, why should we not have an equal right to praise? The public esteem ought to wait upon merit. Our duties are different from yours, but they are not therefore less difficult to fulfill, or of less consequence to society: They are the fountains of your felicity, and the sweetness of life. We are wives and mothers. 'Tis we who form the union and the cordiality of families. 'Tis we who soften that savage rudeness which considers everything as due to force, and which would involve man with man in eternal war. We cultivate in you that humanity which makes you feel for the misfortunes of others, and our tears forewarn you of your own danger. Nay, you cannot be ignorant that we have need of courage not less than you.

More feeble in ourselves, we have perhaps more trials to encounter. Nature assails us with sorrow, law and custom press us with constraint, and sensibility and virtue alarm us with their continual conflict. Sometimes also the name of citizen demands from us the tribute of fortitude – When you offer your blood to the State think that it is ours. In giving it our sons and our husbands we give more than ourselves. You can only die on the field of battle, but we have the misfortune to survive those whom we love most. Alas! while your ambitious vanity is unceasingly laboring to cover the earth with statues, with monuments, and with inscriptions to eternize, if possible, your names, and give yourselves an existence, when this body is no more, why must we be condemned to live and to die unknown? Would that the grave and eternal forgetfulness should be our lot. Be not our tyrants in all: Permit our names to be sometimes pronounced beyond the narrow circle in which we live. Permit friendship, or at least love, to inscribe its emblem on the tomb where our ashes repose; and deny us not that public esteem which, after the esteem of one's self, is the sweetest reward of well doing.«[24]

Der Zeitstil ist ein bißchen schwer und brokaten, die Klarsicht aber, mit der Paine den entscheidenden Punkt herausarbeitet, beeindruckt noch heute: An Naturwüchsigkeiten (Gebärfähigkeit, geringere Körperkraft) angedockte Arbeitsteilung (wer Kinder kriegen kann, ist eben dazu da: ein klarer Verstoß gegen das Humesche Gesetz, wonach aus dem Sein kein Sollen gefolgert werden kann), die soziale Investitur zweier Sphären, öffentlich und privat, die dazu da sind, diese Arbeitsteilung räumlich und zeitlich zu organisieren, die gar keine Chance hat, als absichtsgeleitete Praxis zu beginnen, sondern, da auf Naturwüchsiges bezogen, von Anfang an Hexis ist, und schließlich die sprechaktgesteuerte (Lob, Anerkennung, Repräsentation, Sicherstellung von je und je sphärenadäquatem Wahrgenommenwerden und Wahrnehmen) Umcodierung der funktionalen zur evaluativen Unterscheidung – so geht Geschlechterbenachteiligung: Anerkennung legt fest, wer etwas wert ist, Anerkennung ist etwas Öffentliches, Kinderkriegen, Haushaltsführung ist etwas Privates, Taten sind ebenfalls öffentlich, Frauen aber, da im Körperkräftemessen unterlegen, werden vom Tun aufs Empfinden verwiesen, vom Entscheiden aufs Weinen, Frauen finden folglich keine Anerkennung, weil ihre Eigenschaften sie daran hindern, öffentlich wirksam zu sein, und nur Öffentliches anerkannt werden kann, da Anerkennung selbst etwas Öffentliches ist.

Das Wahnsystem, wie nur ein ausgetüftelter Rassismus, ist tatsächlich luftdicht, und seine Unentrinnbarkeit anzuklagen ist Paine im zitierten Abschnitt mindestens so wichtig wie die Feststellung der inhärenten Ungerechtigkeit der in diesem unentrinnbaren Begriffs- und Hexisknast geltenden Diskurs- und Performanzparameter.

Wie bei paranoiden Psychosen hat das Spiel verloren, wer die Prämisse anerkennt. Da jedoch, wie unsere Paraphrase zeigt, hier mehrere Axiome ineinandergreifen – darüber, wie sich das Sein zum Sollen verhält, darüber, wie sich das Öffentliche zum Privaten verhält – und der Gesamtschaden ein relationaler, kein deiktisch dingfest zu machender propositionaler ist, fällt es gar nicht so leicht, zu bestimmen, wie diese Prämisse heißen soll. Klar ist nur, daß man dem Irrsinn das Genick nicht anders brechen kann als dadurch, seine Gesamtlegitimität an allen Stellen anzugreifen, an denen die Naturwüchsigkeit seines Gewordenseins bereits die Rechtfertigung seines Fortbestands sein soll – wer sich mit dergleichen bösartigem Blödsinn anlegt, darf nirgends und nie eine funktionierende Arbeitsteilung für nicht weiter verbesserbar halten, niemals vergessen, daß Produktionsgesichtskreise dazu dienen können, Klassenunterschiede und andere Ab- und Aufwertungsdispositive zu stabilisieren, und die Freiheit nur als ganze zu haben ist, weil eben auch das Gegenteil des Wahns, die Vernunft, auf Totalität aus sein muß, um sich nicht in einen Selbstwiderstreit einzulassen, der dem verrückten Gegner eine ungeschützte Flanke darbietet – dies ist der tiefste Sinn der wechselseitigen Durchdringung unterschiedlicher Emanzipationsbestrebungen von Naturwüchsigem, also gesellschaftlich Ungeplantem, das in den vornehmsten, wahrsten und tiefsten Sätzen derjenigen Menschen steckt, die den Fortschritt zur Freiheit wollen.

Daß also beispielsweise Lenin keinen frommen Sonntagsspruch klopft, wenn er die ökonomische Abhängigkeit der im Kapitalismus Besitzlosen und die biologisch gerechtfertigte, in interpenetrativer Verflechtung mit wiederum ebenfalls ökonomischen Strukturen und Prozessen instituierte und aufrechterhaltene »Haussklaverei« der Frauen in der Parole zusammendenkt: »Das Proletariat kann sich nicht endgültig befreien, ohne für die völlige Befreiung der Frauen zu kämpfen«,[25] wird nur verkennen, wer die wechselseitige logische Bedingtheit der Totalität wie der in jedem einzelnen historisch-politischen Fall durch sie vermittelten und sie vermittelnden Partikularität nicht sieht. Wer es mit Leuten zu tun hat, die aus dem Sein ein Sollen folgern, wird sich dazu bequemen müssen, das eigene Wollen als ein Sollen aufzufassen, unter dessen Bestimmung das Sein gesetzt werden muß. Wer die Welt nicht richtig findet, wie sie ist, wird sie sich mit keiner Analyse besserdenken können; seit den *Thesen über Feuerbach* ist bekannt, was das bedeutet.

III.
Pulsare, Entgeltgefälle, Müllweiblein

Die Übel, die Paine in seinem angelegentlichen Brief ins Visier genommen hat, sind rund zweihundert Jahre später nicht einmal in dem Land beseitigt, das der Verfasser dieses Briefes miterfunden hat. Bei einem Besuch in den Vereinigten Staaten hatten wir neulich Gelegenheit, etwa zwei Dutzend naturwissenschaftlich interessierte, geisteswissenschaftlich ausgebildete junge Leute beiderlei

Geschlechts im Vorübergehen am Rande einer Konferenz, die der Vermittlung von astrophysikalischem Wissen gewidmet war, in ein kleines Experiment zu zerren: Nenne eine Person der englischsprechenden Welt, die für die Astrophysik im zwanzigsten Jahrhundert von großer Bedeutung war.

Der Name, der am häufigsten genannt wurde, lautete »Carl Sagan«: Mann, Schriftsteller, Fernsehpersönlichkeit, Pulitzerpreisträger.

Ein Name, der kein einziges Mal genannt wurde, lautete »Jocelyn Bell«: Frau, Astrophysikerin, Entdeckerin der radiopulsierenden Neutronensterne (»Pulsare«), die den Nobelpreis für diese Entdekkung im Gegensatz zum formellen Chef des Projekts, bei dem sie beschäftigt war, Anthony Hewish, nicht erhielt. Mit der fürs Überleben des feinen Unterschiedes zwischen der öffentlichen Anerkennungsdomäne und der privaten Empfindungsdomäne unersetzlichen Diplomatie, die sich Frauen in den paar tausend Jahren seit Verlöschen der mutmaßlich einstmals vorhandenen mutterrechtlichen Gesellschaften haben angewöhnen dürfen, erklärte Bell selbst, die sich aufgrund ihres Mißgeschicks in den siebziger Jahren im Mittelpunkt einer heftigen Kontroverse um derlei Unrecht wiederfand, die Preisvergabehexis für »fair«, schließlich sei es ja der Projektleiter, der den Ärger abbekomme, wenn ein Forschungsunternehmen keine Früchte trägt, also solle er auch den Ruhm ernten, wenn doch einmal etwas dabei herauskommt. Die Analogie zur Arbeitnehmer-Arbeitgeberlogik der Mehrwertaneignung durch »Risikoträger« hätte Lenin zum grimmigen Lachen gereizt. Versuche neuerer, feministische *credentials* beanspruchender Wissenssoziologinnen und -soziologen, die Naturwissenschaften insgesamt zu einer phallogozentrischen Männerverschwörung zu erklären, in der Frauen schon deshalb nichts zu suchen hätten, weil die männliche Rationalität ihnen auch dann, wenn diese Frauen deren Instrumentarium zu beherrschen und zur Gewinnung von Erkenntnissen zu gebrauchen meinen, Gewalt antue, sind ärgerliche Übertreibungen der in vergleichbaren Konstellationen immer wieder, manchmal sogar mit unverächtlichen Etappenerfolgen, angewandten Strategie »aus der Not eine Tugend machen«, ontologisiert man aber ein menschliches Vermögen wie das der wissenschaftlichen Verknüpfung von Beobachtung und logischer Folgerung zum Attribut derjenigen sozialen

Formationen (Klassen, Rassen, Geschlechter), die daraus qua exklusiver Zugangsberechtigung für ihresgleichen Herrschaftswissen gemacht haben, spielt man erstens das Spiel, bei dem die Benachteiligten verlieren sollen, im Gegensatz zur rebellischen Selbststilisierung einfach schafsbrav mit und verhöhnt zweitens Leute wie Bell, denen in diesem Fall im Grunde mitgeteilt wird, daß ihnen der ganze Verdruß nur recht geschehe, was versuchen sie auch so zu sein wie die Männer.

Daß es auch in den reichsten Ländern zwischen Männern und Frauen nicht nur Reputationsdifferenzen, sondern immer noch meßbare Einkommensunterschiede gibt, liegt weniger daran, daß sich etwa Professorinnen für theoretische Chemie, die inzwischen immerhin üblich sind, im einzelnen über allzuviel Armut und Obskurität zu beschweren hätten, als vielmehr an zwei Rahmenbedingungen der allgemeinen Geldverdienerei und Selbstverwirklichungshexis: einem fortwesend massenwahnhaften und einem realökonomisch statistischen.

Der massenwahnhafte ist die seit Paines Zeiten trotz aller Debatten über *Nature versus Nurture* ungebrochen hegemoniale Zurechnung von Prädikaten des Naturhaften auf Frauen. Man ist dieser Irrlehre immer wieder zuleibe gerückt, gewiß aber hat sie keinen Knick dadurch bekommen, daß einige ihrer in jüngster Zeit formulierten Verneinungen in abstruser Kahlschlags-Radikalität gleich ganz leugnen, daß Frauen im Gegensatz zu Männern Kinder kriegen können und in einem bestimmten Alter daher für die Kapitalisten, die sie beschäftigen, ein Leistungsausfallrisiko darstellen. Offen benachteiligen darf man potentielle und wirkliche Mütter natürlich nicht, Barbaulds hübsches »moralisches Empfinden aller« hat sich da, wenn auch nicht bewußt, vom Stand der Produktivkräfte durchaus beeindrucken lassen, und da wir außerdem das Frauenwahlrecht haben, dürfen die aufgeklärt-liberalen Funktionsträgerinnen und Funktionsträger der verfallsbürgerlichen Legislative diese Art Unrecht nicht gesetzlich festschreiben, wenn sie nicht abgewählt werden wollen, sondern müssen seine Implementierung und Pflege den privaten Diebsfingern der unsichtbaren Hand des Marktes überlassen. Die funktionale Ausdifferenzierung in Subsysteme, die an der modernen Gesellschaft zu bewundern uns die Systemtheorie anhält, ist für dieses jede Veränderungsinitiative zermürbendes und demoralisierendes Instanzenspiel wie geschaffen (und lehrt nebenbei das Prinzip der Gewaltenteilung als keineswegs zwingend demokratisches, sondern je nach Restrahmen auch für oligarchische und andere Herrschaftsmodi gut geeignetes betrachten); die »Gleichheit der Geschlechter« erweist sich, wo solches greift, als ebenso schimärisch wie andere verfassungsmäßig verbriefte Rechtsgüter, zum Beispiel die Freizügigkeit unter Bedingungen des privatisierten Verkehrswesens, wo rund um gewisse aufgegebene Gegenden dann nicht nur kein öffentliches Nah-, sondern auch kein Fernverkehrsnetz mehr erreichbar ist, wenn man der nötigen Mittel entbehrt. Dafür kann niemand, es liegt halt an der Profitabilität, das heißt deren fallweisem Fehlen, da hilft kein Mitleid des Gesetzgebers, das Eigentum ist nun mal unantastbar und heiliger als alles andere, im Fall der schwangeren, aber nicht gesicherten Frau buchstäblich wichtiger als Leib und (sonst so spitzfindiger Kasuistik anempfohlenes ungeborenes) Leben. Es ist, als wäre Gebärfähigkeit ein Krankheitsrisiko, das man so zwar nicht nennen, aber rechnerisch entsprechend behandeln darf (die wirklichen Krankheitsrisiken geschlechtsmäßig aufgeschlüsselter Populationen, etwa Brustkrebs, werden übrigens längst unterderhand ähnlichen Kalkülen eingespeist, und kein Arbeitsrecht schiebt dem irgendeinen Riegel vor).

Der zweite, statistisch-ökonomische Unrechtsgrund schreibt sich jenem (wie wir sehen konnten, ebenfalls kräftig ökonomisch unterfütterten) massenwahnhaften gegenüber von einer ökologischen Nischenlogik her, die der Selbstbewegung der Verwertung des Werts jede ach nur irgendwie mögliche Kürzung von Lohnnebenkosten, zur Reproduktion der Arbeitskraft aufgewendeter Vergütung oder einfach unerzwungener Großzügigkeit auch gleich zur tatsächlichen macht – wo jemand als denkbares Opfer ungleichen Tauschs markiert ist, da findet dieser auch statt, sonst wird der philanthropische Kapitalist auch dann, wenn er gar keine empirische Person, sondern beispielsweise ein abstraktes Fondsträger-Kollektiv ist, vom nächsten Krisenbeben unter die Erde gepflügt.

Wie ein Blumengesteck zum Muttertag um eine Grußkarte sind um die geschichtlich eingegrabenen Wege der geschlechtercodierten Benachteiligung deshalb so leidige Erscheinungen gruppiert wie die überproportionale Besetzung von Aushilfe- und Zeitarbeit mit Frauen, ihre habituelle Verwendung bei *menial jobs* (auf systemdeutsch: informeller Sektor, auf neosozialromantisch: prekäre Beschäftigung) und insgesamt wenig angesehenen und schlecht vergüteten Tätigkeiten wie dem nicht ausgebildeten Putzen, der ebensowenig ausgebildeten Betreuung von Kindern, Alten, Kranken, Behinderten. Diese Dienste, in den reichen Ländern zunehmend privatisiert, wären heute schon unerschwinglich ohne den Rückgriff auf ein fungibles Reservoir weiblicher Arbeitskräfte aus den ärmeren, keine mit foucaultianischem Besteck zerlegbare Diskursformation tut soviel für die Festschreibung der Attribute der »anderen Frau« wie deren häusliche Ausbeutung etwa durch Leute, die Foucault gelesen haben und Diskurse analysieren können; die rassistische und die biologische Unterdrückung überschreiben und verstärken einander da wie bei der Wellenmechanik, und die informationstheoretisch informierte Sozialkritik darf sich über die Entdeckung der *trickle down exploitation* freuen: Die Frau der Ersten Welt wünscht sich da etwa ganz zu Recht ein bißchen Beinfreiheit, stellt also die Frau aus der Zweiten oder Dritten Welt ein, diese fehlt nun ihrerseits zuhause, und so entstehen Familienchroniken, in denen die Oma, weil einer weniger mobilen Generation zugehörig als ihre Nachkommen, fünfzig bis sechzig Jahre ihres Lebens mit Kinderbetreuung zubringt, wenn sie verhindern will, daß die älteste Tochter in ihren dafür entscheidenden Jahren keine Gelegenheit erhält, eine Ausbildung zu erwerben – die Weitergabe von *servitude* erfolgt so selbst in den modernsten Sozietäten im Gegensatz zur Weitergabe aller guten Gaben der Welt auch mal matrilinear; denn *variatio delectat.*

Daß die Feuerwalze des Wertfraßes, die man »Globalisierung« getauft hat, das Sortieren von Menschen nach Tauglichkeit für Jobs, die nichts hermachen, nicht gerade unterbunden hat, wissen ohnehin alle. Wie hoch der Anteil der Frauen an der seit 1975 um etwa den Wert von 3,5% der Weltbevölkerung oszillierenden Migration insgesamt ist, darüber gehen die Ansichten auseinander, 2008 aber betrug etwa der Frauenanteil der Wandermenschen von den Philippinen stolze

70%, und die Gesamtsumme des von ihnen aus dem Ausland überwiesenen Geldes belief sich auf 16,4 Milliarden US-Dollar.

Auch eine hübsche Zahl: 1 bis 2% der Spezies *homo sapiens* leben am Ende der ersten Dekade des dritten Jahrtausends christlicher Zeitrechnung buchstäblich im (und vom) Müll: Jagen und Sammeln auf Abfallhalden, den Äckern der zweiten Natur, eine Aufgabe, die anders als das Mammutschlachten meistens von Frauen und ihren beliebten Anhängseln, den Kindern, erledigt wird: Sie sortieren beispielsweise Papier, ein nicht unwichtiger Beschäftigungszweig in China.

Findet einmal eine Weltfinanz- und damit Zirkulations-, also Investitions-, folglich Produktions- und am Ende Verteilungskrise statt wie zwischen 2007 und 2010, dann sinkt der Bedarf an chinesischem Recyclingpapier, und Leute, die ihre Existenz schon vorher knapp über der Hungergrenze balancieren mußten, lernen, was ein Engpaß ist.

Das alles sind noch Beispiele aus dem schönen Sektor »von der Papiersammlerin zur Millionärin«, das heißt, hier wird noch mit Arbeit Geld verdient, von den Sozialetats, den *welfare mothers (welfare fathers* sind seltener; wer kennt schon einen Mann, der mit einem Kind, das er gezeugt hat, ohne Erwerbsmöglichkeiten sitzengelassen wurde?), weiblichen Gewaltopfern, die mangels Solidarpakt nicht mehr auf die Füße finden, muß gar nicht breit die Rede sein, man kann sich das alles gar nicht trostlos genug vorstellen und tut es deshalb da, wo nicht Sozialarbeit, sondern ernsthaftes Kommando über die Produktion geplant wird, lieber gleich überhaupt nie. Daß wir hier davon reden, Frauen seien immer Opfer und Männer sollten sich schämen, kann aber nur denen einfallen, die sich nicht denken können, daß solche Zustände auch die Männer entwürdigen, die mit ihnen leben: Wer eine Müllwühlmaschine, Sklavin, von vornherein als Rohmaterial für niedrige Tätigkeiten eingestufte Person als Mutter, Tochter, Schwester, Geliebte mag, mit dem stimmt etwas nicht.

Die unerträglichen Bedingungen, denen thailändische Näherinnen, mexikanische Maquiladoras oder südafrikanische Prostituierte ausgesetzt sind, haben gemeinsam, daß die Klassenschublade, in die man sie einsortiert hat, anders als bei noch dem lumpigsten Lumpenproletarier mit alternativem Chromosomenbausatz vermittelt ist durch das biologische Geschlecht, und daß die Ausbildung und Förderung der Jungs auf ein paar Wohlstandsinseln in der sozialerzieherischen Absicht, den historischen Scheußlichkeiten mit ausgleichenden Ungerechtigkeiten zu begegnen, in den letzten Jahren vernachlässigt wurde, ist jedenfalls kein Argument dafür, das Problem für unlösbar zu halten und sich damit lieber nicht mehr zu belasten. Reproduktionsarbeit bleibt auch in flächendeckend mit Gleichstellungsbeauftragten besetzten Gebieten (ganz Gallien? Ganz Gallien, außer ...) unbezahlt, so essentiell sie fürs Funktionieren der Volkswirtschaften sein mag, aber ob das (auch finanzielle) Aufwerten von dabei ungebrochen als weiblich zugerechneten Tätigkeiten, also die moralische Lösung, auch die politisch richtige ist, sollte man keineswegs für ausgemacht halten – die Frage ist doch vielmehr, ob das, was man übers Kinderbetreuen, die Altenpflege und die Hausarbeit weiß, eigentlich erlaubt, diese Tätigkeiten nach Geschlechtern zu spezialisieren, oder ob die Parole nicht etwa lauten könnte: Uniquoten nicht ohne Erziehungsquoten, die Hälfte des Schwangerschaftsurlaubs steht Papa oder dem zweiten Papa oder der zweiten Mama zu oder ... Wer nicht über die Rechtsformen der Familie reden will, soll auch über Feminismus schweigen, und wer die Sache nur als Binnenproblem der reichen Länder angeht, wird dem Neokolonialismus helfen, dessen Wirtschaften und Regieren auf dem Territorium der bislang mit jedem Globalisierungsschritt weiter abgeschlagenen Gegenden immer dieselben Folgen hatte, von der Zerstörung das allergrößte Elend wenigstens abfedernder Familienstrukturen bis zur verbrecherischen Deregulierung der Sexdienstleistungsindustrie.

Die Gegenkräfte sind einstweilen nicht in der pädagogischen Metropolenlinken daheim, sondern in den sich hier und da, vorerst eher strohfeuerartig, regenden Klassenkämpfen, wo sich Frauen aus den geschilderten Anlässen und tieferliegenden strukturellen Gründen deshalb vermehrt bemerkbar machen – in Bolivien waren es zuerst Mütter, die gegen den Konzern Bechtel und dessen *enforcer* bei Welthandelsorganisation und Weltbank die Privatisierung der Wasserversorgung bekämpften; in Mali artikulierten Frauen deutlich den Widerspruch gegen die Dumpingverschleuderung von Bahnen sowie der Reis- und Baumwollbepflanzung an höchstbietende Investoren; auf den Philippinen organisierte eine Koalition von lokalen Frauengruppen die Straßenverkäuferinnen in einer eigenen Interessengemeinschaft; in Nicaragua gibt es eine öffentlich gut sichtbare Bewegung arbeitsloser Frauen etc.

Die Erscheinung ist nicht einmal so neu wie die jüngsten Gründe, sich zur Wehr zu setzen. Vijay Prashad, rastloser Chronist der *darker nations*, hat seine Leserschaft ausdauernd darüber unterrichtet, daß antikoloniale Bewegungen sowohl auf intellektueller und diskursiver wie auf praktischer Ebene von dem Moment an, da es sie gab, in weiten Teilen Frauensache waren wie wenig sonst in den betroffenen Regionen. Daß es Prashad bald gelingen wird, einer kritischen West- und Weltöffentlichkeit, für die Politik nur in Ausnahmefällen etwas mit Geschichte zu tun hat, den Gedanken nahezubringen, daß es da, wo heute Arundathi Roi wirkt, schon im Umfeld und in der direkten Nachfolge Gandhis etwa eine Rameshwari Nehru gab, sollte man allerdings nicht zu blauäugig hoffen.

Auch im heute wegen spezifischer Ungerechtigkeiten gegen Frauen von aufgeklärten Metropolenmenschen gern wortreich gezüchteten arabischen Raum gibt es eine Emanzipationsgeschichte – die Ägypterin Aisha Abdul-Rahman aber, die erste Frau, die sich 1929 eine Lehrbefugnis an der Al-Azhar-Universität verschaffen konnte (per Post: auf dem Campus waren Frauen erst 1964 zugelassen), eine Dichterin und Kritikerin Nassers (die den Schutz eines der engsten Freunde des befreiungsnationalistisch-bürgerlichen Diktators genoß), sah bereits »die Renaissance der Frauen des Ostens immer mit Aufstandsbewegungen« zusammenfallen – nur im Kampf gegen den Imperialismus, nicht etwa, wie kulturalistische Lesarten des Sexismus sich das denken, im Streit mit der Religion, »wurden Frauen aus der sozialen Sklaverei und dem moralischen Tod befreit«[26], und nach allem zu urteilen, was wir über die entsprechende Chronologie von frühen antikolonialen Protesten in Indien ab 1905, den iranischen Verfassungskampf zwischen 1907 und 1911 und später noch einmal 1919 über die zwanziger Jahre des zwanzigsten Jahrhunderts in Ägypten und die dreißiger Jahre in Lateinamerika, die maßgeblich von Lateinamerika angestoßene, Ende der vierziger Jahre gegründete Kommission der UN über den Status der Frauen, den Antiimperialismus der sechziger, siebziger und achtziger Jahre und die Widerstände gegen die kapitalistische *one world* seit den Neunzigern in Erfahrung bringen konnten, hat noch nichts diese auf die Frauen des Ostens gemünzten, auf die des Südens und anderer geprügelter Regionen aber mühelos übertragbaren Worte Abdul-Rahmans blamiert.[27] – ob sie freilich auch umgekehrt gelten, das heißt: ob nicht nur die Frauenerhebungen, die stattfinden, immer mit Aufstandsbewegungen einhergehen, sondern auch jede Aufstandsbewegung dieser Art die Frauen nach vorn bringt, darf bei den zunächst kaum antiimperialistischen und mancherorts stark religiös gefärbten nordafrikanisch-arabischen Vorgängen seit Frühjahr 2011 zumindest bezweifelt werden.

Die fraktal ausgefranste Heterogenität (und bis tief in den Widerstand gegen das Unrecht eingesenkte Heteronomie) der Kämpfe, Konfliktschauplätze und -verlaufsformen belastet das Streben nach einer Überwindung des Geschlechterwahns eher noch schwerer als die Reste der Arbeiterbewegung, die auch schon zu knabbern haben, wenn sie etwa vor die Frage gestellt werden, ob der solidarisch gebotene Verzicht auf koloniale Extraprofite oder umgekehrt migratorische Streikbrecherei ihre Manövrierfähigkeit nicht übers Maß des Erträglichen hinaus einschränkt. Hier kann man durch informationslogistisch gescheit gehandhabte transnationale Absprachen wenigstens für kommunizierende Röhren sorgen, und da die Planung der Funktionseliten des Kapitals selbst in Totalitäten denkt, ist solidarisches – oder wie der Schimpfname droht, den verrannte Partikularisten der Sache anzukleben bemüht sind, universalistisches – Verhalten sogar dem Gegner angemessen, man kann seine Plausibilität also nicht so leicht wegdiskutieren wie im Feminismus. Die Weltfrauenkonferenz in Mexiko 1975 war jedenfalls ein Auftakt leider nicht der Vereinheitlichung und Abstimmung der betreffenden Kämpfe, sondern gerade umgekehrt des schmerzhaften, aber leider sehr notwendigen Sichtbarmachens von massiven Interessendivergenzen, die zehn Jahre später in Nairobi von den Frauen der ärmeren Länder berechtigterweise auf die »Vielfalt der Feminismen« abgebildet wurden und deren Bedenken abermals zehn Jahre später,

1995 in Peking, in ersten Erklärungen betreffend die Notwendigkeit der situativen, aber aufs Gesamtbild bezogenen Herstellung von Gegenmacht mündeten.

Die Unterschiede sind nun mal nicht wegzukürzen: Wo beispielsweise überhaupt geheiratet wird, ist zwar durch staatliche Registrierung der jeweiligen Partnerschaft bereits ein Entfremdungshebel im Spiel, und eine von Eltern arrangierte Hochzeit ist vielleicht nur auf andere Art erpreßt als eine ökonomisch unausweichliche, aber die Differenz zwischen Gewaltformen, die wenigstens justiziabel sind, und solchen, die über dem Gesetz stehen, wird man nicht leichtfertig übersehen dürfen, wenn man es mit der Freiheit ernst meint.

Wer auch immer aber wo auch immer entlang der Geschlechterpraxis und -hexis intervenieren will, muß mit einer Naturbestimmung arbeiten, wie sie nach der Einführung der Vorstellung individueller Rechte der Person und der entsprechenden Gesetzgebungspraxis eigentlich obsolet geworden sein müßte. Das logische Argument dazu, ein Kronjuwel im Argumentenbestand des Paineschen *Age of Reason*, ist heute so gut wie vergessen, sonst würde niemand einen Thilo Sarrazin diskutieren, *The Bell Curve* lesen, rassistische und sexistische Thesen diskutieren wollen, in denen die Frage nach der Eignung oder Untüchtigkeit von Frauen, Mexikanern etc. zum Leben in wenigstens relativer Freiheit (nichts anderes sind ja »gute Jobs«) entlang statistischer Größen formuliert wird. Das Argument gehört in jeden einigermaßen bürgerlichen Gemeinschaftskundeunterricht, aber da es dort offenbar nicht mehr vorkommt, sollte es wenigstens mal wieder jemand in die Mathematikbücher schreiben: Selbst wenn eine statistische Populationsforschung bei Frauen, Eskimos oder Computerspielern herausfinden würde, daß die Angehörigen dieser Population in ihrem statistischen Mittel hinter der sie beherbergenden oder umgebenden Restbevölkerung in irgendeiner Weise zurückstehen (Intelligenz, Körperkraft, räumliches Sehen), folgt daraus jedenfalls für eine republikanisch und demokratisch verfaßte öffentliche Realität nichts anderes als der gleichmäßig gestreute, keinerlei Vorselektion erlaubende Zugang zu Qualifikationsmöglichkeiten, weil eine solche Erhebung keinerlei Information über den einzelnen Menschen liefert, der sich qualifizieren muß (für ganz Verrückte, die das nicht verstehen wollen: Angenommen, die Statistik zeigt, die meisten blauäugigen sind Idioten, und das auch noch aus genetischen Gründen, d.h., das Gen für blaue Augen ist überdurchschnittlich häufig mit klinischer Beklopptheit korreliert. Dann besteht aber, weil eben auch die dichteste Korrelation nur eine Korrelation ist, dummerweise die Möglichkeit, daß die eine Blauäugige, die durch zufällige Mutation nicht schwachsinnig ist, sondern genial, im Fall der Zulassung zum Biomedizinstudium das Heilmittel gegen Krebs entdeckt. Ein generelles Studienverbot für Blauäugige entzieht dem Gemeinwesen dann dieses Potential und sollte deshalb unterbleiben – es ist wie mit der Meinungsfreiheit: Da man nie sicher sein kann, daß irgendeine noch nicht gehörte Ansicht eventuell eine Sache trifft, die zu begreifen für alle von Vorteil wäre, ist Vorzensur abgeschafft).

IV.
Die Gesinnungen der toten Geschlechter

Von Paines beredt indigniertem Brief über Charles Fouriers berühmtes, von Engels, Luxemburg und Lenin zustimmend zitiertes Wort, man könne den Grad der Emanzipation des Menschen von jeder Art der Knechtschaft in allen Gesellschaften an der Stellung der Frauen ablesen, weiter über den sentimentalen säkularisierten Muttergottes-Kitsch der »wahren Sozialisten« Grün und Konsorten, die den deutschen Protokommunismus propagierten, aus dessen Ideengestrüpp sich die Begründer des Marxismus freikämpften, über die Sexualgesetzgebung der bolschewistischen Regierung unmittelbar nach der Oktoberrevolution und die Schriften der Alexandra Kollontai bis zur Neuen Linken und den in ihr und gegen sie entstandenen Feminismen zieht sich durch die Geschichte der bürgerlichen und antibürgerlichen Linken das Bewußtsein davon, daß der Geschlechterschauplatz von jeder Revolution erobert werden muß, die es abgesehen hat auf Gleichberechtigung aller, kollektive Organisation gesamtgesellschaftlicher Aufgaben und Stärkung der Individuen gegen das »Gewicht der toten Geschlechter« (Marx), also gegen die sich auf biologische, völkische, religiöse, trägheitstraditionale oder anders »waldursprüngliche« (Engels) Geltungsgründe berufende Herrschaft. Daß, wer Kinder kriegen kann, das auch soll und sein gesamtes übriges Schicksal entlang dieser Tatsache auszurichten hat, war als Unterdrückungsformel seit Humes Gesetz theoretisch erledigt; wir spachen davon (noch einmal für Uneinsichtige: Der menschliche Schädel hat innen eine Knochenhöhle, daraus folgt nicht, daß er nach dem Ableben des betreffenden Menschen zwangsläufig als Trinkgefäß für tapfere Kriegerinnen dienen muß).

Ärgerlicherweise sind theoretische Erledigungen sozialen Tatbeständen und denen, die sie einrichten, noch nie in der Geschichte auch nur lästig geworden. Bürger denken da allerdings genau umgekehrt, unter Politik verstehen sie das Umsetzen von Ideen, nicht das Durchsetzen von Interessen, ein im Grunde sympathischer Irrtum, der sich daraus erklärt, daß die Befreiung des Bürgertums von feudalen Fesseln propagandistisch als das Unternehmen dargestellt werden mußte, das gesellschaftliche Leben unter Vernunftbestimmungen zu stellen, das bislang nur unter Traditionsbestimmungen gestanden hatte, Haltung (und zwar demütige) in Planung zu verwandeln, aus Hexis Praxis zu machen, aus Untertanen und Herren freie (und das heißt: denkende und entscheidende) Subjekte. Taktisch gesehen war und ist es für einen Feminismus, der unter bürgerlichen Diskursbedingungen politische Erfolge erzielen will, daher das Klügste, aus der Weiblichkeit eine Art Gesinnung zu machen, um sie derart zu einem ernstzunehmenden Programm umzuwerten, da sie andernfalls für Privatkram gehalten (und entsprechend der privaten Sphäre inklusive der Autokratie des Privateigentums ausgeliefert) wird. Leute wie Paine und, wie wir gleich zeigen werden, auch Anna Laetitia Barbauld, die wir im vorigen Kapitel schon vorgestellt haben, sind diesem Weg gefolgt – bevor wir uns das aber genauer anschauen, empfiehlt es sich, einem mit viel Textaufwand zur geschichtsphilosophischen Theorie aufgedonnerten, in der jüngeren parasoziologischen Literatur weitverbreiteten Gerücht entgegenzutreten, wonach jeder Versuch *a priori* zum Scheitern verurteilt sei, unter bürgerlichen, also klassisch aufgeklärten Diskursbedingungen Programme zu artikulieren, die auf die Brechung von nicht feudaler, sondern selbst bürgerlich instituierter oder durchgehaltener Unterdrückung wie etwa der patriarchalischen abzielt.

Die Aufklärung als solche ist diesem Gerücht zufolge weniger ein Vorgang gewesen, der bestehende Legitimationslehren ungerechter Herrschaft angegriffen und zersetzt hat, entlang von Kriterien und mittels Argumenten, die immanent gestatten, diese Aufklärung über sich selbst hinauszutreiben und damit den Vertreterinnen und Vertretern der Aufklärung selbst unbekannte oder intransparente Erscheinungsweisen solcher Herrschaft kritisch zu analysieren, sondern vielmehr die Durchsetzung einer vorher nie dagewesenen, ganz besonders perfiden Herrschaftstechnik. Das Gerücht macht unverkrampften Gebrauch von Versatzstücken verschiedenster Theorien, die selbst als Radikalisierungen der Aufklärung angefangen haben, etwa vom Marxismus: So wie die Lohnarbeiter nur von Sklaverei und Grundeigentum befreit wurden, um sie im Lohnarbeitsverhältnis umso schlimmer an die Kandare zu nehmen, lehrt das Gerücht, sei die Vernunft nur scheinbar etwas, das allen denk- und sprechfähigen Geschöpfen gleichermaßen erlaubt, jede vorhandene soziale Organisationsform am Anspruch des Nutzens für Freiheit und Wohlfahrt der Einzelnen zu messen, sondern einfach eine Ausschlußtechnik – ihr anderes, dasjenige nämlich, das im Gegensatz zu denen, die zuallererst die Aufklärung und die Vernunft politisch parolenfähig zurichteten, nicht weiß, männlich, heterosexuell sei, solle mittels Aufklärung und Vernunft als ausschlußwürdig, minderwertig, vernachlässigbar markiert und exkludiert werden.

Wider diesen mal schleichenden, mal schrillen Schrecken komme es nun darauf an, das Heterotope, Abjekte, Ausgeschlossene, Nichtwestliche, Nichtmännliche politisch mit Geltung zu adeln, Partikularitäten gegen zwangsläufig repressiven Universalismus zu stärken, das Nichtidentische aus dem Würgegriff der Identifikation zu lösen.

Unangenehm nur für alle, die das Gerücht glauben wollen, daß ebendiese schwere und verdienstvolle Arbeit des Streitens fürs Heterotope, Abjekte, Ausgeschlossene, Nichtwestliche und Nichtmännliche *in recorded history* nicht erst bei Foucault unternommen wird, sondern in den Waffenkammern ausgerechnet der Aufklärung just das schärfste Werkzeug findet – lesen wir Anna Laetitia Barbauld über Heteronomie, Ausschluß, Abwertung, Vernachlässigung, an die Adresse der weißen, mächtigen Männer: »It is you, who by considering us as

Aliens, make us so. It is you who force us to make our dissent a prominent feature in our character. It is you who give relief, and cause to come out upon the canvas what we modestly wished to have shaded over, and thrown in the back ground. If we are a party, remember it is you who force us to be so.«[28]

Es ging – weil die Aufklärung nun mal Gesinnungsstreitigkeiten liebte – in dem Zusammenhang, in dem diese Worte fielen, zwar um religiösen Dissens, aber da die erste erfolgreiche, tatsächlich das Gemeinwesen grundlegend verändernde Fundamentaloppositionsbewegung der Geschichte nun mal als Dogmenkritik beginnen mußte (Humanismus führt zu Reformation führt zu Aufklärung), sind die Gußformen der Kritik, die hier gewonnen wurden, für die Herstellung von Kanonen wider die Mauern von Ausschluß nach Geschlecht, Rasse, sexueller Identität und anderer »prominent features of our character« der schlecht Behandelten gleichermaßen geeignet. Was, mit anderen Worten, in Barbaulds wenigen, kurzen und knapp gehaltenen Sätzen aufscheint, ist nichts anderes als der Ursprung aller problematischen, aber auf den verschiedensten Gefechtsschauplätzen auch immer wieder unabdingbaren *identity politics* – um ihretwillen, und zur Benennung von allem, was sie rechtfertigen kann, hat Diedrich Diederichsen einmal Brechts tiefes Wort, es helfe nur Gewalt, wo Gewalt herrsche, zu der Formel abgewandelt, es helfe auch nur Identität, wo Identität herrsche (auch wenn man sich damit wieder ganz andere Probleme aufhalst und der Wunsch verständlich ist, das, was man nun einmal hat werden müssen, wenn schon nicht wollen, »modestly shaded over« nur im »back ground« halten zu müssen – ein bißchen kokett ist sie, diese kluge Demutsgeste Barbaulds; auch solche Volten und Versteckspiele sind literaturgeschichtlich eine Errungenschaft vor allem der Aufklärung, ihr raffiniertester Praktiker war Pierre Bayle).

Der Naturwüchsigkeit mit Parteibildung und Ideenfechterei in die Parade fahren zu wollen, ist ein zutiefst unnatürliches Programm – erneut zeigt sich, daß die naturrechtliche Selbstdarstellung der Aufklärung wenig mehr war als ein fleischfarbenes Kostüm –, es ging nicht um Angeborenes, sondern um neue Künste, und das schon lange bevor die Aufklärung von sich wußte, daß sie eine war: Bereits die erste, für die ganze weitere Neuzeit debattenstilprägende Auseinandersetzung um embryonal Protofeministisches war eine erzliterarische, entsprungen aus der philologischen Gelehrsamkeit des Humanismus, die *Querelle des Femmes,* losgetreten von der Polemik einer Schriftstellerin, die subjektives Abscheuempfinden gegen die Selbstinszenierung männlicher Körperpanzer (deren Vorhandensein und Begriff erst sehr viel später die Psychoanalyse fand) 1399 in einem *Brief an den Gott der Liebe* artikulierte. Als allerfrüheste Vorfahrin Judith Butlers betrachtet sie das Realverhältnis der Geschlechterapartheid als ein praktisch-semantisches, um es so angreifen zu können wie die Humanisten die Religion auf dem Weg der Bibelkritik: Die Bücher, die uns sagen, wer wir sind, sagte jene Christine de Pizan, seien von Männern geschrieben und stellen das Verhältnis zwischen diesen Männern und Frauen nicht nur dar, sondern auch her. Schon in diesem frühen Stadium leidet der sozusagen protodiskursanalytische Ansatz allerdings daran, daß er sich unter Umständen seine taktische Finte, die tatsächlichen Gründe der Unterdrückung mit den von den Unterdrückern dafür angegebenen Begründungen in eins zu setzen, selbst zu glauben anfängt und damit den Weg dahin versperrt, wo durch die Widersprüche jener Begründungen hindurch deren Aufbrechen zum Zweck des besseren Verständnisses der wirklichen sozialen Kräfteverhältnisse möglich würde. De Maistre und Burke sind nicht zur Stelle, als die Institutionen, die sie gegen die Französische Revolution verteidigen, geschaffen wurden, und dafür auch gar nicht nötig, und auch der Rassismus als Ideologie rechtfertigt die Landnahme- und sonstigen Kolonialverbrechen der Europäer erst, als diese schon im Gange sind. Der Grund (und eben nicht: die Begründung) für den Antisemitismus, schreibt Jan Philipp Reemtsma ganz richtig[29], ist die Verfolgung der Juden, nicht umgekehrt. *The evil that men do* zeugt sich auch im Medium der Ideologie indes nicht als Erbsünde fort, sondern in ganz irdischen Kausalketten, die meist bloß maskierte Befehlsketten sind: Der geplante, organisierte, eben politische Mord erzeugt im Mörderkollektiv, schon während die propagandistischen und praktischen Fakten gesetzt werden, die ihn dann zwingend aussehen lassen, die berechtigte Furcht vor Rache; die innere Zwangsläufigkeit ist eine der Selbstnötigung, und wenn man dagegen nicht nur Taten des Widerstands, sondern auch Argumente der Ideologiekritik setzen will, muß man bescheiden anfangen: in den vom Blick *a posteriori* meist nicht mehr erkennbaren Lücken, die jede Befehlskette und jeder organisatorische Wortgebrauch eben hat, weil nichts so zwingend ist, wie diejenigen, die einen Zwang verhängen, meinen und meinen lassen. Dieses Lückenfinden in Hexis, Praxis, Theorie der Unterdrükkung und Unterwerfung erfordert nicht nur Scharfsinn, sondern auch oft mehr Mut als der Bruch mit einem von solchen Nadelstichen hinreichend sturmreif gemachten Unrecht, aus dem ein Kollektiv dann heraustreten kann, als wäre es nie darin verstrickt gewesen – Textvarianten in der Bibelüberlieferung ausfindig zu machen, an Wortgebräuchen zu drehen, um falsche Vereindeutigungen lokkerzuschütteln, wie dies die frühen humanistischen Philologen taten, kann eine riskantere Beschäftigung sein als die schrillste atheistische Schreierei dreihundert Jahre später; immanente Kritik an der richtigen Stelle ist für Lehr- und Ordnungsgebäude, die sich den Anschein dichter Festverfugtheit geben wollen, umgekehrt gefährlicher als die schwerste Häresie, und wenn de Pizan schreibt, sie wolle gar nicht bestreiten, daß die Frau dem Mann gut biblisch als »Gehilfin« übergeben worden sei, melde aber Zweifel an, ob intellektuell oder moralisch minderwertige Gehilfen wirklich in Gottes Sinn sein könnten, dann macht die Demut des Auftretens die Saat des Zweifels, den die Schriftstellerin sät, erst richtig fruchtbar. Die ganze frühfeministische Gärung rund ums Aufkommen der ersten chronikwürdigen Erscheinungsformen einer *Querelle des Femmes*, in ihrem Vorfeld wie ihren ersten Folgen, stand im Zeichen solcher vergleichsweise zurückhaltender Manöver; das Thema aber überhaupt zu etablieren, gelang in der von uns mehrfach charakterisierten frühaufklärerischen Atmosphäre, wie man es schöner nicht hätte generalstabsmäßig planen können: In der ersten Dekade des 17. Jahrhunderts erschienen in Frankreich noch fünf Bücher, die sich mit dem Geschlechterproblem auseinandersetzten, zwischen 1640 und 1649 dann aber bereits sechsunddreißig[30]. Auf die *mores* wirkte sich das Palaver zunächst nur in denjenigen Kreisen aus, in denen Politisches geschrieben und gelesen wurde; ein (gemäßigter) Aufklärer und Republikaner wie Paolo Mattia Doria sah sich in seinen *Ragionemanti* aber wenig später bereits gezwungen, erste Ergebnisse der stattgehabten Veränderung in Überlegungen zum zeitgenössischen *social engineering* einzuspeisen, die ganz der Talleyrandschen These gehorchen, Revolutionen entstünden nicht aus übers Maß des Erträglichen hinaus verstärkter Unterdrückung, sondern aus Luftzug in dem, was wir oben »Lücken« in den begrifflichen und praktischen Befehlsketten von Unrecht und Ideologie genannt haben – schwächelt die Herrschaft erst einmal an Stellen, an denen sie sich selbst im Rahmen der selbstaufgerichteten Legitimitätskonstrukte nur unplausibel verteidigen kann, wachsen die Ansprüche auf Revision derselben bald exponentiell: Die neue, verbesserte Stellung der Frauen, weiß Doria, in den (v. a. Pariser) mondänen Zirkeln, wo man *buon gusto,* i. e. bürgerliches Raffinement in Duktus, Gestus, Hexis und Praxis kultiviert, bringe es zwangsläufig mit sich, daß Frauen, wenn sie die Gespräche der Männer belauschen, zu denen sie jetzt zugelassen sind, weil niemand mehr auch nur einen tragfähigen orthodoxen Grund dafür weiß, warum man sie ausschließen sollte, mehr als je zuvor lernen können über die soziale Wirklichkeit, über Politik, Religion, sogar Sexualität – das einzige Mittel aber, unter solchem Vorzeichen, wo der Wißtrieb rasch zum Schwungrad nicht mehr disziplinierbarer hedonistischer Ansprüche werden könne, die Verwilderung der Sitten zu verhindern, sei nun mal, den Frauen eben die Informationen, Erziehung, Bildung systematisch zu gewähren, die sie sich andernfalls erschleichen und für wer weiß was nutzen würden. Der einzige Schutz der Tugend ist nicht die Repression, sondern ebenjene Aufklärung, vor der es die Tugendwächter graust. In dem Labor, dessen Weißkittel dieser Sorte Sozialwissenschaft nachgingen, kann man per Rückschau also die Entstehung des vollgültigen weiblichen *Subjekts* studieren, das für unvermeidlich galt, wollte man nicht des weiblichen *Objekts* männlicher Familienplanung und damit Staatskonstitution verlustig gehen. Parallel zu diesem Hin und Her darüber, welche Rechte wem wann zugestanden werden sollten, bildete das betreffende Subjekt – fast möchte man sagen: in aller Ruhe – seine Subjektivität aus, übrigens ganz wie die Männer (noch einmal sei Petrarca erwähnt) vor allem poetisch, als Leute wie Aphra Behn (wir werden noch auf sie zu sprechen kommen) und andere Dichterinnen sich zunächst darin übten, die männliche Dichterrolle auszufüllen, sich beispielsweise als Ovid zu inszenieren und schöne Verse auf noch schönere bewunderte Frauen zu schreiben. Jonathan Israel, kein Feminist, aber dafür der wohl gründlichste Analytiker der Entstehung der *lumières,* der im letzten Halbjahrhundert zu Wort kam, lokalisiert im selben Zeitraum, der diese Umwälzungen sah, die radikalste, interessanteste Phase der Aufklärung, und Siep Stuurman hält dieses Zusammentreffen von Geschlechterauseinandersetzung und Verschärfung bürgerlichen Freiheitsdenkens für Anlaß genug, anzuregen, man möge sich nicht länger nur damit beschäftigen, was die Aufklärung als solche zu dem beigetragen habe, was heute Feminismus heißt, sondern umgekehrt herauszufinden suchen, wieviel diese frühe Angriffsphase der Aufklärung ihren feministischen Strömungen insgesamt verdankt (intuitiv und feinfühlig erfaßt findet sich der Zusammenhang im historischen Alternativwelten-Roman *The Years of Rice and Salt* von Kim Stanley Robinson, der eine Welt schildert, in der aufgrund eines grausameren Verlaufs der mittelalterlichen Pest-Epidemik die Aufklärung nicht in Europa, sondern in einem chinesischen Großreich stattfindet, gespeist in nicht geringem Ausmaß von Verfechterinnen und Verfechtern der Geschlechterfreiheit).

Als Plattform der Reflexion einer Interpenetration von Naturdeterminanten und Sozialem gehört, wollen wir sagen, die Frauenemanzipation beim *homo sapiens* nicht allein zu den (allemal kontingenten) historischen, sondern sogar zu den logischen Voraussetzungen jeder Vernunftgeschichte, geht ein in ihr anthropokritisches Fundament: Ohne Kritik an Sklaverei und ungeplanten Geschlechterverhältnissen keine Naturrechtsphase des politischen Denkens, ohne die keine Rolle des Bewußtseins im historischen Zusammenhang, ohne diese kein Begriff von Fortschritt, ohne den keine Aufklärung, ohne die keine politische Geltung für Vernunftbestimmungen.

Sind diese einmal angemeldet, bleibt der Weg zu einem tatsächlich von Menschen bewohnbaren Weg indes weiter steinig; schon weil an einzelnen Verbesserungen eben nur logisch, nicht historisch das Ganze hängt. Schriften aus der fraglichen umkämpften Zeit wie Marie de Gournays *Egalité des hommes et des femmes* von 1622 klingen, wenn man den spezifischen Kontext bei der Lektüre fallenläßt, schon im Titel nach einer Art Gemeinwesen, die darin nicht gewollt sind, weil sie seinerzeit nicht vorstellbar schienen: »Egalitär« in der geschlechterbezogenen Hauptfrage vertrug sich mit »elitär«, soweit es ums Restsoziale ging, die Argumentation lief nicht (wie wir das heute selbstverständlich fänden) republikanisch oder demokratisch, sondern über Autoritätsbeweise (etwa durch Aufzählung gekrönter weiblicher Häupter, die ihre Sache gut gemacht haben), Biblisches, Mythologisches, stets aus Chroniken oder anderer Literatur Entnommenes – die Schrift und die in ihr codierte, durchaus herrschende Zivilisationsauffassung bildeten eben einen geschützten Raum, das Elitäre eine Art schwer zerstörbares Gefäß fürs Egalitäre; das setzt sich noch fort bis in die Zeit der Französischen Revolution, selbst der Graf Mirabeau läßt im *Erotika Biblion* Ideen zur sexuellen Emanzipation sich an Bibelexegese entzünden; naturalistische, realistische, induktive Argumente, wenn sie auch nicht völlig fehlen können, wo Vernunft durchgesetzt werden soll, müssen doch bis ins späte neunzehnte Jahrhundert gegenüber Schriftgelehrten, eben humanistisch Gebildeten zurückstehen, nicht nur auf der Vernunftlinken, sondern auch bei der Aneignung von deren Erbe durch andere Arten von Zivilisationskritik zwischen Nietzsche und Foucault.

Echos finden sich bis in unsere Tage; semiotische, semantische, linguistische, diskursive Kritikarbeit reicht bei Leuten wie Butler, Gayatri Chakravorty Spivak oder Drucilla Cornell tief in das Gebiet, das man jetzt *gender studies* oder, erweitert um die Beschäftigung mit Sexualität im emphatisch nichtgenerativen Sinn, *queer theory* nennt.

Auch diesen Strang spinnt die poetische Spekulation in andere Richtungen weiter als die politisch überschaubare; die Sprachwissenschaftlerin Suzette Haden Elgin hat in ihrer *Native Tongue*-Trilogie das weibliche Subalterne buchstäblich zur Sprache gebracht, in einer eigenen »Frauensprache« namens »Láadan« nämlich, die das Potential solcher phantastischer Kunstsprachen zwischen Tolkiens Elbisch und dem Klingonisch der *Star Trek*-Welt für die feministische Utopistik nutzbar machen soll.

Bei Elgin aber, wie bei allen, die sich von Sapir/Whorf zu derartigen Spekulationen inspirieren lassen, zeichnet sich auch das Problem des im Sinne Hegels »schlechten Besonderen«, des tendenziellen sozialen Autismus partikularistisch angelegten Sprechens ab: Die Aufwertung und linguistische bis (eine neue Gesamthexis ausbildend) verkehrsformenprägende Stabilisierung eines Pols in einer bipolaren Unterdrückungsordnung kann diese Ordnung immer auch, statt sie nur zu belasten oder gar zu sprengen, insgesamt festigen, verschärfen, Ausgänge versperren. Auch wieder falsch wäre aber, daraus nun idealistisch abzuleiten, es wäre so etwas wie die Bipolarität selbst, woraus hier die Falle besteht, das Binäre und seine Inkommensurabilitäten. Egalitäres Denken, entsprechende Praxis sind ohne Dialektik nicht zu haben, das ist alles: Es gibt nichts, was vor mißbräuchlicher Verwendung in Beziehungen zwischen Menschen gefeit ist, jedes Heilmittel ist ein Werkzeug, also eine Waffe, einfach deshalb, weil Beziehungen zwischen Menschen Dinge (also auch Begriffe) niemals als nur mit sich selbst identische Dinge konstituieren, sondern selbst als Beziehungen, als Verhältnis. Der Hammer ist nicht an sich ein Mordwerkzeug oder keins; er wird eins, wenn ich dich damit erschlage, unser Verhältnis als eins von Täter zu Opfer erst macht ein Tatwerkzeug aus dem Ding.

V.
Das Walgespür für Krill

Das aufgeklärte Verhältnis zur Geschlechterlage in seinem geschichtlichen Werden haben wir vor allem als eine Texttradition kennengelernt, die auch bei uns sichtbarer ist als die dazugehörige praktische, was seine unüberwindlichen Überlieferungsgründe hat. Geschichte als Kultur- und Debattengeschichte zu schreiben ist aber, wir wiederholen das, bei aller Idealismusanfälligkeit des Verfahrens in Fragen des Fortschritts nicht nur falsch, weil man diesen Fortschritt, wie wir ebenfalls gezeigt zu haben hoffen, zentral als Versuch begreifen muß, das soziale Leben unter die Bestimmungen richtiger Ideen zu setzen, die wiederum in Interpenetration von normativen und analytischen Inferenzketten zustandekommen.

Hebammen beiderlei Geschlechts, die dieses Kopfkind zur Welt bringen helfen, Autoren wie Bayle, der cartesianische Frühaufklärer François Poulain de la Barre, der eine ganze Sozialphilosophie auf der Diagnose der Herrschaft von Männern über Frauen und zum Zweck ihrer Brechung ersann, Thomas Paine, Diderot, Autorinnen wie Olympe de Gouges oder Anna Laetitia Barbauld hatten einen naheliegenden Grund, die Männerherrschaft als transhistorisches, seit dem Dunkel der Vorzeit anhaltendes Verhängnis zu beschreiben und daher innerhalb der Formation, die man später Patriarchat nennen sollte, keine besonderen Brüche anzuerkennen – sie rechneten damit, daß man das gesamte Phänomen, nicht nur einzelne seiner Nuancen, in absehbarer Zeit, nämlich im Zuge des Sieges der sozialnormativen Programmatik der Aufklärung, würde abstreifen können.

Als beides nicht geschah, haben andere Köpfe, die dem nämlichen Programm verpflichtet waren, nicht nur aus guten, sondern auch aus Trägheitsgründen und zur Absicherung ihrer eigenen fragilen Autorität (siehe oben: Nichts ist davor gefeit) eine ähnlich monolithische Beschreibung jener Herrschaft fortgeschrieben und beim Stiften von Übersicht über die Entwicklung der unglücklichen Geschlechtergeschichte lediglich soviel an immanenter Differenzierung gelten lassen, wie zur Beschreibung von Herrschaft als Trias von Unterdrückung, Ausgrenzung und Ausbeutung nötig ist (diese dreibeinige Statik von langlebigen Machtarchitekturen gehört selbst zu den Entdeckungen der Aufklärung, interne Akzentverschiebungen zwischen den dreien erklären die meisten Differenzen zwischen den Geschichtsauffassungen etwa von Locke, Hobbes, dem Entlarven des sogenannten Priestertrugs im Mondhof des französischen Materialismus und so fort. Über die spezifischen Herrschaftsmittel zwischen Gewalt, Erziehung, Propaganda und Herstellung von automatisiertem Selektionsdruck ist bei ihnen allen wenig gesagt, nicht einmal der Marxismus hat sich das vor Gramsci genauer angeschaut).

Die seit Adams und Evas Zeiten bis zum modernen Lohn- und Gehaltsgefälle zwischen Männern und Frauen im Globalkapitalismus durchgezogene Linie, die im von uns oben dargestellten Zusammenhang herauspräpariert wurde, hat nach Umstellung der Vergesellschaftungsnorm auf neuzeitliche, postfeudale, bürgerliche, sprich: kapitalistische Produktions- und Verkehrsformen eine Farbe bekommen, von der die frühe *Querelle des Femmes* nichts wissen konnte. Alle Arten von Herrschaft, die seit der Urhorde den sozialgezeugten Jammer der Menschheit ausmachen, sind mit Errichtung des Kapitalverhältnisses tiefgreifend transformiert worden: Die Herrschaft ist anonymisiert, kontraktifiziert, rutscht in Apparate, in die Abstraktion der Verwertungskette und kann es sich daher jetzt sogar gelegentlich leisten, behaupten zu lassen, es gebe sie gar nicht, während umgekehrt die dieser Herrschaft Ausgesetzten vom Gesamtzusammenhang, der sie zu Objekten der Herrschaft macht, als Subjekte gesetzt sind. Wenn die Informationsökonomien zwischen den Subjekten einerseits, den Subjekten und Objekten andererseits nicht mehr durch der Vernunft unzugängliche Hierarchien zuverlässig geordnet sind, muß das Individuum lernen, sie zu ordnen, wir erinnern an Paolo Dorias oben erwähnten Frauenerziehungsplan oder auch an Theodor Gottlieb von Hippels fein formulierte Idee von der »bürgerlichen Verbesserung der Weiber«, deren Urheber nicht mehr gewillt war, »die Hälfte der menschlichen Kräfte ungekannt, ungeschätzt und ungebraucht schlummern zu lassen«.[31] Der Bürger in seinem Element (das auch unseres bleibt, bis der Bürger seine Schuldigkeit getan und eine bessere Lebensform als seine ermöglicht hat oder untergegangen ist): Produktivkräfte entfesseln, aus starren ständischen, ideologisch kirchlich-religiösen Bindungen lösen, *Prometheus* (und: *Promethea) Unbound,* unsere Herrschaft sei unpersönlich, die Unterworfenen seien selbstverantwortlich (gerade auch für ihr Unterworfensein). Der Feudalismus, bekanntlich, hielt es damit gerade andersherum: Die Herrscher waren Personen im emphatisch gesteigerten Sinn, bis zur Apotheose im Herrscherdenkmal, die Unterworfenen anonym bis zu einem Grad, auf dem diskutierbar wurde, ob sie, etwa als Wilde, die einen Grund und Boden bewohnten, der für den Fürsten zu annektieren war, überhaupt so etwas wie eine Seele hatten. In der Sklavenhaltergesellschaft wieder steht die Frage »Subjekt oder anonymes Objekt« noch in durch Abstraktionen wie territorialgebundene Leibeigenschaft ganz unvermittelten Gewaltzusammenhängen, den Personenstatus nahm man nicht persönlich (Freikauf beendete das Sklavendasein rückstandslos, *no hard feelings),* die »Sorge um sich« (Näheres in den Antikebetrachtungen des späten Foucault) war eingezäunt von kraftvollen Hexis-Geländern ohne mittelalterliches Himmel-und-Hölle-Brimborium. Im Gegensatz zum poststrukturalistischen Einfall, die sogenannte Biomacht als etwas, das über den Zugriff moderner Staaten auf Populationsdynamiken und Körperkontrolle erst ab der Hochmoderne die Interpenetration von Subjektkonstitution und Machtapparaten reguliert, halten wir dafür, daß der Kapitalismus als Arbeitsregime vor Warenproduktionshorizont von vornherein nicht nur keine statisch-stratifikatorisches, sondern mit Verflüssigung des sklavenhalterischen oder leibeigenschaftsgetragenen Herr-Knecht-Verhältnisses zum Verhältnis zwischen Kapital und Arbeit vom ersten Arbeitsvertrag an ein modular-zellular-molekular-monadisches Zugreifen auf die Körper erzwingt, in den spezifischen Erzeugungsgeographien, die besagter Horizont sich unterwirft. So ist die besondere, von einem allgemeinen Begriff wie »Patriarchat« abgeleitete Spielart der Herrschaft von Männern über Frauen, die der Kapitalismus erzeugen hilft, anfangs primär entlang der Stadt-Land-Differenz gebildet (an die sie, an dieser Stelle von ihrer sonst weit ausgreifenden historischen Phantasie verlassen, Marx und Engels, wenn sie auf das Problem überhaupt zu sprechen kommen, leider beinah exklusiv gebunden sehen): Die Landfrau ist, was sie ist, weil ihre Weiblichkeit ihr Beruf bleibt, gleichgültig, was sie tut; die Stadtfrau dagegen ist, was sie ist (nämlich ein Subjekt, das bestimmte Verträge abschließen kann, auch »sittenwidrige«), nur, insofern es ihr gelingt, ihren Beruf und ihre Weiblichkeit in funktionale statt ontische Beziehungen zueinander zu setzen. Diese Grundspaltung stellt tückischerweise eine selbstähnliche Wiederholung der Mann-Frau-»Arbeitsteilung« des vorkapitalistischen Patriarchats dar; eigentlich alle Neuerungen, die der Kapitalismus im unmittelbaren Personenumgang erzeugt, entstehen nach solchen miniaturisierenden (Deleuze und Guattari würden sagen: molekularisierenden) *Copy-Paste*-Mustern.

Von der alleinerziehenden Prostituierten in den aufgegebenen Elendszonen über die Leihmutter in den Zwischenreichen des Ostens und näheren Südens bis zur weiblichen Führungskraft oder der Dauerwellenproletarierin in den Metropolen werden von dieser ersten Codierung nach Stadt und Land, die als materielle die Denkdifferenz Gesellschaft/Natur im Sozialen implementiert, alle weiteren Differenzeinrichtungen ganz ähnlich wie in Banajis Bild von der Vorbildrolle der Lohnarbeit, das wir im letzten Kapitel übernommen haben, in radialer Ausstrahlung und in evolutionären Gabelungen wie bei der Speziation im Biologischen selbstähnlich kopiert und geprägt; je nach neu zu schaffenden oder bereits eingegrabenen Strömungskurven und Flußdiagrammen von Ausbeutung,

Ausgrenzung, Unterdrückung, Erziehung, Propaganda: Wenn die Frauen der Dritten Welt nicht als Putzhilfen in die Erste gebeamt werden, dürfen sie außer nähen auch mal Halbleiter bauen, wenn der Markt aber einbricht, sind an einem einzigen Tag auch mal vierzigtausend Arbeitsplätze dieser Art verschwunden. Mal absolute Rechtlosigkeit, mal Gießkannenförderung der später in Produktionsabläufe einzugliedernden Selbständigkeit durch Mikrokredite, Systole-Diastole.

Diese Frauenleben sind Krill, der Wert ist der Wal.

Wie der tellurische genetische Code aus einem Alphabet von nur vier Basen auf einer Doppelhelix die unübersehbare Vielfalt der lebendigen Morphologie erzeugt oder gewisse zellulare Computerprogramme aus einfachsten Regeln hochkomplexe Gebilde wachsen lassen, die computational irreduzibel sind, so erschafft der Kapitalismus aus einigen wenigen Durchgängen, Schranken und Schleusen (deren wichtigste die leider von Sozialisten in biederster Absicht nachgeblökte Losung des *Hardliner*-Industriekapitalismus – »Wer nicht arbeitet, soll auch nicht essen« – ist, nämlich die Drohung, daß, wer die Mehrwertgewinnung nicht mitermöglicht oder ihr gar im Wege steht, als Konsument allenfalls geduldet wird) ein Wertbewässerungssystem aus Stadt/Land, produktive/unproduktive Arbeit, Hardware/Software, Natur/Gesellschaft, Produktion/Zirkulation und schaltet nach Bedarf neue logische Gatter dieser Art zwischen Barbaulds »enjoyment of a thing and production thereof«. Die Gatter, übrigens, sind, einer beliebten dekonstruktivistischen Binsenweisheit und aller Cornellschen *philosophy of the limit* zum Trotz, keineswegs immer binär, sie können auch dreigliedrig sein wie die faschistische Losung »Vaterland/Arbeit/Familie«, wichtig ist nur, daß sie die kapillare Ordnung durchsetzen helfen, in der Herrschaft vom Hölzchen aufs Stöckchen weitergegeben wird, worin bei jedem weiteren Partikularisierungs-, Miniaturisierungs- und Molekularisierungsschritt der abstrakte Universalzusammenhang ein bißchen konkreter wird – die Wirtschaftskrise ist aus unansprechbaren Kennziffern gemacht, der arbeitslose Mann aber, der die arbeitslose Frau verprügelt, hat Name, Adresse und ganz spezielle, für die Forensik hochinteressante persönliche Biodaten, an denen sich dann wunderbare, ganze Doktorandinnen- und Doktorandenheere mit Lebenssinn versorgende Studien über chromosomale und hormonelle Gewaltspositionen festmachen lassen.

Wenn beliebige Kritikerinnen und Kritiker, sagen wir: Alice Rühle-Gerstel, August Bebel oder Judith Butler die aufeinander irreduziblen Skalierungsgeschehnisse entlang dieser Gewaltweitergabekurven beschreiben, laufen sie immer dann zu großer Form auf, wenn sie ihnen ihre Spezifika lassen, aber die erweiterten Horizonte dieser Spezifika zugleich gegenwärtig halten. Die Vielfalt der Nötigungsformen als in etwas ihnen Gemeinsames gebettet zu erkennen, ist allerdings eine wesentlich anspruchsvollere Aufgabe als das »Entlarven« bloß irgendwie verdeckter, unspezifischer, aber handfester Gewalt, das auf der vulgärideologiekritischen Ebene aus diesem Problem dann herausgemolken wird.

Aber auch diese anspruchsvollere Aufgabe kann man im knappsten Pamphlet leisten – *vide* Rosa Luxemburgs *Frauenwahlrecht und Klassenkampf*, erschienen im Mai 1912.

VI.
Genossin Luxemburg und die Unrechtsgründe

Es gab, lernt ein heutiges Publikum aus dieser Broschüre vor allem, in der heißen Phase des Kampfes um die wenigstens rechtliche Gleichstellung angeblich integrierter Mitglieder der bürgerlich-demokratischen Gesellschaften durchaus noch andere emanzipatorische Positionen als diejenige der *Suffragetten* und ihrer Sympathisanten, also der bürgerlichen Frauenrechtlerinnen und Frauenrechtler. Das aktive und passive Wahlrecht der Frauen fehlte damals in Preußen und Deutschland. Seine Einführung mit der simplen Sehnsucht nach moralischem Ausgleich zu begründen, war Rosa Luxemburg zu billig.

Daß die Gesittung eines Gemeinwesens nicht von der Qualität der schönsten Ideale seiner Einzelmenschen abhängt, sondern von den historischen Gegebenheiten, gilt ihr auch bei diesem Problem als erstes Prinzip aller Untersuchungen gesellschaftlicher Sachverhalte. So besitzt sie sogar die Kaltschnäuzigkeit, Frauenunterdrückung und Monarchie zwar als »reaktionäre Überbleibsel alter, abgelebter Zustände« zu denunzieren, sie aber gleichzeitig nicht einfach als etwas unbegriffen geschichtslos Böses zu dämonisieren:

> »Das Instrument des Himmels als tonangebende Macht des politischen Lebens und die Frau, die züchtig am häuslichen Herde saß, unbekümmert um die Stürme des öffentlichen Lebens, um Politik und Klassenkampf, sie beide wurzeln in den vermorschten Verhältnissen der Vergangenheit, in den Zeiten der Leibeigenschaft auf dem Lande und der Zünfte in der Stadt. In diesen Zeiten waren sie begreiflich und notwendig«.[32]

Dieses erstaunliche Wort, »notwendig«, verrät die Marxistin, die sich keinen Illusionen darüber hingeben will, daß ein niedriger Stand der Produktivität und der Arbeitsteilung nun mal bestimmte starre Hierarchien bedingen muß, zum Beispiel daß diejenigen, die gebären können, dies auch tun, damit die Bodentruppen der Produktion nicht ausfallen, und daß sie im naturwüchsigen, ungeplanten, also brutalen Anschluß daran gleich überhaupt für die ganze undankbare, unterbezahlte und stumpfsinnige Reproduktionssphäre (Kochen, Waschen, Bettenmachen) abgestellt werden. Genau so wird unter solchen Vorzeichen auch der König, am sozusagen anderen Ende des arbeitsteiligen Spektrums der primitiven Gesellschaft, als Joker im Spiel der adligen und kirchlichen Interessen benötigt – und kann gar nicht anders zu seinem Thron kommen als durch Gottesgnadentum; denn wenn man die miteinander oft bis aufs Blut verfeindeten Träger der aristokratischen Partikularinteressen den Chef wählen ließe, würde man deren Kampf, der die Gesellschaft ohnehin andauernd zu zerrütten droht, erst so richtig zum allgemeinen Mord und Totschlag anheizen.

Ganz wie Marx unbestechlich und fern jeder Ausgebeutetenromantik die Verbrechen der »ursprünglichen Akkumulation«, das heißt der Entstehung des modernen Kapitalismus aus nacktem Raub, Zwangsrekrutierung und Knechtung von noch nicht an die Lohnarbeit gewöhnten Menschen beschreibt, sagt Rosa Luxemburg, wenn sie Monarchie und Rechtlosigkeit der Frau als etwas beschreibt, das »heute durch die moderne kapitalistische Entwicklung entwurzelt« und »zur lächerlichen Karikatur auf die Menschheit geworden« sei, daß ein ökonomisches System, welches die Abhängigkeit von Jahreszeiten, Ernteglück und anderen höheren Mächten durch industrielle Fabrikation, Lagerhaltung und entwickeltes Transportwesen verwunden hat, einen vorher nie gekannten Spielraum für die Befreiung von sämtlichen Resten solcher bäuerlicher, »vermorschter« Naturabhängigkeit schafft. Wir haben, sagt sie, jetzt den allgemeinen Reichtum, wir müssen nicht mehr in primitiven Kommandozuständen leben, wir können die Menschheit herstellen – wer von der Hand in den Mund lebt, wird Unterdrücker oder Unterdrückter, wer das nicht muß, ist zur Freiheit nicht allein berechtigt, sondern (und erst an dieser Stelle kommt für Marxisten die Moral) verpflichtet.

Das für politische Schriftstellerei (die im bürgerlichen Zeitalter seit der Aufklärung vor allem idealistisch, moralisch, normativ auftritt, wenn auch nicht mehr an den lieben Gott und seine Schriften gefesselt) sehr ungewöhnliche Herleitungsverfahren der Kritik und des Forderns ist gemeint, wenn Marxisten immer wieder vorgeworfen wird, sie dächten »monokausal« und nähmen das Eigengewicht oder die Eigengesetzlichkeit von Abscheulichkeiten wie Rassismus, Sexismus, Homophobie nicht ernst. Aber eben weil sie diese widerlichen Erscheinungen in einen Kontext stellen, der über das Messen historischer Fakten an der Elle einer Moral, die man teilen kann oder nicht, hinausgreift, in Räume der Praxis statt des Wünschbaren oder Befürchtbaren, können sie die Machthaber überall da herausfordern, wo diese behaupten, das schlechte Gegebene sei nicht nur gegeben, sondern richtig, vernünftig, nötig.

Dennoch wird, solange es Marxisten gibt, die Beschwerde wohl nicht aussterben, diese teilten alle Mißstände dieser Welt in Haupt- und Nebenwidersprüche ein – der Hauptwiderspruch, das ist dann der Klassenwiderspruch zwischen Kapital und Arbeit, alle anderen (Rassismus, Frauenunterdrückung, Ökologie) seien nur Nebenwidersprüche. In Rosa Luxemburgs Frauenwahlrechtsschrift begegnet die Autorin diesem Vorwurf gleichsam, ohne ihn auszusprechen; der ganze Text ist durchdrungen von einer gar nicht dummen Frage: Welche soziale Kraft, wenn nicht die Bewegung der den kapitalistischen Reichtum schaffenden, aber von seinem Genuß und seiner Verteilung abgeschnittenen Lohnabhängigen hat überhaupt die Kraft, dem Kapital gegenüber Rechte von Unterdrückten durchzusetzen? Es kämpfen ja, wo gekämpft wird, nicht Ansprüche, Weltanschauungen oder Ideen miteinander, sondern Verbände, und der organisierte Sozialismus hat nun einmal die Bataillone und die geschichtliche Erfahrung mit der Machtfrage, die anderen Oppositionsbewegungen abgeht:

»Um das Frauenwahlrecht handelt es sich als Ziel, aber die Massenbewegung ist nicht Frauensache allein, sondern gemeinsame Klassenangelegenheit der Frauen und Männer des Proletariats. Denn die Rechtlosigkeit der Frau ist heute in Deutschland nur ein Glied in der Kette der Reaktion (...). Für den heutigen Staat handelt es sich in Wirklichkeit darum, den arbeitenden Frauen und ihnen allein das Wahlrecht vorzuenthalten. Von ihnen befürchtet er mit Recht die Gefährdung aller althergebrachten Einrichtungen der Klassenherrschaft, so des Militarismus, dessen Todfeindin jede denkende Proletarierin sein muß; der Monarchie; des Raubsystems der Zölle und Steuern auf Lebensmittel usw.«[33]

Der Hauptnutzen des strategischen Einreihens spezifischer Widersprüche in einen auf ökonomischer Grundlage geführten Kampf ist einfach das Vermeiden der Zersplitterung, die Verunmöglichung des »Teile und herrsche« bei gleichzeitiger Weigerung, Klassengegensätze zuzukleistern: »Die meisten bürgerlichen Frauen, die sich im Kampfe gegen die ›Vorrechte der Männer‹ wie Löwinnen gebärden, würden im Besitz des Wahlrechts wie fromme Lämmlein mit dem Troß der konservativen und klerikalen Reaktion gehen. Ja, sie wären sicher noch um ein beträchtliches reaktionärer als der männliche Teil ihrer Klasse.« Dieses Postulat, das heute auf der Basis der auf die Durchsetzung des Frauenwahlrechts folgenden Erfahrungen weiterdiskutiert werden könnte, geht von einer einfachen Überlegung aus: Solange die bürgerliche Ehe bestehen bleibt, schützt sie die Eigentumsordnung, die nicht nur patriarchalisch, sondern auch kapitalistisch ist. Die schlimmste Feindin der benachteiligten Frau kann die bevorrechtigte Frau sein – das sagt Rosa Luxemburg im schärfsten Ton, wenn sie von den Damen der Herren feststellt, diese seien »bloße Mitverzehrerinnen des Mehrwerts, den ihre Männer aus dem Proletariat herauspressen«, und solche

»Mitverzehrer sind noch rabiater und grausamer in der Verteidigung ihres ›Rechts‹ auf Parasitendasein als die unmittelbaren Träger der Klassenherrschaft und der Ausbeutung. Die Geschichte aller großen Revolutionskämpfe hat das grauenvoll bestätigt. Als nach dem Fall der Jakobinerherrschaft in der Großen Französischen Revolution der gefesselte Robespierre auf dem Wagen zum Richtplatz gefahren wurde, da führten die nackten Lustweiber der siegestrunkenen Bourgeoise auf den Straßen einen schamlosen Freudentanz um den gefallenen Revolutionshelden auf. Und als im Jahre 1871 in Paris die heldenmütige Arbeiterkommune mit Mitrailleusen besiegt wurde, da übertrafen die rasenden Weiber der Bourgeoisie in ihrer blutigen Rache an dem niedergeworfenen Proletariat noch ihre bestialischen Männer.«[34]

Bevor nun aber jemand Rosa Luxemburg Vulgärmarxismus vorwirft und das an ihrem Angriff aufs »Parasitentum« festmacht – die Biedermannvariante des Klassenstandpunkts: Wer nicht arbeite, solle auch nicht essen, gehört gewiß zum Unglücklichsten, was die Arbeiterbewegung hervorgebracht hat –, lohnt sich der Hinweis darauf, daß gerade die erzvulgärmarxistische Unterscheidung von produktiver und unproduktiver Arbeit der Angriffspunkt ist, von dem aus Rosa Luxemburg die Substantialisierung und Biologisierung des sozialen Geschlechterverhältnisses angreift:

»Als produktiv gilt – solange Kapitalsherrschaft und Lohnsystem dauern werden – nur diejenige Arbeit, die Mehrwert schafft, die kapitalistischen Profit erzeugt. In diesem Standpunkt ist die Tänzerin im Tingeltangel, die ihrem Unternehmer mit ihren Beinen Profit in die Tasche fegt, eine produktive Arbeiterin, während die ganze Mühsal der Frauen und Mütter des Proletariats in den vier Wänden ihres Heimes als unproduktive Tätigkeit betrachtet wird. Das klingt roh und wahnwitzig, entspricht aber genau der Roheit und dem Wahnwitz der heutigen kapitalistischen Wirtschaftsordnung, und diese rohe Wirklichkeit klar und scharf zu erfassen ist die erste Notwendigkeit für die proletarischen Frauen«

– eben weil bei denen der Unterschied zwischen produktiver und unproduktiver Arbeit längst praktisch zum Kippschalter wird, insofern nämlich der große Bedarf an Lohnarbeit, der in dieser nach der Industrialisierung zweiten großen Anschubphase der kapitalistischen Produktivitätsexplosion noch herrscht, nicht nur Landleute in die

Stadt saugt, sondern auch Frauen aus der Küche in die Fabrik. Beides kann das Kapital nicht haben: möglichst alle Menschen ohne Besitztitel zur Mehrwertschöpfung zwingen wollen und die Reproduktion weiter als verachteten, vom Wert abgekoppelten Sklavendienst einstufen. Rosa Luxemburg aber streitet nicht etwa für die Einführung eines Lohns für Hausarbeit, sondern für die Abschaffung des Lohnsystems insgesamt; wie sie denn stets statt barmherziger Verteilungslösungen immer die Lösung einer anderen Einrichtung der Produktion gefordert hat. Die gemeinsame Tafel für alle ist eine angenehmere Perspektive als mehr Katzentische für Elende.

Und was den Nebenwiderspruch angeht, so läßt sie sich auf gar keine Mißverständnisse ein:

> »Einer der ersten großen Verkünder der sozialistischen Ideale, der Franzose Charles Fourier, hat vor hundert Jahren die denkwürdigen Worte geschrieben: In jeder Gesellschaft ist der Grad der weiblichen Emanzipation das natürliche Maß der allgemeinen Emanzipation. Das stimmt vollkommen für die heutige Gesellschaft. (…) Das allgemeine, gleiche, direkte Wahlrecht der Frauen würde – dank dem weiblichen Proletariat – den proletarischen Klassenkampf ungeheuer vorwärtstreiben und verschärfen.«[35]

Die Theoretikerin darf damit, *tongue somewhat in cheek,* als Erfinderin einer sozialistischen Variante der Prädestinationslehre gelten: So wie den Prädestinierten jeder soziale Erfolg nur ein Zeichen dafür war, daß Gott besonders große Stücke auf sie hielt, und sie deshalb umso emsiger nach diesem Erfolg strebten, weil sein Eintreten der Beweis ihres ersehnten Ansehens bei Gott wäre, benutzt Rosa Luxemburg den Fouriersatz, um der Arbeiterbewegung etwas sehr Wertvolles einzupauken: Je schlechter es den Frauen geht, desto weiter seid ihr vom Erreichen eurer allgemeinen Ziele noch entfernt; *in a nutshell* enthält diese Analyse bereits alles, was wir oben Interpenetration und weiter unten *trickle-down*-Ausbeutung genannt haben.

VII.
Feminogironde, rechte Frauen und HeLa-Zellen

Die kapitalistische Hardware nicht zu zerbrechen, um eine den feministischen Zielen entsprechende Welt zu ermöglichen, sondern die in Hexis verwirklichte Materialität der kapitalistischen Erzeugungsweise statt dessen mit feministischer Software zu bespielen, ist häufiger versucht worden, als das Zurückbleiben der bürgerlichen Wirklichkeit hinter den bürgerlichen Freiheitsversprechen nahelegen sollte. Wir meinen nicht die Karrierefrau, nicht die angenehmeren oder wenigstens ambigen Ränder der Kultur- oder der Sexindustrie, sondern einige disparate und untereinander bislang sowohl praktisch wie ideologisch nahezu unvermittelte *cluster* von Lebensstilreformversuchen, die zu den unerquicklichen Feldeffekten der Tatsache gehören, daß Befreiungskämpfe denen, die sie führen, selten genug Spielraum lassen, ihre Front mit anderen Fronten anderer Befreiungskämpfe begrifflich und operativ zu verbinden. Zersplitterung droht, Kräfte wollen eingeteilt sein, und so arbeitsteilig wie die bürgerliche Welt ist der Widerstand gegen sie schon lange. Antirassistische Feminismen sind noch in der Hochmoderne eher Glücksfälle als die Norm, wenn man eine einzelne kühne Forderung (die amerikanische Kampagnensprache sagt *issue* dazu) erhebt, hat man damit genug zu tun. Olympe de Gouges bereits, deren Ruhm für die Tat, den Menschenrechten der enragierten *citoyens* rechtzeitig die Frauenrechte supplementiert zu haben, es verdient hätte, Jahrtausende zu überstrahlen, war sozialpolitisch die biederste Seele unter der Sonne, eine entschiedene politische (und, wie diese Dinge nun mal oft gehen, auch erbitterte persönliche) Feindin Robespierres, sie starb, weil die Revolution, nicht die Reaktion, sie hingerichtet hat.

Letztere freut sich über dergleichen ja immer wieder, gehässig wird der alte Mahnspruch »Revolutionen fressen ihre Kinder« geunkt, und vergessen soll man dabei, daß de Gouges' schlimmes Ende nicht zwingend war, sondern zu den Wechselfällen von Gefechtssituationen, der traurigen Realität des emanzipatorischen *friendly fire* gehört, im Gegensatz zu der alles andere als zufälligen Tatsache, daß jene Revolution Stimmen wie ihre hörbarer machte, als sie je vorher gewesen waren.

Aus der maßvoll frauenfreundlichen Gironde um de Gouges einen prokapitalistisch-liberalen Frauenrechtlerkanon hervorgehen zu lassen, erfordert, wir geben das zu, keine Verrenkungen. Die jüngsten Ableger dieser Feminogironde beleben die Debattenszene in Print und Netz unter den abwechslungsreichsten *umbrella terms* zwischen »Postfeminismus« und »iFeminismus« (der soll eine antikollektivistische Revision der Feminismen der siebziger Jahre sein, die angeblich das »Individuum«, für welches hier das »i« steht, nicht genügend verehrt haben; der Denkfehler ist natürlich, daß die Herstellung individueller Freiheit selbst ebenfalls individuell erfolgen wird, was gar nicht geht, weil individuelle Freiheiten nun mal etwas sind, was nur eine Gesellschaftsordnung, kein vereinzelter Dickkopf einrichten und absichern kann); richtig Fuß gefaßt im Selbstverständnis des nach wie vor eher am Freihandel interessierten Mainstream-Liberalismus hat die Sache aber auch nie, und Ausnahmeerscheinungen wie Ayn Rand, Tammy Bruce (lesbisch, Reagan-Befürworterin, Stolz auf ihre Handfeuerwaffen) oder die toxische Ann Coulter, die ihr mißliebige demokratische Präsidentschaftskandidaten auch mal mit muffigen Schwulenwitzen anrempeln, beschränken sich aufs Zirkusrund der Medien – sozusagen rechte Symbolpolitik, glücklicherweise weitgehend unfruchtbar und jedenfalls nicht zu verwechseln mit Popgrößen wie etwa Madonna (so viele Widersprüche, wie diese Frau sich aufgeladen hat, passen in keine Geschichte der Emanzipation, egal wessen, egal wovon).

Wie wir überhaupt zu Symbolpolitik (als dem unbewaffneten Arm der Identitätspolitik) stehen, kann man nach allem Gesagten leicht erraten; wir sprechen es dennoch aus: Wo sie die Lücken aufhebelt, von denen wir oben gehandelt haben, wo sie aus der Interpenetration die Widersprüche herausfiltert und deren bloß logischen Veränderungsdrall praktisch explizit macht, schätzen wir sie und bewundern alle, die sich darauf verstehen, wo sie aber solche Widersprüche als Partikularpuzzle ineinanderfügen möchte, ideelle Synthesen propagiert, Quilt-Metaphern produziert und sentimentales Menschengeschwisterpathos drübergießt, halten wir sie für eine ideologische Falle, aus der man sich umso schwerer befreien kann, je klebriger sie ist; die Übergänge zu Faschistoidem sind dann fließend, graduell, unmerklich – als Merkzeichen zur Unterscheidung der beiden Seiten der Sache diene allemal Walter Benjamins weises Wort, der Faschismus verhelfe den Menschen zu ihrem Ausdruck statt zu ihrem Recht.

Eben weil das weibliche Subjekt aus historischen und sozialen (statt biologischen) Gründen beim Kampf um Freiheit und Selbstbestimmung früher noch als das männliche an sich erfahren muß, daß Menschen aus anderen Menschen zusammengesetzt sind – ich kann mich auch als junge Mutter frei bewegen, wenn die Arbeitsteilung das Problem der Kindererziehung solidarisch gelöst hat, wenn nicht, bin ich der Gnade meiner Ernährer ausgeliefert –, erlaubt die Frage nach Frauenrechten, immer wieder eine der wichtigsten Lücken im bourgeoisen Legitimationsgebäude sichtbar zu machen, nämlich daß der liberale Individualismus als antikollektivistische Ideologie in sich logisch gebrochen ist.

Männer mag man darüber noch (die Spielräume werden da allmählich auch enger) betrügen können, indem man die Hormonvoraussetzungen der Ellenbogenkonkurrenz anzapft; Frauen aber wird man, wenn sie nicht mit dem sprichwörtlichen Silberlöffel im Mund geboren sind, kaum weismachen können, daß in jeder Streberin eine kleine Margaret Thatcher steckt, die sich nur auf keine Kompromisse einlassen muß, um die feindliche Welt zu knacken. Der symbolpolitische Sieg für den Feminismus, der darin besteht, daß eine Frau *prime minister* wird, fliegt vom Paradebalkon, wenn diese Frau dann Sachen sagt wie »There is no such thing as society« und dann den öffentlichen Sektor der Wirtschaft zusammenstreicht, was in Familien und überall sonst in der Versorgungsökonomie nicht selten wieder geschlechterspezifisch abgefedert werden muß.

Es bleibt die stickige Besonderheit des Ineinandergreifens von Kapitalverhältnis und sexistischer Herrschaft, daß Frauen darin von zwei Seiten ans Ganze gebunden werden sollen, nämlich als potentielle Lohnarbeiterinnen mit Subjektstatus und als Rohstoffe oder Brüterinnen für die Reproduktion ohne Subjektstatus – mit Reproduktion ist, einer nicht nur von verschiedenen Feminismen entwickelten, hochvernünftigen Semantik folgend, nicht nur die Fortpflanzung gemeint, sondern alles, was das weibliche, lebendige, denkende und sprechende Natursubstrat zuschießen muß, damit der männliche Kapitalist, Angestellte oder Arbeiter seinen Nutzen, Zweck, Sinn nicht verliert. Hier liegt das ausgedehnte Fantasyreich der blumigsten Euphemismen, »Menschenhandel« ist auch heute noch weitgehend ein Deckwort für Frauenhandel, und erst als gegängelte sexuelle Dienstleisterin ist die Frau erst richtig im erwähnten Doppelcharakter angekommen – einerseits Bestandteil einer Wertschöpfungskette, sie macht Geld, andererseits rechtlos wie nur der Acker oder die Schweine. Nur *iFeminists* allerdings können glauben, die Lösung des Problems bestünde darin, daß sich alle Nutten selbständig machen. Es gibt mehr Formen von Sexismus als das Arbeitsrecht und, Dworkin zum Trotz, mehr Sorten Vergewaltigung, als in der übelsten Pornographie gefeiert werden, ja, beide betreffen sogar mehr als die zwei Geschlechter, von denen Dworkin wußte – eine von Peter Ackroyds zauberhaftesten Geistesleistungen war wohl der Einfall, »Sexismus« schlicht als den in Wort und Tat vertretenen Aberglauben zu definieren, es gäbe zwei, höchstens drei Geschlechter.

Wie viele auch immer es gibt oder geben sollte, sie sind unter den derzeitigen Sozialbestimmungen halb Personen und halb Rohstoff, wenn sie fruchtbar sind. Die Verzinsung, die mit Biomacht in diese Fruchtbarkeit greift, gehört zu den energetisch-informationellen Grundlagen von Herrschaft überhaupt, von der man erst auf dem äußersten Gegenwartsgipfel der langen Historie technischer Zurichtung des Lebendigen eine realistische Vorstellung zu gewinnen lernt – etwa anhand der Geschichte der HeLa-Zellen, einer Zellkultur, die buchstäblich unsterblich ist, weil ihr (wie das bei Krebs eben ist) der Abschaltmechanismus fehlt, der die Anzahl der Zellteilungen in Grenzen halten soll. Den HeLa-Zellen verdankt man Impfstoffe gegen Polio und das menschliche Papillomavirus, in jüngster Zeit Chemotherapeutika gegen Krebs und vielversprechende Ergebnisse beim Studium monoklonaler Antikörper. Man hat sie Kryo-Härten ausgesetzt, ins All geschossen, mit Gammastrahlung traktiert. Die Quelle der Zellkultur aber war eine krebskranke, vermögenslose schwarze Frau in den fünfziger Jahren des zwanzigsten Jahrhunderts (eine Zeit, in der auch Atomtests das menschlich Lebendige herausforderten, und beides, die HeLa-Gewinnung wie die Pilzexplosionen, läßt sich dabei noch an rationalen Zweckbestimmungen messen, bleibt also unterhalb der höllischen, binnenrational organisierten und zugleich vollständig irrationalen Grausamkeiten eines Mengele). Die Frau hieß Henrietta Lacks, das HeLa-Kürzel bewahrt ihren Namen und bringt ihn gleichzeitig zum Verschwinden.

Die idealistische, als Wissenschafts- und Technokratenkritik gängige Meinung, die man zu so etwas haben kann, mag an dieser Stelle so etwas herbeiassoziieren wie, daß hier eine mit den Ressourcen der Erde gleichgesetzte, naturalisierte Frau zum Objekt gemacht wird, weil die weiße, männliche, euro-amerozentrische Ratio die Dinge eben so denkt und also auch so anfaßt. Unsere davon abweichende Position läßt die Ratio erst mal Ratio sein und betont lieber, daß die Wahrscheinlichkeit, daß solche Ausbeutungszugriffe eine Frau treffen, einen rassistisch diskriminierten Menschen, eine Besitzlose, einfach höher ist als das jeweilige Gegenteil, weil die entsprechenden Realverhältnisse so sind. Alle löblich antirassistischen und antisexistischen *speech codes* an sämtlichen Forschungsstätten, die medizinische Forschung betreiben, schaffen den Status, den die Henrietta Lackses dieser Erde außerhalb der Institutsmauern haben, nicht aus der Welt, Forscherinnen und Forscher, welche heute HeLa-Versuche durchführen, können selbst Einwandererkinder sein oder Schwarze, lesbisch oder taub, ihre Existenz kann trotzdem kein Indiz für eine Überwindung der zum Zeitpunkt der HeLa-Zellengewinnung herrschenden Zustände sein, solange die Filter nach Rasse, Klasse, Geschlecht nicht aus den Institutionen der Produktion und Zirkulation herausgebrochen, solange die Logikgatter von Hexis und Praxis nicht anders gruppiert sind, solange also die Maschine selbst, in der die Gatter rattern, keine andere geworden ist.

Die falsche Anthropologie, Anthropometrik, Anthropotechnik naturwüchsiger Zustände anzugreifen heißt immer, diejenigen Seiten des Vorgefundenen der theoretischen und praktischen Kritik auszusetzen, die zu Selbstverständlichkeiten geronnene, ontologisierte, hypostasierte, naturalisierte, biologisierte, essentialisierte soziale Relationen sind – und dazu gehören auch diejenigen der Anthropokritik; im Falle der Geschlechterverhältnisse vor allem die scheinbar logisch unhintergehbare Ansicht, daß sich das Patriarchat nur in Fraueninteresse, aus Frauenperspektive, in Frauenverbänden und als

Frauendebatte aufheben läßt. Zwar bleibt Feminismus so lange der richtige Name für alle derartigen Anstrengungen, denn wenn es gilt, ein Losverfahren als solches ungerecht zu finden, wird man das erste und aufmerksamste Gehör bei denen finden, die Nieten gezogen haben (wer undenkbar findet, das könnten je nach Orts- und Zeitspezifik auch mal Männer sein, leidet an einer Beschränktheit, die viel zu umfassend ist, als daß das Etikett »sexistisch« ihre Schwächen erschöpfend beschreiben könnte); jede einschlägige Kampagne kann gar nicht anders, als den statistisch Schlechtergestellten mit jedem Schlag gegen systematische Unredlichkeit, vernunftlose Tradition, falsche Erzeugungsgewohnheiten zu nützen.

Daß aber von der überkommenen und unterm Kapitalverhältnis in der beschriebenen Weise zugleich dynamisierten wie stabilisierten sexistischen Ordnung auch Jungen und Männer um ein Gutteil ihrer menschlichen Möglichkeiten betrogen werden, muß man zwar tatsächlich erst einmal denken können, bevor man es sieht, wird man dann aber nicht mehr ignorieren dürfen. Aufgrund des umstandslosen Ineinsfallenlassens von Fortpflanzungsverantwortung und Fruchtbarkeitsimago hat man beispielsweise Verhütungsentscheidungen in lästiger Asymmetrie einseitig dem Ewigweiblichen aufgebürdet und im selben Akt den Männern weggenommen – daß es beim gegenwärtigen Stand der Biochemie wirklich nicht möglich sein soll, diesseits der Sterilisation eine den gängigen befristeten Technologien für Frauen gleichwertige für Männer an die Seite zu stellen, leuchtet vielleicht Gläubigen der *New-Age*-Gebärmystik ein, nicht aber aufgeklärten Menschen; die Sache läuft einfach entlang der wirtschaftlichen Überlegung, daß eine sitzengelassene Frau wahrscheinlicher ist als ein sitzengelassener Mann, und das wiederum wird man nur so lange »natürlich«, i. e. triftig finden, wie gesellschaftlich nicht durchgesetzt ist, daß die unmittelbare Betreuung, Versorgung etc. von Säuglingen zwar einen konstanten Menschen braucht, aber nirgends auf dem Genom festgeschrieben ist, welches Geschlecht der haben muß oder ob es ohne Schädigung fürs Kleinkind nur eine Frau sein kann.

Es gibt sogar Berufe außer Mutter, bei denen dieselbe Klemme stört: Irgendwas kann jeder, das gilt auch für Männer, aber was geschieht ihnen, wenn sie lieber Feste organisieren, Inneneinrichtungen farblich abstimmen oder Leute trösten als irgend etwas erobern, bezwingen, stemmen, zertrümmern oder errichten? Daß einer erst seine sexuelle Orientierung wechseln muß, bevor er bei der Agentur für Arbeit zugeben darf, ein bißchen Mädchen zu sein, ist Verarmung, Verengung: Barbarei.

Neuerdings unter Bedenkenträgerinnen und Sichsorgenmachern verbreitete Klagen über die Folgen des *Gender Mainstreaming* gehen an Funktionsweise und Wirklichkeit jener Gatter so weit vorbei wie vielfach dieses *Mainstreaming* selbst – die unerfreuliche Vielfalt der Erscheinungen zu sortieren und gegen sie etwas auszurichten, verlangt ein umfassenderes Problemverständnis als ein am Wippschaukelbild ausgerichtetes »Wer die Abwertung der Frauen aushebeln will, muß sie eben aufwerten« oder umgekehrt. In den Soziolabors der reichsten Länder stellt sich die Lage so dar: Mädchen sind besser in der Schule, mittlerweile auch in den »klassischen« Jungs-Fächern wie Mathematik, Mädchen machen häufiger qualifizierte Schulabschlüsse und studieren, Jungs schmeißen häufiger die Schule, Frauen rauchen weniger als Männer, nehmen nicht so häufig Drogen, leiden nicht so sehr unter Herz-Kreislauf-Erkrankungen, leben länger, sind seltener kriminell – das alles bleibt im Anekdotischen stecken und riecht im günstigsten Fall nach neuen, einfach gekippten oder mit Vorzeichenwechsel versehener Ontologisierungsgelegenheit.

Diese Molekularverhältnisse ändern hieße, den makroökonomischen an die Substanz gehen, und da fängt das Heikle wie das Interessante an: WTO, IMF und Weltbank, um nur die größten Eingriffswerkzeuge zu nennen, sind nominell geschlechtsneutral, decken real aber jede Menge Maßnahmen, die sich aufs naturwüchsige Abfedern und Auffangen von Unrecht und ökonomisch vermittelter Gewalt auf Geschlechterbasis verlassen; NGOs tapern demgegenüber noch im Analysenebel, starten allenfalls Initiativen zur Genderbudgetierung, also Feldversuche, die helfen könnten, herauszufinden, wie die Verteilung wirklich läuft – das aber geschieht weithin wieder im notgedrungen akzeptierten Rahmen des bestehenden Systems, also auch in der Sprache, die nun mal vorliegt, derjenigen der mehr oder weniger neoklassischen Ökonomie nämlich, an den Stellen, wo es ums

Entscheidende geht.[36] Schaden kann es kaum, demgegenüber darauf zu bestehen, mit Marx und Luxemburg praktisch zu vermitteln, was das Kapitalverhältnis ist, warum es sich menschlich nicht rechnet, wie es abgebrochene Subjekte konstruiert, einerseits auf freie Menschen angewiesen ist, diese immer wieder hervorbringt, aber im selben Spielzug immer wieder auch zerstört. Diesen Kritikansatz handgreiflich wirksam zu machen, wäre eine andere Art von Arbeit als die, sich auf Freiheit und Gleichheit als nur abstrakte Ideale zu berufen.

Der Kapitalismus kann nicht hinter die von ihm inspirierten Bedürfnisse an Freiheit und Gleichheit, nicht hinter die Feminogironde zurückwollen, aber er fällt immer wieder dahinter zurück, weil er muß. Man sollte ihn über diese Bedürfnisse hinaustreiben, in Richtung auf ihre Befriedigung und seine eigene Aufhebung.

VIER
MASSA HUND UND DIE MENSCHENRASSEN

I.
Die feine und die grobe Art

»Die Arbeiterklasse ist rassistisch, kolonialistisch und imperialistisch.«

Diese Auskunft[37] klingt häßlich. Wer aber schon mal in einem reichen europäischen Land auf dem Kleinstadtfußballplatz war oder sich gefragt hat, warum es beispielsweise in Deutschland nicht etwa die Repräsentanten von Unternehmerverbänden oder sonstigen prokapitalistischen Konservativen sind, die vor Überfremdung, Verdummung der Nation durch Ausländer, Untergang des Abendlands in Kulturkämpfen warnen, sondern ganz andere Figuren, mit ganz anderem politischem Hintergrund – Franz Schönhuber, Gründer der Ende der achtziger, Anfang der neunziger Jahre recht erfolgreichen, scharf reaktionären Kleinbürgerpartei »Die Republikaner«, kam aus der SPD, nicht von der CDU; das die erste krisengeborene Ausländer- und Asylantenangst der Westdeutschen bündelnde Buch *Die Erde wächst nicht mit*, dessen Kernthese lautete: »Es soll das Recht der Deutschen gewahrt und gesichert werden, in einem deutschen und nicht in einem Vielvölkerstaat zu leben«,[38] vorabgedruckt natürlich im linksliberalen *Spiegel* 1982, stammte von einem ehemaligen Intendanten des ebenfalls linksliberalen NDR und SPD-Mitglied namens Martin Neuffer, der brandneue Martin Neuffer der Schröderschen und Merkelschen »Berliner Republik« hieß dann Thilo Sarrazin, SPD –, oder wer sich schließlich vergegenwärtigt, daß die Nazis, als sie sich ausgerechnet als Arbeiterpartei inszenierten, nicht etwa ausgelacht, sondern ernst genommen wurden, könnte die häßliche Auskunft glauben, zumindest aber für wahrscheinlich halten. Träfe sie selbst uneingeschränkt zu, ließe sich daraus freilich noch nicht der auffällige Eigendünkel ziehen, der die *besseren Kreise* überall und zu allen Zeiten verführt hat, sich für das Soziotop der *besseren Menschen* zu halten – schon zu Kinderzeiten, in den südwestdeutschen späten Siebzigern und frühen Achtzigern, hat uns abgeschreckt, wie sicher sich die Töchter von Architekten und die Söhne von Psychologen waren, das Licht der Toleranz zu repräsentieren, weil sie keine der derben und dummen Türkenwitze kannten, keine Landserheftchen lasen und keine Nazirock-CDs besaßen, mit denen die Kinder weniger geisterfüllter Elternhäuser auf dem Schulhof zu punkten versuchten, während jene kleinen Engel mit den linksliberalen Flausen auf dem Weg ins Gymnasium lieber besonders wertvolle *Tim und Struppi*-Alben tauschten, etwa den unvergeßlichen Meilenstein frankobelgischer Comictradition *Tim im Kongo*, worin schwarze Afrikaner, die aussehen wie verbrannte Holzpuppen mit rosa Gummiringen als Mündern, dem weißen Musterknaben in fraglos aus dem Original ganz vorzüglich ins Deutsche übertragene Sätze ins käsige Gesicht sagen wie: »Gnade! Ich dich wollen töten … erwürgen! Aber Schlange mich umringen … ohne dich ich tot … jetzt ich dein Dingsbums Sklave, für immer …«,[39] und dem patenten Kläffer des weißen Musterknaben die Freude widerfährt, von diesen drolligen Männlein als »Massa Hund« geehrt zu werden. Inzwischen sind die Engelchen erwachsen und würden sich entweder gruseln, daß sie solches Gift einst zu sich genommen haben, oder aber die mäßig interessierte Umgebung belehren, das solle man nicht so wichtig nehmen, erstens handele es sich um Popkultur und zweitens sei die Geschichte ja in den frühen dreißiger Jahren in Belgien erschienen, aus welchem Zeitumstand sich der Ton, die Stumpfheit und Blödheit des Zitierten ganz zwanglos erklären lasse – daß einem mühelos Leserinnen und Leser einfallen, die 1930 am Leben waren, Witz besaßen und über den Dreck nicht hätten lachen können, gilt nicht (Karl Kraus gilt nie; er war kein Engelchen). Was im Engelchendiskurs hingegen stets gilt, sind die Ausreden und Besserwissereien der Engelchen; egal, wie alt sie sind und wozu sie sich jeweils äußern (unter Engelchengefahr steht man sofort, wenn man ein Buch wie dieses schreibt oder liest; dagegen kann man fast nichts unternehmen, außer sich nicht auch noch dafür begeistern oder es anstreben, sondern als Gefahr betrachten und jedenfalls die einzige Utopie, die diese Menschensorte kennt, nämlich »Alle werden wie wir«, schlicht verweigern. Wenn schon Transformationsutopien, dann solche mit ein bißchen mehr Potential zur Veränderung des Gegebenen, wie etwa die schöne »Welt, in der alle Menschen Mädchen wären« der Berliner Band Die Ärzte oder »Laßt uns alle Juden sein« von Oliver Polak).

Den Proleten steht solche Zungenfertigkeit, die man seit den einschlägigen Beobachtungen Victor Klemperers und Untersuchungen Hannah Arendts als intellektuellentypisch verachten gelernt hat, nicht zu Gebote; sie behelfen sich mit eher ordinärem Rassismus. Rassistisch, kolonialistisch, imperialistisch – wer mag die Auskunft erteilt haben, mit der dieses Kapitel beginnt? Es hätte ein Monetarist und Freihandelsdemagoge sein können, der Gewerkschaftsleuten Arbeitsmarktprotektionismus vorwerfen will, um die ihm genehme Sorte Einwanderung – die, mithilfe derer man Löhne drückt – durchzusetzen; auch eine katholische Dritte-Welt-Philanthropin mit Groll gegen alles, was sie noch vom Bolschewismus weiß; ein postkolonialer Foucaultianer auf der Suche nach Herrschaftsformen, die quer zum perhorreszierten Histomat stehen; vielleicht eine Wertkritikerin, die sich einen netten Abend am Computer damit macht, dem von ihresgleichen dreimal täglich abzuwatschenden »traditionellen Arbeiterbewegungsmarxismus« mal wieder sein Verlassen des systemsprengenden, transformatorischen Programms der Marxschen Fundamentalkritik warenförmiger Vergesellschaftung vorzurechnen.

Hätte man auf irgend etwas davon getippt, man hätte falsch geraten.

Der Zeuge ist ein französischer Berufspolitiker (sogar Berufsrevolutionär) mit dem klangvollen Namen Laurent Casanova.

Dieser Mann, der in den Diensten der Kommunistischen Partei Frankreichs stand, war während der Zeit des Algerienkrieges mit der unangenehmen Aufgabe betraut worden, den schmählichen Verrat, den seine Partei an den in einen verzweifelten bis heroischen Dekolonisationskampf verstrickten Algeriern geübt hatte, vor jungen Radikalen zu vertreten. Die französische KP hatte sich eben für eine »Union zwischen Frankreich und Algerien« ausgesprochen, den berühmten Mittelweg also, der in Gefahr und höchster Not bekanntlich den Tod bringt (in diesem Fall den der Aufständischen, nicht selten durch Folter), eine urbürgerliche, bestenfalls erzreformistische, jedenfalls aber verlogene Lösung nach Art des großbritischen Umgangs mit Nordirland. Casanovas Kommunisten können dabei nicht das allerreinste Gewissen gehabt haben und faselten *nolens volens* eine Zeitlang viel vom französischen Humanismus und Universalismus, die freilich bei den Aufklärern und während der bürgerlichen Revolution noch entschieden weniger nach einer frankophonen Übersetzung der *white man's burden* geklungen hatten – für die Jakobiner war die Benachteiligung eines Menschen nach Maßgabe seiner ethnischen oder anders blutmäßigen Herkunft noch eine Beleidigung der menschlichen Vernunft gewesen; jetzt, in der Algerienfrage, überboten sich die erklärten proproletarischen Nachfahren Robespierres in Erklärungen, wonach man die Nordafrikaner nicht den in ihrer Heimat leider üblichen barbarischen Bräuchen, wilden Stämmen und atavistischen Formen der Vergesellschaftung überlassen dürfe, sondern in der Pflicht stand, ihnen das angebliche autochthone Mittelalter mit Waffengewalt auszutreiben.

Wären die natürlichen Freßfeinde der KP, die Trotzkisten, damals alert und vif genug gewesen, nach dem von Stalin inspirierten Vorbild der deutschen KP in der Weimarer Zeit, die der SPD »Sozialfaschismus« vorwarf, mit polemischen Wortneuprägungen ins Gefecht um Stimmen und Mitglieder zu ziehen, sie hätte Casanovas Partei mindestens »Egalitätsimperialismus« oder »Humanitätskolonialismus« vorwerfen müssen.

II.
Subjektiver Haß und objektives Unrecht

Rassistisch, kolonialistisch, imperialistisch – will man entscheiden, ob das harte Urteil des Arbeitervertreters (wenn schon nicht -erziehers) über seine Klientel wahr ist oder eine Verleumdung, muß man zunächst die Begriffe klären. Zwei der Attribute lassen sich entlang der politischen, wirtschaftlichen und sozialen Geschichte vergleichsweise sauber definieren, das erste aber, »rassistisch«, lappt ins Mentalitätsgeschichtliche und bietet sich daher für Verwirrungen an wie die, in der etwa ein »Kapitalist« einfach – im Gegensatz zu einer

Sozialistin – jemand ist, der an den Kapitalismus glaubt, ihn befürwortet, erhalten und bewahren oder in nichtkapitalistischen Gegenden erst noch durchsetzen will, anstatt einer, der über Kapitalbesitz verfügen kann.

»Imperialistisch« nennt man unter Marxisten, denen der zitierte KPF-Mann ja wohl angehört, die (praktische oder, hier grenzt schon wieder Mentalitätsgeschichte an, ideologische) Teilhabe an der militärisch vermittelten Markteroberung durch kapitalistische Nationalstaaten zum Zeitpunkt des Übergangs der liberalen Konkurrenzwirtschaft zur finanzwirtschaftlich geprägten monopolistischen.

»Kolonialistisch« nennt man (dies nicht nur unter Marxisten, sondern auch in den bürgerlichen Gesellschaftswissenschaften) die (praktische oder ideologische) Teilhabe an der zum Zweck der Ausbeutungserleichterung organisierten Unterdrückung von Menschen, die nichteuropäische und nichtnordamerikanische Erdteile bewohnen, also den abermals militärisch vermittelten ungleichen Tausch zwischen kapitalistischen und nichtkapitalistischen (nach einem historischen Stufenschema: vorkapitalistischen) Gemeinwesen.

Wenn Kolonialismus und Imperialismus also, wie von Casanova konstatiert, in der Arbeiterklasse Verankerung finden, dann kann einer wie er sich das nur so erklären, daß diese Klasse ihre eigene Unterdrückung und Ausbeutung leichter ertragen gelernt hat unter der Voraussetzung, daß die Kapitalisten die mittels Imperialismus und Kolonialismus erzielten Extraprofite in Teilen an die arbeitenden (und sogar die arbeitslosen) Besitzlosen weitergeben, etwa als höheres Lohnniveau, aufgestockte Sozialetats (die Extraprofite würden dann etwa zu einem gewissen Prozentsatz vom Staat als ideellem Gesamtkapitalisten eingesammelt und zur Ruhigstellung an die abhängigen Klassen im Innern der Zwingburg verteilt), lauter Schätzen mithin, welche die Arbeiterklasse andernfalls – wären sie nicht den Ärmeren anderswo abgepreßt und geraubt worden – durch riskanten Klassenkampf erstreiten müßte.

Intuitiv – geschult also weniger in politikwissenschaftlichen Seminaren als im täglichen Hin und Her der Meinungen unserer pluralistischen Info-Öffentlichkeit des frühen einundzwanzigsten Jahrhunderts – wird man sich sträuben, den »Rassismus« als dritten der von

Casanova beschworenen Dämonen ähnlich makrobehavioristisch als ein bestimmtes kollektives Verhalten, das klar zu umschreibenden Zwecken folgt und dabei funktionale Mittel gebraucht, also ganz ohne Rekurs auf Einstellungen, Haltungen, Psychologisches zu definieren. Imperialisten führen Kriege, Kolonialisten versklaven Bevölkerungen, Rassisten, ja, was tun die und warum? Sie können irgendwen nicht leiden, das meint man zu spüren, und darin, daß sie dieses Gefühl, das keinen Denkvorgang braucht, ja diese in sein Joch zu zwingen vermag, dieses Vor-Urteil ist das Üble an ihnen, während der Imperialist und der Kolonialist seine Sache auch ohne Haß, als Technokrat, Söldner, kühler Dezisionist vertreten und besorgen kann. »Rassismus« schmeckt nach Subjektivität, nach dem Hegelschen »schlechten Besonderen«, aber diese Intuition vergißt etwas: Den Rassismus ohne große subjektvivisektionistische Eingeweideleserei zu objektivieren, ist gar nicht so schwer, man muß nur die Expertise derer zum Sprechen bringen, die er meint, die er verfolgt, die seinen Effekten (und den Handlungsweisen, deren Effekt er wiederum selber immer war) gegen ihren Willen und Nutzen ausgesetzt sind. Was das ist, Rassismus, wissen die besser als die Rassisten, welche es allzugenau gar nicht wissen dürfen, da von ihrer Seite her ein der Angelegenheit nicht äußerliches, sondern vielmehr unveräußerlich zentrales Element von Unterbestimmtheit, definitorischer (also nicht nur: moralischer) Unsauberkeit mitspielt. Denn wie bei jeder Sorte von Machterwerb und Machterhalt, Produktion und Verteilung, Praxis und Hexis, die sich auf Unrecht, das heißt auf eine nicht vertragsförmig von beiden Parteien ausgehandelte, aber auch nicht von interesselosen Dritten (etwa unbestochenen Ärzten, die einer Entmündigung und Vormundschaft zustimmen) eingerichtete Autoritätsbeziehung gründen, gilt auch bei der rassistischen Souveränität derer, die dafür markierte Menschen rassistisch betrachten und behandeln, die Daumenregel von Carl Schmitt, souverän sei, wer über den Ausnahmezustand entscheide. »Wer Jude ist, bestimme ich«, soll der antisemitische Wiener Bürgermeister Carl Lueger gesagt (und Göring ihm bei passender Gelegenheit nachgesprochen) haben. Das ist gar kein bloßer zynischer Witz, sondern es erhellt blitzartig ein wesentliches Merkmal von ideologisch aufbereiteten Machtgefällen unter Handelnden und Unterworfenen oder mit Unterwerfungs- bis

Vernichtungsabsicht Bedrängten ganz allgemein: Rechtssicherheit ist mit Unrecht prinzipiell unvereinbar; sobald ich aber mit sauberen Definitionen arbeite, stelle ich die der Zurichtungssouveränität hinderliche Rechtssicherheit her, ob ich will oder nicht. Weil die Schreckensherrschaft und die Verfolgungskampagne nicht zu jedem Zeitpunkt jedes ihr unterworfene oder von ihr bedrängte Subjekt mit gleicher Intensität schurigeln, kontrollieren und niederhalten kann, bleibt sie nur so lange stabil, wie kein Individuum aus dem unterworfenen oder bedrängten Kollektiv sicher ausschließen kann, Objekt von Gewaltmaßnahmen zu werden. Allgemeines Wohlverhalten, Passivität, Eignung zum Verfolgtwerden der Machtlosen und Verfolgten ist in solchen Ordnungen oder Kampagnen (die, wie wir gesehen haben, keineswegs zwingend immer Binnenstrukturen oder -ereignisse von und in Gemeinwesen sein müssen, sondern auch deren Außenbeziehungen regulieren können) das Resultat unzähliger individueller Hoffnungskalküle (vielleicht komme ich noch mal davon), das heißt einer Art von statistifiziertem Blitzableiterkalkül (vielleicht erwischt es die anderen, wenn ich stillhalte), und genau das ist der soziale Sinn (wenn schon nicht immer der bewußt von einer Anstifterkabale gesetzte Zweck) solchen Terrors.[40]

Geht es mir als Imperialisten oder Kolonialisten darum, einen fremden Willen zu brechen, also den Algeriern die humanistische Irlandlösung aufzuoktroyieren oder den Südafrikanern eine betrügerische Handelsbilanz zu diktieren (statt die Algerier oder Südafrikaner etwa im vernünftigen, von Waffengleichheit geprägten Diskurs zu überreden), so muß ich meine Ausbeutungs-, Unterdrückungs- und Verfolgungspraxis zwar irgendwie begründen, weil sie nur als Kollektivanstrengung (nicht zuletzt einer Armee, die ich bei der Hand haben muß) funktionieren können und Kollektivanstrengungen ohne Kommunikation nicht unternommen werden; eine Kommunikation aber, die keine Begründungsbrücken zuläßt, das heißt ihre Sätze nicht miteinander verknüpft und keine Regeln kennt, wie man das tun könnte, kann sich keiner merken, koordinieren können wird man damit deshalb gar nichts. Rechtssicherheit aber, siehe oben, sollen meine Begründungen bitte auch nicht herstellen; was ich vorhabe, ist ja, andere mit Schrecken an die Wand des sozialen

Raums zu drücken. Ich muß also einen Begründungszusammenhang finden, in den selber wiederum niemand eine vernünftige Kritik, im Gerichtsbild also (wegen des übertragenen Sinns von »Rechtssicherheit«) eine Verteidigungsstrategie einflechten kann, und ein solcher Begründungszusammenhang – in sich geschlossen genug, eine Kommandostruktur oder andere Koordinationsleistungen zu gestatten, aber auf keinen Fall vernünftig genug, daß eine Kritik sich daran festmachen ließe – kann nur ein Wahnsystem sein. Das tritt geschlossen auf und braucht keinen weiteren Tatsachenbezug als den der Motivlage; deshalb hat es beispielsweise auch noch niemals einen Rassisten im geringsten interessiert, daß die Varianz im menschlichen Erbgut oder wenigstens irgendeine Phänotypie-orientierte demographisch-ethnische Ordnung keineswegs auf die historisch beobachtbare Gewaltgeschichte abbildbar ist: Die Nationalsozialisten etwa fanden nicht erst mühsam durch Feldstudien heraus, welche Stämme des Ostens denn jetzt dem irgendwie schädelmessenderweise oder sonstwie anthropometrisch präzise zu bestimmenden Kollektiv »slawische Untermenschen« entsprachen, und leiteten dann ihre Feldzüge samt unterstützender Bündnispolitik aus den Ergebnissen solcher Nachforschungen ab, sondern die vom Ergebnis des Ersten Weltkriegs und den deutschen Kriegszielen für den Zweiten diktierte militärische Raumordnungspolitik sorgte umgekehrt dafür, daß bei der Vergabe von Lehrstühlen, Institutspfründen und Aufmerksamkeit diejenigen Rassenkundler auf dem Platz an der Sonne landeten, deren Ansichten zu den Eroberungshoffnungen und -verläufen jeweils am besten paßten.

Die Herrenrasse ist diejenige, die andere unterdrückt – es wird behauptet, sie herrsche, weil sie eine Herrenrasse ist, aber damit verhält es sich wie mit dem königlichen Geblüt, das auch nur so lange für königlich befunden wird, wie der betreffenden Dynastie noch jemand gehorcht. Vor den Opportunitäten und Notwendigkeiten der Fortschreibung der jeweiligen Unrechtspraxis hat noch jede szientistische oder juridische Kodifizierung einschlägiger Ideologien in die Knie zu gehen und sich modifizieren zu lassen.

Um uns also, wenn wir vom Rassismus sprechen, nicht an die Willkür und Wahnflexibilität der Täterseite ketten zu lassen, schlagen wir vor, den Begriff nicht unter Übernahme der von Rassistinnen und Rassisten selbst benutzten, multifungibel dezisionsbegünstigenden Vokabeln als »Negatives Urteil über andere, fremde Menschenrassen, aus dem das entsprechende Verhalten abgeleitet wird«, sondern umgekehrt als »Praxis- und Hexisbündel von Verfolgung, Ausschließung, Unterdrückung, Ausbeutung, das über flexible ethnocodierte Unterscheidungen systematisiert, koordiniert und gerechtfertigt wird«. Ethnocodiert heißt, daß die Leute, die wir im Sinn haben, ihre Schweinereien offen weder nach, beispielsweise, sexuellen oder standesmäßigen Sortierverfahren einrichten, sondern von mehr oder weniger kohärenten Kollektiven ausgehen, in denen es nach diesen anderen (gleichwohl für die rassistische Phantasieproduktion mit herangezogenen) Sortiersystemen obendrein Binnendifferenzierungen gibt (die sich dann etwa von den im eigenen Kollektiv eingerichteten auf eine Weise unterscheiden, welche es wieder sinnvoll erscheinen läßt, »die da« von »uns« zu sondern, am besten mittels irgendeiner Art Gewalt).

Phänomene, die man als heterogen betrachten und erklären müßte, wollte man sie rein rollen- oder handlungstheoretisch beschreiben, wie etwa einerseits die Jagd auf Pakistanis durch britische Arbeiterkinder in den Straßen von Manchester und andererseits die unfairen *terms of trade* im Rohstoffhandel Englands mit Staaten der sogenannten Dritten Welt, lassen sich mit der von uns vorgeschlagenen Definition zu einem (an den Rändern natürlich ausgefransten und intern nicht selten aufschlußreich widersprüchlichen, aber eben doch) zusammenhängenden Anschauungsobjekt bündeln, ohne daß man dabei gezwungen wäre, dem Irrtum aufzusitzen, man habe mehr und Tieferes erschaut als eben eine spezifische Symbiose von Ideologien eines bestimmten Typs mit Praktiken einer damit vermittelbaren Sorte.

Rassistische Kollektive, sagt dieses Rassismusbild, sind also nicht Menschengruppen, die vor allem aus irgendwelchen Gründen an bestimmten psychologischen Attributen und Dispositionen leiden, die sie daran hindern, bestimmte Mitmenschen als Menschen wahrzunehmen (wogegen etwa Sensibilisierungswochenenden, Ausflüge in die Dritte Welt unter Leitung geschulter Einfühlungsfachleute u. ä.

helfen mögen), nicht Fremdenfeinde, die aus eigener Wurzelobsession etwa den Nichtbesitz von eigenem Grund und Boden bei Migranten zum Signal nehmen, diese zu verabscheuen (wie noch Georg Simmel glaubte[41]).

Wäre das eine geeignete Rassismusdefinition – wer kein Zuhause hat oder aussieht, als schätze er seins nicht, wird deshalb vom Fremdenfeind angefeindet –, so wäre völlig unverständlich, warum dieselben Rassisten denselben Leuten, wenn sie denn nun zuhause bleiben und sich redlich nähren, ihre Truppen auf den Hals schicken und das, wie Kipling, damit begründen, jene seien halb Kinder, halb Teufel, und man müsse sie erziehen (heute: Terrorbekämpfung, Menschenrechtsintervention). Das heißt, man will als Rassistin oder Rassist den als Opfer markierten Menschen nicht Bodenständigkeit beibringen *(de facto* treibt man sie ihnen ja eher aus), sondern einfach ungerecht mit ihnen verfahren: rauben, was sie haben, ein Recht nicht gewähren, das ihnen zusteht, wo der Rechtsbegriff symmetrisch statt nach Privilegien gedacht wird, und so weiter.

Der Verfolger ist keine Person mit fehlerhaften Denkprozessen, die ihn zwanghaft zur Gewalt verführen, sondern ein Goldjäger wie Cortez oder Pizarro, ein Opiumkrieger, ein Sklavenhändler, ein landgieriger Herero-Ausrotter, ein Handelserpresser, ein aufgrund der Überlegenheit seiner Waffen mit Begehrlichkeiten erfüllter, ein Protektionist leider auch bestimmter Errungenschaften der Arbeiterbewegung in den Metropolen schließlich, der sich all diese sehr verschiedenen Dispositionen unter Nutzung einer Ideologienfamilie zurechtlegt, die aus denen, welche da zum Arbeiten gezwungen, in ihrer Fruchtbarkeit reguliert, ausgerottet, abgeschoben oder sonstwie mißhandelt werden sollen, etwas zu machen, das solche Behandlung verträgt, weil es sich im Stande einer natürlich verminderten Rechtsfähigkeit befindet. Rassismus ist eine nicht allgemeine, sondern bestimmte Negation des Naturrechts zum Zweck der Verhinderung der Emanzipation spezifischer Menschen vom Naturzusammenhang. Sexismus ist eine andere: ein universal angelegtes Begründungsgeflecht wie das Naturrecht, welches selbst, wie wir gezeigt haben, keine deskriptive oder analytische Prägung, sondern ein normatives Konstrukt zum Zwecke der dialektischen, nämlich selbst über Naturbestimmungen laufenden Emanzipation vom Naturzusammenhang ist, bietet sich, eben weil es universal ist, für beliebig viele bestimmte Negationen an. Diese Beliebigkeit ist die logische der Gewalt selbst, ihr Willküraspekt, der sich um Rechtsgründe nicht scheren darf, soll sie Erfolg haben, und deshalb sind diese Negationen so hilfreich, wo Gewalt die Wirtschaft, die Politik, das Sozialverhalten bestimmt.

»Die Arbeiterklasse ist rassistisch, kolonialistisch, imperialistisch«, sagt der Mann von der KPF, als habe die Klasse ihm ihre Meinung gesagt, ob er sie hören wollte oder nicht. Richtig hätte er dagegen etwa feststellen können: Die Arbeiterklasse im imperialistischen, kolonialistischen und rassistischen Staat Frankreich macht dessen Politik mit, weil es offenbar niemanden gibt, der sie davon überzeugt, daß das (unterm Interessenkalkül) ein schwerer Fehler ist – eine Arbeiterklasse, die mit ihren Herren paktiert, behält ihren Handlungsspielraum in Konflikten mit diesen nicht lange –, daß das (unterm symmetrischen Vertragskalkül) ein Verbrechen ist; daß das ein Solidaritätsbruch und also ein Moment ist, in dem die Klasse sich selbst verkennt, weil sie sich aufführt, als wäre sie eine besitzende, nur weil die Herrschaft ihr vom Raub was abzugeben versprochen hat. Aber wer, könnte der Mann von der KPF erwidern, sollte so etwas denn leisten: Sie davon überzeugen, daß das ein Fehler, ein Verbrechen, ein Solidaritätsbruch ist, wenn sie die rassistische, kolonialistische, imperialistische Politik mitträgt? Die Gegenfrage hätte nur lauten können, wozu irgendwer eigentlich eine KPF braucht, wenn sie derlei nicht leistet, ja nicht einmal versucht – mehr Klarheit, als zwischen jene Frage und diese Gegenfrage paßt, kann sich niemand wünschen.

III.
Geschichte nennen wir etwas, das Hitler bestritten hätte

Belesenen könnte bei unserer Rassismusdefinition unbehaglich werden: Ihr stellt die Taten über die Ideologie und euch damit in die Tradition dessen, was man »historischen Materialismus« genannt hat – erinnert das nicht an Dimitroffs Faschismusdefinition und das nach 1945 zwei ganze Menschenalter hindurch auffallende Ungenügen aller Versuche, den Nationalsozialismus mit ökonomischen Herleitungen allein, mit dem theoretischen Besteck der Komintern zu zerlegen, zu begreifen? Verharmlost ihr nicht das Entsetzliche, schmiert ihr nicht die Brüche zu, die etwa zwischen dem gewiß oft ausreichend tollwütigen Antijudaismus der christlich-abendländischen Tradition einerseits und dem nationalsozialistischen Rassenantisemitismus andererseits auffallen, verschwindet nicht die Inkommensurabilität der Katastrophe unter euren *umbrella terms* »Unterdrückung, Verfolgung, Ausgrenzung, Ausbeutung«, die man alle noch verstehen kann, während das, was in Auschwitz geschah, nach dem Wort von Hannah Arendt vor allem wegen seiner »völligen Sinnlosigkeit« erinnert werden muß, die das Entscheidende, vorher nicht Dagewesene daran darstellt?

Im Gegenteil. Liest man uns richtig, werden die Unterschiede und Brüche, wird die Singularität gerade hervorgehoben, nicht zugekleistert. Das Singuläre war Auschwitz, die fabrikmäßige Vernichtung, die unzähligen operativen Einzelheiten ihrer Durchführung und (etwa militärischen) Begleitung, nicht der Verbaldreck von Streicher und Rosenberg, die Hetze oder die Tatsache, daß zur Vernichtung ein Kollektiv markiert wurde, auf das es früher schon andere Verfolgungen abgesehen hatten.

Man leugnet die Sinnlosigkeit nicht, wenn man darauf besteht, daß auch das Sinnlose seine Beziehungen zum Sinnvollen unterhält, etwa die, daß Schrecken zu verbreiten für ein Regime durchaus einen Sinn haben kann, der effektivste Schrecken aber einer ist, der sich nicht kalkulieren läßt, und der schlechtestkalkulierbare nun einmal der vollendet sinnlose. Die Logik ist nicht weniger zwingend, wo sie entsetzlich ist wie bei Kafka; auch der Wahnsinnige, hat Wolfgang Pohrt in diesem Zusammenhang häufig wiederholt, schläft, atmet und ißt, das ist nicht wahnsinnig.

Wenn man Erscheinungen wie den Nationalsozialismus in Begriffen denkt, wie wir sie hier bilden, verhält man sich wie jemand, der nicht an den Weihnachtsmann glaubt, aber zur Kenntnis nimmt, daß sich die Leute an Weihnachten Geschenke machen, gewisse Geschichten wiederholen, lesen, hören oder ihrer Aufführung beiwohnen, gewisse Lieder singen. Die Lieder gehören dazu; das, wovon sie handeln, gehört zu den (wahren oder unwahren) Möglichkeitsbedingungen des Festes in der Kommunikation (und im Selbstgespräch) der Beteiligten, weil es um etwas Soziales geht, aber dieses selbst ist ein Zusammenhang von Hexis und Praxis, nicht von Mustern, Strukturen, Ideen.

Wir glauben nicht nur die Aussagen im *Mythus des 20. Jahrhunderts* nicht, wir glauben nicht einmal, daß das Entscheidende an ihnen ihr Aussagecharakter ist, ihre propositionale Semantik. Daß sie so was überhaupt haben, ist die notwendige Bedingung ihres Gedruckt-, Gelesen- und Geglaubtwerdens, nicht die hinreichende.

Der erste Vorteil, der uns an unserer Vorgehensweise einleuchtet, ist ein praktischer: Etwas wie den Rassismus bekämpfen heißt, wenn man unserem Wortgebraucht folgt, die Gelegenheiten und Mittel zerschlagen, in rassistischer Koordination und Orientierung zu verfolgen, zu unterdrücken, auszubeuten, auszugrenzen. Was der Rassist auf dem Klo denkt, ist uns egal. Ans Verhalten der Leute kommt man, wenn man nicht Telepath ist, einfach leichter ran als an ihre mental erlebten Verhaltensdispositionen.

Der zweite Vorteil ist ein theoretischer: Wir müssen den Rassisten nicht glauben, ihr Zeug sei logisch, sondern können erkennen: Es ist historisch und daher nur insofern logisch, als Geschichte je nach Interessen und Zweckbestimmungen derer, die sie (bekanntlich »nicht aus freien Stücken«) machen, diesen adäquat oder inadäquat sein kann.

»Historisch«: Das Adjektiv packt die Verfolger anders an als etwa der Hinweis, ihre Verfolgungsbegründungen seien »sozial konstruiert«; die Erkenntnis, daß Rassenpolitik Sache des Gemeinwesens ist, hätte Hitler nicht beunruhigt, daß sie aber alles andere als eine übergeschichtliche anthropologische Konstante ausdrückt, sondern sehr konkrete Interessen- und Zweckbestimmungslagen geschichtlich gewordener und vergänglicher (also auch: abschaffbarer) Konstellationen im Gemeinwesen, hätte er mit aller Vehemenz bestritten.

IV.
Linker Internationalismus: Eine Tragikomödie

Laurent Casanova steht von uns aus gesehen also auf dem Kopf: Er macht die Einstellung der Arbeiterklasse als mildernden Umstand für die verfehlte Politik seiner Partei geltend; wir werfen dagegen seiner Partei vor, daß sie der Arbeiterklasse jene Einstellung nicht saurer macht. Legt man die Elle des Historismus an, die wir einfordern, so ist es mit dem mildernden Umstand Essig: Gerade Kommunisten, vorausgesetzt, sie nehmen ihre Geschichte ernst, hätten wissen müssen, daß das Problem virulent war – und alles andere als neu.

Schon Marx und Engels hatten in den mittleren bis späten fünfziger Jahren des neunzehnten Jahrhunderts damit zu kämpfen, daß das englische Proletariat aufgrund seiner quantitativen und qualitativen Präsenz in den urbanen Zentren des Vereinigten Königreichs sowie seines politischen Bewußtseins- und Organisationsstandes (Chartistenbewegung, »Combinations« im Sinne Barbaulds etc.) einerseits das weltweit einzige schien, in dem Potential für eine sozialistische Massenpartei im Sinne des Programms der beiden vermutet werden konnte, andererseits aber das industrielle und koloniale Weltmonopol des Staates, in dem dieses Proletariat daheim war, massive koloniale Extraprofite abwarf, die schon zu diesem frühen Zeitpunkt das Überlaufen nicht weniger Teile der organisierten Arbeiterschaft zu opportunistischen Arrangements mit der landeseigenen Bourgeoise begünstigten.

Selbst so vergleichsweise integre Figuren wie der Chartistenpolitiker Ernest Jones verfielen abwechselnd in Kopfträgheiten und strategisch-taktische Schwankungen.

Hätten sich die beiden Begründer des theoretischen Kommunismus bei ihren Bemühungen, einen praktischen durchzusetzen, von den Launen und Denkschwächen des Proletariats beeindrucken lassen, so hätte sich die Spur ihres Wirkens nach ein paar Jahren sang- und klanglos verloren. Statt dessen entwickelten sie Perspektiven, geschichtliche vor allem.

Casanova scheinen sie im entscheidenden Moment völlig abzugehen; es ist, als kennte die Partei, für die er spricht, kein Gedächtnis. Noch vor dem Zweiten Weltkrieg hatte der sozialistische Internationalismus der organisierten französischen Kommunisten springlebendig ausgesehen: Die Pioniere der algerischen Emanzipation von der französischen Herrschaft, Leute wie Messali Hadj und Ferhat Abbas, erfuhren in den zwanziger Jahren nicht bloß propagandistische, sondern tatkräftig strategische und logistische Unterstützung von den Kadern der französischsprachigen Leninschen Avantgarde. Die wenig ruhmreiche Erklärung, die der KPF-Mann linksradikalen Studenten nicht öffentlich, aber doch hinter vorgehaltener Hand für den Schwenk anbot, und von der aus wir in diesem Kapitel der Interpenetration von historischen und politischen Makromaschinen auf die Spur kommen wollen, ist primär ein Reflex der Klemme, in welche sich der Weltkommunismus nach 1945 insgesamt gezwungen sah: Man war nicht mehr damit beschäftigt, ein Programm zu verwirklichen, sondern damit, Machtplattformen zu verteidigen, die man unter großen Opfern an Blut (und kleineren an kompromißverschobenen Inhalten) hatte erobern können. Kommunistische Politik in der Zeit zwischen Hitlers Niederlage und dem Zusammenbruch der Sowjetunion war weltweit weitgehend, wenn nicht ausschließlich, sowjetische Außenpolitik und daher diktiert von deren Imperativen. Wenn der Kreml die französischen Kommunisten als regierungstaugliche, in der sogenannten nationalen Verantwortung stehende, Verhandlungen mit den reformistischen und revisionistischen Sozialisten offenstehende Kraft brauchte, dann wurde sie eben eine solche Kraft. Was wog Verrat an den Autonomierechten der Algerier gegen, beispielsweise, die Auflösung der Komintern, die sich Stalin von den kapitalistischen Partnern in der Anti-Hitler-Koalition im Tausch gegen einen äußerst ärmlichen, instabilen, mitunter nur mit Panzergewalt aufrechtzuerhaltenden Ausbau der sowjetischen Einflußsphäre in Kontinentaleuropa hatte abhandeln lassen?

Eine detaillierte Schilderung, wie dies alles zuging und mit einem Vorspiel zusammenhing, in dem schon Hitler beinahe Erfolg dabei gehabt hätte, dem Generalsekretär, dem nicht nur seine Getreuen, sondern gerade auch Antikommunisten gern mythische Machtvollkommenheit und phantastisch unbeugsame Haltung andichten, die Einheit der kommunistischen Weltbewegung abzupressen, würde den Rahmen dieses Buches sprengen; da es kein antikommunistisches Interesse daran gibt, Stalin, der dämonisiert werden soll statt verstanden, gerade in seinen Schwächen realistisch darzustellen, und umgekehrt lange auch kein kommunistisches Interesse daran gegeben zu haben scheint, über diesen der Bewegung eher unangenehmen Mann überhaupt zu reden, ist hierzu bislang wenig Forschungsarbeit geleistet worden, was erste Überblicksversuche wie Harald Neuberts *Die internationale Einheit der Kommunisten – ein dokumentierter historischer Abriß* von 2009 nur umso wertvoller macht.

Ein Stalinbild, das seinem Gegenstand keine Zauberkräfte zuschreibt, wird sich so schnell nicht malen lassen, wer er war und was geschah, als er nicht mehr war, steht bei Isaac Deutscher und Kurt Gossweiler, die kaum jemand liest, verständlicher und klarer als in den Negativrepliken auf den hagiographischen Zeitstil seines unmittelbaren Herrschaftsbereichs, die den Personenkult beibehalten, das Vorzeichen wechseln und von allen gelesen werden. Der Defensivcharakter der fatalsten Stalinschen Appeasementmaßnahmen war freilich innerhalb der kommunistischen Bewegung selbst nicht so unbekannt, das Erschrecken über sie nicht so durchgreifend, wie Peter Weiss das anhand der Zustände seiner demoralisierten Helden anläßlich des Nichtangriffsvertrags zwischen Hitlerdeutschland und der Sowjetunion in *Die Ästhetik des Widerstands* schildert; es gab nüchterne, abgeklärte bis lange über Stalins Tod hinaus aufrechterhaltene Positionen gerade bei prosowjetischen Leuten[42].

Der Widerspruch zwischen der Außenpolitik des sozialistischen Lagers und der sozialen Programmatik, der die politische Führung jener Staaten zu folgen erklärt hatte, schlug sich selbstverständlich nicht erst, ja nicht einmal in erster Linie in militärischen und raumordnungspolitischen Blamagen wie der algerischen nieder. Im Gegenteil: Die Unterstützung diverser, überwiegend nichtsozialistischer und allenfalls aus weltpolitischen Bündnisgründen sowie persönlicher Neigung einiger ihrer Schrittmacher oberflächlich sozialistisch getünchter, allzumeist kleinbürgerlich-nationalrevolutionärer Befreiungsbewegungen der geschundensten Regionen von Vietnam bis Angola, Mosambik bis Nicaragua, Südafrika bis Kuba wird man bis in die achtziger Jahre des zwanzigsten Jahrhunderts zu denjenigen Handlungen zählen dürfen, bei denen die Sowjetunion und ihre osteuropäischen Alliierten und Auxilia den ursprünglichen Absichten Lenins und der Komintern, also etwa den *Thesen zur nationalen und kolonialen Frage* von 1920 oder Schdanows gleichgerichteten Erklärungen bei der Gründung des blassen Komintern-Ersatzes Kominform 1947, leidlich die Treue halten konnten.

Abermals Stalin bereits aber hatte Maos Rotchinesen während der frühen Machtkämpfe, in die jene verwickelt waren, im Stich gelassen, sich nach Maos dennoch erreichtem Sieg allerdings zu einem indes nicht sonderlich ehernen Bündnis bereitgefunden. Von dieser Unzuverlässigkeit nahm man bei den Nationalrevolutionären durchaus Notiz und verhielt sich entsprechend – Ägyptens Sadat setzte die Russen schließlich ebenso barsch vor die Tür wie der Sudan und Somalia (westliche Geheimdienste, Geschenke, Kredite und Versprechungen spielten dabei die erwartbare Rolle). Die antikolonialrevolutionären Aufschwünge in Indochina, auf den Philippinen, in Indien, Mosambik, Burma, Angola, Malaysia hielten nicht, was sie zu versprechen schienen, die arabische Schaukelpolitik machte aus Libyen oder Syrien Partner für die Sowjetunion nur in dem Maße, in dem die USA gerade bei beiden und ähnlichen Nationen schlecht angesehen waren, spätestens seit den sechziger Jahren und den Folgen des Koreakriegs konnte von einer Allianz zwischen der VR China und der UdSSR keine Rede mehr sein.

Als hätte die Weltgeschichte den Sowjetlenkern mit verbissener Hartnäckigkeit ausgerechnet Marxismus beibringen wollen, waren alle in diesen Episoden ausschlaggebenden Raumordnungs-, Militärberater- und Bewaffnungsfragen lediglich Begleitphänomene tieferliegender wirtschaftlicher Abweichungen jener Lenker vom kommunistischen *masterplan*; die Handelsbilanz der Staaten des Rats für gegenseitige Wirtschaftshilfe (RGW) mit den halbkolonialen, postkolonialen, der imperialistischen Handelserpressung entschlüpfenden oder ihr bereits entkommenen Ländern ebenso von der Absicht der Überschußerzielung gesteuert wie die der westlichen Staaten. Die Staaten des Vertrags von Warschau mußten sich vom Feind die *terms of trade* nicht nur mit diesem, sondern auch mit den Schwellenländern in einem Umfang diktieren lassen, die ihn nötigten, die je und je empfangene Tauschgewalt schlechter Westgeschäfte an die Abhängigen weiterzugeben, so gut es ging (auch wenn einige von diesen, wie Angola oder Mosambik, ihrerseits aus militärischen Erwägungen hier und da bezuschußt wurden; der größte Posten der sowjetischen Entwicklungshilfe war jedenfalls der zur Finanzierung von Kriegsgerät und Militärberatern).

Nationen sind, sobald es ihnen einigermaßen gutgeht, für Internationalismus weniger empfänglich als für Streit und Eroberung von Nachbarn; wo zwei aneinander angrenzen, kann man als Großmacht selten beide dauerhaft auf seine Seite ziehen; versucht man es, findet man sich bald in einer unbequemen und danklosen Vermittlerposition wieder.

Von der anderen Seite aus gesehen empfahl sich direkte Bündnispolitik in Gestalt der Herstellung neuer Abhängigkeiten auch nicht eben als Weg zum Heil; vielleicht war das einzig Gute an der Situation nach 1945 die Chance zur Schaukelpolitik für die berühmten »Blockfreien«. Die darf man allerdings nicht zu rasch in eins setzen mit dem noch viel berühmteren »Dritten Weg«, bei dem es sich vielmehr um allerlei unpraktikable Handwerkeleien zwischen treuherzig Sozialdemokratischem und pathisch Steinzeitlichem (man denke, als Extremrepräsentanten, an Allende und Pol Pot) handelte.

Hermann L. Gremliza hat dem proletarischen Internationalismus und Antirassismus, den der Osten verwaltete, im November 1989 einen Nachruf geschrieben, der als Appell an die SED zu groß gedacht war, um von den Adressaten verstanden zu werden, und der tragikomischen Geschichte eine erhabene Coda schreibt – die DDR, so riet er, den man »drüben« in Anerkennung seiner als KONKRET-Herausgeber und politischer Schriftsteller erworbenen Verdienste um die Bekämpfung westlicher Kalter Krieger an offiziellster Stelle einen »besonnenen BRD-Bürger« genannt hatte, sollte, da nun ihre Niederlage im Systemwettstreit mit der BRD weniger von der Geschichte als vielmehr von der Sowjetmacht beschlossene Sache sei, beschließen und verkünden:

> »Ab 1. Januar 1990 steht es jedem Bürger der DDR frei, seine Staatsbürgerschaft abzulegen und in ein Land seiner Wahl auszuwandern. Zum gleichen Zeitpunkt öffnet die DDR ihre Grenzen für Verfolgte aus allen Teilen der Welt. Tamilen, Kurden, Ghanaer, Palästinenser, Chilenen, Panamaer, Iren, Armenier, demnächst auch

ungarische oder lettische Kommunisten – sie und viele mehr sind eingeladen, die Plätze der Auswanderer einzunehmen und, wenn sie möchten, auf Dauer Bürger der DDR zu werden. Die Nationale Volksarmee wird aufgelöst. Da ohne den Rückhalt, den der Warschauer Vertrag bot, eine militärische Verteidigung unseres Staates gegen die westliche Übermacht nicht möglich wäre, können die der Rüstung und dem Kasernenleben gewidmeten Teile des Sozialprodukts für die Kosten aufgewandt werden, welche die Einübung der neuen Bürger an ihren Arbeitsplätzen verursachen wird. Die Kräfte der Staatssicherheit, die Volkspolizei, die Betriebskampfgruppen und die Justiz sollen eine neue, der Humanität verpflichtete Aufgabe erhalten: Sie werden dafür sorgen, daß dem auch in der Bevölkerung der DDR, denn es sind Deutsche, virulenten Rassismus keine Chance gegeben wird, daß Rassisten ausgespäht und zu hohen Strafen verurteilt werden. Wir wissen, daß die Bestrafung auch von miesester Gesinnung nur ein Notbehelf ist; zum Schutz unserer neuen Bürger wird uns aber zunächst nichts anderes übrigbleiben, als von diesem Mittel Gebrauch zu machen.«[43]

Man habe sich, so schließt die Erklärung, auf die »Pflicht besonnen, das humanistische Erbe der Aufklärung, der frühen Kommunisten, des Widerstands gegen Faschismus und Rassismus, das unsere Feiertagsreden bereichert hat, ohne Rücksicht auch auf schmerzhafte ökonomische Einbußen anzunehmen«[44] – bessere Science-fiction ist nach 1945 auf deutsch nicht geschrieben worden; hätte der Vorschlag in der SED Leute gefunden, die ihn zumindest erwogen, diese Partei wäre ganz anders in die Geschichte eingegangen, als sie sich, reichlich ruhmlos, aus ihr verabschiedete.

Neben dem realsozialistischen gab es ab etwa 1968 in den reichen Staaten noch einen anderen linken Internationalismus, den der Neuen Linken nämlich, der dann mit dem realsozialistischen etwa ab 1972 diverse unterm Kennwort »Antiimperialismus« laufende Legierungen einging. Direkte Inspiratoren der Neuen Linken wie Herbert Marcuse, beeindruckt von Staaten wie Indien, spielten eine Weile mit der Idee, es möchte möglich sein, Regionen, in denen die kapitalistische Entwicklung nicht nach Maßgabe der von Marx in den hochindustriellen Staaten gewonnenen historischen Stufenfolge stattgefunden hatte, aus dieser Logik ganz herauszunehmen. Hört man heute Radiodiskussionen mit Marcuse zu diesem Nexus[45], vernimmt man darauf ein spätes Echo der ganz ähnlichen Ansichten von Marx und Engels über Rußland – anders als viele ihrer späteren Anhänger, die aus der Ableitung der Entwicklung des Kapitalverhältnisses, die Marx geleistet hatte, das starre Schema »Ohne vorangegangenen Kapitalismus kein Sozialismus« machten, hielten die beiden Begründer der Theorie den Verlauf für möglich, daß aus der russischen dörflichen Produktion höhere Formen kollektiven Wirtschaftens ohne den Weg über die kapitalistische ursprüngliche Akkumulation sich würden entwickeln lassen.

»Sehen wir für einen Augenblick«, schrieb Marx in einem Briefentwurf an die russische Sozialistin Wera Sassulitsch 1881,

> »von dem Elend ab, das die russische Gemeinde bedrückt, um allein ihre Entwicklungsmöglichkeiten zu betrachten. Sie nimmt eine einzigartige Stellung ein, die keinen Präzedenzfall in der Geschichte aufweist. Als einzige in Europa ist sie noch die organische, vorherrschende Form im Landleben eines ungeheueren Reiches. Das Gemeineigentum an Grund und Boden bietet ihr die natürliche Basis der kollektiven Aneignung und ihr historisches Milieu, die Gleichzeitigkeit mit der kapitalistischen Produktion, bietet ihr fix und fertig dar die materiellen Bedingungen der in großem Maßstabe organisierten kollektiven Arbeit. Sie kann sich also die von dem kapitalistischen System hervorgebrachten positiven Errungenschaften aneignen, ohne dessen kaudinisches Joch durchschreiten zu müssen. Sie kann den parzellierten Ackerbau allmählich durch eine kombinierte und mit Hilfe von Maschinen betriebene Landwirtschaft ersetzen, zu der die physische Beschaffenheit des russischen Bodens geradezu einlädt. Nachdem sie erst einmal in ihrer jetzigen Form in eine normale Lage versetzt worden ist, kann sie der *unmittelbare Ausgangspunkt* des ökonomischen Systems werden, zu dem die moderne Gesellschaft tendiert, und ein neues Leben anfangen, ohne mit dem Selbstmord zu beginnen.«[46]

Es liegt hier der sehr seltene Fall vor, daß eine gutbegründete Erwartung sich gleichzeitig zerschlug (ein kaudinisches Joch gab es dennoch) und andererseits (nicht immer in erfreulichen Formen) bestätigte (das Joch war kein kapitalistisches), nämlich infolge der Oktoberrevolution.

Allerdings wußte Marx auch, wie es ausgeht, wenn diese Art »eigener Entwicklung« von unverständigen Leuten mit kolonialer oder imperialistischer Zielsetzung ohne Rücksicht auf die im indigenen Gesichtskreis gegebenen Bedingungen induziert werden soll: »Die Engländer haben solche Versuche in Ostindien gemacht; es ist ihnen nur gelungen, die einheimische Landwirtschaft zu ruinieren und die Anzahl und Intensität der Hungersnöte zu verdoppeln.«[47]

Die gesellschaftliche Riesenanstrengung, die auf Marx und Engels hatte hören wollen, erzielte bei ihren Versuchen, das wirtschaftliche und politische Entwicklungsgeschehen eines Drittels der Erde zu beschleunigen und zu steuern, nicht wesentlich größere oder ansehnlichere Erfolge als der britische Imperialismus.

Vier Jahre nach Leonid Breschnews stolzgeschwellter Deklaration auf dem 25. Parteitag der KPdSU 1975, sein Land sei noch nie in dessen kurzer Geschichte international angesehener und geostrategisch günstiger positioniert gewesen, marschierte die Rote Armee in Afghanistan ein und ließ sich damit in einen Konflikt ziehen, der als Stellvertreterkrieg der Blöcke auf postkolonialem Grund und Boden begonnen hatte und in gewisser Weise noch heute nicht beendet ist. Sie verlor ihn, schwächelte bald bei schweren Provokationen seitens der Amerikaner (Grenada, Libyen) und gab schließlich den internationalistischen wie überhaupt den sozialistischen Geist auf.

Bereits während der Niedergangsphase (die historisch vielfältig mit umfassenderen, vielfach kontingenten Bedingungen als bloß geostrategisch-militärischen vermittelt war – schon die Startposition des neuen Blocks nach dem Zweiten Weltkrieg nimmt sich im Rückblick, und wenn man weiß, wieviel Stalin nicht nur mit der Auflösung der Komintern für den neuen *cordon* hatte bezahlen müssen, keineswegs so berauschend aus, wie die östlichen Selbstmotivationsreden seinerzeit suggerieren sollten) verlor der Sozialismus als Mantelprojekt für allerlei Antiimperialistisches und Postkoloniales durch die mangelhafte Rückendeckung, die auf ihn eingeschworene Drittweltbewegungen von der Sowjetunion erhielten, die aus befreiungsnationalistischer Sicht flagrante Doppelzüngigkeit seiner offiziellen Vertreter also, stark an Attraktivität. So wurden andere Optionen der propagandistischen Vereinheitlichung und Absicherung organisierten Widerstands gegen den Westen und Norden in den post-, neo- und klassisch kolonial geschurigelten Regionen populär – *citoyen*-ethnische, das achtzehnte und neunzehnte europäische Jahrhundert imitierende nationalistische Legierungen (Baath) zum Beispiel, vor allem aber religiöse Programme, unter denen als wichtigstes sicher der politische Islam angesehen werden muß.

Algerien beispielsweise, das Land, das die rechten und linken Franzosen, ihrer eigenen aufgeklärten und Menschenrechtstradition zum Spott, so miserabel behandelt hatten, fand sich 1992, ein Jahr nach der offiziellen Auflösung der Sowjetunion, am Rand eines Bürgerkriegs: Die islamische FIS stand vor der Machtübernahme, es gab gigantische Demonstrationen, der Ausnahmezustand wurde verhängt, Präsident Boudiaf wurde ermordet, die FIS schließlich gewaltsam aufgelöst. Die terroristische Politik der Islamisten in der Region setzt sich, wie anderswo, seither in immer neuen Permutationen, Eskalationen und dann wieder Abschwüngen fort, und wer auf ihnen sein Süppchen kocht, ist spätestens seit Frühjahr 2011 nicht einmal für den scharfäugigen Putin mehr hinreichend zu erkennen. Mit dem Angriff auf Libyen und den Irren, der dort soviel irrer als Bush Jr. anderswo auch wieder nicht regierte, starb das Völkerrecht der bürgerlichen Epoche, selbstverständlich, im Dienste von Demokratie (aber hat man in den USA nicht die Al-Gore-Stimmen unterschlagen?) und Menschenrechten (wer das glaubt, glaubt auch: England und Frankreich schicken ihre Atom-U-Boote übern Atlantik, bis die USA die Todesstrafe abschaffen). Daß es in Nordafrika starb, wie die Solidarität der Kommunisten mit den aus dem Kolonialismus Strebenden, ist nur allzu passend.

V.
Trübe Völker unterm Diktat der Handelserpressung

Der Verlust des einstigen Schutzherrn oder wenigstens Ansprechpartners hat den meisten Befreiungsbewegungen den politischen und sozialen, bei einigen der religiös engagierten auch den moralischen Rest gegeben (emanzipatorische Hoffnungen an so etwas wie die Hamas zu binden, ist nur unter logischen Verdrehungen und intellektuellen Selbstgeißelungen möglich, die noch die Bizarrerie der knotigsten Brezeln verstiegenster Apologetik aus dem Schatzkästlein der Sowjetgläubigen übertreffen müssen).

Seit dem Fall der Berliner Mauer 1989 sind einige der alten Brandherde des rassistischen Unrechts, der schmerzhaften Entkolonisierung und des Kampfes der abhängigen und sonstwie benachteiligten Staaten um das Recht auf eine eigene sozioökonomische und politische Entwicklung gelöscht oder vom Militärstiefel ausgetreten, nicht wenige aber brennen beschleunigt, viele schwelen trist vor sich hin. Vom befreiungsnationalistischen Streben ist vor allem viel völkischer Furor übriggeblieben, in den und um die *failed states* bringen die »trüben Völker«, von denen Hegel sprach, einander ums Leben.

Die USA haben in Panama und im Irak ehemals von ihnen gestützte Regimes beseitigt, um die Bedingungen für neue Arten der Großraumpolitik in eine für sie günstige Richtung zu treiben. China, das die ehemalige Kronkolonie Hongkong 1997 von den Briten zurückerhielt, versucht sein Glück mit einer dirigistisch-monopolistischen Kapitalismusvariante und einem dieser zugrunde gelegten, atemberaubend aggressiven Sorte Akkumulationsregime, um sein Staatseigentum zu schützen, die erste Mischung aus Mega-NÖP[48] und Stalinschen Industrialisierungsnöten; das einst so stolz blockfreie Indien spielt mit Pakistan Nord- und Südkorea und hält den Deckel mit Müh und Not auf ethnischen und religiösen Explosionen, die Jugoslawien (ein zu Systemkonfliktzeiten vom Westen in ausführlichen Gebeten gesegneter Kandidat für den dritten Weg) mit tatkräftiger Unterstützung westlicher Balkanordner den Garaus gemacht haben; ein paar antiimperialistische Bewegungen und Organisationen werden staatsfromm und arrangieren sich (so die Sandinisten in Nicaragua und die FMLN in El Salvador); Zaire konnte sich 1997 Mobutu vom Hals schaffen; Indonesien befreit sich ein Jahr später von Suharto, ohne daß deshalb für die Menschen in beiden Staaten goldene Zeitalter angebrochen wären; Südafrika wählt 1994 den vier Jahre zuvor aus der rassistischen Zwinghaft entlassenen Nelson Mandela zum Präsidenten; Israel bekommt ein verschärftes Intifadaproblem; Brasilien und Venezuela wählen paternalistische linke Politiker an die Macht. Der Marxsche wie Marcusesche Wunsch, ein neues Leben anzufangen, ohne mit dem Selbstmord zu beginnen, das heißt die Idee, es könnten vom Weltmarkt einerseits an die Kandare genommene, andererseits aber von vielen seiner schönsten Segnungen durch Handelserpressung ausgeschlossene Regionen einen eigenen Weg zu menschenwürdigen Wirtschafts- und Verwaltungsformen finden, sieht sich mal sanftem, mal weniger sanftem Druck ausgesetzt, veranstaltet von Souveränitätsgrenzen nicht achtenden Megakonzernen, westlichen und nördlichen Armeen, der Weltbank, der Welthandelsorganisation, dem Weltwährungsfonds und anderen Firmen und Organisationen, deren Namen keine ausgebeutete Näherin und kein unterdrückter Reisbauer kennt.

Da wir nicht der Dühringschen Gewalttheorie anhängen, meinen wir mit »Handelserpressung« nicht, daß bewaffnete Abteilungen des Imperialismus Tag und Nacht beim Be- und Entladen von Im- und Exportgütern der armen Staaten Wache stehen, sondern vielmehr den allbekannten Umstand, daß die für Statthalterzwecke kooptierten Eliten der kolonial, postkolonial, neokolonial ausgebeuteten Gegenden verläßlich dafür sorgen, daß die Reichtümer des Landes nicht zu eigenständigen nationalen Kapitalien akkumuliert (wozu heute entsprechend der seit Cecil Rhodes' Tagen verstrichenen Zeit wesentlich mehr gehören würde als damals) oder gar sozialisiert und zu einer anderen Sorte Akkumulation genutzt werden, die den Brutalitäten der »ursprünglichen« entzogen wäre, wie sie in den Ländern der industriellen Revolution stattfand. Die Unterentwickeltheit ist kein bloßer Zustand, sondern wie die Entwicklung der Kapitalgeschichte in den Zentren ein von Besitzenden aktiv vorangetriebener Prozeß, ein Wort wie »Unterentwicklung« in diesem Sinn zu verwenden, wäre nicht sinnlos. Die mittels konkurrenzloser Zirkulationslenkungseinrichtungen wie der Organisation von Bretton Woods etablierten weltweiten Verkehrsverhältnisse brechen nicht nur nationale Souveränitäten, sondern mehr noch jede Aussicht darauf, daß diese einmal anderen, von den heute ausgebeuteten, abgekoppelten, unterdrückten oder verlassenen Menschen legitimierten Souveränitäten weichen könnten.

Die Dekolonisierung, die das zwanzigste Jahrhundert mit sich brachte, hat man sich im Weltmaßstab so prosaisch und wenig erhebend vorzustellen wie die Verwandlung von Leibeigenen in Lohnarbeiter – dem einzelnen Handel gegenüber frei, nämlich jeweils mit der Entscheidung konfrontiert, ob man ihn eingehen soll oder nicht, sind die Bewohner der benachteiligten Regionen insgesamt unfrei gegen die Entscheidung, überhaupt mit den stärkeren Parteien im Welthandel Tauschverhältnisse einzugehen – tun sie's nicht, droht unmittelbarer Absturz in die Steinzeit; bei der inzwischen erreichten Populationsdichte also Massensterben. So übernehmen denn die postkolonialen Regimes, selbst die besten, die Rolle des ideellen Gesamtkrämers, der den schwachen Nationalökonomien gegenüber die von den reichen Staaten gestellten Bedingungen durchsetzt. Wie anders als tragisch soll man etwa die Rolle Südafrikas auf dem afrikanischen Kontinent nach der Apartheid nennen, wenn dieser Staat über eine quasifreihandelsorientierte, wirtschaftsaufsichtspaktartige Übereinkunft namens New Partnership for Africa's Development (NEPAD) ab 2001 die großflächige Privatisierung der Infrastruktur und die Eingliederung der afrikanischen Ökonomien in die nordwestlich dominierte Weltwirtschaft vorantreibt wie nur je ein imperialistischer Einpeitscher, »regardless of the decline in terms of trade and the continuation of subsidy regimes in the Atlantic economies to the detriment of African commodities«[49]? Noch während der Nach-Apartheid-Staat Deregulierungsdruck auf seine afrikanischen Partner ausübt, erwischt es ihn selbst, und zwar in Bereichen, die für jede Industrie (und, wesentlich wichtiger, für jeden künftigen Versuch, nachhaltig, postindustriell, vernünftig zu wirtschaften) lebensnotwendig sind, den wissenschaftsaffinen nämlich: Das Budget des südafrikanischen Forschungs- und Technikministeriums für die Förderung der nationalen theoretischen und angewandten Wissenschaften ist, während wir dies schreiben, unter Breitenstreuungsgesichtspunkten wesentlich geringer als erforderlich, weil der Versuch, zu den reichen Nationen aufzuschließen, und die in diesem immer schon beschlossene Abhängigkeit von deren Forschungspolitik beispielsweise eine Zuteilung von Ressourcen für *Big Science*-Vorhaben nezessiert, die für den Westen und Norden anschlußfähig sind – als bekannt wurde, daß die geplante Radioteleskopieanlage *Square Kilo-*

metre Array (SKA) entweder in Australien oder in Südafrika gebaut werden würde, schob das Ministerium einem Fonds 1,9 Milliarden Rand zu, der zwischen 2009 und 2012 unter anderem das Teleskop MeerKAT bauen soll. Volle 14 Prozent des Jahresbudgets der Behörde werden damit gleichsam als Wetteinsatz verwendet – wenn Südafrika den Zuschlag erhält, hat es sich gelohnt, wenn nicht, ist das Geld zwar nicht verschleudert, fehlt aber in der Breitenforschung.

Solche Zustände erzwungen und da, wo sie einmal etabliert waren, mit allen Mitteln gefördert und stabilisiert zu haben, ist die historische Schuld der reichen Länder, ist Kolonialismus, Imperialismus und ein Rassismus, der den ungerechten Tausch vom zwischenstaatlichen Handel mit Rohstoffen, Gütern, Arbeit bis in den binnenstaatlichen der reichen Länder mit der menschlichen Arbeitskraft nicht nur von Migrantinnen und Migranten übersetzt hat, und an Laurent Casanovas bösem Urteil ist soviel wahr, daß es die Nichtbesitzenden der reichen Staaten selbst waren und sind, welche die Anwesenheit der Konkurrenz aus den armen als Arbeiterinnen, Kleingewerbetreibende oder Unterstützungsempfänger bekämpfen und damit den *bad cop* im mit verteilten Rollen arbeitenden Schmierentheater des Ansaugens und Abstoßens von Migranten durch Kapital und Staat übernehmen, als perspektivlose Büttel der bestehenden Eigentumsordnung, die nicht einmal die Ausrede der südafrikanischen Regierung aufsagen können, die Dienste, die sie dem transnationalen Kapital leisten, seien wegen der Fürsorgepflicht für eine andernfalls vom Weltmarkt komplett entkoppelte Bevölkerung unabdingbar. Spricht man diese Dinge aus, wird man moralistisch mißverstanden. Wir wollen aber nicht das karitative schlechte Gewissen wecken, sondern den Konnex aufzeigen, dessen Sonderfall die Dummheit der Besitzlosen der reichen Gegenden im Blick auf die der armen bloß ist; wir hätten dafür auch einen anderen Sonderfall bemühen können, etwa den Kampf um die Sklavenbefreiung in Nordamerika im neunzehnten Jahrhundert: Die aus Irland eingewanderten Arbeiterinnen und Arbeiter in den nördlichen Vereinigten Staaten, in Städten wie Boston, New York und Philadelphia, waren alles andere als für die Sklavenbefreiung, erstens aus dem vulgärökonomischen Grund, daß befreite Sklaven aus dem Süden mit ihnen um Jobs im

Billiglohnsektor konkurrierten, zweitens aber aus einem ideologisch vermittelten, den man mit den Worten beschreiben könnte »Mir geht es, auch wenn es mir besser geht als jenen, immer noch mies genug, ich fühle mich nicht in der Pflicht, mich für das Elend anderer zu interessieren, das ich als mit meinem nicht zusammenhängend empfinde, nur Lehrerinnen und Pfarrer sagen mir, ich hätte mich drum zu kümmern, und diese Gutmenschen verachten mich sowieso, das zeigt mir alles, was sie tun« – als Katholiken und Kelten waren die Iren den großzügig sich ums Sklavenlos der Schwarzen sorgenden Yankees ja wirklich unheimlich[50]; man erinnert sich an das gespannte Verhältnis zwischen den Schulhofrassisten und den kleinen Engelchen, die *Tim und Struppi* lesen, während ihre Eltern so voll der Milch der frommen Denkungsart gegen Migrantinnen und Migranten sind, daß sie sogar welche bei sich als Putzkraft beschäftigen.

Das Idiotische am irischen Arbeiterzorn und Vergleichbarem, jedenfalls aus der Sicht eines vernünftigen Interessenkalküls, ist allerdings, daß eine Arbeiterklasse, die es versäumt, zur Arbeiterbewegung zu werden und gegen Leute, die besser leben als sie selbst, bloß Ressentiments, Neid und Groll entwickelt statt politischer Strategien – Ressentiments, die dann durch andere gegen solche, die schlechter leben als sie selbst, bloß supplementiert werden, zu doppelt genähtem Schwachsinn, der besser hält, weil er doppelt genäht ist –, sich nicht zu wundern braucht, wenn alles, was sie dafür bekommt, Brosamen, Almosen, jederzeit wieder einkassierbare Liebesgaben vom Herrentisch sind, und entsprechend schwach auf der Brust ist die nordamerikanische Arbeiterbewegung, deren Zwang, sich aus heterogensten, leicht gegeneinander ausspielbaren ethnischen Pools zusammenzuraufen, ihr wie andere lokale Besonderheiten schlecht bekam, denn auch immer gewesen. Solidarität ist unteilbar – sobald ich sie solchen, die noch tiefer im Dreck stecken als ich, verweigere, reißt die Kette, habe ich mich selbst zu etwas zugerichtet, das Solidarität nicht übt, also auch nicht einfordern kann, zerstöre ich also die Symmetriegrundlage jeder nicht gewaltförmigen Vergesellschaftungsform und verliere den Anspruch darauf, den ungerechten Tausch zu kritisieren. Die klügeren Stimmen der Neuen Linken und ihrer ersten Zerfallszeit haben das früh artikuliert und waren doch zu schwach, zu denen durchzudringen, die um kurzzeitiger Friedensphasen im zermürbenden Kampf willen alles preisgaben, wofür sich zu kämpfen lohnte – Pohrt meinte schon 1974, die Vereinsamung der radikalen Linken in den Metropolen auch und gerade da, wo sie kleine Grüppchen, Kaderparteichen, Sekten bilde, resultiere

> »daraus, daß die historischen Voraussetzungslose, unmittelbare Solidarität in den Zentren der Welt zerbrochen sind. Noch die ärmsten Teufel sind tendenziell nicht nur Opfer, sondern auch Nutznießer und – wo sie sich nicht wehren – Kumpane der Unterdrückung und Ausbeutung in deren zeitgemäßer Form. (…) Die Menschen in den Metropolen haben guten Grund, einander nicht leiden zu können und zu verachten. Als Schurken, die sie objektiv sind, tun sie gut daran, einander mißtrauisch zu belauern. (…) Die Unmöglichkeit unvermittelter Solidarität (…) macht sich gerade dort geltend, wo diese unmittelbar vorausgesetzt wird: in der Gruppe. Im objektiven Schuldzusammenhang schwebt über den Emanzipationswünschen, von denen die Gruppe lebt, die Angst vor dem Verlust der Privilegien. Unter dieser verwandelt sich Solidarität in ängstliche Vereinsmeierei. (…) Solidarität der Unterdrücker ist ein Widerspruch in sich selbst. Als Ersatz für gemeinsame Arbeit fungiert wechselseitige Hackerei. Weil keiner auf die Sache schaut, blickt jeder eifersüchtig nach dem anderen; weil keiner sich an einer Tätigkeit behauptet, behauptet sich jeder am andern.«[51]

Der allgemeine Nexus, dessen Sonderfall diese Scheußlichkeiten sind, läßt sich wie folgt bestimmen: Emanzipiert sich ein sozialer Zusammenhang von irgend etwas naturwüchsig Überlebtem (die französische Nation vom Feudalsystem; die französische Arbeiterklasse per Gewerkschaft und Partei von der unmittelbaren Knechtschaft des ungezügelten Kapitalismus; die Sowjetunion von ihrer halbfeudalen Vergangenheit und dem kapitalistischen Weltsystem; Südafrika vom Erbe der Apartheid), so gewinnt er dadurch einen Platzvorteil vor anderen, weniger emanzipierten Gruppen (die bürgerlichen Franzosen etwa vor den Deutschen der Kleinstaatenzeit; der französische Arbeiter vor dem algerischen; die Sowjetunion vor Indien; Südafrika vor den weniger großen, also nicht mit den Segnungen eines von Rassisten durchindustrialisierten Flächenstaates ausgestatteten Regionalkonkurrenten), einen Platzvorteil, den er sofort (und nicht einmal immer freiwillig, sondern getrieben von der Dynamik, daß ein verschenkter Vorteil schnell zum Nachteil wird) nutzen wird, was ihn aber einer neuen, darwinistisch regulierten Naturwüchsigkeit ausliefert.

Der Tatbestand ist abscheulich, aber immerhin geeignet, von den Napoleonischen Kriegen bis zu dem, was die Sowjetunion so alles getan und unterlassen hat, nicht wenig zu erklären, was auf dem Erdball vorgekommen ist.

Daß gerade erfolgreiche Befreiungsbewegungen ihren weniger erfolgreichen ferneren oder näheren Nachbarn zum Alptraum werden, läßt sich nirgends herzwürgender studieren als auf dem amerikanischen Doppelkontinent – während im achtzehnten Jahrhundert, als der organisierte Antikolonialismus seine ersten großen Erfolge erlebte (auf den dann hundert Jahre harte Reaktion und schließlich weitere hundert Jahre Breitendekolonisierung folgten), indem sich der Norden von den Engländern befreien konnte, emanzipierten sich, von diesem Erfolg motiviert, die im Zuge der spanisch- und portugiesischsprachigen Eroberung des Südens dorthin gelangten oder von jenen selbst auch wieder gewalttätigen Siedlern abstammenden »kreolischen« Bevölkerungen zunächst von den europäischen Mutterstaaten, bekamen aber rasch die auf eine stabile Hegemonie abzielende Raumpolitik des erfolgreicheren Nordens zu spüren und beließen ihrerseits gleichzeitig die indigenen Bevölkerungen ihrer bald als »Lateinamerika« geläufigen Gegenden im Zustand weitgehender Rechtlosigkeit[52]. Wie der Erdteil bald aussehen würde, erkannte als erster Simon Bolivar, der süd- wie mittelamerikanische George Washington und Großkolumbianer (Venezuela, Kolumbien, Panama, Ecuador sollten zum um Peru und Bolivien gruppierten »bolivarischen Block« gehören), die Vereinigten Staaten, bemerkte er, seien »von der Vorsehung dazu erwählt, Amerika im Namen der Freiheit zu quälen«.[53] Der erfolgreiche Selbstbefreier tritt nicht nur die weniger erfolgreichen in den Dreck; er bedient sich ihrer obendrein für alle nur vorstellbaren eigenen Selbstbefreiungszwecke, weil er ohne *levée en masse* (nicht nur materielle, sondern auch ideologische Aushebungen sind mit diesem Wort bezeichnet) seine im Namen des ja nicht nur schimärischen, sondern immer wieder auch echten Fortschritts *(Code Napoléon* für Europa!) geführten Schlachten gar nicht gewinnen kann. Die französischen Bourgeois stützen sich auf ihre Armen, um dem Adel einen Schrecken einzujagen, die nordamerikanischen Dekolonisierer setzen land- und anderweitig besitzlose Truppen gegen die Engländer in Marsch, und alle bürgerlichen Befreiungsbewegungen tragen als eins ihrer wichtigsten Feldzeichen der Naturrechtslehre den »edlen Wilden« vor sich her, als hätten die rousseaugläubigen Franzosen keine Sklaven in Saint Domingue gehalten, als hätte Jefferson, der »Nature's god« anbetete, nicht die Indianer als Mündel betrachtet, sondern als Bundesgenossen (und während wir dies schreiben, heißen amerikanische Raketen »Tomahawk«, amerikanische Hubschrauber »Apache«).

VI.
Was die Aufklärung dafür kann (und was nicht)

Die Selbstkritik am ethnischen Selbstmißverständnis der *white man's burden* ist bei den Intellektuellen der Metropolen seit der Neuen Linken häufig als eine an der Aufklärung in Erscheinung getreten, die schließlich nicht einmal mehr dem Denkmodell »Kritik« über den aufgeklärten (und daher weißen, männlichen, eurozentrischen) Weg trauen will – dieses sei angewiesen auf ein »Kantisches Vermögen«, auf das sich die Herrenrasse samt Vernunft und Wissenschaft seit der Aufklärung ein bißchen zuviel einbilde, obwohl es sich nur um ein Symptom der »epistemische[n] Selbstmächtigkeit der europäischen Kultur« handle[54], wogegen vielleicht nicht einmal eine (allerdings hin und wieder für aussichtsreich gehaltene »Indianisierung der europäischen Philosophien«[55] helfe, weil, wie die Klügeren unter denen, die so denken, natürlich bemerkt haben, das Indianische, Afrikanische, Aboriginale, von dem da das Heil kommen könnte, selber immer nur von europäisch Aufgeklärten konstruiert wird.

Läßt man sich von soviel Ideengeschichte nicht blind machen, begreift man, daß das Entstehen des modernen Rassismus unter Rückgriff gerade auch auf aufgeklärtes, wissenschaftliches und pseudowissenschaftliches Gedankengut nicht etwa die in der Aufklärung selbst nistende Erbsünde des Herrenkollektivs belegt, sondern ein Ergebnis der keineswegs ideengeschichtlichen, sondern grausig realgeschichtlichen Gesetzmäßigkeit ist, die wir oben beschrieben haben: Die Aufklärung ist nun mal das Instrument einer erfolgreichen Befreiungsbewegung gewesen, die durch ihren Sieg einen Vorteil nicht nur über die geschlagenen Unterdrücker, sondern auch über andere, nun ihrerseits unterdrückbare Kollektive errungen hat, aber daraus folgt nicht, daß die Aufklärung (oder die Hüte der Pilgerväter mit ihren Schnallen, oder das Essen mit Messer und Gabel, oder Feuerwaffen, oder anderes, das Europäerinnen und Nordamerikaner kennen und gebrauchen) notwendig rassistisch ist, sondern nur, daß diejenigen, die ihr den Sieg über ihre Bedrücker verdanken, Rassisten waren oder wurden oder zeugten.

Dieselbe abstrus essentialistische Denkart, die sich nicht vorstellen kann, daß Wahnsinnige nicht durch und durch, immer und überall wahnsinnig sind, sondern manchmal auch ganz manierlich essen oder schlafen, kann offenbar nicht lassen, daß nicht alles, was eine Aufklärerin sagt oder tut, notwendig aufgeklärt ist und zwingend einer Essenz zugerechnet werden muß, die man »die Aufklärung« zu nennen hat – dabei gibt es doch wirklich wenig eindrucksvoller Unaufgeklärtes als Humes törichte Bemerkungen über »Neger« und Kants penible Systematisierung derselben.

Humes Schrift *On National Character* von 1753 gibt dem Unsinn die Richtung vor – da äußert der schottische Aufklärer den Verdacht, jene »Neger« seien, wie andere Menschensorten, den Weißen, zu denen er sich selbstverständlich zählt, von Natur aus unterlegen. Die Feststellung wird ganz nebenbei eingebracht, eher axiomatisch, als Prämisse und nicht als Konklusion, denn es geht darum, ein internes Problem der »Weißen Zivilisation« zu diskutieren: Es sei nicht gerechtfertigt, ärmere Menschen mit der Begründung von Bildungsgelegenheiten fernzuhalten, diese seien ohnehin blöde, wie man an ihrem Elend sehen könne (das teleologische Argument winkte noch aus der Sklavenhalter- und der Ständewelt herüber), im Gegenteil, so Hume, habe man immer wieder Beispiele dafür erlebt, wie Talent und Genie noch aus dem größten Elend emporgewachsen seien. Diesen sympathisch individualistischen Einwand gegen das Kastenwesen, den er, um nicht wie ein unverantwortlicher Radikaler auszusehen, der die evidenten Unterschiede des Lebensgenusses, der Hexis und Praxis bei verschiedenen menschlichen Großgruppen einfach leugnet, mit der abstützenden Versicherung stabilisiert, es sei ihm wohlbekannt, daß Menschenkollektive existierten, die noch niemals einen Shakespeare, Newton und ähnliche Riesen hervorgebracht hätten, beispielsweise das schwarze. Das Argument läßt sich zuspitzen zu: Wer nur einen einzigen Armen nennen kann, der nicht von Geburt an unrettbar blöde war und etwas dem Gemeinwohl irgendwie Zuträgliches geleistet hat, der muß die Bildungszulassungsbeschränkungen in Zweifel ziehen und jeder und jedem das Recht zugestehen, seine Mitmenschen von ihrem oder seinem Wert zu überzeugen.

Daß dieses Argument historisch ist, scheint sein Urheber nicht einmal zu ahnen, er hält es für ein überzeitlich-statistisches, etwa wie Mendels Erbgesetze, und darüber, was er gesagt hätte, wenn man ihm gezeigt hätte, daß sich die Population, die er als Gegen-Kontrollgruppe vorschlägt, seither als ebensosehr zur Hervorbringung von Leuten mit auf Leistung beruhendem Prestige erwiesen hat wie die armen Klassen Englands, läßt sich nur spekulieren – daß ihm keine »Neger« vorstellbar schienen, die von seinem Argument profitieren könnten, lag daran, daß er keine kannte, denen das möglich gewesen wäre, und das lag daran, daß sie zu ebenjenen Konkurrenzen wie selbstverständlich nirgends zugelassen waren, in denen er sie gewissermaßen *a priori* schlecht abschneiden sah.

Daß Hume selbst darüber nicht gestolpert ist, daß diese historische Grenze seiner Beweisführung ihre logische verdeckt, gibt mithin einen nicht unwichtigen Hinweis darauf, wie die Interpenetration von Normativem, Programmatischem einerseits und Analytisch-Deskriptivem andererseits, das den vielgeschmähten Universalismus der Aufklärung vom Naturrechtsgedanken her kennzeichnet, diesen je und je entlang von Bruchlinien zwischen Programm und Wirklichkeit in Partikularismen wieder aufzuspalten erlaubt, was zu tun seither denn auch keine Rechte auf der jeweiligen Höhe der Zeit unterlassen hat, assistiert dabei von zutiefst zweideutigen Gestalten aus zutiefst zweideutigen Abschnitten der bürgerlichen Emanzipation wie jenem Immanuel Kant, der in seinen *Beobachtungen über das Gefühl des Schönen und Erhabenen* von 1764, welche das Ineinanderkollabieren von analytischen und evaluativen Vokabularen schon im Titel trägt, alle vorhandenen Unterdrückungs- und Unrechtsrealitäten zwischen von ihm als Rassen markierten Menschenpopulationen mit derselben Selbstverständlichkeit für naturgegeben erklärt wie jede Menge Empfindungsmuster anderswo – ein Verfahren, demgegenüber nun aber nicht in Neuauflage des Wiener Neopositivismus auf reinlicher Trennung dieser beiden Sphären zu bestehen wäre, die sowenig gelingen kann wie nur je die endgültige Scheidung von logischen und historischen Anteilen der Welterschließung bei einer Gattung wie unserer, deren Logik nun mal historisch ist und ihre stete Selbstverbesserung nur aus der Reflexion auf diesen Umstand gewinnen kann, sondern die normative und die analytische Seite der Aufklärung in ihrer wechselseitigen Ermöglichung zu erkennen wären – hätten sie nicht gewollt, was sie wollten, sie hätten nicht erkannt, was sie erkannten, eine Einsicht, die einen aber wiederum auch nicht davon dispensiert, in jedem einzelnen Aussagefall zu unterscheiden zwischen erstens Absichten, die richtig, und solchen, die falsch waren, und zweitens Erkenntnissen einerseits und Irrtümern andererseits, wofür sich als Maßstab aber wieder nichts anderes anbietet als der eigene Programm- und Erkenntnisstand, was nur beweinen oder auch bloß als unverrückbare Schranke jeder Aufklärung postulieren kann, wer vom menschlichen Handeln, Erkennen, Denken Wunderdinge erwartet, die uns die Aufklärung eigentlich hätte austreiben sollen. [56] Wenn Michel Foucault in einer vieldiskutierten Volte in *Die Ordnung der Dinge* wie manch anderer aus der von Lévi-Strauss beeindruckten Strukturalisten-Generation, die in die erste Poststrukturalistengeneration übergehen sollte, Disziplinen wie der Ethnologie und der Psychoanalyse zutraut, die Vorstellung von wissenschaftlicher Objektivität, die im Gefolge Bacons von der Aufklärung vertreten und ausgearbeitet wurde, als »Gegenwissenschaften« durch die Konfrontation der Baconschen Induktionslogik mit aus deren Sicht a- und paralogischen Ordnungen wie dem Unbewußten oder nichteuropäischen Welterschließungs-*Agencements* zu erschüttern, so wird dabei geflissentlich übersehen, daß solche Erfolge diesen Disziplinen nur zugetraut werden können, wenn man diejenigen, die sich mit ihnen befassen, für fähig hält, aus der *episteme* herauszutreten, die sie als im europäisch-aufgeklärten Denken Erzogene doch nach Foucaults eigenem Bild gefangen halten müßte – Ethnologie und Psychoanalyse wären dann, man weiß nicht (und Foucault verrät nirgends), wie, in den Besitz jener Wertfreiheit, Objektivität (und wie die selbstlobenden Adjektive der hiesigen Forschungsgeschichte sonst heißen mögen) gelangt, die das Baconsche Forschen irrtümlich propagiert haben soll – irrtümlich, weil es so etwas wie Wertfreiheit, Objektivität etc. gar nicht geben kann, wenn der Strukturalismus (und mehr noch der Poststrukturalismus) recht hat (wobei dann noch die Frage aufbricht, was »recht haben« unter solchen epistemischen Spiegelkabinettvorzeichen überhaupt noch bedeuten kann). Das ganze Rätsel löst sich auf, wenn man die Dialektik zwischen dem Normativen und dem Induktiven anerkennt, die Bacon noch ignorierte, um das Induktive so absolut zu setzen wie später die Rousseaueaner das Normative. Die Wahrheit ist, daß Forschung und Wertung sozial nie unabhängig voneinander zu haben waren, Forschung vielmehr nur da Sinn produziert (in Luhmanns wertvoller Formel: Komplexität ihrer Umwelt reduziert), wo sie als Instrument verstanden wird, Wertung gegebenenfalls zu korrigieren, und Wertung nur da operationalisierbar (etwa mit Benjaminscher »Gesetzeskraft« aufladbar) wird, wo sie sich für Forschung, das heißt Informationsfluß von den Wertenden zum Bewerteten und umgekehrt, offenhält. (Wir werden das Problem im fünfzehnten Kapitel dieses Buches, das sich ausführlich mit der Frage der Normativität im Kampf um Definition und Wirklichkeit sozialen Fortschritts befassen soll, entsprechend vertiefen).

Bleibt man der eben begrifflich entfalteten Dynamik bei der genealogischen Auseinandersetzung mit der Ethnoperspektivik der Aufklärung eingedenk, kommt man dahin, den Unterschied herauszupräparieren zwischen einer aufgeklärten Position zum Rassismus auf der einen und dem, was der Autor Kant erzählt, auf der anderen Seite – ein Autor, der seine Gedanken in der Sprache der damals rückständigsten Region Kontinentaleuropas schrieb, der weiß Gott nicht zur Avantgarde zählt und dessen Rassenphilosopheme mit dem *Programm* der Aufklärung so wenig konform gehen wie sein Skeptizismus und Idealismus mit Spinoza oder den französischen Materialisten. Man kann ihn Aufklärer nennen, weil er sich nicht der Gegenaufklärung angeboten und ein paar vernünftige Gedanken über dies, das und das Vertragswesen gedacht hat, dann muß man aber

Habermas auch einen Marxisten nennen, weil er von der Kritischen Theorie kommt.

Identifiziert man darüber hinaus aber den Rassismus auch noch als eine Unterströmung der Aufklärung, wird man das Bild plausibilisieren müssen, die *conquistadores* hätten in Amerika Hume und Kant gelesen statt das Kreuz aufgepflanzt, und am besten folgert man dann auch aus den Taten des Berliner Senats zu Zeiten der Koalition von PDS und SPD, der Sozialismus habe es wohl vor allem auf Sozialetatkürzungen abgesehen.

VII.
Edle Wilde zwischen *Oroonoko* und *Avatar*

Kulturindustrie, lehrten Adorno und Horkheimer, sei der organisierte Umschlag von Aufklärung in Mythos, und was in Film, Fernsehen, Comic, Popmusik und populärer Literatur mit Rousseaus »edlem Wilden« geschehen ist, verleiht der These einen Anschein hoher Plausibilität. Rassistische, »orientalistische« (im Sinne Edward Saids), emphatisch projektive Imagines nicht durchweg abwertender Sorte spenden exotische Bilder, hier und da durchkreuzt von Erfolgen identitärer Repräsentationspolitik, derweil Minstrelsy und ihre Derivate nicht totzukriegen sind – Howard Keel, der Darsteller des urtexanisch-weißen Clayton Farlow in *Dallas*, begegnet einem plötzlich spät in der Nacht im Kabelfernsehen in *War Wagon*, einem Western von 1967 mit Kirk Douglas und John Wayne, als bärenstarker Indianer, und wenn man gerade glaubt, Hollywood und seine Kolonien hätten solche Unsitten inzwischen abgestreift, erkennt man, daß in letzter Zeit, das heißt seit das WTC-Attentat und die übrigen Anschläge vom 11. September 2001 den »Clash of Civilizations« zum kulturindustriellen Thema gemacht haben, vermehrt Leute indischer, pakistanischer, britisch-kolonialer Herkunft, deren Äußeres für weicher und dem kaukasischen näher erachtet wird, sympathische arabische Menschen spielen (etwa in der Serie *Lost* oder in Julian Schnabels Palästinadrama *Miral* von 2010). Der im Kino zu dem Zeitpunkt, da wir dies schreiben, kommerziell erfolgreichste Film aller Zeiten, James Camerons *Avatar*, tischt seinem Weltpublikum die Geschichte von den blauhäutigen Aborigines einer unberührten Welt auf, mit der sie, wie die alte Hippieformel säuselt, »im Einklang« leben, bis der rohstoffräuberische Kolonialismus mit Flammenwerfern, Raketen und Bodentruppen einfällt; der Fachmann Professor Paul Frommer von der University of Southern California hat für Cameron die Sprache der Wilden erfunden, die den fiktiven Mond Pandora bewohnen, während auf der Erde die Hälfte der 6.500 Sprachen, die Menschen heute noch sprechen, bis zum Ende des 21. Jahrhunderts verschwunden sein werden (der letzte, der noch Bo beherrschte, einen Dialekt, in dem einst die Leute auf den Andamaninseln in der Bucht von Bengalen miteinander redeten, starb, als Camerons Film die Kassen zu füllen anfing).

Daß die Geschichte von den Waldmenschen, die ihre Bodenschätze vor dem Zugriff der Herrenmenschen mit Waffengewalt bewahren, zahlreichen dem Opus äußerlich applizierten Anspielungen auf die jüngsten Irak- und Afghanistanfeldzügen zum Trotz eine reichlich altbacken-durchgekaute Anmutung abstrahlte, fiel in der Öffentlichkeit zumindest denen auf, die sich von der 3-D-Technik des Films nicht um ihr Unterscheidungsvermögen hatten bringen lassen, in der Tat knirschen die narrativen Gelenke von *Avatar* nicht zuletzt deswegen, weil die Gratiskritik an der neuen Weltordnung sich mit der großzügig beliehenen Anti-Vietnamkriegs-Science-fiction der sechziger und siebziger Jahre (unmittelbares Vorbild von Camerons Film dürfte Ursula K. Le Guins antikolonialistische Ethno-Parabel *The Word for World is Forest* von 1972 gewesen sein) so schlecht legieren lassen mochte, wie wiederum beide der noch wesentlich älteren rousseaunischen Mythopoesie vom edlen Wilden schlecht und schief aufhocken.

Für den Kulturkreis, in dem die Losung der *white man's burden* erfunden wurde und die zwischen dem britischen und dem nordamerikanischen Imperialismus für einige der geschichtsmächtigsten Ausprägungen des Rassismus verantwortlich ist, hat diese Mythopoesie sehr früh innerhalb der neuzeitlichen Vernunftgeschichte eine für mehrere Jahrhunderte (genau diejenigen nämlich, die das umfassen, was wir neuzeitliche Vernunftgeschichte nennen) genreprägende Gestalt in einem Buch gewonnen, das William C. Spengemann seines Schauplatzes wegen »the earliest American Novel«[57]

genannt hat. Virginia Woolf war der Meinung, »all women together« seien verpflichtet, der Autorin jenes Buches Blumen aufs Grab zu werfen, denn mit ihr »begins the freedom of the mind, or rather the possibility that in the course of time the mind will be free to write what it likes«.[58] Vita Sackville-West nannte sie »a lovable creature, a born bohemian«,[59] und von der Gegenseite bekam sie eine Sorte Haß ab, die unter den Auszeichnungen und Ehrungen ihres mutigen Lebens nicht die ärmlichste ist: Ein Bischof namens Burnett etwa fand sie »abominably vile«, ein Ungeheuer, das Religion und Tugend auf eine Art und Weise verhöhnt habe, die man nur »odius and obscene« finden könne.[60]

Diese Urteile, im Kontext und im Blick auf die Menschen, welche sie abgaben, charakterisieren die Dichterin Aphra Behn hinreichend; ihren Helden, den stattlichsten edlen Wilden der englischsprachigen Literaturgeschichte, charakterisierte sie selbst ebenfalls eindeutig:

> »I have often seen and convers'd with this great Man, and been a Witness to many of his mighty Actions; and do assure my Reader, the most Illustrous Courts cou'd not have produc'd a braver Man, both for Greatness of Courage and Mind, a Judgment more solid, a Wit more quick, and a Conversation more sweet and diverting. He knew almost as much as if he had read much: He had heard of, and admir'd the Romans; he had heard of the late Civil wars in England, and the depolorable Death of our great Monarch.«

Sie meint Karl den Ersten, der bei der *glorius revolution* über die Klinge springen mußte – »and wou'd discourse of it with all the Sense, and Abhorrence of the Injustice imaginable. He had an extream good and graceful Mien, and all the Civility of a well-bred great Man. He hat nothing of Barbarity in his Nature, but in all Points adress'd himself, as if his Education had been in some European Court.«[61] Der »great and just Character«, der uns hier vorgestellt wird, ist die Haupt- und Titelfigur des Romans *Oroonoko, or The Royal Slave*, erschienen 1688.

Um ihn als den Nabel ihres moralischen Universums arrangiert die Verfasserin eine mehrsträngige Erzählung über politische, ökonomische, rassistische und sexistisch organisierte Machtbeziehungen: Oroonoko ist der Enkel eines afrikanischen Stammeshäuptlings (den sie in bewußter Analogie zur entsprechenden Institution des

Gemeinwesens, aus dem sie kommt, »King« nennt). Der Alte und sein Enkel lieben dieselbe Frau, Imoinda, Tochter eines Heerführers in Häuptlingsdiensten. Sie wird in den Harem des Königs aufgenommen, will aber mit dem jungen Prinzen fliehen. Der Versuch scheitert, das Mädchen hat aber die Jungfräulichkeit verloren und wird als Sklavin verkauft, wovon Oroonoko indes nichts weiß, da sein Großvater ihm vorlügt, sie sei gestorben (dies sei, erläutert die Dichterin, ein schamhafter Versuch des Königs, die Ehre der Frau zu schützen, die er liebt, denn der Tod ist, wo die drei leben, eine geringere Schmach als die Sklaverei).

Als Aufständischer gegen die weißen Eindringlinge metzelt Oroonoko eine Weile ruhmreich vor sich hin, wird aber schließlich von den Engländern gefangen und nach Surinam in die Knechtschaft verschleppt, wo er Imoinda wiederfindet. Beide sind inzwischen christlich getauft (»Cäsar« und »Clemene«). Sie wird schwanger, er spricht als Bittsteller bei den Herren vor: Dürfen sie nach Hause? Das wird nicht gewährt, so wiegelt er die anderen Sklaven auf, deren Rebellion der Übermacht aber unterliegt. Der Gouverneur bricht ein Amnestieversprechen, Oroonoko beschließt, den Zwingherrn zu töten, weiß aber, daß Imoinda damit ihr Leben nach dem Sippenhaftungsprinzip verwirkt hätte, und schließt daher mit ihr einen Selbstmordpakt – er bringt sie um und wirft sich als Kamikaze in die letzte Schlacht, die er jedoch überlebt. Der Tod der Liebsten aber hat ihn gebrochen; die Engländer finden ihn bei ihrem Leichnam, ergreifen ihn und foltern ihn zu Tode.

Aphra Behn läßt den Edelmut ihres Helden nicht allein in den Taten, die er während seines kurzen Lebens vollbringt, und am stoischen Ertragen der Hinrichtung aufscheinen, sondern etabliert, wie unser oben aufgeführtes Zitat zeigt, seinen hohen menschlichen Wert auch – den aufgeklärten Werten der Literaturepoche gemäß, in der sie schreibt – übers Lob seiner guten Manieren und kosmopolitischen Gewandtheit im Umgang; die Karten dieses indigenen Übermenschen sind so gezinkt wie die des schottischen Insurrektionisten William Wallace in Mel Gibsons *Braveheart* von 1995, der Latein und Französisch spricht: Damit wir einsehen, daß er uns gleichgestellt sein sollte, muß er uns überlegen sein, denn er besitzt dieselbe Bildung, aber einen an seinen Handlungen ablesbaren höherentwickelten Charakter.

Der Typus ist sozusagen die personifizierte Naturrechtslehre – die *pia fraus* einer sehr sympathischen Menschenfrömmigkeit, die einem primitiven Stand der Produktivkräfte angemessen ist: Man lügt die Menschen so schön, wie sie erst sein können, wenn man die übelste Not von ihnen nimmt. Wir legen Wert darauf, daß man inzwischen weit darüber hinaus sein kann, insofern Produktivität und Verkehrswege inzwischen keine Not mehr als naturdiktiert rechtfertigen (»In Afrika sind die Verhältnisse eben so«) und noch in den entlegensten Winkeln der Erde nur dann Hunger herrscht, wenn die Hungernden dort der politischen Macht entbehren, Abhilfe zu schaffen – niemand muß (und niemand sollte) mehr, wie das etwa in der ersten Phase der Diskussion über die nordwestlichen Industriestaaten als »multikulturelle Gesellschaften« von wackeren Gegnerinnen und Gegnern der Xenophobie vertreten wurde, dem fremden Menschenschlag irgendwelche Fähigkeiten zur (kulinarischen, kulturellen, arbeitsethischen) »Bereicherung« der wohlhabenden Sozietäten andichten, weil man die, die ihm angehören, anders nicht aufnehmen und gerecht behandeln müßte. Wir sind reich genug.

VIII.
Love Song for Aphra Behn: Ein biographischer Exkurs

Als Enkomiastin des Afrikanerhäuptlings hat Behn genau besehen daher auch nicht ein Plädoyer dafür geschrieben, die Spitzen der Gesellschaft der Wilden dazu einzuladen, bei den Zivilisierten charakterlich-seelische Entwicklungshilfe zu leisten, wie sie das Klischee der sehr viel späteren *nostalgie-de-la-boue*-Kunst von der impressionistischen Südseemalerei bis zu Mays *Winnetou* transportiert, als vielmehr mit Oroonoko eine phantastische Reflexionsinstanz für die liberale Subjektkonstitution jener Bürgerklasse geschaffen, der sie selbst angehörte. Behn war eine stolze, geistreiche Frau, und weil Frauen in vorbürgerlichen Zeiten so nicht sein sollten, bediente sie sich der Fiktion eines stolzen, geistreichen Außerbürgerlichen, um darauf zu insistieren, daß das, was nicht sein soll, dennoch sein könnte. Ein Exkurs über Leben und Werk dieser Frau, den wir hier einschieben wollen, ersetzt unserer Meinung nach lange Meditationen darüber, was für eine Sorte Mensch das ist, die freie Menschen unter Bedingungen aussichtsreicher Emanzipationsbewegungen träumen und ihre unfreien Menschen auf diese Weise für die Sache der Freiheit begeistern kann. Die folgende Abschweifung sei uns also als Vertiefung ins Problem gedacht, wie die Privilegierten dazu gebracht werden können, an der Brechung sozialer Hierarchien mitzuwirken und den Fortschritt im Bewußtsein der Freiheit zu fördern.

Als Lyrikerin, die Frauen und Männer gleichermaßen zu bedichten wußte (»All trembling in my arms Aminta lay, / Defending of the bliss I strove to take, / Raising my rapture by her kind delay, / Her force so charming was and weak«)[62] wußte sie genug darüber, wer sie sein wollte, schrieb von gegen- wie gleichgeschlechtlicher Sehnsucht, aber auch von Impotenz und Vergewaltigung und nutzte die im komplizierten England des siebzehnten Jahrhunderts allerwege aufbrechenden Spielräume der privaten wie der öffentlichen Politik, sich zu erfinden und zu behaupten, zwischen republikanischem Interregnum, monarchischer Restauration und – vor allem kolonialem – Handelsabenteuer. Die kulturelle Membran zwischen diesseitigem höfischem Machiavellismus und einem jenseitig-verfeinert-verspielten, modern lebensästhetischen Feenreich der erotischen Intrige war dünn wie selten irgendwann irgendwo anders.

Ein vom Charme der dadurch ermöglichten Künste eher vergrätzter als bezauberter, höchst widerwilliger Bewunderer der Schönheit von Liedern wie ihren, der züchtige Bischof Burnett, den wir oben schon Geifer spucken ließen, hat diesen Liedern 1682 in einem Brief an eine gemeinsame Bekannte nachgerühmt, sie seien durchaus nicht selten »sehr zart«, der Zusammenhang zwischen Regelverletzung und Verfeinerung, also Ausarbeitung neuer Regelsysteme, war den Reaktionären damals klarer als 1968 den Kulturrevolutionären.

Die feudale Ordnung jedenfalls, die biologisch-theologischen Geblütsrechtfertigungen, die den Adelsprivilegien so unverzichtbar waren wie seither jeder sexistischen oder rassistischen Unrechtsaffirmation, war fadenscheinig genug geworden, daß man im nachhinein nicht einmal ermitteln kann, ob Aphra Behn, 1940 als Aphra Johnson unweit von Canterbury geboren, selbst von hohem oder niederem

Stand war – die Mutter jedenfalls diente als Amme einer nichtadligen, aber in dieser Aufstiegsära der Bürger hochangesehenen Familie namens Culpepper aus Kent. Neun Jahre war sie alt, als König Charles I. 1649 hingerichtet wurde und der »Lord Protector« Oliver Cromwell seine Commonwealth-Republik ausrief. Mit Anfang Zwanzig bereiste sie, vermutet man, mit ihrer Familie Surinam und machte dort jene Erfahrungen, die sie später in *Oroonoko* literarisch verarbeitet hat. Wenig später, nach Europa zurückgekehrt, heiratete sie einen holländischen – vielleicht auch deutschen – Herrn namens Behn, dessen Nachnamen sie berühmt machte und der während der Pest von 1665 gestorben sein soll.

Behns zweiter Mann war ein Abenteurer, sie selbst diente Charles II. als Spionin, überstand Dreck, Hunger, Krankheiten und brachte es schließlich als Theaterautorin zu Erfolg und Vermögen. Das erste ihrer fast zwanzig Theaterstücke, *The Forced Marriage*, war eine Tragikomödie, zu deren Titelthema sie den Zeitumständen und ihren besonderen emanzipatorischen Bestrebungen entsprechend immer wieder zurückkehrte; wenn auch zumeist eher in Gestalt von Burlesken. Kurz nach der Thronbesteigung des Restaurationskönigs Charles II. hatten die Theater unter den neuen Bedingungen wiedereröffnet, Frauen spielten jetzt Frauenrollen, und ein »Zeitstück« war fast zwangsläufig eine erotische, aber auch politische Intrigenkomödie.

Wie wir im vorigen Kapitel aus Anlaß des Schicksals von Olympe de Gouges und ihrer Feminogironde schon erwähnt haben, erscheint es Leuten, die eine identitäre Emanzipationspolitik vertreten, häufig nicht rätlich, den Autoritäten in mehr als dem einen Punkt entgegenzutreten, den sie durchsetzen wollen – so war Olympe de Gouges Feindin Robespierres, und Aphra Behn, die dafür lebte und arbeitete, die überkommenen Naturcodefesseln ihres Geschlechts abzustreifen, war treue Royalistin und Absolutistin, die zwar von den allgemeinen, durch die Rechte, welche das Bürgertum dem Adel abrang, geöffneten Spielräumen profitierte, sich paradoxerweise aber gegen ebenjene Bürger wandte, weil das prekäre Patt der die Gesellschaft im großen Ringen transformierenden Kräfte, zwischen dessen Vektorpfeilspitzen das oppositionelle Kulturschaffen in allen Epochen besser gedeiht als in eindeutig parteilicher, und sei's umstürzlerischer Konstellation, nur von Seiten des Königshauses garantiert werden konnte. Dazu kam, daß das radikale Bürgertum seinem Arbeitsethos entsprechend – und aus berechtigtem Haß auf die sadomasochistische Herrschafts-und-Unterwerfungs-Erotik adliger Libertins – stark disziplinargesellschaftliche Neigungen hatte und das Sexuelle, also das Persönliche, unter Verschluß hielt, das für Leute wie Behn gerade die Schnittstelle zwischen ihren Autonomiesehnsüchten und ihren Kulturchancen bildete. So war denn ihre Literatur, ohne bürgerlichen Aufbruch unmöglich, schon so antibürgerlich wie späterhin das Treiben der Boheme, und ihre antipuritanischen Dramen machten ihren Namen nicht nur Landpfarrern, sondern auch Pfeffersäcken unangenehm. Den größten Ruhm erntete sie mit *The Rover* von 1677, der Geschichte des Rauhbeins und Herzensbrechers Willmore und seiner stürmischen Liebe zur selbstbewußten Hellena, die folgenlose Freuden sucht, aber statt dessen Katzbalgerei und Verwechslungsexzesse erlebt – man spielt miteinander, verwechselt einander, die Frauen ziehen Hosen an oder verkleiden sich als Wahrsagerinnen, Handlesekunst und andere Körperdeutereien werden durchdekliniert.

Das Arrangement verrät überall sowohl die souveräne, ironische Übersicht der ehemaligen Geheimagentin wie auch die formbewußte Leidenschaft der Lyrikerin. *The Rover* wird von Literarhistorikern gelegentlich als bloße Bearbeitung, ja Plagiat eines Zehnakters von Sir Thomas Killigrew bezeichnet, die signifikanten Veränderungen der Abläufe, der Figuren – vor allem der Frauenrollen – und des Tonfalls aber, die Behn am »Original« vornahm, machen diese Einordnung nicht weniger lächerlich als die Behauptung, die Fernsehserie *Dallas* beruhe auf geschickten Diebstählen bei Balzac.

Die Zeitumstände der Entstehung von Behns Dramen blieben ihrerseits durchweg dramatisch: Gesellschaftliche Spannungen im Gefolge der weitverbreiteten Angst, der katholische Bruder des Königs könne die Thronfolge antreten, führten zu Hysterien wie der um den *Popish Plot* 1678, eine angebliche Katholikenverschwörung thronräuberischen Ausmaßes – im Prolog eines Stücks von Behn heißt es bedauernd, all diese neumodischen Verschwörungen würden die Leute in unangemessener Weise vom Theater ablenken.

James, Duke of York, der katholische Königsbruder, der von den antikatholischen Gerüchten an der Thronfolge gehindert werden sollte, war Schutzherr der Theaterbühnen, an denen Behns Stücke aufgeführt wurden; deren Verweigerung jeder antikatholischen Zeitstimmung aber war kein »Wes Brot ich eß«-Opportunismus, sondern Ausdruck von Behns Überzeugung, daß der Krämergeist der Whigs dem höfischen Leben mit seinen erotischen und politischen Möglichkeiten den Garaus machen wollte und man das verhindern mußte. 1684 veröffentlichte sie die *Love Letters between a Nobleman and his Sister*, einen Brief-Schlüsselroman über einen aktuellen Whig-Skandal, und als James nach dem Tod Charles' 1685 gegen den Widerstand der Antikatholischen wirklich König wurde, jubelte sie.

1687 schließlich fand die Uraufführung von *The Emperor of the Moon* statt, neben Mary Shelleys späterem *Frankenstein* ein zentrales Stück britischer Proto-Science-fiction, dessen befruchtende Wirkung über die »Scientific Romance« bis in die – wie Behns Stück – von der Commedia dell'arte beeinflußten *Jerry Cornelius*-Erzählungen reicht, in denen während der sechziger und siebziger Jahre des zwanzigsten Jahrhunderts Michael Moorcock, den wir im vorherigen Kapitel als einen der wenigen männlichen Parteigänger von Andrea Dworkin kennengelernt haben, die von Godard über Harlan Ellison bis heute nachwirkend fruchtbare »New Wave« der Pop-Phantastik kodifizierte. Behns Harlekinade sucht unter anderem auch spielerisch die Auseinandersetzung mit den Naturwissenschaften – »Galileus und Kepler« treten auf (die Dichterin hat Fontenelles *Entretiens sur la pluralité des mondes* ins Englische übersetzt und eigene kopernikanische Spekulationen verfaßt). Ein Jahr später erschien *Oroonoko*, ein weiteres Jahr darauf, 1689, starb Aphra Behn. Die Geschichte ihres Lebens wurde, verfaßt von »einer Angehörigen des schönen Geschlechts« – vermutlich ihr selbst – erst 1698 im Vorwort eines Bandes mit ihren Erzählungen weiteren Leserkreisen bekannt und ist seither so vielen verschiedenen Deutungen zugeführt worden wie ihr Werk, darunter nicht wenigen sentimentalen, die nichts an ihr und ihrer Arbeit erkennen wollen als nur das philanthropische. Als bloßen Anti-Sklaventraktat in narrativer Form aber möchten wir *Oroonoko* gerade nicht verstanden wissen (was übrigens die neuere akademische Literaturwissenschaft ganz ähnlich sieht), sie selbst war schließlich auch mit einem Menschen verheiratet, der mutmaßlich vom Sklavenhandel profitiert hat. Der Witz an *Oroonoko* ist das besondere Spiel, das sie hier mit dem Naturrecht treibt, verdichtet in der Gestalt des wilden, aber herausragenden Individuums: Sie entwendet es den Bürgern und zeigt, wie seine Verallgemeinerung etwa über die von jenen Bürgern respektierte, ja vielfach (man denke noch an Kant und Hume) verstärkte Rassengrenze hinaus aussehen könnte. Politisch, wir wiederholen das, war sie keine *citoyenne,* stand sie gegen die Bürger, deren Herrschaft ihr als Sinn der Geschichte und Höhepunkt der Freiheit sowenig einleuchten wollte wie Shakespeare, Goethe oder Voltaire, die sämtlich Absolutisten, welche die Vorrechte des Adels sowenig schätzen wie die Macht der Kapitalbesitzer (den Hinweis auf diese Reihe samt Erklärung ihrer Binnenlogik findet man in ausgearbeiteter Form in den *Maßgaben der Kunst* ihres Dichterkollegen und späten politischen Nachfahren, des sozialistischen Absolutisten Peter Hacks). Sie alle postulieren den König als Autorität, der einfach Platzhalter ist für »Staatshumanismus« (Hacks), als verkörperte *volonté générale* im bewußt gesetzten Gegensatz zur vulgärdemokratischen, von den Partikularinteressen des je und je »schlechten Besonderen« fragmentierten *volonté de tous.* Die Programmatik, die sich aus der in *Oroonoko* verschlüsselten Utopie von Freiheit und Würde herauslesen läßt, ist also tatsächlich antirassistisch und antisexistisch, aber eben nicht gleichmacherisch und an der gleichmachenden Verflüssigung der gesellschaftlichen Verhältnisse durchs Geld demonstrativ desinteressiert, ja sogar leicht angewidert davon – wenn alles so liefe, wie Behn das wünschen läßt, lautet der Zustand: Alle sind König, wenn sie sich in die Vernunft schicken, alle halten ihr Wort, Locke und Rousseau geben einander die Hand, Hobbes wacht über beide, daß gilt: *pacta sunt servanda,* und summarisch kollektive Geschlechter- wie Rassenungleichheiten sind in einer von der Staatsmacht garantierten Meritokratie abgeschafft.

IX.
Sieg und Niederlage der Emanzipation: Solidarität als strategischer Implex

An Ideen wie der »von der Staatsmacht garantierten Meritokratie« und ähnlichen Konzepten, vom Sozialstaat bis zur Verstaatlichung wichtiger Produktionszweige, haben Linke seit dem Zusammenbruch der Staaten des Warschauer Vertrags in den neunziger Jahren des letzten Jahrhunderts und dem diesem als eine Art Vorbeben im Rahmen einer allgemeinen Krise des sozialistischen Paradigmas vorangegangenen Aufkommen der »Neuen Sozialen Bewegungen« in den Siebzigern und Achtzigern (Ökologie, Frieden, Minderheitenbewegungen, *Identity)* breite und fundamentale Kritik geübt; die »multikulturelle Gesellschaft«, die in den reichen Ländern dann von ebenfalls staatlichen Garantien wie der doppelten Staatsbürgerschaft, geplanten Migrationsverwaltung et cetera abgesichert sein sollte, erwies sich aber in ihrer ersten aus den unterschiedlichsten realpolitischen und propagandistischen Gründen diskutierten und forcierten Krise als etwas, das sich auch vom rotgrünsten Staat nicht gegen gesellschaftliche Kräfte durchsetzen ließ, deren Interessen auch sonst vom Arbeitsmarkt bis zur Stadtplanung den Ton angeben.

Der Versuch fürsorglicher linker Repräsentationsspezialistinnen und -spezialisten, die Angelegenheit als Kulturkampf des Kosmopolitismus auszutragen, gegen allerlei Leitkulturpappkameraden, welche die Rechte auch bald bereitwillig aufstellte, wurde schließlich von geschickteren und zeitgemäßeren Rechten mit einer kulturalistischen Generalüberholung rassistischer Ideologien beantwortet; wenn die Gene denn nicht schuld sind an der Unruhe in den Problemvierteln und *Banlieues,* dann ist es eben der Islam, irgendwas paßt immer, Ideologien sind selten wegen Umbau geschlossen, und daß man da, wo die Leute keine Perspektiven haben, genügend Atavismen findet, um abermals seufzend *the white man's burden* auf sich zu nehmen, die Barbaren zivilisieren zu müssen, ist weniger der Rede wert als die erstaunliche Tatsache, daß unter Massenmedienbedingungen Ungleichheitsmuster wie Rassismus und Sexismus offenbar historisch denken lernen, nämlich selbstreflexiv werden nach Art dessen, was wir »Rassismus und Sexismus zweiter Ordnung« nennen wollen, und was etwa so funktioniert: »Die klassischen Rassisten sagen ja, die Fremden seien schlechte Menschen, so einer bin ich natürlich nicht, aber das darf nicht heißen, daß ich sie nicht kritisieren darf« – und dann kommt alles das, was der klassische Rassist dumpf fühlte, als Ergebnis schmerzhafter Denkprozesse verwandelt, geadelt und als Unterfütterung derselben alten Erziehungs- und Aussonderungspropaganda, aber frisch wie am ersten Tag, ans Debattentageslicht.

Rassistische Ordnungen, Raub- und Feldzüge des Unrechts, der Ausgrenzung, Unterdrückung, Ausbeutung sind in Praxis und Hexis kanalisierte menschliche Verhaltensweisen, koordiniert über rassistische Kommunikation, die dialektische Interpenetrationen von einerseits naturwüchsigen und andererseits gesellschaftlich produzierten Identitätsbestimmungen vereindeutigt und auf Sortierschemata reduziert, die von angrenzenden ethnischen, klassengegliederten, religiösen, sexuellen, kulturellen, nationalen, biologischen Differenzen stabilisiert werden können. Eine davon herauszugreifen und für zentral oder völlig vernachlässigbar zu halten, wäre so dumm, wie die Bürger gewesen wären, wenn sie sich im Emanzipationskampf gegen den Adel nur »materialistisch, ökonomistisch« um den Freihandel oder »idealistisch, semiotisch« um die Religionskritik gekümmert hätten. Auf die Erzeugung von politischem Druck zur Durchsetzung menschenwürdiger Behandlung der vom Unrecht rassistisch Markierten wird Solidarität so wenig verzichten wollen wie auf das Studium des ideologischen Koordinationskleisters, auf Bücher wie Vijay Prashads *The Darker Nations* sowenig wie auf Theodore W. Allens *The Invention of The White Race* oder Nell Irvin Painters *The History of White People*.

Wo die alte, vorhandene, falsche Ordnung Risse hat, wird das Brecheisen mit dem spitzen Ende angesetzt; wo ihr materielle und, auf diesen notwendig aufsitzend, kommunikative Dispositive implizit sind, die ihr Anderswerden erlauben, werden sie explizit gemacht – so erzielt Emanzipationspolitik Ergebnisse.

Aufmerksame Pessimistinnen werden uns an dieser Stelle an unsere oben entdeckte, traurige Gesetzmäßigkeit in Erinnerung rufen wollen: Erfolgreiche Emanzipationsbewegungen neigen dazu, die mit ihren Siegen erzielten Platzvorteile vor weniger glücklichen Abhängigen, Unterdrückten, Ausgeschlossenen zum Ausbau des Abstands zu nutzen.

Wir haben das nicht vergessen.

Aber es gibt auch andere als erfolglose Emanzipationsbewegungen, und sie sind, solange die Menschheit nicht als freie und mit, soweit es die Natur der Dinge statt nur die der sozialen Verhältnisse zuläßt, gleichen Chancen für alle versehene konstituiert ist, die Mehrheit: die Geschlagenen, die Unvollendeten.

Marx war ein liberaler Bürger; das Proletariat als Bundesgenossen und Subjekt neuer Befreiungskämpfe entdeckte er systematisch erst, als seine liberalen bürgerlichen Hoffnungen in Deutschland zerschlagen waren. Die soziale Realität des arretierten Fortschritts zwingt dazu, die wechselseitige Abhängigkeit der Interessen aller von naturwüchsigem Unrecht Geschlagenen zu erkennen, die Universalität der verschiedenen atomisierten Partikularformen des Leidens an der gesellschaftlichen Welt nicht mehr als ideelle zu behaupten, sondern politisch zu erfahren. Wie etwas ein anderes, besseres werden soll als das, was es ist, das Werden als solches also, das keine metaphysische Flause ist, sondern positive Naturrealität in Elektrizität, Magnetismus, Chemie, läßt sich, so Paul Valéry in einem vieldeutigen Eintrag in den *Cahiers*[63], ohne Potentielles, Virtuelles, ohne ein *Implicitum* im Vorhandenen nicht denken. Das, was dieses *Implicitum* ausmacht, der Implex, kann, wenn die Veränderung nicht eingetreten ist, verloren aussehen wie die virtuellen Vorfahrenlinien beim genealogischen Implex. Daß aber die auseinandergetriebenen Einzelbenachteiligten zu ihrem Vorteil das negieren können, was ihre Freiheitsmöglichkeiten, die der aufgeklärte Idealismus Naturrecht nannte, negiert hat, ist die anhaltende Gelegenheit der analytischen Verlängerung der Lage nicht nur ins Historische, sondern auch ins noch Ungeschehene. Der zu explizierende Implex geschlagener partikularer Emanzipationsbewegungen ist nichts anderes als die praktische Option antipartikularer Solidarität.

FÜNF
EFFECTING ALL THINGS POSSIBLE

I.
Das Atombombenomelett in der Teflonpfanne

Wer Ende der siebziger, Anfang der achtziger Jahre des letzten Jahrhunderts in einer amerikanischen Großstadt die Einkaufsstraßen entlangspazierte, durfte den Zusammenhang zwischen technischem Fortschritt, Arbeitsteilung und Klassengesellschaft unmittelbar anschaulich erfahren, geschmückt mit blinkenden Lichtern: Auf jedes der ersten, ökonomisch meist lange noch wackligen Heimcomputerfachgeschäfte kamen drei bis vier *Game Arcades*, in denen *Space Invaders* und *Pac Man* flackerten und lärmten. Die jugendliche *Nerd*-Klientel der einen Sorte Laden sollte wenige Jahre später die Arbeitsmarktgeschicke der Kundschaft der anderen Sorte lenken; beide Gruppen wußten davon noch nichts.

Klassen sind im Sinne der Logik *fuzzy sets*, und Mobilitätsausnahmen wie Überschneidungen gab und gibt es immer, nicht nur da, wo *nerds* die Arcaden-Spiele interessanter finden als die, die sie schon zuhause spielen können, die beiden sozialen Seiten der mikroelektronischen Produktivkraftumwälzung aber blieben aufeinander bezogen, wie das ähnlich bei jeder »neuen Arbeit«, von der Dreifelderwirtschaft über die Manufaktur geschehen ist: Nicht nur die Bedingungen des Stoffwechsels der Menschengesellschaft mit der Natur, sondern auch die in von neuer Arbeit in neue Mehrproduktaneignungsregimes verwandelten Menschenbeziehungen, wobei dann meistens neue Formen des bekannten Spiels herauskommen, wie die einen die anderen zum Arbeiten anhalten und diejenigen loswerden, also etwa über Staatsgrenzen oder in von der Restgesellschaft gereizt geduldete Almosenempfängerpools umsiedeln, die dafür nicht taugen (vernichtet wurde nur in Ausnahmefällen, allerdings nicht nur dann, wenn es in die Binnenlogik der etablierten Mehrproduktaneignungsregimes paßte, sondern auch und vor allem dann, wenn diese ihre Binnenlogik, ihren in die Apparate gerutschten Verstand verloren hatten und verrückt geworden waren, was tückischerweise aber wieder sinnloser aussieht, als es ist, weil Sinnlosigkeit selber Komplexitäten nicht nur in Chaos verwandeln, sondern beispielsweise im terroristischen Krieg von Herrschenden gegen Unterworfene auch reduzieren, also, nach einer weisen Einsicht der Systemtheorie, die an dieser Stelle weit unheimlicher ist, als sie selber weiß, Sinn produzieren kann).

Entwicklung der Technik, das ist nicht erst da, wo im Sinne Benajis alle, auch Arbeitslose oder sonstwie aus dem Spiel Genommene, über Lohnarbeit vergesellschaftet sind, die Bearbeitung der Natur multipliziert mit der Ausbeutung menschlicher Arbeitskraft, vom altägyptischen Bewässerungsarbeiter über die ungelernte Kohlenholerin im Manchesterkapitalismus bis zum im Netzwerk herumstöpselnden *knowledge worker* der Gegenwart (für das Kollektiv, in dem so jemand arbeitet, hat der amerikanische Science-fiction-Autor John Shirley in seiner *Eclipse*-Romantrilogie den schönen und treffenden Namen »Techniki« gefunden, auf den wir gern zurückgreifen werden, weil er weniger nach Wissen im Sinne von Gelehrsamkeit und stärker nach gewußt-wie, vor allem aber nach Kolonnenbildung klingt, die bei der summenden Rede über die Info-Ökonomie, die Wissensgesellschaft und so weiter meist ebenso unterschlagen wie im wirklichen Leben unsichtbar gemacht wird, indem diese Typen eine ganz spezifische, vom Arbeitsmarktgeschehen vorgenommene Klasseneingliederung geschickt tarnende Uniform tragen, den Individualismus, den gar nicht so uneben »elektronische Einsamkeit« zu nennen man sich nach einer zivilisationspessimistischen Aufwärmphase bei den Intellektuellen schnell wieder abgewöhnt hat).

Von Arbeitsteilung und Herrschaft, das heißt genügend Zeit und Entscheidungsspielraum für Leute, die entscheiden, was und wie produziert wird, erzeugte Bedürfnisse (im Gegensatz zu den fixen der Stoffwechselhomöostase, die das Substrat sind, auf dem die sozial generierten sich ausschließlich entwickeln können) dynamisieren den Produktivkraftfortschritt über eine Art Pumpe, die den Informationsfluß entlang des fluktuierenden Ungleichheitsgefälles der Lebensgenußchancen reguliert; in enger Verzahnung damit erzeugt aber der Produktivkraftfortschritt sofort seinerseits neue Ungleichheit und Emanzipationspotentiale gleichermaßen, auf einem Spektrum, dessen (wie bei allen analytischen, also auf gewisse Widersprüche gestützten wie von anderen notwendig absehenden Geschichtskonstruktionen in sich nie ganz stimmigen) Extrema Technikoptimismus und Wissenschaftsüberdruß heißen. Am einen der beiden Pole finden wir so die abenteuerlich optimistische Überzeugung von Marx und Engels, die Produktivkräfte, einmal in ihrer Entwicklung durch die freie Konkurrenz von den Fesseln irrational stammes- und sonstwie blutsmäßiger Eigentumsverhältnisse befreit und im Sozialismus und Kommunismus auch der kapitalistischen Bande noch entledigt, könnten sich »ins Unendliche« fortentwikkeln (diese von Engels gebrauchte Formulierung blamiert ihn als jemanden, der nicht einmal über das Maß an Auffassungsgabe verfügt, die zu seiner Zeit von der Wissenschaft in der Tat noch sehr ungenügenden Zusammenhänge im Bereich Energieerhaltung und Thermodynamik wenigstens zu erahnen, fast einen Spiritisten oder einen jener Spinner, die heute Phantastisches von einer sogenannten *Zero Point Energy* wahrsagen – die leidige Stelle lautet wörtlich: »Die große Industrie schuf in der Dampfmaschine und den übrigen Maschinen die Mittel, die industrielle Produktion in kurzer Zeit und mit wenig Kosten ins Unendliche zu vermehren«, der Mumpitz[64] berührt besonders schmerzlich, wenn man weiß, daß Engels sich an anderer Stelle seiner wertvollen Abhandlung über *Ludwig Feuerbach und den Ausgang der klassischen deutschen Philosophie* instinktsicher und verständig zum Energieerhaltungssatz äußert). Auf der anderen Seite des besagten Spektrums finden wir dann in Adornos und Horkheimers Schriften, in Alfred Schmidts *Begriff der Natur in der Lehre von Karl Marx*, Wolfgang Pohrts *Theorie des Gebrauchswerts* und einigen Andeutungen von Moishe Postone die Ahnung bis Überzeugung, rationale Naturerschließung nach dem seit der Manufaktur gegebenen Muster führe bei Fortbestand des Kapitalverhältnisses in irreversibel wahnsinnige Weltverheerung, totale Zerstörung allen Gebrauchswerts.

Für die optimistische Partei ist der in jedem Fall, der sich denken läßt, als möglich vorausgesetzte *technological fix* das dichte, nicht poröse Gefäß oder der offene Kanal des sozialen Fortschritts. Sie weiß von der Verzinsung des Wissens, daß bei jeder Raumfahrt-Materialforschung eine nützliche Teflonpfanne herauskommt, und die Wahrheit, daß in der Natur alles mit allem zusammenhängt, ist ihr die Tür zur Allmacht.

Die Optimistenpartei denkt sich folgerichtig, sobald eine *general purpose technology* wie das Internet mit seinen Millionen vernetzter Rechner übergreifenden Standards und Protokollen samt entsprechender Web-Software einmal installiert ist, diese Technik so, als wäre sie beispielsweise bereits die lichtschnelle Demokratie, deren Implementierung doch mit ihrer Hilfe bloß möglich, aber eben nicht zwingend ist, und übersehen dabei die entscheidende Weichenstellungsperiode, in der nach Marshall McLuhans Wort der Inhalt neuer Medien aus alten Medien besteht (die ersten Fernsehspiele waren noch alternativlos abgefilmte und gesendete Quasitheateraufführungen, später kamen noch Filme dazu, die dadurch festgelegte Ästhetik hat eine volle Ausschöpfung des Potentials, welches das Fernsehen bereits für ein über offene Kanäle organisierbares Proto-Web 2.0 geboten hätte, auf Jahrzehnte verhindert) und die Leute ihre alten Verkehrsformen, zu deren Überwindungen die neuen technischen Dispositive doch einladen, unangetastet lassen, wie die ersten Eisenmöbel nach Walter Benjamins eindrucksvoller Schilderung im *Passagen-Werk* nicht in ihrer nackten funktionalen Schönheit aufgestellt, sondern mittels komplizierter Tarnlackverfahren als Holzartefakte verkleidet wurden.

Die technisierte Welt, in der man von solchen Einmantelungen des Neuen ins Alte und umgekehrt nichts weiß, malt sich diese Partei wie eine der Riesenkulissen aus mit sprühender, blitzender, numinos lumineszenter kosmischer Energie aufgeladener Gigantomaschinen, die Jack Kirby für die *Fantastic Four*-Comics gezeichnet hat und die Set-Designer von unzähligen Science-fiction-Filmen zunächst aus Pappe und Styropor haben bauen lassen und heute im Rechner mittels Software fürs *Computer Generated Imaging* erzeugen.

Was die Leute, die ihr Wissen zu Göttern macht, haben und tun könnten, das haben und tun sie zwangsläufig früher oder später wirklich: ein Irrtum, der einfach nicht genug vom Sozialen, vom

Gewicht der toten Geschlechter, von der Macht der Hexis über die Praxis und der (nicht nur Informations-)Ökonomie über die Sozialisierungsmodi weiß, um über die Menschenwelt Zutreffendes auszusagen. Der Irrtum ist allerdings kein sozialistisch-utopischer, sondern ein urbürgerlich-liberaler; die »unendliche« Produktivkraftsteigerung, die Engels in optischer Selbsttäuschung konstatiert, ist ein Echo der Erwartung, die Bacon in *New Atlantis* ausspricht, die Verwissenschaftlichung der Produktion, »effecting all things possible«, werde die Grenze dessen, was Menschen vollbringen, bis an die der Naturgesetzwirksamkeit verschieben, ein Gedanke, der dann über Condorcet[65] und diejenigen Köpfe des neunzehnten und zwanzigsten Jahrhunderts, deren Visionen Aldous Huxley in *Brave New World* karikiert, ihre Wirksamkeit bis in unsere Tage entfaltet hat und die von ihm Befallenen stets dazu verführt bis nötigt, das Gesellschaftsgeschehen als bloße Variable der naturwissenschaftlich forcierten Technikentwicklung aufzufassen – jüngste Frucht an diesem stählernen Baum sind amerikanische Ökonomieprofessorinnen, die aus Produktivitätszuwächsen automatisch explodierenden Breitenreichtum herauskalkulieren und etwa das Zusammenschnurren der gesellschaftlich notwendigen Arbeitszeit für die Herstellung von Radios, Fenstern, Autos begrüßen, weil dadurch die gesamtgesellschaftlich mögliche Muße zunähme und die Leute aus dem alten Proletariat in die neue Freiheit entlassen würde. Nach dem Zweiten Weltkrieg, rechnen diese Menschen aus, sei der Anteil der Menschen innerhalb der Gesamtbeschäftigtenzahl, die am Fließband, am Hebel oder am Knopf stehen mußten, der regelmäßig gedrückt werden muß, auf seinem quantitativen Gipfel angelangt und seither ständig gefallen; Arbeiterinnen und Arbeiter, rechnen sie weiter aus, müßten bald so selten sein wie Bäuerinnen und Bauern, und vor struktureller Arbeitslosigkeit müsse man sich nicht fürchten – wenn das Internet Volkswirtschaftsvorlesungen demnächst überflüssig mache, so die entschieden prokapitalistische Gelehrte Deirdre N. McCloskey in einer sympathisch selbstironischen Volte, werde sie ohne Murren in den Ruhestand gehen und ihren Rentenscheck, gedeckt von der leistungsfähigen amerikanischen Ökonomie, welche ihre Blüte dann wenigen Farmkräften, Industriekräften, Dienstleistungskräften und einer großen Mehrzahl von »verbürgerlichten« (sie benutzt das marxistische Wort mit Bedacht) ehemaligen Angehörigen des Proletariats verdanke.[66] Der Patzer liegt hier natürlich darin, daß von diesen verbürgerlichten Leuten und ihrer wunderbaren Mobilität die Rede geht, als wären sie unerpreßbar, wirkliche Bürger also in dem Sinn, den Rousseau ehren wollte, als er seine unabhängigen Uhrmacher, Textilfärber und Absinthhersteller lobte – was Marx und Engels mit der Verbürgerlichung der Arbeiterschaft meinten und geißeln, war ja gerade, daß sie sich mit Bürgern *verwechselten*, ohne jemals welche werden zu können; wer nichts von Klassen weiß und davon, daß der ganze Unterschied darin liegt, ob mir die Erzeugnisse meiner Arbeit gehören oder nicht, weil ich einen Titel auf die Instrumente habe oder entbehre, mit denen ich sie erzeugt habe, kurz, wer nur sieht, der alte Arbeitsplatz ist schmutzig und gesundheitsschädigend, der neue weniger schmutzig und nur noch verdeckt gefährlich (in ein Call-Center oder sonstiges Großraumbüro aber möchte man die Ökonomieprofessorin schon mal ein, zwei Wochen setzen, einfach um ihr einen Begriff davon zu vermitteln, was einem so eine Tätigkeit antut), weiß eben nicht, wie Arbeit funktioniert, und höchstens, was die Maschinen tun, an denen, mit denen (und in abhängigen Beschäftigungsverhältnissen viel zu oft: nach deren sprachlosem Apparatdiktat) gearbeitet wird.

Das »effecting all things possible«, das den Maschinen (also geronnener Arbeit, darunter *knowledge work*, mit Marxens Wort aus den *Grundrissen*: »vergegenständlichte Wissenskraft«) zugetraut wird, ist dabei aus keinem anderen Grund eine Fehleinschätzung als wegen der in dieser Erwartung sich verratenden unscharfen Sicht darauf, wie sich »possible« von dem, was wirklich ist, unterscheidet – natürlich steckt in Produktivkraftzuwächsen Freiheit – die Art, wie sie gleichsam wie auf einer Spule auf die Zeitachse gewickelt ist, stellt sogar ein recht gutes Beispiel für das dar, was wir Implex nennen –, aber das Verhältnis vom Impliziten zum Expliziten ist eben keins der zwangsläufigen Kausalität – hier verwechselt Bacon, der Induktivist, einfach den Bereich der Natur und ihrer Kausalität mit dem des Sozialen und seinen Begründungszusammenhängen –, sondern hängt davon ab, ob sich jemand findet, der das Implizite explizit *macht*.

Auch die pessimistische Partei kürzt diese Schnittstelle der Vermittlung aus ihren Geschichtsgleichungen – und sieht deshalb an dem geschichtlichen Augenblick, an dem die Verwüstungspotentiale der Technik die Ausrottung der Menschheit möglich machen, auch den Zeitpunkt für den Abschied von der Humanität gekommen (der dann je und je schwerfällt, Pathos erzwingt oder Gelegenheit zum Zynismus schafft). Seit Karl Kraus den Ersten Weltkrieg das »technoromantische Abenteuer« nannte, haben Katastrophen wie die Atomanlagendesaster von Three Mile Island und Tschernobyl, die Giftgasexplosion in Bhopal, abstürzende Verkehrsflugzeuge, die Krebswachstumsraten aufgrund von industriell in Umlauf gebrachten Giften, Skandale wie die um das Präparat Contergan oder den Werkstoff Asbest, die kumulativen Umweltschäden im Gefolge der Industrialisierung aller irgend von Menschen bewohnbaren Erdregionen und der Einsatz verwissenschaftlichter, technisch implementierter Rationalität bei der Vernichtung von Menschen in der Shoa und in kriegerisch ausgetragenen Konflikten dieser Position erhebliche Plausibilität verschafft.

Für Leute, die den notwendigen Katastrophengrund der zuhandenen Mittel über den hinreichenden der sozial gesetzten Zwecke stellen, war es damit die Physik, was Hiroshima und Nagasaki verheert hat, nicht das amerikanische Militär auf Befehl seiner Regierung. Nimmt man das ernst, wird man nicht umhinkommen zu schließen, es gäbe Dinge, die Menschen besser nicht wüßten und besser nicht könnten, eine Anschauung, die gar nicht theologisch grundiert sein muß, sondern sich auch aus Menschenliebe vertreten läßt. Wir wollen nicht so verstanden sein, daß es dafür nicht Gründe gibt – eine Gefahr, die durch in Zerstörungswucht kanalisierbare, von Forschung freigesetzte Gewalten droht, mag so groß sein, daß man bei der Wahrscheinlichkeitsabwägung zu drastischen Quarantänebestimmungen fürs soziale Erkenntnisvermögen gelangt; die verbreitete statistische Argumentation wohlmeinender Stimmen aus der Wissenschaft, die Mehrzahl der Entdeckungen sei der Gattung doch immer noch eher zum Segen ausgeschlagen statt zur Megakatastrophe, hat wenig Biß, wenn man bedenkt, daß man selbst unwahrscheinlichen Fällen mit sehr weitgehenden Abwehrmaßnahmen begegnen darf, wenn sie genügend entsetzlich wären (auf die Vermeidung des Tödlichen einer bestimmten Entwicklung werde ich, wenn ich vernünftig bin, mehr Energie verwenden als auf die Vermeidung des Lästigen, selbst wenn das Tödliche kaum, das Lästige viel eher und das Harmlose am häufigsten von dieser Entwicklung zu erwarten ist). Der Grund, warum eine radikale soziale Beschränkung der als Wissenschaft organisierten Neugier – etwa im Sinne eines »bestimmte Gebiete zu betreten, bestimmte Dinge in Erfahrung zu bringen, versagen wir uns prinzipiell« – uns dennoch nicht vernünftig erscheinen will, ist ein zweiseitiger, der auf der einen Seite aus der Binnenlogik der Wissenschaft, auf der anderen aus ihrem sozialen Status in differenzierten, arbeitsteiligen, inhomogenen Gesellschaften folgt:

Erstens weiß man, wenn man forscht, nie vorher, was man wissen wird, und müßte also die Grenzen entweder willkürlich ziehen oder aber den Stand des Wissens auf einem irgendwann gegebenen, arbiträr festzusetzenden Stand einfrieren (vor der Relativitätstheorie, die das Verhältnis von Masse und Energie offenbart, und vor der Kernspaltung kann niemand die Atombombe vorhersagen; sind sie einmal gefunden, kann umgekehrt niemand daran gehindert werden, sie sich auszumalen, es ist also fürs Forschungsverbot immer entweder noch zu früh oder schon zu spät). Die beiden Eigenheiten der Informationsverarbeitung in dafür geeigneten Gesellschaften, die das Abwehren von Folgen der Erkenntnis *a limine* verbieten, nämlich 1. man kann nicht wissen, was man wissen wird, und 2. das einmal Eingesehene läßt sich schwer ungesehen machen, sind allerdings, wenn auch unaufhebbare, so doch keine Basisgrößen, sondern selbst abgeleitete, nämlich Ergebnisse der *computational irreducibility* sozialen Lernens im Gegensatz zum individuellen Lernen psychischer Systeme. Letztere können nicht nur lernen, was nie vorher jemand gewußt hat (nämlich wenn sie ihre Erkenntnis aus dem Umgang mit dem gewinnen, was der beobachtbaren Natur an bislang Unbeobachtetem implizit ist[67]), sondern auch das, was ihnen ein anderer Mensch beibringt und also schon weiß. Lernende Gesellschaften aber wollen nicht zu einem Zustand aufschließen, den ihr Gegenüber (die Natur oder eine angrenzende, erobernde oder eroberte andere Gesellschaft) bereits erreicht hat, sondern immer einen erreichen, den es noch nie gegeben hat – Gesellschaften, die Forschung unterhalten, setzen den Fortschritt damit als soziales Ziel, was nicht einfach nur quantitativ, sondern qualitativ verschieden ist von »Bildung« (ein Mensch, der nicht mehr weiß als seine Lehrerinnen und Lehrer und dann einen Beruf ergreift, in dem bis zum Ruhestand oder Tod dasselbe getan wird, darf sich gebildet nennen; eine Gesellschaft, die ein Menschenalter später nicht mehr weiß und kann als zuvor, ist nicht fortschrittlich).

Zweitens wird, solange nicht alle alles wissen und alle alles tun können, gegen die Versuchung der Vorteilsnahme durch Kenntnisvorsprünge nichts helfen außer eine demokratische Form des Technikmanagements, die man sinnvollerweise nicht auf Sekludierung und Zensur gründen kann, sondern nur auf maximale Transparenz (und übers heute in den reichen Ländern gegebene Maß weit hinausreichende naturwissenschaftlich-technische Bildung; gestern belauschten wir in der S-Bahn eine Dame, die erklärte, ihr Internetzugang sei »telepathisch«, sie meinte W-LAN), weil alles andere sofort zu jenem infiniten Überwachungsregreß führt, den das Juvenalsche Dilemma *quis custodiet ipsos custodes* meint.

II.
Soziales Lernen unter Warenproduktionsdruck

Jede von einem Produktivkraftschub angeregte Neuordnung der Produktion erzeugt neue Taxa der Arbeitsteilung, neue Flußdiagramme für Liefer- und Zulieferketten – die allgemeinste Form, in der auch die treuherzigste bürgerliche Wirtschaftsgeschichtsschreibung den Vorgang kennt, ist als abhängige Größe, die aus der Folge von Erfindertaten herausspringt, als der diese Geschichtsschreibung den Erzeugungsfortschritt zu inszenieren gewohnt ist. Ein Erfindergenie steht dabei auf den Schultern des vorhergehenden wie in Newtons Bild vom Weitblick, aber der Boden, auf dem die Füße des ersten Genies standen, war, weil vorkapitalistische Erfindungen sich im Dunkel ungeschichtlicher Kulturkreiserinnerungen verlieren, von Anfang an das Kapitalverhältnis.

Leute, die Geld haben und daraus mehr Geld machen wollen, lassen Wissenschaftlerinnen und Techniki für sich arbeiten; diese wieder andere Leute – die Videospielkundschaft landet auf der Gehaltsliste der Atari-Bastler, die Experimentatoren und Ingenieure der Chemie verdingen sich in der Nahrungs- oder Waschmittelindustrie, andere ihres Ausbildungsgrades im Maschinenbau oder bei der Rüstung. Nicht, daß immer in derselben Richtung an den Befehlsketten gezogen würde: Grundlagenforschung ist keineswegs überall und jederzeit bloßes Zuliefererbecken für die *workforce* der Techniki-Aristokratie (um ein Wort von Marx und Engels abzuwandeln); bisweilen verhält es sich auch umgekehrt, wenn etwa Glasschleifer wie Spinoza der Astronomie zuarbeiten.

Wichtig ist für eine zutreffende Einschätzung der Wirklichkeit der Forschung nur, daß solche Verwertungsketten, Kommandostrukturen und Abhängigkeitsverhältnisse überhaupt in den Blick kommen; die besagte treuherzige Erfinderhistorie läßt sie dagegen lieber verschwinden in allgemeinen, abstrakten Prinzipien wie dem rastlosen Wißtrieb »des Menschen« oder der faustischen Natur der Europäer. Physikalische Chemiker dagegen müssen auf der Rechnung haben, daß Duschgel- und Shampoo-Fabrikanten bessere Garanten für die Untersuchung rheologischen Verhaltens oder von Benetzungseffekten sind als jenes faustische *je-ne-sais-quoi.* Die Hintergrundstrahlung der Märkte liefert das Tageslicht, denen die Universitäten lediglich ein paar künstliche (und per Mehrproduktentnahme aus dem BSP per Besteuerung abermals der Marktwelt energetisch versorgte) Punktstrahler beigesellen.

In den Gesellschaften, die nach dem Ende des Systemkonflikts Ost gegen West auf der Welt übriggeblieben sind, sollte die junge Frau, die nach dem Gymnasium oder der High School in die Fußstapfen von Walther Nernst oder Wilhelm Ostwald tritt, sich auch dann an dieser vermittelten Tauschwertorientierung ihrer Forschung orientieren, wenn sie nicht die Absicht hat, sich in der Lebensmittel-, Kosmetik-, Waschmittel- oder Klebstoffherstellung umzutun, sondern beispielsweise wirklich wissen will, welchen Einfluß die Gitterfehlpassung von Festelektrolyt und Isolator in einer Multischicht, das heißt: die Struktur innerer Festkörpergrenzflächen auf die Leitfähigkeit entlang dieser Grenzflächen hat; sie treibt dann nämlich, gehorsam der oben ausgesprochenen Tatsache, daß die wichtigste Eigenschaft der Dinge im naturwissenschaftlichen Welterschließungsgeflecht ihr zu ermittelnder Zusammenhang mit allen anderen Dingen ist, die in dieses Geflecht passen, *nicht* einfach Physikalische Chemie, sondern eben auch Materialwissenschaft, und für die ist, wie für alles Materielle, im Kapitalismus eben die Tauschwertbestimmung und der Platz des Vorhandenen in Wertschöpfungsketten entscheidend; Analoges gilt dann für Verhältnisse wie die zwischen ionischen Flüssigkeiten und *green chemistry* (im Klartext: agronomische Landwirtschaft), Photonik und Infotech. Grundlagenforschung heißt: Ein Biophysiker, der das Zytoskelett, das die Mechanik (also nicht einmal: Chemie) der inneren und äußeren Vorgänge in Reichweite biologischer Zellen bestimmt, als aktives polares Gel außerhalb des Gleichgewichtszustands beschreibt, leistet, ob er das begreift und will oder nicht, einen Beitrag zu irgend etwas, von dem die Pharmaindustrie noch gar nicht weiß, wie sie es zwanzig Jahre später zu Geld macht.

Die wissenssoziologische Pointe dieser Abhängigkeiten vor dem unhintergehbaren Verwertungshorizont ist, daß sie sich, anders als schematische Warenformanalyse, moralisierende Verdinglichungskritik und sonstige linksphilosophische Mantik erwarten lassen, eben nicht in einer skalierbaren Weise aus dem wirtschaftlichen Flußdiagramm in die Arbeitsweisen der Menschen in der *scientific community* übersetzen: Die Fakultäten an den Ausbildungsstätten, selbst da, wo sie in den USA in erheblichem Maße vom *corporate financing*, Drittmitteln und ähnlichem leben, organisieren Wissenschaft weiterhin nach Wimpeln wie Festkörperphysik, Organik oder Optik statt nach Waschmittel-, Bomben- oder Flugzeugtragflächenbeschichtungsforschung, und was unter Wissenschaftsgeschichte verstanden wird, ist weiterhin nicht die Abfolge von Wettbewerbserfolgen bei der Bleichmittelgewinnung, Lebensmittelversüßung oder Fernsehgerätverflachung, sondern schreibt eine Chronik fort, in der wichtige Stationen von der Art sind: Einer namens Kirchhoff hat da beispielsweise herausgefunden, daß Stärkekleister, wenn man ihn mit verdünnter Schwefelsäure einkocht, sich ohne Schwefelsäureverlust in Zucker verwandelt; einer namens Mitscherlich hat Äther aus Weingeist gewonnen. Von Lebensmittelchemie als Oberbegriff lebt diese Geschichtsschreibung nicht, das Dach der Architektur, in welcher die genannten Entdeckungen Elemente sind, ist vielmehr der

Begriff der Katalyse, und in der Reihe der Gestalten, die im beschriebenen Bereich geforscht haben, kommt deshalb die größte Wichtigkeit am Ende jenem Berzelius zu, der diesen Begriff fand.

Die Beobachter der aufgezählten Einzelheiten, da näher an der Anwendung als Berzelius, müßten nach der kapitalistischen Verwertungsvernunft eigentlich höhere Ehren empfangen als Berzelius, dessen Leistung zunächst außerhalb der Wertschöpfungskette zu stehen scheint, kann man sich doch für Reduktion und Abstraktion buchstäblich nichts kaufen (von Schwefelsäure, Äther oder Zucker, Stichwort Tauschwert, aber schon).

Ideologiekritisch versierte Gläubige gegenwärtiger *Science Studies* werden sich an dieser Stelle dazu hinreißen lassen, hinter dieser Wissenschaftsautonomie im Verbund mit Suprematie der Grundlagenforschung vor dem Ingenieurswesen eine Art gesellschaftlich notwendiges, falsches Bewußtsein zu vermuten. Die Tatsache, daß man Justus Liebig nicht einfach auf eine Puddingprofessur gesetzt hat, läßt sich rein formal betrachtet ja wirklich damit vergleichen, daß auch der Lehrstuhl eines Scholastikers, das Fach eines Papstes, die Profession des Aquinaten allesamt »Theologie« hießen und nicht »transzendentale Rechtfertigung von Landbesitz, Leibeigenschaft und überhaupt Feudalautorität«.

Die Tiefe, Reichweite, Persistenz und Effektivität der beschriebenen Wissenschaftsautonomie ist mit etwas wie »Verschleierung der systemstabilisierenden, das heißt herrschaftsstützenden Funktion des Wissenschaftssystems« aber unzureichend erklärt, und die Zuständigkeit der Ideologiekritik, wenn sie sich einfach *unchecked* beliebiger Hervorbringungsweisen von Aussageordnungen zu bemächtigen sucht, verdiente selbst einmal eine Überprüfung, wenn sie offensichtliche Unterschiede so folgenlos für ihren vorgeblichen Beweisgang ignorieren kann. Selbst die Menschen, die in den jeweiligen Praktiken stehen, machen diese Unterschiede, von den Theologen, die es nicht versäumt haben, sich vom (Baconschen, positivistischen, was immer auch im Angebot war) Wissenschaftsbegriff stets deutlich genug zu distanzieren, bis hin zu einer den Waffenstillstand mit den Wissenschaften (die dann plötzlich häufiger als sonst »Einzelwissenschaften« heißen, um etwa zu suggerieren, es ginge ihnen *nicht* um jenen Zusammenhang, jene Übersicht, jenes Alles-ist-auf-alles-angewiesen, das wir oben als ihre existenznotwendige Denkvoraussetzung benannt haben) formalisierenden, spätestens mit der historischen Bibelkritik aufgekommenen rhetorischen Strategie der »verschiedenen Arten, etwas zu verstehen«, Parahermeneutiken, verschiedenen Geltungsbereiche, Komplementaritäten und was dergleichen Friedensangebote mehr sind, die in jüngster Zeit, da die politische Religion von ins Bildungssystem drängenden amerikanischen Kreationisten bis zum Islamismus virulenter geworden ist als je seit dem sie in den reichen Ländern weit zurückdrängenden neunzehnten Jahrhundert, auch von Wissenschaftlern (etwa Stephen Jay Gould und diversen dem Fernöstlichen zugeneigten Hirnforschern oder Physikerinnen) begrüßt und angenommen werden. Oft geht es dabei um eine (nicht immer klar auf den Begriff gebrachte) Spielart der Unterscheidung zwischen dem Sein und dem Sollen, das Normative wird dann an den wissenschaftlich gebildeten Menschen von der Religion herangetragen, damit er sich nicht tierischer als jedes Tier benehme; die Dankbarkeit derjenigen Wissenschaftsvertreterinnen und -vertreter, wenn Leute aus dem Glaubenswesen an sie herantreten, hat viel damit zu tun, daß ein Bereich, dem man die Normativität so gründlich ausgetrieben hat, einen gewissen Sog nach ihr entwickelt. Leute wie Goulds Widersacher Richard Dawkins (und andere Hirnforscher mit Hang zu aufgefrischtem Haeckelschem Monismus) befestigen die Differenz zwischen den zu versöhnenden Aussagesystemen ihrerseits durch Angriffe auf die Religion, die ihr, weil sie eben doch Sachaussagen machen, aufgrund der Verkehrtheit derselben die Autorität absprechen, irgendwelche (seien es normative, seien es sozial selbstreflexive) Empfehlungen abzugeben; selten jedoch sind Stimmen geworden, die der Wissenschaft zutrauen, ihrerseits jene normative Strahlung abzugeben, die Wilhelm Ostwald ihr, um sie nicht von der Religion, sondern interessanterweise von der Technik zu unterscheiden, ohne weiteres zuschrieb, als er freundlich-abfällig davon redete, Technik beziehe sich »auf die Handhabung der rohen Energien, wie die Natur sie liefert«[68] und bedürfe, da diese Roheit sonst zu Exzessen und Katastrophen führe, einer Regulation durch eine von der Wissenschaft – also nicht vom lieben Gott – beizusteuernde Ethik, die, belehrt durch den zweiten Hauptsatz der Thermodynamik wie nur die drei abend- und morgenländischen Monotheismen durch die Zehn Gebote, den Ingenieuren den Imperativ »Vergeude keine Energie!« einzupauken berufen sei.

Über diese offenkundigen, in Zuständigkeitsstreitigkeiten und Kompromißverhandlungen wie den angeführten selbst oft ideologiekritische Effekte freisetzenden Differenzen hinaus, die zwischen einerseits einer Lehre bestehen, die aus dem transzendentalen Ursprung der Welt oft genug abgeleitet hat, man solle sich in ihr nicht dadurch der Hybris schuldig machen, daß man an ihrem Zustand allzuviel zu ändern sich vermißt, und andererseits einer anderen, die geradezu als der systematisierte Inbegriff dieser Hybris gelten muß, muß die Ideologiekritik der gröberen *Science Studies* sich die Nachfrage gefallen lassen, ob sie es mit ihrer wissenssoziologischen Perspektive eigentlich ernst genug meint, wenn sie mißachtet, daß die Abhängigkeit der mittelalterlichen Theologie von der Feudalität (und zuvor der spätantiken von der Sklaverei) eine gewesen ist, in der Machtausübung und -verweigerung zwischen Gehorsam und Investiturstreit, zwischen Thron und Altar, Ablaßhandel und Reformation genügend Hinweise darauf liefern, daß ein im engsten Sinn politisches Phänomen vorliegt, während die Wirksamkeit der kapitalistischen Verwertungsgesetze in der modernen Wissenschaftssphäre ja gerade nicht politisch kodifiziert ist, sondern Sache der die Forschungspraxis von Anfang an durchdringenden *Hexis,* und daher selbst zu Zeiten, zu denen irgendwelche Forscher einer konkreten Regierung der kapitalistischen Welt irgendwelche Schwierigkeiten gemacht haben, niemand ein Problem darin sah, die Geltung des Profitimperativs den Forschern etwa auf politischem Gewaltweg beizubringen – wer unbehelligt etwas, das keinen Gewinn abwirft, erforschen will, muß trotzdem Brötchen kaufen, wie eine »wissenschaftliche Gegensouveränität« aussehen könnte, ist gar nicht so leicht vorstellbar, wenn man systemtranszendierende Begriffe wie den geplanten Sozialismus vermeiden will, der Vatikan oder seine Inquisition aber haben im Mittelalter ihre eben nicht (wie bei der Forschung) produktionslogische, sondern politische Autonomie mit denselben Mitteln behauptet wie jedes andere entsprechende politische Gebilde der Feudalzeit.

Wie die Dinge liegen, verblüfft daran, daß die Verwertungsinteressen nicht den Aufbau der Wissenschaften selbst und ihr Tagesgeschehen strukturieren, sondern das zulassen, was die Theorie sozialer Systeme ein ausdifferenziertes Wissenschaftssystem nennt, vor allem der Umstand, daß das Profitsubjekt ansonsten doch, wie wir mehrere Kapitel lang gezeigt haben, bei der Unterwerfung und ihm adäquaten Zurichtung des mit ihm selbst Nichtidentischen (also der lebendigen Arbeit, der menschlichen Reproduktion und ihrer Geschlechterdynamik, der außereuropäischen Menschen und ihrer Lebensweisen wie überhaupt nicht- oder vorkapitalistischer sozialer Daseinszusammenhänge) alles andere als zimperlich ist. Aus humanistischem Aufklärungsethos hat es jedenfalls noch keinen Gewaltakt unterlassen, und daß er ausgerechnet die Wissenschaft zu subsumieren und zu subordinieren vergessen haben soll, wo doch selbst in der Unterhaltungssphäre die Produktwerbung und der Konsumanreiz alles strukturiert und markiert, was überhaupt Verbreitung findet, berührt merkwürdig, wenn man es ohne Rekurs auf das, was Wissenschaft inhaltlich ist, tut, behauptet oder begreifen will. Sind die Kapitalisten so ehrfürchtig dem Innovationsfetisch gegenüber, den die Forschungspriesterschaft sie anzubeten gelehrt hat; heißt der wahre Prophet der Neuzeit Joseph Schumpeter, und ist die »instrumentelle Vernunft« des Ingenieurswesens am Ende das, was Max Weber von der protestantischen Ethik gemutmaßt hat: die ideelle Möglichkeitsbedingung des Kapitalismus?

III.
Des Rätsels Lösung: Natur ist zwecklos

Wir mögen die Wortschöpfung »instrumentelle Vernunft« nicht sehr.

Ein bißchen riecht sie nach Weihrauch, das heißt nach einer Tautologie, die ihre Banalität mittels Moralbeimengung für Tiefsinn ausgibt, »unnütze Phantasie« wäre dann die Retourkutsche: Was soll denn Vernunft sonst sein als erstens ein Instrument des Überlebens und womöglich minimal leidvollen, maximal lustbringenden Existierens, und wie sonst soll sie ihre Aufgabe erfüllen, als indem sie etwas, das sie nicht selbst ist, dafür instrumentalisiert? Wie bei einer Sexualmoral, die moniert, daß Lust von Menschen auf Menschen die

Begehrten »zum Objekt erniedrigt«, anstatt die entscheidende Frage darin zu sehen, ob jene einwilligen und was sie dafür zurückbekommen – Begierde, die nichts zum Objekt hat, ist sowenig denkbar wie ein Gedanke, der nicht Gedanke an etwas ist (selbst wenn dieses Etwas »das Nichts« ist) –, will die pejorative Formel von der »instrumentellen Vernunft« dem Vernunftgebrauch etwas vorwerfen, dessen restlose Beseitigung ihn beenden würde. Anstatt ruhig und deutlich darauf zu bestehen – was wir enthusiastisch begrüßen würden –, daß es außer Vernunft noch etwas anderes gibt und geben soll, etwa ästhetische oder spekulative oder entrückte Erfahrungen, wird die Vernunft madig gemacht, wo sie sich von jenen unterscheidet und also ihr *proprium* finden muß. Entgegnet werden muß darauf nicht viel mehr, als daß ästhetische und spekulative und entrückte Erfahrungen, so wertvoll sie sind, historisch schon allein deshalb wesentlich häufiger Vehikel von Ideologie und Ressourcen der Herrschaftsrechtfertigung gewesen sind als Newtons Mechanik, die Theorie des Ammoniakgleichgewichts, die Strömungsdynamik oder sonst irgend etwas aus den Wissenschaften, aber auch wieder nicht deswegen, weil jene nun ihrem Wesen nach blütenrein und vor lauter Objektivität nicht schuldfähig sind, sondern aus dem einfachen Grund, daß es so etwas wie Wissenschaften noch nicht lange genug gibt, als daß sie es mit der Jagdstrecke etwa der Religionen aufnehmen könnten. Vor der Indienstnahme durch Herrschaft ist überhaupt nichts gefeit, was Menschen tun, solange es Herrschaft gibt, die interessante Frage ist nur, ob es, nur weil es immer Herrschaft gab, notwendig immer Herrschaft geben muß.

So illusionslos man also im Hinblick auf die Frage sein sollte, ob Wissenschaft in Gesellschaften, wie wir sie kennen, unbefleckt von Interessen bleiben kann, so sehr wurzelt die Wissenschaftsautonomie im entwickelten Kapitalismus (nach dessen denkbarem Verschwinden sich, *cave canem,* auch wieder jede Menge wesentlich schlechterer Gesellschaftsformen denken und machen lassen, in denen sie wieder verschwände), die man in noch so komplexen ideologiekritischen Modellen wie gezeigt gar nicht so einfach und jedenfalls kaum schlüssig erklären kann, wenn man sich zwingt, die Wissenschaften allein für Formen gesellschaftlich notwendigen falschen Bewußtseins zu halten, in etwas nicht allein Historischem, sondern Logischem: Wissenschaftliche Aussagen, die in ihrer sozialen Funktion aufgingen (ob sie nun wahr oder falsch wären), sind unmöglich, da Aussagen dieser Art keine wissenschaftlichen wären, weil sie aus Zwecken kommen, die man vorher weiß, die Wissenschaft aber nach Dingen sucht, die man vorher nicht weiß.

Die von Bacon bei seiner methodologischen Grundlegung all dessen, was die Neuzeit unter Wissenschaft versteht, konstatierte Sinnwidrigkeit der allein »auf Werke gerichteten Wissenschaft«, das heißt einer Wissenschaft, die sich beispielsweise mit Ideologie (falsche Aussagen zu Zwecken des *social engineering*) oder aber auch mit Technik (richtige Aussagen zu Zwecken der sozialen Erzeugung) verwechselt, liegt in der Sache selbst begründet – Bacon, ganz ähnlich wie später, oben zitiert, Ostwald, über Technik: »Hinsichtlich seiner Werke vermag der Mensch nichts anderes, als daß er die von der Natur gegebenen Körper einander näherbringt oder sie voneinander entfernt, das übrige vollendet die Natur von innen her«,[69] und ebendieses »von innen her« zu verstehen, ist Wissenschaft, Verknüpfung von Beobachtung und logischem Schluß (die Frage, die den Wiener Kreis und Popper einander entfremdet hat, wie es dabei mit der Hypothesengeleitetheit steht, stellt sich hier gar nicht, die Unterscheidung zwischen sozusagen interesseloser und interessierter Induktion interessiert erst, wenn man den prinzipiellen Unterschied zwischen dem Technischen und dem Wissenschaftlichen schon begriffen hat). Daraus folgt interessanterweise für Bacon auch, daß rein deduktives Schließen ebensowenig zur Wissenschaft gehört wie das *trial and error* des Tüftlers, dem der Mathematiker damit gleichgestellt ist, in Äquidistanz zur eigentlichen Forschung: »Der Mechaniker, Mathematiker, Arzt, Alchimist und Magier«,[70] sagt Bacon, sind auf Erzeugnisse aus (auch die Lösungen komplexer, aber gegen Beobachtungen gleichgültiger Gleichungssysteme sind »Werke«, diese »scheinen nach den Büchern und Werkstücken sehr zahlreich zu sein, aber all diese Vielfalt beruht nur auf außerordentlichem Scharfsinn und auf Ableitungen aus wenigen uns bekannten Dingen; nicht aber auf einer Anzahl von Grundsätzen«[71] der zulässigen Verknüpfung von Induktion und Logik, die Bacon Wissenschaft nennt). Ebendies nun fügte sich, als es erstmals gedacht wurde, so anschmiegsam in die bürgerliche Welt, die gleichzeitig gemacht wurde: Markt und Staat waren gleichsam von Bacon und Hobbes erfunden; der Markt, so, wie ihn das Kapital braucht, funktioniert nicht, wenn er nicht den Raum für das Zustandekommen nie gesehener Waren und die Befriedigung erst herzustellender Bedürfnisse in der Weise öffnet, daß er von vornherein alle Waren einander einerseits über das allgemeine Tauschäquivalent (das Geld, dessen Umlauf- und Profitregularien damit den Platz von Bacons »Anzahl von allgemeinen Grundsätzen« einnehmen) gleichmacht, andererseits aber dieses Tauschäquivalent in Form von sich selbst vermehrendem Geld, also Kapital, zum Motor der Produktivität, das heißt des organisierten Stoffwechsels (oder, mit Bacon und Ostwald, Energieaustauschs) der Menschen mit der Natur macht (»Wachstum«); der Staat wiederum, der diese Wirtschaftsweise absichern, ihr einen gesetzlichen Rahmen bereitstellen soll, funktioniert nicht, wenn es ihm nicht gelingt, die Interessen unterschiedlicher Produzenten gegeneinander auszugleichen und sich als von diesen verschieden setzen kann. In einem solchen Staat aber ist Wissenschaftsautonomie einfach der soziale Aufbewahrungsort der Naturautonomie. Die Wissenschaft von der Natur kann sich um Zwecke nicht kümmern, weil die Natur jetzt (anders als die vorbürgerliche, von einem Gott mit einem Plan erschaffene) als etwas erkannt hat, das keinen Zweck mehr hat – und gesetzte Zwecke, außer eben dem Zweck, die zwecklose Natur zu verstehen, jede Naturforschung daher verengen, verunreinigen, ihren Fokus verschmieren müßte. (*En passant* möchten wir der in Begriffsnetzen der Art, wie wir es gerade aufspannen, leider häufiger vorkommenden Faulheit entgegentreten, nicht streng genug zwischen »Zweck« und »Nutzen« zu unterscheiden. Einen Nutzen kann etwas haben, das keinen Zweck hat, umgekehrt kann Zweckhaftes ganz nutzlos sein – der Nutzen ist ein Ergebnisbegriff, der Zweck ein antizipativ gesetzter. Es kann der Zweck einer Sache sein, einen Nutzen zu haben, aber man kann eine herzustellende Sache auch – etwa bei Kunstwerken einer bestimmten ästhetischen Ausrichtung, Stichwort: *l'art pour l'art* – unter die Zweckbestimmung stellen, vollkommen nutzlos zu sein. Sie hätte dann dennoch einen Zweck, etwa den, die Differenz zwischen dem Schönen und dem Nützlichen aufzumachen, weil die Urheberin denkt, daß es wichtig ist, auf diese Differenz hinzuweisen oder sie gar zu leben. Der kleine Exkurs war uns wichtig, weil man, wenn man ihn im Gedächtnis behält, leichter verstehen wird, was wir meinen, wenn wir weiter unten in diesem Kapitel Kunstwerke in einem ganz bestimmten Sinn als »Maschinen« bezeichnen).

Rufen wir uns an dieser Stelle unsere Naturbestimmung im ersten Kapitel in Erinnerung – Natur ist, was sich durch Kommunikation darüber nicht ändern läßt –, so wird deutlicher, als wir das am Ort ihrer Einführung machen konnten, warum wir sie im vollen Wissen darum, daß auch andere, je nach gegebenen Zweck- und Erklärungszusammenhängen weit von ihr abweichende denkbar sind, bewußt so konstruiert haben, daß sie etwa »die Natur der Regierung« oder »die Natur der Kunst« einschließt (in Gestalt nämlich ebenjener Attribute der Regierung oder der Kunst, die sich durchs Darüberreden nicht ändern lassen – das mögen wenige sein, aber zu leugnen, daß es welche gibt, wäre fraglos absurd): Worauf wir hinauswollten, ist, daß zwar Naturforschung in Sätzen, Propositionen, also wiederhol- und speicherbaren kommunikativen Ereignissen ihren Niederschlag finden muß, um sozial organisiert, fortgeschrieben, verbessert werden zu können, und Kommunikation grundsätzlich unter Zwecken steht (und zwar nicht deshalb, weil alle, die etwas kommunizieren, damit notwendig Bedeutung produzieren wollen, sondern deshalb, weil nur das als Kommunikation erkannt werden kann, dem eine Bedeutung zuzurechnen ist, und unerkennbare Kommunikation keine wäre), anders Natur aber, sobald man nicht mehr animistisch, panpsychistisch oder im Sinne Spinozas (*deus sive natura)* theologisch denkt, als etwas gedacht werden muß, das diese Zwecke nicht anerkennt und nicht hervorbringt. Dieser Zwiespalt zwischen Naturtatsachen und Kommunikationserfordernissen, der sich fortzeugt bis in die raffiniertesten philosophischen Unterscheidungen zwischen synthetischen und analytischen Wahrheiten, Wissen *a posteriori* und Wissen *a priori,* Deduktion und Induktion, Empirie und Logik, notwendigen und kontingenten Wahrheiten, Vernunftwahrheiten und Tatsachenwahrheiten und so fortan, ergibt sich aus Defiziten, mit denen die Menschengesellschaft vom Augenblick ihrer Entstehung geschlagen ist, aus der Ursünde, der Vertreibung aus dem Paradies, oder weniger salbungsvoll: daraus, daß die Menschen die Daten ihrer nichtmenschlichen Umwelt überhaupt nur deshalb in einem dem übrigen Tierreich unbekannten Ausmaß mittels des Hirns verrechnen, weil sie anders als andere Arten, denen andere biotische Werkzeuge zu Auskommen und Fortpflanzungserfolgen verhelfen, ohne diese Berechnungen nicht existieren und sich nicht reproduzieren könnten. Der Zwiespalt ist damit historisch und nicht logisch, kontingent und nicht zwangsläufig, *a posteriori* und nicht *a priori,* und dennoch ebenso unaufhebbar wie ständiger Grund dafür, über ihn hinweg nach dem zu greifen, was Menschen *aus der Natur* holen müssen, aber *von Natur* nicht haben. Dieses Den-Zwiespalt-Übergreifen indes kann nur dann zu einem Akt der Art werden, die Menschen als Arbeit, Aneignung, Produktion kennen, wenn er über eine sozial organisierte Sorte Vermittlung der Gegensätze des Zwecklosen und des Zweckhaften dynamisiert wird. Diese Vermittlung, die zweckhafte Zurichtung des Zwecklosen, ist die Technik, in der, wenn das, was wir gesagt haben, wahr ist, damit das stete Risiko implizit ist, auch die Menschennatur selbst unter ihr fremde Zwecke zu zwingen, da sie nun mal so zwecklos ist wie jede Natur – darin hat für uns, auch wenn uns Pessimismus nicht stärker imponiert als Optimismus, noch die ärgste Technik- und damit Fortschrittsskepsis ihr eben nicht allein moralisch, ethisch, normativ, sondern sogar logisch begründetes Recht, von den plumpsten lebensreformerischen Interpretationen des Marxschen Entfremdungsbegriffs bis zur Anklage des »techno-romantischen Abenteuers« durch Karl Kraus beim Ausbruch des Ersten Weltkriegs, der den Zweck der Technik, das Zweckhafte mit dem Zwecklosen zu vermitteln, in sein Gegenteil umkippen sieht, bei dem es dem Zweck, als den sich das Leben setzen will, ergeht wie dem Herrn auf Hegels Herr-Knecht-Wippschaukel:

> »Der Fortschritt, unter dessen Füßen das Gras trauert und der Wald zu Papier wird, aus dem die Blätter wachsen, er hat den Lebenszweck den Lebensmitteln subordiniert und uns zu Hilfsschrauben unserer Werkzeuge gemacht. Der Zahn der Zeit ist hohl; denn als er gesund war, kam die Hand, die vom Plombieren lebt. Wo alle Kraft angewandt wurde, das Leben reibungslos zu machen, bleibt nichts übrig, was dieser Schonung noch bedarf.«[72]

Am Ende dieser Art Fortschritt stünde dann eine Katastrophe, auf die Juvenals Formel *et propter vitam vivendi perdere causas* paßt, die

Marx in der Proudhon-Kritik auf den Schaden münzt, der anarchistischen Sozialtheorien aus ihrem Ausweichen davor erwächst, die Folgen der Verwandlung der Arbeitskraft in eine Ware zu begreifen.

Menschennatur enthält Kommunikationsfähigkeit, Kommunikation steht unter Zwecken, Natur ist zwecklos, Menschen können also zwar über Natur kommunizieren, vorausgesetzt, sie besitzen eine soziale Instanz der Vermittlung zwischen Zweck und Zwecklosigkeit (Technik), aber die Bestimmung der Menschennatur in diesem technischen Rahmen nicht leisten, weil sie in einen paradoxal-infiniten Bestimmungsregreß führen muß: »Der Mensch als Naturwesen« ist das, was, wie alles, was Natur ist, keinen Zweck hat, aber Zweck setzen muß, um zu existieren, dieser Zweck wird damit Bestandteil der Natur einer Sache (des Naturgattungswesens Mensch), die damit, weil nunmehr zweckhaft, nicht mehr Natur ist, was sich aber wiederum durch das Darüberreden nicht ändern läßt, also wiederum doch Natur ist – der Zwiespalt wird durch jeden Versuch, ihn zu überwinden, auf höherer Stufe wiederhergestellt, und die Geschichte dieser Überwindung-als-Wiederherstellung ist, wenn sie durch Technik vermittelt wird, Sozialgeschichte als Produktivkraftgeschichte. Man kann auch versuchen, sie kontemplativ zu vermitteln, dann produziert man Heilsgeschichte oder Hegelianismus, also Überbrückungen des Zwiespalts, die seine Geschichtlichkeit thematisieren, um sie zu leugnen, das heißt: begrifflich loszuwerden statt praktisch.

Heilsgeschichte und Hegelianismus gehen zwar aus der Zivilisation hervor und können dieser helfen, sich zu organisieren und zu koordinieren, aber anders als Bewässerungssysteme und andere technische Vermittlungen der Dualität des Zwiespalts sind sie nicht geeignet, die Zivilisation zu erzeugen – Kraus wendet in der Reflexion auf »Komfort und Fortkommen« diesen objektiven Gedanken ins zugespitzt Subjektive: »In solcher Gegend kann die Individualität leben, aber nicht mehr entstehen«,[73] in solcher Gegend aber können die Apparate vor allem auch, wie sich dann etwas mehr als ein Menschenalter nach Kraus' Worten gezeigt hat, den Verstand wieder verlieren, das heißt die Zweckhaftigkeit, von der wir oben im Abschnitt I. gesagt haben, er sei unter den Bedingungen der verwissenschaftlichten Produktion für einen den sozialen Zwecken schließlich selbst fremd, entfremdend gegenüberstehenden Zweck (den Profit) aus dem Gemeinwesen in dessen technische Apparate gerutscht – »den Verstand verlieren« heißt: Der Zweck, unter den sie einmal gestellt wurden, um sie zu Mitteln zu rüsten, die den Stoffwechsel mit der Natur »zur Domäne des Willens« (Marx) machen können, steht den Menschen plötzlich feindlich gegenüber, und der einzige Weg, wie solche Feindschaft unter Menschen Ausdruck finden kann, ist die Vernichtung von dem verdinglichten Zweck nicht dienlichen Menschen (es ist diesem Zustand rein äußerlich, welche Menschen dann als »dem Zweck nicht dienlich« markiert werden und wie der Zweck selbst formuliert wird, wenn das Gemeinwesen erst einmal dem automatischen Subjekt unterworfen ist, kann niemand dieses Subjekt daran hindern, völlig verrückt zu werden und als seinen Zweck nicht mehr den Profit, sondern beispielsweise die arische Rassereinheit oder, bei Pol Pots *Khmer Rouge*, die angebliche Wiederherstellung eines ausgedachten Steinzeitkommunismus zu sein).

Setzt man, weil man sowohl als Individualität wie als diese ermöglichende und schützende Zivilisation nun mal von Heilsgeschichte oder Hegelianismus allein nicht leben kann, die Naturforschung, die vollständig zu vermeiden den Menschen nicht erlaubt ist, wollen sie nicht sterben und aussterben, nun jedoch, um diesem Risiko zu entkommen, die von Naturforschung selbst notwendig immer unterbestimmte (weil in infiniten Bestimmungsregreß führende) Menschennatur in die Entfremdungsklemme zu pressen oder der Vernichtung preiszugeben, unter andere Zwecke als den von der Technik nezessierten der Einrichtung von menschlicher Kommunikation über Dinge, die sich durch Kommunikation nicht ändern, ergeht es einem leicht wie der Sowjetunion mit dem Gauner Lyssenko, von dem sich die Biologie (und damit die von ihr abhängige Landwirtschaftstechnik) dort jahrzehntelang nicht erholte; als Geschichte eines Versuches, die von der Partei gesetzten, marxistisch-leninistischen Zwecke zu erfüllen, nämlich die Perfektibilität des sozialistischen Menschen über lamarckistische Vererblichkeit erworbener (hier: anerzogener) Eigenschaften sicherzustellen, ist diese Farce eine Lehre für alle Marxianerinnen und Marxianer, die nie gelesen, nicht verstanden oder zu schnell vergessen haben, daß Engels den Unterschied zwischen idealistischer und materialistischer Auffassung von den Wissenschaften unter versteckter Rüge Hegels in Gestalt der Feststellung verdeutlichte, zwar seien alle Naturvorgänge des Wachsens und des Werdens zweifellos Sonderfälle der formaldialektischen Formel von der Negation der Negation, allein, wer das wisse, wisse über diese Vorgänge noch gar nichts.

Die besseren unter seinen und Marxens Schülerinnen und Schülern wußten das freilich immer, sei es, weil sie es philosophisch herleiten konnten wie Sartre in der *Kritik der dialektischen Vernunft*, sei es, daß der von ihrer Lehre bekanntlich stets hervorgehobene Primat der Praxis ihnen diese Einsicht einschärfte, so daß sie wie Alfred Neumann grob, aber deutlich sagen konnten: »In den Naturwissenschaften gelten die Gesetze der Natur, bei den Gesellschaftswissenschaften gibt es so etwas nicht«.[74] Daß die Wissenschaft eine soziale Schöpfung ist und anders nicht existieren kann, verrät dabei ja schon der Naturgesetzbegriff, das Bild vom »Gesetz« aber bedeutet nicht, wie primitive Sozialkonstruktivismen nahelegen, daß die Naturwissenschaften nicht merken, daß ihr wahrer Gegenstand immer nur die gesellschaftlichen Bestimmungen sind, die sie ermöglicht haben, sondern daß man die Natur nur als von der Gesellschaft verschiedene Domäne begreifen kann, wenn man sie als etwas denkt, das unserem Willen, sie zu verstehen, etwas Intelligibles entgegensetzt – der Stein, der meinen Weg blockiert, also nicht will, was ich will, bekommt eben dadurch einen virtuellen eigenen Willen; die Abwesenheit von etwas, das unter einem Zweck steht, wie die menschlichen Gesetze, ist eben das oberste Gesetz der Natur, dessen durch Induktion erfahrbare Korrelate in ihrem eigenen Relationengespinst wir daher »Naturgesetze« nennen dürfen. Das banale Beharren darauf, daß es in der Natur keine Monate gibt und also auch keine Abfolge derselben, macht sich ohne Erkenntnisgewinn hart gegen die Wahrheit, daß im mitteleuropäischen Januar nun mal anderes Wetter herrscht als im August, egal, wie wir die Zeit einteilen und deren Teile nennen.

Die Induktion – in unserem Beispiel die Wetterbeobachtung im Lauf des Jahres – gehört zur Wissenschaft als ihr technischer Teil, ohne daß sie deshalb selbst Technik würde; die logische Unmöglichkeit der Induktion zu behaupten, wurde deshalb spätestens seit Popper bevorzugte Strategie aller Versuche, der Wissenschaft einzureden, sie sei auf Supplemente (religiöser oder anders normativer, philosophisch wissenschaftsmethodischer oder anders metatheoretischer) Art angewiesen; das Eigeninteresse der Angreifer (etwa Kompensation von Statusängsten, Furcht vor Mittelkürzungen und Minderwertigkeitsgefühlen, die leicht aufkommen können, wenn die intellektuellen Leistungen der Wissenschaften anders als diejenigen Poppers, Kuhns, Galisons, Latours *et tutti quanti* außer klugen Büchern auch noch Transistorradios, Herzverpflanzungen, Teflonpfannen, Atombomben abwerfen) reimte sich dabei ganz gut auf Begehrlichkeiten staatlicher und ökonomischer Machtträger, die lästige Wissenschaftsautonomie wenigstens ein bißchen heteronomer zu handhaben, wenn man dabei auch nie so weit gehen wollte wie Stalin bei seiner höchst unrätlichen Lyssenko-Unterstützung – sollten sie also ruhig weiter selbst bestimmen, was sie forschten, aber Bemühungen, Fakultäten zu *profit centers* und naturwissenschaftliche Ausbildungsstätten zu »Wissensfabriken« zu erklären, die sich dem *controlling* zu öffnen hätten, können nur zum Erfolg führen, wo man den vorgesehenen Opfern genügend Demut beigebracht hat, durch eine Lehre, die ihnen eintrichtert, daß sie keineswegs einen besonderen, weil eben induktiven Zugang zur Welt hätten, der sie vor anderen (eben religiösen, philosophischen etc.) auszeichnet und ihnen deshalb das Joch der Heteronomie erspart, in das sich alle andern Welterklärerbranchen fügen. Die meisten der zu Disziplinierenden haben das inzwischen geschluckt; die Methodenlehre sieht danach aus, und man muß schon sehr weit von den Zentren leben und äußerst eigensinnig sein, also Australier, um wie David Stove oder David Armstrong auf der *Rationality of Induction* zu bestehen – selbst dann allerdings bringt man keinen positiven Beweis der Induktionsgeltung zuwege, sondern höchstens im Wittgensteinschen Sinne Therapeutisches, indem man etwa Beispiele dafür versammelt, daß die übelste Fehlerquelle in der logischen Wahrscheinlichkeitstheorie, der nicht-deduktiven Logik und möglicherweise aller Logik überhaupt die Tendenz zum Formalismus ist, das heißt die Neigung, Begründungen für etwas auszuarbeiten, was, um mit Wilfrid Sellars zu sprechen, den Raum des Begründbaren und des Begründens gerade als Schnittstelle, also Trennendes wie Verbindendes, vom Raum der Ursachen und Wirkungen scheidet. Diese Probleme auch nur halb so tief und gründlich zu behandeln, wie Stove das in seinem Meisterwerk *The Rationality of Induction* 1986 getan hat, fehlen uns hier sowohl der Raum wie die Begabung; wir werden aber auf den sozialen und historischen Sachverhalt, der sie explizit gemacht hat, im sechzehnten Kapitel dieses Buches noch einmal gesondert (und darum auch ausführlicher als hier) eingehen.

IV.
Wheelers choreographisches Gleichnis

Am Ausgang des Mittelalters ließen sich erkenntniskritische Scharmützel wie das eben umrissene als Kampf der Schöpfer einer neuen Welt gegen die feudale Reaktion, als Auseinandersetzung wahrer mit falschen Aussagen, als Ringen Galileis mit der Kirche in der Heliozentrizitätsfrage formulieren; der berühmte Kardinal Bellarmin, der Galilei nahelegte, er solle seine Propositionen doch einfach als Hypothesen mit schlicht pragmatischem Nutzen darstellen und die Metaphysik dazu bescheiden einklammern, war schon ein echter Popperianer.

Das Glück der engen Verzahnung logischer mit sozialen Frontverläufen hat man nicht immer; es ist auch ein Irrtum zu glauben, je greifbarer der Streitwert werde, desto häufiger sei dies der Fall – es stimmt nicht einmal für die »Technowissenschaften« (ein Worthybride Derridas, in dem eine Menge darüber gesagt ist, wie wenig die Naturwissenschaftsautonomie der philosophischen und paraphilosophischen Befassung mit der modernen Wahrheitenproduktion heute noch gegenwärtig, geschweige ein zu verteidigendes Gut ist).

Welche Debatten (falls man so etwas damals hatte) es bei der Einführung des Faustkeils gegeben hat – könnte ja sein, es gab eine Jägerklasse, die sich in die neue Feinmotorik nicht einzuarbeiten wußte und ihre Stellung in den Stämmen von der neuen Erfindung bedroht sah wie die Methodenlehrer ihre von den praktischen Erfolgen der Induktion –, ob irgendwer sich der Abschaffung des Gewurstels mit Bohrholz oder Bohrknochen durch Einführung des Fiedelbogens widersetzt hat, ob es Gegnerinnen der Zweikammer-Brennöfen in Mesopotamien gegeben hat, kann man nur raten, die Vernunft steckte vielleicht anfangs da, wo sie jetzt wieder, auf sehr viel höherer Stufe, angekommen ist, in den Apparaten selbst, nicht in Kommunikation und Koordination. Spekuliert man über dergleichen, bewegt man sich auf dünnem Eis, und wenn man dann noch anthropologischen Konstanten nachspürt, wächst, je weiter man zurückfolgert, die Lamarckismusgefahr stetig, der Engels in seiner Schrift *Der Anteil der Arbeit an der Menschwerdung des Affen* erlegen ist.

So groß aber das Potential für Zwistigkeiten zu jeder Zeit gewesen sein mag, in der die Menschen sich am Funken von Schumpeters »konstruktiver Zerstörung« des Gewohnten die Finger verbrennen konnten, nie reichte es ans Potential desselben Funkens heran, das Überspringen von exogamen Energien zu erlauben, die Menschen zueinander in neue Beziehungen setzen konnten. Die Territorialgrenzen übergreifende Arbeitsteilung wurde zur Zeit der ersten Räderkarren nicht einfach erfunden, sondern buchstäblich entdeckt wie ein Naturtatbestand, der Handel der Sumerer mit Indien und Ägypten, das Hin und Her von Bernstein, Jade und Obsidian hätte keine noch so fortschrittsfeindliche Verwalterkaste unterbinden können, aber das heißt wieder nicht, daß die Produktivkraft- und Verkehrsmittelentwicklung eine gegen Interessenantagonismen innerhalb der betroffenen Gemeinwesen indifferente menschheitsgeschichtliche Invariante ist – der technische Fortschritt verläuft mit einem treffenden Ausdruck von George Liodakis »klassendifferentiell«[75], was nicht erst Marx, sondern schon aufmerksamen Beobachterinnen der industriellen Revolution wie der von uns mit dies herausarbeitenden Sätzen zitierten Anna Laetitia Barbauld aufgefallen ist.

Auch die renitentesten Antimarxistinnen werden nicht leugnen, daß nachvollziehbare Zusammenhänge, nicht nur unerklärliche Koinzidenz also zu finden ist zwischen einerseits James Watts Dampfmaschinenpatent 1769, Richard Arkwrights schon drei Jahre später eingerichteter erster dampfmaschinenbetriebener Baumwollspinnerei in Cromford (Derbyshire), den protektionistischen Maßnahmen im internationalen Handel, mit denen weitere drei Jahre später das Londoner königliche Parlament die Ausfuhr von Maschinen zur Herstellung von Baumwoll- und Leinenprodukten verbietet, um das britische Fertigungsmonopol zu stützen (die Sache hatte eine große

Zukunft, von Napoleons Kontinentalsperre bis zum durch die USA in allen Ländern des kapitalistischen Westens durchgesetzten Verbot des Exports von Computertechnik in die Länder des sozialistischen Blocks), sowie der Ansicht Adam Smiths (das *magnum opus The Wealth of Nations* erscheint sieben Jahre nach Watts' Patent), wonach Arbeitsteilung und Freihandel das Heil der Menschheit bringen müssen, und andererseits verschärften Klassenkämpfen, die sich vierzig Jahre nach Watts' Neuerung juristisch etwa im *Frame Breaking Act* niederschlugen, mit dem dasselbe Parlament, das den Auftrag hatte, die Gesamtbourgeoisie vor Klassenverrätern aus den eigenen Reihen zu schützen, die das Maschinengeheimnis ins Ausland hätten veräußern mögen, nunmehr das Proletariat maßregelte und das Zerstören der neuen Maschinen kurzerhand unter Todesstrafe stellte. Diese Zusammenhänge anzuerkennen, macht niemanden zum historischen Materialisten; es läßt sich ja einfach annehmen, daß das (inzwischen – gemessen an historischen Zeitmaßstäben – oft nahezu zeitverlustfreie) Zurückwirken der von einer Gesellschaftsform organisierten Produktionsumstellungen auf diese selbst (als längst totstrapazierte Eselsbrückenparole: Das Sein bestimmt das Bewußtsein) eine Besonderheit der Epoche der industriellen Revolution gewesen sei. Man soll das glauben, wenn man will. Ausdrücke von hoher Erklärungskraft wie Wittfogels »hydraulische Gesellschaft« fürs babylonische Reich und das pharaonische Ägypten wird man dann freilich nicht verstehen.

Verwissenschaftlichung potenziert Produktion; Produktion produziert, außer Gütern, auch Gesellschaft: Der Sachverhalt ist eine historische Invariante, der römische Aquädukt bestimmte mit, was eine römische Stadt ist, und die römische Straßenbauweise (Steinplatte mit Mörtel, dann grober Schotter, feiner Schotter und Belag, das Ganze gesäumt von Wasserpfaden) und die römische Militärtechnik (Schlachtordnungen, Katapulte etc.) formten das römische Weltreich im Endo- wie Exoskelett, die soziale Kohäsion der Sklavenhaltergesellschaft wurde als Oberflächenspannung wie als Organisation von Organen um Achsen und Gelenke herum in durchaus technischer Weise aufrechterhalten, wie alle wissen, die *Asterix* gelesen haben (besonders lehrreich: *Die Trabantenstadt*), aber mit

»technischem Fortschritt« hat das alles dennoch wenig zu tun, einen entwickelten Sektor *research and development* gab es zur Kaiserzeit sowenig wie später im feudalen Mittelalter, und daß die Invariante in allen Gesellschaftsformen auftaucht, lädt jedenfalls nicht eben zur Vermutung ein, sie könnte etwas mit der Ablösung der einen durch die andere zu schaffen haben – was aber so sehr täuscht, wie etwa eine Untersuchung irreführend wäre, die von der Entwicklung der geographischen Streuungsentwicklung der *nodes* des ARPANET in den siebziger Jahren (große Konzentration von Knotenpunkten in Kalifornien und den nordöstlichen USA, wenige Ausreißer auf Hawaii, auf dem Gelände einer NATO-Radarstation in Norwegen und weiter nach London) darauf schlösse, man habe es bei diesem Netz mit einer nordamerikanischen Militärverwaltungsangelegenheit zu tun, deren räumliche Organisation den Invarianten von Strategie und Taktik folgen müsse statt mit dem *agencement* der Urzellen des Internets.

Daß aus einer von amerikanischen Steuerzahlern in der zweiten Hälfte des zwanzigsten Jahrhunderts bezahlten Militäreinrichtung (statt etwa aus einem chinesischen Wirtschaftsplanungsinstrument, einem UNESCO-Projekt oder einer mathematischen Versuchseinrichtung eines europäischen Hochschulverbands) das bislang extensivste Informationsnetz der Weltgeschichte wurde, ist so wenig kontingent wie die Tatsache, daß es der Kapitalismus war, an dem Marx und Engels ihr materialistisches Geschichtsmodell entwickelt haben. Die manchmal bei Marxianerinnen und Marxologen anzutreffende Ansicht, es sei selbst ganz besonders materialistisch, diesen Umstand aus der politischen Opportunität des Kampfes gegen die nun mal vorhandene Sorte Klassengesellschaft zu »erklären«, zehrt vom *proton pseudos,* man könnte die Erklärungsbedürftigkeit einer erklärungsbedürftigen Sache loswerden, indem man etwas nicht minder Erklärungsbedürftiges als Erklärung präsentiert. Die Theorien über Klassengesellschaften sind auch für den historischen Materialismus sowenig bloße unvermittelte Feldeffekte von politischen Klassenkonstellationen wie diese Klassengesellschaften selbst lediglich vertrackte Epiphänomene selbstbewegter Produktivkraftgeschichte. Die Theorien werden nach Klassenkampfverlaufsformen nicht erfunden, sondern nur angenommen oder verworfen (eben von materiellen Trägern: Klassen, Bewegungen, Parteien), propagiert, umgesetzt, bekämpft; und die Klassen verhalten sich zum Stand der Produktivkräfte wie, nach einem anschaulichen und großen Wort John Archibald Wheelers, in der Einsteinschen Geometrodynamik die Raumzeit zur Masse: Letztere sagt der Raumzeit, wie sie sich krümmen muß, das heißt, sie bestimmt ihre Gestalt, diese aber schreibt dann der Masse gleichsam choreographisch vor, wie sie sich bewegen kann. So mag die Entwicklung einer Klassengesellschaft der Produktivkraftgeschichte je nach Eigentumsordnung, Populationsdynamik, Migration, militärischen Zweck-Mittel-Relationen und Geschlechterverhältnissen arge Fesseln anlegen oder Freiheitsgrade verschaffen – das Wasserrad war eigentlich das einzige, was die Römer wirklich weiterentwickelt haben; wieviel vom gesellschaftlichen Mehrprodukt in die Technikentwicklung fließen konnte, hatte seine unnachgiebigen Grenzen an den Kosten der Expansion und der Instandhaltung des Weltreichs. So kann der Posten »hohe Rüstungsausgaben« für eine Sklavenhaltergesellschaft »Wenig R&D« bedeuten, für eine kapitalistisch-imperialistische wie die USA im Kalten Krieg dagegen genau das Gegenteil, weil das Verhältnis zwischen Staat und Konzernen im zweiten Fall eben anders geregelt war als das zwischen Sklavenhaltern, Landeignern, Steuerpächtern und Militärs im ersten.

Keine Gesellschaft vor der kapitalistischen hat Forschung und Entwicklung vergleichbar explosionsartig von allen durch die Frontverläufe der Klassenantagonismen allein implementierbaren Schranken befreit, von der Aufhebung der Zünfte über die Eigentumsrechtsanpassung; verwissenschaftliche Standardisierung der Erzeugung (Serienproduktion): Konzentration und Zentralisation; Agglomeration; Erschließung und Bereitstellung von Energiemengen, für deren Gewinnung Ägypter, Römer und mittelalterliche Fronherren noch einen ungeheuren Menschenverschleiß hätten in Kauf nehmen können, durch Erfindung der Dampfmaschine und anderer Energieknacker; Flurbereinigung und Modernisierung der Nahrungsmittelerzeugung; Systematisierung des Meßwesens buchstäblich im Weltmaßstab; Erhöhung der Lebenserwartung (und verwandte demographische Folgen); Extensivierung (Reichweite) und Intensivierung (Transportleistung pro Abschnitt) der Verkehrswege; Speicherwesen; bis zu Steuerungs- und Reglertechnik, Biotechnik und den erdumspannenden Netzwerken aus Rechnern, Kabel- und Satellitenverbundordnungen.

Möglich wurde das alles, weil das automatische Subjekt, das in ursprünglicher Setzung auf seine erweiterte Reproduktion angelegte Kapital, das Rechnen mit »leerem Zweck«, absichtsvoll unterbestimmter Bestimmtheit erzwang und alsbald, das heißt, nachdem die angesaugte lebendige Arbeit, die man zuvor aus nichtlohnarbeitsförmigen, starren Sozialbeziehungen gelöst hatte, auf der Maschinerie zu laufen begann wie eine Software und Hardware in dynamischer Interpenetration juxtaponierende Applikation auf einem Computer; die ungeheure Vermehrung eines abstrakten Reichtums, zu dem in selbstähnlicher Schraube von Anfang an auch weitere Mittel zu dieser Vermehrung gehörten, ist sozusagen Kollateralsegen dieser sozialen, nicht technischen Erfindung, einer Art gesellschaftshistorischer Entsprechung zur rechenerleichternden Erfindung der Null durch die Mathematiker des indischen Altertums: Nicht nur Waren, sondern Geld, Waren und Kapital wurden billiger, das heißt, ihr Umlauf wurde schneller (das Schlagwort dazu heißt »Verminderung der Transaktionskosten«), und die Konkurrenz stand nicht erst im Imperialismus und Monopolismus unter einer Zweckbestimmung des Gesamten, die selbst keine Konkurrenz mehr hatte und haben durfte. Daß die von der kapitalerfordert verwissenschaftlichen Erzeugungsweise neu eingerichtete Vermittlung zwischen Natur und Menschen (inklusive, paradoxerweise, deren Menschennatur) die beiden miteinander vermittelten Größen nicht nur vermittelt, sondern auch auf neue Art voneinander unterscheiden lehrt (nämlich nach den vielfältigen neuen, beschleunigenden, vermehrenden und so weiter Zweck-Mittel-Rationalitäten, die das Kapital setzt), kann sich für eine Gesellschaftstheorie gleichsam »von innen«, das heißt vom Standpunkt des denkenden Gattungswesens, das seine soziale Gattungsgeschichte reflektiert, so anfühlen, als träte die Menschennatur auf neue Weise aus der Natur heraus; dies aber impliziert nicht nur Entfremdung, sondern nach deren anderer Seite hin Freiheit, aus der dann erstens die Not herausspringt, neue Relationen zwischen Beobachtetem und Unbeobachtetem zu bestimmen (Humes

Induktionsproblem), und die Möglichkeit, neue Relationen zwischen Sein und Sollen zu instituieren (Humes Problem des Verhältnisses von »is« und »ought«); beide fallen wieder zusammen in der Reflexion auf technische Praxis, wenn diese Reflexion sich etwa den bei Hume gleichsam aufgerollten, von Kant dann auf neuer Stufe entrollten Skeptizismus vornimmt – gegen den kann man, auf Technik reflektierend, dann nämlich nicht mehr nur philosophische Argumente in Stellung bringen, sondern plötzlich solche aus, beispielsweise, der industriellen Chemie:

> »Die schlagendste Widerlegung dieser wie aller andern philosophischen Schrullen ist die Praxis, nämlich das Experiment und die Industrie. Wenn wir die Richtigkeit unsrer Auffassung eines Naturvorgangs beweisen können, indem wir ihn selbst machen, ihn aus seinen Bedingungen erzeugen, ihn obendrein unsern Zwecken dienstbar werden lassen, so ist es mit dem Kantschen unfaßbaren ›Ding an sich‹ zu Ende. Die im pflanzlichen und tierischen Körper erzeugten chemischen Stoffe blieben solche Dinge an sich, bis die organische Chemie sie einen nach dem andern darzustellen anging: damit wurde das ›Ding an sich‹ ein Ding für uns, wie z. B. der Farbstoff des Krapps, das Alizarin, das wir nicht mehr auf dem Felde in den Krappwurzeln wachsen lassen, sondern aus Kohlenteer weit wohlfeiler und einfach herstellen.«[76]

»Wir« sind in diesem bemerkenswerten Absatz von Engels interessanterweise nicht irgendwelche Techniki oder sonstige Abhängige, entgegen der törichten Theoriepraxis von zehn Millionen sich auf Marx berufenden Kleingeistern scheint der Mitschöpfer des historischen und dialektischen Materialismus nicht der Meinung gewesen zu sein, wahre Aussagen (*sit venia verbo)* ließen sich nur vom Klassenstandpunkt des Proletariats aus formulieren, sondern »wir« sind die Kapitalisten, aber nicht etwa deshalb, weil der Autor dieser Sätze soziobiographisch kontingenterweise tatsächlich, wenn auch auf vergleichsweise niedriger Stufe, zu diesen gehörte, sondern weil sie die historischen Träger jener Veränderung der Erkenntnisweise unter dem Druck der Veränderung der Technik waren, welchletztere sich wiederum unter dem Druck des Kapitalverhältnisses begeben hatte. Die Reihenfolge der Adjektive, »wohlfeiler und einfacher«, also zunächst der Profit, dann Ockhams Rasierklinge, ist das stilistische

Kondensat dieses Gedankens. Der indes könnte schnell unrichtig werden, wenn man an dieser Stelle seine kontingente Wahrheit zu einer absoluten erklären wollte und etwa behauptete, jene Veränderung von zunächst Technik, dann Erkenntnisauffassung habe sich, da sie doch unterm Kapitalverhältnis entstand, auch nur unter diesem entwickeln können; und daß Marx und Engels dieser zweiten Behauptung mitunter gefährlich nahegekommen sind, ist vielleicht die bedauerlichste Folge des hereditären Hegelianismus, den sie in ihrem Marschgepäck bis in die letzten Briefe aus Engels' Feder mitgeschleppt haben.

Die marxistische Fortschrittstheorie fällt mit der marxistischen Geschichtstheorie an solchen Kurzschlußpunkten bedauerlicherweise unmittelbar zusammen; nicht die geringste Aufgabe, die wir uns mit diesem Buch gestellt haben, ist die, eine alternative, weniger hegelianische, dafür richtigere Fortschrittstheorie zu skizzieren und dann zu zeigen, daß sie mit denjenigen Behauptungen der von Marx und Engels hinterlassenen Geschichtstheorie ohne weiteres vereinbar ist, die wir für richtiger halten als alles, was konkurrierende gesellschaftswissenschaftliche Modelle seit Hegel, ja seit Condorcet über die Evolution von Gemeinwesen erzählt haben. Dialektischerweise allerdings ist das Ungenügen, das im mangelnden Abstand zwischen der Fortschritts- und der Geschichtstheorie des Marxismus bei der Rekonstruktion dessen, was davon greift, keineswegs immer nach der Seite hin zu überwinden, daß man der Geschichtstheorie (ihren Prinzipien, ihrer Heuristik und Systematik) recht gibt und die Fortschrittstheorie (ihre Erzählung, Prognostik und Binnenlogik) verwirft; manchmal ist auch das, was Marx, Engels und die von ihnen fruchtbar Belehrten über den Fortschritt sagen, richtiger als das, was sie im selben Satz über die Geschichte sagen, und den Fehler findet nur, wer sieht, daß er im Zusammenfallen der beiden Aussagen liegt (ein eindrucksvolles Beispiel dafür werden wir weiter unten enthüllen).

V.
Wahrheit, als Versprechen aufgefaßt

Das Licht der historisch-materialistischen Einsichten streut nur richtig, wenn es nicht abgelenkt und gebrochen wird von Teleologie und reduktivem Determinismus, und wenn die Irreduzibilität von Geschichte auf Logik nicht vergessen wird (daß etwas ein Fortschritt war, erkennt man nur rückblickend, ob etwas einer wird, läßt sich nur praktisch entscheiden). Will man anfechten, was Marx und Engels herausgefunden haben, so besteht die sicherste Strategie immer noch darin, seine Erklärungsreichweite zu überdehnen, indem man der Theorie imputiert, sie wolle etwas leisten, das sie nicht kann – dieser Antimarxismus hat den staatlich organisierten Marxismus so sicher überlebt wie jeder Aberglaube alle Versuche, ihm mit bloßen Vernunftgründen zuleibe zu rücken, noch 2010 verkündet jemand so Gescheites wie Deirdre McCloskey auf den nahezu 600 Seiten einer umfangreichen Abhandlung namens *Bourgeois Dignity* den einzigen Gedanken, kapitalistische Eigentumsverhältnisse, Freihandel, Investitionsstrukturen, Ausbeutung und Imperialismus allein könnten die Leistungen der europäischen und nordamerikanischen Moderne, die wir oben entwickelt haben, nicht erklären, das könnte nur die Richtigkeit und daher Wirksamkeit des bürgerlichen *sense of life* – es waren die Ideen von Galilei und Newton, die Methodenlehre von Bacon, was diese Moderne schuf, nicht Lohnarbeit, entwickelte Warenproduktion und Profit.

Der Ansatz macht sich die Ambiguität des Erklärungsbegriffs zunutze; weiter ist nichts dran: Erklärungen führen nicht nur Wirkungen auf Ursachen zurück, sondern auch Tatsachen auf Möglichkeitsbedingungen verschiedener Wahrscheinlichkeitsgrade – der Satz, die ökonomischen Bedingungen »erklären nicht« die Moderne, ist so wahr wie der Satz, die auf sozioökonomischem Wege (etwa in Gestalt des Durchlaufens eines bestimmten, teils staatlich organisierten, teils privat finanzierten Ausbildungscurriculums, ein Vorgang im von Sellars so benannten Raum der Ursachen und Wirkungen) erworbene Qualifikation eines Technikers »erklärt nicht«, daß ihn eine Rüstungsfirma auch tatsächlich eingestellt hat (er muß sich nämlich auch bewerben oder rekrutiert werden, beides Vorgänge im Bereich Kommunikation, wo wir es nach Sellars mit Begründungen und Folgerungen zu tun haben statt mit Ursachen und Wirkungen). Hätte McCloskey Bacon, den sie lobt und für alles mögliche bis hin zu Darwins Funden verantwortlich macht, wirklich gelesen, hätte ihr klarwerden müssen, daß ihr eigener ideengeschichtlicher Ansatz sich mit seiner Methodologie wesentlich ärger beißt als noch die zweideutigsten Sätze der Autoren der blauen Bände – daß etwas eine Erklärung ist, gilt bei Bacon so lange nicht als ausgemacht, wie keine Gegenprobe versucht wurde und keine Vorhersagen aus den Propositionen des Erklärungsansatzes gewonnen wurden; eine Gegenprobe der Ideenlehre, mit der McCloskey aufwartet, ist aber leicht zu machen: Wenn es Ideen wie die, die sie für die Moderne verantwortlich macht, schon früher gegeben hat, ohne daß daraus eine Moderne sich hätte vorhersagen, geschweige damit erzeugen lassen, ist die Lehre blamiert, und hätte sie die historischen Exkurse in der *Dialektik der Natur*, wenigstens aber die ionische Naturphilosophie, Lukrez und andere erst nach der Emanzipation ihres geliebten Bürgertums fruchtbar gewordene Altertümer zur Kenntnis genommen, hätte sie sich zu der Einsicht bereitfinden müssen, daß eben das bereits geschehen ist. Interessant an der im wesentlichen rhetorischen (statt im engeren, sachbezogenen Sinn argumentativen) Strategie McCloskeys ist im gegebenen Zusammenhang aber vor allem, daß sie sich bei genauerem Hinsehen als verwässerte Variante einer anderen entpuppt, mit der sowohl von Seiten der feudalen und klerikalen antibürgerlichen Reaktion wie zwei- bis dreihundert Jahre später von Seiten der bürgerlichen Skepsis gegen ebenjenes Baconsche Begriffssystem zu Felde gezogen wurde, dem McCloskey das neu-atlantische *effecting all things possible* wieder so artig zutraut, als hätte die Linie von Kardinal Bellarmin bis Popper durch diese Rechnung nie einen Strich zu ziehen versucht.

So wie sie ökonomische Erklärungen moderner Sozialtatbestände ins Reich der Mythen verweist, weil solche Erklärungen zu viele Freiheitsgrade der Entwicklung unberücksichtigt ließen, so brachten die Gegner Bacons (und, *by extension*, häufig genug sogar Ockhams) gegen dessen um die Induktion zentriertes System der Wahrheitengewinnung vor, Induktion (wie alles nicht-deduktive Schließen) sei von Natur aus fehlbar, man könne mittels ihrer niemals völlige Gewißheit über irgend etwas erlangen. Der Vorwurf richtet ganz offensichtlich eine Strohpuppe in Bacongestalt auf, um sie abzuschießen: Die diachrone Perfektibilität wissenschaftlicher Welterschließung hätte der wirkliche Bacon niemals so stark betonen können, wie er das getan hat, wenn er auch nur einen Augenblick lang der Meinung gewesen wäre, sie wäre ein Verfahren zum Erlangen oder Festklopfen von Gewißheiten. Auch die französischen mechanistischen Materialisten, deren Propaganda für die erfolgreiche Interpenetration (bei jeweils unterschiedlicher Gewichtung der beiden gegeneinander) von Ratio und Empirie, wenn schon nicht gründlicher, so doch erheblich emphatischer war als Bacons, sahen den Zweck der zutreffenden Beschreibung und Erklärung des Zwecklosen nicht in der Gewinnung niemals mehr korrekturfähiger Sätze; jenen Zweck benannt aber haben sie trotzdem – als das »gute Leben« nämlich, oder mit ihrem *primus* La Mettrie: *le bonheur*.

Inzwischen, da die LaMettrieschen Zwecke aus der normativen Propaganda auf die von Kraus beschriebene Art in die Apparate gerutscht und dort eingeklemmt, mitunter gar umgekommen sind, lassen sich sogar für Leute wie d'Holbach oder Helvétius buchstäblich undenkbare zwieschlächtige Positionen einnehmen wie die einer Befürwortung der Naturwissenschaften als organisierte Unternehmungen praktischer, nicht-deduktiver Logik bei gleichzeitiger Ablehnung des aufgeklärten sozialen und anthropologischen Programms (das auf *le bonheur* hinauswill); die »Fortschrittlichkeit« von in diesem Sinne techno- und szientophilen Reaktionären, die noch jedes Kernkraftwerk legalistisch durchgeboxt, jede Überwachungsapparatur aufgestellt und jede Inwertsetzung von Naturressourcen über deren verwissenschaftlichte kapitalistische Aneignung gerechtfertigt haben, ist nicht erst den Ökologiebewegten der siebziger Jahre des letzten Jahrhunderts sauer aufgestoßen. Die Richtung hat sogar ihre ernstzunehmenden philosophischen Exponenten, das heißt Köpfe, die vom größten Glück der größten Zahl, von Gleichheit für Freiheit und Freiheit in Gleichheit, von Emanzipation und Demokratie nichts halten, aber die Wissenschaften gegen jeden popperianischen, Kuhnschen oder von den *science studies* hervorgebrachten Angriff verteidigen – der konsequenteste uns bekannte Denker dieses Typs ist der hochflexible, blitzgescheite, lehrreiche und unterhaltsame Australier David Stove, den wir schon mehrfach haben zu Wort kommen lassen – die logische (aber eben nicht historische) Fadenscheinigkeit des Glücksversprechens der französischen Philosophiemaschinisten sieht er, weil Ablehnung illusionslos macht und Illusionslosigkeit scharfe Augen, deutlich genug in ihrer politischen Abhängigkeit von der historischen Opportunität der Mobilisierung vieler, die davon nicht gerade eine Welt zu gewinnen hatten, gegen die vom Bürgertum zu überwindende alte Gesellschaft und ihre institutionellen Erkenntnisschranken:

> »What is geocentrism or heliocentrism to most human beings? What is Newton's theory of gravitation, or Mendeléev's table, or quantum mechanics, or its successor? The progress of knowledge can be made of interest to the mass of mankind *only* by their being told that it will cure their diseases, lighten their labor, and so forth. (...) Now, this promise which the Enlightenment held out has been kept in fact: modern science, as everyone knows, *has* enourmously alleviated human misery. But there is an extraordinary fact about it, which is almost never noticed. This is that, when the promise was first made by Bacon, and for centuries afterwards during which the promise was constantly renewed, *there was no evidence whatever that it could be kept.*«[77]

Der erklärbare Tatbestand ist offensichtlich die Hartnäckigkeit, mit der das Versprechen in den schweren, beweisschwachen bis beleglosen Jahrhunderten erneuert und von denen, die auf Bacons Seite der Debatte wirkten, wohl auch geglaubt wurde. Unser Vorschlag zur Aufhellung lebt von der Analogie dieser Hartnäckigkeit zur langen Zeitspanne, die sich die antifeudale Naturrechtspartei damit ließ, aus falschen Prämissen darüber, was es auf der Welt gibt, eine richtige politische Strategie zu entwickeln, an deren Ende dann ein Zustand eintrat, in dem es das, was dem Seienden in jener Prämisse zugeschrieben wurde, auf der Welt tatsächlich zu geben anfing. Die Menschen, die auf Bacons Versprechen setzten, waren gemäß einer bis heute unverlorenen Überzeugung, die sie von der in ihrem Kulturkreis hegemonialen Religion geerbt hatten, der Ansicht, es gebe nur eine Welt – vom Monotheismus zum metaphysischen Monismus ist kein so großer Schritt, wie die Geschichte des Dualismus zwischen

Zwei-Reiche-Lehre und Cartesianismus suggeriert –, und man werde *gegen* deren Gesetze jedenfalls nicht glücklich. Wenn überhaupt eine Chance zur Erlangung von *le bonheur* besteht, so der Folgerungsgang, dann nur unter Berücksichtigung dessen, was im Angebot ist – dieses aber *in toto* erfassen zu können, ist als universaler Geltungsanspruch der von Bacon und den Seinen bevorzugten Weltaneignungsmodi ein hervorragendes epistemologisches Komplement zur Universalität des Tauschs beim bürgerlichen Gewinnwirtschaften (im Gegensatz zum feudalen und noch zum feudalabsolutistischen *deficit spending,* das eher an den ungedeckten Schecks der Erlösungsreligion Gefallen finden konnte).

Es hätte auch gepaßt, wenn es nicht gestimmt hätte, aber die Pointe lautet, daß es auf eine Weise stimmt, die über das hinausdeutet, was daran paßt – über den Zweck, den das Kapital setzt nämlich, aber nicht einfach auf die zwecklose Natur selbst, sondern auf andere Zwecke als die Inwertsetzung und andere Subjekte als das automatische. Die Baconsche Methodenlehre verdankt ihre historische Aszendenz der bürgerlichen Emanzipation und der Implementierung des Kapitalverhältnisses, aber die soziale Praxis, deren erste (und nach eigener Selbstüberschreibungsorientierung eben nicht: letztgültige) Theorie sie sein will, ist auf diesen kontingenten Ursprung anders verwiesen als die Scholastik auf die Feudalität. Der Unterschied, den wir meinen, hat, um in einer Unterscheidung zu sprechen, die seit W. V. O. Quines *Two Dogmas of Empiricism*-Aufsatz in Verruf geraten ist, von den darin enthaltenen Argumenten aber weder völlig obsolet gemacht noch auch nur so fundamental beschädigt wurde, wie Quine glauben machen wollte[78], eine synthetische und eine analytische Seite. Die synthetische läßt sich nicht klarer illustrieren als mit dem Pendelgleichnis, das der vor Stephen Hawkings Breitenwirkung bekannteste Popularisierer der Astrophysik Carl Sagan immer wieder gern und in seinem Roman *Contact* angemessen ausführlich erzählt hat – wir kürzen leicht und passen die Geschichte unseren Zwekken an, ohne sie zu ändern: Eine Wissenschaftlerin und ein Priester unterhalten sich über die Validierungsmöglichkeiten für Geglaubtes. Die Wissenschaftlerin erzählt von einem Foucaultschen Pendel mit tonnenschwerem Gewicht. Ihr newtonianisch-galileisches Glaubenssystem sagt ihr, daß die Amplitude eines solchen Pendels, läßt man es schwingen, immer nur abnehmen, niemals zunehmen kann. Sie wird darum die Prüfung ihres Glaubens akzeptieren müssen, wenn man sie auffordert, sich so hinzustellen, daß das ausschwingende Pendel ihre Nase berührt und es dann losläßt. Der Religiöse aber verfügt über kein alternatives Wissen, das ihm erlaubt, seinen Gott (oder, wenn er einem nichteuropäischen Bekenntnis angehört, seine Götter, Geister, Kami u. ä.) dergestalt zu versuchen, daß ihm bei Übertretung der Gebote, auf welche die Wissenschaftlerin verpflichtet ist, der Schädel nicht zertrümmert würde.

Man hat nun, um etwas zu retten, das man »sozialen Monismus« nennen kann, nämlich die Möglichkeit mindestens zweier Arten, zu Aussagen über die Welt zu gelangen, nicht als Verhältnis zwischen dem Überholten und dem Vorherrschenden zum gesellschaftlichen Konfliktschauplatz werden zu lassen, versucht, einen Ausgleich zwischen den beiden Parteien zu schaffen, die das Gleichnis meint, indem man, gewitzigt durch das Vorbild der schon etwas älteren negativen Theologie, Einfälle in Umlauf brachte wie den, der Glaube sei zuständig für das, was zwar in der Natur der Welt gegeben sei, sich aber mit den Baconschen Vorgaben für jegliche Befassung mit der Natur der Welt nicht ermitteln lasse: Aussagen also, die keine Tatsachenbehauptungen seien. Definieren kann man alles und so widersprüchlich, wie man mag, aber die logische Form dieser Bestimmung gleicht leider derjenigen, die etwa sagt: Das Wort »Schnirfel« bezeichne fortan alles, was sich mit keinem Wort bezeichnen läßt. Ernster als derlei wird man nehmen müssen, was Adorno, Horkheimer und von ihnen Beeindruckte gleichsam in Verallgemeinerung der »Fackel«-Fortschrittsskepsis aus ihrer eigenen historischen Erfahrung technisierter Barbarei deduziert haben, und zwar 1.) im engeren Sinn methodenkritisch in Überlegungen wie der bei Adorno im Zusammenhang einer Hegelgedenkrede geäußerten, Wissenschaftler und logische Positivisten, die das Subjektive als bloße Verneinung des Objektiven verstünden und es nun ihrerseits etwa dadurch zu verneinen suchten, daß sie nur noch Protokollsätze über Versuchsreihen als wahrheitsfähig akzeptieren, glitten auf diese Weise erst recht ins schlechteste Subjektive, in beliebigste Partikularität ab – diejenigen der Protokollsätze nämlich, die auch anders sein könnten,

2.) im erweiterten, historischen Sinn anschauungs-, erkenntnis- und welterschließungskritisch, zum Beispiel in Adornos Freiheitsvorlesungen: »Im übrigen kann man ja sagen, daß jene, zugleich in sich ganz folgerichtige und konsequente Perversion der Allgemeinheit, die gleichzeitig im Begriff des Ganzen gegenüber der Partikularität liegt« – er meint mit Perversion, was wir oben umschrieben haben als den Gedanken daran, daß das Allgemeine dem Besonderen als auch nur ein weiteres »stures Einzelinteresse« entgegentreten kann, und nennt dies das »sture Einzelinteresse der Totalität« –,

> »daß jene Perversion geradezu triumphiert hat in der faschistischen Rassentheorie, in der ja nun wirklich diese Allgemeinheit ihrerseits in ein Naturverhältnis umgebogen, naturalisiert und dadurch wieder zu einer Partikularität gemacht worden ist, die dann wie alles Partikulare die Tendenz hatte, das *andere* Partikulare nicht zu dulden, sondern, wenn möglich, eben totzuschlagen.«[79]

Diese Ableitung verliert nichts von ihrem Grauen, aber zum Glück viel von ihrer Plausibilität, wenn man sie in eine historische Konkretion übersetzt: Locke, Rousseau, Paine, Jefferson und Robespierre sind schuld am Wahnsinn von Gobineau, Chamberlain, Rosenberg, Streicher und Hitler – warum? Weil Adorno, hier mit einemmal ein gröberer Vulgärbaconianer als selbst Condorcet in seinen didaktischsten Momenten, offenbar glaubt, ein allgemeines Geschichtsgesetz gefunden zu haben, das ihm erlaubt, nun seinerseits die Erscheinungen zu etwas zu hypostasieren, das Totalität heißen darf, wenn auch negativ – die Stelle geht weiter: »Sie mögen daraus sehen, daß die Dialektik der Vernunft oder Dialektik der Aufklärung in der Geschichte so ernst und so tief ist, daß man sagen muß – ich spitze es jetzt dialektisch sehr zu –, daß die Vernunft selber in der geschichtlich überlieferten Gestalt, in der wir bis heute mit ihr zu rechnen haben, beides in eins sei: Vernunft *und* Unvernunft.«[80]

Daß der Vernunftzweifel, den Adorno hier ausspricht, von historischen Gewalterfahrungen nämlich der Niederlage der Arbeiterbewegung in Mitteleuropa in den dreißiger Jahren des letzten Jahrhunderts und der Singularität der Shoah angestoßen ist, müssen wir nicht umständlich detektivisch-forensisch aufweisen, auch wenn eine Monographie, die dies einmal mit der Genauigkeit nachzeichnet, mit der James Heartfield die strukturalistische bis poststrukturalistische, auf andere als Adornos Art vernunftkritische Phase in der französischen Philosophie mit dem Algerienkrieg und ähnlichen Ernüchterungsinzidenzen verknüpft hat, etwas sehr Wünschenswertes wäre. Daß die Vernunft »in ihrer geschichtlich überlieferten Gestalt« selbst Aussagen produzieren muß, die formal wie inhaltlich zeitgebunden sind sowohl im Fall ihrer Wahrheit wie dem ihrer Verkehrtheit, wiederholt die Kritische Theorie ja selber mit mantrahafter Ausdauer und weiß sich damit zugleich dennoch ganz einig mit Leuten, die an der Vernunft, an der Induktion und den übrigen Prämissenspendern der Aufklärung keine Schwierigkeiten haben (Stove, weder Kuhnianer noch Ideologiekritiker im Sinne der von ihm verachteten Marx und Engels, hat ähnliches wie Heartfield im Algerienfall für das *Jazz Age* und Popper ermittelt, Paul Forman der Quantenmechanik ihren wissenshistorischen Ort in der spezifischen wissenschaftlichen Kultur der Weimarer Republik zugewiesen et cetera). Gezeichnet von einem geschichtlichen Augenblick, in dem das Ineinsgreifen von Vernunft und Unvernunft in beispiellosen Verbrechen nach der Seite der Unvernunft (Hannah Arendts schon zitierter »vollendeter Sinnlosigkeit«) vereindeutigt wurde, kapituliert Adornos Denken punktuell sogar vor seiner eigenen Legierung von Vernunft und Unvernunft, wie es im Vorwort der *Minima Moralia* heißt: »Die Gewalt, die mich vertrieben hatte, verwehrte mir zugleich ihre volle Erkenntnis.«[81] Diese Lähmung meint er im selben Atemzug aber auch bereits überwunden zu haben, nämlich dank dem nun eben nicht mehr erfahrungskonstituierten, sondern aus moralischer Reflexion gewonnenen Erkenntnissupplement des persönlichen Eingeständnisses einer »Mitschuld« an dieser Gewalt. Erkenntnis der Sachverhalte, der, wie wir sagen, Natur der Sache auch dann, wenn die Sache menschengemacht ist wie der Faschismus, könne ohne dieses moralische Minimum nie »volle Erkenntnis« sein, sagt Adorno, und es verschlägt in nichts den Respekt vor ihm, wenn wir darauf hinweisen, daß das unbestimmbare Adjektiv »voll« genau jene ominösen Surplusbedeutungsschattierungen von Gewißheit, Infallibilität und also Unkorrigierbarkeit zum Schillern bringt, die wir oben schon bei der abschußfertigen Zurichtung von Bacon-Vogelscheuchen durch die feudale Reaktion (etwa de Maîstre) und Marx-Pappkameraden durch liberale Ökonomen (etwa McCloskey) kennengelernt haben.

Niemand, der Einsicht in historische Zusammenhänge auch ohne *mea culpa* für erlangbar hält, hat für diese Art Einsicht je Unfehlbarkeit reklamiert, die Fallibilität von Abstraktionen aus der Geschichte war für Bacon, Condorcet, Hegel, Marx, H.G. Wells (um eine fast beliebige Reihe von Namen zu bilden, die dafür stehen, daß man sich der Erkenntnisskepsis auch bei Affirmation historistischer Grundannahmen einer aufgeklärten Wissenssoziologie verweigern kann) und bleibt auch für uns so notwendig gegeben wie die jeder anderen Induktion. Die logische (im Gegensatz etwa zur juristischen oder narrativen) Abschließbarkeit von Untersuchungen über »die Vernunft selber in ihrer geschichtlich überlieferten Gestalt« hat niemand versprochen – wohl aber *le bonheur;* was wurde daraus?

Das Versprechen fand seine institutionelle Anschrift, wie wir gesehen haben, in der Technik als Vermittlung der menschlichen Zwekke mit dem nichtmenschlich Zwecklosen; alles aber, was eine solche Anschrift hat, wird in Klassengesellschaften sofort Spielmaterial für Ideologisches, bei dem es übrigens anders, als manche sich dekonstruktiv an den »Technowissenschaften« abarbeitende Ideologiekritik nahelegen soll, gar nicht so sehr darauf ankommt, ob die Vermittlung nun ins Dingschema gepreßt (die Technik also beispielsweise in einer Metapher, die La Mettrie nicht übel angestanden hätte, zum »Körper der Gesellschaft« [Bernward Joerges] essentialisiert) oder in transzendentaler Hypostase als Ausdruck neuer, von Hegel noch nicht deutlich genug fixierter Wirkweisen des Weltgeists gelesen wird (letzteres geschieht 1. auf popkulturell anschlußfähige Art seit den neunziger Jahren des letzten Jahrhunderts in der »Kalifornischen Ideologie«, in Zeitschriften wie MONDO 2000 und WIRED, bei den von Erik Davis 1998 systematisierten »Techgnostikern«, bei Prophetinnen der Singularität und in Gestalt diverser transgressiver, oft sehr sympathischer Technofetischismen zwischen Transhumanismus und Cyberfeminismus, Vernor Vinge und Donna Haraway und 2. in nicht wenigen anspruchsvollen Versuchen, so etwas wie eine Technikphilosophie zu erfinden, von Gotthard Günther bis Jacques Derrida).

Eskamotiert man den Vermittlungscharakter des Technischen nicht in Refikationen oder Hypostasen, wird auch die Wahrheit sinnfällig, daß es sich dabei nicht um eine Ansammlung von Sachen oder einen Ausdruck von Universalien, sondern um eine soziale Praxis handelt – daß also beispielsweise die vielbesungene IT-Revolution sich weder in der Expression der binären Logik auf digitaler Maschinenstufe noch in Server-, Glasfaserkabel- und LEO-Satelliten-Architekturen erschöpft, sondern die Umstellung auf vernetztes Arbeiten mit gegenüber dem *status quo ante* enorm vergrößerter Speicherkapazität und Prozessorleistung.

Technik ist das Verfahren, Dinge herzustellen, deren Natur darin besteht, einen Zweck zu haben, im Idealfall also solche, die selbst wieder Dinge herstellen oder dabei helfen – diese letztere Sorte Dinge, Vorrichtungen, »Erfindungen« nennen wir ab jetzt Maschinen oder marxisch »Maschinerie«, was nicht so trivial ist, wie es aussieht, weil unser Maschinenbegriff die Vergleichbarkeit von Sachen impliziert, die unter ihn, aber nicht unter die meisten intuitiven Maschinenauffassungen fallen, zum Beispiel eine Orangenplantage (das ist eine Maschine zur Herstellung von Orangen), Duchamps Bild von der Nackten, welche die Treppe hinuntersteigt (eine Maschine zur Herstellung bestimmter Sinneseindrücke), ein Weizenfeld (eine Maschine zur Herstellung von Getreide) oder die Diracgleichung (eine Maschine zur Herstellung bestimmter Kenntnisse über Elektronen).

Was historisch geschieht, sobald jemandem einmal auffällt, daß alle diese Maschinen außer Orangen, Sinnenseindrücken, Informationen über Elektronen, Kartoffelchips oder CDs als Kollateralsegen schließlich anfangen, Geschichte herzustellen, läßt sich schwerlich besser in Merkform gießen, als Rosa Luxemburg das in ihrem theoretischen Hauptwerk »Die Akkumulation des Kapitals« getan hat, implizit dem Marxschen Gedanken treu, der wirkliche Reichtum der Menschen könne nur ein Reichtum menschlicher Beziehungen, keine Warenmenge sein, und der Marxschen Zielsetzung, dieser Reichtum ließe sich vergrößern auf Wegen, auf denen bislang eher bewußtlos andere Arten von Reichtum geschaffen worden sind:

> »Je höher die Produktivität der menschlichen Arbeit, um so kürzer die Zeit, in der sie ein gegebenes Quantum Produktionsmittel in fertige Produkte verwandelt. Das ist ein allgemeines Gesetz der menschlichen Arbeit, das ebensogut unter allen vorkapitalistischen Produktionsformen Geltung hatte, wie es in der Zukunft in der sozialistischen Gesellschaftsordnung gelten wird. Ausge-

drückt in der sachlichen Gebrauchsgestalt des gesellschaftlichen Gesamtprodukts, muß sich dieses Gesetz äußern in einer immer größeren Verwendung der gesellschaftlichen Arbeitszeit auf Herstellung von Produktionsmitteln im Vergleich zur Herstellung von Konsummitteln.«[82]

Hier haben wir zweifellos das weiter oben versprochene Beispiel für einen Lehrsatz, der als materialistische Bestimmung der Möglichkeitsbedingungen für Fortschritt zutrifft, als historische Anamnese aber nur sehr bedingt – die Phasen, in denen sich die soziale Gewichtung von der Konsummittelproduktion hin zur Produktionsmittelproduktion merklich verschob, waren vor dem Kapitalismus nicht eben häufig, Weltreiche (wir erinnern an Rom und China) kamen fast ohne diese Umschichtung, und mitunter recht lange, über die Runden. Luxemburg sagt, etwas, das es immer gebe, sei so, wie sie es bestimmt; die Wahrheit ist: Etwas, das es manchmal und naturwüchsig gegeben hat und das der Sozialismus für sein Programm in den Dienst nehmen sollte, ist tatsächlich genau so, wie sie es bestimmt.

Adornos »Vernunft, wie sie sich historisch darstellt«, ist aber nicht nur das, was im entwickelten Kapitalismus draus wurde – eine spezifisch profitorientierte Lehre der »richtigen« Relation von Produktivität, Konsum und erweiterter Reproduktion –, sondern je und je besonders immer wieder eine Verhältniserkenntnisweise im Blick auf die Relationen von Sachverhalten, also *ratio* im das Zwecklose den Zwecken erschließenden Sinn einer Beziehung von *truth and truthmakers* (David Armstrong) aufeinander. Ihr geschichtsinvariantes, der Geschichte ihr Eigenmaß, ihre Eigenzeit überhaupt erst erlaubendes logisches Rückgrat ist die von der Aufklärung erstmals öffentlich konstruierte Autonomie menschengeschaffener Zustände gegenüber außersozialen, nicht zweckhaften Ordnungen. Die Aufklärung braucht zur Rechtfertigung der Verwissenschaftlichung der Erzeugung, zur Formulierung des Programms der Abschaffung von Not und Hunger den Naturbegriff, wie sie für die Erfindung der Menschenrechte den Naturrechtsbegriff braucht.

VI.
Zweck schlägt Menschennatur (Menschennatur schlägt nicht zurück)

Von der Renaissance bis zum Taylorismus, Fordismus und der informationstechnischen Umwälzung der globalisierten Produktion ist die Tauschwertbestimmung im Kapitalverhältnis Korrelat nicht abreißender Verwissenschaftlichung von Erzeugung, Distribution, Gesamtprozeß der erweiterten kapitalistischen Reproduktion, und Technik die Art und Weise, wie das Kapital in diesem Verhältnis Gebrauchswert setzt – und zerstört; die häufigste, bekannteste, aber ganz und gar nicht einzige Form dieser Gebrauchswertvernichtung ist der sogenannte Raubbau an der Natur, von der Regenwaldabholzung bis Fukushima.

Jeder Stoffwechsel mit der Natur ist in Keynes' berühmtem *long run* ein Tausch unterm Energieerhaltungssatz, der daraus ein Nullsummenspiel macht und vom Ende der Geschichte her gesehen Profit eigentlich verbietet – daß er lokal vorkommt, ist *sub specie* nicht der Ewigkeit, aber der Gesamtlogik der Geschichte, die man die idealistische Gestalt dessen nennen kann, was bei uns »sozialer Fortschritt« heißen soll, eine Illusion, so diaphan wie das Wort »Produktion« (Hervorbringung als Explizitmachen des ohnehin Vorhandenen). Die Gleichung gleicht sich aus, und aus dieser Sicht auf die Totalität wird dann in den Beschreibungen des Kapitalismus, die er als wissenschaftlich (nämlich nationalökonomisch, später volks- und betriebswirtschaftlich) richtige prämiert, eine Art transhistorische Universalie gewonnen, die »der gerechte Tausch« heißen und dem allgemeinen Äquivalent, dem Geld, seine gesamtgesellschaftliche Wirklichkeit zuweisen soll.

Wie gerecht dieser Tausch tatsächlich ist, hängt freilich davon ab, ob sich das Tauschverhältnis auch in zweiter Potenz, als Verkehrsverhältnis zwischen Menschen statt zwischen diesen und der Natur, der Energieerhaltung (man faßt deren erwünschtes Übergreifen über beide Austauschweisen heute gern in den Begriff der »Nachhaltigkeit« des Wirtschaftens zusammen) subsumieren läßt, also dort, wo man beispielsweise als Produzent von Gütern aus Rohstoffen letztere nicht selbst aus dem Boden holt, sondern diese Arbeit jemand anderen tun läßt, dem man dann weniger dafür bezahlt, als das Zeug als Posten im Produktionsprozeß (vom fertigen Produkt also ganz abgesehen) wert ist. Entlang dieser Konstellation haben die ersten Ausbeutungstheorien betreffend die *terms of trade* zwischen Erster und Dritter Welt oder, wie diese Theorien auch sagten, Zentrum und Peripherie (der entwickelten Warenproduktion und ihrer Märkte nämlich), ihr Ausbeutungsverständnis entwickelt.

Daß eine einmal auf einem Erdteil vorhandene Industrie ein alles andere als geringfügiges Hindernis dafür ist, daß auf einem anderen eine entstehen kann, sobald außerökonomische (etwa militärische) Dispositive eingerichtet werden können, die den »unterentwickelten« Erdteil in ein lohnarbeitsäquivalentes Gesamtabhängigkeits-, beispielsweise: Schuldgefängnis treiben können, bleibt auch nach dem De- und Rekolonisierungsprozeß, der auf den Zweiten Weltkrieg und den Verfall der alten Imperien samt Aufstieg des nordamerikanischen folgte, eine wichtige Wahrheit – 2009, während wir mit der Arbeit an diesem Buch schon gut fortgeschritten sind, erfahren wir aus dem Netz und anderen Nachrichten Interessantes über den Aufstand tunesischer Bergbausklaven in der Region von Gafsa. Tunesien ist, während wir dies hier notieren, also vier Jahre später, gründlich umgewälzt, aber nach wie vor der viertgrößte Phosphatproduzent der Welt. Die 350 km südwestlich von Tunis gelegene Region Gafsa besitzt Vorräte, an deren Förderung pauperisierte Lohnrekruten immerhin besser verdienen als anderswo (doppelt soviel wie im Lohndurchschnitt des Landes), diese ließen sich aber, als die jüngste maschinelle Modernisierung anfing, ihre Arbeitszusammenhänge zu stören und ihr Einkommen zu gefährden, von jungen arbeitslosen Hochschulabgängern – daß es die waren, macht einige Ansichten nicht eben unplausibler, die wir im elften Kapitel dieses Buches vorstellen werden – zum Kampf anleiten, besetzten Gewerkschaftsbüros und zettelten Streiks an, darunter – wie einige Überlegungen im dritten Kapitel schon erwarten lassen – sehr viele, sehr gut sichtbare Frauen. Die programmatische Plattform des Ungehorsams war zunächst moralischer Art, man forderte ab 2008 vor allem einen verstärkten Kampf gegen die Korruption, die Vetternwirtschaft, die nepotistische Bevorzugung der Angehörigen von Managern, wurde aber von der harten staatlichen Antwort bald über diese Forderungen hinausgetrieben in Konfrontationen, bei denen schließlich auch jemand ums Leben kam und andere zu mehrjährigen Gefängnisstrafen verurteilt wurden, und das alles, weil sie den Kapitalismus korruptionsfrei, also wenigstens so haben wollen, wie das volks- und betriebswirtschaftliche Ideal ihn malt – der gerechte Tausch ist, erkennt man, ein sehr langlebiges Ideal, das auch von denen für erreichbar und wünschenswert erachtet wird, die ihn mit eigenen Augen noch nie gesehen haben. Auch Protestmaschinen halten sich nicht immer an den Unterschied zwischen notwendig und hinreichend, Grund und Ursache – man sollte ja erwarten, daß jemand, der ohnehin lange Haftstrafen, das Geschundenwerden oder gar die Ermordung durch Büttel riskiert, nicht bescheiden die korrupte Handhabung der Produktionsordnung angreift, sondern gleich diese selber, aber die Negation der Verhältnisse beginnt eben meist über immanente Kritik, nicht über Warenanalyse, und wenn die neuere Wertkritik in Gestalt von Robert Kurz statt solcher militanter Immanenzen lieber die »klassenübergreifende radikale Formkritik des warenproduzierenden Patriarchats« sehen würde[83], kann man ihm nur antworten, daß er das am ehesten in feministischer Bibelexegese (Stichworte: Prophet Jesaja, Bergpredigt, Geschichte der Maria Magdalena) finden wird und die Frauen von Gafsa jedenfalls gescheiter sind als Kurz und wir zusammengenommen: Übers Fressen sind sie schon hinaus, bei der Moral, und die verändert sich dann in den Kämpfen und wird klüger, als man sie am Rechner je entwerfen könnte.

Die Maxime, daß erst das Fressen komme und dann die Moral, war von Brecht zweiseitig gemeint gewesen: einerseits als Spitze gegen alle, die den Armen Zucht predigen, anstatt die Armut abschaffen zu wollen, andererseits aber auch als Beschreibung der Ausgangslage für jeden etwaigen Widerstand gegen die Armutswirklichkeit.

Daß manche Produktionszweige für den Gesamtstoffwechsel der Gattung mit der Natur wichtiger sind als andere, gilt nicht nur für Revolutionäre, sondern auch für die revolutionärste Form der Mehrproduktgewinnung und Inwertsetzung selbst.

Die moderne Agrarwirtschaft, das *Agro-Food-Business,* ist neben der Energiewirtschaft und den Finanzströmen einer der drei zentralen Treibriemen der Entstehung, Durchsetzung und Gestaltung des kapitalistischen Weltmarkts, woraus man lernen kann, daß es bei Klassenfrontverläufen jedenfalls nicht ums Quantitative geht (im führenden kapitalistischen Flächenstaat, den USA, sind noch zwei Prozent der Erwerbstätigen in der Landwirtschaft beschäftigt).

Die Entwicklung der Agrartechnik zeigt *in vivo*, was Luxemburg mit den Sätzen meint, die wir von ihr zitiert haben: Abstecken der Bepflanzung, Düngung und Bewässerung waren die Aufgaben der ersten Iteration, die Rotation folgte, ging dem kapitalistischen Zentralereignis, der industriellen Revolution, unmittelbar voraus und schuf entscheidende Voraussetzungen dafür; im neunzehnten Jahrhundert stellten sich dann auf höherer Stufe die neuen Probleme neu, weil Düngungsindustrie und Bodenchemie von einer Umwälzung erfaßt wurden, die ihren Ausgang in der Schöpfung der Organik durch Leute wie Justus Liebig und Friedrich Wöhler hatte, also der Bahnung des Wegs zur synthetischen Herstellung von bislang nur als Produkt des Lebendigen bekannten Stoffen aus anorganischen Ausgangsmaterialien; im zwanzigsten Jahrhundert schließlich führt das alles parallel zur flächendeckenden Mechanisierung und neuen Verfahren der Pflanzenkreuzung bis zu Agrochemikalien einer im Wöhlerzeitalter unbekannten Potenz, zur Gentech und der steten Selbstveredelung der Veredelungsindustrie.[84]

Traurigerweise kommt die Bäuerin vor der Revolution selten dazu, Rosa Luxemburg zu lesen.

Der Beharrungswiderstand (im Gegensatz zum Besitzstandswahrerwiderstand echter herrschender Klassen) gegen alle nennenswerten sozialen Revolutionen, die nicht antikolonial waren (und antikolonial, das darf man nie vergessen, war ja auch die amerikanische, ein seltsames Vorbild für all die armen Kolonien später zwar, aber vielleicht eines, das für Lateinamerika, Asien, den Nahen Osten heute lehrreicher ist als die Entstehung der Sowjetunion), geht zuallererst von agrarischen, also Nahrungsmittelproduktionssektoren aus: Die Französische Revolution hatte blutige Händel mit der Vendée, Stalin ging spät, aber um so brutaler gegen die Kulaken vor, Mao brach, weil er sonst verloren gewesen wäre, jahrtausendealte Produktionszusammenhänge und ersetzte sie durch alles andere als freiwillig assoziierte Kollektive. Die Einführung von Technik zur Neukalibrierung aller produktionsinternen Zweck-Mittel-Bezüge mußte in Agrarlandschaften wie den genannten von Mehrfelderwirtschaft bis Traktorisierung nicht nur ein Arbeitsleben umwälzen, sondern setzte auch ohne die Fundamente anderer Techniken an, die anderswo für die bürgerliche Welt bereitlagen, darunter Schreiben und Lesen, aber auch jene Varianten von Arbeitsdisziplin, Zeitmanagement, Welterschließungsroutine, Körperschemata und so fort, die Foucault mit dem schönen und treffenden Ausdruck »Techniken des Selbst« benannt und welche die Psychoanalyse zuvor unter Marken wie »Ich-Erweiterung« begriffen hat: Wenn ich etwas hervorbringen kann, weil ich verstanden habe, wie das geht, bin ich reicher individuiert als einer, der für irgendeine Tätigkeit abgerichtet wurde, die er nicht durchschaut. Von Leuten, die gewohnt sind, für den Zaren zu beten, der sie schinden läßt, kann man Selbstverwaltung nicht nur deshalb nicht erwarten, weil die Dorfgeistlichen dagegen hetzen, sondern auch, weil Leute, die noch nicht bei einem »Ich« angekommen sind, das nur als Produkt von Reichtum, Auswahlchancen, also Differentiation zustande kommen kann, mit der Aufforderung Selbstverwaltung nichts anderes anfangen werden als mit Befehlen immer. Als die Bolschewiki an den entlegensten Orten schließlich Dorfsowjets eingerichtet hatten, brach der Spaß jedesmal zusammen, wenn die Sendboten der Revolutionsregierung wieder weg waren.

Die Lehre daraus muß natürlich (!) lauten, daß Technik *per se*, auch solche der Verwaltung, eben wirklich keine Hardware ist, auch keine »irgendwie soziale«, die man mit Programmen wie »Republikanismus« oder »Sozialismus« bespielen kann, sondern selbst ein Programm, nämlich ein *Operating System* (das Bild ist, wie Bilder immer, nicht in allen Einzelheiten sachadäquat; hält man es sich bei der Auseinandersetzung mit dem technowissenschaftlichen Nexus in der entwickelten kapitalistischen Gesellschaft gegenwärtig, wird man aber zumindest nicht in die vielen Kategorienfehler-Fallen tapsen, die auf dem analytischen Weg aufgestellt sind, der aus der übertriebenen Ernstnahme von Wortschöpfungen wie Veblens »Technokratie« ins Dickicht habitueller Verwechslung von Ursachen und Wirkungen führt).

Mechanistische Lösungen etwa der Landreformfrage, die von einfallsarmen Sozialisten gern nach der Devise »Je egalitärer die Zuteilung, desto besser« angegangen werden, vergessen, was Marx und Engels schon klar war, als sie im *Zirkular gegen Kriege* einem Bauernbeglücker, der aus Deutschland nach Amerika ausgewandert war und dort für eine Zuteilung von Land an einfach jeden eintrat, ernüchternd vorrechneten, daß bei dessen Maß von »jeweils 160 Acres« die ganze Menschheit auf dem damaligen Stand der Bodenbewirtschaftung 8,75 Millionen Bauern mit Familien zu je fünf Köpfen würde umfassen müssen und der versprochene Ewigkeitsbesitz selbst bei angesetzter bloß gleichbleibender Bevölkerungszunahme und vorausgesetzt, daß der Erdball nicht aus bislang unbekannten Gründen plötzlich wächst wie ein Kürbis, in weniger als zwei Generationen bis zur letzten Ackerfurche besetzt sein würde[85]. Die beiden waren gewiß keine Malthusianer, aber eben vernünftig genug zu begreifen, daß Produktionsfragen auf Verteilungsfragen irreduzibel sind. Sozialismus ist nicht. Jeder kriegt 1.000 Euro und zum Geburtstag einen Maredo-Grillteller mit Rösti – wer das dennoch glaubt, beerbt die utopischen Sozialisten, also Leute wie Fourier und Saint-Simon, die sich zu denen, welche die Verwechslung von Produktions- und Verteilungsfragen überwunden haben, verhalten wie die Alchimisten zu den Chemikern.

Das Kapital leidet an solchen Fehlschlüssen nicht, es läßt zwar (wenn auch zunehmend müder) immer noch behaupten, es ginge im Kapitalismus um das dem Grillteller-Prinzip entgegengesetzte Prinzip des gerechten Tausches auch beim Arbeitseinsatz – »Leistung muß sich wieder lohnen« –, verhält sich aber anders, nämlich so, daß dem Rechnung getragen wird, worum es im Kapitalismus tatsächlich geht. Dafür ist gerade die jüngere Geschichte der Agrarwirtschaft ein instruktives Beispiel: Grüne Revolution (parastaatlich aus dem Gesamtmehrprodukt des allmählich zum Weltkapitalismus zusammenschießenden internationalen Handelsgeschehens etwa über »Entwicklungshilfe« ins Werk gesetzt) und das darauf angesetzte, die biotechnische Zweit- und Drittindustrialisierung bereits industrialisierte Wirtschaften, immer neue Maschinen, Bewässerungsoptimierungen, Hybridsaat, neue Dünger, effektivere Pestizide (breit getestet in den USA ausgerechnet während der Depressionszeit; die verschiedenen Räder des Fortschritts laufen verschieden schnell): Mit alledem wird der Gegensatz Stadt–Land planmäßig eingeebnet, insofern nicht nur die Landarbeit der Stadtarbeit die Lebensmittel liefert, sondern die Stadtarbeit der Landarbeit die Produktionsmittel bis hin zu den abstrakten, intellektuellen, informationellen (übers Patentrecht). Damit verliert der Landbesitz einerseits an Geltung, weil der Weg zurück zur Macht übers Soziale als Titel auf Gebiete von den neuen Interdependenzen versperrt wird, andererseits aber wird der Besitz an vormals wertlosem Land, in vertrackter Dialektik, aufgewertet – als Insektizide aufkamen, die den Anbau von Baumwolle im zuvor dafür wegen seiner Schädlinge nicht geeigneten zentralamerikanischen Raum profitabel machten, vertrieben Grundherren arme Bauern vom vorher anders als mit Baumwolle bepflanzten oder als Weide genutzten Land. Häufig dienen arme Gegenden als Testgelände für Verfahren, die, wenn erprobt und bestätigt, in reichen die Verwertungsketten straffen – wenn Monsanto Kenia eine Süßkartoffel schenkt oder Bayer irgendwo genmodifizierten Reis gebührenfrei nachzüchten läßt, dann können diese Konzerne sich das vor allem leisten, weil die Märkte dort ohnehin klein sind; abgerechnet wird in Rußland, den USA, Europa, wo die landwirtschaftlichen Betriebe konkurrenzprofitabel wirtschaften müssen und für Lizenzen Geld ausgeben können.

Eine Strategie der Emanzipation von den neuen Gegensätzen, die auf diese Weise von den agrarischen wie allen anderen Technowissenschaften verfestigt werden, während sich andere (Stadt und Land und dergleichen) verflüssigen, wird daher eine Doppelstrategie sein müssen: 1. In den kapitalistischen Zentren eine ernsthafte Verteidigung sowohl der logischen wie der diese sozial aufbewahrenden ökonomischen Wissenschaftsautonomie, zumindest ihrer Reste (»gesunde Zahnsubstanz erhalten«, sagt die Dentaltechnik) durch Drittmittelaufsicht wie strenge Zurückweisung aller Versuche, den Universitätsbetrieb an Fabrik- (oder modisch getünchten Manufaktur-)Modellen auszurichten. Soweit diese Autonomien schon verschwunden sind, gilt es, sie zurückzuerobern, unter besonderem Augenmerk auf die wissenschaftsfellachischen Ausbeutungshierarchien, die sich da inzwischen gebildet haben, nicht nur in Europa, wo Forscherinnen aus dem kollabierten Sozialismus in den Westen geholt wurden und werden, um dort mit ihrer Hilfe Arbeitsbedingungsdumping zu betreiben.

2. Maschinenstürmerei höherer Ordnung, das heißt eine, die den klassendifferentiellen Effekten der technowissenschaftlichen Produktion auf der Spur bleibt und also den Unterschied zwischen Fortschritt und Geschichte im Blick behält – mit George Liodakis:

> »Contrary to the traditional, mechanistic proclamation of the historical necessity for the development of the productive forces, and the dilemma of whether to develop capitalism in agriculture or not, I would also argue that today's resistance to the capitalisation of agriculture may not be an anachronism insofar as it is associated with the need for ecological sustainability and the need to search for ›exit routes‹ from commodification and the capitalist valorisation process, towards expanding autonomous production and socialism«.[86]

Das »Dilemma«, von dem er spricht, wird man allerdings, wenn man die These »Zuerst müssen die Produktivkräfte entwickelt werden« mit Recht wie Liodakis für fetischistisch und falsch hält, nicht durch deren Umkehrung »Zuerst müssen die sozialen Beziehungen geregelt werden« los. Es stellt sich, da es die wechselseitige Durchdringung des Deskriptiven und des Normativen jeder Emanzipationsüberlegung berührt, dann einfach nur auf höherer Ebene, als erweitertes Auseinanderklaffen der Schere »Fressen – Moral«, neu, etwa in der Form: Sollen wir die armen Länder von den Früchten der Produktivkraftentwicklung abschneiden, bis wir bei uns die Revolution gemacht haben, oder zulassen, daß Genfood ihre Produktivität, die ansonsten keinen Konzern interessiert, lokal steigert um den Preis der kapitalistischen Inwertsetzung von dadurch in ihrem Bestand bedrohten natürlichen und sozialen Ressourcen? Darf man von Werten wie der Nachhaltigkeit ausgehen, wenn Leute nicht bloß essen, sondern auch soziale Mobilität wollen (das Bemühen, die Dorfgemeinschaft zu erhalten, über die der Bulldozer des transnationalen Unternehmertums wegwalzt, ist aller Ehren wert, aber es soll auch Leute geben, die da rausmöchten), darf man Hegels Entwicklung des Bewußtseins der Freiheit dirigistisch abkürzen?

Marx und Engels haben zu allen derartigen Fragen – Maschinenstürmerei oder nicht, Schutzzoll und Patente ja oder nein – empfohlen, die Perspektive abhängiger und besitzloser Produzenten einzunehmen; es geht nicht einfach abstrakt um so etwas wie »Ist es gut, wenn die Biodiversität und das Keimplasma unter Gebrauchswertbestimmungen gesetzt werden?«, sondern konkret darum, wer das wo gegen wen tut und über Tauschwerte vermittelt, nicht also »access to food (a mere distributional, and highly unfeasible reform!), or to seed, germplasm, and scientific knowledge«[87], sondern Eingriffe in die Produktionsweise, alle an ihrem Ort – wenn immer nur die Armen verzichten sollen, wird das Regime nicht gebrochen, sondern (unter sozialistischen oder sonstwie normativen Vorzeichen) immer nur (und, wenn wir Pech haben, weit übers soziologisch »Moderne« hinaus) modernisiert. Gegen vulgärtechnizistische Utopien der Sorte, »Wenn erst Nanotech und Genmodifikation die Menschen in die Lage versetzt haben werden, direkt aus dem Bodendreck oder dem Licht Nährstoffe zu synthetisieren, wird ein konkreter Kommunismus geboren, der sich um die soziale Organisation des Stoffwechsels zwischen Gesellschaft und Natur keine Gedanken mehr machen muß«, haben Marxisten auch da, wo sie Technik nicht wie wir als die interessengeleitete Zweckbestimmung des Zwecklosen bestimmten, darauf bestanden, daß Technik nicht eine Dingansammlung, sondern selbst ein soziales Verhältnis und also niemals zweckneutral sein kann. Waren sie für etwas, das man in den letzten dreißig Jahren immer häufiger Ökosozialismus nannte, so haben sie sich allerdings häufiger darum gedrückt, daß die Erkenntnis, Technik entbehre solcher Neutralität, nichts an der Wahrheit ändert, daß unter sozialen Umständen, in denen dieses soziale Verhältnis ein ungerechtes ist, die Losung »Weniger Technik« selber eine fetischistische, das Problem zum Nachteil seiner Behebbarkeit verdinglichende ist.

Wenn die Technik niemals neutral ist, niemals keinen immer gerechten oder ungerechten gesellschaftlichen Zwecken dient und ohne Technik aus den Gründen, die wir in diesem Kapitel ausführlich dargelegt haben, keine Gesellschaft gedacht werden kann, dann folgt daraus also zwar nicht »Die Übernahme der Technik durch den Sozialismus löst die mit ihr verbundenen Unrechtsfesseln notwendig auf« (das hat oft genug nicht geklappt), aber auch nicht »Die vorhandene kapitalistische (oder, auf niedrigerer Stufe, halbfeudale, halbkoloniale etc.) Technik ist, da von den falschen kapitalistischen Zwekken geformt, rückstandslos zu zerschlagen« (wer das will, erinnere sich an Pol Pot), sondern: Die Aufgabe, eine gerechte Gesellschaft einzurichten, ist von der Aufgabe, die *in diesem Sinne, unter diesem Zweck* richtige Technik zu produzieren (eben nicht: zu übernehmen), nicht zu trennen – und umgekehrt.

SECHS
OH L'AMOUR

I.
Hippies im Mietrückstand

Nichts ängstigt schlimmer, nichts stiftet mehr Hoffnung als Liebe.

Ohne sie will man nicht sein. Aber wie soll das gehen: mit Liebe, in Liebe?

Du machst etwas anderes als ich, aber keiner von uns beiden ist der Boss oder *la reine*: Der Wunsch, die Vorteile der Arbeitsteilung nicht preisgeben zu müssen, wenn man sich von den Hierarchien, die sich an ihr festgesaugt haben, befreit, kann sich in einer Gesellschaft, die ebenso arbeitsteilig wie hierarchisch ist, vielleicht überhaupt nur verständlich machen, wenn er von Liebe spricht. Soll nicht einmal Liebe das sein, was endlich alles ändern würde: das Zusammenleben von Leuten ohne Macht übereinander?

Die letzte große Bewegung, die von Liebe sprach und die Abschaffung von Unterdrückung, Ausbeutung, Gewalt meinte, war eine junger Leute in den sechziger und siebziger Jahren des letzten Jahrhunderts; von der Arbeitsteilung, auch wenn sie sich bei Marx ein paar die Eltern schockierende Vokabeln borgte, wußte sie nicht viel mehr, als was der jüngere Marx von ihr auch wußte, daß sie überhaupt von Übel sei und abgeschafft gehöre wie andere Menschheitsgeißeln, der Krieg zum Beispiel: »Make love, not war«, denn *all you need is love* – als man Keith Richards, dem Gitarristen der Konkurrenzband Rolling Stones, von diesem Songtitel der Beatles erzählte, soll er einer hübschen, apokryphen, mindestens sehr gut erfundenen, also vielleicht nicht wirklichen, aber allemal wahren Geschichte nach geantwortet haben: »Oh yeah? Try paying the fuckin rent with it.«[88]

Die Frage, ob Liebe im emphatischen Sinn überhaupt möglich ist, wo Leute Miete zahlen müssen und Objekte von Kriegen sind, ist keine dumme. Daß Liebe nicht nur als poetisches Bild, sondern als konkrete Praxis und Hexis lebendiger Menschen ein herrschaftsbrechendes, Entfremdung aufhebendes soziales Wunder ist, ohne das man nicht leben möchte, hat als epiphanische Urerleuchtung nicht nur in Kunstwerken, in denen Individuen mit der etablierten Gesellschaft um der Liebe willen Kämpfe ausfechten und mal unterliegen, mal siegen, sondern auch in der öffentlichen Wirklichkeit unverächtliche Widerstandsformen gegen die Zug- und Druckkräfte von Vermassung und Vereinzelung, Verkümmerung öffentlichen Lebens und privater Vereinzelung genährt. Die zweite Hälfte des jüngstvergangenen Jahrhunderts, also die Zeit, in der wir geboren wurden und aufgewachsen sind, kannte von diesen mindestens drei, deren Schicksale freilich von den Antinomien aller Versuche gezeichnet sind, über das Falsche am gegebenen Sozialen hinauszukommen, ohne in Asozialität zu versinken – in sich gebrochen, sind sie außer durch die historischen Umstände ihrer Entstehung in den wohlhabenden Zonen auch logisch vielfältig aufeinander bezogen und bleiben das auch nach dem Vergehen dieser Umstände:

1. Die »sexuelle Revolution« (weil man dabei naiverweise an biologisch reproduktive Dinge denken könnte, die nur am Rande berührt sind, hieße das wohl besser: die kulturelle, soziale und politische Neucodierung des Sexualverhaltens in den reichen Ländern) der sechziger Jahre, ermöglicht durch ökonomische Boomphasen, medizinische Neuerungen und den hedonistischen Antiautoritarismus der Neuen Linken, propagierte die Promiskuität als Weigerung, im bürgerlichen Selbstdisziplinierungsschema zu funktionieren. Auch wo man nicht auf Wilhelm Reich zurückgriff, lag dabei etwas von dessen Überzeugung in der Luft, die nichtmonogame, »befreit genitale«, von den Schädigungen intrapsychischer und den Verboten juridischer Repression befreite Heterosexualität könnte die Funken spenden, an denen sich das »allgemeine Unglück« (Freud) der Individuen zur politikfähigen Renitenz entzünden würde; die Warenwirtschaft aber erreichte mit ihrer Propaganda mehr Menschen, als diesen Gedanken je verstanden hätten, und so lief dieser Impuls in einer »Sexwelle« und biederen Vanilla-Erotisierung der Kulturindustrie aus, an denen die Kritik der neuen Frauenbewegung den Reflex

darauf dingfest machen konnte, daß die reichianischen Befreiungskonzepte sich ganz gut als ein Abstreifen der letzten disziplinargesellschaftlichen Verbindlichkeiten operationalisieren ließen, ein Vorgang, der die ganz gewöhnliche Männermacht mit emanzipatorischem, libertärem bis libertinistischem Lack vergoldete: Reproduktionsarbeit leistet die Frau, dazu darf sie jetzt allenfalls noch promisk sein, die Männchen jedenfalls müssen keine Privilegien abgeben und kein Rollenverhalten brechen und kriegen zu ihren bisherigen Vorrechten nun auch noch die selbstverständlich statusdifferentielle Polygamie hinzu (der Genosse mit der größten Klappe erwartet die meisten Verehrerinnen); die letzte Dekade des vergangenen und die erste des gegenwärtigen Jahrhunderts erlebte unter teilweise feministischen und *queeren* Vorzeichen mehrere Anläufe, hier wenigstens so etwas wie Symmetrie herzustellen, also eine Rolle für Leute zu schreiben und zu leben, die biologisch Frauen sind, aber nicht ins Bild erotischer Häuslichkeit und treusorgender Brutpflege gezwängt werden müssen; gingen diese Anläufe überdies mit dem Wunsch einher, die Fixierung auf die hegemoniale Heterosexualität im selben Atemzug wie die auf weibliche Treue (die fürs Patriarchat naturgemäß [!] aus erbrechtlichen Gründen unerläßlich ist) zu brechen, so griffen sie unter nicht immer ganz treffenden Siglen wie »Polyamorie« auf bohemistische und gegenkulturelle Praxis und Hexis zurück, für die sich von Sartre und Beauvoir, Virginia Woolf und dem Bloomsbury-Kreis zahlreiche berühmte Beispiele finden ließen. Daß solche Konzepte aber weniger an geschichtlichen Vorbildern als am Mut zur praktischen Spekulation, zum Leben ungetesteter, eben nicht bewährter oder beglaubigter oder durch Autoritätsbeweise zu stützender Selbst- und Menschenentwürfe orientiert sind, zeigt sich schon daran, daß einige der wichtigsten Impulsgeber für diese Wagnisse Texte der Science-fiction (häufig von Frauen: Ursula K. Le Guin, Marge Piercy, Mercedes Lackey, C. J. Cherryh) waren und sind. Gegenüber diesem Vorgriff auf das noch nicht Gelebte sieht die »sexuelle Revolution« inzwischen arg alt aus: Was daraus nicht einfach Sexindustrie und Sexarbeit wurde, geriet zu Selbsterfahrungskitsch, und der löste sich schließlich über Zwischenstationen wie die »Aktionsanalytische Organisation« Otto Mühls, panische Indienreiserei und allerlei Beziehungshorrorkunst von Film bis Literatur einerseits in »esoterisch verhunztem Buddhismus« (Ludger Lütkehaus) und andererseits in die routinierten Seelenfängereien der therapeutischen »Caring Industry« (Ronald Dworkin) zur *Errettung der modernen Seele* (Eva Illouz) auf. Gezeigt hat sich: Sexuelle Entfremdung nach dem repressionstheoretischen Dampfkesselmodell zu denken und nicht zu bemerken, daß leidlich stabile Unrechtssysteme die Lust weniger deckeln als vielmehr vom Größten bis ins Kleinste vor allem verekeln, verderben, verkaufen, verhäßlichen, und aus dieser Fehlwahrnehmung heraus Repression, Tabu, induzierte Versagung für den Hauptwiderspruch zu halten, öffnet nur in seltenen Ausnahmefällen (nämlich wenn sich die Gegenseite, das Bestehende, besonders dumm anstellt) politische Transformationspotentiale, weil man nicht auf eine bestimmte Art lieben kann, um das Elend zu überwinden, sondern nur das Elend bekämpfen, um die Liebe von ebender Heteronomie zu emanzipieren, die in ihrer Bestimmung durch das falsche Soziale so erdrückend Wirklichkeit wird wie in ihrer Konterbestimmung durch irgendein verordnetes Rebellionsprogramm.

2. Wenn der Zentralnexus des »allgemeinen Unglücks«, also der Entfremdung, nicht mehr das Lohnarbeitsverhältnis war – und hatte der Geschichtsverlauf seit Ford und Taylor die Verelendungstheorie nicht widerlegt, hatten die Arbeiter in den reichen Ländern nicht ihren Frieden mit dem Widerspruch zwischen Kapital und Arbeit gemacht, war nicht die verwaltete Welt im Westen und Osten jenseits aller marxistischen Ansichten dazu im wesentlichen dieselbe, elende, vermaßte, vereinzelnde? –, sondern das durch alle Wohlstands- und Wegwerfreichtümer hindurch fortdauernde Elend mit sich zerfallener Menschen, das nirgends soviel Hetero- und Anomie zeitigte wie im »Zwischenmenschlichen«, dessen heikelster Bereich die Geschlechterverhältnisse bildeten, und wenn darüber hinaus die »sexuelle Revolution« diesen Leidensbrandherd nicht entschärft, sondern nur dereguliert hatte und seine Erniedrigungs-, Entwürdigungs-, Psychoqual- und Körperangstfeuer damit erst recht angefacht, war dann nicht das unbefragte heterosexuelle Liebesmodell selbst das Problem? Lag die Lösung nicht in einer politisierten Homosexualität, besonders für Frauen, welche die weibliche Liebe dem Reproduktions- und dem um es herum organisierten sonstigen Körperregime

des perennierenden Patriarchats entzog, wie einst der Sozialismus die lebendige Arbeit der Aneignung durchs Kapital hatte entziehen sollen? Der Gedanke kam vielen Leserinnen (und, seltener, Lesern) von Valerie Solanas, Shulamith Firestone, Alice Schwarzers *Der kleine Unterschied* oder Dworkins *Intercourse*. Strategisch und taktisch ist daran nichts Verkehrtes, aber programmatisch krankt die Idee daran, daß es bei Liebe um Menschen und deren Glück geht, bei Politik aber darum, Bedingungen zu schaffen, die es diesen Menschen erlauben, ihr Glück selbst zu suchen und zu machen. Die sogenannte »sexuelle Orientierung« zur Parteiplattform zu machen, ist ein Manöver, das nicht weiß, was die amerikanische Unabhängigkeitserklärung wußte, als sie feststellte: Alle haben ein Recht, nach dem Glück zu streben, aber niemand kann ein Recht auf dieses Glück selbst haben. Frauen und Männer sollen lieben dürfen, wen sie wollen, ist daher eine politische Forderung, Frauen und Männer sollen Frauen oder Männer lieben, ist bloß eine moralische. Wo Moral politisiert, wird sie das Unglück aber selten verringern und meistens mehren. Es gibt unglückliche lesbische Frauen, unglückliche schwule Männer, und wer ihnen dieses Unglück verbieten will, handelt genauso falsch wie jene, die ihnen das Glück verbietet, nach dem sie streben und das sie manchmal erreichen. In allen Beziehungen, nicht nur den heterosexuellen, findet man Spielarten von Kälte, Hörigkeit, Sprachlosigkeit, Unfähigkeit zur gegenseitigen Wertschätzung aus heimlicher Selbstverachtung, Achtlosigkeit, Grausamkeit, Scheußlichkeit, Verdrucktstheit, Vorteilsnahme, wenn die Rechte der Menschen verletzt werden. Sind sie gewahrt und geschützt, mögen diese Makel verschwinden oder auch nicht, aber mehr als sie wahren und schützen (und beispielsweise verhindern, daß ein bestimmtes Geschlechterbeziehungsmodell, etwa die heterosexuelle Familie, durch steuerliche, erbrechtliche und andere Privilegien unfair bevorzugt wird) kann und sollte Politik nicht. Kälte, Hörigkeit, Sprachlosigkeit, Unfähigkeit zur gegenseitigen Wertschätzung aus heimlicher Selbstverachtung, Achtlosigkeit, Grausamkeit, Scheußlichkeit, Verdrucktstheit, Vorteilsnahme – das sind unpolitische Schattenseiten der Liebe, die von politischen mächtige Nahrung erhalten können, aber Glück, Nähe, gegenseitige Hilfe, Gerechtigkeit, wirkliche Kommunikation und Schönheit sind das, was man in der Liebe findet und suchen sollte, nicht Schwanz und Muschi (von denen allerdings viel Energie kommen kann, das Glück, die Nähe, die gegenseitige Hilfe, die Gerechtigkeit, wirkliche Kommunikation und Schönheit zu schaffen, zu mehren, zu pflegen). Alles ist möglich, wo Menschen einander wahrnehmen lernen: Andrea Dworkin, die den heterosexuellen Geschlechtsverkehr per se als Vergewaltigung verstand, lebte mit einem schwulen Mann zusammen, beide nannten den je anderen »die Liebe meines Lebens« und hatten wohl Recht damit (und sicher jedes Recht dazu). So geht Schönheit. Man mag die historisch wirkliche, also entfremdete Heterosexualität aus heuristischen Gründen an sich als das Urbild aller sexuellen Machtgefälle und jeglicher struktureller, abstrakter, vermittelter Herrschaft denken und macht damit nichts verkehrt (was die Herrschenden tun, ist immer ein wertvolles Studienobjekt für das Verständnis und die Brechung der Herrschaft). Aber man kann nicht auf eine bestimmte Art lieben – auch nicht »bisexuell«, was immer das sein mag – um das Elend zu überwinden, weil das Elend ganz wesentlich darin besteht, daß irgendwer irgendwem sagt, wie gelebt und geliebt werden soll, statt daß die Leute das selbst herausfinden. [89]

3. In gewollter (und mitunter sogar geglückter) Absetzung von unter 1. dargestellten Versuchen, die mit der bürgerlichen Welt aufgekommene romantische Liebe mithilfe der dabei als eine Art Brandbeschleuniger vorgestellten Sexualität über sich hinaus in neue Erfahrungs- und Sozialisierungskonstellationen zu treiben, und unter 2. aufgeführten Strategien, die heteronormativen Ausprägungen sowohl jener Liebe wie der Sexualität in bestimmter Negation aufzuheben, sind in mehrfacher, überdeterminierter Zurückweisung der überkommenen Angebote in den genannten Menüs seit etwa fünfzehn bis höchstens zwanzig Jahren, inspiriert von abermals bohemistischen und popkulturell geprägten Imagines der Androgynität, Transsexualität, Transidentität, verschiedene Überschreitungs- und Aufhebungsideen artikuliert worden, die etwas Künftiges, auf keinen Fall Natürliches, sozial wie technisch zu Implementierendes bestimmen wollen, das sich weder mit dem geerbten Verhalten und Empfinden zufriedengibt noch mit Vorzeichenwechseln, die es, so wird vielfach gemutmaßt, lediglich von einer anderen Seite in fixer Alterität befestigen – die Feldzeichen und Stichworte dieser vielköpfigen,

mit oftmals geradezu eschatologisch-chiliastischem Eifer auftretenden Lebensreform-Bewegung sind Legion, man führt exotische Namen und setzt dabei meist am naturbestimmten, also vor allem am weiblichen Geschlecht an, das es zuallererst zu transzendieren gelte: »Cyborg« (Donna Haraway), »Neural Gender Reassignment« (Greg Egan), »Rethinking Woman« (Avital Ronell), »Gender Networking« (Sadie Plant), »Gynoid« (Ken MacLeod), »Replica/Robots« (Terre Thaemlitz), »Spansexualism« (Connie Lingus), »Sexual Erosion« (Gwyneth Jones). Kritisch versetzt dazu, daß solche Strategien die jeweilige vorgeschlagene Subjektivität vor allem als künstliche und autonome (d.h. emphatisch nicht-heteronome) hochhalten, ist allerdings auf die Parallele zwischen der Einzigartigkeit des Liebessubjekts dieser Zukünfte einerseits und neoliberalen Flexibilitäts-, Individualisierungs-, Desolidarisierungs- und Vereinzelungsimperativen hingewiesen worden; der Verdacht, daß es sich bei diesen Projekten um technizistisch ausgeschmückte Importe ultrakapitalistischer »Eigenverantwortungsrhetoriken« ins Liebesdenken und ins Körperempfinden handeln könnte, brachte in jüngster Zeit Anstrengungen hervor, statt von Überschreitung zu positiven neuen Formen das Hauptaugenmerk lieber auf die (sich den Fallen der Affirmation, auch der des Noch-nie-Dagewesenen, entziehenden) Negation des falschen (in Hexis und Praxis) Bestehenden zu konzentrieren, wie das etwa in Beatriz Preciados »kontrasexuellem Manifest« geschieht oder von Antke Engel mit dem Begriff der VerUneindeutigung von Geschlechts- und Sexualbildern umrissen wird:

> »Die VerUneindeutigung läßt sich (...) abgrenzen von der medial popularisierten Vorstellung, daß Geschlecht und Sexualität Felder individueller Gestaltung und fortwährender Umgestaltung im Sinne eines konsumlogisch bestimmten life-Styles sind, ebenso wie von Normen der Flexibilität und der fortwährenden Selbstmobilisierung. Wenn genau darin die kontextuell vorherrschende Norm liegt, dann ist dort auch der Ort, einzugreifen.«[90]

Daß das alles alte Hüte seien, nämlich einerseits technoszientistisch aufgebrezelte Utopien, die das ganze bürgerliche Zeitalter als Rauschtraum der Transgression begleitet haben, und andererseits die ideologiekritische bis zeichendeuterische sozusagen organisch-semiologische Auseinandersetzung mit diesen, stimmt schon deshalb nicht, weil die utopischen Vorschläge sich auf quantitativ von den bescheidenen Möglichkeiten des *cross-dressing* und der mimetischen Interaktionsverschiebung grundverschiedene biowissenschaftliche Optionen beziehen und die Bilderkritik in einem sozialen Universum stattfindet, das auf Bilder und Zeichen einen »informationsgesellschaftlichen« Zugriff erlaubt (und ein Bestürmtwerden mit solchen Bildern und Zeichen einrichtet), wie es das nie zuvor gegeben hat. Der unbestreitbaren Tatsache, daß der entwickelte, Weltsystem gewordene Kapitalismus die Normierungen, die er in den Objekten seines Funktionierens installieren muß, um sie sich als das erhalten zu können, was ihn trägt, vielfach nicht mehr mittels Uniformität oder Konformismus, sondern mittels Individualisierung durchsetzt – bis das wieder anders wird: Die Freiheiten, die er öffnet, sind gewährt, verkauft, nicht erkämpft –, hat die Transgressionspartei darin Rechnung getragen, daß sie in oft bewundernswerter Weise die Solidarität mit allen hält und forciert, die in den lokalen und globalen Lebensstil-Produktpaletten immer noch nicht vorgesehen sind, von alten Menschen, deren Sexualität im glamourösen Konsumsex stört, über Zoophile bis zu Leuten, die sich in Sachen verlieben (»*objectum sexuality*«) – die Sichtbarkeit all dieser Lebensformen hat in den multiplizierten Öffentlichkeiten der IT-Ära insgesamt stark zugenommen, auch die kreuzbraven *Tagesthemen* berichten schon mal über Erika »Aya« Eiffel; und ob der Wettlauf zwischen denen, die sich der Inwertsetzung von Lust und Liebe mittels Normüberschreitungsstrategien verweigern und den Produktentwicklungsabteilungen der Privatwirtschaft in neue Aggregatszustände der *tristesse* oder zu etwas Menschenwürdigem führen wird, das man »positive Dekadenz« nennen könnte, kann von theoretischen Mutmaßungen jedenfalls nicht präjudiziert werden. Die leitende Idee sowohl der Transidentitären wie derer, die sie kritisch begleiten, ist jedenfalls die gewiß nicht unrichtige, daß das richtige Leben vor allem eins nicht sein wird: natürlich. Es ist zu früh, Kanzelworte darüber zu sprechen, was diese Idee für eine soziale Biographie gehabt haben wird, hoffen wollen wir aber, daß aus dem Angriff des Künstlichen aufs Natürliche nicht wieder der Nektar eines neuen Hauptwiderspruchs gemolken wird, weil eine daran orientierte Arbeit nur in seltenen Ausnahmefällen (nämlich wenn sich die Gegenseite, das Bestehende, besonders dumm anstellt) politische Transformationspotentiale öffnet, weil man nicht auf eine bestimmte Art lieben kann, um das Elend zu überwinden, sondern nur das Elend bekämpfen, um die Liebe von ebender Heteronomie zu emanzipieren, die in ihrer Bestimmung durch das falsche Soziale so erdrückend Wirklichkeit wird wie in ihrer Konterbestimmung durch irgendein verordnetes Rebellionsprogramm.

Der fatale Irrtum jeder Sortierung des öffentlichen wie des privaten Unrechts (und ihrer beider wechselseitigen Abhängigkeit) nach Haupt- und Nebenwidersprüchen gehört, dies nur quasi im Vorbeigehen, zu den theoretischen Diremptionen und praktischen Frakturen in der Emanzipationsgeschichte, die wir in diesem Buch scharf herausstellen und zu deren Ausscheidung aus dem Gerätepark der *engines of progress* wir auffordern möchten – dem organisierten Marxismus wäre manche Blamage erspart geblieben, wenn er nicht immer wieder so etwas gesagt hätte wie:

> »Ekelhaftes der Sorte Rassismus und Sexismus wird, weil alles Unrecht in der bestehenden kapitalistischen Gesellschaft immer nur Epiphänomen des Hauptwiderspruchs zwischen dem automatischen Subjekt ›Kapital‹ und der um ihre geschichtsbildenden und freiheitlichen Potenzen von diesem Subjekt betrogenen lebendigen Arbeit ist, von selbst verschwinden, wenn dieser Hauptwiderspruch aufgehoben ist« –

sondern richtig, also sowohl bescheidener wie genauer:

> »Es gibt sehr viele gute Gründe, das die menschlichen Potenzen auf allen Ebenen beleidigende Kapitalverhältnis loswerden zu wollen, darunter nicht zuletzt den, daß es sein Unrecht durch Ausnutzung, Kolonisierung, stratifikatorische oder dynamisierende Indienstnahme anderer Unrechtseinrichtungen wie des Sexismus, der heterosexuellen Normierung, des Rassismus und ähnlicher Ekelhaftigkeiten absichert und nährt – gelingt es aber, dieses Kapitalverhältnis, das bei der Wahl seiner Funktionskolonien sowenig wählerisch ist und die abstoßendsten Unrechtsverhältnisse gerade gut genug findet, in ihnen aufzublühen wie das fiese pathogene Mikrotierchen in der Nährlosung, tatsächlich umzustoßen, so wird die dabei benötigte wie freiwerdende soziale Vorstellungskraft plötzlich sehen, daß man für fundamental gehaltene Hexis

und Praxis, von der buchstäblich die empirische eigene Existenz abzuhängen schien (Geld verdienen!), nicht naturwüchsig hinnehmen muß, und einen besseren Augenblick, auch alles andere eingeschliffene Unrecht abzuschaffen, weil man erkennt, daß man dazu in der Lage ist, gibt es nicht.«

Kann aber, trotz und wegen allem eben Mitgeteilten, nicht dennoch die Liebe, wenn sie schon nicht das ist, was der pseudostrategische, revolutionsbeamtenhafte Ausdruck »Hauptwiderspruch« meint, nicht andererseits doch dasjenige Gesicht des Gesamtalptraums eines ungerechten Lebens sein, das sich am leichtesten küssen läßt, auf daß es aus diesem Alptraum erwache und sich selbst als ein Leben erkennen lernt, das gerecht sein will statt ungerecht, frei statt unterworfen, glücklich statt leer, solidarisch statt verkniffen, beredt statt mundtot, neugierig statt geblendet, schön statt häßlich?

II.
Ein Kommunistenzwist um Liebe

1990, in Krakau, ein struppiger Straßensänger, der sich zwei Gästen aus dem Westen auf englisch verständlich machen will: »Yes, I am a socialist, but not like what we had here, what they have in Russia, what you had in Deutschland. I am a socialist of love. Before Marx, socialism was love. He killed all that, but it will come back now.« Der dritte Weg als Schnulze – als philologisches Statement über die Schicksale gewisser Manifeste und gesellschaftsanalytischer Schriften war das nicht gemeint; es fiel uns trotzdem, weil es so gut paßt, wieder ein, als wir für dieses Buch in die Archive stiegen: Richtig, da war doch etwas mit Liebe, ein Streit, Marx und Engels auf der einen Seite, die Liebespartei auf der anderen.

Die beiden Gründer einer Lehre und Praxis, die »wissenschaftlicher Sozialismus« heißen sollte, stellten ihre Analysen, Forderungen, strategischen und taktischen Empfehlungen an die Arbeiterbewegung in einen halböffentlichen oppositionellen Raum, der damals vor strömender, stöhnender, überschäumender Freiheitserotik geradezu dampfblind zu werden drohte – Ludwig Feuerbach zum Beispiel, von dessen Bruch mit dem Idealismus sich die Wiederentdekkung und dialektische Aufhebung des französischen Materialismus und anderer Zentralmotive der Aufklärung durch Marx und Engels herschreibt, hatte sich vorgenommen, »den Menschen«, den er zu lieben erklärte, aus allen Luftspiegelungen und Vorwänden gesellschaftlich eingerichteter Art herauszulösen, zum Herauswachsen aus Religion und Ideologie zu erziehen und ihm zu ermöglichen, sich, wie Rousseau gewollt hatte, als wirklichen Körper mit wirklichen Begierden zu erkennen, an Gottes Stelle: *ens realissimum* (ein Vorläufer Nietzsches wie Bhagwans also, der Beiname des letzteren bedeutet ja: »einer, der sich als göttlich erkannt hat«). Feuerbach hieß allerdings nicht Stirner, es war ihm also klar, daß diese Körper und diese Begierden *in vivo* nur als etwas vorkommen, das in sozialen Relationen in Erscheinung tritt und nur so beobachtet werden kann. Eine Verengung seiner Position auf *l'homme machine* lehnte er ab und wies sie zurück mit unmißdeutbaren Sätzen wie: »Der Mensch, der ursprünglich aus der Natur entsprang, war auch nur ein reines Naturwesen, kein Mensch, der Mensch ist ein Produkt des Menschen, der Kultur, der Geschichte.«[91] Was sich aber darin ausspricht, »bleibt bei ihm durchaus unfruchtbar«, rügte Engels, weil Feuerbach den abgerichteten und dressierten, oder weniger wertend: den sozialempirisch gegebenen Menschen aus seinen Irrtümern dennoch zu nichts Komplizierterem als eben einem ursprünglichen Selbstsein befreien will, muß er darauf bauen, daß es in diesem naturanlagenhaft etwas gibt wie einen »gesunden Instinkt«, eine innere Stimme, ein quasinuminoses Introjekt, ein moralisches Gesetz der Natur, das seinen erst noch zu befreienden Menschenleib auch nach dem Abstreifen aller sozial antrainierten Borniertheiten jedenfalls daran hindert, ein Asozialer zu werden, der ungesellig jagt, sammelt, frißt und onaniert. Im Bemühen, lieber ein unreifer Marx als ein vorweggenommener Einziger samt Eigentum zu sein, erklärt Feuerbach folglich etwas, das Engels mit vergleichsweise mildem Tadel referiert und beurteilt:

> »Der Glückseligkeitstrieb ist dem Menschen eingeboren und muß daher die Grundlage aller Moral bilden. Aber der Glückseligkeitstrieb erfährt eine doppelte Korrektur. Erstens durch die natürlichen Folgen unserer Handlungen: Auf den Rausch folgt der Katzenjammer, auf den gewohnheitsmäßigen Exzeß die Krankheit. Zweitens durch ihre gesellschaftlichen Folgen: Respektieren

wir nicht den gleichen Glückseligkeitstrieb der andern, so wehren sie sich und stören unseren eigenen Glückseligkeitstrieb. (...) Rationelle Selbstbeschränkung in Beziehung auf uns selbst und Liebe – immer wieder Liebe! – im Verkehr mit andern sind also die Grundregeln der Feuerbachschen Moral, aus denen alle andern sich ableiten. Und weder die geistvollsten Ausführungen Feuerbachs noch die stärksten Lobsprüche Starckes«

– das meint einen zeitgenössischen Feuerbachverteidiger – »können die Dünnheit und Plattheit dieser paar Sätze verdecken.«[92]

Falsch, sagt Engels, ist das alles nicht, aber dünn und platt ist es, weil Feuerbach nicht sieht, daß er sein abstraktes Individuum nur immer wieder nach Anlagen (Glückseligkeitstrieb) und höheren Regulativanlagen (Liebe) durchforsten muß, wenn er sich weigert, dialektisch zu denken. Würde er sich nicht geweigert haben, wäre er vielleicht auf Folgendes gekommen:

Wenn die Gesellschaft so verfaßt ist, daß sie die Regulation der Interessen der Einzelnen gegeneinander nicht mehr auf Privatkonkurrenzprinzipien gründet, welche Gewaltverhältnisse in scheinhafte Einzelverantwortung übersetzen, dann fällt die Suche nach dem individuell-innerleiblichen Regulativ, das nun mal nie so eingeboren sein kann wie die protosozialen Bestrebungen, die ein verkehrtes Soziales zu asozialen macht, einfach weg. Daß alle aus dem Spiel das meistmögliche für sich herausschlagen wollen, richtet keine Schäden mehr an, wenn das Spiel selbst so eingerichtet ist, daß sie das ohne andere gar nicht können (im Schatzkästlein der Emanzipationstheorie liegt dazu eine Formel, die man nicht oft genug wiederholen kann, nämlich daß die Gesellschaft so einzurichten sei, daß die freie Entfaltung der Einzelnen Bedingung für die freie Entfaltung aller wird) – dazu, einem Denken, das sich in feuerbachischen Ontologisierungen verheddert hat, diesen Punkt einsichtig zu machen, bedarf es übrigens nicht zwingend marxianischer Lehrsätze; andere Herangehensweisen wie etwa manches, das in feministischer Forschung und Programmatik über die Interpenetration des sogenannten Privaten und des sogenannten Politischen aufbewahrt ist, leistet den Dienst möglicherweise sogar besser. Nicht einzusehen, daß der Ansatzpunkt für Feuerbachs sympathische Ziele jedenfalls nicht im abstrakten Menschenhirn oder -herzen zu suchen ist, sondern im Ensemble der gesellschaftlichen Verhältnisse, führt jedenfalls zu nichts Nützlicherem als Appellen oder gleich Quietismus – in den Worten von Engels: »Damit ist denn der letzte Rest ihres revolutionären Charakters aus der Philosophie verschwunden, und es bleibt nur die alte Leier: Liebet euch untereinander, fallt euch in die Arme ohne Unterschied des Geschlechts und des Standes.«[93]

Der Seufzer ist nachvollziehbar; immerhin war Engels dennoch der Ansicht, Feuerbachs Schriften seien geeignet, einige der Verwüstungen zu konterkarieren, die der Idealismus bei linken Hegelschülern hinterlassen hatte (die rechten interessierten ihn und Marx ohnehin nicht). So mochten sie zwar kritikwürdig sein, aber verdienstvoll – ganz im Gegensatz zu Äußerungen von Leuten, die anthropologische Grillen, wie sie Feuerbachs Rede vom Menschen als solchem entstellten, nicht in der Philosophie, sondern in der politischen Praxis lancierten, abzielend auf die Umwälzung der tatsächlichen Lebensordnungen, auf den Kommunismus. So was gab es, und Marx und Engels gingen dagegen mit der äußersten Vehemenz vor – Auftritt Hermann (nach anderen Quellen: Herrmann) Kriege. Der war ein prominenter Anhänger des sogenannten »wahren Sozialismus«, einer schwärmerischen, aber nicht einflußlosen Strömung aus der Gestationsperiode der deutschsprachigen Arbeiterbewegung. Kriege, von Beruf Publizist, machte als Emigrant in Amerika schon vor dem Scheitern der 1848er Rebellion als Ideologe jenes »wahren Sozialismus« in New York von sich reden und spielte dabei mit einem Wort, das Marx und Engels lieb und teuer war: Kommunismus. So nahmen die beiden 1846 deutlich Stellung: »1. Die von dem Redakteur Hermann Kriege im (New Yorker) ›Volks-Tribun‹ vertretene Tendenz ist nicht kommunistisch. 2. Die kindisch pomphafte Weise, in der Kriege diese Tendenz vertritt, ist in höchstem Grade kompromittierend für die kommunistische Partei« – nichts Protoleninistisches, sondern damals noch ein Wunschgebilde, ein starker Name für eine erst noch zu schaffende Sache – »in Europa sowohl als in Amerika, insofern er für den literarischen Repräsentanten des deutschen Kommunismus in New York gilt«[94] –, was Kriege da treibe, müsse »in höchstem Grad demoralisierend auf die Arbeit wirken«, und die Sprache, in der er das tut, breiten Marx und Engels nun zum Beleg der Berechtigung ihres Verdrusses nun erst mal ein paar Seiten lang aus: Da werden »die Frauen, Priesterinnen der Liebe«, gepriesen, denn »die Liebe ist es, welche uns gesandt hat«, es seien nämlich diese sogenannten Kommunisten, zu denen er sich zähle, wahre »Apostel der Liebe«, deren Rezept für die Abschaffung der sozialen Übel laute: »Aus dem Herzen der Liebe muß sich der heilige Geist der Gemeinschaft entwickeln« – Parolen dieser Art läßt Kriege das Weltgewissen wieder und wieder »flehen« (Marx und Engels setzen ihre böse Übersetzung daneben: »winseln«), unermüdlich bekniet er die »Frauen« bzw. »Jungfrauen«: »Und darum habt Ihr auch in der Politik eine sehr gewichtige Stimme. Ihr braucht nur Euren Einfluß zu gebrauchen, und das ganze alte Reich des Hasses sinkt in Trümmer, um dem neuen Reich der Liebe Platz zu machen.«[95]

Die Weihworte sind nicht zurückhaltend; erheblich bescheidener aber wird Kriege, wenn er sich die Frage vorlegt, was aus seinem pathetischen Kram für die Einrichtung der Produktions- und Verkehrsverhältnisse des Gemeinwesens abzuleiten wäre:

> »Wir wollen keines Menschen Privateigentum antasten, was der Wucherer einmal hat, mag er behalten; wir wollen nur dem ferneren Raub an des Volkes Gut zuvorkommen und das Kapital hindern, noch länger der Arbeit ihr rechtmäßiges Eigentum vorzuenthalten. (…) Jeder Arme wird auf der Stelle in ein nützliches Glied der menschlichen Gesellschaft verwandelt, sobald man ihm Gelegenheit bietet, produzierend tätig zu sein«,

das Glück sei jenem »für immer gesichert, sobald die Gesellschaft ihm ein Stück Land gibt, darauf er sich mit seiner Familie ernähren kann«,[96] *in summa,* man findet bereits denselben Kleister, mit dem in unseren Tagen Toni Negri und Michael Hardt die Bruchstellen ihrer Analysetrümmer zuschmieren, »posing against the misery of power the joy of being. This is a revolution that no power will control – because biopower and communism, cooperation and revolution remain together, in love, simplicity, and also innocence. This is the irrepressible lightness and joy of being communist«[97], nein: dies ist eben keine Leichtigkeit und keine Freude, sondern Schmalz von der Art des Landkommunenwesens, den auch das noch aktuellere französische *Manifest für den kommenden Aufstand* propagiert und dessen zeitloses Gesicht das von Baldur Springmann sein dürfte (dessen Lebenslauf vom Industriellenkind zum Ökologievorreiter und schließlich Esoterikfaschisten Wikipedia mit den schönen Worten zusammenfaßt: »Er war unter anderem Gründungsmitglied der Parteien Die Grünen und der Ökologisch-Demokratischen Partei. Nach dem Austritt aus den beiden Parteien wurde er zunehmend im rechtsextremen Umfeld aktiv und bekannt.«).

»Wir haben also«, ächzen Marx und Engels angewidert, in dieser einen von ihnen diskutierten Nummer von Krieges Blatt,

> »die Liebe, schlecht gezählt, in fünfunddreißig Gestalten. Dieser Liebessabbelei entspricht es, daß Kriege in der ›Antwort an Sollta‹ und anderwärts den Kommunismus als den liebevollen Gegensatz des Egoismus darstellt und eine weltgeschichtliche revolutionäre Bewegung auf die paar Worte: Liebe – Haß, Kommunismus – Egoismus reduziert. Ebenfalls gehört dazu die Feigheit, womit er oben dem Wucherer dadurch schmeichelt, daß er ihm das zu lassen verspricht, was er schon hat, und weiter unten beteuert, die trauten Gefühle des Familienlebens, der Heimatlichkeit, des Volkstums nicht zerstören, sondern ›nur erfüllen‹ zu wollen. Diese feige, heuchlerische Darstellung des Kommunismus nicht als ›Zerstörung‹, sondern als ›Erfüllung‹ der bestehenden schlechten Verhältnisse und der Illusionen, die sich die Bourgeois darüber machen, geht durch alle Nummern des ›Volk-Tribunen‹.«[98]

Seine berühmten Gegner insistieren im Widerspruch, wo immer sie können, auf der Notwendigkeit durchaus umfangreicher Zerstörungen des Verkehrten und machen dabei, was inzwischen nicht mehr sehr bekannt ist, auch vor den Verfassungen nicht halt, die man »der Liebe« im neunzehnten Jahrhundert gab, als von sexueller Emanzipation der Frauen, der Männer, überhaupt der ominösen »Menschen«, mit denen es die Feuerbachianer hielten, keine Rede sein kann. Vernünftiger A-Moralismus in dieser Angelegenheit konnte, mehr noch als die kühnste eigentumsrechtliche Spekulation, Kopf und Kragen kosten; Schwärmerei mag daher, man kann Kriege das nachfühlen, als nicht allzuschlechter Ersatz für ein Lebensveränderungsverlangen angesehen worden sein, das sich, wäre es klar ausgesprochen worden, schnell dem Verdacht ausgesetzt hätte, die Familie zerschlagen, die sexuelle Anarchie herbeiführen und barbarischste »Weibergemeinschaft« (ein in patriarchaler Analogie zur »Gütergemeinschaft« gebildeter, damals häufig gegen libertäre Ideen gekeilter Begriff) fordern zu wollen.

Die Position der Angreifer von 1846 aber hebt sich auch in diesem Punkt von derjenigen Krieges durch beachtliche Konturenschärfe ab – Engels zum Beispiel behandelt in den *Grundsätzen des Kommunismus*, einer Vorstudie zum *Manifest der Kommunistischen Partei*, die Frage, welchen Einfluß denn nun die gewünschte kommunistische Gesellschaftsordnung auf die Familie ausüben werde, wenig zimperlich:

> »Sie wird das Verhältnis der beiden Geschlechter zu einem reinen Privatverhältnis machen, welches nur die beteiligten Personen angeht und worin sich die Gesellschaft nicht zu mischen hat. Sie kann dies, da sie das Privateigentum beseitigt und die Kinder gemeinschaftlich erzieht und dadurch die beiden Grundlagen der bisherigen Ehe, die Abhängigkeit des Weibes vom Mann und der Kinder von den Eltern vermittels des Privateigentums, vernichtet. Hierin liegt auch die Antwort auf das Geschrei hochmoralischer Spießbürger gegen kommunistische Weibergemeinschaft: Die Weibergemeinschaft ist ein Verhältnis, was ganz der bürgerlichen Gesellschaft angehört und heutzutage in der Prostitution vollständig besteht. Die Prostitution beruht aber auf dem Privateigentum und fällt mit ihm. Die kommunistische Organisation also, statt die Weibergemeinschaft einzuführen, hebt sie vielmehr auf.«[99]

Es kam anders; die kommunistische Organisation blieb aus, die Weibergemeinschaft auch, statt dessen haben Frauen von den Suffragetten über die Beauvoiristinnen bis zu Judith Butler politische und kulturelle Ergebnisse erzielt (und sich nach jedem *Backlash* wieder an die Front zurückgerobbt), die im Wahren, Schönen und Guten weiter gehen als alles, was diejenigen ahnen mochten, die sich vor der kommenden »Weibergemeinschaft« fürchteten oder sie ersehnten. Auch bei Marx und Engels Gelerntes hat dabei hin und wieder eine Rolle gespielt; nachdem die beiden aber die weiche Flanke ihrer Theorie, die Nähe zum politischen Vokabular (»Kommunismus«) von Liebessäuslern wie Kriege, erst einmal geschützt hatten, hatten sie darüber, wie die Menschen, die anders arbeiten sollen, dann lieben werden, nichts Spezifisches mehr. Kriege steht in der Theoriegeschichte der menschlichen Emanzipation seither mit abgesägten Hosen da; darüber jedoch zu vergessen, daß seine phantasmatische Überblendung von Imagines der Liebe mit solchen der Solidarität oder Feuerbachs Korrelationen von Lust und Selbstbewußtsein nur deshalb so geeignet waren, analytische und programmatische Schwächen damaliger Freiheitsrhetoriken zu überspielen, weil das, was diese Zusammenschau so vage zueinander in Beziehung setzt, eben doch nicht völlig unverbunden durch die soziale Welt geistert.

Irgend etwas, das spürt man auch durch die geharnischte Abwehr der Begründer des modernen Sozialismus hindurch, ist denn doch dran an der Korrespondenz zwischen der Sehnsucht, Menschen zu finden, mit der, mit dem, mit denen sich in Liebe leben läßt, und der Absicht, die menschliche Welt so umzugestalten, daß niemand mehr hungert, friert, einsam ist, herumgejagt, erniedrigt, verachtet, gequält, getötet wird. Das und wieviel diese Sehnsucht wie diese Absicht auch damit zu tun haben, was man weiß und wie man es herausbekommt, könnten Leute, die deutsch sprechen, ja mit dem Wortspiel belegen, daß schließlich der Weg hin zur menschenwürdigen Gesellschaft sowohl wie der zu verantwortlicher Lust und Liebe über etwas führt, das wir hier »Aufklärung« nennen. Aber obwohl das nur ein Kalauer von bestenfalls Viertels-Heidegger-Niveau wäre, bleibt der Umstand wahr, daß in der Epoche der historischen Aufklärung (und in Ländern, wo sie tatsächlich stattfand, also in Deutschland eher am Rande) sich auch eine Lockerung, und, wichtiger: Vervielfältigung und Modularisierung der öffentlichen Rede über die Leidenschaften ereignete; das Hauptwerk von James Grantham Turner aus dem Jahr 2003, *Schooling Sex: Libertine Literature and Erotic Education in Italy, France, and England 1534-1685* erläutert die Beschaffenheit dieser Veränderung, wenn auch von einem oft recht engen, parafoucaultianischen Standpunkt aus, mit aller erforderlichen Ausführlichkeit. Darüber, wie es mit den Realmores stand, ist man allerdings auf Vermutungen und Anekdotisches angewiesen, die sozialgeschichtliche Forschung hat beklagenswerterweise erst im 20. Jahrhundert die Instrumente entwickelt, dergleichen überhaupt zu beobachten – daß der Zusammenhang aber zumindest in der rückblickenden historischen Phantasie eine Rolle spielt, wird man sich leicht merken können, wenn man einmal gehört hat, was die Irren bei Peter Weiss singen: »Was wäre eine Revolution ohne allgemeine Kopulation?« Die Parole ist Komplementärstück zu der dann von Pasolini verfilmten Gegeneinsicht, daß eine ordentliche Konterrevolution und ein funktionsfähiger Faschismus ohne sexuelle Entfremdung, Gewalt, also einfach: Vergewaltigung und heteronome Zurichtung nicht sie selbst ist (wofür nun wieder die Realgeschichte als Beispiel dient, nämlich diejenige des zwanzigsten Jahrhunderts, in dem der Fortschritt im Bewußtsein der Freiheit die schwersten Niederlagen seit der Menschheitsmorgenröte der Renaissance erleben mußte). Daß ab der bürgerlichen Selbstbehauptung und Selbstsetzung als der fortschrittlichen Klasse, vielleicht aber auch (hier herrscht abermals historisches Dunkel) schon vorher, jede erfolgreiche Sozialinsurrektion ihre Liebesimagines produziert (und von seiten der Reaktion mit sexueller Projektion und Paranoia beargwöhnt wurde), ist ebenfalls wahr – und hat einen so wenig mit unseren sonstigen Ansichten einverstandenen, überzeugten Antimarxisten, aber immerhin entschiedenen Gegner der Unfreiheit und des Kapitalismus wie Yves Fremion dazu inspiriert, sämtliche auch nur irgendwie geschichtswirksamen Revolutionsanläufe seit der Antike schlankweg als »Orgasmen der Geschichte« zu bezeichnen.

Noch einmal also: Etwas ist dran, sonst hielte sich das Motiv nicht. Was aber ist dran?

III.
Was dran ist: Macht über Glück in Geschichte und Kulturindustrie

Man muß denken wie die anderen, dann versteht man, was geschieht.

Nimmt man einmal die Perspektive der Feindschaft gegen die Freiheit ein, so fällt zunächst auf, daß Leute, die ihr Lieben, ihr Begehren, ihre Lust ernst nehmen, schwerer zu befehligen und zu gängeln sind als enttäuschte und gebrochene. Aus dieser Erkenntnis, die man den Machtträgerinnen schon des Matriarchats (falls es das so, wie der Ausdruck es meint, überhaupt gegeben hat) zutrauen darf, läßt sich allerdings nicht ohne weiteres (etwa per Umkehrung) eine emanzipatorische Liebespolitik gewinnen, weil die taktischen und strategischen Optionen, die aus dieser simplen Erfahrungstatsache für Unterdrückung, Ausbeutung und dergleichen folgen, ihrerseits schon überdeterminiert und mehrgleisig sind – eine schöne Daumenregel wie Wilhelm Reichs »Die Kirche ist die sexualpolitische Organisation der herrschenden Klasse« merkt man sich gern, darf sich davon aber nicht dazu verführen lassen, das Ganze für eine Frage – siehe oben – ausschließlich der Repression zu erachten. Täte man dies nämlich, dann müßte man, wenn sich herausstellte, daß auch andere Formen der Macht über Glück denken und vor allem praktizieren lassen als die des Verknappungshaushalts, komplizierte, geschraubte, je nach Lage bald gar abwegige Konstruktionen basteln, die selbst aus inflationärer Sexualisierung des jeweiligen Herrschaftsbereichs, wie sie bisweilen durchaus vorgekommen ist, wieder einen Repressionsakt machen sollen – Wortmonster wie die »repressive Entsublimierung« und die »repressive Toleranz« beschreiben zwar etwas Richtiges, bleiben aber an einen Hauptwiderspruch, die Repression, analytisch gefesselt und sind vor allem, auch wenn sie dieses Gefesseltsein vielleicht gerade manchen sich für marxistisch haltenden Leuten empfiehlt, die dann hastig ein bißchen Freud lesen und ihr hölzernes Schema nur noch um ein paar neue Vokabeln ergänzen, weit entfernt von der Klarheit echter, nämlich dialektischer, Marxscher Analysen – die Repressionslehre ist so richtig (ein bißchen nämlich) und so falsch (gehörig) wie die Lassallesche Verelendungstheorie und hat auch für die Politik dieselben schädlichen Folgen: Wenn stets zunehmende, im Idealfall schreiende Armut für mich das Hauptmerkmal der Ausgebeuteten, Unterdrückten, Ausgeschlossenen ist, wie mobilisiere ich dann Leute, die nicht in Lumpen schleichen, gegen Ausbeutung, Unterdrückung und Ausschließung?

Es ist eine arge Schmach der Traditionslinie der Aufklärung bis einschließlich ihrer marxistischen Radikalisierung und deren Fortschreibungen, daß sie den Umgang mit den Lüsten nicht wenigstens in Beziehung zur Warenproduktion gesetzt hat; der stumpfste Histomat, der realwirtschaftliche Kategorien wie Zirkulation, Distribution, Inflation in die Debatte hätte werfen können, wäre einem realistischen

Bild zuträglicher gewesen als das Schweigen, das der Diskursanalyse *sensu* Foucault dieses Feld überlassen mußte, die seit spätestens den siebziger Jahren des letzten Jahrhunderts nichts anderes tut, als der Aufklärung nachzuweisen, daß sie nur eine Rationalisierung des Monologs der Macht darstelle und also auch im Garten der Lüste nur Effekte habe wie die, welche Nietzsche, der Schutzheilige jeder diskursanalytischen Genealogie, in Sachen christliche Religiosität dem Protestantismus unterstellt. Liberalisierung, sagen die Foucaultianer, wenn sie schlau sind, ist gleich Geständniszwang ist gleich Inflation ist gleich Entwertung – schaut man sich die Sache aber einmal mit Blick auf ein noch gar nicht so lange zurückliegendes, deshalb recht genau beobachtbares Phänomen wie die »sexuelle Revolution« an, wird ein umfassenderes, weniger auf Repression oder, nach einer Art Wippschaukelprinzip, deren Negation als bloße Deregulierung fixiertes Modell greifbar: Wo Leute von anderen Leuten ausgebeutet, unterdrückt, belogen oder sonstwie systematisch schlecht behandelt werden, versuchen die jeweils Herrschenden stets auch, den Zugang zu den Glücks- und Lustquellen der Beherrschten zu kontrollieren. Die sexuellen Gebote der organisierten Religionen, das bürgerliche Familienrecht, das *ius primae noctis,* die gewalttätigen Schweinereien der Sklavenhalter sind allesamt Versuche, Rhythmen vorzugeben für ein Pulsieren, das beim Menschen nie nur biologisch ist, sondern immer auch sozial, nie nur geil, immer auch schön.

Man kann sich gegen diese Herrschaftstechniken auflehnen oder verwahren, indem man eine offensiv regelverletzende Sexualität feiert, dann wird man Turlupinerin, *queer punk*, *bitchy* Gangsterrapperin, Porno-Metaller (The Mentors, Meatshits), bacchantische Satanistin, Elektrosadomasochist oder Rodeo-Ridin-Machine-Fuckin-Cowgirl.

Man kann statt dessen die Sexualität, nach dem Motto »Lieber gar nichts als eure entfremdete Macht-, Anpassungs- und Warenscheiße«, auch ganz abschreiben, beschimpfen, sich über sie lustig machen, dann ist man »too drunk to fuck« (daß die Melodie und das Arrangement bei diesem seinerzeit besonders wertvollen Gassenhauer der Dead Kennedys im neuen Jahrtausend nur nach »verklemmt-fröhlicher Abiturparty« klingen, dafür kann die Band nichts, die mehr als andere ihres Milieus imstande war, die dialektischen Sprünge mit- und manchmal sogar vorauszuvollziehen, auf die achten muß, wer sich dem Funktionieren in der Kulturindustrie wirksam verweigern will – als Reagan Präsident wurde, bezogen die Dead Kennedys zu ihrer eigenen Anti-Hippie-Vergangenheit entsprechend ebenso gebrochen wie konsequent Stellung: *We've got a bigger problem now* – die sozialen Voraussetzungen der Verweigerung hatten sich ins noch Schlimmere verschoben, die Widerrede, ein seltener Fall, übersah das nicht).

Man kann, mit vollem Recht, am Regiment des *Social Engineering* der Herrschenden in der Liebe sogar moralisch werden, obwohl das von allen Rutschbahnen sicher die schiefste ist, *a very dangerous slippery slope*: »I don't like it! All I see are cocks and cunts! All I hear are push and grunts!« (so die aufrechten und, wie alles Aufrechte, im Maße ihrer Aufrichtigkeit dann eben auch manchmal ungünstig rigiden Hardcore-Moralisten der Band NoMeansNo).

Jochen Distelmeyers *Penismonolog* von der 1992er Blumfeld-Platte *Ich-Maschine* (»In dem Bett aus dem ich herkam / liegt es sich immer noch unbequem und einsam«) hat seine eigentliche Größe darin, daß er tatsächlich alles sagt, was an dem NoMeansNo-Zitat richtig ist, ohne irgend etwas von dem mitzusagen, was daran falsch ist: Sex unter Entfremdeten ist grauenhaft, aber ihn nicht zu wollen, löst nichts, denn eigentlich handelt Sex von etwas, das nicht Entfremdung sein will.

Diejenigen Kulturindustrie- und Lebensstiloppositionellen jedenfalls, die, angewidert vom oben erläuterten Schicksal der »sexuellen Revolution«, die betreffenden Sehnsüchte in jeder Form aus ihrem Träumen, ihrem Sound schneiden wollen und statt dessen die für alle Musik und Renitenz nötige Dynamik aus der Aggression statt der Erotik ziehen und diese Aggression zusätzlich damit rechtfertigen, daß sie Ausdruck angemessenen Protests wider die allgemeine Erniedrigung der körperlichen und sonstigen Liebe in menschenunwürdigen Verhältnissen sei, wissen etwas, das man gerade in den populärsten Segmenten der Kulturindustrie nur allzugern übersieht oder *tongue in cheek* wegblinzelt: Ausgestellte Sünde, explizite Transgression ist ebensogut als Lockmittel fürs Mitmachen im allgemeinen Verwertungsbordell einsetzbar wie der Gestus der Aufklärung als Beruhigungsmittel für von der Unberechenbarkeit der menschlichen Liebesweisen verunsicherte Lebensreformer aus der liebestöterischen akademischen Ecke.

IV.
Nenn Liebster mich, so bin ich neu getauft: Romy und Julio

Daß die Kunst und die Philosophie, sogar das bürgerliche Eherecht von der liebebedürftigen Seele seit Beginn der bürgerlichen Epoche mit erneuerter Emphase verlangten, was auch in anderen Erscheinungsweisen des Patriarchats von ihr erfordert war, nämlich, daß sie nur die einzelne Gegenüberseele lieben solle und sonst niemanden auf der Welt, kann nur eine völlig banale und instinktlose Befreiungslehre als bloß konventionelle Fessel auffassen, die irgendein geschichtlicher Sündenfall über das (da wissen Ethologie und Ethnologie Bescheid) definitiv nicht monogame menschliche Triebleben gestülpt haben. Die Plattheit will nicht sehen, daß Romeo und Julia, ganz unabhängig von ihren jeweiligen Geschlechtern und dem sexuellen Dimorphismus überhaupt, allen vorbürgerlichen Minnebildern tatsächlich überlegen sind. Denn hinter dem Bild, daß ein Wesen nur ein anderes liebt, steckt heimlich die größte (und tragischste) Errungenschaft des bürgerlichen Widerwillens gegen das Naturwüchsige: die Selbsternstnahme des nicht nur wünschenden, sondern auch planenden und arbeitenden Wesens. Man will als Einzelseele in ihrer *haecceitas* geliebt werden, als genau diese, nicht irgendeine, man will das Angenommenwerden erleben als Ablehnung der Beliebigkeit des abstrakten Moments »Das Gemeinwesen verbindet alle mit allen« erleben können.

Adornos kluge und tiefe Sätze über Treue in den *Minima Moralia* schmiegt sich wie die meisten wertvollsten Gedanken dieses Aufklärungskritikers eng an die Aufklärung, genauer: an das, was ihre Verwirklicher, die politische Generation Robespierres, unter »Tugend« verstanden:

> »Jene aber, die, unterm Schein der unreflektierten Spontaneität und stolz auf die vorgebliche Aufrichtigkeit, sich ganz und gar dem überläßt, was sie für die Stimme des Herzens hält, und wegläuft, sobald sie jene Stimme nicht mehr zu vernehmen meint, ist

in solcher souveränen Unabhängigkeit gerade das Werkzeug der Gesellschaft. Passiv, ohne es zu wissen, registriert sie die Zahlen, die in der Roulette der Interessen je herauskommen. Indem sie den Geliebten verrät, verrät sie sich selber. Der Befehl zur Treue, den die Gesellschaft erteilt, ist Kittel zur Unfreiheit, aber nur durch Treue vollbringt Freiheit Insubordination gegen den Befehl der Gesellschaft.«[100]

Treue ist hier nicht Ausschließlichkeit, sondern negativ (und symmetrisch) definiert als: nicht wegrennen, wenn es anstrengend wird.

Die bürgerlich emanzipierte Liebe und Treue, die Adorno lobt, sind reflektierte Zustände, nicht spontane – reflektiert, das heißt: *mutual*, Liebe spiegelt Widerliebe und ist damit auch »durchdacht«, das heißt fähig zu Ritual, Inszenierung, codierter (statt *unmarked)* Intensität, also nicht mehr »vorgebliche Aufrichtigkeit«, sondern wahrgemachter Schwindel, gespielte Wahrheit, wahres Spiel (»Und meine Liebe ist Theater«, singt Jens Friebe), eine Transzendenz, die man nur im Diesseits erleben kann, eine im konkreten Moment des Spiegelns von Spiegeln erzeugte Unendlichkeit des Vermögens – mit Luhmann:

»Jeder Versuch, den anderen zu ›durchschauen‹, führt ins Bodenlose, in jene Einheit von wahr und falsch, von aufrichtig und unaufrichtig, die sich allen Kriterien entzieht. Deshalb kann nicht alles gesagt werden. Transparenz gibt es nur in der *Beziehung* von System und System, sozusagen anhand der Differenz von System und Umwelt, die das System konstituiert. Liebe kann diese Transparenz nur selbst sein.«[101]

Diese Denkvoraussetzungen, diese reflexive Relationalität wurde nötig, weil das Unreflektierte und Spontane des Erlebens, auf das die Sehnsucht geht, immer einen Abkommpunkt, einen Trittstein, eine Folie brauchen – frei ist man nur gegenüber Gesetzen, nicht gegenüber dem Nichts oder dem Alles. Die Freiheit, die sich die liebende Person gegenüber der Reflexion, die sie voraussetzt, nehmen darf, ist Bedingung und Folge der Gleichheit: Jede Seele kann jede andere Seele zur besonderen erklären und von jeder anderen für sie erklärt werden – was kausal zwingend erlebt wird, ist statistisch Durchschnitt; ein Rechenkunststück, das das Liebesleben ökonomisch auf dem Markt gelernt hat und nirgendwo anders hätte lernen können.

Das Naturwesen wird erst durch diese Verschränkung des als notwendig Erlebten (Einzelliebe) mit dem unerlebbar Abstrakten (alle haben gleiche Rechte) zum gesellschaftlichen. Das besondere Interesse, das die Liebesutopie im beginnenden wie noch im hochentwickelten bürgerlichen Zeitalter, von Shakespeare bis Goethe, an den Frauen nimmt – Peter Hacks hat bemerkt, bei den Klassikern seien die weiblichen Menschen sämtlich menschenähnlicher geraten als die männlichen –, ist eben darin begründet, daß man in ihnen die schlechthin naturursprünglichen, »biologischeren« Menschen wähnte und mit ihrer Apotheose als schöne Seele sagen will: Wenn selbst die seit Urzeiten als Gebärmaschine aufgefaßte Sorte Mensch zum erotischen Subjekt werden kann, wenn selbst sie, die nie gesprochen hat, jetzt aus vollem Herzen spricht, dann ist die menschliche Freiheit der Tendenz nach wirklich universell, dann mag einmal jede von der Natur anbefohlene Partikularität, Enge, Todesanheimgegebenheit überwunden werden, »*and with strange aeons even death may die*« – vorausgesetzt, die Interessen (hier: Leidenschaften) werden wirklich ins freie Spiel der Kräfte überführt. Der Gedanke – Freiheit, Gleichheit, Schwesterlichkeit – hat politisch nie viel Macht erobert, in der Kunst – der sublimsten wie der trivialsten – aber dauerhaft Asyl gefunden; die Ärzte mit ihrem Traum von der Welt, in der alle Menschen Mädchen sind, haben wir schon erwähnt, die sowohl rührendste wie unheimlichste Ausgestaltung dieses Traums ist die Kunst Henry Dargers, der die Welt der Mädchen (inklusive kleiner Phalloi) so obsessiv *pretty* und zugleich vom Grauen heimgesucht gemalt und bedichtet hat, wie sie sein muß, um das Gegenbild zur vorhandenen abzugeben, in der statt Hübschheit Entfremdung und statt Grauen Fadheit regieren. Man will da raus; man möchte endlich anders feiern (wie Jonathan Richman: »I was dancing in the lesbian bar«).

Der vornehmste Abstand der Sehnsucht zur gesellschaftlich errichteten, aber darin um so naturwüchsigeren Ungleichheit, den das Phantasma träumt, ist theoretisch erreicht in Deleuzes Satz in *Proust und die Zeichen* von der Homosexualität als der Wahrheit der Liebe, den man, nach Gides kluger Warnung in anderem Zusammenhang, nicht zu schnell verstehen sollte. Greg Egan hat ihn in einer Geschichte geborgen: Zwei wirkliche Menschen, Männer namens Prabir und Felix, tun und denken miteinander ein Wissen über die Interpenetration von Biologie und Poesie, Natur und Gespräch, wie freie Menschen es teilen könnten, in Liebe als reflektierter Widerliebe:

»Prabirs Hände schweiften ab. Nach einer Weile drehte sich Felix auf den Rücken und zog Prabir an sich. Als sie sich küßten, spürte Prabir eine Wärme, die sich wie flüssiges Feuer in seinen Adern ausbreitete, und sein Brustkorb schien zusammengepreßt zu werden, als hätte ihm ein erstaunlicher Anblick den Atem geraubt. Das war es, wonach er strebte – mehr als nach dem eigentlichen Sex. Er hatte dafür kein Wort; es war viel zu körperlich für reine Zärtlichkeit und viel zu zärtlich für reine Begierde.

›Weißt du, was mir am meisten daran gefällt, wenn wir zusammen sind?‹ fragte er.

›Nein.‹

›Unser gemeinsamer Diebstahl.‹ Prabir zögerte, weil er befürchtete, er könnte zu dumm klingen. Aber wenn er jetzt nicht darüber sprechen konnte, wann dann? ›Sex ist wie ein Diamant, der in einem Schlachthaus geschmiedet wurde. Drei Milliarden Jahre der unbewußten Reproduktion. In der nächsten halben Milliarde die ungeplante Entstehung von Tieren, die nicht nur ihrem Trieb folgten, wenn sie sich paarten, sondern die Spaß daran hatten – und schließlich wußten, daß sie Spaß hatten. In Millionen Jahren verfeinerten sie diese Empfindung und machten sie zur vollkommensten Sache der Welt. Und all das nur, weil es einfach funktionierte. Und nur weil dadurch immer wieder dasselbe hervorgebracht wurde.‹ Er griff nach Felix' Penis und schloß seine Hand darum. ›Jeder kann sich diesen Diamanten nehmen; es ist so einfach. Aber er ist für uns kein Köder, keine Bestechung. Wir haben den Schatz gestohlen, wir haben ihn losgerissen. Wir können damit tun, was wir wollen.‹«[102]

»Was wir wollen«: nicht beliebig, sondern unter Regeln, die in Milliarden Jahren zu sich kamen, die wir deshalb reflektieren, aber auch brechen dürfen, weil wir Augenblickswesen sind, die den Milliarden Jahren keine Rechenschaft schulden, und weil nicht die Regeln die

Liebe machen, sondern die Liebe die Regeln macht, denen sie sich freiwillig unterwirft.

V.
Katechismus, Turlupiner, Hipparchia: Diskursküsse

Was für Regeln macht die Liebe also?

Was darf man, wenn sie denn ein gemeinsamer Diebstahl einer Prämie auf etwas ist, das die Natur aus ganz anderen Ursachen hervorgebracht hat, von ihr erwarten? Was darf man glauben? Könnte sie reden, sie würde sagen: Glaub du, was immer du von mir glaubst, ohne alle Ansprüche darauf, du wärst durch deinen Glauben etwas Besonderes, aber erlebe, daß du es bist. Glaub an das, was dich klüger macht, geduldiger, verständnisvoller, glaub an Gnade, nicht an Strafe. Glaub die großen Worte nicht, glaub lieber die kleinen Ereignisse – halt dich nicht krampfhaft fest daran, wenn dich wer »den einen, meinen« nennt, sondern sieh lieber zu, wer für dich da ist. Glaub lieber nicht an Versicherungen, jemand sei dir jenseitig und überirdisch verbunden, sondern an die oder den, die oder der deine Geschichten so gern hören will wie du ihre oder seine. Glaub nicht an die heroische Behauptung, man werde um dich kämpfen oder für dich, sondern glaub an diejenigen, die mit dir lachen.

Der Katechismus, wenn es ihn gäbe, spricht persönlich, sagt du zu jemandem, ist vor allem gerichtet gegen Indifferenz. Promiskuität als abstraktes Ideal also hätte, ganz wie Adorno sagt, da sowenig Platz wie »Zucht« in jedem Wortsinn. Für die allgemeine Auffassung davon, was die Modernen, die Aufgeklärten mit der Unterscheidung zwischen öffentlichem Leben einerseits und privatem andererseits anfangen sollen. Wie die Aufklärung das Verschwinden etwa tribalistischer und patriarchischer Einrichtungen im Staat begrüßt, so warnt sie vor dem Verschwinden der Staatsverhältnisse in jeder Sorte eines neu-urgesellschaftlichen Darwinismus, der Abschaffung der Differenz von Sitten und Leidenschaften als Kollabieren der ersteren in die letzteren. Sie erhofft sich Gutes allein von der Versittlichung der Subjekte, nicht von der Subjektivierung der Sitten, von der Beseelung der Lust mit Philosophie, aber nicht von der Auflösung der Philosophie in Lüste – so kann denn, *quod licet iovi,* einer wie Pierre

Bayle die Turlupiner in seinem Wörterbuch, weil sie den Geist im Rausch ersäufen, für genau dieselben Handlungen schelten, sie seien unerträglich, die derselbe Aufklärer bei der Philosophin Hipparchia interessant und erörternswert findet – die Turlupiner, welche »das Werk des Fleisches am hellichten Tage und vor aller Augen ausführten«, trifft der Bann: »Trotz dieser ruchlosen Ausschweifungen gaben sie sich sehr fromm und andächtig, um sich besser bei den Frauen einzuschmeicheln und sie dann in die Netze ihrer unkeuschen Begierden zu ziehen«, woran man die Schande »aller Sekten, die sich durch eine paradoxe Moral hervortun wollen« erkennt und ihre »Vision der Erleuchteten« verächtlich zu finden lernt[103]. Sie *begründen* nicht, was sie tun, denn sie wollen das Gesellschaftliche, den Raum des *logon didonai* verlassen wie viel später Herr Kriege, und dafür trifft sie Bayles Verdikt, denn ihr Erleben ist begriffslos – im Gegensatz zu dem der Hipparchia, die, wie Bayle schrieb, »keinerlei Skrupel« hatte, den kynischen Philosophen Krates mitten auf der Straße zu lieben, aber eben nicht aus Wahllosigkeit und dem Bedürfnis, sich von der Sprache und dem Dialog zu verabschieden, sondern als dessen Zuspitzung, nicht als Flucht vor dem Argument, sondern aus dem Willen, gegen die Wetterwendischkeit von Gelegenheit und Widerreden auf dem von ihr für richtig Erkannten zu beharren, denn sie war

> »von den Reden (!, KD) dieses Kynikers so entzückt, daß sie ihn um jeden Preis heiraten wollte. Eine große Anzahl von Verehrern, die sich durch Abstammung, Reichtum und gutes Aussehen auszeichneten, hielt um ihre Hand an. Sie wurde von ihrer Familie bedrängt, sich einen Ehemann aus diesen Rivalen zu wählen, aber nichts vermochte sie von Krates abzubringen. Sie erklärte, daß Krates ihr alles bedeute und daß sie sich erstechen würde, wenn man sie nicht mit ihm verheirate. Auf diese Erklärung hin wendete sich die Familie an Krates und bat ihn, seine Redegewandtheit und seine ganze Autorität bei dem Mädchen einzusetzen, um sie von ihrer Leidenschaft zu heilen. Er tat das, ohne das Geringste bei diesem halsstarrigen Mädchen zu erreichen. Als er schließlich sah, daß seine Argumente und Ratschläge keinerlei Wirkung zeigten, stellte er dem Mädchen seine Armut vor Augen: Er zeigte ihr seinen Buckel, legte seinen Stock, seinen Bettelsack und seinen

Mantel auf den Boden und sagte zu ihr: ›Das ist der Mann, den Du haben, und die Möbel, die Du bei ihm finden wirst. Denk gut darüber nach, Du kannst nicht meine Frau werden, ohne das Leben zu führen, das unsere Sekte vorschreibt‹– er hatte kaum aufgehört zu sprechen, da erklärte sie, daß ihr diese Aussicht unendlich gut gefalle. Sie nahm die Ordenstracht, ich will sagen die Kleidung der Kyniker, und band sich so stark an Krates, daß sie mit ihm überall herumzog, mit ihm zu Festen ging und keinerlei Skrupel hatte, ihm die eheliche Pflicht mitten auf der Straße zu leisten«.[104]

Bayle sagt *tongue in cheek*, sie habe sich zu diesen Schamlosigkeiten verstanden, um »ihm zu gefallen«, aber es ist ihm, wie der zitierte Passus zeigt, sehr wichtig, dabei zu betonen, daß sie darin ihrem eigenen Kopf, ihrem eigenen Willen folgte, sexuelles Subjekt war, denn selbst seine Rhetorik konnte sie nicht abbringen von dem, was ihr Herz begehrt – eine Widerstandskraft, die sie, wie Bayle fasziniert weitererzählt, auch in Disputationen mit Philosophenkollegen und -konkurrenten ihres Mannes bewiesen haben soll, etwa gegenüber Theodorus, der sie an Schicklichkeit und Konvention zu erinnern suchte, ohne die sie als Frau moralischen und geistigen Schiffbruch erleiden müsse – »als Theodorus ihr einen Vers aus einer Tragödie zitierte, in dem es um eine Frau ging, die Spinnrocken und Spindel verlassen hatte, antwortete sie: ›Ich erkenne mich darin wieder, ich bin diese Frau. Aber glaubt ihr, ich hätte eine schlechte Wahl getroffen, weil ich meine Zeit lieber nutzen will, um zu philosophieren als um zu spinnen?‹«[105] – Bayle schließt seinen Artikel über die Stolze mit ein paar lauen Ermahnungen, in denen man gerade beim Vergleich mit dem Bannstrahl, der die Turlupiner trifft, leicht Vorsichtsmaßnahmen gegen die mögliche Identifikation des Enzyklopädikers mit den Absichten und Ansichten seiner Heldin erkennen kann. Die Philosophin »denkt sich was dabei«, das macht sie für Bayle interessant und hebt sie von Mystikern ab, die durch ihre Überschreitungen das Denken loswerden wollen. Dieses sehr ernste Spiel mit Reflexion, also auch Inszenierung, war in dem Zeitalter, in dem Bayle schrieb, und in der Sprache, in der er dachte, ein bevorzugter Gegenstand der Literatur geworden, und zwar der lyrischen und dramatischen ebenso wie vor allem jener, die mit der bürgerlichen Emanzipation zur vorherrschenden wurde, der Prosa.

Im Vorhof und auf der Höhe der französischen Klassik versammeln sich die einschlägigen Motive in auf Jahrhunderte hinaus musterbildenden Anordnungen, ob da die Théophile de Viau zugeschriebene Sammlung des »satyrischen Parnaß« von 1622 die Öffentlichkeitsfrage fürs Erotische in Gestalt eines Zensurstreits aufwirft, weil in diesem ohne königliche Druckerlaubnis erschienenen Werk Spielarten der körperlichen Liebe vorkommen, die man vordem selten für literaturfähig hielt, ob das Genre der Hurendarstellung und Zuhälterdichtung von Werken wie dem 1619 veröffentlichten *Le parfaict macquereau suivant la court* (*Der höfische Zuhälter*) geformt wird, das einer Frau namens Magdalene gewidmet ist, von der man erfährt, sie sei früher freigiebig mit den Genüssen gewesen, nehme jetzt aber Gebühren und solle sich doch lieber wieder herschenken – diese Literatur, in der Gleichgeschlechtliches, Hosenrollen auf dem Theater, Ausloten neuer Sehnsüchte und Freilegen vorhandener Mehrdeutigkeiten in antiken Quellen (Racines *Britannicus*, Corneilles *Polyeucte*), ist wie von Weinranken von Anekdoten umringelt, die das Sichändern der Mores fast noch besser illustrieren als die Texte selbst: Die Geliebte des Autors Roger de Bussy-Rabutin leiht das Manuskript seiner *Histoire amoureuse des Gaules*, in der höfische Unzüchtigkeiten erzählt werden, einer Freundin, und die sorgt dafür, daß das Buch ohne Wissen des Verfassers gedruckt wird, wofür er ein Jahr lang in der Bastille schmachten muß.

Die vielfältige Bewegung, die in die Epoche gekommen ist, bündelt der Roman, dessen große Zeit jetzt gekommen ist: Michel Millot wird mit zwei Werken der Gattung, der *Mädchenschule* von 1655 und der *Venus im Kloster* von 1683, die den Genres des Pfaffen- und Sittenspiegels angehören, zum Pionier der modernen Pornografie, Nicolas Chorier beerbt ihn in den achtziger Jahren des siebzehnten Jahrhunderts mit Skandalbänden über lesbische Liebe und die Prostitution in Amsterdam, priapische Oden, Dekadenzhistorien und Ausschweifungschoreographien von de Sade bis zu Mirabeaus *Erotika Biblion* und *Hic et Hec* bereiten, als wäre der von langer, feiner bürgerlicher Hand geplant, bereits den Symbolismus vor und spielen an allen Fronten mit den Differenzen des Natürlichen und Raffinierten, bei denen die Geschlechterrollenbrüche und -verfeinerungen wie selbstverständlich auch von allerlei Rassen- und Kulturphantasmen durchdrungen und überlagert sind (der okzidentale Orientalismus hat, nicht nur über die Rezeptionsgeschichte von *Tausendundeine Nacht*, weitverzweigte sinnliche Wurzeln, von Montesquieus persischen Briefen bis zu den geschwätzigen Kleinoden Diderots). Die führende Rolle der französischen Literatur auf diesem Gebiet hängt mit den Besonderheiten des dortigen Absolutismus zusammen, nämlich der höfischen Laborbedingungen, unter denen anders als irgendwo sonst in Europa die großen Umwälzungsdynamiken tatsächlich auf Kammerspieldichte zusammengedrängt erlebt werden und von den ersten Schriftstellern ihrer Zeit so notiert werden konnten, daß die zweiten bis zehnten davon genügend heißen Wind bekamen: Die Philosophie schob sich, so gepreßt, in die Politik und umgekehrt, und Erotik war für das, was da ineinandergriff, nicht der schlechteste Name (die Ungezogenheiten anderer in derselben Ära Gestalt annehmender Nationalliteraturen waren nicht nur angestrengter – wenn Puritaner über die Stränge schlagen, wird es mühsam –, sondern vor allem schmalspuriger; die geheime Korrespondenz der beiden Seiten der Entfremdungsmedaille läßt sich bei paralleler Kontemplation von Kants berühmter Definition der Ehe als eines Vertrags zur wechselseitigen Nutzung der Geschlechtsorgane einerseits und britischer Protopornographie andererseits recht deutlich spüren).

Eine französische Literatur, wenngleich eine ganz andere, ist es auch, in der eine ganz bestimmte Schule der Schriftauslegung sich ein gutes Vierteljahrtausend nach dem in Rede stehenden Geschichtsabschnitt eine Lehre herausgebildet hat, die heute die nahezu unangefochtene Deutungshoheit über diese Phänomene der *Emerging Markets* der modernen Liebe und Sinnlichkeit innehat: diejenige Foucaults nämlich – wir hatten schon mehrfach Gelegenheit, darauf hinzuweisen, und möchten jetzt ein *Caveat* anbringen, das, alles zu Ändernde jeweils geändert, auch auf alle anderen Verwendungen historisch-literarischer Quellen zur Veranschaulichung unseres Argument- und Erzählgangs übertragen werden sollte. Es ist Michel Foucault bekanntlich gelungen, in seinen Beiträgen zur von ihm selbst annähernd im Alleingang geschaffenen »Wissensarchäologie« den Gedanken zu propagieren und zu erproben, Rede- und Schriftkomplexe wie die *Wissenschaft vom Menschen*, der medizinische, psychiatrische, kriminologische und punitive Diskurs der modernen

Gesellschaften seien über die Bestimmungen von Fragestellungen und Begriffen nicht nur für die Erforschung, sondern auch für die Konstitution ihrer Gegenstände verantwortlich. Was auf den ersten Blick nach unschuldigem Nominalismus aussieht – selbstverständlich gibt es eine Menge Wissensgebiete, deren Aufgabe nicht nur darin besteht, zu artikulieren, wie irgendein X funktioniert, sondern auch darin, zu definieren, was überhaupt als X gelten darf. Der einem Stromstoß aus Kurzschluß vergleichbare Schockeffekt aber, der eintritt, wenn man eine Behauptung aufstellt wie »Die Masturbationshandbücher der hohen Neuzeit haben den Gegenstand Masturbation überhaupt erst geschaffen« (wie wir das etwa bei Thomas Laqueur in *Solitary Sex: A Cultural History of Masturbation* von 2006 lesen können) oder »Vor den Wissenschaften vom Menschen gab es den Menschen nicht, und wenn sie einmal ihre Geltungsansprüche abgeben müssen, wird es ihn nicht mehr geben«, macht aus jener *working definition* der Wissenschaften plötzlich eine Art magischen Akt, insofern die Unbestimmtheit dessen, was in dem Satz »Ein bestimmtes Aussagesystem *macht* die Dinge, über die es Aussagen trifft« mit dem Verb »macht« gemeint sein könnte, leicht dazu verführt, eine Art Schöpfung aus dem Nichts zu imaginieren. Die liegt jemandem, der so klug ist wie Foucault, selbstverständlich völlig fern, er weiß selbstverständlich (und sagt es oft genug), daß soziale Praktiken aus Praktiken gemacht sind, nicht aus Wörtern – liest man aber etwa die Texte der rund 250 Gelehrten, die sich an der 2006 erschienenen, von Gaetan Brulotte und John Phillips herausgegebenen zweibändigen Großenzyklopädie der erotischen Literatur beteiligt haben, staunt man doch einigermaßen über den Konsens, der das Vorkommen von Aktivitäten, die ohne biologisch vorgegebene Reizzonen am menschlichen Körper nicht gewagt würden und von ihnen, sobald entsprechend Muße und die Möglichkeit einvernehmlicher oder erzwungener Teilhabe daran gegeben sind, zumindest nahelegt werden, in suggestiver Weise an die Existenz einer Literatur bindet, die von diesen Aktivitäten handelt, sie feiert oder verdammt.

Nichts wäre nun sinnloser und größere Zeitverschwendung, als an dieser Stelle gegen die Schule, deren Hypothese und Hypostase wir eben mit Stichworten umrissen haben, einen indignierten Idealismusverdacht auszusprechen und ihren Propositionen gegenüber auf irgendeiner sich pausbäckig in die Brust werfenden materialistischen Dogmatik zu bestehen, wonach zuerst gevögelt und dann darüber gedichtet wird; daß es nicht nur *in eroticis* mehr Phantasie als Wirklichkeit gibt, möchten wir ungern bestreiten müssen. Anstatt nun also die Distanz zur Redeweise von der »Erschaffung« der Masturbation, Homosexualität oder sonstiger schöner Dinge durch die einschlägigen Diskurse darin zu suchen, hier irgendwelche nackten Körper vom Kopf auf die Füße stellen zu wollen, weisen wir bloß vorsichtig auf zwei Dinge hin: 1. Die Lehre, daß all das, wovon die besprochene Literatur handelt, durch sie in die Welt gekommen ist, lebt von der Zweideutigkeit dessen, was da »Welt« heißt, so sehr wie der Satz, sie seien diskursiv gemacht worden, von der Zweideutigkeit des Sinns von »machen«. Die Welt, mit der wir es in unseren Büchern zu tun haben, ist notwendig eine Bücherwelt; Nichtsprachliches, über das man redet, wird dadurch sprachlich – die Ansicht ist also unwiderlegbar (wir müßten ja auf die nackten *qualia* zeigen können, würden wir sie zurückweisen können) und insofern aller Gegenskepsis so unbekömmlich wie die Erkenntnistheorie des Bischofs Berkeley. Ob Poppers Gebot, prinzipiell unfalsifizierbare Sätze könnten niemals wissenschaftliche Geltung beanspruchen, in jedem Fall stimmt, lassen wir dahingestellt – das Gebot selbst wäre dann jedenfalls *hors concours* der von Popper eingeforderten Wissenschaftlichkeit, denn es läßt sich kein Fall denken, der es widerlegen würde, nur einer, der es bricht – für technische Sätze aber in dem Sinn, in dem wir im vorangegangenen Kapitel »Technik« bestimmt haben, übernehmen wir es als Arbeitseinschränkung gern, und andere als technische Aussagen in genau diesem Sinn wollen wir in diesem Buch nicht treffen (es ist, auf die Art und Weise, die wir im selben Kapitel dargelegt haben, eine Maschine mit einem spezifischen Zweck). Wir können die These, daß alles, wovon die besprochene Literatur handelt, durch sie in die Welt gekommen ist, also unabhängig davon, ob sie irgendeine Bedeutung trägt und der irgendeine Wahrheit zukommt, buchstäblich nicht gebrauchen, weil sich kein Fall aus der Geschichte denken läßt, der sie widerlegen könnte, aber 2. schadet das gar nichts, denn wenn wir statt »Die Sache ist von Diskursen geschaffen« lieber sagen: »Sie ist diskursiv vermittelt, ohne diese Vermittlung nicht denkbar, und deshalb können wir an keiner anderen Stelle ansetzen«, dann dürfen beide Parteien von den Diskursen, die nun mal alles sind, was uns speziell aus historischen Zeiten erreichbar ist, auf die Verhaltensweisen schließen, die uns interessieren, ob nun als Produkte der Diskurse oder als etwas von diesen »nur« koordiniertes und beobachtbar Gemachtes – das sind so lange Geschmacksfragen, bis jemand behauptet, daß es die Verhaltensweisen, die wir interessant finden, überhaupt nicht gibt – und ebendas tun die Foucaultianer ja nicht, weil das allgemeine und wohl auch ihr eigenes Interesse an ihren Ansichten über die Diskurse, von denen sie reden, stark nachlassen würde, wenn das, was sie »machen«, einfach nichts wäre. *Plausibel* ist die Lehre, der wir uns einstweilen in einer Art Einklammerung der Entscheidung oder agnostischen Haltung nicht anschließen wollen (die tentative Ersatzformel »vermittelt durch« läßt da den gewünschten Spielraum), wie gesagt deshalb, weil uns außer dem, was ihr die Quelle der sozialen Erscheinungen ist, nichts von diesen bleibt; *attraktiv* aber ist sie, weil die Suggestion herausgeholt werden kann: Wenn es die Diskurse waren, die das Leben geschaffen haben, das wir führen, dann reicht es, die Diskurse zu ändern, und das Leben wird nachziehen. Wie gesagt: Foucault war nicht Professor an der Hogwarts-Zauberschule, er hat dergleichen nicht behauptet; wer es bei ihm sucht, wird es nicht finden und vielmehr enttäuscht werden; sein Bild von der »Macht« ist ein viel weniger wortmagisches, viel eher an Dühring erinnerndes. Ein Großteil seines Erfolges aber erklärt das Mißverständnis allerdings schon. Er sei ihm gegönnt; sein Witz wird diese Auslegung vermutlich überleben.

VI.
Der Philosoph und das Handtuch

Die Deutschen, man wußte das schon, bevor Marx es ihnen aufgeschrieben hat, kamen immer zu spät, und so fing die Aufklärung hier eigentlich erst nach der Französischen Revolution an, blieb stummelhaft und konnte nicht recht sagen, was sie wollte – aber im Sinnlichen war sie weniger unbeholfen als im Politischen; jedenfalls bei Christoph Martin Wieland. Sein Briefroman *Aristipp und einige seiner Zeitgenossen* handelt von dem kyrenischen Philosophen, nach dem er heißt und der seine Emanzipation und sein Erwachsenwerden an genau den beiden Erfahrungen mißt, die wir in diesem Kapitel behandeln, der erotischen und der reflexiven. Die Weichen werden gestellt, indem er einerseits Sokrates begegnet und andererseits der schönsten Frau; er lernt lieben, diskutieren und denken im selben Lebensabschnitt. Die besondere Schnittstelle zwischen Natur und Zivilisation, an der die Reflexion seine Körperlichkeit erreicht (und Poesie wird), ist das »öffentliche Bad«. Die Stelle, an der er seinem Freund Kleonidas brieflich von diesem Erlebnis berichtet, ist so hübsch, daß wir sie ungekürzt wiedergeben möchten:

»Ich gehe hinein, und da sich nicht gleich ein Aufwärter zeigt, öffne ich aufs Gerathewohl eine der Badekammern und treffe gerade den Augenblick, da eine junge Frauensperson, die sich ganz allein darin befand, im Begriff war aus dem Bade zu steigen. Dieß war das erste mal in meinem Leben, daß ich vor einem schönen Anblick zusammenfuhr; gleichwohl weiß ich nicht wie es kam, daß ich, anstatt zurück zu treten, und die Thür, die ich noch in der Hand hatte, vor mir wieder zuzuziehen, sie hinter mir zumachte und meine Verlegenheit dadurch vermehrte. Die Dame, die bey meiner Erblickung plötzlich wieder untertauchte, schien sich an meiner Bestürzung zu ergetzen. ›Wie?‹ (sagte sie lachend, mit einer Stimme, deren Silberton meine Bezauberung vollendete) ›fürchtest du das Schicksal Aktäons, daß du vor Schrecken sogar zu fliehen vergissest? Da ich weder so schön wie Artemis noch eine Göttin bin, darf ich auch weder so stolz noch so unbarmherzig seyn wie sie. Du bist ein Fremder, wie ich sehe, und hast vermutlich die Überschrift über der Pforte dieser Thermen nicht gelesen.‹

Während sie dieß sprach, hatte ich, was du mein unverschämtes Gesicht zu nennen pflegst, wieder gefunden, und erwiderte ihr, von einer so zuvorkommenden Anrede aufgemuntert: ›Da ich das Glück dieses Augenblicks bloß meiner Unwissenheit und dem Zufall zu danken habe, so wär' es in der That grausam, schöne Unbekannte, mich dafür zu bestrafen, nicht daß ich, wie Aktäon, zu viel, sondern daß ich gesehen habe was man nie genug sehen kann.‹ – ›Nur ein längeres Verweilen‹, versetzte sie mit einem einladenden Lächeln, ›würde dich strafbar machen, denn es ist Zeit, daß ich das Bad verlasse.‹

Indem sie dies sagte, traten zwey junge Sklavinnen herein, die in zierlichen Körben alles, was zum Dienste des Bades erforderlich ist, auf ihren Köpfen trugen. Sie schienen verwundert einen Unbekannten hier zu finden, und hefteten ungewisse fragende Blicke bald auf mich, bald auf ihre Gebieterin. ›Was für eine Strafe‹, sagte die Dame, ›hat dieser junge Mensch verdient, für die Verwegenheit sich in ein frauliches Bad einzudringen, das gewiß noch von keinem männlichen Fuße betreten worden ist?‹ – ›Die gelindeste wäre wohl, ihn anzuspritzen und in einen – Hasen zu verwandeln‹, sagte die jüngere. ›Das wäre eine zu milde Strafe für ein so schweres Vergehen‹, versetzte die ältere; ›ich weiß eine andere, die dem Verbrechen angemeßner ist. Ich würde ihn dazu verdammen, so lange bis wir unseren Dienst verrichtet haben, hier zu bleiben, und dann die Thür hinter uns zu schließen.‹ ›Meinst du?‹ sagte die Dame, indem sie sich erhob, ihre in einen dicken Wulst über der Scheitel zusammengebundenen Locken auflösend, von einer Fülle bis unter die Kniee herab fallender gelber Haare, wie von einem goldenen Mantel, umflossen, aus dem Wasser stieg, und sich, eben so unbefangen als ob sie mit ihren Mägden allein wäre, abtrocknen und mit wohlriechenden Ölen einreiben ließ. ›Und mich, schöne Gebieterin‹, sagte dein unverschämter Freund mit der ganzen edlen Dreistigkeit, die du an ihm beneidest, ›mich, den du in einem Augenblick zu deinem Sklaven gemacht hast, wolltest du hier müßig stehen lassen? Erlaube mir, deinen Nymphen zu zeigen, daß ich geschickter bin als sie mir zutrauen‹, und indem ich dieß sagte, machte ich eine Bewegung, als ob ich einer der Mägde ein Tuch von der schneeweißesten Wolle, womit sie ihre Gebieterin abzureiben begriffen war, aus der Hand ziehen wollte. Aber die Dame warf mich mit einem zürnenden Blick auf einmahl wieder in die Schranken der Ehrfrucht zurück, die der Schönheit und dem Stande, von dem sie zu seyn schien, gebühren. ›Wenn du mein Sklave bist‹, sagte sie wieder lächelnd, sobald sie mich in gehöriger Entfernung sah, ›so erwarte schweigend meine Befehle und rühre dich nicht!‹ Ich gehorchte wie einem wohlerzogenen sittsamen Jüngling zusteht, und erhielt dafür die zweydeutige Belohnung, daß man die Mysterien des Bades mit der größten Gelassenheit vollendete, ohne sich um meine Gegen-

> wart, oder wie mir dabey zu muthe sein möchte, im geringsten zu bekümmern.
> Als sie wieder angekleidet war, heftete die Dame im Weggehen einen ernsten Blick auf mich und sagte: ›Vergiß nicht, daß es dem Ixion übel bekam, sich kleiner Gunstbezeugungen der Götterkönigin zu rühmen!‹ – und ohne meine Antwort zu erwarten, stieg sie in eine prächtige Sänfte, die von vier Sklaven schnell davon getragen wurde. Mir war, als ob ich aus einem Traum erwachte.«[106]

Der Traum ist keiner von Natur; die Frau ist nicht urgeschaffen, nackt und bloß, sondern ausgezogen. Wieland, zu klug, das Fantasyszenario aus der gesellschaftlichen Nichtnatur, in der er selbst es schreibt, komplett herauslösen zu wollen, schaltet eine Spekulation ein, weil er weiß, daß das schlechthin Entrückte nicht erotisch ist, und denkt darüber nach – läßt, genauer, den Helden darüber nachdenken, was für Bedingungen das wohl sein mögen, aus denen die Souveränität und Autonomie, Ironie und Sicherheit gespeist ist, mit der die Heldin da eben agiert hat:

> »Die Dame schien nicht über achtzehn Jahre alt zu seyn, und ihre Gestalt hätte das Glück eines Alkamenes machen können, wenn ihn der Zufall so wie mich begünstiget hätte. War sie eine Hetäre von der ersten Klasse, die zu Korinth unter Afroditens Schutz eine Freyheit und Achtung genießen, welche ihnen in keiner andern griechischen Stadt zugestanden werden? Oder war es eine junge Frau von Stande, die im Bewußtsein ihrer Reizungen sich eine muthwillige Lust daraus machte, einen Unbekannten für seinen jugendlichen Übermuth auf eine neue, wollüstig peinliche Art büßen zu lassen?«[107]

Klassenglück oder Prostitution: Die beiden bürgerlichen Vorbedingungen sehr relativer Freiheit; zurückgedacht in die Antike. Hacks hat einmal von der Zeit der bürgerlichen Selbstemanzipation gesagt, nun endlich dürften sich Huren wie Herzoginnen benehmen, und niemand mußte mehr Herzogin sein, um sich ungestraft wie eine Hure benehmen zu dürfen. Lebende Kunstwerke der Gegenwart wie Paris Hilton machen das Beste aus einer Lage, in der Wielands Wahrheiten in die Pornographie des Reichtums gerutscht sind; während Wieland selbst doch kein Wort kannte, mit dem er gröbere Sinnlichkeitsliteratur ernster hätte verdammen können als eben »Pornographie«.

Wieland schrieb einen »Aristipp«, keine »Hipparchia«. Sich mit dem Sexismus und der Klassengesellschaft gleichzeitig anzulegen, dazu hatte er sowenig Laune wie die Feminogironde um Olympe de Gouges, und vielleicht noch weniger, hatte doch die Revolution gezeigt, daß das, was im Kopf passiert, ihn auch dann kosten kann, wenn die toten Geschlechter bereits aus dem Feld geschlagen scheinen und sich auf offener Bühne nur noch verschiedene Richtungen darüber streiten, wie die Freiheit herzustellen, aber nicht darüber, ob sie überhaupt zu wünschen sei.

Viel hat sich seitdem geändert; aber zu wenig.

VII.
Schänderspiele: Objektwahl und Herrschaft

Sage mir, wen du mit Macht begehrst (lieben, schlagen, an dich binden willst), und ich sage dir, wie kaputt du bist.

Das unter Medienbedingungen geformte und gepflegte Gemeinwesen, in dem wir leben, kennt, während wir dies schreiben, also in der ungefähren Mitte des Jahres 2010, mal wieder einen Extremfall der erwachsenen männlichen Objektwahl, an dem es sein sexuelles Elend erfährt und diskutiert: das Kind. Priester schlagen, verführen und manipulieren Kinder, müssen darüber von ihrem Amt zurücktreten oder nicht, mehr oder weniger kasernierte Erziehungseinrichtungen, sowohl konfessionell strikte wie reformpädagogisch offene, werden als Tempel des sexuellen Mißbrauchs Abhängiger entlarvt, Fälle wie der des Schändervaters Fritzl oder der Entführung des Mädchens Natascha Kampusch beherrschen die Kriminal- und Horrorsexphantasieproduktion der Nachrichtenindustrie, Künstler wie Otto Mühl oder Roman Polanski werden der Vorliebe für Minderjährige überführt, die juristische Diskussion über die Informationsökologie in den elektronischen Netzen handelt in der Mehrzahl der Fälle statt vom Datenschutz eher von der Kinderpornographie – von Internat bis Internet, die Alten wollen etwas von den Jungen, und die Staatsmacht meldet an, sie werde demnächst eingreifen. Zur Entspannung schauen wir uns dann auf YouTube an, wie ein Vierjähriger im Garten herumläuft und dabei raucht wie früher nur die härtesten Filmhelden, oder wie ein Knirps die eigene Mutter minutenlang wild zappelnd als »Votze« beschimpft.

Für alle Parteien in den zermürbenden, sinnzerstäubenden, mikrologischen und makrohysterischen Kulturstellungskriegen, die man sich heutzutage gerne liefert, ist bei dem Thema was zu holen: Die Liberalen weisen maliziös darauf hin, daß vom amerikanischen Parlamentarier mit konservativer Gesinnung bis zum gegen den Schwangerschaftsabbruch wetternden Pfaffen gerade die Befürworter sexueller Repression zum Übergriff auf Schwächere, nicht zum sexuellen Einverständnis Fähige neigen; die Konservativen ihrerseits prangern mal wieder die seit 1968 um sich greifende Zügellosigkeit, den Werteverfall und andere bedrohlich laxe Unbestimmbarkeiten an, die der linken Kulturhegemonie, von der sie reden und die sie für gegeben halten, aufs Schuldkonto überschrieben werden sollen; und die über der Pflege grün-alternativer Lebensstil- und Meinungsschrullen mit Haut und Haar verbürgerlichte, ehemals ganz ungebärdige und aufmüpfige »Tageszeitung« tut, was sie immer tut, wenn irgendwo etwas zutiefst Unanständiges und Abscheuliches (Terrorismus, Krieg, Krise, Seuche) passiert: Sie streut sich Asche aufs Haupt und bekennt sich zur Mitverantwortung am Chaos, das sie um sich sieht (also mußte Ende April 2010 ein Artikel her, der sich darin gefiel, auszubreiten, daß Linke in der turbulenten Phase des Ringens um jene von rechts so gern beschworene Vorherrschaft des Linksgewandeten im Meinungslärm nicht wenige ermunternde Worte übriggehabt haben für Erwachsene, die Sex mit Kindern fordern, fördern oder verstehen wollen). Bei alledem geht es immer und überall darum, wie schrecklich das ist, wenn (der Hierarchie, der körperlichen Zurüstung, der Kommunikationssituation nach) Schwache von Starken sexuell oder aggressiv manipuliert werden, aber sehr selten um die andere Seite der Medaille, nämlich die sehr beunruhigende Frage, was den Stärkeren in diesem Schema eigentlich in so großer Zahl daran gefällt, erregt, befriedigt. Wie kann ich ein Sexualobjekt wollen (oder mit Schlägen abwehren müssen), das meine Lust gar nicht wirklich erwidern könnte oder aber – was auf dasselbe hinausläuft – gar keine Wahl hat als die, es eben zu erwidern, ihm aber zumindest dienstbar zu sein?

Die erste Wahl war das Kind für den in der westlich-bürgerlichen Sexualsozialgeschichte den Ton angebenden männlichen Lüstling ja keineswegs immer – am Beginn der Emanzipation dieses Lustjägers von seinen vorbürgerlichen, also sklavenhalterischen, feudalen, ständischen, religiösen und ignoranten Fesseln hatte er es vielmehr auf ein ganz anderes Ideal abgesehen: 1610, auf der langen Startbahn zur europäischen Aufklärung, erschien der für die später im Vergleich mit denen anderer nationalliterarischer Sprachen besonders reiche französische Literatur der Libertinage stilprägende Text *Les secrettes ruses d'amour* (der schwer zu übersetzende Titel meint auf deutsch so etwas wie »Die geheimen Schliche der Liebe«) und behandelte, da seinerzeit die fiktionale Pornographie und die erotische Lebenshilfe noch keine klar voneinander unterschiedenen Textgenres waren, unter anderem auch die Frage nach der für den Lustgewinn erfolgversprechendsten Objektwahl. Dem Leser nahegelegt wurde nicht die Jungfrau oder der keusche Knabe, sondern die Witwe: Nur bei ihr vereinigten sich, so der anonyme Verfasser, die Vorzüge der ökonomischen Unabhängigkeit mit denen der sexuellen Erfahrung zu jener höchsten Genußfähigkeit, aus welcher wiederum die reichsten Gaben des verschenkten Genusses für den Liebhaber zu ziehen seien. Der Bürger, so scheint es, wollte anfangs ein (durchaus legitimes, nach dem Prinzip des äquivalenten Tausches eingerichtetes) Geschäft machen und brauchte dazu eine Handelspartnerin, die er als Subjekt dieser Transaktion ernst nehmen konnte, weil sie ihr Eigeninteresse in seinem zu spiegeln vermochte. Was hat die späten Nachfahren solcher Händler zu beutegierigen Räubern gemacht?

Sexual predators, also: sexuelle Raubtiere, nennt der angloamerikanische Sprachgebrauch die hierzulande als »Kinderschänder« Geführten; der Tiervergleich (hierzulande in den Boulevardmedien etwa um das Brandzeichen »Bestie« versammelt) ist Kristallisationspunkt einer weitläufigen Metaphorik, zu der etwa auch die Bezeichnung minderjähriger Mädchen als »Jailbait« (Gefängnisköder, denn sich mit ihnen einzulassen ist, auch nach europäischen Rechtsnormen, strafbar) gehört. Die Territorien aber, auf denen solche Täter ihre Opfer finden, sind trotz allem Gerede über Großstadtdschungel einerseits, die hartnäckig bestehende Waldursprünglichkeit ländlicher

Provinzzustände andererseits, keine Naturlandschaften, sondern soziale Institutionen. Vom Zusammenhang zwischen Herrschaft und klar umrissenen Gebietsgeltungsansprüchen und Gebäude-Ordnungen von deren Machtausübung, sprich: von der Knastbeschaffenheit jedes Herrschafts- und Abhängigkeitsverhältnisses, wußte die im wesentlichen anarchistische oder anarchoide, bei aller Sympathie für die alte Arbeiterbewegung wesentlich kleinbürgerliche Kulturrevolte, die während der sechziger und siebziger Jahre in den reicheren (also nicht ausschließlich den westlichen) Staaten der Welt stattfand, so einiges und setzte deshalb an genau diesem Punkt an: Daß die Kriminalität im Gefängnis erst so richtig zu sich selbst kommt, zur grauenhaften Wirklichkeit ihres Stigmas wie ihrer Praxis, und daß die Klinik und das Irrenhaus in vieler Hinsicht so krank und verrückt machen, wie dies das noch so eingeschränkte und ärmliche Leben auf freier sozialer Wildbahn niemals vermöchte, waren damals schlecht von der Hand zu weisende Evidenzen, aus denen anarchistisch Denkende und Handelnde einiges an kritischem und emanzipatorischem Einspruchspotential geholt haben. Für die Stätten der bürgerlichen Erziehung, die Heime, Schulen, Kirchen, Vereine und so weiter galt das natürlich erst recht, schließlich waren die Kinder, denen dort zugemutet wurde, was die Norm war, in jeder Hinsicht waffenlos; aber anders als bei den Knästen, Psychiatrien, Kasernen und vergleichbaren Kontrollbunkern begnügte sich die anarchistische Widerrede jener Jahre hier nicht mit dem Verlangen nach ersatzloser Abschaffung, sondern setzte allerlei theoretische und praktische Gegenmodelle in die Welt. Über historische Präzedenzen unterrichtet aus den Schriften von Wilhelm Reich, den Protokollen des sozialistischen Kinderheim-Laboratoriums der Sowjetbürgerin Wera Schmidt und diversen reformpädagogischen Berichten und Manifesten vornehmlich aus der Zeit zwischen dem Ersten und dem Zweiten Weltkrieg entstand die Kinderladenbewegung, die ihre eigenen Publikationsplattformen (allerlei Raubdrucke, aber auch selbstgeschaffene Zirkulare, Broschüren, Buchveröffentlichungen, etwa die Reihe *Anleitung für eine revolutionäre Erziehung* in mehreren Heften, herausgegeben vom Zentralrat der sozialistischen Kinderläden West-Berlin oder Gerhard Botts Lesebuch »Erziehung zum Ungehorsam«) und, im Anschluß an einen von Bott verfaßten NDR-Fernsehfilm, der lärmende Proteste aus dem reaktionären Grummelbauch der Gesellschaft wie der staatstragenden Politik hervorrief, eine erstaunliche mediale Resonanz. Die Kinder sollten jenseits der kleinfamiliären (also para-staatlichen: Die Familie ist eine staatlich lizenzierte Sexual- und Abstammungsgemeinschaft) Reinlichkeitserziehung und der offiziellen wie inoffiziellen Grausamkeiten der explizit staatlichen Disziplinaranstalten ihre eigene Sexualität, ihre eigene Neugier, ihre eigene Sozialisierung erleben dürfen. »Sozialisierung«, Vergesellschaftung, Vergemeinschaftung ist überhaupt das Stichwort: Da sich all diese Versuche, antistaatliche Keimzellen freier Menschwerdung ins Gemeinwesen zu pflanzen, als mehr oder weniger sozialistische verstanden, gingen die Menschen, die sie schufen, davon aus, sich in der Nachfolge des schon von Marx und Engels verfochtenen Kampftheorems von der notwendigen »Sozialisierung« der Erziehung zu befinden – in der Formulierung aus den *Grundsätzen des Kommunismus* von Engels hieß das, die sozialistische Gesellschaft, für die man eintrat,

> »wird das Verhältnis der beiden Geschlechter zu einem reinen Privatverhältnis machen, welches nur die beteiligten Personen angeht und worin sich die Gesellschaft nicht zu mischen hat. Sie kann dies, da sie das Privateigentum beseitigt und die Kinder gemeinschaftlich erzieht und dadurch die beiden Grundlagen der bisherigen Ehe, die Abhängigkeit des Weibes vom Mann und der Kinder von den Eltern vermittelst des Privateigentums, vernichtet«.[108]

Nimmt man diese Programmatik aber ernst, zeichnet sich plötzlich ab, woran die Kinderladenbewegung so gut wie jede andere groß- oder kleinbürgerliche (oder gar innerkapitalistisch »proletarische«) reformpädagogische Initiative krankte: Sie griff den Staat und seine Einrichtungen, Staatserziehung, staatlich privilegierte Religionen, staatliche Ehelizenzen an, statt dasjenige, was diesen Staat nährt und dessen Schutz und Verteidigung im Kapitalismus sein einziger Daseinszweck ist: die Eigentumsordnung aus Kapitalbesitz, Lohnarbeit, Ausbeutung, Profit und Markt.

Voraussetzung menschenwürdiger Liebe, unabhängig von Geschlecht und Anzahl derer, die einander lieben, wäre, daß alle, die dieses Einanderbedingen, Einanderdurchdringen betrifft, ihre Lust im Spiegel der Lust der oder des Geliebten erleben. Die Leute, heißt das, sollen kein Machtgefälle, das nicht freiwillig oder spielerisch ist, ertragen müssen, sie sollen einander nicht nötigen, beherrschen, bedrängen. Sie sollen, mit einem Wort, frei sein (das schließt die Freiheit zur Bindung ein, nicht aus). Sollen sie einander aber kaufen können? Die Vorstellung vom freien Individuum, die wir heute denken, ist mit der Emanzipation der Bürger von den vorbürgerlichen Zuständen aufgekommen. Petrarcas geheime Welt im Innern ist Voraussetzung für Shakespeares bedingungslose Hingabe liebender Einzelner an geliebte Einzelne; beide leben vom freien Marktsubjekt, das seine Wahl, von wem es kauft und an wen es verkauft, durch keine blutsmäßigen Fesseln mehr eingeschränkt sieht.

Aber die Freiheit derer, die kaufen und verkaufen können, wie und wo und von wem und an wen sie wollen, ist durch das begrenzt, was sie haben und nicht haben, da versteht, wie die Wielandstelle zeigt, nicht einmal der linksbürgerliche Rückblick ins antike Goldene Zeitalter, das die ideellen Werte des Bürgers teilte, ohne seine materiellen zu besitzen, irgendeinen Spaß.

Wer Güter besitzt, die sich nicht nur zum Verbrauch, sondern auch zur Herstellung von Reichtum eignen – Grund und Boden, wo etwas wächst oder gebaut werden kann; Maschinen; Einrichtungen der Erzeugung –, ist freier als andere, die nur ihre Arbeitskraft haben.

Deren Freiheit besteht nur darin, daß sie diese Arbeitskraft verkaufen können, wo sie das für sie erträglichste Angebot bekommen. Sie gehören keinen einzelnen Herren mehr, aber einer Gesamtklasse von Herrschenden, den Besitzenden eben. Die Verträge, die sie mit denen eingehen, schützt der Staat.

Das ist die sozialistische Analyse, und darin steckt alles an sozialistischer Kritik und sozialistischem Gegenentwurf, was die Logik eben daraus hervorzuholen vermag.

Verfasserinnen feministischer Analysen und kritischer Leistungen, die sich beim Sozialismus über diese Zusammenhänge kundig gemacht haben – von Alexandra Kollontai bis Shulamith Firestone –, sind stets gewillt und fähig gewesen, die Parallele der Lohnarbeitskritik zur Kritik der Geschlechterunterdrückung aufzuzeigen: Wie die Arbeitenden den Kapitalbesitzenden insgesamt gehören, so gehört die Frau und das Kind vielleicht keinem einzelnen Patriarchen mehr, aber doch der männlichen Erbrechtsordnung, der biologisch definierten, aber sozial (etwa juristisch) konstituierten Männergesamtheit – nun ja, »gehören«: Die Prostitution, immerhin, ist ein Leihverhältnis, keines des Kaufes, und insofern vielleicht dem Leasing- und Outsorcing-Zeitalter insgesamt angemessener als die gute alte muffige bürgerliche Ehe. Was immer an Liberalisierung den Geschlechter- und Sexualzuständen im Kapitalismus erfolgreich abgerungen werden kann, wird vom scheinbar (nämlich individuell-partikular) freien, in Wahrheit (nämlich statistisch-universal) zwanghaften Kaufen und Verkaufen gekennzeichnet sein – bis hin zur Frage, von der dieser Text seinen Ausgang nahm, der sexuellen Ökonomie der Kinder (als man in Dänemark, einem der sozial gerechtesten und fortschrittlichsten Länder der Zeit, Ende der sechziger Jahre über therapeutische und andere Entschärfungsmaßnahmen pädophiler Sexualität nachdachte, war das Ergebnis eine Legalisierung auch der entsprechenden Pornographie, die zwischen 1969 und 1979 ein großes Geschäft wurde, dessen Waren auf dem einschlägigen Markt noch heute, allerdings digitalisiert, Profite abwerfen). Das Lohnarbeitsverhältnis als Form der Vergesellschaftung, als der Kitt, der das Gemeinwesen insgesamt zusammenhält, ist längst unplausibel geworden – »strukturelle Arbeitslosigkeit«, »jobless growth« und andere Schlagworte deuten nur an, was in Stadt und Land alle wissen und erleben. Aus dem System, das die Sklaven und Leibeigenen befreit hat, ist unmittelbare Knechtschaft geworden: Die keinen Job haben, wissen, daß sie bloß geduldet sind und ihnen jederzeit die Gunst der Gesellschaft, von deren Almosen sie leben, entzogen werden könnte, je nach Krisenlage.

Und da wundert sich wer, daß die Liebe und die Lust danach aussehen, daß die Starken die Schwachen, die Erwachsenen die Kinder vergewaltigen? Nein. Niemand wundert sich. Aber alle sind, mal moralisch mißbilligend, mal heimlich in Kauf und Verkauf verwickelt, von diesem finsteren Stand der Dinge, ja, wie soll man sagen? Erregt?

VIII.
Menschen- und Engelszungen

Wieder am Ausgangspunkt also, offenbar ohne Fortschritt; der Weg im Problem, das wir zu durchmessen versucht haben, scheint diesmal wirklich zyklisch gewesen zu sein, vielleicht eine anthropologische, sicher eine sozialgeschichtliche Invariante: Nichts ängstigt schlimmer, nichts stiftet mehr Hoffnung als Liebe, auch wenn die Codes, durch die sie in der Neuzeit vermittelt sind, nicht aus Ungeschichtlichem schöpfen, sondern mehr mit der Neuzeit selbst und ihren Verfassungen, ihrer Hexis und Praxis, ihrer beschleunigten Selbstvergeschichtlichung, ihrer Bedeutungsherstellung und Irrtumsverwerfung zu tun haben als die meisten anderen Arten, irgend etwas zu erfahren oder zu wissen.

Ohne sie will man nicht sein; aber wie soll das gehen: mit Liebe, in Liebe?

Universalistisch gesonnene Menschen – die nüchternen wie etwa auch die von irgend etwas Überweltlichem Beseelten – neigen dazu, der Menschheit zwar das Recht auf Liebe zuzusprechen, sich aber lieber nicht darüber zu verbreiten, wie genau diese Liebe zu leben sei. Der Apostel Paulus, den der maoistisch-marxistische Philosoph Alain Badiou geradezu als Erfinder des Universalismus ansieht (und als Marxist deshalb konsequenterweise loben muß), sagt im ersten Korintherbrief nicht mehr noch weniger, als daß die Liebe, wenn sie denn die wahre sei, ohne die man mit Menschen- und mit Engelszungen, mit Weissagungen, Glauben und Erkenntnis über alles Immanente und Vorstellbare hinaus dennoch nichts vollbringen könne, alles ertrage, alles hoffe, alles glaube, und daß ohne sie alles nichts sei, aber diese Worte sind vor allem deshalb so schön, weil sie kaum weniger vage sind als die Ankündigung bei Friedrich Engels, die einmal befreiten Menschen würden sich ihre Art zu lieben dann schon selbst einrichten (das sind die Stellen in den Blauen Bänden, aus denen dann die Nebenwiderspruchskläger aller Preisklassen ihre wackligen Plädoyers zimmern).

Die Religiösen unter den Universalisten werfen sich, da ihnen das Diesseits ohnehin vornehmlich Leidensquelle ist (eine gar nicht dumme Ansicht; genügend übertrieben zuversichtliche Atheisten hätten davon zu lernen), wenn sie von einer Sache einmal wissen, daß sie im Hier und Jetzt nicht bestimmbar, nur von einem Punkt jenseits der Immanenz her richtig aufzufassen ist, ganz in diese, um ihre Abkehr vom Weltlichen zu bekräftigen; so hört man nirgends mehr von jenseitiger Liebe als bei denen, die, indem sie versprechen, den oder die Geliebte(n) bis ans Ende der Welt zu begleiten, leider oft bereits mitmeinen, daß ihre irdische Energie für den Weg bis zur nächsten Ecke nicht reicht. Manchmal aber ist die Sache ernst gemeint, und dann wird die Beharrlichkeit kostbarer, als jede Abgeklärtheit sein könnte, wie sie aus dem Mißverständnis der Realisten unter den Universalisten allzuoft resultiert, die aus Wahrheiten wie der von Engels, daß die Liebe nicht zu den Dingen gehört, die der politische Kampf um die Freiheit im Einzelnen setzen könnte, ableiten wollen, es lohne sich nicht, sich mit ihr zu beschäftigen, da es andere Dinge als die, die sich im politischen Kampf um die Freiheit im Einzelnen setzen lassen, für Leute gar nicht geben sollte, die diesen Kampf führen wollen.

Liebe lehrt, daß Freiheit ohne andere Menschen nicht zu haben ist; daß sie wesentlich etwas ganz anderes ist als etwas, worauf man sich berufen sollte, wenn man andere Menschen loswerden will.

Etwas Wichtigeres als das hat kein Sozialismus, keine Aufklärung, keine Wissenschaft, keine Philosophie, keine Kunst und keine Religion jemals herausgefunden.

SIEBEN
VOM FORUM UND SEINEN FORMEN

I.
Immer ästhetischer, immer pragmatischer: Die Hölle

Das moderne Subjekt, das von der bürgerlichen Welt hervorgebracht wurde und täglich in der Pflicht steht, sie stets aufs neue wieder selbst mit hervorzubringen, steht als Quell wie als Produkt dieser Welt in einem Paradox, das es von innen auffrißt: Einerseits ist es von dieser Welt erzeugt und erzeugt sie, andererseits drückt sich seine Teilhabe am abstrakten Reichtum ebenjener Welt immer weniger als Teilhabe daran aus, was und wie diese Welt so die ganze Zeit erzeugt, und immer mehr bloß im Konsum der betreffenden Erzeugnisse. Wenn, wie wir glauben, Marx recht hat, wo er, wie in der *Deutschen Ideologie*, sagt, der geistige Reichtum der Individuen – inwieweit sie also, beispielsweise, überhaupt welche sind – hinge vom Reichtum ihrer wirklichen Beziehungen ab (wir nennen das: Menschen sind aus anderen Menschen zusammengesetzt), und wenn er ferner, was wir außerdem glauben, ebenso recht hat, wo er, wie in den *Grundrissen der Kritik der politischen Ökonomie*, sagt, der gesamtgesellschaftlich produzierte Reichtum bestehe nach der stofflichen (statt nach der geistigen) Seite hin aus der »Mannigfaltigkeit der Bedürfnisse«, dann kann man von einem Subjekt, dessen wirkliche Beziehungen von Bedürfnissen reguliert werden, auf die es keinen Einfluß hat, jedenfalls sagen, daß es arm ist.

Was diesem Subjekt damit widerfährt, ist, wenn, wie wir überdies glauben – dreifache Klassikeranrufung hält besser –, Rosa Luxemburgs Fortschrittsbestimmung (also: zunehmende Verfügung über die immer reicher ausgestaltete Produktion durch alle; abnehmende Bedeutung mehr und mehr gelöster Konsumfragen) stimmt, jedenfalls ein arger Rückschritt, mitten ins Nichtemanzipierte, beinah schon Vorbürgerliche, ja Vorzivilisierte (wenn auch bürgerlich, das heißt marktförmig vermittelt – ob aber die Sachen, über deren Gebrauchswert sich irgendwann nicht einmal mehr streiten läßt, im Netz bestellt oder beim Jagen und Sammeln erworben werden, ist dem Vorgang der unproduktiven Konsumohnmacht bloß äußerlich und bleibt allemal gehupft wie gegooglet).

Ein solches Subjekt, weiß die Entfremdungstheorie, fühlt sich vor allem deshalb so mies, weil von ihm erwartet werde, fürs eigene Leiden oder Wohlergehen komplett selbst verantwortlich zu sein. So verrückt waren die Erfinderinnen und Erfinder von *citoyenne* und *citoyen* aber gar nicht: Was ein Unfall ist und daß man im Leben nicht nur Glück, sondern auch Pech haben kann, wußten auch diejenigen, die den Liberalismus erfunden haben. Daß es ihr oder ihm schlecht geht, dafür kann auch im wildesten, zähnefletschenden Sozialdarwinismus die oder der Einzelne nicht immer was; erwartet wird nur von allen, daß sie sich um ihr Glück selbst bemühen, ihr Leiden selbständig meiden: nicht *happiness* ist Recht und Auftrag aller Einzelnen, sondern *pursuit of happiness*.

Mitspielen dürfen bei diesem »Fang den Hut« hieß früher, die vielfältigen Spielfeldeinteilungen zu beherzigen zwischen Stadt und Land, Familie und Beruf, Freizeit und Arbeit, Schloßallee und Gefängnis, und heißt inzwischen, weil die Verwertung des Werts nun mal keine Quellen übersehen und keine Ressourcen brachliegen lassen darf, daß man sich im Job, und sei er völlig blöde, unsicher und heteronom, so findig, kreativ, enthusiastisch und individuell aufzuführen hat wie bei der Liebe – die starren Unterschiede werden eingeschmolzen, aber zugleich als situative, okkasionelle, opportune, pragmatische wiedergeboren: Feministische Beobachtung etwa erkannte bald nach der Zunahme der Ausbildungs- und Arbeitsmarktmobilität von Frauen und den parallelen sexualmoralischen Liberalisierungsschüben der sechziger Jahre die scheinbare Erosion von Geschlechterrollen als eine bloße Vervielfältigung von Ansprüchen spielerisch inszenierter, aber ohne jeden Sinn für Humor durchgesetzter Mehrfachansprüche an Frauen, die jetzt zwar auch Pilotinnen, Hirnchirurginnen oder evangelische Bischöfinnen werden konnten, entsprechende persönliche, aus den neuen Belastungen resultierende Einsamkeiten aber durch gesteigerte Attraktivität als Verführerinnen ausgleichen sollten; daß diese Beobachtung nur selten mit anderen Formen der neuen, verwertungsfreundlichen Reorganisation überkommener Sphärentrennungen zwischen »privat« und »öffentlich« in Verbindung gebracht wurde, zum Beispiel damit, daß ein ehemals öffentlicher Nahverkehr nach der Privatisierung Leute zwingt, für schlecht erreichbare Zonen und Zeiten (um 23.00 Uhr fährt kein Bus mehr, wo das nicht rentabel ist) eben individuelle Lösungen zu finden (Führerschein? Taxi? Fahrgemeinschaft?), hat sich an der Dürftigkeit vieler theoretischer und programmatischer Äußerungen der »Neuen Sozialen Bewegungen« gerächt – wer, zum Beispiel, die Angst vor Überwachung und Volkszählung, also zuviel öffentlicher Zuwendung fürs Private, nicht dialektisch mit der scheinbar gegenläufigen Zerstörung sozialer Netze, also zuwenig öffentlicher Zuwendung fürs Private, zusammendenken kann, der wird sich gegen diese beiden Sorten von Zumutungen immer nur in Gelegenheitskampagnen empören können und dabei einen mal begriffslos wurstelnden, mal pathetisch-hohl in abstrakten Anklagen gegen »den Staat« verlierenden Eindruck machen, ganz wie die westdeutschen GRÜNEN, ein typisches Sammelbecken jener Neuen Sozialen Bewegungen, bis zur Teilhabe an der von ihnen zu aufstrebenden Oppositionszeiten stets beargwöhnten, nie begriffenen Staatsmacht.

Es geht bei all diesen widersprüchlichen Phänomenen in den am weitesten entwickelten Gesellschaften der Epoche nach der allgemeinen Erklärung der Menschenrechte ganz einfach darum, daß »die Öffentlichkeit« nichts anderes ist als der Ort, an dem die privatrechtlichen (vor allem besitzbezogenen) Ursachen allgemeinen Elends einerseits geleugnet, andererseits ausgestellt werden: Jede und jeder von uns, lautet die ständig wiederholte Botschaft, ist selbst schuld, wenn sie oder er aus der Gemeinschaft herausfällt, und ebendas hält uns alle zusammen – »wir«, das sind die integrierten Asozialen des integralen Asozialismus.

Das verursacht enorme menschliche Unkosten, und deren Management macht praktische wie theoretische Anstrengungen von erheblicher Wucht und Reichweite nötig.

1.) *Praktische*: Im Juni 2010 kann man in der *Policy Review* der angesehenen Hoover Institution an der amerikanischen Stanford University lesen, daß in den letzten Jahren in den USA wahre Heere aufgestellt wurden, um dem Elend, das aus den gegenstrebigen Vektoren »Vermassung« und »Vereinzelung« resultiert, breitenwirksam zu wehren – gab es in den späten Vierzigern des zwanzigsten Jahrhunderts bundesweit erst 2.500 klinische Psychologen, 30.000 Sozialarbeiter und weniger als 500 Ehe- und Familientherapeuten, so sind es heute 77.000 klinische Psychologen, 192.000 klinische Sozialarbeiter, 105.000 Berater in Fragen seelischer Gesundheit, 50.000 Ehe- und Familienberatungsprofis, 17.000 zu psychotherapeutischer Pflegebegleitung Qualifizierte, 30.000 – was immer das sein mag – *life coaches*, 400.000 nicht mit dem seelischen Befinden, sondern allen anderen Nöten befaßte Sozialarbeiter und für Menschen, die aus ihrem Unglück auf dem Wege der Selbstmedikation auszusteigen bemüht waren, aber daran (aus wahrscheinlich auch wieder eminent persönlichen, inkommensurablen, nicht über einen Kamm zu scherenden Gründen) gescheitert sind, zusätzlich 220.000 Helfer bei Drogenproblemen.

2.) *Theoretische*: Wenn privatwirtschaftlich erzeugte, öffentlich über Werbung, parastaatliche Propaganda (zu der auch das Befindlichkeitssummen der »Caring Industry« gehört, solange die Berufe und Ränge der großen Betreuungsarmeen in den reichen Ländern noch unter staatliche Lizenz- und Kontrollbestimmungen fallen) und Kulturindustrie (welcher die »Caring Industry« zugeschlagen werden sollte, wo sie nicht staatlich instituiert ist) vermittelte Bedürfnisse die wirklichen Beziehungen der damit in jeder außer der unmittelbar gröbsten materiellen Hinsicht (Kalorien sozusagen) verarmten Individuen bestimmen, dann kann der gesellschaftliche Gesamtprozeß, der ihnen unter solchen Vorzeichen in jedem Moment ihrer Bedürfnis-, Leidens- und Glücksgeschichte notwendig fremd gegenübersteht, diese Individuen jederzeit auseinandernehmen und neu zusammensetzen; das Casting, die Selektion, Diremption, die konjunkturelle Kolonisierung (»Repression«) und Dekolonisierung (»Toleranz«), das Ansaugen und Abstoßen, Ausbeuten und Ausschließen der Körper und Köpfe hört niemals auf – und damit das, was da geschieht, wenigstens auf irgendeine Art begrifflich gefaßt, also in der Selbstbeschreibung des Ganzen wenigstens an der Uni und in den Intelligenzmedien, im scheinbar weltabgewandten, aber als Testfeld neuer Maßverhältnisse des Sozialingenieurswesens nicht ganz wertlosen Ideologielabor, irgendwie wiedererkennbar verzeichnet sei, werden mit jedem neuen Schub der Verfügbarmachung des Menschenmaterials für neue Erscheinungsweisen des Teilens, Herrschens, Verwirrens und Bündelns steilere Theorien über den absoluten Geist und seine Selbstentäußerungsformen, die Welt als Wille und Vorstellung, den Willen zur Macht, das Unbewußte und die Organisation des psychischen Apparats, System und Umwelt, dezentrierte Subjekte, das Verschwinden des Menschen und was nicht noch alles in die Welt gesetzt, damit ein Wort da sei für das, worüber gleichzeitig eigentlich nie geredet wird. Das Verhältnis der nichttheoretisierenden Bevölkerung zu diesen Beschreibungsangeboten ist so, wie man den Leuten beigebracht hat, sich zu sich selbst zu verhalten: situativ, okkasionell, opportun, pragmatisch – ob man sich die Vokabeln, an denen man sich selbst durchkonjugiert und durchdekliniert, dann bei Ayn Rand oder Judith Butler, Hayek oder Žižek, in der Komplexitätsforschung, in der Systemtheorie, beim Lacanismus, der Wertkritik, der Frankfurter Schule, liberal-prowestlichen Spielarten der *queer theory* oder ihrer Kritik durch Leute wie Jasbir K. Puar abholt, wird zur Geschmacksfrage; entscheidbar allenfalls über ästhetische Abwägungen (nebenbei: nicht zum erstenmal zeigt sich die Affinität dieser begrifflichen Inneneinrichtung des Lebens zum Künstlerischen in der Moderne; Künstlersein ist ja, sobald Ford, Taylor, Disziplinargesellschaft und Reformismus beerdigt sind und die Info-Gesellschaft, das Kognitariat, die digitale Boheme etc. angefangen haben, das gemeinsame Arbeitsideal aller »neuen Arbeit«).

Es handelt sich freilich um eine Sorte Geschmacksfragen, für die man gleich wieder Metatheorien bemühen kann, die ihr eigenes Verwundertsein darüber, daß sie überhaupt noch Theorien sind und nicht einfach bastlerische Existenzialien, *assemblages,* in ihren eigenen Namen tragen – »Politik der Lebensstile«, »nicht-narrative Ethik« –, die allesamt Synonyme für jene »Pragmatist Aesthetics« sind, denen im Millennialjahr 2000 das Manifest (*living beauty, rethinking art*) Richard Shusterman geschrieben hat, dessen elegante

Zusammenführungen der Denkströme aus heterogensten Quellen – vom illiberalen Foucault zum liberalen Richard Rorty, vom ureuropäischen Bourdieu bis zum erzamerikanischen Dewey – selbst das schwindelerregendste Beispiel für die manövriersichere Buffet-Praxis sind, die er seinem Publikum als neue Denkform eines geistigen Reichtums anempfiehlt, der alle bei Marx mit den Bestimmungen solchen Reichtums noch mitgemeinten Ansprüche auf ein Sichnichteinrichten im Gegebenen und dessen Überwindung hinter sich gelassen hat. Daß man für die Selbsterschaffung als originelles Individuum (das dann nicht nur glücklich, sondern vor allem auch erfolgreich ist, im Bett und am Rechner) andere Anregungen braucht denn als abhängiges Geschöpf im Gemeinwesen, wird von Leuten wie Shusterman, und in gesteigertem Ausmaß dem *prime mover* des Neopragmatismus Rorty, nicht mehr als Hinweis darauf gelesen, daß durch Leute, die sich fürs Soziale woanders schlau und fit machen als fürs Individuelle, offenbar ein Riß geht, den man durchaus »Entfremdung« nennen darf, sondern als unhintergehbare Realität, die sich, so Rorty, aus der mehrfachen Kontingenz des Lebens der modernen Subjekte und ihrer gesellschaftlichen Verkehrsformen ergeben soll – aus der Kontingenz der Sprache (die Zeichen sind arbiträr und konventionell, also vergeßt Bedeutung als sicheren Grund und Boden für Verständigung), der Kontingenz des Selbst (ich bin meine Lerngeschichte, und die hätte ja schließlich auch ganz anders verlaufen können, also kommt's auf mich nicht weiter an) und aus der Kontingenz des Gemeinwesens (fürs Universalhistorische gilt, was für die individuelle Lerngeschichte gilt: Eben, daß sie nie universal sein können, weil sie Auswahlergebnisse aus unendlichen Möglichkeiten darstellen).

Die ausführliche Fassung des Arguments ist entwickelt in *Kontingenz, Ironie und Solidarität* von 1989, Rortys quasi-ethischem Hauptwerk – nur »quasi«, weil es die klassische Wortbedeutung von Begriffen wie »Ethik« für ein Ding der Unmöglichkeit erklärt; die Sache ist nach dem Muster seines anderen großen Erfolges, *Der Spiegel der Natur* gebaut, das im selben Sinn ein quasi-epistemologisches Buch ist. Im Kontingenzbuch (und zahlreichen Aufsätzen, Redebeiträgen, Kanzelworten) erklärt Rorty, die Konsequenz aus der dreifachen

Kontingenz müsse sein, daß wir keine Theorien mehr anstreben sollten, welche das Öffentliche und das Private »vereinen« (er meint: aneinander messen), weil diese beiden notwendig inkommensurabel (wörtlich: nicht aneinander meßbar) seien. Sein Ideal ist die »liberale Ironikerin«, die – das ist die von ihr dem eigenen öffentlichen Exo-Selbst introjizierte »Ironie« – verstanden hat, daß es keine letztgültigen Vokabulare gibt, aber trotzdem nicht leiden mag, wenn andere leiden oder nicht nach ihrem eigenen Gutdünken dem Verfolg des Glücks nachgehen dürfen – daher »liberal«. Solidarität, so Rorty, sei ein wichtigerer Wert als Objektivität, letztere nämlich nicht zu haben – der alten logischen Schlinge, damit selbst eine Aussage gemacht zu haben, deren Geltungsanspruch nur als einer auf eine objektiv richtige Feststellung sein kann, entwindet sich der Philosoph (der folgerichtig der Philosophie insgesamt nicht mehr zutraut, als eben eine Art des Schreibens und Lesens zu sein und anderweitig eigentlich überhaupt nicht recht zu existieren), indem er auch diesen seinen Rat, wie man zu sein habe – »Liberale Ironikerin« – als kontingentes Ergebnis seiner eigenen, kontingent zustande gekommenen Sprechposition eingesteht – konkret ist das nicht selten sehr charmant, ja putzig, etwa wenn er sein Kapitel über die Kontingenz des Selbst mit den Worten einleitet: »Als ich mit diesem Kapitel anfing, las ich zufällig ein Gedicht von Philip Larkin, das mir half, auf den Punkt zu bringen, was ich sagen wollte«[109] – das Gedicht und was es sagt, einmal beiseite gelassen, verrät dieser bescheidene und zierliche Satz den zentralen Denkfehler aller postmodernen Historistik und Kontingenzanbeterei, denn daß ein amerikanischer *Humanities*-Professor ein Gedicht liest, das seinen analytischen, ethischen und ästhetischen Vorlieben schmeichelt, kommt zwar manchmal vor und manchmal nicht, ist aber natürlich (!) kein »blinder Zufall«, sobald man etwa die vielen sozialen Rollen, Lebenswege, Lerngeschichten danebenhält, die niemals ein Larkin- oder überhaupt irgendein Gedicht berühren, vom deutschen Hartz-4-Empfänger bis zur südafrikanischen Bankkauffrau.

Der Trick an Rortys unfalsifizierbarem Argument besteht darin, schlechthin alles, was nicht rest- und fugenlos determiniert und also ein Fall für eine Theodizee aus dem Geist des Fatalismus wäre, als potentiell vollständig beliebig hinzustellen, während der Witz an einem Wort wie »kontingent« ja nur die Einladung dazu sein kann, sich mit unterschiedlichen Wahrscheinlichkeitsgraden und den möglichen Vermittlungen zwischen ihnen auseinanderzusetzen, und zwar theoretisch wie praktisch.

Daß man das, was Rorty privat nennt, und das, was er öffentlich nennt, aber nach seinem Dafürhalten gar nicht mehr begrifflich miteinander vermitteln soll, weil dafür Lebenspragmatik völlig ausreicht, ist eine besonders heikle Lesart des Humeschen Gesetzes von der Nichtableitbarkeit des Sollens aus dem Sein, auf das wir in diesem Buch nicht ohne Grund immer wieder zurückkommen. Rorty geht in einem entscheidenden Punkt weiter als Hume: Während jener nur lehrte, daß wir aus unserem Wissen über das, was ist, nie ableiten können, was sein soll, sagt Rorty, daß wir darüber, ob so eine Ableitung statthaft sei, gar nicht nachzudenken brauchen, weil wir ein Wissen darüber, was ist (»Objektivität«), grundsätzlich gar nicht mit hinreichender Verläßlichkeit erlangen können, weshalb wir unser anständiges Sollen (»Solidarität«) lieber damit begründen sollten (!), daß wir als westliche Zivilisation eben aus gewissen historischen Gründen auf diese Art Gebot verfallen sind (einem geschenkten Ideal schaut man nicht in seine Wahrheit). Nicht bedacht hat der Professor, daß er eben damit bereits nicht nur die »Vereinbarkeit«, eben das Aufeinanderbezogensein, der beiden Domänen selbst bekräftigt, das er verneint – es gibt eben doch eine Theorie, in der diese beiden aufeinander bezogen werden können, nämlich als aufeinander nicht reduzierbare absolute Größen, und diese Theorie ist, wahrscheinlich rein zufällig, die von Professor Rorty –, sondern, mehr noch, einer der beiden Domänen sogar stillschweigend den Vorrang vor der anderen zuerkennt, nämlich der öffentlichen, in welcher der Professor seine Theorie formuliert und ihre Geltung behauptet hat, vor der privaten, in der sich dann irgendwelche kontingenten Subjekte darum bemühen dürfen, so zu leben, wie's der Professor erkannt hat. Wir wollen dieser logischen Selbstironisierung der Rortyschen Ansichten hier nicht tiefer nachgehen als bis zu diesem Punkt, an dem immerhin sichtbar wird, was sie mit dem eingangs dieses Kapitels geschilderten Paradox des bürgerlichen Subjekts formal (und am Ende inhaltlich?) gemeinsam haben. Man könnte aber zumindest fragen, welches der Probleme, die den Privates und Öffentliches »vereinigenden« Theorien aufgeworfen werden, mit der Inkommensurabilitätsbehauptung überhaupt gelöst und nicht durch sie nur noch dringlicher gemacht wird, insofern diese Behauptung letztlich nichts anderes leistet, als am Vorhandensein eines Verhältnisses der beiden Größen hilflos festzuhalten, aber die genaue Bestimmung dieses Verhältnisses dann mit einem Denkverbot zu belegen – es ist, als ob eine Theaterkunst die Figuren manchmal in Alexandrinern, manchmal in Prosa sprechen läßt und nirgends verrät, entlang welcher dramatischen Idee sich dieser Unterschied gebildet hat – da sind ja mehrere denkbar; ein bürgerliches Theater etwa mag durch die Prosa den Vers als hohltönend entlarven wollen, ein sozialistisches, wie Peter Hacks es im Beamtenstück *Prexaspes* ausprobiert hat, könnte dagegen einfach sagen wollen, daß Verwaltungssprache die Dinge aus durchaus legitimen politischen Gründen (die man in der Systemtheorie vielleicht »operative Schließung der Verwaltungskommunikation« nennen könnte) anders bezeichnen müsse als alltägliche.

Wir wollen den Dilemmata, die Rorty heraufbeschwört, indem er sie zu bannen sucht, hier nicht weiter nachgehen.

Wichtiger aber ist uns, deutlich zu bezeichnen, was die Alternative zu den von Rorty verworfenen Theorien ist, die sich zutrauen, das Private und das Öffentliche nicht nur zu vereinen, sondern ihre wechselseitige Vermitteltheit durch die jeweils andere zu thematisieren und theoretischen wie praktischen Aufhebungsmaßnahmen gegenüber offenzuhalten: Wenn denn die bösen, falschen, kontingenzvergessenen Theorien endlich weg sind, die der Professor nicht mag, und sich also nicht mehr vermessen, die so schön und sauber getrennten Domänen zu vermitteln, was vermittelt sie dann schließlich doch immer wieder, im wirklichen Alltag?

Werbung. Parastaatliche Propaganda. Kulturindustrie.

II.
Was das Gemeinwesen meint

Wo sich Erleben und Bewerten der Welt, von denen man annehmen mag, sie seien im Privaten zu finden, mit dieser Welt berühren, die eine soziale ist und »öffentlich« heißen darf, findet man etwas, das für jeden seit der Aufklärung möglichen Begriff von Öffentlichkeit eine unerläßliche Konstituante gewesen ist: die Meinung.

Davon gibt es viele; sie sollen sich, sagt das bürgerliche Ideal, so frei entfalten dürfen wie die sie tragenden, um sie ringenden Individuen.

Daß die Meinungen, was immer auch ihr besonderer Inhalt sein mag, deshalb vor allem nicht geschurigelt und beschnitten, nicht verkürzt und nicht verboten werden dürfen, sondern geäußert werden müssen, damit man sie diskutieren kann, und daß zu diesem Zweck ein Zustand des Gemeinwesens und dessen Verwaltungsarchitektur, des Staates, herzustellen sei, in dem dies von Rechts wegen garantiert, also (um nur das geringste zu nennen, den riesigen Rest regelt das Privateigentum an Medien) jede Vorzensur aufzuheben ist – dies alles ist selbst vor allem: eine Meinung.

Sie wurde während der Aufklärung bekanntlich auch dann geäußert und diskutiert, wenn der betreffende Zustand des betreffenden Staates, in dem sie geäußert und diskutiert wurde, weit davon entfernt war, der Norm zu entsprechen, auf welche die Meinungsfreiheitsforderung hinauswill. Was die Leute wollten, die sich darum geschlagen haben und dafür schlagen ließen, war, daß der Staat den Ideen einen Markt einrichte und den vor Vertragsbruch so gut beschütze wie jeden anderen von ihm eingerichteten und beschützten Markt. Daß man, wo ein solcher Marktplatz und Wettbewerb der Ideen institutionell gesichert sein würde, eine Lage zu erreichen nicht würde umhinkönnen, deren korrekter wissenschaftlicher Name »Republik« lauten mußte, war (nicht immer stillschweigend) mitgemeint – wo alle Bürger erkannten, daß sie prinzipiell alles miteinander diskutieren konnten (so wie sich für Geld prinzipiell alles kaufen und mit der kapitalistischen Produktionsweise des abstrakten Reichtums prinzipiell alles herstellen ließ), gab es ganz offensichtlich Sachen, die alle angingen. Das anzuerkennen, ist unter der Baconschen und Galileischen (aber eben auch: antirortyanischen) monistischen Voraussetzung, daß die Welt nicht in verschiedene Sphären, etwa öffentlich und privat, geteilt zu werden verträgt, sondern vielmehr ein Ganzes und unteilbar ist, weil in ihr alles, das Phänomenale und das Noumenale, das Intelligible und die Intelligenz, über Äquivalente (die in der freien Rede das Geld vertreten; sowohl dieses als auch sie selbst nennt die Systemtheorie daher zu Recht »Medien«) mit allem auf durchaus mobile, bewegliche Weise zusammenhängt, ja schon die halbe Grabrede auf den nicht mobilen, nicht beweglichen, von klaren Sphärentrennungen unabhängigen Ständestaat, auf Privilegien, Herrschaftswissen, also jede Form von nicht- oder gar antirepublikanischer Verfaßtheit des Gemeinwesens und übrigens auch von Offenbarungsreligion, da ja der Witz an der Offenbarung wie jeder gnostischen Wirklichkeitserschließung ihre Undiskutierbarkeit ist. Je nachdem, wie sicher vor feudaler Verfolgung und Vergeltung die Leute sich wähnten, die diesen holistischen Monismus, dieses neue Netz der Weltverbundenheit als Gesamtheit aller Observablen und Diskutablen ins öffentliche Bewußtsein zu heben bemüht waren, sprachen sie all das nicht als Hypothese, als Folgerung aus irgendwelchen Prämissen oder soziopolitischen Vorschlag aus, sondern nicht selten einfach als Fakt, dem man sich gefälligst anbequemen sollte. Fakten, Wahrheiten: Das sollte das Gold sein, das im Strom der vorüberziehenden Meinungen aus dem Geröll des immer schon irgendwie von allen Gedachten sich würde herauswaschen lassen. Daß Fakten und Wahrheiten, also Meinungen, von denen allen anderen Meinungen gegenüber die sie auszeichnende Besonderheit galt, daß sie stimmten, auf einem Marktplatz zu ermitteln seien, daran zu zweifeln wäre besagten Leuten nie eingefallen. Wie aber die rechtliche Gleichheit aller Menschen von jenen Bürgern, denen sie der entscheidende Politikleitbegriff wurde, nicht als Auslöschung der Unterschiede in der Begabung oder Lebensart der Einzelnen gedacht war, sondern im Gegenteil als Garant für die Möglichkeit, diese Unterschiede angemessen zu leben, weil ohne einen gemeinsamen Maßstab eine Differenz weder setzbar noch sichtbar ist, so war auch die Freiheit von der Zensur nicht etwa äußerliches Zeichen etwa einer metaphysischen Indifferenz, welcher alle Meinungen gleich viel gelten, zwischen denen diese Indifferenz à la Rorty ontische Unentscheidbarkeit und Inkommensurabilität vermutet, sondern vielmehr die Voraussetzung dafür, daß jede Indolenz, die nicht wissen will, was denn nun stimmt und was nicht, in den öffentlichen Belangen nicht mehr mitreden, wichtiger: nicht den Gang der Auseinandersetzung bestimmen kann.

Der Gedanke lautete also niemals: »Alle haben irgendwie recht«, sondern: »Wer tatsächlich recht hat, kriegt man nur heraus, wenn alle sich und ihre Meinungen ungehindert darstellen können.« Voltaire erklärte, sich aus diesem Grund für das Recht seines Gegners, eine Meinung zu vertreten, die ihm zuwider war, nötigenfalls umbringen lassen zu wollen; und Diderot ertrug die Verunglimpfungen, die ihm eine Presse zufügte, für deren Befreiung er stritt, nicht nur mit Gleichmut, sondern mit dem Stolz desjenigen, dem die Geschichte eine existentielle Demonstration seiner liebsten Überzeugungen gönnt.

Im Rückblick mag das so aussehen, als habe man sich seinerzeit um die Aufrichtung einer Art Diskursethik bemüht. Es ging aber, man muß das gegenwärtig halten, nicht allein darum, Regeln für den Meinungsaustausch in der Öffentlichkeit herzustellen (Redezeitbegrenzungen, Rednerlisten, Verbot der Gewalt als Geltungserzwingungsinstrument in der Debatte), sondern zunächst darum, überhaupt etwas zu erfinden, das den Namen »Öffentlichkeit« verdient. Im Feudalismus (anders als an gar nicht so wenigen Orten der Sklavenhaltergesellschaft) war so etwas nämlich nirgends vorgesehen; diskursives Tun und Lassen gehörte den Gelehrten und den königlichen, wenigstens aber adligen Lenkern der Staaten.

Die größte politische Stärke jedes Meinungsfreiheitsprogramms, das sich gegen diese Art Autoritäten wendet, ist der in sie eingenähte Edel-Appell an die menschliche Eitelkeit: Daß es den Leuten schlecht geht, weil sie nicht frei sind, leuchtet allen ein, die glauben, sie wüßten, was ihnen fehlt, und daß die vornehmste Freiheit den Gütern gelten sollte, die im Kopf wohnen und hinauswollen, versteht sich von selbst bei Leuten, die von sich glauben, sie wären gewiß glücklich, wenn man sie nur sagen ließe, was sie meinen, denken, wollen. Daß die Talente zum richtigen Denken und zündenden Ausdruck, die der Meinungsfreiheitsbegriff unspezifisch »den Menschen« zuspricht, womit er alle in Versuchung bringt, sich gemeint zu fühlen, dabei nicht wirklich bei allen gegeben sind, wußten die *philosophes* indes ganz gut; wir werden später davon erzählen, was für ein Wahrscheinlichkeitskalkül sie dazu brachte, demgegenüber aber davon auszugehen, daß eine richtige Ansicht, wenn sie geäußert werden darf, zahllose verkehrte aufwiegt. Die *laissez-faire*-Position, die sie für den ihrem Programm gemäß zu schaffenden Ideenmarkt empfahlen, hat als früher Ausdruck des bürgerlichen Liberalismus schließlich aber noch eine andere Kritik erfahren als nur die von uns angedeutete, es werde dabei, was die Qualität der so in Verkehr gebrachten Meinungen angeht, nicht ganz aufrichtig argumentiert – eine Kritik, die sich um das, was da im einzelnen gemeint wird, genausowenig schert wie Voltaire oder Diderot. Denen war die Etablierung der Debatte an sich ein Wert; der illiberalen Kritik dagegen, die wir meinen, ist sie an sich ein Übel: Das unendliche Gespräch, als das sie in der Wirklichkeit erscheinen müsse, sei ein romantisches, kein praktisches und schon gar kein wahres Ideal, Folgenlosigkeit qua Unverbindlichkeit sein Fluch, und wenn Carl Schmitt die deutsche Frühromantik, die sich anders als die dann entschieden reaktionäre späte sehr für die Französische Revolution begeisterte, dafür verspottete, der ganze Ideenwettstreit habe sich letztlich in der Tatsächlichkeitsarena irgendwelcher Zeitschriften ereignet, wo Leute ihre »Kavaliersauffassung« vom Meinungsaustausch unterm »Rektorat schöngeistiger Damen« am Schreibtisch ausgetragen hätten, um deren Ergüsse sich im Ernst niemand gekümmert habe, so beerbt er damit eine gar nicht unebene oder einfältige rechte Tradition, für die Schmitts Held, der antiliberale Dezisionist und Cäsarist Donoso Cortés, die kurze Formel gefunden hat, das Prinzip der Diskussion sei dem politischen Menschen, der sich, weil sonst keine Politik möglich wäre, ebensosehr für Dinge begeistern wie zwischen ihnen entscheiden könne, schlicht unwürdig, da ungöttlich, der Transzendenz des Gegebenen unfähig, die doch allein den Eingriff in dieses rechtfertigen könne – aus Diskussionen gehe keine Unfehlbarkeit hervor, aber nur, wer von dieser als von etwas ausgehe, das seine Sache für sich gepachtet habe, sei bereit, sie gegen den Widerstand anderer nötigenfalls durchzusetzen.

So kühl wie Schmitt, so heißherzig wie Cortés findet man die Meinung, es sei nichts mit der Meinungsfreiheit, inzwischen eher selten geäußert; eine gefälligere Form nimmt sie inzwischen meist in mehr oder weniger historistischen Dekadenzklagen etwa des Tenors an, es möchte ja in Anbetracht von Kerkern, Halseisen und Scheiterhaufen einst heldenhaft gewesen sein, die moderne Sorte Öffentlichkeit herzustellen, sei aber im Laufe der Zeit doch reichlich läppisch geworden, sich in ihr zu äußern. Die Position lebt von nicht wenigen Evidenzen. Meldet heute beispielsweise eine Website, ein Weltraumteleskop habe einen Planeten (er heißt inzwischen WASP-12b) entdeckt, auf dem es ersten spektroskopischen Untersuchungen zufolge mehr Kohlenstoff als Wasserstoff gebe, und man halte für möglich, daß dieser Planet einen Kern aus Diamant besitze, dann findet man im Kommentarfeld dazu das späte Schicksal der Meinungsfreiheit in all seinem fragwürdigen Glanz, das heißt den Stumpfsinn aller heute öffentlichkeitsfähigen Phantasien, Witze, Sehnsüchte und engen Vorstellungsradien: »Vielleicht schafft dann irgendeine Supermacht eine Rakete dort hin, um wissenschaftlich getarnt Tonnen von Diamant dort abzuholen und somit ihre unerschöpfliche Gier nach Reichtum zu befriedigen«, »Da kommt man doch sowieso nicht ran, weil es so weit weg ist«, »Man könnte, um eine Inflation zu verhindern, das aufkaufen und geheimhalten«, »Dann wissen wir ja schon jetzt, wo die nächste Fußball-WM stattfinden wird« – und so weiter, durch in der ersten Stunde ab Freistellung der Meldung bereits ein Dutzend Äußerungen dieser Sorte, die als ernst gemeinte schrecklich sind und als lustige grauenhaft, weil sie von nichts mehr handeln, das jenseits des trostlosen Horizonts der Geldverdienerei, der dieser abgerungenen Freizeitsoße, kurz den ärmsten Banalitäten der beiden von Professor Rorty ausdrücklich erlaubten Menschengesichtskreise »allgemeines Mitmachen« und »individuelle Selbstverwirklichung« liegt.

Macht man sich klar, daß die letzten aufrechten Gesinnungs- (statt bloß Wirtschafts-) Liberalen der Gegenwart, die sich etwa für das konkrete Recht aufs Verfertigen und In-Umlauf-Bringen von Mohammed-Karikaturen oder den abstrakten »herrschaftsfreien Diskurs« in die Bresche werfen, eigentlich bloß den *Cordon* sichern, der um solches (im Internet tatsächlich besser als je irgendwo sonst aufgehobenes) Gebrabbel »kindischer Rentner« (Wolfgang Pohrt), lebendiger Leichen aller Altersstufen gezogen ist, damit es nicht in den Abgrund unverständlicher Privatsprachen stürzt, dann sieht die

Meinungsfreiheit in der Tat so alt aus, wie de Maîstre, Burke, Cortés, Schmitt und *tutti quanti* sie immer schon fanden.

Den von diesem postulierten Gegensatz, den auf der einen Seite die unfehlbare, unverlierbare Gewißheit, auf der andern die unabschließbare, unentscheidbare Debatte markiert, nehmen die nachaufgeklärten Bürger von Popper über Habermas und Derrida bis Rorty widerspruchslos an und wählen dann die zweite Alternative. Die »offene Gesellschaft« Poppers vertrüge aber auch dann keine Gewißheiten, wenn diese erlangbar wären; sie gar nicht erst zu suchen, ist damit gleichsam ein instrumentelles Erfordernis ihrer operativen Selbstregulierung, was zweifellos schöner klingt als das nackte »für die Demokratie, die Gerechtigkeit, die Solidarität verzichten wir nötigenfalls auch auf die Wahrheit«, das die illiberale Rechte ihren debattenfreundlichen Feinden unterstellt und zu dem sich einstweilen nur wenige radikale Antiradikale wie Rorty offen bekennen; wobei selbst dieser lieber sagt, er wolle den Begriff der Wahrheit loswerden als diese selbst – mit der verblüffenden Konsequenz, daß er sich im Streit mit denen, die wie Donald Davidson oder James Conant den Wahrheitsbegriff für nicht allein philosophisch, sondern auch politisch lebensnotwendig erachten, plötzlich dazu genötigt sieht, einen Unterschied zwischen *truth* und *truthfulness* zu machen, also zwischen »Wahrheit« und »Wahrhaftigkeit«, wobei erstere unwünschbar und unerreichbar, letztere aber für alle, die an Debatten teilnehmen wollen, bindende ethische Regel sein soll.

Wenn Davidson[110] sagt, daß die Wahrheit zwar im universalienrealistischen Sinn tatsächlich kein Ziel der Forschung sein könne, aber diese (und jede andere Art der Erkenntisgewinnung) auf heuristische Geltung eines in Abhebung von Irrtum, Täuschung und anderen Fehlerquellen zu bestimmenden Wahrheitskriteriums zum Zwecke der Herstellung eines Sogs der Aussagenoptimierung angewiesen ist, kontert Rorty, alle bisherigen Versuche, Wahrheit zu definieren, sei es als Kohärenz (Sätze, die mit allen anderen wahren Sätzen harmonieren, sind wahr), sei es als Korrespondenz (Sätze, die den Zustand der Welt zutreffend beschreiben, sind wahr), sind an verschiedenen Widersprüchen oder unendlichen Regressen zerschellt: Kohärenz hilft nicht weiter, weil man, um sie messen zu können, Metakriterien bräuchte, die wieder auf Korrespondenz verweisen müssen, und Korrespondenztheorien scheitern daran, daß bis jetzt niemand einen Weg gefunden hat zu zeigen, wie man einen Satz, geschweige seine Bestandteile, mit einem Sachverhalt vergleicht (welchem meßbaren Umstand entspricht das »ist« im Satz »Diese Katze ist schwarz«?).

Und wenn Conant Rorty vorhält[111], seine Einladung zur doppelten Buchführung – man habe eben, wie im Kontingenzbuch erläutert, für die öffentliche Sphäre einen anderen Aussagenvalidierungsapparat beizuziehen als in der privaten – erinnere an die mehrerlei Wahrheiten des Orwellschen Inquisitors O'Brien im Roman *1984* und jede derartige Zwei-oder-mehr-Reiche-Lehre öffne notwendig ebenjener Gewalt ein Hintertürchen, die der ums Wohl aller Menschen solidarisch besorgte Rorty aus dem sozialen Leben beseitigt wissen will, weil da, wo es keinen in der Diskussion einzuhaltenden Maßstab gibt, irgendwann diese Gewalt einen setzen wird und muß (die Partei, oder wer immer, bestimmt dann, was wahr ist, und redigiert sogar die Vergangenheit, eben weil anders als durch so ein *fiat* die Debatte überhaupt keine Weltanschlüsse mehr hat und also auch keine politische mehr ist), dann entgegnet Rorty, die Macht müsse, wo sie solche Befehlswahrheiten ausgibt, notwendig das Gebot nicht der Wahrheit, sondern der Wahrhaftigkeit verletzen, insofern eigentlich alle Menschen wüßten, daß absolute Wahrheit nicht zu haben ist, und also zu Lügnern würden, wo immer sie eine bekanntgäben. Das schwindelerregende Argument – man darf einigermaßen fassungslos fragen: Wovon ist jemand erfüllt, der *truthful* spricht, wenn es so etwas wie *truth* gar nicht gibt? – arbeitet mit einer schlauen semantischen Zuspitzung der gängigen Bedeutung des Wortes »Lüge«: Ich werde zum Lügner nicht dann, wenn ich etwas Falsches sage (ich kann mich ja auch ganz unschuldig irren), sondern erst dann, wenn ich etwas sage, das ich nicht glaube. Gibt es Wahrheit als Kohärenz oder Korrespondenz nicht, so mag Wahrhaftigkeit, also daß man im Sinne der Definition eben nicht lügt, gleichwohl Bürgertugend sein, nur müßte Rorty, um diese Trennung zu stabilisieren, dann erklären, wie er »etwas glauben, das man sagt« anders bestimmen will als eben »Aussagen machen, die man für wahr hält«. Einen Satz denken heißt ja immer: ETWAS denken, einen Sachverhalt, der selbst von diesem Satz verschieden ist; die Bezugnahme auf das von Rorty für mit Sätzen nicht vergleichbar erklärte andere leistet sich also nicht erst die Wahrheitstheorie, welche immer das sein mag. In Wirklichkeit hat Rorty die Gewißheit, von der Cortés und die übrigen bewußt reaktionären Köpfe schwärmen, nur cartesisch ins Subjekt hineinverlegt, wenn er Wahrhaftigkeit fordert: Gewiß soll nicht mehr sein, was ich glaube, sondern nur, daß ich etwas glaube, und darauf errichte man dann die Kirche der Wahrhaftigkeit. Wenn aber die Geschichte der Psychologie seit der Aufklärung durch alle ihre hypnotischen, psychoanalytischen, medikamentösen, behavioristischen und statistischen Phasen hindurch eines gezeigt hat, so dies, daß man sich nicht nur über das, wovon man glaubt, es existiere irgendwo da draußen, sondern gerade auch über die eigenen Empfindungen und Denkereignisse irren kann, ganz anders, als Descartes sich das vorstellen wollte – das liegt zunächst einmal daran, daß auch »ich« und »mein Denken« jeweils etwas anderes sind als die Empfindungen und Gedanken selbst, die von mir und meinem Denken handeln – der Mensch, von dem ein Irrer meint, er sei Napoleon, wird sozusagen im Vollzug dieses Meinens ein Gegenstand der »Außenwelt«, nämlich des anderen eines Gedankens, der ihn denkt, zunächst nicht anders, als wenn derselbe Irre die Chefärztin oder den Krankenpfleger für Napoleon hielte. Ist das so, dann lassen sich Irrtümer bis tief in die Empfindungsstruktur denken: Verzweifelte können meinen, sie haßten die grünen Männchen, die ihnen hinterherjagen, und sich dabei doch furchtbar täuschen, weil es diese grünen Männchen nicht gibt. Man kann sich alles einreden, auch daß man jemanden mag, dem man niemals etwas Gutes tut, weil man es beispielsweise nicht erträgt, sich klarzumachen, daß dieser Mensch einem völlig gleichgültig ist (das mag zum Beispiel der Fall sein, wenn man in dessen Schuld steht und das nicht wahrhaben will).

Daß die Lügnerin etwas anderes sagt als das, was sie glaubt, ist vor allem aber selbst wieder entweder ein wahrer Sachverhalt oder ein unwahrer, den aber erstens nicht nur sie selbst aufklären kann, sondern etwa auch jemand, der Tagebuchspuren oder andere greifbare Hinweise findet (sonst wüßte man von dergleichen gar nichts – gäbe es Qualia, die nur innerpsychisch wahrgenommen und nicht auch kommuniziert werden können, so lohnte es sich jedenfalls auch für Rortyaner nicht, von diesen zu reden und zu schreiben) und der zweitens interessanterweise Rorty dazu zwingt, als einzigen denkbaren moralischen Verstoß in der Debatte nach Eliminierung aller für ihn nicht zulässigen Wahrheitserfordernisse nun wieder genau die Sorte Gedankenverbrechen anzuklagen, hinter der auch die vorbürgerliche Gewissensprüferei etwa der Inquisition her war – nicht »Wie ist es deiner Ansicht nach wirklich?«, sondern »Was glaubst du?« wird zum Schlüssel der Diskussion, während Voltaire und Diderot das erstens allen Menschen je selbst überlassen wollten und zweitens nur daran interessiert waren, daß diese Menschen jedenfalls alles sagen dürfen, aber nichts Bestimmtes meinen und glauben müssen. Wichtiger noch ist, daß dieses Problem wiederum nur huckepack reitet auf dem viel größeren, daß einige der schlimmsten und folgenreichsten Unwahrheiten im Privaten (wer jemals versucht hat, sich mit einem Junkie auf irgendeine Abmachung einzulassen, weiß Bescheid) wie im öffentlich Geschichtswirksamen (Heinrich Himmler etwa war von der Realität der jüdischen Weltverschwörung offenbar hinreichend überzeugt, bis in die letzten Kriegswochen Hoffnung auf Verhandlungen mit jüdischen Hilfsorganisationen zu setzen, bei denen er Juden, die seinen Vernichtungsschrecken überlebt hatten, als Geiseln verwenden wollte, weil er glaubte, auf diese Weise die seiner Ansicht nach jüdisch gesteuerte amerikanische Regierung und überhaupt die Alliierten zu seinen Gunsten beeinflussen zu können) von denen durchaus geglaubt werden, die damit größten Schaden anrichten. Alles das verbleibt in der Binnenlogik von Argumenten, die man pragmatistisch nennen könnte; eine philosophisch anspruchsvollere Kritik, als wir sie hier leisten wollen und können, die diesen Rahmen und seine Sollbruchstellen selbst zum Thema macht, findet man verstreut bei Davidson, zu großer Klarheit gebündelt aber insbesondere bei Bernard Williams.

Die liberale Ironikerin, die doch nichts anderes möchte, als die Lizenz, welche die Aufklärung den Meinungen gibt, großzügig auszuweiten, insofern bei ihr selbst noch die Wahrheitsprüfung jetzt wegfallen und das Spiel der Meinungen endgültig ein in jeder Hinsicht freies werden soll, endet unversehens als Gedankenpolizistin – wie kommt man da raus?

III.
Wie man da rauskommt: Richterstühle

Man kommt nicht raus, und deshalb empfiehlt es sich, gar nicht erst hineinzugehen.

Das ist weniger flapsig gedacht, als es klingt.

Man sollte die Frage, ob Wahrheit überhaupt möglich sei, anders als die sehr viel fruchtbarere, wie man sich ihr nähern solle, einfach deshalb nicht fragen, weil in dem Moment, in dem man das tut, schon etwas schiefgegangen ist, was einen von allen nützlichen Verwendungsweisen des Wahrheitsbegriffs abschneidet – man begibt sich aus dem Sellarsschen Raum des Begründens und Folgerns mit jeder derartigen Diskursgeste nämlich in den *unmarked space* einer reinen Erfahrung von Ursachen und Wirkungen (statt eben Gründen und Schlüssen), über die man nicht sprechen kann, weil man ihn schon wieder in Richtung Begründung und Folgerung verlassen würde, wollte man damit beginnen.

Kohärenz und Korrespondenz sind, anders als der hier ganz im Banne Kants stehende Rorty meint, keine Erfahrungsformen der Wahrheit, sondern bloß Bilder, die den Rand dessen markieren, was man überhaupt sagen kann – die starke, nicht abzuschüttelnde Intuition, daß an diesen Bildern irgend etwas nicht »stimmt«, die wie von allem skeptischen Denken so auch von Rortys eliminatorischem Zweifel am Wahrheitsbegriff ausgenutzt wird, um sie gegen die Legitimität beliebiger Erkenntnisweisen zu kehren, rührt einfach daher, daß alle Bilder, mit denen man beschreiben kann, was gemeint ist, wenn gesagt wird, etwas stimme oder stimme nicht, diese Eigenschaften selbst notwendig suspendieren müssen, um dasjenige zu fassen zu kriegen, was sich von ihnen unterscheiden muß, damit sie es bezeichnen können (ein Ding, ein Gedanke, eine Empfindung, die mit den Worten der neueren Informatik *computationally irreducible* ist und also sich selbst bezeichnen, kappen jeden semantischen Zugriff auf sich).

Die einzige Alternative zu dieser Selbstauslöschung des Wunsches, zu wissen, wovon man redet, ist daher, die von Rorty und seinesgleichen mit den illiberalen Kritikerinnen an jeder liberalen Öffentlichkeit geteilte Opposition zwischen einerseits »Gewißheit/Glaube/Entscheidung« und andererseits »Kontingenz/Zweifel/Beliebigkeit« zurückzuweisen. Die Wahl ist falsch, weil das, was die Gewißheit ersetzen muß, wenn die Meinungsfreiheit einen Sinn haben soll, nicht die absolute Ungewißheit ist, sondern der verbesserbare Befund, die revidierbare Aussage, das Maß der Wahrscheinlichkeit, die argumentative Plausibilität – lauter Sachen, die weniger imposant sind als das alte »Alles oder nichts«, aber dafür produktiver. Die »absolute Wahrheit«, oder in Rortys *parlance:* das letztgültige Vokabular (denn Tatbestände gibt es nach dem von diesem philosophieskeptischen Philosophen ausgerufenen *linguistic turn* ohnehin keine mehr), müßte eigentlich für jemanden, der sich einen Pragmatisten nennt, gar kein Thema sein, geschweige ein Feindbild, an dem es sich abzuarbeiten gälte, denn mit praktisch Relevantem hatten solche Schöpfungen ohnehin nie etwas zu tun – nicht vergessen sei allerdings, daß es auch im zwanzigsten Jahrhundert immer wieder Intellektuelle, sogar kritische und vernünftige, gegeben hat (und vermutlich noch im einundzwanzigsten, ja darüber hinaus welche gibt und geben wird), die hinter den Nominalismus, den Rorty übers von der analytischen Philosophie Freigelegte hinaus weiterzuentwickeln sucht, weit genug zurückgefallen sind, sich von irgendwelchen Vokabularen oder Satzkonstrukten Widerstand gegen die Indienstnahme durch Unwahrheit und Unrecht zu erhoffen, als könnte nicht selbst die wahrste Äußerung, entsprechend kontextualisiert, den übelsten Zwecken dienstbar gemacht werden – wenn zum Beispiel die Feststellung »Wenn Schwarze in diese Gegend ziehen, fallen die Grundstückspreise« rassistische Implikaturen vollzieht und damit diejenige Ideologie verstärkt, deren Wirkweise im Immobiliengeschäft sie lediglich zu beschreiben vorgibt.

Daß also jemand, der Rortys Lehren zur Kenntnis genommen hat, keine Irrtümer mehr von der Art begehen wird, wie er etwa Walter Benjamin unterlief, als er im Aufsatz übers Kunstwerk im Zeitalter seiner technischen Reproduzierbarkeit behauptete, es gebe etwa von ihm zu findende Begriffe für die Kunsttheorie, die qua Herkunft und Theoriedesign »für die Zwecke des Faschismus vollkommen unbrauchbar sind«, kann man nur (allerdings schweren Herzens) begrüßen. Solche Begriffe gibt es nicht, letztgültige Vokabulare und ewige Wahrheiten, denen man ansieht, daß sie welche sind, oder die man auf eine Weise überprüfen kann, daß ihre Ewigkeit an ihnen sichtbar wird, aus logisch notwendigen Gründen auch nicht.

Gerade Rorty aber braucht diese ganzen Nichtvorhandenheiten als Zielscheiben, damit sein eigener liberalironischer Entwurf nach der Bauernregel »Das Bessere ist der Feind des Guten« in hinreichend prägnantem Relief erscheint. Wie bei aller neueren Vernunftkritik wird der Aufklärungspartei hier ein Fetisch untergejubelt, den man abwatschen will, wobei man einmal mehr den Sack schlägt und den Esel meint, nämlich den »Richterstuhl der Vernunft« und letztlich stets diese selber – ob Friedrich Schiller in der Katzenjammerstimmung seiner Abhandlung über »Anmuth und Würde« den berühmten generischen Menschen als solchen davor warnt, der solle sich durch Gebrauch seiner Freiheit nicht zu den reinen Intelligenzen erheben wollen, weil er sonst »im Urtheile des Geschmacks« das verlöre, was er vor jenem Richterstuhl der Vernunft gewönne (es gab noch andere Stimmen, die Schiller hießen, diese hier aber gehört demselben, dem es vor der Revolution grauste, weil da »Weiber zu Hyänen« würden), ob Dilthey erklärt, es gebe etwas, das niemals vor besagten Richterstuhl gebracht werden könne, und was er »das Leben« nennt – immer wird sich da anarchistisch gebärdet, auch wenn das Wort »Anarchismus« für die Weigerung, eine debattenentscheidende Vernunftinstanz anzuerkennen, selten (und als epistemologische Kategorie eigentlich nur bei Paul Feyerabend) benutzt wird –, das Richterstuhlbild als Chiffre für die instituierte tyrannische Wahrheit haben sie nur deshalb so gern, weil es die Selbstbeschreibung als Rebellen kitzelt, wie die Glückssucherbegründung für die Meinungsfreiheit der Eitelkeit schmeichelt; eine Theorie hat allerdings aus dieser Auflehnungsgestik kein Schiller und kein Dilthey, sondern erst Michel Foucault gemacht, indem er erklärte, alle gesellschaftlichen Einrichtungsmuster produzierten je und je verschiedene Wahrheiten als Feldeffekte nicht etwa von Erkenntnisarbeit oder Resultate des Stoffwechsels mit der Natur, sondern Emanationen gesellschaftlicher Macht, und das habe sich auch mit modernen Wissenschaften und der Aufklärung keineswegs geändert. Die desillusionierte Widersetzlichkeit unterschlägt indes, daß ihr Sprechakt selbst nur verstanden werden kann, wenn man ihn mit dem normativen Status einer bindenden Tatsachenbehauptung versieht – den Richterstuhl der Vernunft für einen Hochsitz der Macht ausgeben kann nur, wer auf einem ganz ähnlichen Ding sitzt; auch ein Foucault kann nur beobachten, daß Wahrheitsproduktion, Meinungsäußerung und so fort auf diese oder jene Weise vonstatten gehen, wenn er bereit ist, sich damit als eine Instanz zu setzen, der sämtliche Attribute eignen müssen, welche die Aufklärung ihrem Richterstuhl zuerkennen wollte, allerdings gewendet nach Art der negativen Theologie: Die Position, von der aus der Diskursanalytiker die Diskurse analysiert, ist jedenfalls von den spezifischen Irrtümern frei, die jene entstellen, mag sie selbst keine sein, die Wahrheit garantiert – der »Relativismus«, den die letzten hilflos Modernen solchen Positionen manchmal übelnehmen wollen, ist ein viel zu milder Name für eine Weltsicht, in der »die Macht« überall ist und die Wahrheit nirgends; Darwinisten sind die Foucaultianer nur deshalb nicht, weil sie auch Darwin nicht abnehmen, er hätte irgend etwas anderes herausgefunden als ein paar knallige rhetorische Schlachtordnungen für die Selbstrechtfertigung des britischen Empire. Macht und Gegenmacht im außermoralischen Sinne ersetzen ältere Unterscheidungen wie Wahrheit und Irrtum oder Wahrheit und Lüge nur um den Preis der Veränderung des Öffentlichkeitsbegriffs, der sich denn auch vom Modell des Gerichts, vor dem beide Seiten ihre Plädoyers halten und dann vor einer Instanz, die je nach Beschreibungsebene *volonté générale* oder Vernunft heißen kann, eine Entscheidung erleben, zum Modell der Arena, oder zeitgemäßer: der Talk- bis Castingshow verschiebt, wo die Parteien direkt aufeinandertreffen, ohne richterliche Vermittlung, weshalb seit 1968 die Durchschlagskraft des Auftretens, die Showevidenz in der *public sphere* obenauf ist. Negativ sanktioniert ist auf solchem Spielfeld bald nur noch die mangelnde Souveränität, das Sich-schlecht-verkaufen-Können. Die situationistische Schimpfe aufs »Spektakel« hat hier ihr Recht, das über die Kulturindustriekritik Horkheimers und Adornos hinausgreift, die den Raum, in welchem immerhin noch debattiert wird, also sowohl die Universität wie etwa die Radiodiskussionen beispielsweise mit Arnold Gehlen, an denen Adorno teilgenommen hat, scharf von den in Hollywood erfundenen *circenses* hat sondern wollen: Wenn die Voraussetzung dafür, daß Adorno und Gehlen miteinander reden, die ist, daß beide Stars sind und ihre Geltung nicht relativ zu einem Vernunftstandard, sondern zur Akklamation durch Sendeplatz, Redezeit, Auflagen, *citation index* et cetera bestimmt wird, dann sind sie nicht minder als Paris Hilton, Dieter Bohlen oder irgendein Casting-Opfer Figuren in dem, was Guy Debord Spektakel nannte. Auch die Spektakelkritik aber wird stumpf, wenn sie sich darauf versteift, das Ausgerufenwerden der Akteurinnen und Akteure durch die Industrie oder ideologische Staatsauxilia, die Passivität des Publikums, kurz den Bühnen- und *top-down*-Charakter der Veranstaltung für deren Wesen zu nehmen; die Ära der Kommentarspalten zu Netzmeldungen, den Facebook-Seiten und YouTube-Videos hat gezeigt, daß sich das Ganze sehr viel modularer, interaktiver, deregulierter aufziehen läßt, als Debord dachte, die Formel »Partizipation ist das neue Spektakel« (Diedrich Diederichsen) faßt eine Entwicklung zusammen, deren Pionierleistungen von sowohl aufrichtigen wie lokal oft verdienstvollen CB-Funkerinnen, Piratenradiomacherinnen, alternativen Medienwerkstätten, Bespielern des Offenen Kanals im Kabelfernsehen und anderen Kommunikationspartisanen erbracht wurden, als man noch glaubte, auf egalitärem, demokratischem Weg die Macht des Spektakels mittels Subversion, Dissidenz, Negation und anderer »Strategien« (wie ein in den achtziger Jahren beliebtes Modewort das mal übermütige, mal verzweifelte Bemühen nannte) brechen zu können. Daß die öffentliche Rede sich verändern müßte, wenn auch die mitredeten, die von Werbung, parastaatlicher Propaganda, Kulturindustrie und Spektakel bis dahin lediglich angeredet wurden, war ein Gedanke, dem immer schon die Hälfte fehlte: Die falsche Rede mit der richtigen zu supplementieren, kann nur Etappenziel sein; was man sich, bedröhnt, verwirrt, beleidigt und eingeschüchtert vom Unsinn, der den Ton angibt, aber mindestens genausosehr wünscht wie Gehör fürs Eigene, ist doch, daß die Riesenlautsprecher Ruhe geben.

IV.
Der Implex allgemeiner und spezifischer Urheberei

Begriff und politische Geschichte der Meinungsfreiheit scheinen auf den ersten Blick nicht geeignet, zur Erfüllung des Wunsches, die Lügen mögen keine Macht besitzen, beizutragen. Wo es darum geht, daß alle frei »sur les objets important à leur felicité« sprechen können, wie der Baron d'Holbach und mit ihm gerade die radikalsten Stimmen der Aufklärung forderten, auch wenn dabei Kränkungen und Unsauberkeiten aufträten, scheint an Sanktionen fürs Falsche nicht gedacht. Zwar weist derselbe Autor im Zusammenhang seiner Freiheitsforderung darauf hin, Meinungsträgerinnen würden von einer einmal funktionierenden Öffentlichkeit rasch ausgeschieden, für ihre unrichtigen Anschauungen und ungerechten Behauptungen bestraft, durch Meidung, Entzug von Ehren, Ächtung[112], aber diese Drohung scheint absichtlich von geringer Strenge, um das Regime, auf das sie abzielt, gegenüber dem von ihm abzulösenden, seinen Foltermitteln und Hinrichtungstechniken positiv hervorzuheben. Von einem Zustand der gesellschaftlichen Anerkennung durch andere freie Menschen ausgeschlossen zu sein, ist indes, wo nicht schmerzhafter, so doch schmachvoller als der Tod, und das ist der Moment, an dem es sich gehört, daran zu erinnern, daß das Meinungsfreiheitsprogramm ja ohnehin an den Narzißmus von Menschen appelliert.

Die Erfinderinnen und Erfinder des Meinungsfreiheitsprojekts setzen voraus, daß die Bürger, für die sie sprechen, sich über mehr und reichere Attribute definieren als nur über den Trieb, das nackte Leben zu erhalten, und argumentieren daher, wenn sie mit Ächtung drohen, ein bißchen wie die Mormonen, bei denen es keine Höllenstrafen, dafür aber mehrere Himmel unterschiedlicher Annehmlichkeits- und Ehrenränge gibt: Das Wissen um den verspielten besseren Status ist für den, der nach dem Ableben in einen minderwertigen Himmel gerät, schlimm genug als Kränkung, man kann sich als mormonischer Theologe daher den Widerspruch sparen, in den gerät, wer einen allgütigen, liebenden und barmherzigen Gott postuliert, der zugleich mit diesen Eigenschaften den Sadismus eines Kerkermeisters auf Ewigkeit aufweist.

Wichtig an der Ehrendrohung ist uns, daß die Vorstellung völliger Straflosigkeit für Aussagen gleich welcher Art der Aufklärung durchaus wesensfremd war, und zwar nicht allein dann, wenn diejenigen, die sie abgeben, aus performativen Gründen, etwa als Beleidigung,

Verleumdung, Aufforderung zu Straftaten oder Koordinationslösungen derselben ohnehin das Äußerungsrecht verspielen, weil es sich bei diesen um keine Meinungen handelt. Das Ziel der Rechtssicherheit (der von Carl Schmitt und seinesgleichen so ungern gelittene »Rechtspositivismus«) schließt aus, daß irgend jemand für nicht Feststellbares wie etwa »das, was gedacht wird«, Repressalien fürchten muß, weil man dergleichen nicht verläßlich feststellen kann (jedenfalls bis heute; was für technische Möglichkeiten die Hirnforschung da zukünftiger Tyrannis erschließen mag, steht auf einem anderen Blatt) – daraus folgt übrigens auch, daß Rortys »Wahrhaftigkeit«, was immer sie sonst sein mag, nicht Rechtsgut sein kann. Das Rechtsgut der Ehre als Gegengewicht zum Rechtsgut der Rede- und Meinungsfreiheit zu instituieren, verrät, wenn man sich denn der Mühe unterziehen möchte zu rekonstruieren, was unter dieser Freiheit überhaupt verstanden wurde: Es sollte eben nicht, wie die Linie von de Maîstre bis Schmitt unterstellt, endlos über was auch immer geredet werden, sondern es wurde von allen Sprechern erwartet, daß zusätzlich zu ihren beliebigen Partikularinteressen im Meinungsportfolio einer und eines jeden als Korrektiv das Interesse vorhanden war, sich nicht unmöglich zu machen – die Absicht, eine Debatte zu beenden, abzuschließen oder gar nicht erst aufkommen zu lassen, die, das ist der entscheidende Punkt, den Aufklärern eben nicht unbekannt war, sondern bei ihnen durchaus vorkam, wurde also etwa mit dem Verweis darauf artikuliert, man entehre sich, wenn man hier und jetzt über dieses oder jenes noch weiterrede – so im französischen Parlament im Februar 1794 beim Streit über die Frage, ob man die Abschaffung der Sklaverei dekretieren solle oder nicht, und der Abgeordnete Levasseur erklärte:

»Als wir die Verfassung des französischen Volkes entwarfen, haben wir der unglücklichen Schwarzen nicht gedacht. Die Nachwelt wird uns dies sehr übel nehmen. Laßt uns dieses Unrecht beseitigen – laßt uns die Freiheit der Schwarzen erklären. Herr Präsident, leiden Sie es nicht, daß sich die Versammlung mit einer Diskussion entehrt!«[113] Daß Diskussionen den Aufklärern und ihrem politischen Arm kein Selbstzweck waren, ja, daß es ihnen nicht einmal um deren Beendigung im bloßen Konsens ging, unabhängig davon, ob das, worüber man sich da einig sein würde, nun wahr ist oder nicht, wird der Rekonstruktion des ganzen Nexus aber spätestens aufgehen müssen, wenn sie sich ins Gedächtnis ruft, daß das epistemische Modell der Gewinnung zutreffender Sätze für alle diese Leute die naturwissenschaftliche Methode *sensu* Bacon und Newton war und die nicht von Gewalt gestörte Debatte lediglich ein Hilfsmittel zum Datenabgleich, etwa wie der *peer review*-Prozeß im heutigen wissenschaftlichen Publikationswesen. Indolenz oder Quietismus diesem Programm gegenüber ahndeten sie mindestens so streng wie Zensurbegehrlichkeiten, die »diskussionsbereite Wissenschaftlerin« (um eine Gegenfigur zu Rortys liberaler Ironikerin zu benennen, auf die sich die Aufklärung auch mit jenem Marx hätte verständigen können, der im Vorwort zum *Kapital* bekanntlich erklärt, »jedes Urteil wissenschaftlicher Kritik« sei ihm willkommen) dachte man sich als nicht erpreßtes und nicht erpreßbares, für seine eigenen Äußerungen verantwortliches und zu deren Begründung entlang der Verknüpfung von Protokollsätzen der Beobachtung und logischen Extrapolationen befähigtes Subjekt – diese Art Verantwortlichkeit, nichts anderes, meint die »Ehre«, als republikanisches Ethos dann die »Tugend«. Anonymes Delirieren in Internetforen, welche Vorteile es beispielsweise als Indikator sich im Gemeinwesen gerade abspielender Phantasieumbrüche auch immer sonst haben mag, wäre von dem, was seinerzeit unter *freedom of speech* oder *liberté de la presse* gewagt werden sollte, also gerade nicht gedeckt. Dies mag das entsprechende Denken zur Überholtheit verurteilen – bei den derzeit im Netz obwaltenden Datenschutzverhältnissen ist das Nennen von Klarnamen riskant, da Arbeitgeber, Vermieter und sonstige ökonomische und politische Gewalthaber den Zugriff auf die Meinungs- und andere Bestandteile der Sozialbiographie ihnen Unterworfener in diesem technischen Rahmen leicht erlangen können –, aber es wäre sehr kurz gedacht, würde man diese Überholtheit aus der technischen Veränderung ableiten statt aus der sozialen, daß das nicht erpreßte, nicht erpreßbare Subjekt, dem die Aufklärung die Zukunft schenken wollte, eben nicht für allzuviele Leute Wirklichkeit geworden ist – jedenfalls für weit weniger, als sich im Internet umtun können.

Der Glaube, daß einem spezifischen Produktivkraftstand gewisse Freiheitsgrade innewohnen, die menschliche Potentiale anregen und zur Verwirklichung heben können, ist einer der wichtigsten Bausteine der in diesem Buch vertretenen Theorie des sozialen Fortschritts, aber bis zu seiner begrifflichen Klärung, die wir, da wir nominalistisch und materialistisch statt universalienrealistisch und idealistisch argumentieren, nur im Durchgang durch die verschiedenen sozialen Wirkungskreise (Klassen, Rassen, Geschlechter, Technik, Privat/Öffentlich, Wissenschaft, Staat ...) entwickeln, müssen wir immer wieder den Hinweis darauf wiederholen, daß die Ansicht nicht nur einiger der klügsten Leute im neunzehnten Jahrhundert, dieses Herausheben der sozialen Freiheit aus den produktiven Widersprüchen geschehe unausweichlich und der Fortschritt sei mit der Geschichte als solcher, soweit sie Vernunftgeschichte sei, praktisch identisch, genauso falsch und genauso richtig ist wie die Naturrechtslehre. Warum es nur sehr wenige richtige fortschrittliche Gedanken geben kann, die nicht als falsche anfangen und dann zu richtigen gemacht werden können, werden wir an anderer Stelle in diesem Buch untersuchen – hier aber verweisen wir einstweilen nur zurück darauf, daß das Naturrecht, als die Frühaufklärung es im Menschenwesen verankert fand, dort jedenfalls nur im Widerspruch zu anderen Dingen vorkam und aus der bloßen Tatsache, daß sie eine Menschengesellschaft mit bestimmten Rechten einrichten ließ, nicht hätte gefolgert werden müssen, daß das, da mit der Natur der Sache konform, auch geschehen mußte – daß die Pionierinnen und Vorbereiter der Freiheit dies dachten, war der Sache günstig, daß sie den Implex der bürgerlichen Freiheit mit der *conditio humana* verwechselten, ein nicht zu unterschätzender impliziter Propagandavorteil ihrer Sache, aber eben genauso falsch (und auf verwickelte Weise »nur soweit richtig«) wie etwa die Überzeugung, in ihrem Denken und Meinen unfreie Leute seien durch die Reichweite des World Wide Web schon fast frei, oder Walter Benjamins analoger Gedanke, in der Lithographie sei virtuell die illustrierte Zeitung verborgen und in der Photographie der Tonfilm. Der Fehler steckt jedesmal im selben Kurzschluß: Der Katalog der vom Naturrecht verzeichneten Freiheitsattribute, das World Wide Web, die Lithographie und die Fotographie sind Maschinen – im Falle des Naturrechts oder auch des Marxismus: sehr abstrakte, rein begriffliche –, also Apparate zur Zwecksetzung im Zwecklosen, aber das, was jeweils herausgefolgert wird, daß man staatlich garantierte Freiheiten, dissidierende Meinungen, illustrierte Zeitungen oder Kinos mit Tonfilmen hat, sind soziale Einrichtungen, ist im Moment dieses Herausgefolgertwerdens etwas anderes, nämlich selber so ein Zweck, unter den die Maschine das Zwecklose stellt. Daß aus den Menschenrechten – siehe die Kriege der reichen gegen arme Länder in den Jahren seit dem Zusammenbruch des Systems des Warschauer Vertrags –, der Web-Meinungsfreiheit, den Zeitungen und dem Kino im nächsten historischen Entwicklungsschritt selber wieder Maschinen werden, mit denen erneut Schneisen ins Dickicht des Zwecklosen, der Natur der Dinge und menschlichen Verhältnisse, geschlagen werden können, ist dabei gar nichts Überraschendes, sondern nur ein konkreter Anwendungsfall des Luxemburgschen Gesetzes, wonach bei im emphatischen Sinn fortschrittlicher Entwicklung der menschlichen Belange immer mehr von dem, was produziert wird, selbst Produktionsmittel ist – bis zu dem Kippmoment, an dem dann sogar das Gegenteil von Benjamins Meinung, in den alten Medien hätten die neuen gesteckt, augenfällig wird und statt dessen McLuhans These greift, der Inhalt neuer Medien seien die alten (so etwa das Theaterstück oder der Spielfilm im Fernsehen, der Roman als Fortsetzung in der Zeitung et cetera) – beide verallgemeinernd fällt dann auf, daß ab einem bestimmten Entwicklungsstand (für Medien spätestens dem Web 2.0) Medien einander wechselseitig als Formen und Inhalte dienen, ja auseinander zusammengesetzt sein können wie sonst nur Menschen aus Menschen. Manchmal Produkt, manchmal Produktionsmittel, sind soziale Verhältnisse zwischen letzteren beschaffen wie alles, was als Maschine dienen kann, und man muß jedesmal genau bestimmen, welche Seite man meint, wenn man von ihnen redet, mit ihnen denkt – und selbst wenn man das Ineinandergreifen der beiden Momente meint, empfiehlt es sich, entsprechende Begriffshybride zu prägen, was diesseits von Negts und Kluges sehr treffendem und daher sehr schönem Wort von der »Produktionsöffentlichkeit« in *Geschichte und Eigensinn* leider nur selten versucht wurde.

Daß die Nichtbeachtung der Warnung, an diesen sensiblen Punkten genau zu unterscheiden, womit man denkt, worüber man redet, in Konfusionen führt, zeigt sich, da wir schon vom Internet reden, noch in einer zusätzlichen Weiterung vieler gegenwärtiger Versuche, herauszufinden, was für Sozialtatsachen in dieser großen neuen Maschine benjaminisch gesprochen »virtuell verborgen« sind: der Debatte ums Urheberrecht und dessen Verzichtbarkeit, zunächst zumeist wieder anhand der Sphäre der Kunst diskutiert, die (wie oben schon anhand der Gewichtungsverschiebungen bei der Frage der Arbeit und der Unterscheidung von Öffentlichem und Privatem diskutiert) einmal mehr Testgelände gesellschaftlicher Neuerungen sein soll.

Die Fürsprecherinnen neuer Rechtsverhältnisse in der Kreativsphäre, inspiriert durch die eine Ebene tiefer ins direkte Technikgeschehen der Computernetzwerkära intervenierende *open source*-Bewegung, wollen das ungehinderte und entgeltfreie Kopieren von Text, Bild und Musik durchsetzen und rechtfertigen ihre Programmatik gleichsam poststrukturalistisch unter völliger Absehung von der aufgeklärten Rechtsfiktion des nicht erpreßten, nicht erpreßbaren Äußerungssubjekts – das ungehindert und kostenlos zu Kopierende soll einfach (wie irgendwas, das man in Naturbelassenem vorfinden kann) *Information* sein, von der aber habe normativ zu gelten: *Information wants to be free.* Denen, die das fordern, stehen unter den vorherrschenden Eigentumsverhältnissen ja tatsächlich keine tugendhaften (im Sinne des emanzipierten Bürgertums), nicht erpreßten, nicht erpreßbaren Urheberinnen gegenüber, sondern die Erpresser, nämlich in den meisten ökonomisch überhaupt interessanten Fällen *corporate copyright holders,* Zwingherren der Kreativen. Wer in dem System, das nun einmal herrscht, von Texten, Bildern und Musik leben will, muß Labels, Verlage, Vertriebsfirmen irgendwelcher Art finden, denn vom Einzelstück lebt niemand (das, nicht der Verlust der Aura, ist der ökonomische Witz an der technischen Reproduzierbarkeit von Kunstwerken; Benjamins berühmte Perspektive sitzt dem intuitiv unmittelbar bestechenden, bei einiger Ernstnahme aber schwer verständlichen Aberglauben auf, man spüre – statt nur: wisse vielleicht – beim Betrachten eines Bildes, ob es sich um ein Original handelt, die Kopie eines Originals oder schließlich eine Kopie in einer Serie, die außer einem allen Kopien zugrundeliegenden Datensatz kein Original mehr hat. Benjamins Ästhetik ist von allem Anfang an ein bißchen zu sehr Rezeptionsästhetik, um so materialistisch zu sein, wie sie ihm vorkam). Die Vervielfältigungsapparate sind die eigentlichen Produktionsmittel der Kunstmärkte, auch da, wo sie (wie in der ganz kleinen Sphäre, die den umfassenden Namen »Kunstmarkt« ideologisch usurpiert hat) nicht vorgelassen werden; Macht über sie kann ja auch heißen: Die bleiben ausgeschaltet. Das liegt daran, daß ein Markt ohne Waren keiner wäre und das Kunstwerk, soweit es nur als das verstanden wird, was am Laptop oder im Moleskine-Büchlein produziert wird, keine Ware ist – die Künstlerinnen glauben, sie verkauften Waren. Sie verkaufen aber in den meisten Fällen nur Bauanleitungen. Die Waren produziert und verkauft dann die Kulturindustrie; manchmal, wie derzeit in weiten Teilen des Netzes, werden sie auch verschenkt, aber das ist Werbung (= »sekundäre« oder »tertiäre« Ökonomie, Abwärme der Verwandlung von G in G'), solange der Kapitalismus fortbesteht. Ausdrucksfreiheit, Kunstfreiheit und ihre ökonomischen Derivate, in forciertem Maß daher Urheberrecht, können nach Aufklärungsverständnis nur Subjekten, eben Urheberinnen, auf die zugerechnet werden kann, zuerkannt werden, nicht aber abstrakten Entitäten wie Sony, Bertelsmann, Microsoft – die zur Forderung nach der Abschaffung des Urheberrechts verkürzte Kritik an den kapitalistischen Eigentumsverhältnissen verlagert den Raub, den jene begehen, aber nur aus dem Konzentrierten ins Diffuse, statt ihn zu beseitigen – wer die Bauanleitungen gemeinfrei macht, aber die Produktionsmittel in Oligarchen-, Oligopolisten-, eben abstrakter Privathand läßt, kritisiert statt des wirtschaftlichen Realverhältnisses dessen Ideologie, um sie durch eine dümmere zu ersetzen – und wird, wenn die entsprechenden Bemühungen am Ende auch noch von Erfolg gekrönt sind, in einer Welt aufwachen, in der die Herstellung von Kunst, Meinung, Wissenschaft nur noch denen obliegt, die es sich leisten können, nicht davon leben zu müssen – entweder, weil sie anderweitig Macht besitzen oder denen gefällig sind, für die das gilt. *You cannot free information unless you free people.*

V.
Soziale Objektivitäten: Meinungsfreiheit und Wissenschaft

Der eben untersuchte Fall ist in unserem Zusammenhang wichtig als Illustration eines weiterreichenden Zusammenhangs: In der Urheberrechtsfrage wie in Sachen Meinungsfreiheit wird durch eine historische Entwicklung, in der das scheinhafte Ineinsliegen von Geschichte und Fortschritt, das bei der politischen Durchsetzung des Kapitalverhältnisses so viel emanzipatorische Hoffnungen weckte, immer fragwürdiger werden muß, das jeweils universal gesetzte, aber konkret immer an Individuen gebundene Recht (auf Meinung, Kunst etc.), wie es die Aufklärung versteht, gerade vom ebenfalls universal gesetzten Partikularverhältnis zwischen Besitzenden und Nichtbesitzenden unterlaufen, ausgehöhlt, ausgehebelt: *Rich media, poor democracy*, sagt der Kommunikationshistoriker Robert W. McChesney dazu – als die erste Zeitung von Auflagen lebte, war die Meinungsfreiheit, die Thomas Paine mit seinen Flugschriften hatte erstreiten und verteidigen wollen, schon gefährdet, als dann das Anzeigengeschäft den Löwenanteil der Einnahmen auszumachen begann, war sie tot.

Daß die Waffengleichheit zwischen einer Meinung, die dem Großbesitzer und Anzeigenkunden nützt, und einer anderen, die ein halbverrückter Obdachloser an der Straßenecke verstörten Passanten ins Gesicht schreit, nicht gegeben ist, wird vielleicht nicht mal letzterer leugnen.

Die Aufklärung, idealistisch noch in ihren materialistischsten Köpfen von La Mettrie bis Feuerbach, weil über die Materialität sozialer Verkehrsverhältnisse schlecht unterrichtet und an dieser Stelle aus Loyalität gegen ihre Klasse nicht hinreichend neugierig, hat über der staatlichen und kirchlichen Zensur schlicht die ökonomische vernachlässigt, ihre Klassengrenze war ihre Denkgrenze; ihre Zurechnung dessen, was da frei sein sollte, auf ehrenhafte, nicht erpreßte, nicht erpreßbare Individuen, dachte und rechtfertigte sie rein logisch, in zweiter Linie dann sozial und politisch, fast nie aber historisch. Das Arbeiten mit den ersten drei Gesichtspunkten trug ja zunächst auch weit genug – mit Leuten, die nicht so sind, wie die Aufklärung sich die Trägerinnen und Träger der Freiheitsrechtsgüter dachte, mit Leuten also, deren Maxime etwa lautet: »Was geht mich mein dummes Geschwätz von gestern an« oder »Wes Brot ich eß, des Lied ich sing«, kann man ja wirklich nicht diskutieren; anderen zu widersprechen, ist logisch tatsächlich nur in dem Ausmaß statthaft, wie es die Sprecherin entehren würde, widerspräche sie sich fortwährend selbst.

Den Nutzen davon hat – hier geht die logische in die soziale und politische Herleitung über – freilich nicht nur die einzelne Meinung, Proposition oder Inferenz und das sie vertretende Individuum selbst, das sich z. B. »nicht verbiegen«, »nicht ducken« und keine Meinungen für sich behalten muß, sondern auch das Gemeinwesen als ganzes, im weitesten bei der politischen Durchsetzung der Aufklärung erreichbaren Rahmen also zunächst »die Nation«, insofern nämlich die Korrektur der falschen Meinung durch die richtige ja auch nicht unbedingt diejenigen von der ersteren abbringt, die sie vielleicht aus irgendwelchen mehr oder weniger ehrenhaften Gründen weiterhin hegen wollen, dafür aber anderswo wirkt: Die öffentliche Sichtbarkeit des Unterschieds zwischen den beiden Meinungen wird Gemeingut, wie einzelne Meinungen selbst das nie sein könnten. Dieses Gemeingut, das ist der Witz, dem Rorty und Popper, Pluralismus und Neopragmatismus die Spitze abzubrechen bemüht sind, ist eng verwandt dem anderen Gemeingut, auf das Bacon mit seiner Empfehlung einer sozialen Instituierung moderner Wissenschaft abzielte – hören wir dazu eine klassische, authentische Herleitung beim französischen Materialisten Helvétius:

> »Dem Widerspruch, also der Pressefreiheit, verdanken die Naturwissenschaften ihre Vervollkommnung. Nehmt ihr diese Freiheit, wie viele von der Zeit geheiligte Irrtümer werden dann als unumstößliche Axiome angeführt. Was ich von der Naturlehre sage, ist auch auf die Moral und die Politik anwendbar. Will man sich in diesem Bereich der Wahrheit seiner Ansichten vergewissern, muß man sie öffentlich bekanntmachen. Am Prüfstein des Widerspruchs muß man sie erproben. Die Presse muß also frei sein: Der Beamte, der sie einschränkt, widersetzt sich also der Vervollkommnung der Moral und der Politik: Er vergeht sich an seiner Nation, da er bereits im Keim die glücklichen Ideen erstickt, die

diese Freiheit hervorgebracht hätte. Wer kann nun diesen Verlust ermessen? Was man hierzu sagen kann, ist, daß ein freies Volk, ein Volk, das denkt, immer das Volk beherrscht, das nicht denkt.«[114]

Das rote Tuch des verrufensten Szientismus flattert da, wo so ein Zitat angeführt wird, besonders lebhaft: Sieht man hier nicht wieder einmal in aller abstoßenden Klarheit, wie die Aufklärung sich in protopositivistischer Verkennung der Eigengesetzlichkeit und Spezifik des Sozialen Mitschuld an den reaktionärsten ideologischen Naturalisierungen und Biologisierungen aufgeladen hat, vom hochkolonialen Rassismus über den Sozialdarwinismus bis zum Faschismus, und erscheint unsere im vierten Kapitel an Kant und Hume diskutierte Zurückweisung dieser Schuldrechnung, so plausibel sie in jenen Einzelfällen vielleicht sein mag, damit nicht in einem tieferen Sinne unzulänglich?

Radikaler als bei Paul Feyerabend ist diese Frage nicht gestellt worden; er macht noch in seinen allerletzten Aussagen seine Überzeugung geltend, ein rein auf die Baconschen Kriterien gegründetes Erkennenwollen der Welt möge für Wissenschaftlerinnen selbst fruchtbar sein, töte aber »die Vielfalt« möglicher Weltzugänge und sei somit für Leute, die keine Wissenschaft trieben – er nennt ausdrücklich »Philosophen, leichtsinnige Mystiker, Propheten eines New Age und die unterrichtete Öffentlichkeit«[115] –, »ein Desaster«. Es ist nicht ganz klar, ob Feyerabend damit sagen will, diese Leute würden, weil sie der Versuchung erlägen, der wissenschaftlichen Welterschließungsweise besondere Durchschlagskraft zuzuschreiben, ihre eigenen, nicht wissenschaftlichen Positionen, mit denen er sympathisiert, unangemessen bescheiden vortragen, oder ob er diese Positionen selbst schon für zu stark wissenschaftsverseucht hält, um ihnen (wie etwa den Welterklärungsmodellen von »Naturvölkern« und ausgearbeiteten nichteuropäischen Naturphilosophien anderswo in seinem Werk) noch die Kraft zuzutrauen, Alternativen aufzuzeigen.

Bei denen, die den schwierigen Spagat versuchen, Adorno und Horkheimer treu zu bleiben, sich aber von allem, was marxistisch kontaminiert sein könnte, möglichst effektiv zu emanzipieren, nimmt diese Polemik gegen Szientismus, Reduktionismus, Positivismus, die darin einbegriffene späte Abrechnung mit Condorcet und mit dem epistemologisch-idealistischen Fortschrittsbegriff einer allmählichen kumulativen Tatsachenerschließung und in deren Gefolge Lebensverbesserung durch »die Menschheit« allgemein oftmals die immerhin leidlich konturenscharfe Gestalt an, all jene für gefährliche, mit ideologischem Naturalismus und Biologismus eng verfilzte Irrlehren angesehenen Aufklärungsanschauungen seien System und Methode gewordene antiphilosophische Affekte wildgewordener *Bourgeois,* also, mit Habermas, ein fataler »Glauben der Wissenschaft an sich selbst, nämlich die Überzeugung, daß wir Wissenschaft nicht länger als *eine* Form möglicher Erkenntnis verstehen können, sondern Erkenntnis mit Wissenschaft identifizieren müssen«[116] – eine Karikatur, die weder Marx noch Comte noch auch nur Condorcet trifft, denen es vielmehr sowenig eingefallen wäre, Erkenntis und Wissenschaft *in toto* miteinander einfach zu *identifizieren,* wie etwa die erotische Literatur der Hochaufklärung, also des siebzehnten bis achtzehnten Jahrhunderts, Liebe und Sexualität in eins gesetzt hätte. Die hinter den gescholtenen Pappkameraden der Kritik an der »Wissenschaftsgläubigkeit« stehenden wirklichen Autorinnen und Autoren wußten ganz gut, daß es noch andere Erkenntnisweisen gibt als die von Bacon systematisierten; aber eine Welterschließung, die sich nicht zu der Einsichtshöhe bequemen will, daß die (wie bei Bacon oder, aus dessen korrekturbedürftigen, an den inneren Schranken der Sache sinnfällig werdenden Fehlern lernend, seinen Nachfolgerinnen und Nachfolgern vom Wiener Kreis bis David Armstrong) operationalisierte Ausschaltung anderer Zwecke als eben der Analyse des schlechthin Zwecklosen, das Natur ist, aus der Beobachtung und deren Auswertung – und nur diese Ausschaltung nennen wir Wissenschaft – unter den Erkenntnisweisen als der Korrekturquell aller denkbaren anderen unter ihnen eine besondere Stellung innehat, etwa wie das Auge fürs Sehen, das ohne Licht oder Hirn trotzdem nicht möglich wäre, wäre ihnen allen so abgeschmackt, borniert und prüde vorgekommen wie ein Erzählen von Liebe, das sich aus den Körpern davonmogeln will. Sicher aber ist, daß das von Feyerabend und Habermas geteilte Ansinnen, anderen Weltauffassungen als der von der Linie Bacon sich herschreibenden Geltung verschaffen zu wollen, sie blind macht dafür, daß man sich, sobald man vergißt, was die eben nicht epistemologische, sondern soziale Errungenschaft der aufgeklärten Behauptung einer Vorbildfunktion des wissenschaftlichen Erkennens und Diskutierens für jede anzustrebende Gestalt von Öffentlichkeit war, nämlich daß im Bereich des Erkennens eine Begründungspflicht, eine Pflicht zu Proben, Widerlegungskriterien und das sie alle regierende Ehrengebot der Einklammerung von Zwekken errichtet wurden, eine Situation eintritt, in der man auch nicht mehr weiß, daß das Wegfallen von Begründungen, Proben, Widerlegungen und Zweckautonomie sie alle durch die Zwecke der Mächtigen zu ersetzen erlaubt, unter deren Fuchtel dann zwar durchaus die Vielfalt – bis hin zur Vielfalt des Absurden und Idiotischen, wie bei den lamarckistischen »Forschungen« Lyssenkos unter Stalin oder den Hohle-Erde-, Wünschelruten-, Golderzeugungs-, Telepathie- und Wunderwaffen-»Forschungen« von Himmlers »Ahnenerbe«-Stab, einem wahren Springquell des Feyerabendschen Pluralismus –, aber eben auch der Wahnsinn blühen mag.

Von dieser methodenhistorischen Seite der Sache abgesehen ist ferner die von Habermas ausgesprochene Schelte des angeblichen Mißbrauchs naturwissenschaftlicher Denkweise für die von dieser behauptetermaßen nicht erreichbare Analyse des Sozialen selbst verblüffend ahistorisch; sie verkennt nämlich völlig, welche Rolle der Naturbegriff spätestens seit Spinozas *deus sive nature* in der Debatte, welche die Aufklärung meinte, eigentlich hatte: Es war ganz banal ein Kampfbegriff gegen die Religion und damit gegen die Legitimität der feudalen Verhältnisse – ihr Feudalen tut so, lautet gleichsam der polemische Angriff der Aufklärer, als wäre die Hierarchie, die Gewalt, all das, was ihr gesellschaftlich organisiert habt, richtig, weil es in Gottes Plan liege, dabei ist all das unnatürlich, von Menschen gemacht, wie der Vergleich mit denjenigen Aspekten der Welt von der Astronomie bis zum Funktionieren lebendiger Körper, die nicht vom Feudalherren unterdrückt und nicht getauft sind, deutlich zeigt, wo eure Regeln und Gesetze nämlich keine Gültigkeit haben, eurer Souveränität deutliche Grenzen gesetzt sind (Spinozas zusätzlicher, wahrhaft genialer Dreh, diese nichtfeudale, nichtkirchliche Natur qua Vermittlung über den Schöpfungsbegriff mit Gott zu identifizieren, entwindet den Herrschenden gar ihre ideologische *killer app* – ein Judogriff, den die Französische Revolution dann ganz ähnlich mit dem Begriff der Tugend durchexerziert hat: Ihr, Kirche und Feudalstaat, die uns etwas von der Natur der Dinge erzählen wollen, seid unsittlich und unmoralisch, ihr, die ihr uns mit dem Willen Gottes beeindrucken wollt, den ihr zu kennen behauptet, seid letztlich gottlos).

Zwischen dem Naturwissenschaftsverständnis und dem Gesellschaftsvertragsbegriff der Aufklärung besteht also nicht, wie der Habermas-Einwand nahelegt, der Zusammenhang eines naiven erkenntnistheoretischen Analogieschlusses, sondern ganz handfeste, faßliche, politische Verbindungen.

VI.
Wie man die Wahrheit lügt: Öffentlichkeit und Gegenöffentlichkeit

Weit entfernt davon, die Eigengesetzlichkeit des Sozialen gegenüber einer sauberen Laborlandschaft nicht anzuerkennen, waren die Klarsichtigsten unter denen, die »die Aufklärung« schufen, forcierten, durchsetzten, sich der sozialen Wertigkeit ihrer Programme und Analysen vielmehr in einem Ausmaß bewußt, das seither auch bei ihren menschenfreundlichsten liberalen Erben zu arg bläßlichen Schrumpfformen einstmals glasklarer Definitionen von Begriffen wie »Meinungsfreiheit« oder »Toleranz« zusammengeschnurrt ist. »Meinungsfreiheit« etwa konnte nur Pressefreiheit heißen, und diese eben nicht Freiheit von allen Folgen des Gedruckten, sondern nur von Vorzensur, hergeleitet nicht aus irgendwelchen abstrakten quasinaturwissenschaftlichen Deduktionen, sondern der konkreten Sozialgeschichte des Bürgertums, vor allem unterm Absolutismus – Thomas Paine, Oktober 1806:

> »Prior to what is called in England *the revolution*, which was in 1688, no work could be published in that country without first obtaining permission of an officer appointed by the government for inspecting works intended for publication. The same was the case in France, except that in France there were forty who were called *censors,* and in England there was but one, called Imprematеur. At the revolution the office of the Imprematеur was abolished and as works could then be published without first obtaining the permis-

sion of the government officer, the press was, in consequence of that abolition, said to be free, and it was from this circumstance that the term *liberty of the press* arose«[117],

woraus Paine eine mächtige Sperre gegen Beliebigkeit folgert: »A man does not ask liberty before hand to say something he has a mind to say, but he becomes answerable afterwards for the atrocities he may utter. In like manner, if a man makes the press utter atrocious things, he becomes as answerable for them as if he had uttered them by word of mouth«[118], das Prinzip der Selbstkorrektur des öffentlichen Gesamtgesprächs war ihm garantiert durch Gesetzeskraft des von Thomas Jefferson artikulierten Prinzips »Error of opinion might be tolerated when reason was left free to combat it«, aber ein Unterschied zwischen *error* und *reason* wird damit nicht nur gemacht, sondern für geradezu allentscheidend erklärt, über dessen je zu ziehende Figur aber eben kein Amt befinden sollte, während es für andere Unterscheidungen, etwa die der Kriminaljustiz, allerdings zuständige Ämter gibt und geben soll: »Liberty of the press«, bekräftigt Paine, »refers to the fact of Printing free from prior restraint, and not at all to the matter Printed whether good or bad. The public at large, or in case of prosecution, a jury of the country will be the judges of the matter.«[119]

Die von Paine vertretene, am historisch gewissermaßen eben erst Gestalt annehmenden Wissenschaftssystem gebildete, am Justizsystem geschärfte Vorstellung von Meinungsfreiheit kann man »inferentiellen Aussagenliberalismus« nennen: Behauptungen sollen frei sein, die als Schlüsse oder Voraussetzungen in die Folgerungsketten des Gesamtdenkens der mit sich selbst in rationalen Überlegungen verwickelten Gesellschaft eingehen können, damit bei diesem Gesamtdenken nichts Verkehrtes herauskommt. Aussagen, für die das nicht gilt, weil sie beispielsweise gar keinen Argumentcharakter haben können, sind also von der Pressefreiheit nicht gedeckt (aber vielleicht von der Kunstfreiheit, die dann jedoch einer eigenen Begründung bedarf und sie auch erhielt; wir werden darauf noch zurückkommen).

Ein weiteres, ähnlich wie die Klagen über den Szientismus leider auch von links gern und häufig wiederholtes Fehlurteil über die Aufklärung hält dieser Rekonstruktion nicht stand: Nicht einmal beim Konstrukt eines individuellen Rechts auf eine eigene Meinung blieb die bürgerliche Emanzipationstheorie in engem Subjekt- und Individualdenken befangen, wie ihr das befremdlicherweise noch Lukács in seinem Aufsatz über Rosa Luxemburg als marxistische Theoretikerin unterstellt. Die ganze Gegenüberstellung Individualismus/Kollektivismus, von Rechtsliberalen so innig geliebt wie von Linkslerinnen aller Schattierungen, ist ein Zerrbild ganz anders gearteter Konfliktlinien, dem die Arbeiterbewegung leider keine Resistenz mehr entgegensetzen konnte, als sie nicht mehr in der Lage war, ihre (in der Biographie von nicht zuletzt Marx doch so glasklar aufgehobene) Kontinuität zu einem Liberalismus zu erkennen, der auch in seinen ökonomischen Theorien das Einzelinteresse mit durchaus hohem Anspruch zu vermitteln gewußt hatte. Die Neuigkeit, die Marx dem zuschoß, war nicht viel mehr als die Mitteilung, daß diese Vermittlung in naturwüchsigen Gesellschaften unzulänglich passiert; was man bei ihm »Klassenstandpunkt« nennen könnte, heißt gerade nicht, man solle etwa sehen und glauben, daß die Perspektive der Klasse Vorrang vor jeder individuellen habe, sondern begreifen, daß ein gesellschaftliches Verhältnis, das, will man überhaupt dazugehören, dazu zwingt, die Sache praktisch genau so zu handhaben, egal, was dazu noch gedacht und gemeint wird, falsch ist. Die Klassen sollen gerade beseitigt werden, im Kampf einer bestimmten Klasse gegen eine andere allerdings, und diejenige, die siegen soll, vertritt darin nichts anderes als die Menschheit, so wie schon in der Französischen Revolution der Bürgerstand die Nation. In Marx steckt mehr Adam Smith, als der Marxismus lange Zeit zugeben wollte; weitergetrieben fand der Verfasser der drei *Kapital*-Bände sich nur von einer jener Dynamiken, die auch die Aufklärung schüttelte, als sie das, was sie erkämpfen wollte, auch erkämpfen mußte, um überhaupt existieren zu können – politische Emanzipationsgeschichte ist theoretisch wie praktisch zu einem nicht ganz kleinen Anteil immer auch Kampf um die Verbesserung der Kampfbedingungen selbst, was nicht erst Talleyrand auffiel, der bemerkte, daß Revolutionäre durch sich bietende Chancen stärker angestachelt werden als durch Zunahme von Elend und die in Krisentheorien so beliebte Verschärfung von Widersprüchen, die angeblich den Dampfkessel zum Platzen bringt.

Anders als bei Rorty ist den Aufklärern aus solchen gleichsam militärischen Gründen die Wahrhaftigkeit nicht nur niemals wichtiger als die Wahrheit, sondern sie entwickeln, bei aller Liebe zu Transparenz, Luzidität und ähnlichen lichtmetaphorisch beschreibbaren Wesenszügen ihnen sympathischer Argumentation, mitunter einiges Geschick beim Geschäft der Unwahrhaftigkeit, der Täuschung und Finte.

1.) Die gröbere Variante dieser Politik kann man sich anekdotisch anhand der Publikationsgeschichte des Hauptwerks *Über das Glück* des Erzsensualisten, Neo-Epikureers und Stammvaters des französischen Materialismus La Mettrie klarmachen: Ganz in der Tradition der Humanisten und ihrer Textpolitik, die wir bereits diskutiert haben, hat La Mettrie diese hedonistische Programmschrift in Gestalt einer Polemik gegen Seneca verfaßt, die sich, gerade weil sie die grotesken Zuspitzungen etwa de Sades mit maliziöser Eleganz vermeidet, wann immer sie sich aufdrängen, radikaler liest als jener. La Mettrie konnte nicht ernsthaft damit rechnen, ein so sittenverderberisches, egoistisches, gottloses Werk ohne Gefahr für Leib und Leben zu veröffentlichen; sein (gemäßigter) Aufklärerkollege Maupertuis hatte ihn indes am Hof des aufgeklärten Absolutisten Friedrich II. untergebracht, und dort verfiel La Mettrie auf eine doppelte List: Erstens vermied er es klugerweise, den Text überhaupt als selbständige Veröffentlichung zu planen, sondern übersetzte einfach den von ihm unter Beschuß genommenen altrömischen Moraldenker und gab dieser Ausgabe seine Schrift als Vorwort bei; zweitens aber log er, als sich auch für diese Öffentlichkeitserschleichung mögliche Schwierigkeiten mit der Vorzensur ankündigten, einfach frech, sein königlicher Patron habe die Sache bereits durchgewunken – die Selbstrechtfertigung des Druckers dafür, daß er sich täuschen ließ, ist eine schönere Satire auf den aufgeklärten Absolutismus als selbst das *Müller von Sanssouci*-Drama von Peter Hacks; La Mettrie habe gesagt,

> »daß es Ihro Mayt. Der König gesehen und auf Höchst Deroselben Befehl gedruckt werden sollte, auch der Befehl wegen einer Censur bereits wiederum aufgehoben worden wäre. Welches letztere mir kurtz darauf ebenfalls bekannt gemacht wurde. Ich wagte es daher nicht, in die Versicherung eines Mannes, welcher, als ein Gelehrter

der Königl. Academie der Wißenschaften, sich wohl nicht unterfangen würde, dergleichen ohne Grund vorzugeben, einiges Mißtrauen zu setzen; noch weniger unterstund ich mich bei Sr. Mayt. Anfrage zu thun ob das was er gesagt sich so verhalte.«[120]

So lustig das ist, steht es doch auch in einer zu diesem Zeitpunkt bereits einigermaßen ehrwürdigen Tradition, derjenigen nämlich, die aus der Philologie und den Auslegungsfreiheiten, die sie logisch wie historisch gewährt, Spielraum für das Widerspiel von Wahrheit und (Selbst-)Täuschung gewinnt, das etwa auch die Naturrechtsbegriffsgeschichte und überhaupt die ganze Aufklärung kennzeichnet – nicht allein hat historisch die Scholastik mit Abaelards *Sic et Non* und dem *Liber Sententiarum* des Petrus Lombardus, also der Entdeckung von Widersprüchen in den kanonischen Texten der Bibelverfasser, Kirchenväter und Aristoteliker dem Humanismus des Erasmus den Boden bereitet wie dieser der Reformation, die wiederum der Aufklärung, was man, wie Benjamin die Mediengeschichte, unmittelbar als eine Historie des Explizitmachens von Implizes zu verstehen gar nicht umhinkann. Auch Marx und Engels beginnen ihre Arbeit als philologisch arbeitende Dogmengeschichtler; man kann eigentlich sagen, daß zwar nicht überall, wo Philologie ist, auch eine Aufklärung wird (auch das Gegenteil, die Gegenrichtung ist, wie bei den Dingen, die Benjamin widersprechen und McLuhan aufgefallen sind, denkbar, was etwa der Fall Nietzsche zeigt: die Wendung der philologisch gerüsteten Dogmenkritik ins Irrationalistische, der Angriff auf das, was »an den Quellen« vernünftig ist, spätere, an ihm orientierte Zertrümmerungshermeneutiken und -antihermeneutiken schwanken dann oft beträchtlich zwischen verdunkelnden und erhellenden Praktiken), dafür aber da, wo keine Philologie ist, auch keine Aufklärung wird. Manchmal erreichen beide geschichtlich jedoch nicht, was Theorien, die Fortschritt mit Geschichte verwechseln, als ihr Ziel betrachten müssen: Zwar läßt sich die seit Eröffnung der ersten globalen »Kulturkämpfe« im ersten Jahrzehnt des einundzwanzigsten Jahrhunderts beliebte Narrenrede, der schlimme Islam sei schon deshalb zwangsläufig zum scheußlichen politischen Islamismus mutiert, weil er eben keinen Humanismus, keine Renaissance und keine Aufklärung habe erleben müssen, schon an oberflächlicher Bekanntschaft etwa mit Averroes' großartiger *Entscheidender Abhandlung* blamieren, die mit unvergleichlichem Geschick aus dem Koran das autonome Aussagenprüfungsrecht der Vernunft deduziert, und daß die ganze europäische Renaissance ohne Avicenna und die islamische Aufbewahrung der Antike schwer denkbar ist, von realgeschichtlichen Radikalphänomenen wie Assassinen und Karmaten ganz abgesehen, aber was es tatsächlich nicht gegeben hat, war ein erfolgreicher Sieg über irgendeine der europäischen vergleichbare Feudalität durch irgendein analoges Stadtbürgertum. Statt dessen hat das Interesse westlich-nördlicher Imperialisten an geeigneten Satrapen diese dazu verführt, ihre militärische Überlegenheit zur Institutierung oder Verewigung halbbarbarischer Schrecken wie des Hauses Saud einzusetzen und jede genuin bürgerliche Selbstemanzipation von dergleichen, ganz zu schweigen von irgendeinem philosozialistischen Republikanismus nennenswerten Tiefgangs, mit aller Härte zu bekämpfen, so daß die sozialen Widersprüche denn als binnenreligiöse Debatten arretiert wurden, vor denen man sich nicht öffentlich ekeln sollte, ohne wenigstens genausoviel Widerwillen gegen das darin ausgedrückte Unrecht als solches zum Ausdruck zu bringen.

Rein ideengeschichtlich arbeitet die Gegenaufklärung freilich am liebsten (nicht der Erfinder, aber der Meister dieser Technik ist Friedrich Schlegel gewesen): Man greife einzelne logische Momente der aufklärerischen Argumentation heraus, ontologisiere, essentialisiere, isoliere, hypostasiere sie – macht man das mit dem philologischen Dispositiv (indem man etwa das Notwendige und das Hinreichende daran durcheinanderbringt), kommt man auch und gerade dann, wenn man das Konstrukt positiv wendet und der Menschheit zu ihrem Segen anempfiehlt, bald bei einer merkwürdigen Synthese aus endlosem Gespräch und hermeneutischer Soziometaphysik an, wie Rortys Leute und der rechte Flügel der dortigen Derrida-Leserschaft sie mögen (von denen sich Jacques Derrida selbst allerdings deutlich genug abgegrenzt hat, wenn auch in höflicher, nichtantagonistischer Form, wie man etwa an seinen Äußerungen im von Chantal Mouffe herausgegebenen Bändchen *Dekonstruktion und Pragmatismus – Demokratie, Wahrheit und Vernunft* von 1999 erkennen kann). Rorty hielt, als er diesen Weg lange genug beschritten hatte, die Philosophie als Ganzes schließlich für ein literarisches Genre, das mit seiner eigenen Philologie zunehmend zusammenfalle, was er nicht einmal bedauerte, da es immerhin belege, der Irrtum sei überwunden, es gebe so etwas wie spezifisch philosophische Probleme. Tragisch daran ist, daß dabei jede Erinnerung daran aufgegeben wird, daß es doch gerade die über Philologie vermittelte Entdeckung antiker Autoren war, die den frühen europäischen Bürgern einmal das Formulieren ihrer einerseits philosophischen, andererseits aber eminent politischen Probleme ermöglichte.

Hermeneutik ist nicht gleich Hermeneutik, Philologie nicht gleich Philologie, Interessen sind nicht egal, und wenn Rorty das dämmert, fällt ihm in seinen letzten Veröffentlichungen dann ein, Philosophie könnte vielleicht doch noch etwas anderes sein als bloße lesende Doxographie, nämlich »Kulturkritik«: Der philologische Traditionsberg kreißt und gebärt ein zahnloses Mäuschen grauer, vage gewordener Geistesgeschichte.

2.) Die subtilere Spielart der gelogenen Wahrheit zeigt ein anderer Franzose, Pierre Bayle: Steht man fürs Geschriebene unter Verfolgungsbedingungen mit seinem Namen, wie dieser als Autor des »Wörterbuchs«, so ist jede ironische Volte, jede ablenkende Trope, jedes stilistische Verwirrspiel legitim, im Sinne einer »Guerilla-Ontologie« (Robert Anton Wilson) nämlich wird die eigene Partei ohnehin erkennen, was gemeint ist, ob die Kritik an der geoffenbarten Religion die Gestalt des Tadels für obskure Sekten oder außereuropäische Glaubenssysteme annimmt (wie noch bei Voltaire in *Mahomet*), ob man in eine Diskussion der relativen Vorzüge gekrönter Häupter die Bemerkung einflicht, die Tiere seien wohl doch vernünftiger als die Menschen, oder schließlich einen Haupttext mit frommen Behauptungen spickt, die dann eine nach der anderen im beigeordneten Fußnotendickicht gefällt werden – in der Schreibpraxis der Aufklärung ist, wie sonst nur im Krieg und in der Liebe, alles erlaubt, und wenn man einmal gar nicht umhinkann, die Sachen klar zu sagen, bietet sich immer noch an, ein Verwirrspiel im Betreff der Autorschaft zu veranstalten – als 1690 eine politisch riskante, sich der religiösen Verfolgung der Hugenotten widersetzende »wichtige Warnung an die Flüchtlinge, die nach Frankreich zurückkehren wollen« erschienen war, wußte kein Mensch: Stammte der Text, wie viel Stilistisches und einige Begleitumstände ahnen ließen, von Bayle, der die Autorschaft nicht beansprucht hat, oder von einem Hugenotten namens Daniel Larroque, der später zum Katholizismus konvertierte und behauptete, der Autor zu sein, stammte er von beiden oder jemand drittem? Es ist nie geklärt worden und paßt als realgeschichtliches Rätsel sehr zu den zahlreichen schillernden Ironien Bayles im »historisch-kritischen Wörterbuch«. Wie heute die praktisch-politische Theologie einiger Islamisten die eigene Religion so auslegt, daß gegenüber Nichtgläubigen, ob Strafverfolger oder nicht, jede Lüge erlaubt sei, so handelten auch die Vernunftverfechterinnen der *lumière*-Blüte nach der Maxime »Die Wahrheit nur denen, die sie verdienen«, eine unmittelbare Konsequenz der Spannung, unter der ihr Öffentlichkeitsmodell zwischen den Polen »Forum des Richtigen« und »Kampfplatz für Kritik und Demontage des falschen Bestehenden«, worin auch bereits der Keim einer Verdopplung von Öffentlichkeit überhaupt lag, nämlich in klassische Öffentlichkeit (die Republik der Ideen, mit Existenzerlaubnis seitens des bürgerlichen Staates versehen – soweit dieser aufgeklärt war: durchaus auch radikaler Ideen) einerseits und Gegenöffentlichkeit (Ideen, die zunächst die Öffentlichkeit, dann das sie unterhaltende Gemeinwesen ändern wollen) andererseits, deren Geschichte seit Héberts *Père Duchesne* und Marats *Ami du Peuple* eng mit einer sowohl benjaminische wie McLuhansche Züge tragenden Medienfiliation verbunden ist und ihre vorletzte Verjüngung (die vorerst letzte vor unserer Arbeit an diesem Buch, vorbehaltlich anderer Entwicklungen, dürfte das Web 2.0 mit sich gebracht haben) durch die kulturrevolutionären Umtriebe der späten sechziger und frühen siebziger Jahre des vergangenen Jahrhunderts im Gefolge des universitären *free speech movement* in den USA um Leute wie Mario Savio erfahren hat.

Befragt man das Internet per Suchmaschine zum Begriff der Gegenöffentlichkeit, stellt sich allerdings schnell heraus, daß der größte Nachteil, an dem nicht staatlich oder vom Markt eingerichtete Foren kranken, ihre Gedächtnisarmut ist, die an den sumpfigsten Stellen geradezu an Geschichtslosigkeit grenzt: Nichts steht da von den Untergrundzirkularen aus der Aufklärungszeit, nichts von Paines Pamphleten, nichts von La Mettrie, Bayle, Hébert oder wenigstens Marat, der Ausdruck »Gegenöffentlichkeit« wird behandelt, als gäbe es die Sache, die er bezeichnet, wirklich erst seit 1968, weil diejenigen, die ihn mit Gehalt füllen, selten Gewalt über die Archive erlangen – Gegenöffentlichkeit, hier schließt sich der Kreis zu den Eröffnungsüberlegungen dieses Kapitels, ist sozusagen an ihren schwächsten Punkten im schlechtesten Sinn dieser Wörter zwar *politisch,* aber *privat,* und zwar jeweils maximal so lange, bis sie wieder verschwindet oder, im Sieg, zur wirklichen, etwa bürgerlichen Öffentlichkeit wird – ihre Privatheit hat für Phasen der Restauration, Reaktion oder Repression selbstverständlich auch schützende, rettende Züge, etwa in der zähen Zeit, die für einige Mutige schon nach dem Thermidor, für gemäßigt Aufgeklärte aber spätestens mit der Niederlage Napoleons begann – bis 1789 war der spannende Kampf darum, ob aus der revolutionären Gegenöffentlichkeit nach dem Willen der in ihr aktiven Universalistinnen und Universalisten die neue Weltöffentlichkeit werden würde, noch einer des von den verschiedensten sozialen Positionen aus beobachtbaren Aufstiegs der neuen Klasse und ihrer neuen Ideen gewesen, im 19. Jahrhundert fanden die spannendsten Debatten dagegen nicht auf einem einsehbaren Ideenmarktplatz statt, obwohl sich in dieser Zeit die bürgerliche Zeitungslandschaft erst herausbildete, sondern wurden klandestin und sekludiert, also privat, in Briefnetzwerken erörtert; die von Privatfernsehen, neuer Glasfaserkabelkommunikation und dem Internet mesmerisierte, seit etwa den achtziger und neunziger Jahren des zwanzigsten Jahrhunderts übliche, an Namen wie Virilio, Baudrillard, Kittler oder Flusser geknüpfte Mediengeschichtsschreibung und Philosophie allerdings hat den Netzwerkbegriff breiten- und tiefenwirksam verengt auf Endgeräte und technische Vermittlungsgeräte und damit nicht absichtlich, aber leider recht wirkungsvoll die Wahrnehmung langsamerer Netzwerke behindert (selbst die Akteur-Netzwerk-Theorie der jüngeren Sozialwissenschaften lebt noch stark von schnellen bis instantanen Übertragungsraten; einzig unterm Einfluß von Luhmann ist hin und wieder etwas davon zu spüren, daß Netzwerke auch vergleichsweise zeitunabhängig gedacht werden können – Luhmanns kommunikationspositivistische Epoché im berühmten Postulat, nur Kommunikation könne kommunizieren, sieht von Trägerinnen und *agency* ab und bekommt dank dieser Entsagungsleistung dann Dinge in den Blick, an denen vulgärmaterialistisch-technizistische wie idealistisch-konsensuale Kommunikationstheorien eher vorbeischielen).

Das verbreitete Bild des neunzehnten Jahrhunderts als der Epoche, in der die ökonomische (wo nicht die politische, wie in allen später um die imperialistische Weltbeute einander niedermetzelnden Nationen außer Deutschland) Emanzipation des Bürgertums von der Feudalität im wesentlichen abgeschlossen war und die Fortschritte im technischen und wissenschaftlichen Bereich einer kuriosen Stagnation der Fortschritte im öffentlichen Bewußtsein der Freiheit entsprachen, sieht die Wichtigkeit von Briefen für dieses Jahrhundert im Schwinden begriffen und Zeitungsdruck, Telegraphie als bedeutsamer. Was aber an politisch und kulturell Interessantem dennoch brieflich zirkulierte, war um so bedeutsamer und brisanter [121]– es ist, als ob die Interpenetration des Öffentlichen und des Privaten an dieser für die weitere Bestimmung dessen, was man unter sozialem Fortschritt versteht, wichtigen Schleusenstelle dafür sorgte, daß bürgerliche Rechte privater und öffentlicher Natur einander hilfreich supplementieren konnten – Zeitungen mochten zensiert werden, das Briefgeheimnis schaffte Ausgleich. Intellektuelle wie Barbauld oder George Sand (von der ein Riesenbriefcorpus aus an die 20.000 Briefen erhalten ist), Bakunin und seine Familie, die emigrierten deutschen Achtundvierziger, die ersten internationalen Bünde und Protoparteien der Arbeiterbewegung, die entstehende Sozialdemokratie, die »Damengalerie« der Paulskirche (die zusammen mit Sand und Barbauld als Beleg dafür stehen mag, daß, wie der Salon seit der Hochaufklärung, so auch der Brief ein wichtiges Testlabor der intellektuellen Frauenemanzipation vor der Suffragettenbewegung war) lieferten in Episteln nicht einfach Beiwerk und Kommentar zu den zeitgleich entstehenden geschichtswirksamen Analysen, Theorien, Programmen, sondern zentrale Bestandteile derselben – man muß sich, will man das fassen, nur die blauen Bände anschauen, nicht nur quantitativ, auch qualitativ messend: Es wird sich im Gesamtwerk der beiden Urheber des modernen Sozialismus zum Beispiel schwerlich eine knappere, präzisere und umfassender Erläuterung des von diesen gebrauchten Ideologiebegriffs finden als diejenige, die Engels in MEW 39[122] Franz Mehring brieflich mitteilt; auch Lenin empfiehlt, sich das ganze *Kapital* über die Lektüre, Wiederlektüre und das Auswendiglernen zweier Absätze aus einem[123] Brief von Marx an Engels zu erschließen.

Diese Sorte der nun wirklich auch formal den eigenen Namen erfüllenden Gegenöffentlichkeit – eine Mitteilungsweise, die entgegen der öffentlichen Kontur gewinnt und bewahrt – hat sich noch bis ins zwanzigste Jahrhundert erhalten, etwa in den Zirkularen der linksfreudianischen Opposition in der Internationalen Psychoanalytischen Vereinigung, angeregt und gesteuert nach freudianischen Vorbildern vom sozialistischen Psychoanalytiker Otto Fenichel.

Der Brief als Schauplatz der Unterscheidung von öffentlich und privat, als Medium aber auch von deren selbstähnlicher Reproduktion, dann wieder als Sprungbrett der Vorbereitung der Veränderung des Öffentlichen ist, um eine andere, in den Sub- und Gegenkulturdebatten des späten zwanzigsten Jahrhunderts aufgekommene Unterscheidung abzurufen, nach seiner persönlichen Seite ein Instrument der *Dissidenz*, wendet man ihn aber ins Öffentliche – als »offenen Brief« –, so wird er eine Maschine des *Protests* (Protest wendet sich an die Macht, Dissidenz wendet sich von ihr ab und ihrer eigenen Verfassung zu, Protest ist appellpolitisch, Dissidenz bewegungspolitisch).

Seit dem Aufkommen der vom Brief denkbar weitestentfernten Kommunikationskanäle aber, der Massenmedien, hat die Interpenetration des Öffentlichen und des Privaten an einer ganz anderen Schnittstelle einige fiebrige Entzündungen erlitten: am Verhältnis von Staat (öffentlich-rechtliche Kommunikationsermöglichung und -absicherung) und Markt (Medienkonzernwesen).

VII.
Das Geld, an alle: Ihr seid mein Markt

1996 gab der *Telecommunications Act* in den USA den Startschuß zur weltweit größten Deregulierungsoffensive auf dem Medienmarkt, die es je gegeben hat.

Die Hälfte aller Radiostationen wechselte in den darauffolgenden fünf Jahren den Besitzer, nicht zufällig beginnt parallel zu dieser Konzentration im Land eine Offensive des populistischen, nationalistischen, rechten *Talk Radios* und überhaupt der rechten Sender in Funk und Fernsehen (eine halbe Stunde »Fox News«, und man hält den Springerkonzern für ein Projekt der Erben der Kritischen Theorie). Viacom kauft CBS, AOL verschmilzt mit Time Warner, die FCC, eine Behörde zur Senderegulation, ist ein Jahr nach Verabschiedung des Wildwest-Gesetzes nur noch dazu da, »to referee fights between the wealthy and the super wealthy«, wie der neue Vorsitzende William Kennard damals von einem seiner Vorgänger erfuhr. Bald waren Firmen entstanden, die das zehnfache Volumen der größten Medienkonzerne hatten, die ein Menschenalter zuvor die Mediengeographie bestimmt hatten. Was unter solchen Bedingungen aus dem nicht erpreßten, nicht erpreßbaren, tugendhaften Trägerwesen der Meinungsfreiheit wird, braucht nicht erläutert zu werden.

Alle diese Vorgänge spielten und spielen sich jenseits jeder öffentlichen Kontrolle ab, neunzig Prozent der massenmedienkonsumierenden Menschenmehrheit weiß davon nichts: Wem diese Medien gehören, wie sie Lobbypolitik machen, wer ihnen die Wege freiräumt, die Lizenzen erteilt, das alles steht den Leuten, die von diesen mächtigen Sendern bedröhnt werden, so anonym gegenüber, wie umgekehrt die Medieninhaber meist allen demoskopischen Erhebungen zum Trotz immer noch nicht jederzeit wissen, wer wann wo was wahrnimmt, was da gedruckt, ins Netz gestellt und gesendet wird – wie Luhmann lehrt, gehört es zu den funktionalen Eigenheiten der Massenmedien, »Intransparenz durch Transparenz« zu erzeugen, Intransparenz der Effekte nämlich durch suggerierte Evidenz der Informationen: Alle sehen, was gesendet wird, aber jeder Reichweitenzugewinn solcher Sendungen macht unwahrscheinlicher, daß das gesellschaftliche Verhältnis zwischen Sendern und Empfängern dabei selbst noch mitthematisiert werden kann. Das Bemerkenswerte ist, daß Luhmann mit dieser Formel »Intransparenz durch Transparenz«[124] eine viel bündigere, viel weniger teleologische (und damit, nebenbei, viel weniger fatalistische) Beschreibung dessen gibt, was Adorno und Horkheimer »Verblendungszusammenhang« nennen, die sich mit der ein wenig hilflosen Weltgeistpantomime begnügen müssen, die Aufklärung selber (wer immer das sein mag; die Dame hat kein Gesicht) schlage im Prozeß massenmedialer Verblödung in Mythos um: Es ist die privateigentümlich gesteuerte (oder eben: deregulierte) bürgerliche Öffentlichkeit, die auf vernünftige Weise Unvernünftiges verbreitet, sobald der sie tragenden Gesellschaft die nicht Erpreßten, nicht Erpreßbaren sowohl als Sender wie als Empfänger aus Gründen abhanden kommen, die man ganz anders beschreiben kann als aufklärungskritisch, vernunftskeptisch, geschichtsverzweifelt – ohne daß man deshalb auf Kritik verzichten müßte, die steckt nämlich eher in Detailfragen, in Immanenzen, wie die Philologie schon immer wußte – in Thomas Paines oben zitiertem Definitionsbemühen um (heute wiederherzustellender, damals zu erringender) Verantwortlichkeit etwa, im Kampf des Karl Kraus gegen die Presse, in gar nicht so seltener ambivalenter linker Zensurtheorie (ausgestaltet zum Beispiel von Peter Hacks) – der Markt der Daten, als etwas angebliches naturwüchsig Freies, dem Staat, als einer angeblich ebenso zwingend einschnürenden Einrichtung gegenübergestellt, ist nicht nur eine verflachende Wiedergabe der klassischen Aufklärungsposition (»die Nation« sollte in dieser ja vielmehr ebenso Vollbringerin wie Nutznießerin der Meinungsfreiheit sein, siehe den oben zitierten Passus von Claude Helvétius), sondern vor allem auch deskriptiv großer Nonsens: Kein Markt hat sich je selbst erzeugt oder geschützt; Robert W. McChesney, ein führender Medienökonom der Gegenwart, hat aufgezeigt, daß Kabel, Satelliten und terrestrisches Senden so abhängig sind von Regierungsmonopolen auf zu besetzende Frequenzen, zu bespielende Räume, einzurichtende materielle und immaterielle Dispositive, daß man um Planung nicht herumkommt und man daraus nur eines folgern kann: »The real issue is not regulation versus free markets, but, to the contrary, regulation in the public interest versus regulation to serve purely private interests.«[125]

Erinnert sich noch jemand, wer das Internet ursprünglich errichtet und finanziert hat? Wird sich, ergänzend hierzu, demnächst herumsprechen, daß Google, Facebook und YouTube in privaten Händen sind? Hat, was die mündigen Menschen wissen oder wissen sollten, für ihr Verhalten beim Kommunizieren (wenn schon nicht beim sonstigen Handeln) noch irgendwelche faßbaren, beobachtbaren

Konsequenzen? Wenn nicht, dann fehlt es wohl an etwas, dessen Abwesenheit beim Lesepublikum der Zeitungen für Karl Kraus gar den ganzen entsetzlichen Ersten Weltkrieg erklärt: Phantasie.

ACHT
CONTES FANTASTIQUES

I.
Schneller (Erweiterungen und Eingrenzungen)

Man kann die Geschichte (»alle bisherige« jedenfalls, wie Marx und Engels mit weitreichenden Hintergedanken sagen) als ein bißchen zu gerade, ein bißchen zu freie, leider ohne Geschwindigkeitsbegrenzung eingerichtete Autobahn denken und den Implex aller Möglichkeiten, dem Verhängnis, der Naturverfallenheit, der Abhängigkeit und dem Unrecht ungeplanter Prozesse zu entgehen, als eine Serie von Ausfahrten, die zu Orten führen, zu denen man will.

Mit jeder verpaßten Ausfahrt beschleunigt das Fahrzeug, in dem alle sitzen.

Ist das Fortschritt?

Vielleicht für Leute, die das Ganze von oben sehen und darüber beruhigt sind, daß es die Ausfahrten, die verpaßt wurden, ja noch gibt – nur fehlt die Gegenfahrbahn, auf die man wechseln müßte. Außerdem meinen wir mit »Implex« nichts, was in einer räumlichen Ordnung etwa eine Untermenge von Tatsachen oder deren Verbindungen bilden würde. Die Menge, welcher der Implex implizit ist, möchten wir vielmehr als etwas Zeitliches denken, etwa so, wie wenn bei einem barocken Musikstück ein Generalbaß mitläuft. Daß der Implex für uns aber überdies reicher (auch, *sit venia verbo,* umfangreicher) ist als das, worin er eingebettet ist, meint einfach den Umstand, daß sich um so eine Baßlinie sehr viel mehr, auch ganz andere Musik denken und spielen läßt als die, zu der sie etwa jeweils empirisch »gehört«, das heißt: aus der man sie herausgehorcht hat. Man wird das, weil es kontraintuitiv ist, damit beantworten, die entsprechenden Partituren zu verlangen (»wie sieht sie denn dann aus, die Utopie oder Dystopie?«), auch wenn in dem Jahrhundert, aus dem wir stammen, ein beachtlicher Aufwand um das Bemühen getrieben wurde, einmal eine Musik zu spielen, die man nicht mehr aufmalen kann, die wenigstens andere Verräumlichungen als die zur Draufsicht aufs Notenblatt verlangt, die wirklich vorbei ist, wenn sie vorbei ist, auf daß endlich eine Kunst existiere, die, wo doch Kunst sonst zu allen menschlichen Erfahrungen spricht, zur Erfahrung der Unwiederbringlichkeit spricht – die wiederum selbst eine Illusion sein mag; es gibt Menschen, die an einer Religion, einer Philosophie oder auch einer Physik gebastelt haben, welche dies behauptet. Wir wollen da nichts präjudizieren, uns genügt es, wie den Improvisationsmusikerinnen auch, daß Einzelwesen Unwiederbringlichkeit erleben und Geschichtliches bis jetzt selten wiedergekehrt ist, allen Warnungen vor Farce und Tragik oder davor, daß, wer aus der Geschichte nicht lernen wolle, dazu verdammt sei, sie zu wiederholen, zum Trotz – vielleicht ist diese letztere Warnung ja gerade der größte aller Irrtümer: Vielleicht ist es gar nicht so, daß man die Geschichte wiederholen muß, wenn man nicht aus ihr lernt, sondern, und schlimmer, so, daß man eben deshalb, weil man sie nicht wiederholen kann, auch nur sehr schwer aus ihr lernt; bedarf doch jedes echte Lernen der Wiederholung.

Ein befreundeter Musiker konfrontierte uns eines Abends, in der frühesten Vorzeit der Arbeit an diesem Buch, mit der Frage, was überhaupt damit gemeint sei, wenn man, wie wir das in einer Skizze für ein Kunstkapitel taten, sagt, die Musik etwa von Cornelius Cardew stecke auf irgendeine Weise »in« den graphischen Anordnungen, die er als Leitbilder für Aufführungen von Werken wie *Treatise* oder *The Great Learning* angefertigt hat. Er wollte wissen, ob man diese implizite Musik bei Cardew oder auch bei den Bildklanginstruktionen von Kerry John Andrews, den Farbpunkten von Halim El-Dabh, den gemalten Logica von Douglas C. Wadle, den schriftlichen Ausführungen von John Cage anders (besser?) sehen könnte, als man etwa das Waldweben Wagners in einem *Nibelungen*-Klavierauszug wahrnimmt. Valéry, fiel uns ein, sagt von seinem »Implex« lauter Sachen, die ihn gerade so beschreiben, wie man das Eingebettetsein der Musik in den Glyphen und Graphemen der geschriebenen Tonkunst (neuer, also heute richtiger: Klangkunst, es gibt ja mehr Klänge als Töne) kennt: Er sei »der verborgene strukturelle und funktionale Rest (nicht das Unbewußte) einer Erkenntnis oder bewußten Handlung«[126] – bei Plänen und Partituren also das, was gemacht werden soll, nach der Erkenntnis seiner Möglichkeit und der bewußten Handlung des Plänemachens, Musikkomponierens –, er sei das, »wovon wir wissen, daß eine bestimmte Erregung oder Anmutung es aus uns herausholen kann«[127], er sei schließlich »eine Menge von Reaktions- oder Transformationsmöglichkeiten als Wirkungen beliebiger Ursachen, verbunden mit einem beharrlichen und zyklischen System« (also die Gelegenheit der Wiederholung bei gleichzeitiger Unvorhersehbarkeit ihres Anlasses)[128]. Alles das sind Versuche, etwas zu beschreiben, das Valérys biegsame und bewegliche Sprache nie ganz erhascht, vielleicht auch gar nicht festschreiben will – woran er gut tut; es trägt damit nämlich selbst einen Implex, der erlaubt, die Sache auf unterschiedliche Weise zu entfalten, zum Beispiel auf unsere.

Wir übernehmen, was er beschreibt, nicht fertig so, wie es ist, da es enger und zugleich in mancherlei Hinsicht abgelegener und weiter ist als das, was wir bezwecken – genauer:

- weil Valéry das, was er Implex nennt, erstens, da er nun mal als Dichter denkt, auf die Subjektivität begrenzt, anstatt, wie wir vorschlagen, denken zu wollen, daß dieser Implex etwas *Objektives* ist,

- weil er es zweitens idealistisch faßt anstatt in vollem Umfang auszusprechen, statt nur andeuten und ahnen zu wollen, daß nicht nur Erkenntnisse, sondern auch ohne Gedanken vollzogene Ereignisse, nicht nur Reize und Empfindungen, sondern auch ganz allgemein Ursachen und Wirkungen, vom Implex miteinander in Beziehung gesetzt werden. Hier wirkt sich auf seine Konzeption vor allem der Umstand aus, daß Philosophie, in der er sich an dieser Stelle versucht, in der abendländischen Tradition weithin Bewußtseinsphilosophie gewesen ist, das heißt eine Art des Denkens, die Bewußtseinsereignisse gegenüber anderen Ereignissen, Bewußtseinsakte gegenüber anderen Akten privilegiert. Im zwanzigsten Jahrhundert hat man im Zweifrontenkrieg gegen sowohl diese Bewußtseinsphilosophie wie gegen die in sie negativ geprägten Metaphysiken verschiedene Ansätze erlebt, die etwas Ähnliches zu sagen versucht haben wie Valéry, es aber statt aufs Bewußtsein nach dem *linguistic turn* und der antifundamentalistischen Wende vom Ontisch-Metaphysischen zum Hermeneutischen anhand von Sprachereignissen und Sprechakten statt anhand von Bewußtseinsereignissen und Bewußtseinsakten formulieren wollten; für unser Vorhaben und die Herausbildung unserer eigenen Implexbegrifflichkeit von besonderer Bedeutung waren dabei die Implikaturenlehre von Paul Grice, der zu beschreiben versucht hat, wie in Gesprächen Bedeutung produziert wird, und der Inferentialismus Robert B. Brandoms, der Bedeutung insgesamt als den Stellenwert eines Informationselements in einer Kette von Folgerungen fassen möchte. Die Reduktion von Implikaturen und Inferenzen auf Sprachliches allerdings vollziehen wir genausowenig mit wie die des Implexbegriffs auf etwas dem Bewußtsein Gemäßes; die Verallgemeinerung auf alle benennbaren und beschreibbaren Arten von zeitlich vorkommenden Sachverhalten ist unserem Einfall vielmehr wesentlich. Von unserer Auffassung der Wirklichkeit und Aufgabe von Philosophie – ob vor oder nach dem *linguistic turn* – und von dem, was unseren Ansatz, der einerseits einige ihrer Begriffe verallgemeinert, also mehr will als sie, und andererseits eine Reihe von Ansprüchen gar nicht erst erhebt, denen die Philosophie immer gerecht zu werden versucht hat, also darüber, daß wir wissen, daß wir zugleich mehr wollen und weniger können als noch die schlankste und reduzierteste philosophische Arbeit, wird man ein genaueres Bild nach Lektüre des dreizehnten Kapitels dieses Buches haben,

- und weil Valéry schließlich drittens die Tatsache, daß der Implex nur als expliziter wahrgenommen werden kann und deshalb der Explikation, also bestimmter Handlungen, die ihn sichtbar und wirksam machen, bedarf, zwar ausspricht, aber vernachlässigt (er behandelt den Implex noch nach dem Schema »Dinge stecken in Dingen« statt »Handlungen und Ereignisse stecken in Handlungen und Ereignissen«). Daß die meisten geschichtlich und politisch interessanten Abhängigkeitsbeziehungen zwischen Dingen oder Sachen, und zwar die logischen wie die materialen, solche des Tuns, der *Hexis* wie der *Praxis* also, sind, haben wir nicht nur unter Rückgriff auf Luhmanns Begriff der Interpenetration, auf Grenzscheiden wie die zwischen Natur und Sozialem etc. immer wieder illustriert und bekräftigt; es gilt selbst für die engsten, im abendländischen Denken besonders privilegierten Identitätsbeziehungen; mit fortschreitendem Alter der exakten Wissenschaften interessieren sich diese gerade dafür immer mehr – die Kategorientheorie beispielsweise, eine noch nicht sonderlich alte Verallgemeinerung bestimmter Züge der Mathematik zum Zweck der Selbstklärung zahlreicher mathematischer Begriffsmuster, behandelt selbst die Gleichung, das identitäre Gleichgewicht schlechthin, als eine bestimmte Sorte mathematischer Handlung, Operation, Aktion: Zu sagen, »x *ist* y« bedeutet demnach, »man kann aus x jederzeit y machen«, was sich sogar an Kindergartengleichungen wie etwa 2 + 6 = 4 + 4 zeigen läßt: Ich kann acht Objekte, die untereinander gegliedert sind nach einem mit zwei und sechs Elementen, in ein neues Arrangement verwandeln, wenn ich von den sechsen zwei fortnehme und zu den zweien lege. Damit das aber passiert, muß ich es *tun;* die Kategorienlehre behauptet, daß wir genau das machen, wenn wir diese Gleichung denken oder hinschreiben.

Wir haben den bei Valéry gefundenen Implex-Begriff also um zwei Erweiterungen (alle Ereignisse anstelle bloß der subjektiven, alle anstelle bloß der bewußtseinsvermittelten) und eine Einhegung (nicht alles, was passieren kann, nur das, was gemacht wird) modifiziert, und daß er damit auch dazu taugt zu beschreiben, wie Musik in Glyphen steckt, ist letztlich nur ein Sonderfall der allgemeineren Bestimmung, der Implex sei das, was zu einem bestimmten Zeitpunkt gemacht werden könnte (das Musikstück, etwa, ließe sich aufführen, unter Verwendung der »Ursachen«, die das graphische, »beharrliche und zyklische« System anbietet – zyklisch ist es, weil man wieder vorn anfangen kann, wenn man aufgehört hat, auch zeitversetzt; in jeder Musik steckt mindestens ein Kanon).

Das Fahrzeug – nennen wir es, mit H. G. Wells, *the Shape of Things to Come* – frißt Zeit, hungriger noch, als es den Weg verschlingt, Scheitern ausscheidet und neuerdings auch die Erinnerung nicht mehr recht bei sich behält.

Dieses Kapitel fragt, was die Leute, die dieses Fahrzeug befördert, träumen, wenn sie, in der eigenzeitlichen Trägheit des Transportmittels nicht recht sicher geborgen, aber doch ohne Hoffnung auf Ausstieg darin eingeschlossen, schlafend durch die Nacht geschossen werden. Wir sind nämlich soweit, ein bißchen mehr als bisher darüber zu verraten, wie der Implex aussieht, den wir meinen, wenn wir von sozialem Fortschritt reden.

II.
Die Beharrlichkeit verjagter Feen

Für E. T. A. Hoffmann war das Gründungsverbrechen der kapitalistischen, der modernen, der bürgerlichen Welt nicht die ursprüngliche Akkumulation, nicht die Enteignung der Kleinproduzenten, das Ansaugen andernfalls Chancenloser vom Land in die Fabriken, die Kinder- und Frauenarbeit, die Schuldgefängnisse, die einkalkulierten Arbeitsunfälle, die entrechtete neue Arbeit in den schmutzigen, gefährlichen, giftigen hohen Hallen der Industrie, sondern die Vertreibung der Feen.

Zahlreiche romantisch gestimmte Seelen sahen das ähnlich und sehen es bis heute so. John Keats hat sich beschwert, Sir Isaac Newton habe ihm mit seinen Opticks den Regenbogen kaputterklärt, sehr viel ist überhaupt darüber geschrieben und geredet worden, daß die Aufklärung den Dingen die Rätsel ausgetrieben und die Unendlichkeit zur Berechenbarkeit verkürzt habe, daß die bourgeoise Selbstemanzipation gleichbedeutend gewesen sei mit der Auslöschung der Poesie und dem Siegeszug der Prosa. Max Weber hat den Vorgang die »Entzauberung der Welt« getauft und mit dem positivistischen Zug aller nachreformatorischen Weltaneignung gleichgesetzt. In Wirklichkeit aber beginnt die größte historisch je verzeichnete Blüte der unwirklichen Künste um 1750, als der neue Begriff der Wirklichkeit, den Bacon kodifiziert, Galilei und Newton operationalisiert hatten, allmählich die Weltwerdung der Welt ins Werk zu setzen begann. Erst als die erste Bürgerpflicht der Realismus geworden war, traten im Ästhetischen, von den esoterischsten Avantgarden bis zur Hollywood-Kulturindustrie, Irrealismus, Surrealismus, Subrealismus, Transrealismus in ihre Rechte, die sich zu denen des Mythos verhielten und verhalten wie das Naturrecht zur Natur. Die Massenkultur der Gegenwart, soweit sie Geschichten erzählt, stammt von Verne, Wells, Tolkien, Poe, Lovecraft.

Selbst die Romantik ist eine bürgerliche Erscheinung (und noch das reaktionärste, konservativste Denken seit der Französischen Revolution keine bloß beleidigt adlige oder ständische, sondern die Indienstnahme adliger und ständischer Attitüden durch Bürgerliches). Avantgarde wie Kulturindustrie gelangen an ihre narrativen wie symbolischen, ihre tropischen und diegetischen Quellen mittels Enteignung des Katzenjammers über jene »Entzauberung«. Der scheinbare Widerspruch (die Welt wird Sache unter Sachverhalten, die der Fall sein können, die ästhetische Weltbildnerei aber wird dabei alles andere als »sachlicher«) reicht bis in einzelne Werkbiographien, gerade der berühmtesten Phantasten: Was die USA seit 1980 waren, steht klarer als bei irgendwem bei Stephen King, der aber von Wirklichkeit nicht viel hält; wenige Realisten und Naturalisten haben mehr Daten darüber, wie die Industrialisierung die Welt veränderte, in Kunst aufbewahrt (also in Haltungen eingebunden, die sie für die seelische Weiterverarbeitung ergiebiger machen, als es jede soziometrische Aufstellung könnte) als Charles Dickens, der aber zugleich zu den größten Wiederverzauberern der Welt, die das hochbürgerliche Zeitalter gekannt hat (mit Hard Times schrieb er diesem Zeitalter sogar eine wütende, strenge Anklageschrift wider die realistische, ernüchternde Erziehung des Viktorianismus, wie sie kein Schwarmgeist empörter hätte entwerfen können).

III.
Auf welche Weise der Implex innen größer ist als außen

Die Wahrheit übers »Verschwinden der Magie« unter bourgeoisen Vorzeichen läßt sich leichter denken, wenn man unserem Vorschlag folgt, die Ummantelung des Neuen durchs verjüngte Alte, das Aufgehobensein des Alten im auskristallisierten Neuen als Interpenetrationsverhältnis von Implikationen und Explikationen zu lesen. Das hieße, McLuhan mit Benjamin, Benjamin mit McLuhan zu denken: Sowenig wie das Fernsehen den Film oder dieser das Theater hat töten können, sosehr mediale Neuerungen als Implex stets die Aussicht nicht allein auf »schöpferische Zerstörung«, sondern auf skalierbare Menü-Erweiterungen bergen (und damit natürlich mit Verlusten für Aspiranten auf Monopole drohen, im Ästhetischen also etwa mit der Zerschlagung von Illusionen darüber, es gäbe vielleicht kunstfähige Gegenstände, für die nur eine einzige Kunsttechnik zuständig sein könnte; jedes Handwerk fühlt sich vernichtet, wenn andere Hände in seine greifen wollen, wie sich jede Religion verfolgt fühlt, sobald sie nicht mehr Staatsreligion ist, sondern weltanschaulicher Verein unter anderen), sowenig ist die Magie mit der Instituierung der kapitalistischen ratio »verschwunden«. Sie hat sich vielmehr vervielfacht und vervielfältigt (das ist nicht dasselbe), als Massenware und stilistisch-technische Proliferation unwirklicher Künste. Oper, Graphic Novel, DVD, Paperback, Download, Bildband, Computergame, Live-Action-Rollenspiel – mehr und nach Gattung, Genre, Form wie Medium breiter gestreute Tagträumangebote für immersiven Eskapismus hat es nie gegeben. Die Versuchung liegt nah, die wechselseitig einander explizierenden Implikaturen zwischen diesen Angeboten als Abhängigkeits- und Folgeverhältnisse teleologisch zu lesen: Ohne lebensweltlichen Positivismus kein Inner-Space-Symbolismus, ohne Konstruktivismus des öffentlichen Raums kein Gebrauchssurrealismus der Werbung und so weiter. Die weltadäquate Ineinanderschachtelung »A ist aus B und C, B aber aus A und C und C wiederum aus A und B zusammengesetzt«, die außerhalb der nur von zwecksetzender Verstandesleistung herstellbaren Teleologie liegt und darum ebensosehr an die das Phantastische tragenden Entstellungstechniken der Träume erinnert wie an Spencer Browns »unmarked space« der ausschlußlosen Ununterschiedlichkeit und den von Freud so genannten »Primärprozeß« des Psychischen, in dem die Kategorien und Anschauungsweisen noch nicht nach den Maßverhältnissen des Realitätsprinzips geschieden sind, dient uns daher als Gegenbild zur verkehrten Auffassung unidirektionaler Abhängigkeit oder gar eines memdarwinistischen Verdrängungswettkampfs zwischen mythischem und vernünftigem Erleben und Denken. Diese primärprozessuale Ineinanderschachtelung, die als Larvenstadium von »Bedeutung« erlebt wird, die ins Bedeutsame nur übergeht, wo die ausgeschlossenen Unterscheidungen wieder ins zu Untersuchende hineingenommen werden und sich dort, wie wir das in diesem Buch mehrfach nannten, »selbstähnlich reproduzieren« – Luhmann hat für denselben Sachverhalt beim Logiker George Spencer Brown den Ausdruck eines re-entry der Form in die Form entlehnt –, findet sich, sobald diese re-entry-Möglichkeit gegeben ist, bald nicht nur zwischen den beiden Polen Fantastika (so wollen wir, dem Kritiker John Clute folgend, in diesem Kapitel, und in diesem Buch überhaupt, die unwirklichen Künste nennen – nach geläufiger Untergattungstaxonomie also supernatural Horror, Science-fiction und Fantasy, sowie vieles, das »dazwischen« liegt) und Rationalität, sondern innerhalb der beiden propria selbst – gerade auch auf der rationalen Seite, sogar in der Physik: Wie immer letztlich die Supertheorie beschaffen sein mag, der es gelingen könnte, die Inkompatibilitäten zwischen der Geometrodynamik einerseits und der Quantenmechanik andererseits auszuräumen – etwa indem sich beide als Sonderfälle einer unter allgemeineren Gesetzen stehenden Naturordnung erweisen, oder indem eine von beiden sich als letztlich doch falsch herausstellt, oder indem eine andere, bis jetzt nicht ausgearbeitete logische Möglichkeit greift –, die Zuständigkeit jeder der einstweilen untereinander unversöhnlichen Theorien wird unmittelbar abgelesen an skalierbaren Mikro- bis Makro-Konstellationen, und Vermittlungsinstanz ist das zwecksetzende Menschenhirn, das sich zwischen Makro- und Mikrokosmos selbst als denjenigen Mesokosmos setzt, der erklärt, das heißt vermittelt, herauslöst und einbettet, unterscheidet und vergleicht (und gelegentlich dazu neigt, das wiederum zu ontologisieren, so daß der Mikro- wie der Makrokosmos plötzlich Teilmengen des Mesokosmos werden). Bei alledem stößt man immer wieder auf Paradoxa der Form »Das Späte steckt im Frühen, wie das Frühe bewahrt bleibt im Späten«.

Kontraintuitiv – man erlebt hier gleichsam das Eingebettetsein des Großen ins Kleine, die Raumintuitionsverletzung des »Das ist innen größer als außen« – haftet diesen Paradoxa gleichwohl nichts Übernatürliches mehr an, sobald man verstanden hat, daß die Kausalität, der »Mörtel des Universums« (Donald Davidson) nicht verletzt wird davon, daß das Spätere, als Ausgewachsenes größer als das Frühe, in jenem gleichwohl enthalten sein kann und daß die Erkenntnis-, Wissens-, Empfindens- (und also Ästhetik-) Geschichte nicht anders kann, als diesem realgeschichtlichen Leitpuls zu folgen – die »richtige logische Abfolge« der Erkenntnisse ist ein von ihrem historischen Gewinnungsgang nezessiertes trompe l'œil. »Rein logisch« könnte man ja auch vermuten, daß man auf die von Darwin entdeckten Makromechanismen der Biogeschichte erst kommt, wenn der mikrobiologische Erbgang erforscht ist, aber für die stammesgeschichtliche Betrachtung reicht eben etwas Taxonomie und Paläontologie samt Züchtungserfahrung. Lamarck ist in Darwin begraben, Crick und Watson sind in ihm gezeugt; und daß Mathematiker und Physiker in den letzten Jahrzehnten Dinge sagen konnten wie die um Edward Witten gescharten Protagonistinnen und Protagonisten der Superstring-Theorie, es handle sich bei ihrer Theorie um eine Lehre, die man eigentlich noch gar nicht ausarbeiten könne, weil für diese Physik des späten zwanzigsten Jahrhunderts im Grunde die Mathematik des einundzwanzigsten Jahrhunderts vonnöten sei, ist – unabhängig davon, ob diese theoretischen Investitionen jemals amortisiert werden und die String- oder die aus ihr entwickelten M-Theorien halten, was sie Witten und Company versprechen – nur denkmöglich geworden, weil die Wissensgeschichte inzwischen, ganz nach Luxemburgs Kriterium, eben auch mehr Produktionsmittel – Gleichungen und andere Maschinen, die neues Wissen herstellen helfen und denkbar machen, daß man Dinge tun kann, die bis jetzt niemand tun konnte – produziert als bloße Konsumtionsprodukte – Gleichungen und andere Maschinen, die nur etwas zu tun erleichtern, was man eh schon tut. Als die Geometrie gekrümmter Räume im neunzehnten Jahrhundert durch Riemann und andere entwickelt wurde, war ihre Anwendung auf den Gegenstandsbereich der Allgemeinen Relativitätstheorie noch unvorstellbar, der umgekehrte Fall – eine physikalische oder auch biologische Intuition wird durch Formalisierung erst klar, etwa wie bei Mendels Gesetzen und ihrem Aufgehobensein im mikrogenetischen Erbgang – tritt ebenfalls immer wieder ein; die russischen Puppen der Erfahrungsgeschichte finden einander in Figurationen von Escher, der Implex ist mal das Formale (die neue Mathematik, die in neuen physikalischen Begrifflichkeiten steckt), mal das Narrative (die neue Geschichte der Welt, die in einer Gleichung wohnt), das »Innen« aber entfaltet sich, wie Merleau-Ponty den Valéryschen Implex-Begriff einmal ausgedeutet hat, »als System von Vermöglichkeiten« – das ungewohnte deutsche Wort, umsichtig gesetzt von Alexandre Métraux in seiner Übertragung der Untersuchungen über den dichterischen Gebrauch der Sprache soll ans »Vermögen« im Sinne des Besitzes wie des Etwas-tun-Könnens erinnern, damit man den Implex eben nicht für etwas Geistiges, etwas Abstraktes, etwas ohne Geschichte hält; betont Merleau-Ponty in diesem Text doch ganz zu Recht, daß Valéry den homme de l'esprit, dessen Welterschließung sich der Implex erschließt,

> »kein reines Bewußtsein ist, das um so reiner ist, als es sich weigert, was auch immer zu sein. Denn unsere Einsichten erwachsen auf der Grundlage der Begegnung von Welt und von anderen Menschen; Schritt um Schritt konstruieren wir ein System von Vermöglichkeiten – Valéry nennt es ›Implex‹ oder ›Worttier‹ –, das als Misch- oder Zwitterwesen diesseits unserer Willensaktivität« (Primärprozeß – Unmarked Space – Unbewußtes – Traumlogik [K/D]) »den Bezug zwischen dem, was wir getan haben, und dem, was wir beabsichtigt haben, sichert«[129],

und dieser Bezug ist eben der Schritt von der Konsumption zur Produktion wie das Maß des Fortschritts (Tun wir, was wir beabsichtigen? Kommen wir weiter?), und zwar in beide Zeitrichtungen lesbar, so wie die Gleichungen, die uns Naturvorgänge erschließen, in beide Richtungen lesbar sind und die Naturgesetze in diesem (und nur in diesem) keine Zeit kennen, das heißt gedacht werden können müssen, ohne ihnen einen Zeitpfeil einzuziehen (also multidirektional, was sogar für die absolut großräumigen Kosmologien gilt, also auch für die Allgemeine Relativitätstheorie, die, wie Gödel gezeigt hat, auch Lösungen ihrer Gleichungen zuläßt, in denen das ganze Universum »zeitlos« ist, zyklisch wie einst in den Mythen und in Valérys näherer Bestimmung des beharrlichen Systems). Der beobachtbare Zusammenhang ist »innen größer als außen«, wie die blaue Police Box in Dr. Who, der auffällig langlebigen (von 1963 bis heute) Science-fiction-Serie der BBC, die den Namen TARDIS trägt: Time and Relative Dimension in Space, oder, denn der Topos ist auffallend weit verbreitet in Fantastika, auch die »siebte Kammer« in einem aus der Zukunft in die Erdumlaufbahn geschleuderten Asteroidenartefakt in Greg Bears Science-fiction-Roman Eon von 1985, oder das verwunschene Haus in Mark Z. Danielewskis Horror-Roman House of Leaves aus dem Jahr 2000, oder schließlich das All als solches in John Crowleys Fantasy-Roman Little, Big von 1981.

Greg Bear, in einer Szene, die der Heldin, einer Physikerin, die Geometrie des Artefakts bewußt macht:

»Look straight ahead.«

She looked. The air was clear. Visibility was at least thirty kilometers. The northern cap seemed to be obscured, not nearly as obvious as the looming gray presence in the other chambers. She looked up and squinted, trying to make out the end of the plasma tube. It didn't end. It went on, certainly more than thirty kilometers, getting dimmer and thinner until it almost merged with the horizon. Of course, on a non-curved surface – as the cylinders were, viewed parallel from the axis – the horizon was much higher. Given unlimited distance, the horizon would begin at a true vanishing point in the perspective ... (...). The asteroid was longer on the inside than it was on the outside.

The seventh chamber went on forever.«[130]

Mark Z. Danielewski, in einer Szene, die das Filmteam des Regisseurs Navidson mit der unbegreiflichen Räumlichkeit des Hauses, in dem sie arbeiten, konfrontiert:

»In one continuous shot, Navidson, whom we never actually see, momentarily focuses on a doorway on the north wall of his living tomb before climbing outside of the house through a window to the east of that door, where he trips slightly in the flower bed, redirects the camera from the ground to the exterior white clapboard, then moves right, crawling back inside the house through a second window, this time to the west of that door, where we hear him grunt slightly as he knocks his head on the sill, eliciting light laughter from those in the room, presumably Karin, his brother Tom, and his friend Billy Reston – though like Navidson, they too never appear on camera – before finally returning us to the starting point, thus completely circling the doorway and so proving, beyond a shadow of a doubt, that insulation or siding is the only possible thing this doorway could lead to, which is when all laughter stops, as Navidson's hand appears in frame and pulls open the door, revealing a narrow black hallway at least ten feet long, prompting Navidson to re-investigate, once again leading us on another circumambulation of this strange passageway, climbing in and out of the windows, pointing the camera to where the hallway should extend but finding nothing more than his own backyard (…).«[131]

John Crowley, in einer Szene, in welcher der Gelehrte Dr. Bramble seinem Publikum die für die Welt des Buches zentrale Idee »The further in you go, the bigger it gets« erläutert, weil sie wissen wollen, woher die Wesen – die »Vermöglichkeiten« – kommen, die nicht sind wie wir:

»›The explanation is that the world inhabited by these beings is not the world we inhabit. It is another world entirely, and it enclosed within this one; it is in a sense a universal retreating mirror image of this one, with a peculiar geography I can only describe as *infundibular.*‹ He paused for effect. ›I mean by this that the other world is composed of a series of concentric rings, which as one penetrates deeper into the other world, grow larger. The further in you go, the bigger it gets. Each perimeter of this series of concentricities encloses a larger world within, until, at the center point, it is infinite. Or at least very very large.‹ He drank water again. As always when he began to explain it all, it began to leak away from him; the perfect clarity of it, the just-seizable perfect paradox of it, which sometimes rang like a bell within him, was so difficult – maybe, oh Lord, impossible – to express. The unmoved faces before him waited. ›We men, you see, inhabit what is in fact the vastest outermost circle of the converse infundibulum which is the other world. Paracelsus is right: our every movement is accompanied by these beings, but we fail to perceive them not because they are intangible but because, out here, they are too small to be seen! Around the inner perimeter of this circle which is our daily world are many, many ways – call them doors – by which we can enter the next smaller, that is, larger, circle of their world. (…) And lastly, the vastest circle, the infinity, the center point (…) – that circle is so tiny it has no door at all.‹«[132]

Daß im von Danielewski abgeschrittenen Zeichenbereich des »Unheimlichen« (Freud) und der Nachtfahrten der kosmologischen Fantasy ebenso wie in der erzapollinischen »Scientifiction« (Hugo Gernsback), ja noch in den tageslichtgesättigtsten »Scientific Romances« von Leuten wie Wells, George Griffith (dessen Angel of the Revolution von 1893 das zwanzigste Jahrhundert konturengenauer vorweggenommen hat, als es bis jetzt von der Geschichtswissenschaft je irgendwo nachgezeichnet werden konnte) oder M. P. Shiel (der zu der Zeit, als Griffith wirkte, ein imperiales, rassistisches zwanzigstes Jahrhundert erfand, das zum Glück nicht wahr wurde) die materialen wie die inferentiellen Verweisketten organisiert sind »wie im Traum«, könnte bei flüchtiger Untersuchung dazu verführen, die raunende poststrukturalistische Renommierweisheit plausibel zu finden, das Unbewußte sei strukturiert wie eine Sprache (deren Plausibilität aber in jedem Fall daher rührt, daß denen, die sprechen, eben oft viele ihrer Motive dabei unbewußt sind). In Wirklichkeit aber spricht sich in Fantastika nichts aus, was man nicht weiß, sondern wird eine andere Art, Wissen (respektive: Erkennen) zu spielen, inszeniert als die zweckfreie der Wissenschaften und die zweckgerichtete der Technik: eine, die sich von Zwecken stören, irritieren läßt, ihnen aber nicht gefügig sein will.

Daher rührt eins der irritierendsten Momente in Fantastika, das scheinbare Auftauchen und Verschwinden von »epistemischen Brüchen« sensu Kuhn und Foucault, sowohl als Wissensverlust, Verwüstung, Vastation wie als plötzliche Erleuchtung, *conceptual breakthrough* (Clute), von Geschichtslosigkeiten, das unbesonnene Deutungen dieser Künste immer wieder in Gefahr gebracht hat, Fantastika mit dem Mythischen in eins zu setzen, bei dem doch die Geschichtslosigkeit ganz andere Ursachen hat, nämlich vorgeschichtliche. Wissen, was man noch gar nicht wissen, nämlich nicht erleben kann (in der Science-fiction zum Beispiel »die Zukunft«), vergessen, was man gewußt hat (in der Fantasy etwa den Schritt vom magischen zum vernünftigen Denken): Die Erfahrung wird aus der Geschichte gerissen, und das ist vor allem ein Schock – obwohl es keiner sein dürfte, wenn modische Fehldeutungen der Wissensgeschichte wahr wären, wonach etwa die Relativitätstheorie ein voraussetzungsloser, unterbestimmter, ja indeterministischer Bruch des wissenschaftlichen Bewußtseins mit der Newton-Galileischen Mechanik gewesen sei statt deren kühne Verallgemeinerung auf im Sinne dieses Buches technischer Grundlage (gemeint ist mit der Technik hier die Mathematik; ihre Maschinen sind Gleichungen, wir denken also nicht einfach an die Apparate, mit denen Michelson, Morley und Eddington ihre Beiträge zu Einsteins Arbeit und deren Validierung leisteten). Weggeschmissen wird hingegen in Wirklichkeit von der kollektiven Erfahrung sowenig wie von der individuellen je etwas, das irgend einmal tauglich war, Vorhersagen zu liefern oder das Handeln sonst anzuleiten – Flugbahnen werden auch auf dem höchstentwickelten Technikstand, den wir kennen, nach Newton und nicht nach der Relativitätstheorie berechnet; der Aufwand wäre andernfalls zu groß, ohne Nutzen, erst Leute, die verstehen wollen, wie die Merkurbahn zustande kommt, brauchen Einstein. Für die Magie hat der Bürger zu Mozarts Zeit die Oper, fürs Geschäft die Kalküle – den Satz kann man, soviel müßige Kritik hat die Moderne erfahren, schon gar nicht mehr hinschreiben, ohne daß er als Mäkelei gelesen wird, wir meinen ihn aber als Fortschrittstrittbrett, denn wenn zum Beispiel Kunst und Ritus, vorher schon Ritus und Glaube sich gegeneinander absetzen, wenn die fraktal selbstähnliche Reproduktion der Arbeitsteilung innerhalb vormaliger Arbeitszweige stattfindet, wenn es nicht mehr nur »geistige und körperliche Arbeit« heißt, sondern verschiedene Arten geistiger Arbeit sich in weitere verschiedene Arten geistiger Arbeit zerlegen lassen und diese wieder, entstehen Möglichkeiten der Rekombination, die das Noch-nie-Gesehene in die Welt holt, zu dem ja auch gehört, was Menschen sich wünschen, aber bislang nie hatten, das Leben ohne Angst und vermeidbares Leiden (dies, ein Vorgang in der Produktionsordnung, eine Selbstdurchdringung der Arbeitsteilung, steckt hinter Luhmanns berühmter »Ausdifferenzierung sozialer Subsysteme«: Für Künstler muß alles Kunst werden können, für Wissenschaftler den verfeinerten, verbesserten Baconschen Zugriffen erreichbar, wer die Tricks kennt, kann's).

IV.
Weltgeburtsweisen von (und in) Fantastika

Am Beginn der bürgerlichen Selbstemanzipation geht es noch darum, dem Denken, der Kunst und anderen lateral zur Unterscheidung »privat und öffentlich« die Kommunikation leitenden, von dieser erfaßten Produktionszweigen Autonomierechte zu erstreiten, vor allem gegen die ständischen Ideologiebedingungen: Man soll irreligiös spekulieren, forschen, Kunst machen dürfen. Das nicht Religiöse, nicht Ständische, ob es nun die reale Plurimondialität der Neuen Astronomie ist oder die Phantastik artifiziell-virtueller »neuer Sterne«, tritt zu Beginn noch durch seine Heterodoxie vermittelt als Ungeschiedenes auf, bei Giordano Bruno etwa und der Renaissance-Esoterik; aus dieser Ursuppe aber schält sich die Wissenschaft, erhebt sich die Tropenlandschaft Fantastika und der um sie eine neue sinnliche Geographie darstellende Kontinent der bürgerlichen Ästhetik.

Wo Phantastik vorher, so sie nicht ohnehin verschweigen mußte, daß sie Phantastik war (und statt dessen behaupten mußte, sie handle von einer tieferen oder höheren Realität mit indirekter kirchlicher oder anderweitig mythotheologisch beglaubigter Lizenz), als eine Art ästhetischer Nachahmung des Traums, der Vision, der Schwärmerei und anderer kopfloser Ekstasen hatte auftreten müssen, trat in Fantastika das spekulative Element in den Vordergrund: Konstruktion, Ironie, bewußte Kalküle, positivistisch hergeleitete Logo-Offenbarung, aleatorisch gewitzigtes Möglichkeitsdenken im Abgeleiteten, kurz: gebrochene, ihrer Vermittlung durch die Immanenz innewerdende Transzendenz, die nicht nur das Irdische, sondern vor allem das Zeitliche überschreiten, überspannen helfen sollte, dem Historischen so imaginär überlegen wie dem Tellurischen. Auf diese Weise entstand im Vorlauf zur Aufklärung wie während deren kurzer Hochblüte eine umfangreiche und, was die ikonographisch und metapherngesäte Ausbeute angeht, die man bis in die heutige Kulturindustrie der Comics, Filme, Fernsehserien und Computerspiele aus ihr gezogen hat, offenbar abgründig tiefe Literatur. Die humanistischen Frühformen machten, wie in Giambattista Marinos L'Adone, interplanetarische Begegnungen zur Probe auf die These vom Menschen als Maß aller Dinge; bei Ariost, im Orlando Furioso, und bei Kepler, im »Somnium«, reiste man zum Mond; Cyrano de Bergerac beschrieb das Staats- und Gesellschaftssystem auf dem Erdtrabanten; Pikaresken, Satiren und Grotesken bereicherten die imaginäre Reiseschriftstellerei; der conceptual breakthrough eines lange vor den modalen Parallelweltuntersuchungen des Philosophen David Lewis und der Vielwelteninterpretation der Quantenmechanik durch Everett bereits multiversal angelegten Raumzeit- und Geschichtsbildes verfestigte sich zu Texten wie Pierre Borels *Discours nouveau prouvant la pluralité des mondes* (1557) (das Schlüsselwort im Titel dieses Werkes ist natürlich das verblüffende »prouvant«, die Beweiskette wurde zum Element des rhetorischen Arsenals der Fiktion, die Science-fiction war geboren) oder Bernard le Bovier de Fontenelles *Entretiens sur la pluralité des mondes* (1686).

Der kopernikanische Kosmos als Alternativweltenreservoir und die für Ptolemäer undenkbare Idee, daß ganz woanders ganz andere ganz anders leben, ließ sich, das war kein schlechter Nutzen, auf den irdischen Kontext zurückspiegeln in terrestrischen Alternativgemeinwesen wie Campanellas Sonnenstaat, Bacons Neu-Atlantis oder dem in Utopia von Morus geschilderten, dessen Name derjenige der betreffenden literarischen Gattung wurde (auf dieser Insel siedelte auch Rabelais Literarisches an, der erste Fall von franchising und shared world-Praxis, die in den sechziger Jahren des zwanzigsten Jahrhunderts dann sowohl im Swinging-London-Avantgardezusammenhang der »New Wave«-Science-fiction um Michael Moorcock wie bei den Pop-Kulturindustriellen von Marvel Comics wirksame Ergebnisse zeitigte). Die im Namen »Utopie« enthaltene Ausrede »Das geschieht nirgends« war fürs erwachende Gestaltungsbewußtsein einer Klasse, die eben erst zu sich kam und lernte, wie man Geschichte macht – Bacons Schüler sagten bald recht schön, wozu ihr Meister sie inspiriert hatte: die Neuzeit sei die Antike einer großen Zukunft –, allerdings bald zu quietistisch; statt »Das geschieht nirgends« wurde daher bald behauptet: »Das wird geschehen«; der neue Möglichkeitsfluchtpunkt für Untersuchungen von Wünschen, Hoffnungen, Befürchtungen zog neue Konstellationen des Sichausmalens des Niegewesenen zu sich ins Nochnichtseiende: Francis Cheynell baute seinen Aulicus:

His Dream of the King's Second Coming to London 1644 noch nach heilsgeschichtlicher Blaupause, Jacques Guttins Epigone, *Histoire du siècle futur* von 1695 aber dachte bereits in stark säkularen Kategorien über die Zukunft unter den »clodovistischen« Königen Frankreichs nach und wurde damit Quelle für Hochaufklärungswerke wie Telliamed von 1748, Benoît de Maillets weitgespannte Evolutionsgeschichte über das Auftauchen des Menschen aus dem Meer, das zurückweicht, während das handelnde und spekulative Geschöpf, das es gebar, zu den Sternen reist, oder Louis Sébastien Merciers *L'an 2440 – Rêve s'il en fut jamais* von 1771, das ein Frankreich vorstellt, in dem nach Aufklärungsprinzipien regiert und hochtechnisiert gelebt wird, samt interkontinentaler Luftschiffahrt – eines der ersten utopischen Werke, die in Amerika in englischer Übersetzung gelesen wurden, es erschien in der tatsächlichen neuen Welt schon ein Jahr nach der europäischen Erstveröffentlichung, und Mercier, ein kluger Vorfahr Vernes und Wells', erlangte mit Vorhersagen gerade auch technischer Gadgets wie etwa der Kommunikation zwischen Erde und Mond mittels einer Vorrichtung, die an die spätere Lasertechnik erinnert, verdiente Aufmerksamkeit und Beliebtheit.

Die technischen, szientifiktionalen, begrifflichen, also nicht nur deskriptiven oder abenteuerlichen *Voyages imaginaires* luden schließlich auf der literarischen wie der darstellenden Kunst bisher bestenfalls als Nebenlustquelle erlaubte Weise zum Vergleich zwischen dem Wirklichen und dem (eben nicht nur Denkbaren, sondern) Machbaren ein; am Anfang hatte man diesen Vergleich noch rein kritisch, also meist satirisch aufgefaßt (die Kinderkrankheit alles Revolutionären ist das Sichverbeißen in die Kritik am Bestehenden), unverlierbare Höhepunkte dieser frühen Formen waren Swifts *Gulliver's Travels* (1726) und die *Contes philosophiques* und außergewöhnlichen *voyages* Voltaires (eines Autors, den man, wenn man die Behauptung aufrechterhalten will, in der Aufklärung sei es primär um die Durchsetzung einer im pejorativen Wortsinn prosaischen Art des Empfindens, Denkens und Lebens gegangen, jedenfalls nicht gelesen haben darf; wer in einem Buch wie *Micromégas* einen fünf Kilometer hohen Außerirdischen vom Sirius und seinen besten Freund vom Saturn feiert, die über die Ideen der Descartes, Malebranche, Leibniz und Locke diskutieren, ist alles, nur kein Nüchternheitsasket). Diese Texte, wie auch Ludvig Holbergs Expeditionen ins Erdinnere und manch anderes, Vergessenes, bieten schon alle Gußformen der heutigen unwirklichen Genrekünste; vor allem aber belegen sie, daß die Gefahr der Verkümmerung des Möglichkeitssinns durch die Welt, die Bacon kommen sah und die Aufklärung zu sich bringen wollte, nur an die Wand gemalt werden kann, wo man die Spannung vergißt, unter der das bürgerliche Bewußtsein steht, wenn es sich etwas ausdenken soll – die Spannung nämlich zwischen Positivismus und Innovation, aus deren Zusammenbruch dann Legenden entstehen wie die vom Chef des amerikanischen Patentamtes Charles Duell, der dem Kongreß vorgetragen haben soll, die weitere Förderung des Erfinderwesens sei nicht rätlich, da nunmehr alles erfunden sei, was sich erfinden ließe – in Wahrheit hat der empirisch wirkliche Duell in seiner Adresse ans Parlament von 1899 nichts dergleichen Unsinniges vorgetragen, wenn er auch ähnlich wie manche Physiker der Epoche anklingen ließ, es sei vorstellbar, daß man in absehbarer Zeit dahin gelange, die Verbesserbarkeit des Menschenlebens und -wissens auszuschöpfen. Von Fantastika wurde und wird ähnliches immer wieder behauptet; John Clute erzählt seit einigen Jahren, »first science-fiction«, die Geschichte vom Aufbruch ins Unerwartete, sei zuende erzählt, an ihre Stelle trete inzwischen eine Zukunftsphantasie zweiter Ordnung, die weiß, daß zur zukünftigen Welt auch wieder Zukunftsphantasien gehören werden und daß diese zukünftige Welt den gegenwärtigen und vergangenen Zukunftsphantasien viel verdankt – aber das ist, wenn es nicht mehr heißen soll, als daß Genres zur Selbstvergeschichtlichung neigen, eine aufgebrezelte Plattheit, und wenn es mehr heißen soll, einfach falsch: Nichts wurde und wird wirksam und für immer verdrängt und vergessen, wo die Vorstellungen vom Unwirklichen (also etwa Zukünftigen) einer Zivilisation verraten, daß diese auch eine Vorstellung von Geschichte hat; die Rede vom Tod des Erfindens, Forschens, Phantasierens ist nicht mehr eine Art schaler Trost für Leute, die mit der Erschütterung ringen, die es mit sich bringt zu begreifen, daß man im Abendland beim Wahr- und Wachträumen seit spätestens 1660 von der Verpflichtung entbunden ist, den Schöpfungen des Mythos und den Versprechen der Religion Leben einzuhauchen, sie zu plausibilisieren – hier wohnt die Wahrheit hinter Adornos Satz, Kunst sei Magie, befreit von der Lüge, Wahrheit zu sein.

Befreit von der Lüge, befreit vom Vorwand »Das passiert nirgends« zur Feststellung: »Das könnten wir machen«, dem blochischen, zweiten Sinn des Wortes Utopie also – man vergesse nie, daß zu den drei Quellen, die Engels dem Werk von Marx im Rückblick als vorauszusetzende Möglichkeitsbedingungen abgelauscht hat, neben der englischen Wirtschaftsaufklärung und der deutschen spekulativen Philosophie auch die französischen utopischen Sozialisten gehören, Saint-Simons und Fouriers Science-fiction also. Es wäre wohl falsch (auch wenn es gerade von Lehrerinnen und Lehrern des dialektischen und historischen Materialismus immer wieder behauptet wurde) zu erklären, dieses spekulative Stadium des Sozialismus sei eine Angelegenheit allein der evolutionären Diachronie, es werde mit Notwendigkeit überwunden und stehe nicht in produktiver, sondern in reine Abschaffungsarbeit erfordernder Relation zum wissenschaftlichen. In dieser These äußert sich ein verschämtes und verklemmtes Verhältnis zu Modalität, Normativität, Deontik und sie alle bündelnder Programmatik, das die ganze Arbeiterbewegung inklusive manches Sowjetische entstellt; in Wahrheit bleibt der phantastische Impuls und Modus (ebenso wie der englisch rechnende und der deutsch spekulierende) auf jeweils höherer, selbstreflektierter Stufe dem lebendigen Sozialismus unverzichtbar – was sich im späten 20. Jahrhundert als eine der wenigen erfreulichen Folgen der jüngsten Niederlagen immerhin wieder herumzusprechen begann: Gelehrte marxistischer Schule wie Frederic Jameson widmen dem Verlangen namens Utopie kundige Abhandlungen, Künstler wie der britische Trotzkist und Science-Fantasy-Autor China Miéville oder Jamesons Schüler Kim Stanley Robinson nehmen SF als modales Fenster in berechnete Raumzeiten ernst, mal pessimistisch, mal optimistisch, mal als Verzahnung progressiver mit reaktionären Dynamiken, aus denen sich ergibt, was Zukunft heißen könnte – der Spagat wird anstrengender, aber auch wichtiger; leider hat man den Eindruck, daß Sozialistinnen seit Marx für dergleichen immer erst empfänglich werden, wenn man ihnen die praktischen und operativen Optionen aus der Hand schlägt. Dabei findet man bei nichtmarxistischen Linken, etwa dem alten Fabier H. G. Wells, zahlreiche politische Stellungnahmen, Analysen und Gleichnisse, die Marx und Engels sicher besser gefallen hätten als die weit überwiegende Mehrzahl der Prophezeiungen, Propositionen und Propagandabehauptungen des marxistischen Schrifttums. (Ein anekdotischer Schlenker mag verdeutlichen, was wir meinen: Als wir einmal in aufrichtig interessierter Runde in die Verlegenheit kamen, erklären zu sollen, was aus der Sicht emanzipatorischer Hoffnungen auf die Wirklichkeit menschlicher Freiheit eigentlich gegen ein bedingungsloses Grundeinkommen oder Existenzgeld spricht – gar nicht so viel, aber doch nicht Unwichtiges nämlich –, hatten wir zunächst unsere liebe Mühe, bei den Betreffenden mit der Arbeitswertlehre zu hantieren, die man uns, einer in dieser Runde vorherrschenden Sympathie für Marx geschuldet, als Grundlage der Debatte aufzwingen wollte; sofort aber fanden wir Verständnis und nachdenkliche Gesichter, als wir das kluge Denkbild aus der *Beggars in Spain*-Romantrilogie der Science-fiction-Autorin Nancy Kress zu Hilfe nahmen, wonach in einer Zukunft, die durch nanotechnische und verwandte Modifikationen am menschlichen Organismus den Leuten erlaubt, Energie direkt aus Dreck und Licht, also Nahrung von der Sonne, aus dem Erdboden und von der Müllkippe zu beziehen, nach der Abschaffung von Hunger und Not eine ganze Klasse von Vergessenen entsteht – glückliche, genügsame, tierhaft selbstvergessene Bewohnerinnen und Bewohner aufgegebener Randzonen des Sozialen, an keiner politischen Entscheidung, die sie betrifft, mehr beteiligt, Leute, die einfach aus der Geschichte fallen, weil sie zwar nicht mehr durch Lohnarbeit, aber eben auch durch nichts anderes mehr sozialisiert sind. Will man, fragten wir, solche Menschen züchten, die von Abfallprodukten der Natur und der Geschichte bedingungslos versorgt werden, aber so leben, als gäbe es sie nicht? Wie gesagt: nachdenkliche Gesichter; die Kresssche Verfeinerung und Überarbeitung des bei Wells aufgemachten Spiels zwischen Eloi und Morlocks eignete sich vorzüglich als Dämpfer der Begeisterung für Schlaraffenlandreformen.)

V.
Eskapismus

Daß man andere Welten betreten will, auch üble, sich wenigstens in sie hineinphantasieren, leuchtet natürlich selten mehr ein als in Zeiten, da, nach dem schon zitierten Wort Piwitts, selbst die Reichen mit ihrem Geld zwar überall hinkommen, aber nicht mehr raus. Auch die *pluralité des mondes*, erkannte man schließlich, ist leider selbst wieder nur EINE Welt: diejenige, in der die *pluralité* verwirklicht ist, und wenn das Ganze unwahr bleibt, hat man von der Vielfalt gar nichts. Eskapismus im emphatischen Sinn wird, sobald die induktive und die hypothetico-deduktive Methode einmal gefunden sind und so etwas wie Wissenschaft und Systematik existieren, logisch unmöglich, wenn damit das Entkommen, und sei es gedanklich, aus der Welt gemeint ist, wie sie sich von der Vernunft in Maßverhältnisse, in *ratio*, aufschlüsseln läßt: Sobald die Bürger von »vielen Welten« sprechen, und selbst dann, wenn sie, um diese wirklich inkommensurabel zu machen, das Gesetz aufstellen, jene könnten nicht miteinander wechselwirken, haben sie die Welt bestätigt, zu der alle diese Welten gehören müssen, damit man überhaupt von ihnen reden kann (es ist die bürgerliche). Was man vergleicht, selbst wenn man es damit grundsätzlich unterscheiden will, hat man in einen Zusammenhang gestellt, und wie sonst soll man den größtmöglichen dieser Zusammenhänge nennen als »Welt«?

Die Unentrinnbarkeit dieses Tatbestandes ist der tiefste Grund dafür, warum so viele Künstler des Phantastischen, also Erfinder und Erkunder anderer Welten, sich auf Ausweglosigkeit verstehen wie kaum je ein Realist oder Naturalist. Von Kafka bis M. John Harrison lautet die Lehre der Anderländerfahrer: Hau nur ab, du kommst nicht davon –, John Clute über *the bound fantastic*, die Subgattung also, die wir von Kafka bis Harrison reichen sehen, in bewußter Überspitzung, die sich bei den Foucaultianern die Idee der epistemischen Abfolge neu erfahrener, neu gemachter Immanenz borgt, aber daraus eine Metapher macht, mit der, das zu Ändernde geändert, auch wir uns anfreunden können: »The literatures of the fantastic began consciously to evolve around 1750, just as the *planet itself* began to be understood as a mortal engine; (...) these literatures can be understood – and the figures human and inhuman who fill their pages can be understood as utterands (…) – of that sudden apprehension of the earth beneath our feet.«[133]

Es kommt von der immer wieder (zum Beispiel von Existenzialontologie und Existenzphilosophie) anthropologisch hypostasierten Konstitution des bürgerlichen Subjekts, daß dieses dazu neigt, Wechsel des Weltzugangs als Verwandlungen der Welt als solcher zu empfinden und zu beschreiben, zu denen diese Zugänge gesucht und gelegt werden: Der Zugangswechsel bedroht die Integrität des (Ver-)Handelnden durch seine Teilhabe an Gesellschaftsverträgen und Märkten, deshalb werden seine Folgen verräumlicht und verzeitlicht, ontologisiert und ins Öffentliche projiziert; Freud diskutiert das dann als Topik einander operativ befehdender Erfahrungsweisen namens »bewußt« und »unbewußt«, Vulgärfassungen sprechen, noch deutlicher in Zeit und Raum abgeschoben, gleich vom »Unterbewußtsein« (die Öffentlichkeit als solche ließe sich dem dann als »Oberbewußtsein« entgegensetzen; keine ganz verkehrte Übersetzung dessen wohl, was Teilhard de Chardin mit seiner »Noosphäre« gemeint haben dürfte). Der Verräumlichungstrick gilt allerdings nicht nur »im« Subjekt, also fürs innerpsychisch Zugerechnete, sondern auch für mediale Erfahrungsweisen, zum Beispiel den Umgang mit von elektronischen Netzen verbreiteten, in ihnen sortierten Daten: Man surft, man bewegt sich im Internet, man besucht eine Seite – in Wirklichkeit bleibt man ganz brav sitzen (oder stehen), erfährt aber Weltfenster, Welttüren, modale Durchquerungen.

Verantwortlich für die Schwierigkeit, das Funktionieren von Fantastika als modales Schleusensystem im Kontrafaktischen, in sich aber gleichwohl als kohärent Vorgestellten anders als paradox zu fassen (zum Beispiel mit den Worten von Donald Davidson, der lehrt, Voraussetzung für die Bildung der in Fantastika unerläßlichen *Metaphern* sei, daß es so etwas wie eine genuin metaphorische Bedeutungsebene gar nicht gebe, oder mit den Worten von Peter Hacks, Metaphern bedeuteten nie nur anderes, sondern immer auch ein wenig sich selbst), ist die Neigung des dieses Schleusensystem analysierenden bürgerlichen Bewußtseins, die Verzeitlichung als von solchen Verräumlichungen unablösbares Komplement derselben zu vernachlässigen. Aber schon die Utopien sind auch Uchronien, alternative Welten sind alternative Geschichten: *Supernatural Horror* (Lovecraft) ist, wenn von einem Zustand erzählt wird, der alles beendet, worin ich mich je zuhause gefühlt habe; Fantasy ist, wenn von einem Zustand berichtet wird, wie er nie gewesen ist und nie sein wird, Science-fiction ist, wenn von einem Zustand berichtet wird, der aus dem gegenwärtigen hervorgehen könnte nach den Regeln von Transformationen, die sich im Vokabular der exakten Wissenschaften (oder, erweitert und verallgemeinert, irgendeiner Spielart des Positivismus, oder, noch weiter verallgemeinert: der Aufklärung) formulieren lassen.

Der Name für dieses Widerspiel von Raum und Zeit, für Dilatation und Stauchung, für alle dabei angewandten Traumtechniken, sollte am besten der sein, der die älteste Art des Verkürzens von Schlußketten, der Zeichenumfriedung des *unmarked space* benennt: Magie.

VI.
Magicks und Klares Bewußtsein

Magie, die der einflußreichste Okkultist des letzten Jahrhunderts, Aleister Crowley, *Magicks* schreiben wollte, weil er eine Wissenschaft darin sah (der Name spielt auf Newtons *Opticks* an), bedeutet in der unwirklichen Kunst niemals nur Wunscherfüllung.

Adorno hat in der *Ästhetischen Theorie* versucht, emphatisch moderne Kunst auch da, wo sie Unwirkliches darstellt, streng von der Phantastik zu sondern, und dabei etwas richtig gespürt – Kafka ist wirklich etwas anderes als Poe. Gleichwohl hat er sich geirrt, als er daraus eine Teleologie machte, eine Fortschrittskurve, auf der Kafka *weiter* geht als Poe und für die Kunst immer mehr gelten soll, was in den *Minima Moralia* steht – Kunst sei Magie, befreit von der Lüge, Wahrheit zu sein. In Wirklichkeit liegt der Fall komplizierter, und eigenartig bleibt, daß auch Adorno, wie allen Leuten, die über Fortschritt schreiben und denen er das oft genug vorgeworfen hat, im progressistischen Zungenschlag sofort die Dialektik verlorengeht, auf die es hier ankäme.

Seit der Surrealismus bei seiner Variante einer Abschaffung der Kunst als Ideologiefließband gescheitert ist, nämlich zu großen Erfolg hatte, weil seine anti-ideologische Wirklichkeitszersetzung zur Ideologie der Seltsamkeit der Warenwelt und zum Fertigbestand der Werbung wurde, darf Magie sich in den unwirklichen Künsten, wenn sie noch Kraft haben wollen, nicht mehr freudianisch oder metaphysikkritisch gegen die normale Erfahrung kehren. Das unverbindliche »als ob« aus der vorgeschichtlichen Traumzeit ist ihr Gegenteil.

Die Magie, von der die beste neue unwirkliche Kunst (und zwar die abgelegene wie die populäre) erzählt, die trotz ihrer häufigen Rückgriffe auf den früh- bis vormodernen Fundus alter unwirklicher Kunst *moderner* ist als der Surrealismus, präsentiert sich als eine der wiederauferstandenen Lüge, nämlich der wiederum kunstfähig gewordenen Wahrheit der alten, toten Lüge, die sie über sich selbst nicht hat wissen wollen. Diese neue populäre unwirkliche Kunst der phantastischen Genres hat eine Erfahrung in sich aufgenommen, die Adorno noch nicht gemacht hatte und die man voreilig »Postmoderne« genannt hat. Als das »Zergehen der großen Erzählungen«, nämlich der sogenannten Weltanschauungen, das heißt der praktisch-ontologischen Systeme der alten, von Leuten wie Adorno, Edmund Wilson oder Clement Greenberg geliebten Moderne, hat diese Erfahrung den Übergang jener alten Moderne aus ihrer progressistischen Kindheit in ihre skeptische, fusselige, komplizierte Pubertät begleitet.

Die Magie der neuen unwirklichen Kunst, von David Lynch bis *Buffy, the Vampire Slayer*, ist Kunst, befreit von der Wahrheit, jede Kunst sei immer bloß Lüge, und von der Prätention (ohne die Adorno, Wilson, Greenberg nicht hätten arbeiten können), nur ein Kommentar dazu könne deren Wahrheit finden. Sie nimmt den Kommentar in sich hinein, die Lektüremodelle, die Archive, die Seitenwerke, Randglossen, Palimpseste. Vielleicht hätte dem negativen Dialektiker diese Drehung sogar gefallen. Sie zeigt an, was die Stunde geschlagen hat: Mitternacht, das Land von Clive Barkers ewig verfinsterter Insel »Gorgossium«.

Daß Magie nicht mehr bloß Wunscherfüllung meint, liegt aber nicht nur an den neuen geschichtlichen Bedingungen. Der Umstand speist sich noch aus einer älteren Tatsächlichkeit, die in der neomythischen Verfahrungsweise einer nicht mehr naiven modernen Kunst allerdings mit Erfolg reaktiviert werden kann: dem Wissen darüber, daß Tropen und Figuren in der Kunst sowieso nie dasselbe sind wie in der Psychoökonomie von Individuen, genau wie Religion nicht bloß an Götter delegierte infantile Magie ist (wer, wie gewisse Freudianer, nur diesen Aspekt an ihr sieht, wird sie nie verstehen).

Das bedeutet, daß nicht nur (künstlerische) Magie keine (persönliche) Wunscherfüllung, sondern auch (soziale) Phantasie kein (privater) Traum ist.

Nicht nur kluge Menschen wie der *Buffy*-Schöpfer Joss Whedon oder Stephen King, sondern selbst aus Unvermögen oder Faulheit naive, das heißt schlechte, auf ihre Mittel nicht reflektierende Künstlerinnen und Künstler des populären Unwirklichen beherzigen die Regeln, welche die genannten Ungleichungen erzeugen, bei ihrer schöpferischen Arbeit, mal genau und reflektiert, dann »wie im Traum«.

In einem viel zu bekannten Buch des lange Zeit viel zu beliebten Michael Ende ist die Phantasie ein Land, »Phantásien« – und als der kleine Junge Atréju die »Windriesen« der vier Himmelsrichtungen fragt, wo denn die Grenzen dieses Landes zu finden seien, erfährt er, es sei »grenzenlos«.

Das Buch, in dem die Auskunft steht, heißt *Die unendliche Geschichte*, der Titel ist aber weit weniger ernst zu nehmen als die Mitteilung der Windriesen. Denn nach 428 ganz normal linear hintereinander herlaufenden Seiten geht dem unendlichen Erzähler dann doch die Puste aus, und er läßt die Unendlichkeit lieber wieder auf sich beruhen. Hätte Ende den Heimcomputer, die CD-ROM und vor allem die dadurch ermöglichten Pfade beliebig kombinierbarer Hypertext-Architekturen noch bei klarem Bewußtsein erlebt, wäre er der Realisierung des scheußlichen Traums eines Buches, aus dem man nicht mehr herausfindet, einen Schritt näher gekommen – daß er aber die Dialektik der Grundvoraussetzung seiner Epik spürt und also zwar einerseits grenzenlos (= magisch), andererseits aber doch geographisch bestimmbar (= nicht einfach eine Wunschwelt des Primärprozesses, kein *unmarked space*, sondern topisch bestimmbar, festgelegt) findet, zeigt, daß man das sogar ohne Denken merken kann. Trotzdem geht es besser *mit* Verstand statt ohne. Klares Bewußtsein ist nämlich der Name derjenigen immanenten Grenze, die man im Abendland seit der Aufklärung dem Land Phantásien gesteckt hat.

Zwar liegt der Grenzstreifen, ganz wie die Windriesen sagen, weder im Westen noch im Osten noch im Norden und auch nicht im Süden, dafür aber wird er von jenen flammenschwertbewehrten Cherubim bewacht, so da heißen: Vernunft, Argument, Deduktion, Skepsis, Plan, Grund, Sinn, Zweck und Wittgenstein.

Interessanterweise gibt es zahlreiche selbstreflexive Äußerungen populärer Phantasten, die sich mit einiger Funktionslust just auf dieses klare Bewußtsein berufen, wenn es ums Wie und Warum ihrer Arbeit geht. Begriffe wie Inspiration, Traum, Fieber werden zurückgewiesen, das Handwerk und die Klarheit der Maßstäbe werden betont.

Einigermaßen sachadäquat erscheint diese Berufung aufs künstlerische Rechnen, auf den wohlgesetzten Effekt, auf »Formvernunft« (Gottfried Benn) ja noch bei den Künstlern der Science-fiction, insbesondere in der meist hyperrationalistisch sowohl erzählenden wie argumentierenden »Hard SF«, also bei Leuten wie Greg Bear, Stephen Baxter, Gregory Benford, Nancy Kress oder Greg Egan.

Die Rhetorik der sachlichen Kompetenz ist jedoch *nicht* Exklusivmerkmal dieser Richtung, die mit Ingenieursethos die Erbschaft der Scientific Romance der Verne und Wells angetreten hat. Sie begegnet einem vielmehr gerade auch in der Fantasy und selbst in der dichtesten Dunkelheit: beim Horror.

Stephen King etwa polemisiert in seinen sämtlichen selbsterläuternden Texten, kaum mehr zu zählenden Vorwörtern, Interviews und Essays, bis hin zur großen Studie *Danse Macabre*, gegen ausnahmslos *alle* nicht- oder vor-rationalen, freudianischen, jungianischen, lerntheoretischen, soziopsychologischen oder psychobiologischen Erklärungen, wider jede Suche nach Traumata, Noxen, Komplexen, Archetypen, Heimsuchungen und Prägungen, Automatismen, Inspirationen und Besessenheiten: Sie alle seien unzuständig dafür zu erläutern, warum er schreibt, was und wie er schreibt.

Charles Dickens, der weiter oben bereits als Mythopoet erkannte scheinbare Naturalist reinsten Wassers, steht genau auf der Grenzmarkierung – er, der gegen die Zweckvernunft polemisierte wie wenige Romantiker, aber seine Bücher mit zunehmender Reife plante wie ein Bauhausarchitekt, spielt mit von ihm entwickelten (etwa seriellen) Formen wie Inhalten für die gegenwärtige Gestalt des Unwirklichen in der Popkultur und die individuelle Biographie der meisten seiner großen Künstler von King über den Comicautor Chris Claremont bis Whedon eine kaum zu überschätzende Rolle.

Die von ihm aufgestellten Maßstäbe und durch ihn kunstfähig gewordenen Tugenden des fähigen Geschichtenerzählers, noch angesichts der abgründigsten Stoffe, des kontrollierten Stilisten und klug kalkulierenden Erzeugers von Atmosphäre, der sich auf sein Vermögen verlassen kann, selbst alles die Alltagserfahrung Übersteigende oder Verletzende als konsumierbaren Text zu organisieren, sind King und seinen Standesgenossen heilig.

Trotzdem rühren diese Leute nirgends in irgendeinem Sinn die Propagandatrommel für Logos und Ratio als Welterschließungswaffen. Umgekehrt: Selbst die Freunde der striktesten, sich während langer Absätze wie wissenschaftliche Erörterungen ausnehmenden Hard Science-fiction sprechen, wenn sie die Vorzüge des Genres benennen sollen, das sie lieben, wiederum eher vom »Sense of Wonder« als von der wissenschaftlichen Exaktheit, auf die alle Hard SF doch sonst so stolz ist.

Wie schon Dickens in *Hard Times* mit jeder Zeile, die er über ihn schreibt, den Haß auf jenen positivistischen Herrn Gradgrind erkennen läßt, der den wehrlosen Kindern einbimst, sie sollten sich vor allem nicht wundern, nie staunen und auf keinen Fall anerkennen, daß etwas Unwahrscheinliches geschehen kann, so behaupten die Künstler des Unwirklichen durch den mit bürgerlichem Handwerkerstolz errichteten rationalen Bau ihrer Werke jederzeit den Primat des Möglichen vor dem Wirklichen.

Das tun sie sowohl defensiv – sie lassen sich in der Schilderung ihrer planmäßigen Unglaubwürdigkeiten durch keinen *common sense* beirren – wie offensiv: Derselbe Stephen King, der sich, wo immer er danach gefragt wird, seine unbedingte handwerkliche Gewissenhaftigkeit und insofern einen intakten Realitätssinn bescheinigt, verkündet im Vorwort der Erzählungssammlung *Nightmares & Dreamscapes*: »Reality can go take a flying fuck at a rolling doughnut.«[134]

Und Harlan Ellison, einer der zehn wirkmächtigsten und künstlerisch bedeutendsten literarischen amerikanischen Phantasten seit dem Zweiten Weltkrieg, nennt die bei taghellem Bewußtsein angefertigten Lügengespinste der Phantastik in seinem grundlegenden Essay *blood/thoughts*[135] sogar die einzigen Momente der Wahrheit, die Menschen in einem Leben aus niemals abreißenden Lügen erreichbar sind.

Ellison verkörpert überhaupt den scheinbaren Widerspruch von technischem, instrumentellem Kunstverständnis einerseits, das sich angstlos dem Verdacht aussetzt, letztlich banausisch, vorkünstlerisch bloß zu funktionieren, und geradezu gnostischer Weltauffassung andererseits in seiner Biographie vorbildlich.

Leute, die sagen oder schreiben, er sei etwas anderes als ein »real writer«, der genau weiß, was er tut, überzieht er schon mal mit Prozeßandrohungen, in seinem essayistischen Schaffen verdammt er Unvernunft, Aberglauben und New Age-»Paralogie« schärfer als der schärfste Popperianer – und läßt doch, wenn's an die Substanz geht, raunend wissen, daß man gar nicht erst anfangen soll zu schreiben, wenn einem der Funke, das transzendente *je-ne-sais-quoi* fehlt, welches eben den »real writer« ausmache, als der er angesehen werden will.

Wie die Figur Willow Rosenberg am Ende der sechsten *Buffy*-Staffel könnte so ein »real writer« von sich sagen, daß er die Magie nicht nur nutzt, sondern: »I am the Magicks.«

Wie ist der hier scheinbar vorliegende Widerspruch zwischen Priester und Klempner, Seher und Ingenieur aufzulösen, unter den die Künstler des populären Unwirklichen ihr Selbstbild setzen? Liegt überhaupt einer vor? Muß jede derartige Selbstbeschreibung nicht sowieso zusammenzwingen, was nur zufällig zusammenhängt: das gültige Kunstwerk samt den in ihm erkennbaren Arbeitsspuren einerseits und die zufälligen Menschen, die es geschaffen haben, andererseits?

Was immer sonst falsch gewesen sein mag am New Criticism, einer seiner Gedanken war wasserdicht: Das *je-ne-sais-quoi* ist zwar auf der produktiven Seite unerläßlich (Einflüsse, Einflüsterungen,

Zufälle und Zaubertricks), aber für die Rezeption und die Analyse ist das alles vernachlässigbar.

Man muß nicht wissen, welcher Dickens-Roman Joss Whedon der liebste ist, damit man beim Fernsehen um Willows tote Freundin Tara weinen oder ihre Geschichte als Erzählstruktur untersuchen kann.

Zwar war es wirklich der empirische, von irgendeiner Lektüre oder Lebenserfahrung durchgeschüttelte Joss Whedon und nicht die Immanenz narrativer Strukturgesetze oder sonst ein Weltgeist, der beschlossen hat, daß Tara in der sechsten Staffel stirbt.

Aber vom Spinner und Träumer wird er, sich in den Dialog des künstlerischen Materials mit sich selbst begebend, im Moment der Schöpfung eben zu mehr: dem träumenden Klempner, zum rechnenden Spinner, und dieses Mehr verschwindet zugleich im Werk, sobald es aufscheint.

Klammert man, wie der *New Criticism* das wollte, die Seite des Genusses (des Publikums) ebenso aus wie die der Selbstbeschreibung der Künstler und schaut sich die Formdynamik allein an, fällt einem schnell die Stelle auf, an deren nicht zu übertreffender Wichtigkeit das objektive, berechnete Moment der Werke ebenso Anteil hat wie das persönliche, psychologische: die sogenannte Idee.

Damit gemeint ist im Phantastischen immer der »seltsame Einfall« der jeweiligen Geschichte, das »Monster der Woche«, wie man bei Fernsehleuten spottet.

Hier sind die Magicks zuhause.

Denn am Einfall muß der Zug »Wirklichkeitssinn« entgleisen, wenn er von der Erfahrungsschiene kommen will: Die unwirkliche Idee, das Bild, die Metapher, oder um im Schienenbild zu bleiben, die Weiche, muß gestellt sein.

Im Diesseits ist sie unsichtbar, weil sie ins Jenseits führt.

Tragende Einfälle dieser Art, gute, konventionalisierbare Ideen, also Bildinhaltsfestlegungen, Verschobenes, Verhängtes, Aus- und Eingefallenes sind derjenige Dreh- und Angelpunkt im Leib der unwirklichen Kunst, der Ort, wo ihr Zufälliges und ihr Notwendiges heiße Hochzeit feiern: ihr Witz, ihr Leben, ihr Salz. Man muß diese Vorstellung und die Begriffe, mit denen man sie eingrenzt, deshalb so genau fassen wie möglich.

»Idee« klingt luftig. Das Wort meint jedoch ein Ding, auf dessen

Vorhandensein zum Beispiel in einem Skript man mit dem Finger zeigen kann, nicht ein bloßes Hilfskonstrukt zur Verlegung des Möglichen ins schwer Greifbare wie »die Phantasie«. Einfälle hat freilich auch der Wissenschaftler oder überhaupt jeder Interpret irgendwelcher Daten – das Äquivalenzprinzip der Relativität, die natürliche Zuchtwahl, der Satz des Pythagoras oder der Gedanke, daß alle bisherige Geschichte eine Geschichte von Klassenkämpfen sei, sind Ideen, aber bis jetzt hat Buffy es noch mit keiner vergleichbaren zu tun gehabt. Um was für Ideen es beim künstlerisch Unwirklichen statt dessen geht, kann man an einer Auswahl von Werken aus dem Großreich Fantastika relativ unproblematisch illustrieren:

- Ein großer Asteroid nähert sich der Erde, schwenkt in eine Umlaufbahn ein und wird von Astronauten erkundet. Dabei stellt sich heraus, daß er innen hohl ist und ein paar verlassene Städte, insgesamt sieben leere Kammern beinhaltet. Die siebte Kammer besteht aus einem unbegreiflichen »Weg« – einer geometrodynamisch verformten, virtuell »geraden« Strecke, die länger ist, als sie sein dürfte, sofern man die äußeren Abmessungen des Steins berücksichtigt.

- Eine Frau hat einen Sohn, von dem sie weiß, daß er der Messias ist. Natürlich glaubt ihr keiner; sie landet also im Irrenhaus. Der Sohn kommt zu Adoptiveltern. Bei denen taucht eines Tages ein böser Mann auf, der sich in fast alles verwandeln kann. Er schlachtet die Adoptiveltern. Der Junge entkommt. Das Monster begibt sich zur Irrenanstalt, wo die Mutter des Jungen untergebracht ist, und will auch sie schlachten. Der Junge und Arnold Schwarzenegger aber eilen zu Hilfe und schmelzen den bösen Mann im Stahlwerk kaputt.

- Ein Rudel Kinder fährt über die großen Ferien zur langweiligen Verwandtschaft. In einem der Zimmer des Hauses der langweiligen Verwandtschaft steht ein Wandschrank. Dieser Wandschrank entpuppt sich als die Tür zu einer anderen Welt, in der ein Löwe der gerechte König ist, der von der bösen Armee einer Zauberin bekämpft wird, stirbt und wie Christus wiederaufersteht, nicht zuletzt dank des Glaubens der Kinder.

- Die Zeit ist nicht gleichförmig. Sie funktioniert rückwirkend: Wann immer alle Menschen glauben, etwas sei so und so, also beispielsweise die Erde sei rund und ein Trabant der Sonne, oder Gott sei tot, wann immer die »Zeit reif ist« für einen Gedanken, ist »es« (das große Ganze) nicht nur von diesem Moment an so, sondern schon immer so gewesen – alle Spuren der vorherigen Welt, die dennoch genauso »wirklich« war wie die jetzige, werden ausgetilgt, niemand erinnert sich mehr an die Seeleute, die vom Rand der flachen Erde ins Nichts gestürzt sind und so fort. Dennoch existieren einige wenige Menschen, die den Übergang nicht glatt mitmachen. Sie haben das seltsame Gefühl, nicht in diese Welt zu gehören, und werden deshalb manchmal für verrückt gehalten. Sie allein indes sind der Wahrheit auf der Spur.

- Die Menschen der Zukunft haben keinen festen Boden mehr unter den Füßen, weil wir mit Fluorkohlenwasserstoffen und sonstigem gewissenlosem Unsinn dermaßen wüst gewirtschaftet haben, daß die Pole geschmolzen sind und das Wasser fast die gesamte bewohnbare Erde überflutet hat. Die Überlebenden fretten sich mehr schlecht als recht auf schwimmenden Inseln oder Schiffen durch und müssen ständig Angst haben, Opfer marodierender Banden zu werden. Zum Glück gibt es Kevin Costner.

Diese Beispiele muß man sich nicht ausdenken.

Man kann sie freihändig der überall in den reichen Gegenden zugänglichen Lektüre, Kinobesuchen und Videoabenden entnehmen. Das Feld des gegenwärtigen populären künstlerisch Unwirklichen ist durch sie in einigen seiner besten, schlechtesten und – wenn der Superlativ erlaubt ist – mittelmäßigsten Exponenten plastisch vorgeführt.

Ein *Caveat* macht sich hier unerläßlich: Über die Dignität der Werke entscheidet nicht die Originalität oder Wucht, ja nicht einmal die Lebensfähigkeit der betreffenden Ideen.

Man denke, wenn man versucht sein sollte, etwas Derartiges anzunehmen, nur an einen der Größten: Stephen King. Mit Gleichmut wagt er sich immer wieder an just die schwächsten, dünnsten und verbrauchtesten Ideen und rettet sie vor der bleichen Blödheit nur dadurch, daß er mit ihnen anstellt, was als Phantast seines Amtes ist: Er erstreitet ihnen das Terrain »Erzählablauf«, kämpft sich für sie durch technisches Gestrüpp, loyal wie nur je ein eingefleischter Monarchist gegenüber seinem debilen Monarchen, der ebenfalls Produkt generationenlanger Inzucht war, wie Kings Ideen.

Niemand, am wenigsten King selbst, wird je behaupten, diese seien irgendwie aus sich selbst heraus dazu geeignet, irgendeinen Rang, auch nur irgendeinen Wert zu stiften. Oder soll das neu, gewagt und originell sein, wenn

- eine Frau im Wald ein außerirdisches Raumschiff findet, das die Form einer fliegenden Untertasse hat und dort seit langem eingegraben war, wie in *Tommyknockers*?

- ein Mann in einem von Gespenstern heimgesuchten Hotel einen psychotischen Zusammenbruch erleidet, wie in *The Shining*?

- ein Hund die Tollwut kriegt und folglich nach Kräften Leute totbeißt, wie in *Cujo*?

- fast alle Menschen einen bösen Schnupfen kriegen und sterben, woraufhin zwischen den Überlebenden ein Krieg entbrennt, weil die eine Hälfte dem Teufel, die andere mehr dem lieben Gott gehorcht, wie in *The Stand*?

Die zitierten Ideen, Kings wie die obigen von anderen, haben allerdings etwas Interessantes gemeinsam, so uninteressant sie im einzelnen und für sich genommen sind: Sie werden von ihren Exekutoren nie »für sich«, wohl aber ernst genommen.

Nie ist das »als ob«, das »angenommen, es wäre« der Witz der Sache, sondern dessen Fortsetzung: WENN es so wäre, DANN hieße das …

Die Idee ist in der unwirklichen Kunst eine bloße Funktion des

Glaubens an eine Welt, die ihren metaphysischen Gesetzen in allen Aspekten rigoros gehorchen müßte – das, genau das und nur das, ist das Unwirkliche daran, denn diese Gesetze sind dem Erzähler bekannt, und er muß sich an sie halten, während »das Leben« seine Erzählgesetze bekanntlich umschreiben darf, während es an seiner Erzählung strickt.

Die ständige Abhängigkeit der Erzählabläufe des Unwirklichen von der Finalität, vom Telos der Gesamtkonstruktion (und der davon rückwirkend suggerierten »richtigen Geschichte« des Ganzen), teilt die unwirkliche Idee übrigens – merkwürdig genug – mit einer anderen Sorte Idee, ausgerechnet der traumfernsten, welche die Menschheit kennt: dem sogenannten »Ansatz« im mathematischen Beweis.

Gut oder schlecht, Kurt Gödel oder Mathelehrer an irgendeiner Realschule – die Technik des jeweiligen Beweises gehört zum Handwerk: Arithmetik, Geometrie, Algebra kann man lernen, und hat man sie erlernt, gibt es Verfahren, von der auf Giuseppe Peano zurückgehenden vollständigen Induktion und ihren Gewißheiten über die natürlichen Zahlen bis zum Beweis durch Widerspruch, um etwas sicherzustellen.

Der *Ansatz* aber, die Entscheidung, für welche Technik man optiert und was der Knackpunkt am zu Beweisenden ist, bleibt dem, der nicht drauf gekommen ist, ein Geheimnis, das nicht dadurch weniger geheimnisvoll wird, daß er sich, einmal gefunden, wörtlich »von selbst versteht« und auch nicht originell noch wertvoll sein muß, um seinen Zweck zu erfüllen: I *am* the Magicks.

Ellison, King und andere haben sich beschwert, daß die penetranteste, von ihnen am wenigsten wohlgelittene Frage, die bei Autorenlesungen und Signierstunden gestellt wird, lautet: »Wo haben Sie Ihre Ideen her?«

Mathematikern wie Schriftstellern kommen die meisten Beweise für die meisten Sätze ebenso wie die meisten Geschichten über die meisten Ideen – auch dann, wenn sie diese Dinge im einzelnen so noch nie gesehen haben – »irgendwie bekannt vor«.

Die Welt der unwirklichen Genres hat noch in keinem Jahr, in dem wir ihre Entwicklung haben verfolgen dürfen, irgend etwas hervorgebracht, das unvordenklich neu gewesen wäre.

In der Physik, der Biologie, der Astronomie und allen anderen, nach Popperschen Kriterien nicht beweisfähigen Wissenschaften ist das anders: Dort findet man noch immer, was keiner je gesehen hat.

Woher kommt dieser Unterschied zwischen der Ewigkeit und Wiedererkennbarkeit des Unwirklichen auf der einen, des Empirischen und Einzelwissenschaftlichen auf der anderen? Warum überrascht uns die Wirklichkeit, während uns Unwirklichkeit (und ewige Mathesis, in der die Lösungen schon in den Problemen enthalten sein müssen, damit die Deduktion überhaupt möglich wird) immer nur Dinge zeigt, die uns am Ende bekannt vorkommen (»einleuchten«), auch wenn sie uns selbst nie eingefallen wären?

Die Quelle des Unterschiedes ist, daß die Ideen in der Mathematik wie im Genre zwar aus Traditionen stammen und solche fortsetzen, aber zugleich nicht deterministisch, regelhaft, nicht reduzibel und algorithmisch gefunden werden, sondern augenblicksweise, als Setzung, Einschnitt, ohne Vorlauf. Es sind Kierkegaardsche Glaubenssprünge, wie die »suspension of disbelief« beim Publikum, und die fangen immer gleich an: Gesetzt also den Fall …

Sobald so etwas einmal gesetzt ist, spult es eine Welt von sich ab.

Erscheinung und Wesen fallen daher in Beweisansätzen und unwirklichen Ideen jeweils zusammen, ja dieser Effekt genau ist es, den die Mathematiker und Phantasten überhaupt suchen. Denn die mathematischen Sätze, wenn sie beweisbar sind, und die Ideen der unwirklichen Erzählungen sollen ja wie die inneren Gesetze der Magicks in ihrer Geltung durch nichts Erfahrbares mehr erschütterbar sein, frei von den Schlacken der Praxis, der Weltaneignung. Weltkonstruktion ist eben deren Gegenteil. Was die Konstruktion finden will, dauert an »für immer und unter allen Sonnen« (John Ferrar Holms).

Mathematische und unwirkliche Ideen sind, sagen wir daher, notwendig in etwas eingebettet, das wir, Harlan Ellison ebenso folgend wie dem späten Kurt Gödel, aufgrund dieser ihrer Irreduzibilität auf jede Erfahrung, jede Praxis, letztlich: jede *Wirklichkeit* nicht anders nennen können als: *die Wahrheit*.

VII.
Das Novum

Waren die guten, schlechten, lebenswichtigen Ideen eigentlich wenigstens irgendwann mal neu? Heißt die Moderne nicht deshalb so, weil ihr das Neue wichtig war?

Na gut: Bei Poe und seinem Verehrer Baudelaire hat der Zyklus, das Immerwiederaneignen, das Einleuchtendmachen und Neuschaffen sich noch anders angeschaut. Nix Nietzsche und ewige Wiederkehr, kein Joyce im Vicoschen Kreis.

Aber man wollte ja Geschichte machen, und damit hat man sich die grundlegende Antonomie des Neuen zugezogen. In informationstheoretischer Sprache – es wäre auch eine andere recht, da gibt es nichts hineinzugeheimnissen, aber diese ist handlich – geht diese Antinomie so: Einerseits ist nur das informativ, womit wir nicht schon rechnen, andererseits ist das schlechthin Unerwartetste der totale Unsinn, das entropische Geschliere, pure Rauschen, denn das hat keine Struktur, die sich vorhersehen ließe.

»Neue Ideen« können auf Dauer schon deshalb nicht Materialquelle immer neuer wahrer Welten für die unwirkliche Kunst werden, weil man irgendwann mit ihnen rechnet: Komm schon, überrasch mich, Künstler.

Wir haben in den letzten zehn Jahren diese Ermüdungsdynamik in Kino und Fernsehen ganz gut an einem technischen Spezialfall betrachten können. Der hieß »computergenerierte Effekte«: Man kann, zeigt die Erfahrung, nur eine begrenzte Zeit lang exklusiv davon leben, den Leuten etwas zu zeigen, was sie noch nie gesehen haben – morphende Gesichter, in Herden einhertrampelnde Saurier, Roboterarmeen –, dann fängt die Flucht vor dem Ennui in die Verfeinerung an, in die Sekundarität, den Zitatismus, die Mythenstiftung, und vielleicht muß man sich irgendwann sogar wieder darauf verlegen, Geschichten zu erzählen.

Schon die angeblich so neuheitsselige Beziehung Poe – Baudelaire legt für das Gebäude des Nicht-ganz-so-neuen-Neuen übrigens den Grundstein: Sie war eine der Wiederholung, nämlich des Imports.

Neophilie ist fürs Moderne weniger konstitutiv, als die Modernen selber glaubten.

Als Edgar Degas sich schließlich beschwerte, er habe die Schnauze voll von all dem Kunstunfug, es liege weiß Gott nicht an fehlenden Ideen, daß ihm alles so sauer werde, davon habe er genug, ja übergenug, viel zu viel, konnte Mallarmé schon antworten: »*Mais, Degas, ce n'est point avec des idées que l'on fait des vers … C'est avec des mots.*«[136]

Das war sie, die Moderne, die Adorno und Greenberg liebten, und die noch in späten Äußerungen wie der des Malers Albert Oehlen, eine Idee sei ja etwas ungeheuer Elendes, weiterlebt: Besinnung auf die Arbeitsmittel ist das Moderne, die Idee etwas nur Krudes, Vorkünstlerisches, Archaisches. Dessen bewußte Wiederaufnahme, dessen Rückeroberung nach dem Verlust der Unschuld, wenn man bereits in dem Stadium ist, da die künstlerischen Arbeitsmittel (»des mots«) von der Kunst reflektiert werden, ist eine wesentliche Voraussetzung des neuen Phantastischen und unterscheidet es fundamental von Märchen, Sagen und Flunkergeschichten, von denen Kafka trotz seines mythischen Tons und seiner spukhaften Themen abzugrenzen Adorno deshalb jedes Recht hatte.

Wovon aber handeln die wiederauferstandenen Ideen, was ist ihr Gegenstandsbereich?

Noch mal in informationstheoretischer Sprache, geborgt bei Gregory Chaitin: Der »Gehalt« einer Idee läßt sich als der Umfang, der Komplexitätsgrad des künstlerischen Verfahrens definieren, mit dem sie dargestellt, simuliert werden kann.

Die Idee ist das, was man nicht weiter kürzen kann, ohne das unwirkliche Kunstwerk zu zerstören. Über die Ideen kommuniziert das unwirkliche Kunstwerk als tatsächliches mit der Bedingung seiner Möglichkeit – der *Wahrheit,* wie wir das polemisch genannt haben.

Diese Wahrheit ist also nichts Platonisches, nicht mal das Hegelsche »Ganze« der Gattung, die hier untersucht wird. Wenn man die gängig »postmodernen« Anstandsregeln der Ästhetik wie der Philosophie im weiteren Sinn unbedingt unverletzt lassen will, mag man sich diese Wahrheit für die Zwecke, um die es geht, sogar gut französisch als reine Verhältnisgröße denken statt als Sache oder Essenz. Sie erlaubt es einfach, die konkreten Einfälle noch von was anderem zu unterscheiden als nur der Sorte Sinnesdaten, mit der uns Wirklichkeit versorgt – von denen verschieden wäre ja jeder Gedankeninhalt, da würde die spezifische Differenz, die in der Hauptwort-Adjektiv-Kombination »unwirkliche Kunst« steckt, abgeschliffen.

Man kann die Schulter zucken über diese traditionalistische Wortwahl: Na und, was er da »Wahrheit« getauft hat, das sehen wir dann eben einfach als die »leitenden Strukturen« dieser Kunst an und kümmern uns nicht darum, daß er diesen Strukturen zusätzlich noch das für uns sowieso irrelevante »Kompliment« (Richard Rorty) macht, daß sie *stimmen*.

Für praktische Absichten bleibt es sich ja wirklich gleich; es ist wie in der Quantenmechanik: Die Rechnungen mit der Schrödinger-Wellenfunktion führen, ganz wie Bohr und Heisenberg, zwei physikalische Poststrukturalisten ante verbum, richtig festgestellt haben, auch dann zu korrekten Voraussagen, wenn man nicht »dran glaubt«, daß den Wellen irgendwas »Reales« entspricht. So sieht es analytisch aus, im Kontemplativen, Sauberen.

Sobald man aber, beispielsweise, selber unwirkliche Kunst produziert, sobald das Bild, das wir gezeichnet haben, praktisch wird, kann man diesen Quietismus nicht aufrechterhalten.

Zu streng verlangt die Wahrheit in Gestalt verbindlicher Formen der deshalb gern sogenannten »Genres« nämlich, daß man sie nicht verletzt bei dem, was man erfindet, daß man sie glaubt oder doch sich so verhält, als täte man's, was zynisch, rein instrumentell wahrscheinlich nicht durchzuhalten ist (ein Roboterroman von jemandem, der künstliche Intelligenz »heimlich« für Quatsch hält, wäre schon eine ziemliche Leistung, aber nicht unbedingt gut, und als Erzähler müßte der Autor sich jedenfalls dann doch so verhalten, als fände er plausibel, was seine Geschichte voraussetzt).

»Science-fiction« ist so eine Wahrheit, »Horror« wäre eine andere.

Wer etwas filmen will, das als »Der Werwolf aus der Nachbarschaft greift an« aufgefaßt werden soll, oder etwas schreiben, das mitteilt: »Die kaputte Zeitmaschine schafft große logische Probleme«, darf nicht einen Schritt vom Weg abkommen, es sei denn so, daß er den Weg damit bestätigt, weil die Übertretung tödlich ist und man das auch sieht: hic sunt leones.

Die Dinge liegen da wie immer beim Konkreten und Allgemeinen, wie bei der einzelnen Zugreise und dem Fahrplan: *Wahr* ist ein Ensemble abstrakter Möglichkeitsbedingungen für das Auftreten von variablen Einzelereignissen, die dafür dann statt wahr im Einzelfall immer nur *wirklich* sein können. Wirklich ist das Werk, wahr seine Idee.

Wohlgemerkt: Was auftritt, damit das Werk existieren kann, sind Ereignisse, also nicht einfach Sachen, Objekte, Waren, Platten, Bücher, Tapes, DVDs.

Das Unwirkliche funktioniert wie das Wirkliche, dessen natürlicher Feind es ist, wesentlich dynamisch (auch ein Bildinhalt von Goya ist kein Zustand, sondern ein Ereignis, weil er nur wirkt, wenn man sich die Folgen vorstellt oder die Vorbedingungen – was ist passiert, daß sich uns dieses Bild bietet –, weil also die entscheidende Frage immer eine ist, die man mit einer Erzählung beantworten kann). Eine Ontologie des Erzählens – hier versagen die meisten Narratologien – muß eine Ereignisontologie sein.

VIII.
Adornos verfrühter Abschied

An einer seltsamen Stelle in Adornos *Ästhetischer Theorie* kommt er aufs Phantastische explizit zu sprechen. Da behauptet er, es habe in der Moderne aufgehört zu existieren, weil durch die Ablösung von der Mimesis der empirischen Welt die neue Kunst aufgehört habe, realistisch und dialektischerweise deshalb also auch: phantastisch zu sein.[137]

Aber auch die vormoderne Kunst hat jene »empirische Welt« ja nie besessen, nicht nur weil, wie die Poststrukturalisten lehren, Mimesis immer auch Verschiebung und Verweis und Trennung ist, sondern weil die Domäne der Kunst noch nie die Welt, sondern immer schon die Wahrheit war und es davon zwei gibt: die Wahrheit dessen, wie die Dinge sind einerseits und die Wahrheit aller möglichen Beschäftigungen damit andererseits.

Die erstere ist die der unwirklichen, die zweite die der wirklichen, von Adorno bevorzugten Kunst, vom Naturalismus bis Beckett. Adorno überschätzt den Bruch zwischen den beiden Sorten von

Künsten, wenn er ihn zu einem Epochenbruch macht – nur weil er, in Wien, bei Schönberg und Berg dabei war, als wieder mal eine ganz bestimmte Wahrheit der möglichen Beschäftigung mit der Welt sichtbar wurde, nämlich die, daß man sich auch mit den Darstellungsmitteln selber als Material begnügen kann, wenn man sich fürs Darstellen interessiert, und auf Abbildung wie Ausdruck verzichten darf.

Gegenstand der Wahrheit dessen, was Adorno für Moderne schlechthin hielt, waren also die Wörter (siehe das Mallarmé-Zitat oben), Noten (später: Klänge), Farben, Formen, endlich das Publikum, das Museum, die Kritik etc.

Seither wiederholt sich auch das immer wieder, genau wie die Wahrheiten der unwirklichen Kunst. Letztere konnten nur deshalb so wichtig werden und am vorläufigen Ende immerhin den gesamten Bereich der Gebrauchskunst dominieren, weil ihnen – das heißt ihren klügsten Praktikern – das mit der Reflexion der Kunst auf ihre Mittel in den wirklichen Künsten klar ist und sie es ihrer eigenen Praxis anverwandeln können, weil sie in den besten Fällen sogar explizit machen können, was die anderen nur methodisch ihrer Arbeit introjizieren, da die Phantasten sich von vornherein nur für Wahrheit, nicht für Wirklichkeit oder Welt interessieren.

Die unwirklichen Künste sind also nicht überholt, wie Adorno glaubt, sie sind aber auch nicht die Zukunft, wie manche Science-fiction-Fans denken, sie sind nur, wenn die Leute, die sie schaffen, wissen, was sie tun, über sich als Künste von vornherein aufgeklärter als die realistischen und die naturalistischen, die sich diese Aufklärung nur über emphatische Anbindung ihrer Werke an das Programm »Moderne« verschaffen konnten und können.

Das ist alles, aber nicht wenig.

Ein erster Schritt zu einer funktionalen unwirklichen Ästhetik, zu einer Wahrheitstafel der Wahrheiten, die Fantastika ermöglicht und die Fantastika ermöglichen, wäre, sich nicht mehr einschüchtern zu lassen von der erwähnten Adornostelle aus der *Ästhetischen Theorie*. Wenn man die Wertung (phantastische Kunst ist durch moderne überholt) nicht teilt, sondern funktionalisiert (Moderne heißt, daß sich die Arbeitsteilung zwischen realistischer und unwirklicher Kunst anders organisiert als vorher), kann man dann vielleicht auch wieder anerkennen, daß Adorno recht hat, wo er recht hat, nämlich auch an besagter Stelle, wenn er gegen den naiven, vorkritischen Versuch einiger Leute, von ihm geschätzte moderne Kunstwerke in einen gedachten phantastischen Kanon einzureihen, spöttisch schreibt, nur Literaturhistoriker könnten Kafka und Meyrink, nur Kunsthistoriker Klee und Kubin unter dieselbe Kategorie bringen.

Wenn bei der Begriffsarbeit, die wir uns da vorstellen, nicht herauskommt, daß Kafka besser ist als Meyrink und Klee wichtiger als Kubin, ist etwas schiefgegangen. Schließlich soll ja auch rauskommen, daß King besser schreibt als Koontz und *Buffy, the Vampire Slayer* besser ist als »Charmed«.

Ästhetik ohne Wertung ist Warentausch pur, auch wenn Ästhetik mit Wertung sich in die Gefahr begibt, Kaufempfehlung zu sein – das nimmt man in Kauf, der Wirklichkeit wegen.

IX.
The oldest game in the world

Je nach Genre ist das Wahre, auf das die erzählerische Idee und das ästhetische Ereignis, in dem sie sichtbar wird, sich beziehen müssen, mal eher ein Mythenbestand, mal ein positives Wissen oder eine Hypothese aus dem Fundus der Naturwissenschaft, mal einfach die inzwischen entwickelte Tradition der Genres selber (Zeitmaschinenfiktionen beziehen sich ebenso eindeutig auf H. G. Wells wie auf die Zeitvorstellungen der modernen Physik) und, als Verallgemeinerung dieser letzten Option, irgendeine als ausreichend gegeben ausgewiesene moderne Tradition oder traditional gewordene Moderne, und schließlich spielt oft genug auch die persönliche Erfahrung und Erinnerung der Künstler an erlebte Inkongruenzen innerhalb der empirischen Welt in die Gestalt der Wahrheit mit hinein.

So zufällig das Wahre im Abgleich all dieser nach stattgehabter gestaltender Arbeit schwer voneinander zu scheidenden Spender von Ideenkristallen zustande gekommen sein möge: die Strafe, die darauf steht, es zu verletzen, ist der Zerfall des Gebildes.

Wie eisern eine Wahrheit dieser Art ein Subjekt auf sich festlegt, das sich in ihr bewegen und dadurch als ästhetisches Subjekt konstituieren will, zeigt allegorisch die *Buffy*-Folge *Normal Again*, in der Buffys Psychiater sie aus ihrer Wahrheit befreien will, die er »a fantastic world beyond imagination« nennt und verurteilt – mitsamt ihren »overblown, grand conflicts« sowie »an assortment of monsters, both imaginary and rooted in actual myth«.

Es sind »alternate realities, nitwit« (Buffys Vampirbekannter Spike), ereignisförmige Ausgeburten der Wahrheit, die aus Buffy erst Buffy machen, Wirklichkeiten, in denen, wenn der Arzt recht hätte, die *handelnden Personen*, die Subjekte des Erzählten, Buffy, Xander, Willow, die Monster der Woche, auch Spike, nach des letzteren Worten nichts als »little figments of Buffy's funny farm delusion« wären.

Damit figments (Einfälle) sich in der Wahrheit (funny farm delusion) entfalten und verwirklichen können, müssen die Irren wie die Künstler beachten, was Sigmund Freud für Traum-, Fehlleistungs- und sonstige Verdichtungs- oder Verschiebungsprozesse im Symbolischen »das Entgegenkommen des Materials« genannt hat: die Macht der *Analogien*, das Gesetz »like affects like«, die zahllosen Entsprechungen zwischen Makro- und Mikrokosmos: das älteste Spiel der Welt, Animismus, Synthesis, konstruktive Verwechslung, Voodoo. Das heißt allerdings nicht, daß moderne unwirkliche Kunst sich, wie der Vulgär-Saussure der Seminare das von fast allem glaubt, als freies, nur durch sich selbst beschränktes Spiel der Zeichen ohne Bezeichnetes verwirklichen würde: Die Puppen, in welche die Nadeln gepikt werden, stehen nicht für andere Puppen – aber eben auch nicht einfach für Leute, die man kennt. Die Frage wäre: Ob sie überhaupt »für« etwas stehen, ob es nicht die Puppen selber sind, die schreien, wenn der Künstler/der Irre sie mit der Ideen-Nadel sticht.

Die Puppen: Übers Unwirkliche an den populären unwirklichen Künsten haben wir jetzt lange und breit geredet, und alles ist noch nicht gesagt. Es wird aber höchste Zeit, auch einmal übers Populäre daran zu reden – die Analogie-Puppen für die Sorte Voodoo, um die es hier geht, sind nämlich massengefertigt, Fabrikware.

Der intelligenteste Ungläubige in Sachen kritische (unterscheidende) Popkulturbegleitung, dem wir bislang begegnet sind (er soll, weil er in diesem Zusammenhang nicht zitiert zu werden wünscht, namenlos bleiben; wichtig ist nur, daß er einem öffentlichen, schreibenden Beruf nachgeht, erfolgreich übrigens), hatte außer Amüsement darüber, daß die Einführung von Wertungen in die Popbetrachtung doch tatsächlich den alten Unterschied »E« versus »U« reproduziert (aber natürlich, so ist er ja entstanden und *immer* reproduziert worden, spätestens seit Shakespeare, den Zeitgenossen mit Recht als »Fatzke«, »Budenbesitzer« und »Menagerieprolet« [Benn] beargwöhnten), vor allem einzuwenden, eine Einstufung »dieser Dinge« (*Buffy, the Vampire Slayer*, Pink Floyd, *Archie*-Comics) als Kunst ignoriere die beiden sehr wichtigen Kunstkriterien: a) Haltbarkeit (wir Heutigen kennen Homer, Leonardo und Wagner immer noch, obwohl sie, wie ihre minder geniale Konkurrenz, längst vergammelt sind), und b) Unwahrscheinlichkeit respektive Seltenheit (was ist das für eine Kunst, von der am Tag hunderttausend verschiedene Werke entstehen, und jedes dieser hunderttausend geht dann auch noch in Millionenstückzahl über den Sender oder in die Läden?).

Zu a): Ist religiöse Kunst wertvoller als profane Landschaftsmalerei, weil die Leute länger an Götter glaubten, als sie in der Natur lustwandeln konnten und können? Nein, lustwandeln konnten sie bloß nicht früher, als die Produktivkräfte so weit waren, Stichwort »Emanzipation vom Naturzusammenhang«, deren noch nicht ganz abgeschlossenes erstes Aufbruchsstadium die Götterei war, an die wir uns deshalb immer gern erinnern.

War Blake ein guter Künstler, als er lebte, ein schlechter, als er kurz darauf vergessen wurde, und dann wieder ein guter, weil ihn zufällig jemand wiederentdeckte? Das Kriterium »Haltbarkeit«, wollen wir damit sagen, unterschätzt den Zufall wie den Fortschritt.

Es ist, in seinem gewollten Historismus, selber unhistorisch und leugnet 1.) die Tragödie, daß es ganz sicher Kunst gegeben hat, die besser war als die erhaltene, aber eben irgendwelchen Bücherverbrennungen, Eroberungszügen und Künstlertodesfällen samt Hausratsauflösungen zum Opfer fiel, sowie 2.) die Tatsache, daß alles immer besser wird (wie wir das meinen, wird noch zu erklären sein, es muß jedenfalls geleugnet werden, weil ja auffällt, daß niemand etwas davon hat und man sich das irgendwie erklären müßte – wie kann alles immer besser werden und es allen dennoch nicht wirklich gut gehen, ja, wie können sich außerdem Zeichen finden lassen dafür, daß alles das, was da immer besser wird, zugleich auch immer schlechter wird, wie läßt sich dieses Paradox auflösen oder wenigstens verstehen? Aber da wird es gefährlich, und das Bestehende gerät in den Blick, nebst dem Umstand, daß es vielleicht gar nicht wert ist zu bestehen, wenn es die vorhandenen Verbesserungen auf Produktionsebene so schlecht nutzt).

Zu b) Ja doch, wir leben im Industriezeitalter. Auch die »Kulturindustrie«-These von Horkheimer und Adorno hat diesen Umstand, verwöhnten Gaumens, nicht recht schmackhaft gefunden, aber davon ändert sich daran nichts (die Produktivkräfte sind halt so weit, wie sie sind; der Schuster hat ausgedient, die Fabrik liefert den Schuh, und er könnte sogar haltbar sein, wenn ihn die Aktiengesellschaft nicht absichtlich schrabbelig machen ließe, um bald wieder neue verkaufen zu können).

Mit anderen Worten: Der Affekt, Popkunst von »richtiger« Kunst sondern zu wollen, ist – durchaus ehrenwert – einer gegen die Anerkennung des Standes der Produktivkräfte. Man will nicht zugeben, daß massenhaft und schnell für Massen und den Augenblick produziert werden kann und längst wird, sonst müßte man auch zugeben, daß Markt und Privateigentum an Produktionsmitteln dem besagten Stand der Produktivkräfte, die längst vergesellschaftet sind und nicht mehr privat, anachronistisch aufsitzen.

Die Exklusivität der Kunst wird verteidigt; die des Besitzes läßt sich gern mitmeinen, in der richtigen Ahnung, daß jenseits dieser beiden Exklusivitäten nur die Barbarei oder etwas sehr nebelhaft Besseres kommen können, und der noch richtigeren, daß die Barbarei einstweilen die besseren Karten hat. Wäre man der Meinung, daß das Bessere so nebelhaft nicht sein müßte, dann dürfte man schließen: Die beiden Argumente sind gegen dieses Bessere gerichtet, gegen den Gedanken, daß die Gesellschaft nicht nur aus ideellen, sondern aus bereits vorhandenen materiellen Gründen heraus sehr wohl verbesserbar ist – als solche sind sie stimmig und respektabel, schon weil sie intelligenter sind als der ganze real existierende Sozialismus, der die westliche Popkultur, die doch dem objektiven Stand der Vorbedingung jeden Sozialismus, bereits vergesellschafteter Produktion auf die Not eliminierendem Stand, korrespondierte, als »dekadent« verbellte. Wenigstens diese verkniffenen Möchtegernkleinbürger sind wir los.

Wiederholungen auf höherer Stufe im genannten Sinn sind mit einem bloß strukturalen Wiederholungsbegriff, wie das die deleuzianischen Filmanalysen unserer Tage immer wieder tun, deshalb gar nicht zu erfassen: Sie sind dynamisch, sie machen etwas nicht nur neu, sondern besser, was sie aus dem alten Wahren des Genres holen.

Wie schaffen sie das, wie nutzt man die Ressourcen, wie geht das methodisch?

Die älteren Muster werden zwar vorausgesetzt, auch beim Publikum, aber nicht (wie beim Plagiat) als abzupausende Vorlage oder (wie beim formelhaften »Hackwork«) als verläßliches Fahrgestell für ein oberflächlich neues Chassis, sondern als gültige Tiefenordnung der Welt, aus der man herausholt, was herauszuholen ist.

Was sich in der dann abspielt, ist ein Ereignis: Es schreibt diese Tiefenordnung nicht einfach aus, sondern zeigt, was passiert, wenn sie gilt und Leute trotzdem versuchen, ihre Freiheitsgrade zu finden und zu nutzen: Wieviel Freiheit hat ein Frankensteinmonster, kein Frankensteinmonster zu sein, wieviel Überraschung verträgt das zum Zerreißen gespannte Klischee? Die Wahrheit, die Struktur der Genre-Überlieferung, wird so als ein Agencement von Naturgesetzen und einer ihnen gehorchenden Naturgeschichte behandelt, als etwas, das man nur bei Strafe des Untergangs ignorieren darf.

Anders gesagt – und so allein sind wir überhaupt darauf gekommen, hier von Wahrheit statt nur von einer Struktur zu sprechen –, das Bekannte, auf das man sich bezieht, gilt dem wirklich verantwortungsvollen, dem *guten* Künstler dieser Sphäre eben nicht nur als vorhanden, sondern als richtig, als wahr: daß der Künstler es nicht verletzen darf, gibt er dadurch zu, daß er zeigt, daß seine Figuren sie nicht ungestraft oder kostenlos verletzen dürfen (und es doch versuchen müssen, damit das sichtbar wird).

Wie ernst große Phantasten diese Lage nehmen müssen, wie wenig sie sich einfach räuberisch und Elemente verschiebend beim Fundus bedienen dürfen, mag eine kleine Geschichte verdeutlichen.

Als Harlan Ellison einmal für eine große Filmfirma Drehbücher entwickeln sollte, wurde er am ersten Arbeitstag ins Büro des Produzenten bestellt, der ihm einen Riesenstapel alter SF-Heftchen zeigte und sagte: »Suchen Sie sich was aus, adaptieren Sie es, Sie haben das Talent und den Stil.«

Ellison wehrte wütend ab: »Das kann ich nicht machen.«

Der Produzent seufzte: »Das sieht doch eh alles gleich aus, wer würde es wissen?«

Ellison stand auf und verließ den Raum mit den Worten: »ICH würde es wissen, Sie erbärmlicher Idiot!« [138] – und mit »ich« meint er hier, im von der Kunst gedeckten Größenwahn des großen Künstlers: die Kunstgeschichte, die Autorität des Kanons.

X.
Tauto-Ontologien des Stimmigen

Es ging Harlan Ellison, als er den dummen, ihn zum Plagiat auffordernden Filmproduzenten abgefertigt hat, nicht um Moral.

Er wollte auch nicht suggerieren, man – das heißt er – müsse, um dem Genre – in diesem Fall der Science-fiction – gerecht zu werden, erst auf Ideen kommen, die es noch nie gab.

Das geht nicht, um es noch mal deutlich zu wiederholen: Alle Storys sind, wenn sie zu etwas gehören, das man überhaupt als Genre erkennen kann, schon aus diesem Grund hinreichend »ähnlich«, Plagiatsverdächtigungen möglich zu machen, wie alle mathematischen Beweise »verwandt« sind.

Aber der schöpferische Prozeß zwischen Wahrheit und Unwirklichkeit, der das Kunstwerk ist, darf nicht willkürlich stillgestellt werden – Wahrheit ist für die Ereignisse, von denen erzählt werden soll, so etwas wie die Raumzeit in der allgemeinen Relativitätstheorie gegenüber dem, was in dieser die Masse ist. In Abwandlung eines berühmten Satzes von John Archibald Wheeler könnte ihr Gesetz lauten: Die Wahrheit sagt der Idee, ob und wie sie sich bewegen darf, während die Menge aller möglichen Ideen wiederum der Wahrheit sagt, wie sie »im Großen« geformt ist.

Die Pointe dieses Gesetzes ist eigentlich recht düster: Die unwirkliche Kunst benimmt sich offenbar mit Fleiß nicht wie Kunst in der modernistischen, antimimetischen Kunstideologie von Adorno bis Greenberg, sondern so, wie sich eigentlich die *Naturwissenschaften* nach dem Willen Bacons benehmen sollten. Die unwirkliche Kunst »hat« eine Welt, die genau so ist, wie sie eben ist, und das Thema der Erzählung kann dann nur sein, was für die Menschen oder sonstigen Subjekte daraus folgt, daß die Welt so ist, wie sie ist. Wenn also etwa der Werwolf Oz in der *Buffy*-Folge *Gingerbread* einen längeren erklärenden Monolog aus dem Mund des verzweifelten Erwachsenen Giles, der den jugendlichen Hauptfiguren klarmachen will, warum sie es plötzlich mit Hänsel und Gretel zu tun haben, mit den einfachen Worten zusammenfaßt: »Fairy Tales are real«, dann formuliert er damit das Grundgesetz der unwirklichen Kunst, an dem sich Tzvetan Todorov, dessen Bestimmung des Phantastischen als etwas, das von Ambiguität lebt, wir ablehnen, weil sie nur einen kleinen Ausschnitt der Künste erreicht, die Clute und wir »Fantastika« nennen (nämlich den vorsichtigen, an den hochmodernen *High-Art*-Kanon anschlußfähigen), noch die Zähne ausbeißen mußte, was er immerhin mit dem längeren Seufzer zugab, mit dem er für tautologisch erklärt, was – für einen Strukturalisten absolut unangenehm – ontologisch gemeint ist:

> »Man könnte das Problem auf andere Weise eingrenzen, indem man von den FUNKTIONEN ausginge, die das Fantastische im Werk hat. Es ist angebracht, sich zu fragen: Was leisten die fantastischen Elemente für ein Werk?
> Geht man von diesem funktionalen Gesichtspunkt aus, kann man zu drei Antworten gelangen. Erstens erzielt das Fantastische einen speziellen Effekt beim Leser – Angst oder Grauen oder einfach Neugier –, den die anderen literarischen Gattungen oder Formen nicht hervorrufen können. Zweitens dient das Fantastische dem Erzählen, es erhält die Spannung: Das Vorhandensein fan-

tastischer Elemente erlaubt eine besonders gedrängte Organisation der Handlung. Drittens schließlich hat das Fantastische eine Funktion, die auf den ersten Blick tautologisch ist: Es ermöglicht die Beschreibung eines fantastischen Universums, und dieses Universum hat deshalb noch keine Realität außerhalb der Sprache. Beschreibung und Beschriebenes unterscheiden sich der Natur nach nicht.«[139]

Das Tautologische, das Todorov hier irritiert, ist ja einfach das Tautologische jeder Ontologie, die notwendig der Identität einen Vorrang über die Vermittlung einräumen muß – a ist bei ihr halt a, »jedes a ist selber dasselbe« (Heidegger). Für tautologisch, also irgendwie anrüchig, kann Todorov das nur halten, weil für einen Strukturalisten Kunst eigentlich keine Ontologie »hat« oder »voraussetzt« (sie gerät ihm dann an entscheidender Stelle seiner Untersuchung als »Semantik« aber doch in den Mittelpunkt: Offenbar bezieht sich das Fantastische dauernd auf irgendwas, das darin wichtiger ist als alle strukturell signifikant verfugten Teile seiner Erscheinungsweise).

Wenn die ontologische Art des Denkens Geltung für die verbindliche soziale Welt beansprucht, in der man lebt, zeitigt es bekanntlich genau jene Autoritarismen, die Adorno an Heidegger aufspießt. Ihnen entgeht Ontologie nur, wenn sie zugibt (und zunächst mal überhaupt weiß), daß sie aus Effektgründen eine ist, daß sie funktional, teleologisch funktioniert, daß sie der Ort innerhalb eines Behauptungsgeflechts ist, an dem das Erkenntnis- oder Darstellungsinteresse kodifiziert werden kann.

Die Wahrheit des »Diese Welt, in der meine Geschichte spielt, ist so, wie sie ist« ist nur um der Effekte willen wahr.

Das heißt, der Herr ist auch hier der Knecht des Knechts: Die Wahrheit der Unwirklichkeit ist ihre Mutter, aber auch ihre Dienerin.

Nicht Heidegger, sondern der christliche Phantast Clive Staples Lewis stellt seinem Märchen *Out of the Silent Planet*, das den schönen Sonderfall einer als Erzählung getarnten Polemik gegen einen anderen Erzähler – nämlich H.G. Wells – enthält, quasi entschuldigend die Vorbemerkung voran: »Certain slighting references to earlier stories of this type which will be found in the following pages have been put there for purely dramatic purposes.«[140]

Leibnizens Frage, Springquell aller Ontologie bis heute, warum überhaupt etwas und nicht vielmehr nichts sei, ist in der unwirklichen Kunst also beantwortet: *for dramatic purposes.*

XI.
More geometrico: Genres in Fantastika

Daß eine ontologisch verfahrende Sorte Kunst auf Moral nicht verzichten mag, macht sie gewiß nicht schlechter. Daß Stephen Kings Werke durchgängig liberale, optimistisch-amerikanische, humanistisch-christliche Erbauungsliteratur sind, hat an vergleichsweise entlegener Stelle einmal kein Unerwarteterer als Jan Philip Reemtsma bemerkt.

Moral heißt auch in Buffys Welt: den Widerspruch zwischen der mythologischen Ontologie, dem vampiresken Kosmos, den alten Prophezeiungen auf der einen Seite und dem Bedürfnis, ein eigenes Leben, eine eigene Geschichte auf der anderen Seite zu haben, nicht einfach nur irgendwie auszuhalten, sondern ihn *anständig* auszuhalten: frei, aufrichtig, verantwortlich und freundschaftlich.

»There's no ancient prophecy about a chosen one and her friends«, sagt Buffy gegen Ende der vierten Staffel bitter, als der Freundeskreis unterm Gewicht der toten und wiederauferstandenen Geschlechter auseinanderzubrechen droht. Daß er das dann doch nicht tut, daß man zusammenhält, ist »something heroic«: Buffy geht nicht in den vorbürgerlichen (und, wenn das pessimistische Geschichtsbild stimmt, das diese Betrachtungen grundiert: soeben beginnenden nachbürgerlichen) Erwähltheitszuständen und Gewaltverhältnissen auf, die ihre Welt ausmachen.

Alles um sie her, man könnte sagen: der Zusammenbruch der bürgerlichen Welt und sein Einsinken ins mythisch Unmittelbare, in die Titanomachien unerkennbarer »postmoderner« Götter des sterbenden Akkumulationsregimes der Neuzeit, ragt alt, böse und mythisch, noch im Fallen. Buffy spielt nicht einfach mit dabei, wie die brave, nach dem Slayer-Handbuch arbeitende Slayerin Kendra, die trotz allen Gehorsams (in Wahrheit genau seinetwegen) sterben muß, nämlich von der Vampirin Drusilla getötet wird.

Umgekehrt aber *verweigert* Buffy sich dem um sie regierenden Mythos auch nicht einfach: Die Ontologie ihrer Welt, die ja wahr ist, einfach autistisch zu verkennen, also *wider besseres Wissen* zu leben, wäre für sie schlimmer als die in *Normal Again* gezeigte Katatonie.

Was also tut Buffy, worin ist sie Vorbild, wenn sie weder einfach Zuflucht zu Auftrag und Ritual nimmt noch leugnet, daß es in ihrer Welt Vampire gibt? Was lehrt sie, wofür gibt sie ein Beispiel, indem sie auf einem modernen Leben mitten in der katastrophischen falschen Selbstaufhebung der Moderne besteht? Zuallererst, simpel und lebensrettend, für Sturheit.

Sie beharrt darauf, das Nichtautomatische, Nichterwartete, Negentropische herzustellen: die Liebe unter Freunden, die verstehen, »wie das ist«, in dieser Welt leben zu müssen.

Willow sagt, daß sie das versteht, in *Goodbye Iowa*: »Poor Buffy. Your life resists all things average.« Und Buffy läßt sich, weil sie solche Freunde hat, nicht unterkriegen.

Ihr Witz überlebt seine Gegenstände immer wieder, auf heroische Weise – in der Folge *Amends* hält das »Erste Böse«, körperlos ontisches Ungeheuer am Grund allen denkbaren Unheils, das in der siebten Staffel verheerend wiederkehren wird, einen drohenden Selbstdarstellungsmonolog: »I am something that you can't even conceive. The First Evil. Beyond sin, beyond death. I am the thing the darkness fears. You'll never see me, but I am everywhere. Every being, every thought, every drop of hate.«

Und Buffy antwortet diesem Urbösen nicht, was sie soll, sondern was sie will: »Alright, I get it. You're evil. Do we have to chat about it all day?«

Von Leuten, die unterm »Studium der Popkultur« das Bemühen verstehen, möglichst amerikanisches Zeug möglichst europäisch aussehen zu lassen, muß man sich gelegentlich anhören, daß gerade die handlichsten und bündigsten taxonomischen Hilfsmittel für jede Diskussion der unwirklichen Künste, die der Genres nämlich, lauter böse kulturindustrielle Marktkategorien seien: von »Horror«, »Science-fiction« und »Fantasy« reden diese Leute höchstens in Notwehr, ein großes Aufatmen geht durch ihre Reihen, wenn sie hier ein Eckchen »Magischer Realismus« und da ein Messerspitzchen »American Gothic« finden, selbst »Surrealismus« wird immer noch gern genommen.

Natürlich – wir reden vom Kapitalismus, dessen Realität gilt auch für Leute, die zu oft *Fight Club* gesehen haben – sind die Marktbegriffe welche. Aber eben deshalb treffen sie auch, was sie treffen sollen. Kunst findet zur Zeit halt am Markt statt, und die beiden einzigen Alternativen, die historisch bekannt sind, der Fürstenhof und der Tempel, waren ihrer Entwicklung, gar ihrem materialen (und materiellen) »Fortschritt« so förderlich auch wieder nicht, daß man sie sich unbedingt zurückwünschen sollte.

»Science-fiction«, »Horror« und »Fantasy«: Diese Namen bezeichnen drei wirkliche Grundmodi der unwirklichen Kunst und tun das, soweit man so etwas vorhersagen kann und darf, auch historisch haltbar genug, um noch für den Gebrauch der etwaigen Nachfahren das zu sortieren, was da heute produziert wird.

Von Genres sollten wir sowieso unbefangen sprechen: Auch das Renaissance-Porträt war eins, die ganze Renaissance sogar eine »Mode«. Das Auffächern der grundsätzlichen Zustände des Unwirklichen, technisch bis moralisch, nach wahren Großformationen, also die Erläuterung der Charakteristika der einzelnen, hier als prinzipielle Wahrheiten firmierenden Genres, die bei hochentwickelten Werken wie *Buffy, the Vampire Slayer* zueinander dann in sehr komplizierte gegenseitige Leih-, Tausch- und Befruchtungsverhältnisse treten, mußte bislang, als etwas Abgeleitetes, aufgeschoben werden, bis das Gemeinsame dieser Großformationen, das sie überhaupt als unwirkliche Kunst ausweist, unmißverständlich präpariert war.

An diesem Punkt sind wir angekommen.

Wie sehen die Genres aus?

1. Fantasy funktioniert »wie ein Märchen«.

Was sie vom richtigen Märchen unterscheidet, ist aber, daß ihre Geschichten wissen, daß sie zu einer Zeit erzählt werden, die eigentlich keine Märchen mehr hat, weil richtige Märchen einer erstens oralen, zweitens traditionalen und drittens natürlich vormodernen Kultur gehören. Modern im hier gemeinten Sinn sind alle Gesellschaften, deren Produktivkräfte hinreichend entwickelt sind, um den

Menschen das Heraustreten aus der Naturwüchsigkeit der Geschichte zu ermöglichen: die bewußte Gestaltung ihrer Gesellschaftsformen, auf der Basis ohnehin schon vergesellschafteter Produktion.

Modern nennen wir Gesellschaften, in denen die sogenannte »industrielle Revolution« stattgefunden hat, unabhängig von den Eigentumsverhältnissen, also der bislang fortbestehenden privaten Aneignung. »Postmodern« sind nach dieser Definition Gesellschaften, die nach wie vor modern sind, das aber vergessen haben, vergessen wollen, vergessen sollen: Die Moderne ist ein materieller Zustand, die Postmoderne ein ideologischer.

Moderne Kunst ist jede, deren Grundparameter sich der Existenz moderner Gesellschaften verdanken, unter anderem der Herausbildung einer gesellschaftlichen Autonomie der Kunst.

Die in den letzten fünfzehn Jahren zunehmend sogenannte High Fantasy – also alles, was mit Elfen, Drachen, Orcs und Zauberern, Nekromanten und Kristallkugeln zu tun hat – handelt von großen Suchfahrten; *for dramatic purposes*: der epischen Breite wegen, welche die dem eigentlichen Thema aller Fantasy, nämlich der Läuterung und Erlösung angemessene erzählerische Atemtechnik ist (die Fantasy-Kurzgeschichte ist aus diesem Grund, anders als die parallele Science-fiction-Kurzform, eher ein Kuriosum und berührt, wenn sie nicht sowieso schon eine Novelle ist und also doch wieder epische Formate aufspannt, meist auffällig viele Topoi der SF. Die spezifische Sorte »Wissenschaft«, die dem Bereich der Fantasykurzgeschichte angemessen ist, heißt dann eben Magie, anstelle etwa der Galilei-Newtonschen Hypothesenbildung. Rätsel werden gelöst, Bannflüche gebrochen etc.: verkleidete Technofiktion).

Die Fahrten und Abenteuer der High Fantasy müssen auf dem Weg zum Höheren und der Heilung durchlebt werden. Man liest also Pilgerfahrten-Reiseliteratur oder schaut sich deren Verfilmung oder Comic-Fassung an: Vorn ins Buch ist eine Karte gedruckt (selbst der Filmvorspann bildet sie manchmal ab, sonst wird sie später aufgerollt), auf der wir Mittelerde samt Auenland, Rohan und Mordor, Conans hyborisches Zeitalter, Terry Pratchetts Scheibenwelt oder sonst ein präzises Nirgends sehen können, zur Zeit des »Es war einmal«.

Auf Topik dieser Art, Dantesche Zirkel von Himmel und Hölle, also das mit bürgerlichen Mitteln geordnete vorbürgerlich-feudale Seelenleben dunkel vermuteter primordialer Weltordnungen und »Ländereien«, verläßt sich das Genre noch da, wo es davon mit kunsthandwerklich-aftermodernen Hintergedanken absieht: Endes *Unendliche Geschichte* darf zwar keine Karte haben, aber die Ortsnamen, die es darin dann doch gibt, sind nichtsdestotrotz Fixpunkte im Ununterschiedlichen, eben weil sonst der Fortschritt der Helden auf dem »Weg«, den sie beschreiten müssen, nicht meßbar wäre, um den allein es geht.

Damit die jeweilige Reise überhaupt in Gang kommt, brauchen wir eine Bedrohung, ein Rätsel, eine Prophezeiung, einen Fluch, zu beschaffende oder zu transportierende magische Artefakte (z. B. Ringe, Schlüssel, ein Buch, Amulette) und am allerwichtigsten eine entsprechende retrospektiv konstruierte vormoderne Moral, vorzugsweise archaisierend-christlich, kryptochristlich oder gezwungen naturreligiös: Der Bürger stellt sich vor, wie es war, als es ihn noch nicht gab.

Der Vater aller Fantasy ist Rousseau, aber als Theaterseele.

Am Ende des jeweiligen Pilgrim's Progress wird dann etwas gefunden, zurückerobert, vernichtet oder befreit: Der Vorgang ist identisch mit Erlösung und Verklärung, das herrschende Finalmotiv die Heilung und die Hagiogenesis (einer Person, eines Landes).

Entwicklungsromane (oder -filme) sind das also, aber archaisierende. Es geht in ihnen darum, die eigentlich dämliche Maxime »Der Weg ist das Ziel« triftig aussehen zu lassen, ihr einen guten Namen zu geben. Genau in diesem Sinn übrigens ist das wagnerianische Hippie-Gesamtkunstwerk *Star Wars* nicht Science-fiction, sondern Fantasy – allerdings als Science-fiction verkleidet, aus schlauen Konkurrenzgründen, etwa so, wie Michel Foucault seinen »epistemischen« Geschichtsidealismus materialistisch drapiert (George Lucas und Michel Foucault: die beiden intelligentesten Idioten des zwanzigsten Jahrhunderts – sie spüren, was an der Zeit ist, um es dann erst recht nicht zu verstehen).

2. Science-fiction ist ästhetisch und ideologisch die natürliche (gemäß unserem Naturbegriff! – man kann es durch Definitionen und

Deutungen nicht ändern), erbitterte Rivalin der Fantasy. Pack schlägt sich, Pack ergänzt sich: Während die Märchen-Macher die Welt wiederverzaubern, geht es den Wissenschafts-Fiktionalisierern um die Verweltlichung auch noch der letzten Residuen des Zaubers, notfalls mittels transzendentem Hokuspokus, in Gleichungen eingewickelt: Die spirituellen, lebensläuternden Höhepunkte der Werke von Olaf Stapledon, Greg Egan oder Arthur C. Clarke brauchen sich vor keinem Jakob Böhme zu verstecken.

Die SF ist ein legitimes Kind des bürgerlichen *Fortschritts*, das heißt: der oben auf ihre praktische Grundlage gestellten Vergesellschaftungs- und Abstraktions-Dynamik der Moderne. Sie hat in jedem ihrer Momente Anteil an der Ambivalenz der Dickensschen Fabrik-»Feenpaläste« aus *Hard Times*. Auch ihre Erzählmodi sind denen der Fantasy entgegengesetzt: Es geht ihr gerade nicht um den »Weg«, als den sich die externalisierte Küchenpsychologie der Fantasy die bürgerliche Individuation vorstellt, sondern um das Ziel: das Heraustreten des Menschen aus der Natur. SF stellt sich dieses Ziel als ein bereits erreichtes vor und verfällt dann in ihr patentiertes Staunen über die Maßverhältnisse zwischen Mensch und der Natur, die er verlassen hat: Maßverhältnisse, welche auszumessen die Technik und die Wissenschaften ihr erlauben. Wo die Fantasy ihre Themen illustriert, oft wörtlich *bebildert* (etwa mit Karten), will die Science-fiction die ihren daher, methodentreu wie nur je ein Cartesianer, lieber *belegen* und *beweisen*. Der technische Beweisweg dahin ist zumeist einer, den auch die fortschrittliche bürgerliche Philosophie zu ihrer besten Zeit im philosophischsten aller unglücklichen Länder, in Deutschland, mit nachtwandlerischer Sicherheit eingeschlagen hat: die Spekulation.

Das Numinose, dem das Staunen in vorbürgerlichen Zeiten exklusiv gegolten hat, soll dabei systematisch säkularisiert werden, verbürgerlicht und verwissenschaftlicht, hegelianisiert – deshalb sprechen angloamerikanische Science-fiction-Studies auch nicht von einem religiösen »Sense of Awe«, wenn sie das besagte Staunen thematisieren wollen, sondern von einem »Sense of Wonder«. Das Standardwerk zum Genre von John Clute und Peter Nicholls, die über 1000-seitige *Encyclopedia of Science Fiction* (mehrere Auflagen seit 1992), wundert sich über diesen Begriff, an dessen Export aus der Fanliteratur in akademische Texte der letzten zehn Jahre es andererseits selbst einen wesentlichen Anteil hatte: »›*Sense of wonder‹ is an interesting critical phrase, for it defines SF not by its content but by its effect – the term ›Horror‹ is another such.*«[141]

Dieses Staunen ist nicht unbedingt die helle Freude: Es kann auch in Entsetzen umschlagen, wenn die Künstler negative Utopien schreiben, filmen, zeichnen, malen oder (als Technomusik zum Beispiel) sonstwie aufführen.

Durch die verschiedenen Temperaturen von angenehm bis greulich hindurch aber bleibt SF immer – im Gegensatz zu Fantasy, die eine numinose Unwirklichkeit herstellt, und Horror, der viszerale Unwirklichkeit heißen könnte – die »spekulative Unwirklichkeit«, als die Harlan Ellison sie Ende der Sechziger auch marktoffiziell etablieren wollte. Auf von ihm als Herausgeber verantworteten, Epoche machenden Anthologien ließ er das Kürzel »SF« damals neu ausschreiben: »Speculative Fiction«.

3. Wenn wir »Horror« sagen, meinen wir den *supernatural horror*, von dem Lovecraft in seinem großen Essay spricht, Thriller interessieren uns nicht. Der Schlüsselbegriff für den Horror, von dem wir reden, ist – analog dem *Staunen* der SF und der *Läuterung* der Fantasy – der Begriff *frisson*, er bezeichnet das (nicht nur freudianische) Unheimliche.

Im Gegensatz zur *Seele* der Fantasy und dem *Geist* der SF, den thomistischen und cartesischen Landschaften also, geht es hier aber um etwas sehr viel weniger leicht ins Idealisch-Mentale Wegdiskutierbares – es geht dem *Körper* an den Kragen.

Die englische Doppelbedeutung von »Body« ist ein Glücksfall für Autoren wie King und Barker: lebendiger Körper und Leiche (*The Body* heißt auch die *Buffy*-Folge, in der Buffy und die Scoobies mit dem Tod von Buffys Mutter Joyce fertigwerden müssen – eine der besten überhaupt). Alles, was Horror will, geht den Leib an, selbst wenn es sich um den ektoplasmatischen Leib eines Gespensts handelt.

Denn Gespenster sind nichts als die entschlossene Verneinung lebender Körper aus Fleisch und Blut, und »die Umkehrung eines metaphysischen Satzes bleibt ein metaphysischer Satz« (Heidegger). Die Bedrohten der Horrorkunst zeigen daher auch in ihr alle Nase lang körperliche Reaktionen, vom Schweißausbruch bis zum Herzstillstand, und ihre Monster stinken, schreien, beißen.

Entgegen einer weitverbreiteten, vulgärpsychoanalytischen Bequemlichkeitsfloskel heißt »Körper« allerdings nicht, daß man alles, was das Publikum am Horror angeht – Gänsehaut, übler Geruch, Erbrechen oder Schlaflosigkeit –, zwischen die angeblich allein entscheidenden Pole »Sex und Tod« spannen, also nur als stufenlos verstellbare Zwischenschritte zwischen Orgasmus und peinvollem Abkratzen lesen darf.

Gerade daß Horror *alle* nur irgendwie greifbaren Körperregister ziehen darf, die obertonreichsten wie die reinsten, macht seinen Reichtum aus und erlaubt es beispielsweise, ihn als Klammer um verschiedene Gebrauchsweisen anderer diegetischer Wahrheiten – der von Fantasy und SF zum Beispiel – zu nutzen. Orgasmus und Tod sind nicht die manichäischen Doppelschlüssel zur Schreckenskammer – schon die Haut weiß mehr.

Worum es beim Horror ebenfalls nicht geht, ist eine »Wiederkehr des Verdrängten«, so nett sich das anhört. Im Gegenteil: Linda Badley, schlaue Horrorkritikerin und verdiente Populärkulturforscherin, hat in ihrem Buch *Writing Horror and the Body* über Stephen King, Clive Barker und Anne Rice sehr richtig bemerkt, daß ihrer Meinung nach moderner Horror nichts mit vulgärfreudianischen Dampfkesselmodellen der Libidodynamik, einiges dagegen mit dem zu tun hat, was Michel Foucault den »Verlust der Repressionshypothese« getauft hat. Dieses Schlagwort meint den Umstand, daß wir nicht mehr, wie noch zu Freuds großer Zeit, ohne weiteres daran glauben, daß es irgend etwas Unterdrücktes in uns gebe, das wir nur freilassen müssen, und schon ist alles in Ordnung beziehungsweise wenigstens doch psychisch gesund. Insofern ein Blick ins Nachtprogramm von RTL zeigt, daß da längst Dinge freigelassen werden, vor deren Hintergrund Freud wie ein wohlwollender Biologielehrer wirkt, der uns mahnt, es bitte nicht zu übertreiben, klingt die Idee, Repression sei von gestern, ganz einleuchtend (auch wenn man sich nun umgekehrt nicht gleich zum Foucaultschen Masterplan bekennen sollte, wonach

Sexualität in abgeleitetem Verhältnis zu etwas steht, das der Franzose pauschal »Macht« nennt: »Ficken und Unterwerfen« ist als Blaupause des großen Ganzen auch nicht schlauer als »Eros und Thanatos«).

Daß der Glaube ans Ausleben und Freilassen in Zeiten von Bildzeitung und Aids nicht mehr so recht überzeugen will, leuchtet ein; von da aus geht nun Badley aber einen schönen Schritt weiter als ihr französischer Meister: Die Schwächezustände, Zuckungen, Spasmen, Übelkeiten und sonstigen körperlichen Erfahrungen der negativen, nach den Regeln des Hedonismus eigentlich zu vermeidenden Art haben, so meint sie, etwas Erlösendes und auf von der Freudschen Repressionstheorie nicht erfaßbare Art »Befreiendes« in Zeiten, da insgesamt nicht Schmerz, nicht Züchtigung und explizite Gewalt, sondern dumpfe Angst die Menschen bannt – etwa vor Dauerarbeitslosigkeit oder Arbeitsplatzverlust, vor neuen Krankheiten wie Rinderwahn, Ebola und Aids, vor Börsenkrach und anderen, immer gesellschaftlich vermittelten Weltuntergangsszenarien.

Davon, daß und wie der uncoole Schmerz (die Verletzung und Vergewaltigung) von dem alle glauben und täglich überall eingeredet bekommen, er lauere schon um die nächste Ecke, endlich wirklich kommt, davon also, was passiert, wenn der Mann unterm Bett endlich darunter hervorkriecht und mir endlich den Kopf abreißt: davon handelt Horror.

Der Gegenstand der Angst, den Horror präsentiert, ist gleichwohl immer schimärisch, metaphorisch in einem noch zu bestimmenden Sinn.

Er wird per Analogiezauber aus der frei flottierenden (und übrigens selbst wesentlich physiologischen, in körpergepanzerter Muskelstruktur bestehenden) gesellschaftlichen Angst gleichsam herausanalogisiert. Das ist »the First Evil«, »the thing that darkness fears« (BtVS: *Amends*), bei Bradleys Guru Foucault die inzwischen mindestens halbtotgeredete »Biomacht«, die alles durchdringt, das absolute Böse, das er nie beschreibt, immer nur beraunt: Das Geheimnis der ganzen Geschichtstheorie dieses Herrn ist ohnehin, daß sie – hierin eine ganz entscheidende Verschärfung des Strukturalismus, den sie so über sich hinaustreibt – magisch funktioniert statt wissenschaftlich. Entsprechungen, Korrespondenzen sind in ihr nämlich wichtiger als Kausalbeziehungen, sie denkt anti- und nachbürgerlich: priesterlich.

Das Geheimnis ihres Erfolges ist deshalb, kleiner Scherz der Weltvernunft am Rande, dasselbe wie das der Wirkmacht aller unwirklichen Kunst, am prominentesten, weil mitten in der äußersten Vermittlung auf unmittelbare, körperliche Effekte berechnet, des Horrors: Es ist die magische Macht der Metapher.

Metaphern nämlich sind sie alle, die Monster und Wundertiere der unwirklichen Künste – das glaubt man auch dann, wenn man nicht recht sagen kann, was das heißt, Metaphern müssen sie sein, weil es sie außerhalb der Kunst nicht gibt: der denkende Roboter, der schusselige Magier, der sprechende Drache, der Vampir mit Seele.

Wer eine rationale Theorie der Metapher besitzt, verfügt, denken wir, damit also über den vernünftigen Schlüssel zum letzten noch nicht besprochenen Moment der unwirklichen Künste, nämlich zu einer Mengenbenennung ihres figurativen Bestands, ohne den sie nichts wären.

So eine rationale Theorie der Metapher aber gibt es; Donald Davidson hat ihre konziste Form entwickelt.

XII.
Davidsons Metaphernlehre

Der Aufsatz heißt *Was Metaphern bedeuten* und stammt von 1978, eine der entscheidenden Stellen darin lautet:

»Nun möchte ich eine etwas an Platon gemahnende Problematik zur Sprache bringen, indem ich Metaphernbildung und Lügen miteinander vergleiche. Diese Gegenüberstellung ist durchaus angebracht, denn das Lügen betrifft – ebenso wie die Bildung einer Metapher – nicht die Bedeutung der Wörter, sondern ihren Gebrauch. Manchmal wird behauptet, aus einer Lüge folge logisch etwas Falsches. Das stimmt aber nicht. Zum Lügen ist keineswegs erforderlich, daß das, was man sagt, falsch ist, sondern daß man glaubt, es sei falsch. Da das, was wir glauben, gewöhnlich keine falschen Sätze sind, sondern wahre, sind die meisten Lügen falsche

Aussagen; doch das ist jeweils nur durch Zufall so. Die Gleichartigkeit von Metaphernbildung und Lügen wird hervorgehoben dadurch, daß derselbe Satz zu diesem wie zu jenem Zweck verwendet werden kann, ohne daß sich an der Bedeutung etwas ändert.«[142]

Das sprachphilosophisch Revolutionäre an Davidsons Vorschlag, Metaphern zu beschreiben, steckt in der kleinen Nußschale des wittgensteinianischen Gedankens, die Entstehung einer Metapher berühre *»nicht die Bedeutung der Wörter, sondern ihren Gebrauch«*.

Wer je darüber nachgedacht und die entsprechende Literatur studiert hat, fragt sich ja irgendwann unweigerlich, was das eigentlich sein soll, »übertragene Bedeutung«, worin sie sich vom Vergleich unterscheidet, welche komische zweite, ganz im Sinn dieses Essays: unwirkliche Welt da angeblich aufgemacht wird, wo die – im Hirn und im Kosmos – eigentlich liegen soll. Wer sich das fragt, fällt mitten zwischen Probleme und kommt aus den Problemen nicht mehr raus, jedenfalls nicht mit Worten: Denn eine kognitive Sondersphäre von Zusatzbedeutungen für Metaphern macht die Welt einfach unnötig komplizierter. Gibt es, wenn man einen Mann ein »Schwein« nennt, auf einmal zwei Schweine, so wie es zwei Schlösser gibt (das fürs Burgfräulein und das an der Tür)? Warum hat man dann beide Male nur das eine, grunzende vor Augen? Gibt es also doch nur eins? Aber warum hat man dann trotzdem das Gefühl, einen Mann ein Schwein zu nennen, sei was anderes, als ein Schwein ein Schwein zu nennen? Davidson löst diese ganze gequälte Gewundenheit auf die denkbar eleganteste Art auf: Es ist beide Male dasselbe Schwein gemeint, die Bedeutung ändert sich nicht, nur der Gebrauch – im einen Fall will ich erreichen, daß meine Zuhörer eine Beobachtung über das Schwein erfahren, im anderen Fall, daß sie sich bestimmte Gedanken über den Mann machen.

Metaphern, heißt das, sind wörtlich so gemeint – sie werden nur nicht so benutzt, wie sie gemeint sind. Und genau in diesem Sinn sind auch die Schlüsselfiguren der unwirklichen Kunst Metaphern – »our vampires, ourselves« (Nina Auerbach).

Denn es stimmt eben nicht, was uns, als platte Behauptung sogenannter »Analysen« unwirklicher Kunst, wie sie eingangs dieses Essays erwähnt werden, immer so geärgert hat, daß der Außerirdische auf dem Schrottplatz in *Star Wars, Episode 1* einfach »den Juden« meint oder die Gestrandeten in *Alien Nation* mexikanische Einwanderer.

Sie meinen, was sie sind: einen Außerirdischen und Gestrandete auf einem fremden Planeten. Nur die Konsumenten, die Betrachter, die Kritiker können sie dann verwenden, um soziale Phantasien zu entwickeln oder zu artikulieren, aber das ist etwas ganz anderes als »ihren Daseinsgrund aufdecken« oder »das Gemeinte entschlüsseln«.

So mag denn richtig sein, daß Vampire in neuerer *urban fantasy* für Arbeitslose, Obdachlose, Drogenabhängige stehen, wie sie bei Stoker für bestimmte Grauenhaftigkeiten der englischen Gesellschaft standen oder die Zombies in Romeros frühen *Living Dead*-Filmen für enthirnte Konsumenten; genauso richtig ist aber, daß in der besten *urban fantasy,* zum Beispiel den *Sonja Blue*-Vampirromanen von Nancy Collins, denen das modische *Twilight*-Zeug der jüngeren Vergangenheit atemlos hinterhergeschrieben ist, die Arbeitslosen, Obdachlosen und Drogenabhängigen *neben* den Vampiren durchaus vorkommen, ganz wie die zeitgenössische Gesellschaft bei Stoker und die Konsumenten bei Romero: Die Metaphern stehen in Vermittlungen, nicht einfach als Ersatz für etwas, das nicht selber ausgesprochen wird und nur »im übertragenen Sinne« vorkommen kann. Die mythischen Bilder stehen in einer Welt nach dem Mythos, der Kontrast macht ihre Kraft.

Das Verhältnis der unwirklichen Kunst zum sozial Wirklichen ist keines der Ersetzung, Abbildung oder Repräsentation, sondern eines der *Gegenüberstellung von realistisch behandelter und metaphorisch selbstentfremdeter Welt in ein und demselben Kunstwerk.*

Dies erfunden zu haben, war eine (nicht die einzige, vielleicht aber die wichtigste) Leistung der bürgerlichen Ästhetik; man kann sagen: eine Revolution.

Sagt man dies, so benutzt man ein Wort als Metapher für Ästhetisches, das man als Metapher für Politisches nicht geringschätzen sollte und dem (sowie dem damit Gemeinten) wir uns, in diesem anderen Sinn, daher jetzt zuwenden wollen.

NEUN
VOM UMSTÜRZEN UND VOM UMFALLEN

I.
Aufstandsnominalismus

So gut wie alle, die dieses Buch lesen, werden wissen, was eine Revolution ist.

Vielleicht wissen sie sogar zuviel: Was sie dafür halten, ist im ungünstigsten Fall eine recht disparate Menge von Ereignissen, die nicht alle von einem verantwortungsbewußten Gebrauch des Begriffs gedeckt sind (immerhin wird dann wohl nichts weggelassen, das wirklich darunter fällt).

Man hat das Wort, bevor es politisch aufgeladen wurde, für das gebraucht, was gewisse Himmelskörper mit anderen tun: Sie umkreisen nämlich. Hannah Arendt verdeutlicht in ihrer weit ausgreifenden Studie *On Revolution*, sicher der souveränsten nichtmarxistischen Abhandlung über das Thema im zwanzigsten Jahrhundert, daß der Begriff als politischer ursprünglich nicht die Errichtung eines *Novums*, sondern die Wiederkehr von etwas Altem, durch Niedergangserscheinungen außer Kraft gesetzten Rechtmäßigem bezeichnete. Es ist dies eine deutliche Entsprechung zum Schicksal der Naturrechtslehre, die ja ebenfalls etwas erst Herzustellendes als verlorengegangenen Urzustand malt. Das Weltbild, in dem die Revolution für die *restitutio in integrum* des Richtigen sorgen kann, sah die politische Sphäre damit als ebendie Sorte »beharrliches und zyklisches System«, in dem der Implex, wie wir im letzten Kapitel zitiert haben, für Valéry zu sich kommen konnte.

Zu der Zeit, in der Arendt den Ursprung des Revolutionsbegriffs in seiner heutigen Bedeutung lokalisiert, kam das englische Königtum in Bedrängnis, das französische auf den Müll, und schließlich dachten zwei Deutsche darüber nach, was man mit Gesellschaftsordnungen anstellen kann. Am vorläufigen Ende der langen Entwicklung steht erstens ein Autokrat wie Vladimir Putin, der in Interviews und Reden erzählt, er als Russe könne nur hoffen, daß das einundzwanzigste Jahrhundert keine Revolutionen mehr erleben werde, zweitens eine kapitalistische Produktwerbung, die jedes neue Gadget als anthropologische Erschütterung ausschreit, und drittens noch nicht ganz verblaßte Schriftsteller wie Peter Hacks, der einem Veränderungsenthusiasten wie Hans Magnus Enzensberger in den späten Fünfzigern und frühen Sechzigern des jüngstvergangenen Jahrhunderts vergeblich zu erklären suchte, was man unter einer Revolution versteht, wenn man die Klassiker gelesen hat: Keine Aufstände Unzufriedener, keine Ereignisse wie den berühmten 17. Juni, sondern Akte der Veränderung der Eigentumsverhältnisse, »das weiß«, scherzt Hacks grimmig, »glaube ich, selbst Sombart«[143], also mindestens Bodenreform, Kollektivierung der Landwirtschaft, Vergesellschaftung der Industrie.

Die marxistische Linke ist an der Verwirrung, die mittlerweile um das Wort herrscht, und bei der vielfach hinter den Nominalismus auf einen mit viel Emphase und Dringlichkeit vorgetragenen Begriffsrealismus zurückgepurzelt wird, nicht unschuldig: Daß einem für die erste Groborientierung allemal hinreichenden Holzschnittschema zufolge Revolutionen nur da vorliegen, wo eine Klasse einer anderen die Macht entreißt, reicht als Sachbestimmung auch nicht mehr aus, seit mit dem Klassenbegriff Alfanzereien getrieben werden wie die einiger Trotzkianhänger, als ihr Idol beschloß, diejenigen Teile der Kommunistischen Partei in der Sowjetunion, die statt ihm und der linken Opposition lieber Stalin folgen wollten, »Bürokratie« zu nennen – sie erklärten die dann einfach zu einer neuen herrschenden Klasse, was nun allerdings Trotzki gar nicht gefiel, denn der war marxistisch gebildet (bei allem polemischen Furor entgleist sein Buch »Verratene Revolution« in dieser terminologischen Frage höchstens in Zwischentönen. Im Umfeld der Debatten um sein »Übergangsprogramm« der Vierten Internationale wandte er sich direkt gegen Anhänger, die sich gegen eine weitere Verteidigung der UdSSR aussprachen, weil die in jener die Staatsgeschäfte führende Bürokratie eine neue herrschende Klasse sei. Daß sie das werden könnte, mutmaßte er allerdings immer wieder auch selbst – der Gedanke muß für einen Marxisten tröstlich sein, daß seine Feinde nicht bloß Parteigegner, sondern richtige Klassenfeinde sind).

Ein Trotzkist war es jedenfalls auch, der das Durcheinander in den kapitalistischen Westen importierte und die Tür für eine in soziologisch und parasoziologisch parlierenden Kreisen bis heute nicht verstummte beredte Wirrnis aufstieß: Zu der Zeit, da auch in den Köpfen Adornos und Horkheimers die Theorie Gestalt annahm, das westliche und das östliche System müßten notwendig zu ein und derselben »verwalteten Welt« konvergieren, in der die Entscheidungsgewalt über Produktion, Zirkulation, Distribution weniger bei Eignern als vielmehr bei Reglern liegt, formulierte James Burnham, politisch erzogen in der auf Trotzki verpflichteten amerikanischen »Socialist Workers Party«, die These, das, was jene verwaltete Welt hervorgebracht habe, sei eine Revolution gewesen – die *Managerial Revolution*, wie das Buch von 1941 heißt, das die wenigsten gelesen haben, die heute glauben, das Geschick der Menschheit werde von Leuten mit Headsets im siebzehnten Stock von Bankgebäuden entschieden und die Befehlsgewalt übers große kapitalistisch-monopolistische Ganze habe sich, man weiß nicht, wie, vom Zylinder-und-Taschenuhr-Kapitalisten des Liberalismus über die Aufsichtsräte der großen Aktiengesellschaften zu den Managern (etwa denen der größten Hedgefonds) verschoben – was in vielerlei Hinsicht stimmt –, und damit sei eine neue herrschende Klasse an die Macht gelangt – was nur stimmt, wenn man den Klassenbegriff viel persönlicher faßt, als die Kapitalwirtschaft erfordert: Es herrschen nach wie vor diejenigen, die über Geld verfügen, das genügend Masse hat, um im Gesamtprozeß der kapitalistischen Produktion und erweiterten Reproduktion zu mehr Geld gemacht zu werden; daß auch ein paar Manager unter diesen sind, ist so trivial wie die Machtteilhabe des Klerus im Feudalismus, das europäische Mittelalter war keine kontinentweite Theokratie, sondern nach wie vor eine Ordnung der Landbesitzenden, und Geschichten darüber, daß die besagten Finanzmanager zu prassen und zu prunken verstehen – Louis Bacon, Gründer von Moore Capital, veranstaltet Fasanenjagden; Steven Cohen, Chef von SAC Capital, verschönert sein Anwesen mit einem Basketballplatz, einem Hallenbad, einer Eisbahn, einem Golfplatz, hängt sich Bilder von Van Gogh und Pollock auf und richtet sich ein Privatkino ein, an dessen Decke die Sternenkonstellation seiner Hochzeitsnacht aufgemalt ist; Cliff Asness, einst Jungstar bei Goldman Sachs, dann *lone gunman,* sammelt alle Superhelden-Action-Figuren, die er kriegen kann –, verschlägt nichts daran, daß im Kapitalismus die Schieber und Investoren Funktionäre eines automatischen Subjekts sind, das von »Revolutionen« wie der von Burnham erfundenen jedenfalls nicht auf die Guillotine geschickt wird. Auch die Satrapen früherer Souveräne wußten ihre Goldbadewannen und gegrillten Nachtigallenherzen zu schätzen. Wer indes unter »Kapitalisten« und »Monopolisten« einfach »reiche Leute« versteht, wird nicht tiefer in die Geheimnisse von ökonomisch vermittelter Herrschaft eindringen als der berühmte »Linke Flügel« der NSDAP um jenen Gregor Strasser, der sich einerseits »Sozialist« und »Nationalrevolutionär« nannte und andererseits brav Habacht stand, wenn die Industriellensponsoren der »Deutschen Führerbriefe« in die Hundepfeife bliesen.

Bekanntlich hat die auf Marx und Engels zurückgreifende Tradition für das einen Namen, was »Revolutionäre« wie Strasser betreiben, nämlich die gewalttätige Arbeit an der Befestigung des Bestehenden, indem man etwa in Strassers Fall die antagonistischen Klassen mit Propaganda (als Reichspropagandaleiter war Strasser Vorgänger seines Ziehsohns Goebbels, der ebenfalls mit Sozialistischem geflirtet hatte und, Groteske am Rande, noch in den letzten Tagen des Zweiten Weltkriegs den Entwurf einer Steuerreform für die Zeit nach dem Krieg als »zu unsozial« ablehnte) und Peitsche zur Volksgemeinschaft zusammenfaßt: solche »Revolutionen von oben«, »konservative Revolutionen«, Gegenreformationen und andere militante (zum Beispiel im liberalen bürgerlichen Staat garantierte Rechte für bestimmte oder unbestimmte Ausnahmezustandszeiten einkassierende) Maßnahmen, die an alles rühren, was Demokraten lieb ist, aber die Besitzverhältnisse nur angreifen, wo, mit Freuds Worten, einmal eine Wurst geopfert werden muß, um den ganzen Kranz von Würsten zu erhalten: Konterrevolution. Hätte Burnham seine marxistische Bildung nicht, verführt durch Trotzkis schlechtes Beispiel, in auf Originalität mehr als auf Triftigkeit bedachten Einfällen verzettelt, wäre ihm womöglich aufgegangen, daß auch Neuorganisationen der Arbeitsteilung, wie sie die Delegation von Aufgaben und Abtretung von Rechten des großen Eigentums an die neuen Funktionseliten der hochmonopolistischen Ära darstellen, mit einigem Recht als Konterrevolutionen beschrieben werden können; vergleichbar der seit 1990 noch einmal beschleunigten Einbindung der wissenschaftlich-technischen Intelligenz ins Finanzwesen: In beiden Fällen werden Leute, die durchaus als organisatorische Träger ernster Versuche der Enteignung des Mehrprodukts und Umleitung desselben aus den Profitschlaufen in gesellschaftlich nützliche Bezirke der Produktivkraftentwicklung in Frage kämen, für Zwecke der Stabilisierung bestehender Akkumulationsregimes im selben Atemzug mit deren Modernisierung kooptiert, als hätten die Kapitalisten Marx nicht nur gelesen, sondern sogar verstanden, was mit den immer wiederkehrenden Formeln von der »neuen Gesellschaft, deren Keim im Schoß der alten entsteht«, eigentlich gemeint war, dasselbe nämlich wie mit der im *Manifest der Kommunistischen Partei* gemalten Metapher von der Bourgeoisie als Goetheschem Hexenmeister, der die Kräfte nicht zu beherrschen vermag, und der immer wiederkehrenden Versicherung, das Kapital sei gezwungen, selbst die Instrumente zu schmieden, mit denen es zerschlagen werden kann: Wenn ein Produktionsverhältnis so ungeheure Beschleunigungen im Wachstum der Produktivkräfte bewirkt wie das der freien Konkurrenz von Kapitalen auf dem Markt, dann vervielfachen sich auch die Ausfahrten, von denen unser Bild im letzten Kapitel redet.

Daß die begabtesten Konterrevolutionäre, Verbesserer und Modernisierer des Systems immer wieder Leute sind, die von der prinzipiellen Vergänglichkeit des Gegebenen mehr wissen als die braven Naturen, die sich im System eingerichtet haben, stimmt nicht nur auf der politischen Ebene – es mußten, als die KPD in den Großstädten bei Wahlen die Sozialdemokratie mehr als das Fürchten lehrte, schon Leute sein, die sich auf Terror und Straßenkampf verstanden und in Situationen entfesselter Gewalt aufblühten, um mit dem Erbe Luxemburgs und Liebknechts fertigzuwerden –, sondern auch auf der theoretischen (Keynes war kein Spießer) und schließlich der ökonomischen – die größte finanzoperative Neuerung der zweiten Hälfte des zwanzigsten

Jahrhunderts, die für Konzentration, Zentralisation und zugleich Mobilität des Kapitals als Voraussetzung der sogenannten Globalisierung vielleicht ebenso wichtig war wie die Dampfmaschine für die Industrialisierung Englands im neunzehnten Jahrhundert, nämlich die Erfindung von Finanzmarktinstrumenten, die in schwindelerregenden Gewinn- und Verlustzonen operieren können, die Hitze der Sonne und die Kälte des Weltraums aushalten und mit Konstruktionen abgestützt sind, die den Geist der Dialektik atmen (man kaufe Wertpapiere, die im Wert steigen werden, mit geliehenem Geld und verkaufe zugleich solche, die im Wert fallen müssen, die man aber noch gar nicht hat, zu termingeschäftlich vereinbarten hohen Preisen, so daß man, da man sie sich erst holen muß, wenn sie billiger sind, Gewinn sogar an Verlustbringendem erzielen kann – Stichwort »Leerverkäufe«, *short selling*), also das moderne Hedgefonds-Wesen, hat ein Mann namens Alfred Winslow Jones erfunden, der, wie Strasser Sozialist war und Keynes Marxkenner, in den dreißiger Jahren des zwanzigsten Jahrhunderts für die »Leninistische Organisation« (später »Neu Beginnen«) gegen Hitler konspiriert, mit Hemingway Whisky getrunken und in Spanien auf der Seite der Republik gestanden hatte (seine geniale Erfindung werden wir im vierzehnten Kapitel des Buches in einen anderen Zusammenhang stellen, das hier Gesagte setzen wir dabei dann voraus). Wer von Revolutionen weiß, versteht sich darauf, sie zu verhindern, und kennt Mittel und Wege, die Effektivität der herrschenden Verkehrsverhältnisse zu erhöhen, mal mit feinen und klugen, mal mit groben und stupiden Mitteln. Daß sich diese Mittel in den Ahnungen der Konterrevolutionäre vom andernfalls erwartbaren revolutionären Geschehen selbst ebenso finden lassen wie umgekehrt diese Ahnungen aus der genauen Beobachtung des scheinbar alles andere als revolutionären, offenkundig ganz Stabilen deduziert werden können, daß also die Konterrevolution in der Revolution steckt wie diese im nichtrevolutionären Alltag aller Klassengesellschaften, ist der ubiquitären Zwiegesichtigkeit von Implexkonstellationen gemäß und macht sie, mehr noch als die kontraintuitive Nichtzuständigkeit von Maßgaben der Mengenlehre für diese großen Sachen, die in scheinbar kleineren stecken, so schwer zu denken.

Wechselseitige Durchdringung nämlich, als beherrschendes gesellschaftliches Moment, ist einem instinktiven Hordenaffen-Denken suspekt, das sich soziale Ordnung nur als »oben und unten« denken kann und die Unterdrückten in starrem Gegensatz zu ihren Unterdrückern, aber eben auch »jedes an seinem Platz« vermutet – es hilft daher, wenn man sich vergegenwärtigt, daß für Marx und Engels, aber auch noch für die Leute, auf die Lenin gewirkt hat, das Proletariat, die in und von der Fabrik zu einer neuen Sorte lebendiger Arbeit ausgebildeten Fabrikarbeiter (danach vom rechten Flügel der marxistischen Richtung, nicht zuletzt von vielen Gewerkschaften leider bald verengt auf: Facharbeiter) nicht bloß als Sklaven, sondern auch als eine Art Elite im Wartestand gesehen wurden, eine aufsteigende Klasse eben, wie im Hochfeudalismus die den damaligen Machthabern verächtlichen Händler, Krämer, Stadthandwerker, und daß von Eliten in jeder Klassengesellschaft einige Bedrohungen ausgehen, die der schönste Aufstand nicht mit sich bringt – alle kennen Spartakus, aber daß die revolutionärste Situation der Antike nicht dessen Bewegung, sondern die Zeit vom Volkstribunat des Tiberius Gracchus über Carbo und Flaccus bis zu den beiden Tribunaten des Gaius Gracchus und seiner Ermordung war, blieb den Revolutionstheoretikern schon der bürgerlichen Franzosen nicht verborgen; und wenn die Konterrevolution auf einfallsreiche Leute setzt, denen sie Muße und Mittel stellt, ihre Ansichten, Strategien und Taktiken zu entwickeln und bei den Truppen zu verbreiten, dann muß die Revolution das eben auch tun und darf sich dabei nicht vom Einwand abschrecken lassen, der jede Vorstellung von einer Avantgarde für im schlechtesten Sinn autoritär hält; das wäre nämlich wieder Oben-unten-Denken (und verführt auch manche in den Avantgarden selbst) einer Sorte, die sich »Rädelsführer« nur »oben« vorstellen kann statt einfach als Ergebnis der Arbeitsteilung (Avantgarde sind die, die anfangen, denn irgend jemand muß das sein – sich auszumalen, wer und wie, und die dem entgegenstehenden Zweifel und Hierarchiekonzepte aufzulösen, war Lenins Vorsatz, als er *Was tun?* schrieb; daß die dort entwickelten Konzepte sich keine zweihundert Jahre starr reproduzieren lassen würden, war ihm freilich klarer als allen seinen Nachfolgerinnen und Nachfolgern auf den verschiedenen Avantgardeposten, die er nahezu gleichzeitig innehatte).

In den funktionalen Eliten, in den Ausgebeuteten und in deren

Schnittmengen, alle drei von der Schwere des Ganzen an ihren Plätzen gehaltene, für das zu revolutionierende System aber unerläßliche Ecksteine sozusagen, liegt die Sprengkraft beschlossen, die das Gebäude stärker gefährdet als irgendein Geschoß von draußen, sofern es ein »Draußen« überhaupt gibt.

Die Ecksteine zu beleben, sie gleichsam zur Einsicht ihrer Rolle, zur Selbsterkenntnis ihres Vermögens zu bringen – als wollte man den Hylozoismus wahrmachen, wonach alle Materie belebt sei und jedem Ding eine Tendenz zur Bewegung implizit –, ist die Beseelungsaufgabe revolutionärer Architekturkritik an den Gesellschaftsbauten.

Aber kann man sich einen Eckstein vorstellen, der, wenn man ihn anspricht, so reagiert, daß man unmittelbar weiß (nicht nur »sich vorstellen kann«): Der würde wohl auch fliegen, jedenfalls aber auf dem Wasser tanzen, wenn man ihn nur geschickt genug werfen könnte?

II.
Träge Hexis und Conceptual Breakthrough

»Beating Gravity is a big deal for a rock!«[144] – ein Felsblock empfindet die Aufhebung der Schwerkraft als große Sache: Den feinen Satz läßt der Mathematiker, Science-fiction-Autor und (verbürgt biologische, nicht etwa banal geistige) Ururenkel Hegels, Rudy Rucker, einen seiner Helden im Roman *Hylozoic* sagen. Das erstaunliche Buch handelt, wie der Titel schon vermuten läßt, von Hylozoismus und Panpsychismus, das heißt den Lehren, wonach Leben wie sogar Denken Qualitäten sind, die kontinuierlich aus materialen Eigenschaften der Konstituenten der Wirklichkeit emergieren, statt diesen starr gegenüberzustellender, wesenhaft von Nichtlebendigem, Nichtdenkendem verschiedene. Damit ist in Ruckers Lesart gar nichts Mystisches gemeint, sondern die seit Konrad Zuse und Alan Turing eher selbstverständliche denn gewagte Feststellung, daß es keine vorstellbare Zusammenrottung und Konfiguration von Atomen (oder Elementarteilchen, tief unterhalb der Schwelle, welche die antik griechische Naturphilosophie noch für die Umrandung des Unteilbaren hielt) gibt, die sich nicht dafür eignet, Information zu speichern und zu verarbeiten (in jüngerer Zeit hat der Gedanke unter dem von Stephen Wolfram geprägten Namen des *principle of computational equivalence* zu der Vorstellung geführt, das Universum lasse sich im Kleinsten wie im Größten als ein Computer beschreiben). Rucker entwickelt aus diesen Ideen nun das Gedankenspiel einer Welt, in der Wesen von ursprünglich mehr oder weniger menschlicher Beschaffenheit ihr Kommunikationsvermögen mittels entsprechender technischer Hilfsmittel so erweitern konnten, daß die vormals für unbelebt und gedankenlos gehaltene Materie rings um sie beginnt, zu ihnen zu sprechen, und als Folge dieser Veränderung der Verhältnisse nun ihrerseits, einmal in Dialoge eingetreten, realisiert, daß sie lebt und daß sie denkt. Die Welt kommt in Ruckers Buch wörtlich zu sich – darin steckt, wie in den meisten der kühneren Konstrukte der Science-fiction, nicht bloß ein technisches und wissenschaftliches Bild vom Weltganzen, sondern die Chiffre eines sozialen Sachverhalts: Träge Materie, die erwacht, das sind die neuzeitlichen Menschen, die, bewaffnet mit der erleuchteten und erleuchtenden Selbsttäuschung des Naturrechts, ihre vormals bloß erlittene Geschichte jetzt selber machen wollen – *beating gravity* – und zu diesem Zweck umfassende, flächendeckende, tiefgreifende Maßnahmen, eben: Revolutionen in Angriff nehmen – *a big deal.* Die bei Rudy Rucker berichtete Erregung des Felsbrockens ist nicht die über seine mögliche Rolle als Eckstein, der ein Gebäude per Verlassen seiner Struktur zum Einsturz bringen kann, sondern eine glücklichere: Er freut sich, daß er als Bauteil eines geplanten Hauses Verwendung finden wird. Man wird sich von dem, was Rucker da erzählen will, nicht allzuweit entfernen, wenn man das, außer wörtlich, auch allegorisch liest: Menschen freuen sich, wenn sie merken, daß sie dem »Gewicht der toten Geschlechter« trotzen können wie der Stein, der sich beim Aufbau einer unnatürlichen Konstruktion, die »der Schwerkraft trotzt«, indem sie sich überhaupt vom Erdboden erhebt – das Gebäude des modernen Rechtsstaats, naturrechtlich verfugt, geplant, freizügig, wirtschaftsliberal, modern.

Die Freude hat, wie Räusche oft, historisch allerdings ein Katernachspiel, denn wenn die Leute einmal von der Freiheit gehört haben, wird sie der Abschied davon, der ihnen im politischen und staatsbürgerlichen Alltag widerfährt, hart treffen – ein Sonderfall einer alten Wahrheit, die man für gewöhnlich an Erleuchteten und Schwerkriminellen sinnfällig zu machen gewohnt ist: Die Buddhistin und der Buddhist wissen, daß das größte Problem, die kognitive Achillesferse der oder des Erleuchteten, die oder der den Zustand Satori erreicht hat, der mit dem Allerkennen verbundene blinde Fleck ist, sich nicht mehr vorstellen zu können, wie es sich anfühlt, diesen Zustand *noch nicht* erreicht zu haben – *once a thing is seen, it cannot be unseen* sagt ein ab 2007 im Internet um sich greifendes Mem, dessen Ursprungsspuren sich in den Nebeln der Noosphäre verlieren; der Satz stimmt für Individuen (zu Gesellschaften kommen wir gleich) unter anderem deshalb, weil die Neuprägung, die mit wirklich bedeutsamen Selbstveränderungsschritten (*a big deal*) verbunden ist, nicht nur im Hirn, sondern im ganzen somatischen Ich Platz greift, sozusagen die gesamte Verdrahtung der Person unter Ausnutzung der bei hochorganisierten Lebewesen erheblichen Neuroplastizität re-orientiert. Wer, verführt von Psychosprech und anderen Plattitüden der *Caring Industry*, diese Neuorientierung nur als Selbstverbesserung denken kann und nicht auch als Selbstverschlechterung, sollte die *Profiler*- und Kriminologenbinse zur Kenntnis nehmen, daß das, was für die Erleuchteten gilt, ganz ähnlich auch an Mörderinnen und Mördern beobachtet wurde: Die erste Tat führt zu einem grundsätzlichen Nichtmehrverstehenkönnen des Tötungsverbots, selbst wenn es fürs restliche Leben der Täterin oder des Täters beherzigt wird – der Wert, wird das meist ein bißchen hilflos abstrakt beschrieben, des menschlichen Lebens fällt ins Bodenlose, wenn man einmal jemanden getötet hat; vielleicht aber steckt gar nicht mehr dahinter als der plötzliche Verlust der Erwartung des eigenen Todes bei Überschreitung des Tötungsverbots, einer Erwartung, die als eine Art instinkthafter (in Wahrheit wohl zu einem durchschnittlich recht frühen Zeitpunkt der Entwicklung der Kinder von den meisten Gesellschaften in diesen verankerter) Glaube an die universelle Gültigkeit des Talionsprinzips den sozialkonventionellen Respekt vor dem Leben der andern absichert.

Ich habe dies getan und bin nicht vom Blitz getroffen worden – wie kann es sein, daß irgend jemand sonst sich noch daran hält? (Bei

Leuten, die aus den Massenschlächtereien des Krieges heimkehren, nennt die Sozialethik diese negative Erleuchtung »Verrohung«.)

Das Innewerden des *big deal* gehört als etwas Befreiendes wie als etwas Niederschmetterndes im Bereich der Kunst wie viele vergleichbare abrupte Erkenntnisweisen zum *proprium* von Fantastika; John Clute und andere benutzen dafür den Toposnamen *conceptual breakthrough.* In der Science-fiction findet man dieses Moment als Kristallisationskern oder Drehpunkt nicht weniger Erzählhandlungen; in allerlei Simulationsgeschichten zum Beispiel, die davon handeln, daß irgendwer blitzartig genötigt wird, den wahren Charakter einer künstlichen Umwelt zu durchschauen, von Daniel F. Galouyes *Simulacron-3* von 1964 über zahlreiche inferiore Nachahmungen bis hinunter zu den *Matrix*-Filmen; aber auch als Fabel von den Provinzwelten, deren Bevölkerung plötzlich ihre Einbettung in einen größeren kosmischen Kontext erkennt (das Templat für diese Variante stellt unerreicht *The City and the Stars* von Arthur C. Clarke, erschienen 1956); die tiefste Spielart ist wohl die rein binnenkognitive Selbstthematisierung des *conceptual breakthrough* in Werken wie Daniel Keyes' *Flowers for Algernon* von 1959: Der Held ist ein Lernschwacher, dem wissenschaftliche Mittel eine ungeheure Intelligenzsteigerung bescheren, die ihn bald nicht nur seinen Ärzten und Lehrern entfremdet, denen er in allen Belangen, die sie interessieren, schließlich weit überlegen ist, sondern ihn auch früher als alle anderen Figuren der Erzählung erkennen läßt, daß sie nicht von Dauer sein, er den errafften Vorsprung also wieder verlieren muß – der arme Mann weiß schließlich nicht nur mehr über sich als die, die ihn verändert haben, sondern auch über sie und ihre Motive, und zerbricht an diesem Wissen ebenso wie an dessen Verlust.

In manchem erinnert der *conceptual breakthrough* augenscheinlich an Thomas Kuhns »Paradigmenwechsel«, den Kuhn als Metabeschreibung von etwas verstanden wissen will, das er »wissenschaftliche Revolutionen« nennt, also Dinge wie die Ablösung des geozentrischen Weltbilds durch das heliozentrische oder diejenige der Newtonschen und Galileischen Mechanik durch die Plancks, Einsteins, Schrödingers und Heisenbergs. Ein Begriffsschema, das einem anderen inkommensurabel ist, verdrängt dieses – daran, den neuzeitlichen *social breakthrough* aus dem Stehenden und Ständischen ins Offene, die Erleuchtung und den persönlichkeitsverändernden großen Gesetzesbruch mit der Kuhnschen Inkommensurabilitätsidee umstandslos zu identifizieren, hindern uns aber vier durchaus ernstzunehmende Dinge:

1. Die Wissenschaft, an der Kuhn sein Paradigma vom Paradigmenwechsel gebildet haben will, verfährt in Wahrheit anders. Die Aufhebung wissenschaftlicher Erklärungsmuster geschieht üblicher- und historisch verbürgterweise eben nicht über deren Unverständlichwerdung (à la: »Was haben wir/die denn uns/sich da eigentlich gedacht?«), sondern über den Doppelpaß einer neuen Erklärung des betreffenden Naturphänomens *und* der scheinbaren Geltung der jeweils abgelösten Theorie (»Es verhält sich in Wahrheit so und so, wir/die dachten aber, dies sei anders, *weil* ...«), und zwar gar nicht allzu selten in der Weise, daß die abgelöste Theorie sogar weiterhin in eingeschränkter Geltung bleibt, nämlich als Sonder- und Grenzfall der neuen, deren Näherungen für irgendeinen mithilfe der neuen sehr präzise bestimmbar gewordenen Bereich korrekte (oder jedenfalls im pragmatischen Sinne hinreichende) Vorhersagen liefern (wieder sei an das Beispiel hie Fußball- und Raketenparabel, hie Merkurumlaufbahn erinnert; je und je sind die Effekte, welche die neuere Theorie erklärt, gar nicht auffindbar, und man kann es sich daher leisten, auch die sie erklärende Theorie zunächst weiterhin zu vernachlässigen).

2. Die eher romantische als epistemologisch durchdachte Theorie von einander grundsätzlich inkommmensurablen (und nicht etwa durch – prinzipiell immer mittels Übersetzung durchkreuzbare – Verständnisschranken getrennten) Begriffsschemata ist logisch gar nicht so leicht zu halten, ja sich inkonsistent, wie nicht nur Donald Davidson (in seinem grundlegenden Aufsatz »Was ist eigentlich ein Begriffsschema?«[145]) überzeugend dargetan hat – der an einschlägigen Überlegungen Wittgensteins angelehnte Beweisgang läuft etwa wie folgt: Will man zeigen, daß zwei Begriffsschemata (was immer das eigentlich sein soll, als eine Art vor-, neben- oder nachsprachli-

ches Auffassungsraster von kantischer Undurchschaubarkeit) nicht ineinander übersetzbar sind und damit die zwei Welten, die ihnen gegeben sind, auch nicht aufeinander abbildbar, dann muß man zunächst wissen, was die beiden, deren Weltbesitz man angeblich nicht aufeinander beziehen kann, da eigentlich für Welten haben, denn nur das, was man auch kennt, kann man logisch als verschieden empfinden; wenn ich das aber kann, beziehe ich mich damit auf ein drittes, mir offenbar zugängliches Begriffsschema, in dem diese beiden als so strikt getrennt wahrgenommen werden können; sobald ich dieses habe, sind sie aber eben nicht mehr unübersetzbar, sondern nur zu übersetzbar, im Medium des ominösen dritten nämlich.

3. Von den Begriffsschemata abgesehen, handeln diese ja immerhin von irgendwas, das es gibt, von Sachverhalten also, aus denen ihre angeblich so grundverschiedenen Welten letztlich so gut zusammengesetzt sind wie jede Welt, von der man reden kann. Die Voraussetzung dafür, daß eine wissenschaftliche Theorie einen Sachverhalt entdeckt und erklärt, den ihre Vorgängerin »nicht sehen« konnte, ist, daß es den betreffenden Sachverhalt tatsächlich gibt (Kopernikus konnte nicht herausfinden, daß die Welt aus singendem Käse ist, weil das nicht stimmt). Diese Kleinigkeit leugnet der Kuhnismus zwar nicht direkt, aber sie spielt in ihm, vorsichtig ausgedrückt, keine hervorstechende Rolle, weil sich zu ihr zu bekennen bedeuten würde, daß man außerdem zugäbe: Eine Theorie, die einen Sachverhalt ignoriert, den es gibt und der in ihren Erklärungsbereich fällt, ist einer anderen, die ihn sieht und deutet, nicht bloß inkommensurabel, sondern unterlegen, nämlich falsch. Der Horror eines bestimmten Zweigs auch der analytischen und postanalytischen (wie vorher gewisser strukturalistischer und poststrukturalistischer) Philosophie vor allen »Korrespondenztheorien der Wahrheit« rührt zwar von der in der Tat schwierigen bis unmöglichen Vergleichbarkeit von Sätzen einerseits und Tatsachen andererseits, man kann sich diese Beschwernis aber zumindest ein bißchen erleichtern, indem man sich wissenschaftliche Sätze schlicht (und erzpragmatisch; Dewey hätte sich gefreut) als Aussagen darüber merkt, wie man sich verhalten muß, um ganz ohne Wertung bestimmte gewünschte Ergebnisse zu erzielen. Wer, sagen wir einmal, zum Merkur fliegen will

und die falsche Bahnberechnung anstellt, weil er oder sie nichts von Einstein weiß und nur etwas von Newton, verfehlt den Planeten, wer die richtige hinkriegt, erwischt ihn. Die Vergleichbarkeit zweier Theorien mit »der Welt«, deren *exemplum* immer wieder eindrucksvoll daran scheitert, daß Theorien keine den Meßgrößen in der Welt vergleichbaren Attribute haben und die Welt jedenfalls keine Theorie ist, macht sich direkt einfach gar nicht nötig, solange man die Möglichkeit hat, statt Sätzen mit Tatsachen lieber erfolgreiche von erfolglosen Handlungen zu unterscheiden (wozu freilich wieder Zweckbewußtsein erforderlich ist; ohne Technik wird man wissenschaftliches Denken nie begreifen), und sich nicht so dumm stellt, als wüßte man nicht, was eine theoriegeleitete Handlung ist. Auflösen kann man in diesem Nexus natürlich alles; das sind aber wieder binnentheoretische, da binnensprachliche Desemantisierungseffekte, die mit evolutionär ganz gut erklärbaren und erklärten Hirneigenschaften zusammenhängen. Wer fünfunddreißigmal hintereinander »Teller« sagt, wird kaum noch glauben können, daß irgendein Ding in der Welt rechtmäßig so heißen soll; das liegt aber nicht an der Sprache und nicht am Teller.

4. Selbst wenn die Kuhnsche Theorie stimmen würde: Die soziale Revolution, die Erleuchtung und das Mordbewußtsein hätten mit der von ihr beschriebenen Art Paradigmenwechsel dennoch herzlich wenig zu tun, da die interessanten Daten und Merkmale bei allen dreien im normativen statt im von der Wissenschaft beobachteten metaphysisch-ontologischen Bereich zu finden sind. Herr und Frau Buddha finden etwas darüber raus, wie nah sie dem kommen können, was sie sein wollen, und empfinden den Durchbruch als ein Erreichen dessen, was sie sein wollen; das ist etwas ganz anderes, als zu verstehen, wie der Erbgang läuft, wie die Planeten sich drehen und so fort. Für die Mörderin und den Mörder gilt dasselbe, bloß unter anderen, sozial negativ sanktionierenden Vorzeichen. Revolutionärinnen und Revolutionäre schließlich sehen in revolutionären Situationen eine Handlungsmöglichkeit, die ihnen vorher unsichtbar war, und lernen damit über sich als soziale Geschöpfe etwas: Ich kann Gesetzen in *Hexis* oder *Praxis* nicht nur gehorchen oder sie brechen, sondern es gibt darüber hinaus die dritte Möglichkeit, neue Gesetze

zu machen, ja die Institutionen zu ändern, die Gesetze machen, ihre Durchführung absichern, ihren Bestand schützen sollen.

Der *big deal*, die Erfahrung, daß man alles anders sehen, alles anders machen kann, als man bislang dachte, nämlich als Widerspiel zwischen Erfahrung einerseits und Natur der sozialen Dinge andererseits, sprengt die Voraussetzungen, unter denen er sich ereignet, überstrahlt sie sozusagen im Moment der Zündung – das ist der Grund dafür, daß Revolutionärinnen und Revolutionäre, als wunderliche Mischwesen aus erleuchteten und infamen Leuten, ab dem Augenblick, da das Denkbare ihnen machbar, das Machbare ihnen denkbar wird, die Vorstellung davon einbüßen, daß die Umwälzung der bestehenden falschen Zustände anderen Menschen nicht nur nicht machbar, sondern nicht einmal denkbar sind. Der billige Spott, den sich diverse Erlösungsreligionen für die offenkundige Enttäuschung ihrer Erwartung des nahen Weltendes eingehandelt haben, ist strukturell dem Spott, den man Marx und Engels in die Gräber nachgeworfen hat, weil sich ihre Erwartung der nahenden proletarischen Revolution in den entwickeltsten Industriestaaten ihrer Zeit nicht erfüllte, auf ganz andere Art verwandt, als die Spötter meinen: Wer einmal eingesehen hat, daß es so nicht weitergehen muß, wird schnell glauben, daß es so nicht weitergehen kann, wird also mit argem Eifer dafür eintreten, daß es so nicht weitergehen darf, und kann sich daher nur mit größter Selbstdisziplin davon abhalten, zu empfinden, daß es notwendiger- und unumgehbarerweise so nicht weitergehen wird. Was da in den revolutionären Köpfen schiefgeht, wenn die entsprechende Prognose dann nicht eintritt, ist also, darauf wollen wir hinaus, nicht einfach eine traurige Geistestrübung, ausgelöst durch sachfremde Euphorie, nicht schlichter Realitätsverlust, sondern ein nachgerade tragischer Denkfehler, der jener Euphorie überhaupt erst die Schleusen öffnet – die Propheten der Vernunft, von der sie glauben, daß sie die Massen ergreifen müsse, sind keine Schwärmer, sondern ihnen fehlt gleichsam die psychologische Fähigkeit, sich noch einmal dümmer zu denken, als sie sind, und das macht sie anfällig selbst für die Verkennung schwerer Niederlagen – Erich Mühsam glaubte, als die Nazis soeben im Begriff waren, die politische Herrschaft über Deutschland zu erlangen, dies sei ein positives Vorzeichen erwartbarer sozialer Kämpfe, da sich dieser nihilistische Pöbelhaufen an der Macht ja wohl nur würde blamieren können; Wilhelm Reich wurde zum selben Zeitpunkt aus der KPD wegen Defätismus hinausgeworfen, weil er sich mühte zu erklären, wie es zu der Katastrophe hatte kommen können, deren Vorhandensein von denen, die Reich loswerden wollten, nicht wahrgenommen wurde.

»Diese Revolution ist vernünftig, und an mir selbst habe ich erfahren, daß die Zwangsläufigkeit der vernünftigen Schlußfolgerung etwas unvergleichlich Befreiendes hat, also wird es allen so gehen«: Der Irrtum entfaltet seine Virulenz immer da, wo der Emanzipationserfolg im eigenen Kopf mit der politischen Lage verwechselt wird, weil die, die ihn errungen haben, sich nicht mehr in jene hineinversetzen können, die nicht wissen, was sie wissen, weil die Emanzipierten und Emanzipationswilligen nicht mehr vergessen können, was sie herausgefunden haben.

III.
Verstand und Affekt: Kleine Psychoökonomie des Umsturzes

Der soziale Revolutionsgedanke ist ein gedankenförmiger Verwandler ganzer Gedankenwelten, in dieser Eigenschaft aber erleben ihn alle, die ihm je historisch Wirkung zu verschaffen vermocht haben (nicht immer revolutionäre Wirkung übrigens), als Verstandesleistung, nicht als etwas Affektives, auch wenn sie dann von Robespierre bis Rosa Luxemburg meist einiges Feuer dabei aufbringen, ihn zu artikulieren. Viele, die diesen Gedanken nicht mit- und nachvollziehen können und wollen, müßten bei aufrichtiger Selbstbeobachtung allerdings bemerken, daß es Affekte und nicht Vernunftüberzeugungen sind, die sie hindern und hemmen – zum Beispiel die nur allzu plausible Angst vor Strafe, Gegengewalt, Reaktion. Die eigentliche Eroberung der Staatsmacht durch die Revolution vollzog sich sowohl in Frankreich wie später in Rußland, erst recht aber in Amerika, wo die Revolution darin bestand, daß sich auf in vielerlei Hinsicht betreffend die Reichweite der Entscheidungen des geographisch fernen Souveräns sehr rechtsunsicherem, ja fast gesetzlosem Kolonialgebiet überhaupt erst eine effektive Staatsmacht konstituierte, zunächst überwiegend unblutig; erst der Versuch verbliebener Reste angestammter, auch quasikolonialer oder quislingshafter, nicht immer im nationalstaatlichen Rahmen regierender und häufig ausländischer Feinde der Revolution, dieser den Garaus zu machen und die im Entstehen begriffene neue Staatsmacht zu zerschlagen, bahnte Bürgerkrieg, Terror und anderen im dramatischen massenmedial vermittelten Geschichtsbewußtsein der Gegenwart für wesentlich am revolutionären Geschehen gehaltenen Scheußlichkeiten den Weg.

Alle einigermaßen aufgeklärten Menschen wissen, daß da, wo die Affekte sich bemerkbar machen, manchmal der Verstand stillsteht. Widerfährt das denen, die der Revolutionsgedanke erschreckt, dann versuchen sie oft, das, was sie nicht denken können, mit anderen Mitteln als dem Verstand zu beurteilen, etwa indem sie die in ihnen tobenden Affekte gefühlsmäßig gegeneinander abwägen oder projektive Vermutungen darüber anstellen, von welchen Affekten (Sozialneid, Trotz, Haß) nun wieder umgekehrt die Revolutionärinnen und Revolutionäre getrieben sein könnten, was oft den fatalen Nebeneffekt hat, daß die sie beobachtenden Revolutionärinnen und Revolutionäre zu dem Schluß kommen, daß der Revolutionsgedanke eine Schwelle darstellt, deren geistige Übertretung offenbar soviel Energie kostet und so sehr davon bedroht ist, daß man sich von Außenangst sofort wieder hinter jene zurückprügeln läßt, daß jener Gedanke sich überhaupt nur dann Geltung auf der wirklichen Welt verschaffen könnte, wenn die historische Lage der Eingeschüchterten ihn ganz und gar unvermeidlich mache. Zahllose schlechte, vulgäre, grobschlächtige Revolutionstheorien sind aus diesem Grunde Zuspitzungstheorien, die Verelendungstheorien aufsitzen. Naive Menschen, die zwar keine Rechenfehler bei ihrer Deduktion, wonach eine Revolution nötig sei, gemacht haben, sich aber etwa durch ungünstigen Geschichtsverlauf unter den Zwang gesetzt sehen, sich und anderen zu erklären, warum sie damit so vergleichsweise allein dastehen, also nicht nur die gegen sich haben, die aus dem morschen Bestehenden einen Nutzen ziehen, sondern auch diejenigen, aus deren Menge eigentlich das berühmte revolutionäre Subjekt zu rekrutieren wäre, kommen auf diesem Weg zu dem Schluß, Revolutionen würden nicht nur bloß in den allerärgsten Lagen von denen für nötig gehalten, die sie vollbringen müssen, sondern passierten überhaupt nur, wenn sie unvermeidlich sind – so hat man das marxistische (und nicht immer ganz Marxsche) Schlagwort von der »revolutionären Situation« auslegen wollen, dabei ist damit etwas viel Bescheideneres gemeint, eine Negation: Wenn die Revolution nicht drin ist, passiert sie nicht, über irgendwelche hinreichenden Bedingungen ihres Eintretens ist damit nichts gesagt (oder wie Peter Hacks einmal Marx paraphrasierte: »Wer in einer nichtrevolutionären Situation Revolution macht, ist ein Idiot«[146]).

Zusätzlich kompliziert wird die Sache freilich dadurch, daß der falsche Gedanke wieder mal einer von denen ist, die richtige Folgen haben können: Zwar passiert die Revolution nicht nur dann, wenn sie unvermeidlich ist, muß aber, wenn denn die geschichtliche Erfahrung überhaupt irgend etwas lehrt, offenbar von genügend vielen – und den richtigen – Leuten für unvermeidlich gehalten werden, damit sie passieren kann.

In Wirklichkeit geht es hier, wie so oft, um eine Wahrscheinlichkeitsfrage (wenn alle glauben, die Sache sei unvermeidlich, ihre Wahrscheinlichkeit aber unter 50 Prozent liegt, kommt meistens nichts Schöneres heraus als in Rußland 1905 oder in Deutschland 1919, aber vorher weiß man das nicht immer). In der Interpenetration von Fürwahrhalten und Handelnkönnen steckt nichts Geringeres als die Lösung des alten Voluntarismusproblems, also der Frage, ob man Revolutionen unter Verweis auf unabänderliche Geschichtsgesetze deterministisch beschreiben könne oder es umgekehrt eine reine (kollektive) Willensfrage sei, wann und wie sie stattfinden und verlaufen – das Voluntarismusproblem, in dessen Rahmen sich allerlei Parteien, Fraktionen, Sekten seit Olims Zeiten mal Blanquismus, mal Quietismus, mal Zentrismus und wer weiß was noch für -ismen vorwerfen, stellt meist eine hyperobjektive gegen eine ultrasubjektive Richtung und will dann zwischen beiden ein Spektrum aufmachen, in dem sich revolutionäre Agitation und Politik behaupten sollen. Das Problem ist also von vornherein falsch formuliert, wahrscheinlichkeitsvergessen, sozusagen vorbayesianisch: Wo es um Wahrscheinlichkeiten geht, geht es um große Teilchengruppen und deren Wechselwirkungen; der subjektive Faktor im revolutionären

Geschehen ist nicht einfach subjektiv, sondern subjektiv *in genügender Menge,* über einer kritischen Masse (die überdies auch noch nichtnégligeable qualitative Merkmale hat), deren Vorhandensein oder Abwesenheit aber wieder kein subjektiver, sondern ein objektiver Tatbestand ist, für den es beobachtbare Kriterien gibt – zum Beispiel solche der je gegebenen Kommunikationslandschaft: In einem Flächenstaat ohne hinreichend gut entwickeltes Nachrichtennetz auf Umsturzseite, wenn also die Teilchen vereinzelt sind, die Systeme geschlossen und entropischen Prozessen ausgesetzt, unterlaufen leicht garstige Geschichten wie der vermasselte Aufstand der KPD 1923 (»deutscher Oktober«); Herrschaft, die sich gegen Revolutionen absichern will, wird immer Sorge tragen, daß die bayesianischen Prozesse nicht in Gang kommen, die wir meinen – und auch dieses »Sorge tragen« ist etwas Objektives, die entsprechenden Handlungen werden wirklich vorgenommen, die an der Revolution Interessierten müssen ihnen begegnen, sie brechen. Ob es mediale Plattformen gibt, einen öffentlichen und/oder klandestinen Apparat, eine Organisation in Betrieben, regelmäßige Treffen, ein leidlich verbindliches Vokabular, das die statistischen Prozesse zusammenfassen kann, all das sind objektive Gegebenheiten der Einfassung des subjektiven Faktors ins soziale und politische Gesamtgeschehen, ebenso wie die Frage, ob die Revolution das vorhandene Regiment der Produktion durch eins ersetzen kann, das die Versorgung sicherstellt (und mehr, wenn möglich), ob dafür Infrastruktur und revolutionäres Personal vorhanden ist – je konkreter man wird, desto eher zergeht die Binäropposition hie subjektiv, hie objektiv in etwas, das mehr als zwei Dimensionen hat und die bewährte Triangulation »programmatisch-strategisch-taktisch« erfordert:

Programmatisch: Bereitstellung »symbolisch generalisierter Kommunikationsmedien« (Luhmann), allgemeine Zweck-Mittel-Ratio, Selbstkonstitution der Revolution als Revolution.

Strategisch: Wie sehen die gegebenen, zu übernehmenden oder zu zerschlagenden Einrichtungen der Staatsmacht aus?

Taktisch: Wann ist Aufklärungsarbeit nötig, wann werden welche Gebäude besetzt, wann stehen die Zeichen auf Vorstoß, wann auf Rückzug?

Schlüsselt man das, was eine Revolution bedingt und was sie leisten muß, nach diesen Kategorien auf, verschwindet das Voluntarismusproblem wie etwa auf abstrakterer Stufe die Frage, ob die Tatsache, daß das, was morgen geschehen wird, morgen geschehen wird, nicht den Fatalismus rechtfertigt (sie tut es nicht, denn aus einer Tautologie kann man nichts ableiten). Der präfaschistische Ideologe Georges Sorel hat das Voluntarismusproblem statt nach dieser Seite der Konkretion, des Operativen und Instrumentellen (der sogenannte Wille der Aufständischen, sagen wir, ist eben auch kein transzendenter Revolutionsquell, sondern nur eine soziale Maschine unter vielen, die auch kaputt sein kann) bekanntlich in einer »antimaterialistischen Marxrevision« nach der genau entgegengesetzten Richtung aufgelöst, wonach der Wille alles, die tatsächlichen Programme, Strategien und Taktiken rein gar nichts seien; sein Schüler Mussolini hat sich das mit ebenfalls bekannten Folgen zu Herzen genommen, und Hitler war bis zum Schluß, bereits umzingelt von der Roten Armee, der eisern gegenaufklärerischen Ansicht, das zwanzigste Jahrhundert werde nun endlich mit dem seit der Französischen Revolution in der Politik verwirklichten »Zeitalter des Intellekts« brechen und an seiner Stelle das »Zeitalter des Willens« setzen (ein bißchen schlecht verdauter Nietzsche spielte da auch eine abgeschmackte Rolle). Daß man Lenin gelegentlich mit Blanqui verwechselt und die Revolution der Bolschewiki von 1917 für eine voluntaristische Veranstaltung gehalten hat, daß aber auch von Spontis bis zu den Autonomen Sorelsche Züge auf der Linken noch nach dem Zweiten Weltkrieg vorgekommen sind und in jüngster Zeit auch das vieldiskutierte französische Manifest *Der kommende Aufstand* passagenweise bis in einzelne Entscheidungen der Wortwahl nach Sorel schmeckt, sollte allemal zur vorsichtigen Einzelfallunterscheidung mahnen, bei der Propaganda und Interessen der bewußten und der bloß ihrer Schwerkraft erliegenden Hilfskräfte der bestehenden Ordnung nicht übersehen werden dürfen.

IV.
Eifer des Gefechts: Spontan prophetisches, paradox langfristiges Wissen

Once a thing is seen, it cannot be unseen: Es gibt für Leute, die eine Revolution machen, neben den affektiven, den erleuchteten und den gesetzesbrecherischen auch noch einen rationalen, die Richtigkeit der Überzeugung aber gleichwohl nicht garantierenden Grund, das, was sie da tun, für unvermeidlich zu halten: Meistens tun sie das nämlich erst, während bereits unumkehrbare revolutionäre Prozesse (im Kontext eines Gesamtablaufs, der aber trotzdem vielleicht nicht ans Ziel gelangt) im Gang sind – die Prophezeiungen, in denen das Unvermeidlichkeitsempfinden sich artikuliert, sind dann aber nicht solche, die etwas Nichtvorhandenes als bevorstehend beschreiben, sondern etwas Begonnenes als vollendet. Was daran richtig ist, muß niemanden optimistisch stimmen: Entwicklungen im Rahmen umfangreicher Antagonismen können eben immer nur entweder zu ihren impliziten positiven Resultaten fortschreiten oder einen schlimmeren als den *status quo ante* vorbereiten; arretieren lassen sie sich nie (der *Katechon* ist ein Schmittsches Märchen beziehungsweise eine Figur, die etwas als konservativ, bewahrend also, ausloben soll, das in Wahrheit einfach reaktionär ist, also herrschaftssichernd auch um den Preis der Nichtbewahrung sozial sogar den Beherrschten zuträglicher Aspekte des bestehenden Herrschaftssystems).

Selbst im aus heutiger Sicht so unangemessen siegesgewissen *Manifest der Kommunistischen Partei* schwingt davon eine Ahnung mit, in dem berühmten Satz, der als den die Alternative zur Revolution benennenden möglichen Ausgang von Klassenkämpfen den gemeinsamen Untergang der kämpfenden Klassen anführt.

Dieser Zwang der Nichtarretierbarkeit gilt nicht erst für Straßenkämpfe, Guillotinierungen und Schießereien, sondern gerade auch für revolutionäre Geschehnisse, die so weitreichend (und daher in kurzer Zeit gar nicht vollendbar; das ist wie im Lichtkegel, wo eine bestimmte Signalausbreitungsgeschwindigkeit jede Definition von »Ereignis« bindet) sind wie etwa die Ersetzung der ständischen Welt durch die bürgerliche oder die Ersetzung dieser späteren durch eine sozialistische. Nach einer Art Pendelfluchgesetz des verpfuschten Fortschritts sind dabei Rückschläge oft verheerender, als es jedes bloße, aber eben sachlich unmögliche Zurückschnappen auf den blödsinnigsten *status quo ante* sein könnte – Wolfgang Pohrt über einige Folgen des Untergangs der Sowjetunion:

> »Wie die auf halbem Weg steckengebliebene Aufklärung schlimmer als keine ist, insofern Millionen Analphabeten besser als Millionen Bild-Leser sind, macht jede mißlungene Revolution die Verhältnisse schlimmer, als sie waren. Daß vom Faschismus schweigen soll, wer vom Kapitalismus nicht reden mag, ist richtig, aber nur die halbe Wahrheit, denn die modernen Greuel setzen außer dem Kapitalverhältnis Massen voraus, die von den Versprechungen des Kommunismus hörten und daran Gefallen fanden. Hat die richtige Idee, daß es jedem besser gehen könnte und daß der Zustand der Welt insgesamt ein unerträglicher ist, sich einmal in den Köpfen festgesetzt, so stirbt man in der Not nicht mehr bloß am Hunger. Die Alternative Sozialismus oder Barbarei stellt sich dann, wenn die Massen ihr Dasein nicht mehr als gottgegeben hinnehmen und es eine Rolle spielt, von welcher Art Politik sie sich die Verwirklichung der in ihnen geweckten und ihnen nicht mehr auszutreibenden Wünsche versprechen.«[147]

Rosa Luxemburg, Karl Liebknecht und andere, die am Ende des Ersten Weltkriegs den Zeitpunkt für die sozialistische Revolution in Deutschland für richtig, diese nämlich in der oben beschriebenen Weise für unvermeidlich hielten, hatten es daher nicht nur mit der Aufgabe zu tun, Marxens Programm zu realisieren, sondern auch mit der vielleicht noch dringlicheren, ihnen aber ganz begriffsunzugänglichen, Hitler zu verhindern, dessen Name sie nicht kennen konnten, dessen Funktion aber ihr Geschichtswissen (etwa über das Ende der Pariser Kommune) sie richtig vorauszuahnen in die Lage versetzte.

Wer gegenüber Menschen, die sich an so einem Punkt wiederfinden, *ex post factum* von ungerechtfertigtem Optimismus tönt, hat vielleicht das schlimme Ergebnis, nicht aber seine paradoxen Voraussetzungen verstanden, und sollte vielleicht etwas bedachtsamer reden.

V.
Stille Feldpost der Revolution: Permanenz und Unterbrechung

Manchmal geht gesellschaftlich erstrittenes Wissen verloren; manchmal dauert es sehr lange, bis es sich herumgesprochen hat. Noch im Jahr 2009 kann sich ein amerikanischer Hochschullehrer und Erforscher der Politikwissenschaften namens Jack Fruchtman Jr., dem es obliegt, seinem Publikum *The political philosophy of Thomas Paine* auseinanderzusetzen, nicht begreiflich machen, wie es möglich war, daß jener militante Aufklärer, als die ersten Ereignisse sich zugetragen hatten, die das überkommene Verhältnis zwischen monarchistischen und ständischen Institutionen in Europa und Amerika zu verändern begannen, eine globale Revolution mit dem Ergebnis der völligen Abschaffung der alten Ordnung binnen sieben Jahren voraussagte[148] – der verdutzte Ideengeschichtler nennt diesen Einfall tollkühn und kann ihn sich nur mit dem Bild der Trunkenheit erklären: »The very idea of revolution became like wine to his head«[149] – die Übervernünftigkeit, der die Unvernunft der Mitmenschen aus dem Blick gerät, wird selbst zur Unvernunft erklärt, und damit der Prophet auch so recht als *raving lunatic* dasteht, wird bei ihm eine Krankheit diagnostiziert, die es zur fraglichen Zeit noch gar nicht gab: Paine habe sich in eine Idee verbissen, »that the twentieth century would know as ›the permanent revolution‹, a global condition of constant upheaval until the rise of a universal civilization of reason, science, and democracy«.[150]

Der Philologe irrt sich; die »permanente Revolution«, an die er sich da erinnert, zeigt sich bei Trotzki und Lenin, von wo er sie nach dem Prinzip der Stillen Post in so verzerrter Weise hat grummeln hören, als etwas, das mit Fruchtmans bombastischer »global condition« herzlich wenig zu tun hat. Worum ging es? Als die Vorbereiterinnen und späteren Protagonisten der Russischen Revolution die marxistische Theorie im frühen zwanzigsten Jahrhundert ihren Erfordernissen anzupassen suchten, litt diese Theorie schon seit einer Generation (und etlichen Palliativen aus der Apotheke von Marx und Engels zum Trotz) an einer ernsten Knochenkrankheit, nämlich dem allmählich erstarrenden Denken in quasigeologischen historischen Schichten, das heißt sauber geschiedenen (und im Ansatz gar kuhnisch »inkommensurablen«) Epochen; man dachte sich den Fortschritt sozusagen gequantelt, und wer Stufen überspringen wollte, mußte sich des Synkretismus, ja Eklektizismus schuldig machen und rasch wieder ganz nach unten purzeln.

Man erkennt darin ohne Schwierigkeiten das Erbe vor allem Condorcets, dessen progressistische Denkweise aber gegen zyklische, das heißt vicoide, oder orthogenetisch heilgeschichtliche, das heißt aquinatische, mit denen er rang, eine gewisse eristische Berechtigung gehabt haben mag. Was bei Condorcet tatsächlich eine ziemlich rigide Treppe ist, als deren Geländer sich die Theorie anbietet, wird bei Hegel immerhin zur Rolltreppe dynamisiert: Die Stufen entstehen am Fuß des Aufstiegs im dialektischen Prozeß der durch Rückschläge immer mehr zu sich kommenden Selbsterkenntnis des Weltgeists; auch bei Hegel aber gilt streng, was der einen Etappe des Prozesses gemäß sei, werde sich in der anderen nicht mehr finden – und dieser Hegelianismus nun ist es, den die russischen Marxianer unmittelbar vor Lenin nachbeteten, besonders der »Vater des russischen Marxismus« G. W. Plechanow, dessen Klassenanalyseskizzen ergaben, man habe es bei der zaristischen Autokratie mit einem quasifeudalen System zu tun, einem sehr späten, aber doch eindeutigen späten Absolutismus, der stark auf dem adligen Standbein, schwach auf dem bürgerlichen Spielbein sei, und so erklärte er und erklärten die, die ihm vertrauten, es stehe beim Kippen des Zarismus erst einmal eine rein bürgerliche Revolution auf der Tagesordnung: Die Bourgeoisie, so erwartete man, werde zunächst wie in der Todesstunde des französischen Absolutismus den Zaren und seine mittelalterlichen Spinnweben hinwegfegen und mit dem ständischen Gerümpel aufräumen, unterstützt durch neo-sansculottische Elemente wie das (zahlenmäßig und auch sonst nicht hochentwickelte) städtische Industrieproletariat und ein paar unzufriedene, aber abenteuerlustige ärmere Bauern. Darauf sollte dann der schemagerechte Aufbau einer liberalen, bürgerlich-demokratischen Wirtschaftsordnung und politischen Republik folgen, die sich so lange würde halten können und müssen, bis sich in ihrem Schoß die Umsturzbedingungen für die nächste historische Stufe, nämlich die aus einer weiteren Revolution hervorgehende Diktatur des Proletariats samt der von dieser befehligten Errichtung des Sozialismus ergeben werde; vermutlich erst, nachdem derselbe Vorgang in den weiter industrialisierten, also im Marxo-Condorcetischen Sinne fortgeschritteneren westlichen Flächenstaaten stattgehabt haben würde. Trotzkis und Lenins Stichwort von der »permanenten«, also nicht durch diese bürgerliche Entwicklungsstufe unterbrochenen Revolution setzte diesem Konzept ein klares, eindeutig anderes entgegen: Warum denn, fragten sie, die beiden Revolutionen, die bürgerliche und die proletarische, analystisch überhaupt auseinanderziehen, warum sie nicht als ein und dieselbe, durch eine Entwicklungsphase des Kapitalismus und Liberalismus nur unnütz unterbrochene Selbstbefreiung der emanzipationswilligen und -fähigen russischen Menschen betrachten, wieso das Proletariat erst für die Kapitalisten akkumulieren lassen, um ihm hernach die große Industrie abzunehmen, wenn man sie auch gleich von ihrer zukünftigen Nutznießerin, der mit ihrer Selbstabschaffung beschäftigten Arbeiterklasse, aufbauen lassen konnte? Warum so tun, als wüßte man nicht schon, was das übrige Weltproletariat erst aus seinen Kämpfen und dann aus den sie auf den Begriff bringenden Theorien des Marxismus gelernt hatte, nämlich daß die klassenlose Gesellschaft nur von den vormaligen Nichtbesitzern kapitalistischer Produktionsmittel, die sie in sozialistische umwandeln müßte, würde erreicht werden können? »Permanent« hieß also gerade nicht, wie Fruchtman, an ein in marxistischen Dingen unbeschlagenes Publikum gerichtet, selbst uninformiert mutmaßt: Es hört nicht mehr auf, bis irgendein unbeschreibliches Ziel erreicht ist, sondern: Es wird nicht schemagläubig unterbrochen, bevor ein ziemlich beschreibliches erreicht ist. Daß der Irrtum des Gelehrten in einigen mißverständlichen bis wirren Äußerungen Maos und noch mißverständlicheren und wirreren im westlichen Maoismus präfiguriert ist, macht alle drei nicht besser.

Die wichtigsten organisatorischen (nicht institutionellen: Das waren dann ab 1905 die Sowjets) Träger der Russischen Revolution, die Sozialdemokraten, hatten sich, als Plechanows Lehre unter Beschuß geriet, bereits (auf Betreiben Lenins, dessen taktische Entscheidungen in diesem Zusammenhang von fast zwanzig Jahre vorher gereiften strategischen Überlegungen geleitet waren) in zwei Fraktionen gespalten, die gemäßigten und zur Zusammenarbeit mit den Liberalen bereiten Menschewiki und die radikalen Nolschewiki; als Lenin aber aus dem Exil zurückkehrte, beabsichtigten beide nicht mehr als die dem Stufenschema entsprechende Vollendung (was immer das geheißen hätte) der bürgerlich-demokratischen Revolution mit möglichst deutlicher Schlagseite nach links und möglichst günstigen Ausgangsbedingungen für die Eröffnung der nächsten, auf den Sozialismus hinauslaufenden Runde. Lenin aber forderte in den berühmten April-Thesen, überraschend auch für seine Bolschewisten (nicht wenige von denen hielten ihn zunächst für verrückt), das Auseinanderjagen des bürgerlichen Parlaments und die Übertragung der gesetzgebenden wie administrativen Gewalt auf die Sowjets. Nur, weil er dies vertrat, konnte ihn jetzt Trotzki, der lange Zeit Zentrist, das heißt in Äquidistanz zwischen Menschewiki und Bolschewiki taktierender, vielleicht brillanter, möglicherweise auf lange Sicht unter weniger revolutionären Umständen irrelevanter Intellektueller geschrieben und gearbeitet hatte, für einen neugewonnenen Anhänger der Theorie der permanenten Revolution halten und so begrüßen, was wiederum auf Lenin den Eindruck machte, der bis dahin so unzuverlässige Trotzki sei erfreulicherweise über Nacht Leninist geworden. Was ihnen beiden damit gleichzeitig gelang, war der Bruch mit dem Stufenschema, das heißt die Wiedergewinnung der seit der Aufklärung immer wieder von theoretischem Efeu zugewachsenen Erkenntnis, daß die praktische Vernunftgeschichte ein sehr lebendiges Widerspiel zwischen logischen und kontingenten Faktoren ist (eine Erkenntnis, die freilich keinen Cent wert gewesen wäre, wenn nicht Leute im Heer des Zaren für ihre konkreten Folgekalküle zu begeistern gewesen wären – wichtiger als Fragen wie die, ob Hegel, Marx, Sorel oder Guido Westerwelle die richtige Geschichtsphilosophie hatten oder haben, müßten ja etwa auch für Leute, die heute in der Bundesrepublik Deutschland irgend etwas Revolutionäres oder wenigstens Demokratisches vorhätten, Probleme sein wie dasjenige, daß die Abschaffung der Wehrpflicht im Zuge der allgemeinen Modularisierung von Staatsaufgaben und mit der Absicht, ein modernes, situativimperialistisches Interventionsheer zu schaffen, nicht eine ungünstige Isolation bewaffneter Abteilungen der Staatsmacht von der Restbevölkerung bedeutet, infolge derer schon Vertreterinnen und Vertreter pazifistischer, geschweige umstürzlerischer Absichten schwer zu kämpfen haben werden).

Wenn schon Theorie (und wir haben, wie die Existenz dieses Buches beweisen dürfte, nichts dagegen), dann sollte den logischen Determinanten und Attraktoren der Angelegenheit zwar neben den kontingenten ein durchaus autonomes, mit diesen aber erkennbar zusammenwirkendes, interpenetratives Feld zugesprochen werden, vielleicht wie in der vorbildlichen Tabelle von Shulamith Firestone in *The Dialectic of Sex*, in der die Autorin die »proletarian revolution« als Emanzipation vom naturwüchsigen Produktionszusammenhang in direkter Strukturkorrespondenz zur »feminist revolution« als Emanzipation vom naturwüchsigen Reproduktionszusammenhang setzt.

»Praktische Vernunftgeschichte« (im Grunde dasselbe, was wir mit »sozialer Fortschritt« meinen, unter einem anderen, sozusagen analytischen statt synthetischen Gesichtspunkt betrachtet) ist ein Gegenstand, bei dem die Grenzen der Durchsetzbarkeit von Vernunft ebensosehr geschichtlich (also oft: sehr unvernünftig) sind wie ihre Chancen.

Wenn das, was Leute zur Geltung bringen wollen, die absichtlich (statt getrieben von bloßen Zug- und Druckkräften) Geschichte machen, Gedanken sind, heißt das nicht, daß der Kampf um diese Geltung selber etwas Gedankliches wäre. Kräfteverhältnisse als meßbare Sonderfälle von logischen Unterscheidungskriterien wie »richtig« und »falsch« beschreiben zu wollen statt Ideenstreitigkeiten umgekehrt als Sonderfälle von starken gegen schwache Parteiungen, halten wir für eine gefährliche Illusionenquelle. Soweit geschichtliche Ereignisse sich zu so etwas wie einer Erzählung von Siegen und Niederlagen der Vernunft zusammenbringen lassen – und wir geben zu, das geht nicht immer, aber die Fälle, wo das nicht geht, sind eben doch intellektuell eher unergiebig, außer für die Mythenforschung, Mircea Eliade kann sie haben –, versuchen wir also, sie nicht nur an ihrer Vernünftigkeit, sondern an ihren historischen Voraussetzungen und Folgen zu messen. Daß es Revolutionen gab, daß sie möglich waren und für nötig gehalten werden konnten, bringt uns dabei aber in eine Verlegenheit: Je genauer man Revolutionen gerade ihrem konkreten geschichtlichen Ablauf nach untersucht, desto sichtbarer wird, daß hier häufig Ereignisse beobachtet werden können, die sich gegen ihre historischen Voraussetzungen und Folgen ausgesprochen ruppig, fast schon trotzig gleichgültig verhalten. Die Revolution, scheint es, ist ein Moment, der sich für alles auf der Welt interessiert, nur nicht dafür, wo er herkommt und wo er hingeht. Kein Grund zum Verzweifeln: Dieses Erstaunliche liegt daran, daß Revolutionen Vorkommnisse sind, in denen die Geschichte das Geschichtlichsein bleibenläßt und statt dessen programmatisch wird. Plötzlich geht es um Vorsätzlichkeiten, eben noch ging es um Interessen: Das hat die Revolution mit dem Verbrechen gemeinsam – der Hungrige, der stiehlt, wird vom Objekt seiner Not zum Subjekt einer Übertretung und damit ein anderer, das heißt, wäre das Naturrecht wahr, überhaupt erst seiner selbst als Mensch bewußtgewordener Mensch. Notwehr macht wach; im günstigsten Fall verleiht sie denkenden Wesen den Impuls, feedbackarme Systeme (»Herrschaft«) durch feedbackreichere (»Demokratie«) zu ersetzen; aber dabei geht dann manchmal einiges an Information verloren, und kaum sind ein paar Jahrhunderte vergangen, verwechseln die Gelehrten Paine mit Trotzki – und verstehen beide nicht.

VI.
Erweiterte Kaputtmachbarkeit

Seit Brecht eine seiner Figuren fragen ließ, was denn schon ein Bankraub sei gegen die Gründung einer Bank, ist die Klage über Gesetzlosigkeit und Zerstörungswut von Revolutionen meistens da besonders verbreitet gewesen, wo mit ihnen nicht zu rechnen war. Revolutionen sind indes keine, wenn sie Banken nur leerräumen, Festungen nur schleifen, Institutionen nur sprengen, sie müssen schon etwas gründen können, wenn sie ihren Nutzen haben wollen; es muß ja keine Bank sein.

Die Spannung zwischen Gesetzesbruch und gesetzgebender Mission wird im revolutionären Ablauf allerdings schon vor dem Umsturz bedeutsam; Bob Dylans Mahnung »to live outside the law you must be honest« verweist indirekt darauf, daß nicht nur die Kader der Umsturzpartei, sondern selbst der Bankräuber, wenn er denn ein reflektierter wäre, nicht einfach gar keine, sondern andere Banken wollen müßte (solche, in die man nicht erst einbrechen muß, damit sie hergeben, was man braucht, zum Beispiel).

2010, während wir schon mitten in der Arbeit an einer vorläufigen Endfassung dieses Buches steckten, zündeten in Griechenland gegen allerlei Zwangsmaßnahmen und Sozialetatkürzungen zur Einhaltung der europäischen Verpflichtungen jenes Staates rebellierende Idioten eine Bank an und brachten damit Menschen ums Leben; die massenmedial daraufhin eifrig verbreitete, in Bestürzung eingekapselte Häme von Leuten, die schon immer vor dem Chaos gewarnt hatten, konnte sich wahrlich sehen lassen.

Kurz zuvor hatte man in marxianisch orientierten Kreisen das Land, das auf einen Staatsbankrott zuschlidderte, bereits für das erste kontinentaleuropäische gehalten, in dem es seit 1989 wieder spannend wurde: War Griechenland nicht auch, vom Wirtschaftlichen mal eben fast abgesehen, der Staat, in dem während der ansonsten recht trüben Nullerjahre die Bemühungen um eine neue Koordination sich als kommunistisch verstehender Kräfte zu einer Internationale am weitesten fortgeschritten waren, weiter jedenfalls als in der ehemaligen Sowjetunion, überhaupt den zerfallenden Regionen der ehemaligen Staaten des Warschauer Vertrages, wo letzte Nostalgiker sich in seltsamen Retropatriotismen einigelten?

Die ränkeschmiedenden roten Griechen rund um die KKE standen als Leninisten vor einer ernsten Bewährungsprobe, wer immer aber glaubte, sie würden die Chance nutzen können, hatte die Rechnung beim Versuch, eine feedbackarme in eine feedbackreichere Politik umzuwandeln, ohne die existierenden Öffentlichkeitskanäle gemacht: *the revolution may not be televised,* aber Verwüstungen und unkoordinierter Protest sind doch sehr telegen, einerseits sexy und andererseits demoralisierend nämlich, und wann können die Massenmedien sonst schon mal den beiden Seelen, die in ihnen wohnen, dem marktgängigen Sensationalismus nämlich und der systemstützenden Propagandafunktion, so schön gerecht werden wie da, wo berechtigte Wut aus dem Ruder läuft? Eine Bank brennt, darin eingeschlossene Menschen sterben, und die Musik dazu erinnert an eine, die man aus der Großberliner Presse kennt, auch der sozialdemokratischen, als die es sich nicht nehmen ließ, Rosa Luxemburg und Karl Liebknecht als entmenschte, brandschatzende Ungeheuer, zumindest aber hinter diesen stehende Schreibtischgangster auszuschreien.

Die brennende Bank aber ersetzt feedbacklose Verhältnisse nicht durch bessere; nicht Server wurden gestohlen (oder blockiert, damit Befehle der *counterinsurgency* ihre Empfänger nicht mehr erreichen), nicht Fernsehstudios besetzt oder Läden (freie Warenverteilung ist keine elegante, aber je nachdem manchmal eine belebende Form der Rückeroberung des Mehrprodukts), überhaupt nichts irgendwie wenigstens gestisch Fortschrittliches steckt in der brennenden Bank (oder im brennenden Reichstag). Das Zerstören zum Zweck der puren Erzeugung von Schrecken, die Randale kann als Markierung der bereits eingetretenen Legitimitätsverluste eines wirtschaftlichen, rechtlichen, politischen Systems solche gestischen Aufgaben erfüllen; wer an dieser Stelle aber ins Moralische oder Antimoralische fällt und die alte Perle aus dem Ethikunterricht – »Heiligt der Zweck die Mittel oder nicht?« – poliert, hat wieder das (naturgemäß auch normative, aber sehr viel wertvollere) Gebot der Konkretion verletzt, wonach es nicht um irgendwelche Mitarbeitsnoten und Gesinnungsstrebereien geht, wo die Lage kippt, also auch nicht darum, ob irgend etwas geeignet ist, irgend etwas anderes zu »heiligen«, sondern darum, ob ein bestimmtes Mittel geeignet ist, die Zwecke, für die man ja schließlich so viele Menschen gewinnen will wie möglich, erkennbar zu machen oder zu halten. Mord ist ein ziemlich unergiebiger Hinweis auf die Absicht, das Leben erträglicher einzurichten, soviel steht fest.

VII.
Technomaterialistisches Scherzo

Wenn man imstande ist, der Versuchung zur starren Topik zu entraten, kann man bei Marx und Engels eine Grundspannung kennenlernen, die vorrevolutionäre und revolutionäre Epochen besser verstehen hilft als die steilste Condorcetsche Treppe: das Mißverhältnis zwischen Produktionsverhältnissen und Produktivkräften. Auch dieser Ansatz aber kann verkalken: Läßt man, von ihm verzaubert, unmittelbare Gewaltphänomene sowie Politik, Recht und das sonstige Brimborium der Humanwissenschaften als unerheblich beiseite und hält dafür, daß der Feudalismus nur deshalb (und zwangsläufig) auf den Menschenbesitz folgte, weil sich die Landbestellung auch anders organisieren läßt als mittels der Sklaverei, nämlich über Auspressung Verschuldeter, die man zu Leibeigenen macht, und läßt man Kapitalismus und Manufaktur allein aus der Grundspannung zwischen Verhandwerklichung und Verstädterung einerseits, Lohnarbeit andererseits hervorgehen, dann kann man leicht auf den Einfall kommen, Automation, Informatisierung, Vernetzung und Biotech möchten unter privateigentümlichen Verhältnissen mit durch die neuen *knowledge commons* allmählich ineffektiv werdenden Titeln auf intellektuelles Eigentum den nächsten derartigen Sprung vorbereiten. In diesem Bild war die Bourgeoisie dann nur Erfüllungsgehilfin der selbsttätigen Technikentwicklung, diesmal mögen es Hacker und Biowissenschaftsfellachen sein, die auf das hören, *What technology wants* (so der hochspekulative Titel einer Abhandlung von Kevin Kelly aus dem Jahr 2010). Man kann diese Position technomaterialistisch nennen, oder ultrakittlerianisch (nach Friedrich Kittler, der eine erzgeisteswissenschaftliche Abneigung gegen die Geisteswissenschaften soweit treibt, daß er nur noch von Apparaten, Maschinen, Meßgrößen und allenfalls Mathematik etwas wissen will, wobei letztere schon aufpassen muß, welchen ontischen Status sie selbst und ihr Gegenstandsbereich noch bekommen, da Kittler doch in Sachen Computer lehrt: »Es gibt keine Software«), und ihre konsequenteste Ausprägung wäre dann wohl Vernor Vinges Lehre von der *singularity,* nämlich daß uns in nicht allzuferner Zukunft ein Stand der Technik bevorsteht, an dem selbstdenkende Siliziummaschinen, Biorechner aus miteinander verschalteten Blutzellen à la Greg Bears *Blood Music* oder anderweitig hyperentwickelte, vormals instrumentelle Dispositive echten Subjektstatus erreichen und von da an nicht mehr vorhergesagt werden kann, wie es mit dem Sozialen, ja mit den Menschen überhaupt weitergeht.

Allerdings hat diese Singularität, wenn man sie denn ernst nehmen will, auch ein paar soziale und politische Voraussetzungen – ja nicht weniger, als Manufaktur und große Industrie sie hatten. Handlungsspielraum besteht auch da noch: Glaubt ihr, könnte man Vinges Leute fragen, es wäre besser für uns Menschen, wir änderten die Verhältnisse selbst so, daß sie uns bekömmlicher werden, als sie jetzt sind, statt darauf zu warten, daß es die Maschinen tun, die sich ja, wenn sie denn wirklich einmal (oder gar: bald) zur eigenen Willensbildung fähig sein werden, vielleicht gar nicht mehr groß darum scheren werden, was wir wollen und was uns gefällt? Die *singularity* müßte, wie jede einigermaßen radikale Phantasie davon, was auf diesem Planeten noch alles möglich ist, also eher Anreiz sein, eine Welt zu schaffen, in der die Maschinen und die Menschen miteinander auskommen können, und mehr als das wollte der ganze Sozialismus nie, weder der utopische noch der Marxsche: daß das, was wir geschaffen haben, uns nicht versklavt.

Man kann, wenn man »die Menschen« als Abstraktion mit ein paar besonders eindringlichen Bildern davon, was empirische Menschen mit empirischen Menschen angestellt haben, überblendet, ja sagen: Weg mit den Menschen, echte Singularisten weinen ihnen keine Träne nach. Wir hätten das, was der Ausdruck Mensch seit dem Humanismus gemeint hat – eben nichts Positivistisches, sondern etwas durchaus Normatives –, aber schon gerne verwirklicht gesehen. Das mag Geschmackssache sein. Vielleicht erübrigt es sich, wenn Geschöpfe die Welt bevölkern, die uns (wie immer man das bestimmen möchte) überlegen sind; aber die meisten Freundschaften, die man hat, sind ja auch nicht anders: Dieser kann jenes besser als ich, jene dieses, ich aber vielleicht wiederum etwas besser als alle beide, und dann erwachsen aus Kooperation wieder Vorteile für die daran Beteiligten. Sollte man uns in absehbarer Zukunft von Maschinenseite als Legehennen verwenden, hätten wir uns über die menschlichen Potentiale geirrt, bis das eintritt, ziehen wir es aber vor, die »Apparate« der Singularitätsprophetik als das zu lesen, was Apparate derzeit nach wie vor sind: schaltplanartig erfaßbare Beschreibungen von Verhältnissen zwischen Menschen, die man sehr wohl daraufhin überprüfen kann, ob sie sinnvoll, in irgendeinem Verständnis zweckmäßig sind, Leidensquellen, Glücksgelegenheiten, und ob sie sich dem, was niemand je nicht gewollt hat, sobald ein Begriff davon da war, was »wollen« bedeutet, anpassen lassen: Auskommen, Freiheit, Mitsprache.

VIII.
Wen braucht eine Revolution?

Wenn man das Gemeinwesen umgestalten will, braucht man Technikerinnen, weil die Revolution das Gemeinwesen vermutlich vor technische Probleme stellt, man braucht Soldatinnen, weil sie es mit militärischen, Produzentinnen, weil es sie mit die Versorgung betreffenden, Medienleute, weil es sie mit Aufklärung verlangenden konfrontiert, kurz: Man braucht eigentlich alle, die eine vorhandene, durch Revolution abzuschaffende Ordnung auch braucht, die stabilisiert werden soll. Wie kriegt man die, oder weniger naiv gefragt: Wie wirbt man sie ab? Das klassische Modell, von Frankreich 1789 bis noch in die unübersichtlichste lateinamerikanische Gegenwart, sagt: Indem man ihnen gemeinsame Interessen als Hintergrund des im Alltag erlebten Trennenden zeigt, indem man also innerhalb des Gemeinwesens überall existierende Auseinandersetzungen und Antagonismen als Konflikte mit der Herrschaft überzeugend neu formuliert; sie in einen größeren Kampf um Transformation »englobiert« – den Begriff hat der späte Carl Schmitt sich bei François Perroux geborgt, er spielt eine gewisse Rolle bei der für den überzeugten Reaktionär sehr unheilvollen Vorhersage, man müsse mit einer »legalen Weltrevolution« sozialistisch orientierter Bürokratien rechnen, sozusagen einer Spenglerschen Variante der Adorno und Horkheimer eingefallenen Theorie von der »verwalteten Welt«.

»Gemeinsames Interesse« kann nur heißen: Sie sind in untereinander vergleichbarer Art davon ausgeschlossen, darüber zu bestimmen, was mit ihnen passiert. Dafür, daß sie das als Mißstand begreifen lernen, den man beseitigen kann und soll, müßten sie aber auch die Erfahrung machen, daß diese Beseitigung technisch (im Sinne unseres Wortgebrauchs im fünften Kapitel) möglich wäre, am besten aber: daß sie nötig ist. Und das werden sie nur einsehen, wenn man sie an die liberalen Versprechen der bürgerlichen Welt, an die Programmatik der Aufklärung erinnert und ihnen (also: »uns allen«, wirklich wie in den albernsten Sonntagsreden bürgerlicher Politik) begreiflich macht, daß das eine gute Programmatik war, die aber im Spiel, wie es seither gespielt wird, keine Aussicht auf Verwirklichung hat: Auskommen, Freiheit, Mitsprache.

IX.
Kein Dampfkessel

Wenn es den Leuten reicht, knallt es: Die These ist so falsch, nämlich immer nur relativ zu wirklichen, faßbaren Aussichten auf Besseres richtig, wie die ihr verwandte Verelendungstheorie (die ebenfalls nur als relative stimmt, wenigstens von der »Kluft zwischen Arm und Reich« und der Zunahme der Unsicherheit muß sie handeln, damit sie die Wirklichkeit zu fassen kriegt, eine Dimension weniger, und sie wird Quatsch).

Aufmerksamen Menschen wie Talleyrand ist aufgefallen, daß Revolutionen sich nicht dadurch ankündigen, daß die Leute immer bedrückter und wütender werden (das kommt beides vor, ist aber nicht zwingend), sondern dadurch, daß sie (sei es im Elend, sei es im relativen Wohlstand) *anspruchsvoller* werden, als die Herrschaft vorgesehen hat. Das Bestehende schafft nicht ab, wer vor lauter Unerträglichkeit dieses Bestehenden nicht mehr ein noch aus weiß, sondern nur, wer etwas Besseres für erreichbar hält: Das ist nicht dasselbe (natürlich gibt es einen Grenzwert, an dem die beiden zusammenfallen, nämlich den Gedanken: »Alles wäre besser als das, was jetzt ist«, aber will man darauf warten, daß der erreicht wird?). Das erwartbare und nicht dumme Gegenargument lautet, man dürfe ja wohl nicht darauf verzichten, die Widersprüche zuzuspitzen und auf die sich unterm Druck der Herrschenden immer wieder wirklich – nicht nach irgendeiner Verelendungstheorie, sondern tatsächlich – verschlechternde Lage der Ausgenutzten, Ausgegrenzten, Unterdrückten mit Empörung (man kann sich selbst empören, aber auch, in einer auffällig selten gebrauchten älteren Variante des Umgangs mit diesem Verb, andere) zu reagieren. Rät uns Talleyrand, sagen die, denen an diesem Argument etwas liegt, denn etwa dazu, die Ansprüche der Beherrschten zu heben, indem wir irgendeinen Sozialstaatskrempel verteidigen, damit gut versorgte Abhängige nicht verzweifeln, sondern Ansprüche über die Versorgung hinaus entwickeln, und will Talleyrand, daß wir vergessen, auch der schönste Sozialstaat ist unter den gegebenen Voraussetzungen vor allem Herrschaftsmittel, das die Leute ihrer Eigeninitiative enteignet, vereinzelt, befriedet?

Widersprüche zuspitzen statt verkleistern also, nun gut, aber dabei hilft es, nicht aus den Augen zu verlieren, was ein Widerspruch eigentlich ist: »Es ist alles schlechter als gestern« ist jedenfalls keiner, »es ist schlechter, obwohl noch mehr Mittel dafür da sind, daß es besser sein könnte« dagegen schon. Man muß also bei der Aufklärung, die das Handeln anleiten und ermutigen soll, nicht nur herausarbeiten, daß das Leben unter der Herrschaft scheußlich ist, sondern die Werkzeuge der Freiheit bereits bereitlegen, und zu diesem Zweck empfiehlt es sich, den mächtigen Gegner zu nötigen, zu zwingen, die Kampfbedingungen der Revolution selbst zu verbessern. Bloßer Antireformismus ist nicht revolutionär, auf Reformen im Sinne der Lebensverbesserung sollte man aus vielen Gründen, nicht nur dem der Anspruchshebung, bestehen, nur damit abspeisen lassen darf man sich nie. Manchmal reicht es, die loyalitätsbindenden Versprechen der Herrschaft – die ja schließlich, wenn sie nicht nur mit Polizeigewalt regieren will, was auf die Dauer sehr kostspielig und sehr instabil wäre, den Beherrschten irgendeinen Nutzen ihres Vorhandenseins einreden muß – beim Wort zu nehmen und sie so entweder per Judo auf die Matte zu werfen oder, und das ist der wahrscheinlichere Fall, die Versprechen als unerfüllt und im Rahmen der Herrschaft unerfüllbar zu blamieren.

Die besten Erfahrungen mit dieser Strategie haben im zwanzigsten Jahrhundert wohl die antirassistische Bürgerrechtsbewegung in den USA, der Feminismus, die Umweltleute und (für eine Weile, an manchen Orten) einige der übrigen Neuen Sozialen Bewegungen gemacht; nur waren unter diesen traurigerweise nicht genügend Menschen, die verstanden, daß jeder Erfolg solcher Bewegungen eine grundlegende Transformation der verkehrten Gesellschaft nicht nur keineswegs überflüssig, sondern im Gegenteil immer sinnvoller und erreichbarer machte; es ging ihnen wie Spielern, die das Gewonnene, da sie keine andere, längerfristige sinnvolle Anlagemöglichkeit dafür sehen, so lange wieder auf den Spieltisch legen, bis es wieder zu schrumpfen beginnt (wie dieses Schrumpfen aussieht, kann man, angefangen mit Susan Faludis *Backlash*, in sehr viel Literatur über die Fährnisse des Feminismus und sogenannten Postfeminismus seit den späten achtziger Jahren des letzten Jahrhunderts nachlesen). Der grundsätzliche strategische Imperativ der Vermittlung von Programm und Taktik via Strategie bedeutet also, daß man auf allen Verbesserungen von Auskommen, Freiheit und Mitsprache besteht, für deren Erringung sich irgendwo auch nur der geringste Spielraum zeigt, dabei aber unbedingt darauf vorbereitet bleibt, daß die über den gegebenen Legalitätsrahmen Gebietenden diesen sofort abstreifen werden, wenn die Dynamik der Ernstnahme ihrer loyalitätsbindenden Versprechen ihre eigene Herrschaft als bleibendes Hindernis der gerechten Entwicklung von Auskommen, Freiheit und Mitsprache erweist und damit sozial zur Disposition stellt (wie schnell sie sich bedroht fühlen, lehren die Weimarer Republik und Allendes Chile). Diese Strategie, die als sehr allgemeine Gußform Gandhi mit Ho Chi Minh, Lenin mit Jefferson und Paine, die Jakobiner mit den Sandinisten verbindet, erschien einem so klugen Reaktionär wie Carl Schmitt daher auch ungleich gefährlicher als irgendein bewaffneter Desperadokampf oder das Autoanzünden in der Vorstadt; vom Anbeginn seiner Karriere spielte der spätere »Kronjurist des Dritten Reiches« seinen autoritären Souveränitätsbegriff daher gegen jeden, auch noch so drakonischen Legalitätsrahmen überhaupt aus – in dem Moment, in dem Herrschaft ihr Recht kodifizieren muß, hat sie schon ein Spiel eröffnet, das sie verlieren kann – und noch Schmitts letzte Überlegungen galten daher, wie oben schon angedeutet, nicht dem Chaos oder dem Untergang des Abendlandes, sondern einer »legalen Weltrevolution« wider alles, was ihm lieb und teuer war, von der Religion über den Nationalismus bis zur Diktatur – ganz richtig bestimmte er die in der Aufklärung liegenden Wurzeln dieses Ungeheuers, die »Fortschritts-Ideologien als treibende Motive der Superlegalität«, den »Patriotismus der Gattung«, gegen den er polemisiert:

> »Praktisch allerdings ist die Übertragung einer verfassunggebenden Gewalt von der Nation auf die Menschheit kaum vorstellbar. Die Erde mag heute viel kleiner sein als das Frankreich des Jahres 1789, trotzdem dient die neue Technik nicht nur der Zentralisierung, sondern auch dem Widerstand gegen sie. (...) Sollen wir uns etwa eine Vollversammlung der UNO ausmalen oder wenigstens eine Sitzung des Weltsicherheitsrats, die ähnlich verläuft wie die Nacht vom 4. August 1789, in der die Privilegierten feierlich auf ihre feudalen Privilegien verzichteten? Übrigens war das ein Ver-

zicht, dessen faktische Verwirklichung noch eines Dezenniums schauerlichen Bürgerkriegs nach innen und außen bedurfte.«[151]

Ähnlich wie im Wirtschaftlichen Hayek und Mises malt Schmitt einen Zentralisierungsteufel an die Wand, der davon lebt, daß (wie bei Demographiedebatten der Faktor Produktivität) die Realität der Kommunikationsverbesserung, also ein eher abstrakter Produktivkräftezuwachs, der in die Produktionsverhältnisse hinüberreicht, absichtlich übersehen wird: Zentralisierung kann heißen, eine Gewalt reißt alles an sich, oder es heißt, eine Plattform für die Einigung wird geschaffen, aber das zweite erscheint Schmitt nicht einmal denkbar, weil er selbst im Modell von 1789 steckenbleibt und das repräsentative Demokratiedispositiv in überzeichneter Vergrößerung »UNO« nennt, statt seine Überwindung im Zuge von neuen Formen der Demokratie und Planung zu ahnen. Ganz nah ist sein Abtasten der Nachkriegsordnung an den Widersprüchen, die zuzuspitzen sich für alle lohnen würde, die mehr wollen, als auf dem Wahlzettel zwischen sozialdemokratischen und rechtsliberalen Alternativen eine Entscheidung zu treffen – seine fortschrittsskeptische Argumentation, ins Ökonomische gewendet, geht etwa so: Da das Fabrikwesen nicht zur allgemeinen Arbeitszeitverkürzung führt, obwohl es die einzelnen Arbeitenden produktiver macht, ist es offenbar auch Unsinn, vom Fabrikwesen zu *erwarten,* es könnte zur allgemeinen Arbeitszeitverkürzung führen. So verhält sich's, sagt Schmitt, mit der UNO und der Gerechtigkeit – aber es ist eben kein Unsinn, von einer technischen (noch einmal: das Wort im Sinne unseres fünften Kapitels verstanden) Verbesserung wie der Fabrik oder der UNO auch soziale Verbesserungen zu erwarten, ja zu fordern, nur darf man dabei eben nicht ignorieren, daß Fabrik und UNO Hebel zur Herstellung von Zuständen sind, nicht selber Zustände (zu deren äußerlichen Attributen dann Auskommen, Freiheit und Mitsprache etwa gehören können oder nicht).

Schmitt weiß das eigentlich; sonst hätte es keinen Sinn, daß er vom Bürgerkrieg redet – aber würde er an dieser Stelle genauer, müßte er auf die zu sprechen kommen, die eine Revolution besiegen muß und die sich eben, wie alle Leute, nicht so gern besiegen lassen.

Verliert man da nicht den Überblick, sieht man auch klar: Je günstiger die Ausgangslage, desto weniger Bürgerkrieg; alles, was die Sache weniger blutrünstig macht, ist zugleich ein günstiges Vorzeichen für ihren Erfolg, inklusive einer stabilen Legalität.

Wovor Schmitt sich fürchtete, die »legale Weltrevolution«, kann man auch befürworten – dann nennt man es vielleicht, mit H. G. Wells, »the open conspiracy« (der Name ist poetischer als der Schmittsche, aber sie berühren einander sichtlich. Man sagt, was man vorhat – »it may never become one single administrative system. We may have systems of world control rather than a single world state«[152], ein feedbackreiches Arrangement also –, und nutzt jede Gelegenheit, sich diesem Vorhaben anzunähern. So blauäugig, anzunehmen, daß sich denen, die solch ein Ziel verfolgen, kein Widerstand entgegenstemmen würde, war Wells freilich nicht, und die einander ausschließenden Loyalitäten, zwischen denen sich die offenen Konspirateure würden entscheiden müssen, benannte er nicht weniger klar als Schmitt: »Loyalty to ›king and country‹ passes into plain treason to mankind«[153], was umgekehrt die Machthaber in den existierenden Nationalstaaten, an deren Bestand und Ontologisierung Schmitt soviel lag, dazu bringen würde, die Verschwörer als Verräter aufzufassen – auch darüber, was das bedeutet, gestattete sich Wells keine Illusionen: »Since there are armies prepared to act coercively in the world today, it is necessary that the open conspiracy should develop within itself the competence to resist military coercion and combat and destroy armies that stand in the way of its emergence.«[154] Erneut könnten nun Kittlerianer die Sache, sich in dieses Wells-Zitat verbeißend, für eine Hardwareangelegenheit nehmen, aber selbst Kriege und Bürgerkriege sind auch auf dem hochentwickelten Stand der Zerstörungsmittel, der inzwischen erreicht wurde, immer noch etwas anderes als reine Materialschlachten; sie haben außerordentlich viel und sehr Verwickeltes mit gesellschaftlichen Belangen zu tun, wie die Nordamerikaner lernen mußten, als sie die stärkste Militärmaschinerie der Erdgeschichte zwar zum Luftsieg und zur Zerschlagung der Staatsmacht im Irak führte, das darauffolgende Besatzungsregime aber nicht entlasten konnte. *Smart bombs* befrieden Gebiete, nicht unbedingt Menschen; die Herstellung eines Friedens, der für seine Erzwinger funktioniert, ist eine soziale, keine militärische Aufgabe; das hat sie mit der Revolution gemeinsam.

Wenn Wells seiner *conspiracy* kurzentschlossen das Recht zugesteht, gegen »nationalistisches Brigantentum« vorzugehen, wird es an genau dieser Stelle richtig heikel; Nationalistinnen und Nationalisten werden da an Carl Schmitts Begriff der diskriminatorischen Kriegsführung denken, der etwas mit Namen nennt, das nach Schmitt zum Schlimmsten gehört, was die Neuzeit erfunden hat, nämlich die harte Wirklichkeit, daß der Feind in einigen der schwersten modernen bewaffneten Auseinandersetzungen nicht mehr als Feind auf Augenhöhe betrachtet wurde und wird, sondern als zu bestrafender Verbrecher – das nehme dem nämlich seine Würde, sei totalitär und so fort –, das Bild dahinter ist, bis in Schmitts Tagebücher nach dem Zweiten Weltkrieg, wo es offengelegt wird, natürlich das der von den Nürnberger Prozessen gegen Hitlers überlebende Elite gemeinten Welt; man mag aber auch an die jugoslawischen Regierungsleute vor dem Gericht Europas und der Welt denken. Siegerjustiz ist wirklich nichts Schönes; das liegt aber meistens an den Siegern, weniger an der Justiz, die vielmehr Sieger immerhin nötigt, sich den (im Einzelfall dann ja durch Aufklärung, wenn denn eine Opposition stark genug dazu und außerdem im Recht ist, zu entlarvenden) Schein des Rechts zu geben. Wenn es die von diskriminatorischer Kriegsführung (und sie verlängernder, von ihr verlängerter Politik) benutzte Unterscheidung zwischen dem Legitimen und dem Illegitimen, die dahinterstehende von richtig und falsch aber gar nicht geben soll, wie Schmitt vorschlägt, sondern nur noch verschiedene Sozietäten verschiedenen Rechts, verschiedene Arten von – wie gewisse frankophone Theorien nahelegen möchten – *pouvoir,* dann treten keineswegs Würde und Schönheit ins zwischenstaatliche Leben, sondern das Recht des Stärkeren, das Schmitt am diskriminatorischen Krieg mißfällt, tritt einfach pur auf, ohne jede Rechtssicherheit aus Positivität, und man kann eigentlich nicht einmal mehr von Kriegen sprechen, sondern nur noch von geglückten und mißlungenen Überfällen (so dürfte Hitler gedacht haben, seine ganze Kriegspolitik zeigt das), und nicht mehr von Revolutionen, sondern nur noch von gelungenen und mißlungenen Machtergreifungen (ein militärpolitisches Korrelat von Rosa Luxemburgs Parole »Sozialismus oder Barbarei« steckt darin: entweder *open conspiracy* oder *bellum omnium contra omnes).*

Revolutionen hat es in der Geschichte tatsächlich gegeben; ihr spezifisches Medium als besondere Sozialtatsache bewirkt, daß man ihre Form nicht beschreiben kann, ohne ihr zugleich einen Inhalt zu geben. Die meisten praktisch mit ihnen Beschäftigten, auf gegnerischer wie revolutionärer Seite, haben die dabei nötigen Fragen wesentlich gescheiter beantworten können, als wir sie hier überhaupt zu stellen vermochten; das ist ein Theoriemalus, den nur Praxis beheben kann; selbst so vorzügliche Bücher wie Curzio Malapartes *Technik des Staatsstreichs* oder Marcel Mariëns *Weltrevolution in 365 Tagen* waren gegen diesen Makel nicht gefeit, und vielleicht muß man wirklich eine ganze Gesellschaftstheorie ausarbeiten, um auch nur eine halbwegs plausible Revolutionstheorie zustandezukriegen; aber dann wieder macht man es wohl am besten so wie Marx, der die Gesellschaftstheorie, die er entwarf, erkennbar bloß als ausformulierte Revolutionstheorie betrachtete (der ganze Kapitalismus hat in seinem System überhaupt nur insofern einen Sinn, als er die Tür zur sozialistischen Revolution ist, ansonsten hätte es sich gar nicht gelohnt, ihn zu beschreiben, geschweige zu erklären). »Das spezifische Medium der Revolution« haben wir für diese verzwickten Umstände soeben verantwortlich gemacht; wir wollen es gern beim Namen nennen: Es heißt, jedenfalls in der bekannten bisherigen Geschichte, Staat.

ZEHN
L'ÉTAT ET NOUS

I.
Untaten in Unstaaten

Der Staat hat, wie alles, eine Natur – das bedeutet bei uns: An ihm findet man Attribute, die man durch Sprechakte allein nicht loswerden, vermehren oder verändern kann. Sozialwissenschaftlerinnen und Sozialwissenschaftler, bei denen die »soziale Konstruktion« von beliebigen Daten und Sachverhalten aller Art, also der inzwischen schon wieder etwas verblaßte große »Kampfbegriff« (so nannte ihn noch 1999 Ian Hacking in einer ersten Zwischenbilanz der betreffenden Auseinandersetzungen) der Geisteswissenschaften in den neunziger Jahren für das Interessanteste an diesen Daten und Sachverhalten gilt, werden nicht glücklich damit sein, daß das Allersozialkonstruierteste von der Welt, der Staat, unserer Ansicht nach etwas hat, dessen Vorhandensein sie überhaupt bestreiten, nämlich eine Natur. Aber bevor man sich darüber in die Haare gerät, werden wir lieber genauer und stellen fest, daß wir das vor allem historisch meinen: Hätten die auf Sprache, Sprechakte, Diskurse abonnierten Köpfe recht, dann gäbe es den Staat eigentlich erst seit der Renaissance, nämlich seit Machiavelli von *lo stato* zu sprechen und zu schreiben anfing und damit die meisten modernen Lehren zum Thema ins Leben rief; Platons *politeia* meinte noch durchaus anderes als den politischen Streitraum, den der Italiener entwarf, nämlich ein Aufmarschgebiet des Zusichkommens höchster Ideen (das griff dann später Hegel wieder auf, wobei der Welthaltigkeit seiner einschlägigen Ausführungen sehr zugute kam, daß das Wort seither durch eine extensive machiavellistische Erfahrung gegangen war).

Die Babylonier, Ägypter und Römer hatten zwar auch alle einen Staat gehabt, aber eher im Sinne eines Verwaltungssystems – den Unterschied sowohl der platonischen wie der verwaltungstechnischen Staatlichkeiten zum mit der Renaissance entstandenen *Novum,* daß der Staat etwas sei, das den Absichten autonom handelnder, nicht erpreßter, nicht epreßbarer Menschen, ihre Geschichte selbst zu machen, den quasi naturrechtlichen, nicht weiter hintergehbaren Rahmen stecken soll, erläutert Hannah Arendt in *On Revolution*:

> »Das Wort *lo stato* kommt aus dem lateinischen *status rei publicae,* das seinerseits ›Staatsform‹ meint und in diesem Sinne auch noch von Bodin gebraucht wird. Charakteristisch ist nun, daß Machiavellis *stato* nicht mehr Staats*form* meint, sondern eine Art ursprünglicher politischer Einheit eines Volkes, die als solche nicht nur das Kommen und Gehen der Regierungen überdauern kann, sondern auch den Wechsel der Staatsform. Was Machiavelli im Auge hatte, war natürlich der Nationalstaat bzw. der gar nicht so selbstverständliche Tatbestand, daß Italien oder Rußland, China oder Frankreich in ihren geschichtlichen Grenzen nicht zu bestehen aufhören, wenn die Staatsform zugrundegeht.«[155]

Die Zuversicht, daß dies so sei, es also etwas gebe, in das politische Experimente eingebettet sein könnten wie die der Baconkundigen in die Natur, ist dem späteren Menschenrechtsglauben zuinnerst verwandt; aus ihr sprechen protobürgerliches und bürgerliches Selbstbewußtsein, und man wird sie daher spätestens nach den die bürgerliche Selbstsicherheit einer Inhaberschaft gigantisch tellurisch-zivilisatorischer Missionen zertrümmernden Katastrophen des zwanzigsten Jahrhunderts als verlorenes Gut ansehen müssen: Als Martin Heidegger den Grundsatz des Führerstaats, daß es nunmehr keine Zuständigkeiten mehr geben solle, die nicht durch darwinistische Selektion (also die im Verbrecherbandenwesen üblichen Modi der Kompetenzbehauptung) vor dem Gottrichterauge des Diktators entschieden würden (ein Prinzip, das etwa im Wettlauf zwischen Himmlers SS, der Goebbelsschen Propagandahausmacht und den sonstigen Banden innerhalb der Bande um die Zuständigkeit für die »Judenfrage« für eine formal praktisch regellose, aber unbremsbare Verschärfung der Politik gegen die Juden und damit schließlich zur Massenvernichtung sorgte), ins diesem das naturwüchsigste Faustrecht vergötternden Nichtgedanken angemessen Unverständliche übersetzte, kamen dabei Zerrbilder und Parodien Machiavellis,

Platons und Hegels heraus wie etwa, der Staat sei die wirklichste Wirklichkeit, die dem Sein einen Sinn geben müsse, die Verwirklichung des Volkes im Führer, ein grundvitales, nicht kritisierbares Etwas jenseits von Lehrsätzen und Ideen (»Willkür« hat eben einen logischen wie auch einen juristischen Sinn; Anti-Intellektualität dieser Sorte ist die Schwester des Hasses auf Rechtsstaatlichkeit in jeder Form), eine Zusammenballung von Treue, Gefolgschaftswillen und Mut zum Opfer, Manifestation der innersten Kraft des Volkes und überhaupt ein transgalaktischer Totalpopanz, in welchen man zugleich die Vollendung des preußischen Staates zu erblicken habe (das war ein direkter und zugleich völlig inhaltsloser Versuch, Hegel zu übertrumpfen, der im preußischen Staat ja schon die Selbstverwirklichung des Weltgeists an seinem Ziel angekommen sah; man sollte einmal, jenseits aller inzwischen nur noch ermüdenden Nazinachweise, untersuchen, inwieweit Heideggers ganzes Denken seiner Gestik nach sich in nichts anderem als solchen Übertrumpfungen – der Vorsokratiker, Nietzsches, Husserls und Gott weiß noch wessen – verausgabt, worin dann auch die auffälligste ästhetische Parallele der Heideggerschen Rede zur Gigantomanie und Einschüchterungsmanie, zum wagnerianischen Gesamtkunstpomp der nationalsozialistischen Ästhetisierung der Politik liegen mag). Die Wirklichkeit sah so aus, daß das Führer- wie das völkische Prinzip sich zur Staatlichkeit (mit Eigenschaften wie Verfassung, stabilen territorialen Grenzen, klar voneinander abgegrenzten Instituten politischer Willen) verhielt wie das Raubritterwesen zum Handel, oder mit Bernhard H. F. Taureck: »Dieser Staat war amorph und daher ohne innere Struktur, die Dauer hätte garantieren können. (…) Dieses Gebilde war angewiesen auf ein vorgegebenes Gehäuse – die Verfassung der Weimarer Demokratie –, in dem es sich, wie angegeben, tarnend einnistete, bis es sich selbst in die Orgien seiner Vernichtungen einschloss«,[156] was dann konkret so aussah, daß der Führer, kaum war er tot, plötzlich wieder in die inmitten des vom Naziverbrecherhaufen erzeugten Riesenuntergangs unangemessen putzigen Ämter Reichskanzler (den Job bekam der seinen Heiland nur kurz überlebende Joseph Goebbels ab) und Reichspräsident sowie Oberbefehlshaber der Wehrmacht (der verdutzte Dönitz) zerfiel, als wäre immer noch Weimar und eigentlich alles nicht so gemeint gewesen (eine Haltung, die sich nach der Kapitulation in der erstaunlichen massenpsychologischen Erscheinung spiegelte, daß eigentlich niemand richtig mehr angeben konnte, woher der ganze Spuk gekommen war, wer ihn gewollt hatte, geschweige denn, daß man sich dazu hätte bekennen können, ihn bis zur Wende des Kriegsglücks durchaus eifrig unterstützt zu haben). Mit dem Staat, den Machiavelli gemeint hatte, konnten die Nazis am Ende nicht mehr anfangen, als ihn zu zerstören, unter der Parole seiner Totalisierung freilich, und so, als wäre das, was sie taten, Politik, von der doch gleichzeitig zahlreiche Äußerungen des Führers verraten, daß er alle ihre neuzeitlichen Korrelate und Konstituenzien abschaffen wollte, von den Parteien bis zu den Sonderinteressen. Er war wirklich »Führer«, nicht Politiker, und doch hatte ihn ein Gemeinwesen an die Spitze eines Staates gelangen lassen, das bürgerlich verfaßt gewesen war, politisch gegliedert, von machiavellischen *fault lines* durchzogen.

Was war der Staat, was hätte er sein sollen, bevor die Geschichte anfing, sich mehr und mehr zwischen *failed states* zuzutragen?

II.
Seelenadel, Polizeigeistlichkeit, Urzustände

Nicht einmal die fanatischsten Parteileute der Anarchie (die gewiß jedem Menschen das Nasenbein brechen würden, der behauptet, sie seien in irgend so etwas wie einer Partei zu finden) werden leugnen, daß man, sobald in Gemeinschaften gelebt wird, die größer sind als die aus Adam und Eva zusammengesetzte, gezwungen ist, die Herstellung, Verteilung und vielleicht sogar den Verbrauch von Sachen irgendwie zu organisieren. Leugnen würden sie allerdings, daß das in Gruppen geschehen sollte, die über den Grad der von diesen drei Aufgaben (Herstellung, Verteilung, Verbrauch) bereits nahegelegten Arbeitsteilung hinaus differenziert sein müßten. Wo gejagt und gesammelt wird, behaupten jene, die das Gesellschaftliche für grundsätzlich, überall und immer gut, das Staatliche aber für grundsätzlich, überall und immer übel erklären, soll niemand außer Jägerin oder Sammlerin etwa Vorratsbeauftragte, Verteilerin, Schlichterin von Streitigkeiten beim Jagen oder Sammeln und so fort sein, weil damit die Unterdrückung anfinge, bevor auch nur die Ausbeutung des Menschen durch den Menschen erfunden sei.

Trotzki, der die Meinung der Klassiker des Marxismus zu dieser Position zusammenfaßt:

> »Die Prinzipien des Liberalismus existieren in der Wirklichkeit nicht anders als in Verbindung mit dem Polizeigeist. Der Anarchismus ist der Versuch, den Liberalismus vom Polizeigeist zu säubern. Aber wie Sauerstoff im reinen Zustande für die Atmung unerträglich ist, so bedeuten die vom Polizeigeist gereinigten Prinzipen des Liberalismus den Tod der Gesellschaft. Als karikaturenhafter Schatten des Liberalismus teilt der Anarchismus im Allgemeinen dessen Schicksal. Die Entwicklung der Klassengegensätze, die den Liberalismus tötet, tötet auch den Anarchismus. Wie jede Sekte, die ihre Lehre nicht auf die wirkliche Entwicklung der menschlichen Gesellschaft stützt, sondern auf die Ad-absurdum-Führung einer ihrer Eigenschaften, verflüchtigt sich der Anarchismus in dem Augenblick in die Luft, wo die sozialen Gegensätze zu Krieg oder Revolution führen.«[157]

Der andere, ältere Liberalismus, derjenige, den es in der Wirklichkeit dann nur mit Polizeigeist gibt, ist, wir haben mehrfach darauf hingewiesen, in der Aufklärung erfunden worden. Seine Vorstellung vom Staat reduziert ihn, in diesem Punkt absichtsvoll hinter Machiavelli zurückfallend, auf eine Verwaltungsangelegenheit, aber, in diesem Punkt mit Machiavellis Absichten, wo nicht mit seinem buchstäblichen Wortlaut wieder einig, auf eine, die nicht vom König lizenziert und von Gott legitimiert, sondern von Menschen gesetzt ist, als vernünftige Konzession an den Realismus, der weiß: Unbewachte Vorräte reißen Starke oder Schlaue an sich, ungeregelte Verteilung läuft auf die bloße Reproduktion der Raubtier-Beute-Relation im Gesellschaftlichen hinaus; rechtlich ungeschlichtete Streitigkeiten entscheidet das Faustrecht. Das Ideal des Liberalismus ist der Vertrag; den Staat wünscht er sich als Instanz, die diesen beglaubigt, sein Zustandekommen ermöglicht und begleitet, seine Einhaltung überwacht und seinen Bruch bestraft. Philologisch dingfest zu machende Geburtsstätte dieser Richtung ist die schottische Aufklärung, die Textwelt David Humes, Adam Fergusons und vor allem Adam Smiths also; im Hinblick auf das Verhältnis von Staat und Gesellschaft wird man diesen geschäftstüchtigsten Zweig des Gesamt-*Enlightenment* daher den pragmatischen nennen dürfen – das ist in unserem gedanklichen Zusammenhang, wie man aus vorherigen Erwähnungen des Pragmatismus weiß, kein uneingeschränkt lobendes Wort; derjenige unter den Aufklärern, den wir als Denker des Sozialen für den größten halten, Condorcet, war zweifellos der antipragmatischste und unrealistischste: Als die Aufklärung rings um ihn her immer politischer wurde, dachte er lieber über die ferne Zukunft nach wie Goethe, als in Deutschland die bürgerliche Epoche sich abzuzeichnen begann; als den anderen Aufklärern bewußt wurde, daß sie die Gesetze machen müssen, suchte er lieber nach Gesetzen, die immer gelten; als man in Montesquieus Gewaltenteilungslehre das *non plus ultra* der natürlichen, richtigen, wahren, schönen, guten Staats- und Regierungsform erkannt zu haben meinte, kritisierte er sie von ihren unleugbaren Redundanzen her und schlug eine andere vor, welche die Zeitgenossenschaft intellektuell überforderte; als der absolutistische Königsthron bereits wackelte, setzte er sich plötzlich dafür ein, den König als lebenden Ausdruck des gesellschaftlichen Gesamtinteresses und über den Parteien stehendes Staatsprinzip unbedingt zu schützen; als die Revolutionäre sich das amerikanische Vorbild zu Herzen nahmen, analysierte er es kühlen Kopfes und in aller Seelenruhe als für seinen Geschmack allzu zufälliges Geschichtsprodukt und schloß sich dem Lob für die in der Luft liegende Idee des föderativen Staates nicht an – immer setzte Condorcet die Dinge, die er betrachtete, unter die Bestimmungen seiner eigenen Vernunft, statt aus der Empirie des Politik- und Sozialwissenschaftlers, ja in vielem: des Begründers solcher Wissenschaften, der er war, den Fetisch zu machen, für den »Pragmatismus« oft das vornehme Wort ist.

Die Einheit des Landes war ihm wichtig, weil ihm die Gleichheit der Menschen jenseits von Ständen wichtig war (auch den Gedanken hat das zwanzigste Jahrhundert dann völkisch verdorben; theoretisch geht er noch, mit bedauerndem Blick zurück, zu rekonstruieren, praktisch am reichen Ort kaum mehr); die kleinen Verwaltungen sollten nur einfachste administrative Aufgaben wahrnehmen und dabei immer wissen, woher der souveräne Wind pfeift, wer wen wohin delegiert hat – Condorcet, tatsächlich, unterschied zwischen Verwaltung und Staat; der Staat, das war die Idee

»Es gibt Makro-Probleme, für die brauchen wir Makro-Instanzen«, die Regierung, das war der praktische Hebel für diese Idee, ohne sie wäre der Staat im besten Fall eine von Idealisten aufgezogene Bürokratie.

Realisten, Pragmatisten, Idealisten, das sind, lehrt die Geschichte seit den Revolutionen Amerikas und Frankreichs, alles Leute, die nicht sehen wollen, daß vernünftige Politik zwar einerseits eine normative (nicht positivistisch anzufassende), andererseits aber auch wieder keine ideelle Sache ist. Munter durcheinander geht daher meist alles, wofür die Unterscheidung zwischen Staat und Regierung gebraucht würde, wenn man sie hätte. Wenn unter liberalem Rechtsstaat verstanden wird, daß irgendwer die Verträge beschirmen muß, heißt das noch nicht mehr, als daß innerhalb der Gesellschaft Menschen dafür freizustellen sind, als besondere Profession die Geschäfte der Gesamtgesellschaft im Blick zu halten – soweit nichts Absurdes, Adam Smith dehnt in seinen Texten über die Arbeitsteilung diese ja bewußt selbst bis auf Philosophen aus: »In the progress of society, philosophy or speculation becomes, like every other employment, the principal or sole trade and occupation of a particular class of citizens«;[158] von der Arbeit aus betrachtet, ließe sich also sagen: Staat, das sind alle, deren Arbeitgeber alle anderen sind. Die können dann auch, vom Vertragswesen im engeren Sinn abgesehen und in Erweiterung dessen, was man sich unter Heer oder Polizei vorstellen mag, den Wasserstand messen, um die Deichbauer zu informieren, die Priester ausbilden, Patente archivieren, es kommt halt immer nur darauf an, was das jeweilige Gemeinwesen als gesamtgesellschaftliches Problem zu betrachten und zu behandeln bereit ist. Die Regierung aber ist der Ort, wo das Gewaltmonopol sitzt – die anderen als staatlich vorstellbaren Kräfte haben ja nicht unbedingt ein Monopol, brauchen auch keins, damit der Staat sein kann: Jeder kann aus Spaß den Wasserstand messen, jede ihr Wissen als Ausbilderin auf dem Markt verkaufen, nur ob das Amtsanmaßung ist und die entsprechenden ausgegebenen Lizenzen irgendeine Gültigkeit haben, darüber entscheiden dann Gerichte, deren Beschlüsse bloß wirksam werden können, weil und solange es eine Polizei gibt. Polizei aber und Heer darf auf keinen Fall jede spielen, und die Regierung ist der besondere Zweig des Staates, der die Polizei und das Heer ernennen, befehligen, in Bewegung setzen oder aufhalten darf. Spezialisierung dieser Art – aufs Drohen mit Sanktionen der Gemeinschaft, wenn die Monadenbestie mal ihren Interessen (ein selbst schon erzogenes, am Rande der Sublimierung aufhältiges Wörtchen für: Trieben) ein bißchen vehementer folgt, als der Nachbarin und dem Nachbarn (sublimiert, verallgemeinert: der Gesellschaft) bekömmlich ist – verträgt sich gut mit dem Gedanken abstrakter Allzuständigkeit; die Gewalt des als »alle« vorgestellten Gesamtgewalthabers, Gewalt aller über alle eben, kann jederzeit und überall eingesetzt werden, weil dieser Staat, wie ihn der Liberalismus denkt, eben Dinge organisiert und durchführt, die tendenziell jederzeit tendenziell alle betreffen (er muß also eine *Republik* sein) und jederzeit von tendenziell allen getragen werden können (er muß also eine *Demokratie* sein) – republikanisch verfaßt und demokratisch, diese beiden Eigenschaften kommen ihm zu, weil der Hobbessche Wunsch der Kontrolle des Ganzen durch eine Instanz aus dem Ganzen, aber überm Ganzen zusammen mit dem Naturrecht, mit Rousseau und Montesquieu nur dies als »Grundübereinkunft« übrigläßt.

Das Wort »Grundübereinkunft« holen wir uns beim umfassendsten und gründlichsten Denker des politischen Liberalismus im zwanzigsten Jahrhundert, John Rawls, und ihm verdanken wir auch die Einsicht, daß diese ursprüngliche Grundübereinkunft, die man als politische Umsetzung und Verankerung des Rawlsschen normativen Leitgedankens »Gerechtigkeit als Fairneß« ansprechen darf, analog der Naturrechtslehre und der (von Arendt erforschten, siehe das vorangegangene Kapitel) frühen bürgerlichen Revolutionsbegrifflichkeit mal wieder historisch aufgezogen ist, in Wahrheit aber nur logische, nicht historische Grundlage von irgend etwas ist – es hat sie nicht »im Anfang« gegeben, sondern sie wird gesetzt, damit ein Anfang sei.[159]

Die repräsentativ demokratisch verfaßte bürgerliche Republik hatte als Vorstadium eben nicht den großen Ratschlag der Bürger, der sich dann auf so eine Republik einigte, sondern die absolutistische Monarchie, in welcher der Fürst, der hoffentlich Machiavelli gelesen hatte, dafür zuständig war, nicht nur irgendwie abstrakt die

Interessen aller gegen alle auszugleichen, sondern vor allem diejenige zweier Klassen, die sich zwar nicht die Staatsgeschäfte, wohl aber die Aufsicht über die Produktion und Reproduktion des gesellschaftlichen Lebens teilten, nämlich des Adels (mit seiner Extension, dem Klerus) einerseits und der Bourgeoisie (mit ihrer Elite Handel und Finanz, außerdem gesetzt über die neue Klasse der Lohnabhängigen) andererseits. Als das Königtum zwischen diesen beiden hinlänglich zerrieben war, mußte die siegreiche der beiden diese Klassen repräsentierenden politischen Fraktionen für seine institutionelle Repräsentanz des Gesamtgesellschaftlichen finden, und der hieß zwar zunächst, mit einer gewissen Ebenenvagheit, Republik, dann aber rasch Diktatur und danach plötzlich wieder, aus sozusagen größter historischer Verlegenheit, Kaiser. Hegels »Weltgeist zu Pferde«, der Bonapartismus, läßt sich auch ohne idealistisches Wörtlichnehmen ganz elegant beschreiben als die Idee, daß eben eine Idee herrschen soll statt einer bestimmten *bloodline*; diese Idee aber ist zunächst nicht der umfassende Katalog von Forderungen und Hoffnungen, der aufgeblättert wird, wo von sozialem Fortschritt die Rede geht, sondern zunächst bloß die nüchterne Anwendung der Abstraktion der Arbeitsteilung auf Verwaltung und Regierung, die Schaffung und Setzung des Staates als eines Garanten für die Wirksamkeit der allgemeinen bürgerlichen Geschäftsordnung.

Auf dieser Folie leuchtet ein, daß die Radikalisierung des bürgerlichen Freiheitsstrebens unter Miteinbeziehung derjenigen Bezirke, in denen die Arbeitsteilung überhaupt zuerst aufkam, der unmittelbaren Produktion, das heißt eben: der Sozialismus und seine Vorstellung von Verwaltung und Lenkung, historisch irgendwann auch mit dieser Hebelidee sich wird auseinandersetzen müssen (und je nach territorialem Umzingelungsgrad und sonstigen Schwierigkeiten vielleicht auch wieder einen Bonapartismus erfindet). Auch der Sozialismus nämlich muß einen König ersetzen, der eine herrschaftssichernde Waffenstillstandskooperation zwischen zwei einander nicht grünen Klassen zu verewigen berufen ist, nämlich den bürgerlichen Staat. Die Vorstellung vom Urzustand, lehrt nun wieder Rawls, drängt sich unvermeidlich auf, sobald wir wissen wollen, wie ein Gemeinwesen den Weg zur Gerechtigkeit finden soll (und kürzt man das Wertende weg, verallgemeinert und sublimiert den Begriff der Gerechtigkeit, der von interpersonalen, zunächst wohl immer Zweierbeziehungen ausgeht, ins wirklich Soziale, wie wir das oben mit den Trieben und dem Nachbarn getan haben, dann heißt Gerechtigkeit wohl einfach: Stabilität der Kohäsion).

Damit verweist Rawls (ob ihm das im einzelnen deutlich ist oder nicht; aus seinen Schriften geht es klar nicht hervor), daß man in der stattgehabten, aufgezeichneten Realgeschichte auch bei noch so sorgfältiger Suche keinen Moment finden wird, da diese Dinge öffentlich ausgehandelt wurden, daß man sie sich aber gleichwohl nur als ausgehandelte vorstellen kann, weil sie sonst keinerlei Legitimität hätten. Er kratzt damit das tiefste Dilemma liberalen Staatsdenkens recht vorsichtig an, nämlich die Tatsache, daß alle aus bürgerlichen Köpfen kommenden Gerechtigkeitstheorien sich früher oder später als Rechtfertigungstheorien eines aus ganz und gar nicht theoretischen Gründen zustandegekommenen tatsächlichen Zustands des Gemeinwesens sind. Er hofft, der vagen Anrüchigkeit dieser Rechtfertigungsargumentation (es könnte ja immer wer kommen und fragen: Ist die Überlegung, daß wundersamerweise das, was der Kapitalismus sich zunächst einmal als die ihn aushaltende Staatsform besorgt, mit dem, was ein auf Fairneß und Stabilität der Kohäsion bedachter Analytiker als beste Staatsform deduzieren muß, über den Umweg von Urzustandsvermutungen so schön zusammenpaßt, nicht doch ein Sonderfall der geschichtlichen Binse, daß zu allen vorgekommenen Zeiten die denkenden, also im Zuge der Arbeitsteilung aus den weniger mußereichen und schönen Abteilungen der Produktion herausgenommenen Leute mit deutlichem *bias* und wie durch ein Wunder immer genau die jeweils dieses Herausgenommensein stützende Staats- und Gesellschaftsform als die denkbar beste erkannt haben, und ist diese Verwandtschaft nicht, bei aller endlich doch und evidenterweise erreichten Idealität, ein bißchen verdächtig?) zu entgehen, indem er die Unvermeidlichkeit seiner Schlüsse ordentlich kantisch an den Möglichkeitsbedingungen derartiger Schlüsse überhaupt eicht, aber das hat, weil es eben wieder nicht auf Trotzkis oben angemahnte »wirkliche Entwicklung der menschlichen Gesellschaft« abhebt, sondern auf die Reifizierung und Fetischisierung realgeschichtlicher Arbeitsergebnisse, etwas vor einen so universalen Kopf wie Rawls unleidig Sektiererisches.

Die so vorgenommene dreiseitige Versöhnung von Sein, Können und Sollen ist gewaltsam, mit einem Wort Adornos aus verwandtem Zusammenhang: erpreßt: Wenn gesagt wird, daß es logisch gar nicht anders kommen konnte, als es gekommen ist, soll man nicht mehr darüber nachdenken dürfen, ob die Geschichte weitergeht, weil es immer auch anders hätte kommen können und vielleicht noch einmal anders kommen wird. In Krieg oder Revolution, den Situationen, die sowohl Trotzki wie etwa Carl Schmitt als antikantisch-empirisch-induktive Eichmaße in ihre entsprechenden Deliberationen einbauen, löst sich der Liberalismus tatsächlich in Kompetenzkriege auf; selbst beim bloßen schwarzen Schatten eines Bürgerkriegs, den Bushs »Krieg gegen den Terror« beschwor, wurden bereits Bürgerrechte suspendiert, Freizügigkeiten kassiert, die Folterwerkzeuge wieder ausgepackt. Bürgerliche Denker des Ernstfalls werden deshalb rasch und häufig Illiberale – auch zwischen Denkern gibt es in hocharbeitsteiligen Sozietäten eben Binnenarbeitsteilungen wie etwa die nach Sonntagsdenkern, Alltagsdenkern und Krisendenkern.

III.
Schmitt, Marx, Smith: Politische Geschicke der Arbeitsteilung

Letztere finden immer wieder Sachen heraus, die den Sonntags- und Alltagsdenkern in die Jubelparade fahren, zum Beispiel zur Meinungsfreiheit: Interessant wird die ja eigentlich erst, wenn Meinungen geäußert werden, die der bestehenden Ordnung gefährlich werden können, auch im repressivsten System darf man dieses und seine Funktionseliten loben, Verlegenheitswendungen wie die von der »wehrhaften Demokratie« oder den *unamerican activities* aber werfen für die Krisendenker unerwartet deutliche Schlaglichter darauf, wie es mit den destabilisierenden Ansichten noch im freizügigsten System steht. Ein Schmitt muß sich die Skrupel von Rawls nicht machen, sich dafür zu entschuldigen, daß er konstruieren muß, wo er nicht beobachten kann (und nicht beobachten soll …); Schmitt kann einfach dekretieren, daß jede beobachtende, induktive, empirische Auseinandersetzung mit Staatsrecht und Rechtsstaat aufgrund der normativen Beschaffenheit der Kategorien jeden Rechtes grundsätzlich die verkehrte wäre: Man soll gar nicht erst die existierenden oder früher vorgekommenen Staatengebilde untersuchen, um verstehen zu lernen, was es damit auf sich hat, Recht und Staat, lehrt Schmitt, dürften eben »nicht wie zwei reale Tatsachen in eine kausale Beziehung zueinander gebracht werden und eine Nebeneinanderstellung«, »da aber das Recht seinem Wesen nach Norm ist, nach deren Richtigkeit unabhängig von ihrer Tatsächlichkeit gefragt werden kann«, sind die Sozialwissenschaften, ja alle Wissenschaften und sonstigen von Bacon angeleiteten Untersuchungsmethoden hier grundsätzlich überfragt[160], was in der Tat, ganz wie bei Schmitt vorgemacht, nur darauf hinauslaufen kann, Theologie zu treiben, denn eine andere Rechtsquelle kann es, wenn die empirischen Interessen der wirklichen Menschen und Klassen erst einmal eskamotiert sind, bei Gott nicht geben als eben Gott. So geht die rechte Aufhebung der Arbeitsteilung; alles fließt zusammen im Magen einer nicht mehr auf ihre Entstehung zu befragenden, sondern widerspruchslos hinzunehmenden Ontik. Die rechte Aufhebung der Arbeitsteilung aber spiegelt eine denkbare linke, in der das Normative ebenfalls übers Induktive gesetzt wird, aber als dessen Befragungsmodus, nicht als Versperrung der Frage (dem Rechten sagt die Norm, von der er nicht weiß, wo er sie herhat, daß er das auch nicht wissen wollen darf, der Linken sagt sie, wo die Freiheitsgrade im Gegebenen sind und daß man das auch wissen wollen soll). Beiden Nichtinduktiven wird die Induktion dadurch unterschiedlich wichtig, einmal geht von ihr eine Abstoßung, das andere Mal eine Anziehung aus. Das bedingt auch eine merkwürdige, sehr interessante Blindheit der rechten für die linke Perspektive – Schmitt und Schmittianer können nicht verstehen, was Marx überhaupt tut, weil sie nicht verstehen wollen, was er will; wer das Bestehende nicht abzuschaffen und durch ein bewußt gesetztes Besseres ersetzen möchte, hat keinen Zugang zu dem Modus, unter dem Marx es untersucht – ja, was ist denn das für einer, ein Logiker, ein Wissenschaftler, ein Kritiker, ein Prophet oder Historiker, schließt sich das nicht alles wechselseitig aus? Weil er sagt, das Proletariat soll die Staatsmacht übernehmen, sofern es das kann, kommt es der Rechten so vor, als verheddere sich hier ein Prophet, der im Wachtraum gesehen hat, das Proletariat werde dies tun, in Zeitformen und Modallogiken – ein Beispiel von vielen dafür, wie der Versuch, von einer Warte aus, die rechts von Marx steht, dessen Arbeit auch nur zu rekonstruieren, mißlingt, bietet Ernst Troeltsch in seiner Untersuchung zum Historismus und seinen Problemen:

»Die einen sehen darin (in der Diktatur des Proletariats, K/D) nur die äußere Sichtbarmachung und endgültige Durchsetzung eines unter der Decke der bisherigen Verhältnisse schon vollendeten Prozesses, die Überführung der von innen heraus zur Sozialisierung reif gewordenen Wirtschaft und des zur demokratischen Mehrheit gewordenen Proletariats in die auch äußere Erscheinung und Herrschaft, die Herausbildung der wahren Mehrheit und der wahren Entwicklungstendenz. Die anderen sehen darin die in einem allgemeinen revolutionären Zusammenbruch der Kulturwelt ermöglichte Herrschaft klassenbewußter Minoritäten, die durch Terrorismus und Zwang hindurch in einer lang dauernden Weltkrisis die stets widerstrebenden und verworrenen Massen schließlich zum klassenlosen Zustande der Gemeinwirtschaft bringen und vor allem erziehen«[161] – nun: weder noch, beziehungsweise sowohl als auch: Die Alternative, die Troeltsch aufmacht und auf verschiedene von ihm vermutete marxistische Lager verteilt, fiel zwar historisch tatsächlich oft bei Spaltungen der marxistischen Bewegung vor (hier Stalin, dort Pannekoek), ist aber ein Marxens Absichten und Argumentationslinien unangemessener Dualismus, der von der Unvermeidlichkeit einer, nun ja, Arbeitsteilung zwischen Herrschenden und Beherrschten ausgeht, von Theorie und Praxis auch, Handarbeit und Kopfarbeit – der Bolschewismus aber war in seinen erfolgreichsten Stunden beides, Verschwörung und Arbeiterbewegung, Geschichtstheorie und revolutionäre Propaganda. Die Aufhebung der Arbeitsteilung, die darin erscheint, ist allerdings so sehr »Schein« wie der Kampf der Aufklärung ums Naturrecht; sie hebt zunächst nicht die Arbeitsteilung, sondern nur die *Hierarchie* zwischen den arbeitsteiligen Tätigkeiten auf – auch Marx macht noch Theorie, aber als Kritik statt als (naturgemäß affirmative) Deskription, auch er will Politik, aber als Revolution statt als Maschine zur Verewigung der sozialen Kohäsion.

IV.
Geteilte, tote, gespeicherte Arbeit und die Folgen

Die erste vernünftige Theorie der Arbeitsteilung seit der Politisierung der Vernunft zur Emanzipationsmaschine entsteht, als die immer schon vorhandene Arbeitsteilung durch andere neue Maschinen plötzlich dem bewährten abendländischen Dingschema (von dem viel zu oft viel zu abschätzig geredet wird) zugänglich wurde; die Maschinen der Industrialisierung nämlich, als Errungenschaft und Ausdruck des Kapitals – Marx nennt sie, die zum fixen Kapital gehört, gelegentlich, wie das Kapital selbst, polemisch: tote Arbeit, informatisch angeschaut könnte man sie auch »gespeicherte Arbeit« nennen –, machen es möglich, das Kapital, welches ja ein Verhältnis ist, zu reifizieren und die an ihm sich ausprägende Arbeitsteilung funktional von ihrem von diesem Verhältnis gesetzten Ergebnis her aufzuschlüsseln, nämlich als »great increase of the quantity of work, which, in consequence of the division of labour, the same number of people are capable of performing«[162] – Adam Smiths »labour« ist hier schon Lohnarbeit, nicht einfach Stoffwechsel mit der Natur. Die drei Hauptumstände dieser am Kapitalismus und mithilfe der industriellen Maschinerie sich verwirklichenden Arbeitsteilung sind nach Smith (und nicht erst nach Taylor, Ford oder *whomever)* ihre Impulse: »First, to the increase of dexterity in every particular workman; secondly, to the saving of the time which is commonly lost in passing from one species of work to another; and lastly, to the invention of a great number of machines which facilitate and abridge labour, and enable one man to do the work of many«,[163] was, als Verwissenschaftlichung und Herausnahme von Erfindern, Ingenieuren et cetera aus dem eigentlichen Produktionsprozeß, selber schon Arbeitsteilung zweiter Ordnung, nämlich eine Anwendung der Arbeitsteilung auf den bereits arbeitsteilig entstandenen Kapitalismus ist.

Nicht wenige Staatsvorstellungen der Aufklärung entspringen schon vor solcher Klärungen aus dem erwachenden Interesse an und der sich formenden Reflexion auf die Arbeitsteilung; die berühmte Montesquieusche Gewaltenteilungstheorie ist dafür nur das flagranteste Exempel; immer und überall aber, wo die Aufklärung über den Staat nachdenkt, beherrscht dieses Denken die aus Arbeitsteilungsbewußtsein herrührende Fragestellung, ob es denn etwas gibt, was nur der Staat machen kann, und ob er es, wenn es das gibt, so machen kann, daß die Vorteile der Arbeitsteilung nicht im Zuge der gesellschaftlichen Anerkennung gesamtgesellschaftlicher Probleme, also solcher Probleme, die alle, unabhängig von ihrem Status in der Produktion (und nicht nur im Ständerecht), angehen, wieder verschenkt werden: Deshalb die Zentralismus- und Föderalismusdebatten, deshalb die Staatskirchendebatte, deshalb die Militärauseinandersetzung um die Frage »Miliz oder stehendes Heer, Söldner, Wehrpflichtige oder eine andere Alternative?«, deshalb noch im Umfeld der kleindeutschen aufgeklärten Absolutismen der Streit zwischen Aufklärung und Gegenaufklärung um das Impfen, deshalb die Bildungs- und die Zensur- und die Patentrechtsdebatte (sind die Medien freizulassen, da doch Zugang zu Informationen so ein gesamtgesellschaftliches Problem ist, weil man Ingenieure ja nicht züchten kann, sondern ein begabter Arbeiter vielleicht, wenn er ausreichend Informationen besitzt, auf die richtige Idee kommt, andererseits aber auch, als Anarchist, bei Zugang zu den »falschen« Informationen, Bomben baut? Sind Informationsmedien vielleicht eine der staatlichen bis parastaatlichen Gewalten, deren Verhältnis das Gewaltenteilungsprinzip regelt, braucht man Staatsmedien, braucht man Privatmedien, in welchem Verhältnis stehen diese zueinander?), deshalb die Parteiendiskussion (als Diskussion der Parteien untereinander, Diskussion in Parteien und Diskussion über Parteien), deshalb endlich die Unterscheidung zwischen Regierung und Staat.

Die aber brach immer wieder zusammen unter dem Widerspruch, daß man einerseits Gewaltenteilung wollte, andererseits die Einführung einer völlig neuen Art Staat, des aufgeklärten Vernunftstaats nämlich, und von der Regierung fordert, daß sie genügend Macht an sich bindet, damit das ganze Gemeinwesen zu revolutionieren – so kollabierte denn der Staat an den Wendepunkten der von der Aufklärung vorbereiteten und begleiteten gesellschaftlichen Entwicklung immer wieder direkt in den Staat, und begrifflich entstanden daraus mal unaufrichtige, mal ganz ehrlich geglaubte Konfusionen, die sich bis ins illegitime radikale Kind des Liberalismus, die marxistische und lassalleanische Arbeiterbewegung fortzeugten – und über diese hinaus, aus dieser stammend, allerlei hochgescheite Theorien der Gegenwart, die auf immer neue Weise Worte wie Befehl und Gehorsam, Besitz und Abhängigkeit, Gefolgschaft, Produktion und Verteilung, Verwaltung und Bewaffnete durch abstraktere wie Macht, Gegenmacht, Gouvernance, Gouvernementalität, Regulation aufsaugen und veredeln wollen und sollen, was aber, als auf dem Kopf stehende Spiegelung der Versuchung für jede emanzipatorische Bewegung, den Staat in der Regierung verschwinden zu lassen, nur immer ökonomische und politische Objekte umgekehrt in semiotischen und philosophischen absorbieren will – dem Operativismus der ewigen Jakobiner entspricht dann der Quietismus des ewigen Tiefsinns, und beide werden damit Opfer der Arbeitsteilung zwischen Theorie und Praxis, deren Hierarchisierung dann so aussieht, daß die Theoretikerinnen über die Praktikerinnen besser Bescheid wissen als diese über sich selbst, andererseits aber die Praktikerinnen die Theoretikerinnen, wenn letztere stören, einsperren und liquidieren lassen können, was alles einfach nicht schön ist und nicht hilfreich.

Solange Theorie die Widersprüche der beschreib- und erklärbaren Realverhältnisse in immer apartere Paradoxa entfaltet und sich dabei vom Anspruch, Fakten setzendes Handeln anleiten zu wollen, allmählich entfernt, passieren ständig Selbstmißverständnisse der Theorie, oft auf hohem Niveau, mit den sinnreichsten Nebenergebnissen – im Marxismus zum Beispiel die von Luxemburg bis Althusser, Robert Kurz und Roswitha Scholz reichende Linie der Auseinandersetzung mit dem faszinierenden Umstand, daß der Kapitalismus offenbar immer auf Außerkapitalistisches angewiesen ist, um sich erweitert reproduzieren zu können, »dritte Personen« (Luxemburg), Hauswirtschaft, »Wertabspaltung« (Kurz/Scholz), bei deren findiger und manch unersetzliche Beobachtung abwerfender Forschungsarbeit allerdings verlorengeht, daß Marx gar nicht wirklich gezeigt hat (und wohl auch, *tongue-in-cheek*-Behauptungen anderer Farbe zum Trotz, nie unvermischt mit anderem, Programmatischem und Normativem, zeigen wollte), wie dieser Kapitalismus funktioniert, sondern, daß er es eben nicht tut; weniger ironisch: daß der tatsächliche Kapitalismus nicht halb so stimmig und triftig ist wie das Begriffsnetz des klassischen Liberalismus. Die Nichtstimmigkeit eines begrifflichen Systems zeigt man bekanntlich auf zwei Arten: Man weist nach, daß darin etwas fehlt, das man im Gegenstandsbereich, von dem es handelt, aber findet (die Merkurbahn ärgert die Newtongläubigen), oder indem sich etwas widerspricht (von Aristoteles über die Scholastik bis Gödel ist da die sogenannte Logik gefordert). Marx macht es so: Die Verträge, die der liberale Staat begleitet und schützt, sind faul (dazu Klassenanalyse und Werttheorie), und, das ist das, was fehlt, der Widerspruch ist: Zwang wird im *Laissez-faire*-System politisch verneint, damit aber ökonomisch legitimiert. Der Marxismus will das Verkehrte von beiden Seiten in die Zange nehmen, die zukneift, wenn das Fazit ausgesprochen wird: Man kann von einer naturwüchsigen, ungeplanten und unvernünftigen Gesellschaftsordnung keine vernünftige Staatsverfassung ableiten, und damit die Zange nicht abrutscht, wird das Objekt, das sie greifen soll, zusätzlich von einer dritten Seite fixiert, der historistischen seiner geschichtlichen Veränderlichkeit. Wer den Kapitalismuskritiker Marx nur als Gesellschaftstheoretiker oder nur als Staatstheoretiker oder nur als historisch informierten Revolutionstheoretiker sieht, schlägt immer mindestens ein Bein, eher zwei Beine eines Dreifußes weg, der dann umfällt. Marx ist eben Revolutionstheoretiker nur, insoweit er Staatstheoretiker, und Staatstheoretiker wieder nur, insoweit er Gesellschaftstheoretiker ist.

V.
Herr Poulantzas und die Ideale

Marxistisch inspirierte Strukturalisten und linke Strukturfunktionalisten (»Regulationstheoretiker«) klammern meist die Revolutionstheorie aus, motiviert nicht zuletzt vom Peinlichkeitsempfinden, das sie ergreifen muß, wenn sie sich die Gesellschaften, in denen sie ihre Theorien notgedrungen haben bauen müssen, unter dem Aspekt denkbarer Anzeichen für irgend etwas Revolutionäres anschauen. So versuchen sie, etwas wie eine reine marxianische Gesellschaftslehre zu konstruieren und eine Staatstheorie als deren Derivat auszuarbeiten. Sobald sie mit ihren Analysen fertig sind, setzen sie dem Ganzen dann wieder eine seltsam fahl moralisierende Kritik am Bestehenden auf, die von reiner Ethik fast nicht zu unterscheiden ist, nach dem Motto »Jetzt haben wir verstanden, wie es aussieht, aber es soll natürlich alles weg«. Fehlleistungen häufen sich an dieser Stelle, und worauf sich die Kritik überhaupt bezieht, ist wie bei allgemeinen Moralappellen stets fast schon egal; den »realexistierenden Sozialismus« kann man dann in einem Aufwasch mit dem »freien Westen« abwatschen (weil ersterer hochgesteckten ethischen Ansprüchen natürlich nicht genügt, er ist ja nicht ethisch, sondern historisch), und im allerkonfusesten Fall passieren dann beim Übersetzen schon im Original eher empörter als durchdachter Formulierungen noch zusätzliche Unfälle, wie an dieser wunderschönen Stelle, übertragen in die Sprache, die Marx und Engels geschrieben haben, von Nicos Poulantzas: »Die totalitären Regime haben sich gerade auf jene Denker berufen, die unter den Bedingungen ihrer Epoche ohne Zweifel weniger etatistisch waren als andere, auf Jesus, Rousseau, Nietzsche, Sorel, und schließlich auf Marx, dessen beständiger und hauptsächlicher Kampf dem Absterben des Staates galt.«[164]

»Now this is wrong in so many ways« (Harlan Ellison), daß man gar nicht weiß, wo man anfangen soll:

- Daß, erstens, die Faschisten sich auf anti-etatistisches Denken berufen haben, darf man, da sie den Staat ja blutigst (ge-)brauchten, um alle positiven Errungenschaften der bürgerlichen Staatlichkeit zu schleifen, doch als Theoretiker von einiger Selbstachtung nicht ernster nehmen, als daß Goebbels dem »linken Flügel« der NSDAP angehörte und diese sich überhaupt »sozialistisch« nannte, daß der Staat von ihnen, als sie ihn denn erobert hatten, genausooft angehimmelt wie als blutleere Abstraktion der bevorzugten Volksgemeinschaft gegenübergestellt wurde, gehört eben zur Nazigewohnheit, auf die Logik zu scheißen, wo immer es geht, und damit zu demonstrieren, daß man die Stiefel an und die Peitsche in der Hand hat; insbesondere den deutschen Faschismus (der italienische war ein bißchen durchdachter) überhaupt an irgendwelchen intellektuellen Quellen messen zu wollen, also eine politische Erscheinung, in der keine zwei kanonischen programmatischen Texte (sagen wir, aus der Kampfzeit: Goebbels-Aufsätze über den

Zukunftsbund mit Rußland und zeitgleiche Aufforderungen Hitlers, im Osten mit Feuer und Schwert Lebensraum zu erobern) zusammenpassen und doch alles sich dem Gesamtbemühen fügt, die vernünftigen, gerechten, fortschrittlichen Folgen der französischen Revolution mit Stumpf und Stiel auszurotten, zeugt von einem Text- und Ideenglauben, kurz, einem Idealismus, den man schon wieder lieben muß, so harmlos ist er.

– Daß Poulantzas, zweitens, die Totalitarismustheorie von einer mindestens paramarxistischen Position aus übernehmen möchte, am besten stillschweigend, obwohl die nun wirklich nur von einem allerernsthaftesten Liberalismus aus auch nur den geringsten Sinn hat, ist mindestens unvorsichtig, schlimmstenfalls unaufrichtig.

– Drittens aber und schönstens setzt die deutsche Fassung auf den genannten zweifachen Quatsch an der für die vornehme theoretische Abgrenzung gegenüber stalinophilen Altkommunisten, die mit dem ganzen Passus ja eigentlich bezweckt sind, entscheidenden Stelle einen riesigen dritten: »Der Kampf von X gilt Y« heißt auf deutsch ja immer noch, daß X gegen Y kämpft, die Formel vom »Absterben des Staates« aber bezeichnet etwas, das Marx für den Fall des einmal vollentwickelten Sozialismus als Merkzeichen von dessen Übergang in den Kommunismus in Aussicht gestellt, nicht aber jemals irgendwo irgendwie bekämpft hat. Entschieden bekämpft allerdings hat er die (oft unter viel liquidatorischem Getöse versteckte) Vernachlässigung des Staatsproblems, etwa durch Proudhon oder die deutschen »wahren Sozialisten«, sehr dagegen empfahl er der Arbeiterklasse die Eroberung der Staatsmacht, die, einmal zur Errichtung des Sozialismus genutzt, besagtes Absterben erst als dann zu erwartenden, hoffentlich unumkehrbaren Prozeß in Aussicht stellte. Von der Warte aus, die Poulantzas einnimmt, kann man die Frage, warum dies in der Sowjetunion nicht geschah, nicht einmal stellen und eine Antwort, in der die rückständigen Startbedingungen in einem halbfeudalen Riesenagrarflächenstaat, der heiße und kalte Umzingelungskrieg, die Militärausgaben und der Weltmarkt angemessen vorkommen, nicht formulieren. Entscheidend aber bleibt, daß Marx jedenfalls nicht der Meinung war, man müsse für das sagenumwobene Absterben kämpfen, das vielmehr von allein geschehen sollte, gekämpft hat er so ziemlich für das Gegenteil der anarchistischen Ideen, die ihm die Stelle unterschöbe, wenn sie wenigstens ordentlich formuliert wäre, nämlich dafür, den Staat zunächst einmal zu erobern, dann zu nutzen und später eben nicht mühsam kämpfend auseinanderzunehmen, sondern, weil man ihn schließlich nicht mehr brauchen wird, schlichtweg zu vergessen.

VI.
Herr von Mises und die Wirklichkeit

Allzuviel Nachdenken darüber, wie der Staat, sobald er mehr und anderes ist als eine Idee, nämlich etwa ein Arbeitgeber oder ein Befehlshaber im Krieg, kann freilich nicht nur bei Regulationstheoretikern, sondern auch bei gestandenen rechten Liberalen arg schiefgehen – zum Beispiel bei Ludwig von Mises, als dieser aus seiner Überzeugung »So wenig Staat wie möglich, weil sonst Etatismus und Kollektivismus den freien Markt verhunzen« und andererseits seiner Analyse des Ist-Zustandes zwei Dinge herausdeduzierte, die zueinander in unversöhnlichem Widerspruch stehen:

Da liest man bei ihm also erstens: »Das Wesen der Staatstätigkeit ist, Menschen durch Gewaltanwendung oder Gewaltandrohung zu zwingen, sich anders zu verhalten, als sie sich aus freiem Antriebe verhalten würden«,[165] aber zweitens auch: »Es ist nicht die Aufgabe des Staates, das Verhalten seiner Untertanen zu verbessern.«[166] Ja, was denn nun? Soll er, oder soll er nicht? Gibt es ihn, wenn er's bleibenläßt, überhaupt? Kann er es, wie im zweiten Satz gefordert, bleibenlassen, ohne unterzugehen?

Der Staat, von dem Mises träumt, ist von solchen liberalen Grenzfallbestimmungsversuchen grundsätzlich überfordert; dahinter steht abermals die Grundantinomie, die wir ähnlich schon am Naturrecht kennengelernt haben: Die Menschen tun »von Natur aus« nicht, was sie tun müßten, um vertragsfähig zu sein, aber wenn man sie dazu zwingen, dazu erziehen muß, es zu tun, ist der Vertrag natürlich nicht mehr in dem Sinne »frei«, den die Liberalen suggerieren möchten. Die Aufklärung der Aufklärung an dieser Stelle hat Marx geleistet, indem er die Frage entdeckte: Wenn man sich zwischen der Freiheit als dem schlechthin Zwanglosen einerseits und dem Vertrag als dem schlechthin Gerechten andererseits entscheiden muß, was wählt man dann? – und die Antwort fand: Diese Frage ist falsch gestellt, aber der Liberalismus zwingt, sie zu stellen, und deshalb ist er selbst falsch. Marx denkt, Hegel sei Dank, nicht in diesen starren Gegensätzen (die in der kapitalistischen Wirklichkeit wie im Kopf des Mises gar nicht anders können, als früher oder später in einem großen Krach zu kollidieren), sondern dialektisch: Die Freiheit, von welcher die Liberalen träumen, ist in naturwüchsigen Zuständen nicht zu haben; aber der Vertrag, von dem sie glauben, er sei das Kind der Freiheit, kann diese Freiheit in Wirklichkeit hervorbringen – wie? Indem man die Gewalt durch gesetztes Recht bindet, das Recht aber schützt durch verabredete Gewalt, und damit einen Zustand erzeugt, der die Klasseninteressen langfristig auf ökonomischer, nicht nur (wie in der amerikanischen Verfassung, die Marx imponierte) politischer Ebene in *checks and balances* einer Arbeitsteilung höherer Stufe auflöst zur klassenlosen Gesellschaft.

Arbeit als Stoffwechsel des Gemeinwesens mit der Natur muß sein, Lohnarbeit nicht, Arbeitsteilung kommt in beiden vor, aber man muß sie unterscheiden, so ergänzt und überholt Marx Smith: Der Grad der Hierarchisierung der arbeitsteiligen Gesellschaftsglieder, inklusive Polizei, sollte nicht von naturanalog sich vor sich hin entwickelten Zufallsprozessen, sondern der erreichten Produktivität des Gemeinwesens abhängen, hochproduktive (und eben nicht idealistisch: alle, wie bei Mises) Gesellschaften sollten in der Tat wenige Zwänge kennen – nun, wie wenige? Das Maß der Produktivität hier anzulegen, führt bald zu Überlegungen wie der von uns mehrfach zitierten Luxemburgischen von der Produktion zunehmender Mengen von Produktionsmitteln, verhältnismäßig weniger Konsumptionsmitteln, und vor allem: keiner bloßen Profit- und Tauschmittel mehr, die gegen den Gebrauchswert gleichgültig sind.

VII.
Emanzipation und andere Verschwörungen im staatlichen Kontext

Die Relationen zwischen Staat, Regierung und Gesellschaft begrifflich ineinander verschwimmen zu lassen, ist der gemeinsame Grundzug sowohl anarchoider wie liberaler (und forciert also: anarcholiberaler, i. e. libertärer und libertarischer, zum Beispiel von Ayn Rand geschwängerter), aber auch mancher marxistischer, etwa im italienischen Bordigismus anzutreffender Fehlbeschreibungen von Geschichte und Gegenwart, aber auch zahlreicher Binnenbesoffenheiten im gewordenen Marxismus wie besonders der sogenannten ökonomistischen (die man gern auch »vulgärmarxistisch« nenne: Sie meint, daß die Prinzipien, welche die kapitalistische Produktion regeln, ausreichen, um alles aufzuschlüsseln, was in Gesellschaft und Staat geschieht) und der dazu komplementären politizistischen (welche das Gegenteil der ökonomistischen glaubt: Wenn ich Regierung und Staat im Kapitalismus verstehe, dann verstehe ich die kapitalistische Gesellschaft), außerdem, von *high* nach *low* geordnet, einerseits diverser Strukturalismen und Poststrukturalismen (das Wuschelwort von den »ideologischen Staatsapparaten« zum Beispiel vermengt einen gesellschaftlichen Prozeß, die Ideologie, mit einem politischen, nämlich der Auswahl und Förderung von Ideologien durch offizielle Stellen, was keineswegs die einzige Ebene ist – und in Momenten großer Effektivität des Gesamtsystems nicht einmal die wichtigste –, auf der Ideologie produziert, von der aus sie verbreitet ist; Wortschöpfungen wie die »Disziplinargesellschaft« und die »Kontrollgesellschaft«, die je und je sehr Richtiges und Wichtiges meinen, stiften dieselbe Art Verwirrung mit derselben Art Unachtsamkeit) und andererseits schlichter Verschwörungstheorien (von Antisemitismus bis UFO-Blödsinn).

Vermengt sich das unglückliche wechselseitige Aufeinanderreduzieren der verschiedenen Funktionskreise des von der Marxschen Staats-, Gesellschafts- und Revolutionstheorie gemeinten obendrein mit dem hegelianischen (von Vico stammenden, von Condorcet auf Hegel und von diesem schließlich auf Marx gekommenen) heiklen Erbe der synoptischen Totalisierung von Tendenzen, steht man schließlich mit einer Theorie da wie der in *Empire* von Negri und Hardt geschaffenen, die einen gesellschaftlichen Vorgang, nämlich die über einen Weltmarkt vermittelte Entstehung einer Weltgesellschaft, mit staatlicher und zwischenstaatlicher und medialer und emotionaler und philosophischer und astrologischer Funktionalität verquirlt, bis nicht mehr zu erkennen ist, daß zum Beispiel, wie Hermann L. Gremliza aufgefallen ist, die Solidaritätsadressen imperialistischer Zentren in Kriegen gleichzeitig verdeckte Kriegserklärungen sind, oder daß transnationale Kapitalbeteiligungen und molochisch aufgeblähte Hedgefonds mindestens so viele neue Grenzen setzen (der Verwertungsbedingungen von Kapital nämlich), wie sie, Nationalstaaten nicht achtend, überschreiten. Räuberbanden zanken sich und vertragen sich, und es gibt Binnen-*faultlines* die Menge, die bei Negri und Hardt aber alle in den Tiefseegraben zwischen der fröhlich über die *commons* zum Kommunismus aufbrechenden Multitude und allen, die es noch nicht kapiert haben, stürzen und dort unerlöst und unbeweint verschwinden. Auch für Kapitalströme geöffnete Grenzen sind aber zum Beispiel weiterhin Grenzen; Profite werden im nationalstaatlichen Rahmen realisiert, als wäre *Empire* nie geschrieben worden, und wenn etwa Deutschland und Frankreich gegen Griechenland Druck machen können, daß dieses seinen Sozialstaatsklimbim zusammenstreicht, weil sonst die Eurozone käst, dann scheint es zumindest diese drei Nationalstaaten auch noch zu geben. Tendenztotalisierende Theorien haben natürlich eine gewisse Anziehungskraft, der spekulative Zug des durchs Bürgertum erschlossenen neuzeitlichen Denkens ist auch uns nicht der unsympathischste, aber wenn zwei Köpfe sagen, wie die sich aus dem gegenwärtigen kapitalistischen Selbstüberwindungsprozeß ergebende Weltgesellschaft wäre, wenn sie funktionieren könnte, brechen sie jeder Kritik die Spitze ab, die (selbst bei Poulantzas und denen, die ihm folgen, ist das noch der Fall) sagt, daß unter kapitalistischen Auspizien eine Weltgesellschaft, die den Namen wert wäre, eben nicht zu machen ist, auch nicht vom neuen revolutionären Subjekt, der Multitude, auf den Spielfeldern von deren neuen digitalen und modularen *commons* – daß im Zusammenhang mit verschiedenen, inzwischen selbst von der nobelpreiswürdigen Wirtschaftswissenschaft ernst genommenen Formen des Gemeineigentums bzw. der eigentumslosen Produktion, und zwar nicht nur den historischen, schon vor und bei Marx untersuchten, nicht nur den vom Kapitalismus im Sinne der »Dritte Personen«-Theorie Luxemburgs (weder Ausbeuter noch Ausgebeutete) stehengelassenen Reste von *Allmende, comunis* und dergleichen, sondern vor allem und wesentlich interessanter denjenigen Gemeineigentumsproduktionsweisen, die der Gegenwartskapitalismus überhaupt erst *erzeugt* und an denen auch die schlaueren Protagonistinnen und Protagonisten der »A2K«*(access to knowledge)*-Bewegung ansetzen, bei Negri und Hardt gleich wieder von »new ethics for living in our common world« die Rede ist statt von irgend etwas Produktivem wie wenigstens Genossenschaften, neuen Arten der Versicherungssolidarität, Besetzungsstrategien oder wenigstens Geld, ist allerdings nur für Leute enttäuschend, die sich von *Commonwealth*, dem dritten Band nach *Empire* und *Multitude*, etwas anderes versprochen haben als abermals Visionen, nämlich zum Beispiel mal ein bißchen Geschichte, und wäre es auch nur Begriffsgeschichte (die frühere Auseinandersetzungen mit den *commons* weit bereitwilliger geliefert haben, zum Beispiel Ivan Illichs nach wie vor ergiebige Monographie *Vom Recht auf Gemeinheit* aus dem Jahr 1982, die der Autor ganz sinnig in den Werkkontext einer Kritik an der Ideologie der »Energiekrise« und einer Analyse der sozialen Maßgaben der Technik stellte).

Das Unerfreulichste an all diesen Selbstentäußerungen einer fundamentalen Unlust zum Unterscheiden ist, daß man sich damit der Chance begibt, den tatsächlichen Kollaps der verschiedenen Systemebenen in eine oder mehrere andere, der als Option des Ausnahmezustands von jeder ungerechten Herrschaft stets offengehalten wird, als Extrempunkt zu begreifen, von dem aus manche im System selbst artikulierte Unterscheidung (etwa die vielgerühmte Gewaltenteilung) sich als scheinhaft erweisen läßt. Theorien, die das Zusammenbrechen des Staates in den Senken der Gesellschaft oder die gewalttätige Begradigung gesellschaftlicher Flußverläufe von Staats wegen als bereits geschehen malen, haben ihre Plausibilität aus derselben Quelle, die den Bürger im Wonnegraus apokalyptische Zustände als expressionistisches Gedicht oder Hollywood-Katastrophenfetzen genießen heißen: der Stellungskrieg, als der die Klassenantagonismen, dumpfe Angst vor Gemeinschaftsverlust auslösend, meist erlebt werden, bricht endlich einmal in ein Gefecht aus, der Schleier zerreißt, das Unerträgliche hinter der Tür wird wenigstens sichtbar, und man überlebt die Konfrontation damit sogar (weil's ja nur eine Theorie, ein Gedicht, ein Film ist), oder wie Stephen King einmal verriet: Es ist ein Fehler im Sinne des zu erzeugenden Schreckens, wenn der Horrorkünstler sagt, hinter der Tür steht eine drei Meter große Spinne, denn das löst nicht Entsetzen, sondern Erleichterung aus (sie hätte ja auch sechs Meter groß sein können). Als Propositionengeflecht über die Welt ist uns derlei darum mißliebig, weil ästhetisch umso wirksamer, je weniger Aufklärung noch drinsteckt; als Kunst aber hat es, wenn es gut gemacht ist, Charme – wie zum Beispiel bei Greg Egan, der das Ineinanderkollabieren von gesellschaftlicher Verblödung und staatlich-geheimdienstlicher *counterinsurgency* im Roman *Teranesia* als Metaphernprojektion zur Illustration des Verfalls der Neuen Linken nutzt, vorgetragen als irritierend einleuchtende Verschwörungstheorie von einem jungen Mädchen, in hintergründigster Unschuld:

»In den Neunzehnhundertsechzigern und -siebzigern gab es in allen demokratischen Ländern Menschen, die gar keine Macht hatten, und dann gingen diese Menschen zu denen, die alle Macht hatten, und sagten: ›All diese Grundsätze der Gleichheit, von denen ihr uns seit der Französischen Revolution erzählt, sind ja schön und gut, aber ihr scheint sie nicht sehr ernst zu nehmen. Wenn man es genau nimmt, seid ihr Heuchler. Also werden wir jetzt dafür sorgen, daß ihr diese Grundsätze ernst nehmt.‹ Dann veranstalteten sie Demonstrationen und Busfahrten und besetzten Häuser, was ziemlich unangenehm für die Menschen war, die die Macht hatten, weil die anderen Menschen so gute Argumente hatten und ihnen jeder zustimmen mußte, der ihnen aufmerksam zuhörte. Der Feminismus und die Bürgerrechtsbewegung setzten sich immer mehr durch, und alle anderen Initiativen für soziale Gerechtigkeit erhielten immer mehr Unterstützung. Und in den Neunzehnhundertachtzigern beschloß die CIA (...), eine Gruppe sehr kluger Linguisten zu beauftragen, eine Geheimwaffe zu entwickeln. Und zwar eine unglaublich komplizierte Art, über Politik zu sprechen, die überhaupt keinen Sinn ergab, die sich aber schnell über alle Universitäten der Welt ausbreitete, weil sie so eindrucksvoll klang. Und zuerst haben die Leute, die so sprachen, einfach ihren Waggon an die Gerechtigkeitsbewegungen angehängt. Niemand hatte etwas dagegen, weil sie völlig harmlos wirkten. Doch dann bestiegen sie den Friedenszug und warfen den Lokführer hinaus. Also gingen sie nicht mehr zu den Mächtigen und sagten: ›Wie wäre es, wenn ihr euch wirklich mal an die Grundsätze halten würdet, von denen ihr angeblich überzeugt seid?‹ Nun sagten die Menschen in den Bürgerinitiativen statt dessen Sachen wie: ›Unser Wahrheitsnarrativ konkurriert mit eurem Wahrheitsnarrativ.‹ Und die Leute, die die Macht hatten, antworteten: ›Ach, du meine Güte! Jetzt habt ihr uns aber erwischt!‹ Und alle anderen sagten: ›Wer sind diese Idioten? Wie sollen wir ihnen trauen, wenn sie nicht einmal vernünftig sprechen können?‹ Und die CIA war glücklich. Und die Mächtigen waren auch glücklich. Und die Geheimwaffe lebte viele Jahre lang an den Universitäten fort, weil es jedem, der an dieser Verschwörung beteiligt gewesen war, viel zu peinlich war, zuzugeben, was sie getan hatten.«[167]

Die Sprachkritik hat natürlich einen Haken: Die Schwätzerinnen und Schwätzer reden manchmal auch deshalb so unverständlich, weil das, was sie sagen wollen, in der vernünftigen, der normalen Sprache nicht vorkommt, etwa weil es wirklich neu ist oder längst vergessen. Anders als die des Satirikers, der an dieser Stelle so ungerecht sein darf, wie er will, sollte die Kritik an universitärem und para-universitärem Unfug aufs Inhaltliche zielen (Egans böses Wahrheitsnarrativbeispiel ist ja deshalb so gut, weil es ihm erlaubt, mit der Inkommensurabilitätstheorie einen tatsächlich ganz besonders falschen Gedanken zu attackieren, nicht nur ein hochtrabendes Geschwafel), die Hinweise auf dessen Beschaffenheit aber, die sich an der Sprache bemerkbar machen, allerdings auch nicht verschmähen.

VIII.
Bonapartismus *revisited*

Geplante Sozietäten, das heißt solche, in denen die Übereinkunft der Menschen nicht mehr wie bei Rawls hypothetisch, sondern praktisch-historisch ist, erscheinen am Horizont des Denkbaren mit der Aufklärung, am Horizont des Wahren mit Hegel, am Horizont des Machbaren mit der Französischen Revolution. Horizonte sind gut und schön, aber die Politik ist die Sache des Hier und Jetzt: So sieht das ein Napoleon Bonaparte. Wie sieht das ein Bonapartist? Peter Hacks:

> »Wenn also Hegel und der Bonapartismus das Verschwinden der Gesellschaft im Staat als höchsten Zustand der Freiheit bezeichnen, ist das kein weltfremdes Kathederparadox und nicht der trockene Humor der Despoten. Es ist das Programm der lebendigsten Emanzipationsarbeit, es geht um ganz alltägliche Dinge wie Vorspann oder Brauereibann, um das Mittagessen von Äbten oder Apothekern. Wir Kinder des zwanzigsten Jahrhunderts hatten vielleicht gelegentlich ein wenig mehr mit dem Staat zu tun, als uns ganz recht war. Aber wir sollten darüber nicht vergessen, ein wie grauenvolles und beengendes Zusammenwirken von Zwängen das Verschwinden des Staates in der Gesellschaft bedeuten würde. Ein gewisser Schauder sollte uns bei der Steinschen Forderung (also dem Verlangen eines Romantikers und damit Antibonapartisten, egal, was da sonst offen vertreten wurde, K/D) nach *Erblicher Landstandschaft als ritterschaftlicher Korporation* schon ergreifen. Die äußerste Unfreiheit klumpt sich immer auf der mittleren Ebene zusammen.«[168]

Die Übereinstimmung mit Hegel ist echt, nicht angemaßt – man liest bei jenem, ein Naturzustand sei

> »erdichtet worden (…) in welchem das Naturrecht gelten solle, wogegen der Zustand der Gesellschaft und des Staates vielmehr eine Beschränkung der Freiheit und eine Aufopferung natürlicher Rechte fordere und mit sich bringe. In der Tat aber gründen sich das Recht und alle seine Bestimmungen allein auf die *freie Persönlichkeit,* eine *Selbstbestimmung,* welche vielmehr das Gegenteil der *Naturbestimmung* ist. Das Recht der Natur ist darum das Dasein der Stärke und das Geltendmachen der Gewalt, und ein Naturzustand ein Zustand der Gewalttätigkeit und des Unrechts, von welchem nichts Wahreres gesagt werden kann, als *daß aus ihm herauszugehen ist.* Die Gesellschaft ist dagegen vielmehr der Zustand, in welchem allein das Recht seine Wirklichkeit hat; was zu

beschränken und aufzuopfern ist, ist eben die Willkür und Gewalttätigkeit des Naturzustandes«.[169]

Die Sympathie, die der Hegelianer Hacks (seiner eigenen Lesart von) Napoleons Politik entgegenbringt, kommt erkennbar aus dem Bedürfnis, eine Metapher zu finden für sein entschieden positives Verhältnis zum sozialistischen Staat DDR; anderswo, zum Beispiel in den Stücken, hat er dafür die Chiffre »Absolutismus« stehen, nur daß der Bonapartismus ihm noch ein Stück lieber ist als jener, weil es sich um einen gewollten, gemachten Absolutismus handelt, der die Revolution (deren Errungenschaften nämlich, für Resteuropa bald kodifiziert im unvergleichlichen Napoleonischen Gesetzeswerk) da durchsetzt, wo sie noch nicht ihre Banner hat aufrichten können – ein Absolutismus, den einer will, steht für einen Sozialisten, der seinen Sozialismus absolutistisch sieht, naturgemäß (da ist es wieder) näher als einer, der sich aus bestimmten Klassenkräftegleichgewichten so einfach ergibt –, und gerne nimmt er noch den Umstand mit, daß es unter solchen Bedingungen durchaus auf den Herrscher ankommt (taugt er nichts, ist das bei dynastischen, blutsmäßigen, ihn ohnehin als Leerstelle irgendwo hinsetzenden Ordnungen nicht gar so schlimm, die sehen ohnehin nur vor, was bei H. P. Lovecraft »blinder Idiotengott« heißt). Interessanterweise berührt sich diese Metaphorologie des wirklichen Sozialismus sehr nah mit einer, die aus einer eher nicht von ihm eingenommenen Perspektive formuliert worden ist, bei Wolfgang Pohrt nämlich, in einer Stelle über »das System im Osten«, das es nicht mehr gab, als er dies schrieb, und dessen Vergleiche mit Älterem bei Hacks Pohrt nicht gekannt haben dürfte:

»Es mochte autoritärer, gerechter, sozialer, humaner oder inhumaner als das westliche Gegenstück gewesen sein – eines war es mit Sicherheit nicht: kommunistisch. Denn kommunistisch ist eine Gesellschaft nicht, wo weder Geld, Ware und Preis abgeschafft wurden, noch, wie von Marx mit Vorrang gefordert, die Lohnarbeit; wo das Verteilungsprinzip nicht ›jedem nach seinen Bedürfnissen‹ heißt, sondern ›jedem nach Maßgabe seines Ranges in der Hierarchie‹, wo die Entscheidungsmacht bei Gremien liegt, die in Marxens Terminologie als ›despotische Regierung der Produktion‹ zu bezeichnen wären; wo ein gigantisches Geflecht von Bürokratien das exakte Gegenteil dessen bewirkt, was Marx als Gesellschaftsform in Aussicht stellte, den ›Verein freier Menschen‹.«[170]

Wir setzen das Zitat gleich fort und kommen zur Parallele mit Hacks, hier aber lohnt es, kurz zu unterbrechen und darauf hinzuweisen, daß es erstaunlich ist, daß Pohrt noch nie vom Unterschied zwischen den zwei Phasen auf dem Weg zum Kommunismus gehört haben soll – als hätte jener »Ostblock« nicht selbst seine krudesten Apologeten nahelegen lassen, diesen Unterschied zu berücksichtigen und beispielsweise zu lehren, Sozialismus sei eben notwendig, weil der direkte Sprung in die Abschaffung des Staates und der Klassen anarchistische Spezialheilserwartung sei – man kann nicht mit einem Federstreich Arbeitsteilung samt Hierarchie loswerden, ohne die Produktion schlichtweg zu zerschlagen, und die Leute wollen ja leben – Sozialismus aber verlangt vor allem »jeder nach seinen Fähigkeiten«, also durchaus kein allzu laxes Management der Produktion (eins wie im Gulag allerdings auch nicht, hier beginnen die geschichtlichen anstelle der theoretischen Schwierigkeiten, und es sind die ernstesten) – Pohrt also, der nicht weiß oder nicht wissen will, was Sozialismus ist, wundert sich weiter:

»Nicht mal präzise bezeichnen ließ sich das Ding, statt eines Namens trug es viele: Staatskapitalismus, Kommunismus, realexistierender Sozialismus, Sowjetregime. Es war begrifflich nicht zu fassen, weder Kommunismus noch Kapitalismus, sondern alles zusammen- und durcheinandergewürfelt dergestalt, daß Warenform und Lohnarbeit sich mit der Abdankung des Wertgesetzes vertrugen, dessen Funktion – die eines universellen Regulativs der gesellschaftlichen Produktion – übernommen worden war vom Politbüro, welches folglich die Rolle des absolutistischen Staates im Manufakturzeitalter spielte, das eigentlich seit rund 200 Jahren vorbei war.«[171]

Das mit der Warenproduktion hätte sich sehr einfach (wenn auch für moderne Theoriefraktionen wie etwa auch die Wertkritik nicht besonders erfreulich) bei Engels nachlesen lassen: »Mit der Besitzergreifung der Produktionsmittel durch die Gesellschaft ist die Warenproduktion beendet und damit die Herrschaft des Produkts über die Produzenten«[172] –, nur daß diese Produzenten dann, wenn sie einen Staat machen, der umlagert ist von Feinden und sich einen Weltmarkt mit diesem teilen soll, die im Sozialismus auch nach Marx und Engels nach wie vor nötige Herrschaft (als Niederhaltung der Kapitalisten; Auf-dem-Gleis-Halten der Spezialistenklassen et cetera) länger durchhalten und härter anlegen müssen, als den meisten lieb sein dürfte (aber: man frage mal nach dem Entstehen der bürgerlichen Ordnung, also der Guillotine, oder gar nach der ursprünglichen Akkumulation). Es kommt Pohrt etwas Grundrichtiges in den Blick, wo er von Absolutismus spricht, aber daß das einer auf höherer als der vorliberalen Stufe ist, kommt in Pohrts Analyse, wo vom Kapital viel, von den Klassen weniger die Rede ist, wieder nicht vor – denn er sieht den Staat strukturalistisch, nicht dynamisch, genau wie die Wertkritik (die meisten, die es so hielten und halten, waren und sind übrigens vom Glauben abgefallene Leninistinnen und Leninisten, enttäuscht von einer Arbeiterklasse, die sich weigert, sich von ihresgleichen zur Revolution führen zu lassen, die allwissende Staats- und Gesellschaftslehre und Geschichtsweisheit will man dann behalten, die Revolutionstheorie muß über die Klinge springen oder wird durch irgend etwas Krisentheorieartiges ersetzt, presto).

Hacks dagegen denkt lieber darüber nach, daß und wie bei der Zerstörung des Kapitalverhältnisses als Kohäsionszentrum die Arbeitsteilung zunächst derjenigen ähnlich bleibt, die im Kapitalismus bestanden hat, und darüber, welche Folgen sich hieraus ergeben. Kühn, aber nicht ganz wahnsinnig folgert der Dichter, daß der Sozialismus – ein Gedanke, der trotzkistisch klingt und überhaupt nicht trotzkistisch angelegt ist, es schließt sich hier ein Kreis zu den Eingangsüberlegungen dieses Kapitels – nicht umhinkönne, neue Klassen hervorzubringen, denn wenn er seine Staatsmacht benutzt, die Arbeitsteilung neu auszuwürfeln, so geschieht dies über Gruppen, welche in der neuen Produktionsweise Rollen einnehmen, die an die funktionalen Seiten der nicht nur funktionalen, sondern eben auch klassenpolitischen Teile der kapitalistischen Ordnung erinnern (also Koordinationseliten, aber auch solche, die der Kapitalismus nicht braucht). Dabei müssen die technische Intelligenz und die Wirtschaftsorganisation ein ganz neues Gewicht kriegen und einen Funktionswandel erleben – im Kapitalismus sind sie Hilfskräfte der Profitmaximierung, im Sozialismus Ausführungsmächte eines sozialen Programms, nämlich der Entwicklung von ausreichend Reichtum (auf vom Luxemburgschen Imperativ vermittelte, fortschrittliche Art) für die Vorbereitung des Kommunismus. Sie werden so wichtig, daß Hacks sie eine Klasse nennt, entstanden auf dem für die Klassenentstehung ungewöhnlichen Weg sachlicher Qualifikation, die Maschinerie so zu entwickeln, daß sie nicht mehr Geld verdienen hilft, sondern zum Beispiel die Arbeitszeit aller verkürzt wird, die Bedürfnisse der Leute gedeckt werden und so fort. Damit das wirklich passiert, kommt neben diesen Leuten eine zweite Klasse hinzu, die dieses Programm formuliert und in deren Interesse sie liegt; Hacks nennt sie pauschal »die Partei« und ergänzt sie schließlich durch eine dritte, die nicht mehr besitzlosen Arbeitenden, die der Sozialismus eigentlich nicht mehr »Proletarier« nennen darf und deshalb (mit einer Verlegenheit, die Hacks einräumt) etwa »Werktätige« tauft.

Von diesem Bild ausgehend formulierte Hacks vor allem in Briefen mit dem marxistischen Historiker Kurt Gossweiler eine eigenwillige und bemerkenswerte Theorie von der Klassenzusammensetzung des Sozialismus (die allerdings auffällig wenig Aufhebens von den Bauern macht, die von den offiziellen Stellen aller aus der Oktoberrevolution hervorgegangenen Staaten doch so wichtig genommen wurden; auch das hat historische Gründe, ein paar ziemlich häßliche zumal; aber wer hier nur »Stalin« sagen kann, sollte wenigstens nicht vergessen, daß Trotzkis Plan, die sowjetische Wirtschaft in umfassendem Ausmaß zu militarisieren, mit dem sehr realen Potential für eine russische Vendée nicht eben freundlich umgesprungen wäre, hätte man ihn verwirklicht). An der Hacksschen postrevolutionären Klassentheorie besonders bestechend ist die Tatsache, daß er sie mit einer Art Krisentheorie vermittelt, die sozusagen die Problemstellen benennt, an denen der Sozialismus auf sich achtgeben muß, und das sogar auf elegantere Weise als bei Marxens Ansichten über ähnliche Stellen im Kapitalismus und deren Vermittlung mit Sachen wie dem Gesetz vom tendenziellen Fall der Profitrate und der notwendigen Veränderung der organischen Zusammensetzung des Kapitals im Laufe seiner, der kapitalistischen, Zeit.

Hacks:

»Es ist bedenklich und betrüblich, daß unsere klügsten Theoretiker bis heute versäumen, darauf hinzuweisen, daß die sozialistische Gesellschaft Klassen hervorbringt, neue Klassen, sozialistische Klassen. Die revisionistische Gefahr entspringt nicht hauptsächlich den Cidevants aus der Bourgeoisie oder den korrupten Elementen in der Parteiführung. Die revisionistische Gefahr ist verkörpert in den Ökonomen und den Physikern. Sie resultiert nicht aus Fehlerstellen im Sozialismus, sie resultiert aus dem Sozialismus«,[173]

was heißt, man kann sie nicht komplett lahmlegen, ohne auch den Sozialismus *in toto* lahmzulegen. Aus diesem Grund kritisiert Hacks an Mao und Enver Hodscha, jene neigten zur Liquidation der Spezialisten (Pol Pot neigte nicht nur, er hat sie wirklich ausgerottet, in Verfolg des Ziels, einen komplett irrsinnigen Steinzeithordenkommunismus herzustellen, gegen den Marx, Engels und Lenin die Chinesen, die Amerikaner, ja vermutlich selbst noch den Nationalsozialismus unterstützt hätten, wären diese Mächte denn in dieses Kambodscha einmarschiert und hätten das Regime beseitigt). Hacks sieht die Wurzel des Problems, ganz wie unsere bisherigen Ausführungen in diesem Kapitel erwarten lassen, in der Arbeitsteilung stecken:

»Aber man kann die intelligente Arbeit nicht von Dummköpfen besorgen lassen. Man kann nicht auf die intelligente Arbeit verzichten. Und man kann ebensowenig hoffen, aus Spezialisten Marxisten zu machen. Was der Sozialismus nur kann, ist: Er kann den Spezialisten ideologisch das Maul verbieten und sie ökonomisch hätscheln. Aus dem hierbei entstehenden Klassengleichgewicht zwischen Spezialistenklasse und Apparatklasse folgt Stalins und Ulbrichts Alleinherrschaft (ein Hackssches Synonym sowohl für »Absolutismus« wie »Bonapartismus«, K/D), und folgt beider Erfolg.«[174]

Kein hübsches, vielleicht nicht einmal ein linkes oder sonderlich fortschrittliches Bild also, zu dessen insbesondere demokratietheoretischen Weiterungen sich noch manches Bedenkliche sagen ließe (was Felix Bartels erfreulicherweise 2010 in seinem Essay *Leistung und Demokratie: Genie und Gesellschaft im Werk von Peter Hacks* nahezu erschöpfend getan hat), aber doch eins, das mit der Geschichte jener Staaten und auch ihrem Ende mindestens soviel wie, wenn nicht mehr als Trotzkis Einfall von der »verratenen Revolution« zu tun hat, und im Gegensatz zu diesem auch aus der Spannung zwischen Produktionsverhältnissen, Produktivkräften, Klassen argumentiert, wo der russische Revolutionär sich in Gefahr bringt, eine neue Spielart von Eugen Dührings Gewalttheorie in Umlauf zu bringen (»Die Bürokratie hat die Macht erobert«). Als Kurt Gossweiler dem Brieffreund Hacks widerspricht und fragt, wieso man denn aus technischen und ökonomischen Intelligenzlern keine guten Parteileute solle erziehen können (die Parallele zum Absolutismus gefällt ihm auch nicht recht; gefiele sie ihm, Hacks bräuchte kein weiteres Wort der Erwiderung mehr, denn daß Adlige nicht einfach alle über Nacht unter Abtretung aller Erbprivilegien zu Kapitalisten gemacht und Kapitalisten nicht einfach in den Adelsstand erhoben werden konnten, um den Absolutismus zu sichern, ist unmittelbar einsichtig), sowie an die Parteilosung erinnert, eigentlich gebe es im Sozialismus doch nur zwei Klassen, Arbeiter und Bauern, und die seien so lange an der Macht, bis die letzten Exponenten anderer, etwa bürgerlicher Klassen ihren Krempel zusammengepackt hätten, repliziert Hacks:

> »Die ›Schicht der Intelligenz‹ stellt, als Direktoren, die Leiter der Produktion, als Wissenschaftler die Hauptproduzenten, und soll aber keine Klasse sein? Die Intelligenz im Sozialismus hat, das ist wie früher, kein Privateigentum. Aber neben ihr stehen inzwischen keine Eigentümerklassen mehr, die im Kapitalismus den hohen Gebrauchswert ihrer Arbeitskraft zur Unwichtigkeit herabmindern«[175] –

er meint hier die nicht nur Sozialistinnen geläufige Geschichte vom Elektroauto und der verschleißresistenten Glühbirne: Im Kapitalismus wird die Produktivkraft Wissenschaft nur soweit genutzt, wie sie Profite einfahren hilft, also oftmals fürs Gegenteil der Gebrauchswertschöpfung, etwa bei der Sicherstellung der *planned obsolescence* von Waren. Soviel zum Zirkel im DDR-Wappen von Hammer, Zirkel und Ährenkranz – den Ährenkranz läßt Hacks, wie oben gesagt, mit Bedacht weg, vom Hammer aber sagt er dieses:

> »Die Arbeiter im Sozialismus haben mit den Arbeitern im Kapitalismus eben noch den Namen gemein, im Grunde gar nichts. Sie

produzieren keinen Mehrwert fürs Privateigentum, sie haben, unausgebeutet, wie sie sind, keinen Anlaß zur Revolution. Erzeugung von Gebrauchswert liegt ihnen am Herzen, Faulheit ebenfalls, und es steht nahezu in ihrem Belieben, welches dieser beiden Ziele sie verfolgen (es ist aus dieser Verlegenheit, daß wir vorzogen, das kitschige Wort Werktätige zu benutzen).«[176]

Dem folgt nun Hacksens Blick auf die Erscheinungen, mit denen sich Trotzki und Pohrt beschäftigt haben, aber vom kritischen Kopf auf die gehfähigen Füße gestellt: »Der Parteiapparat soll eine Abteilung der Arbeiterklasse sein, keine Klasse für sich? Das Politbureau soll eine Abteilung des Parteiapparats sein, nicht der Vorstand der Gesellschaft?«[177] Den »Vorstand der Gesellschaft« erkennt ja auch Pohrt im Politbüro – zu den Cidevants und Rückständigen, deren Niederhaltung eine Seite der Klassenaufgabe des Staates im Sozialismus sei (die andere, die wir mit Hacks für die wichtigere ansehen, ist die Hervorbringung samt dem Im-Gleichgewicht-Halten der neuen Trägergruppen der Arbeitsteilung), sagt Hacks dann: »In allen sozialistischen Ländern gibt es Kleinbürger und in vielen Kapitalisten. Weder die noch die ähneln dem, was im Kapitalismus unter diesem Namen auftritt. Die Genossenschaftsbauern sind keine Bauern mehr. Mein Gott, es gibt nicht mal eine Differentialrente«[178] – dies, etwas sehr Kurzes, bleibt wie gesagt das Einzige, was er zu den Bauern zu sagen hat. Darüber, was für ein Weg das war, bis die Genossenschaftsbauern tatsächlich keine Bauern mehr sein würden, machte er sich keine Illusionen; er wußte ja auch, was für ein Staat Rußland gewesen war, bevor es sozialistisch wurde, genau wie übrigens Rosa Luxemburg, die anders als in anderen potentiell strittigen Punkten keineswegs der Ansicht war, die Bolschewiki gingen in dieser speziellen Angelegenheit zu weit – ganz im Gegenteil hätte sie sich das, was unter dem verniedlichenden Namen Landreform nur sehr auf Zehenspitzen durch die Geschichtsbücher der sozialistischen Staatenwelt huscht, schneller und radikaler umgesetzt gewünscht, über welches Ansinnen wiederum ein Hacks-Stück namens *Moritz Tassow* existiert.

Lenin, Freund der Gleichgewichte, nicht der chaotischen Umstürze, wollte den Kommunismus tatsächlich mit den von Hacks angedeuteten Mitteln entwickeln; anders kann man sich weder seine berühmte Elektrifizierungsparole noch die NÖP und manch anderes irgendwie erklären, Absolutismus plus Reichtum als Voraussetzung der Erfüllung des Marxschen Programms eben, aber davor hat der Weltgeist eine mühevolle Etappe gesetzt, deren anstrengendstes Moment nun wieder Hacks so beschreibt: »Die sozialistischen Klassen können nichtantagonistisch sein. Eine große Neuerung, aber es ist nicht ausgemacht, daß sie es auch sind. Selbstverständlich sind die neuen Klassen die Personage der neuen Widersprüche des Sozialismus. Dieselben kann er einer Versöhnung zuführen, aber es ist nicht ausgemacht, daß er nicht an ihnen zugrundegeht.«[179]

Die Frage nach Antagonismus und gar (was für ein bestürzender Scharfsinn) Untergang ist die aus dem anderen illiberalen Kontext, dem bei Carl Schmitt, schon vertraute nach dem Ausnahmezustand, an dem die Liberalen mit ihrem Latein traditionell am Ende sind, während Hacks wie Schmitt in dieser Aufgabe das *proprium* der Regierung erkennen. So weist der Dichter jeden auch noch so klugen Versuch Gossweilers zurück, die Versöhnung zwischen den möglicherweise antagonistischen neuen Klassen für eine ausgemachte Sache nur deshalb zu erklären, weil sie theoretisch so zwingend, so einfach ist wie die Deduktionen von John Rawls aus dem hypothetischen Gemeinschaftsurzustand:

> »Warum, fragen Sie mich, Spezialisten keine Marxisten sein könnten? Sie sollten sie selbst fragen. Ich nehme an, Naturwissenschaftler haben einen anderen Denkapparat als Gesellschaftswissenschaftler, und es war Ulbrichts größte und verdienstvollste und gescheitertste Anstrengung, aus Parteimenschen zugleich Fachmenschen und aus Fachmenschen zugleich Parteimenschen zu züchten. Er ließ seine Funktionäre den Doktor machen und seine Professoren ML studieren. Die einen wie die anderen, mit verschwindenden Ausnahmen, wollten das nicht. Ehe diese Klassen bereit waren zu verschmelzen, stürzten sie ihn lieber.«[180]

Wenn einer, der sonst so gutes Deutsch schreibt wie Hacks, plötzlich einen Superlativ von »gescheitert« kennt, liegt eine brisante Ärgerquelle vor, die wir im Vokabular dieses Buches etwa wie folgt dingfest machen würden: Parteimenschen sind für etwas Normatives zuständig, die Naturwissenschaften müssen das, so gut es geht, ausschließen, die Techniker wieder vermitteln es mit dem, was die Parteimenschen wollen. Da zu den Berufsdeformationen aller, die überhaupt einen Beruf haben, die stete Sorge um professionelle Autonomie und Integrität zählt und nur Pfeifen über diesen Schatten kommen (springen würden wir das nicht nennen wollen, was sie zu diesem Zweck tun müssen), sind diese Klassen zumindest in Situationen, da ihnen kein Überschuß, kein Überfluß um die Ohren fliegt, je klassenbewußter, desto antagonistischer. Die Rechte freut sich in unverhohlener Häme darüber; ihr intellektuell ernsthaftester Einwand gegen die Linke ist ja zu allen Zeiten der gewesen, jene glaube, der Mensch sei unbegrenzt erziehbar, und alles habe eine politische Lösung. Bescheidener als in dieser Karikatur, die sich von Saint-Just bis zu irgendwelchen wahnsinnig gewordenen Maoisten leider auch immer wieder Linke ganz freiwillig haben vor den Bauch binden lassen, pochen wir bloß darauf, daß es gesamtgesellschaftliche Fragen gibt und daß es richtig ist, an sie normativ und programmatisch heranzugehen.

Die konstruierten – nicht mehr naturwüchsig entstandenen – Klassen, von denen Hacks redet, können nur über konstruierte Machtapparate herrschen und ihre Antagonismen untereinander regeln; auch die Verfassung ihres Staates ist, wie die jeder Klassengesellschaft, eine Waffenstillstandslinie in Klassenkämpfe, die aber nicht aus Erschöpfung der gegnerischen Heere, sondern aus ihrem aus Interessenkalkül resultierenden Friedensschluß rührt, im Bewußtsein, daß sie sich (und einander) damit bereits wieder abzuschaffen begonnen haben.

ELF
FREUNDSCHAFT BEI DER ARBEIT

I.
Eine frappante Geschichtslücke

Das Allerunanschaulichste, Allerobskurste, Alleraltmodischste und Allerbesiegteste war für Leute wie uns – geboren 1970, in der Schule und an der Universität einerseits von Achtundsechzigern und andererseits deren Gegnern unterrichtet – lange Zeit die Arbeiterbewegung. Linkes Denken, linke Einschätzungen, linke Programmatik lernten wir kennen über Leute, die der Studentenbewegung nahegestanden hatten, der Außerparlamentarischen Opposition: Intellektuelle, sogenannte Kulturschaffende, Wissenschaftlerinnen, Publizisten. Ein Wort wie »Gewerkschaften« riecht in dieser Winzwelt nach Socken; unserer Elterngeneration waren, je nach Beschäftigungszweig und Stellung dieser Eltern, solche Organisationen entweder Banden von tumben Gestalten, die »der Wirtschaft« schadeten (und damit »uns allen«), oder Heimstatt von »Bonzen, die nicht genug für die einfachen Mitglieder tun«.

Wir haben uns, bevor wir mit der Arbeit an diesem Kapitel anfingen, ein paar Tage unter Leuten, die Bücher lesen wie dieses hier, und manchmal solche schreiben, umgehört: Da war viel Wissen zu holen über die Komintern oder den Operaismus, über jüngste wilde Streiks in China, über den Kampf um die spanische Republik gegen Francos Armee, aber wenn wir von den Metallerstreiks in Schleswig-Holstein 1956 und 1957 sprachen, wußte niemand, daß der 17 Wochen gedauert hatte, und von den Bergarbeitern, die 1966 mit ihrer Renitenz und ihrem Kampf gegen Zechenschließungen zum Ende der Regierung des Idols aller Wirtschaftsliberalen und heutigen Hauptstadtyuppies mit Medien- oder Werbekarrieren, Ludwig Erhard, einen Beitrag leisteten, von dem man selbst im Wikipedia-Eintrag über Erhard nichts erfährt. Nicht die linke Tradition Westdeutschlands, sondern die Archäologie muß zu Rate ziehen, wer wissen will, um wen es sich beim vergessenen frühen DGB-Chefdenker Viktor Agartz gehandelt hat, was für urmarxistische Anregungen er den Gewerkschaften nicht ohne Gehör zu finden gab und wie der amerikanische Gewerkschaftsbund AFL/CIO seine Zahlungen zum DGB-Aufbau einstellte, wie Agartz wegen Hochverrats (eine Zeitschrift, die er gegründet hatte, wurde in stattlicher Anzahl von der SED beziehungsweise dem FDGB der DDR abonniert, dies galt im Westen als »Ostfinanzierung« für Agartz und führte zu seiner scharfen Verurteilung durch die vierte Gewalt, Strafmaß: Propagandistische Erledigung auf Lebenszeit) juridisch verfolgt, dabei nach allen Regeln der Kunst fertiggemacht und kaltgestellt wurde. Noch 1946 hatte dieser Mann nicht in Moskau vor der KPdSU, sondern in Hannover auf dem SPD-Parteitag erstaunliche (und bis heute nicht einmal in allen Punkten überholte) Dinge über die Besitzergreifung der Rohstoffquellen durch das Finanzkapital, den weltweiten Kapitalexport und »den im Entstehen begriffenen Neu-Liberalismus (!, K/D), der die Bedeutung des Gewinnstrebens und des Wettbewerbes überschätzt, der die Unvermeidlichkeit der Verbrauchslenkung in jeder modernen Volkswirtschaft verkennt und damit praktisch sämtliche Verbraucher der Bevormundung durch das Gewinninteresse privater Unternehmer ausliefert«[181], erzählt, sich allerdings auch gegen »einen zentralistischen Staats-Kapitalismus in Form der marktlosen Wirtschaft« gewandt, den er im Osten realisiert sah, und namens der Sozialdemokratie, die ihn bald darauf fast ein Jahrzehnt lang als wirtschaftstheoretischen Vordenker der Gewerkschaften ertragen mußte, die im Lichte der seither eingetretenen Jugoslawien-Zerschlagung und EU-Formatierung durch die stärksten Mächte wehmütig stimmende Forderung ausgesprochen: »Die Wirtschaft des neuen Europas ist aufzubauen im Rahmen einer europäischen Arbeitsteilung, sodass die entstehende enge Verzahnung und Verknüpfung jede Möglichkeit eines Krieges für jeden Staat in Europa ausschließt.«[182]

Arbeiterbewegung, das war für den SDS, aber auch die verschiedenen peking- oder moskautreuen Sekten, für ML-Zirkel und K-Grüppchen etwas, das man in Deutschland 1933 zerschlagen hatte, das man aber, als studentisch ausgebildete Avantgarde, jetzt wieder anregen sollte, zumal die kümmerlichen Reste dessen, was sie gewesen war, von Moskau aus mit der Errichtung der DDR beauftragt und so von revolutionären Umtrieben irgendwelcher Art abgelenkt waren. Man hat uns nichts erzählt; es gibt zwar eine marxistische oder marxophile Sicht auf die Dinge, aber nicht alle Dinge sind sichtbar.

Was man sich nicht durch Spuren erschließen kann, das muß man anderweitig rekonstruieren. Wo holt man es raus, worin steckt es?

II.
Sancta Johannas schiefes Schlagwort

Wenn Brecht seine Heilige Johanna der Schlachthöfe sagen läßt, es helfe nur Gewalt, wo Gewalt herrscht, dann ist das eine schnittige Parole. Der Satz steht in einem Agitationsdrama, das zu den Werken gehört, die Peter Hacks verführten, gelegentlich von seinem einstigen Anreger und nicht besonders zuverlässigen Mentor zu bemerken, man könne dessen Sachen eigentlich nicht mehr lesen, aufführen oder sonst zu irgend etwas gebrauchen, das seien nämlich alles Gewerkschaftsstücke – ein ästhetischer Einwand, der sich in einen politischen kleidet und mehr mit der boshaft lobenden Feststellung von André Müller Sr. zu tun hat, Brechts bleibendes Verdienst sei es gewesen, den Deutschen den Weg zu Schiller (also zum nach klassischen Regeln gebauten Moraldrama, in dem die üble Niederlage des Üblen die Schönheit macht oder die nicht minder üble des Schönen die Tragik) gebahnt zu haben, als mit der Hacksschen Konzeption vom nachrevolutionären Theater, das, da ja in der Sowjetunion und der DDR der Kapitalismus als gesellschaftliches Grundverhältnis abgeschafft war, auf Agitation verzichten konnte. Im Geiste Rudolf Bahros und des dissidenten Luxemburgismus nachzufragen, ob nach Ansicht von Leuten wie Hacks demnach im Sozialismus auch die Gewerkschaften überflüssig seien, trifft den Dichter nicht; wir haben ja im vorigen Kapitel seine Theorie von den neuen Klassenverhältnissen in jener nachrevolutionären Gesellschaftsformation vorgestellt und vertrauen darauf, daß man sich leicht denken kann, wie ungern Hacks die »Werktätigen« (wenn's denn schon keine durchs Kapitalverhältnis gesetzte und bestimmte Arbeiterklasse mehr gab) ungeschützt und ohne Organisationsmittel in den Auseinandersetzungen zwischen Partei und Wirtschaftslenkung gesehen hätte. Engagementenergetisch gespeist von einer Empörung, die sich der Verstand begreiflich und operativ gestaltbar macht über eine bündlerische Fetischisierung und Totalisierung des einzig im organisatorischen Pluralismus und der Patchwork-Strategie für verwirklicht gehaltenen Demokratieprinzips (»Ohne Bürgerinitiativen sind die Bürger ohnmächtig, ohne Frauengruppen die Frauen, ohne Gewerkschaften die Lohnabhängigen«), die den im Osten (durch Leute wie Bahro) wie im Westen (durch allerlei Proto-GRÜNE) öffentlich artikulierten Programmen der neuen sozialen Bewegungen urwesentlich war, leidet solche Kritik an einer Phantasie, die sich gestattet, Klassenpolitik der Produzentinnen und Produzenten einmal anders verfaßt zu denken als in Gewerkschaften oder Sozialdemokratien, an derselben Kurzsichtigkeit, die aus dem Pochen auf der Unersetzbarkeit des Gewerkschaftlichen im nächsten Moment bei denselben (oder anders anarchistisch inklinierten) Personen sich schon wieder im entgegengesetzten Sinn äußert, dann nämlich, wenn Gewerkschaften in der »verwalteten Welt« (das heißt auf beiden Seiten der alten Systemgrenze wie, *a fortiori*, nach deren Fall) für völlig sinnlos erklärt werden, weil etwa

1. ihre entscheidenden Waffen in antagonistischen gesellschaftlichen Kämpfen, etwa das Organisierenkönnen von Streiks, für aufgrund der Neuorganisation der Produktion nach irgendeinem produktivkraftbefeuerten innerkapitalistischen Epochenumbruch obsolet erklärt werden – »Die Verkehrswege sind zu gut entwickelt, die Modularität der Erzeugung erlaubt ihre zu schnelle Verlegung, die Arbeitenden sind endlich erfolgreich atomisiert, Solidarität ist unter solchen Bedingungen ein idealistischer Wahn« –, dazu ist aber in Betracht zu ziehen: a) wer die Transportkapazitäten der kapitalistischen Gemeinwesen nur an dem messen kann, was in ihnen technisch möglich wäre, hat das Profitprinzip, die Monopolmacht und die sich aus dem Zusammenwirken beider ergebende Unberechenbarkeit, Unfähigkeit und totale Schlamperei in Bereichen wie Sicherheit und Zuverlässigkeit (vulgo: der Gebrauchswertseite des Transportwesens, im Gegensatz zu ihrer Tauschwertseite, also etwa verfrachteten

Stückzahlen und Gebühren pro Stück) vergessen und also beispielsweise noch keinen Sommer oder Winter mit der Deutschen Bahn AG verbracht. b) Der ganze Einfall ist undialektisch. Wenn das Kapital die Transporterleichterungen durch Technik gegen die Streikmacht in der Produktion ausspielt, dann wächst eben umgekehrt die Streikmacht im Verkehrswesen (wir sagen also mit Gilles Dauvé und Karl Nesic: »Alle, die uns eines vereinfachten Materialismus bezichtigen, sollen einfach mal einen lang andauernden Streik im Transportsektor, ob bei der Bahn und/oder im Straßenverkehr, mit einem ebenso langen Streik der Presse vergleichen.«[183]) Man kann diesen beiden Autoren nur völlig recht geben, wenn sie schreiben: »Zwar werden die Arbeiter verschiedener Regionen oder Kontinente zu Konkurrenten gemacht und wird damit das Kapital gestärkt, dafür geben *just in time*, stärkere Verflechtung zwischen Unternehmen und Betrieben, ›Null Lager‹ und die Obsession einer immer schnelleren Warenzirkulation den Arbeitern eine Blockademacht«[184] und die ist neu, ein unausgeschöpfter Fortschritt.

2. nach einem irgendwie vage strukturalistisch als Begründungshintergrund implizierten Gesetz der Totalität der Systeme (das manchmal ärgerlicherweise »materialistisch« aufgemotzt wird mit dem mehr oder weniger deutlichen Verweis darauf, daß ab einer gewissen Entwicklungsstufe des modernen kapitalistischen Weltsystems irgendwelche »ökonomischen Determinanten« oder einfach die – dabei in Wirklichkeit erzidealistisch umgedeutete, weil ohne Verweis auf Realverhältnisse für allmächtig erklärte – Warenform keine gegenläufigen Tendenzen, Spielräume etc. pp. zuließen) Organisationen wie Gewerkschaften (und, abermals *a fortiori*, Parteien, Wohlfahrtsverbände, Bürgerinitiativen, modulare Produktion, *gender mainstreaming, diversity*-Dienststellen, Umstellung der Produktion auf selbstverantwortete Kleineinheiten, CAD/CAM, Outsourcing, Telepräsenz und was es seit dem Ende des Fordismus und der Systemkonkurrenz sonst noch Altes – also Abgetanes – und Neues – also nur den neuen Machtverhältnissen Dienstbares – gibt) immer nur zur Kontrolle, Disziplinierung, entmündigender Integration zu gebrauchen seien (begleitet wird diese Miesmacherei von der fiesen Evidenzgeste, die darauf deutet, daß sie ja wirklich immer wieder

eben dazu gebraucht werden). Wir antworten darauf nicht ausführlicher als mit dem Gleichnis von einer mysteriösen Sorte Werkzeug, mit der man angeblich sowohl Leuten den Schädel einschlagen wie einen Nagel in die Wand kloppen kann. Alles, was zur Waffe taugt, hat, solange Unrecht existiert, einen höchst produktiven, keineswegs je rein destruktiven Gebrauchswert.

Hilft also immer, und wie wir an Hacks und seiner Position zur postrevolutionären Klassengeschichte immerhin implizit sinnfällig gemacht zu haben hoffen, womöglich auch im Sozialismus, gar nach Ansicht derer, die ihn befürworten und (solange er das noch nötig hat, also beispielsweise unter Bedingungen des Eingekreistseins durch einen Imperialismus) verteidigt sehen wollen, nur Gewalt, da sie doch fortherrscht, weil es ohne sie keine Klassen gäbe? Was bedeutet eigentlich die normative Formel »Man muß streiken können«, wer benötigt Gewerkschaftsstücke, und von was für (virtuellen? begrifflichen? tatsächlichen? geschichtlichen?) Gewerkschaften handeln die eigentlich?

Schaut man sich die Parole der Heiligen Johanna einmal (was bei Kampfparolen bekanntlich gar nicht so einfach ist) in Ruhe an, so fällt zunächst auf, daß sie Zwecke und Mittel, Zustand und Handlung, Absicht und Praxis, Aufstand und Hexis verwechselt, also »schief ist« wie jede gute Metapher, im positivistischen Sinn mithin »nicht stimmt«, aber gleichwohl (und vielleicht ja: deswegen) unmittelbar (soll heißen: sinnlich) einleuchtet. Sie ist ein triftiger Kurzschluß (wie alles, was an Kunst überzeugt). Denn wie soll das gehen: »Gewalt herrscht«? Sie ist kein Subjekt, sondern Herrschaftsmittel (genauer: Herrschaftserzwingungsmittel, Herrschaftssicherungsmittel. Man herrscht nicht mit Gewalt, man herrscht dank Gewalt). Unter diesen Mitteln gehört sie zu den auffälligeren; sie tut weh, man will sie daher häufig noch dringender loswerden als die Herrschaft selber (der »gute König« erscheint als etwas Wünschenswertes, weil es den bösen gibt und er die Leute schinden läßt).

Gewalt ist eine spürbare Handlung oder eine abzählbar große, vielleicht potentiell unendliche Menge solcher Handlungen, selbst in dieser Unendlichkeit aber immer etwas Konkretes (man kann die einzelnen Gewaltakte benennen und beschreiben, es läßt sich sagen »wer – wen« et cetera), Herrschaft dagegen eine Beziehung (die sich, wenn sie sich überhaupt irgendwie »anfühlt«, nicht als körperliche Empfindung, sondern als Zustand gewordene Handlungsdisposition ausnimmt). Über Beziehungen, Handlungsdispositionen und dergleichen Gelehrtes denkt man, wenn man unter Gewalteinwirkung steht, schon deshalb weder gern noch häufig nach, weil traumatische Noxen das Denken – nicht nur dasjenige in Abstraktionen, sondern sogar und ganz besonders das automatische, vorbewußte Schließen, da sind sich ausnahmsweise mal alle einig, von Pawlow bis Freud, Skinner bis Festinger – nun mal sehr grundlegend stören bis verhindern (diese Wirkung reicht so weit, daß man sich tatsächlich darüber nicht verständigen kann, ohne sie zu verkleinern, einzuschränken, ihrer Mehrdeutigkeit operable Eindeutigkeiten abzuringen – wollte man ganz genau sein, müßte man beispielsweise zugeben, daß man das Wort »Gewalt« nicht nur als ein Bindesubstantiv für eine unbestimmte Menge von Handlungen, sondern auch, metaphorisch, wiederum für ein Verhältnis gebrauchen kann, eben die Herrschaft nämlich – »Gewalt über jemanden oder etwas ausüben oder haben« –, und diesen Gebrauch ziehen wir einem, in dem Gewalt als ein *Ding* und zwar ein böses, das irgendwelchen Menschen innewohnt wie der berühmte, den Faschismus mythisierende Hitler in uns allen, allemal vor. So wollen wir denn das ebenso blasse wie heimtückische Hilfszeitwort »ist« in dem Satz »Gewalt *ist* eine Handlung oder eine Menge von Handlungen« gut nominalistisch verstanden wissen als »Wir gebrauchen das Wort Gewalt so, daß wir damit eine Handlung oder eine Menge von Handlungen bezeichnen«, und daß wir andere Gebrauchsweisen, die sich dann jeweils an ihren inferentiellen Prämissen, Lemmata und Konklusionen zu bewähren hätten, damit nicht ausschließen wollen, ja sie uns, falls andernorts das Dingschema zuschlägt und wir ihm Paroli bieten möchten, sogar selbst vorbehalten, sei ausdrücklich bekräftigt – der logisch-pragmatischen Schwierigkeit des Erweises solcher Bewährungen übrigens sind die meisten der verstiegeneren kategorialen Derivate des Gewaltbegriffs in der kurzen Geschichte der Sozialwissenschaften geschuldet, von der berühmten »verbalen« bis zur noch berühmteren »strukturellen« Gewalt. Der Versuch, Abstrakta mit Handlungen zu vermitteln, hat weit klügere Köpfe als unsere den Verstand gekostet – die Menschen haben eben weder die Schönheit noch die Gnade erfunden, aber benannt, und um die Verantwortung für beide drücken sie sich begrifflich weniger oft und weniger erfolgreich als um diejenige für die Gewalt, die sie ebenfalls nicht erfunden, aber benannt haben).

Johannas Bild hängt schief. Aber politische Kunst ist nicht dazu da, Bilder geradezuhängen (dafür hat man Aufklärung), sondern dazu, welche zu finden, die an den Denkstörungen und Empfindungshemmungen vorbeiwirken, unter denen die Individuen abgestumpft, in die sie eingekerkert, denen sie ausgeliefert sind und die ihnen ihr Nichthandeln in der ungerechten Welt plausibel, ja alternativlos vorkommen lassen. Der Trick, den Brecht hier zünden läßt, ist ein doppelter:

Erstens verspricht der Satz etwas dadurch, daß die, die ihn sagt, sich traut, die Gewalt überhaupt beim Namen zu nennen, und sie schon damit objektiviert (was nichts anderes besagt, als daß sie diese Gewalt der Diskussion zugänglich macht, die mögliche Verabredungspartner darüber führen könnten, wie man sie bricht und die von ihr gestützte Herrschaft stürzt) – sie spricht, als wäre sie dem Wirkungskreis der Gewalt bereits entzogen.

Zweitens, und wichtiger, rückt der Satz formal der abstrakten Struktur hinter der Gewalt, dem Unrecht, auf den nur scheinbar unverwundbaren Leib – Unrecht ist ein asymmetrisches Verhältnis, Johannas Satz aber wiederholt das Wort »Gewalt« auf den beiden Seiten, die von den zwei Parteien in diesem Verhältnis eingenommen werden, und setzt so zunächst gedanklich – aber implizit ebendadurch: praktisch, die beiden Verben reden ja vom Tun, vom Helfen oder Herrschen – genau diejenige Symmetrie, auf deren Verhinderung es den Gewalthabern zuallererst ankommen muß.

III.
Stolze Widerrede und eroberte Symmetrie

Zum ersten Punkt, der stolzen Widerrede: Die unmittelbarste, den Gewalthabern erwünschteste Folge der Gewaltanwendung (und, in deren Verlängerung, der durch sie plausibilisierten ferneren Gewaltandrohung) zur Herrschaftsstütze ist für diese unwichtiger als alle mittelbaren, weil sie jene zwingend impliziert; der geprügelte Einzelne steht, wenn es ihn trifft, zuverlässig für die andern, die sich fürchten sollen und nicht aufmucken – Beobachtungen auf jedem beliebigen Schulhof belegen leider hinreichend, daß das unfehlbar funktioniert: Wenn der Hoftyrann dem schwächsten Kind in der Menge das Handy klaut oder das Frühstück aus der Hand schlägt, ist ihm das Schweigen und Wegsehen der Umstehenden so gewiß wie Schmerz und Demütigung des Getroffenen. Dieses Schweigen und Wegsehen kann gesellschaftlich sehr sublime, geradezu erhabene Formen annehmen, etwa die idealistische Geschichtsauffassung, die besagt: Wenn irgendwo ein umzingelter und bedrängter Staat zusammenbricht, dessen Regierung im Namen einer Idee (Sozialismus, Islamismus, Zionismus) angetreten ist und diese durchsetzen wollte, dann ist damit nicht etwa ein empirischer Kampf zwischen ungleich starken Anwendern der Gewalt entschieden worden, sondern besagte Idee widerlegt – der Schulhof Welt wird damit gedanklich von Armeen und Geheimdiensten, von Folterzangen, Raketen, Gewehren und anderen Zwangsmitteln gesäubert; ist die Sowjetunion perdu, so wird der Marxismus schon falsch gewesen sein. Da Wegsehen und Verstummen bei Intellektuellen sehr beredt werden können und selbst das törichste Argument bei ihnen nicht ohne stummeldialektisches »einerseits-andererseits« auskommt, werden, sobald diese These einmal ausgesprochen ist, zu ihrer Befestigung augenblicklich allerlei tatsächliche Fehler, Unstimmigkeiten, Makel, angreifbare Attribute und dergleichen in der Politik, dem Habitus oder auch nur dem historisch gewordenen Erscheinungsbild der Unterlegenen angekarrt, wirkliche wie scheinhafte, und vergessen – Wegsehen, Verstummen – wird dabei geflissentlich, daß so etwas immer und überall geht: Die beklaute Schülerin hätte ihr teures Handy ja auch zuhause oder in der Jacke lassen können, in der jüdischen Gemeinde, in deren

Stadt Goebbels vor 1933 zum Angriff bläst, gibt es tatsächlich Bankiers, Juweliere und politisch einflußreiche Leute vom Diplomaten bis zum Polizeichef. Nicht einmal der verrückteste Antisemitismus aber ist umgekehrt etwa durch das Ergebnis des Zweiten Weltkriegs widerlegt (diejenigen, die so ein Ereignis brauchen, bevor sie dieser Lehre zu mißtrauen beginnen, darf man vielmehr zu den schlimmsten Nazis rechnen); das ganze Geschichtsbild, in dem dergleichen »Widerlegungen« gedacht werden, tut so, als hätten Bolschewiken oder Nazis ungestört von allen Außeneinwirkungen wacker vor sich hin experimentiert, bis ihre jeweiligen Projekte in sich zusammenbrachen. Solche Leugnung gewaltsamer Vorgänge ist stets selbst Gewaltfolge; die Leute, die sie in Umlauf bringen, stehen unter der Fuchtel (etwa der freiheitlich-demokratischen, der zuliebe man Konstrukte wie die sogenannte Totalitarismustheorie lehrt und lernt).

Minder grelle Beispiele, in denen Gewalt etwa auf die berühmten »Sachzwänge« der Ökonomie reduziert wird – die Drohung mit dem Verlust der Wohnung, des Versichertenstatus, des Arbeitsplatzes und ähnliches lebt ja nicht von psychischen Energetika allein, sondern davon, daß es eine Polizei, einen Werkschutz, einen Gerichtsvollzieher und dergleichen gibt –, verdeutlichen, daß die sagenumwobene »strukturelle Gewalt« einfach zur *Hexis* geronnene Gewaltpraxis ist (dieses »Geronnensein« ist selbst wieder eine gewaltfolgenexstirpierende Metapher; wir meinen Abrichtung, Dressur). Der Vorgang mag für sich genommen vorpolitisch sein; er lappt ohne größere Anstrengungen der Gewalthaber und ihres Apparats schnell ins eigentlich Politische:

Immer wieder begegnen wir Überlebenden der studentischen Protestbewegung, APOistinnen, 68ern, wie immer man diese Leute nennen will, wer gemeint ist, weiß man ja – und wenn wir die nun fragen, warum es in jener Zeit keine entschlossene Rückbindung der neu aufflammenden Kämpfe an die Spuren der Streiks in den Fünfzigern oder der DGB-Erfahrungen im Umfeld der Agartz-Verfolgung gegeben zu haben scheint, wenn wir sie außerdem fragen, warum die in entsprechenden Aufzeichnungen seltsam unterkomplex behandelte, nicht recht konturenklar ausgeleuchtete, im Rückblick aber doch hochspannende Phase der propagandistischen wie praktischen

Zusammenarbeit von einerseits Lehrlingen, Gewerkschaftsbetriebsgruppen sowie sonstigen Lohnabhängigenverbänden und andererseits der aus dem Kampf gegen Wiederbewaffnung und Notstandsgesetze hervorgegangenen Außerparlamentarischen Opposition nicht konsolidiert werden könnte, dann äußern diese Menschen Ansichten, die der Behauptung »1989 bis 1993 ist der Marxismus widerlegt worden« merkwürdig ähneln, insofern sie nämlich mit Vorliebe und Ausdauer von der Wirksamkeit oder Unwirksamkeit irgendwelcher Ideen reden, wo statt dessen weitaus realistischer von Kräfteverhältnissen zu reden wäre. Haben sie die Heilige Johanna vergessen?

Ein schönes, weil lehrreiches Beispiel für das, was wir meinen: Da liest man in einem Text, den ein Beteiligter zehn Jahre nach 1968 aufgeschrieben hat, die Lehrlings- und Betriebsleute hätten sich bedauerlicherweise von der APO verabschiedet,

> »als sich der studentische Kampf voll auf den Hochschulbereich, angeführt von den SDS-Gruppen Berlin und Frankfurt, konzentrierte. Die hier aufbrechenden *inhaltlichen Forderungen* (Hervorhebung von K/D), die sich auf eine antiautoritäre Theorie auf der Grundlage einer kritischen Theorie und der neuen und wiederaufgetauchten Literatur zu Fragen der Autorität, Repression und Sexualität bezogen, konnten die Arbeiterjugendlichen nicht mehr nachvollziehen und deshalb die Entwicklung nicht mehr mittragen. Vokabular und Aktionsformen der Studenten waren ihnen fremd und konnten nicht auf ihre Praxis übertragen werden.«[185]

Der Bruch, der uns interessiert, war demnach vor allem ein inhaltlicher, also die Niederlage bestimmter Ideen (und aus diesen vom Kopf her in Hände, Münder und Füße gefahrener »Aktionsformen«) bei den Lehrlingen. Was für Ideen das waren, sagt der Verfasser Jochen Müller nicht besonders präzise, ihre formale Konstitution als »eine Theorie auf der Grundlage einer Theorie« aber ist so unfreiwillig komisch wie unfreiwillig wahr; hier werden Gedanken über gedachte Gedanken gedacht – die Lehrlinge dagegen, denen die Theorie der Theorie nicht eingeht, haben statt Aktionsformen (bei denen schon der Plural das Farbenfrohe, Unangepaßte verrät) bloß etwas Saures namens »Praxis«. Schaut man das ohne Angst an, geht einem sofort auf, es handelt sich wieder einmal um Arbeitsteilung (Hand/Kopf), um die dieser aufsitzenden Hierarchien und (Stichwort Sexualität) das entfremdete Verhältnis zwischen Produktion und Reproduktion unterm Kapital, das diese Hierarchien neben allen anderen vorstellbaren Lebensäußerungen der Leute regulieren sollen. Was da mitverraten wird, ohne ausgesprochen zu werden, ist wenig mehr, als daß die Redegewandtheit und theoretische Beschlagenheit der Studenten Effekte ihrer sozialen Mobilität, ihrer Muße zum Lesen, ihrer vergleichsweise freieren Zeiteinteilung sind und ihr Kampf in herzwürgender Enge zwischen Zweck und Mittel bald nur noch dem sehr zahmen Zweck diente, diese Spielräume zu erhalten, wenn möglich auszuweiten – »voll auf den Hochschulbereich konzentriert« heißt dieser Gewalteffekt bei Müller –, während die Lehrlinge irgendwann in einen dumpfen, öden, abstumpfenden Arbeitsalltag eingegliedert werden und dann für etwaigen sexuellen, kreativen, antiautoritären Schabernack erst mal keine Zeit mehr haben, bis das Clubwesen und der Ballermann erfunden sind, weil eine internationale Neuorganisation der kapitalistischen Produktionsweise stattgefunden hat (bei Dauvé und Nesic lesen wir die Gruselgeschichte von den ehemaligen Stahlarbeitern der deindustriellen Region Département Moselle, denen der Freizeitpark »Walibi« anbot, gegen Entgelt in Schlumpfkostümen zwischen Touristen herumzutrotteln; das ist, ein paar Krisen- und Stabilisierungszyklen weiter, aus den spielerischen Protestformen und irritierenden Umzügen der Studentenbewegung geworden; und Rainer Langhans darf im Frühjahr 2011 endlich ins deutsche Fernseh-»Dschungelcamp«).

Die Arbeitswirklichkeit der Klassengesellschaft treibt einen Keil zwischen zwei aufbegehrende Kollektive; der Analytiker jedoch redet von Verständigungsschwierigkeiten. Wir wollen den sich in solchen Momenten ganz greifbar ausprägenden Hang, Gewaltfolgen aus Geschichtserzählungen herauszueskamotieren und politische Prozesse statt historisch lieber ideologisch zu betrachten, spaßeshalber »Angsthegelianismus« taufen; er kommt (wie jede Spielart des Hegelianismus) auch in sich selbst als marxistisch mißverstehenden Argumentationsgängen häufiger vor, als man glauben sollte. Nicht einmal der Stammvater selbst ist mutmaßlich ganz frei davon: Ließe sich nicht mit Gewinn fragen, ob die Aufmerksamkeitsverschiebungen beim späten Marx fort von den Klassenkämpfen und hin zu logischen Verzwicktheiten der Profitratenentwicklung, organischen Zusammensetzung des Kapitals und anderen Arkana eine Gewaltfolge sind, i. e. ein Punkt, an dem jener sonst so unbestechliche Autor auf Umwegen zerschlagener Hoffnungen gedenkt, ohne sie denunzieren zu wollen – wird man wissenschaftlich und philosophisch, überarbeitet und überschreibt man die einst als Handlungsermächtigung konzipierte eigene Interpretation der sozialen Welt, wenn und weil man sich nicht hat verändern können? Wirft dieser Ablauf nicht lange Schatten voraus auf die Geschicke der Kritischen Theorie, des strukturalen Marxismus, auch der Moskauer Staatsmarxologie? Brechts Parole dagegen erhebt keinen Anspruch auf wissenschaftliche Richtigkeit oder philosophische Gediegenheit, und gerade das suggeriert, daß die, die sie ausspricht, weiß, was sie will; das meinen wir mit »stolzer Widerrede«.

Zum zweiten Punkt, der eroberten Symmetrie: Das Verhältnis zwischen Menschen, das den Namen »Herrschaft« verdient, ist definitionsgemäß ungerecht (ein gerechtes, das dieselbe Produktivität erreichen könnte, müßte »Kooperation«, »Allianz«, »Assoziation« heißen, erweitert und universalisiert zum gesamtgesellschaftlichen Prozeß dann »Sozialismus« oder »Kommunismus«). Ungerechtigkeit heißt, daß die Regel »Wie du mir, so ich dir« außer Kraft gesetzt ist; die eine Seite des Verhältnisses darf und soll sich mehr herausnehmen als die andere. Brechts bemerkenswerter, klar-unklarer, richtig-falscher Satz verspricht nicht allein das Ende dieses Zustands (»Wenn die uns hauen, hauen wir die auch«), er beschreibt vor allem eine Kampfform, die bereits das enthält, wofür doch eigentlich erst zu kämpfen ist, die Symmetrie. Wer sich wehrt, hat damit, suggeriert der Satz (und ist auch darin wieder kunstadäquat wahr-unwahr), das Unrecht bereits abgeschafft, da es nun mal zum Unrecht gehört, daß man sich dagegen nicht wehren soll.

Nach diesem Modell lassen sich leicht Bausätze denken, die an allen möglichen Fronten der ungerechten Vorteilsnahme, des Ausschlusses, der Willensbrechung das Urverbrechen der Symmetriebrechung ahnden und dem *do ut des* zur Geltung verhelfen; Diedrich Diederichsens Formel »Es hilft nur Identität, wo Identität herrscht« sagt zum Beispiel, daß man in rassistischen Kontexten *négritude, black is beautiful* und ähnliche Umwertungen hegemonialer Werte (»Bad means good in my language«, Grace Jones) setzen, behaupten, stärken und verteidigen sollte, weil identitäre Zuschreibungen seitens der Gewalthaber (die, wie wir im dritten Kapitel ausgeführt haben, immer mit einem Element der auch semantischen Willkür arbeiten müssen) das einseitige Vorrecht der symmetriebrechenden Gewalthaber sind und man demgegenüber selbst das Recht, und wichtiger: die Macht zu solchen (Selbst-)Zuschreibungen setzen, behaupten, stärken und verteidigen will. Die bei den mit dem Gegebenen sonst besonders Zufriedenen besonders verhaßte »politische Korrektheit«, die sexistisch oder sexuell, ökonomisch, rassistisch, kulturalistisch Geschurigelten Symbolrechte dieser Art zu verschaffen suchte (wo sie positiv besetzt noch vorkommt; das ist selten geworden, nicht nur aus schlechten Gründen, auch aus solchen, die zeigen, daß man an vielen dieser Fronten tatsächlich »weiter ist« als Mitte der neunziger Jahre des letzten Jahrhunderts), wird als Versuch von andernfalls Getretenen zu lesen sein, das Heft in die Hand zu bekommen, in dem die deontischen Punktestatus der Leute im symbolisch hochmedialisierten Gemeinwesen verzeichnet sind, nachdem der Universalplatzhalter der Unrechtsaufhebung, der Sozialismus, von der realen wie der symbolischen Landkarte verschwunden war (eine Auseinandersetzung also, die sich keine ernsthafte Linke in jenen neunziger Jahren hat ersparen dürfen). Auch Partikularismus in Dissidenz, Protest, Opposition gehört zu den Gewaltfolgen, die wir beschreiben wollen: Eine Linke, der es eben nicht darum geht, einzelne *issues* und Identitäten durchzusetzen (das oft genug »schlechte Besondere« Hegels), sondern darum, daß niemand, kein Mensch, ausgenutzt, ausgegrenzt, unterdrückt, mißhandelt, stumm gemacht oder gehalten werden soll, zerfällt im Moment des harten Gegenschlages in lauter mobile Module, auch um unter dem Gewaltakt ein bißchen wegzutauchen; plurale Wusels kann man schließlich weniger schnell töten als einen Elefanten.

Solche Schockergebnisse verdienen indes nicht, heiliggesprochen, unter Naturschutz gestellt oder als schlechtes Supplement der überlebtesten Universalismen ganz wie zuvor diese fetischisiert zu werden. Denn ohne Rücksicht darauf, wie es der Linken gerade geht, stellt sich die Frage nach dem Horizont Gesamtgesellschaft (in

Wahrheit: eben nach allem, was nicht Natur, was über Verabredung veränderbar ist) unausweichlich auch beim partikularsten Kampf im Maße der dabei erzielten Erfolge, weil eben auch die Unterdrücker, Ausgrenzer, Ausbeuter, Gewalthaber, die Inhaber der vielberedeten »Definitionsmacht« ununterbrochen in größtmöglichen Zusammenhängen operieren, sie hervorbringen und von ihnen hervorgebracht werden (das Erfreulichste am Gequatsche von der Globalisierung und Theorierosinen wie denen von Negri und Hardt bleibt, daß dies in beiden aufscheint, daraus nicht zum Verschwinden gebracht werden kann); wer jemals versucht hat, Inseln herzustellen, die davon nichts mehr wissen müssen, weiß alles, was man darüber wissen wollen kann.

Ebensosehr wie davor, dies zu übersehen, möchten wir aber davor warnen, das Problem selbst in einer weiteren Schraubendrehung erneut idealistisch fehlzuformulieren, nämlich als ein Ideenringen »Partikularismus versus Universalismus« – selbst die Unterscheidung »Idealismus gegen Materialismus« läßt sich idealistisch mißdeuten, nämlich überall da, wo daraus wieder die alte Geschichte von den miteinander kämpfenden Weltanschauungen gestrickt wird. Was ringt, sind Kollektive unterschiedlichster Größe, unterschiedlichster Macht, die nicht immer gern und Identität positiv besetzte beisammen sind, sondern weitaus öfter historisch und funktional (das griffigste Bild für so ein Kollektiv ist in unserem Begriffsrahmen, wie wir im zweiten Kapitel dargelegt haben, die Klassen *sensu* Marx und Engels). Die Frage »Partikularismus oder Universalismus« ist, vom Kopf auf die Füße gestellt, nichts anderes als die nach Organisationsformen (klein, groß, *grassroots,* basisbewegt, betroffenenorientiert, kaderartig, konspirativ, demokratisch, zentralistisch, minoritär, volksfrontartig, wohnortsbezogen, betrieblich – hier erst ergibt die Hackssche Bemerkung über Brechts »Gewerkschaftsstücke« zusammen mit der universellen Parole der Heiligen Johanna den Sinn, den beider Exegese in diesem Kapitel tragen soll: Gewerkschaft, das ist der Name für die verteufelt schwere Aufgabe, einen gesamtgesellschaftlich und universell gedachten Konflikt gleichwohl zunächst als partikularen organisieren zu müssen.

IV.
Hilft nur Organisation, wo Organisation herrscht?

Will man wissen, was »Organisation« im Spannungsfeld zwischen dem Partikularen und dem Universalen leistet (und überhaupt bedeutet), sollte man sich zunächst die Unterscheidung zwischen Organisation und Institution ansehen, die wiederum auf verwickelte Weise der im letzten Kapitel untersuchten zwischen Gesellschaft und Staat verwandt ist.

Die erste Grobannäherung ans Problem darf von dem Befund ausgehen, daß Organisationen in der Gesellschaft in beliebiger Menge und nahezu beliebiger Gestalt vorkommen können (von Kirchen bis Verbrecherbanden), Institutionen (wie Banken, Firmen, Schulen oder Schützenvereine) aber auch dann, wenn sie selbst nicht zum Staat gehören, ohne ein Minimum an staatlichen Bestandsgarantien keine sind. Wir wollen mit diesem Unterschied nicht auf Rebellenromantik hinaus: Daß »von oben« instituiert wird und »von unten« organisiert, ist nicht mal als Daumenregel besonders hilfreich; Arbeitgeberverbände sind organisiert, nicht ernannt, und intern nicht selten »demokratisch« – wie überall in diesem Buch kommt es uns vielmehr hier darauf an, daß die geometrisch-mengenbildnerisch-topologischen Vorstellungen, die man sich so macht, um menschliches Tun und Lassen, Hexis und Praxis zu beschreiben (irgend etwas ist »oben oder unten«, »Teil oder Ummantelung von etwas«, »größer oder kleiner als etwas«, »Breite oder Spitze«), einer voranalytischen Weltauffassung entnommen sind, in der soziale Strukturen dümmer noch als bei Dühring grundsätzlich nach territorialen und hierarchischen Bildern aufgeschlüsselt werden müssen, die nur irreführend sein können, wenn man sich aus der naturwüchsigen, von der Menschenevolutionsbiologie vorgegebenen territorialen (Hordengebietsgrenzen!) und hierarchischen Artung der Gemeinwesen gerade emanzipieren möchte – Implex ist demgemäß eine Kategorie, die lehren will, das Eingepackte als größer zu erkennen denn das Äußerliche. Wenn es zum Beispiel an Lenin von unserer Seite irgend etwas auszusetzen gibt, dann daß er bei seinen äußerst freimütigen und noch hundert Jahre nach ihrer ersten Niederschrift überaus instruktiven Untersuchungen der Organisationsfrage die geometrischmengentheoretisch-topologischen Vorstellungen der beschriebenen Beschaffenheit perpetuiert und auf ihre Kontamination mit Gewaltspuren aus dem Bekämpften nicht hingewiesen hat (um so wirksam dabei zu werden, wie Brecht das mit seinem formal abstrakten, also impliziten Hinweis geworden ist, hätte Lenin, da seine Texte keine Kunstwerke sind, an dieser Stelle explizit werden müssen – um aber auch nicht ungerecht gegen ihn zu sein: Die »Sklavensprache« einiger seiner vorrevolutionären Texte, nicht zuletzt taktisches Erfordernis ihrer Verbreitbarkeit auf den verschiedenen Publikationsebenen der zaristischen Zensurlandschaft, hat er selbst mehrfach einbekannt und später angemessen gewürdigt). Wie schon bei der oben besprochenen Falle, daß man sich im Fall der Erarbeitung einer Analyse entscheiden muß, ob mit »Gewalt« ein Ding, eine Handlung oder eine Relation gemeint ist (und wir nichts davon »verbieten« wollen, wenn wir unsere Präferenzen ebenso deutlich machen wie die Gründe, die uns zu ihnen bewegt haben), ist auch die Hordenoptik für uns keineswegs das schlechthin Falsche: Daß es »oben« besser ist als »unten«, knüpft als Bild an Reflexe an, diese aber hätten sich nicht ausprägen können, wenn nicht (wie an jeder Ideologie) irgendwas dran wäre – sowohl in der Natur wie in der Gesellschaft bedeutet ein Fortschritt in der Vertikalen beispielsweise einen Übersichtszugewinn; wogegen wir uns aber aussprechen wollen, ist eben, daß solche Vokabulare, Tropen, Perspektiven automatisch, anders als bewußt, ohne Aufdeckung ihrer normativen, zweckgebundenen Dimension verwendet werden. Wenn man mit »oben« wirklich den Ort der besseren Übersicht meint und mit »Mitte« wirklich etwas, wohin es von allen falschen Exzentrika und jedem schlechten Besonderen gleich weit ist, dann kann man lobend meinen, was Peter Hacks sagt: »Die Mitte ist oben«, die Synthese also, gut hegelisch, eine zu begrüßende Überwindung von Position wie Negation.

Der einzige aus unserer Perspektive erkennbare Ansatzpunkt, derlei effektiv zu begegnen, ist wohl die entschiedene Rückbindung aller einschlägigen Erörterungen auf die Frage der Arbeitsteilung – statt also zu sagen, ein Zentralausschuß stehe über anderen Einrichtungen, muß man bestimmen, was er bündelt und warum das jene nicht können. Das Wort vom Zentralismus, das Lenin bekanntlich sehr ernst genommen hat, ist in diesem Zusammenhang allerdings potentiell auch wieder Gold wert, insofern es nicht unbedingt auf den Unterwerfungsreflex setzt, das heißt nicht rückhaltlos die *neural pathways* des Hordenmenschen aktiviert. Die Übersetzung der primatenpolitischen Sprache der Klassengesellschaften in fair arbeitsteilige ist allerdings eine, die man nie vollständig am Schreibtisch (Laptop, iPhone, *whatever*) wird leisten können; sie ist heute aber (im Gegensatz zur Zeit des Hochfordismus) vielleicht sogar organisationsdepravierten Lohnabhängigen leicht als wichtige Emanzipationsaufgabe klarzumachen, die ja inzwischen modularer arbeiten als früher selbst die freiesten der freien Handwerker.

Besonders naive oder böswillige Leute könnten unseren Versuch, das Innen dem Außen bewußt kontraintuitiv gegenüberzustellen, nun ihrerseits idealistisch, nämlich psychologisierend deuten; nichts ist geschützt davor, und selbst mit einem staatsrechtlich so klar umrissenen Wort wie der »Souveränität« ist Befindlichkeitsqualster getrieben worden – uns bezeichnet er dagegen einfach etwas, das man braucht, um außer organisieren auch instituieren zu können; Besitz des Gewaltmonopols nämlich. Parteien zum Beispiel sind, wenn es sich bei der Staatsform, in der sie sich konstituieren, um eine bürgerliche und repräsentativ-demokratische Republik handelt, Institutionen, denn ein Parteienrecht schützt sie und ihr Funktionieren als Instrumente des Wählerwillens (von häßlichen regionalen Besonderheiten wie dem jeder Verhältnismäßigkeit hohnsprechenden englischen Wahlrecht oder unserer hiesigen 5%-Klausel abgesehen). Nicht alle Parteien aber sind Institutionen, sobald es in so einer bürgerlichen und repräsentativ-demokratischen Republik etwa ein Verfassungsgericht oder sonst ein Institut gibt, das sie verbieten kann. Eine verbotene Partei ist eine Organisation, aber keine Institution mehr. Die Mengenlehre greift diesmal gut: Nicht jede Organisation ist instituiert, jede Institution aber ist organisiert, da Bestandteil arbeitsteiliger Formen der Machtausübung.

Die moderne, dem bürgerlichen Gemeinwesen gemäße Idee der Organisation ging in der Aufklärung aus der Idee der Öffentlichkeit hervor; zum Feudalabsolutismus und anderen vorbürgerlichen Herrschaftsweisen oppositionelle Korrespondenzen und Debattierzirkel verdichteten sich, wie aus heißem Staub im All sich Sonnen ballen, in städtischen Milieus zwischen Antwerpen und Paris zu republikanischen Clubs, unter denen die berühmtesten selbstverständlich die sind, die in der Französischen Revolution in enger Verbindung (nicht immer Identität) mit den politischen Parteien der königlich zugelassenen Parlamentsversammlung agierten: Sektionen, Clubs, Volksgesellschaften (erstere waren basisdemokratische Plattformen, die man in der eigentlichen Revolutionsperiode als Hybride zwischen Willensbildungsorganisationen und knospend neustaatlichen Institutionen ansehen kann, ähnlich den späteren Sowjets, wenn auch zahmer im Betreff der Machtfrage; der Konvent hatte mit ihnen jedenfalls nicht weniger Probleme als Kerenskis Duma mit dem Arbeiter- und Soldatenratswesen).

Für oppositionelle, Dissidenz oder Protest operationalisierende Organisationen, die legal, aber keine Institutionen sind (und, was bei vielen der heutigen sogenannten NGOs die Pointe ist, von der man keineswegs begeistert sein muß, auch niemals welche werden wollen), bleibt die alles Operative überwölbende Schwierigkeit stets die: Wenn der jeweilige Mißstand oder die jeweilige Norm, die von so einer Organisation angegriffen oder anderweitig negiert wird, mit der gesellschaftlichen Macht oder der Staatsmacht (oder gar beiden) steht und fällt, dann besteht die fortwährende Gefahr, daß das Tauziehen, der Kampf, die Debatte für beendet erklärt wird, bevor die betreffende NGO gewinnen kann, nach Punkten (etwa als »moralischer Sieg« in der Öffentlichkeit) oder per Knockout (in Form von gesetzesförmigen Veränderungen). Jede Betriebsrätin weiß: Keine Firma bezahlt einem Mitarbeiter genug, daß er sich jemals Anwälte leisten könnte, die in der Lage wären, die Firma in seinem Auftrag erfolgreich zu verklagen; alles andere wäre betriebswirtschaftlicher Unsinn.

Aus nichts anderem als diesem Wissen entspringt die tragende Idee der organisierten Solidarität: Die Gewerkschaft setzt dem Tatbestand sozusagen das Prinzip der Sammelklage entgegen. Die daraus folgende Abwandlung der Brechtschen Johannalosung muß somit lauten: Es hilft nur Organisation, wo Institution herrscht; was der

Kunst nämlich gestattet ist – die erstrebte Symmetrie oder sonstige Formen von erstrebtem Recht, etwa identitäre, schon in die Kampfmittel hineinzunehmen (ein anderes als Brechts Beispiel wäre Christian Geisslers Leitmotiv »Wir sind nur das, was wir gegen sie tun« im Roman *Kamalatta*) –, stellt in der Gefechtsplananalyse der Politik eine Rechenfehlerquelle dar, die sie sich nicht leisten kann.

Daß es trotzdem ein Künstler war, nämlich der Dichter Ronald M. Schernikau, der in seinem Epos *legende* eine sehr herbe Zuspitzung des eben artikulierten Gedankens fand, verdient als Würdigung des sicheren Realitätssinnes dieses Autors besonders gewürdigt zu werden – »machen wir uns nichts vor: staatspolitik ist militärpolitik, kulturpolitik ist wirtschaftspolitik, bürgerinitiativen sind pipifax.«[186]

Alle explizit oppositionellen (also von Protest über Reformismus bis zur Systemüberwindung auf die Änderung des Bestehenden orientierten, das heißt nicht quasi-inneremigratorisch separatistischen) Organisationen versprechen allerdings denen, die sie unterstützen, ein je verhandelbares, nie aber ganz aufgegebenes Maß an Gegenstaatlichkeit, von Greenpeace bis zum evangelischen Friedenskreis, indem sie nämlich in ihrer Praxis ankündigen, sich um Aufgaben kümmern zu wollen, die der Staat nicht oder nicht zufriedenstellend erfüllt – dieser offensive Zug zur Machtfrage, den sie durch Propaganda und Satzungsfinessen ausbalancieren können, wenn die Klientel das wünscht (»Wir wollen gar keine Macht, wir wollen nur, daß die Umwelt besser geschützt wird«), steht einem defensiven zur Seite: Wenn das, was die Organisation will, das Interesse der Machthaber durchgreifend berührt und zu schädigen geeignet ist, kommt sie nicht umhin, jenen die Macht zum Allermindesten soweit aus den Händen zu winden, daß sie gehindert sind, die Organisation zu bekämpfen oder zu zerschlagen (in der Theorie macht sie das zur Protorevolutionärin; in der Realität indes kommen nicht einmal Gruppen, die wir oben »quasi-inneremigratorisch separatistisch« genannt haben und deren Wesen die Subkulturforschung mit dem Begriff »Dissidenz« gerecht zu werden bemüht ist, um die Pflicht herum, sich gegen diese Möglichkeit der Behinderung bis Auslöschung mit Instrumenten abzusichern, die den Namen »Politik« verdienen – selbst eine so dezidiert un-, ja antipolitische Gemeinde wie die Zeugen Jehovas läßt ihre Anwältinnen Verfassungsrecht büffeln und ihre Presseabteilung im Bedarfsfall Mitteilungen komponieren, die nach außerparlamentarischem Widerstand gegen das Abgeräumtwerden schmecken).

Die linke Tradition des Antireformismus von Marx und Engels über Luxemburg und Lenin bis zu anarchoiden Neo-Operaisten am Rand der Antiglobalisierungsbewegung kommt hauptsächlich aus der Erfahrung, daß es gesamtgesellschaftliche Aufgaben gibt, die ein im Klassengemeinwesen eingerichteter Staat niemals lösen will und wird und bei denen er auf nichtstaatliche Lösungsversuche mit Repression reagiert.

So wie nach Talleyrands Wort Hochverrat eine Frage des Datums ist und eine Verfassung nach marxistischer Lehre ein Waffenstillstandsdokument im Klassenkampf, bezeichnet das Wort »Nichtregierungsorganisation« den Versuch einer ökonomisch und militärisch schlecht- bis ungedeckten Gruppe, einen Nichtangriffspakt mit dem Staat abzuschließen, den dieser erfahrungsgemäß genau dann aufkündigt, wenn es interessant wird – linksradikalen Schmittianern, die es in den siebziger Jahren des vergangenen Jahrhunderts in großer Zahl gegeben haben soll, gefiel daher an der RAF ganz besonders, daß diese in ihren theoretischen Dokumenten und Kommandoerklärungen eine Weile lang wie der Staat redete. Mit Schernikaus Feststellung, Staatspolitik sei Militärpolitik, ist allerdings mehr und Komplexeres gemeint als die sprechende Knarre, nämlich daß Politik im Staat, Politik des Staates und Politik gegen den Staat allesamt Strategie und Taktik kennen, zwei Begriffe, mit denen dann in der auf die genannten Siebziger folgenden Winzigepoche der mitteleuropäischen Geistesgeschichte in allerlei Subversions- und Simulationstheorien viel Unbegründbares begründet wurde, weil man sie nicht gern in dem Kontext sah, in dem allein sie einen Sinn ergeben können:

Sie gehören als zwei Aspekte einer praktischen Angelegenheit zu einer anderen, theoretischen, die »Programm« heißt. Als Maschine im Sprachgebrauch unseres fünften Kapitels beschrieben: Das große Rad, das sich, weil es sehr groß ist, sehr langsam dreht, heißt Programm, es greift in ein kleineres namens Strategie und treibt so vermittelt das kleinste und schnellste an, die Taktik. Wilhelm Liebknechts berühmtes Kanzelwort, man müsse die Taktik in 24 Stunden ändern können, enthält, krempelt man es um, eine Definition: Taktik ist eben alles, was man in 24 Stunden ändern kann; Sachen, bei denen das nicht geht, sind strategischer oder programmatischer Natur – diese formale, gleichsam der von Marx aus der klassischen englischen Ökonomie geerbten und präzisierten Wertbestimmung nachgebildete Analyse der Sache, hat vor der inhaltlichen (das Programm sagt, was man erreichen will, die Strategie, wie man da hingelangt, die Taktik, was man tun muß, um auf diesem Weg voranzukommen) voraus, daß in ihr aufscheint, wie ein taktischer Mißgriff den Rhythmus des Ganzen durcheinanderbringen, die Zeitverhältnisse asynchron machen und damit sogar das Programm beschädigen kann. In der Realität kommt freilich die Problematik der ständigen Möglichkeit taktischer und strategischer Vorteile um den Preis einer Aufweichung der Sache hinzu, und nicht zuletzt das (nicht immer übrigens rationale) Kalkül des Gegners:

Staat und gesellschaftliche Macht erzeugen ungern Märtyrerinnen, viel lieber Verräterinnen; Bestechung ist also stets die Taktik der Wahl und das Angebot, den Druck zu vermindern, wenn nach allen Richtungen, die Strategie und Taktik opportun erscheinen lassen, wird immer offengehalten, sieht aber von Seiten der Gegenmacht wie eine Gelegenheit zu besonders klugem, besonders erfolgversprechendem Handeln aus, und so weiter.

V.
Werte, Tugenden, Taten

Was wir »Programm« nennen und wovon wir meinen, daß es auf Praxis angelegt sein sollte, nennt selbst der aufgeklärteste Bürger, der die Hexis mehr liebt als die Praxis, weil er seine Ruhe will und das Naturrecht ihm die garantieren soll, lieber »Werte« (die sich, einzeln aufgelistet, zu Programmpunkten verhalten wie Bewegungen zu Organisationen). Der französische Bürger zur Zeit der Revolution, der sich den Brissotins oder Montagnards, den Jacobins oder anderen Organisationen zurechnete, hielt besonders viel von den Tugenden und der Tugend; was das sei, damit ließen sich sozial- und geistesgeschichtliche Bände von niederschmetterndem Umfang füllen. Der deutsche Spießbürger (von dem gar nicht so sicher ist, ob es ihn noch gibt; vielleicht ist es langfristig der letzte Sinn alternativer und paraspontaneistischer Milieus, ihn zu konservieren, so wie es der Fluch der Sowjetunion und ihrer Bündnispartner war, den vorsintflutlichen Nationalitätendreck am Leben zu erhalten, der dann ihr Erbe antrat) hielt und hält bekanntlich mehr von Sekundärtugenden; was die sind, läßt sich immerhin sagen: Zucht und Ordnung, das Vermögen zu Gehorsam und Befehl, Fleiß, Sparsamkeit und Pünktlichkeit.

Das illegitime Kind der sozialpolitischen Seite der Französischen Revolution, die Arbeiterbewegung, die in Frankreich risikobereiter agierte als in Deutschland, von Deutschen aber systematischer gedacht wurde als von Franzosen, strebte nach Gütern, die entweder als Tugenden oder als Sekundärtugenden zu klassifizieren gar nicht so leicht fällt: Unbeugsamkeit, Fortschrittlichkeit, Solidarität. Die Tugenden des *citoyen,* die Sekundärtugenden des Hausmeisters und die Werte des linken Arbeiters haben gemeinsam, daß es sich dabei um normative Kategorien handelt, die zu *Praxis* wie *Hexis* in stark situationsabhängigen Relationen stehen.

Uns jedoch interessiert zunächst ihr Verhältnis untereinander, dessen Ordnung derjenigen, die zwischen Strategie und Taktik einerseits, Programm andererseits waltet, durchaus vergleichbar ist. Ohne Sekundärtugenden sind Tugendvorstellungen wie die der mündigen Franzosen politisch nicht als Parameter der Vergesellschaftung aufzurichten; das steht nicht anders als mit der Strategie ohne Taktik. Der Kategorienfehler, diese beiden Ebenen ineinanderkollabieren zu lassen, ist eine der Spielarten des naiveren Anarchismus: Mein Wert ist die Freiheit, also kann ich in meiner Organisation keine Befehlsketten etablieren oder auch nur zulassen – was wäre von einer Ärztin zu halten, die sagte: »Mein Wert ist der unversehrte Körper, also darf ich dem Unfallopfer nicht den Bauch aufschneiden«? Überhaupt alle sogenannte Gesinnungsethik ist eine liebevoll ausgebaute Verwechslung von Programmen mit Strategien und Taktiken. Gandhis hochverdienter Ruhm beruht nicht darauf, daß er seine Leute zur Gewaltlosigkeit anhielt (von vielen, die das aus aufrichtiger Herzensüberzeugung anderswo getan haben, weiß kein Mensch; ihr Irrtum macht sie moralisch nicht schlechter, aber zu politischen Nonentities), sondern weil dies – in präziser Abstimmung mit anderen wohlorganisierten Schritten – die richtige Strategie und Matrize für die richtige Taktik war, sein Ziel der Unabhängigkeit eines neuen Nationalstaats namens Indien von England zu erreichen. Daß dies so war, sieht man am Ergebnis. Programme sind teleologisch, Strategien statistisch, Taktiken lokal kausal.

Man erkennt Anarchisten also nicht daran, daß sie es verschmähen, Lenin zu zitieren – die RAF tat das gern, verwechselte aber anders als jener ihre Programmatik (die Kapitalisten und ihre Handlanger müssen weg) mit einer Strategie (wir bringen sie um) und hielt diese schließlich für eine Taktik (wir tun das, wenn sich dafür eine gute Gelegenheit anbietet). Daß man im »Konzept Stadtguerilla« und den Nachfolgeschriften mehr politische Globalanalyse als beispielsweise Einordnung der eigenen Organisation in ein Geflecht von der Art findet, wie dieses Kapitel es beschreibt, daß die Berufung auf Leninsche Konzepte der Avantgarde und Kaderführung samt bizarrer Andreas-Baader-Mystik wenig mit *Was tun?*-Lektüre und viel damit zu tun hat, daß der Name Lenin für Zerfallsprodukte der Studentenbewegung einfach ästhetisch als das Härteste, Unumstößlichste, Unbestechlichste galt, das Gegenteil also der real gerade stattfindenden Diffusion, liegt auf der Hand. Flexibilität und das Gespür fürs Erreichbare also gehörten nicht zu den Eigenschaften, welche die tragischen und die albernen Pop-Bolschewisten von 1970 ff. an jenem bewunderten; und doch gehören die, liest man seine organisatorischen Schriften (daß er überhaupt welche von einiger Ausführlichkeit geschrieben hat, unterscheidet ihn von Marx und Engels und rechtfertigt, sonstige philologische und doxographische Bauchschmerzen bei diesem Wort ungeachtet, sogar das unschöne Wortmonster vom »Marxismus-Leninismus«), zu seinen unübersehbar größten Stärken.

Man lerne und staune etwa darüber, wie er den Versuchungen des Ökonomismus widersteht: Wie viele Marxkundige, von den frühen Sozialdemokraten über so integre Leute wie den oben erwähnten Viktor Agartz (»expansive Lohnpolitik«) bis hin zu Tronti und Asor Rosa, haben die Meinung vertreten, die marxistische Klassenanalyse der kapitalistischen Gesellschaft liefere *qua Analyse* bereits alles, was man an Programmatik, Strategie und Taktik wissen müsse, nämlich daß die Marxsche Lehre, da es ihr gelungen sei, Staatliches und Politisches auf Gesellschaftliches und Ökonomisches zurückzuführen, damit geradezu vorschreibe, ökonomische Kämpfe als jederzeit und allerorten vorrangig vor sämtlichen anderen Emanzipationsbemühungen zu behandeln, die Politisierung der Klasse könne und solle nur über Lohnkämpfe erfolgen et cetera? Neben diese Ansichten halte man nun einmal Lenins Absätze aus *Was tun?* über gewisse russische Ultramarxisten der vorrevolutionären Zeit und seine Antwort an sie, sie sollten, anstatt nur Polizeiauftritte gegen Streikende für ernsthafte Probleme zu halten, lieber »alle möglichen Erscheinungen« der Unfreiheit und überhaupt des Unrechts beachten, zum Thema machen, angreifen,

> »die Landeshauptleute und die Prügelstrafen für Bauern, die Bestechlichkeit der Beamten und die Behandlung des ›gemeinen Volkes‹ in den Städten durch die Polizei, der Kampf gegen die Hungernden und das Kesseltreiben gegen das Streben des Volkes nach Licht und Wissen, die Zwangseintreibung der Abgaben und die Verfolgung der Sektenanhänger, das Drillen der Soldaten und die Kasernenhofmethoden bei der Behandlung der Studenten und liberalen Intellektuellen – warum sollen alle diese und tausend andere ähnliche Erscheinungen der Unterdrückung, die nicht unmittelbar mit dem ›ökonomischen‹ Kampf verbunden sind, weniger weit anwendbare Mittel und Anlässe der politischen Agitation, der Einbeziehung der Massen in den politischen Kampf darstellen? Ganz im Gegenteil: Von all den Fällen, in denen der Arbeiter unter Rechtlosigkeit, Willkür und Gewalt zu leiden hat (weil sie ihn oder ihm nahestehende Personen betreffen), sind zweifellos die Fälle der polizeilichen Unterdrückung gerade im gewerkschaftlichen Kampf nur eine geringe Minderheit. Warum also von vornherein den Umfang der politischen Agitation einengen, indem man für ›weitest anwendbar‹ nur eines der Mittel erklärt, neben dem es für einen Sozialdemokraten andere geben muß?«[187]

Die oben bereits angedeuteten Risiken der Partikularisierung, die eben nicht nur identitär-semiotische, sondern auch ökonomische Gefechte mit sich bringen, pariert Lenin mit dem Verweis auf Zugang zur Bildung, Varianten sozialer Mobilität, Zensursorgen, den man leicht ergänzen kann um Angelegentliches wie Überwachung,

Rassismus, Sexismus, Homophobie, Krankenversorgung (und, um sie gruppiert, viele andere Felder, auf denen von der Arbeiterbewegung erkämpfte soziale Errungenschaften seit ihren schweren Niederlagen im späten zwanzigsten Jahrhundert auch in den liberalsten Regionen vom Staat unterm Druck der ökonomischen Gewalthaber zur Disposition gestellt werden). Der Vorteil solcher Themen ist, daß sie nicht lokal, das heißt im ökonomisch-gewerkschaftlichen Begriffssystem: betriebsübergreifend interessieren – die elende, nur sehr schwer aufzuhaltende oder gar zurückzuschlagende Verbetrieblichung von Tarifauseinandersetzungen, das Verschwinden von Flächentarifverträgen, das zersplitterte Wursteln an jedem Ort, welche die Kapitalseite in jüngster Zeit auf Gebieten erzwungen hat, wo die letzten funktionierenden Großgewerkschaften ihre Jagdgründe zu vermuten gewohnt waren, sprechen da eine bedrohliche Sprache. Lenins Vorschlag ist kein bloßer menschenfreundlicher Themenkatalog, sondern ein Versuch, Kollektivitäten sichtbar zu machen, die quer zu den Gruppenbildungen liegen, welche der Produktionsprozeß, die Bildungskasernierung, die Funktionalität des vorhandenen Gemeinwesens den Leuten auferlegen; aus scheinbaren Abstrakta will er durchaus Klassenbewußtsein holen, aber eben nicht einfach eines der Facharbeiter (oder der »Opel-Arbeiter« oder etwas noch Begrenzteres), sondern der Besitzlosen – das Feilschen um den Cent, das diesem Ansinnen entgegensteht, nennt er »Handwerklerei« und nennt es einigermaßen optimistisch »nicht eine Krankheit des Verfalls, sondern eine Wachstumskrankheit«,[188] was er sich erlauben kann, weil er sich in einer Situation befindet, in welcher die Nachfrage nach sozialistischer Strategie und Taktik sogar größer war als das organisierte Angebot. Man kann Lenin, wenn man geneigt ist, seine späteren Erfolge für einen Moment zu vergessen, an diesem Punkt für einen größenwahnsinnigen Feldherrn halten, der gleich alle Weltübel kurieren will, wird aber doch zur Kenntnis nehmen müssen, daß Marxismus für diesen Menschen offenbar nicht bedeutete, alle politischen Kämpfe als getarnte und verdünnte ökonomische aufzufassen, sondern statt dessen den politischen, potentiell geschichtsbildenden Charakter der ökonomischen zu verstehen und explizit zu machen. Es ist, als wollte er sagen, daß nur Leute, die sich zutrauen, politische Kämpfe auch als solche zu führen, auch bereit sein werden, einen über Augenblicksnöte und -vorteile hinaus angelegten ökonomischen Kampf zu riskieren; und das ist einfach richtig. Marxismus bedeutet für Lenin nie: »Alles ist ökonomisch«, sondern im Gegenteil: »Nichts mehr soll nur ökonomisch sein« – die Wirtschaft, die Produktion, soll zur Domäne demokratisch artikulierten menschlichen Willens werden, statt zweite Natur zu bleiben; nur deshalb lohnt es sich vom sozialistischen Standpunkt überhaupt, sich mit ihr zu befassen, nur deshalb ist es nötig.

Der oben schon zitierte Jochen Müller, den man nicht unter den Verdacht stellen sollte, eifernder Leninist zu sein, erzählt die Geschichte der kurzen Liaison zwischen studentischer Bürgerrechtslinker und gewerkschaftlichen Bemühungen: »Am Anfang standen die Ostermärsche, an denen Jugendliche teilnahmen, eben auch gewerkschaftlich organisierte«, wobei der entscheidende Punkt war,

> »daß diese Ostermärsche als Massenveranstaltungen auf die Jugendlichen, die ja zunächst in den Betrieben vereinzelt arbeiteten, und dort auf erhebliche, allerdings schon in den Lehrgängen (der Gewerkschaften, K/D) für die betriebliche Arbeit einkalkulierte Schwierigkeiten stießen, stabilisierend wirkten. Hinzu kommt, daß, vermittelt über die Anti-Atom-Bewegung, und personalisiert durch die Studenten, die Bürgerrechtsbewegung in den USA, die in den Jahren 1963/64 ihrem Höhepunkt zusteuerte, vor allem über die kulturellen Ausformungen wie Folk- und Protestsongs erhebliche Wirkungen, besonders im emotionalen Bereich ausübte, und so ebenfalls zur Politisierung der Arbeiterjugendlichen beitrug«.[189]

So unbeholfen steifhosig das gesagt ist (»emotionaler Bereich«), so anschaulich wird doch daran, was Lenin gemeint hat. Müller weiter:

> »Überhaupt scheint die damalige Situation dadurch gekennzeichnet gewesen zu sein, daß die Jugendlichen ihre Solidaritäts- und Aktivitätserfahrungen zunächst in Bereichen außerhalb der Betriebe suchten, und dort ein Stabilisierungsprozeß ablief, der sie dann befähigte, in den Betrieben gewerkschaftliche Arbeit zu leisten. Verfolgt man den Werdegang einzelner ehemaliger Jugendlicher aus dieser Zeit, so stellt sich in groben Zügen etwa folgender Weg, den sie gegangen sind, heraus: Lehrgangsteilnahme, daneben

Kommunikation und Kooperation mit Studenten im Rahmen der Ostermarsch- und Antinotstandsbewegung, weiterhin Kandidatur und Wahl zur Betriebsjugendvertretung, zu Verwaltungsstellenjugendausschüssen, Angestellten- und Frauenausschüssen, Nebenstellenvorständen im Rahmen der Regionalorganisation der IG Chemie. Von hier aus Organisierung betrieblicher Aktivitäten nach vorheriger Absicherung durch solidarische Koordination verschiedener Aktionen in verschiedenen Delegierten-Konferenzen mit dem Ziel, durch Beschlüsse Handlungsspielräume innerhalb der Gewerkschaft und in den Betrieben zu schaffen und zu erweitern.«[190]

Wer lernt, sich zu artikulieren, kann das auch im Streit um die Krötenwanderung tun, wird aber merken, daß man kein Ziel allein erreicht, und erfahren, daß Solidarität weder einfach eine Tugend noch eine Sekundärtugend und auch kein nebulöser »Wert« ist, sondern eine sehr konkrete (und ziemlich anstrengende) Politikform.

VI.
Nach den Niederlagen

Viel, aber nicht überwiegend Lustiges, hat sich geändert in der Zeit zwischen dem Erscheinen der Erstausgabe von *Was tun?* und dem Moment, da wir die Schrift zitieren. Die Arbeiterbewegung (oder was allenfalls von ihr übrig ist) hat es heute eher mit »Krankheiten des Verfalls« als solchen des Wachstums zu tun – die Geschichte, die dahin führte, ist in ihren Grundzügen bekannt, die siegreichen Gegner der Arbeiterbewegung behindern ihre Verbreitung nicht; daß sich die Niederlage bis in die entlegensten Winkel herumspricht, scheint ihnen ein Herzensanliegen. Der politische Arm dieser Bewegung, dessen Taufname »Sozialdemokratie« war, hat spätestens seit Eduard Bernstein die Vorteile der Neuorganisation seiner Politik von der Taktik her (Parlamentsarbeit, Kompromisse, Gelegenheiten) bis in die Programmatik (wir wollen, daß der Sozialismus kommt, ohne daß wir ihn durchsetzen müssen, und beschließen deshalb, fortan daran zu glauben, daß er das schon von allein tun wird) schätzen gelernt (man hat doch mehr Frieden so, jedenfalls solange das Kapital keine Kriege braucht, um seine Verwertungsbedingungen zu erhalten oder zu verbessern). Die Handwerklerei nach der Seite der Versöhnung zu überwinden statt nach derjenigen der revolutionären Transformation des Gemeinwesens war ein Vorgehen, das in der berühmten Spaltung der russischen Sozialdemokratie in eine bolschewistische und eine menschewistische Fraktion historisch in ein Sinnbild gefaßt ist, an dem bessere Leute als wir verzweifelt sind (langfristig betrachtet hat sie beiden Fraktionen nicht gutgetan). Die Gewerkschaften, ökonomischer Arm der Bewegung, erlebten unterdessen einen befremdlichen Positionswechsel, zu dem sie vielfach gelangten wie die Jungfrau zum Kind: Von einer innersozialdemokratischen »Rechten«, die den revolutionären Schwung bremst, wurde sie mancherorts unversehens zu einer Linken, die bei Strafe des Entzugs jeder Existenzberechtigung auf ein paar Minimalforderungen bestehen muß, deren Zerschmetterung durch »New Labour«, Schröders »Neue Mitte« und verwandte Tiefschläge des politischen Arms sonst beschlossene Sache wäre. Daß diese Tiefschläge überhaupt mit Aussicht auf Erfolg gewagt werden konnten, hat abermals mit dem Ende der sozialistischen Staatenwelt zu tun – in England etwa war schon zu Thatcherzeiten ein Pionierversuch unternommen worden, aber die damals aus der Labourpartei ausscheidenden rechtsopportunistischen »Social Democrats« waren zu früh gekommen; erst Blair machte ihre Träume wahr, weil der allgemeine politische Horizont der Arbeiterbewegung (ohne den die Politisierung, das Kooptieren neuer Menschen, wie wir oben gesehen haben, eine ziemlich aussichtsarme Angelegenheit ist), das Projekt »Sozialismus«, in eine schwere Legitimitätskrise gestürzt war. Der sozialistische Staatenkollaps stellte im Osten rasch die verschärfte Neuauflage frühkapitalistischer, diesmal von Banden statt *robber barons* (und alsbald in China von der Partei, die, gewarnt vom russischen Verlauf, die Sache selbst in die Hand nahm) organisierter Verhältnisse wieder her, neureiche Mafiosi und hungernde Bergarbeiter, Separatisten und ein rapide verwahrlosender Beamtenapparat ergaben ein malerisches Bild, dem man nicht erst als Marxistin gegenübertreten mußte, um es erschreckend zu finden.

So geht Dialektik: Im Sozialismus – alle, die in westlicher Gemeinschaftskunde aufgepaßt haben, wissen das – gibt es weniger Gewerkschaftsfreiheit als im vorsozialistischen Kapitalismus, dafür aber im postsozialistischen Siegerkapitalismus einfach gar keine mehr; Streikposten haben in der Bandenwelt weniger zu bestellen als im autoritärsten Staat, selbst dem Zarismus. Derweil regieren weiter westlich die Zerstörer der Tarifreichweite, die Herren des Standortterrors, also der Abwanderungsdrohung des Kapitals in Niedriglohnzonen wie den von abgeräumten Staatsparteien hinterlassenen Sozialwüsten des Ostens, die Lohnnebenkostendämpfer, Zerteiler des sozialen Netzes, Einrichter von Zuständen also, in denen Gewerkschaftsdachverbände an neuen arbeitsteiligen Spezialgewerkschaften, breiter Entsolidarisierung, negativem Wahrwerden syndikalistischer Träume zerbrechen, Ärztinnen bei Streiks nicht auf Pfleger und diese nicht mit jenen rechnen können und die sogenannte »Krise der Repräsentation« als vornehmer Ausdruck für den Umstand erfunden wird, daß die Leute langsam ahnen, daß ihre Funktionäre zwar Mitgliedsbeiträge abgreifen, dafür aber nicht mehr allzuviel an Zugeständnissen des Kapitals reinholen – die Lösung der Sowjets, das imperative Mandat, kommt freilich nicht in Frage, die Leute müssen, man ist doch demokratisch, ihrem Gewissen verpflichtet bleiben, auch wenn dieses Ding käuflicher ist, als man sich menschenfreundlicherweise wünschen möchte. Solche Frömmigkeit weicht freilich einer simplen logischen Wahrheit aus: Wenn man ein Kollektiv annimmt, das seine Interessen gegen ein anderes durchsetzen muß, dann können sich damit, ein endliches Zeitbudget vorausgesetzt, immer entweder alle jeweils täglich ein Weilchen oder wenige, vom Rest Finanzierte ganztägig hauptamtlich befassen, *tertium non datur* (bei der Entscheidung wäre, wenn es etwa um Taktisches geht, unbedingt zu bedenken, daß dreißig Leute in zwanzig Minuten weniger regeln können als eine Person in dreißig mal zwanzig; das Programmrad allerdings sollten immer möglichst viele drehen, es bewegt sich ja ohnehin langsam). Ohne Lohneinbuße eine beliebige Zeitmenge am Tag für die Mitbestimmung zu spendieren, können sich Lohnabhängige nur erlauben, wenn die Besitzenden die Lohnhöhe nicht nach freiem Ermessen festsetzen können, und darin steckt schon wieder, embryonal aber an Haupt und Gliedern erkennbar, die Machtfrage. »Leute sollen ihre Belange selber regeln« heißt selbst unter die Lohnarbeit hinter sich lassenden Bedingungen mindestens eingeschränkte Länge des Arbeitstages; Basisbewegte haben in diesem Belang allerdings seit jeher die Gewerkschaftshauptamtlichen im Verdacht, sich dafür nicht hinreichend zu interessieren, weil sie die Verbreiterung der Verhandlungskompetenzen nicht wollen. Diese strukturelle Schwäche des Freistellungskonzepts (dem man logisch, wie gesagt, nicht leicht ausweichen kann) ging seit Anfang der neunziger Jahre des letzten Jahrhunderts mit der historischen Schwäche einer Niederlagenzeit, in der die Gewalthaber in die Offensive gehen, eine unheilvolle Legierung ein, aus der schließlich für die Belegschaften das meist nicht besonders klare, aber drückende Bewußtsein resultierte, daß ihre Gewerkschaften, die seit der Blairisierung der Sozialdemokratie keinen politischen Arm mehr hatten, wenig gute Gründe dafür anbieten können, den Unwillen abzustreifen, sich überhaupt in ihnen zu engagieren.

Derzeit erlebt man, wie in diesem trüben Klima allerlei neue Mischungen alter, ganz alter und verhalten neuer Rezepte aufgeboten werden; eins der meistdiskutierten kommt aus den USA und heißt »Organizing« – den Namen, der nach Extremsport und ähnlichen Selbstverwirklichungsmarotten klingt, in Europa zu übernehmen, hat etwas von Cargo-Kult: Wir reden jetzt auch so polyglott daher wie die Unternehmensberater, »heutzutage muß es ja englisch sein« (Donald Duck nach Erika Fuchs), die Psychoanalyse nennt so etwas die »Identifikation mit dem Aggressor«, aber deswegen muß das Ding, welches von dem alt-neuen Wort bezeichnet wird, natürlich noch nicht schlecht sein.

Die Idee kommt aus dem Dienstleistungssektor, eine der treibenden Kräfte ist die Gewerkschaft Service Employees International Union; auch dies ein Zeichen der Zeit: Hieß Arbeiterbewegung früher, daß Beschäftigte der Schwerindustrie die Verstaatlichung der Firmen forderten, bei denen sie arbeiteten, so haben die Ergebnisse der Automatisierung und der sogenannten dritten industriellen Revolution, etwa *jobless growth,* eine Lage erzwungen, in der sich als Schrittmacherin der Emanzipation der lebendigen Arbeit eine Organisation hervortun kann, die in ihrem Namen zwei Elemente führt, an die Marx und Engels zwar theoretisch dachten, die aber praktisch noch nicht in Reichweite ihres Aktionskreises lagen, die Dienstleisterei und das Internationale an der Arbeit (nicht: an der Beschaffenheit der Klasse, die in mehreren Nationalstaaten dasselbe Los ertragen muß). Daß die Leute, die Unruhe stiften, sich nicht mehr in der Produktion umtun, schon weil man für die längst nicht mehr so viele Leute braucht (etwas, das Marx und Engels stets positiv sahen, die hochproduktive und hocharbeitsteilige Gesellschaft eben), und daß die Internationalität von den Kapitalströmen geschaffen ist, auf deren Bewegung Gewerkschaften (oder was immer für neue Namen, neue Organisations- und Aktionsformen jetzt gefordert sind und daher gefunden werden) eher reagieren, als daß sie ihnen in die Parade fahren, steht nicht zu ändern. Manipulationstheoretisch Geschulten mag in den Sinn kommen, daß man seit neuestem ganze Wirtschaftszweige dabei beobachten kann, daß und wie sie geradezu ins Leben gerufen zu werden scheinen, um die strukturelle Arbeitslosigkeit und die Untauglichkeit der Lohnarbeit zur ferneren Vergesellschaftung, die Emergenz des Schreckensgebildes einer Konstitution des Kapitals zum reellen Gemeinwesen, zur Willkürherrschaft einer bewußtlosen Apparatur, zu verdecken und abzufedern, immer mehr Leute sind nicht allein im System tätig – wo denn sonst, auch die Mächtigsten, um abermals Piwitt zu zitieren, kommen nur noch überall hin, aber nicht mehr raus –, sondern vor allem exklusiv in Branchen, die der Systemstabilisierung, der Abfolge von Systemeigenzuständen und sonst nichts dienen (von der *care industry* über die Finanzdienstleister bis zu neuen Formen bewaffneter Abteilungen, Armeen von Mietlingen nie zuvor gesehenen Typs – ein Söldner war dagegen ja noch etwas Niedliches). Der Impuls einer gebrauchswertorientierten Kapitalismuskritik bis in den Konsum hinein war einmal gewesen, nicht nur die Art der Bedürfnisbefriedigung oder ihrer Frustration im Kapitalismus, sondern vor allem einige von diesem selbst erzeugte Bedürfnisse ins Visier zu nehmen und wenn möglich zu ihrer Abschaffung beizutragen; man dachte und sprach aus, Werbung, Sexindustrie, Militär- und Polizeibüttel und manch anderes müsse eigentlich nicht sein, inzwischen aber gibt es im Positiven (»Consulting«) und Negativen (»Union Busters«) da Spezialisierungen, bei denen eine, die ihre Bedürfniskritik bei Lefebvre gelernt hat, nicht mehr mitkommt. Hier wird, wie die modische Formel sagt, überall »Geld gemacht« (und ja wirklich in keinem antiquierten Sinn mehr »verdient«), Abermillionen Dollar allein fließen jährlich in den Umbau so rustikaler Sachen wie der alten »Mohawk Valley Formula« zu verbesserten wissenschaftlichen Methoden der Streikvereitelung, und das Beste an den Pionierinnen und Pionieren des »Organizing« ist, daß sie genau diese Prozesse, teils erzwungenermaßen, teils mit grimmiger Entschlossenheit, studieren und praktische Antworten darauf dislozieren. Die Flußdiagramme und Relationsnetze der flexiblen Arbeitsregimes liegen denen der Arbeit selbst unmittelbar auf, die Organizers lernen daher, wo ein Laden mit dem Staat verfilzt ist, wo Boykotte ansetzen können, welche Zulieferungsabhängigkeiten bestehen, stellen Erhebungen bei den Beschäftigten an, wo die Dinge am gröbsten im argen liegen und wo der Sprung zu ihrer Veränderung am kleinsten ist, man geht dabei, auch das gehorcht mehr der Not als Masterplänen, vom Kleinen zum Großen und peilt den Flächentarifvertrag oft gar nicht mehr an. Immerhin führt es zu erhebenden Kompetenzbeweisen seitens der Unionizers, hat aber auch etwas von Zeitungen, die ihr Layout nach den Ergebnissen der Umfragen von Meinungsforschungsinstituten ausrichten, also einen Beigeschmack von kurzfristigem Brillieren auf Kosten programmatischer Profile, der uns nichts Gutes verheißt. Nicht nur nach *Was tun?* (da wird bloß eine Begründung mitgeliefert), auch nach der simpelsten Lebenserfahrung sollten politische Organisationen und Interessenverbände sich an ihre Klientel möglichst nicht mit der Frage »Was wollt ihr denn, was wir wollen sollen?« richten; die Wahrheit ist aber natürlich, daß man auch dann, wenn man die Truppe nicht ausforscht, wofür sie denn kämpfen mag, wissen sollte, wie es um ihre Stimmung steht. Blöd wären beide, der an der Befindlichkeit der Besitzlosen Desinteressierte wie derjenige, der sich danach ein Programm modelt und damit nichts werden kann außer reichlich danklos schuftender sozialer Notfallarzt. In Deutschland, der Heimat des Euphemismus »Sozialpartnerschaft«, berichteten 2010 selbst die bürgerlichen Medien, daß hier das Lohnniveau die schlechteste Entwicklung im ganzen kerneuropäischen Raum genommen hat; daß sich das mit einem Machtzuwachs fürs deutsche Kapital hervorragend verträgt, erzählen aber wieder nur die humorlosen Greise unter der roten Fahne. Die Arbeitenden in den reichsten Ländern waren immer die mit den besten Kampfvoraussetzungen, aber eben deshalb im Durchschnitt auch stets die bestochensten, eingenebeltsten, verwirrtesten, alles andere wäre, nun ja, unwirtschaftlich gewesen.

Von diesem Umstand unterrichtet, aber gegen ihn vielleicht noch nicht hinreichend aufgebracht, macht das Organizing viel Wesens von der Niederschwelligkeit seiner Aktionsangebote, alle können mitmachen, das bringe sogar Spaß. Solche Gesten sollen das »Autoritäre« an den Avantgarde- und Repräsentationsmodellen der Vorzeit überwinden, sind aber selbst reichlich paternalistisch gedacht: Wenn ich sage, die Gewerkschaftsarbeit muß niederschwellig sein, dann sage ich auch, die Anzusprechenden haben kurze Beinchen; wenn ich sage, ich muß die Leute da abholen, wo sie sind, sage ich, die können nicht richtig laufen; wenn ich sage, es muß Spaß machen, dann rede ich von den Leuten wie von Kindern, die sich nur die Zähne putzen und die Haare waschen, wenn die Zahnpasta in einer knallbunten Tube steckt und das Shampoo in einer Plastikflasche, die wie ein Clown aussieht.

Selbstverständlich macht es nicht selten Spaß, seine Interessen wahrzunehmen, aber man tut es nicht, weil es Spaß macht.

Wie da, wo mit Spaß geworben wird, die Position zur Staatsmacht verstanden wird, kann man sich leicht denken; Parteien will man gar keine bilden oder beeinflussen – außer so, wie das jede andere Bürgerinitiative auch vermag, darf und tut (als Multiplikatoren von Boykottaufrufen zum Beispiel), Zentralismus ist von Übel, man erwartet statt dessen dezentrale, nicht einmal recht beschreibbare neue Arten von Bündnissen, also ungefähr das, was ihre Wählerschaft auch die grüne Antiparteienpartei erwarten hieß, als sie noch auf dem Rotationsprinzip bestand (aus deren weiterer Karriere im Parlamentarismus man vor allem lernen sollte, daß die schönste Satzung nichts taugt, wenn denen, die in der Organisation tätig sind, nicht klar ist, wo die Bestechlichkeiten, Opportunismustürchen et cetera strukturell immer liegen und liegen müssen). Der Leninfetisch ist nicht gesünder als der Rotationsfetisch; die Wartung und der Betrieb der aus Programm, Strategie und Taktik gebauten Maschine ist keine Glaubens-, sondern eine Intelligenzfrage (bei der IQ-Tests wenig helfen, weil das statistische Instrumente sind, die den Teil der Intelligenz nicht erfassen, auf den es uns hier ankommt – daß Intelligenz aber übrigens in jedem einigermaßen vernünftigen Verständnis etwas ist, das nicht einfach Regeln, etwa Leninsche, befolgt, sondern auch die Instanz, die Regeln aufstellt und, wenn nötig, entweder bricht oder ändert, sollte sich seit Ryle überall herumgesprochen haben, wo man sich dafür interessiert). Die Nützlichkeit von *Was tun?* ist im Buch selbst auf andere Art dargetan als von der Geschichte, diejenigen, die das im Buch Mitgeteilte verwarfen, fuhren in ihren jeweiligen revolutionären Situationen nicht gut damit, aber die Leninkritik Pannekoeks, Luxemburgs, Rühles war nicht allein daran festgemacht, daß in der Aufstiegsphase innerhalb der Bolschewiki zuwenig diskutiert worden sei, sondern auch am Gebrauch der dann eroberten Staatsmacht durch die Bolschewiki. Muß der aus dem alten neu zu schaffende Staat von der Partei gelenkt werden, muß sie andere Parteien verbieten? Diskutiert man das im luftleeren Raum, fällt das Allerwichtigste weg, nämlich die Unterschiede zwischen der Pariser Kommune, Chile unter Allende, Deutschland nach der Flucht des Kaisers – Lenins politisches Genie bestand darin, daß er konnte, was auch Marx konnte. Der erklärte, als die Kommune ausgerufen wurde, die Theorie sage zwar, jetzt sei dafür der falsche Zeitpunkt, aber wir machen die Theorie für die Leute, und so hat er die Kommune unterstützt, verteidigt und alles, was in seinen dazumal schwachen Kräften stand, dafür getan, daß sie eine Chance hatte. Umgekehrt verstand sich Lenin wie wenige aufs Zurückrudern, wenn die Lage das verlangte, vom Brester Frieden bis zur NÖP.

Cargo-Kult also betreibt, wer sagt: Wir ahmen nach den Niederlagen Lenins Politik nach, dann werden wir unbedingt Lenins Erfolge haben; solche Reden wecken den Wunsch, denen, die sich in sie werfen, ein bißchen Unterricht in *ceteris paribus* und *totaliter aliter* zu geben (der Unterricht ist eine Metapher; nichts besorgt ihn besser als die Praxis).

Je aufgabengemäß differenzierter – ganz unmetaphorisch: intelligenter – die Organisation ist, die eine Auseinandersetzung führt, desto wahrscheinlicher ist es, daß sie richtig, sensibel und schnell reagiert, vor allem aber noch etwas anderes leistet: Tatsachen setzen, die den Gegner zwingen, zu reagieren. Die Lösung Pannekoeks und Geistesverwandter, statt auf die Partei auf die Räte zu setzen, ist also ein sympathischer Kategorienfehler (etwas Einfaches durch etwas Einfaches zu ersetzen, löst kein Problem; die Überlegung reicht an die Schwierigkeiten, die Lenin mal recht, mal schlecht gelöst hat, gar nicht heran), genau wie auf anderer Ebene Luxemburgs Ahnung, der spontane Streik (von dem sie nicht einmal überall an den einschlägigen Stellen klar sagt, ob es ein Schlüsselstellenstreik, ein Generalstreik oder was sonst sein soll) sei das entscheidende Instrument des Kampfes um die Staatsmacht. Nicht mal Zähneputzen ist immer besser als eine Brücke, es kommt nämlich auf den Zustand der Zähne an. Historisch gilt: Je schlechter die Ausgangslage für die Erzwingung getretener Rechte (im Sinne des Naturrechts, also des Programms der paradoxen Emanzipation vom Menschengemachten durch Menschen), desto weniger demokratisch werden selbst beim besten Willen der Aufständischen die Organe aussehen, mit denen dieser Kampf geführt wird; wer nicht möchte, daß Befehl und Gehorsam die Sache entstellen, muß rechtzeitig Freiheitsgrade des Handelns nutzen und ausbauen, die in Pausenphasen relativen Kräftegleichgewichts auftreten.

VII.
Teamsters & Turtles & Treehuggers

Immer bleibt ausschlaggebend für praktische Solidarität, ob man die richtige Ebene sieht, ob man zu abstrakt gedacht und angegriffen hat oder nicht abstrakt genug. Klandestinität und Konspiration bei einer Demonstrationsvorbereitung wider die Sicherheitszonenabsperrung um WTO-Treffen zum Beispiel bedeuten in Zeiten elektronischer Netze und Mobilfunkgeräte etwas ganz anderes als Klandestinität und Konspiration für die Erste Internationale Arbeiterassoziation, Reichweiten und Alarmzeiten müssen mit Abhör- und Sabotagerisiken verrechnet werden. Leute, die nicht verrückt sind, werden Gesetze, die ihre Legitimation aus der Sicherstellung funktionaler sozialer Kohäsion ziehen, nicht als erste brechen, sollten aber darauf vorbereitet sein, daß die Staatsmacht das tut. Immer bleibt zu prüfen, was Variablen sind und was Invarianten, die beiden tauschen, wo Geschichte sich zuträgt, recht oft und manchmal sehr unvorhergesehen die Plätze; die alten Analysen sind nicht wegzuwerfen, sondern schöpferisch zu verbessern – das gilt nicht bloß unterm Umsturzvorzeichen, sondern fürs Allerbürgerlichste. Beispiel Wahlen: Zu Rousseaus Zeiten war das Hauptargument gegen Plebiszite und für Parlamente der Zeitverlust beim Einsammeln aller Stimmen in Angelegenheiten aller; das ist nicht mehr gegeben, dafür hat die Erkennbarkeit des ärgerlichen Tatbestandes, daß in privatwirtschaftlich betriebenen Medienlandschaften weniger mündige Bürger als stimmungsgeleitete Gefolgschaften vorkommen, stark zugenommen, und auch mit Fälschungsrisiken muß sich herumschlagen, wer die veränderten technischen Parameter verstehen und nutzen mag. Medialitäten zu denken heißt immer auch, zu verstehen, daß sie mehrere Dimensionen haben – unter Businessleuten ist die Einsicht, daß gerade die Umstellung auf Netzabsprachen persönliche Treffen umso wichtiger, weil im gleichen Ausmaß kostbarer wie seltener gemacht hat, inzwischen eine Banalität, die so oft erzählt und so nachlässig operativiert wird, daß sie schon wieder nicht mehr stimmt.

Technische Vorrichtungen befreien Personen und Organisationen von Lasten und zu neuen Funktionen; Parteien oder Gewerkschaften müssen dies und jenes heute nicht mehr leisten, was heute schon die Arbeitszusammenhänge selbst tun (die deutsche Wildcat-Gruppe spricht gar von der »Kooperation, welche die ArbeiterInnen selbst entwickeln«, und beschönigt da nichts), können aber als programmatische Organe und Plattformen der Grundpolitisierung so wichtig sein wie ehedem. Versammlungen sind Orte, deren Auseinandersetzungen man nun mal schwerer fälschen kann als statistische Erhebungen oder andere große Datensammlungen, für die sich Netzsysteme anbieten; ein Sowjetanalogon ohne IT-Stab aber wäre heute ein schlechter Witz. Die Polarität zwischen einerseits weltanschaulich, programmatisch, übersichtstiftend verfaßten Oppositionsgruppen und direkten Interessenvertretungen oder Bündelungen andererseits hebt all das nicht auf; sie müssen zusammengebracht werden, um die Subsumption des Menschenlebens unter das Walten des automatischen Subjekts, den großen Geldapparat, zu brechen. Historisch, das ist das Hoffnungsstiftende am Befund, streben sie tatsächlich immer wieder aufeinander zu, haben dann allerdings auch immer wieder die Andockschwierigkeiten, die Lenin an der Relation zwischen Trade-Unionisten und Parteisozialisten expliziert hat.

In der gegenwärtigen »Bewegung der Bewegungen« (Naomi Klein) gegen die profitgetriebene Weltwerdung der Welt des automatischen Subjekts findet man genügend Ereignisse, die das belegen – zum Beispiel in Seattle, 1999:

Am Rande der ersten Konferenz der Wirtschafts- und Handelsminister der in der WTO vertretenen Staaten auf dem Territorium der USA fanden damals für einen winzigen Augenblick alle möglichen und unmöglichen Unzufriedenheiten mit dem Stand der Dinge zusammen (meint: dem damals *in full effect* über die Menschengattung hinwegrollenden Anschlag auf sämtliche Errungenschaften der Linken seit Geburt der Arbeiterbewegung, begründet mit der Notwendigkeit, die Welt passend zu machen für die Globalisierung – das Versprechen von Prosperität und Sicherheit wurde schon damals, also vor dem Krieg gegen den Terror, propagandistisch lautstark gegen Freiheit und Gerechtigkeit ausgespielt, die Ereignisse, die drei Jahre später folgten, waren schon die zweite reaktionäre Riesenwelle nach dem Ende der Systemkonkurrenz). Umweltidealisten und TRIPS-Gegnerinnen, Aids-Aktivisten, vegane Tierschützer, Studentinnen gegen Sweatshops, Anarchisten, Antiimperialistinnen und Sozialforumsleute rotteten sich zusammen, gaben Laut und lieferten sich Scharmützel mit der Staatsmacht in Gestalt der Polizei, fanden sich aber vor allem auch an der Seite von Arbeiterbewegungsresten wieder, lokal und global gerichteten sogar: Die United Steelworkers of America und von Aussperrung betroffene Streikende der Firma Kaiser Aluminium in Washington State, wenige Autostunden von Seattle entfernt, lieferten das lokale Element, das globale steuerten die Teamsters, also Transportarbeiter bei (was in der Medienresonanz zu schönen Alliterationen führte wie »Teamsters and Treehuggers unite« oder, zu sehen im nicht einmal unerträglich schmalzigen Quasi-Doku-Drama »Battle in Seattle«, »Turtles and Teamsters together« – ersteres meint bedrohte Schildkröten bzw. die Leute, die sie retten wollen). Die »Teamsters for a Democratic Union« machten sich besonders beliebt; dabei handelt es sich um eine Reformorganisation, welche die traditionell eher nicht weltbewegend linken Mainstreamgewerkschaften der USA mittels Organizing-Methoden aufzurollen bemüht ist; sie verteidigten mit Einfallsreichtum, Hartnäckigkeit und Geschick die strategisch wichtige Gegend von Capitol

Hill, einem Viertel, das von signifikanten Teilen der *interracial* und *gay communities* der Stadt bewohnt wird. Gewerkschaften drohten sogar mit Streiks für den Fall, daß die teilweise unrechtmäßig festgehaltenen Menschen, die man bei den Demonstrationen aufgegriffen hatte, nicht freikämen – es war ein Moment des Durchatmens, auf den zunächst nur ein einziges theoretisches Dokument folgte, das mit der Reichweite der Proteste (die bald anderswo ihre Fortsetzung und Ausweitung fanden, in Melbourne, Washington, Quebec, Prag, Heiligendamm ...) mitzuhalten versuchte, Negris und Hardts *Empire*. Das Buch handelt von Dingen, die wir nicht glauben: daß man das System, gegen das die Treehuggers und Teamsters sich gewandt hatten, mit Begriffen wie Staat, Institution, Organisation, Imperialismus, Kapital und so fort nicht fassen könne, daß es nicht darauf ankomme, Kämpfe zu bündeln – das Buch hat also einen Impetus, der dem des rund hundert Jahre früher erschienenen Handbuchs *Was tun?* geradezu entgegenstrebt. Kurz nachdem Lenins Arbeit erschienen war, riskierten die Russen, durchaus ohne sie gelesen zu haben, ihren ersten Revolutionsanlauf. Kurz nachdem Negris und Hardts Buch erschienen war, riskierte im *Fallout* der Anschläge vom 11. September 2001 die Regierung George W. Bush einen großangelegten Versuch, die Welt in entschieden gegenrevolutionärem Sinn zu verändern; auch wenn es dabei gegen Regimes ging, die man von links, anders als Bäume, nicht umarmen wollen kann. Die Teamsters und Treehuggers mußten umschulen: Das, wogegen sie sich jetzt würden wehren müssen, war Gewalt ganz anderen Ausmaßes, und gegen Leute gerichtet, mit denen sie noch nie demonstriert hatten.

ZWÖLF
VON DEN FELDZÜGEN

I.
Homo homini lupus: Nicht alle – nicht immer – gegen nicht alle

Leute, die über das Böse im Menschen philosophieren – vor achtzig Jahren bevorzugt in psychoanalytischen, heute eher in neurowissenschaftlichen, immer wieder gern in bequem unterdefiniert ethologischen Begriffen –, übersehen dabei meist hochabsichtsvoll, daß der Mensch dem Menschen nur in gewissen, eigentlich nicht allzuweiten Grenzen ein Wolf ist. Der unbestreitbar vorhandenen Freude mancher Menschen in manchen Lagen am Töten, Verletzen, Verstümmeln steht die Tatsache gegenüber, daß nach allen modernen Kriegen, das heißt industrieller Herstellung toter Kombattanten und Nonkombattanten, die enorme Zahl der seelisch Kaputten, derjenigen also, die in den gewöhnlichen Menschenalltag nicht mehr integriert werden können, jedesmal auch den größten kriegführenden Nationalstaaten ernste Kulturschwierigkeiten bereitet. Nach dem Ersten und Zweiten Weltkrieg gab es in den reichen englischsprechenden Staaten in der militärischen und politischen Leitung mehrmals Überlegungen, die sozialen Kosten der Schlächterei zu verringern, indem man der neu entstehenden *caring industry* im Vorfeld freie Hand gab bei der Auswahl des geeigneten Menschenmaterials, also bei der Suche nach Leuten, die sich dazu würden aufreizen lassen, sich als Wölfe unter Wölfen aufzuführen; der Zweite Weltkrieg kam diese Seite aber durch das Screening nur um so teurer, man verlor schon im Vorfeld eine halbe Million Männer, etwa fünfzig Divisionen – »verlorene Divisionen« nannte diese Davongekommenen die Fachsprache, als wären nicht viele von ihnen in Kampfhandlungen erheblich gründlicher verloren worden –, und in den sechziger Jahren, im Zuge des Kolonialkriegs in Vietnam, senkte umgekehrt man die Anforderungen erheblich; der US-amerikanische Verteidigungsminister Robert McNamara war persönlich verantwortlich für das »Project 100 000«, bei dem, wie in allen derartigen Kriegen des nach 1945 lange Zeit erfolgreichsten imperialistischen Staates, vor allem schwarze, arme und arme schwarze Soldaten in die Tötungsmaschinerie gesaugt werden sollten – der Name des Unternehmens verrät, wie viele man haben wollte, die Zielvorstellung wurde dann um mehr als das Doppelte übererfüllt. Moderne militärpsychiatrische Erhebungen haben ergeben, daß man auch unter den hochtechnisierten, oft ziemlich asymmetrischen Bedingungen neuerer Strafkriege gegen unbotmäßige Länder des Südens oder Ostens damit rechnen muß, daß nach sechzig Tagen kontinuierlicher Kampfeinsätze, ob zu Fuß oder im Bomber, 98 Prozent der Menschen psychische Wracks und für keine Kampagne mehr zu gebrauchen sind; die übrigen zwei Prozent säßen unter zivilen Bedingungen vermutlich im Gefängnis und werden jedenfalls selbst von engagierten Tötungswissenschaftlern als »Soziopathen« eingestuft – es gibt sie auch außerhalb des Schlachtfelds, da leidet bloß ihre soziale Verwendbarkeit (eine Kategorie, von der man seit Erfindung des Kapitalverhältnisses mehr versteht als je vorher in der Geschichte; der bekannte Modernisierer des Produktionsprozesses, Antisemit und Feind des Geschichtsunterrichts, Henry Ford, hatte nach dem Ersten Weltkrieg den Einfall, in seinen Fabriken besondere Produktionseinheiten für Menschen einzurichten, die im Krieg Gliedmaßen verloren hatten und daher auf Bewegungsabläufe zu konditionieren waren, die Menschen mit allen Armen und Beinen nicht so einfach würden ausführen können). Selbst Heinrich Himmler wurde bei einer Massenerschießung, der er als fachmännischer Zeuge beiwohnte, nachhaltig übel; die Diskussion über das Böse im Menschen und die angebliche Problematik bürgerlich-demokratischen Soldatenwesens, es sei auch dann, wenn man die Waffentragenden auf ihr Gewissen verpflichte, gar nicht so einfach, einen legitimen von einem verbrecherischen Befehl zu unterscheiden, täte gut daran, einmal ein bißchen darüber zu meditieren, ob das Erkennen des Unmenschlichen nicht doch einfacher ist, als häufig spekuliert wird, wenn es Anordnungen gibt, von denen selbst einem Lebewesen wie Himmler schlecht wird. Das Naturunrecht ist ebenso unwahrscheinlich wie das Naturrecht, die Menschen sind eben nicht »von Natur aus so«, aber daraus nun wieder Hoffnungen für den Pazifismus abzuleiten, ist nicht minder verfehlt. Sie sind nicht von Natur aus so, wie die Massenmörderei sie haben will; aber sie sind so. Der Krieg aller gegen alle, als Naturzustand von der Spekulation gesetzt, hat nie existiert; der Krieg mancher gegen manche immer; der Krieg weniger gegen viele kostet täglich Menschenleben.

Was macht man damit?

II.
Linke Kriegsgegnerschaft: Am Kalten Krieg gestorben?

Wir haben das Ende des Fortschritts im Westen noch persönlich erlebt. Das war vor etwa zwanzig Jahren. Damals, als im Kalten Krieg gerade die östliche Seite verloren hatte, begann eine Reihe von Zusammenbrüchen aller linken, zukunftsgerichteten, emanzipatorischen Großunternehmungen, die sich häufig genug an Heißen Kriegen entzündeten, von denen man nicht zu Unrecht annahm, daß sie ohne den Ausgang des Kalten anders oder überhaupt nicht stattgefunden hätten. Linken in den reichen Ländern, die keineswegs mehrheitlich für die Sowjetunion Partei ergriffen hatten (von denen sich vielmehr sogar sagen läßt, daß für viele von ihnen lange Zeit die Sowjetunion sogar der Hauptgegner gewesen war, wenn ein Hauptgegner der ist, mit dessen Bekämpfung man die meiste Zeit zubringt, der die blühendste Rhetorik provoziert und die entschiedenste Distanzierung), war mit dem Ende der UdSSR und deren Verbündeten so etwas wie ein Kompaß abhanden gekommen. Ein vormaliger Anhänger nicht des in der Wirklichkeit mit geographischen Grenzen versehenen Sozialismus, sondern erst Leo Trotzkis und dann Richard Rortys (und inzwischen wohl Friedrich August von Hayeks) wie Jan Philipp Reemtsma beispielsweise fand, daß der Irakfeldzug der Amerikaner unter George H.W. Bush, anders als vielleicht noch einige regionale Stellvertreterkriege der Großmächte des Systemwettstreits wie etwa Vietnam, fortschrittlich gesinnten, auf Gleichheit, Freiheit, Gerechtigkeit hinarbeitenden Menschen keine Parteinahme mehr erlaubte:

»Das liegt nicht ausschließlich an der in vielerlei Hinsicht fatalen Figur Husseins (zu dem, jenseits aller o.a. Vorurteile, genug zu sagen wäre, auch wenn man nichts von dem in unseren Zeitungen üblichen Unsinn vom ›irakischen Hitler‹ mitmacht). Das liegt auch nicht nur daran, daß das diktatorische Regime Vietnams, das massenmörderische Kambodschas als Folgen eines imperialistischen Krieges verstanden werden können (…), während das etablierte Regime Husseins ja zu den Kriegsvoraussetzungen gehört. Es liegt auch am fehlenden weltgeschichtlichen Bezugsrahmen. Solange es nämlich einen solchen gab (natürlich ›in den Köpfen‹, wo sonst?), war eine Trennung zwischen der Beurteilung einer spezifischen Politik und deren ›objektiver Funktion‹, wie man so sagte, möglich. Ich sage nicht: vernünftig, angebracht, moralisch vertretbar, politisch richtig, sondern: möglich. Diese Trennung aber braucht einen letztlich geschichtsphilosophischen Rahmen. Und ein solcher Rahmen braucht ein Minimum von Plausibilität. Will man eine ›Befreiungsbewegung‹ – die Ideale, unter denen sie antritt, mögen so sonderbar und befremdlich sein, wie sie wollen – als Teil jenes Revolutions- oder Befreiungsprojektes sehen, für das ›1917‹ nicht als Erfüllungsdatum, wohl aber symbolisch stand und real stand als Projektionsfläche für die Hoffnungen von Millionen von Menschen, dann muß außer dieser besonderen ›Befreiungsbewegung‹ sich sonst noch etwas ›Derartiges‹ tun in der Welt. Der Kapitalismus aber hat ein Stadium erreicht, wo er ohne ›inneren Feind‹ dasteht, soll heißen: Es gibt einfach keine der Erwähnung werte politische Opposition, die ein irgendwie gearteter anti-kapitalistischer Konsens einte. Wenn er nun bald auch – die VR China und ein paar andere Länder mögen mir vergeben, wenn ich sie mal kurz, aber aus Gründen, übersehe – ohne territoriale Grenzen dasteht, ist das nicht nur ›sein‹ welthistorischer Triumph, sondern aufgrund der Umstände dieses Triumphes, dem Desinteresse an der ›arretierten Chance‹ von 1917, auch das Ende jenes historischen Bezugsrahmens, in dem sich seine Kritiker sahen. ›Die Linke‹ hat nicht nur welthistorisch verloren, sondern es gibt sie nicht mehr. Es gibt Individuen, Gruppen, Argumente, Analysen – sicherlich. Aber es gibt keinen Zusammenhang, der all das zusammenfaßte als ›die Linke‹.

Das mag nun alles wie eine nachträglich sehr merkwürdige Fixierung auf die Sowjetunion klingen, und was bei Trotzki verständlich sein mag, dürfte bei einem bürgerlichen Intellektuellen des Jahres 1990 skurril wirken. Doch auch auf die Gefahr hin, mich auf engem Raum zu oft zu wiederholen: Es braucht keine nachträgliche Sympathie für die nominalsozialistischen Regime, um zu genanntem Ergebnis zu kommen. Möglicherweise ist derjenige, der ohnehin nie gemeint hat, es gebe zu ihnen eine sozialistische oder eben im weitesten Sinne ›linke‹ Alternative, mal wieder besser dran: Zuvor konnte er sich um die Erkenntnis der Realitäten herummogeln, nun kann er sich auf die Jahre 1989/90/91 in den Kategorien von Sieg und Niederlage beziehen und kann der Geschichte jenes Minimum an Heroismus-Phantasien abgewinnen, das, wenn man sonst nichts hat, doch immer tröstlich ist. Aber es ist eben keine ›Niederlage des Sozialismus‹ gewesen, sondern die massenhaft ausgeschlagene Chance, doch noch einen Schritt zu seiner Verwirklichung zu tun. Der Blick auf die Weltgeschichte, deren Zeuge zu sein wir die Gnade der zeitigen Geburt haben, wird sich verändern. Ein Kind fragt bei einem Geschehen, das es nicht versteht, wer ›die Guten‹ seien. Wenn man's ihm sagt, meint es etwas verstanden zu haben, denn man hat ihm einen Bezugsrahmen für das gegeben, was es sieht. Fehlt der, so weiß es nicht, wer ›gewinnen‹, und es ob bei so oder so beschaffenem Ende sich freuen oder weinen soll. Die Wirklichkeit macht uns kein überzeugendes Angebot, Bush oder Saddam Hussein zum ›Guten‹ zu erklären, und die Geschichtsphilosophie, mit deren Hilfe wir uns hätten überreden können, es doch zu tun, ist abhanden gekommen. Wer ist im Libanon ›der Gute‹? Wer in Peru? Wer in Serbien?«[191]

Der bemerkenswerte Text lohnt das längere Zitat aus mehreren Gründen, von denen nur der auffälligste ist, daß er vom Versinken einer Konstellation handelt und dabei selbst einen Moment in der Biographie seines Autors wie zahlreicher Menschen, die ihm in signifikanter Hinsicht ähneln, zu fotografieren unternimmt, der sich als wesentlich vergänglicher herausstellen sollte als das Erbe der Systemkonfrontation – ganz ähnlich, wie die DDR heute noch die deutsche Politik und Meinungsindustrie beschäftigt, von den einst vielgefilmten und oftbefragten Überlebenden jener Bürgerbewegung, die ihren Fall ausgelöst haben soll, aber niemand mehr einen nennenswerten Einfluß auf diese Meinungsindustrie und diese Politik ausübt. Reemtsma schreibt, mit der Linken sei es aus Gründen zu Ende, die auch bewirken müßten, daß es mit Parteinahmen für und gegen Kriege im Westen (und dem von ihm immer gewollten Weltsystem, das damals geboren wurde, als der Westen den Osten besiegte) zu Ende sein würde – rund zwanzig Jahre, eine Antiglobalisierungsbewegung und eine Offensive des Westens und Nordens gegen den Süden und Osten später hat sich das jedenfalls nicht bewahrheitet; als Prophezeiung aber sollte man es auch gar nicht lesen. Es war eine Austrittserklärung, an der damals vieles, wenn nicht alles plausibel wirkte, auch in der Zeitschrift, deren Existenzgrundlage sie in Frage stellte, *konkret*, einem der wenigen am westdeutschen Kiosk erhältlichen Organe in jenem Jahr 1990, das dem Marxismus, der Kritischen Theorie, den Ideen der Protestgeneration und einer durch diese drei vermittelten Lesart der Aufklärung verpflichtet war, trat man dem Text keineswegs in dem Ton entgegen, den Linke sonst Renegaten um die Ohren hauen; auch der Herausgeber Hermann L. Gremliza erwiderte im nächsten Heft vergleichsweise moderat, wenn auch nicht ohne Ironie:

> »Einverstanden – und, weil keiner von euch ›der Gute‹ ist: Schluß damit, Saddam! Aufhören, Bush! Es wird aber wieder mal keiner auf uns hören. Und also?
>
> Es fällt auf, daß das Ende des realen, real existierenden, des nominal oder wie immer benannten Sozialismus niemanden härter getroffen zu haben scheint als seine linken Verächter. Zwanzig Jahre lang hat die Grüne Renate Damus die bürokratische Diktatur DDR bekämpft, um den Augenblick des Zusammenbruchs als ihre eigene Niederlage zu empfinden. Sie war wohl so enttäuscht wie Reemtsma, daß die ›historische Chance‹, die im ›Zerfall bürokratischer Macht‹ gelegen habe, nämlich daß ›die ökonomische wie politische Macht … aus den Kanzleien auf die Straße zurückgeholt‹ hätte werden können, nicht eine einzige Sekunde lang in Betracht gekommen ist. ›Möglicherweise‹, schreibt Reemtsma, ›ist derjenige, der ohnehin nie gemeint hat, es gebe (zu den nominalsozialis-

tischen Staaten) eine sozialistische oder eben im weitesten Sinne, ›linke‹ Alternative, mal wieder besser dran.‹

Ich habe das gemeint. Ich habe gedacht und aufgeschrieben, daß das Ende des Realsozialismus keine Chance bieten werde, die ökonomische und politische Macht auf die Straße zurückzuholen, und deshalb seine Realität, die ich nicht ändern konnte und andere nicht ändern, sondern beseitigen wollten, verteidigt, so gut ich's vermochte. Nun bin ich auch noch besser dran: ›Zuvor konnte er sich um die Erkenntnis der Realitäten herummogeln, nun kann er sich auf die Jahre 1989/90/91 in den Kategorien von Sieg und Niederlage beziehen und kann der Geschichte jenes Minimum an Heroismus-Phantasien abgewinnen, das, wenn man sonst nichts hat, doch immer tröstlich ist.‹

Zugegeben: Für die Realitäten des realen Sozialismus habe ich mich weniger interessiert, als man von einem seiner Verteidiger erwarten durfte. Mir genügte, daß seine teils kümmerliche, teils brutale und nur in zu raren Momenten das Versprechen von 1917 einlösende Existenz eben das ausschloß (oder, wie wir jetzt wissen: aufhielt), was seiner Niederlage folgen mußte: den welthistorischen Triumph des Kapitalismus und das, was Reemtsma das Ende des historischen Bezugsrahmens nennt, in dem sich seine Kritiker sahen. (…) Richtig ist, daß der weltgeschichtliche Bezugsrahmen, von dem Reemtsma spricht und den er mit der Jahreszahl 1917 markiert, abhanden gekommen ist. Eine Linke als ›der Erwähnung werte Opposition‹, eine, die den Triumph des Kapitalismus wenn schon nicht stoppen, so doch zügeln könnte, gibt es nicht mehr. Und darum fahren wir, wie die Toten nach Schluß der Vorstellung in den von Melina Mercouri nacherzählten griechischen Tragödien, alle ans Meer?

Was dazu abhanden kommen müßte, aber (noch) nicht überall abhanden gekommen ist, ist die Partei der Aufklärung. Ihr schlichtes Programm: zu fragen, wie die Kuhscheiße aufs Dach gekommen ist, ohne Rücksicht darauf, ob es noch einer wissen will und was er mit diesem Wissen macht; zu sagen, wer den Nahen Osten zum Nahen Osten gemacht, ihn so zugerichtet hat und warum (selbst ohne seine deutschen Giftgasfabriken wäre Saddam Hussein ein Produkt auch der deutschen Politik, die das am Golf geförderte Öl

›unser Öl‹ nennt. Morgen kann er tot sein oder wieder einer ›unserer‹ besten Kunden); nicht nach dem ›Guten‹ zu suchen, den es nicht gibt, nicht im Nahen Osten, nicht in Vietnam, Angola oder El Salvador, sondern die Ursachen zu nennen und die Interessen zu beschreiben, die Opfer und ihre Rächer, die der Haß verzerrt hat, und die Täter, die wenigstens um ihr gutes Gewissen gebracht seien.«[192]

Als Antwort an den normativen Teil dessen, was Reemtsma zu sagen hatte, reicht das; der analytische aber wirft Probleme auf, die Gremliza damals aus wiederum guten Gründen nicht wichtig sein konnten. Was Reemtsmas Text nahelegt, hat die Antwort deutlich zurückgewiesen; wie Reemtsmas Aufsatz aber gedacht und gearbeitet ist, nimmt sich im zeitlichen Abstand in mehrerlei Hinsicht merkwürdig und erläuterungsbedürftig aus:

1. Der Verfasser schreibt, als wäre er Zuschauer, als bestünde die Linke nur aus Menschen, die schreiben und meinen, einschätzen und »dafür« oder »dagegen« sind, kurz, die Ohnmacht und Folgenlosigkeit von Gedanken, die er anläßlich der neuen Bedingungen einbekennt, scheint schon vor ihrem Eintreten bestanden zu haben – die Linke, und der Verfasser, scheinen von Natur aus zu keinem Kollektiv zu gehören, das Kriege nicht nur bewertet und einschätzt, sondern führt, etwa als Nation, zu der man ja kraft Paß, Wahlrecht, Steuerpflicht und so fort gehört. Worauf wir damit hinweisen wollen: Reemtsma schreibt, als würden nur irakische, amerikanische, vietnamesische Regierungen Armeen befehligen, nicht aber die Regierung desjenigen Landes, dessen Bürger er ist. Zahlt man Steuern, mit denen Kriegsgerät bezahlt wird, das in Afghanistan oder Jugoslawien zum Einsatz kommt, dann hat man sich am Krieg beteiligt. Kann man die Regierung abwählen – zu schweigen von ungebührlicheren Methoden der Behinderung von Regierungsgeschäften, und ganz zu schweigen von ungesetzlichen –, die diese Einsätze anordnet, dann ist die Meinung, die man von so einem Einsatz hat, keine Frage der Haltung zu irgendeiner Politik mehr, sondern der Beteiligung an ihr, oder der Weigerung, sich zu beteiligen. Steht man links – also in Opposition zur vorhandenen Regierung auch unabhängig von der Frage »Krieg und Frieden«, ist also (selbst als linke Verfassungspa-

triotin im Habermasschen Sinn) ohnehin nur begrenzt loyal zu ihr, so wird man jenseits aller Kompliziertheit der Geopolitik und Frage weltgeschichtlicher Bezugsrahmen die einfache Bauernregel nicht verschmähen dürfen: Wenn diese Regierung, die man gerne durch eine bessere ersetzt sähe, einen Angriff anordnet, mache ich nichts falsch, wenn ich diesem Angriff meine Zustimmung entziehe, am besten öffentlich, und unter Inkaufnahme so vieler Gefahren, wie ich eben tragen will und kann (Sitzblockade, Steuerboykott, Unterbringung desertierender Soldatinnen und Soldaten et cetera et cetera). Daß man, wenn man etwa einer Verfassung oder einem Staat treu ist, die Regierung aber ablehnt (der primitivste Fall dessen, was man bürgerliche Demokratie nennen darf), die beschriebene verantwortungsethische Position räumen wird, sobald dieser Staat angegriffen ist, steht auf einem anderen Blatt (war aber zumindest der deutschen Politik bewußt, als sie im Vorfeld des Afghanistanfeldzugs nicht nur von der deutschen Verantwortung für die Menschenrechte in Afghanistan, der deutschen Verpflichtung, beim westlichen Weltordnen nicht abseits zu stehen, und anderen höheren Werten redete, sondern auch davon, daß der islamistische Terror die Bundesrepublik bedrohe und man, wenn man in Afghanistan einmarschierte, sozusagen Vorwärtsverteidigung würde leisten können. Das Argument ist dünn – man müßte, wie im Fall der ernsthaften Geltung des Menschenrechts- und des Westsolidaritätsgedankens, noch an manch anderem Ort einmarschieren, wenn es für wahr gehalten würde –, aber es erinnert sich immerhin noch daran, daß die Bundeswehr als Verteidigungsarmee gegründet wurde und Angriffskriege laut Verfassung verboten sind). Reemtsmas Text funktioniert nur, wenn man sich, während man ihn liest, nicht vorstellen kann, was seither aus der Bundeswehr gemacht wurde. Von dem Zustand, in dem deutsche Oppositionelle im Osten wie im Westen Leute waren, die sich mit lokalen Regierungen anlegten, von denen ohnehin niemand realistischerweise Entscheidungen über Krieg und Frieden erwarten konnte, und »links sein« oder »politischer Christ sein« immer nur hieß, Punkte im Himmel für ethisch einwandfreie (oder, bei Bibeltreuen wie Marxophilen, schriftstellengemäße) Äußerungen zu sammeln, handelt der Text, als ginge es darum, dessen Vergänglichkeit zu begreifen; gleichzeitig aber hat seine Vorstellung davon, was »die Linke« ist, nur einen Sinn, wenn dieser Zustand – die Linke, das sind Leute, deren Meinungen nicht von Leuten geäußert werden, die eine reale Mitverantwortung für wirkliches Töten tragen – als unaufhebbar gedacht ist.

2. Der Verfasser schreibt, als ginge es darum, nicht nur politische Haltungen der Linken, sondern auch intellektuelle Voraussetzungen derselben wie etwa die Lehre von Marx und Engels nicht Argument für Argument, nicht philologisch genau und analytisch konkret zu widerlegen, sondern gestisch, über Anspielungen und rhetorische Schönheiten zu beerdigen, durchaus nicht ohne Wehmut. Der Bezugsrahmen etwa: Wo soll er, scherzt Reemtsma, denn sonst bestanden haben, wenn nicht in den Köpfen? Man darf nicht viel Marx gelesen haben, wenn man an dieser Stelle vermeiden will, an die Sätze aus der *Deutschen Ideologie* zu denken, wonach geschichtliche Epochen mit spezifischen Illusionen gestraft gewesen seien und die Aufgabe der zutreffenden Geschichtsbetrachtung zunächst darin bestehe, diese Illusionen von religiösen und theoretischen Kämpfen, ausgetragen als Haupt- und Staatsaktionen, nicht zu teilen. Wenn denn Leute einen Rahmen im Kopf hatten, stellt sich dann nicht die Frage, ob diesem in der Wirklichkeit irgend etwas entsprochen hat, gemeinsame Interessen, konvergierende Kämpfe beispielsweise? Hat es dies nicht, so war der Rahmen eine Illusion, und sein Kaputtgehen zerstört nichts, auch keine Linke (die dann vielmehr immer schon eins dieser berühmten Gespenster gewesen wäre, die langweiligerweise in Europa und sonstwo umgehen, seit Marx und Engels das erste losgeschickt haben). Hat es dies aber doch, so kann eine veränderte Sicht auf irgendeinen Rahmen daran nur dann etwas ändern, wenn die Leute a) ihre gemeinsamen Kämpfe nicht mehr führen (das wäre eine Willensentscheidung, die Reemtsma sowenig hinnehmen müßte wie irgendwer: Statt bloß zu konstatieren, jetzt wird nicht mehr gekämpft, muß man ja wohl, wenn man diesem Kampf einen Erfolg wünscht, eher so etwas sagen wie: Hört nicht auf zu kämpfen, ich will und werde das auch nicht; der einzige Grund, es bleibenzulassen, wäre das sichere Wissen darüber, daß die Gegenseite stärker ist – davon aber spricht Reemtsma nicht; er sagt nicht: Miese Kräfteverhältnisse vernichten die Linke, er sagt: Sie zerfällt, weil man sie nicht mehr

denken kann.) oder b) ihre gemeinsamen Interessen nicht mehr sehen (dann wäre der Rahmen richtig gewesen und die neue Denkweise, die ihn vergißt, eine Illusion, die es zu überwinden gilt), oder schließlich c) beides. Wenn jemand resigniert, hat sich vielleicht die Welt geändert, vielleicht auch nicht. Die Resignation ist kein Beweis für die Veränderung der Welt; die Veränderung der Welt könnte allenfalls ein Argument für die Resignation sein – aber, noch einmal, so argumentiert Reemtsma nicht: Er sagt nirgends, sie sind uns über, er sagt: Wir sind nicht vorhanden, gestern waren wir's, irgendwie hat sich das geändert, aber besiegt worden sind andere als mein »wir«, nur stelle ich jetzt fest, wir waren doch aneinandergebunden, durch einen Rahmen, der allerdings in den Köpfen war … je genauer man das paraphrasiert, desto unhaltbarer wird es. *Die Deutsche Ideologie*: »Die ›Einbildung‹, die ›Vorstellung‹ dieser bestimmten Menschen über ihre wirkliche Praxis wird in die einzig bestimmende und aktive Macht verwandelt, welche die Praxis dieser Menschen beherrscht und bestimmt.«[193]

3. Der Verfasser trägt im ganzen einen Gedanken vor, in dem sich eine als bereits geschehen präsentierte Angelegenheit mit der Forderung, sie herbeizuführen, etwa so mischt wie in dem Satz: »Mutter ist doch ohnehin schon tot, laßt uns die Maschine abschalten.« Er fordert etwas und begründet es damit, daß das Geforderte bereits geschehen sei. Zum Beweis dafür nennt er Dinge, die auf der Welt passiert sind, und greift »Heroismus-Phantasien« derjenigen an, die wollten oder wollen, daß etwas anderes geschehe. Von denen wird gesagt, es gebe sie nicht mehr – halt, nein: Es gebe »Individuen, Gruppen, Argumente, Analysen« von der Art, die man früher zur Linken gerechnet hätte, aber eine Linke gebe es nicht mehr, denn der Rahmen, eine Sache, die es nur im Kopf gab, sei kaputt. Ins Bauliche und Lehrbetriebliche übersetzt: Es gibt Seminare, eine Bibliothek, eine Mensa, Hausarbeiten, Professorinnen, aber keine Uni mehr. Der Kategorienfehler ist Ergebnis der idealistischen Grundannahme: Man kann sagen, die Idee »die Linke« ist eine Abstraktion, in der die Individuen, Gruppen et cetera zusammengefaßt werden, dann verändert sich der Gebrauch (also die Bedeutung) des Begriffs vielleicht, wenn sich diese Individuen, Gruppen et cetera verändern, aber der

Begriff ist nicht referenzlos (das Ding, das er meint, ist nicht weg), solange es diese Individuen, Gruppen et cetera noch gibt. Dies ist die nominalistische Auffassung vom Primat der Praxis und des Begriffsgebrauchs, Marx und Engels nennen sie »materialistisch«. Das Gegenteil wäre die Vorstellung: Zuerst gibt es den Begriff, der ist (»natürlich«, sagt Reemtsma gereizt) in den Köpfen, und dann müssen ihm die Individuen, Gruppen et cetera entsprechen. Tun sie's nicht mehr, sind sie nicht mehr links; hören die Köpfe überhaupt auf, den Begriff zu denken, gibt es auch keine Linke mehr. Diese Ansicht vertritt Reemtsma, und wenn man die alten Sprachspiele mag, weil sie hin und wieder doch noch Erhellendes zutage fördern, wird man das idealistisch nennen müssen.

Gibt man diesen drei Merkwürdigkeiten etwas Raum, sich nach ihren immanenten Konsequenzen zu strecken, so greifen sie schließlich ineinander zum Gesamteindruck eines Textes, in dem das Formale und das Inhaltliche in außerhalb ästhetischer Erfahrungen seltenem Ausmaß harmonieren; der Abschied, den er für unvermeidlich erklärt und zugleich fordert, vollzieht Reemtsma selbst denkmethodisch: Der Aufsatz ist ein Versuch, so präzise wie möglich ein politisches Denken zu demonstrieren, das alle Denkvoraussetzungen, die man seit der Zeit der Französischen Revolution »links« genannt hat, preisgibt, losläßt, vergessen und vergessen machen muß – und damit ein Dokument der geschichtlichen Gewalteinwirkung, das bündelt und blanklegt, was schon mit früheren Abgesängen zwischen dem »dritten Weg« und dem von Lyotard – im Zusammenhang mit etwas, das er »Postmoderne« nannte – konstatierten »Ende der großen Erzählungen, auch der emanzipatorischen« gemeint war, sich damals aber nur tautologisch mit einer Vision der Vernichtung der anderen, der linken Traditionslinie begründen ließ, für die Reemtsma ein realgeschichtliches Datum setzen kann: Die idealistische Argumentation, das ist ihre Pointe, nimmt vom Materialismus gerade soviel – nämlich den innerweltlichen, nichtideellen Anlaß, warum sie überhaupt vorgebracht wird –, um diejenigen, die ihn noch schätzen, zum Hinhören aufzureizen. Der Text, wollen wir sagen, ist meisterhaft: Was alle anderen, die in der fraglichen Zeit und danach (bis zum heutigen Tag) ihren Abschied von der Linken vollzogen haben, lieber nicht berühren – die Tatsache nämlich, daß es nicht irgendwelche inneren Mängel der Linken waren, die sie von ihr getrennt hat, sondern ein tatsächliches Kräfteverhältnis, vor dem mit nicht unehrenhaften Gründen, ja aus echter Einsicht kapituliert werden könnte. Diagnostisch also sind wir nicht so uneins mit Reemtsma, wie es scheint: Er sagt, etwas sei umgefallen, und das stimmt. Nur stand dies Umgefallene, das zeigt der Teil seines Textes, den man die Anamnese taufen darf, bei ihm schon zu Zeiten, als es noch stand, auf dem Kopf, und es aufzurichten, indem man es so wieder aufstellt, wäre in der Tat aussichtslos.

III.
Was ist, woher kommt und wohin will »linker Bellizismus«?

Im Dezember 1990 also konnte man mit einigem Ernst davor warnen, in den Kriegen, die sich nun ankündigten, Partei zu nehmen – gegen den Antiimperialismus, sagt die Warnung, spricht, daß er zur abstrakt fortschrittlichen Position verblaßt, die konkret faschistoiden, antisemitischen oder anders atavistischen Eliten in den nachkolonialen Gegenden die Hand reicht; gegen die Haltung der amerikanischen *liberal hawks* und das antibarbarische Pathos der Weltordnerei aber spricht, daß man damit eine ebenso abstrakt fortschrittliche, konkret aber brutal neokoloniale Politik affirmiert. Völlig selbstverständlich gesetzt ist dabei, daß die Möglichkeit der Parteinahme in Militärfragen Voraussetzung linker Politik sei, und stillschweigend weiter vorausgesetzt wird hierbei natürlich, daß die Linke selbst keine Partei sei – Engels, in seinem glänzenden Text *Die preußische Militärfrage und die deutsche Arbeiterpartei*, sah beides noch gerade andersherum: »Die Partei der Arbeiter, die in allen Fragen zwischen Reaktion und Bürgertum außerhalb des eigentlichen Konflikts steht, hat den Vorteil, solche Fragen ganz kaltblütig und unparteiisch behandeln zu können. Sie allein kann sie wissenschaftlich behandeln, historisch, als ob sie schon vergangen, anatomisch, als ob sie schon Kadaver wären.«[194] – Ersetzt man, da man jetzt auf Weltmaßstäbliches geworfen ist, Bürgertum durch »Vereinigte Staaten von Amerika« (entschieden genug bürgerlich werfen die sich ja ins Schlachten) und Reaktion durch »Despotien der post- und neokolonialen Welt«

(um ein fortschrittliches Regime handelt es sich ja nicht nur beim Iran und ähnlichen potentiellen Kriegsgegnern der USA in keinem Sinn, den Engels verständlich gefunden hätte, auch Saddam Hussein, als Laizist und Befreiungsnationalist zweifellos paraprogressiv, ist kein Freund der geschichtlichen Linken gewesen und soll mit eigenen Händen irakische Kommunisten getötet haben), dann funktioniert die Perspektive nach wie vor – nur die Prämisse, nämlich daß es eine Partei der Arbeiter gebe (und interessanterweise redet ja Reemtsmas langer Aufsatz von Gruppen, Individuen und anderen politischen Entitäten ausführlich genug, von Klassen aber nicht), gehört zu den Dingen, die – lokal wie weltmaßstäblich – nicht nur von Reemtsma behandelt werden können, »als wären sie schon vergangen«. Anatomisch war das, was sterben mußte, um eine der von Engels vertretenen konträre Sicht der Dinge so plausibel zu machen, wie sie bei Reemtsma war, der linke Internationalismus, von dem wir im dritten Kapitel gehandelt haben. Er starb aber nicht als Idee, weil er so auch nicht hätte gelebt haben können, sondern als eine Praxis, die einmal »Komintern« geheißen hatte, als Dritte Internationale, die zwar formell in den späten Achtzigern und frühen Neunzigern nicht mehr bestand, weil Stalin sie schon 1943 nominell dem Bündnis mit den Westmächten in der Anti-Hitler-Koalition geopfert hatte (diese Erfüllung der Forderung der kapitalistischen Staaten, die Sowjetunion möge auf ihre potentiell bewaffneten Botschafter verzichten, war nicht die erste Konzession, die der weltstrategisch entgegen aller Propaganda von der Roten Gefahr stets aus der Defensive agierende Bolschewismus der kapitalistischen Einkreisung und der Rückständigkeit der russischen Produktivkraftentwicklung hatte machen müssen; mit dem Frieden von Brest-Litowsk hatte das angefangen und mit nichtmilitärischen Maßnahmen wie der NÖP bis tief in die sogenannte Innenpolitik gereicht).

Ganz wie Reemtsma schreibt, war mit den letzten Ausläufern der Dritten auch gleich die Vierte Internationale zur Disposition gestellt, samt allen Ansätzen zu einer solchen, denn Trotzkis Versuch, zu bewahren, was er für die reine Flamme der Revolution gehalten hatte, orientierte sich bis in alle Schismata – zwischen Mandelianern, Tony-Cliff-Anhängern, Pablisten und was sich sonst noch in Trotzkis

Namen schlug – immer an der Idee, die Sowjetunion sei ein »degenerierter Arbeiterstaat«, den irgendwer und irgendwas, und sei es Gorbatschow (dies vertrat ernsthaft eine Weile der sonst so wache Ernest Mandel) oder ein (dann irgendwie verschämt zu unterstützender) Angriff aus dem Westen (beides wurde kurzfristig auch von Maos westlichen Gläubigen gewähnt), wieder aufs rechte Gleis zurückdrängen mochte.

Was nun aber immer der Dritten und der Vierten Internationale widerfahren sein mag, es war etwas ganz anderes als das, was der Zweiten Internationale geschehen war. Der Opportunismus (schöner: Patriotismus) der großen sozialdemokratischen Parteien Kerneuropas hatte diese 1914 gefällt, sich nämlich geweigert, die ihnen von Marx und Engels vermachte Aufgabe zu erfüllen, im entscheidenden Moment den bürgerlichen Nationalstaat von links zu negieren. Der moderne technisierte, industrialisierte Krieg, mit dem die Linke sich zu allen Zeiten seit beider Bestehen so schwer tat, ist ja ohne diesen Nationalstaat nicht denkbar, der Militarismus, gegen den Luxemburg wie etwa Chomsky so ausdauernd gekämpft haben, entstand in der Französischen Revolution und im Bonapartismus, er war in Europa zunächst Kind einer (bald nicht mehr: der) Linken. Wie nun deren Rahmenbedingungen, eben die vom ständischen Unrecht befreiten modernen Nationalstaaten, die Negation des mittelalterlichen Ständestaats waren, so sollte der sozialistische Internationalismus sensu Marx die Negation dieses bürgerlichen Nationalstaats sein – die Dialektik geht so: Ohne Nationalstaat kein Internationalismus, ohne diesen keine globale Überwindung der Kriege, so ging die Hegelianisierung des Kantischen Einfalls vom »ewigen Frieden«. Dialektik allein gibt der Sache aber bloß die Form; ihr Inhalt war, wie bei Marx und Engels oft, eine raffinierte, an konkret Geschichtlichem gebildete Unterscheidung zwischen notwendiger und hinreichender Bedingung: Kants Vorschlag kam zu früh, denn die Bürger, für die seine Sorte Aufklärungspazifismus redete (und denen Handel immer besser gefällt als Krieg), standen in Konkurrenzverhältnissen um Märkte (in welchen Krieg nicht selten Voraussetzung und Folge von Handel ist); erst der Liberalismus sollte die Produktivkräfte zu einer Transnationalität entwickeln, die dann die Abschaffung der Konkurrenzstaatlichkeiten erreichbar und zweckmäßig würde machen können. Was man sich daran merken sollte, ist die zentrale Bedeutung der nicht immer explizit gemachten Überzeugung der Gründerväter des Marxismus (die ebenso bei Hegel wie bei Condorcet, durch die ganze Aufklärung hindurch und bis zurück zu Giambattista Vico zu finden ist), die anzustrebenden Zustände (Sozialismus, Kommunismus, Weltfrieden) seien nicht nur Ersetzungen der ihnen vorangehenden und auch nicht einfach Ergebnis des Umstands, daß jene diesen sowohl historisch wie logisch vorausgesetzt sind, sondern auf eine nichttriviale Weise in ihnen enthalten, von ihnen erheischt, den in ihnen sich befindenden Menschen als konkrete Handlungsmöglichkeit wie abstrakte Denkmöglichkeit gegeben – der Weltfrieden wird von den Kriegen, die ihm vorangehen, nicht verhindert, sondern buchstäblich erst ermöglicht. Worauf wir damit hinweisen möchten, ist einfach, daß das, was wir den Implex nennen, nicht nur nichts Neues ist, sondern lustigerweise etwas, das den seit der Proto-Aufklärung entworfenen Fortschrittstheorien in genau der Weise begrifflich implizit ist, wie es der Geschichte real implizit sein muß, damit sich überhaupt jemand so etwas wie Fortschritt vorstellen kann.

Leute, die den ja nicht gerade eindimensionalen Gedanken von der notwendigen, aber nicht hinreichenden Vermittlung der hinreichenden durch die notwendige Bedingung des erstrebten Friedens nicht verstehen konnten oder wollten, fanden sich nicht nur im Bürgertum, sondern bald genug auch in der Sozialdemokratie; obszönerweise gab es besonders in der deutschen schließlich sogar welche, die aus ein paar strengen Zensuren, die Engels dem zaristischen Despotismus erteilt hatte, und aus dem Zorn des Alten auf die Reste des Mittelalters, der sich sogar zur Äußerung von Sympathien für eine kriegerische Entmachtung des Autokraten bereitfand, geraume Zeit später eine Legitimation ihres Verrats zogen. Lenin allerdings, und die auf der Zimmerwalder Konferenz geborene Dritte Internationale, ließen sich davon nicht im mindesten beeindrucken, sondern riskierten lieber einen neuen Anlauf, dessen Spätphase nach dem Zweiten Weltkrieg leider jeden Versuch einer weiteren weltweiten Neuformierung der Arbeiterbewegung zum Zweck der linken Aufhebung des Nationalstaats (in Zeiten, in denen er schließlich eine ganz andere Gestalt annahm) an die Sowjetunion band. Manche, die solche Versuche unternahmen, waren Schützlinge der UdSSR, andere ihre Geiseln. Die Spuren der dafür verantwortlichen ökonomisch-politisch-militärischen Großwetterlage kann man mit etwas detektivischem Geschick in allen Debatten finden, in denen Trotzkisten, Maoisten, Neue Linke, Operaisten, Eurokommunisten, Neue Soziale Bewegungen, Anarchisten (und wer sonst noch in Reemtsmas Bezugsrahmen paßte) ihre Differenzen zur sowjetischen Linie herauszufinden und klarzulegen versuchten. Sie hatten es, der Wahrheit die Ehre, dabei erheblich schwerer als Lenin bei der Spaltung der SDAPR in Bolschewiki und Menschewiki oder die Spartakusgruppe bei der Abwendung von der SPD, denn der Verrat der Zweiten Internationale am Internationalismus war lange vor dem Akutwerden der Kriegsfrage durch allerlei explizit revisionistische Absagen an andere zentrale Kernpunkte des marxistischen Programms vorbereitet worden, während man der Sowjetunion allerlei Handlungen und Unterlassungen, nicht aber den ausdrücklichen Bruch mit der programmatischen Tradition vorwerfen konnte, die ihr vielmehr Legitimationsgrundlage, mitunter in Gestalt einer Art Staatsreligion (und wie bei dieser häufig in Gestalt zu nichts weiter verpflichtender Sonntagsreden), war und blieb. Selbst der Streit der Parteispitze mit dem Dissidenten Trotzki über den »Sozialismus in einem Land«, der einer theoretischen Kontroverse um Treue zu Marxschen Grundsätzen noch am nächsten kam, blieb ein schwacher Schatten etwa der Konfrontationen zwischen Luxemburg und Bernstein oder Lenin und Kautsky, weil es sich beim Dissens in der Frage Sowjetstaatkonsolidierung versus Weltrevolution im Grunde bloß um strategische, nicht programmatische Schwierigkeiten handelte, nämlich solche der für gewisse historische Prozesse erforderten Zeitspannen – Stalin hat ja einige Programmpunkte der Trotzkifraktion nach dem Landesverweis für deren Meister selbst verwirklicht; der »Sozialismus in einem Land« war auch von den patriotischsten Großrussen in der KPdSU nie offen mit einem Abgehen vom (Fern-?)Ziel der Weltrevolution verbunden, sondern lediglich als deren erstes Stadium aufgefaßt worden, und noch die berühmt-berüchtigte »friedliche Koexistenz« der Chruschtschows, Breschnews und Konsorten erläuterte die sowjetische Führung den aufmerksamen Legionen des Weltkommunismus als eine ganz besonders neue, ganz besonders pfiffige »Form des Klassenkampfs«, von dessen Prinzip man also nicht loswollte (sie war ja wirklich eine; wenn auch in einem ganz anderen Sinn, der sich erst am Ende des unterliegenden Systems im Systemwettstreit enthüllte).

»Wir wollen, was die Anarchisten wollen, aber wir sind dabei realistischer« – so hatten schon Marx und Engels argumentiert, so argumentierte Bucharin, als er auf Stalins Seite übergegangen war, so ließ Stalin argumentieren, wenn er nicht selbst hervortreten wollte oder konnte, und die Sache wird nicht anders, wenn man die Anarchisten durch Trotzkisten ersetzt.

Das lange Sterben der Dritten Internationale (das für Trotzkis Anhänger mit den Streitigkeiten um den Meister beginnt, für andere mit der Auflösung der Komintern, für Stalintreue mit Chruschtschows Rede auf dem XX. Parteitag, für Maoisten mit Maos Tod – einigermaßen übereinstimmend äußern sich Kommunisten nur, wenn es darum geht, das Ende des Prozesses zu bestimmen; das hat Gorbatschow gesetzt) war also, haben wir zeigen können, begleitet weniger vom Streit über Ziele als vielmehr von Diskussionen über Relationen zwischen Zwecken und Mitteln – daß die, solange in ihnen noch die sehr handfesten Machtkämpfe und Erbfolgestreitigkeiten nach Lenins Tod steckten, an denen sie sich entzündeten, auch danach erbittert und ohne Rücksicht auf Verluste geführt wurden, zeigen nicht nur allbekannte, vom Westen noch jahrzehntelang in einer Mischung aus echtem Abscheu und verhaltener Schadenfreude ausgeschlachtete Maßnahmen wie die Moskauer Prozesse und Trotzkis Ermordung, sondern auch das Verhalten der von solchen schweren Angriffen betroffenen Gegenseite, gerade in militärischer Hinsicht – wie sonst soll man das nennen, wenn Trotzki, immerhin der einstige Mitbegründer und zeitweilige Anführer der Roten Armee, diese am Vorabend des Zweiten Weltkriegs, als das Bedrohungspotential, das von Hitlers Wehrmacht ausging, von niemandem mehr zu übersehen war, aus dem Ausland zum bewaffneten Aufstand, zum militärischen Staatsstreich in der Sowjetunion aufrief? Die Erhaltung des »degenerierten Arbeiterstaates« war ihm in nicht eben unwichtigen Momenten mitunter weniger wichtig als der persönliche Traum von einer Rückkehr nach Art der Einfahrt Lenins auf dem finnischen Bahnhof, gedacht als Rückkehr in eine Situation, mit der er vertraut war wie wenige andere Revolutionäre: den Bürgerkrieg.[195]

Debatten über Zweck-Mittel-Relationen finden zwischen Rechts und Links meist nur als Scheingefechte statt (man wirft, um Unentschlossene zu gewinnen, der Gegenseite die Mittel vor, lehnt aber eigentlich die Zwecke ab); das bedeutet auch, daß Kriegsbefürwortung nicht gleich Kriegsbefürwortung ist – nicht einmal innerlinks oder innerrechts, nicht einmal funktional, etwa ökonomisch –, wenn ich zum Beispiel Kriege will, mit denen sich Märkte abschaffen oder abriegeln lassen, will ich andere Kriege als jemand, der Märkte zu erobern oder zu schaffen vorhat. Die linke Kriegsbefürwortung war, seit es eine Linke gab, meist ein Eintreten für Revolutionskriege (»Revolutionsexport«, wie die nicht unelegant ans Ökonomische angeschlossene Verurteilung von rechts dieses Ansinnen nennt). Nach dem Zusammenbruch der Dritten Internationale jedoch verschwand gebietsweise und situationsabhängig der Unterschied zwischen dem Ziel, ein reaktionäres Regime zu stürzen, und der probürgerlichen, ja proimperialistischen Stellungnahme – nicht nur, das ist der grimmige Witz daran, aus ideologischen, sondern auch aus sachlichen Gründen; es lag also keine Wiederholung von 1914 vor, wo die vaterländische Ideologie die revolutionäre überlagerte und erstickte. In den USA, also auf dem Gebiet der »letzten Weltmacht« (so sah man das, bevor der Westen China und Indien zum zweiten Mal entdeckte, diesmal nicht als bloße Kolonialobjekte, sondern als *emerging powers,* und Rußland sich einen neuen Ort im Weltsystem erstritten hatte; die europäische und amerikanische Linke hat dazu bislang nicht viel zu sagen, sie bleibt einstweilen noch mit ihrer Rekonstitution und Rekonstruktion beschäftigt, von ebenso rühmlichen wie problematischen Ausnahmen in der Art der Arbeiten von Giovanni Arrighi abgesehen), wurde dieses Phänomen ahnbar beim Irakfeldzug des älteren, greifbar bei dem des jüngeren Bush – proamerikanische, sich aber der Linken zurechnende Individuen wie Paul Berman oder Christopher Hitchens ließen sich »*liberal hawks*« nennen – der Name war einst das Feldzeichen antikommunistischer US-Linker gewesen; die neue Bedeutung sollte jede nicht konservative Parteinahme gegen den politischen Islam abdecken – und brachten ein Koordinatensystem in Unordnung, das in den USA seit Vietnam nicht mehr in Frage gestellt wurde. Die zwischen den beiden Irakkriegen der Amerikaner stattgehabte Zerstörung Jugoslawiens, die in Deutschland, dem ehemaligen Territorium zweier Frontstaaten, nicht nur vereinzelten Köpfen aus der Welt der Belletristik und Feuilletonistik, sondern der echten Politik Sorgen machte, hatte den einst als Radikalpazifisten angetretenen Grünen den Weg zum linken Falkentum geebnet. Hier wie anderswann und anderswo waren es unter den Redenden und Schreibenden interessanterweise nicht unbedingt die durch Dogmenglaube, Anbindung an festumrissene politische Milieus, geschweige Organisationen sich Auszeichnenden, sondern eher prinzipiell individualistisch-nonkonformistisch auftretende Menschen wie Peter Handke oder Hermann L. Gremliza, die sich der neuen Marschrichtung verweigerten, als hätte es der Weltgeist darauf angelegt, die These Hannah Arendts zu bestätigen – entwickelt etwa in ihrem Aufsatz über die persönliche Verantwortung unter der Diktatur – wonach es nicht die Grundsätze sind, was Kriegs- und anderen politischen Zerstörungsmaschinen entgegensteht, sondern der moralische Stolz einzelner, die dann eben auch imstande sind, auf die Unentscheidbarkeiten, mit denen Jan Phillip Reemtsma seinen Abschied von der Linken illustriert hat, die Antwort zu geben, daß es außer der Parteilichkeit für Teilnehmende eines Konflikts auch noch die Parteilichkeit für eine von deren Interessen unberührte dritte Sache gibt, womit noch nicht einmal präjudiziert ist, ob es sich bei dieser Sache um eine ideelle oder eine materielle handelt.

Denn nicht nur ist, wie wir immer wieder betont haben, eine Idee, deren Trägerinnen und Träger geschlagen sind, damit nicht widerlegt, sondern auch eine naturwüchsige, nicht ideenvermittelte Praxis oder Tatsache, etwa irgendein staatlicher oder nichtstaatlicher sozialer Zusammenhang, läßt sich nicht als verkehrt, überlebt, abschaffungswürdig erweisen, indem man ihn zerschlägt. Zu diesem Schluß und der für seine Verteidigung nötigen Unabhängigkeit vom Sosein des Gegebenen können sich Strömungen stets durchringen, die auf den Sieg zufließen oder so scheinen, als täten sie dies. Daß dabei von denen, die nicht mitmachen, manchmal Positionen und Personen zu solchen Strömungen zusammengefaßt werden, die eigentlich recht wenig (und schon gar nichts politisch Entscheidendes) eint, gehört zum Geschäft (und zum Getümmel, in das Polemik gerade dann, wenn es nicht um die eigene Haut geht, um so schneller gerät).

»Bellizismus« nannte man das also, was die *liberal hawks* verband, vor allem in Deutschland, damit das Ding einen Namen habe. Dabei fiel ein Unterschied vom Tisch, den man genauer hätte studieren können: Ein Teil derer nämlich, die nun die Bedrohung Israels durch Saddams Scud-Raketen und seinen tatsächlichen Raketenangriff auf dieses Land zum Anlaß nahmen, jene alte antiimperialistische Position zu überprüfen, ja mit ihr zu brechen, wonach Israel nichts (jedenfalls nichts beachtenswert) anderes sei als ein imperialistischer (Landungs-)Brückenkopf, das »staatsförmige Eingreifkommando der USA im Nahen Osten« (so Gremliza zu einem früheren Zeitpunkt), wollte tatsächlich nichts, als sich und andere zu fragen, ob eine Redeweise noch politisch vertretbar sein konnte, der das geopolitische cartesische Koordinatenraster weggebrochen war; das Synchronschwimmen mit der sowjetischen (seltener: chinesischen) Außenpolitik war in der Tat eine müßige Sportart geworden und die Frage, ob es Schlimmeres geben könne als den Imperialismus, nicht die fernstliegende. Ein anderer Teil derer, die man unterm schillernden Schirm jenes ominösen »Bellizismus« zusammenrücken sah, suchte indes einfach Anschluß an den Westen und zahlte den Preis dafür nicht widerwillig, sondern eifrig, gestrichen werden sollte das Ziel der Abschaffung des Kapitalverhältnisses im Weltmaßstab genau in dem Moment, da dieser Weltmaßstab sich, anders als in den Jahrzehnten des gefrorenen Weltbürgerkriegs, erstmals wirklich vereinheitlichte und Verhältnisse im Entstehen begriffen waren, die Marx und Engels ihren Revolutionserwartungen zugrundegelegt hatten, noch ehe sie eingetreten waren.

Zwei Gruppen, verklammert mit einem Begriff: Linke, die sich entschlossen, einen Feldzug zu akzeptieren, ohne den die Voraussetzungen fürs Erreichen der linken Ziele noch schlechter werden könnten als mit ihm; andere, die sich entschlossen, die linken Ziele preiszugeben, um einen Feldzug gutheißen zu können, der ihnen um anderer Güter, die ihnen jetzt lieber waren als die linken Ziele von ehedem, unvermeidlich schien. Die erste Gruppe sagte etwas wie: »Mit diesen Leuten (Saddam Hussein, Hamas, Gaddafi & tutti quanti) erreichen wir unsere Ziele nie, und wenn wir sie, nur um stehengebliebene Frontabschnitte aus der Zeit des Kalten Krieges aufrechtzuerhalten, jetzt unterstützen, begeben wir uns auf den Pfad des *propter vitam vivendi perdere causas*«, die zweite etwas anderes, nämlich: »Ob jene Ziele mit Hamas und Saddam Hussein erreichbar sind oder nicht, ist uns ganz gleich, es hat ohnehin nicht sollen sein.« Die erste Gruppe, die sich in Deutschland eher als Israelunterstützerfraktion denn als Auslandspropagandaabteilung der USA sah, kann man dabei eigentlich ebensowenig »bellizistisch« nennen wie die andere, weil das Wort in suggestiver Weise Leuten unterstellt, ein Mittel wie einen Zweck zu behandeln, das sie in Wirklichkeit unter ausdrücklichem Verweis auf einen ganz anderen Zweck eingesetzt wissen wollen. Gebildet wurde das Wort, ein echtes Merkzeichen der großen Konfusion nach dem Ende des Stellungskriegs der Blöcke, nämlich in schiefer Analogie zum »Pazifismus«, der nach dem von Weber in *Politik als Beruf* skizzierten Sprachspiel bekanntlich zur »Gesinnungsethik« gehört, während die beiden oben dargestellten, unterm »Bellizismus«-Etikett zusammengezwungenen Parteiungen »verantwortungsethisch« denken, reden und schreiben. Wer das Pazifismus/Bellizismus-Wortpaar gebraucht, bringt die Einheit der damit gesetzten Differenz von vornherein in eine Schieflage, die den als bellizistisch ausgeflaggten Positionen keine Möglichkeit der Güterabwägung mehr läßt, da der Pazifismus absolute Geltung beansprucht, eine Sorte Geltung also, die von besagten zwei Parteiungen für ihre Empfehlungsbegründungen und Folgenerwartungen weder beansprucht wird noch verteidigt werden könnte. Für Pazifistinnen und Pazifisten ist die Gewaltlosigkeit nicht kontextualisierbar. Prinzipiell muß, wer die Aufklärung fortschreiben will und deshalb Politisches nicht anders denken kann als historistisch, den Pazifismus wegen dieser Idee einer absoluten Geltung seiner Normen noch nicht verwerfen; Absoluta sind dem Historismus, wie ihn Vico vorbereitet, die Aufklärung entwickelt, Condorcet und Hegel systematisiert, Marx und Engels ins Praktische gewendet haben, nicht notwendig wesensfremd – man mag sämtliche vorstellbaren und eingetretenen geschichtlichen Situationen jeweils als kontingent, relational kontextualisierbar, unabhängig von deontischen Modalitäten und so fort betrachten und dennoch für alle diese Situationen gewisse etwa sittliche Vorstellungen absolut setzen; ein logischer Widerspruch besteht nicht, solange Humes Gesetz anerkannt ist.

Einige der klügsten, keineswegs transzendental begründeten, rein weltimmanent gedachten, der geschichtlichen Relativität politischer Forderungen durchweg bewußten Ansprüche klassischer Gesellschaftskritik sind in genau diesem Sinne Absoluta, nicht zuletzt die Marxsche, es gelte, alle Verhältnisse umzuwerfen, in denen der Mensch ein erniedrigtes, ein geknechtetes, ein verlassenes, ein verächtliches Wesen ist; oder auch die an eine sehr besondere geschichtliche Situation gebundene, törichterweise gerade von Marxisten verhöhnte, von Karl Kraus aber bejahte Generallinie für eine österreichische Anti-Anschluß-Politik: »Alles, nur nicht Hitler«; nicht zuletzt Adornos Diktum, Ziel aller Politik nach dem Zweiten Weltkrieg müsse sein, daß sich Auschwitz niemals wiederhole.

Aufgeklärte Pazifisten sind daher vorstellbar; aufgeklärte Bellizisten aber, die den Krieg so setzen wie der Pazifist den Frieden, sind kaum vorstellbar, und die unaufgeklärten sind selbst auf Seiten der Reaktion eher bizarre Figuren, Spartaner, ein paar Wahnsinnige unter Marinettis Futuristen, rasende Wörtlichnehmer von Nietzsches Sottise, man solle den Krieg mehr lieben als den Frieden und den kurzen Frieden mehr als den langen, Selbstmordattentäterinnen, psychotisch gewordene Generalstabsmitglieder.

IV.
Militärische und antimilitärische Kompetenz

Was die verantwortungsethische, oder weniger festtäglich gesagt: die berechnende Seite der politischen Arbeit angeht, so haben sich Marx, Engels und die meisten ihrer Anhänger und Nachfolgerinnen von allen Emanzipationsbewegungen seit dem Aufbruch des Bürgertums den glänzendsten Ruf mit der Waffe der Kritik wie der Kritik der Waffen erworben – daß der berechnende, machiavellistische Zug die Reaktion an der Revolution stets am übelsten abstößt, von der Polemik gegen Condorcet und der antirevolutionären Agitation wider die Spottfigur des »*calculateur patriotique*«, der mit Knochen kegelt, bis zu den antisowjetischen Dystopien aus der Hochzeit des Kalten Krieges, die im Westen die sozialistische Zukunft als eine Epoche malten, in denen »die Menschen von Computern beherrscht« würden, ist zwar nicht gleich ein Grund, links den Vorwurf der kalten Berechnung und seelenlosen Vernünftelei wie einen Ehrentitel vor sich her zu tragen, sollte aber doch sensibel machen dafür, daß man rechts jedenfalls weiß, welche Eigenschaften der Linken madig gemacht werden müssen, um ihre Erfolgsaussichten zu schmälern. Wer die Verantwortungsethik umgekehrt für anständiger, weil grundsätzlich bescheidener hält als die Gesinnungsethik, unterschätzt aber den Umfang des Bereichs, der sich Kalkülen erschließen läßt – selbst Kants gewiß ehrgeiziger »ewiger Friede« kommt, wie bei diesem Denker überhaupt das Beste, aus Überlegungen betreffend das Machbare her, nicht solchen übers Wünschbare; und der Marxismus, wenn er verspricht, einen Zustand herstellen zu können, in dem es für den Krieg keine vernünftigen, Interessen bedienenden Gründe mehr gebe, geht über Montesquieus gesinnungsethische Idee, man müsse alle Despoten loswerden, weil der beseitigte Kriegsherr den beseitigten Krieg bedeute, in Wahrheit weit hinaus, da bis ins Gesamtgesellschaftliche, den engen Fokus der Regierung in Richtung überhaupt aller Relationen innerhalb des Gemeinwesens Sprengende. Dieser letzte Schritt ist für alle, die an praktischer Politik interessiert sind, vor allem deshalb attraktiv, weil er das Unerfreuliche nicht an allgemeinen Denkursachen (etwa der hinter Montesquieus Plan steckenden Ansicht, Macht korrumpiere notwendig jeden – sie sieht politisch aus und ist anthropologisch, das bekommt ihr schlecht, sobald es ums Politische geht), sondern an abzählbaren Anlässen packen will. Marx denkt sozusagen kriminologisch statt ethisch (der Unterschied zwischen Krieg und Verbrechen ist ja nicht erst seit dem zwanzigsten Jahrhundert nicht allzuscharf zu ziehen; künftige Zeitalter werden hoffentlich einmal lange grübeln müssen darüber, warum die Historiographie unserer Tage etwa zwischen der Wehrmacht und der Waffen-SS so fleißig differenziert). Es wird gewiß Menschen geben, die auch dann, wenn sie weder Gelegenheit noch Not haben, Verbrechen begehen, daß es aber erheblich weniger sein dürften als im entgegengesetzten Fall, lehrt die einfachste, soziologisch unterrichtete bayesianische Abwägung – die allerdings Angst macht, so wie jede Überlegung, die dem Zufall Platz im Menschenleben oder sogar eine Entscheidung über Sein oder Nichtsein einräumt – »Bis heute ist unser Verhältnis zum Zufall von der Erfahrung des Ersten Weltkriegs geprägt, als der Zufall tonnenweise über die Menschen kam«, schreibt Henning Ritter, »bis zur Ununterscheidbarkeit uniformiert, waren die Menschen Kaskaden von Geschossen ausgesetzt, die in jedem Augenblick jeden treffen konnten. Es gab nur den Zufall, denn es war ebenso Zufall, getroffen wie nicht getroffen zu werden.«[196] (Und damals gab es doch immerhin noch die Unterscheidung zwischen Uniformierten und Nonkombattanten, mit der dann der nächste, der »totale Krieg« Schluß machte; seither ist tendenziell für alle wahr, was Tim Blackmore als besondere Erfahrung von Soldaten beschrieben hat, wonach die nie genau betrachtete, immer nur wolkig gespürte Grundregel des eigenen Empfindens und Verhaltens im Krieg außer Kraft gesetzt sei, daß »bad things don't happen to people who wish others well; arbitrary death, maiming, loss of self cannot befall the indomitable hero«[197], der wir immer selbst sind – die erfahrungsmäßige »computationale Irreduzibilität« des eigenen Lebens gilt nichts vor einem Universalprogramm, das tatsächlich nicht berechenbar aussieht, *truly random*, aber es nur in Grenzen ist, die wir allerdings nicht sehen können, und die uns, könnten wir es, über keinen Tod trösten würden. Jedes vernünftige Geschichtsbild, auch das Marxsche, muß diese Ratio zwischen dem Berechenbaren und dem Unberechenbaren verfehlen, obwohl sie nichts Irrationales ist, das etwa der Vernunft solcher Geschichtsbilder an sich feindlich gegenüberstünde; aber die Vernunft, die etwa Augenmerk auf Produktion, Verteilung, Energieaustausch und Information legt, ist ein Zweck-Mittel-Verhältnis, das der arbiträren Beseitigbarkeit von Individuen, die Zwecke setzen und Mittel auswählen, nie gerecht werden kann. An Bayes hat der gute Wille Condorcets die Grenze; Menschen, die sozialen Fortschritt denken und machen möchten, tun gut daran, das nicht zu vergessen; Scheu vor dem Zufall gebietet, die Bereiche, in denen er herrscht, so gut es geht, begrifflich und politisch abzusperren, *hic sunt leones*).

Noch eine so späte, von linksradikalen Selbstverkennungen geschmückte wie entstellte Erscheinungsform des klassisch liberalistisch-bürgerlichen Freiheitsstrebens wie die Studentenbewegung der späten Sechziger des letzten Jahrhunderts hat ihr Bewußtsein davon, was Politik überhaupt sei, im imperialistischen Kernland USA an diesem Umschalten vom ethischen zum kriminologischen Denken geschult, an der Doppelinjektion Kriegsdenken und Marxismus; in Erinnerungen Beteiligter kann man nachlesen, wie und warum der Übergang des Protestfokus von der illiberalen und vorbürgerlichen Rassensegregation im Süden zur Auseinandersetzung mit der amerikanischen Militäraggression in Vietnam gleichzeitig einen »Marxisierungsschub« bedeutete – während die Präsenz von Marxisten im Bürgerrechts- und Redefreiheits-»Movement« den darin tonangebenden Leuten noch »a curiosity if not an embarrassment« war, änderte der Vietnamkrieg die Lage, denn »the movement needed ideas and ways of thinking about America's aggression in Southeast Asia. And only the Marxists were offering anything of particular relevance«,[198] während die Pazifisten in jenem Krieg nur einen Unfall oder Fehler, die Christen nur eine Sünde erkennen konnten, also lauter Sachen, gegen die sich wenig mehr Forderungen erheben lassen als »bereut« und »kehrt um«, aber an wen? An die Regierung? Ans Militär? An »uns alle«?

Marx und Engels selbst hatten, wie man etwa bei ihrem Exegeten Hal Draper detailliert ausgewiesen findet[199], in ihrer sozusagen vormarxistischen Frühzeit die Ausdrücke »Krieg« und »Revolution«, überzeugt von der unausweichlichen Dynamik eines nach Condorcet-Hegelschem Plan die alten Mächte hinwegfegenden Fortschritts, oft nahezu synonym benutzt; es konnte zu der Zeit, in die hinein sie wirken wollten, eigentlich keinen Krieg geben, bei dem nicht Fortschritt gegen seine Aufhalter kämpfte, und daß die letzteren nicht würden siegen können, hätte ja kein aufrechter Linkshegelianer bestreiten mögen.

Das frühe Kriegsbild der beiden hatte sich an den Revolutionskriegen der Französischen Republik um 1793 gebildet; als sie dann fortschritten zur Analyse der Klassen und ihrer Kämpfe (statt nur abstrakter Prinzipien wie Fortschritt und Reaktion), wurde das zunächst entscheidende Kriterium für analytische, propagandistische und (mit dem allmählichen Erstarken der organisierten Arbeiterbewegung) praktische Entscheidungen in Kriegslagen die Frage der erfolgreichen Schwächung der Bourgeoisie; wobei allerdings kein schemaverliebter Automatismus, sondern entwickelte Dialektik die Urteile formte. Nach dem Erscheinen des *Manifests der Kommunistischen Partei* erklärten sich seine Verfasser zweimal ausdrücklich für Kriege, die im Interesse nationaler Bourgeoisien geführt wurden (dafür, daß das bei ihnen selten war, geschah es in diesen Fällen allerdings um so deutlicher), nämlich für die französische Dritte Republik nach dem Fall des Zweiten Empire im September 1870 bis zum Aufstand der Pariser Commune (mit dem wahr wurde, was Marx und Engels bei aller Parteinahme für die Republik von Anfang an illusionslos erklärt hatten, nämlich daß die Bürger Verrat an den besitzlosen Nichtbürgern üben würden, die sie zu ihrer erneuten Emanzipation zuvor in Marsch gesetzt hatten) und im Amerikanischen Bürgerkrieg für Lincoln und den Norden (keineswegs nur aus Affekt gegen die Sklaverei); Marx sah vielmehr die – von Lincoln dann verschenkte, ja gefürchtete – Chance, den Krieg von Yankeeseite nicht nur als Ringen um die staatliche Einheit des Bundesstaats, sondern als revolutionären Krieg ums restlose Abräumen versteinerter Produktionsverhältnisse zu führen, um die Union zu retten – privat war Marx kein allzugroßer Freund der Lincolnschen Politik, da aber die englische Bourgeoisie, die den Süden unterstützte, scharf gegen den Präsidenten auftrat, war die Sache doppelt entschieden.

Aus der damit vom taktischen Choreographen Marx und dem vormaligen königlich preußischen Bombardier Engels gestifteten Tradition der linken, aber realistischen Behandlung von Militärfragen scherten die Großen der im Werden begriffenen Dritten Internationale wie deren Erben nach ihrem Untergang nicht aus; Rosa Luxemburg, die bei allen Zwistigkeiten mit Lenin der Komintern doch ihre zweitwichtigste Partei schenkte, die KPD, zeichnet etwa als Verfasserin eines tief gedachten, bis heute in vielem nicht überholten Text über *Miliz und Militarismus*, in dem die Auseinandersetzung mit dem Problem der Massenbewaffnung die schönste Kontinuität selbst zu den vor- und protomarxistischen Leistungen von Marx und Engels wahrt; Trotzkis Talent fürs Militärische ist berühmt (und sollte berüchtigter sein: nach seinen unbestreitbaren Erfolgen im Bürgerkrieg wollte er auch die Wirtschaft in großem Umfang »militarisieren«; daß Lenin statt einer derartigen harschen Verlängerung des Kriegskommunismus dann doch lieber die NÖP erfand, hat den jungen Staat nach innen vermutlich ebenso knapp gerettet wie nach außen der von Trotzki abgelehnte, auf Lenins Geheiß von ihm aber unterschriebene Brester Friede); und was die Nachfahren der zerschlagenen Dritten Internationale angeht, so hat der kommunistische Dichter Peter Hacks (dem man Nähe zu Luxemburg und Trotzki nicht nachsagen kann) in Streitlaune, noch nachdem der Warschauer Vertrag verspielt war, selbstbewußt erklärt:

> »Dank der USA sind viele Ergebnisse der beiden Weltkriege im Augenblick vielleicht für den Sozialismus verloren. Vielleicht auch noch nicht. Man stelle sich doch nicht dümmer, als man ist, und höre auf, von den Koryphäen des existierenden Sozialismus als von einer Gesellschaft von Losern zu reden. Das Spiel, beiläufig, welches der Imperialismus zum Jahrhundertende gegen den Sozialismus gewonnen hat, war kein Krieg. Möge das nun als ein erfreuliches oder ein bedenkliches Zeichen zu nehmen sein, aber einen Krieg haben wir bisher nicht verloren, nicht einen«[200],

und gutgelaunt zitierte er zur Erklärung dieses Sachverhalts den berühmtesten sozialdemokratischen Gegner Lenins, Karl Kautsky, aus seinem »schönen Faszikel ›Der Bolschewismus in der Sackgasse‹, Berlin 1930«: »Der Bolschewismus war seit jeher eine Verschwörung nach blanquistischem Muster gewesen, aufgebaut auf blindem Gehorsam der Mitglieder gegenüber ihren autokratischen Führern. Darin begegnete sich der Bolschewismus mit dem Militarismus. Darum liegen alle seine Erfolge auf Gebieten, auf denen militaristische Methoden anwendbar sind«[201] – eine seltsam ahistorische, für den Marxkundigen, der Kautsky ja war, auf verblüffende Weise rein logische Ableitung, die über der ungerechten Namensnennung Blanquis (Lenins Erfolge dürften im Gegenteil wesentlich damit zu tun haben, daß er bei der Aufstandsvorbereitung Blanquis Fehler vermied; auch Trotzkis Umsicht und Mäßigung der Petersburger Insurrektion zu einem Zeitpunkt, da das Losschlagen fatal gewesen wäre, verdankt viel der marxistischen Blanquikritik) jedenfalls den Umstand vergißt (oder vergessen machen will), daß die Bolschewiki hier wie in so vielem (bis hin zum Vorwurf des Bonapartismus, den sowohl Stalins Leute gegen Trotzki wie umgekehrt dessen Gefolgschaft, samt dem Meister selbst, gegen Stalin erhoben) weniger eine Blanqui-Oper als vielmehr das Kostümdrama »Zweite Französische Revolution, diesmal in Rußland« aufgeführt hatten, wie einst die Franzosen als Römer an die Neugestaltung der Politik gegangen waren (traurig und ärgerlich für Trotzki, daß die Wiederholung sich nicht ans Urbild hielt: Der erfolgreiche Revolutionsgeneral, der hätte Kaiser werden sollen, wäre dann nämlich er gewesen, statt dessen war es diesmal umgekehrt, Stalin wurde erst Kaiser und dann, im Krieg gegen die Wehrmacht, Generalissimus; Details wie die Wiedererfindung der Malerei Davids als sozialistischer Realismus werden den Exilanten mit dieser Abweichung vom Urbild nicht versöhnt haben).

V.
Die Erfindung des Soldatenbürgers

Der »Militarismus«, den Kautsky bei den Bolschewiki entdeckt haben will, ist nicht der wilhelminische (obwohl das Wort natürlich genau dies nahelegen soll; auf der Linken also Stimmung gegen Lenin machen), sondern einer der *levée en masse,* ein sansculottischer, eine Synthese aus Bürger- und Revolutionskrieg. Diese Erinnerung an die Französische Revolution, die nicht nur von Stalin bis Trotzki, sondern sogar zurück in die vom Bolschewismus abgestreiften Frühformen des russischen Marxismus reichte (nämlich in Plechanows von uns bereits erörterte Stufentheorie), wird bei Freunden wie Gegnern gern zu der Formel verkürzt, der russische revolutionäre Marxismus sei als »jakobinische« Angelegenheit zu verstehen. Interessanterweise wird damit unsichtbar gemacht, daß die Revolutionskriegsidee, die revolutionäre *rhétorique de guerre*, in der Umwälzung von 1789 außer von Robespierres Leuten auch von Girondisten vertreten wurde (die, wie wir an Condorcet und Olympe de Gouges gezeigt haben, überhaupt ungenügend beschrieben sind, wenn man sie »gemäßigt« nennt; es kommt da sehr auf die spezifische Politikebene an). Einer der flammendsten unter diesen, Jacques-Pierre Brissot, vertrat mit seinen Brissotins das Programm eines revolutionären »Kreuzzugs« zur Neuordnung Europas; diese Fraktion in der Fraktion setzte damit die Prophetie Napoleons in die Welt. Soweit es vor der Revolution, in der Hochaufklärung also, einen Nexus des Pazifismus mit der bürgerlichen Emanzipation gegeben hatte, gründete der, wie oben erwähnt, in Montesquieus Überzeugung, absolute Monarchie und Aggression nach außen, Selbstvergottung des Königtums und Waffengänge zur territorialen Machtvergrößerung gingen Hand in Hand, während der Geist der Republik einer des Friedens und der Selbstbescheidung sei.

Schön gedacht war dies und gut gemeint, aber doch zu sehr von der staatlichen und zuwenig von der klassengebundenen Seite der Sache aus angeschaut, welcher viel eher das Postulat des Jakobiners Dubois-Crancé entsprach, in der Gesellschaft nach dem Naturrecht müsse der Bürger immer zugleich Soldat und der Soldat immer auch Bürger sein. Die Feststellung richtete sich zunächst gegen die Ständeprivilegien der ererbten Waffenträgerei, gegen das Rittertum, man dachte vielleicht gar nicht unbedingt an Kriege, wo man in dieser Art redete.[202]

Operativ dachte der Jakobiner sich das so, daß ein kleines stehendes Heer von der Nationalgarde der Citoyens supplementiert werden sollte, ein Reformverlangen, mit dem er vor der Nationalversammlung zunächst kein Glück hatte, obwohl sie zwar waffenklirrend, aber dem Bürger doch sehr verständlich das erfreulichste Korrelat der Montesquieuschen Militärkritik durchaus miteinbegriff, nämlich die Steuersenkung (das Schlimmste am Militär als Alleinbesitz des »höheren Standes« war für die Bourgeois in Friedenszeiten, daß sie diese bewaffneten Abteilungen ihrer Bedrücker auch noch bezahlen sollte, von Geld, das sie, wie das deutsche Wort sagt, im Gegensatz zum Adel verdient hatte, das heißt »gemacht«, wie es auf englisch noch prägnanter heißt). Bruchstelle im Klassenkampf um Militärisches ist jedesmal der Moment, in dem der vorgebliche Zweck der Armee, ein Gebiet und dessen Bevölkerung gegen äußere Gefahren, die potentiellen Plünderer und Vergewaltiger von jenseits der Grenze, zu verteidigen, sich an einer Realität messen lassen muß, in der die bewaffneten Verbände ihren eigentlichen Auftrag, die Aufrechterhaltung gegebener Herrschaftsverhältnisse, ernst nehmen müssen und Aufstandsbekämpfung oder Bürgerkrieg realisieren. Glück haben unter den Revolutionären alle, denen es gelingt, diesen Zusammenhang ihren eigenen Verbänden deutlich zu machen, bevor der Bürgerkrieg losbricht; glücklich schätzen also konnte sich Mirabeau, als er, sobald der König im Juni 1789 die Nationalversammlung auflösen wollte, die propagandistisch sehr wirkungsvolle Anklage, man werde nur der Macht der Bajonette weichen, in die Nachrichten und die Archive platzieren konnte. Sobald nämlich der äußere Feind ersetzt werden muß durch das Chaos im Innern, gegen das nur die harte Hand hilft, durch Hungerunruhen und andere soziale Kämpfe, die sich mit dem politischen Aufstand einer um die Staatsmacht ringenden Klasse verbünden können, ist gespalten, was durch Kriegspropaganda sonst hergestellt werden muß, das Staatsvolk eben, und geeint, was man auseinanderdividieren sollte, wenn man an absolutistisch verfaßter Macht festhalten möchte, nämlich der soziale Anspruch der Armen und der politische der aufsteigenden Klasse, eine in gewissen historischen Lagen nahezu unschlagbare Kombination, die von Leuten wie Paine zu Dekolonisations-, von Leuten wie Robespierre zu Demonarchisierungskämpfen mit den bekannten Ergebnissen zusammengeschweißt wurde. Noch die Naivsten sahen, daß das Parlament, das sich der König vom Hals schaffen wollte, kein Quell der Anarchie, sondern potentielles Organ einer besseren Ordnung war; und weil sie es sahen, stand der König auf verlorenem Posten. Als er im Oktober 1789, nach der Verlesung der allgemeinen Erklärung der Menschenrechte, ein zweites Mal versuchte, die repräsentative Demokratie zu unterdrücken, bekam er es mit bewaffneten Marktweibern zu tun, den Mitrailleusen, die Schiller (der von Hyänen spricht, zu denen die Weiber werden, wenn die Revolution losbricht) und noch Dickens (in *A Tale of Two Cities*) so beeindruckt haben und jedenfalls ins Bild der Revolution als Anschlag auf Vater Staat, ja Kastration desselben passen (die phallisch-bewaffnete Frau wurde seither Merkzeichen der Linken, ob in Spanien oder Rußland; der tiefere Sinn der Sache liegt natürlich abermals im Bruch mit der Natur, der Alphamännchenordnung des Primatenlebens).

Worum es der Französischen Revolution im bewaffneten wie unbewaffneten Stratum ging, in den rauschhaften wie den debattierenden, den diskutierend parlamentarischen wie den bastillestürmerischen Momenten, war wie erläutert die Neubestimmung des Verhältnisses zwischen Gesellschaft und Staat – eine Neubestimmung, die der

Absolutismus, ein von oben verordneter Klassenkompromiß zwischen Adel und Bourgeoisie, willentlich und unwillentlich vorbereitet hatte. Nirgends aber ist der Staat mehr bei sich selbst als beim Militär und in der Polizei. Daß im kurzen »Zeitalter der Vernunft«, welches der Revolution unmittelbar vorangegangen war, die militärische Gesittung bereits eine weitreichende Verbürgerlichung erfahren hatte, daß sich in den stehenden Heeren und ihren abgesprochenen Schlachtordnungen bereits die moderne »verwaltete Welt« angekündigt hatte und im puren Zufall, dem nicht erst im Ersten Weltkrieg, sondern schon an der geradeaus konvergierenden Zwei-Heere-Front der einzelne, anonyme Soldat in aufeinander zurückenden Kolonnen ausgesetzt war, weil Geschütze den Nahkampf ersetzten und deren Geschoßstreuung die Tapferkeit zum Aushalten von Wahrscheinlichkeiten verwandelte, zum Markt des Todes, dem das bewaffnete, aber nicht souveräne Subjekt ausgesetzt war wie der Besitzlose dem aufkommenden Arbeitsmarkt, färbt alles Nachfolgende bis heute erwartbarerweise wieder nicht ein (eben, Anfang 2010, lesen wir im Netz Beschämendes und Drolliges über die Schwierigkeiten des Bundesverteidigungsministers mit der Demission eines Schulschiffkapitäns und den atavistischen Abrichtungsritualen und -spielen in der Bundeswehr; wie man Leute ohne Barbarismen, mit denen da jetzt aufgeräumt werden soll, dazu erziehen soll, andere Leute umzubringen und Situationen zu ertragen, in denen ihr Tod nicht unwahrscheinlich ist, fragen Medien, die einen Krieg erst einen Krieg nennen, wenn die Politik das offiziell bestätigt hat).

Die vorauseilende Verbürgerlichung während der Hochaufklärung reichte bis ins Gebaren der Offizierskaste: Die berühmte Anekdote aus der Schlacht von Fontenoy 1745, als ein französischer Oberst einen schwer verwundeten englischen Colonel auf dem Schlachtfeld entdeckte, ihm einen Soldaten als Leibwächter zuteilte und den Inhalt seiner Geldbörse aushändigte, so daß der Gerettete ihm die Hand reichte und ausrief: »An Englishman could not have done more for me!«[203], setzt eine der Markierungen auf dem Weg von der Ritterlichkeit und Stammesehre feudaler Zeiten zur ins moderne Kriegsrecht importierten Zivilität. Die bürgerliche Epoche, auf deren zivilisatorischem Tiefpunkt man erst die hingeschlachteten Soldatenmassen des Grabenschreckens im Ersten Weltkrieg dann im englischen Oberkommando als »Wastage«, also Fäkalschlamm führte,[204] bald darauf die Vernichtungsorgien des »totalen Krieges« erfand und schließlich Atombomben abwarf, begann mit dem Nachdenken und Diskutieren über eine mögliche Entbarbarisierung des gesamten Kriegswesens.

Bereits Oliver Cromwells epochemachende *new model army* im siebzehnten Jahrhundert verdankte sich Parlamentsbeschlüssen, welche die Adligen nötigten, sich für einen Posten entweder im Heer oder in der zivilen Staatsverwaltung zu entscheiden; viele wurde die Armee so los, die sich auf diese Weise professionalisierte, mobiler wurde (weil nicht mehr im alten Ausmaß an Garnisonen gebunden) sowie neue Rangordnungsdynamiken und Flexibilitäten erlebte (Verdienst, nicht Blut sollte nun zunehmend über den Dienstgrad entscheiden). Die Demokratisierung war echt, und unterm offenen wie subkutanen Einfluß der radikalen *levellers* brachten Militärs schließlich sogar eine neue Verfassungsidee für den Gesamtstaat ins politische Gespräch, das »*Agreement of the people*«: nahezu uneingeschränktes (allerdings den Männern vorbehaltenes) Wahlrecht, religiöse Toleranz unter Gesetzesschutz, Parlamentsreform (Legislaturperioden von zwei Jahren), Ende der Schuldnergefängnisse. Es wurde nichts daraus; aber auch da, wo das Militär nicht zum linken Keil in der Maschinerie der heranbrechenden Moderne wurde, brachte das Vernunftzeitalter Veränderungen, nämlich Regularien und Grenzen ins Kriegshandwerk. Der wichtigste Hinweis darauf, daß diese Entwicklung sich nicht einfach, irgendeinem verborgenen Condorcet-Hegelschen Gesetz folgend, von allein zutrug, sondern gewollt war und herbeidebattiert wurde, ist in der Rolle zu erkennen, welche die Beschwerde über unzivilisiertes Verhalten in der Kriegspropaganda selbst zu spielen begann; so als die Preußen den Russen vorwarfen, daß und wie sie im Siebenjährigen Krieg Pommern und die Neumark verwüstet hatten, was weniger an urrussischer Rassenwildheit als vielmehr daran gelegen haben dürfte, daß der östliche Gegner die neue Verbürgerlichung des Waffenwesens noch nicht mitgemacht und sich auf seine distinkt vorbürgerlichen (ja eigentlich noch nicht einmal recht feudalen, sondern eher tribalistisch vergesellschafteten) Kosaken verlassen hatte. 1762 waren es dann die Preußen, die sich der Kosaken bedienten und sie in Österreich genauso unkontrolliert wüten ließen – »this time the Prussian propagandists remained silent«, wie der Militärhistoriker Duffy mit feiner Ironie anmerkt.[205] Der »remarkable restraint in warfare« (Duffy), der das achtzehnte Jahrhundert besonders verglichen mit dem vorangegangenen und den beiden nachfolgenden kennzeichnete, verdankte sich der an klimatologische und andere natürliche Gesetze gebundenen Deployment-Dynamik der stehenden Heere, die von Oktober bis Mai aufs Winterquartier verwiesen waren und dann in geordneten Formationen aufeinandertrafen, die man sich vorher gut überlegt haben mußte, war es doch üblich, in den ersten paar Stunden der Schlacht bereits ein Drittel der Soldaten in den Tod zu entlassen – Verteidigung der Linien zu zwei oder drei Gliedern, die ersten knien vor den zweiten, die nachladen, und schützen sie; der Angriff der Infanterie war ein todesverachtendes Rennen, jede Schlacht nahm sich von Angreiferseite da aus wie die Landung der Alliierten in der Normandie am Ende des Zweiten Weltkriegs. Oft genug kam es also vor, daß jemand die Tapferkeit dahinfahren ließ und in letzter Sekunde ausbrach; Kampfmoral und Disziplin waren, da sich die Heere allesamt auf ungefähr gleichem technischem Niveau bewegten, durchaus kriegsentscheidende strategische Faktoren.

Nach ein paar Feldzügen unter solchem Reglement pflegten Kriege im blutgetränkten Sand zu verlaufen, sie »fizzled out«, schreibt Duffy schon, »a state of genteel near-efficiency was probably the one best suited to sustain an eighteenth century army over a long haul before the inevitable breakdown«[206], und selbst die Gegenden, durch die man zog, waren tunlichst, wie man heute sagen würde, ökologisch, das heißt nicht nach dem Prinzip der verbrannten Erde zu behandeln – man müsse, war die Lehrmeinung der Kriegskundigen, die Landbevölkerung und ihr Land schonen, daß dort nicht nur gelebt, sondern auch wieder gesät werden könne, weil man nicht wisse, ob die nächste Schlacht nicht vielleicht in derselben, dann hoffentlich nicht restlos erschöpften Gegend werde geführt werden müssen.[207]

Zu den gesellschaftlichen (Offizierskomment wird bürgerlich, weil Armeen bürgerlich werden und die Erbposten schwinden sollen) und den naturgesetzlichen (stehende Armeen unter bekannten klimatischen und Bodenbedingungen) traten indes in dem Zeitalter, das sich mit Hobbes und Rousseau erstmals der Vorstellung vom allgemeinen Sozialzusammenhang als einem Schauplatz des *pacta sunt servanda* annähert, auch politische Beschränkungen für das Toben des Mars – jedesmal, wenn sich im achtzehnten Jahrhundert ein europäischer Staat auf klarem Hegemonialkurs befindet, bilden sich Allianzen, die diese Übergewichtsgefahr eindämmen sollen. Die erste explizite Erwähnung dieser Art von Stabilitäts- und *Containment*-Politik findet sich im anglo-spanischen Vertrag von Utrecht vom 13. Juli 1713, in dem der »dauernde Vorteil für alle« beschworen wird; eine Art der Außenpolitik, die verfolgt wurde, bis sich 1914 ein gigantischer Zusammenbruch ereignete, den nicht nur Lenin als Zeichen des Anfangs vom Ende der freien Staatenkonkurrenz (und der Konkurrenz von nationalstaatlich eingerahmten Kapitalien auf dem Weltmarkt) wahrgenommen hat. Die Anti-Hitler-Koalition aus Staaten, die, auf wie verwickelten Wegen immer, ihre Verfassungsideen auf die Aufklärung zurückführen, fand sich nicht zuletzt zusammen, um einen zu besiegen, der die Ereignisse von 1789 nach dem Wort von Goebbels »rückgängig machen«, also annullieren wollte (wie überhaupt alle Spielarten von Gesellschaftsverträgen und die meisten der zwischenstaatlichen Abkommen, die er schloß). Die Idee von Utrecht war damit – und dem Versuch der völkerrechtlichen Faktensetzung in den Nürnberger Prozessen – noch einmal wiederbelebt worden; die Befürchtung, mit dem Ende des Kalten Krieges sei auch sie, wie nach Reemtsmas Wort die Linke, zugrundegegangen, ist angesichts des Spotts über Utrecht, den *coalitions of the willing* darstellen, die man mit bloßem Auge von den Auxilia-Politiken der antiken Großmächte gar nicht so leicht unterscheiden kann, kaum von der Hand zu weisen. In unserer allerjüngsten Vergangenheit haben wir also Feldzüge erlebt, die ganz so, wie Carl Schmitt das für die Kriege der Zukunft insgesamt befürchtet hatte, als diskriminierende Kriege (und, was die Sache zusätzlich kompliziert macht, in Beantwortung asymmetrischer Kriegsführung nach Schmitts Partisanenmodell) die von vornherein schwächere Kriegspartei als *hostis generis humani* brandmarken sollten. Am Anfang stand der propagandistische Appell an eine nie genau identifizierte Instanz der Menschenrechtswahrung (das Menschengeschlecht als solches? Irgendeine Werte- oder Staatengemeinschaft? Alle Nichtserbinnen und

Nichtserben, alle Nichtmusliminnen und Nichtmuslime?), bei der es sich praktisch um die Massenmedienöffentlichkeit der kriegführenden Staaten selbst handelte, untermauert mit nicht immer ganz einwandfreiem Anklagebeweismaterial, und sobald die Regierungsmaschinerie (aber eben nicht unbedingt der Staat, noch weniger die Gesellschaft) dieses Gegners zerschmettert war, ließ man die Verantwortlichen wiederum massenmedial kritisieren, mitunter abwählen, und mußte nicht weiter darüber diskutieren, daß die im Zeitalter der Vernunft erfundenen Zivilitäten und Symmetrien zwischen Naturgesetzlichkeit und Politik an technoökonomischen Asymmetrien zuschanden geworden waren, an deren Ende der *latter day battlespace* des weltraum- und computergestützten Luft-Boden-Krieges, also das unfairste Schlachtfeld der Geschichte steht.

VI.
Die Terminatorepoche des Kriegshandwerks: Afflicted Cyborgs

Die erste weltraumgestützte Großoffensive machte aus dem Schlachtfeld erst real den Schlachtraum, der heute selbst zwölfjährigen Computerspielern Grundvoraussetzung für sinnvoll erlebte simulierte Kampferzählungen ist; in diesem Inforaum fielen die Clusterbomben, neues Produkt aus Treffsicherheit und Zerstörungskraft – »The battlespace – that sounds like mere high-tech-jargon, unless you are inside of one. Then the American battlespace is still somewhat abstract – to the American Nintendo warriors who are inflicting it on you«, schreibt Bruce Sterling. »But for the wretches on the receiving end, it is a terrible reality. Short of an outright nuclear inferno, American battlespace is the deadliest military area of all time.«[208]

Oft übersehene Folge hiervon ist neben anderem die Aufwertung asymmetrischer, partisanenhafter Kriegsführung für diejenigen, die von solcher Battlespace-Errichtung erfaßt werden sollen – »it is sheer military folly to put on a uniform, formally declare war, raise a battle flag, assemble troops, and expose yourself to the digital targeting screens of American satellites, cruise missiles, and aircraft. No conventional military force can enter American battlespace and survive for more than a few hours«.[209] Die Veränderung auf Seiten des

Soldaten oder der Soldatin, die in diesem Schlachtenraum handeln sollen, verwandelt sie von Bürgerinnen und Bürgern in Apparaturen, Waffen, wie einst die Ritter in die uniformierten oder wenigstens bewaffneten *citoyens* und *citoyennes* verwandelt worden waren:

> »The re-created flesh must be trained and primed to survive battlespace, to match its tempo, to cycle into a war metabolism. Body armor will be one of the first contacts the war will insist upon, and then, in order to establish larger safe zones, it will turn to rolling armor. Extended by technology, the personal body expands into new territory: the body will need constant upgrading in order for it to act as a testbed if it is to survive the gun-armor-spiral, the missile-tank-helicopter-roundabout«,

erläutert Tim Blackmore.[210]

Maschinenpersonal und Bodentruppen müssen sich fortan zurechtfinden in expliziter Antinatur, also nicht mehr bloß in der »zweiten Natur«, von der man redet, wenn man Gesellschaftliches meint, das nicht mehr als menschengeschaffen (und von Menschen abschaffbar) wahrgenommen wird, weil es in *Hexis*, anders bildlich: in Fleisch und Blut übergegangen ist – sie betreten einen Ort, der lebensfeindlich, aber belebt ist, also nicht etwa den Mond, sondern einen virenverseuchten Planeten mit ansonsten atembarer Luft, mit Sturmgewehren, die schneller schießen und bei kurzen Feuerstößen besser zu handhaben sind als jedes vergleichbare Gerät in der Geschichte, einen Ort, der in den Falschfarben der Nachtsichtgeräte wahrgenommen wird, wo *Copperhead*-Panzerbrecherfeuer ringsum einschlägt, wo lasergelenkte Raketen, Nerven- und Hautgifte, Lungengifte, Drohnen, Luft-Boden- und Boden-Boden-Raketen, Streubomben, feindliche Truppen mit drogengepushten Hirnen unter Kevlar-Nylon-Gefechtshelmen, mit schnitt- und stichfesten Handschuhen, in Kampfstiefeln und Körperschutzpolsterung das Leben bedrohen. Die Tötungsindustrie ist im Terminatorstadium der Zweck-Mittel-Relation angekommen (in der Fernsehserie »Terminator: The Sarah Connor Chronicles« benutzt auch der Widerstand gegen eine von Maschinen beherrschte Welt Maschinen, darunter auch die Infiltratoren-Cyborgs, die in der Welt dieser Serie »Terminatoren« heißen, synthetische Menschmaschinen, die zu Überläufern umprogrammiert sind, bis zu dem Punkt, an dem sich Widerstandsleute beschweren, es gebe für sie eigentlich nichts mehr zu tun, man finde bereits »Metal on every base«: Es kämpfen menschenfreundliche Maschinen gegen menschenvernichtende, Krieg ist zugleich Dauerzustand und verhängter Todeszufall wie Zuschauersport geworden).

Zwar wäre es im engsten Wortsinn ökonomistisch, diese Sorte Mikro-Menschenmutation, Meso-Neuverräumlichung der Schlachtenwelt und all dies ummantelndes Makro-Unrecht allein aus postfordistisch und globalisiert veränderten Verwertungsbedingungen fürs Kapital, internen Kämpfen innerhalb der herrschenden Klasse (nicht nur zwischen transnationalen Riesenkapitalien, sondern auch Sparten: Die Energiewirtschaft koaliert mal mit der Finanzoligarchie, dann wieder macht sie gegen diese zusammen mit der klassischen Industrie Front) und sonstigem Meldungsstoff aus dem Wirtschaftsressort abzuleiten; zwar wäre es umgekehrt im engsten Wortsinn politizistisch, sich von der einfachen Stärkung des Staates oder der Staaten (nach dem Clintonianischen, von Hillary Clinton noch klarer als von ihrem Mann vertretenen Programm »Big Government balanciert Big Business aus«) zu versprechen. Daß jedoch die Schiedsrichterrolle, die der Staat im Absolutismus spielte, heute fehlt, wo Staaten und vor allem Regierungen eher Praktikantinnen- und Praktikantenrollen spielen, läßt sich spätestens an der Regierungszeit von Bush II., Tony Blair und Co. in einer Deutlichkeit zeigen, die selbst eingefleischten Anarchisten ihr damit negativ verwirklichtes Ideal vom Verschwinden des Staates in der Gesellschaft fragwürdig machen könnte.

Es war kein Staat, es waren die splissigen Spitzen der amerikanischen Gesellschaft, die ihre Leute (die Familie Bush, Cheney, den ewigen Aufsichtsrat Rumsfeld) einen Krieg organisieren ließen, der von Verschwörungstheorien nach dem Muster »Sie hatten bestimmte Ziele und setzten bestimmte Hebel an bestimmten Ereignissen an, um diese zu erreichen« nur verniedlicht würde: Die Anarchie dieser Kriegsführung – es gab keine nennenswerte, strategisch verwertete Kenntnis der betroffenen Gesellschaften, weder im Irak noch in Afghanistan, keine ernstzunehmenden Pläne für die Besatzung oder das *nation building*, man bombte die Leute aus, besetzte, plünderte (wenn auch nicht wie die Hunnen, mehr wie die Shareholder) und versuchte dann nur noch, mit weitgehend untauglichen Mitteln einige der aus den Ruinen kriechenden Überlebenden zu Satrapen zu schulen – spiegelt die Unordnung und zunehmende Willkürverfallenheit des kapitalistischen Wirtschaftsraums, der sich nach außen stülpen will, um die ihm noch nicht einverleibten Teile des Globus zu ordnen, die in ersten Memoiren der fraglichen Zeit aufscheinende annähernde Unmöglichkeit, wenigstens innerimperialistisch zu klären, wer jeweils gerade mit wem welchen handelsmäßigen, rüstungsbezogenen oder nachrichtendienstlichen Import-Export-Separatfrieden auszuhandeln bemüht war, welche Dienste welchen Truppenteilen welcher Verbündeten halfen, ist ein Reflex ins Stottern geratener Produktionsvernunft, die keine klaren Kampagnenziele mehr verfolgt, nicht weiß, wo angelegt und vermehrt werden soll und statt dessen eine Art Katastrophenopportunismus lebt, in dem eben von Fall zu Fall die Marines losgeschickt werden, um aus dem letzten Zusammenbruch, den imperialistische Reflexe irgendwo verursacht haben, Zustände zu schmieden, von denen dann irgendwer irgendwie profitieren könnte. So zeichnet sich denn plötzlich eine neue, vielleicht doch noch sinnvolle Verwendung des Namens »Bellizist« ab: Vorstellbar werden nüchterne Sozialingenieure (die sich vielleicht eher von einer Neuinterpretation der Schriften Keynes' anregen lassen als von einer derjenigen von Leo Strauss), die sich ausrechnen, daß die beste Möglichkeit, die Globalisierung abzustützen, in nur scheinbar destabilisierenden Kriegsunternehmungen besteht – im permanenten Krieg, mit oder ohne UNO-Logistik (das ist Opportunitäts- und Geschmackssache), als Outlet der permanenten Krise, die von anderer Warte aus betrachtet wie eine permanente Konjunktur aussieht, und Battlespace der Riesenkapitalien, die als »*afflicted powers*« schwanken, doch nie sinken, wie dies das amerikanische Kritik-Kollektiv »Retort« 2005 beschrieben und zergliedert hat: »No smoothly gliding imperial machine, but rather a clumsy, lurching apparatus, responding contingently, and by no means moving in a single direction.«[211] Gelegenheiten aus Schäden schaffen: Als US-amerikanische Staatsangehörige besitzen die Retort-Leute genügend *sang-froid*, mit Hannah Arendt an die wichtige militärisch-industrielle Wahrheit zu erinnern, daß wenn man einmal angefangen hat, wie die Wertvernichtungsmaschinerie des Kriegswesens zur zentralen systemerhaltenden Wertschöpfungsquelle umzuwidmen und umgekehrt allerlei Wertschöpfungsvorrichtungen zwischen Informations- und Energiewirtschaft der militärischen Handhabung anheimzustellen, bald eine Situation entstehen muß, in der »the endless accumulation of armed power proposes itself (or wishes to propose itself) as the very basis of the social order«.[212] Folgerichtig erinnern sie sodann an Hobbes, dessen Begriff vom Staat als starkem Schlichter der Händel zwischen Partikularinteressen nur ein wenig verschoben werden muß, um ihn zum Auslöser und Regenten ganz anderer, viel folgenreicherer Händel zu machen: »He hath the use of so much Power and Strength conferred on him, that by terror thereof, he is enabled to form the wills of all.«[213]

In dem, was personell von der Bebelschen Konzeption der Sozialdemokratie noch übrig ist – man findet es in Teilen der Labour Party oder bei den amerikanischen Demokraten ebenso leicht oder schwer wie in Deutschland bei der SPD oder der Gysi-Lafontaine-Linken –, wird, da nun die Dinge einmal so liegen, noch darüber gerätselt, ob man die Hobbessche Staatsapparatur nicht doch noch einmal nutzen sollte, um in diese Lage einzugreifen, und wo es noch Marxistinnen gibt, hört man mitunter die Antwort: Eine Staatsapparatur wird man schon brauchen, aber die gegenwärtige ist gar kein Staat mehr in einem Sinn, der diesen Wunsch wünschbar macht. Mit der Militärfrage verhält es sich darin wie mit allen sonstigen Belangen des Krisen- und Kataklysmenmanagements – wenn Linke »Verstaatlichung« sagen, meinen sie eben etwas durchaus anderes als die Rettung von Banken mit abgepreßten Mehrwertcents. Diesen zwei verschiedenen Vorstellungen von Verstaatlichung entsprechen zwei verschiedene Staatsbegriffe, und wer die beiden nicht trennen kann oder will, mag dann auch in internationalen Krisen auf Amerika oder China oder sonst eine Macht hoffen. Gewiß, es ist wahr, wie Bonapartes Armee stehen heute die Amerikaner für aufgeklärtere Gesetzlichkeiten als viele der Regime, die sie stürzen, aber der Unterschied ist, daß in einem Zeitalter der Revolutionen Kriege diese erleichtern und abkürzen mögen, das unsrige aber derzeit nicht danach aussieht (wie schnell sich das ändern kann, hängt auch davon ab, wie viele das zunächst einmal einsehen, statt sich an Marx in einer Weise zu klammern, die ihn schon wieder mit Hegel verwechselt). Daß die USA im Irak keinen *code civil* oder sonst etwas, das Thomas Paine oder Jefferson gefallen hätte, durchgesetzt haben, sondern sich der Loyalität ihrer vorgesehenen Statthalter durch Absegnen von Schariagesetzlichkeit zu versichern suchten, ist dazu nur eine Fußnote, ebenso wie die prominenten US-Bürgerinnen und -Bürger, die keine mehr sein wollten, inklusive derjenigen, die sich öffentlich schämten, immer noch welche zu sein (das ist, es tut uns leid, auch nicht gescheiter als Nationalstolz).

Am besten machen sich Imperien doch als Steinbrüche für die humanistische Inneneinrichtung späterer Hochzivilisationen, wie jenes Römische, das als Latein und Latinismus bei Gebildeten der Neuzeit fortleben darf. Imperien und ihr gewaltsamer, erpreßter Universalismus sind die wahrlich unvollkommenen Platzhalter des emanzipierten Universalismus der Freiheit, den sich ein Kollektiv leisten könnte, das wirklich »die Menschheit« heißen dürfte. Falls es eines Tages gelingt, diese Menschheit politisch herzustellen, so wird sie sich womöglich an die US-Kultur, die populäre wie die andere, erinnern – in mancher Hinsicht dankbar, in anderer peinlich berührt, oft genug wohl schlicht verwundert.

VII.
Yet another moral calculus

Wenn jemand eine Waffe in die Hand nimmt, die oder der nicht zu den Besitzenden und den Nutznießern einer ungerechten Besitzordnung gehört, die deshalb nicht wirkt, weil sie ein juristisches oder politisches, sondern weil sie ein Produktionsverhältnis ist, so können das aufgeklärte Personen nur dann begrüßen, wenn mit dieser Waffe nicht die Besitzenden oder sonstigen Nutznießer der ungerechten Besitzordnung verteidigt, wenn nicht deren programmatische, strategische oder taktische Ziele verfolgt werden. Wenn es aber schon einmal (wie in der Geschichte viel zu häufig) die Besitzenden oder sonstigen Nutznießer der ungerechten Besitzordnung sind, welche die Nichtbesitzenden bewaffnet haben, dann wird man es nicht bedauern, wenn diese die Waffen gegen jene richten.

Falls es so etwas wie eine fortschrittliche Generallinie zur Kriegsfrage geben sollte, dann wird sie wohl eine Variante der logischen Form sein, die man als Negation der Negation kennt, etwa so: Es soll möglichst nicht auf den Schlachtfeldern gekämpft werden, welche die Herrschenden den Beherrschten bereitet haben; wenn aber dort bereits gekämpft wird, sollte dort allenfalls über die Herrschaft selbst gesiegt werden.

DREIZEHN
NACH DEN SPIEGELN: STATT EINER KRITIK DER PHILOSOPHIE

I.
Fortwährende Nochnichtabschaffung

Es hat den Denkenden, die sich bemüht haben, die Geltungsansprüche der Philosophie einzuschränken, sie aufzuheben oder abzuschaffen, nichts genützt: Ihre Aufsätze und Bücher werden unter Philosophie abgelegt und gelten nur als interessant, wo und soweit das geht. Mag Hume gezweifelt haben, die Disziplin sei geeignet, anderen akademischen Fakultäten eine Grundlegung ihres Treibens bereitzustellen; mögen andere Aufklärer das Wort Philosophie synonym mit Naturwissenschaften benutzt haben in der Hoffnung, die Verborgene werde aus der Tarnung eines Tages heraustreten können als das einzige, was man brauche; mögen die ersten Positivisten einige inzwischen erzogene Sozialwissenschaften dazugenommen haben; mögen Wittgenstein und Dewey der Meinung gewesen sein, ihr Philosophieren habe allenfalls den therapeutischen Wert, einige Probleme der Philosophie als Scheinsorgen zu entlarven; mag Richard Rorty erklärt haben, bei der ganzen Philosophie handle es sich um eine (allerdings nicht unliebenswerte, wenn auch verschrobene) Literaturgattung, die nichts enthalte, was man ernsthaft Fragen oder Probleme nennen sollte, weil die einschlägigen Streitigkeiten eigentlich nie durch Lösungen beendet, sondern jedesmal höchstens irgendwann aufgegeben und durch neue, andere ersetzt würden; mögen die zweiten Positivisten sich von der Logik und mag Heidegger sich vom »Denken« – was immer das nun wieder sei – versprochen haben, damit erübrige sich das meiste, was man als Philosophie gekannt habe; möge ein lange Zeit Blüten wie Früchte treibender Zweig der Analytischen

Philosophie versucht haben, alle philosophischen Zwistigkeiten auf Unklarheiten der philosophischen gegenüber der alltäglichen Sprache zurückzuführen; mag der Poststrukturalismus die Philosophiegeschichte (meist: die abendländische) durch den psychoanalytisch-epistemoarchäologisch-dekonstruktiven Wolf gedreht haben, und mögen schließlich, um diese kleine, nicht den geringsten Anspruch auf Vollständigkeit oder chronologische Ordnung erhebende Reihe zu einem sehr vorläufigen Abschluß zu bringen, Marx und Engels in der *Deutschen Ideologie* gegen die Junghegelianer, deren Denken sie eben erst selbst entwachsen waren, gebieterisch verkündet haben:

> »Da, wo die Spekulation aufhört, beim wirklichen Leben, beginnt also die wirkliche, positive Wissenschaft, die Darstellung der praktischen Betätigung, des praktischen Entwicklungsprozesses der Menschen. Die Phrasen vom Bewußtsein hören auf, wirkliches Wissen muß an ihre Stelle treten. Die selbständige Philosophie verliert mit der Darstellung der Wirklichkeit ihr Existenzmedium. An ihre Stelle kann höchstens eine Zusammenfassung der allgemeinsten Resultate treten, die sich aus der Betrachtung der historischen Entwicklung der Menschen abstrahieren lassen«[214]

Am Ende kommt doch immer jemand wie der marxistische Dichter Peter Hacks und sagt etwas wie das: »Nur eine schier bedingungslose Hingabe an die Philosophie kann uns vor dem Schwachsinn der Einzelwissenschaften retten«.[215] So weit gehen wir aus Gründen nicht, die mit unserer Abneigung gegen Ebenenverwechslungen und Kategorienfehlern zusammenhängen und im folgenden diskutiert werden sollen.

Daß aber die Spekulation, wie Marx und Engels meinen, beim wirklichen Leben aufhört, ist schon deshalb nicht möglich, weil zum wirklichen Leben der Menschen wenigstens im geschichtlich überprüfbaren, aufgezeichneten Zeitraum Spekulation, ja Philosophie ganz offensichtlich gehört, selbst wenn man ihr alle Ansprüche und Wirkungen bestreiten will, die Rorty so irrig und unziemlich findet. Gegen die Junghegelianer hatten die Dioskuren (wenn wir sie so nennen, nennen wir Hegel, nicht ganz ironiefrei, bewußt Zeus) alles Recht der Welt, weil jene Begriffe für Realien hielten und nach Motiven da suchten, wo Motive allenfalls vermittelt, angeschaut und gegeneinander abgewogen werden können, im Denken nämlich, und daß sie falsches Wirtschaften oder Regieren loswerden wollten, indem sie falsche Lehren darüber richtigstellten, was nicht etwa der Anfang irgendeiner Praxis, sondern schon der ganze Trick sein sollte, und gegen die Gefahr, daß Marx und Engels selbst als Philosophen gelten mochten in dem Sinn, daß es ihnen um ein neues Arrangement von Begriffsnetzen ging statt um eine neue Art zu leben, mußten sie polemische und programmatische *firewalls* von hinreichender Dichte einziehen. Aber die Übergänge dessen, was in den Bibliotheken Philosophie heißen darf, zur von den Dioskuren geschätzten Wissenschaft sind nicht nur phylogenetisch fließend, wie jeder Blick auf die Naturphilosophie der Renaissance oder das noch in heutigen, streng neodarwinistischen und anti-obskurantistischen Lehrbüchern der Evolutionsbiologie angedeutete bis (bei Ulrich Kutschera) ausgesprochene Herkommen der modernen Biologie aus der romantischen Naturphilosophie des neunzehnten Jahrhunderts zeigt, sondern auch ontogenetisch bei den Neugierwegen zahlreicher erstklassiger Wissenschaftlerinnen und Wissenschaftler zu beobachten (wobei hier freilich philosophische Halbbildung oft die Wissenschaft ärger verhunzt als philosophische Unbildung; die philosophisch herausforderndsten Ergebnisse der jüngeren Naturwissenschaften wurden mitunter von Leuten erbracht, denen dabei nicht bewußt war, daß das, was sie trieben, philosophische Relevanz besaß, und jedenfalls – anders als etwa Bohr oder Heisenberg oder Gould – nicht viel Wesens davon machten; wir denken an Leute wie Gregor Mendel, Paul Dirac, Walter Kohn); und die Nachbarschaft zur Kunst ist von der Kunst selbst und namentlich der Literatur, gegeben nicht zuletzt durch das *proprium* des Spekulativen, das wir im achten Kapitel dargestellt haben, seit dem achtzehnten Jahrhundert, gründlicher erkundet und bekräftigt worden als von der Philosophie her – während wir dieses Kapitel ausarbeiten, im Januar 2011, ist die englischsprachige Literaturkritik nicht nur aus Anlaß der im Dezember 2010 erfolgten *mass-market*-Veröffentlichung der *undergraduate thesis* des jüngstverstorbenen Romanciers David Foster Wallace *Fate, Time, and Language* wieder einmal in eine Debatte über Möglichkeit und Unmöglichkeit der *philosophical novel* eingestiegen und delektiert sich sicher nicht zum letzten Mal an Paradoxa wie der Behauptung der berühmtesten Verfasserin von *philosophical novels* im zwanzigsten Jahrhundert, Iris Murdoch, Philosophieren und Romaneschreiben seien geradezu entgegengesetzte (aber in diesem Vergleich auch schon wieder aufeinander bezogene) Bemühungen. Die Philosophie wird es überleben.

Glauben wir ihr nichts; aber untersuchen wir sie mit den Mitteln, die wir in diesem Buch entwickelt haben, noch einmal, Marx und Engels darin nicht untreu, als wirkliche, in spezifischen geschichtlichen Zusammenhängen vorkommende Praxis, dann mag sich zeigen, ob sie etwas mit dem sozialen Fortschritt zu tun hat, der unser Thema ist, und wenn ja, was, wie, wieso, wo und wann.

II.
Vom Probehandeln Einzelner (und vom Handeln aller)

Philosophie ist, meinen wir, einer der drei interessantesten Fälle dessen, was die *philosophes*, also Protagonisten der Aufklärung, bevor sie als politische Bewegung kenntlich wurde, unter Öffentlichkeit verstanden (die anderen beiden sind die Wissenschaft und die Kunst). »Öffentlichkeit«, das war die Vorstellung der sozialen Verallgemeinerung individueller Gedankenfreiheit. »Gedankenfreiheit«, das bedeutete die Abwesenheit von Zwang (das heißt Einflußnahme priesterlicher, staatlicher und allgemein: nicht auf Übereinkunft beruhender Art) beim Denken und Debattieren. »Sozial«, das war ebenfalls etwas Neues und bedeutete: auf die Gesellschaft als kollektive, vertragsförmige Sicherung der individuellen Freiheit und Wohlfahrt aller Einzelnen bezogen (Diderot in der Enzyklopädie: Das Wort »sozial« »wurde vor kurzem in die Sprache eingeführt, um die Eigenschaften, die einen Menschen in der Gesellschaft nützlich und für den Umgang mit anderen Menschen geeignet machen«, zu bezeichnen.)[216]

Die Prüfung der einmal veröffentlichten Gedanken durch die Öffentlichkeit sollte immer wieder, wir erinnern ans siebte Kapitel, zu Beschlüssen des Gemeinwesens darüber führen, welche dieser Gedanken wahr seien, auf welche man sich also verpflichten wollte (»wahr« bedeutete: Wer so handelt, als verhielte es sich, wie der wahre Satz sagt, handelt richtig). Denkfortschritte der von diesem Verfahren erwarteten Art sind allerdings, sosehr etwa systemische Sozialtheorien dies behaupten, denen man zu Unrecht Ahistorizität vorwirft, die das Fortschreiten der sozialen Formen aber häufig in verdeckt orthogenetischen Begriffen behandeln (die von manchen Beobachterinnen zweiter und dritter Ordnung bemerkten Ähnlichkeiten zwischen Luhmann und Hegel sind keine Halluzinationen), keineswegs stets Zugewinne an Komplexität oder Differenzierung, sondern manchmal auch Errungenschaften der Zurückweisung bisheriger Unterscheidungen – wenn ein Adliger und ein Gemeiner dieselbe Funktion in der Verwaltung haben, heißen sie in der feudalen Gesellschaft verschieden, der Fortschritt, den die Verbürgerlichung durchsetzt, besteht in diesem Fall darin, für dieselbe Tätigkeit fortan denselben Namen zu gebrauchen. Philologisch wie politikhistorisch hat die Ahnung einiges für sich, daß ein solcher Unterscheidungsverzicht, allerdings nicht als bewußt gesetzter, sondern als implizit die entsprechenden Republikbegrifflichkeiten nezessierender, das Verhältnis der Aufklärung zum Unterschied zwischen Verträgen und Abstimmungen getragen hat; individuelle Übereinkünfte wurden bei Rousseau nicht qualitativ verschieden von allgemeinen gesehen, da die allgemeinen eben die Verallgemeinerung der besonderen sein sollten – das einzige, was nach rousseaunischer Ansicht hier den Unterschied machen könnte, die Gewalt, sollte ja eben wegfallen.

Sigmund Freud, dessen spekulatives Spätwerk schneller alterte als sein induktiv-intuitives Spätwerk und der immer dann zu großer Form fand, wenn er Dinge, die zum Bestand der Philosophie, der Geistes- und Sozialwissenschaften gehörten, mit dem Rigorismus und der Präzision des ausgebildeten Mediziners betrachtete, verdankt die Welt die schöne Bestimmung des Denkens, dies sei ein Probehandeln mit kleinsten Energiemengen:

> »Die (unter dem Druck der Realität) notwendig gewordene Aufhaltung der motorischen Abfuhr (des Handelns) wurde durch den Denkprozeß besorgt, welcher sich aus dem Vorstellen herausbildete. Das Denken wurde mit Eigenschaften ausgestattet, welche dem seelischen Apparat das Ertragen der erhöhten Reizspannung während des Aufschubs der Abfuhr ermöglichten. Es ist im wesent-

lichen ein Probehandeln mit Verschiebung kleiner Besetzungsquantitäten unter geringer Verausgabung (Abfuhr) derselben.«[217]

Dies gilt, *si parva licet componere magnis* (und wir haben gesehen, daß Rousseau und die *philosophes* genau dies häufig taten, um von ihren individualistisch-sozialmonadologisch gedachten »Urzuständen« diskursiv zu Fortschritt und Moderne zu gelangen), auch fürs öffentliche Denken, die Philosophie: Sie ist wie die Wissenschaft, erinnert man sich richtig an die im siebten Kapitel dargestellten Gedanken von Helvétius, das mit dem sozialen Experiment verglichen aufwandsärmere Durchspielen möglicher Abstimmungsresultate, außerdem das systematische Benennen möglicher Abstimmungsgegenstände und das Entwickeln eines Vokabulars, in dem vernünftige, vertragsfähige, nicht erpreßte, nicht erpreßbare, ehrenhafte Individuen Vergleiche und Unterscheidungen von Begriffen, Reduktion und Aufbau von sozialer Komplexität organisieren können. Unter »Begriffen« verstehen wir dabei Wörter, die ihrerseits zwischen Wörtern und anderen Wörtern Vergleiche und Unterscheidungen möglich machen – es läuft ungefähr auf eine soziolinguistisch neugefaßte Version der Unterscheidung zwischen Metasprache (Begriffe – in der Systemtheorie: Beobachtungen zweiter Ordnung; Beobachtungen von Beobachtungen) und Objektsprache (Wörter, die Sachverhalte oder Dinge unterscheiden, also Beobachtungen erster Ordnung) hinaus. Die Unterscheidung zwischen Begriffen und Wörtern will als Einheit einer Differenz nicht auf saubere Binaritäten hinaus; es geht um Ebenen- und Gesichtskreiseinschätzungen; wie bei allen Erscheinungsformen des Implex, der sozialen Arbeit am Unterscheiden und Vergleichen des Gegebenen mit dem Möglichen, ist das Innere größer als das, was es ummantelt: Auch die Wörter für Erfahrungen und Empfindungen auf vorbegrifflicher Stufe werden beim Zusammenfassen oder Auseinanderhalten, das die Begriffe an ihnen vollbringen, wieder als Erfahrungen (etwa gelesene oder gehörte: Sprache eben, unendlich rekombinierbar, wie in der generativen Grammatik) behandelt. »Erdbeere« bezeichnet so bestimmte Früchte, die man sehen, riechen kann, »Frucht« bezeichnet Wörter wie Banane, Erdbeere, Birne, die man lesen oder hören kann.

Stabile Verhältnisse zwischen Wörtern und Begriffen, die sich an zweckgeleiteten Handlungen bewähren, wollen wir »Erkenntnisse« nennen, wenn sie neu sind, und »Wahrheiten«, wenn sie ein paar tausend Testdurchläufe hinter sich haben oder der Versuch, sie in Frage zu stellen, aus Gründen der Gesamtanlage unserer Begriffswelt besonders schwierig aussieht, und »Irrtümer«, wenn diese Bewährung bricht (wir verstehen die »Erfolgswörter« wie »Entdeckung«, »Erkenntnis«, »Wahrheit« damit nicht als Realien, sondern als Nomina, die der erneuten Vereinbarung über ihren Status veränderbar sind, es geht nicht ums Absolute, sondern um Wahrscheinlichkeiten, die aber eben auch nicht »alle gleich« sind).

Was dem Individuum die Erkenntnis, sollte nach dem Willen der *philosophes* der Gesellschaft das von allen beschlossene, von allen einzusehende, von allen zu tragende und zu verwirklichende Gesetz sein. Das implizite Scharnier zwischen beiden war der Naturgesetzbegriff; dem Atomismus eines Gassendi entsprach die Auffassung der Leute als freier sozialer Monaden, die über Verträge und diese wiederum implizierende Verkehrsformen so sicher vergesellschaftet sind, wie Atome ihre Verbindungen zu Molekülen und materiellen Stoffen finden. Ein entschlossener Naturalismus (aber eben noch nicht, wie in den späteren Verfallszeiten bürgerlichen Emanzipationsdenkens, enger Biologismus) prägt den ganzen Entwurf, und zwar in beiden Varianten dessen, was das Denken, sowohl das öffentliche wie das private, den *lumières* war, also 1. der empiristisch-sensualistischen wie 2. der cartesisch-rationalistischen.

Die Sensualisten hielten dabei dafür, daß alle Ideen, selbst die falschesten, von den Sinneswahrnehmungen rührten, ihr Bild vom Denken war die berühmte, seither immer wieder angegriffene (ein Name und ein Titel nur, für viele: Richard Rorty, *Der Spiegel der Natur – eine Kritik der Philosophie*), immer wieder verteidigte (ein anderer Name, ein anderer Titel: Wladimir Iljitsch Lenin, *Materialismus und Empiriokritizismus*) Spiegelmetapher; die Rationalisten dagegen waren der Ansicht, daß gerade die allerwichtigsten, allerrichtigsten Ideen angeboren seien (und damit ebenso naturfundiert wie bei den Sensualisten).

Für beide sind die richtigen Begriffe Verallgemeinerungen – und während wir ihnen darin völlig recht geben, möchten wir doch auf eine praktisch-historische Schwierigkeit hinweisen, die ihnen nicht immer klar gewesen zu sein scheint: Die allerallgemeinsten Begriffe – also Vergleiche und Unterscheidungen, die es erlauben, die allermeisten Wörter, die allermeisten Dinge zueinander in Beziehung zu setzen –, die man zum Folgern braucht wie null und unendlich für die Mathematik, weil das Folgern oft Aussagen über schlechthin alles, was man weiß, impliziert – nicht nur bei Naturgesetzen, die »immer« stimmen müssen, sondern bei ganz banalen Aussagen wie »wenn x, dann y«, der Satz haut nur hin, wenn er jede Art x betrifft –, muß man Humes Tautologie darüber verletzen, daß man aus bekannten Fällen niemals Zwingendes über unbekannte wird ableiten können, weil letztere sonst gar nicht unbekannt wären – man muß, will man überhaupt über etwas auf eine Weise sprechen, die das Eichen des Handelns am Probehandeln erlaubt, immer wieder über Dinge sprechen, von denen man noch nichts weiß, ja noch nichts wissen kann. Erfahrungszweifler, aber nicht nur epistemische Skeptiker, sondern auch Leute, die Sprachbedeutung und Metaphernreichweite in Frage stellen, scheinen zu verlangen, daß man es deshalb bleibenläßt; solange sie aber keine konsequenten Schweigemystiker werden, ist die Pointe der Sache einfach eine historische: Alle Menschen wissen, daß a) die höchsten Begriffe als Verallgemeinerungen in sämtlichen Erfahrungen, die man jemals machen könnte, enthalten sind, und b) niemals, auch nicht »alle Menschen«, jemals alle Erfahrungen gemacht haben werden und man aber c) höchste Begriffe, extrem weitreichende Verallgemeinerungen braucht, um überhaupt denken zu können – etwa den Begriff »Denken«, den nur richtig, also ohne Schieflage zu allem damit bezeichnenden, gebrauchen würde, wer alles gedacht hat, was gedacht werden kann. Man ist also aufs Raten angewiesen, und das ist im Gegensatz zu dem, was die Skepsis jammert, auch gar nicht schlimm, vorausgesetzt, man vergißt nie, daß man rät, und sammelt weitere Erfahrungen, die das Erratene dann verändern – daß man alles, was man über Geometrie sagen kann, schon weiß, und also das Recht hat, ein Fach »Geometrie« zu nennen, das in Wirklichkeit nur die euklidische Geometrie abdeckt, darf man eben nur so lange glauben, wie noch niemand eine nichteuklidische Geometrie entdeckt hat; und daß die Rationalisten und

Sensualisten, die über die Herkunft und Beschaffenheit des Folgerns nachdachten und redeten, dabei Probleme bekamen, die daher rührten, daß sie sich das Folgern noch nach der aristotelischen formalen Logik dachten und außerdem recht wenig übers Gehirn wußten, läßt sich heute nach beiden Seiten verstehen, da wir a) bei den positiven Wissenschaften ein paar Informationen (= Erfahrungen, Daten) über die Neurobiologie einholen können und b) außer der formalen Logistik noch die Hegelsche Logik, außer der zweiwertigen noch die Günthersche und andere Logiken besitzen, aber c), und das ist der interessanteste Umstand, gibt es auch noch ein Grenzgebiet zwischen allgemein begriffsbildendem und konkret einzelwissenschaftlichem (z. B. informatischem) Nachdenken übers Schließen, in dem sich gerade abzeichnet, daß eine Aufklärung, die außer der Logik der Alten, dem bißchen medizinischen Wissen der Zeit und der damaligen Auffassung davon, was eine exakte positive Wissenschaft überhaupt sei, dazu verurteilt war, in ein paar Sackgassen zu rennen – daß man in den Naturwissenschaften außer »Das ist so/das kommt so« oder »Das ist nicht so/das wird nichts« auch sagen kann: »Das verhält sich mit siebzigprozentiger Wahrscheinlichkeit so, wird also in sieben von zehn Fällen so kommen«, hat im achtzehnten Jahrhundert, auf dem Höhepunkt der Aufklärung also, die da längst schon ihre Vernunftbestimmungen so schlecht und recht gebrauchte, wie es eben ging, der unsterbliche Thomas Bayes gerade erst auszuloten begonnen; und die lange Zeit als Leitwissenschaft aller ernstgemeinten Positivismen geltende Physik hat im neunzehnten, endgültig dann im zwanzigsten Jahrhundert erst eingeholt, was da dem Hantieren mit Gesetzlichkeiten längst implizit gewesen war – fragten Rationalisten und Sensualisten also danach, wie wir richtige Schlüsse ziehen, und operierten dabei mit einem »wir«, das noch sehr wenig über sein Hirn ahnte, und einem »Schlüsse ziehen«, das sich noch nicht vorstellen konnte, daß das nicht geschieht wie im Syllogismus bei Aristoteles, sondern auf eine Art, für deren zutreffende Beschreibung man wahrscheinlich eine Theorie braucht, die ein integriertes Bild einerseits traditioneller (und noch unbekannter, etwa in der Quantentheorie erlernter) Logik, *neural networks,* probabilistischer und weiterer Sorten von ebenfalls unbekannten Folgerungsweisen entwirft, eine Theorie, die sich in unserem einundzwanzigsten Jahrhundert eben erst abzeichnet, so steht man einmal mehr vor dem Bootstrap-Implex, den wir in diesem Buch zuallererst an der Naturrechtslehre aufgewiesen haben: Um etwas denken oder machen zu können, muß das Menschengeschlecht häufig so tun, als sei es schon gedacht oder gemacht worden, um dann über *trial and error* der Sache allmählich Gestalt zu geben. Kein Grund, die ersten Stufen wegzuschmeißen: Sie enthalten Auskünfte über die nächsten.

Sensualisten und Rationalisten, zwei Seiten einer solchen ersten Stufe, diesmal des neuzeitlich vernünftigen Nachdenkens übers Vernünftige selbst, stimmten, wir deuteten es schon an, in einem wichtigen Punkt überein: Der Strom kommt für beide aus der Steckdose – darüber, daß die Vorfindlichkeit und Zuhandenheit des Materials fürs Denken in Begriffen »naturgemäß«, »natürlich« et cetera war, darüber ließen weder die einen noch die anderen mit sich reden; die tatsächliche Herkunft gerade des Materials, über das sie selbst nachdachten, mit dem sie selbst ihr Denken operationalisierten, aus der Geschichte statt der überzeitlichen Natur wurde nicht gesehen, hätte es doch das Augenmerk auf einen Umstand gelenkt, der sozusagen debattenlatenzbedürftig, gleichsam den ihn zum Verschwinden bringenden Diskursregeln der *lumières* schutzbefohlen war: Wer mitten im kräftigsten Absolutismus eine Philosophie wollte, wie sie die athenisch-ionischen Griechen oder die republikanisch-cäsarischen Römer hatten, wer Kunst und Wissenschaft und Politik wollte wie sie, brauchte dazu Menschen, was die Vollbürger der alten Staaten eine Zeitlang gewesen waren und was einige der neuen Bourgeois sich gerade anschickten zu werden: 1. »ihres eigenen Glückes Schmied« (wir wiederholen: nicht erpreßt, nicht erpreßbar, ehrenhaft), 2. mit genügend Zeit und Muße für Wahrheitsfindung, Selbstverwaltung, Schönheitsgenuß beschenkt – im Fall der Antike beruhte dies alles auf Sklavenhalterei, das heißt, das Mehrprodukt über das zur Erhaltung der Sklavenarbeitskraft hinaus Erwirtschaftete wurde als Aufwandsersparnis der Existenz an deren Herren und ihre frei Affiliierten, ihre Fachleute, auch ihre Philosophen weitergegeben; bei den Bourgeois zur Zeit des Absolutismus zeichnete sich ab, daß der Ersatz hierfür das kapitalistische Lohnarbeitsverhältnis würde werden müssen, das heißt, das Mehrprodukt, das von Leuten erwirtschaftet wurde, denen man vorher, im Zuge der brutalen, oder wie die Ironie sagt: »idyllischen Prozesse« (Marx) der sogenannten ursprünglichen Akkumulation, jede Möglichkeit genommen hatte, mit ihren eigenen Produktionsmitteln ihrerseits nichterpreßt und unerpreßbar zu wirtschaften; verjagte Gemeinde- und von der Stadt aufgesaugte Kleinstbauern, Handwerksleute und andere proletarisierte Menschen. Das Begründungsloch im sozialen *logon didonai* der Vernunftbestimmungen der Aufklärer wird verdeckt dadurch, daß sie für natürlich erklärten, was historisch geworden war; Marxens komplettes Lebenswerk ist nichts anderes als ein Versuch, dieses Loch als Leidensquelle zu benennen und die Menschen dazu anzuleiten, es praktisch-politisch zu stopfen. Ermöglicht war ihm das, und hier verhält sich der Implex einmal wirklich wie der Weltgeist des objektiven Idealismus, ausgerechnet durch einen wesentlich philosophischen Vorbereiter, nämlich Hegel, der auf dem Gipfel jenes objektiven Idealismus die Natur ganz allgemein als einen bloßen Sonderfall der Geschichte aufzufassen lehrte und so die Bahn für einen grundstürzenden Historismus freigemacht hatte. Alle Philosopheme der *philosophes* und ihrer niederländischen, deutschen, angloamerikanischen Vorbereiterinnen, Wegbegleiter, Zeitgenossinnen waren zuvor darauf angelegt worden, auf das Fundament einer *prima philosophia* zurückzuverweisen, die man paradoxerweise erst konstruierte, wobei man aber nichts daran fand, zugleich zu glauben, sie müsse allem anderen Denken vorgeordnet sein – Gewißheit, ein Fundament im vernünftig Natürlichen, sollte die theologischen Fundamente zugleich sprengen und ersetzen. Hegel erst war darauf gekommen, daß man einen Anfang auch nicht als Rückprojektion brauchte; man fängt mit dem an, was man hat, das absolute Wissen ist eben nicht der Ausgangspunkt, sondern das Ergebnis der Wahrheitenproduktion, und es wird arbeitsteilig errungen (das meinen, im sozialen Grund, die verschiedenen Weltaneignungsweisen bis hin zur Kunst und Religion bei Hegel, die Marx dann ins Gesellschaftliche zurückübersetzte. Luhmanns Theorie sozialer Systeme beschreibt die arbeitsteilige Geschichte dann wieder – auf höherer, mit mehr geschichtlicher Erfahrung angereichert – als Begriffsgeschehen, bei ihm: Kommunikationsgeschehen, weil er ganz richtig, gut hegelianisch mit seiner eigenen Position in der erreichten Arbeitsteilung anfängt, als Begriffsarbeiter eben; für Robert Brandoms Inferentialismus und die Implikaturtheorie von Paul Grice gilt ähnliches: Das Eingebettetsein von Bedeutungsherstellung in soziale, für diese Denker: kommunikative Prozesse sucht einen Vernunftbegriff ohne Absicherung durch etwas außerhalb des Raums des Begründens und Begreifens, weil eine »natürliche« Vernunft nicht erreichbar ist, die man aber geschichtlich durchaus setzen mußte, um sie sozial je erreichen zu können).

Sämtliche sogenannten Geistes- und Sozialwissenschaften bilden zusammen den Versuch, den Säkularisierungsschritt von der Theologie zur Philosophie eine Ebene höher (oder tiefer, oder einen Zirkel weiter draußen oder tiefer drinnen: Die Implextopologie aus dem achten Kapitel bleibt kontraintuitiv) zu wiederholen, und es ist erhebend, rührend und ein bißchen deprimierend, mitanzusehen, wie dabei immer wieder versucht wird, alle Spuren des Idealismus (manchmal unter seinem pejorativ-positivistischen Tarnnamen »Metaphysik« geführt) zu tilgen, die dennoch immer wieder auftauchen müssen, solange eben beispielsweise das politische Menschenrecht nicht das Naturrechtsideal einholt, solange also, hätten Marx und Engels auf dem Stand der Abfassung der *Deutschen Ideologie* und der Feuerbachthesen gesagt, die allgemeinsten Ideen der Freiheit nicht gesellschaftlich verwirklicht sind, die mittels ihrer interpretierte Welt nicht nach ihrem Bilde verändert ist. Abstimmungsgrundlagen einfach zu behaupten, wie sich das die *philosophes* häufiger einfallen ließen, um endlich einmal weiter zu kommen als die Alten, ist natürlich eleganter, als auch sie noch (wie später die Abstimmungen selbst) erarbeiten zu müssen; meistens gehen die Dinge aber in Interpenetrationen vor, und die Theorien des Sozialismus und Kommunismus sind vom wirklichen Prozeß der Durchsetzung dieser Abstimmungsgrundlagen nicht nur theoretisch, sondern auch praktisch nicht kategorial zu trennen (wenn auch leicht zu unterscheiden: Etwas, das zusammengehört, kann durchaus zwei oder mehr Seiten haben, sie gehören eben bloß, tautologischerweise, zusammen), sowenig wie die berühmten analytischen von den berühmten synthetischen Wahrheiten.

III.
Conceptual Engineering

Der gleichwohl verdienstvolle, viele Erkenntnisse und Wahrheiten zutage fördernde Versuch, analytische von synthetischen Wahrheiten zu trennen – in der jüngeren Philosophiegeschichte wirkungsvoll von W. V. O. Quine und später Donald Davidson als eines der wichtigsten und kritikwürdigsten »Dogmen« des Empirismus angegriffen; der Rationalismus allerdings hat dazu Komplementärformen, die allerdings schwerer zu entdecken sind und sich vor allem um den Begriff des Zwingenden am Schließen gruppieren –, ist nicht einfach ein Irrtum, als den ihn die analytische und postanalytische Philosophie der englischsprechenden Staaten aus gewissen inneren Gründen, nämlich wegen ihrer Affinität zum Falsifikationismus in der Wissenschaftstheorie, hat behandeln müssen. Es handelt sich dabei vielmehr um im schönsten marxistischen Sinn notwendig falsches Bewußtsein, und zwar um das aufgrund der Tatsache, daß man aus einer Tautologie nichts Belangvolles schließen kann, zum Scheitern versuchte Beginnen, eine innerphilosophische Begründung für die Philosophieautonomie nach Ausdifferenzierung der modernen Wissenschaften (von der Natur wie, schließlich, der Gesellschaft) zu erfinden, bei der die Geschäftsgrundlage des ganzen, die gesellschaftliche Trennung von Hand- und Kopfarbeit, nicht in Frage gestellt werden darf, weil dann 1. wieder die Grenzen zu den Wissenschaften verschmieren, die sofort in die Technik kollabiert, 2. ein sozialer Selbstrechtfertigungszwang entstünde, der jedenfalls nicht kommoder ist als der logische, dem man mit dem Unternehmen der Analytisch/synthetisch-Unterscheidung zuallererst begegnen wollte, und 3. dieser soziale Selbstrechtfertigungszwang schließlich die ganze Gesellschaftsordnung selbst zur Disposition stellen könnte, da nur die weiträumige Umfahrung solcher Rechtfertigungen die Thematisierung der Mehrproduktangelegenheit verhindert – es ist wie bei der Geschichte von der Entstehung des neurotischen Symptoms, die Freud erzählt (unabhängig davon, ob die nun stimmt): Zuerst hat der kleine Hans Angst vor dem Penis, dann vor allen männlichen Tieren, dann vor allen Tieren überhaupt, und schließlich ist der Leidensdruck, den die Verstandeslähmung auslöst, so groß, daß das Verdrängte im Verdrängenden wiederkehrt, etwa in Gestalt von Quine, der plötzlich an der Unterscheidung analytisch/synthetisch Zweifel anmeldet (denen dann aber wieder Grice und Strawson mit einer Verteidigung der Distinktion begegnen, denn natürlich hat das Symptom sein Wahres, siehe oben).

Dem überkommenen Sprachspiel zufolge, zu dem sie gehören, bezeichnen die beiden Etiketten Dinge wie »Alle Bräutigame sind Männer« (analytisch: logisch wahr, definitorisch wahr, letztinstanzlich also: wahr, weil so definiert, konventionell wahr) und »Gestern hat es geregnet« (synthetisch: empirisch wahr). Das geht, wenn man es restlos sauber (statt etwa probabilistisch) handhaben will, nicht auf, weil die Feststellung der Beobachtung des Regens in einem Wort-, Begriffs- und Definitionsnetz erfolgen muß, dessen logisch-semantische Ausdehnung nicht geringer ist als die des gesamten Sprachgefüges, in dem sie erfolgt, und weil umgekehrt in der analytischen, scheinbar nur aus Definitorischem gewonnenen Wahrheit eine Riesenmenge Weltwissen steckt, das, explizierte man es, in lange Erzählungen voller Beobachtungspropositionen würde ausgewickelt werden müssen. Die analytischen und die synthetischen Wahrheiten durchdringen einander in Implexrelationen, sie werden ja überhaupt so hergestellt, wie Grice gezeigt hat, der die ganze Wahrheitenproduktion an Maximen der sozialen Interaktion eichte (und dennoch an die Unterscheidung analytisch/synthetisch glaubte, als nützliches Instrument nämlich, jeweils zu bestimmen, wo man nachsehen sollte, wenn man es mit einer Äußerung zu tun bekommt, die man nicht ganz versteht – draußen auf der Straße (Regen) oder bei Wikipedia; die *fuzziness* der Sache bleibt ja erhalten (ich kann auch draußen nachgucken, wer die Demonstranten sind, über die etwas im Lexikon steht; ich kann auch im Lehrbuch nachlesen, wann es geregnet hat – das Ganze ist eben eine Wahrscheinlichkeitsfrage; der kürzeste, eleganteste Weg einer Wahrheitsüberprüfung liegt nicht in der Beschaffenheit der jeweiligen Wahrheit, sondern der Natur der Situation der Überprüfung selbst) – witzigerweise allerdings war Grice, als er die in *Studies in the way of words* versammelten Texte schrieb, gar nicht der Meinung, eine Theorie der Wahrheiten und ihrer Falsifikations- oder Plausibilisierungsverfahren zu liefern, sondern eine der

Bedeutungen in der Kommunikation, die aber beispielsweise vor der Habermasschen voraushat, daß sie sich nicht festlegt auf Teleologisches wie »Der Zweck der Kommunikation ist die Herstellung von Übereinkünften«, weil da Unterscheidungen erzwungen würden, die das ganze Modell wieder zu rationalistischer oder empiristischer Einseitigkeit verurteilen würden, statt daß anerkannt würde, daß man beim Begriff »Kommunikation« wie bei allen obersten Kategorien der Beschreibung sozialer und anderer Welten nicht genügend (das wären erst: alle) Beobachtungen gemacht hat, um diesen Begriff fernerer Neubestimmung zuverlässig zu entrücken. Habermas macht mit seiner Kommunikationsbestimmung, was die Aufklärung mit der Vernunftbestimmung gemacht hat: Er versucht, sie abzuschließen, und verliert so ein Gutteil Welt, ja, geschichtlich zunehmend mehr. Er glaubt an die herrschaftsfreie Verständigung wie die Aufklärer an den Gesellschaftsvertrag, als an eine Naturbedingung, ein »*cooperative principle*«, statt eine je und je gegebene oder abwesende kooperative Wirklichkeit, Praxis – im Gegensatz dazu weiß Grice:

> »Since, to assume the presence of a conversational implicature, we have to assume that at least the Cooperative Principle is being observed, and since it is possible to opt out of the observation of this principle, it follows that a generalized conversational implicature can be canceled in a particular case. It may be explicitly canceled, by the addition of a clause that states or implies that the speaker has opted out, or it may be contextually canceled, if the form of utterance that usually carries it is used in a context that makes it clear that the speaker has opted out. (…) Since the truth of a conversational implicatum is not required by the truth of what is said (what is said may be true – what is implicated may be false), the implicature is not carried by what is said, but only by the saying of what is said, or by ›putting it that way‹«[218],

womit gemeint ist, daß jemand, der sagt: »Die Grundstückspreise fallen, wenn Türken in die Gegend ziehen«, zwar die Wahrheit feststellt, aber in der Art, wie er es sagt, eine schweinische Unwahrheit implizieren kann, nämlich die Türken seien minderwertige Menschen.

Wir wiederholen: Das ist keine Theorie der Wahrheiten und ihrer Falsifikations- oder Plausibilisierungsverfahren, sondern eine der

Bedeutungen in der Kommunikation, die Pointe aber ist für uns, daß man eben keinen absoluten Dualismus bauen kann, der zwischen der Art, wie wir rausfinden, was jemand anderer uns sagen will, und der Art, wie wir rausfinden, was los ist, kategorial unterscheiden hieße.

Wir behandeln daher in diesem Buch implizit Bedeutungstheorien wie die von Grice, Davidson oder Brandom, soweit wir sie richtig finden, als Sonderfälle von Theorien über das Herausfinden des nicht Offensichtlichen (ein anderer Sonderfall dieses Herausfindens wären alle sogenannten »Erkenntnistheorien«), wobei unsere Zentralkategorie dann eben nicht die Widerspiegelung, sondern das Hervorbringen (lateinisch: die Produktion) ist, oder in geschwollenem Heideggerdeutsch: die Entbergung. Daß das Hervorzubringende in einem nichttrivialen Sinn bereits da ist, bevor es hervorgebracht wird, ja, daß man es behandeln muß, als wäre es bereits da, um es überhaupt hervorbringen zu können, das meint Grice in seiner Bedeutungstheorie, wenn er von den Sachen, die gesagt werden sollen, sagt, sie seien Implikaturen der Sachen, die gesagt werden, und ganz dasselbe meinen wir in unserer Fortschrittstheorie, wenn wir sagen, der fortgeschrittenere Zustand sei nur als explizierter Implex des weniger weit fortgeschrittenen verwirklichbar (nicht nur: denkbar!, wir wollen ja nicht den Junghegelianismus wiederbeleben, auch nicht nur: sagbar oder: zeigbar, denn der *linguistic* und der *pictorial turn* sind unserer Ansicht nach unerfreuliche Reduktionismen der Ideen-, Diskurs- und Mediengeschichte, an denen seltsamerweise all die vielen Stimmen, die sonst bei jeder Gelegenheit den Natur- und anderen Wissenschaften Reduktionismus, Determinismus, Universalismus und weiß der Teufel was für Sünden sonst vorwerfen, bemerkenswert wenig auszusetzen haben).

Was die (in wesentlichen Aspekten gar nicht so fürchterlich alte) philosophische Tradition mit einerseits »synthetisch« und andererseits »analytisch« meint, durchdringt einander, es voneinander sondern zu wollen, ist ein Kategorienfehler der Sorte: Ich sehe die Gebäude, aber wo ist die Stadt?

Operativ hoffen diejenigen, die diese Unterscheidung gebrauchen, die Philosophie als Verwalterin und Trägerin der analytischen Wahrheiten gegenüber den synthetischen der Einzelwissenschaften empfehlen und ihr gegenüber vor allem dem sozialwissenschaftlichen Bereich etwa der Stellung der Mathematik zu den exakten Naturwissenschaften vergleichbare Stellung sichern. Die Ordnung der solchen akademischen Beschäftigungen überhaupt zugänglichen Dinge ist ja tatsächlich nicht zu sichern ohne ein (wie tentativ und vage auch immer prospektiertes) Klassifikationssystem samt Verzeichnis zulässiger Schlußweisen und am besten noch einen konturenklar herausgeputzten Fundus an Dogmengeschichte, die dann auf einnehmende, aber nicht immer ganz mogelfreie Weise progressistisch gedacht wird: Die Aufzählung vergangener Systeme, Methoden, Stile, Redeweisen der Philosophie ist in diesem Kalkül eine Art Katalog möglicher und eingetretener Denkfehler und Fehlerquellen, analog entsprechenden Verzeichnissen etwa des Aristoteles gegen die Sophisten (oder auch den Polemiken von Marx und Engels gegen Bauer, Stirner, Dühring und wie sie alle heißen), nur bei den Klügsten, zum Beispiel Hegel, wird der Katalog Aufhebungsressource, werden die Irrtümer für etwas Fruchtbares und außerdem Notwendiges erachtet. Das operative Ziel wurde nie wirklich erreicht; es ging denen, die diesen Weg versuchten, dabei nicht besser als jenen, die andere Wege der Autonomieherstellung und -behauptung des Philosophischen wählten, etwa den der versuchten Etablierung der Philosophie als einer strengen Humanwissenschaft eigenen Rechts, etwa derjenigen gewisser Grundformen der Erfahrung und des Denkens überhaupt (einen Weg, den mit auch nur annähernd dem ehrgeizigen Ziel entsprechender Hartnäckigkeit nur Husserl beschritten hat), oder den der Einrichtung der Philosophie als einer allgemeinen Plattform der Kritik an behaupteten ungeklärten, unbefragten, bei anhaltender Unterreflexion sozialen Schaden anrichtenden, etwa zur Zersplitterung der Erfahrung oder zur Seinsvergessenheit verführenden Gemeinsamkeiten der Einzelwissenschaften (darin exzellierte vor allem Heidegger, aber auch einige mit seinem Quasisystem keineswegs über besonders weite Teile propositional deckungsgleiche Existenzphilosophien beispielsweise Sartrescher oder Jaspersscher Prägung, in neuerer Zeit dann alle Anregerinnen und Entwickler der gegenwärtigen *science studies,* die allerdings das, was sie tun, oft gerade nicht Philosophie nennen wollen).

Der Anspruch, mit den Einzelwissenschaften konkurrieren oder sich von diesen absetzen zu können, indem man über ihnen ein das Wissen und Raten schützendes Gewölbe errichtet, unter ihnen Tunnels gräbt (die sie dann eventuell epistemologisch, ontologisch, diskursanalytisch oder wie immer sonst zum Einsturz bringen könnten und sollen), zehrt wieder von der Befangenheit in hierarchisierenden Mißverständnissen der Arbeitsteilung, der sozialen Inferentialität menschlicher Erfahrungskommunikation (nicht: menschlicher Erfahrung, das wäre Idealismus) und der bedeutungstragenden Implikaturen. Die Arbeitsteilung zwischen denen, die verfassen, was als philosophische Literatur gelten darf, und den Einzelwissenschaften ist in sich eine andere als die zwischen Chemie und Physik oder Biologie und Chemie. Sie gleicht eher der zwischen Physikerinnen (als Personen, die eine Einzelwissenschaft betreiben) und Ingenieurinnen (als Menschen, die Technisches im Sinne unseres fünften Kapitels treiben). Philosophinnen bauen Begriffsmaschinen (mit denen man beispielsweise, aber eben nicht nur, Herrschafts- und andere ungerechte Beziehungen verschleiern kann; geschieht dies, so handelt es sich bei den betreffenden Maschinen nach klassischer marxistischer Terminologie um Ideologien; man kann mit solchen Maschinen aber eben auch aufklären, verwalten, forschen und so fort, oder die Zerstörung der für solche Arten von Praxis und Hexis einmal eingerichteten Apparaturen organisieren, dann sind es Belagerungs- und Eroberungsgeräte; siehe etwa den Einbruch lebensphilosophischer Terminologien in die in Deutschland unternommene Physik zur Zeit der Weimarer Republik, den Paul Forman untersucht hat).

Die neuzeitliche abendländische Philosophie hat, als folgenreichste Vorstellung von der *prima philosophia,* lange Zeit eine dem Gral, dem *perpetuum mobile* oder dem Stein der Weisen vergleichbare Idee mit sich herumschleppen müssen, die Leibnizsche *lingua characteristica universalis,* ein gedachtes logistisches System, das beliebige Sätze, übersetzt man sie erst einmal in jenes, immer und überall auf ihre Wahrheit hin überprüfen kann. Logik und Mathematik sind in diesem Entwurf selber so etwas wie die Physik zur Maschinenbaukunst der Philosophie (ja, es klingt abermals massiv kontraintuitiv: Sind denn logische und mathematische Konstrukte nicht Abstraktionen, können sie Wissenschaftscharakter haben wie die Meßreihen der Physik? Wer so fragt, vergißt, daß auch die Physiker mit Beobachtungen wirtschaften, in die, bevor sie noch gemacht sind, bereits Abstraktion einfließen, und die Ingenieure es mit Schnittstellen und Benutzeroberflächen zu tun haben, deren Handhabung mit der von Begriffen manche Verfahrensnotwendigkeit teilt – so »tief« die Philosophie häufig redet, auch bei ihr geht es um Benutzeroberflächen und deren Funktionalität, begriffliche eben, mit denen man denkt, formuliert, entscheidet und abstimmt, jene *words*, mit denen wir, nach Austins berühmtem Diktum, unsere sozialen *things* machen). Sehr spät erst wurde gezeigt, daß dieses Wunderding, diese *lingua characteristica universalis*, nicht zu haben ist, man mußte warten, bis Mathematik und Logik so weit waren; den Todesstoß versetzte dem Projekt Kurt Gödel.

Philosophen sind für uns also, in einer erst jetzt und an diesem Punkt im Gedankengang deutlich zu machenden Konsequenz aus Überlegungen im fünften Kapitel dieses Buches, Begriffsingenieure; und wie sich das Ingenieurswesen aus der Physik (und in Abgrenzung von dieser) entwickelte (obwohl man doch, wenn man in Ursprünglichkeitsanschauungen denken würde, glauben müßte, zunächst kommen die Bastler, dann die Theoretiker; aber es ist eben wie bei der guten politischen Gewerkschaftsarbeit, das Allgemeine gehört ins Besondere wie das Besondere ins Allgemeine) – erst kam die Naturphilosophie, aus dieser emanzipierte sich die Naturwissenschaft, aus dieser das Ingenieurswesen, und so nehmen heute viele genuin philosophische Diskurse ihren Ausgang wieder in technischen oder naturwissenschaftlichen Problemstellungen, mit denen man unter Nutzung der vorhandenen Begrifflichkeiten nicht zurechtkommt, so daß begriffliche Rekombination, begriffliches *hacking* und *splicing* erfordert sind (und selbst etwas den Naturwissenschaftlern aus nicht ganz schlechten Gründen so Erzsuspektes wie der Poststrukturalismus verdankt sich, als Reaktion auf den Strukturalismus, zwei wissenschaftlichen Disziplinen, nämlich der Linguistik und der Ethnologie). Man kann das alles gruslig finden oder beweinen, man kann es als eine Verlängerung oder ein Destillat der historischen Erfahrung ansehen, daß die Vernunft in der Neuzeit allenthalben in irgendwelche Apparate fährt, wie Geldvermögen umgekehrt sich zu profitschaffendem Kapital, einem »automatischen Subjekt« (Marx) verselbständigt, das alles sind Wertungsfragen – wichtig ist uns an diesem Punkt nur, daß man versteht, inwiefern und warum wir der Ansicht sind, daß es ein großer Trugschluß war, die Philosophie für eine Grundlagendisziplin zu halten – sie ist uns (und nicht nur uns: die Idee vom »*conceptual engineering*« als philosophischer hat, auch der Informatik wegen, zunehmend mehr Freunde, zum Beispiel den Informationsphilosophen Luciano Floridi) eine angewandte: die Technowissenschaft der Begriffe.

IV.
Eine kleine politische Vernunftzeitgeschichte

»Vernunft« ist allerdings, das weiß alle Welt, nicht nur ihrer Bestimmung nach jeweils abhängig davon, was man von den Menschen weiß und erwartet, sondern als Wert auch unterschiedlich gut angesehen, je nachdem, ob ein Kollektiv, das sich Denkerinnen und Denker leisten kann, sich *pursuit of happiness* und Veränderung der Welt zum Guten zutraut oder nicht. Wenig gilt der bei absteigenden Adligen und ihren Sympathisanten (»Romantik«), viel bei aufsteigenden Bürgerlichen (»Aufklärung«), wieder nicht so gut bei gespaltenen oder geopolitisch abgeschriebenen Europäern (Existenzphilosophie, Kritische Theorie, Strukturalismus und Poststrukturalismus), gut bei weltweit ökonomisch und militärisch agierenden, Weltreiche errichtenden Engländern oder Amerikanern (Analytische Philosophie von Russell bis etwa Rorty). »Vernunftkritik« heißt häufig genug nicht viel mehr als: zweifeln, ob man etwas ausrichten kann; Ohnmachtsdenken (das, man soll es nicht gering achten, beträchtliche Schönheiten und sonst selten gesehene Wahrheiten freisetzen kann).

Die Geschicke der Vernunft, die im neuzeitlichen Verständnis keine partikulare sein kann, sind damit ein Spezialfall der Geschicke von Universalismen allgemein: Aufsteigende oder eben zur Herrschaft gelangte Klassen, expansionsfähige und -willige oder anders auf Eroberung ausziehende Nationalstaaten, neu entstandene und aussichtsreiche oder gerade zu Staatskirchenrang erhobene Religionen denken immer universalistisch, von den alten Hebräern bis zum britischen Empire, niedergeschlagene, besetzte, kolonialisierte, zerstückelte Kollektive formulieren daran dann partikularistische Kritik (der Faschismus will die ganze Welt neu einrichten, wenn er an der Macht ist; in der Defensive wird er dann zum Ethnopluralismus; Benoîst ist ein Rosenberg ohne nationalsozialistische Imprimatur).

Fordern und üben die Bedrückten, Ausgegrenzten, Isolierten »Toleranz«, was mitunter vorkommt, dann ist bei ihrem Partikularismus selbst bereits wieder eine Beimengung universalistischen Denkens (und Vernunft sensu Voltaire) zu finden; als Folie nämlich für Partikularismen, vor der allein sie denkbar sind.

Daß zwischen den tatsächlichen Schicksalen der betreffenden Kollektive und dem, was in ihnen gedacht und geredet wird, keine einfach synchrone Komplementarität waltet, daß alte funktionslos gewordene Formen sich erhalten, neue auftreten können, wo sie noch nichts nützen, hat die marxistische Tradition mit Formeln wie der vom »Nachhinken des Überbaus hinter der Basis« theoretisiert, umgekehrt kann mancher »Überbau« vom Gegenwind der Epoche abgetragen werden, obwohl in den Verkehrsverhältnissen des jeweiligen Kollektivs seine Basis noch besteht. Überbauten entwickeln manchmal eine hohe adaptive Komplexität und können das Einbrechen ihrer Basis sehr lange überleben (das Christentum blickt, von der Höhe der Gegenwart, gelassen auf Liberalismus, Feudalismus, Sklavenhalterei zurück und wird wohl nicht nächste Woche verschwinden; Demographie und Hedonismus hin oder her).

Es könnte lohnend sein, die von uns hier nur skizzierte Rolle der analytischen (und in mancher Hinsicht auch noch der postanalytischen) Philosophie als Platzhalterin der zerbröselten Aufklärungsvernunft in Abhängigkeit von der Rolle des britischen Empire und der USA als Platzhalterinnen der alteuropäischen Menschheitsidee zu betrachten, etwas davon hat sich noch in den jeweiligen Niedergangszeiten gehalten; was Moore und Russell im Rekurs auf Frege entwickelten, lebte von Früchten philosophischer Kleinstaaterei, die einigermaßen kleinteilig unternommene Selbstkorrektur der kontinentaleuropäischen Aufklärung war sozusagen für die imperialen Köpfe der Zukunft vorbereitet worden und wurde dort weiter ausgearbeitet bis hin zum Wiener Kreis, in dessen Wirkungsbereich etwa die Kritik des enzyklopädischen Geschlossenheitsideals als philosophisches Großforschungsziel, die wir im ersten Kapitel kurz zusammengefaßt haben, bereits voll entwickelt war, nämlich auf der neopositivistischen Linken, bei Otto Neurath 1936:

> »Das Bestreben, ein System von absoluter Geltung erstellen zu wollen, ist eine Gefahr, die auch den logischen Empirismus bedroht. Daraus, daß man in manchen Einzelwissenschaften eine Theorie als ein System von Sätzen darstellen kann, folgt nicht, daß man berechtigt wäre, die Gesamtheit der Sätze, mit denen man es zu tun haben könnte, auch nur annäherungsweise als Beginn eines endgültigen und vollständigen Systems aufzufassen.«[219]

Das auf dem Kontinent Erarbeitete dann auszubauen zu Apparaten, die philosophisch-literarische *Conqueror*-Aufgaben erfüllen konnten, blieb dann den englischen Imperialisten und ihren amerikanischen Nachfolgern vorbehalten.

Vernunft heißt außer Universalismus allerdings stets auch Praxisdenken – daher etwa das Schwanken des in umfänglichen Praxisphantasien schwelgenden Nietzsche, das ihn zum präzisen Philosophen des schwankenden Deutschland mit seinen unsicheren Zentralmachtambitionen entspricht: Mal rückt er der Kirche und den Feudalitätsresten mit geradezu aufklärerischer Verstandesschärfe zu Leibe, mal feiert er dionysisch das weggeschmissene Hirn, das dem Blutsumpf des Mehrfrontenkriegs entspricht, den Hitler schließlich führen wird.

Georg Lukács hat den ganzen Zusammenhang verengen müssen, um behaupten zu dürfen, die Vernunft gehe nicht mit dem Aufstieg, sondern, enger: mit dem sozialen Fortschritt; die Reaktion sei immer vernunftfeindlich. Die erfolgreiche Reaktion kann vernünftige Züge haben und die Vernunft als Wert bejahen; in die Ecke gedrängter Fortschritt kann sich anders nicht zu helfen wissen als mit der Parole, das Hirn sei wegzuschmeißen: Es treten häufiger Mischzustände auf, als man meint, und wenn man etwa den lustigen Beatnik Ginsberg im Fernsehstreit mit dem brillanten Erzreaktionär William F. Buckley betrachtet, kann man gar nicht schnell genug blinzeln, alle fliegenden Wechsel mitzubekommen, in denen die Rhetorik des triftigen Schließens mal vom einen, mal vom anderen gebraucht wird, dann umgekehrt mal der eine, dann der andere religiös oder parareligiös wird, und doch keine Sekunde ein Zweifel besteht, welcher der beiden Kontrahenten auf der Linken ficht (der Dichter nämlich, der den Vietnamkrieg ablehnt und dafür ein breites Spektrum von Gründen nennt, von denen einige hochvernünftig, andere, sagen wir: sehr stimmungsvoll und jedenfalls fernöstlich sind). Hippies für Logik, Theologinnen, die dem Marxismus Obdach gewähren: Platt darf man nicht sein, und undialektisch auch nicht, wenn man die Ideengeschichte studiert, und natürlich hilft der Lukácssche Leitfaden dabei so gut wie der von Unterscheidungen der Sorte Materialismus/Idealismus, aber eben nur dann, wenn man nicht vergißt, was ein Leitfaden ist, nämlich nicht die Sache selbst, durch die er führt.

Der Positivismus, also der allen vernunftverschärfenden, vernunftlobenden, schließlich (da war die Vernunft, welche die *lumières* und das neunzehnte Jahrhundert gekannt hatten, schon in der weltweiten Defensive, in der sie immer noch herumkrabbelt) vernunftrettenden Versuchen der letzten 120 Jahre nahestehende Ansatz, mögliche Aussagesätze einzuteilen nach wahren, falschen und bedeutungslosen (nämlich von keinem *truthmaker* aus der Wahrnehmungswelt zu erreichenden), tritt aus der Erfolgsgeschichte der Einzelwissenschaften gleichsam als Angebot der Philosophie hervor, ihnen dabei behilflich zu sein, eine Sorte Begriffsmaschinen zu bauen, die in den Einzelwissenschaften (hier: Physik und Soziologie, wie Mach und, sagen wir: Durkheim sie verstanden) bereits gebräuchlich waren – dankbar angenommen von Schlick und dem Wiener Kreis, in eine erste Krise geführt von Wittgenstein, gegen diesen mit Mühe befestigt von Popper und dann als eine Art avantgardistischer Ausweich- bis Rückzugsbewegung (i.e. besonderer Radikalität im Anspruch, die in dem Moment riskiert wird, da dem Anspruch selbst und seiner Verwirklichung immer mehr und immer schwerer Wiegendes entgegensteht: eine sehr typische paradoxale Form der Selbstverpflichtung moderner, modernistischer Avantgarden) in immer fundamentalere Fragen zur angloamerikanischen Riesenarchitektur der analytischen Philosophie(n) ausgebaut, hat dieses Angebot in seinen Schicksalen die Vernunftgeschichte von der Renaissance bis zur ersten Formulierung eines Positivismus noch einmal in einem Drittel der Zeit wiederholt, worin sich mehr ausdrückt als nur eine Teilhabe an allgemeinen Beschleunigungen, nämlich ein gehetzter, mitunter fast verzweifelter Sog, der von gewissen erwünschten Ergebnissen, als Endzuständen erwünschten Begriffsaggregaten ausging, noch bevor man sie erlangt hatte. Ob David Ross in der Ethik den Konsequentialismus (eine Handlung ist so gut wie ihre Folgen) zurückweist und durch einen quasibegriffsrealistischen Normativismus ersetzen will, ob Gilbert Ryle geistige Inhalte als Handlungsdispositionen beschreibt, ob Paul Grice das Problem des Vorhersagecharakters wahrer Propositionen, sich damit in entscheidender Weise von seiner rein bedeutungsperspektivischen Analyse entfernend, als eines der Implikatur faßt (wenn ich von einer Situation sage, sie enthalte nicht die Möglichkeit, daß als nächstes X passiert, dann sieht das nur wie eine Prophezeiung aus, ist in Wahrheit aber eine Beschreibung der Situation unterm Zeichen des Versuches, den Laplaceschen Weltautomaten zu umgehen und das unerbittliche Humesche Gesetz nicht zu verletzen), ob Wilfrid Sellars festhält, daß es zwei verschiedene Sorten logischer Folgeräume gibt, nämlich erstens den der Ursachen und Wirkungen, zweitens den der Schlüsse und Begründungen, ob John McDowell diese Feststellung Sellars »erklärt«, indem er den alten cartesischen Dualismus ein paar dialektische Schraubendrehungen höher im Sinne des Sellarsschen wiederbelebt, ob David Stove die Trennung dieser beiden Räume mit verfeinerten Argumenten gegen überhaupt jede Art von Dualismus als Materialist zurückweist oder Richard Rorty den Dualismus seinerseits angreift, aber als Komplettnegationist, der keine verschiedenen Erkenntnistatsachen haben will, weil er überhaupt nicht an Erkenntnistatsachen glaubt; ob Donald Davidson mit seinem »anomalen Monismus« der Leib-Seele-Problematik zu Leibe (und auf die Seele) rückt; ob Rorty die kontinentale, von der Linguistik befruchtete Philosophie und am besten gleich auch noch den Nachlaß Heideggers mit der analytischen Tradition unterm Siegel des »*linguistic turn*« zusammenführen will oder seine Gegner ihn auf Handlungstheoretisches festnageln wollen; ob Quine die Unbestimmtheit des Übersetzens und Interpretierens theoretisch völlig anders begründet als beispielsweise Derrida und dann in Davidson einen Fortsetzer findet, der gerade an dieser Unbestimmtheit die Wohlbestimmtheit und Gültigkeit einiger von ihr ausgeschlossener Dinge aufweisen kann (nämlich in dem Sinn, daß die der Skepsis unterworfenen Beziehungen immer auch die Grenzen der Unwissenheit zeigen, so wie bei Luhmann Logik das ist, was erlaubt, Widersprüche zu identifizieren): Dies alles ist getragen von etwas, das man mit dem deutschen Titel einer großen Abhandlung Stanley Cavells den »Anspruch der Vernunft« nennen kann, was eine seltsame grammatische Form in Stellung bringt, die man von Marx her kennen kann (Kritik der Waffen, Waffe der Kritik): Die Vernunft selbst hat in dieser Formulierung erstens einen Anspruch, ist aber auch einer; das Begriffszerlegende und Begriffsbeziehungen Herstellende wird seiner Normativität inne. Der vorläufige Gipfelpunkt der ganzen an ein paar Namen und Stationen illustrierten Entwicklung einer als Forschungsprogramm operationalisierten Entfaltung besagten Anspruchs ist wohl wirklich, ganz nach dem Wunsch seines kühnen Schöpfers, Robert Brandoms Inferentialismus, welcher lehrt, Behauptungen legten immer auf Voraussetzungen und Folgerungen fest – schöner kann man den Ursprung der Philosophie in der Arbeitsteilung nicht einkleiden (wohlgemerkt: nicht verkleiden; er ist hier ja sichtbar als das, was er ist, den Konturen wird sozusagen geschmeichelt, Brandom enthüllt mit Bedacht mehr, als er davon verbirgt).

Brandoms Geschichte, deren Plan und Draufsicht das Buch *Expressive Vernunft* von 1998 darstellt, schreibt sich, fast schon klassizistisch, zunächst von Frege her, der die Kraft der formalen Logik dazu benutzen wollte, die Mathematik und das Denken auf dem Weg zu ihren vermuteten Grundlagen auf sich selbst zurückzuführen. Aus Freges Programm und dem mit seinem Alterswerk zeitlich koinzidierenden metawissenschaftlichen Spekulieren des Wiener Kreises fand der Gedanke der Begriffsgrundlegung dann, wie oben bereits rekapituliert, ins Werk von Engländern wie Russell und Whitehead, die zusammen mit dem nach England emigrierten Wittgenstein die eigentliche analytische Schule auf den Weg brachten.

Manche, nicht nur Rortys Leute, lesen die Entstehung der Analysis als wichtigsten Ausdruck der linguistischen Wende in der Philosophie des frühen zwanzigsten Jahrhunderts, das heißt der Abkehr von der Bewußtseinsphilosophie und Hinwendung zur Sprachphilosophie. Die Brücke dahin war die allmählich sich festigende Überzeugung, daß man Denken nur als Sprache untersuchen könne – das hat seine unverbrüchliche Evidenz: Man diskutiere mal einen nichtsprachlichen Gedanken oder stelle ihn sich auch nur vor. Vom späten Wittgenstein der *Philosophischen Untersuchungen* aus nahm die Bedeutungsforschung der Analysis ihre manchen, nicht nur Rortys Leuten, sehr wichtige »pragmatische Wende«, das heißt, man befaßte sich zusehends mit Sprache als Sprachhandeln. Dieser Abschnitt kulminierte in Willard Van Orman Quines Hauptwerk *Word and Object* von 1960 und führte schließlich zur Sprechakttheorie; aber Brandom will anderswohin – am besten wird man der Reichweite seines »altneuen« Ansatzes wohl gerecht, wenn man zwei in seinem Buch stark hervorgehobene Begriffspaare herausstellt: erstens »inferentielle Semantik« und zweitens »normative Pragmatik«. Mit »inferentieller Semantik« ist gemeint, daß die Bedeutung von Ausdrücken – besonders der als vorbildlich genommenen »assertorischen« (das heißt Behauptungen) – durch die Kette der Schlußfolgerungen über das mit ihnen Implizierte festgeschrieben ist. Sprechen heißt so: angeben und auffassen von Gründen. Hierbei folgt das Sprachhandeln inferentiell ermittelbaren Normen – daher: »normative Pragmatik«. Das darf man allerdings nicht so verstehen, als repräsentierten diese Normen ein Etwas namens »die Sprache«. Die Auffassung, daß es so ein Ding (de Saussures »langue«) gebe, ist in Analytikerkreisen spätestens seit Donald Davidson, auf den Brandom sich ausführlich bezieht, gründlich diskreditiert. Brandoms Normen sind auch keineswegs so etwas wie die (angeborenen) »Tiefenstrukturen« bei Chomsky. Mit Wittgenstein argumentiert Brandom vielmehr, daß, wenn beim Sprechen wirklich apriorische Regeln angewandt würden, aus diesen Regeln aber gleichwohl nicht ersichtlich wäre, wie man sie anwenden soll. Also bräuchte man Meta-Regeln, für die wiederum weitere Meta-Regeln nötig wären und so fort. Das ist offensichtlicher Blödsinn; schon Ryle hat das am verwandten Fall der Intelligenz demonstriert. Aber Brandoms Normen sind auch keine bloße Verbrämung des empirischen Tatbestandes, daß Menschen, wenn sie reden, gewisse Regelmäßigkeiten an den Tag legen. Eine Kapitelüberschrift im hinteren Teil des Buches weist den Weg zum richtigen Verständnis von Brandoms Normbegriff: »We have met the norms, and they are ours.« Wir zitieren das auf englisch, obwohl die deutsche Übersetzung von *Making It Explicit* größtenteils vorzüglich ist – hier aber ist ihr zwingend eine hübsche Nuance entgangen; Menschen, die Comics lieben, werden den Anklang an ein Zitat aus Walt Kellys »Pogo«-Cartoon erkannt haben: »We have met the enemy, and he is us.«

Solche Anklänge an Sprachgut aus dem reichen Strom dessen, was Heidegger wegwerfend »das Gerede« nannte, sind nicht bemühte Auflockerung eines andernfalls dröge gelehrten Textes – obwohl Brandoms Baseball-Bezugnahmen ihm einen Platz in der sehr gemischten Gesellschaft von Stephen King, Stephen Jay Gould und Michael Bishop sichern, die aus dieser US-Nationalsportart Argumente oder Wortkunst bezogen haben. Vielmehr unterstreichen sie als Binnen-Illustrationen von einiger inferentieller Verweisfülle selbst die zentrale Idee des Brandomschen Normenbegriffs, wonach Normen der Art, die er meint, in jenem sozialen sprachlichen Prozeß entstehen müssen, der dann auf sie zurückgreift, sie umformt und so weiter. Das heißt: Es gibt weder irgendwo ein Regelbuch, noch sind die Regeln eine Art zufälliger sozialer Durchschnitt – sondern sobald ich mich an einem bestimmten Sprachspiel beteilige, beteilige ich mich auch an der Erschaffung seiner Regeln.

Wenn man die Wittgensteinsche »Sprachspiel«-Metapher samt »Spielzügen« ernst nimmt und sie – was Brandom tut – um Begriffe wie ein »Punktekonto« erweitert, heißt das auch, von Sanktionen zu reden – »rote Karte« würde man hierzulande wohl sagen. Das hat Konsequenzen für Fragen der Autoritätszuweisung oder -annahme, und die Folgen (etwa für die Wissenschaftstheorie, aber auch für die Kulturtheorie) derartiger theoretischer Annahmen laufen kaum auf eine »Diskursethik« hinaus – freilich auch nicht auf deren Gegenteil, sondern so schlicht wie massiv einfach abermals auf den von Cavell untersuchten »Anspruch der Vernunft«.

Ihm zu entsprechen, als *differentia specifica* der kurzen analytischen Philosophie-Überlieferung im von ihr selbst immer wieder betonten Gegensatz zur kontinentaleuropäischen, in welcher die Vernunft, wie wir gesehen haben, seit spätestens dem Aufkommen des Imperialismus immer wieder sehr mißtrauisch angeschaut wird, in zig Spielarten – die vier für uns wichtigsten wollen wir noch einmal gerafft paradieren lassen:

1. Heideggers Vorwurf, die Wissenschaften, die das Templat der klassisch bürgerlichen Vernunftauffassung stellen, denken nicht, ist ja von Gadamer zu einem ehernen Gegensatz zwischen hie empirisch-rational-wissenschaftlichen, da hermeneutischen Verstandesanstrengungen ausgebaut worden, davon zehren die einfältigeren Zweige der *humanities* wie der *science studies* bis heute, während den beweglicheren Köpfen in beiden Bereichen aufgegangen ist, daß diese Differenz auch nicht haltbarer und reiner ist als die zwischen analytischen und synthetischen Wahrheiten, weil Naturwissenschaften ab einem gewissen Alter, einer gewissen Menge bereits erarbeiteter Theorien selbstverständlich jede Menge hermeneutischer Züge aufweisen; auch hier wird allerwege interpretiert, und spätestens mit der Quantenmechanik hat sich sogar der Begriff der Interpretation höchstselbst in den präzisen Einzelwissenschaften eigene Rechte erstritten, die sich neben denen älterer Einrichtungen wie Theorie, Vorhersage oder Modell nicht zu verstecken brauchen; umgekehrt verlangen auch die oft für exklusiv hermeneutisch ausgegebenen Humanwissenschaften jede Menge Indiktivismus; das, was da gewisse Texte zueinander in Beziehung setzt oder irrtümliche Beziehungen aufzulösen bemüht ist, kann nichts anderes sein als Weltwissen, inklusive gewisser akademischer Gepflogenheiten, also stark empirisch unterfüttert, wenn auch selten, wie bei Pierre Bourdieu und vielen Wissenssoziologen, expliziert.

2. Die Kritische Theorie, die ihr Komplementärwirtschaften mit soziologisch-einzelwissenschaftlichen Methoden zu einem Zeitpunkt bedroht sieht, da der in den Sozialwissenschaften organisierte Flügel des Positivismus in diesen Disziplinen zur Hegemonie strebt, wird im »Positivismusstreit« zum Abwehrapparat gegen die »Instrumentelle Vernunft«. Wir haben dazu schon einiges gesagt, hier darum nur ein Zen-Koan: Wer, anstatt bestimmte Zwecke und bestimmte Mittel zu kritisieren, die Zweckhaftigkeit des Vernunftdenkens an sich aufs Korn nimmt, verhält sich wie ein Inspektor, der eine Pistole verhaftet und einen Mörder zu den Beweismitteln sperrt.

3. Der strukturalisierte Marxismus Althussers untersucht schlechthin jedes Denken und Reden als klassengebundenes und verrennt sich dabei in Idiotien wie die, suggestiv nahezulegen, es sage irgend etwas über die Wahrheit eines Satzes oder einer Satzfolge, daß sie mit einem Interesse korreliert ist. Dahinter steckt eine Art negative Wendung der Husserlschen *epoché* und der Kantischen Interesselosigkeit; sobald beides nicht zu haben ist, soll das, was man mit beidem hatte retten, validieren, schützen, säubern wollen, in seinem Bestand angegriffen worden sein, als hieße die Feststellung, daß es irgendein X nur innerhalb gewisser (sozialer, logischer, semantischer) Strukturen gibt, dasselbe wie die Feststellung, daß es dieses X überhaupt nicht gibt. Man hat da einen seltsamen, von uns in diesem Buch bereits mehrfach in seinen verschiedenen Erscheinungsformen kritisierten Maximalismus zu gewärtigen, das schlechte Erbe der schlechten Konkurrenz der Aufklärung mit dem Offenbarungsglauben – immer soll die Vernunft entweder ohnmächtig sein oder irgend etwas können, das über und außer allen irdischen Dingen und Grenzen liegt. Die schlichte Feststellung »Wir haben nichts Besseres, laßt es uns verbessern« scheint unter der Würde all dieser berufsmäßig Denkenden zu sein. So findet man die von uns geteilte Position aller Leute, die sich auf flexible, aber gleichwohl im Rahmen eines explizit ausgesprochenen Geltungsbereichs bis auf ebenso expliziten Widerruf (siehe Grice, oben) verbindliche Maßgaben verlassen wollen, im ewigen Streit mit Leuten, die, weil alles Vernünftige nun mal Lücken und Brüche aufweist, gleich das jeweilige Kategoriengeflecht *in toto* madig machen und anschwärzen wollen (zur konsequenten Forderung nach seiner ersatzlosen Abschaffung fehlt ihnen der Mut, der aufrichtige, nämlich sich explizit zu ihrer Vernunftfeindschaft bekennende Vernunftfeinde von Augustinus bis zu den Esoterikern der New-Age-Bewegung beim Sprung ins Nichts immerhin auszeichnet). Ob Lenin sich mit den Empiriokritizisten zankt, weil sie aus der Möglichkeit des Irrtums beim Erkenntnisprozeß die Unerkennbarkeit der Welt herleiten wollen; ob Georg Lukács die Lebensphilosophie des Ludwig Klages angreift, weil jener die deutsche Unterscheidung zwischen Geist und Seele gegen Sinn und Verstand wendet; ob Kurt Gossweiler den Sozialrevisionismus zurückweist oder James Heartfield das Wegdiskutieren des Subjekts aus der Philosophie kri-

tisch kontert und kontextualisiert; ob Donald Davidson den Begriff der Wahrheit gegen Richard Rortys hartnäckige Demontageversuche aufrechterhält, John Searle wider Jacques Derrida darauf besteht, daß es einen Unterschied zwischen ernstgemeinten und indirekten Sprechweisen gibt oder David Stove mit Paul Feyerabend ins Gericht geht, weil jener die Naturgesetze insgesamt verschrotten will – immer finden wir dieselbe schöne, unverwüstliche Judo-Übung, die sich in Fragen der Art fassen läßt: Wie wollt ihr denn eure Pluralität, Mehrdeutigkeit und Offenheit herstellen, wenn nicht unter Verweis auf (vielleicht veränderliche, aber unverlierbare) Universalien, vor deren Hintergrund erst das Spiel der Partikularitäten erkennbar wird? Wie wollt ihr von Varianten reden, wenn nicht in Relation zu Invarianten, die das Variantenspektrum überhaupt erst öffnen? Wie soll denn das Reich der Freiheit Gestalt annehmen, wenn nicht in Abhebung vom Reich der Notwendigkeit? Wie wollt ihr denn irgend etwas, und sei es die Vernunft, kritisieren, wenn nicht eben mittels der Vernunft? Wie will man denn die Maßlosigkeit und Singularität des Glücks erfahren, wenn nicht als Ausnahme von Maßgeblichem?

4. Wo Althusser und die seinen Geltungsanspruch und Wahrheitswert von Sätzen in Klassenstandpunkte, Diskursformationen, Funktionen ideologischer Staatsapparate auflöst, geht der Poststrukturalismus noch einen Schritt weiter und löst nun seinerseits auch noch jene Standpunkte, Formationen et cetera in allerlei Unnennbarkeiten auf (die Übergänge sind fließend; Althusser ließ vom Marxismus, bei dem er angefangen hatte, am Ende auch nur noch das gelten, was er daran zuvor ohnehin verändert hatte), die dann in (durchaus erkenntnisförderlichen, nicht verdienstlosen – wir verweisen auf die Kapitel zwei, drei und vier dieses Buches) Repolitisierungsschritten sozial konkret als Konstruktionen von Rassen, Klassen, Geschlechtern identifiziert werden, die man nicht akzeptieren, aber auch nicht ignorieren soll (Gayatri Chakravorty hat für diese Spannung der kritischen, emanzipatorischen, progressiven Seite des Poststrukturalismus die schöne Wendung gefunden, es handele sich dabei um die »hartnäckige Kritik dessen, was man nicht nicht wollen kann«, ein Satz, der jedenfalls von den klügeren Zügen dessen, was einmal dialektischer Materialismus geheißen hat, nicht allzu verschieden ist).

Während die Strukturalisten sagen, die Vernunft könne das, was sie ihrer eigenen Bestimmung nach leisten müßte, gar nicht leisten, weil sie sich dafür über Strukturen erheben müßte, mit denen sie in Wirklichkeit stets zusammenfällt, wo es sie überhaupt gibt, greift der Poststrukturalismus von der anderen Seite an und erklärt, Strukturen, auf welche die Vernunft ihrer eigenen Bestimmung nach angewiesen sei, ließen sich wegen allerlei unhintergehbarer Unterbestimmtheiten, Referenzaporien und so fort gar nicht sauber einrichten. Der letztlich rein eristische Dreh, der beide Angriffe ermöglicht, ist die Eskamotierung des historischen Aspekts aus der Problemstellung. Die Flügel keiner einzigen Tierart sind so perfekt, wie man welche am Computer, also in CAD/CAM-Verfahren entwerfen könnte, aber fliegen kann man damit trotzdem (und, ja, der Poststrukturalismus hat recht: »perfekt« sind auch die per CAD/CAM geschaffenen nicht, weil das Wort etwas bezeichnet, was es nicht gibt). Die Falle, in welche der Strukturalismus tapst und die mit ihm zu betreten er uns auffordert, ist die der Überlegung: Flügel können sich nur aus anderen, nichtflugfähigen Gliedmaßen entwickelt haben oder entwickeln, aber das Nichtflugfähige ist doch nicht flugfähig, also wie soll das je gehen? (Was *adaptive Komplexität* ist, Aggregation, Mikromutation, schließlich Umschlag von Quantität in Qualität, kann der Strukturalismus nicht denken.) Die Falle, in der sich der Poststrukturalismus wohlfühlt, funktioniert dagegen analog der Idee: Da kein Vogel jemals den bestmöglichen cw-Wert und die ideale Aerodynamik erreicht und wir das außerdem selbst dann, wenn er es doch täte, nie entscheiden und niemals wissen könnten, gibt es »genaugenommen« oder »streng betrachtet« (Foucault und Derrida sind am vagsten immer da, wo sie ganz präzise werden – philologisch bei Derrida, historiographisch bei Foucault) keine Flügel, nämlich »nur« im Diskurs der Vogelkunde, jedenfalls nicht außerhalb vogelkundlicher Literatur und so weiter und so fort.

Allen vier Formen der Weigerung, sich affirmativ auf den Vernunftbegriff der Aufklärung zu beziehen, begegnet die angloamerikanische, analytische und postanalytische Philosophie mit einem anderen Vernunftbegriff, dessen Geheimnis aber nicht Logik noch Empirismus sind (auf die beiden verstand sich die Aufklärung auch), sondern die Affinität zu einigen Hauptlehrsätzen des Pragmatismus sensu Peirce, James und Dewey (das hat als erster Richard Rorty entdeckt, der aufgrund seiner – im Rahmen des eigenen Projekts wohlbegründeten – Abneigung gegen systematisches und positives Philosophieren allerdings nicht viel daraus machen konnte; produktiv nutzbar wurde die zunächst tatsächlich schlicht hermeneutisch richtige Einsicht dann bei seinem Schüler Brandom). Der berühmte Einwand G. K. Chestertons in seinem Essay *Orthodoxy* von 1908, der Pragmatismus sei in sich inkonsistent, weil er sich zwar menschliche Bedürfnisse zum Maßstab setze, zu diesen menschlichen Bedürfnissen aber unter anderem gehöre, mehr zu sein als bloß pragmatisch, ist ein feines Paradox, zergeht aber, wenn man dasselbe dem Wirken der Zeit überläßt: Kurzfristig ist alles Bedürfnis auf *pragma* verwiesen, langfristig aber sind die Handlungen, die dieses Wort bezeichnet, aufgrund der Notwendigkeit der Anpassung an die jeweilige Situation nicht auf ihren Handlungscharakter reduzierbar; Vorausschau, Abschätzung, Planung, Spekulation, also ganz unpragmatische Dinge, sind menschlichen Handlungen implizit selbst da, wo sie nicht zum Bewußtsein gelangen, nicht explizit gemacht werden, weil eine Außenbeschreibung der Handelnden von ihnen immer wird sagen können: »Die dachten wohl, wenn sie dies und das tun, geschieht dies und jenes« – Pragmatismus als Objektivierung des subjektiven Lustprinzips (was mir nützt, was meine Bedürfnisse befriedigt, ist richtig) wird sich zum Realitätsprinzip aufrüsten müssen, wenn er seiner Zweckbestimmung gehorchen will – ein Pragmatismus, der nicht mehr ist, als sein Name verrät, kann keine Lehre werden; als Peirce, James und Dewey ihre Lehren ausarbeiteten, verhielten sie sich bereits unpragmatisch; und jede pragmatisch orientierte Praxis oder Hexis wird ihr nichtpragmatisches *surplus* enthüllen, sobald auf sie irgend jemand (und sei es die sattelfesteste Pragmatikerin oder Pragmatistin) reflektiert.

V.
Stimmiger Unfug

Daß der Unterschied zwischen einerseits vernunftskeptischen und andererseits vernunftsetzenden Philosophien ganz nach dem Cavell-

Merkwort einer des Anspruchs, ein normativer ist und nicht etwa einer der Methodik oder gar der Nähe oder Ferne zu irgendeinem *common sense* (ein Ding, das noch schwerer zu fassen ist als das Theoriekonstrukt »Vernunft«, wie sein heute meistgebräuchlicher Name nahelegt, jedenfalls eins, das man spätestens seit dem Puritanismus gerne denen anhängt, die englisch sprechen; wo sonst als da, wo das geschieht, hätte man in den letzten dreihundert Jahren eine »*ordinary language philosophy*« erfinden mögen und können?), sieht man ganz leicht daran, daß das Maß des Kontraintuitiven, also die Fachphilosophie von jeder denkbaren Sorte sogenannten gesunden Menschenverstandes Sondernde, bei allen beiden Richtungen höher ist als zu Zeiten der Konstitution moderner Philosophie als autonomer Tätigkeit. Wenn etwa die analytische Schule sich über den Disjunktivismus verständigt, also die Streitfrage zu entscheiden sucht, ob die Halluzination, einen Apfel vor sich zu sehen (erzeugt etwa durch chemische Balancestörungen des Hirnstoffwechsels, holographische Projektion plus nahrungsmitteltechnisch erzeugte Duftstoffe, elektrische Stimulation des Hirns nach dem Muster virtualitätsgenerierender, bildgebender Software und so weiter), sich grundlegend von der Wahrnehmung eines tatsächlich vorhandenen Apfels unterscheidet oder nicht; oder wenn einer der derzeitigen Stars dieser analytischen Schule, Galen Strawson, Philosoph, Ökonom und Sohn des großen P. F. Strawson, erklärt, wie er darauf kommt, daß alles, was es im Universum gibt, tatsächlich denkt; oder einer der älteren Heroen der Richtung, David Lewis, seine Analyse der Bedeutung kontrafaktischer Sätze im Einklang mit den allerwildesten Traditionslinien der Spekulation (was bei uns, wir erinnern einmal mehr daran, alles von Hegel bis zur Science-fiction einschließt) bis zu dem Punkt führt, da die buchstäbliche Realität (wie erfahrungsunzugänglich auch immer) noch der absurdesten, anti-empirischsten, aber behauptbaren und konstruierbaren Welten führt; oder wenn Mark Johnston den Anglikanismus und die Analysis in einer scharfsinnigen Argumentation zur Rekonstruktion des religiösen Unsterblichkeitsgedankens vermählt – dann kann sich dies alles, weiß Gott, mit den brummigsten Unergründlichkeiten Heideggers, den abseitigsten Verstiegenheiten in Derridas »Glas«, den negativsten Dialektiken des ganz späten Adorno mühelos messen und bleibt dem berühmten kleinen

Mann (dem von der Straße in Allensbach) jedenfalls gleichermaßen unverständlich und, wenn er Glück hat, herzlich egal.

Warum reden und schreiben alle diese intelligenten Menschen solchen Unfug? Ist es überhaupt Unfug? Was für ein Unfug ist es, falls es einer ist; und falls nicht: Warum sieht es aus wie Unfug, wenn es keiner ist?

Es ist in der Tat nicht leicht einzusehen, wie man philosophisch nicht trainierten Hirnen erklären soll, was beispielsweise Derrida eigentlich meint, wenn er schreibt, man dürfe nicht behaupten, zuerst sei das gesprochene Wort und dann die Schrift dagewesen, weil es unentscheidbar sei, ob es sich nicht umgekehrt verhalten habe und man über Dinge außerhalb des Texts außerdem ohnehin nicht reden solle, da es so etwas wie ein »außerhalb« des Textes gar nicht gebe. Und wie soll man – damit, noch einmal, niemand meine, wir wollten etwa irgendeine Schule, poststrukturalistisch oder sonstwie angelegt, insgesamt des Obskurantismus überführen; diese müde Entlarvungsarbeit interessiert uns überhaupt nicht – weltklugen, aber in der Analysis nicht bewanderten Leuten vermitteln, was David Lewis mitteilen möchte, wenn er behauptet, es gebe eine Welt, in der Batman und Donald Duck befreundet sind, weil wir Sätze über so eine Welt formulieren können (also nicht nur ein Comicheft, einen Film oder eine Erzählung, in der jenes der Fall ist, sondern eine Welt, auch wenn wir keinen Zugang zu dieser Welt haben)? Wie vermittelt man dem Alltagsbewußtsein, was der Bischof Berkeley meinte, als er lehrte, es könne keine Dinge geben, die nicht gedacht sind, oder was der jüngere Strawson meint, wenn er lehrt, es könne keine Dinge geben, die nicht denken? Was für eine Religion wollte eigentlich Comte gründen, als er die Menschheit zum Gott erklärte, wie konnte Hegel ernsthaft der Meinung sein, daß sein Denken nicht nur auf irgendeine triviale Art erläuterte, wie der Weltgeist zu sich kam, sondern selbst dieses Zusichkommen des Weltgeists sei?

David Stove, ein leidenschaftlicher und oft überzeugender Philosophenhasser von einschüchternder philosophischer Belesenheit, hat die philosophietypische Art zu denken, die in obigen Verstößen gegen die Gewohnheitsvernunft zum Ausdruck kommt, kurzweg »pathologisch« genannt und damit erklärt, die einschlägige Doxographie wäre eigentlich nur als Nosologie und Diagnostik zu machen. Wer so fragt wie die oben mit einigen ihrer Lieblingsfragen und Antworten herbeizitierten Leute, bietet dem praktischen Denken keine Verständigungsgrundlage an. Eine mögliche Erklärung, die dem *principle of charity* der Analysis verpflichtet ist (es stammt in seiner entwickelten Form von Quine und Davidson, nämlich deren Übersetzungs- und Interpretationstheorie, und besagt etwa: Wenn jemand unverständlich zu reden scheint, liegt das nicht am Irrsinn, am Begriffsschema oder der *pluralité des mondes*, sondern an Informationsmangel und diskursiver Kontextunterbestimmtheit), läßt sich aus der Beobachtung der tatsächlichen (nicht der auf die jeweiligen Autonomiebegründungen und Selbstrechtfertigung gestellten) Beziehung zwischen der Philosophie und den Einzelwissenschaften gewinnen: Stove selbst erinnert daran, daß einige der seltsamsten Problemstellungen der Philosophie seit der Aufklärung aus Verallgemeinerungen oder Präzisierungen einzelwissenschaftlicher Rätsel gewonnen wurden, und erinnert an Quines Vermutung, Wissenschaft und Philosophie seien möglicherweise Spektrenmarken desselben Kontinuums, sowie an Poppers Behauptung, falsche Philosophie habe ihre Wurzel immer in wissenschaftlichem Ungenügen (nicht nur einzelner Köpfe, sondern etwa auch ganzer Kulturkreise, Epochen et cetera).

Nun weiß man ja, wenn man überhaupt etwas über die Wissenschaften weiß, daß sie ebenfalls lauter Dinge sagt, die dem *common sense* nicht gefallen können, die normale Wahrnehmung nicht dekken, sie strapazieren, belasten, ihr widersprechen. Alle sehen doch, daß die Sonne sich um die Erde dreht, daß sie auf- und untergeht, wieso sollte es umgekehrt sein? Alle erkennen doch, daß Delphine und Wale Fische sind, wieso sollten sie keine sein? Allen ist doch glasklar, daß a + b dasselbe ist wie b + a, warum sollte es eine nichtkommutative Mathematik geben, in welcher dies nicht der Fall ist?

Manchmal hört man, wenn man die Strapazen ausstellt, denen sich der Verstand in allen diesen Fällen unterwerfen muß, um weiterzukommen, modernisierte Spielarten der alten aristotelischen Unterscheidung von Essenz und Akzidenz, von Wesen und Erscheinung also: Der Delphin mag aussehen wie ein Fisch, aber das ist nebensächlich, er ist wesenhaft Säugetier. Die Bestimmung des Säugetierstatus bei einer Spezies jedoch hängt, wenn wir den Erkenntnisschritt, den der Nominalismus vollzogen hat, nicht ganz rückgängig machen wollen, von der Arbeit Vokabular- und Grammatikproduzierender ab, die nicht Erscheinung gegen Wesen ausspielen, sondern Erscheinung mit Erscheinung verrechnen (schwimmt zwar mit Flossen im Wasser, säugt aber lebend geborene Junge) – Erscheinung ist, was die Empiristen »Wahrnehmung« nennen, Wesen aber ist nicht etwas anderes, sondern mit Wahrnehmung abgeglichene Wahrnehmung – das geht nicht immer so einfach wie beim Delphin, manchmal braucht es auch eine Genomanalyse; auch diese aber muß wahrgenommen werden, um in irgendeinen Benennungsakt eingerechnet werden zu können. Die Unterscheidung zwischen Wesen und Erscheinung hat keinen ontisch-metaphysischen Gehalt, der über die *comparative evaluation of perceptions* hinausreichen könnte. Es regiert Ockhams Rasiermesser: Wir denken ökonomischer und menschlichen Erkenntniszwecken angemessener, wenn wir Tiere nicht nach Lebensraum, sondern nach biologischen Funktionen klassifizieren – »angemessener« heißt nicht notwendig »knapper«; manche zutreffende Erklärungen verwickelter Sachverhalte sind länger als die meisten denkbaren (oder jedenfalls akut jemals kursierenden) falschen, vor allem dann, wenn Intuitionen oder eingeschliffene Redeweisen zunächst einmal aufgebrochen, in ihrer Vermitteltheit als notwendig verkehrt erwiesen werden müssen, weil der Augenschein (oder die bisherige Art, ihn zu bewerten) trügt. Erklären heißt nicht immer, Langes auf Kurzes oder Unbekanntes auf Bekanntes abzubilden; je nach Erkenntnisinteresse und Stand der Erkenntnistechnologien geht die Sache auch mal in umgekehrter Richtung – stets aber geht es darum, das jeweilige Maximum an Handlungsoptionen, an Möglichkeiten des Umgangs mit den untersuchten Dingen, also an nicht erwartbaren Verbindungen und Unterscheidungen, mithin nach dem Wortgebrauch der Informatik: das Maximum an *Information* aus dem Gegenstand der Aufmerksamkeit herauszuholen. Halte ich den Delphin für einen Fisch, entgehen mir Möglichkeiten seiner erkenntnisfördernden Nutzung (zum Beispiel für die evolutionsbiologische Theoriebildung oder die biotopübergreifende Säugetier-Komparatistik). Die Wissenschaft sagt Kontraintuitives, weil sie mehr wissen will, als die Intuition verrät, die dem naturwüchsigen

Leben der Art, zu der wir gehören, angepaßt ist (also dem *housebroken* Affenverhalten).

Dasselbe gilt nun zwar, unmittelbar einsichtig, auch für den philosophischen »Unfug«, aber der Gegenstandsbereich der Philosophie – nicht Naturphänomene, auch nicht irgendwelche sozialen Phänomene skalierbar beliebigen Umfangs, sondern eine sehr spezifische Untermenge derselben, nämlich die Gebrauchsweisen (empirisch bereits gegebene und noch zu erschließende) von Begriffen – überantwortet deren Tätigkeiten einer eingebauten Selbstreflexivität, die sich zu Luhmanns vieldiskutierter »operativer Geschlossenheit« psychischer, sozialer und sonstiger Systeme verhält wie die Beobachtung zweiter zur Beobachtung erster Ordnung. Wenn die Philosophie sich damit befaßt, wie mit Begriffen umgegangen wird oder wie mit ihnen umgegangen werden könnte, dann geht sie dabei selbst mit Begriffen um, weshalb Philosophinnen und ihre Philosophien für Philosophinnen und deren Philosophien nicht nur ein genauso naheliegender Gegenstand sind wie Physikerinnen und ihre Physik, Künstlerinnen und ihre Kunst, Politikerinnen und ihre Politik, sondern sogar einer, den die Philosophinnen aufgrund ihrer Ausbildung besser kennen und leichter in ihre Philosophien einbauen können als nirgendwelche anderen. So kommt der Eindruck zustande, Philosophie sei im Normalfall (wir gebrauchen das Wort so, wie Kuhn von »normaler Wissenschaft« redet) so etwas wie die Anwendung »philosophischer Methoden« auf Tatsachen aus Form und Inhalt der Textgeschichte der Philosophie; sie sei sozusagen wesenhaft »hermeneutischer« als andere Denkdisziplinen. Rorty sagt, sie solle am besten gar nichts anderes sein als eine Art Literaturwissenschaft für ein besonderes literarisches Genre, es gebe nämlich gar keine anderen spezifisch philosophischen Fragestellungen – in *Contingency, Irony and Solidarity* vergleicht er sie noch in einem Tonfall mit der Belletristik, der sich figurativ, sozusagen malerisch ausnimmt, läßt aber dabei bereits den Umstand weg, daß es schöne Literatur als etwas, das wesentlich von Objektsprachen (oder, im Fall der Begriffsdichtung der Klassik und einem erklecklichen Teil der Literatur des Modernismus, als Objektsprachen behandelten Metasprachen) lebt, auch in Situationen geben kann, die kaum öffentliche und stark eingeschränkte private Freiheiten gibt, während das bloße Vorhandensein von Philosophie als etwas von Wissenschaften, Theologie und Kunst Geschiedenes bereits Indikator einer gediegen liberalen (nicht unbedingt: bürgerlichen) Organisationsweise des öffentlichen Lebens ist.

Schöne Literatur hantiert mit Denken und Empfinden, soweit es privat, also nach Petrarcas Entdeckung des *secretum meum* (zum Beispiel als lyrisches Ich), oder naturwüchsig öffentliches (zum Beispiel als mythische Stimme des Epos), von Wörtern aufgeschlossen werden kann; Philosophie arbeitet mit Begriffen als Wörtern zweiter Ordnung. Wie bei allen Implexrelationen empfiehlt sich auch hier Vorsicht bei den mengentheoretischen Intuitionen: Man kann alle Wörter als Begriffe behandeln (weil sie ja immer schon in einer sozialen Welt gesprochen und geschrieben werden, die außer allem anderen, was man wahrnehmen kann, auch Wörter wahrnimmt), aber umgekehrt auch alle Begriffe als Wahrnehmungswörter (weil sie ja irgendwo gehört oder gelesen werden), der Unterschied ist nicht einer der Suprematie, Vorgängigkeit, des Primats, sondern einer der Richtung, in die jeweils gesprochen wird, und wenn Rorty, innerphilosophisch die Differenz zwischen schöner Literatur und Philosophie reproduzierend, wie das mit Unterscheidungen unter Implexbedingungen immer geht, gelassen feststellt, Nietzsche diene mehr der Selbstveränderung, Marx mehr der Veränderung der Gesellschaft, dann spricht er dabei keine ewige Wahrheit aus, sondern eine implizite über seine eigene Gesellschaft und die Position, die er in ihr einnimmt. Nach der Singularität, von der Vernor Vinge spricht, also der technischen Verwirklichung des Übermenschen, ist Nietzsche ein politischer Schriftsteller und Marx altertümliche Poesie; nach Errichtung des Sozialismus ist Marx das Alleröffentlichste und Nietzsche eine Schrulle für Schlechtweggekommene; in wieder anderen sozialen Situationen, die etwa als Mischzustände aus Vinges und Lenins Zukunftserwartungen sich darstellen würden (und die man in der Science-fiction der letzten zwanzig Jahre gar nicht selten findet – zum Beispiel bei Nancy Kress, Ken MacLeod, China Miéville …), sieht die spezifische Gewichtsverteilung dieser beiden Autoren wieder anders aus (Rorty selbst allerdings würde in allen drei denkbaren Sozietäten eher selten gelesen, anders als jetzt). Beide sind bloß zum allerkleinsten (aber deswegen längst nicht uninteressantesten) Teil Wissenschaftler, nämlich soweit Marxens politökonomische Begriffskritik auf zu korrigierende kursierende Beschreibungen realer politökonomischer Prozesse zielen muß und sie mit eigenen Erhebungen abgleicht und soweit Nietzsche tatsächliche philologische Arbeit leisten muß, um außer der Umwertung aller Werte etwa auch ein gegenüber dem Klassizismus realitätsgerechteres Griechenbild ins Werk zu setzen.

VI.
Rorty als Reemtsma als Wieland als Aristipp: Eine Mehrfachverwechslung

Wer wie Rorty die Autonomie der Philosophie zwar toleriert, ihre Geltung aber vermindern möchte, tut dies aus Gründen, die man linksliberal nennen darf (autoritäre und illiberale Philosophiefeindschaft sieht anders aus; sie wird das Literarische am spekulativen Denken stets besonders scharf angehen, nicht positiv als *saving grace* dieser Art Schriftstellerei hervorheben, wie Rorty das tut). Linksliberales aber kann man nicht nur von rechts schief finden, sondern auch von weiter links. Rorty sagt, daß er gegen den Autonomieanspruch des philosophischen Denkens zwar nichts einzuwenden hat; daß er es aber vorzöge, die Philosophie verstünde sich als eine über die Auseinandersetzung mit ihrer eigenen literarischen Tradition vermittelte Kulturkritik, als Therapeutikum iatrogener Krisen der Vernunft – das klingt dann nicht immer ganz anders als das, was wir uns auch wünschen: »Meiner Ansicht nach findet philosophischer Fortschritt in dem Maße statt, als es uns gelingt, die von unseren Vorfahren übernommenen Weltanschauungen und intuitiven moralischen Gesinnungen mit neuen naturwissenschaftlichen Theorien oder neuen soziopolitischen Institutionen und Theorien bzw. sonstigen Neuheiten in Einklang zu bringen«[220] – kurios daran ist für uns nur, daß er nicht sieht, daß ebendieses Ineinklangbringen, die Überholung der alten Begrifflichkeiten also, die Autonomie der Disziplin und das Markieren genuin philosophischer Probleme gerade verlangt, nicht erübrigt, als das richtige, sozial verantwortete

Herauspräparieren ebender Stellen, an denen unsere übernommenen Weltanschauungen und intuitiven moralischen Gesinnungen das Überarbeitetwerden vertragen und verlangen. Gerade das, was er da möchte, geht ja schief, wenn die Philosophie in die neuen soziopolitischen Institutionen oder naturwissenschaftlichen Theorien einfach hineinkollabieren würde. Mehrere Dinge miteinander in Einklang bringen kann man nur, wenn sie zunächst mal als je sie selbst konstituiert sind. Rortys Polemik gegen Philosophen, die für ihr Tun eigene Geltung beanspruchen nicht als Hilfsdisziplin des Lebens im Status der liberalen Ironikerin, sondern Erkenntnisarbeit eigenen Rechts, hat in den letzten zwanzig Jahren zahlreiche Leserinnen gefunden, die den Gedanken, philosophischer Größenwahn müsse abgebaut werden, von ihrem Lehrer aus bis in die Aufklärung zurückverfolgen. Der fleißige Rorty-Leser Jan Philipp Reemtsma entdeckt Rortys Position beim deutschen Aufklärer Wieland, im Roman »Aristipp und einige seiner Zeitgenossen«, den wir im Zusammenhang mit der Emanzipation der Liebe von naturwüchsigen Geschlechterverhältnissen schon kennengelernt haben. Wieland, so Reemtsma im *Buch vom ich*, habe seinen Aristipp schon sagen lassen, was Rorty heute sagt; dieser Auslegung aber entgegnet Peter Hacks scharf, dieser Aristipp sei nicht die Wielandsche Figur, sondern ein verkleideter Reemtsma (hinter dem dann noch ein Hacks mutmaßlich unbekannter Richard Rorty vermutet werden kann), der idyllisch, elegisch und satirisch (Rorty sagt, wie wir gesehen haben: ironisch) denkt statt philosophisch. Die Schelte ist es wert, daß wir sie *in extenso* geben, sie gipfelt in dem Satz, den wir Hacks schon eingangs dieses Kapitels haben sagen lassen, wo er Positionen von Marx und Engels gegenübergestellt war, die mit denen Rortys und Reemtsmas bei geradezu entgegengesetzter Begründungsrichtung bemerkenswerterweise den Schluß gemeinsam haben, die Philosophie solle ihren Autonomiewunsch aufgeben – Hacks widerspricht:

> »Reemtsma/Aristipp (…) liebt an den Jungs des Sokrates, den Überlebensphilosophen von der idyllischen, elegischen und satirischen Sorte, eben das, was ihren Mangel ausmacht: daß sie nicht philosophieren können. Es gibt, verkündet er, gar keine Wissenschaft Philosophie. Es gibt nur Einzelwissenschaften. Eigentüm-

lich philosophische Fragen, verkündet er, werden von keinem Gegenstand aufgeworfen, nur von den Philosophieprofessoren, die sich damit ihre Kolleggelder verdienen.

Ich wiederhole: nicht Wieland/Aristipp verkündet das alles. Ausschließlich Wielands Interpret schiebt es ihm in die Sandalen. ›Der Roman «Aristipp» ist der Versuch zu zeigen, daß es keine Probleme gibt, die die besondere Eigenschaft haben, «philosophisch» zu sein‹ (Reemtsma).

Aus Platons Phantasie vom ›Philosophenkönig‹ wird – unter Reemtsmas, nicht Wielands Hand – der ›herrscherliche Anspruch‹ der Philosophie. Reemtsma ist nicht nur ein Leugner alles Wissenkönnens. Er ist sogar ein Tadler alles Wissenwollens. Philosophie, sagt er, ist ›im Grunde‹ Religion: ein ›unnatürliches Trachten nach Gewißheit‹. Ich kann leben, ohne hierauf zu entgegnen. Es ist möglich, daß von den Denkschwierigkeiten der Philosophie nicht eine einzige besser als annäherungsweise gelöst ist, und es ist wahrscheinlich, daß die Behauptung, man habe die Lösung, oft schadet. Aber der größte Schaden auf dem Weg zur Menschwerdung ist Wissensverzicht. Irgendwer sollte einmal einen Blick auf die Ergebnisse der Einzelwissenschaften werfen, etwa die vom Kosmos, vom Bewußtsein und von der Gesellschaft. Sind die weniger religiös? Oder weniger idiotisch? Ich versichere Ihnen: nur eine schier bedingungslose Hingabe an die Philosophie kann uns vor dem Schwachsinn der Einzelwissenschaften retten.«[221]

Was Hacks an einem Denken, das dem Positivismus nicht ferner stehen könnte, eigentlich stört, ist dasselbe, was Adorno und Horkheimer am Positivismus stört: Wenn die Einzelwissenschaften die Begriffe festlegen können sollen, aber die Philosophie dann nicht mehr an ihnen schrauben können soll, besteht das Risiko, daß der Öffentlichkeit davon nur die Lehre eingeht, es gebe eben nicht mehr und nichts anderes, es könne und solle eben nicht mehr und nichts anderes geben, als was es nun einmal gibt – wer dagegen wissen will, was es geben sollte, ist ein verkappter Tyrann, ein Großmaul in der Tradition Platons, der Philosophen als Könige dachte, ein Feind der offenen Gesellschaft, wie Popper herausgefunden haben will (Rortyaner sind verfeinerte Popperianer: Alles – Wahrheit, Wissenschaft, ontische Verbindlichkeiten –, womit der Schöpfer des Kritischen Rationalismus noch Mühe hatte, weil Widersprüche lauern, wo er es bewahren will, wirft der Kritiker des »Spiegels der Natur« endgültig über Bord und fühlt sich wohler). Reden solche Leute soziologisch, so in einem Zungenschlag, den Jürgen Kaube »postsozial« genannt hat, das heißt, sie führen kaum noch etwas in ihrer Gesellschaftsbeschreibung auf normative Fragen des sozialen Zusammenhalts und des guten Lebens zurück (die Platon immerhin noch beantwortet haben wollte), sondern sehen das Ding als Ding seiner selbst – die Selbstreferentialität wird der Gesellschaft zugestanden, Kritik und Philosophie aber können wohl ihrer je eigenen Leitdifferenz folgen, sollen aber keine Autonomie-Illusionen pflegen, da sie zur Gesellschaft gehören, wie diese nun einmal ist. Wer da mit Krisen und Revolutionen kommt, wird belehrt, die moderne Gesellschaft (*tout court*, Binnenunterschiede sind plötzlich egal) habe bisher noch jede Krise und Kritik überlebt, jene seien nicht Zeichen ihrer immanenten Grenze und Brüche oder dafür, daß irgend jemand oder irgend etwas sie aufheben (wollen) könnte, sondern gehörten zu ihr als ihr Modernes selbst (das Argument folgt dem bewährten Vorbild: Die Oma mußte mehrfach ins Krankenhaus, sie kam aber immer wieder zurück, das Krankenhaus gehört also zu Omas Leben, sie ist nun mal unsterblich mit kleinen Fehlern).

Noch das falscheste Bewußtsein (das mitunter eine beeindruckende operative Geschlossenheit erreicht) ist eine Lebensäußerung, Attribut von etwas also, das »man« nicht alleine tun kann; Denken und Leben sind für Menschen gesellschaftliche Sachen, und Leben heißt, Defizite supplementieren, so gut man kann – blendet man Außeninput dann aus der Reflexion, um davon nicht so irritiert zu werden, daß man diejenigen Fehlerquellen des eigenen Denkens, die nicht in dessen Autonomie, sondern im Gesellschaftlichen sucht (weil das die Aufgabe tatsächlich uneinholbar aussehen läßt – man möchte keinen Virenscanner auf dem Rechner installieren, der sofort anfängt, nicht nur die Festplatte, sondern auch das Internet nach Viren zu durchsuchen). Das falscheste Bewußtsein aber geht in seiner Falschheit und seinen Bewußtseinsqualitäten nicht völlig auf, ist noch verschieden vom falschen Leben, dem es entspricht, weil es ihm nie vollständig entspricht, nämlich Freiheitsgrade enthält, die leichter auszunutzen sind als die der Praxis – es geht ja, wir erinnern an Freud, um vergleichsweise winzige Energiemengen dabei.

Ein Wort, einen Satz, eine Parole als *conceptual engineer* mit den von Freud katalogisierten Traumtechniken zu behandeln (Verdichtung, Verschiebung, Verneinung et cetera), und zwar bewußt oder mit denen der Poesie (Metapher, Ironie et cetera), ist einfacher, als eine Revolution anzuzetteln, erlaubt aber eben deshalb, sie durchzuspielen, indem man das für sie geeignete Vokabular, den neuen Begriffs- und Satzbestand entwirft, wobei die Traumtechniken und poetischen Verfahren die Funktionen von Variation, Mutation, Rekombination in der natürlichen und künstlichen Genetik erfüllen. Geht alles gut, vermag dieses Vokabular, dieser neue Begriffs- und Satzbestand den neuen sozialen Zustand zwar nicht zu »erschaffen«, wohl aber die Pläne zu artikulieren und die Handlungen zu koordinieren, die ineinandergreifen müssen, damit es ihn gibt. Die Grenze aller Freiheitsgrade ist nicht der Ist-Zustand, sondern die computational irreduzible Geschichte, zu der er gehört – was in ihr nicht vorkommt, kann zwar dennoch gedacht und gesagt, aber nicht gemacht werden. Wenn Sozialismus geht und wenn der Kapitalismus dafür die Voraussetzungen bereitstellt, ist eben nicht ausgemacht, daß es 1880 soweit ist – der Grund dafür, daß man darauf umsonst hofft und hinarbeitet, ist indes kein metaphysischer, sondern eben ein historischer; der Widerstand der Besitzenden ist nicht einfach nur »stark«, sondern sogar einfallsreich; er kann die Verhandlungsbereitschaft der Nichtbesitzenden (der sich in der Existenz und dem Verhalten einer SPD ebenso ausdrücken mag wie, zu einem anderen geschichtlichen Moment, in Organisationsmüdigkeit; in der Hegemonie gewerkschaftlichen Treibens innerhalb einer Arbeiterbewegung ebenso wie in dessen Verkümmerung usw.) ebenso zur Erreichung von Feuerpausen ausnützen wie neue Ideen einschlägiger Berufsdenkerinnen zur Verflachung von Massenbewußtseinsentwicklungen, die auf Zuspitzung hinstreben. Marxisten, die nur aus dem Grund, daß ausdifferenzierte Hirnarbeit wie Kunst, Philosophie, Wissenschaft oft genug Ideologie produziert, diese verbellen (»außer vielleicht«, wie uns ein herzensguter und naiver Maoist in einer Debatte einmal in allem goldigen Ernst entgegenhielt, »auf Naturwissenschaft und Technik, ohne die gibt es natürlich keinen Sozialismus«, das Netteste daran ist natürlich das Wort »natürlich«), sollten sich bei dem, was sie da wünschen und fordern, in acht nehmen, nicht selber Ideologie abzusondern. Hätte man die Feuerbachthesen als Rezeptzettel aufgefaßt, wonach ein Antibiotikum gegen die Wuseltierchen der Begriffszüchtung das Mittel der Wahl sei, wäre der Marxismus selbst auf dem Stand eingefroren, an dem das Ausbleiben der Revolution den späten Marx in immer verzwicktere Verwissenschaftlichung seines revolutionären Denkimpulses, immer diffizilere Ableitungen aus der Wertlehre, immer spiralförmigere Umkreisungen des tendenziellen Falls der Profitrate, der Krisentheorie et cetera zu zwingen drohte; dagegen ist noch das naivste syndikalistische Flugblatt dem Sinn des ursprünglichen Marxschen Beginnens näher. Seine anhaltende Nähe zur Philosophie, bei aller Gefährdung der Zielstrebigkeit und Luzidität des entsprechenden Denkens durch den stimmigen Unfug der begrifflichen Umbruchsetappen, hat dem Marxismus immer wieder eine Denkbeweglichkeit erstritten und erhalten, ohne die er längst in die Obskurität der Dühringschen Gewaltlehre versunken wäre (die wiederum nur überliefert ist, weil Engels sie mit durchaus philosophisch zu nennendem Geschick demoliert hat).

Daß das in den engen und jeweils genau zu bestimmenden Grenzen vernünftig erschlossener Anwendungsbereiche nützliche Postulat der operativen Schließung (»Autonomie«) von Denkanstrengungen zur ideologischen Denkblockade werden mag, insofern jede System/Umwelt-Unterscheidung, wo sie ontologisiert wird, vergessen machen kann, daß Systeme (auch soziale) in ständigem dynamischem, energetischem, strukturellem, topischem und informationellem Austausch mit ihren Umwelten stehen, der ihre Selbstreproduktion bis in die letzten von Essentialisten so gern fetischisierten Charakteristika prägt, läßt sich nun mal am besten mittels für solche Operationen entwickelter Detektoren aus dem Gerätepark der Philosophiegeschichte identifizieren und therapieren: Eine aufmerksame Denkerin wird den ideologischen Charakter der Hypostase operativer Schließung ohne Mühen erkennen, wenn sie bei Derrida gelernt hat, wie man binäre Unterscheidungen der Sorte System/Umwelt dekonstruiert, oder bei Marx oder Hegel im Fach Dialektik nicht gefehlt hat, wenn sie von der Naturalisierung der Erkenntnistheorie bei darwinistisch, pragmatistisch oder anderweitig handlungs- und ereignisorientierten arbeitenden analytischen Philosophen den Gedanken behalten hat, daß noch das *allerotopietischste* Tierchen oder Pflänzchen stirbt, wenn man dem Planeten Erde die Sonnenlichtzufuhr abschneidet (und sie mag über Variablen und Invarianten der Energie- und Informationsaustauschformen von Systemen in Umwelten Klügstes denken, wenn sie sich vom Disjunktivismus zur Spekulation über die Frage anregen läßt, ob ein Organismus im Sonnenlicht derselbe wie unter einer UV-Lampe ist).

So betrachtet – aber glücklicherweise: nur so – hat Husserl also ganz recht, wenn er in seinem riskantesten Text *Philosophie als strenge Wissenschaft* den nur scheinbar extrem eklektizistischen Satz aufstellt: »Dem wahrhaft Vorurteilslosen ist es gleichgültig, ob eine Feststellung von Kant oder Thomas von Aquino, ob sie von Darwin oder von Aristoteles, von Helmholtz oder Paracelsus herstamme.«[222]

Seine Begründung jedoch, dies verhalte sich so, weil die Philosophie nun mal an die Wurzeln der Dinge greife, und das auch noch mittels »direkter Erfassungen«, »direkter Intuition«, also ohne Experiment, Philologie, Induktion, Reflexion, ist eine leider sehr grobe Verkennung der Vermitteltheit des Materials, das in der Spekulation (nicht nur im deutschen Idealismus, sondern auch etwa in der Phänomenologie, die spekulativer ist, als sie wahrhaben will) die entscheidende Rolle gespielt hat. Das Verlangen nach Unmittelbarkeit und das nach Gewißheit sind die Hauptlaster und Hauptideologiequellen der philosophischen Arbeit, von der jedenfalls gesagt werden kann, daß sie diese Dinge, wenn es sie denn gibt, vernichten muß, um überhaupt in ihre Rechte treten zu können.

Einer wie Wittgenstein, der Sprachbedeutung auf Sprachhandlung zurückführt und auch sonst aus manch metaphysischem Ballon die Luft läßt, wirkt da in der Tat so heilsam, wie Rorty ihn liest; die Analysis hat seit Moore, der erklärte, er sei nur deshalb Philosoph geworden, weil ihn der Unsinn, den die Philosophen schreiben, so geärgert habe, in dieser Richtung allerlei bewirkt; das historisch Erfreuliche daran ist diesmal wirklich in die logische Anlage solcher Lehren eingesenkt, nicht bloß Glücksartefakt; Köpfe dieser Sorte sind Begriffsklärer eher als Begriffsschöpfer, unverächtliche, angenehm urbürgerliche Leute also (schon das vormanufakturische Handwerk brachte ja außer Zimmerleuten oder Schneidern auch Scherenschleifer und Gärtner zu Ansehen, Menschen, die etwas schärfer machen oder zum Blühen bringen).

Je nach »Theoriedesign« (ein treffendes Wort Luhmanns) gibt es unter diesen wie unter den Schöpferischen (der Unterschied ist graduell, nicht starr) krudere und weniger krude, auch das ist oft eine Frage des Zeitpunkts: Den physikalischen Gesetzen nach stand der Erzeugung von Glühbirnen schon bei den Sumerern nichts im Weg; aber was ein Thomas Metzinger übers Ich vermutet oder sagt, paßt trotzdem besser in die hocharbeitsteilige Internet- und iPhone-Welt als in die Epoche des deutschen Idealismus, der sich mit diesen Fragen doch auch beschäftigt hat. Die logischen Prämissen wachsen, allem Gerede von perennierenden philosophischen Grundannahmen zum Trotz, geschichtlich mit den Ansprüchen, welche die Menschheit an die aus ihnen zu gewinnenden Schlüsse stellt, und diese Ansprüche wieder mit den sich vervielfältigenden Gelegenheiten, sie zu formulieren.

Für die begrifflichen Hebel, Räder, Kugellager, Flaschenzüge, Dreschtrommeln und Kreiselkompasse der philosophischen Literatur gilt dasselbe wie für andere Maschinen, der Stand der Produktivkräfte ist nicht das Alleinentscheidende – die beiden bedingen einander, können einander auch annihilieren, es gilt in der Marxschen Geschichtsphilosophie da eine Art Wellenmechanik; die Marxsche Theorie bietet an dieser Stelle eine weitere Technik der Begriffshandhabung, nicht bloß ein Instrument des Verstehbarmachens anderweitig schwer erklärlicher Erscheinungen und auch nicht nur eine revolutionäre Kriegswissenschaft – die Spannung beider Lesbarmachungsmöglichkeiten aber verhindert ihr Abstürzen in begriffliche Bastelei (also das, was man, Bourdieu folgend, manchmal »illegitime Theorie« nennt), gegen die der gesellschaftlich seiner Autonomie versicherte Philosoph einfach institutionell geschützt ist: Die gescheitesten Hobby-Cineasten werden nie eine so sorgfältig mit Bildungsgut aus der Ikonologie, Semiotik, den Sozialwissenschaften ausgekleidete und abgesicherte Ästhetik des Films erfinden können wie Leute, denen man dafür einen Lehrstuhl bezahlt (ob die das dann allerdings auch tun, hängt wieder stark von ihnen ab). Schopenhauers gesalzene Invektiven gegen Schulphilosophie und für Weltphilosophie blamieren sich an ihrem eigentlichen Anlaß, an Hegel, denn wenn irgendeine Leistung den Namen »Weltphilosophie« verdient, dann die des Neidfeinds des Autors der *Welt als Wille und Vorstellung*. Seine Wut auf den Lehrstuhlprofi ist wie die der Kritischen Theorie auf die Kulturindustrie auf Handwerker- und Kleinproduzentenstufe verhärtete Biedermeiereien (so was gibt es auch links); allerdings besitzt er (wie Horkheimer und Adorno) genug Genie, bei dieser Wut nicht stehenzubleiben, er verbrennt sie in kritischen Leistungen, welche die sachliche Blamage abfedern, wo nicht auswetzen (daß Schopenhauer brillanter dachte als dreitausend Professoren der Epoche, gibt ihm aber auch nicht einfach recht; er war ja Rentier, das heißt, er genoß die Vorteile der Verbeamtung ohne deren Nachteile, und diese Option war zu keiner Zeit weit genug verbreitet, auch nur die »normale Wissenschaft« sicherzustellen, aus deren Boden, Dünger und Fermenten die revolutionäre allein sich erheben kann).

VII.
Lob des Zungenredens; Warnung vor der Geschichte

Die Produktionsverhältnisse des Begriffsingenieurswesens hinken den Produktivkräften, die es freisetzt, also nicht nur hinterher, sondern nehmen deren neue Konfigurationen auch vorweg. In Zeiten eingeschränkter, verkümmerter und verkommener öffentlicher Freiheiten, in denen der »zynische Untertan« (Žižek) vorherrscht, in denen also die Leute den schlimmsten Unsinn glauben, den es gibt, nämlich daß wirklich alles so sei, ja so sein müsse, wie es zu sein scheint, und diesen Wahn auch noch modern (oder, noch abstruser, postmodern) finden (sollen), kann plötzlich das unmittelbare Reflexdenken, etwa die blöde Begeisterung für allerlei Netzbegrifflichkeiten zur Beschreibung des Sozialen von den avanciertesten Soziologen bis zum letzten Motivationsseminar für Computersklaven, je nach Lage und Interesse der an solchem Gerede Beteiligten auch wieder in Fortschrittliches umschlagen, etwa in die Einsicht, daß es Gesellschaftliches jedenfalls wirklich gibt – die ist ja keineswegs so selbstverständlich, wie sie aussieht, und manchmal sprechen rechte Liberale unvorsichtigerweise wirklich aus, daß die Maxime ihres

Willens die von Margaret Thatcher bündig genug zusammengefaßte Losung »There is no such thing as society« ist.

Moden wie die Blüte von allerlei Neo-, Retro- und Quasimarxismus im Mondhof der bleichen Finanzkrise seit 2009 fördert, wenn man nur zu filtern weiß, ebensoviel Brauchbares zutage (und hat uns die Arbeit an diesem Buch wesentlich miterleichtert, das schon Jahre zuvor in allerlei Planungszuständen schmorte, während jetzt plötzlich ein Interesse an dieser Art Denken und Reden gegeben war, das uns Gelegenheit gab, einige hier vertretene Gedanken in den unterschiedlichsten Milieus auszuprobieren und zu diskutieren) wie etwa *linguistic turn, pragmatic turn, iconic turn* und andere begriffskonjunkturelle Turnübungen; was da aufschäumt, wollen wir nicht werten, aber getrost »Zungenreden« nennen, womit ein Zustand bezeichnet werden soll, in dem die vormaligen Molekülketten, in welchen Begriffsatome (deren Unteilbarkeit nicht selten scheinhaft ist) sich befanden, zerbrechen und einem vom Tanz der dabei freigesetzten Bruchstücke mitunter schwindelig werden will: Wer wußte damals, wer wird überhaupt je wissen, wovon Giordano Bruno redete oder was frankophile Epistimo-Impressionisten heute, spätantike Mysteriendenker, englische Idealisten des späten neunzehnten Jahrhunderts eigentlich wollten?

Philosophische Richtungen und selbst ihre hervorragenden Vertreter können verschwinden, als hätte es sie nie gegeben; was man in zweihundert Jahren von der sprachlogistischen Analysis oder dem Poststrukturalismus wissen wird, ahnen wir nicht, aber daß wir Bruno so schwer verstehen, liegt eben daran, daß im sechzehnten Jahrhundert für die Aufklärung, die werden wollte, noch kein Vokabular bereitstand und zu seiner Erfindung eine Weile gestammelt werden mußte, während bei den Poststrukturalisten oder der eklektizistischen Spätantike ein Vokabular gerade zerbröselte (das des Strukturalismus oder der Antike nämlich) und bei den englischen Idealisten beides vorlag (die traditionell englische religiöse Denkart zerbröselte, die Analysis war noch nicht gefunden).

Übergänge von gesellschaftlich stabil schlechten oder stabil guten Situationen zu neuen, das heißt: Lagen, die instabil übel sind (das Gute will werden) oder instabil gut (das eben noch stimmige Leben hat Widerspruchsrisse bekommen), bringen Zungenreden hervor, das in der dann vollzogenen Verbesserung (»Revolution«), nicht aufgehaltenem Niedergang (»Dekadenz«) oder einfach beschleunigtem Umbruch für eine Weile (manchmal ganze Dekaden) in den betroffenen Kulturkreisen geradezu hegemonial werden kann. Eine Sprachkritik, die in solchem Umbruchsgefasel nur eine Gelegenheit erblickt, überkommenen Sprachgebrauch zu verteidigen, wird das Thema schlimmer verfehlen als jene, die in Zungen reden, das jeweils ihre. Die in der literarischen Moderne immer wieder erhobene, von Ezra Pound mit einem Zitat des Konfuzius und von anderen mit abendländischen Ästhetika begründete Forderung, die Sprache sei nicht nur zu revolutionieren, sondern »in Ordnung zu bringen«, »zu berichtigen«, befindet sich in steter Gefahr, eine eben nicht themenunabhängige, niemals interessenlose Parteilichkeit bei der Klärung von Begriffen zum Verschwinden bringen zu wollen; nur wo diese gegeben und bekannt ist, wo sie eingestanden ist und reflektiert wird, kann Sprachkritik einen im Sinne unseres fünften Kapitels technischen Nutzen erbringen (bei Karl Kraus ist diese Parteilichkeit etwa eine nie vollständig positiv artikulierte, aus allen seinen Interventionen indes ablesbare, ihrem Umriß nach präzise von seinen Angriffen her auszumachende Ethik des bürgerlichen Humanismus auf klassizistischer Grundlage). Eine dem Interessenvergessen und Parteilichkeitverschweigen analoge Gefahr, die zu jenen abermals im Verhältnis der Beobachtung zweiter Ordnung zur Beobachtung erster Ordnung steht, ergibt sich aus der alle analytische Kritik am Neopositivismus unbeschadet überlebenden neopositivistischen Lehre der analytischen Philosophie, Wahrheit lasse sich niemals aus etwas Nichtpropositionalem (wie etwa einer Beobachtung) gewinnen: Nur wer mit Propositionen beginnt, könne zu Propositionen kommen. Würde man das als Gebot ernst nehmen, so dürfte die streng analytische Philosophin aber auch nicht aus Propositionen Wahrheiten ziehen, jedenfalls aus keinen, die sie gelesen oder gehört hat, denn Lesen und Hören sind nun mal Wahrnehmungen. Man kann zwar Ideen nicht riechen, Schlüsse nicht schmecken, aber unsere Gedanken erfahren uns und wir sie – wir nehmen Gedanken wahr, wir denken Wahrnehmungen, und diese Dinge grundsätzlich trennen zu wollen oder die Induktion zu leugnen, ist, wie wenn man behaupten wolle, es gebe keinen Gehörsinn, weil man die Farbe Rot nicht hören kann. Beides aber, Denken und Wahrnehmen, wird erst zum Material für Philosophie, wenn es kommuniziert wird; und die Gedanken und Wahrnehmungen sind eben nicht frei – sie mögen freier sein als die Handlungen der Menschen; bleiben die Menschen aber unfrei und wird diese Unfreiheit ontologisiert, so bleiben ihre Wahrnehmungen, Gedanken, Propositionen, Vokabulare und Folgerungen, so frei sie aussehen, in jenem Alptraum gefangen, den der Held von Joyces Künstlerporträt zu verlassen wünschte und für den er einen ebenso vertrauten wie furchterregenden Namen wußte: Geschichte.

VIERZEHN
AM JONBAR-SCHARNIER RÜTTELN

I.
Ja, mach nur einen Plan

Seit die Bürger, die sich vom Ständestaat emanzipieren wollten, ihre Position aufgrund der Sitzordnung eines Parlaments in Frankreich »links« nennen lernten und die Verteidiger der Vorsehung, des Blutrechts, der geburtsbestimmten Eliten sich »rechts« wiederfanden, ist der Unterschied zwischen rechten und linken Ansichten übers Gemeinwesen, unabhängig von der Frage, ob man dieses von den darin kursierenden Ideen, seinen juristischen Formen, seiner Verwaltungsart oder schließlich der Produktionsweise, die es am Leben erhält, gedacht hat, in einem wesentlichen Belang stets derselbe gewesen: Die Linke glaubt, es ließe sich eine öffentliche Übereinkunft darüber finden, wie das Leben und die Selbsterhaltung des Gemeinwesens zu gestalten seien, man müsse es also nicht »sich selbst überlassen«, sondern könne begreifen, daß dieses »es selbst« keine vom Tun, Lassen und vor allem Planen der Individuen verschiedene Existenz besitzt – wenn die Leute keine Geschlechtsunterschiede in Beruf und öffentlichem Ansehen wollen, wenn sie nicht wollen, daß das Zusammenleben von Liebenden über die Frage der Nachkommenschaft oder diese allein über die Chromosomensätze der Eltern entschieden werde, wenn sie keinen Rassismus wollen, keine Kinderarmut und so fort, dann können sie beschließen, derlei abzuschaffen, und diese Beschlüsse über geeignete Institutionen verbindlich machen.

Die Rechte hält dagegen, derlei sei erstens Erziehungsdiktatur, zweitens Preisgabe der wichtigsten Freiheiten, drittens der Tod allen Fortschritts zu höherer Gesittung (weil es dem individuellen Gewissen durch die Institutionen der Gesellschaftslenkung und -planung den Spielraum wegnimmt, den es braucht, sich zu veredeln), viertens

Gotteslästerung (der Punkt ist fakultativ; es gibt auch skeptische, agnostische, atheistische Rechte), fünftens aber und allerwichtigstens: Was die Linke da will, sei der Sache nach unmöglich, nämlich unrealistische Selbstüberhebung aus »Anmaßung von Wissen« (Hayek) irgendwelcher sich für erleuchtet haltender Minderheiten darüber, was das Beste und wie dies zu erreichen sei. Ob diese Linke jakobinisch, anarchosyndikalistisch, marxistisch, operaistisch, leninistisch, maostisch, eurokommunistisch, multitudistisch redet, ob diese Rechte religiös, völkisch, wirtschaftsliberal, kulturalistisch, biologistisch oder existenzialontologisch redet, der Zwiespalt bleibt sich gleich. Die Debatte, die er nährt, ist inzwischen allerdings Schauplatz erheblicher adaptiver Komplexitätsleistungen, die mit den Spitzmarken (»jakobinisch« bis »existenzialontologisch«), die wir eben verteilt haben, nur noch sehr unzureichend gegliedert werden kann. Man lernt alles mögliche von der jeweiligen Gegenseite; vor allem Begriffliches: So beginnt die Linke etwa mit dem Postulat der individuellen Freiheit, weil es die im Mittelalter, dessen Reste sie vollständig aus dem öffentlichen Leben zu tilgen angetreten ist, nicht gegeben hat; der Wille des Individuums soll nur an den allgemeinen Gesetzen des Zusammenlebens seine Grenzen haben, nicht gebrochen werden und keinem fremden Willen unterworfen sein – dies macht sich später die Rechte zunutze, um gewisse private gegen einige von der Linken implizit mitgeforderte öffentliche Freiheiten (wie die von der Not, den auch ökonomischen Zwingherren et cetera) auszuspielen und letztere als undurchführbar zurückzuweisen; etwa wenn Friedrich August von Hayek in seiner Abhandlung über »Mißbrauch und Verfall der Vernunft« die Möglichkeit, ein Kollektiv könnte sich von Not und dem Zwang des Ausbeuterwillens befreien und die Welt nach seinem Willen regeln, mit dem Philosophem negiert, die individuellen Freiheitsrechte setzten nun mal Willen und Absicht voraus, die kollektive Selbstbestimmung aber imputiere diese beiden riesigen Menschengruppen, die so etwas gar nicht haben könnten, weshalb jeder Versuch, den kollektiven Willen demokratisch und planvoll zu realisieren, in der Wirklichkeit nur Vorwand für die Errichtung persönlicher Diktaturen von Leuten mit Willen und Absicht vorkomme, sozialistischer Weltbeglücker, die als Geschichtszweck und Mehrheitsglück ausgäben, was nur ihre eigene hybride Programmatik sei

– ein Argument, das sozusagen die soziologische Fußgängervariante des alten Spottes des königstreuen und adelsgläubigen Feindes der Französischen Revolution Joseph de Maistre aus dessen für jede europäische Rechte auf Jahrhunderte höchst einflußreichen *Gesprächen in Sankt Petersburg* darstellt, Kepler habe nicht die Gesetze des Universums gefunden, sondern allein die Gesetze Keplers.

Übersichtswille soll *ab ovo* Überhebung sein – auch gegen Freud, der das Lusterleben so sehr unter die Bestimmungen des Bewußtseins setzen wollte wie die Marxisten das Wirtschaftsleben, sind bekanntlich sehr schnell Einwände des Tenors laut geworden, »die Psyche«, die er da untersuchte, sei eben nicht die menschliche, sondern allein die Freudsche (unterm Ton lag der Unterton, die müsse besonders verkommen und unerlöst triebgesteuert sein). Die Stoßrichtung dieser gegenaufklärerischen Polemiken malt das Subjekt, das doch erst gegen das religiöse Weltbild etabliert und den kollektiven, nämlich ständischen Gesellschaftsformationen der vorbürgerlichen Zeit wirtschaftlich und politisch abgerungen wurde, als tatsächliches Gottesebenbild, nämlich etwas, das wie er einzigartig und in seinem Willen letztlich unerforschlich sein soll, Quelle allen Handelns auch, daher die Vorbilder bekennender Rechter bis ins zwanzigste Jahrhundert, von Heidegger bis Schmitt (die beide nicht zufällig wie de Maistre tief katholisch geprägt sind) für alle Spielarten des Dezisionismus. Das religiöse Echo, das in Hayeks tadelnder Formulierung vom »Mißbrauch der Vernunft« steckt, ist ja nur für die in derlei allerungeübtesten Ohren zu überhören; mißbraucht wird die Vernunft eben dann, wenn sie den ohnehinnigen Gang der Dinge, das Vorgefundene und (göttlich?) Gegebene aushebeln will, wenn sie sich zum »Haß auf das Schicksal« versteigt, das der Theologe Karl Rahner als eines der tragischen Grundmotive des modernen Menschen gesehen hat. Wie die Rechte so Rhetorik und Politik der individuellen Freiheit aneignet, versucht die Linke immer wieder, den Begriff erneut als wesenhaft ihrem eigenen Programm verbunden zu markieren, nicht nur in Marxens berühmter dialektischer Verbindung der freien Entfaltung aller mit der freien Entfaltung des Individuums in der erwarteten nachrevolutionären Gesellschaft; aber versetzt hierzu nimmt plötzlich die Rechte für sich in Anspruch, das gesellschaftliche Gesamtgeschehen mit umfassenden Theorien, wie sie zuvor ernstestes Projekt der Linken waren, eben doch in Drauf- und Übersicht beschreiben zu können, weil man dieses Feld der Linken, sobald es eine Öffentlichkeit (und gar ein »Wahlvolk«) gibt, nicht überlassen kann; und so wird, wann immer irgendwelche Linken sich auf Marxens Kapitalismusanalyse berufen, denn die mathematisierte Ökonomik und die Volkswirtschafterei der Neoklassik hervorgeholt, was den einen ihre Wertlehre, ist den anderen Hayek, Mises, Milton Friedman oder ein Bündel an die kühnsten Konstruktionen der mathematischen Physik gemahnender Theorien, das den Widerspruch erklären soll, daß nach neoklassisch-prokapitalistischer Überzeugung die Märkte so sichere Garanten der allgemeinen Wohlfahrt sind und sowenig von Menschen verpfuscht werden dürfen, die ihre Effektivität nur behindern würden, wie nach katholischer Heilslehre der liebe Gott, und wenn jemand dann darauf hinweist, daß die Existenz von Hedgefonds und anderen Instrumenten des Investierens, das heißt der kapitalistischen Geldvermehrung auf dem Stand eines hochentwickelten Finanzsektors, eigentlich gar nicht möglich wäre, wenn die Besitzer der Kapitalien an den unergründlich-automatischharmonischen Markt glauben würden, auf dem sich dann nämlich die von den Investoren erhofften Gewinne nicht realisieren, die richtigen Anlagen vorab nämlich nicht erraten ließen (denn ginge das, so ginge eigentlich auch Planwirtschaft; was da das leistet, was »Finanzinstrument« heißt, könnte dann ja auch ein Staats-, ja sogar ein demokratisches Instrument leisten), so kontern die prokapitalistischen Wirtschaftsweisen mit Auskünften über die wissenschaftliche Arbeit von Leuten wie Robert C. Merton, Myron S. Scholes und Fischer Black, welche die Bewertung von Derivaten und anderen Transaktionen für Haushalte und Firmen transparent (nun ja: man sehe sich die Gleichungen einmal an) gemacht haben, aber eben nur unter der Voraussetzung funktionieren, daß die Märkte von »Interventionismus« (der im Handeln von Firmen und Haushalten offenbar noch nicht liegt; erst wenn der Staat eingreift, wird es bitter) verschont bleiben (es sei denn, die Sache geht trotz Gleichungen schief, dann geht das Fähnlein Fieselschweif für Onkel Dagoberts Bank sammeln, und die Regierungen löhnen für die Finanzmarktkrise).

Plötzlich sagt da der Mathematiker und Vater der modernen Fraktalforschung Benoît Mandelbrot über die prokapitalistische rechnende Rechte, was Hayek und Mises über die antikapitalistische rechnende Linke sagt, nämlich, daß deren Berechungen Hybris seien und ihr Wissen angemaßt – in einer der hübschesten Retourkutschen der modernen Wissenschaftsgeschichte meint Mandelbrot, die Analysten seien sowenig in der Lage, den freien Markt zulässig zu beschreiben –, das berühmte Marktgleichgewicht sei gar keine mögliche Lösung der Gleichungen, mit denen die mathematisierte Ökonomik diesen Markt zu erfassen suche, die Preisfindung durch Märkte löse notwendig jene Krisen aus, die zu vermeiden man in anderen Wissenschaftszweigen überhaupt Gleichungen aufstelle und so weiter. Unterdessen aber enteignen in einem weiteren begriffsstrategischen Schritt nun wieder die Linken marktzugemessene Rhetorik, indem nun plötzlich sie verstärkt vom »Investieren« reden, das doch einmal Vorrecht des individuellen Unternehmergenius gewesen war (nämlich Rechtfertigung seiner Modi der privaten Aneignung: Er müsse die Profite für sich behalten, sonst könne er sie nicht in die Verbesserung der Produktion stecken, das müsse er aber, wegen der Konkurrenz, und so kämen die Profite, als Verbilligung und Qualitätssteigerung der Waren, schließlich wieder allen zugute), später auf Aktiengesellschaften und deren Manager, noch später anonymer, teils alles andere als individueller oder genialer, ja oft nicht einmal ganz einfach in Raum und Zeit lokalisierbarer Kapitaleigner, soll jetzt dem demokratischen Kollektiv möglich sein, und so reden allerlei Gewerkschafterinnen, Sozialforscher und manchmal auch – wenn er seiner linksliberalen bis linken Wahlklientel gefallen will oder muß – ein amerikanischer Präsident namens Barack Hussein Obama davon, mehr »investieren« zu wollen in Erziehung, Gleichstellung, Straßenbau, demokratisch zu nutzende Technik wie etwa das öffentliche Verkehrswesen oder personelle öffentliche Service-Sektoren, und es sind wieder Rechte, die gegen das Investmentwesen wettern, unter Verweis darauf, daß ihre individuellen Freiheiten damit beschnitten würden, schließlich sei das Geld, das über Steuererhebung für solche Vorhaben eingesammelt werden müsse, doch von ihnen in individueller Arbeit erwirtschaftet worden. Die Begriffe und ihre Verknüpfungen sind nicht fix; das Hauptwort, das gestern im Wappen der einen Seite prangte, bekommt morgen vielleicht ein neues Adjektiv und wird der anderen lebenswichtig (so macht man etwa aus einem Sozialismus ohne Beiwort als Faschist schnell einen »nationalen«), und wer nicht dialektisch mitdenkt, findet sich unversehens in Feindesland.

Sehen wir zu, ob man im Ganzen dieser semantischen und semiotischen Schlachten um sehr reale politökonomische Prozesse und die Verfügungsgewalt über die von ihnen hervorgebrachten Formen abstrakten wie konkreten Reichtums nicht gleichwohl ein paar koordinierte und korrelierte Muster finden kann, die sich zwar bewegen – aber eben nicht willkürlich, sondern verstehbar – und sich vielleicht sogar unter Bestimmungen von Wille und Vernunft setzen lassen, ganz wie die Linke von Geburt an meinte.

II.
Wer nicht alles weiß, weiß nichts: Eine negative ökonomische Theologie

Der Theologe, der im »Haß auf das Schicksal« noch etwas Tragisches sieht, ist ein halber Humanist: Es wäre ja schön, die Menschen könnten dem über sie Verhängten entrinnen, daß sie es aber wollen und nicht können, ruft Mitleid wach. Die politische Rechte leistet sich da weniger Sentimentalitäten: Das Schicksal, also die bei der Geburt der Menschen vorfindliche Ordnung des Gemeinwesens, der einmal gefundene, wer weiß wie zustandegekommene Weg des Wirtschaftens, hat gefälligst angenommen zu werden, »flieg nicht so hoch, mein kleiner Freund«, wie die deutsche Schlagersängerin Nicole warnte – dies ist die ganze ökonomische Theologie, und auch noch eine negative, welche unter der politischen eingezogen wird wie eine Gummimatte, wenn diese nicht mehr reicht und der *deus absconditus* eine Stimme braucht, weil das altpreußische Demutsgebot »Lerne leiden, ohne zu klagen« als Argument nicht mehr hinreicht. Wille und Planung haben im Gesellschaftlichen nichts verloren, Erkenntnis wird an ihm nur erkennen, daß sie kein Recht auf ein über die Kontemplation des bereits vollkommen Eingerichteten hinauszielendes Erkenntnisinteresse hat; Wissenschaft ist Magd, nicht Herrin in dieser neuen Gottesgelehrsamkeit – Lerne wirtschaften, ohne zu planen: Soziale Makroprozesse seien, lehrt der *doctor angelicus* Hayek, »fast *ex definitione* nicht bewußt«[223], ein artigeres »fast« hat man noch nicht gesehen. Wer, der die Kirchenväter zu schätzen weiß, wird bei Hayeks Formulierung, jeder Versuch sozialer Planung bedeute, »daß wir die Leistungsfähigkeit des sozialen Prozesses auf die geringere Fähigkeit des Einzelverstandes einschränken«,[224] nicht ans »Alles ist eitel« denken, an den Frieden Gottes, der höher steht denn alle Vernunft, und an die Mahnung des Augustinus, daß der Verstand nicht dazu da ist, an Gott vorbeizudenken, sondern nur dabei helfen kann, einzusehen, daß Gott schon alles richtig macht?

Die Schranke, an welcher der vorbürgerliche Mensch lernen sollte zu staunen (ohne zu verstehen), war die Natur. Solange niemand wußte (und zum Wissen gehört auch, daß man angeben kann, wie man in Erfahrung gebracht hat, was man zu wissen meint), warum es regnet, welche Himmelskörper sich um welche drehen, was der Blutkreislauf ist, wo die kleinen Kinder herkommen und was zuerst da war, die Henne oder das Ei, ließ sich mit zur Drohung aufgemotzter Naturlyrik das Untertanenhirn im Zaum halten. Daß die Sache mit der Henne und dem Ei seit Darwin kein Problem mehr ist, hat sich übrigens in gar nicht so kleinen Kreisen immer noch nicht herumgesprochen – wir werfen damit keine Steine Richtung Kreationismus oder *intelligent design,* sondern wollen die Aufmerksamkeit darauf lenken, daß man einige Mühe hat, Leuten, die lediglich ein *pop science*-Verständnis der Evolutionsbiologie erworben haben, einen Folgerungsgang wie den zutrauen kann, daß es fossile Schichten gibt, die sich datieren lassen, in denen zwar schon eierlegende Tiere, aber keine Hühner zu finden sind und daß folglich das erste Huhn aus einem Ei geschlüpft sein muß, welches von einem Tier gelegt ward, das noch kein Huhn war, jedenfalls nicht gänzlich, sondern nur, mit Hayek: »fast«.

Der neue Gott, vor dem wir mit einer einprägsamen Wendung Trotzkis »auf dem Bauch liegen« sollen, ist bei Hayek, weil er eine Rechte vertritt, die nicht so tun kann, als habe es weder Comte noch Hegel noch Marx noch Weber gegeben, ein dreieiniger aus Gesellschaft, Geschichte und Gewalt, von dem das Individuum grundverschieden ist, weshalb es sich zu Herzen nehmen soll, daß

> »die einzige Vernunft, die in irgendeinem Sinn als größer betrachtet werden kann als die individuelle Vernunft, nicht anders exi-

stiert als in Form eines interpersonellen Prozesses, in dem durch unpersönliche Medien die Kenntnisse von aufeinanderfolgenden Generationen und von Millionen gleichzeitig lebender Menschen zusammentreffen und aufeinander abgestimmt werden, und daß dieser Prozeß die einzige Form ist, in der die Gesamtheit des menschlichen Wissens existiert«.[225]

Schön, unseretwegen mag das so sein, aber wieso braucht man eigentlich Zugriff auf »die Gesamtheit menschlichen Wissens«, um absehen zu können, wie viele Rüben, Bleistiftspitzer oder Solarzellen zu einem spezifischen Zeitraum von einer spezifischen Menschenansammlung in einer spezifischen Gegend gebraucht und also: produziert werden? Weiß die *just in time*-Produktion der gegenwärtigen computergestützten Fertigung von allem möglichen alles über alles, oder verhält es sich nicht vielmehr so, daß darin vom Datenaustausch über Produkte zwischen Marktforschung und kollaborativem Design über die Toleranzberechnung einzelner Produktelemente bei der Massenfertigungsprojektion und zeitgemäßes *product lifecycle management* mit dem Ziel der Reduktion von *time-to-market,* kontinuierlicher Produktionskostensenkung, vergrößerter Modularität der Produktion zum Zwecke schneller Anpassung an Marktveränderung bei gleichzeitigem Ausgleich dieser Modularitätsvergrößerung mit hinreichender Produktionsstandardisierung und *customization* bis hin zu möglichst verringerter *customer response time* durch schnelle netzbasierte Feedbackeinrichtungen die »individuelle Vernunft« der privaten Aneigner sich bereits in einem Umfang mit den »interpersonellen Prozessen« verzahnt, die sie hervorgebracht haben und am Leben erhalten, das alles, was zum Sozialismus noch fehlt, die Aufhebung der privaten Aneignung und der an die Lohnarbeit gebundenen Warenvergesellschaftung fehlt, was aber ziemlich viel ist, solange die politischen Hindernisse dagegen von den privaten Aneignern, die nicht als Individuen, sondern als Anhängsel des automatischen Subjekts, des sich verwertenden, plusmachenden Kapitals, mit allem, was es dafür aus dem Produktionsprozeß abgezweigt hat, verstärkt und so fleißig verbessert werden wie sonst nur die profiterzielenden Eigenschaften (die mit keinem Gebrauchswert für die Nichtbesitzenden identisch sein müssen) der Waren selbst?

Einen Popanz wie die »Gesamtheit des menschlichen Wissens« aufzurichten und dann vor ihm auf die Knie zu fallen, ist Idolatrie. Versuchte man, so einen Popanz von links zu kapern, wäre man in der Tat verrückt (was seinen Charme haben kann, einige Frühsozialisten haben alles herausgeholt, was da zu machen war. Hayeks kategorialer Unterschied zwischen einerseits Straßenplanung, Telefonnetzplanung, also Dingen, die in bürgerlich-demokratischen Verwaltungen über Delegierte, die von Leuten ernannt werden, welche der Öffentlichkeit Rechenschaft schulden, und andererseits der Frage nach den Rüben, Bleistiftspitzern und Solarzellen erhebt sich auf der Grundlage seiner Atom- oder Monadentheorie; die ist aber gar nicht so geheimnisvoll, wie ihre einschüchternde Kanzelapodiktik wähnen machen will – die Philosophiererei übers Wissen naturalisiert einfach das kapitalistische Betriebsgeheimnis; das meinen wir durchaus wörtlich: Ein System mit der Unerlangbarkeit von Wissen übers Ganze zu rechtfertigen, das aus der Absperrung von Wissen, seiner Zurichtung zum Herrschaftsprivileg privater Aneigner einen Standard gemacht hat, ist schon reichlich unverfroren – was Hayek hier aus der Grundbeschaffenheit des Sozialen folgern will, gibt ihm eine Gesellschaftsordnung vor, in der Patentrecht und Erziehungssystem sicherstellen, daß der Zugang zu Lernmitteln, Medikamentenzusammensetzungen, Quellcodes, Agrikulturtechnik aller (besonders aber biologischer) Art und anderem Gut, um das erst seit kurzem die »Access to Knowledge«- (A2K-)Bewegung kämpft, streng an den Besitz gekoppelt ist, der als juristische Form das Privateigentum an Produktionsmitteln selbst zu einer Zeit schützt, da dem Wort »privat« durch die Sammlung von Einzelpersonen in Aktien- und anderen Anlageformen zum Zwecke der Bündelung, Konzentration und Zentralisation des Kapitals jeder noch mit dem individuellen Draufgängertum des Hochliberalismus abzugleichende Sinn genommen ist.

Die Leute wissen nur wenig und werden nie mehr wissen; das Kapital weiß alles und muß das auch; wer an beidem rütteln wollte, wird sich einen Bruch heben: Das Argument steht schon in den Schriften Hayeks und Mises', mehr noch in denen ihrer Nachbeterinnen und Adepten nackt und bloß da; daß in Zeiten von Hochkonjunktur und annähernder Vollbeschäftigung vergleichsweise winziger Lokalepochen während des Kalten Krieges zusätzlich zu dieser Wissens-Marktscholastik auch noch empirische oder empiroide Argumente dafür kursierten, die mißliche Wissensverteilung der Marktwirtschaften möglichst unangetastet zu lassen, nämlich daß in einer derart eingerichteten Welt gerade die Abhängigen am allerungeschmälertsten vom Genie der Wissenden, Schaffenden, Machenden, der »Unternehmerpersönlichkeiten« von Wissenschaft, Technik, Wirtschaft profitieren sollten, ist inzwischen historisches Kuriosum, man hört es nicht mehr oft, seit der Niederlage und Selbstauflösung des roten Ostens hat es sich aus dem »interpersonellen Prozeß« der prokapitalistischen Propaganda davongemacht wie ein Dieb in der Nacht; die Generation, die noch den Systemkonflikt kennt, weiß sehr wohl, daß rauhere Zeiten angebrochen sind und das System, das Hayek heiligt, sich inzwischen wesentlich weniger wohltätig ausnimmt, als es aus strategisch-taktisch-kosmetischen Gründen ein paar Generationen lang immer wieder (bei Roosevelt im Zeichen des »New Deal«, beim Vietnambombardierer Lyndon B. Johnson in dem der »Great Society«, im sozialliberalen Schweden oder Westdeutschland, aber auch bei »Kraft durch Freude«) ausgesehen haben mag.

Wie jede organisierte Religion kennt auch das, woran Hayek glaubt und die Menschheit in Zusammenarbeit mit anderen Priestern seines Zuschnitts glauben machen mag, den Unterschied zwischen einerseits den Laien und Lämmern, die keinen Schimmer haben und auch keinen haben müssen, so gescheit sie im Alltagsleben sonst sein mögen, und dem Klerus, der sich mit den Arkana auskennt. Wie einige der erfolgreichsten Kirchen aller Zeiten aber verkaufen die Priester dieses Elitencredo, wenn dies opportun erscheint, zugleich als anti-elitär, »rechter Populismus«, wie man das heute nennt, war schon für zum Kreuzzug blasende Päpste das Mittel der Wahl, das Bündnis zwischen Mob und Elite aber ist der ernsthaften Reaktion in Geschichtsabschnitten formeller Demokratie oder völkischer Diktatur absolut unverzichtbar; er bewegt sich darin intellektuell und demagogisch wie der sprichwörtliche Fisch im Wasser und keilt sogar noch gegen die Götter der Heiden (vor Zeus und ähnlichem wird ja jeder christliche Dorfgeistliche zum respektlosesten Aufklärer unter der Sonne):

»Die alten Griechen und Römer dachten, daß die Gottheit die Dichter inspiriert. Der Dichter galt ihnen als Seher, Prophet und Verkünder des Gotteswortes, wenn sie sich zur Stützung dieser Behauptung auf die Verse eines Dichters berufen könnten, so galt ihnen das als autoritärer Beweis. Dieser Glaube ist über die Humanisten auf uns gekommen und erweitert worden. Nicht nur dem Dichter und dem Schriftsteller, auch dem Naturforscher und selbst dem Kinoschauspieler wird heute unfehlbares Urteil über alle Dinge zugetraut. Andächtig lauscht das Publikum, wenn diese Berühmtheiten ihr von keiner Sachkenntnis getrübtes Urteil über die Auseinandersetzung von Kapitalismus und Sozialismus zum besten geben. Doch der Umstand, daß der Mathematiker Bertrand Russell, der Theaterschriftsteller Bernard Shaw, der Romanschriftsteller H.G. Wells, der Political-Science-Essayist Harold Laski rückhaltlos für den Sozialismus eintreten, beweist nur, daß diese Männer unter dem Einfluß der die Mehrheit ihrer Zeitgenossen beherrschenden Vorurteile stehen. Das Urteil, das ein Mathematiker, ein Bakteriologe oder ein Künstler über Probleme der wirtschaftlichen Kooperation abgibt, hat keine andere Bedeutung als das Urteil, das ein Blinder über Malerei fällt«.[226]

Das launige Wort zum Sonntag stammt von Ludwig von Mises, der besonders bei seiner Geringschätzung der Mathematiker für einen Augenblick beiseite zu lassen weiß, daß er und seinesgleichen mit Vorliebe mathematisch zu beweisen streben, daß der Sozialismus nicht geht. Der sachliche Gehalt dieser in erstaunlicher Paarung zugleich populistischen (gegen Eierköpfe und Schönschwätzer mit Abitur, Stars und andere Parasiten) wie elitären (Verachtung des Publikums jener Zelebritäten als unwissende Masse, Pochen auf dem Fachmannsprivileg) Predigt (die es auch eleganter gibt: Heideggers Sprüche gegen »das Man« in *Sein und Zeit* sagen im Prinzip dasselbe über jene »die Mehrheit der Zeitgenossen beherrschenden Vorurteile«, schmecken aber weit weniger nach Provinzzeitungsleitartikel) ist kein sonderlich geheimnisvoller: Gegessen wird, was auf den Tisch, nämlich den Markt kommt, nur Experten wissen, wie es gekocht wurde, und wer sich nicht durch die Geschichte der Volkswirtschaftsfrömmigkeit (einer Weisheitslehre, die in Gestalt eines Begriffsrevolutionärs namens Paul Romer erst vor kurzem, Ende des zwanzigsten Jahrhunderts, zum soundsovielten Mal herausgefunden hat, daß Verwissenschaftlichung von Erzeugung und Handel und sonstige Tatsachen der modisch *knowledge economy* genannten, kapitalisierbaren Sektoren von Hayeks mysteriösen Menschheitswissenschaften genau die akkumulationsförderlichen, verkehrsformenprägenden Faktoren der wirtschaftlichen Entwicklung sind, für deren hinreichende Aufschlüsselung Marx in den *Grundrissen* drei, vier Absätze braucht) samt Klassik, Neoklassik, Grenznutzentheorie, Ordoliberalismus, Spieltheorie und Humpelpumpel gefressen hat, ist nicht berechtigt, auch nur festzustellen, daß der Vorstand der Deutschen Bahn nicht weiß, daß man Leute im Sommer nicht in den Waggons von Fernzügen backen darf, im Winter nicht auf verschneiter Strecke stehenlassen muß, wenn man ein bißchen weniger knapp plant, und wer da sagt, der privatwirtschaftliche Weg sei jedenfalls keine Garantie dafür, daß die im westdeutschen Gemeinschaftskundeunterricht circa 1985 als Horrorsymptome der Planwirtschaft gegeißelten Gebrauchswertmängel von Gütern nicht auch im Schluderkapitalismus der Monopolzeit vorkommen können, ist jedenfalls ein Ketzer und vielleicht sogar ein Romanschriftsteller. Es geht nicht um Wissen, es geht um Glauben: Man soll schlucken, daß Märkte effektiv sind, daß sie im Durchschnitt ein Räumungsgleichgewicht halten, das nie irgendwo beobachtet wurde, daß Geld entweder keine Rolle spielt oder sich nach Mengengezeiten in Angebot und Nachfrage, Inflation und Deflation so verhält, wie die Monetaristen lehren – eine Theorie, die seit ihrer Erfindung und dem Versuch, sich als Agenturen des volkswirtschaftlichen Interesses und der Marktbewahrung verstehender Regierungen von den USA über die Bundesrepublik bis Japan, eine Zinspolitik nach dieser Vorgabe zu arrangieren, mehr Augenschein gegen sich hat als die abwegigsten Erwartungen esoterischer Sektierer, und an der dennoch eisern festgehalten wird, durch die schlimmsten Engpässe hindurch, weil sie zwar keine Wahrheit ausdrückt, aber Interessen bedient –, daß rabulistische Lehren den Inbegriff von Hayeks interpersoneller Klabauterei zutreffend beschreiben, denen zufolge es so etwas wie Arbeitslosigkeit gar nicht geben dürfte, und daß jedesmal, wenn alle diese Wahnvorstellungen ihre Fadenscheinigkeit wieder an der Wirklichkeit Schiffbruch erleiden sehen, wieder irgendeine Intervention lästiger Staaten, Demokratien, Verwaltungen, kurz: öffentlicher Einrichtungen, die zu privatisieren man versäumt hat, die Schuld trägt. Die Manichäer waren Opportunisten dagegen; keine Nachricht kann die Selbstgewißheit der Gläubigen erschüttern, sie sind im Recht, sie sind humorlos, sie sind unbelehrbar.

Das leutselige Schmunzelbild vom Blinden und der Malerei zum Beispiel, das Mises bemüht, ist bei allem intendierten Witz ungeheuer trostlos, nämlich weit schiefer als unbedingt nötig: Der Blinde muß sich ja nicht für Malerei interessieren, wenn er *partout* nicht ohne Kunst sein mag, könnte er sich auch mit experimentellem Hörtheater befassen; Mathematiker, Bakteriologinnen oder Romanciers aber können sich die Gesellschaft, in der sie leben, einerseits nicht aussuchen und müssen sich andererseits von Leuten wie Mises anhören, daß sie als Marktteilnehmer und Staatsbürger über gewisse unveräußerliche Rechte der Teilnahme am Ganzen verfügen, die sie allerdings nur in dem Sinne wahrnehmen dürfen sollen, der dieses Ganze abnickt oder beklatscht. Was er mit solchen Witzen treibt, ist die Negation der allermeisten (und für Nichtbesitzende: der interessantesten, notwendigsten) bürgerlichen Freiheiten im Namen der bürgerlichen Besitzordnung. Wenn die Leute sich nicht äußern sollen über Produktion, Verteilung, Verwaltung, darf man sie eigentlich auch nicht produzieren und konsumieren, kaufen und verkaufen lassen, auf keinen Fall aber – das sagt der österreichische Pfiffikus nicht explizit, es folgt aber reichlich zwingend aus dem, was er explizit sagt – dürfen sie dann wählen, denn dabei kommen unter anderem Parlamente und Regierungen heraus, die im Ernstfall über Dinge wie die Todesstrafe, Krieg und Frieden entscheiden, also Dinge, die für das Herbeizwingen blutiger Despotie nicht schlechter geeignet sind als Eingriffe ins Eigentum, wie er sie abwehren will. Wäre er ehrlich, müßte er, falls seine im Spott auf die Intellektuellen und Stars geäußerten Öffentlichkeits- und Expertenvorstellungen ebenfalls ehrlich gemeint sind, so etwas erklären wie: Die deutschen Ereignisse von 1933 beweisen, daß man nur Politologen wählen oder Wahlempfehlungen aussprechen lassen darf.

Das rhetorische Grundmuster ist abermals die Überzeichnung ins Absurde: Wie bei Hayek der Sozialist angeblich Zugang zur Gesamtheit des menschlichen Wissens für sich beansprucht, glauben bei

Hayek auch die Naturforscher, Theaterdichter und Kinoschauspieler, mehr von Volkswirtschaft zu verstehen als die Volkswirtschaftler, und man geht wohl nicht fehl, wenn man alle diese Schreckensgemälde anmaßlicher Ahnungsloser samt der »unbeschränkten Vollmachten der Vertreter der Mehrheit«, vor denen Hayek sich anderswo gruselt[227], als spiegelsymmetrische Projektionen der Unanfechtbarkeiten, Unendlichkeiten, nicht in Frage zu stellenden Totalitäten liest, an welche die Rechte glauben muß, die sie im Marschgepäck mit sich trägt, seit sie anfangen mußte, das Vorhandene, gewaltsam allein nicht mehr zu stützende Vorhandene mit irgend etwas Argumentförmigem zu rechtfertigen. Soweit pressiert den liberal getönten Autoritären der Zwang, das eigene *ens perfectissimum et realissimum* (i. e. die Totalität des kantisch unerkennbaren »interpersonellen Prozesses« der Generationen, vulgo Tradition, Gewordenes, Gegebenes) gegen ein eingebildetes feindliches (»Sozialismus«, »Planwirtschaft«, »die Mehrheit« und ihre uneingeschränkt bevollmächtigten Gracchen) verteidigen zu wollen, daß er beim Kampf um semantisches und eristisches Terrain schließlich sogar den Redemodus des Spekulierens bei der Linken borgen muß – ging es ihm ursprünglich noch darum, das Vorhandene als das Weise, nicht durch Pfuschereien linker *calculateurs* aus dem prästabilierten Gleichgewicht zu Werfende zu verteidigen, muß er nun den Zustand, den er gutheißen will, selbst in Richtung eines ausgedachten Idealzustands verlassen, nach dem von der Phantastik bereitgestellten Modus des *if this goes on,* und gesteht damit ein, daß er das, was da jetzt so gut und richtig sein soll, nur als Vorstufe zu etwas noch Besserem, noch Richtigerem zu loben weiß, das da kommen wird, wenn man dem Lauf der Dinge nicht den Tort tut, ihn in die falsche Richtung abzulenken – er muß, spekulativ, einen Fortschritt ausmalen, weil sonst Begriff und Programm des Fortschritts selbst links besetzt bleiben, was die autoritäre Seele besonders schmerzt, weiß sie doch noch vom Urbild, der Heilsgeschichte, das die Aufklärung zur Gewinnung ihres säkularen Fortschrittsbegriffs einst entwendet und zweckentfremdet hat. Weltverbesserung, das heißt für Leute wie Hayek weniger Planung, weniger Staat, noch mehr Recht des naturwüchsig Stärkeren, Autorität durch Macht, Macht durch Autorität, Vorsehung durch Prädestination und wie die Gewalttautologeme sonst heißen mögen, in deren Ideenkern aber nichts anderes rumort und sich um sich selbst dreht als immer wieder die private Aneignung, *if I told you once I've told you a thousand times,* das *pharmakon* für alles, die ewig wiederholte ursprüngliche Akkumulation, der immergleiche ungleiche Tausch, der Raub, die Inbesitznahme, das Ansichreißen des gesellschaftlichen Mehrprodukts durch die gebenedeite Asozialität, »Privatisierung«, nämlich Totalisierung des Partikularinteresses – es bräuchte doch im idealen Stande des Gemeinwesens, lehrt der *doctor angelicus* somit, »nicht viel mehr als die auswärtigen Angelegenheiten einer nationalen Regierung übertragen zu werden, wenn auch eine zentrale Gesetzgebung weiter wünschenswert bliebe« – in diesem schwachen Adjektiv, »wünschenswert«, schwächelt der neue Plato ein wenig, aber umso entschiedener geht es weiter –,

> »regionale oder lokale Körperschaften, eingeschränkt durch die gleichen einheitlichen Gesetze bezüglich der Art und Weise, in der sie die Mittel auftreiben können, würden sich zu kommerziell geführten Einrichtungen entwickeln, die im Wettbewerb um Einwohner stehen würden, die ihrerseits durch Wanderung für jene Körperschaft stimmen würden, die ihnen die größten Vorteile zum geringsten Preis bieten würde«[228]

(und für die armen Teufel, die auch diesen geringsten Preis nicht latzen können, gibt es halt Elendszonen, Müllhalden menschlichen Unrats, vielleicht in garbenartigen Gürteln um die kommerziell geführten Megalopolen, ein Superbrasilien als neue *politeia*).

»Ich glaube, sobald irgendein Land den Vorschlag verwirklichte, würde die vernünftigere Regierung und besser funktionierende Wirtschaft ihm einen solchen Vorsprung vor anderen demokratisch regierten Ländern sichern, daß es bald Nachahmer fände«[229], und wenn zufällig eine autoritäre, aber militärisch mächtigere oder unvernünftigere Regierung den Flächenstaat nebenan regiert, dann wird die halt vom edlen Nachbarn einfach beschämt und verzichtet darauf, den Konkurrenten, wie Saddam Hussein den Nachbarn Kuwait, einfach zu besetzen (und solche Leute halten Sozialistinnen für naiv – immerhin, wir verdanken der Passage das Wissen, daß es auch bei den Freunden der Marktwirtschaft Leute gibt, die denken wie jene Linksradikalen in Europa, die Lenin verübelten, daß er nicht versucht hat, die seinen jungen Staat bedrängenden Imperialisten einfach in die Flucht zu lächeln, sondern mit einigen Frieden schloß und anderen die Keule zeigte).

Der Marktpriester redet nicht nur von einer Welt ohne Waffen, seine kleinen Inseln der Seligen sind offenbar außerdem autark und können, da man von Unternehmergenie allein offenbar ganz gut zu leben vermag, von anderen, die bessere Rohstoffausgangsbedingungen, entwickeltere Produktivkräfte, modernere Produktionsverhältnisse, eine günstigere demographische Struktur und ähnliches aufweisen, unter Druck gesetzt werden – kurz, der Marktpriester denkt, kurios, wie die naivsten Sowjetbürokraten in der Niedergangszeit der UdSSR ganz so, als gäbe es keinen Weltmarkt, als dürfe man spekulieren, ohne selbst von anderen berechnet zu werden.

III.
Wer wird John Barr gewesen sein?

»Spekulation« als Name für etwas, das sowohl die Philosophin wie der surrealistische Maler wie die Börsenjobberin wie der Verfasser eines Science-fiction-Romans tun, bedeutet: Am Gegebenen etwas finden, das es nicht gibt. Ökonomisch spekulieren heißt, das Verhältnis zwischen dem, was gegeben ist, und dem, was es nicht gibt, verzeitlichen (denn Zeit, nämlich gesellschaftlich notwendige Arbeitszeit, ist Geld, oder mit Ricardo, Marx, Postone und Pohrt: Wert), so daß die Relation sich anschauen läßt als die zwischen dem Gegebenen und dem, was es *noch* nicht gibt, aber (wenn man richtig spekuliert hat) geben wird. Der Idealfall solcher Spekulation wäre die Annahme eines Ratschlags aus der Zukunft: Wer weiß, wie es gekommen sein wird, kann empfehlen, auf welches Pferd man setzen soll; und sowohl die Marktkleinstaaterei von Hayeks wie Obamas Insistieren auf der Notwendigkeit von Bildungsinvestitionen wird deshalb von den jeweiligen Entwerfern dieser Szenarien in der Pose desjenigen verkündet, der schon weiß, wie es kommen wird, wenn der entsprechende Rat befolgt oder nicht befolgt wird. Umkämpft ist dabei stets, was in der Zeitreise-Science-fiction und in der informierten literaturkundlichen Auseinandersetzung mit ihr »*Jonbar Point*« genannt wird. Der Ausdruck, manchmal auch als

»*Jonbar Hinge*« – wir haben das für unsere Kapitelüberschrift eingedeutscht – wiedergegeben, verdankt sich einem 1938 erschienenen Roman des Altmeisters der »Golden Age«-SF, Jack Williamson, der das Subgenre der Zeitreisenromanze bis in die Hollywoodunterhaltung (etwa die »Back to the Future«-Filme oder die »Terminator: The Sarah Connor Chronicles«-Fernsehshow) entscheidend beeinflußt hat – das Buch heißt *The Legion of Time* und handelt von einem Mann namens Denny Lanning, den zwei verschiedene Gruppen von Menschen aus zwei verschiedenen Zukunftswelten zu ihrem Instrument zu machen suchen. Er soll ihnen dabei helfen, die Gegenwart dergestalt zu beeinflussen, daß die Welt, in der sie leben, dabei herauskommt (eine Hayeksche Variante ist leicht auszumalen: Im einen Fall sind es die freien Marktanarchisten, im anderen Fall die totalitären sozialistischen Mehrheitsbevollmächtigten, die an Lanning zerren). Was er tut oder unterläßt, wird den weiteren Lebensweg eines gewissen »John Barr« bestimmen, nach dessen aufgrund einer Art »Stille-Post-Prinzip« der ungenauen Überlieferung zum Morphem »Jonbar« verballhorntem Eigennamen in einer der beiden möglichen Welten eine paradiesische Stadt, bewohnt von geflügelten Übermenschen, benannt wird (in der anderen Welt heißt die Stadt anders und ist eine totalitäre Hölle). Barr wird entweder – je nachdem, was Lanning tut – Entdecker einer revolutionären wissenschaftlichen Erkenntnis oder gescheitertes Genie, das in Vergessenheit zugrunde geht, während seine Entdeckung von jemand anderem (und übrigens jemand Üblem) gemacht wird. Der Wendepunkt, an dem Kontingenz, bayesianische Ungleichgewichte, Schrödingerwellen oder auch Hayeks unergründliche »interpersonelle Prozesse« sich nach dem Guten und dem Bösen scheiden, ist nach dem Modell der Geschichte von Newtons Apfel konstruiert: Alles hängt davon ab, daß John Barr zum richtigen Zeitpunkt in der richtigen Weise etwas vom Boden aufhebt oder eben nicht.

Wer so einen Jonbar-Punkt nur für ein Gedankenspiel sucht, ein Freudsches Probehandeln, die Achse für ein Kunstwerk etwa, wird das Schwindelerregende daran nicht unbedingt als Schrecken spüren und kann sich ein einigermaßen gleichförmiges Leben, viel Routine und kontinuierliche Arbeit erlauben – Jack Williamson, der die Geschichte geschrieben hat, die der Sache ihren Namen gab, wurde beim Aushecken derartiger Puzzles immerhin 98 Jahre alt, seine schriftstellerische Laufbahn begann 1928, sein letzter Roman erschien 2005, ein Jahr vor seinem Tod –, wer aber, als Finanztechniker, mit echten Werten jongliert, wird den kosmischen Vertigomomenten beim Bestimmen, Ölen oder Zerbrechen von Jonbar-Scharnieren nur mithilfe eines äußerst flexiblen Intellekts, beträchtlicher Improvisationsgabe und Hang zur Freude an Termingeschäft und Tauschwert um ihrer selbst willen entkommen –, man muß da die Konstitution und das Temperament jenes Alfred Winslow Jones besitzen, der den ersten modernen Hedgefonds einrichtete, oder die kühle Sofortumschalter-Beweglichkeit eines Hjalmar Schacht, der vom Bewunderer des liberalen Meisterdenkers Friedrich Naumann und Bankzauberer der Weimarer Republik zum Finanzorganisator von Hitlers Aufrüstung umlernen konnte, nur um nach dem Krieg und dem Freispruch vor dem Nürnberger Kriegsverbrechertribunal (nach dem für ihn glücklichen Ausgang erklärte er im Blitzlichtgewitter, Tauschwertjockey bis zum äußersten, Autogramme nur mehr gegen Schokolade für seine Kinder geben zu wollen) erneut in stolzer, aber emsiger Beratertätigkeit für die Finanzwirtschaft aufzugehen.

Ihre wohl wichtigste Prägung erhielten beide Männer durch den Wall-Street-Kollaps vom Oktober 1929, aber während Schacht an dirigistischer Lenkung Geschmack fand, lernte Jones, ein Liberaler, den es eine Zeitlang zum Sozialismus gezogen hatte, schließlich die individualistische Tugend des »Selbst ist der Mann« schätzen und beschloß, das volkswirtschaftliche Wissen der Zeit, verkörpert durch die statistische Ökonomik, die von Leuten wie Alfred Cowles geschaffen worden war, zu ignorieren, samt ihrer Lehre, daß Vorhersagen des Börsengeschehens eher als Aberrationen, zufällige Übereinstimmungen von arbiträren Vorhersagen mit tatsächlichen Ereignisketten, zu betrachten seien denn als Ergebnisse kluger Investitionsstrategien. Ende der vierziger Jahre kombinierte Jones in seiner ersten Fondsplattform die beiden Techniken 1. des Hebeleffekts durch Fremdkapital – man leiht sich etwas zu einem Zinssatz, der niedriger ist als der erwartete Gewinn aus den Anlagen, in die man das geliehene Geld steckt, und 2. der sogenannten Leer- oder Blankoverkäufe, das heißt das Absetzen von Werten, die man gar nicht hat, zu Preisen, die höher sind als die, zu denen man es zwischen dem Zeitpunkt, da man es verkauft hat, und demjenigen, da man es liefern muß (»Erfüllungszeitpunkt«), erwerben wird, und erzielte mit dieser Verzahnung bis 1968 Gewinne für die Anfangsanleger von nahezu 5000 Prozent. Heutige Instrumente, auf seinen Erfindungen fußend, verhalten sich, was die Kompliziertheit der Inversionen und Involutionen des »normalen Denkens« (man sucht sich einen Produktionszweig oder eine Firma, die zu boomen, also riesige Umsätze und Profite zu versprechen scheinen, und erwirbt Anteile daran, deren Wert dann entsprechend steigt) und die Breite der Wirtschaftszweige, in die dabei eingegriffen wird, angeht, zu den Urmodellen von Jones wie die Quantenmechanik zur Newtonschen (daß die Geldmaschine, welche die beiden Starinvestmentspieler George Soros und Jim Rogers sich ausdachten, »Quantum Funds« heißt, ist gar kein so schaler Witz); als die beruflichen Zukunftsaussichten für theoretische Physikerinnen und Mathematiker mit dem Ende des Kalten Krieges, der aus der Naturerkenntnisindustrie einen wichtigen Zulieferer des militärisch-industriellen Komplexes gemacht hatte, auch in den USA, wo sie zuvor zu den meistgefragten Kräften gehört hatten, sich zu verdüstern begannen, drängten viele dieser Leute in die Finanzwirtschaft. Wo sozialdemokratisch inklinierte Beobachter angesichts dieser verwissenschaftlichten Spielhallenverhältnisse die Hände über den Köpfen zusammenschlagen, sind die alerten Experten um Rechtfertigungen ihrer Bemühungen auch in Finanzkataklysmenperioden weniger verlegen, als man meinen sollte: Komplexe Jonbar-Punkt-Jonglierakte, wie sie auf den Geldmärkten heute üblich sind, können, sagen diese Fachkräfte und haben dabei nicht unrecht, sowenig für die Erschütterungen der Wertvernichtung verantwortlich gemacht werden wie die Brennbarkeit von Holz für die Scheiterhaufen der Hexenverfolgungszeit oder die Chemie für den Ersten Weltkrieg; Instrumente wie das von Jones geschaffene sind eher Vergrößerungsmaschinen, welche vorhandenes Geschick ebenso wie vorhandene Dummheit der Akteure in Hayeks »interpersonellen Prozessen« weit übers privat zurechenbare Maß verstärken. Es ließe sich, wenn man an der privataneignenden Wirtschaftsform nun mal nicht rütteln will, sogar sagen – und es ist denn auch gesagt worden –, daß Finanzspekulanten, wenn sie Aktien verkaufen, die im Begriff sind, höher zu steigen, als realwirtschaftlich gedeckt und gerechtfertigt ist, sogar die Blasenbildung aufhalten und den späteren Absturz durch Einkäufe der fallenden Anteile dämpfen können. Warum man allerdings an dieser Wirtschaftsform festhalten soll, in der solche Instrumente ja nur dann die phantastischen Gewinne erzielen, die ihr Daseinszweck sind, wenn nicht allzu viele Leute zur selben Zeit dieselbe Idee haben, warum man an einer Art der Ressourcenfestlegung festhalten soll, in der also einige der intelligentesten Planerinnen und Berechner ihre Verstandeskräfte dazu benutzen, einander auszutricksen, statt dazu, die angeblich Zugriff aufs gesamte Wissen der Menschheit erfordernden Probleme zu lösen, von denen Hayek und Mises verkünden, man solle sie gar nicht lösen wollen, ist nicht ganz leicht einzusehen, wenn man die Angelegenheit nicht so lange studiert hat, bis man den ganzen Wahnsinn glaubt wie nur der heilige Augustin die Offenbarung des Johannes.

Das strategisch Wichtigste bei der Investition politischer Arbeitszeit in politische Ziele, haben wir mehrfach gesehen, ist das Vermögen, von der Zukunft her zu handeln – als wären also Hayeks »regionale oder lokale Körperschaften, eingeschränkt durch die gleichen einheitlichen Gesetze bezüglich der Art und Weise, in der sie die Mittel auftreiben können«, bereits wahr und hätten sich auch schon »zu kommerziell geführten Einrichtungen« erklärt, schlägt Newt Gingrich, ehemaliger Sprecher des Repräsentantenhauses, angesichts der leeren Kassen zahlreicher US-Bundesstaaten – es fehlen 125 Milliarden Dollar – im Januar 2011 vor, deren verzweifelte Kürzerei auf allen Sektoren gesamtgesellschaftlicher Ausgaben – Häftlinge werden aus den unbezahlbar gewordenen Knästen auf die Straße geschüttet, Einwanderer deportiert, Polizisten und Lehrer entlassen, die medizinische Versorgung alter Menschen und anderer nicht für den »kommerziell geführten« Arbeitsmarkt gebrauchsfertiger Leute wird eingeschränkt – das amerikanische Gesetz, das Insolvenzen von Bundesstaaten unmöglich macht, aufzuheben – Pleiten sind für »kommerziell geführte« Wirtschaftseinheiten schließlich heilsame Radikalkuren, die Eigentümer kommen meistens mit einem blauen Auge davon, und entsprechend Hayeks irrer Phantasie vom Abstimmen mit den Füßen kann sich das Staatsvolk ja irgendwohin verfügen, wo

Schulen und Polizei noch existieren und die entlassene Lehrerin, die einen Raubmord begeht, wenigstens bestraft wird. Newt Gingrichs Welt, erkennt man, ist nicht die, in welcher wirkliche Leute leben, er rüttelt am Jonbar-Scharnier, und allzu überrascht wird man vielleicht nicht sein, wenn wir verraten, daß dieser offenherzig marktrechte Politiker (der für seinen eigenen Wahlbezirk freilich immer gerne staatliche Finanzspritzen, insbesondere solche, die der Rüstungsindustrie zugute kamen, angenommen hat) in seiner Freizeit alternativhistorische Science-fiction-Romane mitverfaßt, in denen der sklavenhaltende Süden der heutigen USA den Krieg gegen den Norden, der seinerzeit die nationale Einheit durchsetzte, gewonnen hat. Sezession, und zwar blutig: Wie die Dinge liegen, liefe Hayeks Utopie, wollte jemand sie umsetzen, ja wirklich auf Derartiges hinaus; ob Gingrich sie überhaupt kennt, ist fraglich, aber rechts wird, da es sich beim einschlägigen Politikideal ohnehin um die Verewigung von gegen Kritik zu immunisierenden Beharrungskräften und die Politisierung von Primaten-Rangordnungs- und Territorialreflexen handelt, ohnehin gern mit dem Instinkt gedacht, das macht die intellektuell-militärische Schlachtordnung dort so einfach und die Übereinstimmungen taktisch divergierender Fraktionen so zahlreich und eindrucksvoll.

IV.
Was für wen warum nicht geht

Damit die Rechten mit den Linken um den Zugriff aufs Jonbar-Scharnier kämpfen können, müssen, haben wir gezeigt, beide mehr miteinander teilen, als ihnen lieb sein kann. Ein Linksliberaler, der von »Investment« spricht, wenn er Makro-Lösungen für Mega-Probleme meint, erniedrigt sich vor allen, die das linke Programm der gesamtgesellschaftlichen Aushandlung der richtigen Behandlung gesamtgesellschaftlicher Aufgaben ernst nehmen wollen; umgekehrt muß ein Rechter vom Schlage Hayeks durch die Hintertür der radikalliberalen Utopie, die er zur Verdeutlichung seiner Idee entwirft, ein privateigentümlicher Zugriff auf besagte Aufgaben sei der einzig richtige, die von ihm perhorreszierte linke Vorstellung in sein Argument lassen, es gebe vernünftige und unvernünftige Kollektive (denn was sonst wäre der Unterschied zwischen den lokalen, im Wettbewerb um migrierende Staatsvölker stehenden Verwaltungseinheiten)? Sind manche Kollektive vernünftig, andere nicht, so räumt er ihnen Eigenschaften ein, die er zuvor ausschließlich und explizit auf einerseits Individuen und andererseits das abstrakte Gesamte der Menschenart in Vergangenheit, Gegenwart und Zukunft beschränkt wissen wollte, sein individualmonadologischer Mikro- und sein traditionaler Makrokosmos werden plötzlich von einem Mesokosmos der Vermittlung durchdrungen, aber damit fangen die Schwierigkeiten erst an: Ab wie vielen Leuten genau ist die Vernunft nicht mehr auszumachen und also die Planbarkeit des Zusammenlebens ein Ding der Unmöglichkeit? Und wenn einer dieser winzigen Paradiesgärten so attraktiv wirtschaftet, daß Millionen, warum nicht: Milliarden Menschen, statt ihre schlechteren, illiberaleren, aber eben deshalb auch nicht einfach zum Strecken der Waffen zu überredenden Regierungen unter Opfern zu stürzen, ins Wunderland einwandern wollen, und zwar durchaus die tüchtigsten, meistbegabten, denn Schmarotzerinnen und Nassauer versprechen sich gewiß nichts vom Einwandern in ein Land, das den nach Hayeks Meinung überflüssigen Sozialklimbim nicht kennt – was macht man dann mit den Überzähligen unter den Neuankömmlingen, bricht dann, weil man sie reinlassen muß, das Feenmärchen an Hardwareproblemen zusammen, oder weist man sie ab, aber wer entscheidet dann, welche hereindürfen und welche nicht? Das Kollektiv? Aber ist das nicht der reine Kommunismus? Die Experten? Aber wären das nicht die mit nahezu unbegrenzten Vollmachten ausgestatteten Bevollmächtigten der Mehrheit, vor denen Hayek sich so fürchtet? Ein Diktator? Aber wäre der den Liberalen, die ihn bräuchten, nicht sehr peinlich?

Ganz und gar beliebig austauschbar sind die linken und rechten Rhetoriken freilich nicht; da es der Linken um eine Aufhebung von Naturwüchsigem geht, der Rechten aber zunächst um deren Verewigung und erst in Reaktion auf die Angriffe der Linken dann um ihre Verschärfung, weil die Linke, wenn sie erstarkt, meist durchsetzen kann, daß das Argument »Es muß alles so bleiben« zerfällt, denn daß es sich ohnehin ändert, ist irgendwann nicht mehr zu übersehen (spätestens wenn die historische Perspektive aufgemacht wird) und wird von der Rechten dann mit jenen Rhetoriken gekontert, die ihren Übergang vom konservativen (wörtlich ja: bewahrenden, also stetigen, statischen) zum reaktionären (also bewegten, aktiven, dem Andrängenden entgegendrängenden) Modus erzwingt, und dessen wichtigste Strategeme meist die Behauptungen 1. der Unnatur beziehungsweise des Widersinns – im Sinne einer kosmischen Ordnung – dessen, was die Linke will, 2. der Vergeblichkeit dessen, was die Linke plant, und schließlich 3. der Gefährlichkeit dessen, was die Linke tut, darstellen (der alles andere als radikale Soziologe und Volkswirt Albert Otto Hirschman hat 1991 in seiner klugen kleinen Schrift *The Rhetoric of Reaction: Perversity, Futility, Jeopardy* eine gründliche Untersuchung dieses Nexus vorgelegt). Die in der Perspektive, die solche Rhetorik herzustellen bestimmt ist, schlimmsten linken Ketzereien sind drei: 1. Planbarkeit des Sozialen, 2. Demokratie und, am allerschrecklichsten, 3. deren systematische Verbindung. Gegen die Demokratie gibt sich die rechte Rhetorik daher elitär (nur Leute, denen das Herrschaftswissen zugänglich ist, können über gewisse Dinge, die angeblich demokratisch entscheidbar sind, überhaupt ein Urteil fällen) und muß mit dem Widerspruch leben, daß man gegen die Planung oft im selben Atemzug populistisch, leutselig, volkstümlich klingt (die Planer werden euch, den kleinen Leuten, ihre Pläne aufzwingen, der Plan ist die Ausgeburt lebensfremder Blutsauger, die euch und eure unbezwingbare Vitalität kujonieren wollen, wer Plan sagt, meint die Knute des Politkommissars).

Läßt die Linke die Finger dennoch nicht vom Jonbar-Scharnier, wird das antidemokratische Argument verschoben von »*perversity*« zu »*futility*«: Es gebe gar keine kollektiven Willensäußerungen, schon gar keine informierten, wie solle man die denn herstellen? Das Gemeinwesen nach ihnen einrichten zu wollen, sei folglich eine Wahnvorstellung. Bis jetzt hat man auf diesen Punkt Hayeks selten linke Erwiderungen gehört, was aber nicht daran liegt, daß er schlagend wäre, als vielmehr daran, daß man, um ihn zu beantworten, keine spezifisch linke, sondern nur die – in der Linken im Gefolge einer langen Reihe von Niederlagen fast vergessenen – Ursprünge des linken Programms in der Aufklärung ausgraben muß, um eine ganz einfache Schlußkette in Gang zu setzen: 1. Was ist Wille? Wille ist

Wünschen, modifiziert durch Kostenrechnung, das heißt Zeitkalküle (aus denen dann die Tugenden erwachsen, die man mit dem Willen gemeinhin in Verbindung bringt: Beharrlichkeit, Frustrationstoleranz et cetera). 2. Was aber ist Wünschen? Bedürfnis, das wahrgenommen wird (Triebe wünschen noch nicht, sie animieren, wenn sie nicht zu Wünschen heranreifen oder dem Wünschenkönnen aus irgendeinem Grund entzogen sind, andere Körperfunktionen als Wahrnehmung und Bewußtsein). 3. Wie also stellt man einen kollektiven Willen her? Indem man kollektive Bedürfnisse wahrnehmbar macht und kollektiver Kostenrechnung zugänglich. 4. Gibt es dafür im Konzept der Aufklärung ein Instrument? Selbstverständlich, wir haben es im siebten Kapitel breit vorgestellt, es heißt »Öffentlichkeit«; und die Kostenrechnung, das Zeitkalkül, ist nichts anderes als das, was die Aufklärung selbst leisten wollte, um den Moment der Äußerung des so geformten Willens, den sie Abstimmung nannte (ob repräsentativ, plebiszitär oder, auf höherem Stand der Produktions- und also auch Kommunikationsmittel, in irgendeiner dritten Weise, tut dabei nichts zur Sache) festzuhalten.

Was Hayek und Mises entgegenzusetzen wäre, ist also nichts Komplizierteres als etwa eine betriebliche Diskussion mit anschließender Urabstimmung, die ein Ergebnis hat, das dann der Gewerkschaftsleitung zugestellt wird, die sich eventuell mit anderen kurzschließt, so daß ein Generalstreik daraus wird – wie auf diesem Weg ein für die Besitzenden manchmal reichlich kostspieliges Nichtproduzieren, Arbeitniederlegen verabredet wird, könnte man ja prinzipiell auch ein Produzieren und Arbeiten verabreden; erstaunlich ist allerdings nicht, daß man in Medien, die sich oft genug mit schaumigen, vagen Varianten des Gedankenguts von Hayek und Mises Gedanken über den Stand des Wirtschaftens machen, auf solche einfachen Ideen selten stößt (daß das alles so selten beispielsweise »in der Zeitung steht«, ließe sich vielleicht sogar zu banalen Tatsachen wie der in Beziehung setzen, daß in Deutschland, während wir das schreiben, gerade die größten Zeitungsverlage bei ihren letzten tarifgebundenen Regionalzeitungen die Bindung an in lebhafteren Zeiten abgeschlossene Flächentarifverträge beenden). Spekulieren darf der Publikumsverstand schon, aber aus dem Probehandeln soll, da ja das Vermögen (in jedem Sinn des Wortes) dazu nach der Volkswirtschaftsideologie wie nach der kapitalistischen Praxis und Hexis fehlt, jedenfalls kein Handeln werden.

V.
Intellektuellenoptionen: Marx, Wells, Schmitt *et alii*

Der Instinkt, mit dem Hayek und Mises sich denen entgegenwerfen, die nicht wie Marx eine ausgearbeitete Theorie, sondern dem Alltagsverständnis zugängliche, also etwa künstlerisch-erzählend-sinnliche oder populärwissenschaftlich anschaulich gemachte Aussichten auf Machbarkeit von Veränderung verbürgen, geht rhetorisch nicht fehl – der Pfad von den empiriegesättigten, mit britischer Weltzugewandtheit und großem diegetischem Geschick vorgetragenen systematischen Mutmaßungen bei etwa H. G. Wells, den Mises verspottet, zu Problemen, die Lenin praktisch aufwarf und anging, ist womöglich kürzer als der von Marx zu seinem russischen Schüler. Leon Stover hat einen ausgefuchsten, erzreaktionären Science-fiction-Roman über die Plausibilität dieser Vermutung geschrieben, *The Shaving of Karl Marx*, in dem er Wells, wie der Titel sagt, als Marx und Bart und sehr gefährlichen Sozialisten recht treffend porträtiert; was Wells auch aus unserer Sicht Marx gegenüber fehlt, sind nicht nur ein paar wichtige Fragestellungen und Einsichten, sondern auch einiger Ballast, an dem sich nicht nur die Antimarxisten seit Erscheinen des ersten *Kapital*-Bands gütlich tun – das manchmal Zwanghafte, mittels der Wertlehre ein Unrecht nicht allein zu erklären, sondern oft genug gar erst zu beweisen, welches man doch mit ein bißchen Wachbewußtsein und leidlicher Lebenserfahrung mit dem Kapitalismus nichts anderes finden kann als evident, die stete Einladung zum Begriffszauber und zur endlosen Nachbesserei, Diskussion, Optimierung der Theorie als derridistischer »Aufschub« des an ihr eigentlich Politischen, der Hang auch, sie zu etwas Konvergierendem, ideal Geschlossenem machen zu wollen, unangreifbar und wasserdicht, dies alles bildet einen Katalog von Niedergangssymptomen, der aus der Defensivität der Lebenssituation entsprungen sein muß, in der große Teile dieser Theorie entstanden – es waren nicht die revolutionären Jahre; das meiste ist durchaus Antwort auf die trübselige Frage: Was macht man, wenn der Sieg nicht greifbar ist? Nun, man schleift die Konzepte schärfer, und das kann, dann, wenn man Pech hat, Generationen von *fellow* Theoretikerinnen in Lohn, Brot und Kurzweil setzen, welche ihre Ohmacht in immer größere Präzision und parascholastische Rabulistik ummünzen. Am Ende steht etwas, das der Karikatur, die Hayek und Mises von den Sozialistinnen zeichnen, gar nicht mehr so unähnlich sieht und sich selbst als eine Art Spiegelbild der Volkswirtschaftler-Priesterschaft, an welche jene beiden glauben, verstehen möchte: Da sind dann die Marxistinnen die einzigen, die etwas von Wirtschaft verstehen, weil sie zwar vielleicht nicht den Rechnungen folgen können, die den »Quantum Funds« operabel machen sollen, aber dafür der Erforschung von Verzwicktheiten wie der folgen können, ob die Umwandlung von Wert in Preis, wie Marx sie darstellt, in sich stimmig ist, ob man zu Ricardo zurückmuß, um diese Frage zu klären, ob die Werttheorie einen Fingerzeig für die Unterscheidung produktiver und unproduktiver Arbeit liefert und so fort – lauter interessante Sachen, keine Frage, aber der in ihrer marxosophischen Erörterung durch Heerscharen von (manchmal verbeamteten, manchmal bettelarm lebenslang vor sich hin rödelnden) Gelehrten aufscheinenden Losung »Sind alle Haare gespalten, sitzt die Frisur wieder« sieht man ihr Neurotisches von weitem an.

Es rührt von Gewaltfolgen: vom Ungleichgewicht der Kräfte, die der Parteigängerin des sozialen Fortschritts in ihrem kalten Kellerzimmer als Fiebertraum von kompensatorischer Allwissenheit in den Knochen zieht; von akademischen Haftschäden beim lebenslangen Marxprofessor – Dingen also, denen ein erfolgreicher und beliebter Romancier wie Wells Fortuna sei Dank entrückt ist, weshalb er ein Gespür dafür entwickeln kann, wie man die Dinge von ihrer jeweils öffentlichsten und politischsten Seite angeht und auch vor den mächtigsten Leuten und ihren Meinungen keine Scheu zu haben braucht (die Interviews, die Wells mit Lenin und Stalin führte, gehören zu den aufschlußreichsten Befragungen dieser beiden, die je stattgefunden haben). Wie von selbst gerät er so auch an Probleme, die in der bürgerlichen Öffentlichkeit verbotener waren, sind und bleiben als die schönste Diskussion über Piero Sraffa und die mögliche Redundanz des Wertgesetzes, nämlich denen der tatsächlichen Dislozierung wirtschaftlicher Planungsschritte. Eine aufgeklärtere Welt als die, in welcher er zu leben zu seinem großen Bedauern gezwungen war, werde wohl nicht umhinkommen, so etwas wie ein über dezentrale Filialen konstituiertes »Bureau of information and advice« einzurichten,

> »which will take account of all the resources of the planet, estimate current needs, apportion productive activities and control distribution. The topographical and geological surveys of modern civilized communities, their government maps, their periodic issue of agricultural and industrial statistics, are the first crude and uncoordinated beginnings of such an economic world intelligence«.[230]

Hayeks Alptraum: Heißt das vermaledeite *hypokeimenon,* an das die Sozialisten glauben, am Ende wirklich Menschheit, aber als Akteurin statt passives Gefäß des Weltwissens? Solch eine Institution, führt Wells mit provozierender Gelassenheit aus, »would necessarily produce direction; it would indicate what had best be done here, there and everywhere, solve general tangles, examine, approve and initiate fresh methods and arrange the transitional process from old to new«,[231] was ihn direkt zu unserer oben ausgeführten altaufgeklärten Ansicht über Wünschen, Wollen und Öffentlichkeit führt:

> »It would not be an organization of will imposing its will upon a reluctant or recalcitrant race; it would be a direction, just as a map is a direction. A map imposes no will on anyone, breaks no one in to its ›policy‹. And yet we obey our maps. The will to have the map full, accurate, and up to date, and the determination to have its indications respected, would have to pervade the whole community«.

Aber, fragt der Liberale, ist das nicht Wahn, Utopie im schlechtesten Sinne? Wie kann so ein Wille, so ein Motiv eine ganze Gesellschaft durchdringen? Nun, der Wille zum Geldverdienen, von dem die Liberalen ja immer wieder sagen, daß er eben kein Zwang ist, war doch in der zwangsregulierten Sklavenhalterwelt auch nicht so universell wie im Kapitalismus – welcher Weltgeist hat entschieden, daß er nicht durch einen zivilisierteren zu ersetzen wäre? Wells weiter, eben hierzu: »To nourish and sustain that will must be the task not of any particular social or economic division of the community, but of the whole body of rightminded people in that community.« Dahinter steckt die soziologische Binse, daß die richtige Antwort auf die Frage »Wer erhält das Gesetz aufrecht?« eben nicht lauten darf: »Die Polizei«, sondern: Alle Nichtverbrecherinnen, die das Gewaltmonopol der Polizei respektieren; eben das ist das Rückgrat des liberalen Gesellschaftsvertrags. Wells: »The Organization and preservation of that power of will is the primary undertaking, therefore, of a world revolution aiming at universal peace, welfare and happy activity.«[232]

Die geradezu unheimliche Ruhe, mit der Wells hier Dinge vorträgt, die sich im Deutschland von 2011 kaum ein DKP-Kader zu sagen trauen würde, rührt daher, daß dieser Autor von *speculative fiction* gewohnt ist, wie ein Naturwissenschaftler zu denken: Wir finden heraus, wie die Sache funktioniert, und übergeben sie dann, des Interesses der wirtschaftenden und lebenden Menschheit gewiß, zu treuen Händen an Lehrbetrieb und Ingenieurswesen.

Vor nichts hat die kluge Rechte einen größeren Abscheu als vor dieser Haltung – Carl Schmitt, Tagebucheintragung vom 15. April 1949: »Ich stelle die ganze exakte Naturwissenschaft unter Ideologieverdacht. Für mich gibt es keinen gröberen Selbstbetrug als die Lehre von den Atomen (Atomkernen, Protonen, Neutronen etc.)«, und wenig später, am Ostersonntag, dem 16. April: »Kaum hatte ich das geschrieben, da erschien Pascual Jordan, Physik im Fortschritt, sehr fortschrittlich. Er verlangt wie Einstein eine Weltregierung und macht sich lustig über die Angst vor der Technik.«[233]

Expertise kann in der Welt, die Schmitt mit Hayek und Mises – bei allen sonstigen Differenzen – zu teilen bereit wäre, nur bedeuten: Wissen und erklären können, warum es Wahnsinn wäre, in den Gang der Dinge, den H.P. Lovecrafts »blinder Idiotengott« befohlen hat, mit Technik, Weltregierung, Open Conspiracy und anderem Firlefanz einzugreifen. Einen Abstraktionsschritt weiter erhält diese Haltung die höheren Weihen sogar von der Ontologie, wenn sie wie in Heideggers Abhandlung *Was heißt Denken* etwa zu der Überzeugung führt, »der bisherige Mensch« habe zu viel gehandelt und zu wenig gedacht, dieses »Ausbleiben des Denkens« aber habe seinen Grund nicht nur und nicht zuerst darin, daß jener ominöse Mensch das Denken zu wenig gepflegt habe, sondern darin, daß »sich das Zu-Denkende, das, was eigentlich zu denken gibt, seit langem schon entzieht. Weil dieser Entzug waltet, deshalb bleibt das verborgen, wohin das Hand-Werk der technischen Handgriffe reicht«,[234] eine Sicht aufs Höchste, die sich mit der Hayekschen auf den verderblichen »Einfluß der Naturwissenschaften auf die Sozialwissenschaften« wunderbar reimt: »Das Ideal des Ingenieurs, das zu erreichen ihn die, wie er meint, ›irrationalen‹ wirtschaftlichen Kräfte hindern und das auf seinem Studium der objektiven Eigenschaften der Dinge beruht, ist gewöhnlich irgendein rein technisches Optimum von allgemeiner Gültigkeit«; richtig, wenn wir das auf einem gegebenen Stand der Produktivkräfte erreichbare Maximum an Freiheit, auch von Not, denn ein »technisches Optimum« nennen wollen – manche Linken werden an dieser Stelle nicht grundlos heikel, wir konzedieren den Punkt einfach: »Er sieht selten ein, daß seine Bevorzugung dieser besonderen Methoden bloß ein Ergebnis der besonderen Art der Probleme ist, die er in der Regel zu lösen hat, und nur unter bestimmten sozialen Verhältnissen gerechtfertigt ist«,[235] worin vor allem das stattliche *proton pseudos* zu beachten wäre, daß die »bestimmten sozialen Verhältnisse« offenbar selbst nicht gerechtfertigt werden müssen, sondern vom Himmel gefallen sind und daher je und je verehrt und erfüllt gehören, statt sich kritisieren und verändern zu lassen.

VI.
Freihandel im Weltall

Soweit links die Anfänge der neuzeitlichen Phantastik im Humanismus stehen, soweit ist das Genre unterdessen gelegentlich nach rechts gerückt. Die britische »Scientific Romance«, der die meisten Werke von Wells angehören, war, wie wir bereits erwähnt haben, schon Schauplatz politischer Ambivalenzen zwischen Fabiertum und Imperialismus (das Feld ist weit und nicht sehr übersichtlich; die kundigste Draufsicht liefern Brian Stablefords *Scientific Romance in Britain, 1890-1950* und Paul Alkons *Science Fiction before 1900: Imagination discovers Technology*). Diese Tendenz verschärfte sich mit der US-amerikanischen Erfindung von »Scientifiction« und Science-fiction. Ein erkleckliches Kontingent der Verfasserinnen und Verfasser des Genres gehört zur »liberarischen« politischen Richtung, rechten

Anarchisten, bei denen diese SF-Schaffenden wiederum neben Figuren wie Ayn Rand, Murray Rothbard, aber auch den unvermeidlichen Hayek und Mises zu den obersten Säulenheiligen gehören.

Nach dem Zweiten Weltkrieg ward der Kapitalismus in den USA insgesamt zu einer Art Science-fiction-Ideologie, weil das damals neu eingerichtete Akkumulationsregime aus militärisch-industriellem Komplex, Kulturindustrie, hochentwickeltem Transportwesen, Imperialismus, Info- und Kommunikationstechnik anders gar nicht zu feiern gewesen wäre. Die Dominanz utopisch-sozialreformerischer Impulse in der frühen Proto-SF, zu finden etwa bei Edward Bellamy in *Looking Backward: 2000-1887* im Jahr 1888, das von den Reformideen Henry Georges beeinflußt war, oder marxismusnah bei Anatole France, 1905, in *Sur la pierre blanche* oder in Jack Londons antiautoritärer Dystopie *The Iron Heel* von 1907 und schließlich auf dem Gipfel dieser Subgattung, 1933, bei Wells in *The Shape of Things to Come*, wich dem »Can do«-Pioniergeist technoindividualistischer Kompetenz-Plasmakanonen aus *God's Own Country*, deren Kanon bis heute in SF-*sections* amerikanischer Kettenbuchhandlungen in Gestalt der Werke von David Drake, David Weber, Larry Niven, Jerry Pournelle und dem *godfather* der Richtung, Robert A. Heinlein, die Regale beherrscht (soweit da nicht ohnehin hauptsächlich *novelizations* von Stoffen aus Film und Fernsehen stehen, die in den letzten dreißig Jahren allesamt aus Heinleins Abfällen zusammengekratzt wurden). Lange bevor es unter marxliebenden wie marxfliehenden Wirtschaftsdenkerinnen, Wachstumskritikern und Ökologinnen der zweiten Hälfte des zwanzigsten Jahrhunderts von Nicholas Georgescu-Roegen und Herman Daly bis Elmar Altvater und Peter Walker Mode wurde, mit Gleichnissen aus der Physik (vor allem der Thermodynamik und deren Hauptsätzen) etwa die Grenzen des Wachstums zu analysieren, die in mehrerlei Hinsicht problematische Überzeugung Rosa Luxemburgs zu illustrieren (ja manchmal gar: zu »beweisen«, ein andermal: zu »widerlegen«), der Kapitalismus müsse früher oder später jedes nichtkapitalistische andere seiner selbst, auf das er doch systemisch angewiesen sei, vernichten, prägte Heinlein das Akronym »Tanstaafl«: »There ain't no such thing as a free lunch«, um die politische Ökologie des »Von nichts kommt nichts« vor den libertären Karren zu spannen – weil nämlich von nichts nichts kommt, muß den Produzenten, Erfindern, Pfadfindern und Astronauten der politische Vorrang und die Arm- und Beinfreiheit auf Kosten von Nichtskönnern, Parasiten, Schwachen, Alten, Lahmen, Kranken, Nichteigentümern eingeräumt werden, und Sozialverträge sind jederzeit einseitig kündbar, denn die Natur beziehungsweise »The Moon is a harsh mistress«, wie ein (übrigens ausgezeichneter) Roman Heinleins von 1966 deklariert; der frühe Heinlein übrigens politisierte durchaus sozialismusnah und schrieb 1940 eine erstaunliche Erzählung mit dem Titel *Let There Be Light*, in der es darum geht, daß auch das leuchtendste Erfindergenie gegen die wirtschaftliche Übermacht besitzender Bedrücker nichts ausrichten kann; ganz anders als in Heinleins späteren Epen und dem Chef d'œuvre des Genres »Technogrenzer-Apotheose«, Ayn Rands Riesenroman *Atlas Shrugged* von 1957. Darin entdeckt ein kantiger Ingenieur namens John Galt das Prinzip eines Motors unbegrenzter Energie (also doch: *free lunch?* – aber gemeint ist mit der Metapher, die Rands glückliche Hand für die Schaffung genregerechter phantastischer Tropen bezeugt, der *primo motore,* der unbewegte Beweger der menschlichen Schöpferkraft als solcher, den ewigen Quell, den auch ein anderer Buchtitel Rands, *The Fountainhead*, meint), aber Gewerkschaftler, Linksliberale und andere Plünderer drohen ihn zu enteignen, und so ruft er seinesgleichen – libertäre Philosophen, Erfinder, geniale Bankiers und Industriekapitäne – zum Streik auf. Die Besten der Besten folgen dem Ruf, die verstaatlichte, also bis ins Mark marode Zivilisation bricht zusammen, und die Elite kehrt aus ihrer Paradiesfestung in einem verborgenen amerikanischen Hinter-den-sieben-Bergen-Tal zurück, um mit harter Hand und dem gebotenen Respekt vor Dollar und Cent den abgewirtschafteten Laden wieder flott zu machen. Die prinzipienfeste Zeitkritik, die sich in diesem Tausendseiter austobt, transportiert an einigen Stellen sogar so etwas wie Gebrauchswertorientierung im Sinne marxianischer Reformer, nämlich als Trägheitstadel wider Leute, die den kapitalistischen Warensegen ohne Entrichtung des Preises der Individuation, des vollentwickelten Renaissancemenschen-Subjektstatus genießen wollen, diese Übeltäter finden sich nicht nur in Intellektuellenkreisen, sondern sogar bei den Rand sonst sakrosankten Kapitalisten, denen Rand in diesen Fällen verübelt, daß sie sich aus Bequemlichkeit auf Sozialpartnerkrempel einlassen und mit den *moochers* und *looters* paktieren – rechte Kapitalistenschelte (daher nicht: Kapitalismuskritik!), wie sie auch von anderen Science-fiction-Schaffenden in den florierenden Fünfzigern vorgebracht wurde, etwa von Frederick Pohl und C. M. Kornbluth 1953 mit *The Space Merchants*, wo allerlei Wahres über Wegwerfmentalität und Werbeblödsinn gefunden werden kann – die beiden sind Erzlibertarier, an der Werbeindustrie stört sie, daß das so riesige Konzerne (also fast sozialistische Staaten-im-Staat) sind und man mit ihrer Hilfe schlechte Ware verkauft, als wären es gute –, ein Dorn im Auge der schlanken Mittelständler, für die solche Literatur ebensogut spricht wie ein Menschenalter später die expliziter vom Machen, Kaufen und Verkaufen berauschten Produkte der gierigen Achtziger, etwa C. G. Edmondsons *The Man who captured earth* von 1980 oder Ben Bovas *Privateers* (1985), in denen mit einiger Kunstfertigkeit literarisch Geräusch gemacht wird zu Reagans Wiederbelebung des altamerikanischen Grenzergeists (samt SDI); während Cyberpunk, die damals geborene sub- und gegenkulturelle Alternative für die SF-Klientel, es aus Gründen, die wir mehrfach behandelt haben (im Zusammenhang mit den Schwierigkeiten der Solidarität unter denen, die info-ökonomisch gebundener Arbeit nachgehen), nur zu einer Art Weltverzweiflung bringt, die viel mit der Krimi-Untergattung *noir* und wenig mit gesellschaftlicher Gegenwehr zu tun hat.

Libertäre SF will aus den Gesetzen des Kosmos selbst, wie sie dem *competent hero* in der Tradition der Männerimagines aus den Storyfabriken der SF-Befruchter Hugo Gernsback und John W. Campbell und davor den Pulpheroen der E. E. Smith oder Edmond Hamilton in Fleisch, Blut, Hirn und Muskel übergegangen waren, die Rechte des von keinem Staat gegängelten kapitalistischen Produzenten, Käufers und Verkäufers ableiten, Thermodynamik gegen *handouts* und Gefühlsduselei heißt der Modus, und das geht gut, weil aus wissenschaftlichen Befunden übers Sein ohne nervenzerrenden Umweg über die Zurkenntnisnahme des Sozialen und seiner Geschichte jederzeit jedes beliebige »Sollen« abgeleitet werden kann, oder auch gar keins – wer ein politisches Argument aufstellt, kommt um Normativität nicht herum, von welcher die Scheinabgeklärtheit nicht nur der Mises und Hayeks ablenken soll; wer aber das Vorhandene ändern (statt schützen oder in seinen bestehenden Ungleichgewichten verschärfen) will, kann der expliziten Normativität (sprich: der ausgesprochenen Programmatik) nur um den Preis des Ausgeliefertsein ans Wechselspiel zwischen den immergleichen öden und fruchtlosen einerseits ökonomistischen, andererseits politizistischen Illusionen entraten (wir werden das Problem im nächsten Kapitel näher betrachten); der böse Teil am Erbe Hegels, der paradoxerweise ausgerechnet den Fortschritt im Bewußtsein der Freiheit deterministisch denken wollte, bleibt virulent.

Jedem Determinismus abhold, unterscheiden sich aber die *libertarians* in jedem anderen Punkt von den *liberals,* diese politische und, wenn man so will, kulturelle (genauer ist die Sache kaum zu fassen) Unterscheidung ist, auch wenn die beiden Wörter aus den USA stammen, keine bloß amerikanische Eigentümlichkeit, sondern späte Folge des Schillerns, das der Freiheitsbegriff im bürgerlichen Zeitalter ohnehin um sich verbreitet; er hat die Gründungspolitik und daher die politischen Legitimationen der in den USA verbreiteten politischen Fraktionen nur deshalb, weil das Land als Ganzes sozusagen links von Europa stand, stärker geprägt und durchwirkt sie noch heute gründlicher als anderswo. *Liberals,* das sind Roosevelts und Deweys Leute, gutherzige, sozialdemokratisch inklinierte Pragmatiker (manchmal auch philosophisch: Pragmatisten), die unter Freiheit immer auch die von der Not verstehen. Ihre Prominenz besteht heutzutage tatsächlich aus den Kulturschaffenden, über die Mises sich mokiert, Naturwissenschaftlerinnen, Ingenieure und ihre Verteidiger muß man da eher suchen, aber einer der wirkmächtigsten vereinte alle drei Vokationen auf sich: Isaac Asimov, wichtigster amerikanischer Vertreter der eigentlich erzbritischen Wells-Tradition, hat sein Bild vom Fortschritt (genauer: von der Abwehr des Rückschritts in die Barbarei, den er wie andere bedeutende geschichtsphilosophisch interessierte SF-Autoren, etwa James Blish, als eine hochtechnisierten Gesellschaften nicht nur von außen drohende, sondern stets innewohnende Gefahr ansah) in stiller, emsiger und hintersinniger Konkurrenz zu Heinleins gigantischem Wandgemälde der *future history* entworfen; hauptsächlich in den drei Bänden der *Foundation*-Trilogie, *Foundation* (1951), *Foundation and Empire* (1952) und *Second Foundation* (1953). Die Epopöe handelt von einem galaktischen Imperium (mit Gibbonsschen und Spenglerschen Zügen), dem aufgrund politischer Stagnation das Schicksal bevorsteht, das Marx und Engels dem Kapitalismus für den Fall des Ausbleibens einer sozialistischen Revolution prognostiziert haben: das Abgleiten ins Unzivilisierte, Wiederaufbrechen unmittelbarer, atavistischer Antagonismen, Zusammenbruch der Produktivkräfte von Wohlfahrt und Freiheit. Bei Asimov hat diesen Untergang einer, wie Marx das im dritten Band versucht hat, mittels anspruchsvoller statistisch-politbayesianischer mathematischer Instrumente vorausberechnet: Der Gelehrte Hari Seldon ist der Erfinder einer präzisen Wissenschaft namens »Psychohistorie«, welche die Marxschen Gesetzmäßigkeiten (tendenzieller Fall der Profitrate, Veränderung der organischen Zusammensetzung des Kapitals, immanente Verwertungsschranke), den Parsonschen Strukturfunktionalismus in der Soziologie, die Condorcetsche Fortschrittswissenschaft, die Luhmannsche Theorie sozialer Systeme, die Actor-Network-Soziologie der Gegenwart und die Spenglersche Kulturkreislehre auf höchstem, heutigen Computersimulationen entsprechendem Niveau ineinanderschiebt, welche die exaktestmögliche Bestimmung von Jonbar-Scharnieren erlaubt, die man sich überhaupt vorstellen kann.

Hegels attraktive These, wonach die Geschichte sich, falls Napoleon oder Alexander der Große nicht zum Stichtag erschienen wären, eben anders beholfen hätte und doch zum selben Ziel gelangt wäre – die Menschheit, argumentiert er einmal hinreißend, bedurfte des Schießpulvers, »und alsobald war es da« –, wird von Hari Seldon gleichsam formalisiert, aber nicht, um die auf diese Weise erkannten Gesetzmäßigkeiten einfach ihr Werk tun zu lassen, sondern als Erkenntnisfenster für die Chance des Gegensteuerns.

So wird der Verfall, den Seldon kommen sieht, mittels zweier *think tanks,* die zugleich zivilisatorische Archive, Forschungszentren und Politbüros sind, zwar nicht vermieden (das steht, sieht Seldon, sowenig in ihrer Macht wie die Abschaffung der Schwerkraft in derjenigen von Flugzeugkonstrukteurinnen), aber doch verkürzt. Das

Baconsche »Wer die Natur beherrschen will, muß ihr gehorchen können« gilt also auch für die soziale bzw. »Psycho«-Geschichte um die beiden *foundations;* die eine arbeitet offen, die andere verdeckt, und das dunkle Zeitalter wird dank der dort geleisteten Mönchsarbeit auf immerhin tausend Jahre gestutzt (eine lustige Inversion nicht zuletzt des tausendjährigen Reiches millenarischer evangelikaler Christen oder Nazis). Bei alledem ist Asimov Realist (und US-Amerikaner) genug, die Rolle des Individuums in der Geschichte nicht restlos durchzustreichen (das gäbe ja auch einen faden Roman respektive eine noch fadere Romantrilogie her): Im zweiten Band taucht unverhofft und nichtberechnet ein Mutant auf, der das um sich greifende Chaos zur Machterschleichung nutzt; die Foundation-Leute aber bekommen den Störfaktor schließlich in den Griff, getreu ihrer Devise: So spannend und manchmal erratisch ein Flußverlauf sein mag, eins weiß man immer, der Strom fließt abwärts.

Was die »Psychohistory« (nämlich die Asimovsche, es gibt auch noch eine ernsthafte, aber alles andere als exakte Theorie dieses Namens von einem Menschen namens Lloyd DeMause, sein Hauptwerk aus dem Jahr 1982 trägt lustigerweise den Titel *Foundations of Psychohistory*) bereitstellt, ist eine »Landkarte« sensu Wells; ihre Extrapolationen vierter Grenzwerte, die ein Optionenspektrum einschränken, innerhalb dessen Individuen dann Entscheidungen treffen; ein Idealbild der Sozialwissenschaften, das auf Menschen, die sich etwa fürs Wirtschaften interessieren, durchaus so stimulierend wirken kann wie die frühen *space operas* auf die Ingenieurskader der NASA: Aus David Warshs kleiner Geschichte kapitalistischer Wissensökonomien, *Knowledge and the Wealth of Nations*, erfahren wir ohne besondere Überraschung, daß Paul Krugman, Nobelpreisträger für Wirtschaftswissenschaften des Jahres 2008, in seiner Jugend die *Foundation*-Bände geliebt und sich an der Weisheit Hari Seldons erbaut hat.

VII.
Ich und Ich als Netzeffekte; *peer-to-peer* als neues Gemeinschaftsmodell

Individuen, Kollektive, Freiheit, Berechnung: Hat die Produktivkraftentwicklung diese Sorgen nicht hinter sich gelassen, Antiquitäten daraus gemacht, sehen wir heute in der modularen Welt der »interpersonellen« Kommunikation und Koordination, die nicht mehr nach Sender und Empfänger, *server* und *client,* sondern *peer-to-peer* organisiert ist, posthierarchisch, dezentral, nicht klarer als zu Marxens, Hayeks, Asimovs Zeiten, *What Technology Wants* (Kevin Kelly), nämlich unbegrenzte Kombinatorik, die Erschaffung einer neuen bayesianischen Gottheit, die im *plenum* des *technium* agiert, in der elektronischen Noosphäre, und uns lehrt, daß »as individuals and as a society we can invent methods that will generate as many new good possibilities as possible. A good possibility is one that will generate more good possibilities ... and so on in the paradoxical infinite game«,[236] wie die neue, kalifornische, Technohipster-kompatible Version des alten Engelsschen Irrtums vom »unendlichen« Wachstum der Produktivkräfte verkündet, und ist nicht die dümmste Spielverderberin, wer da noch einmal von Altertümern aus dem neunzehnten und zwanzigsten Jahrhundert, vom Energieerhaltungssatz, Ressourcen, Demographie, Produktionsverhältnissen, Eigentumsformen und ähnlichem anfängt? Wer die alten Makel sieht und diskutieren will, verhält sich wie die Spielverderberinnen, die bei den erregten Diskussionen westlicher Trendforscher über den unaufhaltsamen Aufstieg Chinas zur Weltmacht daran erinnern, daß man, statt von absoluten Zahlen zu reden, von denen auch die KP Chinas lange Zeit ein bißchen faszinierter war als nötig, statt also dem Bruttoinlandsprodukt zu huldigen, auf die Pro-Kopf-Arbeitsproduktivität blicken sollte, bei der China irgendwo an hundertster Stelle in der Weltstatistik herumdümpelt, sehr viele chinesische Bauern immer noch nicht mehr produzieren, als sie selbst und eine weitere Person verzehren, die Agrarwirtschaft in weiten Teilen des Riesenstaats circa vierzig bis fünfzig Jahre in der Entwicklung hinter den fortgeschrittensten Staaten zurückliegt, der Gegensatz zwischen Stadt und Land, den der Sozialismus auf dem Fundament des entwickelten Kapitalismus laut

Marx aufheben soll, in China durch die Versuche, so etwas wie eine gelenkte, leidlich erträgliche (schweigen wir angesichts der Brutalität der dortigen Fabrikregimes ganz von: gerechte) ursprüngliche Akkumulation zu vollziehen, oft gerade verschärft statt aufgehoben wird, weil das hohe Konsumtionsniveau Neureicher in den Städten sich von dem, was die bäuerliche Welt kennt, stärker unterscheidet als selbst in Ländern, die wir im Westen und Norden seit bald hundert Jahren als elend zu bezeichnen gewohnt sind, und daß die chinesische Staatspartei im Würgegriff solcher Voraussetzungen so wirtschaften muß, daß nicht etwa bloß ein wunderbarer Sozialismus (den man im Notfall mit lauter Propaganda herbeitrompeten muß), sondern vor allem ein Staat bestehen kann, der Atomraketen und andere Hoheitszeichen andernfalls sofort hinfällig werdender Souveränität braucht, und deshalb vom Beitritt in die WTO bis zum Versuch, ihr als Kreditgeberin bei den ärmsten Ländern den Rang abzulaufen (was sie laut westlichen Medien Ende 2010 / Anfang 2011 erstmals geschafft hat), westlichen Firmen alle chinesischen Märkte von der Industrie bis zum, wie die Westler sagen, »kaum erschlossenen« Finanz-, also Kredit- und Versicherungswesen zu öffnen, und man hat eine Situation, in der nicht »die Chinesen«, wohl aber der Kapitalismus auf ungebremstem, wenn auch zerstörerischem Vormarsch ins einundzwanzigste Jahrhundert brüllt und stampft – das Internet, wollen wir sagen, ist eine Art China: Ja, da werden Entscheidungen darüber getroffen, wer in Zukunft reich und wer arm sein wird, aber bloße Begeisterung für diese »neuen Möglichkeiten« kann weder bei Chinesinnen noch Webjobbern dafür sorgen, daß man schon der richtigen dieser zwei sehr verschieden großen Gruppen angehören wird (mal ganz abgesehen davon, daß bei beiden, und man darf Indien gleich noch dazunehmen, über der IT-Wirtschaft die Energiewirtschaft vergessen wird, in der ganz andere Schwierigkeiten lauern, als der sowohl in den wirtschaftlichen Verkehrsverhältnissen im Netz wie denen in China und Indien losgelassene zweite Frühkapitalismus damals, in seiner ersten Inkarnation bis zum Abschluß der ersten industriellen Revolution, hat gewärtigen und lösen müssen).

Statt daß wir uns dagegen verwahren, den einschüchternd kryptoreligiösen, pseudowissenssoziologischen Kram von Hayek und Mises glauben zu sollen, sollen wir nach dem Willen der Netz-, Schwarm- und Cloudintelligenz doch einsehen, daß das Problem der demokratischen Wirtschaftslenkung in den neuen Arbeitsteilungen der Netzwirtschaft längst gelöst sei, hinter dem Rücken von Marx – wie das aussieht, kann man dann an der in diesen Kreisen gern als Beispiel fürs neue Arbeiten als Wolke (und auf Wolken) gelobten Firma und Web-Plattform InnoCentive in Waltham, Massachusetts (aber eigentlich: im Cyberspace) studieren. Ihr Name ist nach dem Muster unzähliger ähnlicher Portmanteau-Wörter zusammengesetzt aus »Innovation« und »Incentive«, also Neuerung und Anreiz, und das ist auch das ganze Programm: Der Laden stellt wissenschaftliche und ingenieursrelevante Probleme ins Netz, lobt Preisgelder dafür aus und bezahlt dann diejenigen, die das jeweilige Rätsel knacken, wo immer sie sitzen. Sehr viele Menschen arbeiten für die Kapitalien, deren Verwertung die jeweiligen Lösungen zugute kommen werden, bezahlt wird aber nur, wer als erster fertig wird. Nun, diese Form der Arbeitsteilung gab es früher auch schon, allerdings mußte man dafür nicht einmal arbeiten; sie hießt Lotterie und hielt sich genau wie das fabelhafte Crowdsourcing an die biblische Maxime, wonach zwar viele berufen seien, aber wenige auserwählt (nächste Innovation: Chinesische Bauern lernen, wie man die Getreideernte mit dem Laptop einfährt; übernächste: bedingungsloses Grundeinkommen für diejenigen, die beim Hirngymnastik-Lotto leer ausgegangen sind, unter Absehung von der Tatsache, daß so ein bedingungsloses Grundeinkommen sehr davon abhängt, ob die Lottogewinner und die Lotto-Ausschreiber da mitspielen, ob sie es je nach Profitlage überhaupt können, ob die nach wie vor lohnabhängigen oder freiberuflich-bankenabhängigen treuen Seelen sich dazu erziehen lassen, wo sie doch schon zu Solidarität und Gegenwehr keine rechte Lust zeigen; letzte Innovation: Wir bringen überhaupt allen bei, daß solche Zustände nicht etwa jämmerlich, sondern wilde Zukunftsabenteuer sind, die erfüllen, was die Technologie will, und unterschlagen dabei, daß sich nicht nur die Kommunikationsmittel, sondern wenigstens in den derzeit noch reichen Regionen auch Produktions- und Transportmittel soweit verbessert haben, daß ein sehr viel weniger von

Hetze, Angst und idiotischem Ehrgeiz gesteuertes Leben für alle eingerichtet werden könnte und die Visionen von neuer Arbeitsteilung, die statt auf diese Art angstlosem Auskommen immer nur auf mehr Kreativität, mehr Freizeit und andere pseudo-individualistische Trostpreise gerichtet sind, uns nicht deshalb mau vorkommen, weil sie etwa größenwahnsinnig und übereilt sind, sondern weil sie sich von dem, was an Freiheit, nämlich Freiheit von Existenzangst, längst zu machen wäre, in scheußlichster Bescheidenheit eine viel zu enge, vereinzelte, menschheitsabgewandte Vorstellung machen).

Die frohe Botschaft von der neuesten Sorte Gesellschaft, zu der wieder einmal »wir alle« eingeladen sind, hat in den letzten zwanzig Jahren kompliziertere und naivere Darstellungen erfahren; einig sind sie alle in der Behauptung eines Schnitts zwischen allem Bisherigen einerseits und dem mittels der elektronischen Vernetzung erreichten Zustand andererseits.

Frühere Formen der Vergesellschaftung, wird zugegeben, waren dreckig und beengt, anstrengend und ineffektiv: Zuerst sammelte und jagte man zusammen, dann fing man an, den Boden zu bewirtschaften, dann erfand man Städte, in denen Speicher für großen Reichtum angelegt wurden, den man schließlich zur Befeuerung einer explosiven Vermehrung der seit frühesten Sozialgebilden immer irgendwie präsenten Arbeit zur modernen Lohnarbeit, der höchstentwickelten Form der »abstrakten Arbeit« (Marx) verwandte, bis diese Lohnarbeit als Voraussetzung einer stark erweiterten Warenwirtschaft das Herz- und Kernstück gründlich durchtechnisierter Gemeinwesen wurde, in denen die Leute mit fast nichts und niemandem mehr überhaupt Umgang hatten, das oder dessen Dienste nicht gekauft oder verkauft werden konnte. Als Kunden und Anbieter nahmen alle Teil am sozialen Leben.

Das war gestern, sagt die frohe Botschaft, bevor das amerikanische Militär seine Computer im DARPANET vernetzte, aus diesem das Internet hervorgehen ließ und dann ein paar abenteuerlustigen Physikern Platz machte, die das World Wide Web erschufen. In diesem Netz kam nun eine nie dagewesene, beispiellos verfeinerte, mit sagenhafter Reichweite gesegnete, intensivsten wie extensivsten Datentransfer erlaubende Art des gesellschaftlichen Lebens auf; und wenn ein Volksfeind irgendwo noch nörgelt, er verstünde nicht, was der Enthusiasmus solle, es handele sich doch um nichts weiter als CB-Funk mit Texten und Bildern, so zieht ihn der Spott der Technorati (wir meinen nicht die Firma, sondern die Gilde, also das, was in Deutschland »digitale Bohème«, in Holland »Datendandy« getauft wurde und im wesentlichen die lebensstilgesättigt aufgebrezelte Version dessen ist, was bei John Shirley »techniki« heißt) durch den Virenscanner, bis die häretischen Ideen ausgebrannt sind.

»Wir« sollen uns freuen, daß wir nicht mehr zusammen Beeren pflücken oder Zebras belauern müssen, um zu ein und demselben Stamm zu gehören, denn heutzutage muß ich meinen Nächsten gar nicht erst lieben wie mich selbst, mit ihm Brot brechen und Wein trinken oder den armen Kerl ausgeraubt aus dem Straßengraben aufklauben, um das ozeanische Gefühl zu empfinden, daß wir als individuelle Gattungswesen allesamt Tröpfchen im großen Meer des menschlichen Zusammenhangs sind – es reicht vollkommen, meine letzte Schlägerei in der U-Bahn als mit dem Handy aufgenommenes Video bei YouTube einzustellen und als Feed auf meinem Blog zu posten, meinen Westernheftchen-Lesezirkel als Yahoo-Diskussionsgruppe neu zu organisieren, meine Hobbyband, die sich dem indonesischen Melayu-Deli-Sound mit seinen arabischen und indischen Ornamenten verschrieben hat, mit eigenem Profil bei Facebook oder Myspace anzupreisen und bei Second Life Konzerte geben zu lassen oder die Mitglieder meiner Bürgerinitiative für die Ausweitung der Berufsverbote von Nazis und Kommunisten auf Menschen, die zuviel Zeit mit ihrem iPhone verbringen, Leuten in Island vorzustellen, die dort an einem Deutschkurs samt Landeskunde teilnehmen und deshalb das Wort »Berufsverbote« googeln.

Gesellschaft nämlich, predigt die neue Lehre, bildet man nicht, indem man gemeinsam und koordiniert den Stoffwechsel von Menschen mit der nichtmenschlichen Natur und den von ihnen aus ihr hervorgebrachten Gebrauchswerten reguliert, sondern schon (und nur: notwendige und hinreichende Bedingung gehen da bunt durcheinander), indem man Informationen austauscht. Von allen Handlungen, die dazu geeignet sind, Überleben und Lebensgenuß unserer Art zu organisieren, gelten ausschließlich die kommunikativen als soziale, und daß das immerhin Handlungen sind (die also Zeit kosten, auf Leute zugerechnet werden können und müssen, nicht nur inferentielle, sondern auch kausale Folgebeziehungen um sich versammeln und so weiter), wird am besten auch gleich aus den Gleichungen gekürzt. Diese ganze avantgardistische Sozialphilosophie stellt im wesentlichen eine nebligere, vagere, blassere und verallgemeinerte Spielart der wunderschönen Form von Wirtschaft dar, die man in den neunziger Jahren des vergangenen Jahrhunderts erstmals unter dem unvergeßlichen Namen »New Economy« bestaunen durfte. Deren Idee war die Vision stabilen Wachstums gewisser wirtschaftlicher Kennziffern ohne Krisen durch Beschleunigung der Zirkulation als neuem Transmissionsriemen der Selbstverwertung von Werten. Das Prinzip ist sehr einfach; seine schönste Erklärung stammt vom Energiewirtschaftsprofi Kenneth S. Deffeyes, der darin eine Art technokognoszenter Abwandlung der alten Schweizer Weisheit sieht, die auf die Frage »Wovon leben eigentlich die Leute in diesen hochgelegenen Alpendörfern außerhalb der bergtouristischen Saison« die Antwort gibt: Jedes Dorf bezahlt ein anderes dafür, daß es ihm die Betten bezieht und die Wäsche reinigt. »New Economy« heißt dann: Jedes Dorf benutzt das Internet, um einem anderen Dorf Anteilsscheine an einer Fabrik für Toilettenpapier zu verkaufen.

Dieser Unsinn kommt heraus, wenn man Niklas Luhmanns großartigen Einfall, eine strukturfunktionalistische Soziologie ließe sich in Absehung der Produktion und Koordination menschlichen Lebens konstruieren, um die spezifischen Unterschiede zwischen neuzeitlichen, hocharbeitsteiligen Gesellschaften einerseits und primitiveren andererseits für eine detaillierte Beschreibung ersterer besser zu nutzen, als das Theorien können, die sich mit lauter Zeug belasten, das den eigentlich soziologischen Fragestellungen rein äußerlich ist, begriffsrealistisch beim Wort nimmt und nicht versteht, daß das, was heuristisch daran produktiv ist, nicht ohne weiteres zum politökonomischen Heilsprogramm für eine neue Art der Vergesellschaftung umgewidmet werden kann, das sich die Frage etwa ersparen könnte, was an die Stelle der in Zeiten von *jobless growth* und sogenannter struktureller Arbeitslosigkeit als unzulänglich gewordener Sozialkitt erweisenden Lohnarbeit treten soll.

Wenn wir dem nun entgegenhalten, daß Vergesellschaftung (anders als, zu gewissen von Luhmann stets klar herausgearbeiteten heuristischen Zwecken, Gesellschaft) nur um den Preis des Geschichtsverlusts und der Einbuße aller politischen Handlungsmöglichkeiten zur Verbesserung des Gemeinwesens auf Datenaustausch reduziert werden kann, dann wollen wir nicht auf irgendeinen metaphysischen Unterschied zwischen dem Primären und dem Sekundären hinaus, nicht auf die öde, banale und geschenkte Differenz zwischen Schein und Sein, auch nicht auf das Lob der Hausmusik, des guten Buches, des Fußballvereins oder des Waldspaziergangs. Es geht uns um etwas ganz anderes: darum, daß eine Gesellschaft bereits (anders als zum Beispiel die chinesische, deren Regierung deshalb, nicht nur aus banal politischen Gründen also, auch ihre liebe Not mit dem Internet hat) hochproduktiv, in extrem verfeinertem Grade arbeitsteilig und also überaus reich sein muß, um auch nur die Rechner hervorzubringen, die Kabel zu verlegen oder die Satelliten in Betrieb zu nehmen, ohne die das ganze wunderbare Netz unmöglich wäre. Wenn man von diesem (absoluten wie relativen) Reichtum nicht redet, verstellt man sich und anderen die Möglichkeit, ihn noch zu ganz anderen segensreichen Dingen zu verwenden als dazu, einander nette Filmchen, lustige Bildchen, erfreuliche Textchen zuzufunken oder Arbeitsgruppen von Designern und Content-Providerinnen zu bilden, die alles in den Schatten stellen, was in der alten Welt der Zeitungen und kartoffelbedruckten Textilien üblich war.

Sobald man so tut, als ob der Zugang zu Kevin Kellys »*better possibilities*« bereits in irgendeinem signifikanten Sinn für alle gleich sei, unterschlägt man die interessantesten Chancen, die das Medium und alles, was daran hängt, den Menschen eröffnet: diejenigen, Zugang, Besitztitel, Vermögen tatsächlich anders zu organisieren, als das in privateigentümlichen Sozietäten üblich war.

Ein Beispiel: Heute kann man einen Freund oder eine Freundin nicht nur in Clubs, beim Einkaufen oder bei der Arbeit finden, sondern auch im Netz, aber das ist nicht einfach ein Wunder des Maschinengottes, sondern war exakt vorauszusehen, sobald man, wie das in den Neunzigern des verflossenen Jahrhunderts zuerst geschah, zum Beispiel Erdöl nicht mehr nur in Alaska oder im südchinesischen Meer finden konnte, sondern an den Börsen. Öl finden an der Wall Street? Das ging so: Nicht nur Autofahren, Maschinenbetrieb oder das Beheizen von geschlossenen Räumen, sondern sehr viele andere Güter und Dienstleistungen beinhalten Energiekosten. Deshalb wurden vor rund zwanzig Jahren plötzlich öffentlich gehandelte Firmen mit unterbewerteten Öl- und Gasreserven zu lohnenden Zielen für Aktienhändler und Spezialisten für Fusionen und Übernahmen. Aber, und hier wird, was wir mit Reichtum meinen, konkret: Nur bereits recht reiche Leute hatten und haben die Ressourcen-Flexibilität, die künftige Ölpreisentwicklung durch den Erwerb von und den Handel mit entsprechenden Aktien zu beeinflussen; schon der gehobene Mittelstand, soweit es ihn noch gibt, muß damit leben, daß die eigenen Geldmittel eher in Immobilien und anderen Anlageformen gebunden sind. Zur Zeit der letzten größeren Sorgen um die kapitalistische Ölwirtschaft vor dem Ende des Kalten Krieges, in den späten Siebzigern, dauerte es Monate, mitunter gar Jahre, bis eine Preisschwankung am Rohstoffmarkt ihre wellenförmigen Auswirkungen durch alle dafür erreichbaren Industrien und Branchen geschickt hatte, von Kostenveränderungen bis zu Lohn-Preis-Spiralen. Heute geschieht so etwas in Millisekunden: Es gibt detaillierte Computermodelle der Weltwirtschaft, die sofort Alarm auslösen und den Kauf und Verkauf von allem möglichen beeinflussen, Telekom bis Panzerwaffen, Aluminium bis Zink, Yen bis Euro. Gesellschaft bedeutet, daß man mehr produzieren kann, als man zum unmittelbaren Verzehr benötigt, Gesellschaft ist, als Arbeitsteilung, der Schritt weg vom Prinzip »Von der Hand in den Mund«, der Schritt, durch den ein Mehrprodukt erwirtschaftet werden kann, der Schritt zum Plan, der Schritt zum Horten von Reichtum, der Schritt zur Verteilung und zum Tausch – wenn ich mehr habe, als ich verbrauche, kann ich tauschen, vorher nicht. Dies alles, das Horten, das Verteilen, der Tausch, ist beschleunigt und erweitert, wenn die Koordination der Produktion beschleunigt und erweitert ist – und dann stellt sich eben die genuin gesellschaftliche Frage: Was machen wir mit dem Mehrprodukt, was mache ich mit den Kapazitäten, der Möglichkeit der Muße, die freiwerden?

Man kann über die imperialistischen Staaten der Gegenwart sagen, was man will – ihre *precision guided missiles* töten viele Menschen, machen viel kaputt, ihre erpresserischen Handelsgewohnheiten haben vom gerechten Tausch nichts gehört, ihre Patentabkommen stellen sicher, daß Elende nicht an die Medikamente kommen, die sie brauchen; aber immerhin, sie haben die Datenautobahn gebaut.

Selbst ohne irgendeine gesellschaftlich instituierte Instanz, die es sich etwa zur Aufgabe gemacht hätte, die Koordinationszugewinne an die arbeitende Menschheit weiterzugeben, sind einige ihrer Effekte bereits im seit dem Absolutismus schwerfälligsten Bereich moderner Gemeinwesen angekommen, in der Verwaltung nämlich, in Gestalt des sogenannten E-Government mit seinen netten Wirkungskreisen von *government to government* über *government to employee* bis zu *government to citizen*, und daß selbst im notorischen Stempelkissenparadies Deutschland Bund, Länder und Gemeinden inzwischen die Beantragung von Ausbildungsbeihilfe, Patentsachen, bauwirtschaftliche Vorgänge, landwirtschaftliche Förderprogramme und so weiter computergestützt beschleunigt und hier und da sogar tatsächlich vereinfacht haben, bringt Sozialistinnen auf Ideen. Braucht irgendein Küstenstreifen wirklich fünfundzwanzig kommunale Einzelverwaltungen auf engstem Raum? Einerseits und evidenterweise: nein, andererseits: Solange alles über Lohnarbeit läuft, kann man die Leute nicht einfach aus ihren Büros jagen, wenn man ihnen sonst keine Erwerbstätigkeit anzubieten hat. Was tun? Alle werden Webdesignerinnen?

Technische Lösungen sind eben nicht soziale – selbstverständlich könnte man ja zum Beispiel auch sämtliche Vitaldaten, Krankheitsverläufe, Profile von Leuten, die in sämtlichen Krankenhäusern und Arztpraxen, und zwar denjenigen für den gemeinen Pöbel wie denjenigen, die sich um die Funktionseliten kümmern, jemals behandelt wurden, in großen Datenbanken zusammentragen und dann vernetzt wiederum allen praktizierenden Heilberuflern zugänglich machen, um tatsächlich für alle Fälle, die vorkommen können, die geeignete, dem Problem angepaßte Therapie zu finden: Die und die Person dieses oder jenes Geschlechts von diesem oder jenem Gewicht mit dieser oder jener Vorgeschichte entwickelt dieses Symptom oder ein anderes, und dann schlägt die eine Behandlung in irgendeinem Zeitraum so und so an, oder sie tut dies nicht: *evidence based medicine*, wie Thomas Bayes, hätte er übers Gesundheitswesen nachgedacht, sie sich nicht klarer wünschen könnte; nur daß die tatsächliche Umsetzung dann wieder daran hängt, wer's bezahlt, und ob die *evidence* sich nicht auch so auslegen läßt, daß es sich bei alten Leuten eh nicht lohnt, da die Statistik ja sagt, daß die bald an irgend etwas anderem sterben und so weiter und so fort ... von der Verpflichtung, sich zu entscheiden, ob das Solidarprinzip gilt oder »Rette sich, wer kann«, dispensiert das Gemeinwesen sein schönstes Netz nicht.

Genau wie die Preisschwankung beim Öl sofort irgendwo Arbeitsplätze schafft oder vernichtet, zieht ein einfacher, sauberer, praktischer, übersichtlicher Vorschlag auf der Stelle ungeheure Mengen von Überlegungen und praktischen Desideraten nach sich bezüglich der Besitzverhältnisse, der Besteuerung, der Allokation. Man kann, das ist der Witz bei Hocharbeitsteiligem und Hochproduktivem, an keinem Fädchen ziehen, ohne daß der ganze Teppich betroffen ist; man muß dann aber eben erwägen, ob die Hände, die dran ziehen, nicht auch neu knüpfen können, und ob nicht in der bestehenden Produktionspraxis und -hexis – diese der ganze Sinn und Zweck neuerer Debatten über die *commons*, wenn sie denn Sinn und Zweck haben – bereits Formen geübt werden, die dieses Neuknüpfen implizit enthalten.

Heyek und Mises und alle, die ihnen glauben, fürchten sich vor nichts mehr als einem Gewebe, in dem das Zusammenwerfen der Leistungen der Tüchtigen und der Bedürfnisse der Minderbemittelten Alltag ist – das Bilden von Pools, das technische Kollektivieren von Ressourcen, die Enteignung des erfolgreichen Arztes, der mit Recht nur für zahlungskräftige Kunden arbeiten will, weil er für seine Arbeit, wie jede und jeder, solange Lohn, Preis, Profit gelten, das Maximum wird herausschlagen wollen. Müssen die *libertarians* das Netz, das wir meinen – im Gegensatz zu dem, das etwa Kevin Kelly meint –, als Lenins verspäteten Gerichtsvollzieher fürchten? Heißt »Netz«, wenn es als technisches Dispositiv von nichteigentümlicher Wissens- und Mittelökonomie verstanden wird, am Ende also doch nur wieder »collectivism« (Ayn Rand)?

Ein paar Worte zum sich umzingelt wähnenden Individualismus also: Gruppendruck, Nestwärme, Angst davor, daß die Leute durchs schiere Sitzen am Bildschirm schon vereinzeln, Sehnsucht nach dem Muff vormoderner Zustände animiert uns nicht. Es gibt tatsächlich einen sehr grobschlächtigen Netzmißmut, der davon ausgeht, »der Mensch« sei, wenn man ihn nicht in traditionelle Ausbeutungs- und Hierarchiebeziehungen holt (»Bindung« heißt das Zauberwort), ein gehässiges Würstchen, gegen andere kalt und gleichgültig, weshalb der tiefere Sinn von Familie, Schule, Kirche, Militär und Beruf vor allem darin bestehe (pessimistische Lesart: einst bestanden habe, als es diese wunderbaren Dinge noch gab), den Egoismus abzutöten und das Würstchen auf eine ethisch höhere Stufe der Verbundenheit mit Hinz und Kunz zu heben.

Dieses Menschenbild stellt die historisch stattgehabten Verhältnisse und Entwicklungen vollständig auf den Kopf. Was immer nämlich »der Mensch« roh und unbearbeitet als solcher je gewesen sein mag, eins war er vor dem Kapitalismus kaum je: ein Individuum im Sinne des Liberalismus, den wir an dieser Stelle sehr hochschätzen, weil sein Individuumsbegriff nicht etwa ein Geschöpf meint, das sich von anderen nur durch Interessengegensätze unter der Mangelfuchtel abhebt, wo man sich um Futterplätze und Fortpflanzungsquoten kloppt, sondern ein eigenes Gesicht, einen geistigen Anspruch, Ansichten über Gott und die Welt, moralische Grundsätze, einen Schönheitssinn, einen Geschmack, ein Wesen, das seine Zuneigungen und Antipathien pflegt, das sich ausdrücken mag und verwirklichen, kurz, die klassische Romanheldin, der klassische Romanheld des bürgerlichen neunzehnten Jahrhunderts.

Weit davon entfernt, diese Geschöpfe abschaffen zu wollen, waren Marx und Engels vielmehr ganz wild darauf, die sie auszeichnenden Qualitäten zu verallgemeinern – es sollten einfach so viele Menschen wie möglich so frei sein, wie es der Stand der Produktivkräfte überhaupt gestattete, das Reich der Notwendigkeit, der Plackerei, der Arbeit, sollte auf ein existenznotwendiges, von Maschinerie gedrücktes Minimum gerückt werden zugunsten des Reichs der Freiheit, des Forschens, Spielens und Experimentierens, der Kunst und so fort, man lese nur einmal die Stelle im »Bürgerkrieg in Frankreich« von Marx, wo er dem Kapital vorwirft, daß es ja eben nicht nur, wie seine Propaganda sagt, Eigentum bilde, sondern auch in größtem Maßstab enteignet, nämlich die Kleinbesitzer, die es aus dem Geschäft drängt, wenn es anfängt, sich zu konzentrieren, daß also der Reichtum unterm Kapital eben gerade nicht automatisch breit gestreut ist, daß es Privateigentum im strengen Sinne für viel zu wenige gibt, daß die Tauschwertwirtschaft, wenn sie über einen privat angeeigneten Profit läuft, große Mengen von Menschen gerade von den Gebrauchswerten abschneidet, daß sie das Menü für die Mehrheit künstlich klein hält.

Hat man diesen Gedanken verstanden – die einzige Kapitalismuskritik, auf die wir einen Cent geben, im Gegensatz zu vielen anderen Formen der Unzufriedenheit mit der Moderne, die sich irgendeinen Dschungel zurückwünscht, eine romantisierte Indianerwelt, einen brutalen Urkommunismus, eine misanthropische Pol-Pot-Katastrophe oder Hippiekommunen –, dann ist einem auch der Zusammenhang gegenwärtig, in den das marxistische Programm von seiner ersten Fassung beim jungen Marx an »die Technik« und »die Freiheit« stellt; einen nämlich, den von Kellys »good possibilities« nur die größere Sorgfalt bei der Einordnung der Produktivkräfte in die Produktionsverhältnisse unterscheidet. Anekdotisch gesprochen, kann man sagen: Kelly sieht, daß man sich heute, weil die Computertechnik weiter ist als in den späten Achtzigern, anders als damals auf Interkontinentalreisen nach eigenem Geschmack aussuchen kann, wovon man sich zerstreuen läßt. Seinerzeit waren auf großen Leinwänden ein paar Filme zu sehen, über die Kopfhörer für den Ton dazu konnte man sich ein fixes Programm von Konservenmusik anhören, heute gehen auf kleinste Speicher Riesenmengen an Filmdateien, wenn man also, wie das bei vielen Fluglinien inzwischen der Fall ist, in die Rückseite der Lehne einen kleinen Bildschirm baut und dann ein Menü hat, das den Zugriff auf einen Rechner mit dort abgelegten Filmen erlaubt, kann man sich, wenn man nichts zu lesen dabeihat (das können, dank e-books, inzwischen auch ganze Bibliotheken sein), die Langeweilevertreiberei so zusammenstellen, daß keine zwei Personen im selben Flugzeug dieselben Sachen in derselben Reihenfolge sehen müssen. Voilà, Individualisierung – soweit kommt Kelly. Marx hat nicht viel hinzuzufügen, anekdotisch: Schön für die Überflieger, aber was machen die Leute am Boden? Die Differenz ist nicht groß, aber sie ist eine ums Ganze.

Wer wirklich neue, freiere Gesellschaften will, wird sie nicht übersehen, sondern verstehen, daß der »Wille«, den Hayek Kollektiven abspricht, den aber die apostolischen Mundstücke des neuen Netzevangeliums der »Technology« zusprechen, tatsächlich in allerlei Automatiken gerutscht ist, am tiefsten in die Warenproduktion – nicht diese aber, so der politische Ansatz, den wir wünschenswert finden, hat der Informationskoordination vorzuschreiben, wie sie sich unter Computernetzwerkvorgaben zu realisieren hat, sondern politische Foren sollten unter Verweis auf diese Vorgaben und ihre Freiheitsgrade darangehen, die Güterproduktion, Verteilung, das Verkehrswesen so umzuarbeiten, daß die Koordinations-, also Zeit-, also Produktivitätsgewinne der Vernetzung in zwar allgemeinem, aber statt abstraktem (man erinnere sich an die irre chinesische Jagd nach immer höheren BIP-Kennziffern) diesmal konkretem Reichtum (Versicherungswesen, Gesundheit, Transport, Forschung, Lehre …) realisiert werden.

Die Relationen der Individuen, die an diesem Reichtum teilhätten, wenn sich die Tür mit dem Jonbar-Scharnier »Netzgesellschaft« öffnen ließe, wären als Relationen erkennbar geworden, statt sich als unverrückbar dinghafte, fetischisierte Tatsachen (»Geldverdienen muß sein«) mißzuverstehen, die ein Eigenleben haben, das sich über die Menschen zur sie beherrschenden Macht aufschwingt, bis diese, nach Marxens berühmtem, aber viel zu oft zivilisations- und kulturpessimistisch mißinterpretiertem Bild, nur mehr Anhängsel der Maschinen sind, mit der sie produzieren (auch hier allerdings ist »der Mensch« die übliche kulturkritische Schablone; es macht schon einen Unterschied, wem die Maschine gehört). Wird dieser Zustand aufgehoben, so wird auch das Wissen, das Hayek wie ein Ding behandelt, das man haben oder nicht haben kann, als eine Relation von Praxis und Praxis erkennbar – daß Information nicht gleich Information ist, sieht man schon jetzt nirgends deutlicher als bei der berühmten »Unzuverlässigkeit« von aus dem Netz geholten Informationen: Wo Wissen in Form von Klatsch und Meinung den Ohnmächtigen geschenkt wird, um sie zu unterhalten, in ihrer Trägheit zu unterstützen oder ähnliches, ändert es sich tatsächlich über Nacht oder tritt in tausendfach widersprüchlicher Gestalt in Erscheinung, steht aber einmal etwas im Netz, das für irgend etwas gebraucht wird, was Leute tatsächlich tun, womit irgendeine Maschine (das kann auch eine Demonstration in Tunis oder Kairo sein; wir setzen hier immer unsere Maschinendefinition aus dem fünften Kapitel voraus) betrieben wird, so erlebt man oft binnen kürzester Zeit eine Konvergenz der Daten zu einem pragmatisch zielführenden Ergebnis hin. Sachen, von denen etwas abhängt, verhalten sich im Netz selbst unter Desinformationssperrfeuer in der Tat sehr häufig so, wie die Aufklärung sich das vom Wissen unter Bedingungen von Meinungsfreiheit und Öffentlichkeit gedacht hat; der technische Beweis der Machbarkeit ist erbracht (natürlich gibt es eklatante Ausnahmen; immer entscheiden nicht die Netzbandbreite oder die Pfiffigkeit, sondern wirkliche soziale Kräfteverhältnisse), die Wahrscheinlichkeit ist hoch, daß, je mehr Menschen sich auf je entschiedenere Art und Weise um Produktions- und Wissensdemokratie bemühen, dieser Beweis nur um so evidenter wird. Man kann mit dem, was wir an Kontakt-, Austausch-, Koordinationsmaschinen derzeit besitzen, die Individuen einerseits auf neue, freiheitliche Art und Weise verbinden, andererseits Gleichschaltung, Gefolgschaftsherstellung und Sozialformatierung sehr viel schneller, scheinindividualisierter (»customized«) und kurzfristig daher auch wirkungsvoller ins Werk setzen als vor der elektronischen Vernetzung. Besitz, Arbeit, Reichtum: Dies alles sind Arten menschlicher Beziehungen, nicht Sachen. Wenn die Netzära mit sich bringt, daß diese Tatsache endlich vorkommt, daß sie wissenschaftlich, philosophisch und ästhetisch (man unterschätze keine Öffentlichkeitsform: Gramscis wertvollster Impuls für den Marxismus und alle verwandten Emanzipationsbemühungen) zu der Geltung gelangt, die sie ökonomisch, politisch, historisch längst hat, war ihre Implementierung ein sozialer Fortschritt; sonst nicht.

FÜNFZEHN
WICHTIGE NICHTFAKTEN

I.
Menschliche Verhältnisse als Gegenstände moralischer Überlegungen

Wenn wir in diesem Buch von »Verhältnissen« reden, meinen wir, wie jeder einschlägigen Passage leicht zu entlocken ist, ein zeitgebundenes Ineinander von Fakten und Ansichten, Hexis und Praxis, etwas, was Leute miteinander anstellen und wovon sie allzuschnell annehmen, es handele sich um Dingliches, um ein Arrangement von Tatsachen, Sachen, Sachzwängen. Im Kapitalismus bahnt ihnen den Weg dahin (wie der steile begriffliche Anstieg, den Marx seine Leser anfangs im *Kapital* zu nehmen zwingt, ausführlich darlegt) die Wertform. Daraus ist manchmal abgeleitet worden, daß alles ethisch Verwerfliche am Kapitalismus in diesem Nichtding, das den Weg zur Verdinglichung ebnet und normiert, embryonal bereits enthalten sei, und daß der Versuch, angesichts kapitalistischer Verhältnisse, in allgemeineren philosophischen (Bedürfnisse und Begehren individueller *agents* des Handelns in relativer Autonomie, Verpflichtungen gegen Gemeinschaften abstrakter und konkreter Art, deontologische Begrenzungen dessen, was uns im Dienst von unpersönlichen wie persönlich autonomen Zwecken an Mitteln zu gebrauchen erlaubt ist, kategorischer Imperativ et cetera) oder wissenschaftlichen (Verwandtenhilfe und andere genetische Dispositionen zu echtem oder scheinbarem Altruismus, behavioristische und andere Lerntheorien, Ökologisches, Systemtheoretisches, Informatisches) Begrifflichkeiten übers Richtige und Falsche am Verhalten der Menschen zu räsonieren, an der spezifischen Wirklichkeit der Wertform und dem Siegel, das sie der bürgerlichen Subjektform aufprägt, jedesmal notwendig zu etwas Tautologischem (und als Anstrengungen, zum Sollen zu gelangen, deshalb zuschanden) werden müssen.

Der Tauschwert frißt den Gebrauchswert, wie sollen Menschen einander da überhaupt noch anständig behandeln; was bleibt, wo ausgebeutet wird, von jeder Idee der Vertragsfreiheit, vom *peer-to-peer*-Handel unter der Bestimmung *pacta sunt servanda* bis zum Gesellschaftsvertrag? Wie gut, wie böse kann man schon sein? Manche Leserinnen und Leser von Wolfgang Pohrt, Moishe Postone, Robert Kurz, mitunter auch diese drei Deuter des Dramas selbst, verfallen dabei in Tautologisches, in kapitalismuskritische Fatalismen, die vergessen haben, daß die Menschen ihre Geschichte zwar nicht aus freien Stücken machen, aber doch selbst – sie erliegen dem Charme des Wissens übers Abstrakte am Kapitalverhältnis, dessen Benennung und Beschreibung nur deshalb ein guter Hintergrund für das ist, was an der Aufklärung weitergereicht zu werden verdient, weil die Konkretionen, die es zu beseitigen gälte, jedenfalls durch diese Abstrakte vermittelt, also zwar zweite Natur, (aber eben: zweite, also) nichts Unmittelbares sind. Hält man sich im Callcenter, Online-Newsroom, CAD/CAM-Arbeitsmodul oder sonst einem Gegenwartshamsterrad auf, sieht man aber, daß diese abstrakte Maschine nicht etwa die Fäden zieht, sondern am Entwicklungsstand der von ihr freigesetzten Produktivkräfte vielerorts zerbrochen, zerrissen, mindestens aber zerfranst ist, und von den anonymen Gesetzen, vom Profit, von der Entfremdung et cetera prasseln lauter Trümmerstücke auf die Menschen nieder, wie das eben geschieht, wenn »zyklopische« (Marx) Maschinen (*ceterum censeo:* im Sinne unserer Maschinendefinition aus dem fünften Kapitel) zu Bruch gehen.

Normative Untersuchungen scheinen Positivisten seit jeher müßig; ihre eigenen Versuche, den Normenbegriff im Gesetzesbegriff und diesen letztlich im Naturgesetzbegriff verschwinden zu lassen, nehmen sich auf dem Papier oft sauber abgezirkelt, in der Wirklichkeit (oder sagen wir besser: jeder Kasuistik, die irgendeiner Empirie verpflichtet bleibt) so unbeholfen aus wie etwa der Einwand eines Physikers gegen die Praxis privater Banken, bei der Kreditvergabe Geld praktisch aus dem Nichts zu erschaffen, dies verletze aber doch den Energieerhaltungssatz. Die Evidenz der Lächerlichkeit solcher Widerrede ist ihr nicht äußerlich, keine bloße Ungeschicklichkeit, auch nicht logischer Kategorienfehler oder etwas ähnlich Verzeihliches; sie berührt vielmehr den Kernwiderspruch des positivistischen Programms, insofern sie nämlich dem Umstand entstammt, daß die Widerrede sich gleichgültig macht gegen die Besonderheit der wissenschaftlichen Welterschließung als solcher gegenüber anderen Propositionalsystemen: Sie ist für jemanden wie die Banker, die keine Physik treiben und davon möglicherweise auch gar nichts wissen, ununterscheidbar etwa von Vorwürfen wie »Was ihr da macht, widerspricht der Eigentumsökonomik der Professoren Heinsohn und Steiger« oder »Was ihr da macht, widerspricht den Geboten des Koran«. Hätte der Positivismus recht, müßte der Unterschied zwischen dem ersten Vorwurf und den anderen beiden der allesentscheidende sein; warum aber gelingt es dann nicht, eine mit den Normen (sic, K/D) des Positivismus konforme Formulierung des ersten Vorwurfs zu finden, die ihn schon formal von den anderen beiden abhebt? (Die Antwort liegt im Humeschen Gesetz beschlossen, das wir hier nicht noch einmal ausschreiben müssen.)

Normative Untersuchungen scheinen aber nicht nur Positivisten, sondern auch vielen Marxkundigen müßig, weil sie darin Platonismus wittern; Verhalten nach richtig und falsch zu sortieren, bedeutet ja (wie der Wortbestandteil »Norm« im Wort Normativität verrät), es an Regeln zu messen, und daß denen kein ontischer Status zukommt jenseits dessen, was Leute tatsächlich tun, haben wir oft genug bekräftigt und außerdem an Ryles klugen Einwand gegen die Vermutung, daß nicht allein das ethisch oder moralisch, sondern selbst das sachlich richtige Handeln sich auf Regeln zurückführen lasse, immer wieder erinnert. Unser Antiplatonismus und unsere Loyalität gegen Ryles großen Gedanken legt uns somit auf zwei Randbedingungen jeder Erwägung der Angemessenheit oder anderweitigen Richtigkeit von Praxis und Hexis fest:

1. eine naturalistische: Jede Erörterung von Regeln, die sich daran versucht, eine *epoché* zu setzen, in der diese Regeln sauber abgetrennt sind von empirisch-statistisch-bayesianischer Praxis und Hexis, ist sinnlos. Zwar hat man von Seiten mentalistischer und internalistischer Schulen der Normativitätsanalyse, also bei Leuten, die dem Normativen eine wenn schon nicht platonisch transzendente,

so doch eine im Raum der Begründungen und Schlüsse verankerte, handlungsautonome Existenz zuschreiben und dann die Semantik normativen Denkens, Redens, Schreibens unterm Gesichtspunkt dessen erforschen möchten, was Ralph Wedgwood in polemischer, das Konstruierte am Normativen bewußt leugnender und dieses statt dessen ontologisierender Wendung *»the nature of Normativity«* nennt. Normativität ist dann nichts, was in einem Kontinuum mit Handlungen und Unterlassungen steht, sondern ein Bewertungsschema – der Gedanke hat dies für sich, daß damit die beliebte Ausflucht »Man darf Leute, die unter Hitler bei allen Staatsverbrechen mitgespielt haben, nicht verurteilen, weil man nicht wissen kann, ob man selbst eine bessere Figur gemacht, nämlich anders gehandelt hätte« versperrt ist – wenn nach Wedgwood das Normative nicht darin besteht, Handlungen auf einen Zweck hin zu organisieren und sie den Handelnden selbst aus den Zusammenhängen, in denen sie stehen (»Wie hätte ich unter Hitler gehandelt, was heißt es, unter Hitler zu handeln?«), verständlich zu machen, sondern darin, zu wissen, was niemals geschehen darf (»An staatlichen Massenmorden, wie sie die Nazis begangen haben, beteiligt man sich nicht, aus keinem Grund und unter keinen Umständen«), dann ist *there but for the grace of god (or history) go I* zwar als Stoßseufzer der Empathie, nicht aber als Argument in der normativen Diskussion zulässig. Der Geltung jeglicher überhaupt vorstellbaren Normativität in der wirklichen Lebenswelt kann das nur nützen; als metaphysisches Absolutum und Rechtfertigung einer unübersteigbaren qualitativen Differenz (etwa: hier Normativität – dort historische Wirklichkeit) aber ist es ein Denkfehler, denn auch Wedgwoods »Bewertungsschema«, dessen angebliches kategoriales Geschiedensein von Hexis und Praxis es dem *conceptual scheme* der relativistischen Erkenntnislehre annähert, dem Davidson den Garaus gemacht hat, bleibt auf Handlungen bezogen; es bewertet nicht irgendwelche kantischen Formen der moralischen Anschauungen, sondern etwas, das getan oder unterlassen werden kann, und zwar bewußt, intentional wie intensional – mit Henry Sidgwick, dem komplexesten Moraltheoretiker der angelsächsischen Sphäre: »(…) However prominent the notion of an Ultimate Good – other than voluntary (sic!, K/D) action of any kind – may be in an ethical system, and whatever interpretation may be given to this notion, we must still arrive finally, if it is to be practically useful, at some determination of precepts or directive rules of conduct.«[237]

2. eine antireduktionistische, die auf der Kalkülirreduzibilität von zukünftigen Handlungsweisen als dem einzigen Sinn besteht, den man nach dem Behaviorismus und nach dem anomalen Monismus Davidsons dem »freien Willen« geben kann – auf diesen freien Willen zu verzichten aber ist nicht rätlich, wenn man an dem über die Aufklärung aufgeklärten Programm festhält, das Naturrecht aus dem Reich der von menschlichen Projektionen durchsetzten, mißverstandenen Natur ins Reich der bewußt eröffneten menschlichen Freiheit zu übersetzen, und dabei die Zurechnung von Tun und Unterlassen auf nicht erpreßte und nicht erpreßbare Individuen als Prämisse der Konstruktion persönlicher Rechte setzt. Der Rekurs auf Regeln allein liefert keine hinreichende Begründung für die Behauptung der Richtigkeit gegebener Praxis und Hexis – dies gilt, obwohl nicht etwa irgendein von der Naturforschung und deren positivistischer Interpretation verhexter Weltanschauungsgrund, sondern die alltäglichen moralischen Intuitionen gerade diesem von uns zurückgewiesenen Reduktionismus Vorschub leisten (dessen Geheimnis darin besteht, daß er als Damm der Ethik gegen die Flut von Kausalerklärungen menschlichen Verhaltens errichtet wurde, die mit der Konstitution der methodisch naturwissenschaftlich informierten Humanwissenschaften, etwa der Ethnologie, der klinischen und forensischen Psychiatrie und Psychologie et cetera: Damit »der Mensch« nicht im Determinismustsunami verschwindet, der alles, was dieser Mensch tut, auf irgendeine positiv meßbare Ursache zurückführt, bauen wir spiegelsymmetrisch zu diesen Ursachen, die wir damit behandeln wie die Moraltheologie die Ursünde und ihre Verbündete, die Versuchung, eben Gebote, auf die wir dann, so wie die Naturmonisten das erwartete Handeln, unsererseits das gute, richtige usw. Handeln zurückführen). Auch diese verkehrten, von der sublimierten Religion (wir meinen das nicht despektierlich – die Schule, an die wir da denken, umfaßt auch manche Marxistinnen, die klügsten unter den sogenannten Befreiungstheologen oder, als philosophisch anspruchsvollsten Autor der gesamten Richtung,

Emmanuel Levinas) dann zur Plausibilisierung ihrer verzwickten Beweisgänge akkommodierten Intuitionen hat Henry Sidgwick sensibel und geschickt beschrieben als »the intuitional view according to which conduct is held to be right when conformed to certain precepts or principles of Duty, intuitively known to be unconditionally binding«[238] – das, sagen wir, reicht nicht, und zwar aus Gründen, die man wieder in einem historischen Bild bündeln kann: Es gab pflichtbewußte Leute unter den KZ-Wärtern, nicht nur irre Sadisten. Wir verweisen hier auf Faktisches, Kommensurabilität und Kasuistik greifen in die Normenfrage wie diese in jene, das Nachdenken über alle drei ist die Triangulation der Erkenntnis des Sollens, wie bei Davidson die drei Erkenntniszustände »Ich denke«, »Ich nehme wahr« und »Ich denke mir oder nehme wahr, was jemand anderer denkt oder wahrnimmt« die Triangulation der Erkenntnis des Seins sind. Heikelster der drei Zugänge zum Sollen ist dabei das auch in Wedgwoods Auffassung, auch bei Metaphysikerinnen und Platonisten unverzichtbare Moment der Kommensurabilität (dem in der juristischen Praxis etwa die Strafmaßzumessung entspricht). Darf man[239] sagen, daß auf dem Produktivkräfte- und Produktionsverhältnisseniveau der entwickelten Warenwirtschaft die Zuteilung von Essensgutscheinen an Flüchtlinge, also deren gezielter Ausschluß vom normalen (norm-gemäßen) Verkehr des Kaufens und Verkaufens, so obszön ist wie der Ausschluß von Juden aus der deutschen Rechtsgemeinschaft, indem man sie mit dem gelben Stern stigmatisiert? Der Vergleich ist in der linksliberalen *Tageszeitung* nicht direkt, aber suggestiv genug in die Nähe des Antisemitismus gerückt worden[240], und eine kategorische Antwort verbietet sich schon deshalb, weil sich in dem Vorwurf immerhin ein historisches Bewußtsein davon enthüllt, daß es gerade auf der Linken den Nazivergleich mit verharmlosender Folge (nicht immer auch: in verharmlosender Absicht) durchaus gibt. Zwar ist die Genauigkeit, mit der von derselben Seite einmal gegen den Gebrauch des Wortes »Arbeitslager« in zeitgenössischem Zusammenhang eingewandt worden, auch dieses Wort wecke unzulässige Nazi-Assoziationen, der Sache, die so vertreten sein soll, nicht dienlich, weil das Lager, in dem unter abscheulichen und mörderischen Bedingungen gearbeitet wird, tatsächlich keine Besonderheit der nationalsozialistischen Mordmaschine darstellt (man dürfte ja sonst das, womit Soldaten manchmal fahren, auch nicht mehr »Panzer« nennen, weil es auch bei der Wehrmacht, die Verbrechen begangen hat, so hieß). In denselben Köpfen aber, die sich dafür mögen, daß sie an dieser Stelle wachsam sind, herrscht häufig eine seltsame Sicherheit, der Kontamination mit Antisemitischem oder den deutschen Faschismus Verharmlosendem zuverlässig dadurch entrückt zu sein, daß man regelmäßig die Grünen wählt und auch deren Bombardierung Serbiens unterstützt hat, mittels welcher Hitler in Gestalt der jugoslawischen Regierung ja schließlich ein weiteres Mal besiegt worden sei. Hier ist der Vergleich plötzlich statthaft; zur Not auch bei den Taten Bushs oder Putins, und daß die Deutschen, wenn jene Hitler vergleichbar wären, tatsächlich entlastet würden, weil der Vergleich den Jahrtausendverbrecher verkleinert, stört nicht. Der inkriminierte Satz im Essay aber folgt nicht der historischen Logik »Wir bewerten Handlungen, die stattgefunden haben, indem wir sie an der Elle der Vernichtung der europäischen Juden messen«, sondern der politischen des »Wehret den Anfängen«, er vergleicht nicht Guantanamo mit Dachau, sondern sagt: Liebe Deutsche, ihr sortiert schon wieder auf bürokratischem Wege Leute in solche, die dazugehören, und solche, die es nicht tun. Wenn es aber keine Anfänge gibt, die man mit den Anfängen der nationalsozialistischen Vernichtungspolitik vergleichen kann, wie soll man dann der Möglichkeit wehren, daß aus diesen Anfängen etwas wird, das den Vergleich mit dieser Politik tatsächlich zuläßt? Oder bedeutet »Inkommensurabilität« inzwischen nicht mehr, daß niemals Vergleichbares war und niemals Vergleichbares sein darf, sondern daß niemals Vergleichbares sein kann, egal wer sich wem gegenüber wie fürchterlich verhält? Das wäre der Bankrott des ethischen Schließens und die Reduktion menschlichen Handelns nicht nur auf ein Regelsystem oder irgendwelche phantasierten Naturdeterminanten, sondern auf eine verkappte Theodizee – »Gott wird, da er gerecht ist, dies nie wieder zulassen« –, die umso scheußlicher ist, da ihr auch noch der Gott fehlt.

In diesem Kapitel möchten wir nun über die Feststellung und Bekräftigung dieser Randbedingungen (Naturalismus bei gleichzeitigem Antireduktionismus) hinausgelangen zu einer Auseinandersetzung mit dem, wovon sie Randbedingungen sind, das heißt, wir wollen die Explikation einer weiteren Implexrelation leisten. In groben Zügen ist das diese: Wer naturalistisch feststellt, daß es außerhalb ihrer Anwendungsbereiche (oder in irgendeinem faßlichen Sinn »jenseits« von ihnen) im wirklichen Agieren keine Regeln gibt, hat nicht deshalb recht, weil es sie überhaupt nicht gäbe – es gibt sie, aber eben nur dort; sie müssen herausexpliziert werden und sind im denkenden oder sprachlichen Probehandeln dann so real vorhanden wie in der Choreographie wirklichen Handelns; auch aufgeschriebene oder ausgesprochene, auch nicht mehr oder noch nicht angewandte Regeln existieren, wahren nämlich das Kontinuum zum wirklichen Handeln; sie wären erst inexistent, wenn dieses Kontinuum zerrisse, aber das ist nicht einmal vorstellbar. »Es gibt x nur in y« heißt also wieder einmal nicht »Es gibt x nicht«, denn entgegen dem liquidatorischen Verfahren der Gegenaufklärung, die ständig den rhetorischen Hebel »Vernunft existiert nur in diesen oder jenen geschichtlichen Formen, also gibt es sie nicht, denn nur als überzeitliche und transzendente wäre sie mit ihrem Begriff identisch« ansetzt, bestehen wir darauf, daß überhaupt nichts jemals mit seinem Begriff identisch war; Begriffe sind stets nur Begriffe von etwas, nicht dieses selbst (nicht einmal der Begriff »Begriff« ist dasselbe wie der Begriff als solcher, welcher alle Begriffe wäre, die aber ein einzelner eben deshalb nicht sein kann). Die Implexrelation, in der sich Regeln (und zwar nicht nur die irgendeines normativen Systems der Ethik, sondern etwa auch die der kapitalistischen Wirtschaftsweise) zu dem befinden, wovon und wofür sie Regeln sind, ist eine der wechselseitigen Durchdringung, die abermals nicht mit den alltagsverständigen mengentheoretischen Intuitionen harmoniert, sondern eher so gedacht werden muß wie etwa die berühmten »unbekannten Parameter« in gewissen bayesianischen Rechnungen (das eben ist ja der Fortschritt bei Erkenntnisschritten wie dem, den Bayes vollzogen hat: Wenn man endlich einmal weiß, was man nicht weiß, von welcher Art es ist und von welcher es nicht sein kann, weiß man paradoxerweise schon wieder mehr. Jeder Wissenszugewinn über die Umrisse des Unbekannten durch genaue Reflexion auf die Innenbeschaffenheit der Grenzen des Bekannten vernichtet den Satz »Ich weiß, daß ich nichts weiß«, der vom Ding an sich träumt, durch sein Gegenteil, das ihm so ähnlich sieht: »Ich weiß, was ich nicht weiß«, der die Dinge an sich, nach dem edlen Wort von Engels, zu Dingen für uns macht).

Die Regeln des Verhaltens (ein typisch heimtückischer deutscher Genitiv; dieser Sprache eignen wirklich gewisse Vorteile für die Praxis der Dialektik) sind nämlich a) in mancherlei Hinsicht reicher als das wirklich beobachtbare Verhalten (es sind im jeweiligen Spiel lange Phasen denkbar, in denen bestimmte Regeln niemals berührt werden), aus dem allein sie erschlossen, dem allein sie vorausgesetzt, auf das allein sie bezogen, ohne das sie also nicht existieren können; aber das wirkliche Verhalten ist seinerseits b) umgekehrt auch wieder reicher als die Regeln (weil es sie ignorieren oder gegen sie verstoßen kann, weil es in ihrem Zusammenhang etwa vorhandene Widersprüche lösen kann – und muß, um als kohärentes Handeln zu existieren –, und weil es schließlich selbst Widersprüche generieren kann, die weder in den Regeln begründet sind noch von diesen verhindert werden können), während endlich c) aus alledem die Unterscheidung zwischen Regeln und Fakten selbst als eine Regel hervorgeht, die faktischen Charakter nur da (aber da dann eben wirklich) hat, wo sie angewandt werden kann, was aber jeweils erst dann deutlich wird, wenn sie angewandt wird (es verhält sich mit diesem Unterschied also wie mit allen, bei denen man unbekannte Parameter voraussetzen *sollte,* sie dann aber auch abschätzen *darf,* etwa demjenigen zwischen den analytischen und den synthetischen Wahrheiten – man könnte ihn, wie Quine und Davidson das bei jenem anderen getan haben, als »Dogma« anprangern, man könnte ihn aber auch, wie das Strawson der Ältere und Grice getan haben, rechtfertigen, indem man den Erfahrungsgrundsatz bekräftigt, daß der bloße Nachweis der logischen Inkonsistenz einer Begriffsmaschine und Referenzstrapazen, für die sie nicht gebaut ist, niemals ihre Nützlichkeit für den erwiesenen Anwendungsbereich negieren kann – ja, diese Gabel eignet sich nicht zum Essen von Suppe, aber deshalb muß kein Mensch versuchen, die Pommes frites in Zukunft mit dem Löffel aufzuspießen).

Stets ist der Witz an dabei etwa aufscheinenden Unterschieden teils operativer, teils logischer Beschaffenheit wie dem zwischen notwendiger und hinreichender Bedingung derjenige, daß man von beiden zwar jeweils sagen kann, wie sie zueinander inferentiell stehen (»Raum der Gründe und Folgerungen«), aber nur sehr selten vorab weiß, wie sich dies operativ, also kausal (»Raum der Ursachen und Wirkungen«) in konkreten Situationen niederschlagen wird (es liegt also zwischen Regeln und Handlungen stets, auch in den disziplinierten Handlungszusammenhängen, so etwas wie Davidsons anhand des Verhältnisses neurophysiologischer Tatsachen und geistiger Erlebnisse entwickelter »anomaler Monismus« vor, was der tiefste Grund für die Wahrheit von Ryles Feststellung ist, intelligentes, das heißt bewußtes, das heißt intensionales (und oft, aber nicht immer: intentionales) Probehandeln oder Handeln könne niemals erschöpfend beschrieben werden als Anwendung einer Regel: Wären beide völlig regellos, gäbe es sie nicht, wären die Regeln aber alles, was sie sind, könnte man sie von diesen nicht unterscheiden, nicht an sie denken, nicht von ihnen sprechen – die Regeln des Go-Spiels sind die notwendige Bedingung für eine Partie, die hinreichende ist das, was die Spielenden dann tun – und, so unerbittlich ist auch das Anomalste im Bereich der Praxis und Hexis, auch wirklich tun *müssen,* sonst gibt's keine Partie sowie, dies ist die Pointe an Ryles und Davidsons, zuvor schon Wittgensteins einschlägigem Argumentenkatalog, auch kein Spiel namens Go).

Leute, die unter dem Eindruck von Marx, Pohrt, Postone, Kurz (und seltener, früher aber häufiger: Althusser) glauben, deontisches Denken und Fragen über Ökonomisches, die Auseinandersetzung mit Normen für richtiges Wirtschaften angesichts der historisch-kritischen Methode von Marx und Engels also, sei so erledigt, wie Marx und Engels die Philosophie bei der Niederschrift der *Deutschen Ideologie* sahen, verlieren über den Sachfragen, für die sie sich Expertise angeeignet haben, aus gut nachvollziehbaren Gründen und ehrenwerter Allergie gegen Sentimentalitäten die Menschen- und Handlungsfrage aus den Augen, nämlich, daß die in kapitalistischen Aufbruchszeiten einmal wirklich überall übers Wertgesetz vermittelte Herrschaft sich in der Epoche, in der wir leben, auf zahlreichen sozialen Schauplätzen, die wir im Laufe unseres Argumentationsgangs besucht haben, von den internationalen Handelsbeziehungen bis zu den Weltordnungskriegen, wieder in unmittelbare zurückbildet – es gilt nicht mehr »Mach dies und jenes zu diesem und jenem in der Art und Weise unseres gemeinsamen Wirtschaftens begründeten Zweck«, sondern »Mach dies und jenes, weil diese oder jene Macht sonst deinen Willen, es nicht zu tun, direkt brechen kann« – aber es geschieht auf historisch höherer Stufe als in Stände- oder Stammesordnungen, denn die Autorität des Alpha-Schlägers kehrt, wenn die Menschheit erst einmal durch die Erfahrung der entwickelten Warenproduktion hindurchgegangen ist, eben nicht mehr zurück.

Das Unmittelbare an der heutigen Unterdrückung, Ausgrenzung, Ausbeutung ist nicht die Herrschergestalt, sondern die direkte Brechung des Wunsches oder Willens der diesem Unrecht Ausgesetzten, sich von ihm zu befreien – die Gewalt ist nach der Seite der Gewalthaber abstrakt (»Sachzwänge«), nach der Seite der Ohnmächtigen konkret (Besitzlosigkeit, Unsicherheit, Angst); das hat neben vielen anderen scheußlichen Folgen auch den intellektuellen Feldeffekt, daß dieselben Köpfe, die nicht mehr moralisieren, sondern nur noch wissenschaftlich (soziologisch, ökonomisch) oder politisch denken wollen, von gelehrten Abstrakta immer wieder in naivste, rührende Konkretion verfallen, ins Lob des Reformhandwerks also, und wieder zurück – da gehen dann das bedingungslose Grundeinkommen, der demokratische Budgetierungsprozeß der brasilianischen Kommune Porto Alegre, das Sozialkassensystem von Quebec, die *open source*-Bewegung, Aktienanteile für Besitzlose in kooperativ bewirtschafteten kapitalistischen Unternehmen und andere »real Utopias« (wie der amerikanische Soziologieprofessor Eric Olin Wright, der den Marxismus ohne Rekurs auf Ausbeutung und Entfremdung neu zu erfinden sucht, solche Anstrengungen konkreter Menschen in konkreten glücklichen Zeitumständen nennt) bunt durcheinander mit einer Art Buffet des Wünschenswerten aus den Begriffsbeständen zwischen Frühsozialismus und Neuen Sozialen Bewegungen: Frei sollen die Menschen sein, selbstverwaltet (am besten: gar nicht verwaltet) ihre gemeinschaftlichen Angelegenheiten, aber warum sie es nicht sind, kann man offenbar nur erklären, wenn man sich ein Bildnis der Unterdrücker und Entmündiger machen kann, das ins Aufkleberformat paßt. Die Linken, die nicht darüber reden wollen, daß es richtiges oder falsches Verhalten auch weit unterhalb des

Idealen oder Entsetzlichen gibt, verhalten sich wie der verlassene Liebende, der dem anderen Menschen, der ihn auf häßliche (gleichgültige, fühllose, opportunistische) Weise verlassen hat, verzweifelt anbietet, er werde jedenfalls stets für den Treulosen da sein und ihm ein Ohr leihen (daß jener einfach nichts zu sagen hat, fällt diesem gar nicht ein, sowenig wie den kritischen Linken, daß Herrschaft nicht benannt noch bekämpft werden kann, wenn man nicht über den nichtwissenschaftlichen und vorpolitischen Begriff des Unrechts verfügt).

In der vorkapitalistischen Ordnung wurde man vom Herrn geschlagen oder umgebracht; sein Herrenstatus bestand darin, daß er so was durfte, die Norm war seine, sie schützte personale Formen der Souveränität: Der Herr darf alles; in der hochkapitalistischen erfror man obdachlos auf der U-Bahn-Treppe: Der Herr interessiert sich nicht mehr für mich; in derjenigen, die nun im Werden begriffen ist, sind einander abwechselnd alle Bedrücker und Bedrückte egal oder verhaßt; denn wenn die Produktivität erst einmal so hoch ist, daß sich in den reichsten Zonen der Gesellschaft für viele selbst im Müll genug zu essen findet, diese Zonen aber bei allem Reichtum so beschaffen sind, daß es Menschen gibt, die tatsächlich im Müll nach Essen suchen, wenn also eigentlich alle sehen können, daß Verhungern und Obdachlosigkeit unnötig sind, aber vorhanden, wird das bloße Fortbestehen des gegebenen Zustands selbst zu Recht als gewaltsam empfunden. Die Menschen machen einander gegenseitig kaputt und ignorieren einander zugleich, vom Mobbing über die zerredete elektronische Einsamkeit bis zum Amoklauf im Klassenzimmer, was kaputtgeht, sind die Leute, aneinander, und was noch produziert wird, ist nicht Tauschwertfraß, der den Gebrauchswert aufzehrt, sondern Zeug, von dem eigentlich niemand mehr sagen kann, ob es einen Tauschwert oder einen Gebrauchswert hat, weil das gesellschaftliche Relationen zwischen Menschen sind und diese selbst immer unwirklicher, fadenscheiniger, gespielter empfunden werden und keiner greifbar ist, der ein Machtwort sprechen könnte, das noch durch anderes gedeckt wäre als fungible Macht, fungible Gefolgschaft, fakultative Zwanghaftigkeit und erzwungene Flexibilität. Alle zwingen alle zum Weitermachen bei etwas, dessen Regel ist, daß keine Regel des Zusammenlebens, wie sie traditionale Gesellschaften haben, den geringsten abstrakten Respekt verdient, aber alle »Sachzwänge« jederzeit konkreten Gehorsam erzwingen können. Leute wie die in jenem »Unsichtbaren Komitee« versammelten, das 2010 und 2011 mit dem Manifest vom »kommenden Aufstand« von sich reden gemacht hat, schließen aus der Tatsache der Depersonalisation von Unterdrückung, Ausbeutung und Ausgrenzung nach der Machtseite hin so etwas wie »Wenn es keinen Herrn mehr gibt, muß man sich doch wirklich nicht mehr beugen« – der sympathische, aber nicht ungefährliche Denkfehler dabei ist, daß der Gegner namens Niemand nicht keiner ist, sondern alle, und der Katzenjammer, der eintritt, wenn so etwas dann praktisch schiefgeht, führt allzuleicht (geschichtlich daher oft auch: allzuschnell) in privatistische oder sentimentale phantastische Fluchten, deren Beschaffenheit als etwas, womit schon Marx und Engels zu kämpfen hatten, wir im sechsten Kapitel behandelt haben, in denen Hardts und Negris *Empire* gipfelt und abschließt und die den Kampf gegen die virtuelle Autorität eintauschen wollen gegen eine Hinwendung zum schlechten Besonderen, nämlich konkreten Beziehungen zwischen den Unterdrückten, Ausgebeuteten, Ausgeschlossenen, Alleingelassenen selber, die kompensatorisch verbergpredigt werden – *diese* Liebe macht tatsächlich, wie die Redensart sagt, blind, denn die Beziehungen zwischen den Angeschmierten, in denen da Lösung, Rettung, Ausweg gesucht werden, sind ja gerade das Problem (wir erinnern an Keith Richards und seine Antwort auf »All you need is love«: »Try paying the fucking rent with that«), nicht irgendwelche Aufsichtsratsfiguren, über deren Krawatten und NYSE-Anstecker man sich so unergiebig lustig machen könnte wie die schlechte sozialdemokratische oder kommunistische Karikatur aus der Zeit der Weimarer Republik über Weste, goldene Taschenuhr und Homburg. Das stete gegenseitige Drohen aller wider alle mit Gemeinschaftsentzug im Falle des Eigensinns oder seines Gegenteils, der hedonistisch-unproduktiven Enthemmung, stabilisiert »das System« nicht nur, sie ist das System; wer das aber ausspricht, also nicht nur »die da oben« anblökt und anklagt, wird nicht nur von Rechten oder Wirtschaftsliberalen scheel angesehen, sondern auch von den Parteigängerinnen und Gesinnungsfreunden der nachdenklichen, mündigen, »kritischen Folklore« (Michael Rutschky). Das einzige, was in dieser Umzingelung zu tun, zu denken, zu schreiben übrigbleibt, wenn man nicht alles so lassen will, wie es ist, läuft auf das Eingeständnis hinaus, daß die philosophische Beschäftigung des Begriffsingenieurswesens, das nach unserer im dreizehnten Kapitel entwickelten Ansicht dafür da ist, die Wörter der Erfahrungssprache mit den Gelenken der Begriffssprache zu (politisch, wissenschaftlich, ästhetisch, ethisch) handlungsrelevanten Koordinationsmaschinen zu montieren, auch über ein Fach verfügt, in dem diese Begriffsmontagetechniken auf ihre eigenen Arbeitsprodukte, die Erscheinungsformen der koordinierten Handlungen selbst, angewandt werden. Dieser unter Namen wie »Deontik«, »Normativität«, »Ethik« bekannte Zweig der Philosophie ist uns damit eine »zum Maschinenbau angewandte Maschinerie«, wie Marx sie für die Industrie im ersten Band des *Kapitals* beschreibt, in einer Sprache, in der sich Schauder, Entsetzen und Bewunderung, ja Ehrfurcht für das, was die Menschen da geschaffen haben, auf bedenkenswerte Weise mischt, wie die Maschinen, die Maschinen produzieren, sich mit diesen wechselseitig durchdringen, wie also die fertige Maschine der Implex der Maschine ist, die sie baut, diese aber auch das, was am Produkt erschlossen werden kann:

> »Der Operateur der Bohrmaschine z. B. ist ein ungeheurer Bohrer, der durch eine Dampfmaschine getrieben wird und ohne den umgekehrt die Zylinder großer Dampfmaschinen und hydraulischer Pressen nicht produziert werden könnten. Die mechanische Drechselbank ist die zyklopische Wiedergeburt der gewöhnlichen Fußdrechselbank, die Hobelmaschine ein eiserner Zimmermann, der mit denselben Werkzeugen in Eisen arbeitet, womit der Zimmermann in Holz; das Werkzeug, welches in den Londoner Schiffswerften das Furnierwerk schneidet, ist ein riesenartiges Rasiermesser, das Werkzeug der Schermaschine, welche Eisen schneidet, wie die Schneiderschere Tuch, eine Monsterschere, und der Dampfhammer operiert mit einem gewöhnlichen Hammerkopf, aber von solchem Gewicht, daß Thor selbst ihn nicht schwingen könnte.«[241]

Was wir sagen wollen: Die Begriffsapparate, mit denen die Philosophie unter Siglen wie »Deontik«, »Normativität« und »Ethik« Probleme des Probehandelns, der Praxis und der Hexis bearbeitet (und mit denen man diese bearbeiten muß, wenn man sie überhaupt bearbeiten will: Es gibt keine besseren), sind selbst ins gigantisch Grundsätzliche abstrahierte Probleme des Probehandelns, der Hexis und der Praxis.

II.
Marxismus – Philosophie *sans phrase?*

Philosophische Probleme sind entweder solche, die niemand je hatte, bis eine Philosophin oder ein Philosoph sich genötigt fühlte, sie zu formulieren – hierher gehören das Induktivismusproblem, die Frage, wie ein Idealismus zu denken wäre, der nicht subjektiv, sondern objektiv ist, die Semantik möglicher Welten, der Disjunktivismus und so fort –, oder solche, die immer schon alle haben, aber lieber nicht haben wollen – zu dieser zweiten Kategorie gehört das diesem Kapitel den Anstoß versetzende, im Humeschen Gesetz gleichsam nur von seinem äußeren Umriß, seinen Randbedingungen her konturierte Problem des Verhältnisses zwischen Sein und Sollen (oder des Wissens zum Können, wie die instrumentelle Vernunft, die sich von Adorno und Horkheimer so viel Tadel anhören mußte, wahrscheinlich sagen würde, wenn sie sprechen könnte). So ablehnend große (und oft die wertvollsten) Teile der kritischen Intelligenz der in diesem Verhältnis eingekapselten Begriffsarbeit gegenüberstehen, so unaustilgbarer ist deren uferlose öffentliche Dramatisierung als Zuschauersport im Gemeinwesen; wenn der ganze Rest der Philosophie aus den *job descriptions* und *mission statements* und alle, die damit etwas anfangen können, von den Gehaltslisten der Gesellschaft gestrichen sind, wird weitermoralisiert; noch die als Technokraten verschriensten Gestalten erscheinen prompt auf dem Forum, wenn ein Ethikrat ruft, und wer sagt, daß es so wie bisher jedenfalls nicht weitergehen könne, kann selbst als Utopistin, Anarchist, christliche Sektiererin oder schlechter Lyriker mit soviel Anerkennung rechnen, daß mitgeteilt wird, das führe zwar leider immer nur zu Unpraktikablem, sei aber tief gedacht und treu gefühlt.

Drei Stunden in diesem Talkshow-Wetter, und man versteht wieder, was Marx und Engels bewegt hat, die Philosophie spätestens mit der in der *Deutschen Ideologie* vollbrachten Erledigung ihrer seinerzeit neuesten Blüten als ganze über Bord werfen zu wollen; zugutegehalten werden muß ihnen dabei vor allem, daß sie sich zu diesem Schritt auch deshalb berechtigt, ja verpflichtet fühlten, weil sie ihn historisch rechtfertigten damit, daß nunmehr (das heißt implizit: eigentlich erst zu ihrer Zeit) die Wissenschaften und andere menschengemachte Freiheitserzeugungsmaschinen weit genug gediehen seien, das Raten, aus dem die Philosophie ihrer Ansicht nach bestand, durchs Wissen und Tun ersetzen zu können. Wissenschaften, Produktionsverhältnisveränderungen, Technik: Sie wollten, daß etwas an die Stelle des Gedachten treten möge, das in etwas anderem als Gedanken verankert war; verblüfft (und, wenn ihr Umgang mit übereifrigen Individuen aus dem eigenen Publikum zu Lebzeiten da ein geeigneter Hinweis ist, verärgert) wären sie wohl gewesen, wenn man ihnen verraten hätte, daß ihr eigenes Lebenswerk vornehmlich darin bestanden haben soll, ein Gedankengebäude zu errichten, das an die Stelle des abzureißenden Alten habe treten müssen, worin dann (was von denen, die dies meinen, nicht immer klar ausgesprochen wird) ein Fortschritt bestehen soll nicht von der Philosophie zu etwas anderem, sondern von vielen falschen Philosophien zu einer endlich richtigen (die man aber nicht mehr so nennen dürfe, weil das ihre Weihe verletzt; den Trick hat bislang niemand glamouröser vorgeführt als Heidegger, der die Philosophie mit vom schlicht benannten, aber ehrgeizig konzipierten »Denken« ablösen lassen wollte, das selbstredend niemand genauer kennen konnte als eben Heidegger). Unter mißbräuchlicher Verwendung der Hegelschen Kippfigur von Engels, Freiheit sei die Einsicht in die Notwendigkeit, wird aus Marx und Engels eine Art Doppelstirner, der die Freiheit in Gestalt richtiger Einsichten ins Geschichtsganze bereits verwirklicht hat (auch das sagt man nicht offen): Wer die blauen Bände oder die MEGA gelesen hat, weiß Bescheid, dann wird's, wenn die Leute sich nicht gar zu dumm anstellen (»subjektiver Faktor«, »Klassenbewußtsein«), gemacht, und damit hat sich die Sache – so stumpf wird das freilich kaum je vorgebracht; die subtilere, mit Gravitas und Dignität wie mit schweren Schleppen behangene und mit der Rückkehr des akademischen Marxismus im Gefolge jüngerer Zweifel am Marktevangelium hier und da schon wieder von Staub befreite und in Vitrinen herausgeputzte Fassung dieser Lehre, in der Marx den Thron des deutschen Idealismus nicht so sehr zertrümmert als vielmehr nach Hegels Tod und mit dessen geheimem Segen bestiegen hat, macht zum Dreh- und Angelpunkt der richtigen Marxphilosophie das sehr zweischneidige Lob, der Verfasser des *Kapitals* (die früheren Werke sind in den betreffenden Kreisen weniger wohlgelitten) habe ein System geschaffen, dessen Hauptstärke darin liege, daß es zwar einerseits die ganze Welt im Blick halte, andererseits aber Dinge bewußt übersehe, von denen Leute mit vernebelten Hirnen bislang immer angenommen hätten, sie seien Teil dieser ganzen Welt, obwohl es sie gar nicht gebe – Moralisches zum Beispiel. Tatsächlich besteht der Vorteil einer Lehre über irgend etwas, das tatsächlich existiert, vor anderen über denselben Gegenstand oft nicht in dem, was sie besitzt, sondern dem, was sie entbehrt. Schon der französische Materialismus auf dem Höhepunkt der Aufklärung bestand im wesentlichen aus Nichtgötterglauben, Nichthexenwahn, Nichtgeisterseherei und ähnlichem, also mehr (und völlig legitimerweise: Erkenntnis ist Aufwandsersparnis beim Probehandeln, nicht Datenmassierung) in einem Nichtglauben als in einem spezifischen Wissen. Den Marxismus, sagen die Marxolatristen, die wir meinen, könne man ganz ähnlich wie den Materialismus nicht wissen wie eine Wissenschaft (an Fragen wie derjenigen, ob die Ausbeutungsbeschreibung im *Kapital* denn zutreffe oder nicht, zeigt dieser Personenkreis bei aller selbst Gutwillige überfordernden Philologieversessenheit ein herzhaftes Desinteresse; »einzelwissenschaftliche« Fragestellungen, zu denen plötzlich welche geschlagen werden, die Marx zum Allerwichtigsten rechnete, führten der dort gängigen Ansicht zufolge nur aufs Glatteis einer blauäugigen Reformwurstelei, die sich noch mit Unsinn aufhalte wie der Enthüllung der Bewegungsgesetze des Kapitalismus, wo doch die Marxsche Lehre im wesentlichen nicht explikatorisch gemeint sei, sondern – ja, und da, wo jetzt ein Wort wie »Revolution« sich nötig macht, verläßt jenen Personenkreis abermals die sonst in Fußnoten ausgelebte Präzision, es wird chiliastisch, hegelianisch, urdeutsch altfränkisch, und dann *for something completely different,* vielleicht ein bißchen genealogisch, man kann ja noch mal die Physiokraten durchgehen …).

Gründungsdokument und erster großer Wurf der Denkrichtung, die wir meinen, war die Essaysammlung *Geschichte und Klassenbewußtsein* von Georg Lukács aus dem Jahr 1923, erschienen zu einer Zeit, als die Quellen dessen zu sprudeln begannen, was später »Kritische Theorie« heißen sollte (tatsächlich gab Horkheimer der Sache drei Lustren später ihren Namen), im Jahr des zweiten (und heute weithin vergessenen) fehlgeschlagenen deutschen sozialistischen Revolutionsversuchs. Sechs Jahre vorher war ein russischer geglückt; die Lage bot sich eigentlich dazu an, den Marxismus weniger für unfehlbar als vielmehr schief zu halten, war doch das konkrete Aktionsprogramm von Marx und Engels, das eine siegesgewisse Arbeiterbewegung voraussetzte und die Revolution in hochindustrialisierten Gegenden urgierte, weder umgesetzt worden noch vollständig gescheitert – vieles stand gleichsam auf einer Kippe, auf der es festzufrieren drohte: Revolution ja, aber ganz anders als von den Klassikern gefördert, gefordert, erwartet und erhofft, was sollte man damit machen? Die Klemme für etwas zu halten, das mit der von Lukács erfundenen Literaturgattung »Marxismus nicht als offizielle Staatsdoktrin eines sozialistischen Industriestaats, sondern als vollendetes Erbe der abendländischen Philosophiegeschichte« korreliert ist, dürfte kein Fehler sein. Sieht man sich die Denkgesten genauer an, mit denen Lukács sein Geisteskind aus der Taufe gehoben hat, das er, dem nicht nur positivistischen (sondern etwa auch freudianischen sowie dem in der Bau- und Tonkunst vorwaltenden) Zeitgeschmack gemäß, zwar öfters »Wissenschaft« nennt, aber zugleich nicht in eine empirische, induktive, am Detail modellbildende Forschungstradition, sondern in die der linken, emanzipatorischen Philosophie stellt, als deren Abschluß und Überwindung, so fallen Merkwürdigkeiten auf, die man damals nicht gesehen hat, die heute aber grell aus dem Text hervorstechen – der berühmte Luxemburgaufsatz im epochemachenden Werk etwa beginnt mit dem erstaunlichen Kanzelwort:

> »Nicht die Vorherrschaft der ökonomischen Motive in der Geschichtserklärung unterscheidet entscheidend den Marxismus von der bürgerlichen Wissenschaft, sondern der Gesichtspunkt

der Totalität. Die Totalität, die allseitige, bestimmende Herrschaft des Ganzen über die Teile ist das Wesen der Methode, die Marx von Hegel übernommen und originell zur Grundlage einer ganz neuen Wissenschaft umgestaltet hat.«[242]

Was die neue Wissenschaft von der bürgerlichen unterscheidet, ist also ausgerechnet etwas, das sie mit einem urbürgerlichen Philosophen gemein hat – kann das sein Ernst sein? Warum dann nicht gleich zu Hegel zurück? Wegen der »konservativen Inhalte Hegels« – die nun aber »nicht einfach durch die materialistische Umkehrung« beseitigt wurden

– »Vielmehr konnte in und durch diese Umkehrung das revolutionäre Prinzip der Hegelschen Dialektik nur darum zum Vorschein kommen, weil das Wesen der Methode, der Gesichtspunkt der Totalität, die Betrachtung aller Teilerscheinungen als Momente des Ganzen, des dialektischen Prozesses, der als Einheit von Gedanken und Geschichte gefaßt ist, aufrechterhalten wurde« –

abgesehen davon, daß sein Deutsch auf die Reise, auf die er den Gedanken schickt, wohl nicht mitwill (»In und durch diese Umkehrung«), scheint der Einfall etwas sagen zu sollen wie: Wenn Hegel nur seine Totalität durchgehalten hätte, wäre er über seine konservativen Inhalte hinausgeschossen und Marx geworden. Das ist nach mehreren Seiten unplausibel – erstens kann man die »Dialektik der Dialektiken« zwischen Hegel und Marx, weil es sich eben nicht um bloße Filiation handelt, sondern um eine Implexbeziehung, genau andersherum sehen (was Adorno später ja auch wirklich getan hat), nämlich so, daß Marx gerade das Besondere gegen das Allgemeine, die Widersprüche gegen deren von Hegel gewaltsam dekretierte Versöhnung im idealistisch postulierten Absoluten zur Geltung gebracht hat. Zweitens wird Lukács sowenig wie irgendwer besonders viel Glück haben beim Versuch, Hegel ausgerechnet mangelnde Loyalität zum Absoluten und zur Totalität nachzuweisen, welche beide vielmehr von der *Phänomenologie des Geistes* bis in die Geschichtsphilosophie und die Ästhetik unangefochten sein gesamtes Kopfuniversum regieren. Drittens schließlich hätten Marx und Engels sich eher nicht bedankt, wenn man ihnen dazu gratuliert hätte, daß sie die materialistische Umkehrung des Idealismus durch Untersuchung der Geschichte und der Praxis ihrer Zeitgenossen vor allem zu dem Zweck und mit dem Erfolg einer Bestätigung des Hegelschen Totalitätsgesichtspunkts vollbracht hätten statt, was ihnen doch viel näher lag, zum Zweck und hoffentlich mit dem Erfolg der Abschaffung der Totalität aller vorgefundenen Verhältnisse, in denen, wie Marx sagt, der Mensch ein verächtliches Wesen ist (und das war er, wer »er« immer sonst gewesen sein mag, nun in der Tat in der Totalität der gesamten bisherigen Geschichte, die eben deshalb gesprengt, deren Totalität zerstört statt angestaunt werden sollte).

So unbeholfen indes der hochmögende Denker die Leistung vollbringt, Marx dafür zu loben, daß er die Totalität, die frühere Denker als Marx, bei denen es den Totalitätsgesichtspunkt natürlich auch gab (warum sonst hätten sie Systeme gebaut), aus – hier liegt der Hund begraben – von Lukács verächtlich angesehenen normativen Vorgaben holten (das berühmteste, unausgesprochen von jeder Linken seit Voltaire immer zürnend mitgedachte Beispiel ist der arme mißverstandene Leibniz), erstmals zum denormativierten, ontologisierten, leitenden Gesichtspunkt von historischen und ökonomischen Analysen gemacht zu haben, so überzeugend in sich selbst, als Beispiel einer impliziten Kohärenztheorie der Wahrheit, ist seine Reinterpretation der Marxschen Lehre als Grundriß einer anderen Art Philosophiegeschichte, die mit Marx beginnt und bis in unsere Gegenwart folgenreich geblieben ist. Ihr verdankt die Welt einen Marx, der am allerwillkommensten da ist, wo der lebendige nie eine Anstellung erhalten hat: an der bürgerlichen Universität.

Wir wollen damit nicht dem bekannten und billigen linken Akademiehaß Zucker geben; im Gegenteil gefällt uns gerade an den humanwissenschaftlichen Abteilungen, daß da immerhin noch ab und zu sozialisiert (und freilich auch verflacht) wird, was Privateigentümer ihres Hirns wie Lukács, Peirce oder Schopenhauer so gedacht haben, während doch normalerweise der Fall umgekehrt liegt und etwa eine Internettechnik öffentlich bezahlt, von Militär und staatsgestützter Forschung entwickelt und anschließend von Privatprofiteuren angeeignet wird. Dem Hang der amtlichen Gelehrten aber, jemanden wie Marx zu einem der ihren zu machen, indem ihm Ziele unterstellt und Errungenschaften gutgeschrieben werden, die jene haben oder gern erreicht hätten, soll man selbst da entgegentreten, wo er sich so einnehmend äußert wie in der 2005 erschienenen umfangreichen, gründlichen und klugen Monographie *Philosophie nach Marx* von Christoph Henning. Der Verfasser, von Beruf Kulturwissenschaftler, schreibt die fragliche Theoriegeschichte so, daß Marx sich, um zum seinigen zu gelangen, vor allem abgrenzend und polarisierend mit normativ orientierten Leuten wie Moses Hess, den ethischen Kommunisten, wahren Sozialisten, Junghegelianern und so weiter habe herumschlagen müssen, um schließlich eine Lehre zu gebären, die bei Henning nun nicht mehr, wie noch bei Lukács, wissenschaftlich heißen muß, sich aber von nichts, auch nicht der Wissenschaft, so sehr unterscheide wie den ethisierenden und normativistischen Gedankengebäuden, von denen sie sich emanzipiert habe, und den wiederum ethisierenden und normativistischen Reaktionen, die auf sie erfolgt seien und noch bis dato erfolgten:

> »Der Vorstellung einer reduktiven materialistischen Weltanschauung, die man sich von der Marx'schen Theorie gemacht hatte, stellte man daher scheinbar zweckmäßig eine ethische Weltanschauung gegenüber – die Geburt der ›normativen Sozialphilosophie‹ aus dem Geist einer fehlgehenden Polemik. Noch heutige sozialphilosophische Entwürfe teilen diesen normativistischen Charakter, auch wo ein funktionaler Antimarxismus nicht mehr oder kaum noch erkennbar ist.«[243]

Dieser Normativismus leide grundsätzlich an einer »konservativ-quietistischen Schlagseite«[244], womit gemeint ist, daß Leute, die bei ihren Überlegungen zum Zustand der Sozietät von dem ausgehen, was sein soll, statt von dem, was ist, der berühmten »normativen Kraft des Faktischen« bei aller eingebildeten Distanz von ihm noch schneller und leichter erliegen als etwa der verschlagene Opportunist oder die naive Realistin, weil Denken immer heißt, das zu verneinen, zu kritisieren, wovon man ausgeht – wer sich also auf das stütze, was sein soll, werde in Absetzung davon bei dem ankommen, was ist, und von ihm bezwungen werden, ein Unfall, der tatsächlich so oft vorkommt, wie Henning sagt, und dem die davon Betroffenen zu allem Unglück meist auch noch die Gestalt einer wenig anziehenden Hegelschen Synthese in Kollapsformat geben, etwa nach dem Muster: Wenn denn nun doch irgend etwas ist, und sich das, was da ist, allem Anschein nach nicht recht darum kümmern mag, was ich mir dazu so denke, dann liegt der Irrtum nicht bei den Tatsachen, sondern bei mir, weil ich offenbar nicht begriffen habe, daß das, was ist, offenbar schon das ist, was sein soll, und alles andere, was etwa noch werden könnte, wenn man sich praktisch, so wie ich gedanklich, an dem ausrichtet, was sein soll, am Ende nur viel schlimmer wäre als das, was ist, weil es sein soll (das klingt, in seiner scheußlichen Vermählung von Pessimismus und Resignation, als müsse man schon reichlich verzweifelt sein, um so zu denken, beschreibt aber ziemlich genau den geistigen Weg etwa des späten Max Horkheimer, der zur Bejahung der amerikanischen Außen- und Militärpolitik und zur Ablehnung der Neuen Linken etwa auf die Weise gelangte, auf die sich im Kleistschen Marionettentheateraufsatz die zweite Unschuld herstellt).

Henning beläßt es allerdings nicht dabei, die konservativen, die hilflosen Ontologen und Hypostatiker des bloß Vorgefundenen zu schelten – auch die »utopisch-anarchistische Kehrseite« des Normativismus wird gezüchtigt, denn der Geist, der nicht umkippt, sondern bis zum Verstummen verneint, was ist, muß sich das Verdikt, falsches Bewußtsein zu sein, genausogut gefallen lassen wie der, der es am Ende doch bejaht – darin steckt eine zutreffende Erinnerung an einen zentralen Punkt der Marxschen Ideologiekritik: Geist, der sich stur nur als Geist weiß und nichts von den Realverhältnissen, in denen er historisch wurde, was er ist, wissen will, ist immer falsches Bewußtsein. Diesen Sündenfall geißelt Henning in jeglicher Aufmachung – »Seine geistigen, alle Institutionen überfliegenden und daher latent autoritären und destruktiven Tendenzen waren zu erahnen im Trotzkismus, bei Eucken, Lukács, Heidegger und Adorno, sowie in einigen Zweigen der Wirtschaftsethik«[245] –, ungnädig stellt der Forscher also selbst Lukács in die normativistische Ecke, der doch sein kraftvollster Vorgänger war beim Unternehmen, einen Marx zu porträtieren, dessen Sicht auf die reale Totale derjenigen der Kantianer aufs moralische Gesetz in ihnen unendlich überlegen ist. Noch der diesseitigste Demokrat, noch die pragmatischste Identitätspolitik, von den Habermasianern samt ihrem Lehrer bis zu amerikanischen *campus politics*, wird direkt oder indirekt gewogen und zu leicht befunden, die Preisgabe der Marxschen Theorie oder ihre Unkenntnis haben sie sich alle zuschulden kommen lassen, und dies setze stets zumindest »die Möglichkeit des Irrationalismus frei«[246], wenn nicht seine grausige Wirklichkeit, und das Erstaunlichste daran ist, daß Henning nicht wie Horkheimer und Adorno unter Irrationalismus spezifische historische Erscheinungsformen erst der Gegenaufklärung und dann der selbstverblendeten Aufklärung, sondern etwas durchaus Überzeitliches versteht, ganz begriffsrealistisch den Gegenbegriff zur Ratio nämlich, der nur Marx gerecht geworden sei. Daran stimmt nun wieder gerade das, was nicht gemeint ist, nämlich das Praktische und Historische, als dessen Schatten diese Zwistigkeiten zwischen Vernunft und Unvernunft Theorie sein sollen: Wer von der Vernunft gehört hat, sich aber gegen sie entscheidet, ist in der Tat unvernünftiger als irgendwelche Unwissenden; wie nach dem großen Wort von Wolfgang Pohrt Millionen BILD-Leser schlimmer sind als Millionen Analphabeten. Nur liegt das nicht am Alphabet oder an den großen schwarzen Buchstaben, und die Physik hat nicht Hiroshima bombardiert, und die Biowissenschaften nicht den Menschen zum Objekt für den Menschen gemacht, und der Irrationalismus großer Teile des linken Diskurses wie der universitären Sozialwissenschaften liegt nicht an der normativen Sozialphilosophie, der etwa linke oder Sozialwissenschaft treibende Verblendete erlegen wären. Wie Leszek Kolakowski recht hatte, Viktor Adler, dem Austromarxismus und allen möglichen neukantianischen »Erneuerern« des Marxismus aus philosophischen Motiven heraus und unter Einschluß aufklärerisch rückbezogener, vor allem auf Kant sich stützender ethischer Reflexion vorzuwerfen, daß sie von dem, was an Marx interessant ist, nichts mehr übriggelassen und den Rest in ihrer neukantianischen Soße ersäuft haben, so hat auch Henning recht, wenn er sagt, daß Irrationalismus und Voluntarismus auf der einen, Affirmation und Resignation auf der anderen Seite die beiden Fallen sind, zwischen denen jede ernsthafte Intervention in politischen Streit um das richtige Leben navigieren muß. Nicht recht aber hat er, wenn er die Unfähigkeit vieler, die den Kurs zwischen diesen beiden nicht finden, aus einem Ideendefekt erklärt, den er so bestimmt:

»›Normative Sozialphilosophie‹ bewegt sich zwischen diesen gleicherweise mißlichen Polen wie auf der glatten Fläche einer Vitri-

> ne, die ÜBER ihrem eigentlichen Gegenstand liegt. Ein Tertium kann die Gesellschaftstheorie nur erreichen, wenn sie aus der ethisierten Übergangsform heraustritt, wie dies wegweisend für die ganze Soziologie eben Marx getan hat. Sein denkerischer (ein auffälliges Verlegenheitsadjektiv: das Ding darf nicht »philosophisch« und nicht »wissenschaftlich« heißen, so redet er defensiv, wie Heidegger offensiv, von »Denken«, wie der Staatsmarxismus der DDR nicht mehr von Proletariern und noch nicht von freien Produzenten sprach, sondern von Werktätigen, K/D) Fortschritt bestand darin, die ethischen Ideen nicht mehr nur als ›normative Folie‹ und unhinterfragte ›begriffliche Grundlage‹ zu benutzen wie die liberale Sozialphilosophie (die nicht identisch ist mit dem Liberalismus als politischer Bewegung), sondern diese selbst noch zu thematisieren. Er betrachtete die Ideen eher als Bestandteil der materialen Geschichte und darum auch als Gegenstand der Theorie«[247],

was etwas sagt, das Henning gar nicht meinen kann, weil er Marx zu gut kennt, um so etwas zu behaupten, nämlich daß ihm die Beschäftigung mit falschen Ideen nur ein Mittel war, um zu richtigen zu gelangen statt zu einem besseren Leben. Die Schwierigkeit besteht eben in derselben Unklarheit, der schon Viktor Adler zum Opfer fiel, als er aus Marx herausinterpretierte, jener habe eigentlich doch gemeint, Ideen seien Triebkräfte der Geschichte, es müßten aber verkehrte gegen richtige eingewechselt werden wie schlechte und müde Fußballspieler gegen gute und ausgeruhte. Des Rätsels Lösung: Marx fand nicht, daß falsche Philosophien die Menschen lenkten, sondern unverstandene Motive und Realverhältnisse, er fand aber sehr wohl, daß richtige Gedanken sie lenken sollten: Seine Geschichtstheorie (nicht Ideen leiten die Menschen bisher, sondern Ökonomisches, das sich unter anderem als Ideen verkleidet) ist etwas anderes als seine Fortschrittstheorie (Ideen SOLLEN die Menschen leiten, und zwar richtige, darunter die, daß sie bisher nicht von Ideen, sondern von Ökonomischem geleitet worden sind, das sich unter anderem als Ideen verkleidet hat). Da Marx diese beiden aber immer wieder auseinander hervorgehen läßt und ihre Grenze, verzaubert von der Dialektik und genötigt von der Veränderlichkeit historischer Geschicke, nicht bestimmt, sowenig wie jemals die zwischen logischer und genealogischer Kapitalanalyse, Natur und Gesellschaft et cetera, aber mit allen diesen Unterscheidungen immer wieder arbeitet, als hätte er sie bestimmt, stößt er Auslegungen seiner Arbeit nach der Seite des irgendwie transpraktisch Richtigen wie bei Lukács oder Henning alle Türen auf.

Beide (und viele stattgehabte oder denkbare andere, ebenso gestimmte) betonen zunächst die realgeschichtliche Erdung von Marx, er habe die Geschichte, ja das Geschichtsganze in seiner Totalität gesehen, aber beide tun das unter Vorzeichen, die sich mit einer Bewertung der zwar realgeschichtlich formulierten, aber zutiefst normativen Ansprüche, die für Marx Dreh- und Angelpunkt der Theorie waren (die Revolution muß gemacht, Sozialismus und Kommunismus müssen errichtet werden), extrem zurückhalten, so als sei diese Bewertung nicht möglich, nicht nötig. Beide bieten ihm Asyl im Denken an – im richtigen Denken allerdings, nicht nur beim Arabeskenbau –, weil er gerade draußen im Regen steht; bei Lukács soeben war eine erhoffte Revolution im Westen ausgeblieben, bei Henning ist die Ausgangslage das jüngsterfolgte Abgeräumtwordensein der Folgen einer im Osten vor siebzig Jahren vollbrachten. So schreiben sie nicht viel über Kriege, Planwirtschaft, Gewerkschaften, Krisen, aber viel über die Antinomien bürgerlichen Denkens, Definitionsprobleme, Kommunikation und dergleichen. Als wollten sie sich selbst widerlegen, reizt Marx, den sie als großen Realisten loben, sie nirgends zu Festlegungen darüber, was geschieht oder geschehen wird. Er muß Denker sein, er darf kein Revolutionär sein, denn als Revolutionär ist er gescheitert. Was es im einzelnen gewesen ist, was ihm aufging, als er das Normative (das sich hier einfach als anspruchsvoller Name für ein schwer wegzudiskutierendes PROGRAMM enthüllt) angeblich überwand, kann man dann in großer Ruhe ausknobeln: Es muß nicht mehr, wie beim die halbe Wegstrecke zwischen Lukács und Henning markierenden Althusser, die Ansicht gewesen sein, daß nichts gedacht und geredet werde, was nicht irgendwie irgendwo »ideologisch« ist; eine Marxdeutung, gegen die Michael Löwy seinerzeit aufbegehrte, als er wissen wollte, im Namen welcher Werte Marx denn nun den Kapitalismus kritisiert habe und weshalb Althusser die so wenig kümmerten. Nicht bedacht haben Lukács, Althusser,

Henning eine einfache Konsequenz ihrer Versuche, die peinlich gewordene Programmatik aus der Theorie herauszueskamotieren: Sobald das Sollen weg ist, rutscht das Wollen an dem, was übrigbleibt, ebenfalls ab, und da bevorzugen wir dann selbst Lacan, der immerhin vom Wollen redet, sowenig uns die Überführung von Freuds dynamischer Libidolehre in die topischen und topologischen *mock mathematics* des Franzosen einleuchtet – als man Lacan vorhielt, es bringe nichts, sich mit »den Strukturen« zu befassen, denn die Strukturen gingen nicht auf die Straße, erwiderte er mit Blick auf die soeben sich ereignenden Studentenunruhen, doch, das täten sie, man sehe es doch – keine dumme Antwort.

Wir stimmen mit vielem überein, was Lukács, Althusser, Henning und verwandte Geister an Marx loben; die Vorzüge, die sie an ihm aufweisen, hat er wirklich alle besessen; aber wenn man an einem Lastwagen vor allem rühmt, es passe mehr hinein als in einen Handkarren, dann hat man zu wenig gerühmt, dann ist das *damning with faint praise.* Marx war wirklich ein besserer Soziologe als Parsons, ein besserer Geschichtsdenker als Spengler, ein besserer Philosoph als die Neukantianer, aber das Problem ist, daß ein Marx, den man malt, indem man alle diese Attribute zusammenträgt und in ihrer Totalität dann die seine vermutet, eigentlich auch Carl Schmitt oder Foucault heißen könnte, die es ebenfalls nicht mit den engen Selbstberuhigungen des in ihrem akademischen Fach Gängigen hielten.

So einer kann dann – Marx hat es getan, Nietzsche nicht – eine »Supertheorie« bauen, wie Luhmann treffend Systeme nennt, die sich auch selbst als Gegenstand enthalten; bei Marx war sie universalistisch, bei Foucault nicht, bei Schmitt auch nicht – die letzteren beiden haben ihre Reflexion durchaus auch bis zur (nicht unbedingt bei diesem Namen genannten, in der Allzuständigkeit dieser Denker aber stillschweigend mitgemeinten) Totalität getrieben, in dieser aber die Vermittlung übers Partikulare ohne ein denkbares Außen (das bei Marx sein Programm ist; bei Henning kommt jedes derartige Außen als »Normativität«, wie wir gesehen haben, fortwährend schlecht weg) vollzieht und so an einem Punkt landet, den bei Schmitt der Souverän und bei Foucault spätestens seit dessen maoistischer Phase

»die Macht« markiert. »Souverän« ist bei Schmitt der jeweilige Stifter und Heger der konkreten Ordnung, die vor dem »blutleeren, positivistischen«, von Schmitt mit allen Mitteln bekämpften Normenrespekt der Kelsenschule voraushaben soll, daß er mit dem tieferen, dem nicht ausgedachten *Nomos* verbunden sein soll, im Gegensatz zu allen diesen Wurzellosen, für die vorweg die Juden stehen. Die Foucaultsche Machtlehre dagegen besagt, es gebe nur Macht und Gegenmacht, weder Wahrheit noch »das Richtige«, die jeweiligen Siege im Kampf zwischen Schmittianischen Feinden bestimmten die *episteme*, sie ist jeweils total und jeder vorherigen oder nachfolgenden inkommensurabel. Dies hat seine Triftigkeit aus der Genealogie, einem von Foucaults Lieblingswörtern, gelernt bei Nietzsche: Das Gute, Moral, Normen sind herleitbar, man denke sie also als gemachte, selbst jenseits von Gut und Böse – aber diese »Ideologiekritik« (*sit venia verbo*) ist nun gerade nicht die von Marx und Engels, denn jene fanden, Gerechtigkeit, als sozialer Zustand, auf den Urteile über Gutes und Richtiges sich beziehen ließen, sei herstellbar, daß aber die Propaganda der Urteile über Gutes und Richtiges in der bestehenden Klassengesellschaft benutzt werde von Leuten, die etwas anderes wollen als Gerechtigkeit, und daß man diesen Widerspruch, der ganz auf der Ebene von Sollen und Wollen liegt, angreifen müsse, um die bürgerlich universalistischen Gerechtigkeitsvorstellungen, welche die Bürger nicht verwirklichen können, gerade einzuholen (und nur in diesem Sinn dann auch: aufzuheben).

Noch der strenge Foucault-Opponent Chomsky, gewiß kein orthodoxer Marxist, denkt entschieden so; Foucault erwidert ihm, als maoistischer Nietzsche oder nietzscheanischer Mao:

> »Wenn Sie gestatten, werde ich ein bißchen nietzscheanisch sein. Mit anderen Worten, mir scheint, daß die Idee der Gerechtigkeit selbst eine Idee ist, die in verschiedenen Typen von Gesellschaften erfunden und angewendet wurde als ein Instrument einer bestimmten politischen und wirtschaftlichen Macht oder als Waffe gegen diese Macht. Aber mir scheint, daß in jedem Fall der Begriff der Gerechtigkeit selbst seine Rolle innerhalb einer Klassengesellschaft spielt, und zwar einerseits als Forderung seitens der unterdrückten Klasse und andererseits als Rechtfertigung seitens

der Unterdrücker. (…) Ich bin mir nicht sicher, ob man in einer klassenlosen Gesellschaft diesen Begriff der Gerechtigkeit noch nötig hätte.«[248]

Same procedure as last year: Die Zweideutigkeit im bestimmten Artikel (»dieser« Begriff) ist einmal mehr das forensische Haar auf dem Teppich, an dem die gegenaufklärerische Strategie sichtbar wird, einen erst aus Zeit und Raum zu stoßen und dann »nachzuweisen«, daß er irdisch »nur« an Klasseninteressen oder andere Konkreta gebunden vorkommt, um ihn folglich für entbehrlich zu erklären; während Marx und Engels programmatisch (und also normativ) bestimmt haben, was Gerechtigkeit gerade in einer klassenlosen Gesellschaft wäre (das berühmte Parallelogramm der Fähigkeiten und Bedürfnisse nämlich), die man, wäre sie darin nicht verwirklicht (und also vorhanden statt entbehrlich), gar nicht als solche erkennen könnte (für Hacks-Kundige: »Wohin willst du schänden?«).

Foucault sagt, das bisherige Normative ist abzuschaffen, Schmitt sagt, es ist im Souverän aufgehoben genug und muß nicht fixiert werden, Marx und Engels sagen, es ist zu verwirklichen, gegen diejenigen, die es im Munde führen, um es aus der Wirklichkeit herauszuhalten. Lobt man Marx und Engels für die Abwesenheit des Normativen in ihrer Theorie, so löscht man aus, daß sie es in die Praxis überführt, nicht annihiliert wissen wollten.

Daß überhaupt ein Gesetz sei, und daß es dem Kampf der Interessen den Rahmen stelle, ist für Schmitt jüdische Erfindung, die er vom Alten Testament bis zum juridischen Positivismus Hans Kelsens sich vererben und die Welt der konkreten Ordnungen zerfressen sieht – der rechte *Nomos* dürfe eben nicht in funktionaler Normativität beschlossen sein; Schmitts Ablehnung »normativer Sozialphilosophie« reicht tatsächlich zurück bis zu Tora und Talmud als deren Urbild; wie Paulus den Juden verkündete, Jesus habe das geschriebene Gesetz aufgehoben, verkündet Schmitt, der Souverän brauche keins: »Das Recht als Herrscher, der *Nomos basileus,* kann nicht irgendeine beliebige, nur positive Norm, Regel oder Gesetzesbestimmung sein; der *Nomos,* der einen rechten König tragen soll, muß gewisse höchste, unabänderliche, aber konkrete Ordnungsqualitäten in sich haben.

Von einem bloßen Funktionsmodus oder von einem Fahrplan wird man nicht sagen, daß er ›König‹ sei«,[249] eine Auffassung, über die er sich mit H. G. Wells nicht streiten müßte, der Funktionsmodus und Fahrplan, wie wir ausgeführt haben, unter dem Namen *map* kannte, aber im Gegensatz zu Schmitt bejahte, eben weil er nicht wollte, daß überhaupt irgendwer oder irgend etwas »König« sei.

Schmitt stört am Normativismus hinterm Rechtspositivismus, daß er künstlich ist und von Intriganten, Verschwörern, der abstrakten Variante der Rosenbergschen Freimaurer gemodelt wird (»Die Herren der Lex unterwerfen den Rex«, klagt er[250]), Foucault weist dem Gerechtigkeitsbegriff dasselbe nach: Interessen haben ihn geboren, Klassen oder sonstige Partikularitäten heben ihn auf ihre Schilde, Schmitt und Foucault also erklären diese Künstlichkeiten für entbehrlich, der König oder die Revolution, welche die Klassen abschafft, soll sie mitbeseitigen – Marx und Engels aber stört am bürgerlichen Normendenken das gerade Gegenteil, es ist ihnen *nicht künstlich genug*, es verdient als Setzung ernst genommen, nicht von Urkräftigem wie der kommenden klassenlosen Welt oder dem rechtmäßigen Herrscher hinweggefegt zu werden. Weit davon entfernt, Normen, da sie doch nicht wahr seien, loswerden zu wollen, fordern sie zu ihrer bewußten Verwandlung in Gesetzesmaschinen auf, während Schmitt darin nur jüdische Verstocktheit, Foucault nur den universalistischen Trugschluß vom Naturrechtswahn verhexter Aufklärer erkennen kann. Schmitt leitet aus den Normen, die er ablehnt, die in seinen Augen böse Praxis der »Diskriminierung« des zum Verbrecher gemachten Feindes der »Herren der Lex« ab, Foucault aus dem Aufklärungsnormativismus, der Totalität utilitaristischer oder menschenrechtscodierter Normativität die Stigmatisierung, den Ausschluß und die Unterdrückung von für verrückt, krank oder kriminell Erklärten her.

Daß Marx die Gesetze, von welchen die *philosophes* behaupteten, sie hätten sie in der Natur gefunden, ebenso als Interessenprodukte aufweist wie Schmitt und Foucault, Nietzsche und (auf verwickelte Weise, in der »Legitimität der Neuzeit«) noch ein so jeden Illiberalismus unverdächtiger Mensch wie Hans Blumenberg, ist also zwar richtig. Aber er tut dies im Verfolg eines Projekts, das im Gegensatz zu denen der genannten anderen, die alle seinen von Henning so bewunderten, von Lukács so grundsätzlich als Möglichkeitsbedingung des Marxismus postulierten Bruch mit dem Normenpositivismus und -realismus teilen, den Versuch, vernünftige Normen aufzustellen, nicht als grundsätzlich undurchführbar, sondern als zwar in der Klassengesellschaft augenwischerische und betrügerische, prinzipiell aber auch auf tragfähige Art umsetzbares Unternehmen. Marx will die notwendigen und hinreichenden realgeschichtlichen Bedingungen setzen (das heißt: denken und schaffen, im Probehandeln und im Handeln durchrechnen), die in der Naturwüchsigkeit der Entstehung des Kapitalverhältnisses zwar enthalten, von diesem aber nicht durchgesetzt worden sind.

Wir können nun den Schleier des Geheimnisses von der »Totalität« und dem »Antinormativismus«, den beiden Konservierungsmitteln also, reißen, mit denen Lukács und Henning einen Marx, den sie historisch bereits halb für tot halten, für die Bibliotheken zurichten möchten: Die Lukácssche »Totalität« ist einfach ein nobilitierender Name für die heuristische Hauptnorm in allen Marxschen Arbeiten, nämlich das Postulat, alles am Sozialen sei verständlich, verstehbar, kein Denkverbot zu rechtfertigen, nichts am gesellschaftlichen Leben grundsätzlich opak (daß diejenigen, die es sich zur Aufgabe gemacht haben, die bestehenden Zustände zu rechtfertigen, hier das Gegenteil vertreten, und wie religiös das selbst bei geschworenen Immanenzlern gerät, haben wir im letzten Kapitel an Hayek und Mises demonstriert). Der Henningsche »Antinormativismus« wiederum ist ein panegyrisches Wort für Marxens schlichte Weigerung, sich etwas vorzumachen, dessen Vorbild man wohl am ehesten gerecht würde, wenn man einzusehen bereit wäre: daß etwas, das man will, nicht passiert, setzt zunächst einmal weder diesen Willen noch die Welt ins Unrecht, den Tatsachen der Vermittlung ist nicht über Ideale noch deren Negation (wie bei Nietzsches) zu entfliehen, die kognitiven Dissonanzen, die sich aus dem Abstand zwischen Sein und Sollen ergeben, sind nicht nach einer der beiden Seiten durch kontrollierten Kollaps der einen in die andere zu reduzieren, und das zugespitzteste Programm muß nicht aufgegeben werden, wenn die direkte Tatsachenbeobachtung seine immanenten Grenzen enthüllt, sondern läßt sich verbessern, wo man nicht die »erpreßte Versöhnung« des rein Gedachten anstrebt. Materialismus heißt, es gibt keine Ideen, die nicht mit Handlungen vermittelt sind; Praxis und Theorie ist nicht das Paar, das die Cartesische Dopplung von *res cogitans* und *res extensa* beerbt, sondern Praxis enthält beide Teile des neuen Paars: Handeln und Probehandeln mit jeweils unterschiedlichem Energieaufwand. Beide finden gleichzeitig im Raum der Gründe und Folgerungen wie im Raum der Ursachen und Wirkungen statt. Sie sind von Menschen hervorgebracht, und sie bringen Menschen hervor. Daß Marx so vieles richtig gesehen hat, befreit gerade nicht davon, sich damit auseinanderzusetzen, wie sein Programm verwirklicht werden kann.

Geben wir aber mit dieser Feststellung nicht die Totalität der von Condorcet oder Hegel oder eben Marx geschaffenen Weltübersicht für lauter Veränderungsgewurstel preis, und treiben wir nicht die normative Sozialphilosophie, vor der Henning warnt?

Die Frage beantworten können wird man nur, wenn man weiß, was wir eigentlich mit »Handeln« meinen.

III.
Was Handeln will

»Handeln« ist für uns eine spezifisch menschliche Spielart des allgemeinen »Verhaltens« tierischer Organismen. Sie wird von Denken begleitet, vorbereitet oder analysiert, zwischen Denken und Handeln besteht eine Implexbeziehung, die nach der einen Seite das Denken als Probehandeln (dem nicht immer ein Handeln folgt), nach der anderen aber das Handeln als Verwirklichung von etwas, das man denken kann (nicht immer auch: das gedacht wurde), zu begreifen erlaubt. Probehandeln heißt: intensionale und intentionale Verschiebung, Verdichtung, Synthese oder Analyse gespeicherter Vorstellungsinhalte (Wahrnehmungen oder diese vergleichender oder unterscheidender Symbole, Typen, Tokens, Wörter und Begriffe); Handeln heißt: Denken mit dem Körper, also Denken, das mehr Kalorien verbrennt als der bloße Hirnvorgang, intensionale und intentionale Verschiebung, Verdichtung, Synthese oder Analyse physikalischer Objekte im und am Körper sowie in (richtig oder falsch) kalkulierter Folge davon in der diesen Körper umgebenden Welt.

Das normative Denken, die Auseinandersetzung damit, was sein soll oder muß, ist die logische Form, in der die Intentionalität und Intensionalität des Denkens sich selbst wahrnehmen, verschieben, verdichten, synthetisieren und analysieren kann; was »sein soll«, ist schlicht die Verrechnung von »Was wünsche oder will ich, welche Zwecke setze ich« mit der maximalen Datenmenge aus der (physikalischen, chemischen, sozialen, auf der abstraktesten Stufe also: informatischen) Umwelt; alle dabei möglichen Fehler sind im Kern Rechenfehler, inklusive »das Böse« (welches den Versuch darstellt, sich über einige spezifisch sozialen Möglichkeitsbedingungen intensionaler und intentionaler Akte hinwegzusetzen, à la »Niemand weiß, was ich mir dabei denke« oder »Es wird mich schon niemand erwischen« oder »Ich werde mittels Tricks rechtfertigen können, daß ich dies und das getan habe, jedenfalls aber den negativen Sanktionen entgehen, die sonst über diesen Akt verhängt werden«).

Der Versuch, die Normativität aus dem Probehandeln zu schneiden, ist daher der freiwillige Verzicht auf eine Reflexionsstufe, die man einnehmen kann, aber nicht muß, und gleicht in vielem dem kindischen Einfall, das Denken zu reformieren, indem man aufs Hauptwort »Sein« und alle damit verbundenen Zeitwörter verzichtet – auch dies ist tatsächlich vertreten worden, nämlich von den Anhängerinnen und Schülern einer ultrakonsequent idealistisch-begriffsrealistischen Lehre namens »allgemeine Semantik«, die als eine Art gescheitere »Dianetik« oder dümmere Psychoanalyse von einem amerikanischen Science-fiction-Pop-Philosophen namens Alfred Korzybski erdacht wurde, dessen großer Geistesblitz darin bestand, alle Neurosen, alles Unglück, alle Mißverständnisse und zwischenmenschlichen Schwierigkeiten rührten letztlich nur daher, daß die Leute von ihrer Grammatik, die sie auf Formen wie »x ist y« verpflichte, ungünstigerweise immer wieder in Versuchung geführt würden, sich darauf festzulegen, was der Fall sei. Anstatt in diese vom Seinsprädikat erzwungene Falle der aristotelischen, widerspruchsfreien Logik (ein Ding ist entweder a oder nicht a, *tertium non datur)* zu gehen, solle man einer Logik folgen, die das Firmenzeichen »Null-A« trägt (und umfangreiche Science-fiction-Phantasien des Kanadiers A. E. van Vogt befruchtet hat), und ein modifiziertes Englisch namens »E-Prime« sprechen, das ohne »is«, »are« und »being« auskommen will. Daß wir das aus den oben genannten Gründen für Unfug halten (den der wackere Vernunftmensch Martin Gardner in mehreren und ausführlichen Veröffentlichungen angemessen rücksichtslos zerlegt hat), heißt indes nicht, daß wir uns über die spezifisch menschlichen, von der Evolution unseres Hirns und also Bewußtseins hervorgebrachten Arten des Weltzugangs via propositionale (den nichtnormativen Bereichen von Ursache und Wirkung einerseits, Grund und Folgerung andererseits zugehörige), evaluative und direktive (dem normativen Bereich zugehörige) Sätze und die zwischen diesen möglichen inferentiellen Beziehungen hinaus keine weiteren Denkarten oder Erfahrungsformen vorstellen können – wenn Denken eine Hirnfunktion ist und Handeln eine des Körpers, dann lassen sich natürlich (!) beide immer durch Augmentationen, Extensionen, Modifikationen verbessern, es gibt Brillen, die Nachtsicht erlauben, und Geräte zum Hörbarmachen von Ultraschall, also sind auch Denkhilfen vorstellbar (und in Gestalt formaler nichtaristotelischer Logiken ernsthafterer Art und anderer kontraintuitiver Maschinen der Mathesis bereits entwickelt worden), welche das mentale Erfahrungsspektrum vergrößern.

Es ist sehr unwahrscheinlich, daß unsere Hirne von sich aus bereits alles denken können, was im riesengroßen und hochkomplizierten Universum der Fall ist – wir können es nicht, weil wir es zum Überleben in unserem natürlichen Habitat, zur Ernährung und Fortpflanzung nicht brauchen, wir sehen ja auch kein Infrarot, weil Affen das nicht müssen. Wenn wir aber *wollen,* dann können wir alles, was andere Tiere – auch solche, die wir noch gar nicht kennen – können, soweit uns die dafür nötigen stofflichen Ressourcen zugänglich sind und die Lebenszeit ausreicht. Irgend etwas wollen wiederum können wir, weil wir Vorstellungen speichern, vergleichen und unterscheiden können, sonst strebten wir nach nichts außer dem, wonach die Instinkte streben. Sobald wir denken können, um die Dinge zu verändern, können wir auch das Denken verändern; dieser Vorgang aber vollzieht sich stets in Interpenetration mit Praxis und Hexis – einseitig und isoliert, als Korrektur des Denkens durch nichts als Denken (und allenfalls Reden), wie das in allgemeiner Semantik und Dianetik empfohlen wird, ist diese Veränderung je nach den Gründen für die zu verändernden Gedankeninhalte unter Umständen so schwer erreichbar wie das Infrarotsehen und Ultraschallhören durch Seh- und Gehörübungen. Die Umrisse des Denkbaren setzt das physische Universum, wahre Aussagen über dieses dachte man sich schon vor der Aufklärung als Propositionen, über die sich alle korrekturwilligen Menschen schließlich einigen würden, unabhängig von ihren Interessen, normativ gesetzten Zwecken, sonstigen intensionalen und intentionalen Denkakten et cetera – gute wie böse Menschen müssen, wenn sie etwas vorhaben, das an der frischen Luft stattfindet, berücksichtigen, daß Regen naß macht. Nicht obwohl, sondern gerade weil das so ist, lehnen wir den neopragmatistischen Reduktionsversuch »Wir brauchen keinen Begriff namens ›Wahrheit‹, weil Wahrheit ist, worauf sich alle einigen können« entschieden ab, weil »Wahrheit« diese Einigung nur als etwas denkt, das sein *soll,* soweit auch erfolgreiche Handlungen (an der frischen Luft oder unter sonst irgendwelchen von der Welt gesetzten Bestimmungen) sein sollen, dies aber beides Varianten normativer Aussagen sind, die selbst nicht wahr sein können. Der Satz von Engels über Freiheit und Notwendigkeit spricht von nichts als davon, was man kann, indem er verlangt, zu begreifen, was man nicht kann – soweit hat Karl Popper mit dem Falsifikationsprinzip recht, daß wahre Aussagen ab einem bestimmten Stand der Aussagenakkumulation über die Negation falscher gewonnen werden können; diese Tendenz nimmt natürlich mit der kritischen Masse verfügbarer Aussagen (oder auch nur Daten, also Aussagen ohne logische Operatoren) eher zu als ab; unrecht aber haben alle, die daraus ableiten wollen, es gäbe keine unterschiedlich richtigen Aussagen. Ein Satz, der, als Beschreibung einer möglichen Handlung aufgefaßt und in einer solchen verwirklicht, besseren Erfolg beim Versuch der Erreichung des dieser Handlung vorausgesetzten Zwecks erreicht, ist eben wahrer als einer, der schlechteren erbringt. Alle Probleme im Zusammenhang von Sein und Sollen sind solche der Reflexion und der Selbstbezüglichkeit, Gödelsche Probleme der Implikatur höherer Ordnung: Man kann übers Sollen zum Beispiel auch wieder Seins-Aussagen treffen, nicht nur übers Sein Sollen-Aussagen.

Daß man beliebige Propositionen normativ, das heißt direktiv und evaluativ sortieren kann, wissen eigentlich alle, seltener aber wird außerhalb des Wissenschaftsbetriebs gesehen, daß man auch normative Sätze, wie sie nun mal im menschlichen Gebrauch als Sprechakte und Denkfiguren überall und jederzeit vorkommen, propositional sortieren kann, zum Beispiel, um zu einem der fundamentalen, von allen epocheprägenden Leuten zwischen Hobbes, Locke, Rousseau bis schließlich zu den Utilitaristen geteilten Aufklärungsprinzipien zu gelangen, nämlich der Einsicht, daß Menschen über das, was sein soll, bei Abwesenheit von sozialem Zwang meist nach Maßgabe der Vermeidung von Schmerzen und Erlangung von Lust entscheiden. Damit ist die Sache freilich nicht erledigt, denn sofort kann man fragen: Das mag so sein, das tun sie wohl, aber sollen sie das auch? Auf den Gedanken, die Feststellung, sie täten es, beantworte auch diese Frage, konnte das bürgerliche Denken nur aufgrund der Naturrechtsidee verfallen (wenn er so entscheidet, sobald er nicht unterdrückt wird, und wenn er nicht unterdrückt werden darf, weil er Rechte hat, dann soll »der Mensch« so entscheiden).

Der Utilitarismus, den zu schmähen und zu fürchten zum *radical chic* in der Philosophie, der Sozialwissenschaft, unseretwegen gern auch dem Heideggerschen »Denken« im Westen (Synonym für: in den kapitalistisch bewirtschafteten Gegenden) seit spätestens 1950 gehört, sehen wir als einen notwendigen Denkfehler auf dem Weg zur Herstellung gerechter Gesellschaften an, der genau analog dem Naturrechtsdenkfehler gemacht werden und dann politisch wirksam werden mußte, um praktisch wie theoretisch korrigiert werden zu können. Seine durch und durch unverächtliche Herkunft von den französischen Materialisten (vorneweg Helvétius) über Bentham bis zum eingangs dieses Kapitels zitierten Sidgwick einmal jenseits der inzwischen gängigen Polemik nachzuzeichnen, wäre eine wertvolle Beschäftigung; wir greifen, weil uns dafür der Raum fehlt, zur Abwechslung einmal nicht, wie bei der Erörterung der Arbeitsteilung oder der Öffentlichkeit, die Ursprungsdebatten, sondern den vorläufigen Niveauhöhepunkt seiner Entfaltung heraus: Leben und Werk Henry Sidgwicks.

IV.
Love Song for Henry Sidgwick: Ein theoriegeschichtlicher Exkurs

Man kann der Meinung sein, der Tod erlöse die von Todesangst gequälten Menschen wenigstens von der Ungewißheit, indem er Einblick in die nun wirklich letzten Dinge verschafft. Das Gegenargument, so nüchtern wie simpel, lautet, daß wir das Problem des Todes ebensowenig durch einfaches Sterben lösen können wie das Problem des Lebens durchs Geborenwerden. Der Satz könnte von Arthur Schopenhauer stammen; sein wirklicher Verfasser jedoch war in fast allem, worauf es dem geistigen neunzehnten Jahrhundert ankam, dessen Antipode: Feminist und Optimist, Utilitarist und Philanthrop, ein großer Viktorianer und ein streng analytischer Moralphilosoph. Allenfalls auf die Validität der Wiedergeburtslehre hätten sich Schopenhauer und jener Henry Sidgwick zur Not einigen können, denn dieser hielt seine spiritistischen Neigungen bemerkenswerterweise für vereinbar mit einem unerschütterlichen Glauben an die Vernunft als dem höchsten, weil abstraktesten menschlichen Wahrnehmungsorgan. Die Zeit und der Kulturraum, die Sidgwick mit Charles Dickens und Friedrich Engels teilte, waren noch bereit, großzügigere Definitionen von Vernunft zuzulassen als die heute übliche, wonach Vernunft bloß das umfasse, was sich im Leben leider nicht vermeiden läßt, und dort aufhören darf, wo die Freizeit beginnt.

Die Viktorianer gingen mit ihren Gespenstern überhaupt pragmatisch um: Als der Romancier Bulwer-Lytton in geselliger Runde die Geschichte einer Französin zum besten gab, die angeblich für horrende Summen Tote wieder ins Leben rufen konnte, fragte Dickens, wie sie ihre Wucherpreise für eine letztlich doch immaterielle Arbeit rechtfertige. Bulwer-Lytton soll geantwortet haben, wenn die Toten zurückkehren, brauche man viel Parfüm.

Der Mensch, fand Nietzsche, strebe gar nicht nach Glück, das tue nur der Engländer – was daran wahr ist, steht nirgends deutlicher als bei Sidgwick; dieses englische Glück ist aber kein beschaulich Privates, sondern ein sehr öffentliches, ebenjenes, dessen Formel vom »größten Glück der größten Zahl« Sidgwick mit Bentham wie mit John Stuart Mill teilte, womit die Probleme aber nicht abgeschlossen sein sollten, sondern überhaupt erst der Debatte zugänglich gemacht.

Im noch recht jungen »Zeitalter des Kapitals« (Eric Hobsbawm), das diese Formel hervorgebracht hatte, war der neue allgemeine gesellschaftliche Reichtum Ursache einer zwischen den Polen von Geiz und Verschwendung angelegten, unwiederholbaren historischen Spannung; dank ihr brachte die Dialektik von Entsagung und Genuß eine bis dahin nicht gekannte Vielfalt von moralischen Wertungen, Spitzfindigkeiten und Umwertungen ererbter Verhaltensoptionen zur Sprache. Zwar wußte man, daß man die traditionalen Maßstäbe für »Seelenadel« wie allen Adel verloren hatte, das Wissen um dessen Unwiederbringlichkeit allein machte jedoch niemanden zum freien Menschen.

Die Normativistinnen und Deontiker der Epoche sahen keine höheren Güter als Schmerzvermeidung und Lustgewinn, aber mancher Schmerz war sozial auferlegt, manche Lüste blieben verboten – Sidgwick war homosexuell und durfte nicht danach leben; aber nicht allein diese Entsagung erklärt die leise Melancholie, mit der er in seinem Hauptwerk über die *Methods of Ethics*, das von 1874 bis 1907 große Wirkung entband und sieben Auflagen erlebte, die moderne Lehre vom »reinen universellen Hedonismus« darlegte, nicht deshalb, weil dies zur besten aller möglichen Welten führen müßte, sondern weil ein anderer Dreh- und Angelpunkt moralischer Reflexion aus logischen (und verkappt geschichtlichen) Gründen schlichtweg nicht mehr zu haben schien. Im Bild von der Menschenart, das so entsteht, zählt jedes Individuum als Verrechnungseinheit der kollektiven Lust-Unlust-Bilanz. Niemand bekommt, wie Jeremy Bentham mit deutlich antifeudaler Stoßrichtung feststellte, mehr als eine solche Einheit zugeteilt, aber auch keiner weniger. Um den Verlust an Souveränität, Autonomie und Schönheit, den die besten Verteidiger der ständischen Ordnung als die soziale Konsequenz dieser Auffassung vorhersagten, ästhetisch verschmerzen zu können, mußte ein empfindsamer Charakter wie Sidgwick »den Standpunkt des Universums« einnehmen; der sachliche Parteigänger des maximalen Glücks durfte gerade nicht vom eigenen, egoistischen Standpunkt aus argumentieren. Nicht wenige bürgerliche Köpfe, die übers Glück nachdachten, von Goethe bis Freud, verdanken daher dem Begriff und der Wirklichkeit der »Entsagung« beträchtliche denkerische und moralische *fortitude.*

Wie illusionslos Sidgwick mit der Ressource Verzicht haushalten konnte, legt seine von Bart Schultz verfaßte, sehr umfangreiche und für ein derartiges Buch ungewöhnlich nah an den philosophischen Sachen selbst entlangerzählte Biographie *Eye of the Universe* dar, von der die nicht gerade zu unnötiger Erregung neigende Martha Nussbaum sagte, es sei vielleicht die beste, die je über einen britischen Denker erschienen sei.

Der eigentliche Lebensbericht stellt bei Schultz nur den mehr oder weniger anekdotischen Rahmen; das Eigentliche findet in den mittleren Kapiteln statt, nach Themen geordnet, die hinreichend universalistische Namen wie »Einheit«, »Konsens versus Chaos« oder »Farben« tragen. Wie Schultzens Held sich durch das Bedenken historisch entsprungener Universalien seine bleibende Modernität errungen hat, erfährt man durch Urteile des Lebensbeschreibers wie das recht traurige, Sympathie und Mitgefühl im menschlichen Umgang seien Sidgwick stets lediglich Möglichkeiten gewesen, menschliche Potentialität statt Wirklichkeit des empirischen Menschenlebens. Auf diese Weise blieben bei Sidgwick die alten Probleme lebendig, und neue traten hinzu. Im Grenzbereich des Philosophischen, Psychologischen und Gesellschaftswissenschaftlichen ging Sidgwick so in seinem Hauptwerk jedes Ding, jeden Begriff, jedes beobachtbare oder vorstellbare Verhalten grundsätzlich von so vielen Seiten wie möglich an; dem »empirischen Hedonismus«, der deskriptiven Seite seiner Studien, gesellt er den »deduktiven Hedonismus« hinzu, also den Kalkül, der die Möglichkeitsbedingungen des Benthamschen »größten Glücks« zu formalisieren erlauben soll.

Weil Sidgwick aber, anders als die meisten Moralistinnen und Ethiker heute, genau wußte, daß weder die Empirie noch die Logik noch die Verschränkung beider zu einer Art kritischem Rationalismus des Normativen seinen kuriosen Gegenstand zu erschöpfen geeignet sind, legte er auch noch einen »intuitiven« Zugang zu diesem frei, womit das Augenmerk auf die Plausibilitäten des Zeitbilds vom Menschen selbst gelenkt wurde und jene »Intuition« sich als das entpuppte, was die Kalküle stärker speist als irgendein von Hume, Reid, überhaupt der schottischen Aufklärung angezweifelter *bewußter* Schluß vom Bekannten aufs noch nicht Bekannte. Anders als Marx, der zeitimmanent (»kapitalistisch«) nur denkt, um die Widersprüche zu finden, oder Dickens, der die sozialen Fragen seiner Zeit von einem virtuellen Außen her anging, nämlich auf dem Standpunkt eines Bewohners des Reiches der Phantasie, in dem Metaphern Intuitionen gebären, statt sich von ihnen arrangieren zu lassen, glaubte Sidgwick, daß man zwar vom abstrakten Sein, ganz wie Hume lehrte, nicht zum Sollen gelangt, wohl aber von der Praxis, die außer dem Sein eben immer auch das Werden, die Identität der Differenz von Jetzt und Nichtjetzt, in sich einbegreift. Die häufig gerühmte »Strenge« der Sidgwickschen Gedankenführung ist so nichts anderes als ein philosophischer Niederschlag der bürgerlichen Umgangstugend »Verbindlichkeit«; man findet in diesen Texten keine Willkür des Assoziierens, wenig Bildhaftigkeit, fast keine Metaphorik, und beinah – paradox für einen Philosophen – nichts Begriffliches (es kommen Begriffe vor, aber das Geheimnis ihrer besonderen Handhabung durch Sidgwick ist, daß er sie wie Erfahrungswörter behandelt, darin als Beobachter der sozialen *res extensa* seltsam verwandt dem Beobachter mentaler Phänomene, Husserl). Daß alles, was Sidgwick auf diese Weise hat entdecken können, nicht nur »durch bestimmte oberste Grundsätze festgelegt« war, wie sein später Bewunderer John Rawls schreibt, sondern in diesen geradezu enthalten sein sollte, mutet heute ungewohnt platonisch an – so sehr hat man sich an ein situatives, sich an Güterabwägungen, Illustrationen und Streitfällen orientierendes Verständnis von Ethik gewöhnt; das Befremden mag jedoch abnehmen, wenn man sich dieses »Darinenthaltensein« nicht mehr im Sinne der Behauptung denkt, die Kasuistik sei bloße Untermenge der konstruktiven Relationen zwischen ethischen Sachverhalten, sondern das Größere, das im Kleineren wohnt.

Es gehört zu den häufigsten und abgeschmacktesten Vorwürfen wider die Utilitaristen, daß jene »obersten Grundsätze« ihrem Wesen nach nichts anderes seien als »allgemeine Herrschaftsformen« (Foucault) von Disziplinargesellschaften. Nicht nur die strukturalistische und poststrukturalistische Polemik gegen Bentham, auch Adornos Wort »Das Ganze ist das Unwahre« oder die Kritik am geschriebenen Recht, die Schmitt, aber auch so antiautoritäre Menschen wie Walter Benjamin und ihm folgend Jacques Derrida formuliert haben, wenden sich gegen das von Sidgwick und anderen seiner Denkrichtung vertretene »Prinzip der Billigkeit«, wonach das, was für eine Person richtig sei, für alle Personen unter ähnlichen Umständen richtig sein müsse. Die modernen – und, wenn das Wort, das wir nicht nützlich finden, hier einmal stehen darf: postmodernen – Einwände gegen diese Idee sind in Wahrheit Wegmarken einer selbst nahezu universalen, zumindest in den vorläufig noch vergleichsweise reichen Gesellschaften für annähernd alle geltenden sozialen Atomisierung, die sich der Indienstnahme technischer, politischer und rechtlicher Fortschritte durchs »automatische Subjekt« der Kapitalverwertung verdankt, deren Tragweite die Utilitaristen verkennen mußten, weil sie sich zu ihrer Zeit nur erst in zaghaften Ansätzen bemerkbar machte. Kein am Ideal, geschweige der Tatsache der Vollbeschäftigung orientiertes Solidarethos »Alle für einen, einer für alle« kann gegen die Umstellungen im Akkumulationsregime angesichts von Automation und Computerisierung etwas ausrichten, keine Erwägung über den Nutzen der Familie für die Sozialkohäsion schafft das, was Foucault Biomacht genannt hat und in kontinentübergreifender Bevölkerungspolitik zu Zeiten von moderner Verhütungstechnik und Singletauschbörsen bei gleichzeitigem Fortbestand übelsten Aberglaubens, scheußlichsten Elends, weiblicher Beschneidung und Ausbreitung von HIV unter den Allerärmsten Plausibilität hat (die fahle Plausibilität der »Schuld der Physik« an den Atombombenabwürfen von Hiroshima und Nagasaki nämlich). In dem Maße, in dem das freie Tauschsubjekt aus den Erfahrungen der allermeisten mit dem Wirtschaftsleben verschwunden ist und die Einhaltung von Verträgen unter Monopolbedingungen wieder zur unmittelbaren Machtfrage wird (welche Firmen erhalten die Aufträge zum infrastrukturellen »*Nation Building*«, wo die Marines oder die Bundeswehr für Ordnung und Menschenrechte gesorgt haben?), haben kritische Intellektuelle von den Spätmarxistinnen bis zu den Poststrukturalisten sich von Verbindlichkeitspostulaten à la Sidgwick entfernt und den Anschauungen eines Carl Schmitt angenähert, der ins geschriebene Recht weniger Vertrauen setzte als in den, der es im Zweifelsfall garantieren und schützen kann.

Dagegen erinnern wir noch einmal an Sidgwick:

»The prominent element in Justice as ordinarily conceived is a kind of equality: that is, impartiality in the observance or enforcement of certain general rules allotting good or evil to individuals. But when we have clearly distinguished this element, we see that the definition of the virtue required for practical guidance is left obviously incomplete. Inquiring further for the right general principles of distribution, we find that our common notion of justice includes – besides the principle of reparation for injury – two distinct and divergent elements. The one, which we may call Conservative Justice, is realised (1) in the observance of law and contracts and definite understandings, and in the enforcement of such penalties for the violation of these as have been legally determined and announced; and (2) in the fulfillment of natural and normal expectations. This latter obligation, is of a somewhat indefinite kind. But the other element, which we have called Ideal Justice, is still more difficult to define, for there seem to be two quite distinct conceptions of it, embodied respectively in what we have called the Individualistic and the Socialistic Ideal of a political community. The first of these takes the realisation of Freedom as the ultimate end and standard of right social relations: but on examining it closer we find that the notion of Freedom will not give a practicable basis for social construction without certain arbitrary definitions and limitations: and even if we admit these, still a society in which Freedom is realised as far as is feasible does not completely suit our sense of Justice.«[251]

Das Dilemma, das Sidgwick aufgrund der systematischen Aufrichtigkeit, mit der er seine Gesellschaftslehre ersann, einfach nicht lösen konnte, hatte Marx, den Sidgwick nicht gut genug kannte, um auf diesen Punkt zu stoßen, aber bereits gelöst, indem er Freiheit definierte als sozial garantierte Unerpreßbarkeit über die Aneignung des von der Gesellschaft geschaffenen Mehrprodukts durch diese Gesellschaft statt durch eine bestimmte Klasse darin. Das, nicht Totalität noch Antinormativismus, ist Marxens Kraft: Er hat die Implexverhältnisse zwischen Freiheit und Gleichheit expliziert; er sah, daß, wer von Lebens- und Produktionsmitteln, vom Mehrprodukt, das übers »Von der Hand in den Mund« hinausführt, abgeschnitten ist, nicht frei sein kann und nicht nur aus irgendwelchen Räumen, sondern aus der Zeit, die wir Geschichte nennen, ausgeschlossen ist. Erst kommt das Fressen, sagt Brecht, und dann die Moral, aber daraus folgt nichts Pessimistisches, sondern die banale Einsicht, daß sich jede Gesellschaft über der erbärmlichsten Jäger- und Sammlerstufe mehr Moral leisten könnte, als der dauerhafte, undiskutierte Fortbestand von Klassengesellschaften verträgt (selbst wenn die Aufhebung der Klassen einen großen Reichtum verlangt; man hätte ja beschließen können, den zu schaffen – logisch war's immer drin, historisch hat es, weil behindert durch die Herrschaft, sehr lange gedauert, bis das überhaupt gedacht wurde, und vergessen wird es auch bald wieder, wenn wir alle Pech haben). Sidgwick sieht den Widerspruch zwischen geschaffenem Reichtum und fortbestehendem Unrecht, aber er löst ihn nicht, weil er Gesellschaft nicht als etwas sieht, das sich produziert und reproduziert, sondern selbst das, was er sich unter »Sozialismus« vorstellt (und ausdrücklich ein »Ideal« nennt), als eine Verteilungsfrage auffaßt.

Der von Rawls in seiner Schrift über die Idee des politischen Liberalismus bei allem Respekt gegen Sidgwick erhobene Vorwurf, ihm komme es nicht genug auf die Individuen an, zielt inzwischen eher zu hoch – die Tendenz zur Vereinzelung in der Vermassung, die negative Gleichmacherei als Nivellierung nach unten, in die der geschichtlich bedingte Rückzug von aufgeklärten Positionen die reichen Gesellschaften und ihre Intelligenz gestoßen hat, macht bei der Anschauung vom Menschen, die ihn als Einzelfall begreift, nicht halt, sondern spaltet selbst diesen noch auf in flexible Arbeits- und Freizeitmodule mit Zeitverträgen. Sidgwick, den nichts so leicht erschüttert hat, hätte es davor gegraust.[252]

V.
Lust, Schmerz, Macht, Kalkül

Man könnte auch sagen, die Menschen sollen den Schmerz nicht meiden, die Lust nicht suchen – vielleicht will man aus dem Janismus eine Philosophie holen, die wird dann sehr asketisch ausfallen. Man könnte andererseits den Utilitarismus mit den neurobiologischen Erkenntnis- und Technikzugewinnen der letzten Dekaden auffrischen und etwa sagen: Der Schmerz ließe sich auch ganz abschaffen; er ist ja ein vergleichsweise krudes Hinweisinstrument, von der Evolution bereitgestellt, daß wir gewisse Schäden meiden sollen, daß wir Ruhe brauchen. Daß ich aber mein Bein schienen muß, weil es gebrochen ist, kann ich auch einfach *einsehen;* der Romancier und Satiriker Robert Anton Wilson hat vorgeschlagen, der Schöpfung nachzuhelfen, indem man das Schmerzempfinden durch ein rotes Lämpchen etwa am Handrücken ersetzt, das uns durch schnelles Blinken sagt: Wir sind in Schwierigkeiten.

Will man nicht ins Lebendige im engeren Sinn, sondern lieber nur in dessen Menschenart, und bei dieser wieder bloß ins Probehandeln eingreifen, so kann man Lust und Schmerz unseretwegen auch gern durch andere Kriterien ersetzen, Macht und Ohnmacht beispielsweise – Alfred Adler hat damit die Psychoanalyse revolutionieren wollen, Foucault die Humanwissenschaften insgesamt und Nietzsche, der Kühnste von diesen, gleich das Universum als solches; wobei sich dann aber selbst bei Nietzsche fragen läßt, ob sein sadomasochistisches Pathos den Machtdenker nicht als einen erweist, der vor den Utilitaristen nur den poetischen Furor und die Wurstigkeit gegen das Durchrechnen der Lust- und Schmerzansprüche und -ängste voraushat, die seine Philosophie ganz genauso zentral setzt wie diejenigen Benthams, Mills und Sidgwicks, nur mit dem Unterschied, daß er keiner Vernunft zutraut, sie zu verrechnen (zu »bändigen«, heißt es dann absichtsvoll und alles andere als undurchschaubar). Das Machtdenken mag eine Verallgemeinerung der jeweils eigenen Erfahrungen solcher Menschen im Reich der Theorieterritorialität sein – jemand, der dabei gewesen zu sein behauptet, sagt über den denkerisch eben in sein Eigenstes gelangenden Foucault, »er sprach von der Machtposition, die er gegenüber der analytischen Philosophie erzwingen wollte«,[253] und wenn man das wiederum reflektieren würde, käme man immerhin bis auf die Sichtschärfe der Bourdieuschen Untersuchungen zu Praxis und Hexis der akademischen Welt zu einer bestimmten Zeit in Frankreich – eine unverächtliche Leistung.

Wir wollen beide Wege, die Lust-Schmerz-Differenz loszuwerden – den lebenspraktisch-asketischen wie den denkerisch-kategorialen –, nicht wählen und nur notieren, daß sie nicht selten stärker aufeinander bezogen sind, als es auf den ersten Blick den Anschein hat (der späte Foucault hat manches, und Erhellendes, über die Askese gesagt), ansonsten aber abschließend darauf hinweisen, daß für die Fragen, die uns interessieren – sozialer Fortschritt, Validierung der madig gemachten menschlichen Erkenntnis- und Lernvermögen und der Perfektibilität des Einzel- wie Zwischenmenschlichen –, bei diesen beiden Negationen wenig zu gewinnen gibt; viel dagegen bei allen Unternehmungen, die sich mit den Kalkülen befassen, die man für die von Sidgwick und Bentham gewissermaßen erst *en bloc* untersuchten Verrechnungen der Werte jener Differenz aufstellen kann. Die Deontik ist, wo sie mit Ernst und Eifer betrieben wird, überwiegend als Zweig der modalen Logik aufgefaßt worden, und dem stimmen wir mit ein paar kleineren Vorbehalten (worunter der relativ größte ist, daß man es auch umgekehrt sehen könnte) zu. Die modale Logik insgesamt ist reich an Widersprüchen und Sorgen; die entspannteste Haltung zu diesen lernt man von jenem Bertie Wooster, der bei P. G. Wodehouse einmal sagt: »If things had been different … but then, they never are.«

Die größten Schwierigkeiten hat die Analysis vorab damit, zu klären, wie es bei der Modallogik mit der Referenz steht – worauf eigentlich Möglichkeitsaussagen; das Spektrum reicht da von statistischen, probabilistischen, bayesianischen Antworten bis zur von uns bereits referierten, ziemlich kühnen von David Lewis, Referenzgrößen solcher Sätze seien ganze Welten, und diese seien auch noch in einem nichttrivialen Sinn »real«. Hat man sich für eine der da ausgearbeiteten Alternativen entschieden, taucht als nächste Schwierigkeit das Problem auf, ob man imperative (Judith Thomson und einige andere, deren Sprachregelung wir weitgehend übernommen haben, sagen: direktive) Sätze überhaupt auseinander hervorgehen lassen, miteinander nach inferentiellen Regeln verknüpfen kann wie propositionale. Direktive haben selbstverständlich keinen Wahrheitswert (»Setz dich hin!« ist weder wahr noch falsch), Wahrheitswert aber ist die Leitplanke bei propositionalen Verknüpfungen. Das Problem ist nicht unlösbar – von Georg Henrik von Wright bis zur Computerlinguistik sind Lösungen skizziert, manchmal sehr detailliert ausgeführt worden; eine, die wir besonders gern haben, stammt von dem Logiker Ulrich Nortmann (*Deontische Logik ohne Paradoxien. Semantik und Logik des Normativen*) und funktioniert so, daß man die Direktiven einfach in Propositionen übersetzt, also etwa für »Handle so, daß x« etwas sagt wie »So handeln, daß x, ist gefordert« oder »ist erlaubt«, was allerdings nicht reicht, weil es sozusagen eine behavioristische Lösung für ein theoretisches Problem anbietet –, man muß darüber hinaus den Wahrheitswert durch einen »Gut/Schlecht«-Wert ersetzen, erst dann hat man den Kurzschluß vermieden, vor dem Hume warnt. Beides schlägt Nortmann vor, und führt es überzeugend durch.

Was uns daran gefällt, ist die gleichsam verdeckt genealogische Erinnerung daran, daß die Wahr/Falsch-Unterscheidung selbst über die Tatsache, daß Propositionen, wie vermittelt auch immer, (probe-)handlungsleitenden und -koordinierenden Charakter haben, normativer Natur ist – daran hatte sich ja auch Nietzsches Angriff auf »die Moral« entzündet, man kann das aber, anstatt es verurteilend zu gebrauchen, auch einfach konstatieren und in der Art Nortmanns operationalisieren. »Wie passen Normen in Schlußketten?« heißt ja genealogisch gewendet immer: Woher kommen sie, sind sie induktiv, angeboren, immanent, transzendent?

Nortmanns implizite Antwort darauf bedeutet dann: Wir setzen sie, weil wir einander als Leute erfahren, die sie setzen, das heißt: Die Trennung von Sein und Sollen ist eine, die im Sozialen immer wieder aufgehoben wird, weil man über das, was da passiert, jede Menge Propositionen formulieren kann, in denen vorkommt, daß Direktiven ausgegeben werden oder nicht, und jede Menge Direktiven, in denen vorkommt, daß Propositionen anerkannt werden oder nicht. Die nichtdirektive andere Seite der Normativität, das Evaluative, mag phylogenetisch sogar älter sein als die von ihm leicht zu abstrahierende Unterscheidung zwischen wahr und falsch (logisch sollte man letzterer aber, das hat die Linksscholastik um Ockham vorbereitet und spätestens Bacon plausibel begründet, den Primat zusprechen, sobald sie geschichtlich einmal erarbeitet ist).

Die Nortmannsche Ausarbeitung des Nexus ist uns, wie gesagt, ihrer Knappheit wegen sehr lieb; die anspruchsvollste der jüngeren Theoriegeschichte aber ist zweifellos das philosophische System des bekennenden Hegelianers Robert B. Brandom. Er spricht auch bei Propositionen von »normativen Status«, errichteten Bewertungen, und rekapituliert auf höherem Abstraktionsniveau, was dieses Kapitel zu zeigen versucht hat:

»Normen (im Sinne normativer Status) sind keine Gegenstände in der Kausalordnung. Die Naturwissenschaften, in denen es keine Kategorien der sozialen Praxis gibt, stoßen nie auf *Festlegungen*, wenn sie das Inventar der Welt katalogisieren; Festlegungen sind nicht von sich aus kausal wirksam (...). Trotzdem existieren (...) Normen, und ihre Existenz ist weder übernatürlich noch mysteriös. Indem sie in Begriffen normativer Einstellungen (also Hirnspeicherdaten, Gedächtnisleistungen, die abrufbar sind als Probe- oder überhaupt Handlungsprogramme, K/D) verstanden werden, die sehr wohl zur Kausalordnung gehören, werden normative Status domestiziert. Kausal wirksam ist, daß wir uns und einander praktisch als im Besitz von Festlegungen (als Festlegungen anerkennend und zuweisend) betrachten oder behandeln (...). Es muß dann gefragt werden, wie eine solche anscheinend reduktionistische Geschichte über Normen als instituiert durch soziale Praktiken mit der Behauptung eines *irreduziblen* normativen Charakters der Metasprache in Einklang zu bringen ist, in der die normeninstituierenden sozialen Praktiken spezifiziert werden. Die kurze Antwort lautet: Die Rede von deontischen Status kann weder durch die Rede von *tatsächlich* eingenommenen oder fallengelassenen deontischen Einstellungen ersetzt werden noch durch die Rede von *Regelmäßigkeiten*, die solche Akte des Einnehmens und Fallenlassens von deontischen Einstellungen aufweisen, noch durch die Rede von *Dispositionen* zu diesen Akten. Die Rede von deontischen Status kann generell nur gegen die Rede von *Richtig-*

> *keiten* eingetauscht werden, denen die Annahme und Änderung deontischer Einstellungen unterworfen ist – Richtigkeiten, die *implizit* (Hervorhebung der Autoren) in den Praktiken der sozialen Kontoführung enthalten sind.«[254]

Was »jenseits von Gut und Böse« liegen mag, ist für diesen Standpunkt, den wir teilen, nicht das erregende nietzscheanische *novum*, sondern schlicht uninteressant, weil buchstäblich nicht von dieser (von Menschen bewohnten, von Menschen gestalteten) Welt, mit einem Wort: uninteressant.

Wir wollen den philosophischen Begriffsingenieurinnen und -experimentatoren keine Ratschläge erteilen, aber die Aufgabe, einen Moralkalkül zu erfinden, der wie William T. Vollmanns eher bastlerisch entworfener *moral calculus* über dem Verhältnis zwischen Sein und Sollen das andere zwischen Wissen und Wollen nicht ausklammert, zusätzlich aber philosophisch informiert und ambitioniert ist, könnte sich für sie hoffentlich so sehr lohnen, wie uns ihre Lösungen interessieren würden. Im Abgleich zwischen den Durchdringungsbeziehungen zwischen Sein und Sollen verlangt der Weg, den wir entlang unserer eigenen Begrifflichkeit durch die Erscheinungsweisen des sozialen Fortschritts gehen wollen, an dieser Stelle jedenfalls die Rückkehr zu den in diesem Kapitel weitgehend suspendierten Bereichen des Wissens und Wollens im nächsten, wo sich erweisen soll, ob der Durchgang durch deontische Fragen an der im fünften Kapitel auf *know-how* und Wissensproduktion eröffneten Perspektive etwas geändert hat oder nicht.

SECHZEHN
EINE WETTE AUF DAS WISSEN

I.
Persönliche und vergesellschaftete Kenntnisse

Wissenschaft heißt Lernen; erst vergrößert man den Abstand zwischen einerseits dem, was man selbst weiß, und andererseits dem, was die Menschheit weiß, dann den Abstand zwischen einerseits dem, was die Menschheit weiß, und andererseits dem, was stimmt, und wenn man Glück hat, hat das, was man und die Menschheit am Ende weiß, nur noch wenig mit dem zu tun, was man lernen mußte, als man angefangen hat.

Wenn man anfängt, sich beispielsweise für Chemie zu interessieren, kann man kaum fassen, daß brennendes Laub und Atmung ganz ähnliche Vorgänge sind, daß alles aus Atomen ist (unter denen man sich kleine Kügelchen vorstellen muß, die man nicht sehen kann oder, wenn man ein paar Jahre später aufwächst, eben doch, nämlich mittels Rastertunnelphotographie und ähnlichem), daß jemand weiß, wie viele Sorten von Sachen (»Elemente«) es gibt und sogar ungefähr sagen kann, wie diejenigen Sorten von Sachen beschaffen sind, die noch niemand kennt, die aber ein Muster werden vervollständigen müssen, über das man bereits sehr viel, wenn nicht alles Notwendige weiß.

Dann bringt einem jemand bei, daß das, was Atome wirklich sind, viel anstrengender zu wissen, zu verstehen und zu benutzen ist, als es zunächst aussieht, daß sie meistens sowieso nur in Molekülen vorkommen, daß es etwas gibt, was kleiner ist als Atome, was man unter Ionen versteht, Elektronenschalen, Bindungen, Reaktionen, Stöchiometrie, in stets beschleunigter Aufwärtskurve der Datenmenge, die man prozessieren soll, und soviel man am Anfang einfach glauben muß, weil nicht genügend Zeit ist, sämtliche Schritte der Entdekkung, der Probe und Gegenprobe noch einmal individuell zu durchlaufen, welche die Gattung durchlaufen hat, so wichtiger wird es, je mehr man lernt, die von denen, welche lehren, übersprungenen Denk- und Erfahrungsschritte mit irgendeiner Form der Aneignung des zu Erlernenden selbst zu vollziehen, bis schließlich das, was man als Chemie weiß, Dinge umfaßt, bis zu denen man niemals gelangt wäre, wenn man sich auf den Glauben ans fertige Wissen derer, die das Fach gelehrt haben, als man anfing, es zu erlernen, verlassen hätte: Ultraschnelle Spektroskopie erweist die Bindungen, welche nicht nur die Atome aufeinander verweisen, sondern das ganze Fach zusammenhalten, als weit weniger stabil, weit eher eine Art Durchschnittsprozeßfiktion, als Schülerinnen denken, wenn sie ihre Linien zwischen die Buchstaben malen, die für die Atome diskreter Elemente stehen; gesellschaftlich der Chemie vorgelegten Anfragen und Desiderate wie die katalytische Energiegewinnung, die künstliche Photosynthese, Nanotechnologie selbstkonstruierender Kleinstapparate, die sich und anderes zusammensetzen und auseinandernehmen, kann nur noch durch Arbeitsweisen begegnet werden, die über alle Fachgrenzen, von denen man in Schule und Studium erfahren hat, in Disziplinen greifen, die es noch gar nicht gibt; Computer, zum Zeitpunkt des ersten Interesses für chemische Dinge noch esoterisches Werkzeug ganz anderer Interessen, sind inzwischen unverzichtbare Arbeitsmittel des chemischen Fachs geworden, und schließlich: Das gesellschaftliche Wissen über die Dinge, die man selber herausfindet und treibt, scheint ständig nicht nur hinter dem eigenen hinterherzuhinken, sondern auf schwer faßliche Art auch der absoluten Menge nach abzunehmen – waren die Leute, die man auf Partys jenseits der eigenen Arbeitszusammenhänge trifft, früher auch schon so schlecht informiert, oder werden Neugier und Auffassungsgabe für ganz allgemein Naturwissenschaftliches trotz (oder wegen?) allerlei Pop-Science-Gedöns wirklich jedes Jahr ein bißchen weniger, ein bißchen schlechter?

Vielleicht, so zweifelt man dann, ist man einfach alt geworden, und um die Unverständlichkeit, Lückenhaftigkeit und Verkehrtheit der Dinge, welche die Leute sagen, wenn man sie übers Fachgebiet, dem man so viele Jahre gewidmet hat, daherreden hört, ein bißchen besser verkraften zu können, stellt man Spekulationen an wie die, daß man zwar vom eigenen, in chemischen Dingen gut unterrichteten Standpunkt aus ganz gut beurteilen kann, was diese Menschen alles nicht wissen und nicht verstehen, aber dafür zu sehr vielen Dingen umgekehrt keinen Zugang hat, die sie (gerade wenn sie, was mit den Jahren ja auch immer häufiger vorkommt, jünger sind) wissen und wissen müssen, über die Art, wie man unter Bedingungen einerseits verbesserter Kommunikationsmittel (Netz, Handy) und andererseits verschlechterter Bindungen und Sicherheiten (Familie, Liebe, Berufsbild) noch Freundschaften oder intime Beziehungen herstellt und am Leben hält, über das Navigieren in Räumen, die noch keine Rechtsordnung kennen (oder, wie zunehmend die ökonomische Sphäre, keine mehr), und wenn man Studentinnen der naturwissenschaftlichen Fächer aus Indien oder China kennenlernt, legt man sich nicht nur zu dem Zweck, dem Quineschen *principle of charity* Genüge zu tun, auch mal Fragen vor wie die, was diese Leute wohl abgesehen von dem bißchen oft verwirrend in ihren Köpfen organisierter Physik oder Chemie, das sie aus den Ländern, in denen sie erzogen wurden, mitgebracht haben, wohl alles wissen und glauben müssen, um solche weiten Wege auf dem Erdball auf sich nehmen zu können: In die kapitalistische Metropole und zurück, einer Ausbildung wegen, von der auch die schlausten Makrotrendforscher nicht sagen können, ob sie »was bringen« wird oder nicht, und wenn ja, wie und wann, wo und warum. Wissen und Glauben: Die Introspektion und die Beobachtung der jungen Fremden lehren, daß es Umstände gibt, die ganz anders angeordnet sind als die der eigenen wissenschaftlichen Laufbahn, in der man am Anfang vieles einfach auswendig lernen und eben glauben muß, mit zunehmenden Wissensressourcen und wachsender Verfügung über die materiellen und intellektuellen Werkzeuge der Erkenntnis aber von immer mehr Sachverhalten, über die man Bescheid weiß, angeben kann, wie man sie sich angeeignet, wie man sie überprüft hat, so daß man tatsächlich vom Glauben zum Wissen fortschreitet und dabei schließlich mit etwas Glück und viel Geduld die Mittel besitzt, auch die frühen, aus Aufbaugründen ganz zu Recht kritiklos geglaubten Dinge darauf abklopfen kann, ob sie stimmen oder sich gefallen lassen müssen, daß man sie revidiert.

Das Bild einer Route, deren Hindernisse sich schließlich immer wieder als Treppenstufen zur nächsthöheren Erkenntnisgewißheit herausstellen, mag für den Weg durch die Wissenschaften zutreffen, im Sozialen – nicht nur als Wissenschaftsmigrantin – sieht es meistens ganz anders aus, nämlich etwa so, wie wenn ein Mensch im Nebel einen Fluß auf Trittsteinen überqueren will, der zu schwer ist, als daß er lange auf den Steinen stehenbleiben dürfte, denn wenn er das tut, sinken sie in den Schlamm des Flußbetts – die Steine (lies: sozialen Instinkte, Einsichten, Vermutungen darüber, »wie es geht«, was die Mitmenschen erwarten et cetera), auf denen er bislang weitergekommen ist, sind bereits versunken, derjenige, auf dem er steht, wird von seinem Gewicht auch allmählich unter die Wasseroberfläche gedrückt, und die nächsten trittsicheren Gelegenheiten zum Weiterkommen sind im Nebel nur erst so unscharf erkennbar, daß es sich auch um reine Irrtümer handeln könnte und er beim nächsten falschen Schritt oder Sprung ins Wasser fällt, das ihn mit sich reißen wird, in dem er wahrscheinlich nicht schwimmen kann und also vielleicht ertrinken muß. Dazu kommt aber, daß die Steine denken und reden, daß sie mich täuschen und enttäuschen können – beim Manövrieren in sozialen Räumen (statt auf Robinson Crusoes berühmter einsamer Insel) kann es unter Umständen egal sein, ob ich an den Weihnachtsmann glaube, aber sehr wichtig, ob ich weiß, wie sich Leute verhalten, die das entweder tun oder es von ihren Kindern verlangen, und von der Glaubensfrage ganz abgesehen geht es bei den normativen, also direktiven und evaluativen Umständen, unter denen Leute denken und handeln, häufig darum, daß es mir gelingt, Sachaussagen (Wissen) in Verhaltensdispositionen (Glauben, für wahr halten) und diese in Direktiven (tun, lassen) zu übersetzen – Weihnachtsmann hin oder her, in Gesellschaften, die Weihnachten feiern, finde ich leichter Anschluß, wenn ich den Leuten, die das erwarten, zum richtigen Zeitpunkt Geschenke mache; das Beispiel läßt sich sehr leicht durch ein weniger malerisches ersetzen: In was für einer Gesellschaft ich mich befinde und wie die mit ihrem Geld (sowie, falls ich welches habe, mit meinem, und falls ich keines habe, mit mir) umgeht, lerne ich schnell, wenn ich weiß, daß in dieser Gesellschaft bestehende Banken eigentlich nur maximal das Zwölffache ihres Eigenkapitals für eigene (nicht vermittelte) Spekulationsgeschäfte einsetzen dürfen, ihnen dies aber nicht reicht, weshalb sie die bestehenden Regelungen mittels politischen Drucks allmählich ihrem größeren Bedarfshunger anzupassen suchen. Das individuelle Wahrscheinlichkeitslernen solchen Ineinandergreifens von Normen und Tatsachen kann für den Fortschritt des Gesamtwissens der Gattung zu gewissen sensiblen Zeiten von einiger Bedeutung sein: Daß Spinoza, auf dessen Denken und Trachten eine gewisse Historikerschule, die sich in den letzten Jahren um Jonathan Israel geschart hat, die ganze europäische Aufklärung zurückverfolgen möchte, das denkerisch zweifellos vieles in Bewegung bringende Postulat riskieren konnte, Natur und Gott fielen unmittelbar zusammen und man solle also das nicht zur Selbstverbessserung fähige Unternehmen der spekulativen Theologie fahren lassen, um sich statt dessen der exakten Naturforschung zuzuwenden, hatte viel damit zu tun, daß er den Verlust der Gemeinschaft mit dem religiösen Bekenntnis, dem er von Geburt an angehörte, nicht sehr viel teurer als tatsächlich am Ende gar mit dem Leben bezahlte, weil dieses Bekenntnis, das Judentum, eine seinerseits diskriminierte und verfolgte Sonderstellung innehatte – auf dieser Ebene sieht der putzige »Weihnachtsmann« unseres Gleichnisses sehr viel harmloser aus und das Leben der indischen oder chinesischen Wissenschaftsmigrantinnen weniger exotisch: Ja, als die moderne Naturwissenschaft in ihre Rechte zu treten begann, war ein Schicksal wie ihres das übliche auch für deutsche Forscher (an Forscherinnen war damals nicht zu denken), etwa den Freund Spinozas, Experimentator mit Brennlinsen und Brennspiegeln, Porzellanchemiker und Aufklärer Ehrenfried Walther von Tschirnhaus, den sein Interesse am neuen Kosmos unter anderem in vom Handelskapital modernisierte Städte wie Leiden und London führte, der dort und in Deutschland mit wissenschaftlichen Großpionieren wie Leibniz und Boyle zusammenkam und danach in Netzwerken wirkte, den ökonomischen Realitäten seiner Zeit – noch ganz unterentwickelter Kapitalismus, keine Mittel also für bestimmte Spielarten sich ankündigender Großforschung – dadurch Rechnung trug, daß er sein ganzes Vermögen in seine Neugier investierte und den eng mit diesen ökonomischen Realitäten verknüpften ideologischen geschickt ausweichen mußte, da seinerzeit mehr auf dem Spiel stand als nur der Glaube an den Weihnachtsmann – ein pietistischer Geistlicher schimpfte, während Tschirnhaus in Dresden Chemie trieb, so energisch und bedrohlich gegen den wie alle Spinozabekannten, die etwas auf sich hielten, unter Atheismusverdacht stehenden Mann, daß dies seine zweite Frau 1707 Gesundheit (und wohl das Leben) kostete, acht Jahre vorher war ein gewisser Kuhlmann, mit dem zusammen Tschirnhaus als Herausgeber spekulativer Schriften von Jakob Böhme firmiert hatte, in Moskau auf dem Scheiterhaufen hingerichtet worden. Daß alle möglichen Gedankensysteme, normative und tatsächliche, miteinander so vereinbar sein mögen, wie Stephen Jay Gould das von moderner Naturforschung und christlicher (sowie hypothetischerweise manch anderer) Religion zu wissen glaubt, ist dann, wenn die gesellschaftlichen Trägerinnen und Träger der in Rede stehenden Religion oder sonstigen Ideologie die Sache anders sehen, für die großen und kleinen Lichter der Forschung, die Hypatias, Galileis, Brunos und Tschirnhause ein schwacher Trost, und daß der sächsische Wissenschaftler im anbrechenden Zeitalter der Vernunft großes Geschick im Umgang mit der Geistlichkeit wie mit ihn fördernden Fürsten, Bürgermeistern, Gymnasiallehrern, Forschern und Technikern bewies, hat allein dafür gesorgt, daß wir seinen Namen überhaupt kennen.

Der und die Klügere geben nicht nur nach, sie taktieren auch, jedenfalls, wenn sie außer klüger auch noch schwächer sind als diejenigen, die es auf sie abgesehen haben.

II.
Bürgerliche Wissenschaften: Kein Nachruf

Keine idealistische Unwahrheit aber hat seit der Aufklärung eine bessere Presse gehabt als die *pia fraus* des Vernunftbekenntnisses, die Wahrheit setze sich »am Ende« (wann immer das sein mag) stets mit Notwendigkeit durch. Begründet wurde das mal schlicht, mal kompliziert, bewiesen nie. Die Beschäftigung mit irgendeiner Art Geschichte, ob realer oder intellektueller, hätte den frommen Satz vernichten müssen; daß das nicht geschah, hatte vor allem den Grund, daß seit der Aufklärung nicht nur die Wissenschaften, sondern das ganze um sie organisierte Milieu bürgerlichen Bildungsverständnisses systematisch zu einer sozialen Einrichtung gemacht wurde, in der die Hierarchie von Sätzen, die man äußern durfte, tatsächlich nach Wahrheitswerten organisiert war und die überprüfbaren, wiederholbaren Regularien für deren Ermittlung den Maßstab für Sieg oder Niederlage im Ideenwettstreit abgaben – zu sagen, daß das Vernünftige sich durchsetzt, lief also auf eine Tautologie der Sorte »Sieger siegen irgendwann immer« hinaus. Daß die Luft, die wir atmen, zu etwa einem Fünftel aus Sauerstoff besteht, daß die Kohlenstoffatome im Benzol-Molekül in einem ringförmigen Sechseck angeordnet sind, daß Wunderkerzen Eisenspäne enthalten: Dies ist wahr, man weiß, wie man nachsieht, ob es wahr ist, und es wird viele Leute geben, die wissen, daß es wahr ist, ohne zu wissen, wer es zuerst behauptet hat. Daß Metallica eine bessere Thrash-Metal-Band sind als Overkill, Morgenstund Gold im Mund hat und Hitlers Propagandaminister Joseph Goebbels an einer narzißtischen Persönlichkeitsstörung litt, die von mangelhafter Autonomieentwicklung im etwa zweiten bis dritten Lebensjahr rührte, wird von unterschiedlich vielen Menschen geglaubt, manchmal unter Verweis auf Kriterien mitgeteilt, die es plausibel machen sollen, manchmal irgendwelchen Leuten zugeschrieben, die es zuerst oder besonders pointiert gesagt haben (die Goebbels-Ansicht wird seit 2010 mit dessen fleißigem Biographen Peter Longerich in Verbindung gebracht, die Heavy-Metal-Behauptung mit verschiedenen Journalistinnen und Kritikern, der Morgenstund-Satz mit jemandem namens Volksmund), aber daß diese Sätze kein denen aus dem vorangegangenen Satz analoges Wahrheitsprestige besitzen, sollte aufmerksam machen für Unterschiede, die zunächst einmal nicht danach verlangen, daß man sie mit abstrakten Reflexionen über Kohärenz- und Korrespondenztheorien der Wahrheit wieder in die Kampfzone des Pro und Contra zerrt, wo alles bezweifelbar ist. Je konkreter die Sätze werden, desto einfacher ist es für die meisten, die irgendeine naturwissenschaftliche Bildung genossen haben, sie der einen oder der anderen Gruppe zuzuschlagen, allen Bemühungen Kuhns, Rortys und ähnlicher Geister zum Trotz – wir werden später noch genauer besprechen, was es damit auf sich hat; einstweilen wollen wir nur den Hinweis geben, daß die genealogische Methode, den Unterschied zwischen den verschiedenen Dignitätswerten der beiden oben umrißhaft angedeuteten Gruppen von glaubwürdigen Aussagen rein genealogisch zu bestimmen, wie das von (manchmal vergröbernd und fälschlich) »Relativistinnen« und »Postmodernen« genannten Menschen häufig getan wurde und wird, jedenfalls irreführend sein kann, insofern sich die erste Gruppe historisch eben nicht in Absetzung und Scheidung von der zweiten herausgebildet hat, sondern im Ringen um ganz andere Aussagegruppen, die sich unter Etiketten wie Theismus, Deismus, Pantheismus, Atheismus versammeln lassen, und zwar nicht nur in der Abstoßung von einigen und Annäherung an andere davon, sondern einigermaßen verwirrend durcheinander (es gab eine Zeit, da waren nicht die Atheisten, sondern die Deisten die fleißigsten Naturforscher und so fort).

Wahr ist aber auch, daß die Aussagendignitätsordnung, die wir skizziert haben, ein zeitlich und räumlich recht eindeutig lokal zuzurechnendes Phänomen ist: Die meiste Zeitspanne der aufgezeichneten Geschichte über, und an sehr vielen Orten heute noch, auch mitten in den reichen Zentren, interessierte und interessiert sich kein Mensch für den Energieerhaltungssatz, das astronomische Bewegungsverhältnis zwischen den uns auffälligsten Himmelskörpern oder die Natur der Verbrennung. Das alles hätten, soweit es um den Beobachtungs-, Denk- und vielleicht noch Versuchsaufwand dabei geht, schon die ältesten Hochkulturen herauskriegen können (und Ansätze dazu findet man immer wieder bunt in Raum und Zeit verstreut), ernsthaft ermittelt, systematisiert aber wurde es erst nach Einführung der neuzeitlichen exakten Wissenschaften. Wahrheiten, wollen wir sagen, müssen so sehr wie alles andere, was Menschen hervorbringen, organisiert werden; es besteht, auf sehr viel profanere Weise, als der jüngere Sozialkonstruktivismus und die Feyerabendsche *fringe* der *science studies* eher andeuten denn sagen, tatsächlich ein recht intimer Zusammenhang zwischen einer Gesellschaft, die weiß, wie man epigenetische Hirnmuster liest, wie sich das Herz des Zebrafischs selbst regeneriert, welche bakterienproduzierten Moleküle unserem Immunsystem helfen oder wie man einen Kevlarhelm herstellt, und einer Gesellschaft, in der klinische Versuche mit Medikamenten, Freisemester für Forscherinnen und kommerzielle Anzeigen für biochemische Firmen in wissenschaftlichen Fachzeitschriften existieren und auf ganz bestimmte Art und Weise geregelt sind – daß diese beiden Gesellschaften ein und dieselbe sind, muß nicht so sein, ist aber, wenn es so ist, kein Zufall, sondern ein Muster, über das sich selbst wieder nicht nur genealogische, sondern auch strukturfunktionale wahre Aussagen treffen lassen.

Was wir vergleichsweise wohlhabenden und freien Leute, während dieses Buch entsteht, über die Beschaffenheit des Lichts, die Heilbarkeit von Malaria, die Folgen von Generationswechseln bei Braunalgen, die Viabilität von Versuchen, dicht besiedelte Flächenstaaten ökonomisch autark zu versorgen, oder die Simulation von Hirnvorgängen durch Computer wissen oder wissen können, ist richtiger als das, was über diese Gegenstände (falls man sie überhaupt hätte benennen können: Wissenschaften sind nicht nur Aussagen über Gegenstände, sondern konstituieren auch selbst welche; am allerheikelsten ist die Unterscheidung zwischen den Gegenständen und ihrer Untersuchung bei der wichtigsten Hilfsdisziplin aller exakten Forschung, der Mathematik) vor hundert, zweihundert, tausend oder achttausend Jahren gewußt wurde. Der Grund dafür, daß wir es wissen können, ist nicht, daß es richtig ist und deshalb herauskommen mußte, genügend Zeit vorausgesetzt (die das behaupten, haben nie die geringste Schätzung vorlegen können, wieviel denn »genügend Zeit« eigentlich ist), sondern weil es ein gesellschaftlich ausdifferenziertes Funktionssystem Wissenschaft ist im Sinne dessen, was Galilei, Newton, Bacon, Einstein, Darwin darunter verstanden haben: Dieses (nicht irgendeine andere Menschengruppe wie etwa die Amazonasindianer, Klerikerinnen, Amateurfunker, Hexen, Künstler) hat alles herausgefunden, was wir aufgezählt haben.

Leute, in deren Köpfen die Marxlektüre mehr Schaden als Nutzen gestiftet hat, werden an dieser Stelle etwas von der historischen Gebundenheit dieses Funktionssystems Wissenschaft an die kapitalistische Erzeugungsweise von Waren hören wollen oder, *if not obliged,* selbst erzählen: Das Kapital (wenn die Damen und Herren Marxgläubigen ihren Marx noch deftiger übermarxen wollen, fallen sie ganz hinter seinen komplexen Materialismusbegriff zurück und sagen: der Kapitalist) braucht die zyklopischen Maschinen der großen Industrie, der Profit verlangt außer der Ausbeutung der menschlichen Arbeitskraft auch die der Natur, dafür brauchen wir Forschung. Ein bißchen großherziger und ein bißchen vernünftiger als diejenigen, die solchen Banalökonomismus lehren, sind da schon jene, die begreifen, daß die Förderung der Wissenschaften durch das sich emanzipierende Bürgertum nicht nur Techniker, Ingenieure und gegebenenfalls deren Ausbilder braucht, sondern darüber hinaus nicht ganz absichtlich, ja nicht einmal ganz freiwillig eine neue Art politökonomisches Subjekt miterzeugen half, das ohne einen an die Wissenschaften gekoppelten und mit dieser in Interpenetration seine stetige autopoietische Perfektibilität beweisenden Bildungsbegriff, der die Breitenwirkung von intensiver und extensiver Forschung, Induktion und Systematik, Erfahrung und Übersicht organisiert, nicht zu sich selbst gekommen wäre. Dieses Subjekt setzte, was es lernte, nicht nur in der unmittelbaren Produktionssphäre als Hebel gegen allerlei Undurchschaubarkeiten im natürlichen und sozialen Menschenleben ein. Von den Leuten, die am neuen Zeitalter sollten teilnehmen können, wurde erwartet, daß sie selbst als Nichtbesitzende, also Lohnarbeiter, jederzeit eigenverantwortliche Entscheidungen treffen konnten, das hieß: informierte (oder wie das inzwischen an Schwulst erstickte deutsche Adjektiv sagt: mündige) Personen waren, die von ihrer Welt umgekehrt erwarten durften, daß sie sich verstehen ließ.

Die soziale Tiefenwirkungen wie die Spitzenleistung dieser ersten wirklichen Wissensgesellschaft, seit die aufgeklärten Inseln der Antike und der Renaissance im Meer des Unbegriffenen untergegangen waren, standen dabei in einem von der Mehrheit eher gefühlten als intellektuell durchdrungenen wechselseitigen Bedingungsverhältnis, das eben nicht so funktionierte wie heute die Breitenforschung der Wissenschaftsfellachen für Innocentive. Die Sache hatte (und hat noch, soweit sie in schützenswerten Rudimenten wie den Nobelpreisen oder dem gymnasialen und High-School-Naturwissenschaftsunterricht fortbesteht) statistischen, stochastischen Charakter, nicht lokal deterministisch kausalen: Die Leute ahnten (und einige, wie Bacon, wußten und bedachten), daß nicht nur ganz Holland malen muß, damit ein Rembrandt entsteht, sondern bald noch mehr ganz England Tiere, Pflanzen und Fossilien betrachten und mit Dampf experimentieren muß, damit das neunzehnte Jahrhundert wird, wie es wurde. Das Gießkannenprinzip der Übersichtsförderung ist sogar aus lokaler, individualistischer, klassisch liberaler Sicht, also nicht nur aus sozialistischer, einfach deshalb sinnvoll, weil man sich aus inneren logischen Gründen beispielsweise ja auch nicht *vornehmen* kann, dies oder jenes zu entdecken (eine Zeitlang kannten alle Schulkinder die Geschichte von dem Mann, der den Seeweg nach Indien finden wollte und etwas ganz anderes fand; die Bildhaftigkeit des Topos »Entdeckungsreise« machte die Geschichte besonders geeignet als Metapher für Vorgänge wie die Entdeckung des Penicillins oder den Moment, da Alan Turing, dem es eigentlich um relativ entrückte Probleme der Metamathematik ging, über den Computer stolperte).

Die Hand, die als erste mit dieser Gießkanne hantierte, war übrigens liberaler Apologetik zum Trotz keineswegs die unsichtbare des Marktes, sondern die sehr sichtbare des autokratischen Königs: Die ganze moderne organisierte Wissenschaft, das *peer review*-System, die Republik der Forschung ist eine Schöpfung des Absolutismus, der sozusagen treuhänderisch, vormundschaftlich und schirmherrlich für die aufsteigende neue Klasse seine Riesenmaschine »Staat« (die dem Kapitalismus, damals noch nicht aus dessen eigener Kraft, als ideeller Gesamtkapitalist entgegentritt, und nach und nach zur Agentur wird, zum »Ausschuß«, wie Marx sagt, der die Interessen aller Kapitalisten notfalls auch gegen einzelne, aus dem Ruder laufende unter ihnen durchsetzt) für diese neue Aufgabe zurichtete.

Das Versprechen der Verbesserung des allgemeinen, also öffentlichen wie privaten Lebens (auf dessen Herkunft, Schicksale und Aporien wir weiter unten ausführlich eingehen werden) war daher wie später bei der Erschaffung des Internets zunächst eins der Effizienzsteigerung staatlicher, nämlich militärischer Macht. Im siebzehnten Jahrhundert hatten die treibenden Kräfte der Weltverwissenschaftlichung zunächst damit zu tun, bessere Uhrwerke und leistungsfähigere Linsen herzustellen, damit die Marine ordentlich weit sehen und die Positionen ihrer Schiffe sicher berechnen konnte. Die Monarchien wußten, was sie an ihren »königlichen Gesellschaften« berufener Naturforscher hatten, zuerst an den englischen und französischen, bald auch solchen in rückständigeren Gegenden (den Wissenschaftler der Aufbruchsepoche zu finden, der nicht wie Newton oder auch unser oben erwähnter Tschirnhaus ein guter »Fürstenknecht« war, dürfte schwerfallen).

Modernisierung und Verwissenschaftlichung war für die gekrönten Häupter der Zeit dasselbe; im Extremfall wurde man dann eben Peitschenmodernisierer wie jener Peter der Große, der 1725 die Sankt Petersburger Akademie der Wissenschaften gründete und als einer der ersten eigene *headhunter* im benachbarten, nicht immer freundlichen Ausland auf Forscherfang ausgehen ließ, um dort einen *brain drain* zu organisieren, wie ihn das Gebiet, das er beherrschte, seit dem Untergang der Sowjetunion nun umgekehrt selbst erleidet.

Die »Krise der Naturwissenschaften« in jener Epoche, die wir nach Hilferding, Hobson, Lenin und Hobsbawm Hochimperialismus nennen dürfen, war denn auch auf funktionaler Ebene zuerst eine Staatskrise, eine Staatenkrise, die mit den verschärften Verwertungsengpässen für die Kapitalien beim Versuch, sich weiterhin im nationalstaatlichen Rahmen (»am Standort«, sagt die Rechte) zu realisieren, mehr zu tun hat als mit der Quantenmechanik, dem unerklärlichen Schwinden des Fortschrittsoptimismus in breiten Teilen der Bevölkerung der Metropolen, neuen Perspektiven der Ethnologie und was die genealogisch orientierte Wissenschaftstheorie sonst noch alles dafür verantwortlich macht, daß sie gelernt hat und zu lehren fortfährt, die seit spätestens Bacon erhobenen Objektivitätsansprüche bestimmter Erkenntnisweisen müßten fahrengelassen werden. Vom Absolutismus ist 2011 nicht einmal die interessenabgleichend verwaltende Maschinerie übrig, die er entwickelte.

– »Der schöne Traum, in dem der Staat als ideeller Gesamtkapitalist die objektiven Interessen der herrschenden Klasse vor der rattenhaften Gier einzelner ihrer Fraktionen schützt, ist ausgeträumt, wenn der Präsident (Barack Obama, K/D), den die Journaille den mächtigsten Mann der Welt nennt, an der Ölpfütze, die einmal der Golf von Mexiko war, als das Schwänzchen des dicken Hundes Ölindustrie wedelt, der er jetzt, fürchterliche Strafe!, droht, ihre

Tiefbohrungen in der Antarktis erst ein Jahr später fortsetzen zu dürfen als geplant«[255] –,

und so macht der zerbröselnde ideelle Gesamtkapitalist eben auch seine Schwarzschild-Institute für Gravitationsforschung und Geometrodynamik dicht, während auf dem freien Markt der Ideen sogenannte »Science Wars« zwischen den Human- und den Naturwissenschaften entbrennen, bei denen es weniger um Wahrheitswerte als vielmehr um knapper werdende Mittel und Aufmerksamkeitsressourcen geht. Wenn irgendein Huntington, eine Alternativbewegung, ein Charles Percy Snow, ein Gadamer oder sonstwer aus der politischen, naturwissenschaftlichen oder auch hermeneutischen Zunftordnung heraus von Kulturunterschieden und gar -kämpfen redet, sind meist ressourcenallokationsregelnde Hütchenspiele gemeint; entnervend daran ist jedesmal, daß dabei etwas mutwillig repartikularisiert wird, was einmal schönste universalistische Aufklärungsblüte war: der Gedanke von »Kultur« als etwas nämlich, zu dem jeweils (das »jeweils« bezog sich allerdings leider schon auf etwas Partikulares, einerseits Sprachräume, andererseits eben entstehende moderne Nationalstaaten nämlich) Kunst *und* Naturforschung *und* Humanwissenschaften gehören sollten (noch Adorno, der doch gegen Positivismus und instrumentelle Vernunft, ja gegen die Aufklärung selbst weiß Gott deutlich genug geworden ist, beschwört in Überlegungen zum Zusammenhang von Kultur und Verwaltung noch diese Einheit und Universalität).

In Zeiten, da die Gießkanne den *shareholders* gehört (aber nicht gehorcht), dient diese Repartikularisierung sozial organisierter Erkenntnisweisen der Ausprägung von Bannerzeichen für Konflikte, die sich dann in allerlei Dekonstruktionsbrimborium versus Gewißheit von der einen (hermeneutisch-geisteswissenschaftlichen) und Entlarvungskinderstreichen versus hochmögenden philosophischen Nonsens von der anderen (naturwissenschaftlich-technischen) Seite her entladen. Das ganze unwürdige Theater spricht dem Gedanken der Universität, wie sie im Mittelalter als Kompromiß junger städtischer Eliten mit der kirchlichen Autorität zustande kam, furchtbar hohn und macht vielleicht nicht den Untergang, wohl aber den von Panajotis Kondylis konstatierten Niedergang der bürgerlichen Denk-

und Lebensform wahrscheinlicher als dreißig Weltwirtschaftskrisen hintereinander.

Eine andere als die bürgerliche Wissenschaft hat die europäische und amerikanische Neuzeit nicht gekannt; das heißt nicht, daß es keine andere geben kann oder der Begriff »Wissenschaft« nicht etwas wäre, das auch die ionische Naturphilosophie nicht schlecht bezeichnet, dem sich Leute wie Gassendi oder Bruno auf unterschiedliche Weise verpflichtet fühlten und das zwischen Sumer und Ägypten bis zu den Erkenntnisleistungen im mittelalterlichen islamischen Raum offenbar eine eigene geschichtliche Existenz besessen hat (bürgerliche Brezeln übrigens, selbst solche aus der Fabrik, sollen gelegentlich ganz gut geschmeckt haben).

III.
Pyrrho, der skeptische Wiedergänger

Es gibt und gab aber nicht nur eine Geschichte der Wissenschaften von der vorbürgerlichen über die bürgerliche bis in die sich abzeichnende nachbürgerliche Zeit, sondern auch ein Ding, das seine Geschichte hat und seine eigene Arbeitsweise. Rein genealogisch kann man sie nicht verstehen, und man wünscht denen, die das versuchen und etwa über den Zeitumständen der Quantenmechanik ganz vergessen, daß es die Ultraviolettkatastrophe als Theorieproblem für Leute, die von der klassischen Physik herkommen, auch ohne diese Umstände gegeben hätte und man darüber jedenfalls nichts weiß, wenn man nur weiß, von welcher Sorte Philosophie sich Planck und Einstein beeindruckt zeigten – man wünscht sich, wo das vergessen wird, manchmal den Verstand des altgewordenen Engels, der in der *Dialektik der Natur* sagt, zwar sei das Reifen eines Korns zur Frucht Negation der Negation, aber leider wisse man darüber, wie das zugeht, noch gar nichts, wenn man nur das weiß. Daß man Naturwissenschaften genealogisch nicht besser oder tiefer begreift als etwa experimentell, gilt nicht nur für Genealogien, die dem historischen Materialismus verpflichtet sind, sondern auch etwa für systemtheoretische – wenn das, was sich da »ausdifferenziert«, wie der Sprachgebrauch dort heißt, »Wissenschaft« so gut wie Politik,

Religion, Erziehung sein kann, dann muß man immerhin erklären, inwieweit auch das, was vor solcher Funktionssystemausdifferenzierung, vor »Neuzeit« oder »Moderne« oder wie immer sonst man das betreffende *novum* nennen will, Wissenschaft gewesen sein kann. Pythagoras etwa war ja nicht nur Zahlenmystiker, sondern hat auch ein paar Sätze aufgestellt, die lange nach dem Vergehen seiner Schule und der Glaubenssätze, die man in ihr pflegte, niemand umgestoßen hat, und manch vorbürgerlicher Erdvermesser, Zoologe oder Substanzenmischer braucht sich vor den Leistungen des gegenwärtigen Protokollsatznotiererbeamtenstands oder der R&D-Abteilungen von Weltkonzernen nicht zu schämen.

Man mag sich geirrt haben, man mag windigen Spekulationen zum Opfer gefallen sein, aber was da getrieben wurde, verließ sich doch auf Dinge wie die (noch Eugene Wigner rätselhafte) Effizienz von mathematischen Beschreibungen der Naturvorgänge, die von Reid und Hume problematisierte Möglichkeit, Vorgänge der Zukunft aus denen der Vergangenheit und Gegenwart herauszulesen, auf »Kausalität, den Mörtel des Universums« (Davidson), auf dessen wenigstens relative Isotropie und auf etwas, das dem subtilen »anthropischen Prinzip« gegenwärtiger Kosmologie oft zum Verwechseln ähnlich sieht.

Kopernikus und Linné hatten arabische, ägyptische, griechische und babylonische Vorläufer, die sie anerkannt hätten (das läßt sich in beide Richtungen rechtfertigen).

Sie alle folgen, so zahlreich die Abweichungen, Einbrüche, Zweideutigkeiten dabei sein mögen, in oft verblüffend genau bestimmbaren Bahnen der »rationality of induction«, die David Stoves Hauptwerk von 1986 den Titel geschenkt hat, so ungern Popper, Kuhn, Galison und *tutti quanti* einzuräumen gewillt sind, daß es etwas Derartiges überhaupt je gegeben hat.

Die »Logik der Forschung«, wie ihr von Popper berühmt gemachter neuzeitlicher Name lautet, ist nicht einfach eine kontingente, irgendwie gewordene Art des Herumprobierens und hypothetiko-deduktiven Puzzlespielens. Daß Popper dann einige Attribute der empirischen Wissenschaftsgeschichte der Neuzeit, etwa den Fortgang der Erkenntnisbahn durch Verneinung von Elementen, Schemata, Bildern und Erzählweisen zu überwindender Theorien, zu essentiellen Bestandteilen jener Logik erklärt, ist eine Verwechslung von historischer Erscheinung und systemischer Sachzusammenhänge, die eines besonders schläfrigen Plato oder unaufmerksamen Hegel würdig wäre. In Wahrheit hat ein Ding, das eine Entstehung hat, immer auch eine Gestalt, und die wiederum besteht aus Elementen eines gemachten wie (wenn es um Praxis und Hexis geht) gewußten Zusammenhangs, dessen Veränderlichkeit nichts über seinen inferentiellen, zweck-mittel-relationalen oder auch nur wahrheitswertigen Status im Gesamtgesellschaftlichen verrät.

Eine Wissenschaftslehre, Metawissenschaft, Wissenschaftsphilosophie oder Wissenschaftslogistik, die sich für die Methodenkunde, die man seit Bacon entwickelt hat, nur interessiert, um sie als interessengeleitet oder metaphernverhext zu entlarven, mag gute Soziologie sein, aber was sie zeigt und beweist, sind Dinge, welche die Wissenschaft mit Scientology oder Briefmarkensammelei meist gemeinsam hat, und das Problem, das sich so eine Wissenschaftslehre damit aufhalst, ähnelt dem psychologisch ausgefuchster Biographien von geschichtswirksamen Figuren wie, siehe oben, Joseph Goebbels, bei deren Lektüre man sich ständig fragt, ob man nicht, statt sich etwas von den frühkindlichen Versagungserfahrungen des negativen Helden erzählen zu lassen, lieber etwas darüber erführe, was ihn von anderen Leuten, die doch vielleicht auch keine leichte Kindheit oder aus sonstigen Gründen mit narzißtischen Persönlichkeitsstörungen zu kämpfen hatten, unterschied und eben geschichtswirksam machte. Es geht hier nicht um (oder gegen) die Richtigkeit der jeweiligen Einzelresultate solcher *science studies*, auch nicht darum, daß sie uns zu simpel wären – die These »Was die Wissenschaftlerinnen treiben, ist eine soziale Konstruktion der Realität und hat viel mit dem weißen, männlichen, reichen, europäischen Weltzugang zu tun, aus dem sich das, was heute Wissenschaft heißt, entwickeln mußte« ist weder wesentlich einfacher noch komplexer als die Behauptung »Kluge Leute in Manchester und Schottland haben einander zutreffende Ansichten über Mechanik gestohlen, die sie ohne den Kapitalismus gar nicht erst hätten erwerben können«, unter dem Gesichtspunkt des Unterschieds zwischen Wissenschaft und, beispielsweise, christlicher Religion, die ja auch aus dem weißen, männlichen, reichen, europäischen Reagenzglas stammt, erfährt man aber von einem Forschungsprogramm, das der zweiten These nachgeht (wie dies etwa Joel Mokyr in seiner Studie *The Enlightened Economy* getan hat), erheblich mehr Aufschlußreiches und vor allem zu Gegenwartsdiagnose und Prognostik Ermächtigendes, allein schon deshalb, weil man der zweiten Behauptung gar nicht nachgehen kann, ohne sich wenigstens ein bißchen damit auseinanderzusetzen, was »zutreffende Aussagen« sind, was das Zutreffende an ihnen ausmacht und wie sie zustande kommen. Bevor der definitorischen Laxheit, die Kämpfer in den *science wars* flexibel genug fürs dort übliche Judo halten soll, auch noch die letzte schwache Ahnung von der einfachen Wahrheit geopfert wird, daß Wörter wie »Entdeckung« und »Erklärung« unter der autokorrektiven Dynamik der Neugier, deren Kanäle und Intensitätsstufen Bacon nun mal als erster umfassend beschrieben hat, mehr wurden als Feldzeichen der Rechthaberei, möchten wir deshalb wiederholen, daß man unter dem Einfluß auch noch so starker sozioepistemologischer Gezeitenkräfte nur das entdecken und erklären kann, was auch tatsächlich existiert und sich wenigstens irgendeinem wiederholbaren Augenschein nach so verhält, wie man es erklärt.

Leute, die selbst Naturwissenschaften treiben, wissen oft bestürzend wenig nicht nur vom Stand der Humanwissenschaften (das allein wäre zu verschmerzen), sondern auch von der Beschaffenheit und den Funktionsweisen der Gesellschaft, in der sie Naturwissenschaften treiben, und stehen deshalb der Sorte Wissenschaftslehre, deren mangelhafte Effektivität wir beklagen, im günstigsten Fall indifferent, im weniger günstigen, zur Verhärtung der Fronten beitragenden Fall hilflos ablehnend gegenüber – sie spüren vage, daß da an etwas gezweifelt, etwas untergraben wird, das ihnen wichtig ist, aber wenn sie versuchen, die gegnerische Partei zu packen, wird ihnen der Bescheid, man zweifle gar nicht daran, daß die Aussagen etwa der Quantenmechanik richtig seien, man zweifle nur daran, daß das, was Naturwissenschaftler »richtig« nennen, überhaupt die Sorte Geltung beanspruchen dürfe, die sie ihm einräumen, und wolle im übrigen nur erklären, wie die Ansichten der Naturwissenschaften über dies und das zustande gekommen seien, sich der Wertung, ob diese Ansichten etwas taugen, und wenn ja, was, also eigentlich züchtig enthalten, und sei so ein Erklärenwollen von Nichtbewertetem nicht das, was die Naturwissenschaften selbst auszeichne, bilde man nicht gemeinsam eine große Forschungsfamilie? Epistemologisches Judo also, dem man mit Klagen über »Relativismus« nicht beikommt. Wir versuchen das deshalb gar nicht erst, sondern probieren lieber etwas anderes aus, nämlich ob man das Unbehagen an den Geltungsansprüchen naturwissenschaftlicher Aussagen, das den Erfolg jener Wissenschaftslehre nährt und von ihm wiederum zur intellektuellen Tugend nobilitiert wird, nicht selbst historisieren kann – die Kuhnianerinnen und Feyerabendisten erklären unter Rückgriff auf soziologische Kategorien und Erzählweisen, wie die Ansichten der Darwinistinnen und Einsteinianer zustande gekommen sind; sie werden mithin nichts einzuwenden haben gegen eine Skizze, die unter Rückgriff auf ebensolche Kategorien das Zustandekommen ihrer eigenen interessanten Ansichten erläutert.

Deren rhetorisches Hauptmerkmal ist, wie wir mehrfach gezeigt haben, das Ineinssetzen der sozialen Wissenschaftsgeschichte mit der Binnenentwicklung der wissenschaftlichen Aussagesysteme; was die Forschung sagt, wird in einer Art reduktiver Kompression in das zurückgefaltet, was die Forschung tut und was ihr sozialgeschichtlich widerfährt, um in einem zweiten Schritt wieder daraus hervorgeholt zu werden, mit dem Gestus einer abstrahierenden Herleitung – die Redefigur läßt sich bis in die Romantik zurückverfolgen, bis in Schellings *Zeitschrift für spekulative Physik* und früher, ihre Reifegestalt aber, von der alle heute kurrenten Spielarten abgezweigt sind, erhielt sie mit dem Falsifikationismus, kritischen Rationalismus und Hypothetiko-Deduktivismus Poppers, der die empirische Wahrheit des Fortschreitens der Lehrsysteme durch Konkurrenz einander widerlegender Leute zur quasi-analytischen Wahrheit der »Logik der Forschung« deklarierte. Er tat dies in Absetzung zu den Bemühungen der logischen Positivisten (und als eine Art in quasi-falsifikatorischer Stoßrichtung unternommener Angriff auf sie), deren Treiben man sich als das großangelegte Projekt verständlich machen kann, alles, was seit Bacon nicht inhaltlich, sondern methodologisch in der

Wissenschaft geschehen war, zu ordnen, zusammenzufassen und als die richtige Wissenschaftstheorie zu kanonisieren. Im Ausgang des neunzehnten, an der Schwelle zum zwanzigsten Jahrhundert und im ganzen ersten Drittel des letzteren, also der Zeit, da der logische Positivismus Gestalt annahm, findet man in den Einzelwissenschaften selbst viele Parallelen zu ebendiesem Projekt: In der Biologie beginnt man, sich um eine von Darwin angeregte neue Taxonomik und Systematik zu kümmern (die Sache ist bis heute unabgeschlossen); in der Chemie bringt man die Verhältnisse unter dem Eindruck des Periodensystems in Ordnung; Hilbert regt an, verbleibende unklare Ecken voll Wust und Nacht im Innersten der Mathematik zu behandeln, wie Herkules den Stall des Augias behandelt hat; und die Physik der Epoche bleibt bis tief in ihre schwerste Krise seit Galilei der Vorahnung Maxwells verpflichtet, die Suche nach den Grundlinien eines physikalischen Weltbilds, zwischen denen dann nur noch das Gitterwerk der Spezialfälle ausgearbeitet werden müsse, ließe sich demnächst mit einer »Theorie für alles« zum Abschluß bringen. Das neunzehnte Jahrhundert traute sich solche Titanenwerke allenthalben zu; auch Marx verdient hier genannt zu werden, denn der wollte ja nicht allein, in Gestalt des Kommunismus, das aufgelöste Rätsel der Geschichte präsentieren, sondern auch, in Gestalt seiner Theorie, das aufgelöste Rätsel der Gesellschaftswissenschaften; Weber steht ihm, was diesen Begriff von der angestrebten Reichweite angeht, darin übrigens in nichts nach.

Die logischen Positivisten hatten, wie das Adjektiv im selbstgewählten Namen verrät, das schwere Erbe der logisch allein (also unter Ausklammerung des Wollens, Sollens und der Geschichte) leider nicht zu beschreibenden, sozial aber offenbar als Wissenschaftssystem, Verwissenschaftlichung, Technisierung sehr erfolgreichen Maschine »instrumentelle Vernunft« aus lauter Relationen zwischen Induktion, Deduktion, Empirismus und Rationalismus, das die Vernunft seit ihrer sozialen Konstitution in der bürgerlichen Emanzipationszeit mit sich herumträgt, angenommen und suchten es gegen neue Formen der Skepsis, die sich nicht einmal stets als Skepsis bekannte, zu verteidigen – »pyrrhonischen Denkplunder« nennt Peter Hacks sehr schön diese mit dem Imperialismus in die Welt purzelnden Skepsisgeräusche und -affekte; Hacksens Versuch, ein Wort zu erfinden, das bestimmte gräßliche Zweifelformen so sicher bezeichnen soll wie der »Platonismus« gewisse gräßliche Formen der erschlichenen oder erpreßten Gewißheit, wollen wir ehren, indem wir das, was wir zuvor als »eine Wissenschaftslehre« eher von ungefähr umschrieben haben, ab jetzt »Neopyrrhonismus« nennen, auch wenn man dem antiken Namensgeber Pyrrho gelegentlich damit unrecht tun sollte – soweit seine Argumente aus zweiter oder dritter Hand überliefert sind, trat dieser erklärte Widersacher der Wissenschaften jedenfalls bündiger und gezielter gegen das auf, was ihm nicht recht war, als das die Leitfiguren der seit etwa 1900 um sich greifenden Fortschrittsenttäuschung tun. Diese Enttäuschung hat wenig mit den Schlächtereien des Ersten Weltkriegs, mit Hiroshima, Bhopal, Tschernobyl, den Verbrechen des Faschismus oder anderen Anlässen zu tun, aus denen sie gelegentlich abgeleitet wird; sie ist älter als alle diese Ereignisse und wird am lautstärksten und schärfsten von Leuten artikuliert, die von keiner dieser unterschiedlich gigantischen Grauenhaftigkeiten je persönlich etwas zu befürchten hatten, dafür aber eine andere Sorge mit ihrem Publikum teilen, welches in den reichen Ländern zumindest unter denen, die irgendeine abgeschlossene Schulausbildung erlebt haben, mittlerweile so zahlreich ist, daß man ohne Übertreibung von der absoluten Mehrheit reden kann: Sie alle wissen einiges, ja vieles über alles mögliche, was ihre Urgroßeltern nicht gewußt haben, und können deshalb aus erster Hand sehr Unfreundliches über die Baconsche Parole »Wissen ist Macht!« sagen; denn ohnmächtig sind sie alle, das verrät ihnen jede wirtschaftliche Tatsache, die über ihren Wohlstand, dessen Wachstum oder Schrumpfung entscheidet, jede politische Entwicklung, deren Objekt sie sind, jedes Abhängigkeitsverhältnis, in dem sie stehen, jede Unsicherheit über Lebensplanung, Chancen und Gefahren des Navigierens im Gemeinwesen, jede Angst, jedes Gehetztsein, jede Einsamkeit, jede Demütigung, jeden Tag. Zweifel an dem, was jemand weiß – das wissen in Wahrheit alle –, rühren von mißlingenden Handlungen oder von Handlungseinschränkungen: Da Menschen davon ausgehen, daß ihnen richtiges Denken richtiges Handeln erlaubt, werden sie immer dann, wenn sie unfrei sind, die Richtigkeit ihres Denkens in Frage stellen; das ganze Problem des Neopyrrhonismus (und, wenn man altphilologisch etwas gräbt, vielleicht schon der ursprünglichen Pyrrhoschule) ist in Wirklichkeit überhaupt keine Erkenntnisfrage, sondern eine gesellschaftliche: Wieviel darf man Leute lernen lassen, denen man keine Verfügung über ihre Lebensgrundlagen gestattet, bevor sie entweder aufbegehren oder, wenn der Weg dazu aus irgendeinem Grund versperrt ist, an ihren Sinnesdaten, an ihrem Verstand oder beidem irre werden? So wie »Langeweile« meist nicht bedeutet, daß Leute wirklich nicht wissen, was sie wollen, sondern daß sie genau wissen, daß etwas, das sie eigentlich gerne wollen würden, nicht einmal gewollt werden soll, also eine Blockade des Willens aus (nicht immer bewußter, geschweige richtig gedeuteter) Angst oder Widerspruch gegenstrebiger Wunschansprüche, bedeutet auch Zweifel weniger Datenkorruption als Optionenmangel, Entscheidungsblockade im Angesicht längst hinreichender Entscheidungsvoraussetzungen. Im Fall des Neopyrrhonismus rührt die »Erkenntnisverdrossenheit« – *sit venia verbo* – daher, daß die Aufklärungsforderung »Habe Mut, dich deines eigenen Verstandes zu bedienen« im individuellen Maßstab gegen die Übel einer falschen Vergesellschaftungsform nicht viel ausrichten kann, eine Einsicht, die gerade den größten Individualistinnen, den entschiedensten Freunden des Reichtums individueller Menschen immer wieder an Stellen aufgegangen ist, an denen sie irgendein individuell eben doch lösbares Einsichtsproblem gelöst hatten und dann herausfinden mußten, daß, wer seinen eigenen Kram überblickt, noch längst nicht frei ist, wenn das Verhältnis zwischen freier Entfaltung des Einzelmenschen und freier Entfaltung aller so antagonistisch aussieht wie in Klassengesellschaften (Freud zum Beispiel mußte im entscheidenden Moment einräumen, daß selbst die Aufdeckung von dem Individuum nicht bekannten Handlungsimpulsen und Angstsperren nicht mehr leisten könne als die Verwandlung des neurotischen individuellen Elends in allgemeines Unglück; zwar zog er daraus zunächst die ein bißchen zweckoptimistische Lehre, gegen letzteres könne sich ein über sich selbst aufgeklärtes Geschöpf immer noch besser zur Wehr setzen als eins, das sich nicht einmal kennt, aber da dieses Sichzurwehrsetzen alleine je nach Ausgangsposition schlecht zündet, hielt er das allgemeine Unglück, da ihm nicht einfiel, wie sich das Alleinsein auf therapeutisch-psychologischem Weg auflösen lassen soll – es geht ja auch nicht –, am Ende für unabänderlich). Daß die vom Verlassen- und Verrücktgemachtwordensein Geschlagenen in einem Gemeinwesen, das nicht mehr ständisch, sondern nach freier Verkäuflichkeit von allem und jedem geordnet ist, wobei es dann eben entscheidend darauf ankommt, ob man etwas zu verkaufen hat oder nicht, obendrein von demselben abstrakten Lehrkörper »Aufklärung«, der ihnen schon den wenig ergiebigen Rat mit dem eigenen Verstand erteilt hat, andauernd hören, sie seien an etwaigen Engpässen und Mißgeschicken selber schuld, wie frei, kann ja wirklich zu nichts anderem führen als dazu, daß nicht nur diesem Lehrkörper, sondern früher oder später, wie das Sprichwort sagt, auch den eigenen Augen nicht mehr getraut wird (das Ende ist dann jene verbogene Ernüchterung, die man zu hören kriegt, wenn jemand ansonsten halbwegs Vernünftiges mal wieder erzählt: »Ich glaub ja nicht, was in der Zeitung steht«, sie aber – zur Unterhaltung? Was käme dabei dann heraus? – täglich liest und mehr über das, was darin steht, weitersagen kann als über die Verhältnisse im eigenen Berufsbild, falls es da noch eins gibt).

So sieht die Nährlösung des Neopyrrhonismus aus; ganz danach ist er geraten. Hat man sich das in Ruhe angesehen und damit auch die Angst, die Anomie, die Hilflosigkeit objektiviert, aus der das Phänomen besteht, kann man immerhin den Entschluß fassen, sich davon nicht dumm machen zu lassen, und sich nunmehr wieder dem Gehalt des Neopyrrhonismus zuwenden: Man weiß jetzt, warum er geglaubt wird, und kann sich deshalb mit etwas mehr geistiger Beweglichkeit und weniger falschem Respekt der Analyse dessen zuwenden, was da geglaubt wird.

Die skeptischen Moden der Neuzeit läßt man bequemerweise meist mit dem Bischof George Berkeley beginnen; noch Lenin hat das getan, wir wollen es nicht verschmähen. Sie alle, auch da, wo sie sich am entschiedensten von des Bischofs Vorarbeit distanzieren, gravitieren zu einem doppelten Argument, einer Art binärem Kampfstoff zur Zerstörung des Erfahrungswissens hin, dessen beide Komponenten ausgeschrieben lauten:

a) unsere Sinnesorgane und unser Verstand können sich irren, also ist die Gesamtheit dessen, was wir mit ihrer Hilfe erfahren, jedenfalls nicht würdig, in dem Sinn als »Wissen« bezeichnet zu werden, den die Alltagssprache und Lehren wie die Baconsche dem Wort beilegen.

b) selbst wenn sich unsere Sinnesorgane und unser Verstand einmal NICHT irren würden, wäre das, was wir mit ihrer Hilfe herausbekommen, immer noch nur von der Art der Dinge, die eben unsere Sinnesorgane und unser Verstand fassen und für ihr Fassungsvermögen zurichten können, also zumindest nicht würdig, in dem Sinn als »objektiv« bezeichnet zu werden, den die Alltagssprache und Lehren wie die Baconsche dem Wort beilegen, denn wir nehmen nie das Ding selber, sondern das von ihm reflektierte Licht, die von ihm ausgehenden oder abprallenden Schallwellen et cetera wahr und denken dieses Ding auch nicht als solches, sondern nur im Rahmen der Anschauungsweisen, die unserem Verstand, er weiß nicht, wie und woher, nun einmal eigen sind.

Man muß keine Aufklärungsaktien halten, um diese beiden als Stiche ins Herz des Induktivismus gemeinten Einfälle für nicht besonders schlagend zu halten. David Stove hat sie in zahlreichen Arbeiten auseinandergenommen, obwohl er zum Positivismus ganz ähnlich steht wie wir zur Naturrechtslehre – so, wie wir sie für verkehrt, aber eine Voraussetzung des Denkwegs zum Richtigen halten, hält Stove der Aufklärung zugute, daß sie den Glauben an so manches zerstört hat, woran er auch nicht glaubt; daß sie das unternahm, um eine Befreiung von Unrecht, Leiden, Elend vorzubereiten, an deren Möglichkeit Stove nicht glaubt, ist ihm dabei gleich. Stoves Haupteinwand gegen die beiden neopyrrhonistischen Zentraldogmen lautet, daß sie zuviel – nämlich überhaupt etwas – aus der Tautologie machen, daß menschliche Erkenntnisse nie etwas anderes oder in irgendeinem entzifferbaren Sinn »mehr« sein können als menschliche Erkenntnisse. Er stellt sie in eine Reihe mit anderen Versuchen, aus Tautologischem zu angeblich relevanten Anschauungen oder Haltungen zu gelangen, zum Beispiel dem Fatalismus, der aus der Selbstverständlichkeit, daß morgen passieren wird, was morgen nun mal passieren wird, und nicht etwas anderes, herauslesen will, daß es folglich egal ist, was irgend jemand heute tut oder läßt. Wären die beiden neopyrrhonistischen Zentraldogmen wirkungsvolle Hebel gegen die Geltungsansprüche induktiven Schließens, dann müßte ein banal wahrer Satz wie »Die Interessen der Person X sind ihre Interessen« auch hinreichen, zu beweisen, daß die Person X niemals uneigennützig denken oder handeln kann, ja eigentlich noch nicht einmal kooperieren.

IV.
Was es alles (nicht) gibt

Der Denkunfall, dem Berkeley und die, die ihm willentlich, wissentlich oder nicht gefolgt sind, zum Opfer fielen, ist im wesentlichen ein Zusammenprall der beiden Aufklärungshauptlinien »Empirismus« und »Rationalismus«; das Allgemeine, auf das es letzterer abgesehen hat, wird ins Besondere, an dem ersterer sich orientiert, hineingestopft, und wenn das schiefgeht, soll die menschliche Erkenntnis an sich desavouiert sein. Viel mehr ist wirklich nicht dran, und von Schopenhauers Welt als Wille und Vorstellung bis zu den kompliziertesten Anstrengungen seines Antipoden Hegel, aus dem Satz, es gebe kein Objekt ohne ein Subjekt, irgendeinen über die Grammatik hinaus in die Welt der Sachverhalte führenden Trampelpfad zu finden, zehrt alles davon, was die Skepsis je verstärkt hat, die es zu überwinden hoffte. Attraktiv bleibt jene, weil sie, wie oben beschrieben, zu einer massenhaften Erfahrungswirklichkeit paßt, in der die Welt zwar nicht mehr opak, aber als soziale auch noch nicht unter die Bestimmung der Vernunft gesetzt ist – wie wir wohnen, was wir arbeiten, das alles bleibt entfremdet (selbst für die Besitzenden, deren Mühen, soweit sie sich welche abringen müssen, nicht dem Lebensgenuß, sondern dem Profit dienen). Daß auch Biologinnen, Physiker oder Mathematikerinnen dem Neopyrrhonismus seit Beginn des Hochimperialismus so weit entgegenkommen wie nur irgend möglich, nimmt also nicht wunder; sie leben ja in keiner anderen Gesellschaft als der Rest derjenigen, die der Verwertung des Werts unterworfen sind. Wo also Menschen mit Namen wie Maturana, Varela, Heisenberg oder Bohr die Vermutung nicht abschütteln können, jemand verlange von ihnen außer Einzelergebnissen auch noch eine Ontologie, klingen sie bald wie jener amerikanische Präsident namens William Jefferson Clinton, der 1998 bei einem denkwürdigen öffentlichen Verhör betreffend eigene Ehebruchsgeschichten plötzlich ins philosophische Ruminieren darüber geriet, was eigentlich die Definition von »ist« sei: »It depends on what the meaning of the word ›is‹ is. If the – if he – if ›is‹ means is and never has been, that is not – that is not the only one thing. It means there is none. That was a completely true statement.«[256]

Wenn es ein schlechtes Gegenteil des schlechtesten Reduktionismus gibt, dann hat Clinton es gefunden – man muß sich vor seiner Verwirrung, die als Karikatur der »Kopenhagener Deutung« keine schlechten Dienste täte, allerdings nicht in mechanischen oder feuerbachischen Holzhammermaterialismus flüchten, der das, was es gibt, notwendig als eine Art Stoff denken muß, für den der Tastsinn zuständig wäre. Die Begriffsingenieurinnen und -techniker der Philosophie haben seit Berkeleys fleißigsten Zeiten einige unverächtliche Ereignis- und Sachverhaltsontologien erfunden, man verwende sie nach Angemessenheit und verliebe sich in keine. Auch Epistemologien lassen sich bedarfsangepaßt zu Rate ziehen, wenn man nach Metasprachen zu einzelwissenschaftlichen Objektsprachen sucht; daran, daß man sie wechseln kann, ist nichts beliebig, auch für einen physikalischen Gegenstand wie etwa irgendein Fließen lassen sich ja verschiedene Dynamiken, verschiedene computationale Simulationstechniken auswählen, um jeweils verschiedene Daten(-sorten) zutage zu fördern. Unter den an Ehrgeiz hinter alten, in der Aufklärung gebräuchlichen, cartesischen oder anticartesischen Epistemologien ruhig zurückstehenden, dafür aber robusten Beschreibungen von Welterschließungsweisen gefällt uns, wie wir schon haben durchblicken lassen, persönlich am besten Davidsons Konzept der »Triangulation« von drei Arten, Intuitionen darüber, was es gibt und was nicht, zu erfahren: Eigenpsychisches (»subjektiv«), empathiemodellierend Soziales (»intersubjektiv«) und ohne Subjektvermutung Beobachtetes (»objektiv«) spielen danach ineinander. Wie es mittlerweile mehr als eine (das war über lange Epochen hin die euklidische) Geometrie gibt, können mehrere Epistemologien und Ontologien konstruiert werden, wenn man dabei im Sinn behält, daß man sie so formulieren sollte, daß zwar nicht einzelne Daten, wohl aber neu auftretende Sorten von Arten dazu zwingen können, sie zu modifizieren oder ganz aufzugeben (ein nützliches Schiedsrichterkriterium hat bekanntlich Ockham hinterlassen; andere ergeben sich aus den Gegenstandsbereichen der Einzelwissenschaften). Sich auf eine Ontologie und eine Erkenntnistheorie festzulegen – im Sinne der Brandomschen Idee vom deontischen Status –, ist kein Fehler; diese Festlegung aber auf eine Weise aufzufassen, die den Wissenschaften vorschreiben will, was sie noch entdecken können sollen und was nicht, ist garantiert einer und hat sich historisch immer wieder als ein besonders schwerer blamiert; nach dem traurigen Vorbild mittelalterlicher Akademiker, die, mit irgendeinem diesseitigen Fund konfrontiert, erst einmal in der Bibel, bei Aristoteles und Thomas nachschlugen, ob es das geben konnte, und falls sie's dort nicht fanden, die Existenz verneinten. Solche Selbstbehinderungen hemmen dann mehr, als sie ordnen, wie auf allergrellste Art die Folgen der aus dem Diamat herausgedokterten Lehren des Lyssenko für die sowjetische Genetik und Agro-Industrie belegen mögen.

Heisenberg und Bohr versprechen denen, die an sie glauben, bekanntlich die Erlösung von solchen Geißeln der Onto- und Epistemologie, indem sie beide Denkrichtungen ganz über Bord werfen, ein klassischer Fall von Kind-mit-dem-Bade: Unsere Gleichungen, erklären sie (mehr hat es mit der ganzen legendenumrankten »Kopenhagener Deutung« nicht auf sich), sagen nicht, wie die Natur ist, sondern nur, was wir darüber sagen können.

Man denke – eine typische Tautologie der oben als unerläßliche Prämisse für den Neopyrrhonismus ausgewiesenen Sorte, hier gebraucht als Waffenstillstandslinie zwischen Metaphysik und Skepsis. Niemand wird Menschen, die sich den ganzen Tag im Unanschaulichsten bewegen, einen Vorwurf daraus machen, daß sie sich mit Theoremen wie dem aus Kopenhagen ein wenig Luft für den Fortgang ihrer Erkundungen verschaffen wollen gegenüber einer Öffentlichkeit, die immer gleich Konsequenzen fürs Weltbild einfordert (eine unstillbare Neugier, solange die oben beschriebene soziale Großwetterlage den Gedanken nahelegt, vielleicht ginge es allen besser, wenn man das Weltbild gegen ein richtigeres eintauschen würde). Elementarteilchen mit Welleneigenschaften stellen die Punktmechanik, die der Teilchenspur zu jeder Zeit einen kompletten Satz klassischer Meßgrößen wie Ort, Impuls und so weiter zuschreiben muß, vor eine Herausforderung, die Unbestimmtheit schmeißt sie an einer wichtigen Stelle (bei bestimmten Größenpaaren nämlich) so gut wie gänzlich über den Haufen – wenn man dann sagt, das Elektron »habe keine Bahn« oder »existiere eigentlich nicht«, kann das den Atempauseneffekt für eine genauere (und inzwischen, rund hundert Jahre später, bei aller Fortschrittsgeschwindigkeit des zwanzigsten Jahrhunderts in diesen Dingen ja immer noch nicht abgeschlossene) Erkundung der Implikationen der neuen Theorie verschaffen und ist also nicht umstandslos zu identifizieren mit dem Vorschlag des Kardinals Bellarmin an Galilei, jener solle seine Planetenbewegungsüberlegungen als »bloße Hypothesen« in den Raum stellen, dann gebe es mit den geschworenen Ptolemäern der Kirche keine Probleme mehr. Aber die Skala ist gleitend, wo die Wissenschaft eine Metaphysik beeiden, einer abschwören soll oder selbst präventiv eine vorschlägt – daß man sich zeitweise in Deutschland zwischen der modernen Physik und der »deutschen Physik« um Leute wie Lenard und andere Nazis »darauf einigte«, die vierte Dimension sei nur eine mathematische Hilfskonstruktion und gehöre jedenfalls nicht in die Weltanschauung, was immer letztere nun sonst so genau besage, war im Gegensatz zur Kopenhagener Deutung unbedingt eine Gewaltfolge, und in jedem Einzelfall zu prüfen, was denn nun der soziale Sinn metaphysischer oder antimetaphysischer Kanzelworte wissenschaftlicher Koryphäen ist, setzt jedesmal auch voraus, daß die rein binnenwissenschaftliche Frage geklärt ist, ob von den vorliegenden Resultaten eine solche Äußerung überhaupt gedeckt, geschweige erzwungen ist – da wird man dann manche Überraschung erleben und viele Schlüsse der oben belegten tautologieabhängigen Art.

Daß Dinge, die widersprüchliche Eigenschaften haben, dennoch existieren (ja mitunter gerade deshalb, und nur so), wissen Hegel-Leserinnen unter Umständen genauer als Physiker, und kategorische Sprünge zu machen wie den (sicherlich je und je irgendwie para- oder stummelpragmatistisch, vulgär- oder kryptopositivistisch begründeten), von Sachen, die nun mal keine beobachtbaren Folgen hätten, könne man getrost sagen, es gebe sie nicht, ist ein riskantes Geschäft, weil man niemals für alle Zeiten ausschließen kann, die möglichen Folgen von im Augenblick, auf dem Stand des vorhandenen Wissens und Könnens, unbeobachtbaren Sachverhalten eines Tages doch noch erleben zu müssen (wenn die Geometrie und die etablierte Schwerkraftlehre einerseits, die astronomische Empirie andererseits in einem bestimmten Punkt – etwa dem der Merkurbahn – konsistent, stetig, wiederholbar, pausenlos miteinander konfligieren, dann muß man eben die Geometrie und die etablierte Schwerkraftlehre ändern, obwohl ein antiker Astronom noch hätte sagen können, daß die Einsteinsche Geometrodynamik mit ihren Raumzeitkrümmungen eine unbeweisbare, da unbeobachtbare Zusatzbehauptung sei, die eben deshalb niemand brauche).

Daß etwas widersprüchlich ist, auf etwas anderes reduzierbar, Epiphänomen von etwas anderem, oder daß es möglich ist, die Beschreibungsebene, das Beschreibungsvokabular zu wechseln, mit dem man es sich im Probehandeln faßbar macht, wird viel zu oft damit zusammengeworfen, sein Vorhandensein sei zu bestreiten, etwa nach dem Muster: Es gibt keinen Geist, es gibt nur Hirnfunktionen – das ist wie: Es gibt »den Schauspieler, der Batman spielt« nicht (denn morgen spielt er was anderes, außerdem gibt es »Batman« nicht, das ist nur eine erfundene Figur, außerdem ist es sehr schwierig, »spielen« zu definieren, und was der endlosen Albernheiten der modischen Haarspalterei mehr sind), es gibt »nur« Christian Bale. Die im Gefolge der nach allerlei deskriptiven, phänomenologischen und begriffssäubernden Seiten hin sicher sehr verdienstvollen Arbeiten Metzingers aufgekommene Mode, »das Selbst« wegwerfen zu wollen, kann man nicht besser zurückweisen, als Greg Egan das in einem erhellenden Interview getan hat:

»My least favourite slogans about consciousness and the self come from people who say that these things are illusions. Revealing even the gravest misconceptions about the detailed nature of something does not amount to showing that the thing itself does not exist. The self exists as much as anything else in the universe exists. That it doesn't survive death, or exert its will by defying the laws of physics, or possess detailed motives or memories for every single action we perform, are interesting facts that contradict certain historical ideas and persistent intuitions, but let's not get carried away: minds still do all the truly delightful and amazing things that we always knew they were doing.«[257]

Was als Ontologie und Epistemologie gilt und funktioniert (geschweige: was so genannt wird), hat sich bis zur Unkenntlichkeit verändert, seit die Philosophie von den vier (oder fünf, oder wie viele immer es jeweils sein sollten) Elementen träumte; »etwas gibt es« aber hieß immer, das jeweilige *Je ne sais quoi* ist notwendiger Bestandteil einer Beschreibung der Welt, welche letztere als einen Raum von Ursachen und Wirkungen auffaßt, dem gerecht zu werden die Aufgabe der probehandelnden Modellierung eines Raums von Voraussetzungen und Folgerungen ist. Alle sogenannten Kritiken, Dekonstruktionen, Soziologien, Pathologien et cetera der Wissenschaften, alle gelehrten Proben auf die Behauptung der Unmöglichkeit der Induktion und ähnlicher Lehren setzen an der immergleichen eben nicht Unbestimmtheit, sondern Überbestimmtheit von mit dieser Überlegung verträglichen Propositionen an: Daß das Erkennen und Wissen sozial organisiert werden muß, daß es nie Gewißheit gibt, daß sich alles, was an theoriegeleitetem Wissen jeweils umläuft, jeweils widerlegen lassen muß – alle diese Dinge sind banaler, als Popper wahrhaben wollte, wir haben »nur« die Sinne, »nur« die Theorien, aber was dieses »nur« eigentlich sein soll, außer selbst eben nur eine soziale Konvention, die aus der Geschichte menschlicher Selbstüberschätzung als via Offenbarung direkt ans Schöpferhirn angeschlossene Sonderspezies folgt, kann einem niemand erklären.

Nach einigen Jahrzehnten von aus diesem fatalen »nur« gemolkenen Debatten wirkt der Kinderstolz, der immer noch Buchtitel hervorbringt wie »Never Pure: Historical Studies of Science as if It Was Produced by People with Bodies, Situated in Time, Space, Culture, and Society, and Struggling for Credibility and Authority« von Steven Shapin, eher peinlich.

Entsetzt und empört wären Menschen von Peter Galison bis Nancy Cartwright, die dergleichen auf unvergleichlich höherem Niveau, aber mit derselben Freude am Entlarven des nirgendwo mehr Verlarvten dichten und bewundern, wenn man sie in einem Atemzug mit Philipp Lenard nennen würde, der aber doch immerhin ein verdienstvoller Physiker war und 1905 für seine Kathodenstrahlforschung sogar den Nobelpreis erhielt, zur Zeit des Nationalsozialismus aber der Alphaforscher der »deutschen Physik« wurde, also die Zurückweisung der Relativitätstheorie und nicht unwichtiger Teile der Quantenmechanik zu organisieren suchte, weil jene »jüdisch«, also dialektisch-deduktiv seien. Wissenschaft, lehrte Lenard und verstieß dabei zunächst einmal gegen nichts, was Steven Shapin in seinen Buchtitel packt, sei niemals rein, niemals wertfrei zu haben, sondern wie alles, was Menschen tun, nun einmal rassisch und blutmäßig bedingt (heute sagen auch Rechtsradikale, etwa Alain de Benoîst, dazu lieber »culture and society«, ganz wie Shapin, der allerdings hoffentlich etwas ganz anderes meint). Brave Antifaschistinnen wären gewiß beruhigt, wenn sie sagen könnten, daß abgesehen von dieser Rassenmetaphysik die konkrete Forschung, welche Lenard unter ihrem Einfluß trieb, wenigstens falsch und die seiner Gegner richtig gewesen sei; peinlicherweise aber hängen diese Dinge nun einmal nicht so deterministisch zusammen, wie man's gern hätte, böse Menschen haben nicht nur Lieder, sondern manchmal auch Einsichten, und gute irren sich oder schummeln (allein deshalb übrigens ist es, wie wir im letzten Kapitel ausgeführt haben, wichtig, normative Sprachgebräuche nicht reduktionistisch abzustellen wie eine Unart).

Emil Rupp, der eine Weile bei Lenard gearbeitet hatte, lief zur Relativitätstheorie über und behauptete, ein Experiment durchgeführt zu haben, das den Welle-Teilchen-Dualismus bestätige. Das stellte sich als Fälschung heraus – die aber nicht falsch war, weil es sich etwa um »jüdische Physik« gehandelt hätte, genausowenig wie Lenards eigene Arbeiten richtig gewesen wären, weil sie arisch waren.

Die bemerkenswerte Blindheit, die darin steckt, die »Reinheit« der wissenschaftlichen Methode zum Schibboleth zu erklären und dann zu verhöhnen, weil sie von Menschen umgesetzt wird, die in ihren diversen überdeterminierten Kontexten leben, ist verblüffend: Erstens hat das alles nicht einmal Bacon bezweifelt (es steht im *Neuen Organon*), zweitens aber folgt daraus doch, daß die Variablen von Ort, Zeit, Körpern, Gesellschaftsformen et cetera irgendeiner Invarianten gegenüberstehen müssen, an der sie zu eichen sind, wenn man sie beschreiben will – es muß, wiederholen wir, eben doch eine Wissenschaft, eine Hexis, Praxis, Theorie, Methodik geben, die man wiedererkennen kann als etwas diesen verschiedenen Leuten in ihren verschiedenen Gesichtskreisen Gemeinsames, sonst wäre die ganze Debatte von vornherein unmöglich. Die angestrebte Konsequenz dieses Gemeinsamen gegen die fehlende Gewißheit seiner konkreten Resultate auszuspielen, kann nur gelingen, wenn man dem politischen Arm der neuzeitlichen Wissenschaften, der Aufklärung, unterstellt, sie habe versprochen, was die Religion versprochen (und nicht gehalten) hat.

Was hat sie wirklich versprochen?

V.
Was die Aufklärung versprochen hat

Lesen wir's nach, bei d'Holbach im Vorwort zum *System der Natur*:

> »Der Mensch ist nur darum unglücklich, weil er die Natur verkennt. Sein Geist ist durch Vorurteile derart verseucht, daß man glauben könnte, er sei für immer zum Irrtum verdammt: Er ist mit dem Schleier der Anschauungen, den man von Kindheit an über ihn breitet, so fest verwachsen, daß er nur mit der größten Mühe daraus gelöst werden kann. Ein gefährlicher Gärstoff ist allen seinen Kenntnissen beigemischt und macht sie notwendig schwankend, unklar und falsch: Er wollte zu seinem Unglück die Grenzen seiner Sphäre überschreiten und versuchte, sich über die sichtbare Welt zu erheben; und unaufhörlich belehrten ihn wiederholte schreckliche Rückfälle vergeblich über die Torheit seines Unternehmens: Er wollte Metaphysiker sein, ehe er Physiker war; er verachtete die Wirklichkeit, um über Hirngespinste nachzusinnen; er vernachlässigte die Erfahrung, um sich an Systemen und Vermutungen zu erbauen; er wagte nicht, seine Vernunft zu pflegen, gegen die ihn einzunehmen man frühzeitig Sorge getragen hatte; er wollte wissen, welches Schicksal ihn in den imaginären Regionen eines jenseitigen Lebens erwartete, ehe er daran dachte, an dem Ort glücklich zu werden, wo er lebte. Kurz: Der Mensch mißachtete das Studium der Natur, um Phantomen nachzulaufen, die ihn wie die Irrlichter, die der Wanderer des Nachts erblickt, erschreckten, ihn blendeten und ihn vom einfachen Weg

des Wahren abbrachten, ohne den er nicht zum Glück gelangen kann.«[258]

Man muß keine Obskurantistin und kein Dunkelmann sein, um bei diesen Sätzen wehmütig oder ironisch zu lächeln. David Stove hat aus diesem Lächeln einen ganzen Essaystil gemacht, als Philosoph, der vom Positivismus die Vorliebe für Dinge übernommen hat, die sich beobachten oder per logischem Schluß herleiten lassen, aber den damit verbundenen zivilisatorischen Optimismus für ein Rudiment der Aufklärung hält, auf das man besser verzichtet. Als geschworener Induktivist hat Stove die Poppersche und auf sie folgende Wissenschaftsskepsis stets dafür kasteit, daß sie suggeriert, der Abschied von der Aufklärung mache freier als diese: Frei, findet Stove, macht gar nichts, auch nicht die Wahrheit, sie zeige nur, wie unfrei man nun einmal wirklich ist, Abhängigkeit, Schwäche, kurzes Leben, wenige Inseln der Vernunft und vorher wie nachher das Nichtsein – die Holbachsche Haltung, der Weg zur Wahrheit sei zu finden, wenn man nur die Vorurteile abstreifen könne, und im Besitz der Wahrheit sei dann auch das Glück zu organisieren, kommentiert der melancholische Australier daher so: »This must be one of the silliest things ever said. (…) When Copernicus got the solar system basically right, or when Newton discovered universal gravitation, were people happier on that account?«[259]

Der aufgeklärte, aber die Aufklärung schmähende Reaktionär – von dieser Sorte, die so klar argumentiert und deren Irrtümer so leicht zu identifizieren sind, hatte das neunzehnte Jahrhundert viele, sie sind leider rar geworden – ist selbstverständlich nicht so kindisch zu leugnen, daß die industrielle Revolution den einen oder anderen lebensweltlichen Zugewinn in die Welt geworfen hat. Durch Jahrtausende waren die an meßbarem Güterkonsum zu eichenden Wohlstandskennziffern mehr oder weniger statisch; selbst in Armutszonen weit jenseits der Metropolen sind heute mitunter Lebensalter erreichbar, die in mitteleuropäischen Pestzeiten unvorstellbar waren, et cetera. Stove will nicht darauf hinaus, Verwissenschaftlichung lasse alles beim alten. Er nimmt den Umstand aufs Korn, daß etwas versprochen wurde, von dem kein rechtschaffener Mensch wissen konnte, ob es erreichbar war: »The Encyclopedists and their allies never dreamed of advocating Enlightenment for its own sake. They assumed that Enlightenment needed justification, and the justification of it always was, that it improves human life. (…) I do not mean that the justification of Enlightenment was a purely utilitarian one: that would be a mistake, and in many cases a slander«[260], vielmehr seien die Aufklärer zunächst davon ausgegangen, wissende Menschen seien »not necessarily the happiest of men, but the first ones to be fully grown-up«,[261] das Glücksversprechen aber habe dies supplementieren müssen, weil man sonst nicht die zur Zerschlagung der sozialen Bollwerke des Vorurteils notwendige populäre Unterstützung hätte mobilisieren können, der sich zugewandt zu haben nach Stove aber ein Rückfall ins Kindische ist – »Enlightenment was always intended to benefit the WHOLE human race, whereas the progress of knowledge, and the dignity of it, are things which never matter to more than a few people. What is geocentrism or heliocentrism to most human beings? What is Newton's or Descartes' theory of gravitation, or Mendeleevs table, or quantum mechanics or its successor?«[262]

Der strenge Mann fällt, Postpositivist oder nicht, auf ein Metaphysikum herein: den Glauben an die Naturgegebenheit und Unabänderlichkeit der Arbeitsteilung und der Klassengesellschaft, denn die »*few people*« sind der Gelehrtenstand, nichts sonst. Vergessen hat Stove plötzlich, worauf er sonst besteht – im Kampf für die Legitimität der Induktion – daß man wissenschaftliche Theorien überhaupt nur formulieren kann, wenn man die Isotropie und Einheit der Welt für gegeben hält und die Glühbirne und das Penicillin, über die sich »*most human beings*« durchaus freuen, aus einer Sorte Weltbetrachtung entspringen, zu der die anderen Geistesfrüchte unablöslich zählen, die er den wenigen vorbehalten sieht. Eine Welt, eine Menschheit – der Logiker verkennt (aus Gründen, die eben nicht nur auf die Neopyrrhonisten einwirken, sondern auch auf nüchterne Köpfe wie Stove), daß der Schlüssel zu Holbachs Passage der Schlußsatz derselben ist, nicht ihr Anfang – die Wahrheit, ohne die man nicht zum Glück findet, meint nicht mehr als die Negativbestimmung: Wer nicht weiß, wo und wie und was, findet auch nicht zum Glück; wer's weiß, kann trotzdem fehlgehen (wenn Stove Geburtstag hat, bekommt er Geschenke; aber wenn er Geschenke bekommt, muß er deshalb nicht Geburtstag haben, es kann Weihnachten sein oder sonst ein Fest; vielleicht mag ihn auch einfach jemand).

Der springende Punkt bei der einheitlichen und isotropen Welt, den Stove ganz richtig ahnt, ist, daß es sich um eine unbeweisbare Hypothese handelt, weil niemand jemals alles über die ganze Welt wissen wird. Daß Newton »*most people*« etwas nützen kann, glaubt in der Tat nur, wer glaubt, daß es die einheitliche und isotrope Welt wirklich gibt. Je mehr Einzeltatsachen man aus Spencer Browns berühmtem »*unmarked state*« herausholt, desto plausibler mag die Einheits- und Isotropieannahme werden; unumstößlich gewiß wird sie nie, und daß man einmal etwas finden wird, das allem bisher von den Wissenschaften Ermittelten radikal widerspricht, ist so unfalsifizierbar wie die Weltherrschaft des unsichtbaren, fliegenden Spaghettimonsters. Die ganze neopyrrhonische Polemik wider den Naturgesetzbegriff, deren höchstes Niveau wohl bei Nancy Cartwright erreicht ist, die man deshalb sehr genau lesen sollte (der man aber nicht glauben muß, sowenig wie dem Kardinal Bellarmin), und die Stove an anderer Stelle (besonders einleuchtend im Glanzstück »Scientific Irrationalism«) völlig richtig als auf Tautologien errichtet knackt, klammert sich an diese Selbstverständlichkeit: Weil es morgen immer anders sein kann, als es heute ist, darf ich, *wenn ich es auf Gewißheiten anlege*, auch aus der eindeutigsten Regelmäßigkeit kein Gesetz machen. Die Wette der Aufklärer war aber keine darauf, daß ich das trotzig doch darf, wenn ich noch ein paar logische Gründe dranhänge, sondern eine auf Isotropie und Einheit der Welt, der Isotropie und Einheit menschlicher Handlungszusammenhänge vermittelt durch Isotropie und Einheit menschlicher Erkenntnisbemühungen entsprechen sollte – die »unreasonable effectiveness of mathematics« (Wigner) bei der Welterklärung als Setzung ist einfach die pragmatisch-materialistische Inversion der berühmten Pascalschen Wette im Fragment aus den *Pensées*:

> »Wenn es einen Gott gibt, so ist er unendlich unbegreiflich, denn da er ja keine Teile und keine Grenzen hat, steht er in keinem Verhältnis zu uns. Wir sind also unfähig zu erkennen, was er ist und ob er ist. (…) Wer wird also die Christen tadeln, daß sie ih-

ren Glauben nicht begründen können, sie, die sich ja gerade zu einer Religion bekennen, die sie nicht begründen können; wenn sie diese der Welt vortragen, erklären sie, daß sie eine Torheit, *stultitiam* ist, und dann beklagt Ihr Euch, daß sie keine Beweise für sie haben. Wenn sie diese bewiesen, würden sie ja nicht Wort halten. (…) Prüfen wir also diesen Punkt. Und sagen wir: Gott ist, oder er ist nicht. Welcher Seite aber werden wir uns zuneigen? Die Vernunft kann dabei nichts ermitteln. Ein unendliches Chaos trennt uns davon. Man spielt ein Spiel auf das Ende dieser unendlichen Entfernung hin, wo sich entweder Bild oder Schrift zeigen werden. Was werdet Ihr wetten? (…) Ihr habt zwei Dinge zu verlieren: das Wahre und das Gute, und zwei Dinge einzusetzen: Eure Vernunft und Euren Willen, Eure Erkenntnis und Eure Seligkeit, und Eure Natur hat zwei Dinge zu meiden: Irrtum und Elend. Eure Vernunft wird nicht schlimmer verletzt, weil man ja unbedingt wählen muß, wenn Ihr das eine eher als das andere wählt. Damit ist ein Punkt klargelegt. Aber Eure Seligkeit? Wären wir Gewinn und Verlust, wenn wir uns für das Bild entscheiden, daß Gott ist. Schätzen wir diese beiden Fälle ein: Wenn Ihr gewinnt, so gewinnt Ihr alles, und wenn Ihr verliert, so verliert Ihr nichts: Wettet also, ohne zu zögern, daß er ist?«[263]

Das stimmt, ein weiteres Opfer der Arbeitsteilung und seines Reflexes, des Idealismus, allerdings nur, solange aus der Annahme, »daß Gott ist«, keine (z. B. religiöse) Praxis abgeleitet wird; sobald das geschieht – und ein Glaube, der nichts weiter fordert, als geglaubt zu werden, ist, da Probehandeln und Handeln ein nicht nur energetisches Kontinuum bilden, nun mal schwer vorstellbar, auch wenn das Christentum, da es weniger Vorschriften enthält als etwa das Judentum, häufig damit beworben wurde, es sei so ein Glaube –, verliert man aber doch etwas; alle Handlungsalternativen nämlich, die man meiden muß (»Sünde«), wenn man glaubt. Formallogisch freilich ist Pascals Argument tadellos – und kommt uns daher gelegen als Leihgeber für die Form, welche das Versprechen der Aufklärung haben sollte, wenn man es aus der Klassengesellschaft löst, in der es entstand: Wer glaubt, daß die Welt einheitlich und isotrop ist, eröffnet sich eine Menge Erkenntnisquellen, eine Welt ist in jedem ihrer Aspekte so endlich begreiflich wie Pascals Gott »unendlich unbegreiflich«, und verloren wird dabei nichts außer das »unendliche Chaos« Pascals, das zwischen uns und dem *ens realissimum* brodelt.

Eine Gehorsamsleistung gegenüber Offenbarungen oder Offenbarungssystemen, also das, was Pascals Wette in der Praxis an Einsatz fordert, ist mindestens so skeptizismusanfällig wie das Naturgesetzkonzept – kann nicht selbst eine persönliche Offenbarungserfahrung, wie sie Pascal zuteil geworden sein soll, kann nicht auch Gnosis Irrtum sein, Selbsttäuschung etwa, oder Gaukelei von Dämonen? Man braucht, um von Pascals Wette zum Gehorsam zu gelangen, wieder so etwas wie die wissenschaftliche Methode; das Gesamte der Welt, da von Pascal mit seiner Ratio in Begriffe gesetzt, ist auch hier einheitlich, isotrop: Aufklärung plus Deismus also ist der Gehalt von Pascals Wette, er teilt den Monismus seiner Epoche, wie später der objektive Idealismus Hegels bis zu dem der englischen Granden des neunzehnten Jahrhunderts von den gleichzeitig formulierten verfeinerten Abkömmlingen des französischen Materialismus *for all practical purposes* gar nicht so leicht zu unterscheiden ist; auch dazu gibt es kluge Ausführungen von David Stove.

Der Gehalt der anderen, der den Deismus sozusagen einklammernden aufgeklärten Wette auf das Wissen in einer einheitlichen und isotropen Welt ist, daß zwar alles morgen anders werden mag als heute, dies aber nicht auf dem Weg des unbegreiflichen Eingriffs in die gesamte Weltordnung geschehen kann, des Wunders im strengen Sinn, sondern höchstens auf eine Art, die sich im Rückblick als in dem, was man zuvor wußte, bereits enthalten erweisen wird – die Zukunft als Implex der Gegenwart, unter Ausschluß des in letzterer schlicht Undenkbaren, Unvermutbaren, des eigentlichen Wunders. Spinoza, im theologisch-politischen Traktat, macht zwischen diesem »eigentlichen Wunder« und dem, was die Religionsnarrative, denen er bei Strafe der Lebensgefahr Konzessionen machen muß, als Wunder führen und was er nicht ausschließen will:

> »Ich könnte zwar sagen, ein Wunder sei etwas, dessen Ursache aus den Grundgesetzen der natürlichen Dinge, soweit sie durch das natürliche Licht bekannt sind, nicht erklärt werden kann. Weil

aber die Wunder nach der Fassungskraft des Volkes geschehen sind, das von den Grundgesetzen der natürlichen Dinge überhaupt nichts weiß, so haben zweifellos die Alten all das für ein Wunder gehalten, was sie nicht so erklären konnten, wie das Volk die natürlichen Dinge gewöhnlich erklärt, nämlich mit Hilfe des Gedächtnisses, indem es sich einer ähnlichen Sache erinnert, die es sich ohne Verwunderung vorzustellen pflegt.«[264]

Versteckt kann man in diesem Absatz den präzisen Umriß der Wette auf die eine, isotrope Welt erkennen, die wir für eine der Kernnormen des ganzen Aufklärungsunternehmens halten: Es gibt nichts und wird auch in Zukunft nichts geben, das nicht »aus den Grundgesetzen der natürlichen Dinge, soweit sie durch das natürliche Licht bekannt sind«, erklärt werden kann. In ein modernes Bild übertragen, könnte man mit Leuten wie Greg Egan sagen: Die Welt ist dasselbe wie die Summe aller Computerprogramme, die man schreiben müßte, um die Gesamtheit aller Prozesse zu simulieren, die in ihr stattfinden, und der menschliche Verstand besitzt die nötige *Turing completeness*, um im Prinzip (vergessen wir nur die Rechenzeit) sämtliche Aufgaben rechnen zu können, die diese Programme ihm stellen, weil sie nur unterschiedlich komplexe Algorithmen sind und der jeweilige Komplexitätsgrad lediglich die Rechenzeit, aber nicht die Berechenbarkeit beeinflußt und die Turingvollständigkeit eines universalen Computers jedenfalls nicht sprengen kann –

»Other computers might be faster, or have more memory, or have multiple processors running at the same time, but my 1988 Amiga 500 really could be programmed to do anything my 2008 iMac can do – apart from responding to external events in real time – if only I had the patience to sit and swap floppy disks all day long. I suspect that something broadly similar applies to minds and the class of things they can understand: other beings might think faster than us, or have easy access to a greater store of facts, but underlying both mental processes will be the same basic set of general-purpose tools. So if we ever did encounter those billion-year-old aliens, I'm sure they'd have plenty to tell us that we didn't yet know – but given enough patience, and a very large notebook, I believe we'd still be able to come to grips with whatever they had to say.«[265]

VI.
Entzaubern, Widerlegen, Finden, Simulieren

Was die einen als Erklärbarkeit der Welt feiern, betrauern die anderen als ihre Entzauberung. Es macht einen Unterschied, über den zu oft hinweggegangen wird, ob für diese Entzauberung etwas Philosophisch-Politisches oder etwas Wissenschaftlich-Technisches verantwortlich gemacht wird, also »die Aufklärung« oder »die Naturforschung«.

1.) War es die Philosophie, so hieße das, daß mit Mitteln des Folgerns und der Begriffsarbeit, unter Ausnutzung gewisser Prinzipien der Aufwandsersparnis beim Probehandeln, der Zauber als etwas, was es (in Gestalt von Hexen, Göttern, diesem oder jenem Spuk) nicht geben kann und was es *deshalb (!)* auch nicht gibt, entbehrlich gemacht wird. Ob sich allzu viele Leute wirklich nach dem so Abgeschafften zurücksehnen, ist nicht so ausgemacht, wie die leichtfertige Rede von der Entzauberung suggeriert; es war ja vieles davon weniger herbeigewünscht (wie etwa der sonst so wenig naive Freud in der »Zukunft einer Illusion« zu glauben scheint – oder war's eine Finte?), sondern vielmehr verordnet bis befohlen.

2.) War es die Naturforschung, so geschah die Abschaffung des Spuks im Zuge seiner Ersetzung durch allerlei anderes, das es nun statt dessen gab und das unentbehrlich gefunden wurde, von chemischen Elementen bis zu Chromosomen. Zeus und Thor werden in diesem Fall nicht durch Dogmenkritik beseitigt, sondern durch eine Erklärung, wie Blitz und Donner zustande kommen, und die Nutzung der Elektrizität, mit der täglichen Umgang zu pflegen besagte Erklärung plausibilisiert und leichter im Gedächtnis verankern hilft.

Der Fehler, den eine nicht ganz kleine Anzahl von Bildungsplanerinnen und Erziehungsdenkern im Zuge der Aufklärung machten, war nun der, daß sie, ähnlich wie Popper den historisch wirklichen Weg der Forschung in der abendländischen Neuzeit mit deren essentieller Logik verwechselte, die sozusagen phylogenetisch-historische Abfolge von 1.) zu 2.) für den sozusagen ontogenetisch richtigen Weg zum

Weltwissen hielten: Erst wird der falsche Zahn rausgerissen, dann die Brücke gebaut.

Mit dieser Stufentheorie des Erkennens und der Wirklichkeitserringung öffnete sie eine Flanke für Kritik, die jedesmal frech wird, wenn nun irgendein »waldursprünglicher Blödsinn« (Engels) per Logik eben nicht auseinandergenommen werden kann, der bislang gang und gäbe war, wenn irgend etwas nicht »erklärt« werden kann, das eventuell gar nicht erklärt werden muß oder aber außerhalb des Erklärungsvermögens auch der Wissenschaft liegt, weil es zum Beispiel außerhalb des Raums der Ursachen und Wirkungen oder des Raums der Gründe und Folgerungen liegt, paradox ist, trivial, tautologisch, im Sinne des Positivismus bedeutungslos und so weiter. Die Religion bestimmt den allerursprünglichsten Anfang von allem möglichen bekanntlich verkehrt, aber poetisch; daraus jedoch, daß die Wissenschaft ihn mitunter auch nicht richtiger benennen kann, was mal logische Gründe hat, dann wieder solche des Standes der wissenschaftlichen Produktivkräfte, folgt wieder nicht, was manche daraus folgen lassen, nämlich daß an der verkehrten, aber poetischen Bestimmung »doch irgend etwas dran« sein müsse. Aus dem Match »Wissen gegen Glauben« wurde zu Unrecht sowohl von Aufgeklärten wie Gläubigen ein Nullsummenspiel gemacht, bei dem also die eine Partei immer gewinnen sollte, wo die andere verlor. Die Erklärungs-, Vorhersage- und Produktivkraftbefreiungsmacht der Einzelwissenschaften daran messen zu wollen, wie weit sie der Philosophie oder der Religion in deren *propria* zu greifen vermochte, war stets ein Blödsinn, der aus der Versuchung der Anspruchsumleitung erwuchs und von Leibnizens *lingua characteristica universalis* bis zu ein paar sehr häßlichen Stellen bei Bacon, an denen dieser, wie ihm etwa Paul Corfield in *Towards a philosophy of real mathematics* mit Recht verübelt, das zutreffende logische Schließen mit einer unfehlbaren Maschine vergleicht, wird die Vernunftpropaganda durch die Jahrhunderte von einigen argen Makeln entstellt, die diesem Blödsinn geschuldet sind. All dem zum Trotz jedoch kann man über den »Induktivismus«, den Popper, ein radikaler Feyerabend sowie ganze Heerscharen von Neopyrrhonistinnen und Erfahrungszweifler bekämpft haben, festhalten, daß er eine Karikatur dessen ist, was bei

Bacon, in der Enzyklopädie oder bei Leibniz steht. Wie das Naturrecht gehören die Annahmen »Es gibt eine einheitliche, isotrope Welt«, »Unsere Sinnesorgane und unser Denkvermögen gehören auch dazu und sind Ergebnisse adaptiver Komplexitätsentwicklung, die in diesem Kontinuum gewisse Überlebens- und Fortpflanzungserfolge erzielt haben«, »Der weiteren Verbesserung darf man sich mit einiger Aussicht auf Erfolg widmen« zu der Sorte Denkvoraussetzungen, die denen, die sie setzen, hinreichende Motivation dafür liefern können, sie als Praxisziele anzustreben und sozial zu erreichen. Die wenigen (es werden aber vielleicht, wenn wir die Literatur richtig überblikken, gerade wieder ein paar mehr), die es sich heute angelegen sein lassen, die alte Baconsche Linie fortzuführen, argumentieren ganz im Sinne seines impliziten wie expliziten Perfektibilismus erheblich anspruchsvoller, als er selbst je hätte können, weil sie so viele Einwände gegen diese Linie überwunden haben und fortgesetzt überwinden müssen, die aus der Entwicklung der Einzelwissenschaften wie aus der Methodendiskussionsgeschichte stammen, daß dieser Umstand allein, also die streitbare *sophistication* selbst so robuster Polemiker wie der »australischen Materialisten« um Armstrong und Stove, die etwa den Naturgesetzbegriff auf den Stand der nachklassischen, das heißt quantenmechanisch und relativistisch unterrichteten Physik bringen und die damit korrelierte erstaunliche Wahrheit, daß Bacon selbst den dabei nötigen Beweisgängen vermutlich nicht einmal hätte folgen können, wenn er gewollt hätte, zwei schöne Belege für seine Vorstellungen von der Entfaltung des fortschreitenden Wissens auf dem Weg der adaptiven Komplexitätsgewinnung durch rationale Operativierung der Induktion abgeben.

Nicht nur auf der Seite der Metatheorie aber, sondern auch in der wirklichen Forschung steht die Induktion seit etwa zwei Dekaden erheblich besser da, als die Exzesse der Wissenschaftsproblematisierung des zwanzigsten Jahrhunderts nahelegen wollten. Donald Gillies hat Mitte der neunziger Jahre auf der Basis der simulationstechnischen Fortschritte die Frage neu gestellt, ob nicht selbst die Karikatur der Induktion, die Popper, Feyerabend und andere angefertigt haben, um sie abzuschießen, eine funktionierende Realentsprechung hat, bei der echte Erkenntnisgewinne herausspringen; ob man also tatsächlich an Haupt und Gliedern vollständige, lebensfähige wissenschaftliche Theorien aus mehr oder weniger »rohen« Datenströmen generieren kann. Die Antwort fiel vorsichtig optimistisch aus.

Ein Beispiel: Seit einigen Jahrzehnten betreiben pharmazeutische Firmen etwas, das sie »mechanische Falsifizierung« nennen: Große Mengen von Gemischen werden hergestellt und auf verschiedene erwünschte und unerwünschte Eigenschaften industriell getestet; die Suche ist zwar nicht blind im Popperschen Sinne, also nur, ganz wie die Pyrrhonistik will, von theoretischem Vorverständnis der Pharmachemie geleitet, das zunächst in die Versuchsreihen einfließt. So weit, so gut – unter energetisch-ökonomischem, Probehandeln zum Handeln in Beziehung setzendem Aspekt verdient allerdings bereits der bemerkenswerte Verstoß gegen die Intuition registriert zu werden, daß es offenbar inzwischen oft kosteneffektiver ist, die Gemische zu testen, als Chemikerinnen darüber nachdenken zu lassen, ob es sich lohnt, sie zu testen. Eigentlich interessant jedoch wird die Sache, wenn man Computer hinzuzieht: Sobald man den Abgleich der »mechanischen Falsifizierung« auf sehr viel größere, von menschlichen Textkräften gar nicht mehr zu bewältigende Datenmengen überträgt, desto weniger »Hypothetiko-Deduktivismus«, desto weniger leitendes Vorverständnis ist noch nötig, um durchs Gestrüpp zu finden, desto mehr stellen sich die Modelle als Korrelationen tatsächlich mechanisch, ja automatisch her – »mechanische Induktion« nennt Gillies das –, es gibt ein Programm namens GOLEM, das auf diesem Weg der nacheinandergeschalteten Filter ein Gesetz gefunden hat, das besagt, daß eine Aminosäure, deren Nachbarn auf einer Molekülkette bestimmte Eigenschaften besitzen, sehr wahrscheinlich einer bestimmten Sorte Proteinfaltung angehört. Dem Computerprogramm ist gleichsam etwas aufgefallen, nicht nur Eigenschaften, sondern Gruppen und Korrelationen von Eigenschaften haben sich bemerkbar gemacht, und damit hat man bereits den Keim dessen, was auch Popper oder Lakatos »Theorie« nennen würden: eine falsifizierbare Regel mit Vorhersagekraft.

Für die Neopyrrhonik ist so etwas Anathema; aber auch für logische Positivisten öffnet man damit eine Pandorabüchse: Wenn man den Induktionsbegriff auf diese Weise informatisiert, sagt man dann nicht, bei der Manipulation mathematischer, logischer und verwandter Ausdrücke sei ebenfalls so etwas wie Induktion im Spiel? Tatsächlich findet sich hier ein unerwarteter wissenschaftsbezogener Feldeffekt der Problematik des unscharfen Unterschieds zwischen analytischen und synthetischen Wahrheiten, die wir im dreizehnten Kapitel erörtert haben – es gibt inzwischen Beweisprogramme für Computer, die sowohl Existenzbeweise (»eine Größe x existiert«) wie konstruktive Beweise (»x ist gleich …«) durchführen, und die Mathematikerin sitzt *for all intents and purposes* untätig daneben wie sonst nur der Chemiker, der im Labor zwei Stoffe zusammengeschüttet hat und jetzt auf eine Reaktion wartet (der sitzt heute allerdings auch immer häufiger vor dem Computer). Wird die Mathematik damit womöglich eine experimentelle Wissenschaft? Einige Mathematiker und Physikerinnen, die sonst nicht viele Ansichten teilen, von Wolfram bis Chaitin, bejahen das inzwischen, andere wie Roger Penrose werden von solchen Aussichten in den Platonismus getrieben.

Anderswo als im dergestalt schon wieder Ontologischen, näher am menschlichen Mesokosmos, versuchen derweil Teilnehmerinnen einer neuen Metadiskussion der Forschungspraxis, den mit dieser Autonomisierung des Simulationsbereichs verbundenen Bruch – ist es ein epistemischer? Ein methodologischer? – genauer zu beschreiben. Daß in ihm Quantitäten – die schieren Datenmassen, die beim *number crunching* heute verarbeitet wird – eine qualitative Veränderung der Erkenntnisarbeit bewirkt haben, ist unbestreitbar; was die neue Qualität für einen Namen haben soll, bleibt umstritten. Man spricht bezüglich der Simulation inzwischen schon von einer »dritten Säule« der Forschungsarbeit neben der Deduktion (dem Manipulieren von Gleichungen) und der Empirie (dem Experiment). Die erste der beiden klassischen Säulen ist selbst als Werkzeug der Erschließung tatsächlich vorher unbekannter Zusammenhänge vergleichsweise jung; wie man etwas durch Beobachtung herausfindet, durch Wiederholung auf seine Regelhaftigkeit überprüft und durch Gegenprobe festklopft, wußten schon manche Altägypter, daß man aber (beispielsweise) etwas Hochabstraktes und zugleich Hochreales wie die Antimaterie als reines Artefakt gewisser Gleichungen zu Gesicht bekommen und dann erst, nach gezielter Suche, das erste Positron beobachtet, hat der Physik erst ihre Moderne beigebracht, in diesem Fall vertreten durch Paul Dirac, den deshalb manche im Verdacht hatten, eher Platonist als Positivist zu sein, weil sein ungewöhnlich ausgeglichenes Temperament ihm nahelegt, dem eigenen Rechnen mehr zu vertrauen als dem experimentellen Herumprobieren anderer.

Leute wie er – man spricht von einer »heroischen Generation« der Quantenmechanik, in der Eigenschaften wie die des Antimaterie-Entdeckers vergleichsweise häufig, wenn auch bei kaum jemandem sonst so gebündelt gegeben waren – gelten unfairerweise manchmal als Pioniere einer als »Halt den Mund und rechne«-Schule der bewußten Abstinenz von allen sogenannten »Interpretationen« der Quantenmechanik verspotteten Richtung; diese hat allerdings, soweit es sie überhaupt gibt und ihr Name nicht einfach eine Schmähung für solide Forschungsarbeit im Gegensatz zu hochmögender Spekulation ist, inzwischen ihren Ansehensrückstand auf die radikalen Realisten (Einstein, Schrödinger) und die Neopyrrhoniker (Bohr, Heisenberg), die es damals auch gab und die zusammen sogar die Mehrheit bildeten, mehr als aufgeholt, da sich mittlerweile herausgestellt hat, daß die philosophisch gemeinten Kategorien, in denen seinerzeit um den Wirklichkeitsgehalt der Quantenmechanik gestritten wurde, der Sache vielfach unangemessen waren und daher diejenigen, die sich aus dem Streit zunächst einmal einfach heraushielten, die Ehre behalten, den Raum geschaffen haben, in dem sich jetzt neue, andere Kategorien bilden lassen (aktuelle, etwa an geometrischen Überlegungen orientierte Versuche vereinheitlichter physikalischer Theorien sind eher vom Dirac-Ansatz geprägt als von der Jagd nach – oder umgekehrt: dem dogmatischen Verbot – der Anschaulichkeit).

Das Philosophische außen vor gelassen, bedeutet die Errichtung der »dritten Säule« aber vor allem eine organisatorische Herausforderung. Was für eine Astronomie wird das, wenn man kaum mehr durch Teleskope und immer häufiger durch Datenfilter schaut, welche Ergebnisse ihrer Sensorennetzwerke muß sich die Umweltwissenschaft zu Herzen nehmen, wie verändert sich die Nosologie der Medizinforschung, wenn sich das kausale Denken dort statistifiziert, wie bringt man *(semantic science)* Computerverbundsystemen Bedeutung bei (nicht jede Korrelation ist wichtig), kontrollierte Vokabulare, Taxonomien, am Ende eben auch so etwas wie Ontologie? Letztere enthüllt in solcher Lage ihr Wesen als etwas durchaus Technisches im Sinne unseres fünften Kapitels und macht auf diesem Umweg deutlich, was wir mit unserer Bestimmung der philosophischen Arbeit als einer Art Ingenieurswissenschaft im dreizehnten Kapitel sagen wollen.

So wie die Frage »Deduktion oder Empirie« durch die »dritte Säule« auf eine dialektisch höhere Stufe gehoben wird, auf der sich eine neue Synthesis abzeichnet, wird auch die Frage der Organisation der wissenschaftlichen Arbeit durch die Vernutzung von informatisch aufbereiteten Datenmengen neu gestellt; die Dichotomie, die dabei ihren binären Charakter verliert, ist die von »zentral oder dezentral« – wie dezentral ist denn etwas, das überall ist? (von Spinozas *deus sive natura* würde man ja auch nicht sagen wollen, er sei verstreut). Clay Shirky, einer der findigsten Internetdenker der Gegenwart, hat über die berühmte Vorhersage des IBM-Mitschöpfers Thomas Watson, es gebe auf der Welt keinen Markt für mehr als fünf *personal computers,* den nicht unebenen Witz gemacht, Watson habe sich um vier nach oben verschätzt – die Konsequenz von Vernetzung und *ubiquitous computing,* will Shirky wohl sagen, führt dazu, daß man etwas, das nicht vernetzt ist, in Zukunft gar nicht mehr als Rechner ansehen wird, eine Perspektive, auf die unter Modelabels wie »Schwarmintelligenz« natürlich auch die Funktionseliten der ständig zu optimierenden Ausbeutung ein Auge geworfen haben. Wer sich noch an Marx erinnert, wird sich wie etwa Georg Fülberth Mühe geben, das Verhältnis der Gewinnung des gesellschaftlichen Reichtums mittels einerseits Vernutzung von Naturressourcen, andererseits Ausbeutung menschlicher Arbeitskraft im Lichte der Arbeitsverhältnisse der Techniki und *knowledge workers* neu zu überprüfen; anstatt allerdings die Mehrproduktion und die kapitalistische Mehrwertaneignung sowie den ungleichen Tausch in einer Art Generalüberholung des Konzepts der Kapitalzusammensetzung relativ unwichtiger, Dinge wie den Schumpeterschen »Innovationsgewinn« (durch Verbilligung der Produktion, bessere Arbeitskoordination, dadurch auch wachsenden Natur- wie Arbeitskraftzugriff et cetera) relativ wichtiger zu nehmen, könnte man auch fragen, ob »Innovationsgewinn« nicht vielleicht ein allzu freundlicher Name für die schizoiden Schübe ist, in denen das Kapital immer wieder (und zunehmend irrealer) versucht, die ursprüngliche Akkumulation, die ihm so gut getan hat, unter Zeitvorzeichen, die ihm nicht günstig sind, zwanghaft zu wiederholen (kann man nicht die vielen kleinen digitalen Kleinproduzenten von ihrem Land oder Winzeigentum verjagen und proletarisieren, wie man das damals mit den Winzbauern oder Handwerkerlein getan hat? Der feuchte Traum übersieht, daß die digitale Boheme schon proletarisch auf die Welt gekommen ist und nie etwas anderes zu verkaufen hatte als Hirnarbeitskraft, in deren Produktion und Reproduktion inzwischen, nach allerlei Dumpingzyklen, weniger gesellschaftliche Arbeitszeit eingeht als früher in die Wiederherstellung der Muskelkraft von Fließbandmalochern).

Ja, das Wissen – der Datenzugriff und die Verarbeitungsgeschwindigkeit – von Leuten, die in den Netzen arbeiten, wird gegenüber dem vereinzelten Rumrödeln von anno dazumal ungeheuer beschleunigt, wie die Dampfmaschine die Muskelkraft der Arbeiter vervielfachte. So hört man jetzt Gewerkschaftsfunktionärinnen und solche, die das Zeug dazu hätten, welche zu werden, immer wieder klagen, wie solle man das alles überhaupt noch abrechnen, da kämen ganz neue Ausbeutungsformen auf uns zu, man dürfe das ja nicht als Tagelöhnerei sehen, die Leute nähmen doch Facharbeiteraufgaben auf sich – kein Grund zu verzagen: Wenn die Gewerkschaft sagt, das könne sie nicht rechnen, da ließen sich keine Forderungen mehr begründen, stellt sie sich dümmer, als selbst die Besitzenden erlauben, denn die können es offenbar ganz gut rechnen, sonst würden sie diese Arbeitsformen, die, wären sie wirklich unberechenbar, die lebenswichtigen Profitkalküle zerstören würden, nicht dulden und schnell verbieten lassen. Wenn das Kapital unter den veränderten Bedingungen Geld verdienen kann – und offenbar hofft, wie immer, wenn Schumpeter mit dem Innovationsgewinn winkt, mehr und schneller Geld verdienen zu können als unter den alten –, dann kann man auch den Kampf dafür aufnehmen, sie sollten ihre Kalküle offenlegen und ordentlich abrechnen, da hat sich gegenüber der Dampfmaschine formal überhaupt nichts verändert.

Offenlegung der Kalküle: Die A2K-Bewegung hat völlig recht, freier Zugang zu Informationen (und mehr noch: freier Zugang zu Rechtstiteln auf diese, wenn nicht deren Abschaffung, die dann derjenigen des Privateigentums an Produktionsmitteln insgesamt schon recht nahe käme) ist der Name des *battle space*, auf dem nicht die Verteilung, sondern die sehr viel wichtigere Produktion in den nächsten Jahren ausgefochten werden wird. Die Ware als Urzelle der kapitalistischen ökonomischen Ontologie ist zu eng geworden für eine Infowirtschaftsentwicklung, die infolge der einst konkurrenzkapitalistisch ausgelösten Verwissenschaftlichung der Erzeugung nicht nur die Handlungsoptionen, sondern auch die Probehandlungsoptionen unter Einschluß der ontologischen Kapazitäten des Menschengeschlechts gegenüber der Zeit etwa der Leibnizschen Monadologie gewaltig erweitert hat, weswegen etwa die Physik dank Leuten wie J.S. Bell, dem formalmathematischen Entdecker der Nichtlokalität des Quantenpropriums, außer Observablen inzwischen auch »denkbare Seinsgrößen«, in Analogie zu den *observables* also sogenannte *beables* kennt und allmählich auch die *computables* sowie lauter neue Relationen zwischen diesen. Unter den Sachen und Sachverhalten, welche Menschen fabrizieren, sind nicht die unwichtigsten diejenigen, die man »Bedeutungen« nennt – die Möglichkeiten, wann, wie und wo etwas für ein anderes stehen, es abkürzen, erklären, begründen, anstoßen, bedingen, verbieten kann. In dem Bezirk, der von diesen konstituiert wird, ist die Wissenschaft eben nicht als etwas aufgetreten, das entzaubert, vereindeutigt und verflacht, sondern als eine Herstellerin zahlreichster neuer Bedeutungen, die es darin mit der Philosophie leicht aufnehmen kann und nur von einem einzigen anderen menschlichen Tätigkeitsbereich übertroffen wird, dem wir uns daher im nächsten Kapitel, dem vorletzten vor Bündelung, Fazit und Ausblick, zuwenden wollen: den Künsten.

SIEBZEHN
SINNLICHE UNWIRKLICHKEIT

I.
Geschichten von Bedeutung

Eine junge Frau steht in einem Museum in Tel Aviv abseits ihrer Gruppe vor einem keineswegs besonders bemerkenswerten oder gar besonders guten Bild von Klee und weint, minutenlang, eine halbe Stunde lang. Die anderen aus ihrer Gruppe gehen scheu um sie herum, sprechen sie nicht an, lassen sich vom Gruppenleiter führen, sie kommt sehr viel später nach, die Tränen trocknen auf ihrem Gesicht, sie hat sie nicht abgewischt und sieht glücklich aus.

Zwei deutsche Kunstschaffende, Mann und Frau, besuchen ein afrikanisches Land, um dort eine Serie von Fotografien aufzunehmen. Vor Plakatwänden mit bunten Collagen aus Material, das der Mode- und Werbewelt entnommen ist, posieren Einheimische; das grelle Sonnenlicht erzeugt Effekte, die man mit Photoshop nicht zustande brächte. Einmal beschwert sich ein Passant, man werde wieder einmal von den Europäern ausgebeutet. Aber alle, die an der Aktion teilnehmen, können sich am nächsten Tag, auch wenn es sonst kein Honorar gibt – das Künstlerpaar ist nicht reich und hat sich die Reise von Förderern unterstützen lassen –, einen Abzug des Bildes abholen, auf dem sie zu sehen sind.

Eine japanische Malerin von Ende Vierzig, die von sich selbst sagt: »Ich habe meine besten Zeiten am Kunstmarkt und bei der Kritik hinter mir, vielleicht loben und kaufen sie mich wieder, wenn ich tot bin«, schneidet in ihrem nicht hinreichend beheizten, etwas zu großen, aber nicht allzu teuren Studio in der Nähe von Tokio, auf dem Gelände einer aufgegebenen Fernsehgerätefabrik, mit dem Teppichmesser maltuchkaschierte Kartons zurecht, rührt Hasenleim für Grundierungen an und erzählt von einer Freundin, die jetzt mit zweiunddreißig Jahren ihr erstes Kind gekriegt hat. Das Kind ist blind zur Welt gekommen, die Mutter ist ebenfalls Künstlerin. »Das ist doch eine seltsame Geschichte«, sagt die Malerin und schneidet die Kartons schmaler,

> »man hat ja als Frau immer Angst, die Galeristen sagen, nach dem ersten Kind ist die Kreativität kaputt, das ist auch so ein geheimer Grund, warum sie nicht gerne Frauensachen nehmen – und bei dieser Freundin ist es jetzt so, daß sie lauter neue Sachen macht, das Kind überallhin mitnimmt, und sogar uns andere, ihren ganzen Bekanntenkreis, inspiriert das – es klingt vielleicht gefühlskalt, aber ich denke seither ganz anders über Bilder nach. Was ist das, wenn man blind geboren ist? Menschen würden vielleicht sagen, wie schade, sie kann den Frühling nie sehen, die Kleine, sie kann nie ihrer Mutter ins Gesicht sehen, wenn jemand in der Stadt an ihr vorbeigeht, den sie kennt, wird sie es vielleicht nicht wissen – aber mich beschäftigt etwas ganz anderes: Sie wird den Unterschied nie kennen zwischen einem Bild und der Sache, die es abbildet. Sie wird nicht wissen, was das ist, malen. Das verunsichert meine ganze Idee von Kunst – es ist fast so, weißt du, daß dieses Kind meine eigene Kreativität mehr bedroht als die seiner Mutter.«

Ein erschreckend einfallsloser, sehr belesener und auffallend eitler Kulturbürokrat wohnt am Ende eines Krisenjahrs der Probe eines streng politischen, äußerst holzschnitzartig gearbeiteten Theaterstücks bei, das eben erst geschrieben wurde, in der ernsten Absicht, über die Lage des Landes zu reden. Er beschwert sich noch in der Kantine der Bühne, das sei ihm alles zu schwarzweiß, es gebe da ja gute und böse Figuren wie einst bei Schiller. »Ich bin ja gelernter Dialektiker«, blökt der Idiot. »Das ist doch alles viel widersprüchlicher, ich war mal mit einer Psychiaterin liiert, die auch meinte, es gebe suchtgefährdete und nicht suchtgefährdete Menschen, in Wirklichkeit aber gibt es diese klaren Positionen nicht, es ist alles Dialektik.« Auf den vorsichtigen Einwand einer Hegel-Leserin, Dialektik bedeute keineswegs, daß weder eine These noch eine Antithese existierten und die Welt ein undifferenziertes Ineinander chaotischer Nichtpositionen sei, sondern vielmehr das Gegenteil, erzählt der Idiot weitere irrelevante Einzelheiten aus seinem Intimleben und behauptet unter ständig zunehmender Erregung, ihm sei das ja eigentlich alles auch egal, das Stück sei schwach und belanglos, es kratze ihn nicht, seinetwegen könne das alles sein, wie es wolle, und auf dem Höhepunkt der immer gehetzteren, immer lauter werdenden Predigt faßt er diese schließlich damit zusammen, es lohne sich nicht, über dergleichen zu streiten, und sieht dabei aus, als müßte er gleich platzen.

Drei Studierende einer Künstlerklasse an einer süddeutschen Hochschule arbeiten zur Vorbereitung einer Gruppenausstellung an drei unterschiedlichen Deutungen des 1975 veröffentlichten, für die Entwicklung der Konzeptkunst nicht eben folgenlosen Textes *A Declaration of Independence* von Sarah Charlesworth und des darin verwendeten spezifischen Begriffs von »Entfremdung« (*alienation*). Eine Studentin deutet den Begriff streng marxistisch und soziologisch, ein Student widerspricht ihr und deutet ihn eher anthropologisch-phänomenologisch, eine andere Studentin behauptet, das Künstlerische (oder, wie sie sagt: »Kunstaffine«) an Charlesworths Begriffsverwendungsweise sei eben, daß soziologische und anthropologische Kategorien unauflöslich ineinandergeblendet würden. Eine ausführliche Diskussion mit den anderen in der Klasse und der Professorin ergibt, daß die beiden radikal einseitigen Lektüren in sich stimmig sind und den Text auf zwar je verschiedene, aber in beiden Fällen sehr ergiebige Weise erschließen, während die dritte Lesart, die in Kenntnis der beiden anderen ihre Synthese versucht, an mehreren wichtigen Punkten inkonsistent ist, sich leicht angreifen läßt und, wie die Verfasserin schließlich selbst einräumt, »einfach nicht funktioniert«. Die Klasse einigt sich verblüfft darauf, daß zwei einander ausschließende Interpretationen einem ästhetischen Gegenstand, selbst wenn dieser schon metaästhetisch konstituiert ist und eher Kunstgedanke als Gedankenkunst sein will, offenbar angemessener sind als eine versöhnende, inklusionistische, tolerante.

Ein fünfundvierzigjähriger DJ und Plattenproduzent aus Moskau besucht für Plattenaufnahmen Berlin. Eines seiner neuen Stücke enthält ein leicht verfremdetes und angeschrägtes Sample aus Glenn Goulds Interpretation von Bachs französischer Ouvertüre (BWV 831), das einem Tontechniker, der eine akademische Klavierausbildung genossen hat, bekannt vorkommt. Der Russe klärt die Herkunft auf, woraus sich ein Gespräch zwischen ihm und dem Tontechniker über Gould entwickelt. Der Tontechniker erzählt die dem DJ unbekannte Anekdote von Goulds Begründung für dessen Abschied vom Konzertbetrieb: Man entwickle, so habe sich Gould beschwert, bei einem Gastspiel oder einer Tournee früher oder später Manierismen, kleine Spieleigenheiten, die das Publikum im schlimmsten Fall honoriere, wodurch man verführt werde, die jeweilige Stelle immer wieder genau so zu spielen, am Ende sei man nicht mehr als ein Automat, und das wollte Gould vermeiden. Der Russe findet das kurios, ihm, erklärt er, gehe es gerade umgekehrt: Er ärgere sich immer, daß er niemals zweimal denselben Set spielen könne, egal wie sehr es ihn reize, einen besonders schönen Abend noch einmal, vielleicht am selben Ort mit denselben Leuten, zu wiederholen, und wie sehr es ihn ärgere, daß das selbst bei eiserner Disziplin und sturstem Abspielen derselben Sachen in derselben Reihenfolge und denselben Geschwindigkeiten niemals gelinge – »ein Automat sein zu können, dieses Glück zu erleben«, sagt er mit absichtsvoll dick aufgetragener Wehmut, vielleicht nicht ohne Ironie, »das müßte doch wunderschön sein«.

Eine französische Kunsthistorikerin besucht einen alten Pariser Studienkollegen, der freiberuflicher, aber an wenige Zeitschriften und Zeitungen per Gewohnheitsrecht gebundener Kunstkritiker geworden ist. In seiner Wohnung hängen nur Originale, bis auf einen einzelnen Druck – mit aufwendiger Technik hergestellt, auf teurem Papier – des von John Everett Millais 1851 vollendeten Gemäldes »Mariana«. Die beiden Fachleute unterhalten sich über die Präraffaeliten, die er mag, sie nicht, und es stellt sich heraus, daß sie mehr über diese Schule weiß als er. Als der Kunstkritiker mit der Anekdote aufwartet, man könne die Farbenfülle von Millais' »Ophelia« selbst mit dem verfeinertsten Digitaldruck der Gegenwart – nach Auskunft eines Druckers, mit dem er darüber geredet habe – nicht in allen Einzelheiten farbecht wiedergeben, erzählt sie ihm einiges über die farbtechnischen Umwälzungen in der Malerei des neunzehnten Jahrhunderts, das er nicht wußte, über die Ablösung von Ölfarbblasen zunächst durch metallische Farbspritzen und schließlich die 1841 patentierten Farbtuben. »Sehr viel Technisches geschah damals«, sagt sie, »fast soviel wie heute, ich meine nicht malerische Technik, ich meine wirklich Apparate, Vorrichtungen.« Er fragt sie, ob es das sei, was sie an den Präraffaeliten nicht schätze, und sie präzisiert: »Nicht die Tricks und Hilfsmittel, nein. Aber sie haben sie verborgen, heute werden sie ausgestellt, betont, das gefällt mir besser.«

Die Künste, sagt jede dieser Geschichten, bringen seltsame Maschinen hervor und werden von seltsamen Maschinen hervorgebracht; selbst da, wo gehört, gesehen, benutzt, gebraucht, erfahren, konsumiert und über all das geredet, geschrieben, gedacht wird, entstehen Neuigkeiten, selbst die sogenannte »Rezeption« kann man ebensogut »Produktion« nennen, weil sie mehr hervorbringt als abnutzt, mehr herstellt als auffrißt, mehr zusammensetzt als verbrennt. Wir haben im fünften Kapitel Maschinen definiert als etwas, das etwas anderes herstellt oder dabei hilft, und müssen also, wenn wir von den Maschinen der Künste reden, damit rechnen, von berufener und weniger berufener Seite daran erinnert zu werden, daß wir damit bereits eine Vorentscheidung zugunsten einer an Werken orientierten Kunstauffassung getroffen haben, die heute, da man in der Beschäftigung mit Kunst außer von Werken auch von Prozessen, Relationen und ähnlichen dem Dingschema entrückten Angelegenheiten zu sprechen gelernt hat, antiquiert bis reaktionär aussehen mag. Das Mißverständnis mag fortbestehen, wenn wir deutlich sagen, daß die Verlegenheit, die dazu geführt hat, anstelle des Werkbegriffs etwa in der deutschsprachigen Kunstkritik von »Arbeiten« zu reden, weil dabei immerhin die Erinnerung an ein wichtiges Werk mitschwingt, uns nicht betrifft, weil die Werke, die wir erwähnen müssen, um unseren Maschinenbegriff im Betreff der Künste zu erläutern, eben nicht das schmutzige kleine Geheimnis des bürgerlichen Werkbegriffs verleugnen müssen, daß da, wo »Werk« draufsteht, immer »Ware« gemeint ist, sondern die Betrachtung künstlerischer Praktiken unter dem Aspekt der Produktion von Produktionsmitteln unser Verfahren ist, das Ineinander und Gegeneinander von Tauschwert und Gebrauchswert zu thematisieren, statt es zu verbergen, wie das mithilfe des bürgerlichen Werkbegriffs (und des ihm als Schein des letzten über seine Produktionsmittel frei verfügenden Kleinproduzenten, des Künstlers, supplementierten Geniebegriffs) – jenes Ineinander, das seit der marktvermittelten Autonomisierung der Kunstsphäre im Gefolge ihrer Emanzipation vom ständischen Mäzenswesen, welches in der Hochmoderne allmählich durch ein kapitalistisches Mäzenswesen ersetzt wird, dessen Marktgestalt interessanterweise den Spielcharakter der Künste selbst verdoppelt: Wie Kunst Erkennen spielt, spielt der Kunstmarkt Markt, und ist doch genauso wirklich einer, wie die Erkenntnisse, die sich an Kunstwerken gewinnen lassen, wirkliche sind.

Maschinen als basale Funktionseinheiten dessen, was wir Technik nennen, sind uns Operationalisierung derjenigen Hexis und Praxis, die das Zwecklose (die Natur) unter Zwecke setzen. Die Besonderheit derjenigen Maschinen, welche die Künste hervorbringen und die von den Künsten hervorgebracht werden, ist nun, daß diese Zwecksetzungen maximal unterbestimmt sind, daß der Grenzwert des Kunstzwecks die Verfügung über alle Zwecke dergestalt ist, daß sie sämtlich selbst wieder zu Mitteln taugen sollen für weitere Zwecke, daß das Probehandeln also das Handeln aufschiebt, daß daraus erstens Lust und zweitens Bedeutung entsteht – Bedeutung als die sozusagen leere Form des Zwecks an sich, daß irgend etwas für irgendein anderes stehen kann. Kunstwerke, künstlerische Arbeiten, künstlerische Prozesse, Kunsterfahrungen sind unpraktische, antipragmatische Maschinen, an denen dann freilich andere Zwecke haften können, etwa ideologische, sexuelle, ökonomische. Der in vielen Sprachen vorkommende Gebrauch von Wörtern aus dem Bedeutungsbereich der Künste für keineswegs zweckfreie Gegenstände oder Handlungen wie etwa die »Kunst des Krieges« oder das »Meisterwerk der Gesetzgebung«, Gegenstände und Handlungen also, deren Vollendungsgrad, Schönheit, Attraktivität daran gemessen wird, daß nichts ihnen Äußerliches ihre Zweckgerichtetheit stört, weist darauf hin, daß Zweckfreiheit eben keine Bedingung fürs Vorliegen von etwas den Künsten Zugehörigem oder damit Verwandtem ist, sondern im Gegenteil das besonders explizite Hervortreten der Gerichtetheit auf menschengemachte Zwecke ohne Spuren von diesen selbst feindlicher, äußerlicher, sie störender Gewalt, fremden Willens et cetera – was »sich selbst genügt« und keinen fremden Zwecken, gilt als Kunst oder kunstaffin, und wenn es keinen anderen Weg gibt, diese Störung durch Fremdes, diese Heteronomie zu verhindern, als zu erklären, der Zweck einer Sache sei eben, daß sie keinen habe, dann wird auch dieser Weg – l'art pour l'art – beschritten: Lieber bringt sich die Kunst um, als sich anderen Zwecken zu unterwerfen als dem Zweck der Bedeutungserzeugung, dem Genuß der unerpreßten Gerichtetheit. Gerade dies aber, wie gesagt, zieht alle möglichen Zwecke an: Das an die eigene Ungebundenheit Gebundene lockt alle, die selbst ungebunden sein wollen, damit an, daß es suggeriert: Wer diese Freiheit beherrscht, ist selbst frei.

Aus solcher Offenheit für die verschiedensten Zwecke, welche erlaubt, die vieldiskutierte »Zweckfreiheit« des Künstlerischen als etwas zu sehen, das nicht weniger Zweck hat als anderes Menschengeschaffenes, sondern mehr Zweck anlockt, das also nicht Zweck reduziert, sondern vervielfacht, folgt aber die Schwierigkeit für Pragmatisten und Neopragmatisten von Dewey über Rorty bis Shusterman, eine pragmatische Ästhetik zu schreiben, die sie deshalb nur zuwege bringen, indem sie ihren Praxisbegriff an der Kunsterfahrung reduzieren und ihn von Kategorien wie Gebrauch und Benutzung möglichst weit wegrücken; das Dilemma ist strukturell dem des Positivismus und Neopositivismus verwandt, der Erkenntnis ohne Normatives beschreiben will und deshalb das Erkenntnisinteresse aus seinen Gleichungen kürzen muß, was die vielbeklagte Weltfremdheit, mangelnde Tatsachenhaltigkeit seiner Konstruktionen erzwingt und ihn wie auch die pragmatischen Ästhetiken in die Nachbarschaft von Verfallsformen der Aufklärung bringt, die mit Adornos und Horkheimers Verdinglichungskritik oder ihren Angriffen auf die instrumentelle Vernunft weniger leicht zu fassen sind als mit Alain Badious kluger Wendung gegen Stummelmaterialismen, die glauben, es gebe nur Dinge und die Rede darüber, nur Objekte und Objektsprachen, oder in unserer eigenen Begrifflichkeit: nur Natur und Gesellschaftliches, also Dinge, die sich nicht mitändern, wenn sich Sprache ändert, und andere, die das tun – was dabei dann fehlt, sind sämtliche Schnittstellen zwischen beiden, ist die Tatsache, daß im menschlichen Kosmos diese beiden immer miteinander vermittelt sind durch jene wahrnehmbaren Spuren des Nichtmehrseienden und Voraussetzungen des Nochnichtseienden, die wir Implex nennen. Aus diesem Kosmos, also der Gesamtheit aller Sachverhalte, die geworden sind und vergehen werden und an denen wir beides, weil wir uns erinnern und vorausplanen können, abzulesen imstande ist, können wir uns niemals hinauspraktizieren – wenn auch hinausprobepraktizieren, hinausdenken, sonst gäbe es weder Wissenschaft, noch Kunst, noch Politik, noch Philosophie. Daß die Künste die Zwecke anziehen, indem sie sich für sie offenhalten, macht sie, wie wir gesehen haben, zum Austragungsort auch wissenschaftlicher, politischer, philosophischer Verweis- und Implexbeziehungen; auf der Rezeptionsseite erscheint dies dann als Teilhabe der künstlerischen Werke oder Prozesse an diesen Beziehungen, oder wie die Psychoanalyse sagen würde: als Überdeterminiertheit; auf der Produktionsseite produziert es Souveränitätseffekte, den notwendigen (und produktiven) Schein der Verfügung über kunstfremde Verweis- und Implexbeziehungen seitens der Künstlerinnen und Künstler, was wiederum auf Rezeptionsseite den Geniebegriff plausibilisiert und etwa bei den erzählenden Künsten vom Epos bis zur Fernsehserie überall die Lesart einer Künstlerinnen- oder Künstlerfabel erlaubt (also die Umkehrung der Verfahrensweise Joseph Campbells in *The Hero With a Thousand Faces*, der das Heroische als das in allen Genieleben von der Vorzeit bis heute fortlebende Mythische sieht – auch Stephen Dedalus wäre ihm Ikarus, während wir den Akzent in dieser wechselseitigen Implikatur des Mythischen und des Künstlerischen lieber andersherum setzen und in Ikarus bereits die Selbstverewigung leider anonymer Kunstschaffender erkennen. Man lese einmal so verschiedene Texte wie den *Hamlet*, die *Tarzan*-Romane oder die Stücke Becketts als Künstlerparabeln: Es geht immer auf, aber das sagt nichts über die »tiefere Bedeutung« der Werke oder darüber, »was uns die Dichter damit sagen wollen«, sondern über die Natur der Künste, denen nun mal alle drei Exempel angehören).

Wenn die französische Kunstkritikerin in der oben erzählten Anekdote von den Präraffaeliten den moderneren Kunsttatsachen einen nicht nur technischen, sondern technizistischen (das Technische an sich selbst ausstellenden, thematisierenden, zelebrierenden) Charakter bescheinigt als den älteren, so spricht sie von etwas, das wir in der Terminologie dieses Buches nicht anders nennen dürfen als »Fortschritt«: Das neuere Künstlerische thematisiert die Tatsache, daß seine Zwecke sich nie erfüllen lassen, weil sie Probezwecke sind, Spielzwecke, für uns selbst heutige Menschen deutlicher als das ältere Künstlerische, aber damit wird nur die spezifische Differenz zwischen dem Künstlerischen überhaupt und der Nichtkunst verdoppelt, in die Kunst selbst geholt und in ihr verdoppelt, denn Kunst war gegenüber Nichtkunst schon immer das, was heutige Kunst gegenüber älterer Kunst ist. Technisches setzt ein zwecklos Vorhandenes – eine Naturtatsache, die in Maschinen isoliert und konfiguriert werden kann – unter Zwecke, verleiht also einem bereits Vorhandenen die Bedeutung, auf etwas noch nicht Vorhandenes (den zu erfüllenden Zweck) zu verweisen, diese Eigenschaft des Technischen – seinen Verweischarakter – isolieren nun die Künste, wie etwa ein Flaschenzug Eigenschaften der Mechanik isoliert und auf spezifisch zweckgebundene Weise konfiguriert – und machen daraus Bedeutungsmaschinen, das heißt Vorrichtungen oder Handlungszusammenhänge, deren Fähigkeit, auf andere zu verweisen, nicht ihren Zweck ermöglicht, sondern ihr Zweck bereits ist. Das Probehandeln gewinnt ja seine Zukunftsfähigkeit, sein von Musil sehr schön »Möglichkeitssinn« getauftes Empfinden für Kombinatorik und Unterscheidung im ersten aller Abstraktionsschritte, dem vom Gedächtnis, der Erinnerung, der Speicherung des nicht mehr Vorhandenen zum noch nicht Vorhandenen, aus dem Wissen, daß das, was wahrgenommen wird, einmal anders war, und der Hume und Reid so wichtigen Überzeugung, daß es folglich auch einmal anders sein wird. Die Künste wären nichts ohne dieses menschliche Gedächtnis: Daß etwas ein anderes bedeuten kann, ist nur gegeben, weil etwas an ein anderes erinnern kann; daraus ergibt sich zwingend auch ein besonderes Verhältnis der Künste zur Geschichte, aus dem wiederum ein besonderes Verhältnis der Künste zur Politik entsteht, welches beispielsweise ermöglicht, die Malerei Davids oder Courbets als eine Geschichte des französischen Republikanismus zu schreiben oder umgekehrt.

Die spezifische Zugangsweise der sinntatsachengemäßen Reflexion auf die Erinnerungs-, Bedeutungs- und Verweismaschinen der Künste ist überall da, wo eine relative soziale Autonomisierung der

Kunstsphäre erreicht wurde, notwendig nicht nur historisch, sondern vor allem begrifflich, von den Ideen der aristotelischen Ästhetik über die erzbürgerliche Idee einer »Klassik« bis hin zu Warburgs »Pathosformel«, Benjamins »Aura« und Ideen wie »Avantgarde« oder »Modernismus«.

Die Konturensupplementarität von Künstlerischem und Begrifflichem gilt auch und gerade da, wo Kunstwerke selbst nicht begrifflich, also nicht im modernen Sinne »Konzeptkunst« sind, weil das Vokabular, in dem die inferentiellen und kausalen Zusammenhänge der Zweckwelt für Menschen explizit gemacht werden, kein Dingvokabular sein kann, sondern nur ein logisches (warum die Logik das Vokabular ist, das Inferentielles explizit macht, lese man bei Brandom nach; die Brücke zum Kausalen ist einfach zu schlagen: Das Inferentielle ist das von Menschen gemachte Kausale, das nichtnatürlich Folgerichtige, die Probehandlungsentsprechung zur im Handlungsbereich obwaltenden Kausalität des Verursachens von Effekten); Kunsttatsachen haben inferentielle Status in der Art, in der Inferenzen bei Brandom auf normative Status angewiesen sind. Die Nähe der Philosophie zu den Künsten, die sich selbst im Alltagsgeschäft der Kunstkritik immer wieder bemerkbar macht, ist vor diesem Hintergrund kein Rätsel; die Begriffsmaschinen, welche die Philosophie herstellt, sind sozusagen die Greifarme für die vergleichende und unterscheidende Manipulation der Bedeutungsmaschinen der Künste, was, wir wiederholen, nicht heißt, daß alle Kunst selbst begrifflich ist – es verhält sich eher so wie bei der technischen Reflexion auf den Unterschied zwischen Fermionen und Bosonen in der Teilchenphysik: Fermionen sind (wie etwa das Elektron) Teilchen mit Masse, auf welche Kräfte wirken, Bosonen sind (wie etwa das Photon, das Lichtteilchen) masselose Teilchen, aber wenn wir Menschen Bosonen manipulieren wollen, etwa für Experimente, müssen wir, da wir selbst fermionisch, materiell, aus Masseteilchen zusammengesetzt sind, Maschinen bauen, die das auch sind, also Lichtquellen wie etwa Laser, Photoplatten und so weiter. Zur Untersuchung des Begrifflichen wie des Unbegrifflichen der Künste ist das Begriffliche Mittel der Wahl. Wir wenden uns damit auch gegen seit einigen Jahren, bald Jahrzehnten aufgekommene Versuche, dem Begrifflichen bei der Befassung mit den Künsten zu entsagen und in seltsamer Mimesis an visuelle, poetische und andere spezifisch künstlerische Techniken der Bedeutungsproduktion das seit der Aufklärung geschaffene Begriffskontinuum in Richtung auf eine behauptete Transzendenz ins Reich des Künstlerischen selbst zu verlassen. Daß solche Versuche sich mitunter selbst als besonders aufgeklärt, Aufklärung über Aufklärung, also Aufklärung im Quadrat oder zweiter Ordnung verstehen, verschlägt nichts an der betrüblichen Wahrheit, daß sie einen Kategorienfehler zum Denkprinzip erheben wollen: Ob an der Hirnforschung orientierte neue Wirkungsästhetiken versuchen, das ästhetische Spezifikum der besonderen Zweck-Mittel-Interpenetration in Reiz-Reaktions-Analysen aufzulösen, die mit Daten aus neobehavioristischen Blickrichtungswechselmessungen plausibilisiert werden sollen; ob neodarwinistische Soziobiologica um einen sogenannten »Kunstinstinkt« oder gewagte Herleitungen kunstgeschichtlicher Epochenwechsel aus der Memtheorie von Richard Dawkins abgeleitet werden; ob die noch recht junge Verkörperungstheorie unter dem Eindruck der Leistungen dieser Lehre, die etwa Brian Cantwell Smith in *On the Origin of Objects* und Andy Clark in *Being There* beschrieben haben, die nichtbegrifflichen, aber gleichwohl kognitiven und sozialen Attribute der Kunstherstellung und -erfahrung für allen anderen möglichen Untersuchungsansätzen logisch vorgeordnet erklären; ob einzelne, nicht mehr kantisch als *a priori,* sondern, der Mode folgend, sozial konstituiert gedachte Erlebnisformen mit dem Bereich der Künste identifiziert werden und von dieser Warte aus, die Kunst gleichsam aus der Beschaffenheit der Möglichkeitsräume erklären will, in denen allein sie stattfinden kann, wie das etwa geschieht, wenn David Toop die immersiven Aspekte des Musikhörens für das schlechthinnige Wesen des Musikalischen erklärt oder David Summers das Erleben von Räumen für das Eigentliche aller visuell erfahrbaren Künste hält, was sich dann übers Taktile bis hin zu Abhandlungen über die Geschmacksknospen-Wirklichkeit bei der wörtlich genommenen »Kochkunst«, ja bis zur Bestreitung der Zuständigkeit begrifflicher Apparate selbst noch im Bezirk der Literatur weitertreiben läßt, da doch Sprache eigentlich nicht semantisch-syntaktisch, sondern nur als »gesamtsinnliches Artikulationssystem« verstehbar sei und man das Sprachliche nach dem »pictorial turn« oder »iconic turn«, oder wie immer die Sinnlichkeit suggerierenden

Transzendentaltrivialitäten sonst heißen, eigentlich im Bildlichen oder Handlungstheoretischen oder Akustischen oder sonst etwas aufgehen lassen solle – stets ist der versprochene Fortschritt einer der angeblichen größeren Nähe der einschlägigen Diskurse zu den kunstspezifischen Gegenständen, und stets ist dieses Versprechen sowenig einzulösen wie beim Schritt vom Neukantianismus zur Lebensphilosophie, weil das Dazulernen gegenüber genuin ästhetischer Reflexion, das diese Theorien versprechen, in nichts Vernünftigerem besteht als dem wortreichen Vergessen dessen, was die genuin ästhetische Reflexion weiß, nämlich daß man den Dingen, Prozessen und Handlungen, die zu den Künsten zählen, durch Denken und Sprechen sowenig näher kommen kann wie nur je irgendeinem Ding, Prozeß, irgendeiner Handlung, die nicht schon selbst gedanklicher oder sprachlicher Art sind. Statt von einer Tautologie aus zu folgern und zu argumentieren, folgern und argumentieren diese Lehren damit allerdings immerhin von einer Paradoxie aus, und das ist immerhin lehrreich (etwa so, wie man eine Einbahnstraße immerhin in der richtigen Richtung befahren kann, während man bei einer Sackgasse nur entweder zum Stehen kommt oder wieder heraus muß). Ob einige dieser neuen Unternehmungen am Ende Sackgassen und Einbahnstraßen zugleich sind, wird die Zeit zeigen; einstweilen erinnern sie an ältere Versuche, nicht das Begriffliche am Ästhetischen, aber doch wenigstens das Ästhetische an der Kunst loszuwerden, von Nietzsches Bemühungen, es in vitalistischen Werturteilen über Kraft oder Dekadenz aufzuspalten, bis zum Sozialistischen Realismus: Man nimmt Drogen, um gewisse Emotionen und deren leidvolle Anlässe loszuwerden, und erreicht nur ihre Verstärkung.

Nicht nur die Analyse und (vergleichende wie unterscheidende) Bewertung (»Kritik«) einzelner Dinge, Prozesse, Sachverhalte der Kunst, sondern auch die Makrogeschichte der Künste insgesamt lebt, da Kunst den Raum der Ursachen und Wirkungen mit dem der Gründe und Folgerungen auf kunstspezifische Art verbindet, die wir in diesem Kapitel entfalten wollen, vom Verweis des Vorhandenen aufs Vergangene oder Zukünftige, des Anwesenden aufs Abwesende – die begrifflich-historische Entscheidung, »ob etwas Kunst ist«, hängt so nicht davon ab, ob es als Kunst gedacht war, sondern ob sich entsprechende Spuren und Verweise daran plausibel aufweisen lassen – Gegenstände, Texte, Verhaltensweisen aus Epochen oder Kulturkreisen, die nichts kannten oder kennen, was Luhmann ein »Kunstsystem« nennen würde, können von unserer Epoche, unserem Kulturkreis dennoch so eingeordnet werden, ohne daß dabei irgendeine Unwahrheit geäußert würde: Als nahezu ideales Beispiel für etwas, das sich über Sprechakte verändern läßt und also in unserer nicht binären, sondern dialektischen Unterscheidung von Natur und Gesellschaft »gesellschaftliche Natur« hat, kann ein sakraler Gegenstand in einem Rezeptionskontext, der den religiösen Zweck nicht mehr setzt, dennoch als von diesem Zweck geprägt, auf ihn hin geschaffen gelesen werden, und die fortbestehende Zweckhaftigkeit als blanke, als unmarkierte erst die oben erläuterten Kunsteigenschaften (»Was Kunst ist, hat den Zweck, Zwecke an sich zu ziehen, und erreicht den unter anderem dadurch, daß es sich dagegen sperrt, auf einen festgelegt zu werden«). Bestimmte Dinge waren einmal keine Kunst, jetzt sind sie's, später werden sie es vielleicht nicht mehr sein, und die retrospektive Konstruktion von Kunsttatsachen kennt sogar, wie in der Natur die Evolution, Übergangsformen zwischen Nichtkunst und Kunst – etwa synchron das Kunstgewerbe oder einige Artefakte der Kulturindustrie, diachron Schöpfungen aus Zeiten, in der die Kunst sich am Sakralen bereits zeigte, eine autonome soziale Kunstsphäre aber noch nicht bestand – die Pariser Kathedrale Notre-Dame ist damit so etwas wie der Archaeopteryx: kein richtiger Saurier mehr, noch kein richtiger Vogel, kein reines religiöses Kultgebäude mehr, noch kein reines architektonisches Kunstwerk. Duchamps Lektion, daß alles Kunst sein könne, die Beuyssche Lehre, daß alle Künstler sein können, die Warholsche Demonstration des Nichtantagonistischen, sondern von wechselseitiger Durchdringung, Hervorbringung und Reflexion von Genie und Kulturindustrie mögen historisch einem ähnlichen Übergangsstadium angehören; ob die Welt der Künste sich in sich selbst weiter ausdifferenzieren wird nach Kriterien, die der operativen Differenz zwischen Kunst und Nichtkunst auf irgendeine heute erst ahnbare Weise ähneln, läßt sich womöglich begrifflich leichter erkunden als künstlerisch. Daß allerdings nicht nur eine andere Begrifflichkeit, sondern auch eine andere Wahrnehmung die Rede über Kunst und die Reflexion darauf hinreichend verändern können, daß die heute gebräuchlichen Kategorien nicht mehr greifen, ist selbst ein durchaus nicht auf Spekulation angewiesener, sondern kunstfähiger Gedanke; die Science-fiction hat sich über Künste nach der Kunst, nichtmenschliche – also etwa außerirdische oder denkend maschinelle – Künste einiges einfallen lassen, von Fritz Leibers Roboterdichtung in *The Silver Eggheads* bis zu Mark Gestons Zeitmalerei in *Mirror to the Sky*, und daß die einmal voneinander geschiedenen Handlungsräume der Künste und des Spiels infolge der technisch-maschinellen Medienentwicklung neue Verbindungen eingehen, mag der Kulturindustrie eine Zukunft bescheren, die nicht mehr sehr verschieden ist von der Welt, die Hesse im *Glasperlenspiel* geschildert hat (ob man sich darauf freuen oder davor gruseln sollte, ist eine andere Frage, die aber wiederum sowohl begrifflich wie künstlerisch gestellt und beantwortet werden kann).

II.
Maßgaben, Mottenlicht, Metaphysik

Kunstschaffende selbst reden nicht seltener von Technik als die Restmenschheit. Ganz einig sind sich die beiden Gruppen allerdings nicht darin, was darunter zu verstehen sei; manchmal entsteht der Eindruck, die Kunstschaffenden wüßten ein bißchen zu gut, daß ihnen das Wort »*techne*« gehörte, bevor die Theodolitenbastler, Mobiltelefondesignerinnen und Brückenbauer Anspruch darauf erhoben, und der Besitzendenstolz, den sie ahnen lassen, schmeckt ein bißchen nach dem Ahnenraunen, das Heideggers etymologische Archäologie einfangen wollte (immerhin sagen sie »Technik« und meiden den Dünkelnonsens »Technologie«). Daß Aristoteles in der Nikomachischen Ethik die Unterscheidung zwischen *techne*, dem geschickten und zweckgerichteten Tun, und Praxis, dem Tun an sich, entlang derselben permeablen Linie zieht, die wir oben nachgezogen haben, wollen wir indes nicht wie Heidegger seine wörtlichen Übersetzungen aus der antiken Philosophensprache im Sinne eines Autoritätsbeweises herbeizitieren, sondern nur als historisch-begrifflichen Hinweis darauf, daß Begriffsarbeit in Zivilisationen, deren Arbeitsteiligkeit genügend Muße produziert, solche Begriffsarbeit und damit eine philosophische *community* zu ermöglichen (im griechischen Fall auf der Basis der Sklaverei, das sei nie vergessen), aus funktionalen Gründen adaptiver Komplexität zu dieser Linie neigen können, ähnlich wie etwa die Unterscheidung zwischen Nomos und Physis bei den Sophisten unserem Gebrauch der Natur/Kultur-Differenz ähnelt, aber den Naturrechtsbegriff auf der Seite der Physis expliziert, während wir sie als Implex der Einheit der Differenz von Nomos und Physis selbst ansehen (wissenssoziologisch könnte man sagen: Das dürfen wir, weil wir zwar in einer Klassengesellschaft leben, denken und schreiben, die Zurechnung von Hand- und Geistesarbeit, erkennender und normativer, naturbearbeitender und kultureller Arbeit aber in der Sozietät, die uns hervorgebracht und geprägt hat, nicht so rigide binär organisiert ist wie in einer Sklavenhaltergesellschaft oder auch einer feudalen – der bürgerlichen Emanzipation und dem Kapitalverhältnis sei Dank).

Lasuren und Impasto sind »Technik«, jedenfalls für die Künstlerin, sensorische *nodes* von Computernetzwerken, Gensequenzierung und -rekombination aber auch, denn es lassen sich damit (wie dies der Künstler Eduardo Kac getan, das heißt: veranlaßt hat) transgene, bei richtiger Beleuchtung grünlich strahlende Hasen schaffen, die »etwas aussagen«, oder »lokative Kunstwerke«, die *Ubicomp*-gestützte, dynamisierte Variante der Land Art sozusagen, bei der irgendwelche Objekte, mit Transceivern bestückt und mit GPS-Satelliten verlinkt, herumgeschoben oder anderweitig bewegt werden, so daß relationale Einrichtungs- oder Freilandskulpturen bzw. -choreographien entstehen.

Wo die Computertechniker von Skalierbarkeit reden, spricht die Kunst von Disziplinen, Gattungen, Werken, Prozessen und jedenfalls »Maßgaben« (Hacks), die sie aber nicht einfach erfüllen, sondern mit ihrer *techne* (die der einschlägige kritische und historische Diskurs heute, Aristoteles zum Trotz, Praxis nennt) immer wieder neu setzen muß, um sie, wenn sie denn der Verpflichtung zum *novum* gerecht werden will, an das sie ihr Schicksal gebunden hat, seit sie autonom wurde, im nächsten Schritt, der dem Material, das sie selbst geschaffen hat, ins darin sichtbare Nochnichtseiende folgt und das Nichtmehrseiende aufhebt, schon wieder zu überschreiten, noch bevor die

Kritik oder sonst eine Sorte Rezension ihr noch recht in die jeweils aktuelle Immanenz jener Maßgaben gefolgt ist.

Was an technischen (im Alltags- wie im künstlerischen Verständnis dieses Adjektivs) Mitteln (technischen im Alltagsverständnis wie im künstlerischen) in den Künsten zugelassen oder gar verlangt wird, hängt nicht nur von den sogenannten Darstellungsabsichten ab, sondern spätestens ab dem von Duchamp und anderen Kunstaufhebern explizit gemachten Epochenschritt, der das von der Kunst bereits geschaffene seinerseits für kunstfähiges Material erkannt hat, oft auch von der Absicht, solcherlei Vorsätze gerade nicht aufkommen zu lassen (das einschlägige Stichwort heißt »Anti-Expressivität«, gemeint ist der Versuch, künstlerisch Äquidistanz zum Woher und Wohin des künstlerischen Moments selbst zu halten, also das zu tun, was wir oben als das Offenhalten für Zwecke mittels ihrer Negation beschrieben haben).

Außer auf die Maßgaben, das heißt den Anschluß an etwas Allgemeines und die Vergleichbarkeit damit, verlangen für die im engeren Sinn künstlerische *techne* auch die internen Maß- und Mischungsverhältnisse der Kunstmittel Beachtung, ihr Reichtum, ihre Armut, und da ist es nicht nur nicht dasselbe, wenn zwei dasselbe tun, sondern sogar dann, wenn eine oder einer zweimal dasselbe tut und sich dennoch verschätzt.

Der amerikanische Schriftsteller Mark Z. Danielewski, der sich um Anmutung und Gestaltung seiner in Typographie, Umschlägen, Internet-Vermarktung und kanonischen Kontext seiner Werke mindestens so viele und so präzise Gedanken macht wie Kunstschaffende aus dem visuellen Bereich um ihre Kataloge und Künstlerbücher, hat in kurzem zeitlichen Abstand zwei gleich reiche, gleich komplexe, gleich avantgardistische Bücher geschrieben, bei denen es beide Male um Totalitäten sensu Hegel oder Lukács geht; viel mehr kann man in die Romanform, die einiges aushält, nicht hineinpacken, als er das in *House of Leaves* (2000) und *Only Revolutions* (2006) getan hat, und obwohl also äußerlich die Maßgaben des Genres »avantgardistisches Monsterbuch«, gesetzt in der Hochmoderne von Bänden wie Gertrude Steins *The Making of Americans*, Pounds Cantos oder Joyces *Finnegans Wake*, in geradezu vorbildlicher Weise erfüllt waren, erzielte *House of Leaves* bei Kritik und Publikum, in Amerika wie im Ausland, schönste Erfolge, während *Only Revolutions* nach wenigen Leuchtpulsen vom Radar verschwand – der erste Roman, den wir im achten Kapitel schon kurz kennengelernt haben, ist eine neo-*gothic novel* über ein Haus, das innen größer ist als außen, ein Buch, in dem der Durchgang zum gesammelten Weltwissen des Verfassers über Raum und Zeit als kantische Kategorien der Anschauung erschlossen wird und »Gesellschaft« als theologisches Szenario vorkommt, in dem »die anderen« Hölle, Fegefeuer und Paradies sind; der zweite dagegen erzählt gleichzeitig die Liebesgeschichte zweier niemals alternder, am Ende jedoch todgeweihter archetypischer Teenager, des amerikanischen zwanzigsten Jahrhunderts, der Idee und Wirklichkeit des Werdens im Unterschied zum Sein und dreitausend anderer Dinge, die eine Geschichte haben oder haben sollten. Das erste Buch bietet so ein überschaubares Geschehen in überschaubaren Zeitrelationen, das zweite ein überschaubares, das der Zeit selbst enthoben sein will. Auch im ersten Buch kommt »alles« vor, vermittelt aber ist dieses alles über eine Form, die sich klein macht, im zweiten ist alles über alles vermittelt – an den sprachlichen Einzelschönheiten kann man den Unterschied sogar quantifizieren: Das zweite, erfolglose Buch hat mehr davon, nur sind es eben fürs Empfinden (und Kritisieren) zu viele, weil sie sich nicht an etwas schmiegen, dem man »folgen« kann (oder will), wer immer »man« dann im einzelnen ist.

Die Lehre der kleinen Differenz zwischen jenen beiden großen Entwürfen und ihren Verwirklichungen ist nicht, daß Danielewski in seiner Zweiten Symphonie die ökonomischen Aspekte der *techne* etwa hätte vermissen lassen, sondern daß man beim Kunstmachen nie vergessen (und das Publikum nie vergessen lassen) darf, daß die Künste nicht die Welt oder Kenntnisse von ihr vermitteln, sondern Haltungen zur Welt, über Auswahl und Inbeziehungsetzen von Weltelementen, die so zueinander gruppiert werden, daß in ihrer Anordnung diese Haltung (also etwas Normatives, ein *assortment* epistemologischer Vorlieben) sinnlich (im Visuellen sagen sie gern: anschaulich) erfahrbar wird.

Hier liegt auch die Gefahrenquelle im Konzept des »Gesamtkunstwerks«, gegen das sich deshalb Leute, die das Klassische schätzen, zu allen Zeiten, die derartige Debatten überhaupt erlaubten, ausgesprochen haben, mitunter scharf und streng: Jedes Kunstwerk ist ohnehin ein Gesamtkunstwerk nach seiner Gerichtetheit auf reine Bedeutsamkeit, jedes Kunstwerk meint das Gesamte einer spezifischen Art und Weise, die Welt zu erfahren. Wer in der Neuzeit überhaupt je die künstlerische *techne* geschätzt hat, schließt sich in diesem Punkt Aristoteles an – es mag eine radikale Liberale wie Ayn Rand sein, die nicht müde wurde zu wiederholen, Kunst sei »the selective re-creation of reality according to an artists metaphysical value-judgments« (Zwischenrufe sind überflüssig, man muß nicht lange klären, was das denn sei, *reality, metaphysics* oder *value,* mit Wittgenstein und der *ordinary language philosophy* darf man hier einfach darauf verweisen, daß diese Begriffe im Gebrauch sind und man ihren Gebrauch kennen kann), oder ein Faschist wie Ezra Pound, der empfiehlt, »es neu zu machen«, und dazu erklärt, »es« sei eben alles, oder ein überzeugter Kommunist wie Peter Hacks, der lehrte: »In der Kunst hören die Dinge auf, zu sein, und fangen an, zu bedeuten.« Der von Hacks für die kognitive Möglichkeitsbedingung alles Künstlerischen gewählte Ausdruck »Haltungen« gefällt uns eine Spur besser als Rands »metaphysical value judgments«, aber im Bereich der Benennung soll es gern geben, was sich auch sonst aus Kunstfragen schwer austreiben läßt: Geschmacksentscheidungen.

Kunst behauptet Welten sinnlich, um ihre sonstigen, spezifischen Behauptungen weltlich zu versinnlichen – der Surrealismus hat nicht deshalb gezündet, weil da irgendwelche Leute ihren Mitmenschen Träume erzählten oder aufmalten, was jenen herzlich gleichgültig gewesen wäre, sondern weil sich diese Kunst aufführte, als böte sie tatsächliche modale Fenster für den Einblick in eine Welt, die wirklich ein Traum war. »Eine Welt« aber ist eben nichts Subjektives oder Zufälliges, und um die von so einem Weltgesamten gehaltene Objektivität des Traumgeschehens, das sonst subjektiv, beliebig, uninteressant wäre, geht es bei Picabia, Breton, Buñuel.

Ähnlich erregten Konstruktivismus, Impressionismus oder Kubismus nicht deswegen ihre jeweiligen Öffentlichkeiten, weil da Farben oder Formen plötzlich in nie gekannter, aber radikal vom Eigensinn der Kunstschaffenden diktierter Weise antimimetisch, antireferentiell, antirealistisch eingesetzt wurden, sondern weil die Malerei, einmal in Mittel wie Farben und Formen zerlegt, in ihren inneren Maßverhältnissen neu kalibriert werden konnte, um eine Welt zu zeigen, die kubistisch, impressionistisch, konstruktivistisch konstituiert war. Dieser Weg über die Bearbeitung isolierter Arbeitsmittel, Wiederholung des Schrittes von der Alltagserfahrung zur künstlerischen im Binnenraum der Kunst selbst, war in der entscheidenden Phase des Modernismus wohl der moderne Weg schlechthin, bei jüngeren Künsten als der Malerei, etwa dem Kino oder der Rockmusik, dauerte es dann unter der Fuchtel allgemeiner kapitalistischer Zeitregimes mitunter nur noch ein Menschenalter, bis dieser Weg eröffnet wurde, Albert Aylers berühmter Satz von der Musik, die nicht aus Noten, sondern aus Klängen bestehe, bezeichnet ebenso einen solchen Schritt (der sich kaum noch daran erinnert, daß schon die Musik aus Noten gegenüber der nicht vom Gedicht getrennten Musik einer war, der sich ihm vergleichen läßt) wie die Geburt der modernen Lyrik aus der Einsicht, daß man Gedichte nicht aus Stimmungen, nicht einmal aus Sätzen, sondern aus Worten (und bei Dada dann: Silben) macht. In New York, London, Tokio und Berlin wurde in den Achtzigern des letzten Jahrhunderts die Rockmusik gerade zu dem Zeitpunkt zunächst auf ihre Effekte reduziert und dann als andere Rockmusik neu erfunden, deren Zeit-, Rhythmus- und Raumerleben sich von demjenigen der Welt, die in den Fünfzigern, Sechzigern und Siebzigern »Rock« oder ähnlich geheißen hatte, radikal unterschied, als mit Hip Hop und Techno bereits die nächste Phase zu sich zum Kommen begann, die mit Synthese, Sampling, auch Lyrik ihre eigenen Radikalisierungen ins Werk setzte. Wenn Popmusik als etwas gedacht werden kann, das aus Geräuschmonaden zusammengesetzt ist, die eine Welt des Glücks suggerieren (eine spezifisch soziale, etwa tribale, sexuelle …), dann kann man diese Bausteine aus den damit bislang aufgemachten Welten herausbrechen und neu arrangieren, um andere Welten herzustellen, oder »eine Ebene tiefer« die klangerzeugenden technischen Dispositive der Musikapparate selbst anders zueinander in Beziehung setzen, als das vor dem elektroakustischen Digitalismus möglich war. Visuelles, Akustisches, Statisches, Bewegtes, Sprachliches, Nichtsprachliches, Syntaktisches, Semantisches, Grammatisches, Gesamtkunstwerk, Einzelmomente: Wir scheinen schon vom Film zu sprechen; also sollten wir das jetzt auch explizit tun.

III.
Love Song for Stan Brakhage: Ein mediengeschichtlicher Exkurs

Es ist, als würde sichtbar gemacht, was ein Stern spürt, wenn er über sein Leuchten nachdenkt: Schwarz auf knochenweiß liest man »Mothlight«, dann ahnt die Netzhaut pfefferminzgrüne Pflanzenzacken. Unruhige Äderchen legen sich auf Zimtlandschaften, eine safranrote Maserung weicht zurück vor Hirschkäfern, die ihre Geweihbäume ineinanderschieben, bis sich blaue Lider überm Anblick schließen. Ein Blinzeln. Wir sehen Fluchtlinienschrapnell, wie in Anime-Action-Szenen; alles saust weg in eine Ferne, in der das Pulsieren des Bildrhythmus zum Punkt zusammenschrumpft. Ein krikelkrakeliger Schriftzug erscheint: »By Brakhage«, damit wir wissen, wer der Künstler war, der uns da eben mit Schönheit überfallen und entrückt hat. Noch ein Schauder: Diesmal weiß auf schwarz, »Nightmusic« heißt das nächste Werk. Wie Einfälle platzen Rauchgelbwolken in Rubinhohlspiegel. Kobaltflocken fressen Tintentierchen und spucken lila Windbüschel aus. Wieder eine Überraschung – diesmal ist die Schrift nicht handgeschrieben, sondern in nüchterner Typographie gehalten, »Lovesong«. Der Schock des Erwachens, der den Helden Neo im ersten »Matrix«-Film durchfährt, zwickt uns in alle Sinne; das Sichtbare weicht uns aus, eine Art Bienenstockwabenwölbung, ein künstliches Zelleninneres. Schließlich reißt der Kokon auf, und Heidelbeerhände werfen mit Aquarellfetzen. Dunkle Tropfen aus Ölglanz kreuzen horizontale Regenatmosphären. Was ist das?

Das sind drei Kurzfilme, die der 1933 geborene, 2003 gestorbene amerikanische Künstler Stan Brakhage geschaffen hat.

Die Stücke, deren Wirkung wir zu beschreiben versucht haben, sind allesamt ohne Kamera hergestellt, unter direkter Einwirkung von Manipulationstechniken auf das Filmmaterial: »Mothlight« als

Collage von biotischem Krimskrams (zum Beispiel Grashalmen und Mottenflügeln), »Nightmusic« und »Lovesong« als Malerei im Bildrechteck. Die Filme führen uns in Wälder, Gebüsch, vegetabile Existenzweisen. Anders als das sonst bei der Naturfilmerei gern in den Mittelpunkt gestellte Tierleben ist diese Wachstumswelt stumm. Mit Ton hat Brakhage selten gearbeitet; er fand, das lenke nur ab.

Wie in den beschriebenen Wundern blaues Laub von rotem Dorn durchstochen wird, wie hier Ranken sich ringeln, Keime aufgehen, Verzweigungen entlang Sproßachsen wuchern, gestaltlose Botanik zittert, das alles erinnert Zuschauer heute vielleicht an den irrwilden, phytochromen und phototropen Blütenübermut von James Camerons *Avatar*. Auf den nicht unwichtigen Unterschied aber muß hingewiesen werden, daß Cameron uns eine Welt, die es nie gegeben hat, mit Menschenaugen zeigen will, die diese ausgedachte Welt so naturalistisch wie möglich wahrnehmen (am besten gleich dreidimensional), während Brakhage uns umgekehrt eine durchaus gewöhnliche Welt aus Wasser, Grashalmen und Staub im Morgenfenster, die es bekanntlich wirklich gibt und die wir alle kennen, vor ein paar Augen führt, wie man sie noch nie besessen hat. Camerons Welt ist unwirklich, sein Blick naturalistisch; Brakhages Welt hingegen ist die gegebene, sein Blick jedoch antinaturalistisch.

Seit es Filme überhaupt gibt, wird darin mit Tricks gearbeitet, auf die man hereinfallen wollen muß, um genießen zu können, wie hier wirkliche und erfundene Welten und Blicke die Überführung des Naturschönen ins Kunstschöne erlauben und umgekehrt. Als Georges Méliès kurz nach der vorletzten Jahrhundertwende »Le voyage dans la lune« und »Le voyage à travers l'impossible« drehte und damit ein visuelles Traumidiom zeugte, das, von Frankreich ausgehend, in Deutschland (»Metropolis«, 1926), Rußland (»Aelita«, 1924) und bald darauf bis heute in Amerika die weitestreichenden Folgen hatte, wurde eine Weise, das Nichtvorhandene unmittelbar als Vorhandenes hinzustellen, kulturfähig, die man zu Unrecht unter die »Illusionen« rechnet. Es geht dabei nämlich nicht darum, daß Leute etwa glauben, sie führen wirklich zum Mond oder befänden sich mitten unter schlaksigen para-indianischen Katzenschlümpfen auf dem Planeten Pandora (darum geht es nur, soweit der Film, außer Kunst, immer auch Rummelplatzattraktion war, ist und sein wird). Sinn und Zweck der Veranstaltung ist vielmehr, wie bei jeder Kunst, das Unternehmen, Haltungen (mit einer Filmmetapher: Einstellungen) zur wirklichen Welt mitzuteilen, indem man bestimmte, mit Absicht aus dieser wirklichen Welt herausgebrochene Elemente so gruppiert, daß dabei der Anschein einer Zweitschöpfung, einer Parallelwelt herauskommt, der man ansieht, daß sie von einer Intelligenz geschaffen wurde, die ebenjene Haltungen einnimmt. Das technisch Interessante ist hierbei stets die Frage: Was kann das überhaupt sein, »Elemente der wirklichen Welt«? Woraus besteht die denn?

Die Antwort darauf hat sich in der mehrtausendjährigen Geschichte der Künste vielfältig verändert. Was für Pixel man nimmt, welche Auflösung, welche Pixeldichte möglich scheint, das alles ist ständigen Schwankungen, sozialen und ästhetischen Gezeitenkräften unterworfen.

Wie das Fernrohr weit Entferntes und das Mikroskop winzig Kleines erstmals sichtbar machte, so erlaubte es die Erfindung der Perspektivmalerei, des Romans, der Oper, der Photographie et cetera, Dinge in den Blick zu nehmen, die vorher unterm Radar der Kunst hindurchflogen oder über ihren Verstand gingen. Die Maler der Renaissance dachten, es ginge um Anatomie und Räumlichkeiten, die der Moderne, es ginge um Farben und Formen. Musiker warfen sich zunächst auf Stimmungen, in Dur oder Moll kodiert, später dann auf die zwölf Töne, das Angebot der Polyrhythmik, endlich die Maschinen der Klangerzeugung selbst. Marcel Duchamp fand, man könne eigentlich alles herausbrechen, was man in der Welt findet; und wer dachte, danach geht's nicht weiter, mußte mit der Entwicklung der konzeptuellen Künste erleben, daß man auch die verschiedenen Akte des Herausbrechens selbst wiederum zu Elementen der (Kunst-)Welt erklären, aus ihr isolieren und zu neuen Kunstwelten gruppieren kann. Was also ist »Material«? Das kommt immer auf die Künste selber an.

Stan Brakhage schien eingangs zu denken, sein Material seien Naturschönheiten wie Geburt, Küsse, Koitus, Tod und Verwesung.

Dann meinte er, Maya Deren, die Mutter der filmischen Avantgarde, die er sehr bewundert hat, sei auf der richtigen Spur gewesen, als sie mit Schneidetechniken dem Thema Zeit auf den Leib rückte (»At Land«, 1944, »Meshes of the Afternoon«, 1943-59) und mit Kamerahaltungen die Bewegung des menschlichen Körpers in tänzerischem wie kriegerischem Ausdruck einfing (»A Study in Choreography for Camera«, 1945, »Ritual in Transfigured Time«, 1945-1946). Brakhage, Genie des Wesentlichen, zog von dieser bei Deren gezeigten Bewegung folgerichtig noch den eigentlich beliebigen, konkreten bewegten Körper selbst ab und zeigte bald darauf nur noch, was Bewegung, Entwicklung, Veränderung selbst sind, in synästhetischem Flimmern.

Neben der Bewegung, der Entwicklung, der Farbe, der Stille und all den anderen ineinanderwirkenden, auseinander hervorgehenden Eigenschaften der Filmkunst, die er wie wenige andere verstanden und verwirklicht hat, gehört heute, auf dem Stand von DVD und YouTube, auch die nie vorher größere Reichweite und damit Erreichbarkeit der bewegten Bilder, ihr Verfügbarsein für Kopie und Bearbeitung, zum zeitgemäßen Begriff von »Material«, das bearbeitet werden kann.

Material, diese Behauptung sollte der Exkurs in Brakhages Werk bebildern, ist das, woran *techne* vollzogen werden kann; oder als Implexbeziehung: Künstlerisches Material ist alles, was *techne* (jemals in der Geschichte der Künste) so behandelt (hat), daß seine Eignung, bedeutungstragender Weltausschnitt zu sein und eine unwirkliche Welt zu bedeuten, sinnliche Wirklichkeit wird.

IV.
Wie man Bedeutung behauptet

Großer systematischer Ehrgeiz könnte dazu inspirieren, die Kunsttechniken zu katalogisieren, wie Freud die Traumtechniken (Verschiebung, Verdichtung, Verleugnung et cetera) katalogisiert hat: sammeln und verstreuen, ausschneiden und einfügen, Anschlüsse herstellen und durch Rahmung wieder abknapsen, Zeit und Raum verändern durch gezielte Veränderung von Sinnesmarkierungen und Zeit und Raum. Das Inventar, der Maschinenpark, fortsetzbar sicher um vieles und Schönstes, könnte stützen, aber nicht allein ausmachen, was wir von den Künsten sagen wollen. Soweit man das Ästhetik nennen kann, soweit es Produktions- und Wirkungsästhetik als miteinander vermittelte Kategoriennetze zur Erscheinung bringen, ihre Implikaturen explizieren will, kommt es dabei nicht auf diese Instrumente, sondern auf dreierlei Abstrakta an:

1. Kunst arbeitet, womit immer sonst, jedenfalls mit Reizen, und Reize bedingen menschliche Aktivität (und sei's nur niedrigenergetische: »etwas empfinden«, »nachdenken«). Wir nehmen das, so allgemein es klingt, durchaus politisch, als Voraussetzung für nicht allein ästhetische, sondern überhaupt menschliche Geschichte, damit auch für Fortschritt: Das Aktivitätsniveau heraufzusetzen ist, wohin es auch führen mag, zunächst einmal im Interesse aller, welche die Welt für veränderungswürdig halten (Wallace Stevens, kein Kommunist, spendierte dem Kommunismus einmal das mehrdeutige Lob, er sei jedenfalls ein Unternehmen zur Förderung der menschlichen Aufmerksamkeit). Reize zu setzen, sie irgendwo zu situieren, ist dabei nach unserem Verständnis der Künste in diesen nicht so sehr Eröffnungszug einer bestimmten Kommunikationsleistung als vielmehr eine zunächst einmal sich selbst genügende und genießende Ausnutzung der permanenten *low-level*-Kommunikationserwartung des Menschenhirns (das Menschliche, auf dem wir hier herumreiten, ist kein Metaphysikum. Es meint einfach die statistische Wahrheit, daß ein Hund, den man durchs Museum laufen läßt, jedenfalls seltener vor einem prächtigen Tafelbild stehenbleibt, um es zu betrachten, als ein Mensch und den Unterschied zwischen einer mit Bedacht irgendwo aufgestellten Holzskulptur einerseits, einem zufällig dahin geratenen Baum andererseits nicht besonders beachtenswert findet). Das Hirn ist ein Apparat zum Erkennen, Unterscheiden, Vergleichen und Speichern von Mustern, der seine spezifischen Leistungsschwächen hat und beispielsweise auf Sensorisches angewiesen ist, welches er sonst (weil es nun mal sein Job ist, Daten abzugleichen) zur Not selbst spinnt: Sensorische Deprivation führt allgemein zu Halluzinationen, ein berühmtes Einzelsinnbeispiel sind die Formen und manchmal Farben, die man in völliger Dunkelheit sieht. Sozial macht sich dies zum Beispiel in etwas bemerkbar, was Redakteurin-

nen in den Medien als »Freie-Mitarbeiter-Syndrom« kennen und fürchten: Kommuniziert man nicht mit den unterbezahlten Abhängigen, die nicht in den Büros der Institutionen (Sender, Blätter, Websites), die sie beliefern, verkehren, teilt man ihnen nicht jeden Schritt mit und läßt sie auch nur ein bißchen im Unklaren darüber, was mit ihrem Artikel, ihrem Foto, ihrer Zeichnung, ihrem Soundfile geschieht (und oft genug läßt es sich nun mal nicht vermeiden, Funkstille zu halten, weil die Arbeitsabläufe und Zeitverhältnisse an solchen Orten ständig Unschärfen, Verzögerungen et cetera hervorbringen), dann geht im Verstand auch der Gutwilligsten die Suche nach in der Sache begründeten Anlässen fürs Warten los – was hat man da gegen mich, gegen meine Arbeit, wer verhindert da was, wo und wann habe ich etwas falsch gemacht? Der normale menschliche Schlendrian oder einer von zehntausend denkbaren Wechselfällen: Das können die Gründe nicht sein; das Hirn funktioniert nicht bayesianisch, es sucht nach Mikrokausalitäten und Strukturen, was mir im Sozialen geschieht, denkt das Individuum, muß nicht nur einen Grund haben, sondern auch ein anderes Individuum oder mehrere als Verursachende. Die Kunst nutzt das für eine Art unmarkierter Kommunikation aus, man verlängert selbst bei aleatorisch zustande gekommenen, unsignierten oder anders nichtsubjektförmig entstandenen Sachen gleichsam intuitiv zu: Das soll mir etwas sagen, das ist gemacht worden, damit ich dies oder jenes denke oder empfinde, das verweist auf etwas, das erwartet von mir Erwartungen. Die Künste leisten auf Reiz-Reaktions-Ebene das, was diverse Sekten für ihre Meditations- und anderen Psychotechniken behaupten: Nutzung der ungenutzten Teile des Gehirns, Ansprache an sie. Das Bewußtsein wird dadurch zwar nicht, wie die Phrase sagt, »erweitert«, dafür aber wenigstens nicht so arg unterfordert wie sonst – schon das entbindet eine kunstspezifische Form von *jouissance*, welche die Psychoanalyse ganz richtig »Funktionslust« nennt.

2. Kunsterfahrungen unterminieren, wenn man auf sie reflektiert, in sehr grundsätzlicher Weise den »Mythos des Subjektiven« (Davidson), das heißt, sie widersprechen dem Glauben, das, was ich sinnlich erfahre, sei mir irgendwie unmittelbarer gegeben als das, was irgendwo draußen wirklich der Fall ist – sie sind, wenn gestat-

tet ist, den Heideggerschen Ausdruck positiv zu wenden, reichhaltig uneigentlich, weil man, wenn man sie macht, a) nicht denken muß: »Das ist x«, sondern b) denken darf: »Das meint x« – selbst wenn »x« die Verweigerung der Mitteilung wäre, die Sprachpragmatik hat nämlich recht, »man« (also auch die Kunstschaffenden) kann nicht nicht kommunizieren. Aus beidem folgt, daß das, was da gesagt wird, mich, der es erfährt, nicht in der Weise betrifft, in der meine Erfahrungen mich eigentlich betreffen sollten – es ist »nicht wirklich«. Das einfachste und zugleich schlagendste Beispiel für Tiefe und Reichweite dieses Umstands sind Leidensdarstellungen oder überhaupt Unangenehmes. Die musikalische Dissonanz ist selbst dann, wenn sie Ausdruckscharakter und Mitteilungswert hat, ja Wahrheitswert haben soll wie eine Proposition, etwas anderes als ein erlebtes auditorisch-kognitives Trauma; aus der Aufführung von Schönbergs *Ein Überlebender aus Warschau* kann ich mich verabschieden, wenn es mir zu nahe geht, aus der Erfahrung, ein Überlebender aus Warschau zu sein, kann ich das ohne Einbuße an identitätskonstitutiven Erinnerungen nicht; das Bild »Guernica« ist ein Bild, keine bombardierte spanische Stadt. Aber auch das Blau eines Bildes von Klein ist nicht das Blau einer *Physis*, denn bei letzterem kann ich, wenn ich keine konsequente deterministische Theistin (und sogar Fatalistin) bin, nicht fragen: Was ist damit gewollt, gemeint? – bei Klein schon. »Was will uns der Dichter damit sagen?«, läßt sich nur fragen, wo alle davon ausgehen können, daß tatsächlich etwas gesagt, nicht nur etwas gemacht (oder gar: nur etwas passiert) ist. *Aliquid stat pro aliquo*: Allen saussureanischen Trunkenheiten des letzten Jahrhunderts zum Trotz muß etwas natürlich zunächst einmal etwas sein, bevor es für ein anderes stehen kann, dann aber geht es sofort Implexbeziehungen ein und errichtet selbst welche, die Vermessungsversuche wie den alten Augenmaß-Satz *ars longa, vita brevis* ins Leben rufen – der allerdings verkehrt ist; die Kunst ist immer kürzer als das Leben, umfaßt es aber, wie das bei Dingen, die innen größer sind als außen, dennoch oft genug mit mehr als hinreichender Vollständigkeit. »Das Leben«: Nun ja, das einzelne der Einzelnen ist wirklich kürzer, aber die Welt in der Zeit geht endlos offen weiter, während die Welt des Romans mit der Lektüre und der Erinnerung daran lebt und stirbt. Prinzipiell ist damit, was immer Umberto Eco dagegen haben mag, auch das längste und breiteste Kunstwerk abgeschlossen, endlich, die Wirklichkeit aber nie (mit den Implexrelationen, die entstehen, wenn die beiden einander juxtaponiert werden, und zwar innerhalb der Künste selber, hat die Moderne ausdauernder gespielt als jede Kunstepoche vor ihr, nicht nur im epischen Gedicht von Leuten wie Zukofsky und Pound), das, als Lebenswerk angelegt, große Geschichtsprozesse in die (Werk-)Schicksale der Verfasser einmanteln sollte. Die Illusion der Offenheit ist freilich erwünscht, sie kommt zustande, wo die Offenheit für Zwecke, von der wir oben gesprochen haben, durch eine möglichst (also niemals: beliebig) große Anzahl von Anschlüssen und möglichen Verweisperspektiven suggeriert wird. Der Wahlspruch derjenigen Literatur, die dies weiß, ist immer Pounds Definition der eigenen und der bewunderten Arbeit als »language charged with meaning to the utmost possible degree«. Das in diesem Kraftfeld leuchtendste Beispiel für die Beziehung zwischen der Uneigentlichkeit der Kunsterfahrung einerseits und der nicht eskamotierbaren Tatsache, daß es sich gleichwohl um Erfahrungen handelt, andererseits ist bekanntlich die Ironie, und zwar beileibe nicht nur die romantische. Im kunstgemäßen Gelingensfall ist ironischer Zeichengebrauch von etwas beseelt, das man auf die Formel »Nicht wörtlich, aber dennoch, ja gerade deshalb todernst gemeint« bringen könnte: Karl Kraus fiel zu Hitler eben doch etwas ein, aber mit dem Satz, der behauptet, es sei nicht so, sagt er etwas, das für alle weiteren Einfälle der unhintergehbare Daseinsgrund ist: daß mit »Hitler« ein Ereignis vorliegt, gegen das »Einfälle« jedenfalls das falsche Antidot sind. Die berühmten »performativen Widerspüche« sind universelle Glieder der Binnenskelette aller Künste, weil ihr Grunderfahrungsmodus, als Erfahrung von etwas, das gar nicht ist, selbst schon einen solchen performativen Widerspruch darstellt (also nicht nur: einer ist, sondern, ganz wörtlich: einen darstellt).

3. Kunst ist neben anderem, was sie, wie wir gesehen haben, ist und tut, auch eine Erkenntnisweise, freilich vermittelt durch ein »als ob«, das Gesamte ihrer uneigentlichen Erfahrungsformen: eine Erkenntnis der Welt, die ist, aber nicht der Welt, wie sie ist, wenn auch unter Verwendung von Dingen und Sachverhalten, die sind – Bedeutung generiert man nur aus etwas, das ist, sie ist selbst ein rein innerwelt-

licher Vorgang. Picabias Losung, daß der Kopf rund sei, damit das Denken die Richtung ändern könne, und die alberne Perspektivistik der Gestaltlehre – mal sieht man eine Vase, mal zwei Menschenköpfe im Profil – verdunkeln beide diesen sehr wichtigen Tatbestand: Man kann mehreres und Verschiedenes sehen, aber es macht einen Unterschied, ob man etwas sieht, das da ist, oder etwas, das man dazudenken muß – zwei Profile, eine Vase, aber wer vor diesem Bild oder einer Kippfigur ausruft: »Das ist doch das rote rotierende Nichts namens Wilfinger Mittwoch!«, hat jedenfalls eine Eigenleistung erbracht. Die Kunst macht sich nichts aus nichts, aber sie kann fast alles aus fast allem (sogar aus Kunst) machen. Dieses »alles für alles« macht auch die Kunstkritik zu etwas, das innen größer ist als außen: Wenn sie wirklich etwas Wichtiges über Kunst sagt, sagt sie immer auch über Dinge Wichtiges, die etwas anderes sind als Kunst, und wer Carl Einstein, Clement Greenberg, Rosalind Krauss, T. J. Clark oder Adorno als Koryphäen des Fachjournalismus sehen will, muß schief gucken. Was Alfred Sohn-Rethel mit seiner maliziösen Bemerkung sagen wollte, Adorno habe eigentlich von Wirtschaft, Politik und ähnlichem nichts verstanden, ausgenommen seine »ästhetischen Provinzen«, in denen er sich ausgekannt habe, versteht man dennoch: Beim Schreiben über Musik hätte er sich wohl nie bei der Sorte Gemeinplätze erwischen lassen, die er zu stark unterbestimmten Begriffsansätzen wie der »verwalteten Welt« in Druck gegeben hat; der Mann, der mehreren Generationen von gesellschaftskritischen, akademisch ausgebildeten Deutschen den Ton vorgab und der zeit seines Wirkens lehrte, man dürfe bei der Kunstbeurteilung und -analyse niemals vom Allgemeinen zum Besonderen schließen, sondern dürfe umgekehrt selbst die höchsten Abstraktionen ästhetischer Theorie nur durch die Eigenbewegung von Konkretionen hindurch gewinnen, redete nicht von Militärischem, nicht von Streiks, Lohnkürzungen, Wahlen, und wenn er die DDR angriff, dann ging es nicht um die Normerhöhungen für Arbeiter vor dem berühmten 17. Juni, sondern um Kunstfreiheit, Gedankenfreiheit, um die Zensur modernistischer Kunst. Und doch: In wenigen Absätzen der *Philosophie der Neuen Musik* findet sich mehr soziologisch Erhellendes als in manch soziologischer Fachbibliothek; von den Dingen, von denen die Kunst etwas versteht, und das sind die meisten, verstand

Adorno, sobald er zeigen konnte, was er von Kunst verstand, eine Menge. Daß jemand, der sich unter anderem auf Marx beruft, allerdings fürs Kulturelle sehr viel mehr Interesse aufbringt als für Dinge, die Marx beschäftigt haben, bleibt erklärungsbedürftig, ebenso wie der Umstand, daß seit spätestens dem Aufkommen des Imperialismus immer wieder Leute von Kunst, Kunstkritik und Antikunst zur Auseinandersetzung mit der Gesellschaft gelangen – wie paßt in ein linkes, der Aufklärung wie Marx verpflichtetes Bild ineinandergreifender politischer, wissenschaftlicher, philosophischer und künstlerischer Öffentlichkeiten ein Phänomen wie etwa der Situationismus, bei dem mitten im schönsten Systemwettstreit erstaunlich haltbare, diesen Kalten Krieg vergleichsweise intakt überlebende Gedanken von Menschen geäußert wurden, die sich zunächst in den Künsten artikuliert hatten, dann nach Antikünsten suchten, darüber das Bildungs-, das Freizeit-, das Urbanitätsproblem und Verwandtes ins Visier bekamen und sich zu alledem klarer und bei aller scharfen Polemik differenzierter äußerten als alle noch so gescheiten Krahls und Lefebvres? Warum geschah die Wiederbelebung des Marxismus zu Zeiten der wildesten Blüten der sogenannten Postmoderne häufiger entlang Gramscischer als irgendwelcher anderen Linien, über Kulturhegemonietheorien, und warum war Brecht nie so weg wie Lukács? Was hat es mit der »Kulturlinken« (und ihren niedlichen Flossen und Fühlern, der »Poplinken«, der »Lebensstillinken«) in den reichen Ländern des globalen Nordwestens auf sich, wie stehen diese nicht ideologisch, sondern materiell zu Avantgarde und Kulturindustrie? Die Lächler und Bescheidwisserinnen unter denen, die Marx gelesen haben, lassen an dieser Stelle meist das As der Warenformanalyse aus dem Hemdsärmel hüpfen; in den Künsten komme diese auf eine ihre metaphysischen Mucken und Grillen expliziter als sonst ausstellende Art zu sich selbst, weil da kein Gebrauchswert mehr stört – was wir die reine Bedeutungsform, die reine Verweisform, die allen Zweckbestimmungen offene und zugleich gegen jede Heteronomie gestisch gesperrte *techne* genannt haben, fällt in dieser Betrachtung mit der reinen Warenform unmittelbar zusammen. Der oben erwähnte Sohn-Rethel hat in der Warenform ja schlechtweg das kantische Transzendentalsubjekt erkennen wollen, den *primo motore* der Bewußtseinsphilosophie, und hat sich im Arbeitsumkreis seines Hauptwerks über »geistige und körperliche Arbeit« auch mit der in die Ware einfließenden *techne* sowie der Sonderstellung der Künste zu dieser befaßt, etwa im Hinblick auf Wissensökonomien, also die neuen Kenntnisse, welche Kunstschaffende etwa zur Renaissancezeit, beim ersten Versuch der bürgerlichen Selbstemanzipation, plötzlich erwerben mußten, um Kunstschaffende sein zu können. Die moderne Spielart der Trennung von Hand- und Kopfarbeit, die für die Hierarchievermittlung auf kapitalistischer Klassengrundlage fast so wichtig ist wie die Trennung der Lohnabhängigen vom Zugriff auf die Produktionsmittel, wurde von jenen Kunstschaffenden so pionierskühn mitetabliert, wie sie heute die digitale Tagelöhnerei des total flexiblen neoliberalen Casting-Kasperletheaters avantgardistisch austesten. »Freiheit« als Möglichkeit der Entkopplung von Tausch- und Gebrauchswert ist das Schmiermittel, das die Kunstschaffenden mit ihrer Bedeutungsproduktion, mit der Herstellung von bekanntlich arbiträr mit ihren Signifikaten kombinierbaren Semiotica dem kapitalistischen Verwertungsprozeß zuschießen, und in der großräumigen Organisation ihrer Arbeit – also dem, was bei Adorno und Horkheimer »Kulturindustrie« heißt – läßt sich allerwege beobachten, wie die Befreiung der Menschen von der Arbeit, die der Maschinisierung, Verwissenschaftlichung, Industrialisierung implizit ist, immer wieder zu ihrer Versklavung umgewidmet wird.

Man mag, wenn man sich diese drei Punkte vergegenwärtigt – wie Kunst mit Sinnlichkeit arbeitet, was für Subjekte sie voraussetzt und miterzeugt, wie sie Welt erkennt und zu deren sozialer Konstitution beiträgt –, vielleicht in Adornos Seufzer einstimmen, die Leute verrichteten unter kulturindustriellen Verhältnissen, welche die Künste an den Prozeß der Produktion, Akkumulation, Verwertung des Kapitals angeschlossen haben, der wiederum selbst heute, da das kaum noch sinnvoll erscheint, auf die Art und Weise um die Lohnarbeit oder ihre letzten verbliebenen Schatten zentriert ist, die wir im zweiten Kapitel beleuchtet haben, im Grunde sogar beim Vergnügen Arbeit, die Freizeit sei dem Kapitalverwertungsprozeß längst subsumiert – nur muß man dann freilich einsehen, daß das für Adornos kritische Tätigkeit oder das Webhosting im Dienste einer kommunistischen Kleingruppe erst recht gilt; verbeißt man sich auf solche abstrakten Allmachtsdiagnosen, fragt sich noch sehr, ob man das Antikapitalismus nennen soll oder schlicht reaktionär. Will die Kritische Theorie, wo sie gegen die industrielle und para-industrielle Beschaffenheit der jetzigen Künste wettert, Zunftwesen und Patronagesystem zurück, die ihre Produkte nicht auf dem Markt anbietende, sondern weisungsgebundene Künstlerin, soll, wie einige Übereifrige ja auch Marxens Rede von der Aufhebung der Arbeitsteilung mißverstanden haben, die ganze Ausdifferenzierung sozialer Subsysteme von Kunst bis Wissenschaft einfach einkassiert werden, auf mit dem gegenwärtigen, auch marxistischen Begriffsinstrumentarium schwer beschreibbare, im Grunde begriffslose, eigentlich mystische Weise?

Das von theoretischen Anstrengungen wie der Luhmannschen, aber auch viel begrüßenswert fortschrittlicher Sozialtechnik selbst mitten im Kapitalismus genutzte Gute an der soziosemantischen Evolution, die uns besagte Ausdifferenzierung beschert hat, ist ja, daß durch die Scheidung der sozialen Subsysteme auch eine Vergleichbarkeit einsetzt, eine realistische Relativierung; das Leben wird vernünftiger und damit nach allen möglichen Seiten weniger hierarchisch. Das nimmt den Kunstschaffenden aber auch etwas von ihrer unbegriffenen, unbegreiflichen Souveränität (was sie nur vermissen, wo sie nicht einsehen wollen, daß die ohnehin scheinhaft war): Wo die Kunst an die Religion gebunden bleibt, und sei es mit dünnen Fäden, haben die Kunstschaffenden ein gewisses Deutungsmonopol über ihre Werke; noch Klopstocks Messias, Bachs Matthäuspassion zehren davon, daß darin implizit suggeriert ist, die beiden Urheber hätten Gott geschaut oder gehört auf eine Weise, die den Gläubigen nicht zukommt. Natürlich ist das Mumpitz und soll nicht nur Klopstock und Bach zur Geltung bringen, sondern auch die Geltung der Evangelien bestätigen, und da wird es auf eine Weise heikel, die man anders als durch die verschärfte Arbeitsteilung, die Luhmann Ausdifferenzierung nennt, schwer aus der Welt schaffen kann; die Vergleichbarkeit macht dann klar, daß Leute, die bestimmte (etwa religiöse) Haltungen besser illustrieren können als andere, deswegen noch nicht zuständig sind dafür, irgendein tatsächliches Wissen zu vermitteln. Man kann und sollte bei Künstlerwissen, das nur gut behauptet sein muß, nicht wahr (»gut erfunden«), deshalb nie sagen, es treffe nicht zu oder sei etwa »Angabe« (»Der Arno Schmidt tut ja nur so schlau«), weil das gleichbedeutend wäre mit dem Satz über eine Musik, die sei ja gar nicht gut, die klinge nur so. Man kann und sollte damit aber auch in den Zustand, in dem noch nicht alles Arbeit war, auch der Kunstgenuß, nicht zurückwollen, denn das romantische Geheimnis der Klage hierüber ist, daß jenes »Alles ist Arbeit geworden« einfach nur heißt: Alles ist vergleichbar geworden, seit die verschiedenen Erfahrungsformen ihre spezifischen Räume bekommen haben. In der Vergleichbarkeit aber scheint zugleich die situationsgebundene, freie Überwindung der Ausdifferenzierung für die freien Menschen selbst auf, ohne daß diese Ausdifferenzierung deshalb zurückgenommen würde: Ich darf selbst mitreden, wo ich jeweils was mache, aber ich kann nicht überall alles machen. Diese Souveränität aber ist nirgends schöner und reichhaltiger entworfen als in den Kunsterfahrungen, wie bei Kleists zweiter Unschuld wird man darin, aber in aufgeklärter Weise, wieder Kind – Peter Hacks:

> »Das Kind trennt nicht scharf zwischen poetischer und wissenschaftlicher Aneignung. Sein Bezug zum Gegenstand ist heiter und ungenau. Es baut, überaus gemächlich, neben dem Reich der möglichen Dinge ein Reich der wirklichen Dinge auf, und diese Reiche bestehen, auf spaßhafte Weise zwar auch wieder unterscheidbar, doch kaum kämpfend, nebeneinander. Alle Erkenntnisse des Kindes sind Als-ob-Erkenntnisse, all seine Vermögen gleichsam probeweise, gleichsam ästhetisch. Das Kinderpublikum ist ein Publikum von Künstlern, woraus nicht folgt, daß das Kinderdrama das vortrefflichste Drama sei. Kunst mag ein Spiel sein, aber sie ist kein Kinderspiel.«[266]

Die Kritische Theorie, Schöpfung höchst erwachsener Denker, sieht diese Lage mit Unbehagen; man hat, bei aller Kunstbegeisterung dieser Leute, manchmal den Eindruck, sie sähen von den Als-ob-Erkenntnissen der Künste ihren eigenen Anspruch auf Wahrheit und Erkenntnis verhöhnt; wo dann avantgardistisch genug gearbeitet wird, mag die Schuld durch Sperrigkeit abgegolten sein, wo es aber allzu kulturindustriell-vergnüglich wird, fällt der Verdammungshammer. Wir wollen ein Beispiel hierfür genauer anschauen; es ist lehrreich.

V.
Kritische Kunstspießer und eine Fabrik namens Dickens

Ernst Bloch schreibt – und zwar nicht irgendwo in einem vergrätzten Tagebuch, sondern in seinem Hauptwerk, dem *Prinzip Hoffnung*:

> »Wo freilich alles zerfällt, verrenkt sich auch der Körper mühelos mit. Roheres, Gemeineres, Dümmeres als die Jazztänze seit 1930 ward noch nicht gesehen. Jitterbug, Boogie-Woogie, das ist außer Rand und Band geratener Stumpfsinn, mit einem ihm entsprechenden Gejaule, das die sozusagen tönende Begleitung macht. Solch amerikanische Bewegung erschüttert die westlichen Länder, nicht als Tanz, sondern als Erbrechen. Der Mensch soll besudelt werden und das Gehirn entleert; desto weniger weiß er unter seinen Ausbeutern, woran er ist, für wen er schuftet, für was er zum Sterben verschickt wird.«[267]

Man möchte, wenn man Bloch mag – was wir tun –, nicht gerne stehenlassen, wonach das aussieht, nämlich daß der große Philosoph, kritisches Anti-Ausbeutungs-Schwänzchen der törichten Passage hin, antiamerikanisches kulturpessimistisches Ressentiment her, einfach einen Denkaussetzer gehabt haben muß, unter dessen gesträubter Oberfläche sogar schwer zu übersehende Spurenelemente von Rassismus zu identifizieren wären – denn es sind vielleicht nicht völlig zufällig Beispiele aus dem Bereich der sogenannten schwarzen Musik, des Mutterschiffs der gesamten musikalischen Popkultur im zurückliegenden Jahrhundert, die er da angreift. Daß er solche Sachen einfach aus intellektueller Schwäche und moralischer Blindheit geschrieben haben soll, das möchte man auf einem wie Bloch nicht gerne sitzenlassen. Könnte es also etwa sein, daß man das alles als eine Art manisch-depressive Episode lesen darf, also nicht nur bei Bloch, sondern analog auch bei Adorno: daß das Mißtrauen dieser Intellektuellen gegen – zum Beispiel – Jazz daher kam, daß Hitler sie aus Europa vertrieben hatte, und jetzt saßen sie in Amerika, dieses Emigrantenschicksal litten ja beide, und dort fehlte ihnen die Nestwärme der vertrauten Kulturwelt, die sie kannten, das Dörfliche und Kleinproduzentenhafte der Avantgarde mit ihren entsprechenden Aufführungen für kleine Zirkel, mit dieser leicht trüben Weihe, und statt dessen hatten sie es mit einer fabrikmäßig erzeugten Massenkultur zu tun. Da sie den Kapitalismus sowieso schon nicht mochten, wofür es schließlich eine Menge guter Gründe gibt, von denen wir einige ja auch nur deshalb kennen, weil sie von diesen beiden und ihresgleichen so vorbildlich und punktgenau ausformuliert wurden, haben sie ihr Heimweh und ihre Angst, daß alles Wahre, Schöne, Gute, das sie von zuhause her kannten, für immer weg war, und daß sie nun dieser anderen, lärmigen Kultur ausgeliefert waren, die ja dadurch, daß sie industriell erzeugt und mittels Massenmedien, Radio usw. vertrieben wurde, schon sagte: Das ist nicht nur für dich, den einzelnen Kunstgenießer, das ist für potentiell alle – als Liebesentzug empfunden, das heißt: daß selbst die Kunsterzeuger nicht mehr direkt mit ihnen, den kritischen Intellektuellen redeten, und also verhielten sie sich, wie man sich verhält, wenn man aus dem Dorf vertrieben wird und dann auch noch hört, daß die Dorfliebste einen vergessen hat und jetzt mit allen möglichen Leuten tanzen geht. Da fingen sie an, auf das Mädchen, die Kunst in ihrer neuen Gestalt zu schimpfen, wie verhurt sie sei und verblödet und was sonst. Dem inneren Bildnis der Jugendliebe in ihrem Herzen aber, der Hochkultur selber, der Avantgarde, hielten sie lebenslang die Treue, man findet das bei Bloch, wo das Echo des Expressionismus in seinen Schriften bis zum Schluß zu hören ist, und bei Adorno als ausdauerndstes Streiten für die neue Hochkunst bis zum letzten Buch, der *Ästhetischen Theorie*. An dieser Lesart stimmt einiges; aber ganz geht sie nicht auf. Denn selbst die Liebe zur Avantgarde, die Zuneigung zum fordernden Werk, die Solidarität mit den genialen Kleinproduzenten hat ihre Grenze bei Leuten aus der Linie, um die es hier geht – Adorno, über die Schicksale von Dodekakophonie und (damals noch nicht so genannter) algorithmischer Musik nach dem Zweiten Weltkrieg, im Aufsatz *Das Altern der neuen Musik*:

> »Schönbergs eigene Bedenken schützen den vorm Mißverständnis, der sich der Beliebtheit dieser Technik, die geschichtlich heute so notwendig ist wie je, nicht mehr freut als etwa der Popularität Kafkas. Jenes Verfahren besitzt sein Existenzrecht durchweg nur in der Darstellung komplexer musikalischer Inhalte, die sich sonst nicht bewältigen ließen. Davon losgelöst, entartet es zum Wahnsystem.«[268]

Die um gewisse Echos auffallend unbekümmerte Verwendung des, gelinde gesagt, vorbelasteten Ausdrucks »entartet« ist bei einem so genauen Stilisten wie Adorno ein Fingerzeig. Was aber soll die zwölftönende Avantgarde sein, die nicht mehr jene Inhalte bearbeitet, die Adorno von Schönberg und Webern und seinen übrigen Komponistenidolen aus der Zeit vor der Katastrophe kannte? Ein Wahnsystem. Was sagt er also über die jungen Musiker, die er nicht mag? Ihre Kunst ist entartet, und sie sind verrückt. Genau das, mit denselben Worten also, was seine politischen, verbrecherischen Todfeinde über diejenige Kunst gesagt haben, die er mochte. Den Schlüssel zu den schmerzhaft peinlichen und jedenfalls traurigen Aussetzern bei Bloch und Adorno liefert einmal mehr die – dennoch, wie wir begründet haben, mit Vorsicht zu genießende und umsichtig zu dosierende – Wissenssoziologie: Noch die unabhängigsten, isoliertesten, verfolgtesten Denker müssen im Takt und der Melodie des historisch zu einem bestimmten Zeitpunkt Gedachten mitschwingen, weil die Gewalt, die Angst, die Verfolgung auch in der Sprache derer, die in einer gegebenen Gesellschaft die Ausgegrenzten oder in einer gegebenen historischen Situation die Bedrohten sind, ihre Spuren hinterläßt.

Nicht einmal die Feinde und potentiellen Opfer des Faschismus also konnten faschistoiden Denkgesten und Sprachmustern ganz entrinnen, sie drückten ihnen auf Jahre hinaus, bis ins Exil, ja bis in die Nachkriegszeit ihre Prägungen in den Sprachleib. Das ist nun aber gerade kein verkappter Freispruch der Nazis, etwa in dem Sinne, jene seien ebensogut wie Bloch oder Adorno irgendwie Kinder ihrer Zeit gewesen, sondern im Gegenteil eine verschärfte Anklage: Nicht einmal die Gedanken und die Formulierungen der zur unfreien Öffentlichkeit nicht länger Zugelassenen sind noch frei, wo die Unfreiheit allgemein wird.

Ein weiteres Mal gewendet aber bedeutet dies auch, daß reale Zuwächse an Freiheit, Zurückweichen der Gewalt, Indirektwerden der Zwänge, Zunahme von Vermittlung etwa über Ausdifferenzierung selbst ohne begriffliche oder politische Konsolidierung etwas Wünschenswertes sind, und die Spezialisierung der Avantgarde, die Adorno ablehnt, als Symptom der Ausdifferenzierung ebenso verteidigt zu werden verdient wie, auf abermals einer anderen Ebene, die

Schwellensenkung für Musik und Tanz, das ästhetische Genießenkönnen selbst noch der Entfremdung (als typisch uneigentliche, also künstlerische Erfahrungsform), die Bloch verleumdet. Hier, wenn irgendwo, liegen die fortschrittlichen Momente von Kulturindustrie und Pop, die allerdings im Zuge der allgemeinen Verwerterei und der Erschließung jugendlicher Kaufkraft mitunter von Intellektuellen, die auf die Hinterlassenschaft der Kritischen Theorie ihrerseits kritisch reagiert haben, allzu rosig gemalt haben. Bei Pop nämlich, bei der Massenkultur und ihrer Gegenkultur, die beide entweder industriell gefertigt sind oder in Nischen mit dem von jener Industrie fallengelassenen Spielzeug hantieren, geht es außer um Anreize zum Kaufen und Verkaufen von irgendwelchem Ramsch jedenfalls oft genug – und sei es nur als Köder, den man sich genau ansehen muß, bevor man ihn schluckt – um die Aussicht auf Menschenkollektive, die eben nicht von Angst, von Gewalt und deren Androhung, von Verfolgung und Anpassung zusammengehalten werden, sondern von sozial organisierten Glücksversprechen, von der einvernehmlichen, unerwartbaren Erlebnissen den Weg ebnenden Verabredung (etwa innerhalb einer Band), vom Schwelgen in der Entgrenzung, von der Funktionslust der tanzenden Körper, des mitwippenden Fußes, der nickenden Köpfchen.

In solchen Realprozessen etwas zu sehen, das nicht auf seine Funktion als Inneneinrichtung des Unrechts beschränkt bleiben sollte, ist zumindest nicht unaufgeklärter als das von Bloch in einem Moment der kognitiven wie moralischen Schwäche gebellte Gegenteil.

Die Aufklärung selbst, als konkrete historische Erscheinung an der Schwelle zur bürgerlichen Selbstemanzipation, zum Kapitalverhältnis und zur Industrialisierung, konnte sich solche Gedanken naturgemäß noch nicht machen. Das hat sie nicht unbeschädigt gelassen; jeder Kopftuchstreit unter Massenmedienbedingungen, jede Inzidenz von *semiotic warfare* in den gründlich durchkulturalisierten reichen Gesellschaften zeigt, daß das Herunterbeten von Voltaireschen Sentenzen und Zitaten aus *Nathan der Weise* unzulängliche Instrumente des Fortschritts sind. Der in Fragen der Aufklärungsphilologie unbestritten klügste und kundigste Gelehrte der Gegenwart, Jonathan Israel, der sich für die radikale und die umkämpfte Aufklärung, also den Teil der Bewegung, dem auch unsere Sympathie gilt, jederzeit tapfer schlägt, hat in seinem mehrbändigen Mammutwerk auf Kunst kaum Gewicht gelegt; die Aufklärerinnen und Aufklärer, die er darstellt und paraphrasiert, scheinen ihm wenig Brauchbares hinterlassen zu haben, von gelegentlichen lustigen und bedenkenswerten Kuriosa wie dem Satz des Helvétius – »Bis zum allgemeinen Frieden ist die Kriegskunst die höchste Kunst«[269] – einmal abgesehen.

Was ein aufgeklärter politischer Umgang mit den Künsten von Kants niedlicher Irrlehre über das »interesselose Wohlgefallen« haben soll, ist nicht leicht zu erkennen, im Gegenteil verstellt sie, wenn man sie glaubt, den Blick etwa auf die Gründe für den Haß auf »entartete Kunst«, der jedenfalls nicht »interesselos« genannt werden kann. Zwar hat Kant insoweit recht, als nur wenige Menschen auf den Gedanken kommen, etwa ihre sexuelle Lust auf Statuen zu richten und an diesen befriedigen zu wollen, aber er verschiebt die von uns oben unter 2. erkundete Eigenschaft der Kunst, daß die Reize, die sie vergibt, von unwirklichen Welten handeln, einfach ins Subjekt (nicht die Statue ist ihm ein falscher Mensch, sondern das sexuelle Interesse an ihr wäre ein falsches, der ästhetischen Erfahrungsweise unangemessenes), ein Denkfehler, der sich – noch einmal: wissenssoziologisch leicht faßbar – der bürgerlichen Individualmonadisierung verdankt, nicht der Gedankenlosigkeit des Philosophen. Ein Objektives wird subjektiviert, weil bürgerlich-aufgeklärte Philosophie der klassischen Epoche auf alles reflektieren kann, nur nicht auf ihre subjektphilosophischen Prämissen, was es dann leider dem im Imperialismus sich ausbreitenden Neopyrrhonismus so leicht macht, ihm diese Unfähigkeit retrospektiv um die Ohren zu hauen – denselben Fehler macht Kant ja, mit eiserner und fast schon wieder bewunderungswürdiger Zwangsläufigkeit, in seiner berühmten Aufklärungsdefinition, in welcher die Unmündigkeit »selbstverschuldet« ist, womit der Alleszermalmer noch hinter die plumpste Priestertrugstheorie des französischen Materialismus zurückfällt. Symmetrisch zum Unvermögen der Aufklärung, die künstlerischen Dinge auf dem Niveau der sich abzeichnenden kapitalistischen Realität zu denken, ist auch die Kunst der Aufklärung selbst nichts gegen die hochbürgerliche, und hält man Wieland gegen Goethe oder Musik, wie sie Thomas Paines Herz erfreut haben wird – James Hewitt schreibt neun Variationen von »Yankee Doodle« fürs Cembalo –, neben Beethoven, weiß man genug. Peter Hacks:

> »Goethe sprach über Wieland so angemessen, wie die Klassik über die Aufklärung, deren größergewachsenes Kind sie ist, äußersten und freundwilligsten Falls sprechen kann. Heines Nachruf auf Nicolai klingt viel schnöder, ist aber genauso liebevoll. Unsere Klassiker sind keine Vatermörder. Sie stehen im Widerspruch zur Aufklärung insofern, als der Höhepunkt einer Sache im Widerspruch zu deren gewöhnlicher Seinsweise einmal stehen muß. Sie machen den Sprung, der sie von der Aufklärung trennt, deutlich und nehmen sie im übrigen gegen die gemeinsame Krätze, die Romantik, in Schutz.«[270]

Die Klassik schätzte indes Adorno nicht höher als die Romantik, deren gebrochene Sache, Fragment, verletzte Unendlichkeit ihm vielmehr schon Beckett präfiguriert haben muß. Aus dieser Liebe zu den Echos des Zerbrechens der Aufklärung in der Kunst, aus dieser Distanz zu ihrer Überwindung ins Gelungenere, die mit Adornos politischen Erfahrungen mehr zu tun hat als mit seinen ästhetischen Reflexionen als solchen, aber speist sich die dem Kantischen Fehler komplementäre Schwäche der Kritischen Theorie, Kunst anders als mit dem brennendsten Interesse, dafür aber ohne Wohlgefallen zu betrachten. Die Nähe dessen, der ein Kerzlein für die Kleinproduzenten der Avantgarde anzündet, zu Manufactum-Kitsch und dem Kunstgewerbe des Unverdaulichen, das in den siebziger Jahren entstand, ist unerfreulich, aber leicht aus ihren Denkvoraussetzungen herzuleiten; die Teilnahme von Millionen am Kulturindustriellen, die Standardisierung der Befriedigung der in der *Dialektik der Aufklärung* verächtlich als »gleiche Bedürfnisse« aller Massenindividuen angeschwärzten Sehnsüchte hat ihre Nachtseite in einem depressiven Elitismus, der gegen die Vermassung im Grunde nichts Schlaueres zu sagen weiß, als daß die Seele doch etwas Einzigartiges sei, und übersieht, daß Vermassung nur die eine, Vereinzelung aber die andere Seite der automatischen Knechtung ist, die das abstrakte Realverhältnis über alle, auch die Avantgarde und ihre liebenden Enkomiasten, verhängt. Ist das Entindividualisierte der »gleichen Bedürfnisse« nicht vom Neoliberalismus behoben? In Wahrheit machen Adorno und Horkheimer das Kunstproblem mit ihrer These von den Massen an der kulturindustriellen Tränke zu einem Rezeptions-, also, ökonomisch gesprochen, zu einem Verteilungsproblem, als wären sie grenznutzentheoretisierende Antimarxisten, die nicht imstande sind, es als Produktions- und Eigentumsproblem zu formulieren. Nicht der Standard macht die Massenware »billig« im Doppelsinn, sondern der Profitimperativ, der Passivitätsvorwurf ans Publikum, der in der Kulturindustriepolemik steckt, ist so zutiefst ungerecht, wie die situationistische Beschimpfung des »Spektakels« einseitig war, die sich kein Zeitalter vorstellen konnte, in dem wie in der Gegenwart nach einem treffenden Wort von Diedrich Diederichsen »Partizipation« das neue Spektakel ist. Nicht daß sie gleich sind, entwertet die Produkte der Serienproduktion, sondern daß sie gleichgültig sind gegen die legitimen Zwecke sowohl derer, die sie produzieren, wie derer, die an ihnen Kunsterfahrungen machen, ist das Verwerfliche an ihnen. Das war nicht immer so – Balzac und Dickens haben auch in Serie produziert und Massen erreicht; als alles Bürgerliche gegenüber den feudalen Resten einen Fortschritt bedeutete, war das auch in der Kultur der Fall.

Immer weitergeschrieben – die Voraussetzung für die Verwertungsweise der Serie – hat Dickens aus durchaus kunstimmanenten Gründen, die Kunstschaffende auch in einer freien Gesellschaft haben könnten, weil nämlich nie das Buch dabei rauskam, das ihm nach seiner Fertigstellung noch gewachsen gewesen wäre. Er hat sie alle auf die Welt gebracht und dann, am Ende, sterben sehen müssen, sogar selbst umgebracht. Das Romanende bei Dickens: ist deutlicher als sonst eine Schließung, Besiegelung einer Totgeburt. Es bleibt nichts mehr zu tun, als irgendwie zu leben, nach Cartons Tod, nach Esthers Hochzeit mit dem guten Arzt, nach Pips völliger Selbsterkenntnis über den Rand des für sein Selbst vorgesehenen sozialen Nährbodens hinaus, einer Selbsterkenntnis, die keine »höheren Ziele« mehr übrigläßt. Nur der Geschmack des letzten Satzes in *Candide* ist dem vergleichbar, was Dickens den Ideen antut, denen seine Helden nachgehangen sind, und mit denen sie untergehen müßten, wenn sie sie eben nicht losließen, auf daß man sich trenne: der Geist in den Himmel, das Fleisch in den Alltag. Ihrer beider unerfüllbare Liebe auf dem Theaterboden der gegenwärtigen, der bürgerlichen Gesellschaft ist das Thema der Romane, das sie nicht erschöpfen können, und das seinen Autor erschöpft hat. Höher hinaus als in *Bleak House* kam die bürgerliche Romankunst gar nicht allzuoft, mit Proust zur Totalität des Subjekts, mit Joyce und Flaubert zur Totalität der Sprache, mit Balzac und Dostojewski zur Totalität des Ensembles der gesellschaftlichen Verhältnisse. Alle drei Sorten der Überbietung der Dickensschen Leistung aber sind gesellschaftlich unverdiente, individuell mit Leben und Verstand bezahlte Erfolge von Genies, in ihrer Art weder wiederholbar noch sonstwie lehrreich.

Bleak House jedoch erreicht alles, was dem Bürger als Romankünstler überhaupt zu erreichen statthaft ist – die Ironie liegt freilich darin, daß Dickens viel weniger Bürger war als die genannten Genies: Das Wahre am Bürgerlichen wird auf nachbürgerliche Temperamente warten müssen, solche wie Marx vielleicht. Nicht Orwell und nicht Zweig, nicht die Biographen und nicht die literarischen Feinde, die sich mit Dickens befaßt haben, reden irgendwo darüber, was für wichtige Beweggründe für Dickens' Arbeit Haß und Neid auf die günstiger Geborenen waren, obwohl man Magwitch oder das Anwaltspack in *Bleak House*, ja selbst Fagin nicht begreift, wenn man das nicht weiß. Der einzige, der überhaupt etwas »in dieser Richtung« durchblicken läßt, ist Arno Schmidt, und der hat sich ja grundsätzlich nur mit Schriftstellern befaßt, die er für sich selbst halten konnte (das waren dann natürlich fast alle; außer Thomas Mann).

VI.
Fernsehen als Erzählproblem

Die ästhetisch-formgeschichtlichen, produktionsformalen Erben der Dickensschen Verfahrensweise, hocharbeitsteilig, tendenziell vergesellschaftet, durchindustrialisiert, findet man heute freilich nicht mehr einsam am Schreibtisch, sondern im Serienfernsehen – zum Beispiel bei »Dawson's Creek«, einer realistisch-komödiantischen Teenager-Serie, die im Frühjahr 2003 in den USA zum letzten Mal ausgestrahlt und danach auf DVD angeboten wurde. Sie funktioniert wie *David Copperfield* von Dickens, erzählt nämlich, wie jener Roman den Lebensweg eines Dickens-analogen Helden, die Geschichte eines Menschen, der wie der Schöpfer der Show, Kevin Williamson, aus einer Kleinstadt nach Hollywood findet und dort schließlich seine Jugend in einer Fernsehserie wiederaufleben läßt. Früh will der jugendliche Held, dessen Pubertät die Show begleitet, Filmregisseur werden, probiert in seinem Heimstudio auch Fernsehformate aus, und so liegen lange vor dem Finale, das ihn schließlich da ankommen läßt, wo Williamson sein mußte, um sich »Dawson's Creek« ausdenken zu können, zahlreiche Schlenker ins Selbstthematisierende nahe, ohne daß dabei, wie sonst in vergleichbaren Fällen so häufig, zwanghaftes postmodernes Augenzwinkern die Zuschauer hat verstimmen müssen. Im Vorspiel – vor der Titelsequenz samt Erkennungsmelodie und Darstellerclips – der letzten Folge der ersten Staffel kommt dieses Moment eindrucksvoll zu sich selbst: Wie in jeder Episode zuvor sitzen Dawson (James van der Beek) und seine fünfzehnjährige Sandkastenfreundin Joey (Katie Holmes) auf Dawsons Bett und schauen sich einen Film an – wir haben ihnen bis dahin schon zwölfmal dabei zugesehen, wie sie anderen dabei zusehen, wie die ein fiktives Leben bewältigen. Joey aber hat genug davon: Sie sieht es nicht mehr ein, ihr eigenes Leben zu verpassen, ständig auf ein Zeichen Dawsons zu warten, daß er endlich bereit ist, sich zu entscheiden, ob aus der Kinderfreundschaft etwas Erwachsenes, Intimeres und Anstrengenderes werden soll oder nicht. Und so erklärt sie ihm in einem Monolog, der unausgesprochen, aber deutlich auch an die Zuschauer gerichtet ist, gleichsam ständig von innen gegen die Mattscheibe klopft, daß sie die ständigen episodischen Scheinsensationen satt hat, daß man doch sowieso weiß, daß nach einer Stunde angeblicher Riesenereignisse im Leben der Serienfiguren letztlich alles beim Alten bleiben muß, weil das Serienformat, in dem man als Jugendlicher auch aufgrund der fixen Termine von Schule und erlaubter Freizeit existiert, das erzwingt. Der Witz daran ist, daß alles, was Joey sagt, zwar wirklich stimmt, die Episode, die dann folgt, das Leben Dawsons, Joeys und aller anderen Hauptfiguren aber dennoch grundlegend und unwiderruflich ändert.

Die im besten Wortsinn Verantwortlichen haben hier über etwas nachgedacht, über das vor lauter Medienkritik von den meisten Medienkritikern viel zu wenig nachgedacht wird, gemessen an dem

Ausmaß, in dem es die Fernsehgewohnheiten von Vielfernsehern beherrscht: die Seriendynamik als solche.

Einmal außen vor gelassen, ob die sich im Moment, da wir dies schreiben, nicht selbst schon wieder grundlegend und unwiderruflich verändert – Stichwort: allmähliche Gerinnung zu »Werken« via DVD-Ausgaben der beliebtesten Shows –, ist die Schwierigkeit beim Schreiben über diese Sachen die, daß man sie nur anfassen kann, soweit es begriffliche Handhaben ästhetischer Rede gibt. Das aber geht nur, soweit diese Shows, im Gegensatz zu Fahrplänen oder Wolken, Kunst sind, und umgekehrt: Sobald jemand behauptet, es gebe diese Maßstäbe, erklärt er den Gegenstand zu Kunst, ob er will oder nicht. Ob etwas Kunst ist, hängt von Art und Vielfalt seiner freien Parameter ab, das heißt, man kommt nicht um die Frage herum: Inwiefern ist Serienfernsehen, und besonders das amerikanische, das immer noch weltweit die ästhetischen Standards setzt (nicht unbedingt die ökonomischen, Brasilien produziert billiger, aber eben doch mit weniger Nachahmungs- und kritischem Erfolg) etwas? Wie autonom kann etwas überhaupt sein, das sich richten muß nach der Vertriebsstruktur sowohl der Networks wie der Kabel(Zweit-)Verwertung, nach der Verwundbarkeit durch Boykottmaßnahmen von (vor allem religiösen) Elternorganisationen gegen die Werbekundschaft in den Pausen, nach der Abhängigkeit vom System der Stars, nach gewerkschaftlich erreichten Verpflichtungen wie der, daß pro Serie ein fixer Prozentsatz von Fremdautoren beschäftigt werden muß?

Künstlerische Autonomie – um deren innere wie äußere Gesetzlichkeit es uns in diesem Kapitel hauptsächlich geht – entsteht entgegen weitverbreiteten Annahmen nicht grundsätzlich durch absolute Unabhängigkeit von Regeln schlechthin, sondern durch etwas Relationales: Interessant ist nicht, wie viele Regeln eine Künstlerin beherzigt oder bricht, sondern wie viele davon auf eigene Rechnung aufgestellt und umgeschmissen werden. Wenn also etwa der Markt sechzehn Regeln aufstellt, müssen die Künstler eben zwanzig weitere dazuerfinden, schon hat die Kunst sich behauptet – vorausgesetzt, die Regeln werden fruchtbar benutzt, das heißt: Die Künstler sind gut in dem, was sie tun. Nach dem Gesetz, daß im Fernsehen, anders als im Auteur-Kino, keine gute Episode jemals nach einem schlechten Drehbuch entstanden ist, bedingt dieses Gesetz vor allem ein Primat der Autorenarbeit vor allem anderen. Alles andere steht frei, und so sind zwei große Schulen entstanden: die formalistische und die inhaltsbeflissene. Die Serienmacher der formalistischen benehmen sich wie klassische Avantgarde – man denke an Lynch/ Frosts »Twin Peaks«, aber auch an »24«, die technisch faszinierende, inhaltlich aber recht hausbackene Thrillerserie mit Kiefer Sutherland (da geht es eigentlich nicht um die Geschichte – erste Staffel: Tochter eines Terroristenjägers wird entführt, um ihn zu erpressen, bei der Ermordung eines schwarzen Präsidentschaftskandidaten mit guten Erfolgsaussichten mitzuspielen, inklusive allerlei Doppelbödiges, weitere Staffeln: *more of the same* –, sondern ums Format: Jede Folge behandelt eine Stunde Echtzeit, es gibt 24 Folgen, das Ganze ist ein Tag. Strafferes Serienfernsehen gab es noch nie, und die daraus entstehenden Kontinuitäts-Herausforderungen ans Raum- und Zeitmanagement garantieren jede Menge interessanter Montagen, Computer-Fenster-Effekte und so fort).

Die inhaltsorientierte Schule dagegen setzt sich, wie die schönste agitatorische Kunst von Brecht bis Peter Weiss, aber ohne deren eindeutige Parteinahme, allerlei Zeitproblemen aus, und bekommt so plötzlich riesige Schwierigkeiten, längere filmische Essays über die nicaraguanischen Contras (»Miami Vice«) oder die politischen Weiterungen des Ölgeschäfts (»Dallas«) in ihre diesen Dingen eigentlich fremden Krimi- oder Soap-Formate zu integrieren. In den letzten Jahren hat der kulturalistische »Mainstream der Minderheiten« (Tom Holert/Mark Terkessidis) dafür gesorgt, daß immer abseitigere, randständigere soziale Zonen serienkolonisiert wurden, bis hin zu sonst klassisch dem Film vorbehaltenen Lokalitäten wie dem Frauenknast. Die britische Mutter aller Frauengefängnis-Serien, die von ihren Echos in Deutschland und anderswo mehr schlecht als recht kopiert wurde, »Bad Girls«, entstand in enger Zusammenarbeit mit dem »Center for Crime & Justice Studies«, soziologisch-feldstudienartig gewonnene Rechercheresultate wurden ständig in die Handlung eingebaut – Privatisierungsbestrebungen, Versorgung,

Drogen, Selbstverletzung, Mütter und Babys, der Umgang mit Aids und Hepatitis im Gefängnis.

Letztlich aber muß die inhaltliche Schule selbst eine formale werden, nämlich eine, die sich den Formgesetzen des Formats »Dokumentation« annähern muß – bald konnte man auf der »Bad Girls«-Site die polizeilichen Unterlagen einer der Hauptfiguren der vierten Staffel besichtigen, zu erzählen aber gab es in den späten Staffeln immer weniger, und immer dasselbe, wie bei den ermüdendsten Formalisten.

VII.
Was macht das *novum* aus den Künsten?

Seit Anbruch der Neuzeit muß sich die Kunst, ob sie sich nun vernünftig und konstruktiv gibt oder romantisch und unbewußt, zur gesellschaftlich gesetzten Größe »Vernunft« verhalten. Die Geburt dieser Größe war ein historischer Bruch (»Wir planen jetzt, was für eine Gesellschaft wir haben wollen, und setzen sie unter die für natürlich erklärte Bestimmung des von uns politisch durchgesetzten Rechts«), ihre Entwicklung vollzieht sich seither in immer neuen selbstähnlichen Brüchen – das ist die berühmte Krisenhaftigkeit der Moderne, die mit jeder neuen Runde vom Imperialismus bis zur »Globalisierung« Fortschritte und Schrecken auswirft: Seit man Pläne macht, Absichten artikuliert, diese in Widerstreit setzt, kurz, seit es das gibt, was Bürger unter Politik verstehen, herrscht eine im Alltagsbetrieb der Öffentlichkeiten (wenn auch nicht im privaten Kreis oder in sektenartigen Diskussionszusammenhängen der Dissidenz, des Protestes, der Opposition) kantische Einigkeit darüber, daß die Leute an dem, was ihnen an Üblem widerfährt, entweder individuell oder kollektiv selbst Schuld tragen, auf die Götter oder das Schicksal jedenfalls beruft man sich in den reichen Gesellschaften auf der Suche nach Mehrheiten fürs eigene Tun jedenfalls nicht (der Begriff der säkularen Gesellschaft ist ein politischer, kein psychologischer). Die Abgründe in diesem Bild, wenn also etwa allen auffällt, daß irgendeine ökonomische Krise vielleicht doch nicht nur von denen verursacht ist, die sie ausbaden müssen, sondern von etwas Abstrakterem, einem Funktionsprinzip, das sich zum Schaden der ihm

Unterworfenen durchsetzt, werden mit hastig herbeiargumentierten Normativkonstruktionen schamhaft bedeckt: Es liegt an der Moral, die Investmentbanker waren zu gierig.

Wie geht die Kunst, die Reize zur Plausibilisierung nichtvorhandener Welten in die vorhandene Welt aussendet, um Haltungen zu dieser auszuprobieren, mit dieser Lage um, mit dauerhaft erregten, tatsächlichen Reizen aus der tatsächlichen Welt, von Bruchdaten der Ökonomie bis zu den moralischen Posen und Gesten, mit dem Schwung »historischer Umwälzungen«, die an der Tagesordnung sind und das ganze Leben ästhetisieren, vom Sport bis zu den Börsennachrichten, von den zu ökonomischen wie politischen Zwecken wiederbelebten Ritualen der Religionen bis zur Produktwerbung, dem ständigen *novum,* der sinnlichen Inflationierung dessen, was bei der Geburt der Moderne im Zuge der Selbstemanzipation des Bürgers »Revolution« hieß? Platt wird man die Ansicht nennen dürfen, daß die Künste unter solchen Bedingungen vor allem blühen müßten; der Spott des Peter Hacks, die Dramatik Brechts bestünde aus lauter Gewerkschaftsstücken, ist da schon wirklichkeitstauglicher. Natürlich ist die Revolution, ist auch das »Revolutionäre« als euphorische Kehrseite der Krise im manisch-depressiven Gesamtirrsinn des Kapitalismus ein Thema für die Künste, aber keineswegs eines, das sie auf Expressivität oder Romantik festlegen müßte, im Gegenteil: Gerade wenn die Umwälzerei am sprunghaftesten, chaotischsten, gefährlichsten und schrillsten vor sich geht, können die Kunstschaffenden es sich zum Ehrgeiz machen, sich besonders nüchtern und klar, konstruktivistisch oder photorealistisch zur Welt zu verhalten, da führt eine gerade Linie von David zu Warhol. Die Kälte in Schwarz und Gold des Bildes vom toten Marat hebt mehr Pathos auf als das wildeste Geschmier; und daher hat T. J. Clark den Tag, als dieses Bild im zweiten Revolutionsjahr der Öffentlichkeit enthüllt wurde, zum Geburtstag der Moderne in der Kunst erklärt, allerdings mit dem schönen dialektischen Stachel, der Erklärung hinzuzufügen, er habe dieses Datum nur gewählt, weil man dann wenigstens nicht übersehen könne, daß diese Zäsur eine ausgedachte, gesetzte, keine natürliche oder authentische sei (die Geste ist selbst modern, man stellt lästige und witzlose Ursprungsdiskussionen einfach ab, indem man sie durch

Setzung entscheidet, indem man »den Mut« beweist, sich »seines eigenen Verstandes ohne Anleitung eines andern zu bedienen«). Der 25. Vendémiaire des Jahres 2 (also der 16. Oktober 1793) wird zum Wegstein für die Entwicklung der Haltung zur Welt, die David zeigt, und die paraphrasiert etwa besagt: »Wir sind uns so klar über das, was wir als Revolutionäre hier angestellt haben, daß selbst unsere Katastrophen und Tragödien von uns angeschaut werden können, ohne daß wir blinzeln oder zusammenzucken.«

Das welterschaffende Vermögen und Tun der Künste erhält mit der Haltung »Man kann die Dinge auch so sehen, wie sie wirklich sind« einen neuen Dreh, und damit ist der Tag nicht fern, an dem nicht nur ein Mordopfer wie ein Mordopfer aussieht, sondern ein Strich eben ein Strich, eine Farbe eben eine Farbe, ein Sound ein Sound ist. Insofern das »metaphysical value judgment« der Künste also auf einmal auch lauten kann: »Wir lehnen es ab, ›metaphysical value judgments‹ zu treffen«, neigen diejenigen, die sich ihnen am konsequentesten hingeben wollen, auch zur Abschaffung der Kunst mittels Kunst (ich tröste dich, indem ich dir sage, es gibt keinen Trost, es ist wirklich alles schlimm).

Anstatt zu sagen: »Es gibt keine richtige Haltung zur Welt«, können Künstlerinnen und Künstler jetzt allerdings auch sagen: »Es gibt keine Welt«, und damit doch etwas ganz anderes meinen als die Neopyrrhoniker – »The *Marat* is not a picture that shows us shifts and uncertainties ending up swallowing the world, or making the concept ›world‹ redundant (It leaves that to later brands of modernism)«, schreibt T. J. Clark, und dann aber:

> »Matter is stubborn, or at least predictable, and goes on resisting the work of modernity. Even the proud inscription ›year two‹ is provisional. The numbers 17 and 93 are still to the left and right of it, only half erased, seemingly stuck to the wood of the orange box, as if David had tried to make them vanish but been defeated by his own materials. Technique is a perfidious thing, says the painter, but at least a hedge against the future. *Anno Domini* will doubtless return.«[271]

Wir Modernen werden, heißt das, die Geschichte, das Erbe auch unter der Fuchtel des sich ständig selbst neu hervorbringenden und dann wieder auslöschenden *novum* nicht los, weil ebendiese Kette der Hervorbringungen und Auslöschungen wieder Erbe, ästhetisches Mehrprodukt anhäuft – Lenin 1901 über die Frage, ob man im Zuge der Revolution auf die Wissenschaft und Kunst, die das alte, abzuschaffende Unrechtssystem hervorgebracht hat, verzichten, sie zerschlagen, durch Proletkult ersetzen, kulturrevolutionär schleifen sollte, ob also das revolutionäre Tun notwendig sei, weil man vernichten müsse, was in der falschen Ordnung gewußt und erfahren wurde:

> »Ganz im Gegenteil: Das ist notwendig, um diese Schätze *dem ganzen Volke zugänglich* zu machen, um die Entfremdung der Millionenmassen der Landbevölkerung von der Kultur aufzuheben, die Marx so treffend als ›Idiotismus des Landlebens‹ bezeichnet hat. Und heute, da die Übertragung elektrischer Energie auf große Entfernungen möglich ist und die Verkehrstechnik einen solchen Entwicklungsgrad erreicht hat, daß mit geringerem (als dem jetzigen) Kostenaufwand Passagiere mit einer Stundengeschwindigkeit von mehr als 200 Werst befördert werden können, gibt es gar keine technischen Hindernisse mehr dafür, daß die gesamte, mehr oder minder gleichmäßig über das ganze Land verteilte Bevölkerung in den Genuß der Schätze von Wissenschaft und Kunst gelangt, die Jahrhunderte hindurch in einigen wenigen Zentren aufgehäuft wurden«.[272]

Daß »Kommunismus« jemandem, der so schreibt, etwas ganz anderes bedeutet als in der maoistischen Kulturrevolution oder, nur noch destruktiv, bei Wahnsinnigen wie Pol Pot, enthält eine historische Wahrheit, an der das ganze Schicksal sich revolutionär verstehender Künste, also aller im weitesten Sinn modernen, *in a nutshell* enthalten ist.

Aus dem Wissen, daß man das Kommunizieren als Mensch nicht lassen kann, könnten die Künste ab dem Moment, da Kunstschaffende nicht mehr automatisch privilegierte Besitzende nichtkünstlerischer (religiöser, politischer, wissenschaftlicher) Kenntnisse sein sollen, sondern nichts anderes mehr sind als eben Kunstschaffende, eine neue Funktion gewinnen, die der Technik des Explizitmachens von Normativitäten übers plan Moralische hinaus, von Evaluativen und Direktiven, die sinnlich wirken, ohne anders als welt- und geschichtsimmanent gerechtfertigt sein zu wollen. Die Künste können sagen, was alle anderen menschlichen Tätigkeiten wissen, aber nicht sagen können: Nicht zu kommunizieren ist den Menschen nicht nur unmöglich, es wäre, wenn es denn doch möglich wäre, das unter Menschen schlechthin Falsche – mehr noch: das Böse.

ACHTZEHN
DER EXPLIZITE IMPLEX

I.
Die Wirklichkeit der Möglichkeit

Alle in diesem Buch angestellten Überlegungen gehen davon aus, daß es den Implex gibt.

Ob es etwas gibt, erkennt man daran, ob sich damit etwas machen läßt (Probehandeln inbegriffen). Mit dem Implex steht es nicht anders; wir haben den Begriff ausprobiert als ein Wort, das wie ein Einspruch funktioniert, wo immer beim Versuch, die Geschichte nicht allein dessen, was wirklich geschehen ist, sondern auch dessen, was möglich war, zu erzählen, in den gängigen Ideologien des Geschichtlichen wie des Natürlichen Reduktionen von irreduziblen Folgerungs- und Handlungskonstellationen auf Seinskonstellationen gefordert werden, die diesen Arrangements von Folgerungen und Handlungen angeblich (ontisch wie historisch) vorgängig sein sollen. Den bestimmten Artikel, den Singular haben wir gewählt, weil wir den Implex zwar von Situation zu Situation denken, aber als einen Tausendfüßler in Zeit und Raum (das Bild ersetzt uns Rosa Luxemburgs Vorstellung vom Maulwurf in der Geschichte) – wenn es »die Vergangenheit« als Singular gibt, aber »die Möglichkeiten« als Plural, dann ist der Implex einfach das (jederzeitige, von Tausendfüßlersegment zu Tausendfüßlersegment verschiedene, aber in jedem Segment mit dem Gesamttausendfüßler verbundene) Verhältnis zwischen erstens allem, was war und nicht zu ändern ist, zweitens allem, was sein könnte und in dem Moment, in dem es vorhergesagt wird, vermieden werden kann, soweit es menschliche Hexis und Praxis berührt, und drittens allem, was man wollen kann. Wir haben uns dabei implizit, das heißt bis hierher ohne Nennung, auf die von Jon Barwise und John Perry in den späten Siebzigern und frühen Achtzigern entwickelte mathematische »Situationstheorie« in ähnlich freier, das heißt erzählender statt rechnender Weise gestützt wie Luhmann auf die kybernetischen und biologischen Systemtheorien, was erlaubt ist, wenn es funktioniert, und Korrekturen einlädt, wo es das nicht tut. Wie Luhmann über die Abstraktion von biologischen Systemen auf Systeme überhaupt zu einem Rahmen gelangte, in dem sich soziale Systeme denken lassen, haben wir die von Barwise und Perry entwickelte tentative Ontologie, in der es Individuen, Relationen zwischen diesen, räumliche und zeitliche Koordinaten, Situationen (Weltausschnitte konkreter und abstrakter, empirischer und spekulativer Art, die von probehandelnden und handelnden Geschöpfen unterschieden und vielleicht sogar erst individuiert, konstruiert werden) sowie deren Typen und Parameter gibt, auf Kategorien wie Sein und Sollen abgezogen, sie damit probehandelnd vergleichbar und unterscheidbar gemacht und zu Begriffsmaschinen technisiert, die aber, wie jede Technik, jederzeit außer Dingen und Daten (oder wie Keith Devlin sagt: Infonen), den zwischen ihnen probehandelnd veränderbaren Inferenzen sowie den zwischen ihnen handelnd veränderbaren Kausalbeziehungen vor allem Zwecke braucht und diese daher anzieht und suggeriert wie die Resultate und Prozesse der Künste ihre Deutungen (die Menschen sind zu geizig mit ihrer Selbsteinschätzung: Wenn ihnen einmal etwas so Schönes einfällt wie die Kornkreise, müssen es immer gleich Außerirdische gewesen sein, statt daß man sich an der Kunst freut).

»Implex« bedeutet damit auch, daß ein A, welches ein B hervorbringt, nur deshalb, weil es das tut, noch nicht die Richtung vorgibt, in der man ein B zu einem C verändern kann. »Implex« bedeutet, daß das Humesche Gesetz, daß sich aus einem Sein kein Sollen ableitet, auch für das Humesche Gesetz selber gilt: Es beschreibt etwas, das nicht geht, aber daraus folgt nicht, wie man damit umgehen soll – die fatalistische Lesart, daß überhaupt kein Sollen zu setzen sei, weil es sich aus dem Sein nicht zwingend ergibt, ist ein Kurzschluß, der gegen seine Prämisse verstößt und die Alternative übersieht, insofern das Sollen nicht aus dem Sein gefolgert werden muß, wenn man es statt dessen viel eleganter aus dem folgern kann, was sein könnte (denn anders als die Beziehung von Ursache und Wirkung kennt die von Grund und Schluß keinen Zeitpfeil), verrechnet mit dem, was diejenigen, welche die Setzung vornehmen, wollen (wobei Wille, und zwar individuell wie statistisch-kollektiv, wiederum die Verrechnung von Wünschen, Ansprüchen, Erwartungen mit erfahrungsbasierten Wahrscheinlichkeitskalkülen und Frustrationstoleranzschwellen konkreter oder abstrakter Subjekte ist). Das »Sollen« wird, wenn man es in dieser Art relationalisiert, zu etwas dem »Sollwert« der Regelkreislehre eng Verwandtem (in diesem aber nicht Aufgehendem, denn seine Berechenbarkeit stößt auf Fallen, die ans Halteproblem erinnern) – mit diesem kybernetischen Sollwert übrigens haben Hartmut Köhler und Jürgen Schmidt-Radefeldt, zwei Herausgeber der deutschen Ausgabe von Valérys *Cahiers*, dessen Implexbegriff auf der Grundlage der Verwandtschafts- und Verzweigungsbeziehungen zwischen Thermodynamik und Informatik bereits verglichen (Thermodynamik und Informatik speisen auch einige der nachfolgenden abschließenden Bemerkungen; daß das kein Zufall ist, wird sich zeigen).

Weder das, was ist, noch das, was sein kann, noch das, was sein wird, noch das, was sein soll, ist der feste Grund und Boden, von dem Theologie wie Spekulation jahrtausendelang glaubten, seine Beschaffenheit oder Lage im Weltganzen angeben zu können. Es gibt überhaupt keinen festen Grund und Boden dieser Art, letzte Dinge, das Eschaton, der Durchbruch durch die Immanenz zur Transzendenz hin, Entelechie, Orthogenese, »Esemplasy« (Coleridge): Das alles sind Wörter für Sachen, mit denen man nichts machen kann, die vielmehr allen Handlungsergebnissen vorgreifen wollen, um die Natur des Probehandelns in der endgültigen Handlungsersparnis, der Auflösung von Praxis in Hexis, von Politik ins vorhandene Gesellschaftliche *ad absurdum* zu führen, Ausdruck der Vernunft im Augenblick ihrer Selbstzerstörung, der Sekunde, da die Ratio versucht, ihre Ratio zur Irratio zu bestimmen, um die Aufwandsersparnis aufs Maximum zu treiben, das Auslöschung heißt. Das Wichtigste, was der Implex uns als Begriff leisten soll, ist die systematische Weigerung, dieser Reduktionsversuchung nachzugeben. Er ist deshalb kein archaischer, kein erster unter anderen und kein letzter, kein messianischer und keiner, der die *arché* freilegen soll, kein Tiefenfund, sondern ein spätes, aber vorläufiges Produkt der Geschichte des Fortschrittsdenkens seit Condorcet, den er woandershin verlängern will als zu Hegel, weil Hegel dem weiteren Weg von Condorcet her als eine zwar breite und prachtvolle, aber ihres Einbahnstraßencharakters wegen in unserem Navigationsgerät Implex nicht empfohlene Sackgasse gebaut hat. Daß man das absolute Wissen, bei dem die endet, nicht braucht, kann man freilich erst sehen, wenn nach Hegel wieder ein wenig Zeit vergangen und einige Geschichte gemacht worden ist, in einer Richtung über das absolute Wissen hinaus, von der Hegel glaubte, sie sei die zu ihm hin, der ganze denkmögliche und als Arbeit zur Erlangung jenes Wissens nötige Fortschritt.

Die Felder der mit der Selbstemanzipation des Bürgertums von unbegriffenen Traditionszusammenhängen erreichten epistemischen wie praktischen *checks and balances* in ihren Tausch- und Implikationsbeziehungen zu zeigen, war deshalb der Argumentationsgang dieses Buches.

II.
Selbstexplikation des Historischen: Fortschritt ohne Ideal

Ohne Wissenschaft, Technik, Geschichte, Künste, Politik, Philosophie ist der Fortschritt nicht einmal als Irrtum möglich; seine Denkbarkeit begann genau in dem Moment, da die Wechselwirkungen dieser menschlichen Tätigkeitsfehler selbst denkbar wurden. Diese Wechselwirkungen selbst unter ein einzelnes der Tätigkeitsfelder, die da wirken, subsumieren zu wollen, kürzt unrechtmäßig Unendlichkeiten aus den Gleichungen, um die es gehen müßte: Wer »Geschichte« sagt und damit etwas meint wie die Behauptung, die Schicksale der Revolutionen seit Veröffentlichung des *Manifests der Kommunistischen Partei* hätten sich gar nicht anders erfüllen können, als das geschehen ist, und daran sei eine falsche oder richtige Lektüre dieses Manifests schuld, eine Perversion des Marxismus oder die Perversion Marxismus, geht so gewaltsam vor wie die optimistischsten Deterministinnen unter denjenigen, die an besagten Text glaubten, ohne ihn wirklich gelesen zu haben.

Es hätte anders kommen können, aber nicht ganz anders: Der Grat ist schmal, mal sieht man die verschwundenen Vorfahren, mal sieht man sie nicht, und daß es sie nie gab, ist ebenso richtig, wie daß sie als Artefakte der Konstruktion des Gewesenen aus dem Gegebenen so zwangsläufig auftauchen wie das, was die Ahnenforschung unter dem Namen »Implex« kennt: Wer lange genug nach Vorfahren sucht, findet plötzlich in irgendeiner Linie welche wieder, die schon im Stammbaum stehen, am Ende hat man weniger tatsächliche Ahnen, als rechnerisch möglich wären – natürlich hängt an diesem kleinen Wort, »möglich«, die ganze mathematisch-genealogische Pointe, wir behandeln es in diesem Buch sozusagen nicht als Adjektiv, sondern als verhältnissetzendes, verhältnisbestimmendes, verhältnisunterscheidendes und verhältnisvergleichendes Adverb, wo immer »Verhältnisse« etwas von Probehandeln und Handeln (in beiderseits wiederum zwiefacher Gestalt, als Hexis und Praxis) Gesetztes sind. Daß »eine andere Welt möglich« ist, pfeifen die aufgeweckteren unter den Spatzen inzwischen ja von den Dächern; der eine kleine Schritt über diese Einsicht hinaus, den wir riskiert haben und aus dem alles weitere sich ergab, ist, daß dann, wenn dies stimmt (und wir sehen keinen vernünftigen Grund, es anzuzweifeln, da es ja nichts weiter anerkennt als die Realität der Veränderung, des »Stirb und werde«, die ansonsten ja selbst von den Neopyrrhonikern eingeräumt wird), sich jener Satz auch auf die Geschichte anwenden läßt: Eine andere Welt ist nicht nur möglich, sie war es auch immer, zum Gewesenen gehört das, was möglich war, aber nicht wurde, und daraus ergibt sich die Denkbarkeit des Fortschritts endlich anders, nämlich objektivierbar unabhängig von spezifischen, konkret zweckhaft bestimmten Idealen oder Utopien – das neunzehnte Jahrhundert, von den unmittelbaren Erben der deutschen Klassik über die Sozialistinnen bis zu den Technizistinnen dachte noch, man bräuchte einen aus der Immanenz, in welche ihn Hegel holen wollte, in die Entrücktheit zurückgestoßenen Weltgeist, der einem aus dem Unerreichbaren her sagt, wohin die Reise geht, ohne daß man da jemals ankommen darf – Peter Hacks hat diesen, wenn die paradoxale Benennung erlaubt ist, »traditionellen Fortschrittsgedanken«, von dem unseren eigenen nur ein winziger Schritt trennt, im Interview mit Gottfried Fischborn einmal umfassend ausformuliert:

»Das Ideal ist eine Sache, die niemals zu machen ist und als solche für das seiende Leben ganz unentbehrlich, weil nämlich in dem Moment, wo man keine Richtung für einen Weg hat, jedes Gehen nicht mehr stattfindet. Es gibt ja dann auch keinen Weg mehr, wenn der Weg kein vorgestelltes Ende hat. Aber von diesem vorgestellten Ende muß man wissen, es ist etwas, das man nicht erreichen wird. Eigentlich ist es wie die absolute Wahrheit bei Lenin. Eine Sache, von der wir erstens wissen, wir werden sie nie erreichen, aber zweitens im Erkenntnisprozeß werden wir uns ihr annähern. Also ist der Erkenntnisprozeß nicht ein beliebiges In-der-Welt-Herumtasten, sondern ein Fortschritt, also der ganze Fortschrittsbegriff fällt ja mit dem Begriff des Ideals.«[273]

Der winzige Schritt, der uns davon trennt, ist, daß wir nicht glauben, daß der Umgang mit dem gegebenen Tausendfüßlersegment jemals konkret und praktisch (was ja die eine Seite dessen ist, was Hacks das »seiende Leben« nennt), sondern nur im Probehandeln der Subjekte (die andere, die spezifisch menschliche Seite) davon abhängig war, daß er ein Ende und einen Schwanz hat, und daß wir die Aufmerksamkeit von den traditionellen Kopf- und Schwanzüberlegungen weg-, aber auf die Verbindungen zwischen den Segmenten des Tausendfüßlers selbst hinlenken wollen (wir haben sie, nach einem Bild von Jack Williamson, »Jonbar-Scharniere« getauft; *there are things seen and things unseen, and in between are the doors).*

Für die Überlegung, wie Fortschritt zu machen ist, genügt, da man die Geschichte sowenig wie die Evolution wegen Umbau schließen kann, das Wissen, daß immer auch anderes möglich war, als wirklich wurde – in einer Welt, in der sich noch immer nicht weit genug herumgesprochen hat, noch immer nicht tief genug durchgedrungen ist, daß anderes möglich ist als das Vorhandene, wird es wohl noch dauern, bis diese Vergeschichtlichung des Möglichkeitsbegriffs Alltag des Probehandelns wird (daran, daß das schneller geschieht, hindert die Leute eine Denkhemmung, die Folge jener Gewalt ist, welche Georg Jellinek als »normative Kraft des Faktischen« dem Begriffsmaschinenpark des Herrschaftslegitimismus schenkte; sie ist selbst für so subtile Dinge verantwortlich wie die Unfähigkeit der Dichterinnen und Dichter des Realismus und des Naturalismus im neunzehnten Jahrhundert, zu erkennen, daß ihre Kunstpraxis dem eigenen Anspruch auf Wiedergabe von Verhältnissen und Ereignissen der bürgerlichen Welt nicht gerecht werden konnte, solange sie nicht den Gedanken aufnahm, daß eine realistisch dargestellte menschliche Welt immer auch die Phantasien der Leute mitdarstellen muß, die diese Welt machen, wenn auch nicht aus freien Stücken, und zwar vernünftig-konstruktive wie abwegige Phantasien, also, um in Genres zu reden, Science-fiction ebensogut wie Fantasy und Horror. Das Verblüffende ist: Es geschah überall um sie her, deutlich sichtbarer denn je, aber sie nahmen es nicht wahr – die Implizitheit des Implex ist also, solange Klassengesellschaften bestehen, nicht nur logisch, sondern auch sozial bedingt, von Herrschaft verursacht wie das Unbewußte der Psychoanalyse von der Verdrängung). Damit das alles niemand abstrakter aufnimmt, als es gedacht ist, ein einfaches Beispiel, zum Internationalen Frauentag 2011, an dem wir dies hier zufälligerweise schreiben: Anna Laetitia Barbauld, deren Glaubensgemeinschaft den schönen und vorbildlichen Namen »Rational Dissenters« hatte, war auf ein Ideal wie »absolute Gleichheit von Männern und Frauen«, das tatsächlich niemals erreichbar ist, weil es einen Widerspruch enthält (wenn zwei Gruppen absolut gleich sind, also identisch, sind es keine zwei Gruppen mehr), überhaupt nicht angewiesen, als sie erkannte und fortschrittlich operationalisierte, daß zwischen den Gruppen, die man zu ihrer Zeit Männer und Frauen nannte, jede Menge Ungleichheiten bestanden, deren Abschaffung weder dem Erhalt der Gattung, noch der Freiheit, noch dem Lebensglück, noch der Vielfalt der Lebensentscheidungen, noch der Sicherheit, noch der Wohlfahrt, noch der sozialen Kohäsion, noch sonst irgendeinem von der Vernunft als gesellschaftlich zu sicherndes Gut bestimmbaren Was-auch-immer Abbruch tun würde; sie ging vom Verhältnis des Wirklichen zum Möglichen aus, bestimmte die Maschine, die dieses Verhältnis zu konfigurieren geeignet war, entsprechend den Vorlieben und Perspektiven der Zeit als »Erziehung« (und sah am Horizont aber bereits, daß das nicht reichen würde und man sich, wie die Zitate zur damals gerade entstehenden Arbeiterbewegung, die wir im zweiten Kapitel angeführt haben, hinlänglich belegen, über die Erzeugungsverhältnisse nicht nur der Gehirne – das wäre »Erziehung« –, sondern aller Güter der Gesellschaft würde Gedanken machen und Verabredungen treffen müssen) und griff ein, wo und wie sie konnte. Wenn man bei dergleichen nur kühn genug vorgeht, heißt das, was man da tut, bestimmt nicht »Reformismus«.

III.
Informationsthermodynamik

Das Unvorhandene aus dem Vorhandenen zu holen, ist ein negentropischer Vorgang, ein, wo es um Hexis und Praxis geht, gesetzter, mindestens hingenommener, oft aber auch gewollter Nichtgleichgewichts-Phasenübergang, der von außen aussieht wie eine Art Selbstorganisation des betreffenden Systems und auch von ihm selbst, wenn es denn über Vokabulare verfügt, seinen Implex in sprachlichem oder sonstwie konventionalisiert oder standardisiert symbolischem Probehandeln explizit zu machen, so beschrieben werden kann (die Autopoiesis, wie Luhmann das im Gefolge Maturanas und Varelas nennt, der Gesellschaft unterscheidet sich von derjenigen beliebig lebendiger Organismen darin, daß sie in ersterer als Begriff, Bild et cetera vorkommen kann; es liegt aber damit keine hierarchische, sondern wieder eine auf naturalisierbare Implikatur bezogene wechselseitige Ermöglichungschoreographie vor: Nur über Gesellschaft wird Natur als Natur erfahrbar, aber umgekehrt kann man Gesellschaft nur aus etwas machen, das eine Natur hat. Auch hier wenden wir uns gegen zwei Reduktionismen: 1.) den der »sozialen Konstruiertheit von Natur(erfahrungen)«, die implizit Natur auf Gesellschaft herunterrechnen will, sich aber an der Untrennbarkeit von Natur- und Sozialkatastrophen wie dem Unglück von Fukushima im März 2011 nicht etwa bewährt, sondern als zu kurz gedacht erweist: daß die Natur von Menschen gemacht ist, dachten auch die Kraftwerkskonstrukteure dort, auch wenn sie dafür nicht den Umweg über handverlesene Epistemoligica aus dem wissenssoziologischen Schatzkästlein brauchten; sowohl diesen Technizistinnen wie jenen Sozialkonstruktivistinnen ist aber der hauchzarte, jedoch entscheidende Unterschied zwischen der Wahrheit, daß wir unser *Verhältnis* zur Natur konstruieren, und dem Irrtum, daß wir damit auch die Natur selbst konstruieren, entglitten; ein Kategorienversagen, das sich an dem gemessen am Stand der Produktivkräfte ebenfalls entschieden unterreflektierten Umstand entzündet, daß wir eine Sache natürlich nie anders kennen können als in Gestalt eines Verhältnisses, das wir zu ihr haben. Genauso gefährlich, theoretisch wie praktisch, ist allerdings der andere Reduktionismus, den wir zurückweisen, nämlich 2.) der des Feuerbachschen mechanischen Materialismus, welcher implizit Gesellschaft auf Natur herunterrechnen will). Bei allen derartigen Vorgängen, vom Jäger-Beute-Gleichgewicht oder dem Angebot-Nachfrage-Geschehen der Nationalökonomie über die oszillierenden Dipole an der Schwelle zum Laserstrahl bis zu den neuronalen Netzen sind Energie und Information involviert, aber man tut gleichwohl gut daran, die von Cornelius Cardew überlieferte Bauernregel nicht zu vergessen, wonach es egal ist, wieviel Wärme man in einen Stein pumpt, es wird niemals ein Küken ausschlüpfen (»niemals« ist ein Grenzwert; wir denken und schreiben hier, wie schon das ganze Buch über, unter der Schirmherrschaft von Thomas Bayes). Was dazu fehlt, nennt man heutzutage gern »Information«, und davon ist der Implex als jederzeit in und an sich historische Spur dessen, was war, und Vorzeichen dessen, was sein könnte, gewiß ein Sonderfall – nur muß man sich hüten, die Metapher, die von Information als etwas redet, das »in« einer Sache ist oder von ihr »getragen« wird, zu überdehnen, wenn man uns richtig verstehen will. Wir sympathisieren durchaus mit Tom Stonier, der gegen allerlei Versuche, ihn lächerlich zu machen, tapfer auf seinem Standpunkt beharrt, Information sei keine subjektive, sondern eine objektive Kategorie, nur macht er den Ansatz dann gleich wieder zunichte, wenn er dem Dualismus von Träger und Information, Form und Inhalt aufsitzt, von dessen Unhaltbarkeit spätestens die Beschäftigung mit Literatur alle Gutwilligen überzeugen sollte (wo, wenn nicht als Form, soll ein Inhalt zu finden sein, wie kann man zwischen der Welt, die ein Text malt, und diesem Text unterscheiden wollen, wenn diese Welt nirgendwo sonst existiert als eben durch diesen Text; die ganze Gefäßbildlichkeit ist ein Autosuggestionsergebnis). Stonier hat schon recht: Wenn es Masse, Ladung und dergleichen gibt, dann gibt es auch Information; aber gegen die Prämisse dieses Satzes, die Objektivierbarkeit der Kategorien der Physik (und des ihr aufsitzenden ontologischen Physikalismus) sind Einwände vorgebracht worden, die man mit Stoniers ontischen Vorlieben allein jedenfalls nicht entkräften kann, und zwar nicht bloß von verstiegen neopyrrhonischer, sondern auch von streng naturwissenschaftlicher Seite – wir denken da etwa ans Gibbssche Paradoxon und die Schwierigkeiten für den Entropiebegriff, die es mit sich bringt: Man mischt zwei ideale Gase, auf gleicher Temperatur und unter gleichem Druck gehalten, indem man eine Trennscheibe entfernt, die sie separiert hat; die Entropie im neuen Gemisch wird zunehmen, soweit man voraussetzen kann, daß die Teilchen, aus denen die Gase in beiden Hälften bestanden, unterscheidbar sind. Sind sie es jedoch nicht, weil die beiden Gase dasselbe Gas sind, nimmt die Entropie nicht zu, es ist sozusagen gar nichts passiert – was, wenn es stimmt, darauf hinausläuft, daß der Entropiebegriff und die Vorstellung von Zeitpfeilen und Irreversibilität jeweils davon abhängen, wieviel wir wissen, woraus folgen würde, daß diese Begriffe im klassisch Baconschen Sinn nicht objektivierbar sind. Zwar gibt es eine quantenmechanische, auf die spezielle Beschaffenheit der Elementarteilchen selbst abhebende Definitionsauflösung des Paradoxons, von der wir aber gerne absehen wollen, weil die operativen Schwierigkeiten dieser Theorie seit nun auch schon nahezu hundert Jahren allerlei gnostischen Trickbetrügereien die Pforten der Wahrnehmung öffnen und wir dem möglichst nicht Vorschub leisten möchten.

Die eigentliche Lösung im Rahmen der Art und Weise, wie auch wir den Informationsbegriff (und seinen historisch-politisch-wissenschaftlich-technisch-ästhetischen Spezialfall, den Implexbegriff) denken, hat Josiah Willard Gibbs, nach dem das Rätsel benannt ist, selbst bereits gegeben – sie hängt daran, was man unter »dasselbe Gas« versteht, einer Wendung, die nach Gibbs keinen stimmigen Gebrauch zuläßt, wenn man nicht damit meint, daß sich keine technische Vorrichtung, keine Maschine im Sinne unseres fünften Kapitels konstruieren läßt, die in der Lage wäre, nach dem Herausziehen der Trennwand am einzelnen Gasteilchen abzulesen, von welcher Seite, aus welchem Gasvolumen es ins neue Gesamtgemisch geraten ist, es sei denn, der Apparat wäre ihrer gesamten Bahn gefolgt, und die angemessene Entropiebestimmung folglich an den physischen Beschränkungen des Systems, das heißt dem Gesamten der möglichen (!) Messungen hängt, und die sind etwas Objektives, aber eben kein

Ding, sondern ein Verhältnis. Information ist keine Eigenschaft physikalischer Objekte, sondern ein Verhältnis zwischen diesen Eigenschaften und unseren Handlungsoptionen an diesen Objekten, aber beide muß es in dem Sinn, den der zweite Satz dieses Kapitels ausspricht, wirklich geben, und damit ist es nichts mit der billigen liquidatorischen Rede von Subjektivität oder Relativität, die sich so gerne um diese Sorte Gegenstände ringelt. Auf der anderen Seite der ideologischen Zurücknahme der Information ins Individuum freilich lauert die Lehre, die sie ihm strikt antagonistisch entgegensetzt, als wäre das Individuum sozusagen das Außen der Information, das berufen ist, sie anzunehmen oder abzulehnen, oder als wäre die Information das Außen des Individuums, an dem es gesundet und sich bereichert, wenn es zuwenig gewußt hat, oder verzweifelt, weil ihm zuviel wird, was es weiß, wissen kann, wissen soll. Wieder einmal wird aus einer Erzeugungsfrage so eine Verteilungsfrage gemacht und das eigentliche Problem eskamotiert; die Dinge liegen aber inzwischen so, daß das weniger rätlich erscheint denn je: Eine Forschungsgruppe von der School of Information Management and Systems in Berkeley hat ausgerechnet, daß die Menschheit in ihrer bisherigen Speicher- und Verarbeitungsgeschichte vor Erfindung und Verbreitung des Computers schon Datenmassen von zwölf Exabyte angehäuft hatte. Das sind zehn hoch achtzehn Bytes, ein DVD-Video von fünfzigtausend Jahren Laufzeit. Demgegenüber hatte man allein im Jahr 2002, dem Jahr, bevor jene Gelehrten ihre Studie durchführten, auf bedruckten, gefilmten, magnetischen, optischen Medien weitere fünf Exabytes ins Diesseits gehoben. Zwischen 2006 und 2010 hat sich die zuhandene Gesamtmenge der abgelegten Daten mehr als versechsfacht, von 161 Exabyte zu 988. Wir haben seither die Zettabyteschranke überschritten – ein Zettabyte, das sind tausend Exabytes.

Diese Zahlen sind nicht Planspiele im platonischen Reich der Mathesis, sondern sozioökonomische Kennziffern; man wird sie daran eichen müssen, daß derzeit eine einzige Google-Anfrage soviel Energie (in der Terminologie der britischen Väter der Wirtschaftswissenschaften: soviel gesellschaftlich notwendige Arbeitszeit) frißt, wie eine Stunde strahlender Zimmerbeleuchtung und energetometrische Erhebungen es den Statistikern erlauben, auszurechnen, daß der Betriebsaufwand der digitalen informationalen Speicher-, Codierungs- und Übermittlungsdispositive der Weltgesellschaft schon 2020 soviel Energie fressen werden wie der gesamte Flugverkehr.

IV.
Gesichtskreise des Fortschritts

Wenn je eine praktische, also soziale und politische Vermittlung des Reiches der Freiheit (synthetische wie analytische Normativität) mit dem der Notwendigkeit (analytische Wissenschaft, analytisch-synthetisches Begriffswissen, synthetische Technik) historisch unmittelbare menschliche Existenzfrage war, Überlebensproblem der Gattung, dann die von diesem Reichtum geforderte Vermittlung des menschlichen Informationsaustauschs mit der Natur und anderen Menschen einerseits, die des menschlichen Energieaustauschs mit der Natur und anderen Menschen andererseits: Informationsrelationen und Energierelationen sind die abstrakten, begrifflich dem geschichtlichen Stand 150 Jahre nach Erscheinen des *Manifests der Kommunistischen Partei* angemessenen Template für das, was bei Marx »Produktionsverhältnisse« und »Produktivkräfte« heißt. Die Theorie der Klassiker des Sozialismus erweist sich damit rückblikkend als die der Situation der Industrialisierung (Produktivkräfte) und des Kapitalismus (Produktionsverhältnisse) angemessene Lehre von den Implexrelationen zwischen Energie- und Informationsattributen in ihrer historischen Gesellschaftlichkeit, und was Marx und Engels, in Abstattung einer Dankesschuld bei Hegel, »Dialektik« nannten, nennen wir das wechselseitige Auseinanderhervorgehen der unterschiedlichen Momente des Gewordenen, des Werdenden und des Möglichen. Das politische Programm der gerechten, energetisch und informationell verantwortlichen Selbstherstellung und Selbstregulation der tellurischen Gattungsgesellschaft, das mit der Aufklärung in die Welt kam, wird nur in die den gegenwärtigen Anforderungen entsprechende Praxis umzusetzen sein, wo man propositionales Wissen (wissen, daß) mit praktischem Wissen (wissen, wie) in einer Weise zu vermitteln versteht, die nicht platonisch und aristotelisch, sondern baconisch und spinozistisch denkt und agiert; geprägt von etwas, das man »Implexaufmerksamkeit«, also Sensibilität für die oben erläuterten wechselseitigen Abhängigkeiten und

Bedingtheiten, aber auch Möglichkeiten und Freiheitsgrade, nennen darf, mit Folgen für alle Gesichtskreise, in denen wir uns im Laufe unseres Argumentationsgangs umgesehen haben:

a) Im Ökonomischen: Der Implex (wir erinnern an den bedeutungsverwandten schönen kybernetischen »Sollwert«) des nicht erpreßten, nicht erpreßbaren Menschen, den die Aufklärung aus der Selbstemanzipation des Bürgers hat lesen wollen, ist nicht erst auf der Ebene der Verteilung (»bedingungsloses Grundeinkommen«), sondern auf derjenigen der Produktion herzustellen; ökonomisch organisierte Vergesellschaftsformen, die dem im Wege stehen (etwa die kapitalistische Lohnarbeit oder mit deren Verfall sich abzeichnende neue Quasileibeigenschaften und andere Spielarten der »Bound Labour«), verdienen nichts Besseres als die Aufhebung.

b) Im Sozialen: Die Entfaltung der nicht erpreßten, nicht erpreßbaren Leute zu Geschöpfen wie Schöpferinnen ihrer energetischen und informationellen Möglichkeiten wird man, will man nicht außer dem Individuum auch das Gattungswesen Mensch verlorengeben, vorantreiben müssen bis zu dem Punkt, an dem sie alle das Lob Voltaires verdienen, das dieser Condorcet spenden wollte, als er ihn nicht etwa einen Philosophen, sondern einen *honnête-homme* nannte; daß dabei die wie der Rost verkehrter Jahrtausende im Voltaireschen Wort eingefressene Provinzialität der Geschlechterzuschreibung herausgewaschen werden wird, darf man verlangen, weil die Aufhebung derjenigen Aspekte der gesellschaftlichen Hervorbringung und Erhaltung des Gattungswesens, welche einmal die strenge, nach biologischen Vorgaben ausgerichtete Trennung der Produktion von der Reproduktion nötig gemacht hat, sich ökonomisch und sozial inzwischen vollzogen hat, wo aus den entsprechenden eben nicht biologischen, sondern selbst ökonomischen und sozialen Normativitätsspielräumen der entwickelten Warenwirtschaft die politischen Konsequenzen gezogen wurden. Daß die Wasch- oder die Geschirrspülmaschine der Misogynie ein paar Waffen aus der Hand geschlagen hat, war allerdings nirgends und niemals hinreichend für die entsprechenden gesellschaftlichen Veränderungen; in dieser Detailbeobachtung steckt bereits alles, was man etwa über die Chancen der weiteren Beseitigung arbeitsteiliger Nährböden für Hierarchien, Ausbeutungsverhältnisse, Ausgrenzung und so weiter wissen sollte. Selbst kluge Sozialistinnen und Sozialisten noch in einer Zeit, welche die Koordinations- und andere Kopfarbeit mittels der Kybernetik schon so zu reduzieren begonnen hatte wie die Dampfkraft die Muskelarbeit, etwa Peter Hacks, hielten die bei Marx allerdings auch immer nur skizzenhaft ausgeführte Perspektive auf eine maximale Zurückdrängung der Arbeitsteilung (die ja, soweit sie nötig bleiben wird, der allseitigen Entfaltung der nicht erpreßten, nicht erpreßbaren Leute zu Geschöpfen wie Schöpferinnen ihrer energetischen wie informationellen Möglichkeiten stets bis zu einem gewissen Grad im Wege stehen muß) für utopisches Gedankengut; selten dagegen war in Wahrheit Marx irgendwo instinktsicherer beim Explizieren produktivkraftentsprungener Implikaturen für die Produktionsverhältnisbildung. Die Umwälzung, die auf der Tagesordnung steht, ist vor allem eine gigantische Lernerfahrung; man sollte das Luxemburgsche Fortschrittskriterium, wonach eine Gesellschaft um so weiter fortgeschritten ist, je mehr Produktionsmittel und je weniger Konsumptionsmittel anteilig bei ihrer Verausgabung allgemeiner Arbeitskraft hervorgebracht werden, informatisch neu formulieren dahingehend, daß der Gradmesser der Entwicklungsgeschwindigkeit das Ausmaß ist, in dem man nicht mehr lernt, was ist oder war, sondern lernt, wie man lernt, was noch nicht ist und wie man es aus dem, was ist oder war, hervorbringt. Der Charakter des Kommunen wird, bedingt von der veränderten Subjektkonstitution und diese wiederum *vice versa* mitbedingend, sich dahin wandeln, daß die Semantik der Informationen, die im Gemeinwesen getauscht werden, weniger oft assoziativ gebunden, weniger häufig als Ausdruck oder Widerspiegelung des ideologisch verzerrenden Strahlungswindes der bestehenden Produktionsverhältnisse, kurz eher *produktiv* als *repräsentational* gelesen werden: Der berühmte und vielbeklagte »Sensationalismus« des Medienbetriebs im Kapitalismus etwa kommt ja weniger, wie vulgärideologiekritische Einlassungen ihrer selber auf (allerdings eher epistemische als ontische) Sensationen fixierten Klientel weismachen wollen, daher, daß Informationen in diesem eine Ware sind, als daher, daß etwa Meldungen über Naturkatastrophen oder große Unfälle der Technik als Verstärker ohnehin vorhandener

Angst vor dem Wettbewerbsnachteil, der Arbeits- und Obdachlosigkeit, kurz Aktualisierungen latent vom Gemeinwesen gegen alle Einzelnen stets bereitgehaltener Drohungen wirken. Wer nicht mehr soviel Angst um seinen Platz unter den Menschen hat, diskutiert beweglicher und läßt sich weniger schnell in Panik versetzen oder als Mob mobilisieren; erst da aber, wo die Dinge so liegen, nicht in einer »Informationsgesellschaft«, welche lediglich das Tapetenmuster einer Mietwohnung ist, für die man sich krummlegen muß, kann Information auch wirklich die »difference that makes a difference« sein, als die Gregory Bateson sie elegant bestimmt hat, statt bloße Erinnerung ans Unterdrückt- und Ausgeschlossensein, ans Ausgebeutet- und Betrogenwerden, an die schiere Nichtigkeit derjenigen, die man angeblich informiert oder von denen man angeblich Informationen einfordert. Was »aufgeklärte Menschen« überhaupt wären, wird man erst wissen, wenn man wissen wird, was eine Gesellschaft aus nichtausgebeuteten, nichtunterdrückten Menschen erlebt; vielleicht weiß man bis dahin noch gar nicht, was »verstehen«, »etwas behaupten« oder »sich mitteilen« eigentlich meint – Ted Chiang hat 1991 in seiner Erzählung *Understand* die Selbstaufklärung eines in diesem Sinne freien Menschen bis ins Körperschema, in die enervierte Leiblichkeit nachgezeichnet, der mit den Füßen so geschickt ist wie mit den Händen, Herztätigkeit, Pulsfrequenz, Temperatur der Haut, Schmerzempfinden, Blutdruck willkürlich regulieren kann, somatische Bewußtheit selbst der Nierenfunktionen erlebt, sein eigenes Denken versteht und reprogrammiert – alles das sind yogische Bilder körpernarrativer Künste für den Moment, an dem der autoritäre Gegensatz zwischen dem faschistisch gestählten und dem verkommenen wie der kapitalistische zwischen dem effizienten und dem im Rausch sich verausgabenden und der Verwertung entziehenden Körper zusammenbricht, für ein Seiner-selbst-Innewerden, dessen politische Gestalt man sehr vage »Selbstbestimmung« genannt hat – bei Valéry vorausgeahnt, an der Stelle in den Notizheften, die von einem denkbaren Individuum spricht, das »Anti-Zufall geworden ist, Produzent von gleichförmiger Entsprechung zwischen dem Reiz und seiner Beantwortung, wenn der unmittelbare Reflexmechanismus nicht dauert. Die ›Ressourcen des Geistes‹ ebenso wie die der sensitiv-motorischen Koordinationen bringen dann ihren besten Ertrag. Was ich erworben habe, was ich kann, usw. – meine Implexe«.[274]

Die Rede spricht von einer Freiheit, die man sich heute nur falsch vorstellen kann (aber immerhin überhaupt, und wenn die Analyse von Vorwegnahmen des herzustellenden Richtigen, die wir, vom Naturrechtsgedanken ausgehend, in diesem Buch durchgefochten haben, irgend etwas demonstriert hat, dann daß noch die falscheste naive Vorstellung vom gewollten Richtigen im emphatischen Sinne fortschrittlicher ist als die allerrichtigste zynische vom bestehenden Falschen).

c) Im Politischen bedeutet das unter a) und b) Gesagte, daß wir alles, was wir vor dieser Aufzählung »Gesichtskreise« nennen, im strengsten aufgeklärten Sinne eines Tausch-Schauplatzes von Information als »öffentlich« behandelt wissen wollen, im Sinne der »öffentlichen Angelegenheiten«. Die von uns entworfene begriffsgeschichtliche Analyse des neuzeitlichen Öffentlichkeitsbegriffs, der sich von der *res publica* der Antike unter Gesichtspunkten unterscheidet, die sich (mit Kluge und Negt) »produktionsöffentlich« nennen lassen, zielt als Begriffsmaschine auf die Implementierung von Zuständen, in denen über Bildung und Medien, unter Ausschaltung von herrschaftlicher Zensurgewalt, aber komplementär hierzu geregelter Zurechnung von Informationen auf nicht erpreßte, nicht erpreßbare Leute der Zugang möglichst vieler Menschen zum »wissen, daß« und zum »wissen, wie« gesellschaftlich eingerichtet und geschützt ist. Das war die Vorgabe der Aufklärung, das war die Medienpolitik von Helvétius, Paine, den Enzyklopädisten bis hin zu Barbauld und anderen Erzieherinnen ihres Sinnes. Marx hat, in einem Schritt der Klärung wie der Zuspitzung, die genealogische, logistische und ökonomische Abhängigkeit jener beiden Wissensformen von Hexis und Praxis der gesamtgesellschaftlichen Produktion erkannt und daher in Verfolg der genannten Zielsetzung die politische Forderung des Zugangs möglichst vieler Menschen zu den Produktionsmitteln formuliert. Beide, die Aufklärung wie Marx, lassen sich nunmehr gleichzeitig verallgemeinern wie präzisieren, indem man politisch setzt:

Der Zugang einer möglichst großen Anzahl von nicht erpreßten, nicht erpreßbaren Leuten zu Maschinen, die Energie und Information herstellen, speichern, übermitteln, verschlüsseln oder explizieren sowie die Verhältnisse der Umwandlung, Implikatur, Explikation zwischen Energie und Information eichen, bestimmen, verändern können, ist gesellschaftlich einzurichten und zu schützen.

d) Im Technischen wird die Ablösung von »*bulk technology*«, die jedes Problem als Nagel betrachtet, weil sie nichts außer Hammer ist, durch Vorrichtungen, die sich den Freiheitsgraden der einmal erkannten Naturgesetzmäßigkeiten anschmiegen wie die Flugbahn von Objekten im Leerraum der spatiotemporalen Geometrodynamik, zur vorherrschenden Aufgabe des maschinellen Tiefendesigns werden; Losungen wie Feynmans »There's plenty of room« ins Kleine und Kleinste und deren Inspirationswirkung auf Mikroelektronik, Nanotechnologie, synthetische Biologie werden ersetzen müssen, was das neunzehnte und zwanzigste Jahrhundert an Vorgaben wie »Höher, schneller, weiter, größer, stärker« zu erfüllen suchte. Der Waffenwettstreit zwischen dem Imperialismus und der sozialistischen Staatenwelt wurde nicht durch Sprengkraft, sondern durch informatische Präzision, Zielgenauigkeit, Computerleittechnik vorentschieden; das Dümmste, was die Sowjetunion und ihre Verbündeten sich in Sachen gelenkter Produktivkraftentwicklung haben zuschulden kommen lassen, war die Athletenlogik, mit der sie sämtliche Maschinenanstrengungen zu Überholungs-(statt etwa: Untertunnelungs-, Umfahrungs-, Aufhebungs-)wettbewerben dressierten. Es hat sich gerächt; ein künftiges menschenwürdiges Maschinenwirtschaften wird die Natur anders, vor allem intelligenter und flexibler behandeln müssen als die Ingenieursschulen des staatlichen Frühsozialismus den militärischen Gegner im Westen.

e) Im Wissenschaftlichen ist hierfür die umfassendste Weiterentwicklung des Verständnisses energetischer und informatischer Tatbestände erfordert; bei gleichzeitiger Meidung der Versuchung, nun etwa alle Einzelwissenschaften auf die Informatik oder die Energetik reduzieren zu wollen, wie man einfältigerweise versucht hat, die Biologie auf Chemie und die Chemie auf Physik zu reduzieren (wären wir in neckischer Laune, könnten wir in Nachahmung Heideggers sagen: aus Implexvergessenheit). Der Unterschied zwischen »notwendig« und »hinreichend« wird dem reduktionistischen Ehrgeiz zu leicht geopfert: Daraus, daß man ohne Physik keine Chemie und ohne Chemie keine Biologie treiben kann, folgt für die Katalyse oder den Pfeilgiftfrosch viel, aber nicht alles, was sie ausmacht. Unsympathisch ist uns gleichwohl der dem Reduktionismus gern antagonistisch gegenübergestellte »Holismus« – wir werden den Verdacht nicht los, daß der nur ein Tarnname für den Reduktionismus ist, den er immer dann führt, wenn er aufs Ganze geht. Man kann nicht nur, und töricht genug, alles auf manches oder gar eines reduzieren, sondern auch vieles oder manches auf alles; wer's nicht glaubt, lese die schwächsten Absätze bei Hegel und gewinne dadurch noch die betriebsblindeste Fachidiotie richtig lieb. Was die Transmission zwischen wissenschaftlicher Fachöffentlichkeit, technischer Anwendungsöffentlichkeit und politisch-sozialer Demokratie angeht, wird besondere Aufmerksamkeit darauf verwendet werden müssen, die prozessualen Besonderheiten des wissenschaftlichen Denkens in der öffentlichen Hexis und Praxis zu explizieren, zur Not auch auf Kosten der resultativen: daß die Leute wissen, welche Arten sich wann von welchen Arten wie geschieden haben, ist weniger wichtig, als daß sie wissen (also: wiedergeben, anwenden, für sich selbst entdecken und reflektieren) können, wie man herausfindet, woher Arten kommen und wann sie auf welche Weise verschwinden (wir wählen das historisch-biologische Beispiel, weil es für dieses bereits bewährte öffentliche Dramatisierungen, Debatten und so weiter gibt und diese sich direkt etwa mit Auseinandersetzungen um die politische Regulierung der ökonomischen Implementierung von Gentechnik verbinden lassen; das Stichwort »Darwin« deckt sozusagen das ganze Spektrum vom mikrobiologischen Labor bis zur agrarökologischen Nachhaltigkeitspolitik ab; für Energetisches und Informatisches wird man, wo es nicht schon um sich greift, bald ähnliches erleben). »Interdisziplinarität« bedeutet dabei, daß man sowohl die Einzelwissenschaften wie deren praktisches Ineinandergreifen im beschriebenen Sinne stärkt und ausgestaltet; die implizite Normativität von Forschungsprogrammen wird dabei explizit zu machen sein: Die Quanteninformatik etwa ist nicht einfach um Physik angereicherte Informatik oder um Informatik vermehrte Physik, sondern Verhältnisklärung im Abgleich von Unterscheiden und Vergleichen.

Der Fortschritt, den Shannons Quantifizierung des Informationalen unter bewußter Absehung von semantischen Gesichtspunkten gegenüber den Unklarheiten, aus denen er sie herausgeschält hat, in der Tat erbrachte, liegt nicht darin, daß das Weglassen immer Erkenntnisgewinn bringt, sondern daß die spezifische Zweck-Mittel-Relation, in deren Kausalnexus wie Begründungszusammenhang Shannon dachte, nämlich die Signalübertragung samt allen Störungs- und Redundanzfragen, die an ihr haften, an dieser Stelle durch das Weglassen der Semantik eine Arbeitszeitersparnis gleichsam als Erklärungsressource nutzen konnte; ähnliche Fälle sind logisch auch umgekehrt vorstellbar (nicht nur im Induktiven: daß die alten Inder ihrem Zahlenkosmos die Null hinzufügten, hat ihre Rechnungen nicht umständlicher, sondern einfach gemacht). Die Semantisierung der Informatik (analog der »Semantisierung des Seins«, die Russell der Philosophie als Aufgabe stellte) durch die weltgerichteten naturwissenschaftlichen Simulationstechniken der letzten dreißig Jahre von Physik und Chemie bis zur Finanzgeschehensmodellierung, die in der (wie oben geschildert) irritablen Öffentlichkeit des Kapitalismus allerlei fade neopyrrhonische Spekulationen über die Welt als Simulacrum und Matrix, das Unwahre am Wirklichen und so weiter entbunden haben, läßt sich auch als Chance lesen, die Ontologien und Metaphysika der bestehenden Forschungszweige zu entrümpeln und zu aktualisieren: Die Frage, was es überhaupt gibt, operabel zu machen als Frage, was ein Computer kennen muß, um Weltvorgänge zu simulieren, zieht taxonomische und argumentative Neuerungen mit sich, die einen weiteren Horizont öffnen als Quantenmechanik und Relativitätstheorie zusammen (mit der letzteren gemeinsam dürften sie allerdings haben, daß jede neue Bestimmung von Relationen und Relativitäten auch neue Invarianten und selbst epistemisch und ontologisch fruchtbare Übersetzungsmethoden der zueinander in besagten Relationen und Relativitäten stehenden Systeme, Taxa und so fort hervorbringt; schon die nächsten Generationen von Studierenden der exakten Wissenschaften wird die Geburt von so etwas wie informationellen Lorentz-Transformationen erleben).

Semantik und Syntax stehen zueinander wie die analytischen zu den synthetischen Propositionen: In Implexrelationen, deren vielleicht allgemeinste Formulierung die bei Luhmann häufig vorkommende vom »Eigenkomplexitätsgewinn durch Außerkomplexitätsreduktion und umgekehrt« ist. Das eigentlich wissenschaftliche Feld wird an dieser semipermeablen Arbeitsoberfläche durchlässig für Signale und Muster eines anderen, das einen eigenen Ordnungspunkt verdient.

f) Im Philosophischen zeichnet sich in allerjüngster Zeit ein von Luciano Floridi in seiner 2011 erschienenen Programmschrift *The Philosophy of Information* erschienenes Bemühen ab, sowohl die wissens-, technik-, sozial- und philosophiegeschichtliche Begrifflichkeit des Informatischen mit den Unterscheidungs- und Vergleichsmaschinen der Philosophie zu differenzieren und zu variieren als auch informationstheoretisches und informationstechnisches Methoden- und Erfahrungswissen für die Philosophie (also auch etwa deren ontologische, epistemologische, normative Zweige) nutzbar zu machen, wodurch abermals sowohl verallgemeinert wie präzisiert wird, was mit Bacon, Galilei, Newton begann und mit Darwin, Einstein, Turing fortgesetzt wurde. Die eigenartige und reizvolle Hybridität des genuin Philosophischen – daß es, wie wir gezeigt haben, zugleich Technik und Grundlagenforschung ist – wird zu dem, was fortan »Bildung« heißen darf, unter günstigen Voraussetzungen – wenn also die Punkte a) bis e) nicht von der Beharrungsgewalt des schlechten Bestehenden zerrieben, sondern verwirklicht werden, wie Marx das von »der Philosophie« mittels des Sozialismus erwartete – einen so großen Beitrag leisten, wie sie das zuletzt im *siècle des lumières* getan hat; und zwar nicht nur in Tiefe und Breite, sondern, wichtiger noch, in Schönheit, die dann die bei Thomas von Aquin in den Künsten entdeckte Trinität von *integritas, consonantia, claritas* verwirklicht, ohne den platonisch-monistischen (und jedem Idealismus lebenswichtigen) Schein der Identität des Sellarsschen Raums von Gründen und Folgerungen mit dem Raum von Ursachen und Wirkungen zu perpetuieren (in Floridis oben erwähnter Schrift wird sogar der unseren eigenen Bemühungen eng verwandte Versuch gemacht, nicht nur – aber auch – informationstheoretisch herzuleiten, warum Sellars' zwei aufeinander irreduzible Räume sogar noch zu kurz gedacht sind und es nötig ist, einen dritten zu denken, nämlich einen genuin normativen:

»Our normative space is a space of *design,* where rational and empirical affordances, constraints, requirements, and standards of evaluation as well as epistemic and pragmatic goals all play an essential role in the proper construction and critical assessment of knowledge. It only partly overlaps with Sellars' space of reasons in that the latter includes more (e. g. mathematical deduction counts as justification, and in Sellars' space we find intrinsically decidable problems) and less, since in the space of design we find issues connected with creativity and freedom, not clearly included in Sellars' space.«[275]

Jeder der drei Räume ist damit Implex jedes der beiden anderen; wer also herausfinden wollen würde, welcher davon dem anderen logisch (nicht: genealogisch, das ist eine Frage der Philologie und der Informationsgeschichte, die beantwortet werden kann) vorgängig ist, wird sich verlaufen.

g) Das Ästhetische zu erraten (geschweige: zu beraten), das sich die Menschengattung wird einfallen lassen können, wenn sie das Vorangegangene einmal als gegeben (besser wohl: erarbeitet) aufzufassen gelernt haben wird, ist aus Gründen, die mit der Historizität der Kunstmaschinen und anderen im siebzehnten Kapitel erläuterten Dingen zu tun haben, schwieriger als alles von a) bis f) Entworfene. Plausibel aber will uns vorkommen, daß die Künste im selben Maß, in dem der logische Positivismus ein unvollkommener, aber wegweisender Versuch war, den Implex der philosophischen Begriffstechnik im vollentwickelten Kapitalismus zu entwerfen, und die analytische Schule in den englischsprachigen Ländern die zweite Stufe derselben Entfaltung historisch-logischer Implikaturen bedeutet, im selben Maß auch, in dem die sogenannte Interdisziplinarität eine solche Entfaltung für die Wissenschaften versucht hat und die Informatisierung weiter Teile der logischen Geographie der Einzelwissenschaften abermals eine zweite Stufe des betreffenden Unternehmens darstellt, im selben Maße schließlich, in dem die Naturrechtsidee den politischen Implex der bürgerlichen Neuzeit zu explizieren beginnt und der Marxsche Sozialismus hiervon die Fortsetzung auf höherer Stufe ist, wohl auch die urbürgerliche Idee des Gesamtkunstwerks die Initialisierung der Explikation des Implex der sozial zur spezifischen

Welterfahrungsweise teilautonomisierten Kunst darstellt und die Intermedialität seit der Hochmoderne hiervon die zweite Stufe. Die Künste derjenigen Welt, die von nicht erpreßten, nicht erpreßbaren Menschen gemacht ist, werden so synästhetisch (und dabei doch jeweils gattungsgerecht, denn Fortschritt heißt auch bei ihnen: Erweiterung der Menüs) sein wie der Sozialismus naturrechtlich (und dabei doch nicht gleichmacherisch). Entgegen dem hegelianisch kontaminierten Progressismus von Marxstellen wie derjenigen in den Grundrissen über die Unmöglichkeit, in der Neuzeit noch einmal ein Epos zu schreiben, geben wir McLuhan recht: Man kann weiterhin Epen schreiben, aber vielleicht eignen sich gewisse Stoffe, die früher dafür standen, heute eher für eine Fernsehserie oder einen Film. The proof of the pudding is in the eating: So grundverschiedene Temperamente und Begabungen wie Pound und Walcott haben Epen geschrieben (daß beider unterschiedlich gelungene, unterschiedlich reizvolle Ergebnisse niemals so berühmt sein werden wie die Ilias, liegt wieder an der Historizität der Kunstmaßgaben; die ersten vollendeten Muster einer Sache werden häufiger ausgelegt und sogar begriffen als alle späteren Begegnungen, erfüllend oder kritisch, der Künste mit den Gattungen, die von diesen Mustern definiert sind). Schöpfungsakte neuer Genres können dabei, wir befinden uns ja in Implexrelationen, den Maschinen, mit denen sie kunstgemäß herzustellen sind, mitunter um Jahre, sogar Jahrzehnte vorgreifen (die Sorte »Museum als Kunstwerk«, die Broodthaers erfand, klickt man heute im Netz an). Was zwischen der Kunst und den anderen Gesichtskreisen, in denen wir uns umgesehen haben, an Informations- und Energieaustausch geschieht, vermag die Kunst mindestens so umfassend und tief zu untersuchen wie die Wissenschaft (und sicher angstfreier als die Öffentlichkeit, selbst wenn diese weniger irritabel wird als in dem System, das wir gerade erleben); ihre Auseinandersetzung mit dem Unterschied zwischen Natürlichem und Gesellschaftlichem hat, da ihre Auseinandersetzung mit dem Unterschied zwischen dem Künstlichen überhaupt und dem Künstlichen der Künste erst im zwanzigsten Jahrhundert kunstgemäßes Niveau gewinnen durfte, gerade erst begonnen und wird sich vermutlich bald anders anhören als die vorwegnehmenden und deshalb ehrenwerten, aber immer wieder stark verkürzenden Versuche zwischen Holsts Planetenmusik, Stockhausens Lichtwahnsinn und Hèctor Parras Musik aus den zusätzlichen geometrischen Raumzeitdimensionen der neueren kosmologischen Theorien. Der große Vorteil der Künste vor den Wissenschaften in dieser Angelegenheit wird der bleiben, daß sie nicht nur, wie in den genannten Beispielen oder der Aktion, die Beuys und einen Kojoten miteinander ins Benehmen setzte, das Natürliche vom Gesellschaftlichen aus betrachten kann (das können die Wissenschaften auch, und vielleicht wirklich auf nützlichere Art), sondern auch das Gesellschaftliche vom Natürlichen, nämlich vorreflexiv Sinnlichen aus (das können, ja dürfen die Wissenschaften nämlich nicht) – indeterministische Musik von John Cage, synästhetische Verbindung von graphischer Notation mit Freiheitsgraden für Aufführende bei den Kompositionen des reifen (statt des wieder ganz anders funktionierenden späten) Cornelius Cardew, überhaupt die Geschichte der Spannung zwischen Notation und Komposition auf der einen, Improvisation und Kollektivität auf der anderen, aber auch die der Spannung zwischen Popmusik und Avantgarde, mögen für dieses sinnliche Ausagieren des Sozialen (also spezifisch menschlichen) stehen; die Erfahrung, daß Chöre Personen sind und jede Person ein Chor, die Erfahrung, daß niemand alleine sein muß, kann keine politische Handlung eines auch noch so einigen Kollektivs, keine wissenschaftlich-technische Gemeinschaftsarbeit so durchschlagend organisieren wie das Kunsterlebnis und seine »difference that makes a difference«.

V.
In Freiheit

Wir haben versucht, den Fortschritt ohne das Absolute, ohne die *arché* und ohne das Ideal zu denken. Daß man ihn je anders hat denken wollen, gehört zum Rätsel der Geschichte insgesamt: Da man nicht mit der Vernunft angefangen hat, aber ohne die Vernunft nicht weiterkommt, besteht der Fortschrittsprozeß offenbar darin, aus Unvernünftigem Vernünftiges zu machen, und zwar nicht in der Theorie, sondern praktisch: Die Gattung hat mit unvernünftigem Glauben an die Unsterblichkeit den Weg begonnen, der durch die Explikation des Implex der Selbstwiederherstellung des Menschen mittels der

Medizin, durch das Ernährungslernen, durch die Hygiene zu einer tatsächlichen Verlängerung der durchschnittlichen Lebenserwartung geführt hat. Hacks irrt: Das Ideal (etwa die Unsterblichkeit) ist nicht der vollkommene virtuelle Endpunkt, von dem ein Sog ausgeht, welcher der Heilkunde dann etwa Beine machte, sondern der unvollkommene Anfang, der überwunden werden muß, um der Sterblichkeit, gegen den er eine roh phantastisch gesetzte Negation war, wenigstens ein bißchen Terrain zu entreißen.

Das Rätsel der Geschichte mag gelöst werden; die nächste Lebensweise (nie: die endgültige) kann man finden.

Was dann kommt, wird (da sind ausnahmsweise nahezu alle einig, die das Problem jemals ernsthaft untersucht haben, von den Anarchoiden bis zu den Parteichinesen, ohne die bei ihnen sonst üblichen Katzbalgereien) kein Zustand sein (nämlich gegenüber dem Bekannten sowenig Ruhe geben, sowenig statisch sein wie die Demokratieanstrengungen des alten Athen gegenüber den undemokratischen Zwängen der Zeit), aber auch kein Prozeß (im Sinne einer aus antagonistischen Widersprüchen zusammengesetzten Entwicklung: Die antagonistischen Widersprüche sollen ja aufgelöst sein, wo das Rätsel gelöst ist). Daß sie nicht Zustand ist noch Prozeß, ihr Unterschied zum Jetzt mit diesen beiden logischen Erzählformen sich jedenfalls nicht fassen läßt, macht »The shape of things to come« (Wells), die Demokratie »à venir« (Derrida) grundverschieden von dem, was wir als politisch und geschichtlich kennen, was wir Verfassung, Staat, Markt oder Regierung nennen wollen würden. Die verabredungsgelenkte Möglichkeit zum Wechsel des Zustands (anstelle von dessen alternativlos gedachter Verewigung), zur informationell und energetisch gerechten Schöpfung und Aufrechterhaltung von sozialen Prozessen (statt sie, als naturwüchsige, zu erleiden), das gesellschaftlich organisierte Wissen darüber, wie wir unsere »imaginären Institutionen« (Castoriadis) einrichten sollen als Wissen im normativen Raum über etwas, worauf sich die Leute miteinander einigen können, arbeitsteilig produktiv, nichthierarchisch kommunikativ; etwas, das sie nicht einfach hinnehmen, einfach fressen müssen, weil es auf dem Tisch liegt: Dies wird das Gemeinwesen der Freien sein. Es wird ihnen gehören, das heißt allen, also niemandem. Sagen wir »Freiheit« dazu; der Name ist nicht neu und wird nie alt.

Wird man in Freiheit kaufen und verkaufen, wird die entwickelte Warenproduktion im Gegenteil zusammenbrechen, wird man diesen Gott töten oder aufhören, an ihn zu glauben, und gibt es zwischen diesen beiden Optionen überhaupt einen Unterschied, ist der erste nicht Praxis, der zweite nicht Hexis?

Wenn man, einmal in Freiheit, unbedingt will, weil man das einfache Mitnehmen zu schlampig findet, wird man frischen grünen Chili, Fiberglaskörperpanzer für Sportspiele oder leichte Platzpatronen natürlich (!) eine nicht ganz kurze historische Zeit weiterhin kaufen können. Man erleichtert so – i. e. mit Transferakten, die sich auf Geberinnen und Nehmerinnen zurechnen und, wichtiger, nach lokal nichtgleichgewichtigen Phasenwechselschemata verrechnen lassen – den kalkulierenden Produktionsclustern, die man eingerichtet haben wird, die wechselseitige Abstimmung und schenkt den Verkehrskoordinatorinnen eine nette Geste. Notwendig im Sinne eines Erzeugungsfaktors wird's allerdings nicht sein, die Ware samt Preis ist der Aberglaube, der den Reichtum historisch machen hilft, wie das Naturrecht der Aberglaube ist, der nicht erpreßte, nicht erpreßbare Leute machen hilft. Denn Verteilung, Allokation, Speicherung von Gütern wird den Menschen, wenn sie einmal die naturwüchsigen Realverhältnisse des an Wertgesetzlichkeiten wie die von Marx beschriebenen (manchmal auch negativ, in ihrem Bruch, organisiert vom kapitalistischen, etwa faschistischen Staat) gefesselten Fetischismus abgestreift haben, nicht schwieriger vorkommen, als etwa die Rückverstromung von per Photovoltaik, Windgeneratoren oder Wärmekraftkopplungsanlagen erzeugter Elektrizität aus sie vorübergehend bergenden Wasserstoffspeicherelementen über Gasturbinen oder Verbrennungsmotoren heute, im Jahr 2011 verhaltensgestörter Zeitrechnung, bereits wäre (das wußten auch die Betreiber des Werks von Fukushima).

Was man dann noch kauft und verkauft, wird keine Ware mehr sein. Die beliebte Runendeuterei praxisflüchtiger Wertkritik kann sich daher sparen, wer, wie Friedrich Engels, weiß: »Mit der Besitzergreifung der Produktionsmittel durch die Gesellschaft ist die Warenproduktion beendet und damit die Herrschaft des Produkts über die Produzenten«;[276] die Stelle sei zitiert für alle, denen solche Klarheit nicht theoretisch genug, zu vulgär- oder gleich (weil wenig kirchenväterlich) gänzlich unmarxistisch vorkommt. Leider begegnet man immer wieder Individuen, die zuviel Ian Steedman oder Piero Sraffa gelesen und in den falschen Hals gekriegt haben. Sie wären fallweise durchaus penetrant an etwas zu erinnern, was selbst bei den gewerkschaftlich oder sozialdemokratisch borniertesten unter den sogenannten Arbeiterbewegungsmarxisten mitunter noch präsent war, ganz bestimmt aber bei so weisen und mutigen Menschen wie Viktor Agartz: Der einzige Zweck der Abschaffung der Warenform ist die Aufhebung eines historisch entstandenen Zustands, in dem die menschliche Arbeitskraft als Ware mit spezifischem Tauschwert in den Dienst der Wertverwertung gespannt wird, anstatt ihre geschichtsbildende Potenz (zum Beispiel in Gestalt des Vermögens zur Produktion selbst wieder freiheitserzeugender Produktionsmittel) zu verwirklichen. Der aufgedonnerte Unsinn raunender Mystagogen, deren seltsamen Lehren zufolge die Ware in der Moderne (aber eigenartigerweise nicht bei den Phöniziern, die sie doch auch schon kannten) für Sexismus, Rassismus, Antisemitismus, Krieg, Dummheit und Mundgeruch verantwortlich zu machen und zum Zweck von deren Überwindung in einem komplizierten exorzistischen Ritual aus Prosperos Büchern oder Harry Potters Trickkiste zu dekonstruieren sei, will seherischerweise Marx unbedingt mit Mani verwechseln und den historischen Materialismus mit der Offenbarung des Johannes.

Wie genießbar eine nicht durch Gnosis, sondern handelnd erschlossene neue Lebensweise ist, hängt von der Zubereitung ab. Sechs Leute werden vier große Hähnchenbrustfilets mit Zitrone und Knoblauch, Zwiebeln und frisch gehackter Petersilie anrichten, weil der Streit ums Vegetarische (großenteils ausgetragen im normativen Raum) sich nicht so schnell wird entschieden haben wie der um die Warenform (dank Marx großenteils ausgetragen im Raum des Begründens und Folgerns); man wird vor den Pfannen stehen und das Gericht mit den beiden lustigen Salz- und Pfeffer-Aufziehrobotern würzen, die man sich vor der Befreiung zum Geburtstag geschenkt hat. Die Szene spielt, wo dieses Buch gedruckt wurde, die Roboter kommen aus China, aber das Problem, ob wir mit solchen Importen ungerechte Ausbeutungsverhältnisse zwischen Wirtschaftsgroßräumen einerseits sowie zwischen den chinesischen Fabrikarbeiterinnen und ihren Aufseherinnen andererseits perpetuieren helfen, wird sich aus der Sphäre des integralen Gesamthaushaltens der Erdbewohner mit ihren Produktivkräften auf Nimmerwiedersehen verzogen haben, wie der Schmurgeldampf der Hühnchenteile per Abzug aus der Küche verschwindet. In China nämlich leiten zu der Zeit, da wir den postrevolutionären Hühnern beim Schmurgeln zuschauen, bereits künstliche Riesenhirne aus frisiertem Keimplasma die Gewürzroboterherstellung; Biocomputer, die nichts denken können, außer daß ihnen diese lockere Leitungsarbeit nicht meßbare Funktionslust bereitet. Die Chinesinnen kochen derweil etwas anderes als wir, beispielsweise Rösti, die sie mit Curry und gemahlenen Senfkörnern abschmecken, das streuen sie übrigens, eine ästhetische Affektation der neuen Epoche, aus für diese Zwecke umgebauten alten Handfeuerwaffen (zum Beispiel Tula-Tokarew-Pistolen, hergestellt in den späten zwanziger Jahren des letzten Jahrhunderts in der UdSSR).

Beim Essen spielt für sie vielleicht angenehmere Musik als für uns, an diesem Abend nach der Warenform, einem unter vielen; der Osten ist womöglich weiter – während man bei uns noch mit Elektronik arbeitet, singen bei ihnen transgener Flieder, Goldglöckchen und Glyzinien (»chinesischer Blauregen«).

Von Verwaltung weiß die neue Erde nur das Nötigste. Die Hoheitsakte einer demokratischen, energetisch und informationell gerechten Gesellschaftsform wären an Ästhetik selbst den antik athenischen überlegen; man kann sie sich als *agencement* ineinandergreifender Arabesken denken: Schau mal, die nette Frau vom Lokalstromrat ist heute in der Ladenpassage, die war doch gestern im Krankenhausgemeinschaftsraum und vorgestern auf dem Dachgarten über der Teencity, draußen am Staudamm, hat natürlich ihren Transceiver dabei, ist ja ihr ganzes Büro. Was sie macht? Wirbt für ihre Wiederwahl, hört sich an, was es für Ärger gibt, schickt die Daten ans polyzentrale Ämtchen – kann man das eigentlich noch »*social engineering*«, wenigstens »Dienstleistung« nennen, oder ist das schon schiere Nachbarschaftspflege? Wie enttäuschend für die Letzten, die noch bei der

Revolution mitgemacht haben: Was wir ihnen verdanken, sieht für sie viel zu gelassen aus. Es kursieren Witze: Schon gehört? Die Technikistreife hat einen Architekten aus der virtuellen Baubehörde befreit, er hat sich in seinen Anträgen verlaufen. Fast alles, was entsteht, ist wert, daß sich wer drum kümmert: Für den neuen Riesensee, wo früher Köln war, brauchen wir einen Ad-hoc-Aufforstungstrupp, wegen der Stabilisierung der Böschung, den koordiniert dann deine Schwester, weil sie von ihrer Malerei und Mathematik mal ein Vierteljahr ausspannen will. In Amerika haben sie jetzt einen 15-Jährigen zum Präsidenten gewählt, für drei Wochen; ihren Pop-Fimmel, der sie ständig zu *historical reenactments* verführt, werden sie wohl nie los.

»Governance« ist kein sozioökonomisches Problem mehr, sondern eine Software, die man in Südafrika entwickelt hat, wo die Naturschutzgebiete immer größer werden. Das letzte Netzplebiszit in deren unmittelbarer Umgebung hat ergeben, daß die jüngste Abwanderungswelle von Orbit-Gardening-Freaks in die Lagrange-Städte zwischen Erde und Mond genutzt werden sollte, aufgegebene *earthbound*-Siedlungen nicht wieder zu bevölkern, sondern das Terrain, das sie umgibt, systematisch verwildern zu lassen. Demographische Nahtechnikfolgenabschätzungsprojektionen legen die Erwartung nahe, daß Südafrika, wenn die Sache so weitergeht, der zwölfte Nationalstaat sein wird, der sich offiziell auflöst und der modularen Internationale anschließt, deren dritte Serverzikkurat (nach den beiden ersten im Amazonasbecken und nahe Warschau) demnächst in Tripolis in Betrieb genommen werden soll. Gedenkveranstaltungen fürs Internet, das sich vor kurzem endgültig in ein erheblich beweglicheres Netz auf der Basis drahtlos miteinander verbundener Winzmaschinen verwandelt hat, die wie Staub ubiquitär sind und auf elektromagnetischen Feldern durch die Gegend gleiten, werden als große Partys ausgerichtet; der Streit darum, ob die Wohngegenden mehr denkenden Schaum (»Computronium« sagen, nach Charles Stross, immer noch einige) brauchen, oder ob Rudy Ruckers alter Vergleich greift, wonach die Umwandlung ohnehin rechnender Materie in eigens gefertigte Rechnerelemente auf dem Stand der von energetischem und informationellem Unrecht emanzipierten tellurischen Technik so blöde ist wie das Töten von Walen zu dem Zweck, aus ihren Knochen Fetische von Walgottheiten zu schnitzen, erfüllt alle drei Räume, den kausalen, den argumentativen und den normativen, mit lebhaften Für-und-wider-Konzerten.

Das für den Menschenstolz Beschämendste an der Unfreiheit waren ja stets ihre vielen Scheinfunktionalitäten. Überall in der Klassengesellschaft sieht immer wieder etwas nach Arbeitsteilung aus, das in Wirklichkeit nur Befestigung von vorübergehenden Frontverläufen irgendwelcher Klassenkämpfe ist. So hat man etwa, wir erinnern uns, vor der Einführung des liberalen Staates bourgeoiser Prägung für eine Sache, die später einfach »Landrat« heißen wird, zweierlei Posten und Namen – »Amtmann«, wenn's bloß ein Bürger ist, »Herr Landdrost«, wenn den Kram ein Adliger erledigt. Diesen Unfug bringt der Bürgerstaat zum Verschwinden; genau so muß es einigen seiner eigenen Differenzierungen ergehen, wenn deren Klassenvoraussetzungen glücklich aufgehoben sind. Sehr viel Aufwand, der in einer auf Lohnarbeit als Vergesellschaftungsform gegründeten und von ihr auch im Stadium von deren Zersetzung bis in die geldlosen und scheinbar außerökonomischen Verkehrsformen durchherrschten Sozietät getrieben wird, ist nämlich längst eher dazu da, das Offenbarwerden der bei hohem Produktivkraftstand stets zunehmenden Fadenscheinigkeit dieser Vergesellschaftungsform zu behindern, statt dazu, irgendeine Produktion zu erleichtern.

Das Abschleifen scheinfunktionaler Aufgabendifferenzen in der Verwaltung ist, wenn es im Rahmen emanzipatorischer statt vom Akkumulationsregime diktierter (»Rationalisierung«, »Freisetzung«, »Deregulierung«) Umwälzungen stattfindet, Moment eines Geschehens, das die Marxistinnen immer gern planen und die Anarchistinnen immer nicht abwarten wollen; die klassische sozialistische Literatur kennt dieses Geschehen als sogenanntes »Absterben des Staates«, und seine Beschreibung, auf die tausendundein Hayek die Linke am liebsten bis ins kleinste Detail festlegen wollen (damit dann jeder Stolperstein auf dem Weg dahin als »Widerlegung« ausposaunt werden kann), fällt deshalb so notorisch schwer, weil man aus logischen Überlegungen (hier nun also gerade nicht: genealogischen) schlecht voraussagen kann, wann und wie etwas tatsächlich vergessen werden wird, für das keine Verwendung mehr anzugeben ist.

Die Voraussageunwahrscheinlichkeit ist dem Halteproblem der Informatik verwandt und rührt daher, daß einerseits Zukunftsaussichten grundsätzlich nach dem auf der Zeitachse gespiegelten Modell vergangener Entwicklung modelliert werden müssen, andererseits aber Leute (einzeln wie kollektiv) sich selten daran erinnern können, wann und wie genau sie etwas vergessen haben, das sie nicht mehr wissen (Lorenz Jäger hat den Zusammenhang einmal in die konzise Form der Frage gebracht: »Wieviele Generationen hat es gedauert, bis die Ägypter ihre Bilderschrift nicht mehr beherrschten?«).

Obgleich Organismusanalogien notorisch biologistische und andere essentialistische Tücken haben, die man präsent halten und als Einschränkungen der Vergleichsreichweite berücksichtigen sollte: Vergleicht man den Staat statt mit einem Lebewesen, wie das häufig getan worden ist, eher mit einer chronischen psychosomatischen Erkrankung (der Organismus wäre dann das vorstaatliche, rohe Gemeinwesen, man denke sich das in Bildern von Hobbes bis Rousseau), so ließe sich die Idee seines Absterbens etwa mit einem Arbeitsplatzwechsel vergleichen, nach dem dann Schlafstörungen, der übersäuerte Magen und die Flecken im Gesicht verschwinden, bei denen keinerlei ärztliche (die Metapher meint damit: sozialdemokratische und liberale) Diagnostika und Therapeutika sonst greifen wollten (schon Freud konnte den Leuten keine neue Arbeit, keine neuen Geliebten et cetera verschreiben und hat das fallweise durchaus bedauert).

Wenn der Staat *as we know it* nicht mehr da ist, wird man das daran erkennen, daß er nicht vermißt wird, ja nicht einmal das Echo alter Kämpfe um ihn (und gegen ihn) noch für Nostalgie taugt.

Einem leidigen dialektischen Gesetz der Weltzeitalterabfolge gemäß, wonach Fortschritt ist, wenn die Menschen nicht mehr an den alten Krankheiten sterben, sondern an neuen, wird es nach dem Übergang von Unterdrückung, Ausbeutung, Ausschluß zur Freiheit weniger Verkehrsunfälle (etwa wegen Übermüdung bei Truckerinnen, als verschleierter Suizid oder infolge ungenügender Flowchartausarbeitung bei der Fahrführung), weniger Burnout-Opfer, Ausdruckshemmungen, Raubüberfälle, religiöse Psychosen, intellektuelle Sehstörungen (»Ideologie«), ethische Übelkeit (»Depressionen«) und

Fememorde geben, dafür aber mehr Partylärm, mehr Irrwege der Forschung, mehr lästige Privatkunstsysteme, Gammelei, tribalistischen Blödsinn (Kulte und Sekten, die nicht lange genug kohärent bleiben, um sich zu Kirchen oder Religionen zu verfestigen), Besserwissereien, leidenschaftlich-phantasievollen Streit unter Liebenden variabler Anzahl und komplexer geschlechtlicher Zuordnung (die Schiedsrichterfunktion, die ökonomische Zwänge und bürgerliches Familienrecht in primitiven Gesellschaften bei Liebeshändeln zwar selten gerecht, aber effektiv ausüben, fällt weg), schwerer erziehbare Kinder sowie längere Drogenreisen samt daraus resultierender Abwesenheit aus der Produktion.

Der Menschenkopf, ist er erst von den Verhärtungen der entfremdeten Routine befreit, bleibt, wie sich herausstellen wird, sehr viel länger lernfähig als erwartet: Noch mit achtzig kann man sich die Regeln des Schachspiels aneignen, wenn man nicht vorher verkümmert ist; das macht die Nachmittage gar nicht so uninteressant, bis abends die in beweglichen Arbeitsgemeinschaften organisierte Kultur einlädt (von der man allerdings den jetzigen muffigen Namen nicht länger wissen wird. Alles, was sich auf dem großzügig ausgelegten Spektrum zwischen populärer Musik und Versepos findet, wird endlich so heißen, wie es längst heißen will: Kunst. Die Qualitätsfrage klärt man langsamer; aber man hat ja jetzt auch mehr Zeit). Erst mit dem Wegfall zahlreicher Formen des Elends wird man sie als solche überhaupt erkennen (und sich, falls man die Vorgeschichte noch erinnert, angemessen dafür schämen, daß man unter ihnen eigentlich kaum bewußt gelitten hat).

Der Vorstellung, es ließe sich noch (und womöglich: gerade) in der äußersten Bedrückung die Kraft sammeln, diese abzuwerfen, haben zwar in ihrer Feuerkopfphase selbst Marx und Engels manchmal Raum gegeben; es gibt Stellen etwa im *Manifest der Kommunistischen Partei*, die sich direkt der lassalleanischen Verelendungstheorie anzuschmiegen scheinen. Sobald freilich Politik gemacht wurde und es also beispielsweise galt, sozialdemokratische Programmentwürfe wie die von Gotha oder Erfurt auf ihre Tauglichkeit zur Herstellung der Freiheit abzuklopfen, wurden die beiden Alten derlei schnell los. Engels, gegen den gesellschaftsanalytisch gemeinten Erfurter Satz von

1891 »Immer größer wird die Zahl und das Elend der Proletarier« polemisierend: »Das ist nicht richtig, so absolut gesagt. Die Organisation der Arbeiter, ihr stets wachsender Widerstand wird dem Wachstum des Elends möglicherweise einen gewissen Damm entgegensetzen. Was aber sicher wächst, ist die Unsicherheit der Existenz«[277] – eine Schriftstelle, bei der sich wohl vor allem diejenigen geniert fühlen müssen, die aus einigen Andeutungen von Marx und Engels betreffend die Abschaffung der Arbeitsteilung im Kommunismus eine Art positiver Beliebigkeit der Lebensführung als Kennzeichen kommunistischer Wirklichkeit ableiten wollen und deshalb den Begriff der »Sicherheit« nicht mögen, der solchen Grenzenlosigkeitsideen schroff entgegensteht.

Als der Marxismus von der Welt noch etwas wollte, außer ihr gegenüber recht zu haben, hat er also offenbar am Kapitalismus »die Unsicherheit der Existenz« durchaus mißbilligt und für die von ihm angestrebte Lebensweise nicht nur Freiheit (auch und gerade von Not), sondern auch Verläßlichkeit, Berechenbarkeit der wechselseitigen existenziellen Abhängigkeiten der Menschen voneinander verlangt. Krankenversicherung ohne (oder: bei absterbendem) Staat, Rechtssicherheit ohne Justizvollzugsknüppel, Rente ohne Einzahlung? Genau so.

Wie nämlich in vorbürgerlichen Zeiten ein Fürst seinen renitenten leibeigenen Bauern auf offener Straße mit dem Ochsenziemer verdreschen durfte, ohne die geringsten Repressalien fürchten zu müssen, während hundertfünfzig Jahre später selbst der übelste Personalchef einer Kündigung nicht mehr mit der Stiefelspitze Nachdruck verleihen konnte, ohne mit den ausführenden Organen der Bestimmungen im BGB Scherereien zu kriegen, gerade so wird, eine bestimmte Einrichtung der Produktion vorausgesetzt, für zahlreiche äußerst wünschenswerte Varianten solidarischen Verhaltens kein Repressionskorsett mehr benötigt. (Die Polizeidrohung ist ja auch nicht der Grund, warum der Personalchef mich nicht tritt. Er weiß vielmehr: Tut er so was, dann begibt er sich in Gefahr, sich außerhalb der Gesellschaft zu stellen, die ihn nährt, kleidet, mit ihm redet). »Wünschenswerte Varianten solidarischen Verhaltens« meint sehr Konkretes: Wer lernen will und kann, soll das dürfen und von gesellschaftlich produzierten, dafür bereitgestellten Mitteln dabei profitieren; Alte, Kranke, von außersozialen Gegebenheiten und Wechselfällen auf welche Weise auch immer benachteiligte Leute werden nicht mit diesen Widrigkeiten alleingelassen; verbindliche Symmetrien im Umgang miteinander werden eingehalten, *pacta sunt servanda.*

Die misanthropische Vorstellung, daß nur über ein gestaffeltes System von Anreizen und Drohungen das Zerbrechen des großen Ganzen in tollwütige Scherbenmonaden verhindert werden könne, ist eine der Erzlügen der Propaganda sämtlicher historisch nachweisbarer Klassengesellschaften – in Wirklichkeit braucht nicht einmal jede Erlösungsreligion etwas wie die im Katholizismus zentrale Sanktion der Höllenstrafe, um geglaubt zu werden. Die Zeugen Jehovas zum Beispiel kennen gar keine Hölle (ewiges Leiden der Sünder widerspräche ihrer Evangelienauslegung zufolge dem Generalpostulat der göttlichen Liebe), und bei den Mormonen, wir erinnern daran gern so oft wie möglich, findet sich im Jenseits eine sanft meritokratische, niemanden im Schwefelregen stehenlassende Lösung, die ein bißchen an Ulbrichts »Neues Ökonomisches System der Planung und Leitung« erinnert: Nur ein verschwindend geringer Prozentsatz der Verstorbenen wird in die »*outer darkness*« geworfen, echte Schwerstkriminelle ohne Reue, die sich als unrettbar gesetzesfeindlich erwiesen und die göttliche Gnade selbst im Stande völliger Gewißheit ihrer Tatsächlichkeit geleugnet haben. Für alle anderen gibt es, so der Mormonenprophet Joseph Smith in seinem schönen Handbuch »Lehre und Bündnisse«, die sogenannten »*degrees of glory*«: drei verschiedene Himmel mit unterschiedlich ausgeprägten Annehmlichkeiten – das edelsteinbesetzte »Celestial Kingdom« für die Superfrommen, das »Terrestrial Kingdom« für die normalrechtschaffenen Gläubigen und schließlich das vergleichsweise schäbige »Telestial Kingdom«, einen Dritter-Klasse-Himmel, in den außer denjenigen armen Seelen, die niemals ein Wort von Jesus erfahren haben, sogar so fragwürdige Gestalten wie Lügner, Zauberer, Ehebrecher und Unternehmensberater Aufnahme finden. Man schaut dort, im Himmelskeller, zwar nicht gerade unter Hallelujagesängen ins Angesicht Gottes, aber immerhin: Selbst in dieser Abteilung herrscht nach Smith ein »Glanz, der über allen irdischen Verstand geht« (also das spirituelle Äquivalent des schönen alten bolschewistischen Scherzes, wonach man nach der Revolution auf Kloschüsseln aus Gold sitzen wird).

Der moraltheologische Kniff dabei, der sich bei ein wenig Phantasie und gutem Willen leicht ins Soziale übersetzen läßt, ist ein sehr simpler – die Strafe für die Deklassierten in den schlechteren Königreichen nach dem Gerichtstag besteht schlicht darin, daß sie wissen: Es gibt etwas Besseres, in dem sie es sich jetzt behaglich einrichten könnten, wenn sie sich nur ein bißchen mehr zusammengerissen hätten.

Die Voraussetzung auf Seiten Gottes für eine dermaßen schlaue Politik nennen die mormonischen Monotheisten »Allmacht«. Ins Gesellschaftliche transponiert wird man vom explizierten terrestrischen, telestialen und celestialen Implex des seit der Renaissance begonnenen Heraustretens des Menschen aus dem Naturzustand verlangen, daß er auf staatsförmig verfaßte Höllenstrafen so gut verzichten kann wie der Mormonenweltherrscher auf transzendente, und nimmt Sozialismen und ähnlichen Verbesserungsversuchen autoritäre, ja schon mild dirigistische Eingriffe ins Gesellschaftliche gern übler als dem Naturwüchsigen noch das gröbste Unrecht. Allmacht ist nicht erfordert, damit die soziale Hölle wegfällt, aber das, was Marx und Engels verlangt haben: »Überfluß«. Der ist nichts Nebulöses, Unquantifizierbares, sondern bloß soviel Mehrprodukt, daß man seine Verwandlung in Mehrwert und andere auf Ausbeutung und mit dieser korrelierte Unterdrückung angewiesene abstrakte Zugewinnformen nicht mehr braucht, um das Gemeinwesen in Betrieb und zusammenzuhalten. Der Überfluß tut dann, was sein Name sagt: Er fließt, wenn mehr gesellschaftliche Arbeitszeit in den Schutz der Menschen vor lebensbeschädigenden Zufällen, in Erziehung, Kunst, Verkehrswege, menschenwürdigen Wohnraum inklusive Städtebau et cetera gesteckt wird; aber das tut er, weil diese Dinge aufwendiger sind als selbst der irrste Luxus für ein paar Superreiche, gewiß nicht ganz so rasch wie der Goldregen des Geldverprassens in den kapitalistischen Stoßzeiten.

Ein bißchen geruhsamer wird die Sache »Fortschritt«, auf die man auch in Freiheit nicht wird verzichten wollen, schon werden, aber da sie immer schon Maschine zum Zweck der Herstellung von Wohlfahrt und Freiheit war und beide Muße implizieren, hieße das nur, daß er endlich so funktioniert, wie er soll. Aus der einmal geknackten Warenform fallen vielleicht weniger Süßigkeiten, als man auf den luxuriöseren Plätzen der unfreien Industriegesellschaften mitunter abgreifen konnte. Vielleicht aber (den Gedanken serviert man am besten zum Nachtisch, wenn das Hühnchen fertig abgenagt ist) wird das einzelne Ding (Buch, lustiges Sexspielzeug, Kohlezeichnung, Salz- und Pfefferroboter) dann, wenn man es jenseits der Warenform als eine Art zuhandener Konkretion energetisch und informationell gerechter, solidarischer, eben humaner Verhältnisse in den Gebrauch nimmt, eben dadurch ja auch zugleich wertvoller, als das teuerste Prachtgut in der Warenwirtschaft hätte sein können.

Vom Gemeinwesen als Ausdruck seiner Gewolltheit gesetzte Gebrauchswerte: Sagen wir abermals »Freiheit« dazu; es ist die höchste Verallgemeinerung dieses Begriffs. Man mag, wo sie erreicht ist und gepflegt wird, nicht nur dem Zusammenleben, sondern auch einander hübsche Namen schenken; ein Deichaufseher im Bremerland wird Fossegrim Dylan McSchnurrbart heißen, eine berühmte Lastwagenrennfahrerin Aphrodite Kleeblatt-Suzuki, und zwei Frauen, die zusammen einen Sohn großziehen, werden ihn Utu nennen, nach dem Sonnengott der Sumerer, den Nachnamen soll er sich dann von einer seiner zwei Mütter nehmen oder aus den Künsten, wenn er alt genug ist für so was. Man läßt den Kindern in Freiheit überhaupt mehr vorerwachsene Zeit, die Erwachsenen, seit sie nicht mehr so kindisch sein müssen wie im Kapitalismus, gönnen ihnen das. Die nächsten Menschen werden individuell länger Unfug treiben dürfen, inklusive Kriegspielen (der Streifen Land zwischen Garten und Straße wird regelmäßig von circa Zehnjährigen aller fünf Geschlechter mit Konfetti- und Candybomben vermint; sie toben mit dergleichen ihre aus äffischen Epochen übererbten Territorialneigungen aus; nennen also etwa den breiten Spielplatz – eigentlich ein Weizenfeld, das jetzt aber erst mal zwanzig Jahre geschont wird, die Bewirtschaftung rotiert wie überhaupt alles Bewegliche auf Erden – »Land« und das Fort aus drei miteinander per Leiterbrücken verbundenen Bäumhäusern »Stadt«, weil sie eine Schwäche für Archaisches haben; natürlich fehlt den unschuldigen Scherzen jedes soziale Substrat, Lenins großes Wort von der »Abschaffung sowohl der Öde, Weltabgeschiedenheit und Barbarei der Dörfer wie auch der widernatürlichen Zusammenballung gigantischer Massen in den großen Städten« ist so umfassend wahr gemacht worden, daß man über das Adjektiv »widernatürlich« im kommunistischen Rückblick sogar ein bißchen lächeln muß; schwer nur stellen sich die Freien vor, daß der Alte nicht gewußt haben soll: Das Glück ist etwas kunstreich Hergestelltes, nicht irgendeine wieder freigelegte Natur; Spinoza liegt richtiger als Rousseau).

VI.
Alles Vergängliche (noch ein Gleichnis)

Vom Falschen zum Richtigen zu gelangen kostet Energie und verarbeitet Information, aber es generiert auch welche. Mit vergangenen und zukünftigen Zivilisationen zu kommunizieren, den Implex zu explizieren und ihn damit zu verändern, denn er bleibt, weil jede Lage ihre Möglichkeiten hat, dabei bestehen, ist so aufwendig, wie mit Zivilisationen zu kommunizieren, die auf andere Weise anders sind als die erledigten und die künftigen; zum Beispiel nichtmenschlich.

1974 hat man vom Arecibo-Radioteleskop aus eine 210 Byte umfassende Radiobotschaft auf den Sternhaufen M13 gerichtet und abgestrahlt; dazu war ein Megawatt Energie nötig, und selbstverständlich gab es Leute, die ausrechneten, wie viele Eigenheime mittelständischer und mittelgroßer Familien in den reichen Ländern damit wie lange hätten beleuchtet werden können. Es war als Einwand gemeint; die Einwände gegen den Einwand lauten: a) gebt erst einmal den Armen ab, bevor ihr euch beschwert, daß euch die Außerirdischen etwas wegnehmen. b) daß immer nur an das gedacht wird, was hier drinnen, bei den Mittelständischen und Mittelgroßen gedacht und gewollt wird, und nie daran, wie groß die Räume sind, in denen kommuniziert, koordiniert werden könnte, in denen Probe- und wirkliche Handlungen vorkommen können, ist das schlechte Bestehende selbst.

Ob uns intelligentes Leben aus dem interstellaren Raum je antworten wird, ist ungewiß.

Daß es in den kausalen, rationalen und argumentativen Räumen, die einander implizieren, aber intelligentes Leben gibt, das nur darauf wartet, aus der Vergangenheit, der Zukunft und der Gegenwart auf die Fragen zu antworten, die wir haben, ist gewiß.

Entdeckungsreisen, die niemanden erobern, berauben, sortieren, zur Arbeit pressen sollen, die nicht Landnahmen sind noch Bekehrungsfeldzüge, stehen bevor.

Die Natur der drei Räume gibt nicht viel darauf, wie es Menschen gerne hätten – das ist selbst noch keine Entdeckung, sondern bloß eine Definition von »Natur«, mit der sich seit Erfindung der neuzeitlichen Wissenschaften viel hat ausrichten lassen. Die Fabriken, die mit dem, was man auf diesem Weg herausgefunden hatte, gebaut wurden, traten den Menschen schließlich selbst als eine Art Natur gegenüber; das lag daran, daß sie um des Profits willen eingerichtet wurden und der sich, als Konsequenz des Tauschwerts, um Gebrauchswerte nicht schert, also auch nichts darauf gibt, wie ihn Menschen gerne hätten. Die Eigengesetzlichkeit von Abläufen, ihr Vermögen, von den Vorstellungen weit abzuweichen, die sich die Menschen von ihnen machen, mußten die Menschen erst lernen; zur animistischen Zeit wußten sie gar nichts davon, daß die Natur nicht mit ihren Köpfen redet, zur mythischen begannen sie, sich das vorzustellen (und meinten, daß sie dann zumindest mit den Köpfen der Götter redeten), zur naturwissenschaftlichen und aufgeklärten ging diese Vorstellung allmählich in ihre Praxis und Hexis ein; erst jetzt wird ihnen klar, daß Praxis und Hexis selbst ebenfalls Eigengesetzlichkeiten kennen, die sich um Wünschen und Wollen nur insoweit scheren, wie man die beiden mit ihnen vermittelt. Eigengesetzlichkeiten der Art, die wir meinen – also das, was noch Marx auch aufs Gesellschaftliche bezogen »Naturgesetze« nennt, womit er aber nichts Metaphysisches behauptet, sondern einfach eine Dankesschuld anerkennt gegenüber Galilei, Newton, Darwin, was den Respekt davor angeht, daß die Dinge sich regelmäßig (!) nicht danach richten, was wir von ihnen wollen; seine zusätzliche Einsicht war ja nur, daß das auch für die menschengeschaffenen Dinge gilt –, sind nur als Wahrscheinlichkeiten erschließbar, nur als etwas, was man mehr oder weniger glaubhaft finden kann, nie als Gewißheiten. Daß man das Wahrscheinlichkeitslernen mal subjektiv, mal objektiv aufgefaßt hat, ist eine Form von epistemischer Armut – noch im zwanzigsten Jahrhundert erlebt die Entdeckung des Thomas Bayes Deutungen in diese beiden Richtungen, als wären sie die einzig möglichen, bei Bruno De Finetti die subjektive: Wahrscheinlichkeiten sind Grade des Glaubens von Personen an Sachverhalte und zu erwartende Ereignisse, bei Keynes die objektive: Wahrscheinlichkeiten sind logische Folgebeziehungen, daß b sich aus a ergibt, hängt an dem Grad, in dem b in a bereits enthalten ist; wir favorisieren zwar Keynes, weil er uns, wie diejenigen, die den Naturrechtsirrtum begingen, auf etwas hinweist, das herstellbar ist, statt auf Befindlichkeiten, aber die Armut der binären Gegenüberstellung Subjektiv/Objektiv sollte man zurücklassen, sobald man Davidsons Idee der Triangulation (subjektiv/intersubjektiv/objektiv) oder Floridis Idee der drei Räume (kausal/logisch/normativ) an ihre Stelle zu setzen gelernt hat. Dieses Buch ist eine Maschine, die versucht, diverse derartige Eigengesetzlichkeiten als Bauelemente von Lese-, Kopier- und Ersetzungsapparaten des Geschichtsdenkens aufzufassen und auszuprobieren; dabei greifen Dinge ineinander, die man wissenschaftlich finden kann, andere, die philosophische Züge haben, und ein bißchen Konzeptkunst könnte auch noch darin stekken. Ein Wunsch, den wir nicht weiter begründen wollen, war es, etwas zu bauen, das nur von denen überhaupt benutzt werden kann, die unsere eigenen Zwecke schon teilen; das ist natürlich im Sinne Hacks' ein Ideal und nicht durchzuhalten, aber die eine oder andere Passage wird um so dunkler gefunden werden, je weniger man sich vorstellen mag oder kann, daß das, was wir erstrebenswert finden, überhaupt zu machen ist (die Verschlüsselung ist sozusagen keine absichtliche; sie folgt einem Verhältnis zu Hexis und Praxis, der Kurve einer Willensbildung).

Die Leute verlassen die Fabriken, die sie als zweite Natur mißverstehen mußten. Sie arbeiten jetzt schon mehrheitlich anderswo (und anders), ein Hoffnungszeichen, wie vor hundert Jahren die Umschichtung von Leuten, die in der Landwirtschaft arbeiten mußten und dort ein kurzes Leben hatten, auf industrielle Produktion eines war – die Zerstörungen aber, die in diesen Fabriken hergestellt wurden, wo eigentlich Waren, Energie, Information hergestellt werden sollten, wird man sich ansehen, gegen sie wird man arbeiten müssen. Auf dieselben Fähigkeiten angewiesen, die das Übel hervorgebracht haben, werden die Leute es beseitigen müssen; aus der Atomenergienutzung und anderem, das sich als falsch erwiesen hat, kann man aussteigen, aus der Geschichte nicht; wer den schlecht eingerichteten Staat nicht will, wird den gut eingerichteten wollen müssen, solange der nicht die Leute dahin gebracht hat, daß sie gar keinen mehr brauchen (geschichtliche Entwicklungsstufen zu überspringen ist natürlich nicht verboten oder unmöglich, aber auch zum Überspringen muß man erst einmal aufstehen). Malerische Gruselberichte darüber, daß noch heute in Indien Familien für Sklavenhalter schuften, die ihren Vorfahren irgendwann einmal Geld geliehen haben, täuschen die Leute in den reicheren Ländern darüber, daß auch hier das Vergangene das Gegenwärtige regiert und die Zukunft kapitalisiert wird; dies alles ist möglich, weil die Menschen das Probehandeln kennen, weil sie in mehr Zeiten und an mehr Orten leben als im Hier und Jetzt.

Intelligenz, die Fähigkeit, zu speichern, etwas zu wollen, vorauszusehen, sich zu erinnern und das Ganze zu verrechnen, ist nach allem, was wir wissen, selten im Kosmos; daß es sie überhaupt irgendwann irgendwo gibt, ist sowenig zwangsläufig, wie daß man von ihr Gebrauch macht. Sie ist naturgeschichtlich und zivilisationshistorisch etwas Gewordenes, sie kann wieder verschwinden.

Leben heißt »Stirb und werde«, heißt auch: Überraschen- und Überraschtwerdenkönnen. Aber nur wer keine Angst haben muß, wird spontan sein können: Die Sicherheit, die Marx und Engels meinten, ist einfach die Struktur, das Skelett, der Kuchenboden, die Möglichkeitsbedingung des Unvorhergesehenen; was nicht sterben will, braucht Halt, und wer sich bewegen möchte, muß sich von etwas abstoßen können, auf das Verlaß ist.

Willkür dagegen ist das Merkzeichen der Entropie im Sozialen, eine Verfallserscheinung von Gemeinwesen, deren Machtausübende die Legitimation verloren haben, die sie einst als Funktionsträger notwendig arbeitsteiliger Selbstherstellungs- und Selbsterhaltungsbeschäftigungen des Gemeinwesens überhaupt zur Macht hat gelangen lassen; wo die Unordnung sich als Ordnung ausgibt, aber gewaltsam gestützt werden muß, um nicht zu kollabieren, und die Entscheidungen, die von den Mächtigen getroffen werden, nicht mehr zum Nutzen derer, die gehorchen sollen, ausschlagen, ist der Energie- und Informationsaustausch mit der Umwelt des Gemeinwesens (zu der ja nicht nur die Natur gehört, sondern auch das, was an Nichtgemeinschaftlichem in jedem und jeder so vorgeht) gestört, weil sich das Gemeinwesen gegen Energie und Information abgedichtet hat, welche die Herrschaft stören könnten. Dann steht die Zeit gegen die herrschende Scheinordnung, aber das heißt nicht, daß ihrem Verfall etwas Besseres folgen muß; im Gegenteil: Wenn sich niemand findet, der das Bessere einrichtet, wird der Eindruck entstehen, daß die im Versinken begriffene Scheinordnung dem, was sie ablösen muß, immer noch überlegen war, und dann werden Leute in gutem Glauben die Agonie des Unfugs nur verlängern.

Das Unrecht ist auf sie und ihre Sehnsucht nach irgendeiner Art Normalität angewiesen; es schätzt keine Überraschungen, weil es niemandem Rechtssicherheit zubilligt, nicht einmal denen, die Privilegien haben, die das Mehrprodukt aneignen, die andere für sich arbeiten lassen und so fort. Unrecht ist sowohl als Herrschaft wie als Ausbeutung wie als Ausgrenzung stets auf die leere Dauer ungleicher Verhältnisse aus, auf haltbare Erpressung, auf die rücksichts- und voraussichtslose Selbstverewigung. Unrecht, weil es unvernünftig und, solange Leute denken können, immer auch instabil ist, sei's, weil jemand es durch Recht ersetzen will, sei's, weil Verbrechen in potentieller Konkurrenz die Lust wecken, selbst welche zu begehen, muß die Menschen da, wo es herrscht, Tag und Nacht damit beschäftigen, es zu stabilisieren, auf ihre eigenen Kosten oder die Dritter, in unterworfenen, ausgebeuteten oder ausgegrenzten Nachbargemeinwesen. Deshalb muß das Unrecht weg, wo Menschen die Ursachen der Dinge suchen, menschenwürdige Zwecke setzen, menschenwürdige Gründe artikulieren, um die Menschheit als Gattung überhaupt erst herzustellen.

Es muß weg, wo Menschen als Menschen leben wollen.

DANK

Hermann L. Gremliza, Henning Ritter, Harlan Ellison, Susan Ellison, Michael Marano, Iris Kirchner, Josef Kirchner, Andrea Moser, Manfred Tobollik, Thomas Brill, Dinah Reimnitz, Prof. Dr. Evan Bieske, AK Kirchner, alle Leipziger und Frankfurter Kollegen, Matthias Krieger, Werner Labisch, Jörg Sundermeier, Kerstin Tobollik (†), Christraud Tobollik, Dr. Michael Smit, Prof. Dr. Hans Hasse, Michael Staudt, Dr. Francesco Filippone, Prof. Dr. Hanspeter Huber, Dr. Elena Ermakova, Prof. Dr. Debra Bernhardt, PD Dr. Annegret Stark, Annekathrin Ruhose, Maria Stratemeier, Markus Hablizel, Prof. Dr. Jadran Vrabec, Prof. em. Dr. Dr. h.c. Sigrid Doris Peyerimhoff, Prof. Dr. Matthias Lehmann, Prof. Dr. Jürg Hutter, Prof. Dr. Bernd Hess (†), Prof. Dr. Paolo Carloni, Jürgen Walter, Klaus Hug (†), Ingrid Baumann, Sabine Weyhmann, Joachim Körber, Sven-Eric Wehmeyer, Frank Schirrmacher, Stefanie Körner, Daniela Burger, Hannes Riffel, Doris Achelwilm, Hanne Biermann, Mark Ginzler, Oliver Dombrowski, Cathrin Calvin, Ingoh Brux, André Bücker, Almut Henkel, Michael Fuchs, Michaela Klamminger, Sascha Tuxhorn, Dascha Trautwein, Swantje Karich und Mareike Maage.

ANMERKUNGEN

1 Anna Laetitia Barbauld: Selected Poetry & Prose, Ontario 2002, S. 347.
2 Ebd.
3 Seit der amerikanischen Bank- und Hypothekenkrise des Jahres 2008, die sich danach zur weltweiten Bankenkrise auswuchs, und seit der Formierung einer in vielerlei Hinsicht widersprüchlichen, aber wenigstens die in Frankreich oder Italien gegebene westeuropäische Normalität einholenden parlamentarischen Linken mit mehr oder weniger marxistischen Echos in Programm und Propaganda, beginnt sich das hierzulande zumindest in der parasoziologischen, oppositionell politischen Literatur ein wenig zum Guten zu wenden, angefangen von verdienstvollen historischen Sichtungen der Beziehung zwischen politischer Opposition und Lohnarbeit wie der Studie *Frühschicht. Linke Fabrikintervention in den 70er Jahren* (Berlin und Hamburg 2011) von Jan Ole Arps über aktuelle Bestandsaufnahmen wie die im von Eckhard Lieberam und Jörg Miehe herausgegebenen Sammelband *Arbeitende Klasse in Deutschland. Macht und Ohnmacht der Lohnarbeiter* (Bonn 2011) enthaltenen bis hin zu analytisch-polemischen Essays wie Werner Seppmanns *Die Verleugnete Klasse. Zur Arbeiterklasse heute* (Berlin 2011).
4 H.H. Lee et al.: *Bacterial Charity Work leads to population-wide resistance*, in: *Nature* 467, 2. September 2010.
5 Wladimir Iljitsch Lenin: *Werke*, Bd. 29, Berlin 1961, S. 410.
6 Ernst Piper: *Alfred Rosenberg. Hitlers Chefideologe*, München 2005, S. 187.
7 Götz Aly: *Rasse und Klasse. Nachforschungen zum deutschen Wesen*, Frankfurt/M. 2003, S. 230.
8 Ebd., S. 231.
9 Ebd., S. 232.
10 Ebd., S. 232.
11 *MEW 4*, S. 363.
12 Jairus Banaji: *The Fictions of Free Labour: Contract, Coercion, and so-Called Unfree Labour*, in: *Historical Materialism* 11 (3), London 2003, S. 82f.
13 Jan Philipp Reemtsma: *Mord am Strand. Allianzen von Zivilisation und Barbarei*, Berlin 2000, S. 127f.
14 Barbauld: *Selected Poetry & Prose*, a.a.O., S. 349.
15 Ebd., S. 348.
16 *MEW 34*, S. 92.
17 *MEW 4*, S. 91f.
18 Barbauld: *Selected Poetry & Prose*, a.a.O., S. 349.
19 Ebd., S 349.
20 Ebd., S. 351.
21 Ebd., S. 352.
22 Ebd., S. 347.

23 Melvin Konner: *The Evolution of Childhood. Relationships, Emotion, Mind*, Cambridge/Massachusetts 2010.

24 Thomas Paine: *Occasional Letter to the Female Sex*, zit. n. ⟨http://tpnha.keybrick.net⟩, Stand: 21. 11. 2011.

25 Wladimir Iljitsch Lenin: *Werke*, Bd. 30, Berlin 1970, S. 363.

26 Vijay Prashad: *The Darker Nations. A People's History of the Third World*, New York 2007, S. 53.

27 Ebd., S. 56.

28 Zit. n. William McCarthy: *Anna Laetitia Barbauld. Voice of The Enlightenment*, Baltimore 2008, S. 277.

29 Vgl. die beiden Aufsätze von Jan Philipp Reemtsma, *Terroratio* und *Die Falle des Antirassismus*, in: ders., u. a. *Falun. Reden & Aufsätze*, Berlin 1999.

30 Siep Stuurman: *François Poulain de La Barre and the Invention of Modern Equality*, Cambridge/Massachusetts 2004, S. 60.

31 Zit. n. Gerhart Söhn: *Die stille Revolution der Weiber. Frauen der Aufklärung und Romantik*, Leipzig 2003, S. 7.

32 Rosa Luxemburg: *Werke*, Bd. 3, Berlin 1974, S. 161.

33 Ebd., S. 162.

34 Ebd., S. 163.

35 Ebd., S. 165.

36 Christa Wichterich: *Gleich, gleicher, ungleich. Paradoxien und Perspektiven von Frauenrechten in der Globalisierung*, Sulzbach 2009, S. 158 ff.

37 Erteilt in James Heartfield: *The ›Death of the Subject‹ explained*, Sheffield 2006, S. 121.

38 Wolfgang Pohrt: *Gewalt und Politik. Ausgewählte Schriften*, Berlin 2010, S. 83 f.

39 Hergé: *Tim im Kongo*, Hamburg 2000, S. 34.

40 Nicht oft genug hinweisen kann man in diesem Zusammenhang auf Jan Philipp Reemtsmas Aufsätze *Terroratio* und *Die Falle des Antirassismus*, a. a. O.

41 Vgl. hierzu sehr aufschlußreich Mark Terkessidis: *Die Banalität des Rassismus. Migranten zweiter Generation entwickeln eine neue Perspektive*, Bielefeld 2004.

42 Reichliche Belege hierzu wird man etwa finden im Briefwechsel zwischen Peter Hacks und Kurt Gossweiler, abgedruckt in: Peter Hacks: *Am Ende verstehen sie es. Politische Schriften*, Berlin 2005, und in André Müller senior: *Gespräche mit Peter Hacks. 1963-2003*, Berlin 2008.

43 Hermann L. Gremliza: *Gegen Deutschland. 48 Nestbeschmutzungen*, Hamburg 2000, S. 40.

44 Ebd., S. 41.

45 Hierzu am besten historische Tonaufnahmen wie in dem Hörbuch mit Herbert Marcuse: *Der Mensch in einer sozialisierten Welt – Vorträge und Gespräche*, München 2008.

46 *MEW 19*, S. 405.

47 Ebd.

48 Was es damit auf sich hat, und mit den Nachwirkungen dieser Strategie und Taktik bis hin zu Ulbrichts Neuem Ökonomischen System der Planung und Leitung, aber auch mit dem, was mit der ersten Stufe der Perestroika zunächst beabsichtigt schien, stellen rein binnenökonomisch auch bürgerliche und antikommunistische Quellen meist verläßlich dar – nur wenn es um die Rolle des Weltmarkts geht, wird es ungenau, wenn auch nicht ungenauer als bei der

sowjetischen und sowjetnahen Apologetik zahlreicher Kompromisse aus Weltmarktgründen allerspätestens ab Breschnew.

49 Prashad: *Darker Nations*, a. a. O., S. 280.

50 Sean Wilentz: *The Rise of American Democracy. Jefferson to Lincoln*, New York 2005, S. 722.

51 Wolfgang Pohrt: *Ausverkauf. Von der Endlösung zu ihrer Alternative*, Berlin 1988, S. 36 ff.

52 Der ganze finstere Ablauf ist in allen Einzelheiten nachzulesen bei Anthony J. Hall: T*he American Empire and the Fourth World: The Bowl with One Spoon*, Part One, Montreal 2003.

53 Ebd., S. 211.

54 Ausführlich und erschöpfend läßt sich diese Position studieren bei Iris Därmann: *Fremde Monde der Vernunft. Die ethnologische Provokation der Philosophie*, München 2005. Die zitierte Formulierung steht auf S. 10.

55 Ebd., S. 13.

56 In den historischen Zusammenhang eingeordnet, in den er gehört, wird der ärgerliche Kantische und Humesche Unsinn von Frank M. Renkewitz und Ralf Schröder im Artikel *Unheilbare Verderbnis*, in: *konkret*, Heft 5/2007.

57 Aphra Behn: *Oroonoko*, Norton Critical Edition, New York 1997, S. 199.

58 Ebd., S. 197.

59 Ebd., S. 196.

60 Ebd., S. 189.

61 Ebd., S. 13.

62 Die Verse gehören zu ihren beliebtesten, Gemeingut geworden etwa durch die Lyrik-Website ⟨http://www.poetryfoundation.org/poem/180666⟩, Stand: 21. 11. 2011, wo auch das ganze Gedicht *The Dream* steht.

63 Paul Valéry: *Cahiers/Hefte*, Bd. 6, Frankfurt/M. 1993, S. 164 f.

64 Man findet ihn in *MEW 4*, S. 369.

65 Zur Linie, die von Bacon bis Condorcet und über beide hinaus führt, ihrem Umfeld und ihren Einflüssen findet man Aufschlußreiches etwa bei Robert Zaretsky und John T. Scott: *The Philosopher's Quarrel*, New Haven/London 2009, besonders S. 4 ff.

66 Deirdre N. McCloskey: *The Bourgeois Virtues. Ethics for an Age of Commerce*, Chicago 2007, S. 504.

67 Was David Hume und auf ihm aufbauend eine ganze Schule von Induktionsbezweiflern bis hin zu Karl Popper uns und der gesamten Menschheit allerdings verbieten wollen – den Widersinn dieses Verbots enthüllt in Form einer unübertrefflichen Abfuhr an alle, die es vertreten, David Stove: *The Rationality of Induction*, Oxford 1986.

68 Wilhelm Ostwald: *Zur Geschichte der Wissenschaft. Vier Manuskripte aus dem Nachlaß*, Frankfurt/M. 2001, S. 50.

69 Francis Bacon: *Neues Organon (Novum Organon)*, Hamburg 1990, S. 83.

70 Ebd.

71 Ebd.

72 Karl Kraus, *Weltgericht I*, Frankfurt/M. 1988, S. 13.

73 Ebd.

74 Zit. n. Siegfried Prokop (Hg.): *Ulbrichts Favorit. Auskünfte von Alfred Neumann*, Berlin 2009, S. 75.

75 Der Begriff ist erläutert in George Liodakis' Aufsatz *The Role of Biotechnology in the Agro-Food System and the Socialist Horizon*, in: *Historical Materialism* 11 (1), London 2003, S. 37 ff.
76 *MEW 21*, S. 276.
77 David Stove: *On Enlightenment*, New Brunswick 2003, S. 29 (Hervorhebung des letzten Satzteils durch die Verfasser).
78 Kein geringerer als Paul Grice, mit Schützenhilfe eines anderen Hochkaräters der analytischen Tradition, P.F. Strawson, dessen Sohn mit dem Bewußtsein, der Identität und dem Materialismus heute so gefährlichen Schabernack treibt, hat sich als Verteidiger der angeblichen Dogmatik, in Wahrheit der allervernünftigsten Position in dieser Sache wider Quine verdient gemacht, nachzulesen ist das in Paul Grice: *Studies in the Way of Words*, Harvard 1991.
79 Theodor W. Adorno: *Nachgelassene Schriften*, Bd. 13: *Zur Lehre von der Geschichte und von der Freiheit*, Bd. IV/13, Frankfurt/M. 2001, S. 68.
80 Ebd.
81 Ders.: *Minima Moralia*, Frankfurt/M. 1969, S. 11.
82 Rosa Luxemburg: *Werke*, Bd. 5, Berlin 1970, S. 272.
83 Robert Kurz: *Das Weltkapital. Globalisierung und innere Schranken des modernen warenproduzierenden Systems*, Berlin 2005, S. 427.
84 Die ganze Chronologie steht bei Liodakis: *The Role of Biotechnology*, a. a. O.
85 In *MEW 4*.
86 Liodakis: *The Role of Biotechnology*, a. a. O., S. 68.
87 Ebd.
88 Der Autor und Zeichner Dave Sim hat auf diese Geschichte in seiner Heftserie *Cerebus*, dem editorischen Beiwerk dazu und Interviews mehrfach angespielt, man findet sie ähnlich aber auch häufig im Internet, zum Beispiel unter ⟨http://www.vpr.net/episode/50918/⟩, Stand: 21. 11. 2011, oder unter ⟨http://www.smalldeadanimals.com/archi ves/004469.html⟩, Stand: 21. 11. 2011.
89 Der Fairneß halber: Es hat aus den verschiedenen Camps der sexuellen Identitätspolitik heraus immer wieder Versuche gegeben, jenseits von Orientierungspolitiken, zum Teil mit hilflosen Etiketten wie »Bi«, der Ebenenverwechslung zwischen Glück und Ermöglichung von Glück zu entgehen. Einer der aktuellsten findet sich bei Lisa M. Diamond: *Sexual Fluidity. Understanding Women's Love and Desire*, Harvard 2009, aber die Autorin unterminiert vieles von dem, was sie über die in der Tat unleugbare »Fluidität« des empirischen Sexualverhaltens nicht erpreßter Menschen sagt dadurch, daß sie gleichsam ontische (und, offen gesagt, biologistische) Asymmetrien etwa zwischen weiblichen und männlichen Homosexuellen postuliert oder zumindest suggeriert.
90 So Antke Engel im Aufsatz *Bilder der Verführung und die privatisierte Verantwortung*, in: Renate Lorenz/Brigitta Kuster (Hg.): *Sexuell arbeiten. Eine queere Perspektive auf Arbeit und prekäres Leben*, Berlin 2007, S. 278.
91 *MEW 21*, S. 287
92 Ebd., S. 288.
93 Ebd., S. 289.
94 *MEW 4*, S. 3.
95 Ebd., S. 4f.
96 Ebd., S. 5f.
97 Antonio Negri/Michael Hardt: *Empire*, Harvard 2001, S. 413.

98 *MEW 4*, S. 7.
99 Ebd., S. 377.
100 Adorno: *Minima Moralia*, a. a. O., S. 227.
101 Niklas Luhmann: *Liebe als Passion. Zur Codierung von Intimität*, Frankfurt/M. 1984, S. 223.
102 Greg Egan: *Teranesia*, München 2000, S. 126 f.
103 Pierre Bayle: *Historisches und kritisches Wörterbuch [I]: Eine Auswahl. Dictionnaire historique et critique*, Hamburg 2002, S. 445.
104 Ebd., S. 108.
105 Ebd.
106 Christoph Martin Wieland: *Sämmtliche Werke*, Bd. 33-36, Reprint, Hamburg 1984, S. 12-15.
107 Ebd., S. 16.
108 *MEW 4*, S. 361.
109 Richard Rorty: *Kontingenz, Ironie und Solidarität*, Frankfurt/M. 1991, S. 52.
110 Und zwar an vielen Orten, die der Streit gefunden hat, besonders prägnant etwa in Robert B. Brandom (Hg.): *Rorty and his Critics*, Malden 2000, S. 65 ff.
111 In einem anderen sehr interessanten Diskussionsbeitrag in Brandom (Hg.), *Rorty and his Critics*, a. a. O., S. 268 ff.
112 Jonathan Israel: *A Revolution of the Mind: Radical Enlightenment and the Intellectual Origins of Modern Democracy*, Princeton 2009, S. 206.
113 Wir paraphrasieren nach C. L. R. James: *The Black Jacobins. Toussaint L'Ouverture and the San Domingo Revolution*, London 2001, S. 114.
114 Claude Adrien Helvétius: *Vom Menschen, von seinen geistigen Fähigkeiten und seiner Erziehung*, Berlin/Weimar 1976, S. 435 f.
115 Paul Feyerabend: *Die Vernichtung der Vielfalt*, Wien 2005, S. 174.
116 Jürgen Habermas: *Erkenntnis und Interesse*, Frankfurt/M. 1973, S. 13.
117 Thomas Paine: *Collected Writings*, New York 1995, S. 429 f.
118 Ebd.
119 Ebd.
120 Julien Offray de La Mettrie: *Über das Glück, oder: Das höchste Gut (»Anti-Seneca«)*, Nürnberg 1985, S. VIII.
121 Einen guten Überblick gibt die von Jürgen Herres und Manfred Neuhaus herausgegebene Sammlung *Politische Netzwerke durch Briefkommunikation: Briefkultur der politischen Oppositionsbewegungen und frühen Arbeiterbewegungen im 19. Jahrhundert*, Berlin 2002.
122 Nämlich auf den Seiten 97 f.
123 *MEW 32*, S. 552 ff.
124 Niklas Luhmann: *Die Realität der Massenmedien*, Opladen 1996, S. 183 f.
125 Robert W. McChesney: *The Political Economy of Media: Enduring Issues, Emerging Dilemmas*, New York 2008, S. 416.
126 Paul Valéry: *Cahiers/Hefte*, Bd. 3, Frankfurt/M. 1989, S. 216.
127 Ebd., S. 262.
128 Ebd., S. 283.
129 Maurice Merleau-Ponty: *Vorlesungen I*, Berlin 1973, S. 60.
130 Greg Bear: *Eon*, New York 1991, S. 70 f.
131 Mark Z. Danielewski: *House of Leaves*, New York 2000, S. 4.
132 John Crowley: *Little, Big*, Gollancz Edition, London 2000, S. 43 ff.

133 John Clute: *The Darkening Garden. A Short Lexicon of Horror*, Cauheegan 2006, S. 33.
134 Stephen King: *Nightmares and Dreamscapes*, London 1993, S. 4.
135 Zu finden in Harlan Ellison: *No Doors, No Windows*, Baltimore 1991.
136 Eine wunderbare (und wunderliche) Diskussion der Sentenz unter Studierenden der Gegenwart läßt sich untersuchen bei ⟨http://www.etudes-litteraires.com/forum/topic346-ce-nest-point-avec-des-idees-quon-fait-des-vers-cest-avec-des-mots.html⟩, Stand: 21. 11. 2011.
137 »Durch epoché von der empirischen Welt hört die neue Kunst auf, phantastisch zu sein.« Theodor W. Adorno: Ästhetische Theorie, Frankfurt/M. 1973, S. 36.
138 Ellison erzählt diese und ähnliche Geschichten bevorzug bei Lesungen und auf Veranstaltungen, man hört sie sich am besten auf CD an, etwa auf dem Mitschnitt *On the Road with Ellison*, Vol. 2, Atlanta 2004.
139 Tzvetan Todorov: *Einführung in die Fantastische Literatur*, München 1982, S. 84.
140 Clive Staples Lewis: *The Cosmic Trilogy*, London 1990, S. 2.
141 Ebd.
142 Donald Davidson: *Wahrheit und Interpretation*, Frankfurt/M. 1990, S. 362.
143 Peter Hacks: *Verehrter Kollege. Briefe an Schriftsteller*, Berlin 2006, S. 42.
144 Rudy Rucker: *Hylozoic*, New York 2009, S. 16.
145 Davidson: *Wahrheit und Interpretation*, a. a. O., S. 261.
146 In einem Interview in *konkret*, H. 12/2006.
147 Wolfgang Pohrt: *Der Weg zur Inneren Einheit. Elemente des Massenbewußtseins BRD 1990*, Hamburg 1992, S. 301.
148 Jack Fruchtman: *The Political Philosophy of Thomas Paine*, Baltimore 2009, S. 78.
149 Ebd.
150 Ebd., S. 77.
151 Carl Schmitt: *Frieden oder Pazifismus? Arbeiten zum Völkerrecht und zur internationalen Politik 1924-1978*, Berlin 2005, S. 935.
152 H.G. Wells: *The Open Conspiracy*, Westport 2002, S. 72.
153 Ebd., S. 90.
154 Ebd., S. 86.
155 Hannah Arendt: *Über die Revolution*, München 2000, S. 367.
156 Bernhard H.F.Taureck (Hg.): *Politische Unschuld? In Sachen Martin Heidegger*, München 2007, S. 21.
157 Leo Trotzki: *Geschichte der Russischen Revolution*, Bd. 2: *Oktober*, Frankfurt/M. 1973, S. 160.
158 Alexander Broadie: *The Scottish Enlightenment Reader*, London 2001, S. 439.
159 John Rawls: *Politischer Liberalismus*, Frankfurt/M. 2003, S. 329.
160 Carl Schmitt: *Der Wert des Staates und die Bedeutung des Einzelnen*, Berlin 2004, S. 44.
161 Zit. n. Schmitt: *Frieden oder Pazifismus*, a. a. O., S. 962.
162 Broadie: *The Scottish Enlightenment Reader*, a. a. O., S. 437.
163 Ebd.
164 Nicos Poulantzas: *Staatstheorie. Politischer Überbau, Ideologie, Autoritärer Etatismus*, Hamburg 2002, S. 52.
165 Ludwig von Mises: *Logik der Freiheit*, hg. v. Roland Baader, Thun 2002, S. 216.
166 Ebd., S. 220.

167 Egan: *Teranesia*, a. a. O., S. 146 ff.
168 Peter Hacks: *Die Maßgaben der Kunst*, Berlin 2010, S. 296 (Hervorhebungen der Verfasser).
169 Zit. n. Gerhart Scheit: *Suicide Attack. Zur Kritik der politischen Gewalt*, Freiburg 2004, S. 163 f.
170 Wolfgang Pohrt: *Theorie des Gebrauchswerts. Über die Vergänglichkeit der historischen Voraussetzungen, unter denen allein das Kapital Gebrauchswert setzt*, Berlin 1995, S. 8 f.
171 Ebd., S. 9.
172 *MEW 20*, S. 264.
173 Hacks: *Am Ende verstehen sie es*, a. a. O., S. 137.
174 Ebd.
175 Ebd., S. 145.
176 Ebd.
177 Ebd.
178 Ebd.
179 Ebd.
180 Ebd.
181 Reinhard Bispinck/Thorsten Schulten/Peter Raane (Hg.): *Wirtschaftsdemokratie und expansive Lohnpolitik. Zur Aktualität von Viktor Agartz*, Hamburg 2008, S. 121.
182 Ebd., S. 140.
183 Gilles Dauvé/Karl Nesic: *ArbeiterInnen verlassen die Fabrik*. Erschienen auf Deutsch als Beilage der Zeitschrift *Wildcat*, Heft 88, Winter 2010.
184 Ebd., S. 6.
185 In Gudrun Küsel (Hg.): *APO und Gewerkschaften. Von der Kooperation zum Bruch*, Berlin 1978.
186 Ronald M. Schernikau: *legende*, Dresden 1999, S. 756.
187 Wladimir Iljitsch Lenin: *Was tun? Brennende Fragen unserer Bewegung*, Berlin 1984, S. 86.
188 Ebd., S. 134.
189 Küsel (Hg.): *APO und Gewerkschaften*, a. a. O., S. 45.
190 Ebd., S. 46.
191 Jan Philipp Reemtsma: *The Bad and the Ugly*, in: *konkret*, Heft 12/1990.
192 Hermann L. Gremliza: *… and the good?* In: *konkret*, Heft 1/1991.
193 *MEW 3*, S. 39.
194 *MEW 16*, S. 41.
195 Genauer dargestellt findet sich der Sachverhalt bei Ludo Martens: *Stalin anders betrachtet*, Berchem 1998, S. 231 f.
196 Henning Ritter: *Notizhefte*, Berlin 2010, S. 369.
197 Tim Blackmore: *War X: Human Extensions in Battlespace*, Toronto 2005, S. 171.
198 Robert Cohen: *Freedom's Orator: Mario Savio and the Radical Legacy of the 1960s*, Oxford 2009, S. 262.
199 Hal Draper / E. Haberkern: *Karl Marx's Theory of Revolution*, Vol. 5: *War and Revolution*. Neuausgabe. New York 2010, S. 19.
200 Hacks: *Am Ende verstehen sie es*, a. a. O., S. 64.
201 Ebd.
202 Wolfgang Kruse: *Die Erfindung des modernen Militarismus. Krieg, Militär und*

bürgerliche Gesellschaft im politischen Denken der Französischen Revolution 1789-1799, München 2003.
203 Christopher Duffy: *The Military Experience in the Age of Reason*, London 1987, S. 13.
204 Blackmore: *War X*, a. a. O., S. 165.
205 Duffy, *The Military Experience*, a. a. O.
206 Ebd., S. 11.
207 Ebd., S. 13.
208 Bruce Sterling: *Tomorrow Now. Envisioning the Next 50 Years*, New York 2002, S. 103.
209 Ebd.
210 Blackmore, *War X*, a. a. O., S. 198.
211 Retort: *Afflicted Powers – Capital and Spectacle in a New Age of War*, London 2005, S. 81.
212 Ebd., S. 107.
213 Ebd.
214 *MEW 3*, S. 27.
215 Hacks: *Maßgaben der Kunst*, a. a. O., S. 478.
216 Manfred Neumann (Hg.): *Diderots Enzyklopädie. Eine Auswahl*, Leipzig 2001, S. 297.
217 Sigmund Freud: *Gesammelte Werke*, Bd. 8, Frankfurt/M. 2006, S. 239.
218 Grice: *Studies in the Way of Words*, a. a. O., S. 39.
219 Michael Stöltzner/Thomas Uebel (Hg.): *Wiener Kreis: Texte zur wissenschaftlichen Weltauffassung von Rudolf Carnap, Otto Neurath, Moritz Schlick, Philipp Frank, Hans Hahn, Karl Menger, Edgar Zilsel und Gustav Bergmann*, Hamburg 2009, S. 375.
220 Richard Rorty: *Wahrheit und Fortschritt*, Frankfurt/M. 2000, S. 13.
221 Hacks: *Maßgaben der Kunst*, a. a. O., S. 477 f.
222 Edmund Husserl: *Philosophie als strenge Wissenschaft*, Frankfurt/M. 1996, S. 71.
223 Friedrich August von Hayek: *Gesammelte Schriften 2. Mißbrauch und Verfall der Vernunft: Ein Fragment*, Tübingen 2004, S. 61.
224 Ebd., S. 62.
225 Ebd., S. 93.
226 Mises: *Logik der Freiheit*, a. a. O., S. 41.
227 Friedrich August von Hayek: *Die Anmaßung von Wissen: Neue Freiburger Studien*, Tübingen 1996, S. 215.
228 Ebd.
229 Ebd.
230 H.G. Wells: *The Open Conspiracy*, Westport 2002, S. 78.
231 Ebd.
232 Ebd.
233 Carl Schmitt: *Glossarium*, Berlin 1991, S. 230 f.
234 Martin Heidegger: *Was heißt Denken?* Tübingen 1997, S. 55.
235 Hayek, *Gesammelte Schriften 2*, a. a. O., S. 99.
236 Kevin Kelly: *What Technology Wants*, London 2010, S. 354.
237 Henry Sidgwick: *Methods of Ethics*, Indianapolis 1981, S. 3.
238 Ebd.

239 Wie geschehen in Dietmar Dath: *Maschinenwinter. Wissen, Technik, Sozialismus*, Frankfurt/M. 2008.

240 Aram Lintzel am 13. 04. 2010: »Der Judenstern – der seine Träger für die physische Vernichtung markierte – so ›obszön‹ wie entmündigende Essensmarken für Asylbewerber? Läuft der ›Histomat‹ da nicht arg aus dem Ruder?« Was ein Obszönitätsverdikt, ein Ekel vor dem Kennzeichnen von Menschen als Nichtbürger, auch dann, wenn sie nicht gleich ermordet werden, mit historischem Materialismus, dem er eine putzige Moskauer Abkürzung verpaßt, zu tun haben soll, wird der Verfasser schon wissen. Nach seiner Logik dürfen jedenfalls auch überlebende Sternträgerinnen und Sternträger ihr Los nicht mit dem der Ermordeten vergleichen, es wäre ja »Histomat« und liefe aus dem Ruder, das Lintzel schwingt.

241 *MEW 23*, S. 406.

242 Georg Lukács: *Geschichte und Klassenbewußtsein. Studien über marxistische Dialektik*, München 1970, S. 94.

243 Christoph Henning: *Philosophie nach Marx. 100 Jahre Marxrezeption und die normative Sozialphilosophie der Gegenwart in der Kritik*, Bielefeld 2005, S. 566.

244 Ebd., S. 567.

245 Ebd.

246 Ebd., S. 568.

247 Ebd.

248 Michel Foucault: *Dits et Écrits. Schriften*, Bd. II: *1970-1975*, Frankfurt/M. 2002, S. 628.

249 Zit. n. Raphael Groß: *Carl Schmitt und die Juden. Eine deutsche Rechtslehre*, Frankfurt/M. 2000, S. 76.

250 Ebd., S. 79.

251 Sidgwick, *Methods of Ethics*, a. a. O., S. 293 f.

252 Während wir an diesem Kapitel arbeiten, im Frühsommer 2011, mehren sich die Zeichen für eine Sidgwick-Renaissance in der englischsprachigen Moralphilosophie, deren wichtigster Auslöser das soeben erschienene, sehr ehrgeizige, ausgezeichnet geschriebene und ungeheuer stringent argumentierende, seine Kernsätze aus einer originellen Synthese Kantischer und Sidgwickscher Gedanken entwickelnde Hauptwerk von Derek Parfit sein dürfte – Derek Parfit: *On What Matters*, Oxford 2011. Peter Singer hat dieses Buch im *Times Literary Supplement* auf vier Seiten als »the most significant work of ethics since 1873« gefeiert – die Jahreszahl markiert das Ersterscheinungsdatum von Sidgwicks Methodenbuch.

253 François Dosse: *Geschichte des Strukturalismus*, Bd. 2: *Die Zeichen der Zeit: 1967-1991*, Hamburg 1997, S. 294.

254 Robert B. Brandom: *Expressive Vernunft*, Frankfurt/M. 2000, S. 867 f.

255 Hermann L. Gremliza: Selbstmord, systemisch, in: *konkret* 07/2010.

256 Zit. n. Robert Anton Wilson: *TSOG. The Thing that Ate the Constitution*, Las Vegas 2002, S. 110.

257 ⟨http: // gregegan. customer. netspace. net. au / INTERVIEWS / Interviews. html⟩, Stand: 21. 11. 2011.

258 Paul Th. d'Holbach: *System der Natur oder von den Gesetzen der physischen und der moralischen Welt*, Frankfurt/M. 1978, S. 11.

259 David Stove: *Against the Idols of the Age*, New Brunswick 2001, S. 81.

260 Ebd., S. 82.
261 Ebd.
262 Ebd., S. 83.
263 Blaise Pascal: *Gedanken. Über die Religion und einige andere Themen*, Stuttgart 1997, S. 226 f.
264 Baruch de Spinoza: *Werke in 3 Bänden*, Bd. 2, Hamburg 2006, S. 96.
265 ⟨http://gregegan.customer.netspace.net.au/INTERVIEWS/Interviews.html⟩, Stand: 21. 11. 2011.
266 Hacks: *Maßgaben der Kunst*, a. a. O., S. 633.
267 Ernst Bloch: *Das Prinzip Hoffnung*, Bd. 1, Frankfurt/M. 1974, S. 457.
268 Theodor W. Adorno: *Gesammelte Schriften in 20 Bänden*, Bd. 14: *Dissonanzen. Einleitung in die Musiksoziologie*, Frankfurt/M. 2003, S. 147.
269 Claude Adrien Helvétius: *Vom Menschen, von seinen geistigen Fähigkeiten und von seiner Erziehung*, Berlin 1976, S. 208.
270 Hacks, *Maßgaben der Kunst*, a. a. O., S. 484.
271 T. J. Clarke: *Farewell to an Idea. Episodes from a History of Modernism*, New Haven 1999, S. 53.
272 Wladimir Iljitsch Lenin: *Werke*, Bd. 5, Berlin 1970, S. 149 f.
273 Gottfried Fischborn/Peter Hacks: *Fröhliche Resignation*, Berlin 2007, S. 26.
274 Valéry: *Cahiers / Hefte*, Bd. 3, a. a. O., S. 290.
275 Luciano Floridi: *The Philosophy of Information*, Oxford 2011, S. 12.
276 *MEW 20*, S. 264.
277 *MEW 22*, S. 231.

LITERATURVERZEICHNIS

Adorno, Theodor W., *Ästhetik (1958/59)*, Frankfurt/M. 2009.
–, *Dissonanzen. Einleitung in die Musiksoziologie*, Frankfurt/M. 2003.
–, *Minima Moralia*, Frankfurt/M. 1951.
–, *Noten zur Literatur*, Frankfurt/M. 2003.
–, *Ontologie und Dialektik*, Frankfurt/M. 2008.
–, *Zur Lehre von der Geschichte und von der Freiheit*, Frankfurt/M. 2001.
Adriaans, Pieter/Johan van Benthem (Hg.), *Philosophy of Information*, Amsterdam 2008.
Agentur Bilwet, *Der Datendandy*, Mannheim o. J.
Aly, Götz, *Rasse und Klasse. Nachforschungen zum deutschen Wesen*, Frankfurt/M. 2003.
al-Gaddafi, Muammar, *The Green Book. The Social Basis of the Third Universal Law*, Tripolis 1989.
Ardenne, Manfred von, *Ein glückliches Leben für Technik und Forschung. Autobiographie*, Zürich/München 1972.
Armstrong, David Malet, *Sachverhalte, Sachverhalte*, Berlin 2005.
–, *Truth and Truthmakers*, Cambridge 2007.
–, *Was ist ein Naturgesetz?*, Berlin 2004.
Arrighi, Giovanni, *Adam Smith in Beijing. Die Genealogie des 21. Jahrhunderts*, Hamburg 2008.
Ashman, Sam u. a. (Hg.), *Historical Materialism. Research in Critical Marxist Theory* 13 (2005), 4.
–, *Historical Materialism. Research in Critical Marxist Theory* 14 (2006), 2.
Audi, Robert, *The Good in the Right. A Theory of Intuition and Intrinsic Value*, Princeton 2005.
Averroes, *Die entscheidende Abhandlung und die Urteilsfällung über das Verhältnis von Gesetz und Philosophie*, Hamburg 2009.

Baader, Roland (Hg.), *Logik der Freiheit. Ein Ludwig-von-Mises-Brevier*, Thun 2000.
Bacon, Francis, *Neues Organon*, Hamburg 1999.
Badiou, Alain, *Logiken der Welten*, Zürich/Berlin 2010.
–, *Paulus. Die Begründung des Universalismus*, Zürich/Berlin 2009.
Bartels, Felix, *Leistung und Demokratie. Genie und Gesellschaft im Werk von Peter Hacks*, Mainz 2010.
Bayle, Pierre, *Historisches und kritisches Wörterbuch*, Hamburg 2003.
–, *Historisches und kritisches Wörterbuch. Zweiter Teil der Auswahl*, Hamburg 2006.
Beaumont, Matthew u. a. (Hg.), *Historical Materialism. Research in Critical Marxist Theory* 10 (2002), 2.
Becker, Joachim/Rudy Weissenbacher (Hg.), *Sozialismen. Entwicklungsmodelle von Lenin bis Nyerere*, Wien 2009.

Behn, Aphra, *Oroonoko*, New York 1997.
Benhabib, Seyla/Judith Butler/Drucilla Cornell/Nancy Fraser, *Feminist Contentions. A Philosophical Exchange*, New York 1995.
Berg, Michael/Knut Holtsträter/Albrecht von Massow (Hg.), *Die unerträgliche Leichtigkeit der Kunst. Ästhetisches und politisches Handeln in der DDR*, Köln 2007.
Bermúdez, José Luis, *Thinking Without Words*, Oxford 2003.
Beverland, Adriaan, *Seignior Perin del Vago's Letter to Mr. Hadrian Beverland. J.U.Q.L.*, Breinigsville 2010.
–/Francis David Byrne, *The Law Concerning Draped Virginity: An Academical Study*, Breinigsville 2010.
Bircham, Emma/John Charlton (Hg.), *Anticapitalism. A Guide to the Movement*, London/Sydney 2001.
Bispinck, Reinhard/Thorsten Schulten/Peeter Raane (Hg.), *Wirtschaftsdemokratie und expansive Lohnpolitik. Zur Aktualität von Viktor Agartz*, Hamburg 2008.
Blackledge, Paul u.a. (Hg.), *Historical Materialism. Research in Critical Marxist Theory* 11 (2003), 1.
Blackmore, Tim, *War X. Human Extensions in Battlespace*, Toronto/Buffalo 2005.
Bleiler, Everett F., *Science-Fiction. The Gernsback Years*, Kent/Ohio 1998.
Bloch, Ernst, *Das Prinzip Hoffnung*, 3 Bde., Frankfurt/M. 1985.
–, *Naturrecht und menschliche Würde*, Frankfurt/M. 1961.
Bödecker, Hans Erich/Lieselotte Steinbrügge (Hg.), *Conceptualising Woman in Enlightment Thought. Conceptualiser la femme dans la pensée des Lumières*, Berlin 2001.
Borges, Jorge Luis (Hg.), *Die Bibliothek von Babel. Voltaire. Mikromegas*, Frankfurt/M. 2008.
Brandom Robert B., *Begreifen und Begründen. Eine Einführung in den Inferentialismus*, Frankfurt/M. 2000.
–, *Reason in Philosophy. Animating Ideas*, Cambridge 2009.
– (Hg.), *Rorty and his Critics*, Oxford 2000.
Bredekamp, Horst, *Theorie des Bildakts*, Berlin 2010.
Bremme, Peter/Ulrike Fürniß/Ulrich Meinecke (Hg.), *Never Work Alone. Organizing – ein Zukunftsmodell für Gewerkschaften*, Hamburg 2007.
Broadie, Alexander (Hg.), *The Scottish Enlightenment. An Anthology*, Edinburgh 1997.
Bucharin, Nikolai/Abram Deborin, *Kontroversen über den dialektischen und mechanistischen Materialismus*, Frankfurt/M. 1974.
Buhle, Paul/Nicole Schulman (Hg.), *Wobblies! A Graphic History of the Industrial Workers of the World*, London/New York 2005.
Buren, Daniel, *Achtung*, Basel 1995.
Burmeister, Karl Heinz, *Olympe de Gouges. Die Rechte der Frau 1791*, Bern 1999.
Butler, Judith, *Antigones Verlangen. Verwandtschaft zwischen Leben und Tod*, Frankfurt/M. 2001.
–, *Das Unbehagen der Geschlechter*, Frankfurt/M. 1991.
–, *Die Macht der Geschlechternormen*, Frankfurt/M. 2009.
–, *Körper von Gewicht*, Frankfurt/M. 1993.
–, *Psyche der Macht. Das Subjekt der Unterwerfung*, Frankfurt/M. 2001.

Capital & Class 30 (2006) u. 26 (2002).
Cavell, Stanley, *Der Anspruch der Vernunft*, Frankfurt/M. 2006.

Chapman, Siobhan, *Paul Grice. Philosopher and Linguist*, New York 2005.
Charpa, Ulrich, *Grundprobleme der Wissenschaftsphilosophie*, Paderborn/München 1996.
Chorus, Silke, *Ökonomie und Geschlecht? Regulationstheorie und Geschlechterverhältnisse im Fordismus und Postfordismus*, Berlin 2007.
Ciafardone, Raffaele, *Die Philosophie der deutschen Aufklärung. Texte und Darstellung*, Stuttgart 1990.
Clark, Andy, *Being There. Putting Brain, Body, and World Together Again*, Cambridge 1998.
Clark T. J., *Image of the People. Gustave Courbet and the 1848 Revolution*, London 1999.
–, *The absolute Bourgeois. Artists and Politics in France 1848-1851*, London 1999.
Coates, Ken, *Can Workers Run Industry?*, Suffolk 1968.
Cohen, Robert, *Freedom's orator. Mario Savio and the Radical Legacy of the 1960s*, Oxford 2009.
Conway, Moncure Daniel (Hg.), *The Writings of Thomas Paine*, New York 2005.
Corfield, David/Jon Williamson (Hg.), *Foundations of Bayesianism*, Dordrecht 2001.
Cornell, Drucilla, *Just Cause. Freedom, Identity, and Rights*, Lanham 2000.
–, *The Philosophy of the Limit*, New York 1992.
Crafton, Donald, *The Talkies: American Cinema's Transition to Sound, 1926-1931*, Bd. 4, Berkeley/Los Angeles 1997.
Craig, Edward (Hg.), *Die kleine Routledge Enzyklopädie der Philosophie*, Bd. 1: *A-G*, Berlin 2007.
Crosby, Michael, *Power at Work. Die Rückgewinnung gewerkschaftlicher Macht am Beispiel Australiens*, Hamburg 2009.

Därmann, Iris, *Fremde Monde der Vernunft. Die ethnologische Provokation der Philosophie*, München 2005.
Darwell, Stephen (Hg.), *Deontology*, Malden 2008.
Dath, Dietmar, *Rosa Luxemburg*, Berlin 2010.
Davis, Erik, *Techgnosis. Myth, Magic, and Mysticism in the Age of Information*, New York 1998.
Deleuze, Gilles, *Spinoza. Praktische Philosophie*, Berlin 1988.
De Maistre, Joseph, *Die Abende von St. Petersburg*, Wien/Leipzig 2008.
De Mandiargues, André Pieyre, *Schwelende Glut*, Frankfurt/M. 1995.
Demirović, Alex, *Nicos Poulantzas. Aktualität und Probleme materialistischer Staatstheorie*, Münster 2007.
Desai, Meghnad, *Marx's Revenge. The Resurgence of Capitalism and the Death of the Statist Socialism*, London 2002.
Descartes, René, *Die Prinzipien der Philosophie*, Hamburg 2005.
–, *Discours de la méthode*, Hamburg 1997.
–, *Meditationen*, Hamburg 2009.
D'Holbach, Paul Thiry, *System der Natur, oder von den Gesetzen der physischen und der moralischen Welt*, Frankfurt/M. 1978.
Diderot, Denis, *Die geschwätzigen Kleinode*, Berlin 1986.
–, *Enzyklopädie. Eine Auswahl*, Leipzig 2001.
Ditfurth, Jutta, *Zeit des Zorns. Streitschrift für eine gerechte Gesellschaft*, München 2009.

Dosse, François, *Geschichte des Strukturalismus*, Bd. 1: *Das Feld des Zeichens 1945-1966*, Hamburg 1996.
–, *Geschichte des Strukturalismus*, Bd. 2: *Die Zeichen der Zeit 1967-1991*, Hamburg 1997.
Duffy, Christopher, *The Military Experience in the Age of Reason*, Hertfordshire 1998.

Eagle, Antony (Hg.), *Philosophy of Probability. Contemporary Readings*, London/New York 2011.
Edgerton, David, *The Shock of the Old. Technology and Global History since 1900*, London 1996.
Endres, Egon, *Macht und Solidarität*, Hamburg 2009.

Festinger, Leon, *Theorie der kognitiven Dissonanz*, Bern/Stuttgart 1957.
Feyerabend, Paul K., *Die Vernichtung der Vielfalt. Ein Bericht*, Wien 2005.
Firestone, Shulamith, *The Dialect of Sex. The Case for Feminist Revolution*, New York 1970.
Fischer, Ruth, *Stalin und der deutsche Kommunismus*, 2 Bde., Berlin 1991.
Floridi, Luciano, *Information. A Very Short Introduction*, Oxford 2010.
–, *The Philosophy of Information*, Oxford 2011.
Foot, Paul, *Red Shelly*, London 2004.
Fraser, Nancy, *Die halbierte Gerechtigkeit*, Frankfurt/M. 2001.
Fremion, Yves, *The Orgasms of History. 3000 Years of Spontaneous Insurrection*, Edinburgh 2002.
Friebe, Holm/Sascha Lobo, *Wir nennen es Arbeit. Die digitale Bohème oder intelligentes Leben jenseits der Festanstellung*, München 2006.
Fruchtman, Jack, *The political philosophy of Thomas Paine,* Baltimore 2009.
Fülberth, Georg, *G Strich – Kleine Geschichte des Kapitalismus*, Köln 2005.

Gauchet, Marcel, *Die Erklärung der Menschenrechte. Die Debatte um die bürgerlichen Freiheiten 1789*, Reinbek 1991.
Gillen, Gabriele/Walter van Rossum (Hg.), *Schwarzbuch Deutschland. Das Handbuch der vermissten Information*, Reinbek 2009.
Goldworth, Amnon (Hg.), *The Collected Works of Jeremy Bentham*, Oxford 2002.
Gorbatschow, Michail, *Die Rede »Wir brauchen die Demokratie wie die Luft zum Atmen«*, Reinbek 1987.
Gramsci, Antonio, *Gedanken zur Kultur*, Leipzig 1987.
Greenberg, Clement, *Die Essenz der Moderne*, Basel 1997.
Greenland, Colin, *The Entropy Exhibition. Michael Moorcock and the British »New Wave« in Science Fiction*, London 1983.
Gremliza, Hermann L., *Krautland einig Vaterland*, Hamburg 1990.
Grice, Paul, *Studies in the Way of Words*, Cambridge 1989.
Griewank, Karl, *Der neuzeitliche Revolutionsbegriff*, Frankfurt/M. 1969.
Grohs-Paul, Waltraud/Max Paul (Hg.), *Herder Lexikon Ethnologie,* Freiburg 1981.

Habermas, Jürgen, *Erkenntnis und Interesse,* Frankfurt/M. 1973.
–, *Technik und Wissenschaft als »Ideologie«*, Frankfurt/M. 1968.
Hachmeister, Lutz/Günther Rager, *Wer beherrscht die Medien? Die 50 größten Medienkonzerne der Welt. Jahrbuch 2005*, München 2005.

Hampe, Michael, *Eine kleine Geschichte des Naturgesetzbegriffs*, Frankfurt/M. 2007.
Hardt, Michael/Antonio Negri, *Empire*, Cambridge 2000.
Hark, Sabine, *Partizipation. Eine Diskursgeschichte des Feminismus*, Frankfurt/M. 2005.
Hartfield, James, *The »Death of the Subject« explained*, Sheffield 2002.
Hartmann, Detlef, *Empire. Linkes Ticket für die Reise nach rechts*, Berlin 2002.
Hegel, Georg Wilhelm Friedrich, *Vorlesungen über die Philosophie der Geschichte*, Stuttgart 1997.
Held, Leonard, *Methoden der statistischen Inferenz. Likelihood und Bayes*, Heidelberg 2008.
Helvétius, Claude Adrien, *Vom Menschen*, Berlin/Weimar 1976.
Henning, Christoph, *Philosophie nach Marx. 100 Jahre Marxrezeption und die normative Sozialphilosophie der Gegenwart in der Kritik*, Bielefeld 2005.
Herres, Jürgen/Manfred Neuhaus (Hg.), *Politische Netzwerke durch Briefkommunikation. Briefkultur der politischen Oppositionsbewegung und frühen Arbeiterbewegung im 19. Jahrhundert*, Berlin 2002.
Hey, Tony/Stewart Tansley/Kristin Tolle (Hg.), *The Fourth Paradigm. Data-Intensive Scientific Discovery*, Redmond 2009.
Hilton, Mary/Pam Hirsch (Hg.), *Practical Visionaries. Women, Education, and Social Progress 1790-1930*, Harlow 2000.
Hirschman, Albert O., *Exit, Voice, and Loyality. Responses to Decline in Firms, Organizations, and States*, Cambridge 1970.
–, *The Rhetoric of Reaction. Perversity, Futility, Jeopardy*, Cambridge 1991.
Hobbes, Thomas, *Leviathan oder Stoff, Form und Gewalt eines kirchlichen und bürgerlichen Staates*, Frankfurt/M. 1966.
Honecker, Claudia/Jörg Sundermeier (Hg.), *Kölnbuch*, Berlin 2005.
Hsi-Kuo Chang, *The City Trilogy*, New York 2003.
Humm, Maggie (Hg.), *Feminism. A Reader*, New York 1992.

Illich, Ivan, *Vom Recht auf Gemeinheit*, Reinbek 1982.
Initiative Not a Love Song (Hg.), *Subjekt (in) der Berliner Republik*, Berlin 2003.
Israel, Jonathan I., *A Revolution of the Mind. Radical Enlightenment and the Intellectual Origins of Modern Democracy*, Oxford 2010.
–, *Enlightenment Contested. Philosophy, Modernity, and the Emancipation of Man 1670-1752*, Oxford 2006.
–, *Radical Enlightenment. Philosophy and the Making of Modernity 1650-1750*, Oxford 2001.

Jameson, Fredric, *Archaeologies of the Future. The Desire Called Utopia and Other Science Fictions*, New York 2005.
Joerges, Bernward, *Technik. Körper der Gesellschaft. Arbeiten zur Techniksoziologie*, Frankfurt/M. 1996.
Jones, Caroline A./Peter Galison (Hg.), *Picturing Science, Producing Art*, New York 1998.
Jordan-Young, Rebecca M., *Brainstorm. The Flaws in the Science of Sex Differences*, Cambridge 2010.
Jünger, Ernst, *Der Arbeiter*, Stuttgart 1982.
Jünger, Friedrich Georg, *Die Perfektion der Technik*, Frankfurt/M. 2010.

Kelly, Kevin, *What Technology Wants*, New York 2010.
Kirsch, Eberhard, *Avicennas Lehren von der Sexualmedizin*, München 2005.
Klagenfurt, Kurt, *Technologische Zivilisation und transklassische Logik*, Frankfurt/M. 1995.
Knobe, Joshua/Shaun Nichols (Hg.), *Experimental Philosophy*, Oxford 2008.
Kołakowski, Leszek, *Die Hauptströmungen des Marxismus*, 3 Bde., Zürich 1980.
Kondylis, Panajotis, *Die Aufklärung im Rahmen des neuzeitlichen Rationalismus*, Hamburg 2002.
–, *Der Niedergang der bürgerlichen Denk- und Lebensform. Die liberale Moderne und die massendemokratische Postmoderne*, Weinheim 1991.
Konner, Melvin, *Evolution of Childhood*, Cambridge/London 2010.
Kool, Fritz (Hg.), *Die Linke gegen die Parteiherrschaft*, Zürich 1970.
Körber, Joachim, *Das bekannte Fremde. Schriften zur Phantastik*, Belheim 2010.
Korsmeyer, Carolyn (Hg.), *The Taste Culture Reader. Experiencing Food and Drink*, Oxford 2005.
Krikorian, Gaëlle/Amy Kapczynski, *Access to Knowledge in the Age of Intellectual Property*, New York 2010.
Kruse, Wolfgang, *Die Erfindung des modernen Militarismus*, München 2003.
Kühnl, Reinhard, *Formen bürgerlicher Herrschaft. Liberalismus – Faschismus*, Reinbek 1971.
Kurz, Robert, *Das Weltkapital. Globalisierung und innere Schranken des modernen warenproduzierenden Systems*, Berlin 2005.
Küsel, Gudrun (Hg.), *APO und Gewerkschaften. Von der Kooperation zum Bruch*, Berlin 1978.
Kutschera, Ulrich, *Evolutionsbiologie. Eine allgemeine Einführung*, Stuttgart 2006.

Lafargue, Paul, *Die Religion des Kapitals*, Berlin 2009.
La Mettrie, Julien Offray de, *Über das Glück oder das höchste Gut. »Anti-Seneca«*, Nürnberg 2004.
Laschitza, Annelies (Hg.), *Rosa Luxemburg und die Freiheit der Andersdenkenden*, Berlin 1990.
Lazarus, Neil (Hg.), *The Cambridge Companion to Postcolonial Literary Studies*, Cambridge 2004.
Leibniz, Gottfried Wilhelm, *Neue Abhandlungen über den menschlichen Verstand*, Hamburg 1996.
Leider, Kurt, *Philosophen der europäischen Aufklärung*, Lübeck 2001.
Lem, Stanisław, *Summa technologiae*, Frankfurt/M. 1964.
Lenin, Wladimir Iljitsch, *Werke*, 40 Bde., Berlin 1961 ff.
Lewis, Clive Staples, *The Cosmic Trilogy*, London 1990.
Liebman, Marcel, *Leninism under Lenin*, London 1973.
Lorenz, Renate/Brigitta Kuster (Hg.), *sexuell arbeiten. eine queere perspektive auf arbeit und prekäres leben*, Berlin 2007.
Lüchinger, Stephan, *Das politische Denken von Condorcet (1743-1794)*, Bern/Stuttgart 2002.
Luhmann, Niklas, *Die Wissenschaft der Gesellschaft*, Frankfurt/M. 1990.
–, *Liebe als Passion. Zur Codierung von Intimität*, Frankfurt/M. 1982.
–, *Soziale Systeme*, Frankfurt/M. 1987.
Lukács, Georg, *Ästhetik IV*, Neuwied/Darmstadt 1972.

–, *Geschichte und Klassenbewußtsein*, Berlin 1970.
Lukrez, *Vom Wesen des Weltalls*, Leipzig 1989.
Lütkehaus, Ludger, *Nichts*, Zürich 1999.

Magdoff, Harry/Paul M. Sweezy, *The Irreversible Crisis. Five Essays*, New York 1988.
Maimon, Mose Ben, *Acht Kapitel. Eine Abhandlung zur jüdischen Ethik und Gotteserkenntnis*, Hamburg 1981.
Mallaby, Sebastian, *More Money Than God. Hedge Funds and the Making of a New Elite*, New York 2010.
Marshall, John (Hg.), *John Locke, Toleration, and Early Enlightenment Culture*, Cambridge 2006.
Marx, Karl/Friedrich Engels, *Werke* (MEW), Berlin 1956 ff.
McChesney, Robert W., *The Political Economy of Media. Enduring Issues, Emerging Dilemmas*, New York 2008.
McCloskey, Deirdre N., *Bourgeois Dignity. Why Economics Can't Explain the Modern World*, Chicago 2010.
–, *The Bourgeois Virtues. Ethics for an Age of Commerce*, Chicago 2006.
–, *The Rhetoric of Economics*, Chicago 1998.
McRobbie, Angela, *Top Girls. Feminismus und der Aufstieg des neoliberalen Geschlechterregimes*, Wiesbaden 2010.
Meister, Klaus, *»Aller Dinge Maß ist der Mensch«. Die Lehren der Sophisten*, München 2010.
Merleau-Ponty, Maurice, *Vorlesungen I. Schrift für die Kandidatur am Collège de France*, Berlin/New York 1973.
–, *Zeichen*, Hamburg 2007.
Meyenn, Karl von (Hg.), *Quantenmechanik und die Weimarer Republik*, Braunschweig/Wiesbaden 1994.
Mill, John Stuart, *Die Freiheit*, Darmstadt 1967.
Millikan, Ruth Garrett, *Language: A Biological Model*, Oxford 2005.
–, *On Clear and Confused Ideas. An Essay about Substance Concepts*, Cambridge 2000.

Naficy, Hamid (Hg.), *Home, Exile, Homeland. Film, Media, and the Politics of Place*, New York 1999.
Nagel, Ivan, *Gemälde und Drama. Giotto Masaccio Leonardo*, Frankfurt/M. 2009.
Negri, Antonio/Michael Hardt, *Die Arbeit des Dionysos. Materialistische Staatskritik in der Postmoderne*, Berlin 1997.
Negt, Oskar/Alexander Kluge, *Geschichte und Eigensinn*, Frankfurt/M. 1981.
Newen, Albert, *Analytische Philosophie zur Einführung*, Hamburg 2005.
Niedermayr, Hermann, *Edle Wilde und grausame Barbaren*, Wien 2008.
Nisbet, Robert, *History of the Idea of Progress*, New Brunswick/London 2009.
Nortmann, Ulrich, *Deontische Logik ohne Paradoxien, Semantik und Logik des Normativen*, München 1989.
Nowotny, Helga/Dominique Pestre/Eberhard Schmidt-Aßmann u. a. (Hg.), *The Public Nature of Science under Assault*, Heidelberg 2005.

Opitz, Reinhard, *Liberalismus, Faschismus, Integration*, Bd. III: *Die» Röhm-Affäre«*, Marburg 1999.

– (Hg.), *Europastrategien des deutschen Kapitals 1900-1945*, Bonn 1994.
Opitz-Belakhal, Claudia, *Geschlechtergeschichte*, Frankfurt/M. 2010.

Paine, Thomas, *Collected Writings*, hg. v. Eric Foner, New York 1995.
Patzek, Barbara, *Quellen zur Geschichte der Frauen*, Bd. 1: *Antike*, Stuttgart 2000.
Peters, Helmut, *Die Volksrepublik China: Aus dem Mittelalter zum Sozialismus. Auf der Suche nach der Furt*, Essen 2009.
Pijl, Kees van der, *Transnational Classes and International Relations*, London 1998.
Pohrt, Wolfgang, *Ausverkauf. Von der Endlösung zu ihrer Alternative*, Berlin 1980.
Postone, Moishe, *Zeit, Arbeit und gesellschaftliche Herrschaft. Eine neue Interpretation der kritischen Theorie von Marx*, Freiburg 2003.
Poulantzas, Nicos, *Staatstheorie. Politischer Überbau, Ideologie, Autoritärer Etatismus*, Hamburg 2002.
Preciado, Beatriz, *Kontrasexuelles Manifest*, Berlin 2003.
Puar, Jasbir K., *Terrorist Assemblages. Homonationalism in Queer Times*, Durham/London 2007.

Rand, Ayn, *The romantic manifesto*, New York 1975.
Rappaport, Helen, *Conspirator. Lenin in Exile*, New York 2010.
Reemtsma, Jan Philipp, *Das unaufhebbare Nichtbescheidwissen der Mehrheit. Sechs Reden über Literatur und Kunst*, München 2005.
–, *u. a. Falun. Reden & Aufsätze*, Berlin 1992.
Reese-Schäfer, Walter, *Amitai Etzioni zur Einführung*, Hamburg 2001.
Reich, Wilhelm, *Was ist Klassenbewußtsein? Ein Beitrag zur Neuformierung der Arbeiterbewegung*, Amsterdam 1968.
Ripplinger, Stefan, *Auch. Aufsätze zur Literatur*, Basel 2006.
Robinson, Joan, *Grundprobleme der Marxschen Ökonomie*, Marburg 1987.
Rorty, Richard, *Der Spiegel der Natur. Eine Kritik der Philosophie*, Frankfurt/M. 1981.
Rot, Mike, *Kurzer Abriß der Kapitalanalyse*, Gaiganz 1974.
Rohe, Mathias, *Das islamische Recht. Geschichte und Gegenwart*, München 2009.
Rucker, Rudy, *Hylozoic*, New York 2009.
Rühle-Gerstel, Alice, *Die Frau und der Kapitalismus. Eine psychologische Bilanz*, Frankfurt/M. 1972.
Rzewski, Frederic, *Nonsequiturs. Unlogische Folgerungen*, Köln 2007.

Sagan, Carl, *Contact*, Toronto 1997.
Sartre, Jean-Paul, *Kritik der dialektischen Vernunft*, Hamburg 1967.
Schernikau, Ronald M., *Irene Binz. Befragung*, Berlin 2010.
Schiffer, Michael Brian, *Draw the Lightning Down. Benjamin Franklin and Electrical Technology in the Age of Enlightenment*, Berkeley/Los Angeles 2003.
Schmidt, Arno, *Dialoge 2*, Zürich 1990.
Schneider, Karsten, *Normativität und Risikoentscheidung. Untersuchungen zur Theorie der Rechtsgüterrelationen*, Berlin 2008.
Schultz, Bart, *Henry Sidgwick. Eye of the Universe. An Intellectual Biography*, Cambridge 2004.
Segal, Ronald, *Islam's Black Slaves. A History of Africa's Other Black Diaspora*, London 2001.

Seneca, *De vita beata. Vom glücklichen Leben*, Stuttgart 1990.
Shusterman, Richard, *Pragmatist Aesthetics. Living Beauty, Rethinking Art*, Oxford 2000.
Sidgwick, Henry, *The Methods of Ethics*, Indianapolis 1981.
Silver, Beverly J., *Forces of Labor. Arbeiterbewegungen und Globalisierung seit 1870*, Berlin 2005.
Skloot, Rebecca, *The Immortal Life of Henrietta Lacks*, New York 2010.
Smith, Brian Cantwell, *On the Origin of Objects*, Cambridge 1996.
Spivak, Gayatri Chakravorty, *Righting Wrongs – Unrecht richten*, Zürich/Berlin 2008.
Sraffa, Piero, *Warenproduktion mittels Waren*, Frankfurt/M. 1976.
Staatliche Kunstsammlung Dresden (Hg.), *Ehrenfried Walther von Tschirnhaus (1651-1708) – Experimente mit dem Sonnenfeuer*, Dresden 2001.
Stableford, Brian, *Scientific Romance in Britain 1890-1950*, London 1985.
Steil, Benn/David G. Victor/Richard R. Nelson (Hg.), *Technological Innovation & Economic Performance*, Princeton 2002.
Stemmer, Peter, *Normativität. Eine ontologische Untersuchung*, Berlin 2008.
Sterling, Bruce, *Tomorrow Now. Envisioning the Next Fifty Years*, Toronto 2002.
Sternhell, Zeev, *The Anti-Enlightenment Tradition*, New Haven/New York 2010.
–/Mario Sznajder/Maia Asheri, *Die Entstehung der faschistischen Ideologie. Von Sorel zu Mussolini*, Hamburg 1999.
Stöltzner, Michael/Thomas Übel, *Wiener Kreis. Texte zur wissenschaftlichen Weltauffassung von Rudolf Carnap, Otto Neurath, Moritz Schlick, Philipp Frank, Hans Hahn, Karl Menger, Edgar Zilsel und Gustav Bergmann*, Hamburg 2006.
Stonier, Tom, *Beyond Information. The Natural History of Intelligence*, Heidelberg 1991.
–, *Information und die innere Struktur des Universums*, Heidelberg 1991.
Stove, David, *Against the Idols of the Age*, New Brunswick 2001.
–, *On Enlightenment*, New Brunswick 2003.
–, *Scientific Irrationalism. Origins of a Postmodern Cult*, New Brunswick 2007.
–, *The Plato Cult and Other Philosophical Follies*, Oxford/Cambridge 1991.
–, *The Rationality of Induction*, Oxford 1986.
Stover, Leon, *The Shaving of Karl Marx*, Illinois 1982.
Strohmaier, Gotthard, *Antike Naturwissenschaft in orientalischem Gewand*, Trier 2007.
–, *Avicenna*, München 2006.

Taureck, Bernhard H. F., *Politische Unschuld? In Sachen Martin Heidegger*, München 2008.
Taylor, Charles, *Ein säkulares Zeitalter*, Frankfurt/M. 2009.
Terkessidis, Mark, *Die Banalität des Rassismus. Migranten zweiter Generation entwikkeln eine neue Perspektive*, Bielefeld 2004.
Thomas, Pradip N./Zaharom Nain (Hg.), *Who Owns the Media. Global Trends and Local Resistance*, Penang 2004.
Thomson, Judith Jarvis, *Normativity*, Chicago 2008.
Turner, James Grantham, *Schooling Sex. Libertine Literature and Erotic Education in Italy, France, and England 1534-1685*, Oxford 2003.
Unseld, Siegfried, *Chronik*, Bd. 1: *1970*, hg. v. Ulrike Anders/Raimund Fellinger/Katharina Karduck u. a., Berlin 2010.

Vollmann, William T., *Rising Up and Rising Down. Some Thoughts on Violence, Freedom and Urgent Means*, New York 2005.

Wanderer, Jeremy, *Robert Brandom*, Stocksfield 2008.
Warner, Richard (Hg.), *Aspects of Reason. Paul Grice*, Oxford 2001.
Wedgwood, Ralph, *The Nature of Normativity*, Oxford 2007.
Wichterich, Christa, *Gleich, gleicher, ungleich. Paradoxien und Perspektiven von Frauenrechten in der Globalisierung*, Sulzbach/Taunus 2009.
Wieland, Josef, *Normativität und Governance. Gesellschaftstheoretische und philosophische Reflexionen der Governanceethik*, Marburg 2005.
Wilentz, Sean, *Chants Democratic. New York City and the Rise of the American Working Class, 1788-1850*, Oxford 2004.
–, *The Rise of American Democracy. Jefferson to Lincoln*, New York 2006.
Williams, Bernard, *Wahrheit und Wahrhaftigkeit*, Frankfurt/M. 2003.
Winter, Eduard, *Der Freund B. Spinozas E. W. v. Tschirnhaus*, Berlin 1977.
Wolfe, Gary K., *Evaporating Genres. Essays on Fantastic Literature*, Middletown 2011.
Wright, Erik Olin, *Envisioning Real Utopias*, London/New York 2010.
Wright, Georg Henrik von, *Handlung, Norm und Intention. Untersuchungen zur deontischen Logik*, Berlin 1977.
Wuchterl, Kurt, *Handbuch der analytischen Philosophie und Grundlagenforschung. Von Frege zu Wittgenstein*, Bern/Stuttgart 2002.

Yockey, Francis Parker, *Imperium. The Philosophy of History and Politics*, Newport Beach 2000.

Zeid, Ibrahim, *Mastering CAD/CAM*, New York 2005.

PERSONENREGISTER

SACHREGISTER